CAPITOOL REISGIDSEN

FRANKRIJK

VAN REEMST
UITGEVERIJ

HOUTEN

Oorspronkelijke titel: Eyewitness Travel Guides – France

Van Reemst Uitgeverij/Unieboek bv
Postbus 97
3990 DB Houten

7de druk 2000

Auteurs: John Ardagh, Rosemary Bailey, Judith Fayard, Lisa Gerard-Sharp, Colin Jones, Alister Kershaw, Alec Lobrano, Anthony Roberts, Alan Tillier, Nigel Tisdall
Boekverzorging: *de Redactie,* Amsterdam
Vertaling: Peter Abelsen, Petra v.d. Eerden, Mireille Vroege en Janneke Zwart
Bewerking: Jacqueline Toscani

Cartografie: Lovell Johns Ltd, Oxford UK

ISBN 90 410 1806 9
CIP
NUGI 471

Inhoud

Buste van Karel de Grote

Noordoost-Frankrijk

De druivenpluk in de Elzas

West-Frankrijk

Het vissersdorpje St-Jean-de-Luz in de Pyreneeën

Midden-Frankrijk en de Alpen

Zuidwest-Frankrijk

Zuid-Frankrijk

Palais des Papes, Avignon

Tips voor de reiziger

Wegwijs in Frankrijk

HOE GEBRUIKT U DEZE GIDS

Deze reisgids zal u helpen uw verblijf in Frankrijk zo aangenaam mogelijk te maken. Het eerste deel, *Inleiding op Frankrijk*, beschrijft de geografische ligging en plaatst het moderne Frankrijk in zijn historische context. De belangrijkste bezienswaardigheden worden met kaarten, foto's en gedetailleerde tekeningen beschreven. Zorgvuldig nagetrokken tips voor hotels, winkels en markten, restaurants en cafés, sport en vertier vindt u in *Tips voor de reiziger* en *Wegwijs in Frankrijk* adviseert u over alles, van het posten van een brief tot het gebruik van de metro.

PARIJS EN ILE DE FRANCE

Het centrum van Parijs is verdeeld in 5 toeristische wijken. Elk deel opent met een korte beschrijving van het karakter en de geschiedenis van de wijk. Tevens treft u een lijst aan met alle bezienswaardigheden. Deze worden duidelijk gelokaliseerd via nummers op een *wijkkaart*.

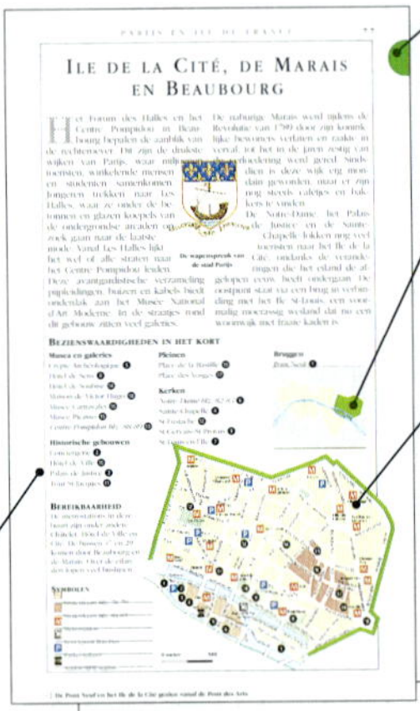

De kleurcode op elke bladzijde maakt dat u de buurt gemakkelijk vindt.

Een oriëntatiekaart toont uw positie ten opzichte van de omliggende buurten.

1 Wijkkaart
De bezienswaardigheden zijn genummerd op de kaarten aangegeven. Voor zover ze in het stadscentrum staan, vindt u ze ook op de Stratengids Parijs *op de bladzijden 146-159.*

Bezienswaardigheden in het kort is een lijst van bezienswaardigheden van de buurt per categorie: kerken, musea en galeries, historische gebouwen, pleinen en parken.

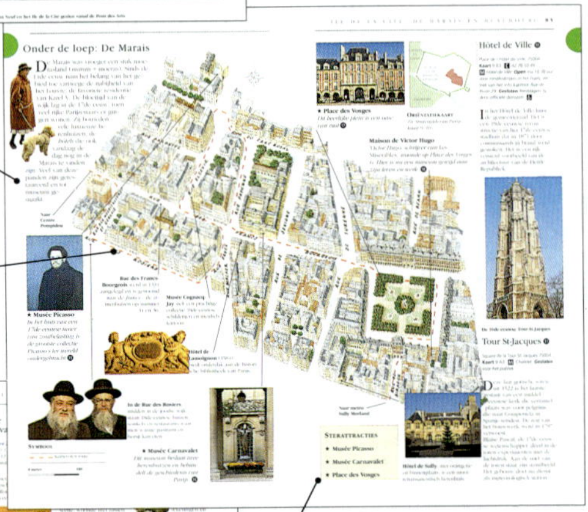

2 Stratenkaart
Op deze kaart zijn de belangrijkste delen van de wijk in vogelvlucht te zien.

De aanbevolen route voor een wandeling gaat door de interessantste straten van de buurt.

Rode sterren bij bezienswaardigheden die u niet mag missen.

3 Informatie over bezienswaardigheden
Alle bezienswaardigheden in Parijs en Ile de France worden in dit deel gedetailleerd beschreven volgens de nummering op de wijkkaart.

1 Inleiding

In de inleiding worden het landschap, de geschiedenis en het karakter van de streek beschreven. Daarnaast vermeldt dit gedeelte de belangrijkste attracties die de streek biedt.

DE STREKEN VAN FRANKRIJK

In dit boek is Frankrijk naast Parijs en Ile de France in vijftien streken verdeeld; aan elk gebied is een apart hoofdstuk gewijd. De interessantste steden en plaatsen van elke streek staan aangegeven op de *Regiokaart.*

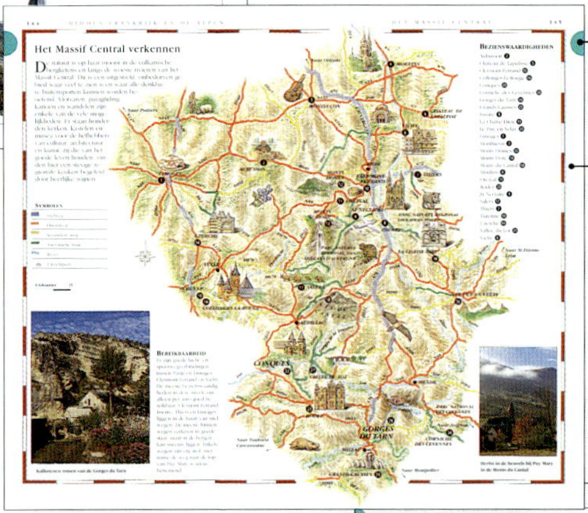

Elk gebied van Frankrijk is gemakkelijk te vinden door de corresponderende kleurcode binnenin het vooromslag op te zoeken.

2 Regiokaart

Op deze kaart is het wegennet aangegeven en zijn de bezienswaardigheden met illustraties aangeduid. De interessantste plekjes zijn genummerd en voorts vindt u hier nuttige informatie over de vervoersmogelijkheden in het gebied.

3 Informatie over bezienswaardigheden

Hier staan alle belangrijke steden en bezienswaardigheden afzonderlijk beschreven. De volgorde is bepaald door de nummering op de Regiokaart. *Van elke stad worden de belangrijkste gebouwen en bezienswaardigheden gedetailleerd behandeld.*

De kaders verschaffen de belangrijkste informatie over de interessantste bezienswaardigheden.

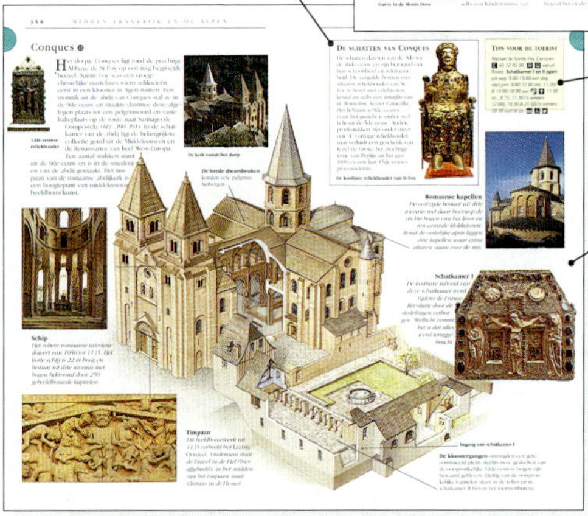

In Tips voor de toerist krijgt u praktische informatie om uw bezoek voor te bereiden.

4 De belangrijkste attracties

Aan de absolute hoogtepunten van het land zijn twee of meer hele bladzijden gewijd. Er worden illustraties gegeven van doorsneden van historische gebouwen. De interessantste steden en stadscentra zijn op een kaart aangegeven.

INLEIDING OP FRANKRIJK

Frankrijk in kaart gebracht

Frankrijk is een van de grootste landen van Europa en is vanuit de meeste steden ter wereld per vliegtuig te bereiken. Parijs is met twee internationale luchthavens het grootste vervoerscentrum, maar ook bij Bordeaux, Lille, Lyon, Nice en Toulouse liggen grote vliegvelden. De hoge-snelheidstrein (TGV) verbindt Frankrijk met steeds meer omliggende landen en het wegennet is uitstekend. Veerboten over Het Kanaal zorgen voor vervoer naar Engeland, maar tegenwoordig kan men ook door de Kanaaltunnel reizen.

Europa

Frankrijk wordt ook wel 'hexagon' genoemd. Dit slaat op de vorm van het land, maar ook op de zes landen waar het aan grenst: in het zuiden liggen Spanje, Italië en Zwitserland aan de andere kant van de Alpen, Luxemburg en België tegen de noordgrens en Duitsland aan de andere kant van de Rijn. Aan de overkant van Het Kanaal ligt Groot-Brittannië.

Parijs

Parijs is de hoofdstad van Frankrijk en ligt in het arrondissement Ile de France. Met voorsteden telt Parijs 9 miljoen inwoners, binnen de périphérique *(de ringweg) wonen er 2,1 miljoen.*

De streken van Frankrijk

Frankrijk heeft meer dan 56 miljoen inwoners en wordt jaarlijks door ruim 44 miljoen toeristen bezocht. Het land is 543.965 km² groot. Parijs is de grootste stad, gevolgd door Lyon, Marseille en de agglomeratie Lille-Lens-Valenciennes. Van de vele rivieren in Frankrijk zijn de Loire, de Seine, de Garonne en de Rhône de langste. Voor deze gids verdelen we Frankrijk in 15 streken, en daarnaast is er een apart deel voor Parijs en Ile de France. Officieel heeft Frankrijk echter 22 *régions*.

RONDREIZEN

Hoewel Frankrijk een groot land is, is het er eenvoudig reizen. Er is een uitgebreid spoornet en de TGV (*zie blz. 635*) heeft de reistijden tussen de steden aanzienlijk verkort. Op de meeste snelwegen moet u tol betalen, maar zo reist u over lange afstanden wel snel en efficiënt. Als u over de fraaiere secundaire wegen rijdt, maakt u meteen kennis met het gevarieerde landschap (*blz. 638-640*). Deze wegen zijn meestal goed onderhouden en bewegwijzerd.

Frankrijk in de Capitool-gids

Elke hoofdstuk in deze gids heeft een kleurcode. De hoofdstukken zijn in vijf delen ondergebracht: Noordoost-Frankrijk, West-Frankrijk, Midden-Frankrijk en de Alpen, Zuidwest-Frankrijk en Zuid-Frankrijk. Een zesde deel beschrijft Parijs en Ile de France.

Corsica

Corsica ligt op 193 km van de Côte d'Azur en men kan er per veerboot of vliegtuig naar toe reizen. Het eiland is 8.680 km² groot en is daarmee het op twee na grootste eiland in de Middellandse Zee.

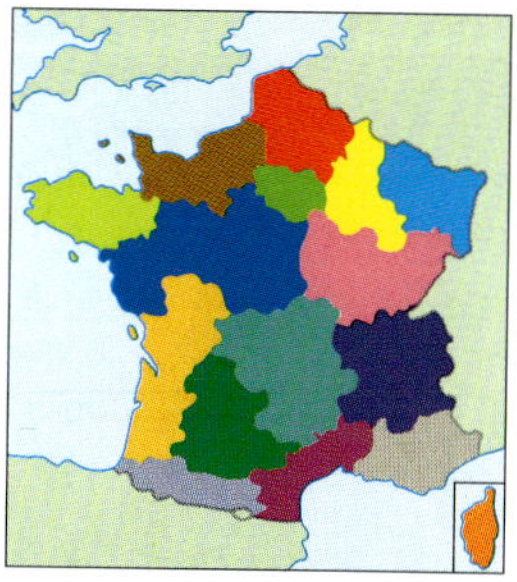

Verklaring kleurcodes

- Paris en Ile de France

Noordoost-Frankrijk

- Het noorden en Picardië
- Champagne
- Elzas-Lotharingen

West-Frankrijk

- Normandië
- Bretagne
- Het Loiredal

Midden-Frankrijk en de Alpen

- Bourgogne en Franche-Comté
- Massif Central
- Het Rhônedal en de Franse Alpen

Zuidwest-Frankrijk

- Poitou en Aquitanië
- Périgord, Quercy en Gascogne
- De Pyreneeën

Zuid-Frankrijk

- Languedoc-Roussillon
- Provence en de Côte d'Azur
- Corsica

CAFE
PIZZA SNAC
MENU
CAFE DE PARIS

EEN SCHETS VAN FRANKRIJK

Niemand kan Frankrijk beter aanprijzen dan de Fransen zelf. Ze zijn ervan overtuigd dat hun manier van leven de beste en hun land het beschaafdste ter wereld is. De keuken en de wijn genieten terecht wereldfaam. De cultuur, literatuur, beeldende kunst, film en architectuur hebben diepgang, maar doen ook veel stof opwaaien. Iedereen kan zich in Frankrijk thuis voelen.

Het Franse landschap is heel verscheiden, van hoge bergen tot een weelderig platteland, van traditionele dorpjes tot deftige boulevards. De regionale kenmerken zijn net zo gevarieerd. Frankrijk behoort zowel tot Noord- als Zuid-Europa met Bretagne en zijn Keltische erfgoed, het zonnige zuiden van de Middellandse-Zeekust, het Duitse Elzas-Lotharingen en de robuuste bergen van de Auvergne en de Pyreneeën. Parijs is en blijft de spil, met zijn notoir barse inwoners en snelle levensstijl. De verschillen tussen noord en zuid, tussen platteland en stad zijn overduidelijk en worden gekoesterd, ondanks de wens van veel progressieve Fransen om het land met behulp van de TGV en de databank-thuisservice Minitel tot een hechtere eenheid te smeden. Dergelijke vooruitstrevende technische ontwikkelingen sorteren vaak een tegenovergesteld effect: nu het leven in Frankrijk aan het verstedelijken en industrialiseren is, groeit het verlangen om de oude tradities te laten voortbestaan en het landelijke leven in ere te houden.

Marianne, symbool van Frankrijk

Het leven op het land – *douceur de vivre* (het zoete leven), lange tafels in de zon en een overvloed aan wijn en sterke verhalen – is voor de Fransen zelf even aanlokkelijk als voor degenen die het land bezoeken. Toch is deze manier van leven wel veran-

De supersnelle TGV *(train à grande vitesse)* verbindt Parijs met de provincies

◁ Caféleven in St.-Tropez, een van de vele genoegens van dit land

derd. In 1945 werkte één op de drie mensen in de landbouw, nu is dat nog maar één op de zestien. Maar de mensen verloochenen hun oorsprong niet en hebben vaak nog wel een huisje op het platteland waar ze in de vakantie of als ze gepensioneerd zijn terecht kunnen. In geen ander land hebben zoveel inwoners een tweede huis als in Frankrijk. De leeggelopen dorpjes in streken als de Provence hebben nieuw bestaansrecht gekregen als chic zomerverblijf voor Parijzenaars en buitenlandse toeristen. Ook ondernemers vestigen zich in toenemende mate op het dank zij de fax en de computer steeds gemakkelijker bereikbare platteland.

De populaire *moto* (scooter)

Chic Chanel

Sinds de snelle afname van de invloed van de katholieke kerk hebben zich grote sociale veranderingen voorgedaan. Vandaag de dag gaat nog maar 14 procent van de bevolking regelmatig naar de kerk. Bijna de helft van alle mensen gaat voor het huwelijk eerst samenwonen en velen trouwen helemaal niet. Abortus is tegenwoordig legaal.

Vrouwen, die lange tijd als tweederangs burgers werden behandeld, zijn de afgelopen 30 jaar door de wet gelijkgesteld aan mannen. Edith Cresson werd in 1991 de eerste vrouwelijke premier van Frankrijk. Toch is het, net als in de rest van Europa, nog steeds zo dat in de politiek, industrie en het zakenleven weinig leidinggevende posities aan vrouwen worden toebedeeld. Er bestaat, zelfs in het openbare en officiële circuit, een uitdagende hoffelijkheid tussen de seksen en invloedrijke feministen zorgen er nadrukkelijk voor dat ze zich vrouwelijk blijven gedragen. Het ouderlijke gezag binnen het gezin is aan het tanen; op scholen heeft de strenge discipline plaats gemaakt voor een lossere sfeer – twee ontwikkelingen die zijn voortgekomen uit de politieke onrust waar Frankrijk in mei 1968 zo door werd getekend *(zie blz. 63)*.

Sociale gebruiken en politiek

De sociale omgang in Frankrijk is aan strenge regels gebonden – de wangen kussen en de hand schudden, het gebruik van titels *('Bonjour, monsieur le president')*, zelden iemand bij de voornaam noemen, voorkeur voor het formele *vous* boven het intiemere *tu*.

De revolutie van mei 1968 zette grote veranderingen in gang

Akkerbouw in Elzas-Lotharingen

Onder de jongere generatie lijkt dit echter te veranderen. Ook de manier van kleden is informeler geworden, hoewel de Fransen er nog steeds graag goed uitzien en anderen ook op hun kleding beoordelen.

Maar de formaliteiten blijven voortbestaan en Frankrijk is nog steeds een bureaucratisch land, of u nu een huis koopt, antiek exporteert of wilt scheiden. Tegelijkertijd gaan de Fransen ook heel nonchalant en ongedwongen met die ogenschijnlijk onvermijdelijke rompslomp om. Regeltjes en wetten worden heel ingenieus ontlopen, verdraaid of gewoon wat menselijker gemaakt. Deze sport om het moeizame bureaucratische apparaat te omzeilen heeft zelfs een eigen naam, *le système D.* Zo bestaat er sinds 1992 een wet die bepaalt dat er in openbare ruimten een gedeelte voor niet-rokers moet zijn. Dat geldt zelfs voor piepkleine cafés, maar daar trekt niemand zich iets van de regels aan.

De van oudsher zo scherpe ideologische verdeling tussen links en rechts in de Franse politiek heeft vandaag de dag plaats gemaakt voor een mildere, meer op het politieke midden gerichte consensus. Deze omslag is vooral het werk van François Mitterrand, de in 1988 voor zeven jaar herkozen president. Toch blijkt uit recente confrontaties dat de republikeinse geest nog steeds leeft, bijvoorbeeld uit het in brand steken van het parlementsgebouw in Rennes in 1993. Nog steeds heeft de gegoede burgerij een aanzienlijk deel van de macht in Frankrijk in handen, zowel in het zakenleven als binnen de ambtenarij. De ooit zo machtige communistische partij is in rap tempo bezig ten onder te gaan. Net als in andere Europese landen is er de laatste jaren een toenemende steun voor extreem rechts te bespeuren. De enorme werkloosheid – momenteel het grootste sociale probleem van Frankrijk – heeft geleid tot een groeiend racisme ten aanzien van immigranten, van wie er velen uit de voormalige Franse koloniën in Noord-Afrika komen.

Charles de Gaulle

KUNST EN CULTUUR

Het culturele leven wordt in Frankrijk

Ontwerper Thierry Mugler op een show in Parijs

heel serieus genomen en schrijvers, intellectuelen en modeontwerpers genieten een hoge sociale status. In de jaren zestig werden er van overheidswege overal in het land culturele centra gebouwd en subsidies maken van oudsher experimenten in de kunst en het ontwerpen mogelijk. De Fransen zijn – terecht – trots op hun eigen serieuze filmtraditie en vastbesloten om die tegen de terreur van Hollywood te verdedigen. Ook andere activiteiten, van de muziekindustrie tot de Franse taal zelf, mogen op een dergelijk protectionisme rekenen.

Traditionele Bretonse klederdracht, gedragen op festivals en *pardons*

Avantgardistische kunst, literatuur en architectuur kunnen in Frankrijk allemaal op bescherming rekenen. Er zijn vele indrukwekkende bouwprojecten, van de opvallende nieuwe gebouwen in Parijs tot de postmoderne woningbouw van Nîmes, Montpellier en Marseille in het zuiden.

Het moderne leven

De overheid ondersteunt de technologische ontwikkelingen gretig. Dit heeft geleid tot nieuwe instellingen zoals Minitel, een databank-service op teletext die voor vele huishoudens gratis toegankelijk is. Men kan Minitel gebruiken als telefoongids, om een vliegticket of theaterkaartje te reserveren en voor een breed scala aan communicatiediensten. Op sommige gebieden leeft Frankrijk al in de 21ste eeuw, maar een zekere ambivalentie ten opzichte van de moderne tijd blijft. Zo is tientallen jaren geleden de nieuwe franc (100 oude francs) in gebruik genomen, maar nog altijd rekenen veel mensen, zelfs zij die na de introductie van de nieuwe franc werden geboren, in oud geld. Vakantiespreiding lukt in Frankrijk ook niet. Eind juli trekt het hele

Een doorkijkje op La Grande Arche, onderdeel van het enorme zakencentrum aan de rand van Parijs

Het traditionele *jeu de boules* of *pétanque* is vooral in het zuiden nog steeds heel populair

volk over de wegen naar de kust en in augustus is het overal afgeladen.

De moderne ontwikkelingen hebben een paar grote veranderingen teweeggebracht. Zo vindt u in Frankrijk de grootste supermarkten van Europa, waardoor de plaatselijke kruidenier en het winkeltje op de hoek het veld hebben moeten ruimen. Deze supermarkten zijn Amerikaans van opzet, maar men verkoopt er Franse produkten: een enorme delicatessenafdeling met soms wel 100 of meer Franse kaassoorten, een *charcuterie* (slagerij) en een reusachtige verscheidenheid aan verse groenten, fruit en kruiden, allemaal ter meerdere glorie van de Franse keuken. Toch zijn de Franse eetgewoonten op een opmerkelijke manier aan het veranderen. Het was altijd vanzelfsprekend dat de Fransen elke dag goed en uitgebreid aten, maar vandaag de dag is men gehaast en de meeste maaltijden zijn dan ook wat eenvoudiger: een snelle biefstuk, een bordje pasta thuis of een snack in de stad. Eten blijft echter een van de belangrijkste vrijetijdsbestedingen van de Fransen, maar gastronomische uitspattingen beperken zich tot één of twee keer per week. Dat kan om een etentje thuis gaan, een avond uit met een geliefde in een restaurant of de zondagse lunch met de hele familie, nog altijd een belangrijk ritueel voor de Fransen. Bij deze gelegenheden bloeit de levenskunst van de Fransman nog net zo als vroeger.

Zuidelijke produkten: meloenen, perziken en abrikozen

Een afgelegen boerenwoning

De klassieke Franse maaltijd

De traditionele Franse maaltijd bestaat uit ten minste drie gangen. Bij de *entrées* of *hors d'oeuvre* (voorgerechten) vindt men soepen, eiergerechten, salades of *charcuterie*. Als *plat* (hoofdgerecht) serveert men vis of vlees en bijgerechten zoals aardappelen, rijst of pasta en groenten. Dan volgt de kaas en pas daarna het dessert, bijvoorbeeld een sorbet of *pâtisserie*. Meer informatie over Franse restaurants vindt u op blz. 576-579.

Soupe à l'oignon *is erg populair in bistro's. Bij de uiensoep eet men croutons, geraspte kaas of een eierdooier.*

Oeufs en cocotte *zijn eieren met room en boter, gebakken in een porseleinen schaaltje. Ze worden met verse kruiden en champignons geserveerd.*

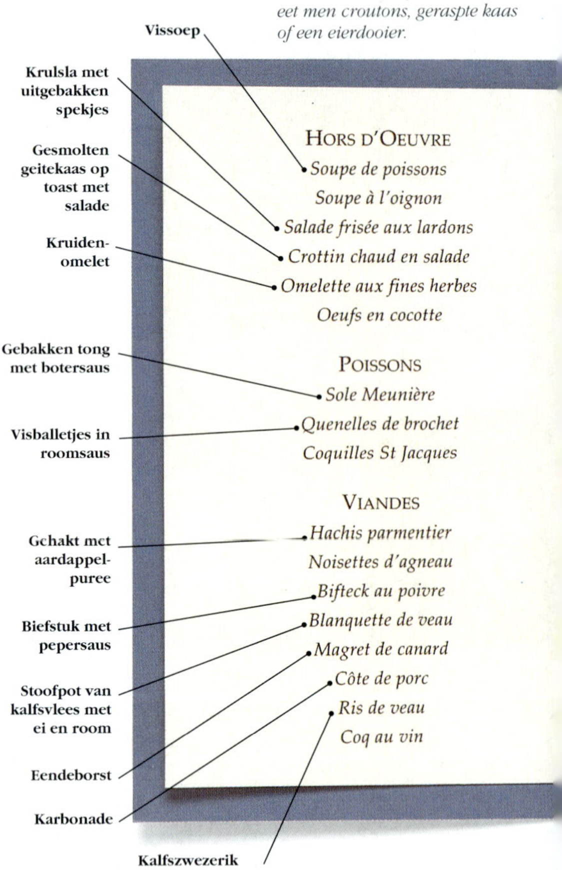

Coquilles Saint-Jacques *zijn flinke schelpdieren. Ze worden alleen in een klein beetje boter bereid. In het oranje gedeelte zit hom, een delicatesse.*

Noisettes d'agneau *zijn kleine, malse stukjes lamsvlees, gesauteerd in boter. Het wordt roze gegeten, met paddestoelen en kruiden- en knoflookboter.*

Coq au vin *is een van de bekendste Franse gerechten. Een haantje wordt gesmoord in rode wijn, kruiden, knoflook, sjalotjes en champignonboedjes.*

Ontbijt

Het ontbijt zoals de Fransen dat eten, wijkt nogal af van wat Nederlanders gewend zijn, maar Belgen zal het minder onbekend in de oren klinken. Het meest genuttigd worden *croissants* waarop per hapje wat boter en jam wordt gesmeerd. Een andere favoriet is de *baguette*, een dun stokbrood. Dit wordt opengesneden en van beleg, meestal boter en jam, voorzien. Verder eet men in Frankrijk ook veel *pain au chocolat* (dichtgevouwen bladerdeeg uit de oven met chocola erin) en *brioches* (luchtige, zoete luxebroodjes). Hierbij drinkt men thee, koffie of soms een glas rode wijn, dat de spijsvertering zou bevorderen. Koffie verkeerd of *café au lait* is het populairst.

Croissants

Brioches

Pains au chocolat

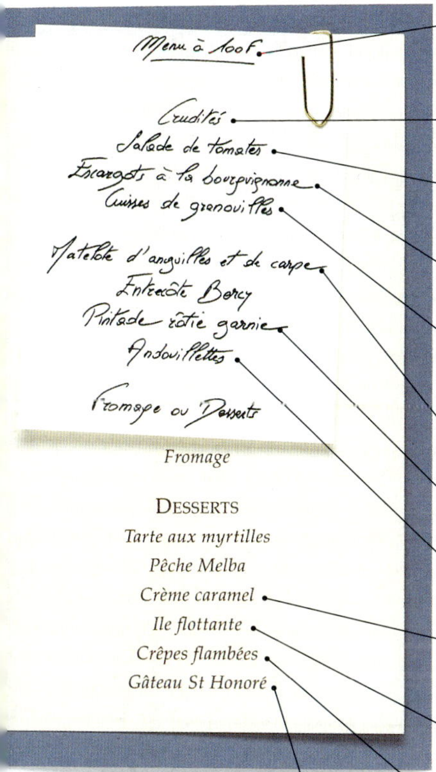

Menu van de dag

Rauwkost

Tomaten in vinaigrette

Slakken in knoflookboter

Kikkerbilletjes in knoflookboter

Stoofpot van paling en karper

Gebraden parelhoen

Verse worst

Pudding met caramelsaus

Schuimgebak in een romige vanillesaus

Geflambeerde flensjes met likeur

Chocoladetaart, genoemd naar de beschermheilige van de banketbakkers

Entrecôte Bercy *is een entrecôte in witte-wijnsaus. Het gerecht is genoemd naar de Quai de Bercy in Parijs.*

Het kaasplateau *kan geite-, koeie- en schapekaas bieden. Men eet de kaas met brood of in stukjes, met mes en vork.*

Tarte aux myrtilles *is een bosbessentaart. Net als de meeste Franse vruchtentaarten bestaat hij uit een ondiepe zanddeegbodem gevuld met vruchten.*

Pêche Melba *is perziken, roomijs en frambozensaus. De kok Escoffier bedacht het voor de zangeres Nellie Melba.*

De Franse wijnen

Bak van een plukker

Al voor de komst van de Romeinen werd in Frankrijk wijn gemaakt, maar pas tijdens de Romeinse overheersing werd het kweken van druiven en de techniek van het wijn maken door het hele land verspreid. De kwaliteit, diversiteit en reputatie van de wijnen uit Bordeaux, Bourgogne, het Rhônedal en Champagne zijn een voorbeeld voor alle wijnmakers op de wereld. Maar ook de gewone Franse *vin de table* kan heel lekker zijn en vooral uit het zuiden komen tegenwoordig vele prima wijnen.

Traditionele wijngaard

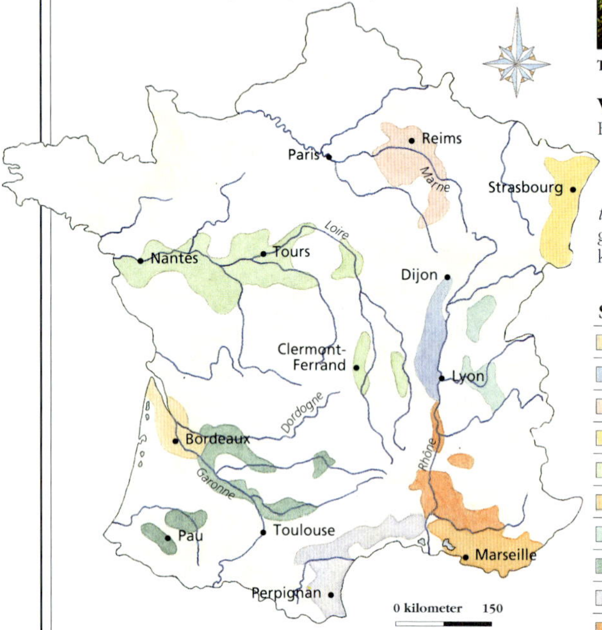

Wijnstreken

Er zijn tien belangrijke wijnproducerende streken. Van elk gebied heeft de wijn zijn eigen karakter. *Appellation contrôlée*-wetten staan garant voor de herkomst en kwaliteit van de wijn.

Symbolen

- Bordeaux
- Bourgogne
- Champagne
- Elzas
- Loire
- Provence
- Jura en Savoie
- Het zuidwesten
- Languedoc-Roussillon
- Rhône

Het etiket

Zelfs het eenvoudigste etiket geeft informatie over de smaak en de kwaliteit van de wijn. De naam van de wijn en de maker staan er op, het jaar en of de wijn uit een duidelijk afgebakend gebied komt (*appellation contrôlée* of VDQS) of dat het een gewonere *vin de pays* of *vin de table* is. Er kan ook een regionale honorering op staan, zoals de *crus classés* uit Bordeaux. De vorm en kleur van de fles zijn eveneens indicaties. De meeste goede wijn zit in een groene fles, omdat dit de drank tegen het licht beschermt.

Het landgoed of de wijnmaker

Gebotteld in een château, dus geen menging afkomstig van een handelaar of coöperatie

Plaatjes kunnen kloppen of als versiering dienen

Inhoud van de fles

Het wijnjaar (*vendange*)

De *appellation contrôlée* van de wijn

Hoe wijn wordt gemaakt

Wijn komt voort uit het sap van vers geplukte druiven. Gisting (al dan niet natuurlijk) zorgt ervoor dat de druivesuiker in alcohol wordt omgezet. De gist, of droesem, wordt meestal voor het bottelen uit de wijn gefilterd.

Ouderwetse wijnpers

Witte wijn **Rode wijn**

Net geplukte druiven, *rood of wit, worden eerst gekneusd om het zoete sap in contact te laten komen met de gist van de druiveschil.*

Rode wijn *krijgt zijn pit van het looizuur dat in de velletjes van blauwe druiven zit. Ook de stelen bevatten looizuur, maar van een scherper soort; de meeste wijnmakers ontdoen hun blauwe druiven van de stelen.*

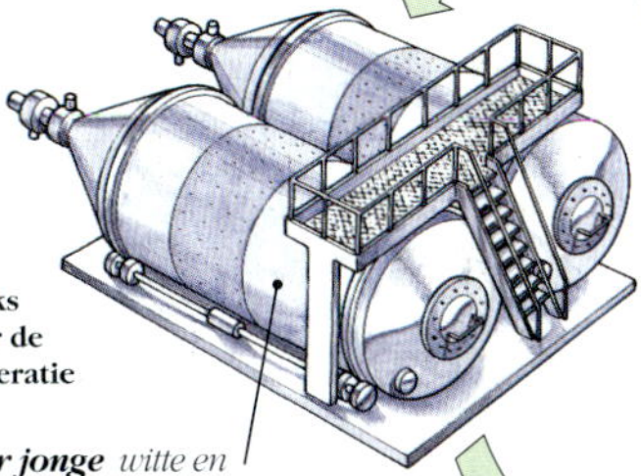

Tanks voor de maceratie

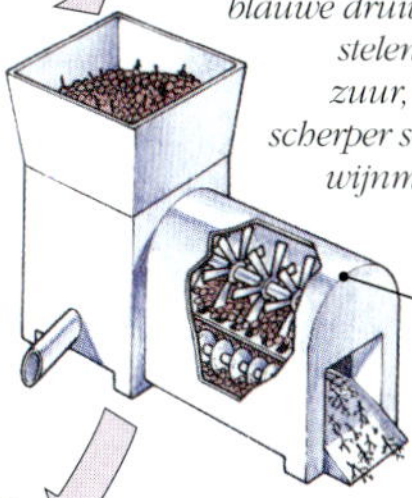

Apparaat voor het pletten en ontstelen

Voor jonge *witte en sommige rode wijnen (bijvoorbeeld een eenvoudige Beaujolais) die niet beter worden door langer te liggen, laat men het sap van de geplette druiven een paar uur met de schillen intrekken of macereren, waardoor het aroma en de smaak beter worden.*

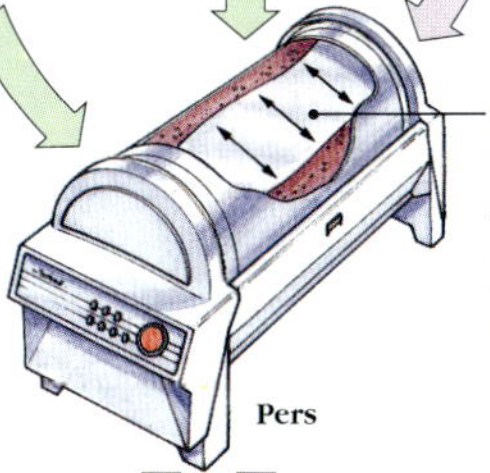

Pers

In witte wijn *zit alleen licht geperst sap; hiermee wordt een frisse en fruitige smaak verkregen. Voor rode wijn worden de druiven nog een keer stevig geperst en deze* vin de presse, *rijk aan looizuur en andere smaakmakers, kan men daarna weer door de wijn mengen.*

Fermentatie *is een natuurlijk proces dat heel onvoorspelbaar kan verlopen. Tegenwoordig gebruiken veel wijnboeren kunstmatige gist en roestvrijstalen ketels met instelbare temperatuur, om de fermentatie te beheersen en een consistent resultaat te bereiken.*

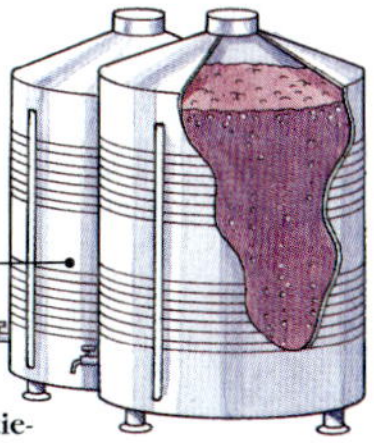

Fermentatievat

Wijn die jong gedronken kan worden *filtert men soms rechtstreeks in de flessen, maar de betere wijnen laat men in vaten rijpen. Het eikehout zorgt er mede voor dat de wijn een eigen karakter krijgt – bijvoorbeeld het tabakachtige, houtige karakter van de rode Bordeaux.*

Elke wijnstreek heeft een andere glastint

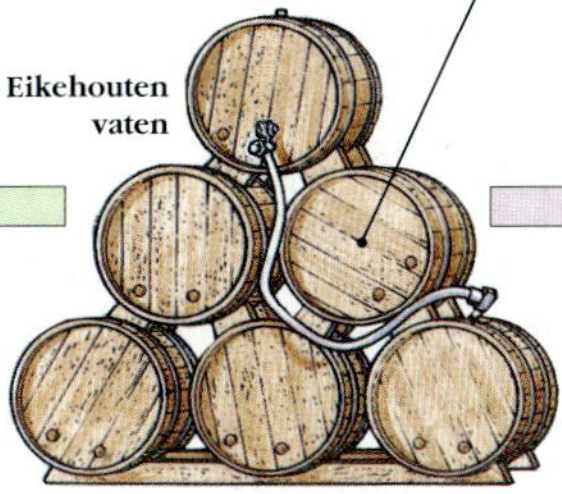

Eikehouten vaten

Flesvormen voor rode Bordeaux (links) en Bourgogne

Kunstenaars in Frankrijk

Kunstenaars hebben zich altijd door Frankrijk laten inspireren. Al meer dan een eeuw bestaat er een verband tussen kunst en toerisme: de stichters van kunstenaarsgemeenschappen in Bretagne, Zuid-Frankrijk en de bossen van Fontainebleau deden hun best om deze gebieden ook voor bezoekers aantrekkelijk te maken. Het is een waar genoegen om over het platteland te reizen en streken te herkennen die dank zij schilderijen beroemd zijn geworden.

Jean-Baptiste-Camille Corot *was volgeling van de klassieke Franse landschapsschilderkunst. Hij schilderde* De klokketoren van Douai *(1871).*

Gustave Courbet*, socialist en leider van het realisme in de schilderkunst, schilderde deze beroemde kustplaats in* De klippen bij Etretat na een storm *(1869).*

Emile Bernard *was in de ban van het wilde, bijna primitieve Bretonse landschap en de eigengereidheid van de bevolking. Hij maakte deel uit van de kunstenaarsgemeenschap in Pont Aven. Zijn* Brctonse nachtwake *(1892) toont de plaatselijke Keltische gebruiken.*

Paul Signac *was een neo-impressionistische kunstenaar en exponent van het pointillisme.* Binnenkomst bij de haven van La Rochelle *(1921) laat zien hoe hij ontelbare stipjes gebruikt om de natuur zo overtuigend mogelijk weer te geven.*

Théodore Rousseau*, de leider van de School van Barbizon* (zie blz. 171) *van landschapsschilders, bezocht in 1830 de Auvergne. Hier schilderde hij voor het eerst* 'en plein air' *(buiten). Het resultaat hiervan is te zien in zijn schilderij* Zonsondergang, Auvergne *(ca. 1830).*

Met zijn Eiffeltoren *(1926) onderzocht Robert Delaunay de abstracte eigenschappen van kleur. Zijn vrouw, toneelspeelster Sonia Delaunay, zei hierover: 'Voor hem was er geen verschil tussen de Eiffeltoren of het universum.'*

***Een paar maanden** voor zijn tragische dood in juli 1890 schilderde Vincent Van Gogh zijn* Kerk van Auvers. *Hij merkte op dat het gebouw 'violetachtig blauw lijkt te zijn; zuiver kobalt'.*

***Alledaagse taferelen**, zoals deze* Dorpsmeisjes die een aalmoes geven aan een hoedster in een vallei bij Ornans *1851-1852), waren de favoriete onderwerpen van Gustave Courbet.*

***Maurice Utrillo** schilderde dit dorpstafereel,* De St.-Bernarduskerk in de zomer *(1924), toen hij bij zijn moeder verbleef. De leegheid en de sombere kleuren geven weer hoe ongelukkig hij was.*

***De Franse Rivièra** trok veel kunstenaars (blz. 462-463). Raoul Dufy hield van deze streek, zoals te zien is in deze voorstelling met blauwe lucht en palmbomen,* La Jetée Promenade à Nice *(1928).*

0 kilometer 100

Landschap rond Collioure *(1905) laat de levendige kleuren zien van dit Catalaanse vissersdorpje. Hier richtte Henri Matisse de kunstenaarsbeweging Les Fauves op, die gebruik maakte van expressieve kleuren.*

Schrijvers in Frankrijk

Standbeeld van Baudelaire

Schrijvers en intellectuelen hebben in Frankrijk altijd in hoog aanzien gestaan. De Académie Française is een van de meest prestigieuze Franse instellingen en telt 40 leden. De meesten van hen zijn schrijvers die zich over nationale gebeurtenissen hebben uitgelaten en die soms ook openbare functies hebben bekleed. Het werk van veel Franse schrijvers is onlosmakelijk verbonden met hun geboortegrond. Behalve hun literaire kwaliteiten zijn hun romans dus ook een unieke inleiding tot de kenmerken van de streek.

De roman

Velden in Beauce, waar de roman *La terre* van Zola zich afspeelt

De eerste grote Franse schrijver was Rabelais, in de 16de eeuw. Hij was een onstuimige, levenslustige satiricus *(blz. 285)*. De 19de eeuw was de gouden eeuw voor de Franse roman. Balzac met zijn weidse beeld van de contemporaine samenleving, Stendhal die de kwetsbaarheid van de ambitie bekritiseerde in *Le rouge et le noir* en Victor Hugo die episch werk als *Les misérables* schreef, waren bekende auteurs, evenals George Sand, die nieuw terrein betrad met romans als *La mare au diable*, een geïdealiseerd verslag van het boerenleven. In dezelfde eeuw schreef Flaubert zijn meesterwerk *Madame Bovary*, een studie van provincialisme en valse romantiek. In contrast daarmee schreef Zola *Germinal*, *La terre* en andere romans over het leven onderaan de sociale ladder.

Marcel Proust combineerde in zijn lange romancyclus *A la recherche du temps perdu* poëtische herinneringen aan zijn jeugd met een schets van de gegoede kringen.

Marcel Proust, schrijver van *A la recherche du temps perdu*

Het huis van Colette in Bourgogne

Ook anderen hebben over hun jeugd geschreven, zoals Alain-Fournier in *Le grand Meaulnes* en Colette in *La maison de Claudine*.

Na de Eerste Wereldoorlog onstond een nieuw type roman. Jean Giono met *Que ma joie demeure* en François Mauriac met het meesterlijke *Thérèse Desqueroux* onderzochten de invloed van het landschap op de aard van de mens. Mauriac schreef over de eenzame, geestelijke strijd, een onderwerp dat George Bernanos eveneens aansneed in *Journal d'un curé de campagne*. De vrijdenker André Gide was een andere toonaangevende schrijver van het Interbellum. Hij schreef onder andere *La porte étroite* en het autobiografische *Si le grain ne meurt*. De laatste 40 jaar hebben Alain Robbe-Grillet en anderen een stijl ontwikkeld die wel de Nouveau Roman wordt genoemd. Hierbij zijn karakter en plot ondergeschikt aan een gedetailleerde beschrijving.

Van *Les Misérables* van Victor Hugo werd een musical gemaakt

Toneel

De drie klassieke toneelschrijvers van de Franse literatuur, Racine, Molière en Corneille, leefden in de 17de eeuw. Molière nam in zijn komedies de ijdelheid en zwakheid van de mens op de hak, Corneille en Racine schreven hooggestemde tragedies in versvorm. Hun 18de-eeuwse opvolgers waren Marivaux, schrijver van romantische komedies, en Beaumarchais, wiens *Barbiere de Siviglia* en *Le nozze di Figaro* later beroemde opera's werden. De toneelstukken van Victor Hugo waren de hoogtepunten van de 19de eeuw. De bekendste 20ste-eeuwse toneelschrijvers zijn Jean Anouilh, auteur van filosofische komedies en Jean Genet, die het establishment bekritiseerde. In de jaren zestig verrichtten Eugene Ionesco uit Roemenië en Samuel Beckett uit Ierland pionierswerk voor het absurdistische toneel. De experimentele toneelgezelschappen floreren.

Molière, de 17de-eeuwse toneelschrijver

Dichtkunst

De eerste grote Franse dichter was Ronsard. In de 16de eeuw schreef hij sonnetten over de natuur en over de liefde. In het begin van de 19de eeuw dichtte Lamartine over dezelfde onderwerpen. Het werk van Baudelaire *(Les fleurs du mal)* en Rimbaud *(Le bateau Ivre)*, later in de 19de eeuw geschreven, werd aanstootgevend geacht. Frédéric Mistral won in 1904 de Nobelprijs. Hij schreef in het Provençaals. Paul Valéry wordt beschouwd als de grootste dichter van de 20ste eeuw. Zijn werk is filosofisch van aard.

Sartre en De Beauvoir in het restaurant La Coupole, Parijs, 1969

Filosofie

Vele toonaangevende filosofen van de Europese humanistische traditie komen uit Frankrijk. Een van de eersten was, in de 16de eeuw, Montaigne. Hij was een gedreven moralist en verhief het essay tot kunstvorm. Na hem kwamen Descartes, de meester van de logica, en Pascal. De 18de eeuw bracht twee belangrijke filosofen voort. Voltaire was de absolute liberaal en Rousseau pleitte voor een terugkeer naar het natuurlijke leven. In de 20ste eeuw schreven auteurs als Sartre, De Beauvoir en Camus romans met een sterk filosofische inslag. Sartre leidde in de vroege jaren veertig in Parijs de existentialistische beweging met zijn roman *La nausée* en zijn verhandeling *L'être et le néant*. *L'étranger* van Camus was al even invloedrijk. Barthes en Foucault behoorden tot de structuralisten die na het existentialisme kwamen. In de jaren zeventig en tachtig zetten hun ideeën de toon in het Parijse intellectuele milieu.

Romans van Albert Camus, winnaar van de Nobelprijs in 1957

Buitenlandse schrijvers

Veel buitenlandse schrijvers hebben in Frankrijk inspiratie opgedaan, van Petrarca in Avignon in de 14de eeuw tot Goethe in de Elzas in 1770 en 1771. Veel Engelse schrijvers trokken naar de Rivièra, onder wie Somerset Maugham, Katharine Mansfield en Graham Greene. In 1919 opende de Amerikaanse Sylvia Beach de eerste Shakespeare and Company-boekwinkel in Parijs. Zij was in 1922 de eerste uitgeefster van *Ulysses*, het meesterwerk van James Joyce.

Hemingway met Sylvia Beach en vrienden, Parijs 1923

Romaanse en gotische architectuur in Frankrijk

Frankrijk is bijzonder rijk aan middeleeuwse architectuur, van kleine romaanse kerkjes tot enorme gotische kathedralen. Tegen het einde van de Middeleeuwen, in de 11de eeuw, leefde de romaanse bouwkunst op. Deze was gebaseerd op de Romeinse architectuur met dikke muren, ronde bogen en zware gewelven. Franse architecten werkten dit verder uit, hetgeen in de 13de eeuw tot de Gotiek leidde. De ontdekking van spits- en luchtbogen maakte de aanleg van hogere bouwwerken mogelijk.

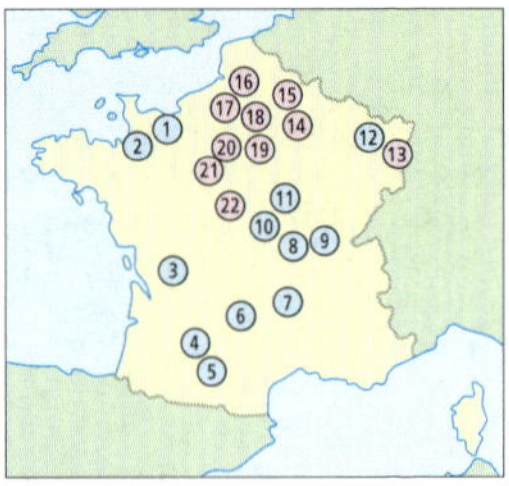

Oriëntatiekaart

(1) *Romaanse abdijen en kerken*

(13) *Gotische kathedralen*

Romaanse kenmerken

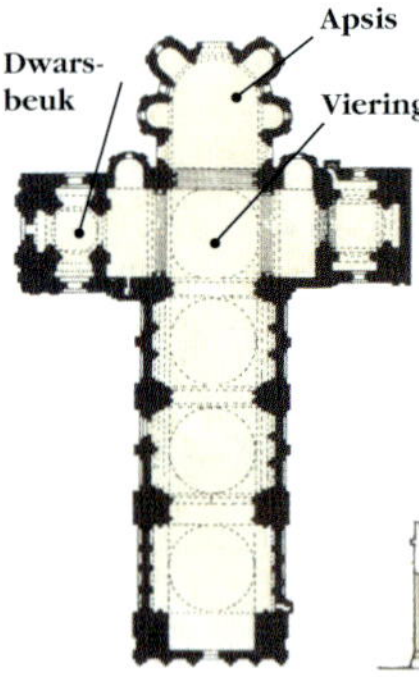

***Het grondplan in Angoulême**, een kruis met een ronde apsis, is kenmerkend voor de romaanse bouwkunst.*

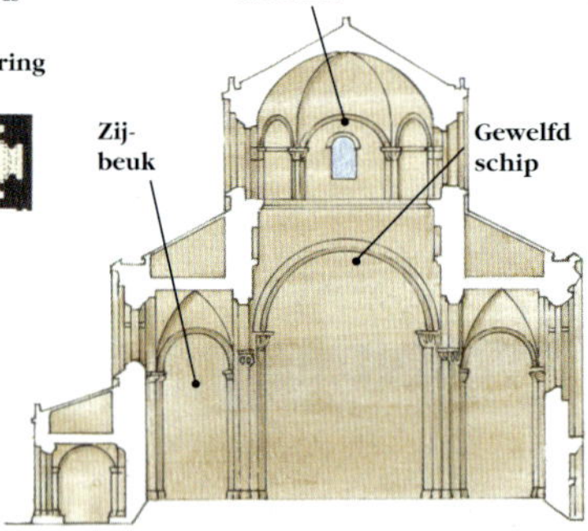

***Een dwarsdoorsnee van de Notre-Dame** in Le Puy toont het hoge tongewelf, ronde bogen en lagere zijbeuken. Het licht valt binnen door vensters in de zijbeuken en door ramen in de middelste toren.*

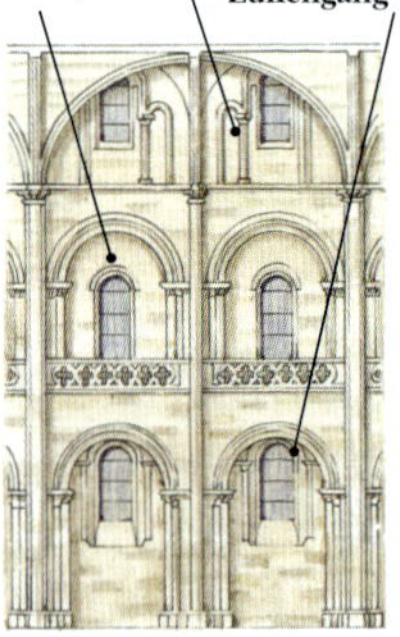

***De dikke muren** van het schip van de St-Etienne dragen drie verdiepingen met bogen, een gaanderij en een lichtbeuk.*

Gotische kenmerken

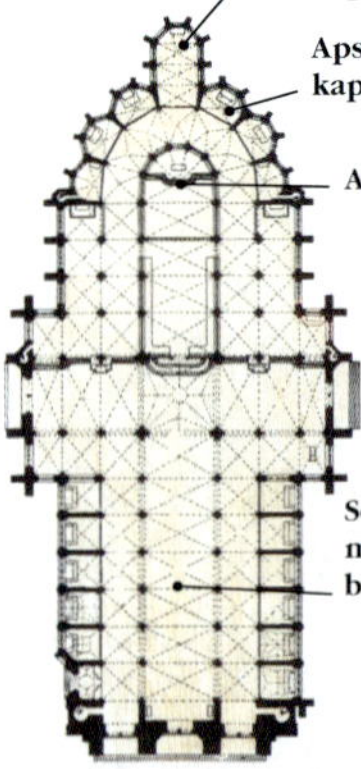

***Het grondplan in Amiens** toont een schip en apsis, omgeven door een ononderbroken rij kapellen.*

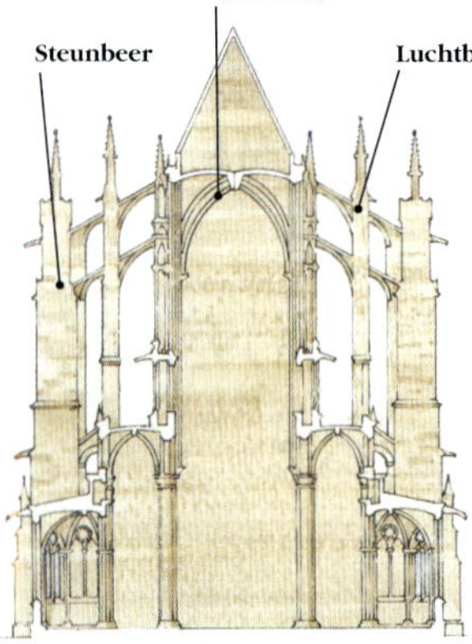

***Een dwarsdoorsnee van de kerk in Beauvais** maakt duidelijk hoe het schip door de steun van luchtbogen zo duizelingwekkend hoog kon worden.*

***Spitsbogen** verdroegen meer druk, waardoor men grotere ramen kon maken, zoals hier in Reims.*

Waar vindt u romaanse bouwwerken

① St-Etienne, Caen *blz. 244*
② Mont-St-Michel, Normandië *blz. 248*
③ St-Pierre, Angoulême *blz. 409*
④ Notre-Dame, Le Puy *blz. 355*
⑤ St-Pierre, Moissac *blz. 432-433*
⑥ St-Sernin, Toulouse *blz. 436-437*
⑦ Ste-Foy, Conques *blz. 356-357*
⑧ Sacré-Coeur, Paray-le-Monial *blz. 335*
⑨ St-Philibert, Tournus *blz. 334*
⑩ St-Etienne, Nevers *blz. 328*
⑪ Ste-Madeleine, Vézelay *blz. 326-327*
⑫ Marmoutier, Saverne *blz. 223*

Waar vindt u gotische bouwwerken

⑬ Notre-Dame, Straatsburg *blz. 221*
⑭ Notre-Dame, Reims *blz. 202-203*
⑮ Notre-Dame, Laon *blz. 195*
⑯ Notre-Dame, Amiens *blz. 192-193*
⑰ St-Pierre, Beauvais *blz. 190*
⑱ St-Denis, Ile-de-France *blz. 162*
⑲ Sainte-Chapelle, Parijs *blz. 80-81*
⑳ Notre-Dame, Parijs *blz. 82-83*
㉑ Notre-Dame, Chartres *blz. 298-301*
㉒ St-Etienne, Bourges *blz. 303*

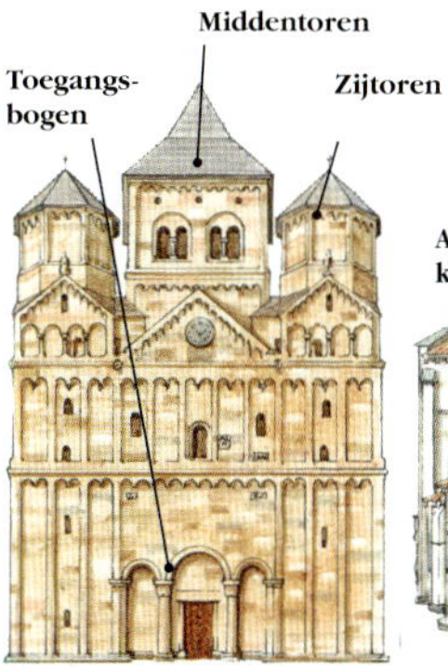

De westgevel van de abdij in Marmoutier *met zijn toren, smalle ramen en kleine ingang geeft de kerk het aanzien van een vesting.*

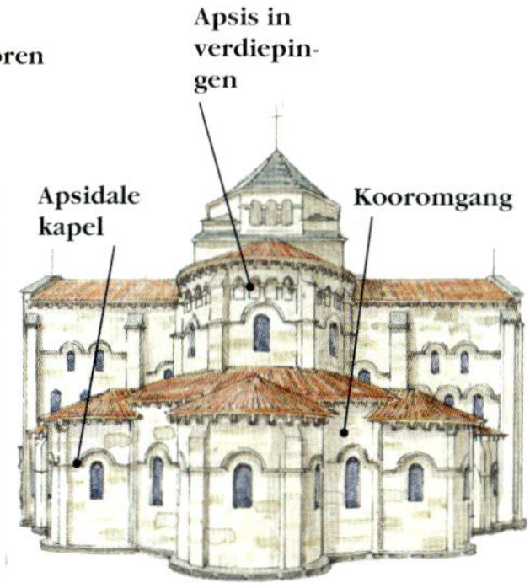

De oostkant van de kerk in Nevers *toont de ronde apsis, omgeven door een halfronde kooromgang en kapellen. De kapellen werden toegevoegd om ruimte te scheppen voor meer altaars.*

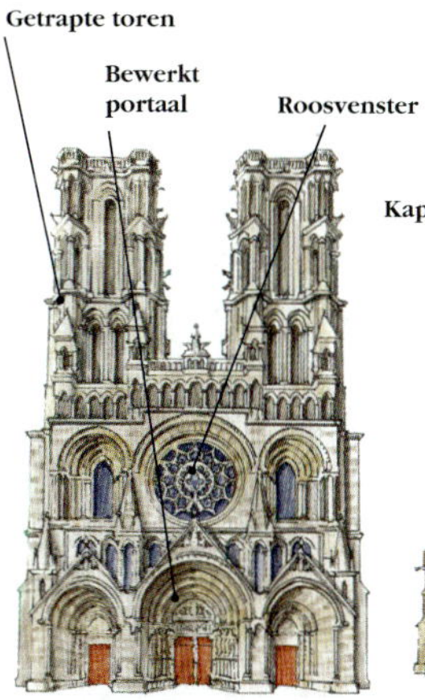

De westgevel van de kerk in Laon *heeft decoratieve portalen en een voor de Gotiek kenmerkend roosvenster.*

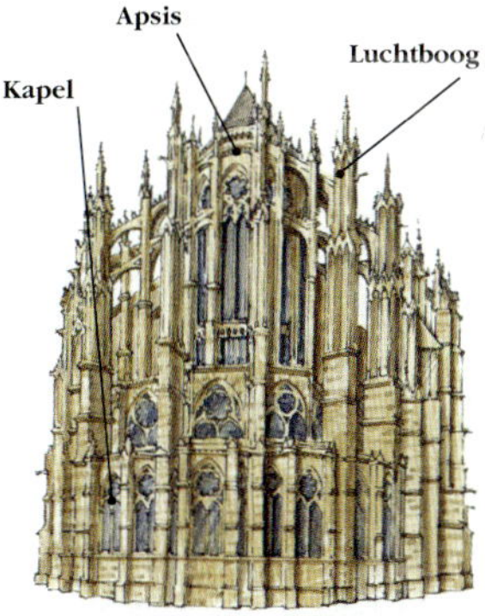

De kathedraal in Beauvais*, met zijn ranke luchtbogen met pinakels, is de Gotiek op zijn mooist.*

Gebruikte termen

Basiliek: vroege kerkbouw met twee beuken en een door ramen in de lichtbeuk verlicht schip.

Lichtbeuk: rij ramen die het schip van boven belicht.

Roosvenster: rond raam, vaak glas-in-lood.

Steunbeer: metselwerk ter ondersteuning van een muur.

Luchtboog: boogvormige ondersteuning die het gewicht van een muur verdeelt.

Portaal: monumentale, veelal bewerkte toegang tot een gebouw.

Timpaan: decoratief bewerkt deel van een muur boven deur of raamkozijn.

Gewelf: boogvormig plafond.

Dwarsbeuk: twee vleugels van een kruisvormige kerk, loodrecht op het schip.

Viering: deel waar schip en dwarsbeuk elkaar kruisen.

Lantaarn: torentje, vaak met koepel, waardoor het interieur wordt verlicht.

Triforium: verdieping tussen zuilengang en lichtbeuk.

Apsis: nisvormige sluiting van een kerk.

Kooromgang: beuk rond oostelijk deel van kerk, achter altaar om.

Zuilengang: rij bogen en zuilen.

Kruisgewelf: door uitstekende stenen ribben gesteund gewelf.

Gargouille: karikaturaal beeldhouwwerk, vaak waterspuwer.

Maaswerk: gebeeldhouwd stenen patroon in gotisch raamkozijn.

Flamboyante Gotiek: Laatgotische stijl met vlamvormig vulwerk.

Kapiteel: bovenkant van zuil, vaak met beeldhouwwerk.

Plattelandsarchitectuur

Franse boerderijen zijn van het materiaal dat het land voortbrengt: steen, klei of hout. De bouwstijlen zijn even divers als het land zelf, van puntdaken met platte tegels in het noorden tot bijna platte, met pannen gedekte daken in het zuiden. Desondanks kan de Franse boerenwoning grofweg in drie categorieën worden verdeeld: het *maison bloc*, met huis en bijgebouwen onder één dak; het hoge huis, waarin boven wordt gewoond en beneden vee gehouden of wijn bewaard; en de boerenhoeve met binnenplaats.

Raam met luiken in de Elzas

De chalet *is vooral te zien in de Jura, de Alpen en de Vogezen. 's Winters wonen zowel de mensen als dieren in het* maison bloc*. Openingen tussen de planken van de gevel zorgen dat er frisse lucht bij de op zolder opgeslagen oogst kan komen. Via een aarden wal achter het gebouw kunnen wagens de zolder bereiken. Veel zolders beschikken ook over een dorsvloer.*

Vakwerkhuizen *zijn karakteristiek voor Normandië, de Elzas, Champagne, Picardië, Les Landes en Baskenland. Het houtwerk is opgevuld met leem en vlechtwerk, een enkele keer ook met baksteen. In de schikking van de kleinere stutten herkent men de plaatselijke stijl en deze is van streek tot streek verschillend.*

Het hoge huis *komt men vooral in het zuidoosten tegen. Dit soort huizen is meestal van steen met een trap aan de buitenkant en een veranda op de eerste verdieping. Op de begane grond wordt de wijn opgeslagen of huist het vee. In hoge huizen in de Lotvallei zit vaak ook een duiventil.*

Deze lange gebouwen zijn de oudste vorm van het maison bloc, *waarbij het gezin en het vee ieder aan één kant van het gebouw zijn ondergebracht. Vroeger was de hele ruimte één grote kamer. In Bretagne zijn er aparte deuren voor stal en huis. Pas in de 19de eeuw ging men over tot het bouwen van een scheidsmuur tussen de twee delen.*

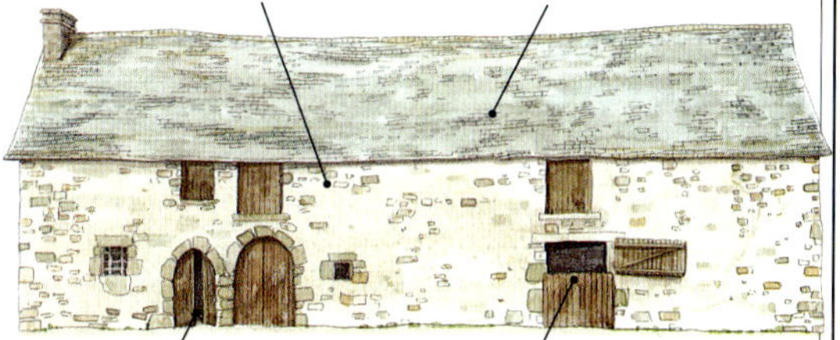

***Het woord** mas verwijst meestal naar een Provençaalse boerderij. In de Camargue en de Crau wordt hiermee een ook wel 'agglomeratie' genoemde schapenboerderij aangeduid: de bijgebouwen staan met elkaar in verbinding en zijn allemaal van ongelijke hoogte. Ook hier is vaak een duiventil.*

Muur van kiezels en baksteen

Vakwerk en baksteen

Geperst leem, grint en stro: *pisé*

Zongedroogde adobestenen

Kiezels in kalkcement

Baksteen, vuursteen en kalk

MUREN

Kalksteen, graniet, zandsteen en kiezelstenen waren de materialen voor muren. Als er geen steen was, gebruikte men klei om de houten raamwerken te dichten, waardoor vakwerkhuizen ontstonden. Een andere mogelijkheid was een mengsel van leem, grind en stro *(pisé)*, dat met behulp van *banchange*, een bewerkingsproces, in blokken werd geperst. Men gebruikte ook wel adobe (zongedroogde steen), maar baksteen was vrij zeldzaam omdat de bereiding ervan heel kostbaar was. Muren werden meestal aangesmeerd met cement.

Platte, zandkleurige terracotta pannen

Dakpannen (Vlaanderen en Picardië)

Kleien pannen (het Zuiden)

DAKBEDEKKING

In het noorden zijn de daken steil en spits, zodat het regenwater er gemakkelijk afloopt. In het zuiden zijn ze bedekt met kleien pannen en lopen minder steil af om te voorkomen dat de pannen gaan schuiven.

Agenda van Frankrijk

De Fransen zijn zich door hun boerentraditie zeer bewust van de seizoenen en vanwege het zachte klimaat kunnen de meeste festiviteiten buitenshuis worden gevierd. Herdenkingen, bijvoorbeeld die van de Bestorming van de Bastille (14 juli), worden luister bijgezet met *fêtes*. Cultuurliefhebbers komen aan hun trekken op talloze festivals, van het grootschalige theaterfestival in Avignon tot kleine dorpsfeesten. Grote sportevenementen, zoals de Tour de France, zijn een belangrijk ijkpunt op de jaarkalender. Het hele jaar door zijn er festivals ter ere van bepaalde soorten eten en wijn.

Formule I-wedstrijd door de straten van Monaco

Voorjaar

Het buitenleven begint in Frankrijk in het voorjaar en de zonnige terrasjes stromen weer vol. Met Pasen zijn er veel katholieke processies en concerten van religieuze muziek. Van de vele evenementen in dit seizoen is het filmfestival van Cannes in mei het bekendst.

Maart

Vijflanden-rugbytoernooi, Parc des Princes, Parijs.
Tinta' Mars *(de hele maand)*, Langres. Cabaret- en musicalvoorstellingen.
Montbéliard Chocoladefeest *(meestal in de tweede week)*.
Internationale sledehondenwedstrijden *(tweede week)*, Chamrousse.
Jazzfestival Grenoble *(18-27 maart)*.
Salon de Mars *(laatste week)*, Champ de Mars. Belangrijkste kunst- en antiekmarkt van Parijs.
Wijnverkoop van de Hospices *(laatste weekeinde)*, Nuits-St-Georges.
Muzikale bloemenshow *(eind maart-mei)*, Epinal.

Rugbybal

La Bravade, processie ter ere van H. Tropez in St-Tropez

April

Rouwprocessies Goede Vrijdag Sartène *(blz. 533)*, Perpignan *(blz. 474)* en in de Stille Week overal in het land.
Passiespelen *(Pasen)*, naspelen van de kruisiging, overal in Frankrijk.
Lentefestival Bourges *(derde week, blz. 303)*.
Europa Jazzfestival *(laatste twee weken)*, Le Mans. Jonge jazzmusici van over de hele wereld komen hier optreden.
Internationale paardrijwedstrijden *(laatste week)*, Saumur.
Internationale beurs Parijs *(eind apr-eerste week mei)*, Parc des Expositions, Parijs. Vrijetijds- en kunstbeurs.
Jeanne d'Arc-festival *(eind apr-begin mei)*, Orléans *(blz. 302)*.

Voorjaarsasperges

Mei

Asperge-oogst, vooral in het Loiredal.
Internationale Grand Prix van Monaco *(weekeinde na Hemelvaartsdag, blz. 520)*.

Orolon-Ste-Marie akkerbouwbeurs *(1 mei, blz. 445).*
Internationale marathon Parijs *(medio mei)*, van Place de la Concorde naar Château de Vincennes.
La Bravade *(16-18 mei)*, St-Tropez *(blz. 506).*

Filmfestival Cannes *(tweede en derde week).*
Internationale zeilweek *(derde week)*, La Rochelle.
Zigeunerpelgrimstocht *(24-26 mei)*, Stes-Maries-de-la-Mer *(blz. 500).*
Festival d'Amiens *(laatste week).* Jazz en world music op vele locaties.

De kudden worden op traditionele wijze naar de zomerweiden gebracht

Fête de Transhumance *(eind mei).* Kudden worden naar hun weiden gebracht.
Nîmes Feria *(eind mei)*, stieregevechten en straatmuziekfestival *(blz. 486).*
Grandes Eaux Musicales *(mei-okt, zondagen)*, Versailles. Klassieke muziek bij het château.

Zomer

Het Franse vakantieseizoen begint half juli en begin september keert iedereen weer terug *(la rentrée).* Kustplaatsen, jachthavens en kampeerterreinen zijn 's zomers stampvol. Elk dorp heeft een *fête* en er zijn festivals en sportevenementen.

Juni

Open Franse tenniskampioenschappen *(laatste week mei-eerste week juni)*, Stade Roland Garros, Parijs.
Internationaal muziekfestival Straatsburg *(tot juli).*
Puy-du-Fou *(juni-sept)*, 18de-eeuws dorp tot leven gebracht in het park bij Les Epesses, Vendée.
24 uur van Le Mans *(derde weekeinde, blz. 281).*
Rozenshow *(21 juni)*, Bois de Boulogne, Parijs.
Fête de St-Jean *(24 juni)*, Overal muziek en vuurwerk.
Festival La Tarasque *(laatste week)*, Tarascon *(blz. 497).*

's Zomers bloeien de rozen

Juli

Festival Aix *(de hele maand)*, Aix-en-Provence *(blz. 501).*
Theaterfestival Avignon *(de hele maand, blz. 493).*
Eté Girondin *(tot aug).* Jazzconcerten in heel Aquitanië *(zie blz. 411).*

Stieregevecht in Mont-de-Marsan

Tombées de la Nuit *(eerste week)*, Rennes. Kunstfestival.
Troménie *(11 juli)*, Locronan. Processie van boetelingen *(blz. 263).*
Festival Comminges *(medio juli-eind aug, blz. 452).*
Middeleeuws festival Foix *(medio juli-medio aug, blz. 453).*
JVC Grand Parade du Jazz *(medio juli)*, Nice.
Mont-de-Marsan Feria *(derde week).* Stieregevechten en muziek *(blz. 415).*
Internationaal Jazzfestival *(tweede helft)*, Antibes en Juan-les-Pins *(blz. 511).*
Festival Sète *(tweede en derde week, blz. 482).*
Tour de France *(eerste drie weken).* De finish heeft plaats op de Champs-Elysées, Parijs.

Wielrenners tijdens de slotetappe van de Tour de France

Vakantiegangers op een van de overvolle stranden in Cannes aan de Côte d'Azur

Augustus

Vakantiepiek *(1-15 aug).*
Pelgrimstochten naar Lourdes *(Palmzondag-15 aug, blz. 449).*
Internationaal orgelfestival *(juli-sept)*, in de kathedraal van Chartres.
Pablo Casals-festival *(eind juli-medio aug)*, Prades *(blz. 470).*
Fête de la Véraison *(eerste of tweede weekeinde)*, middeleeuws feest van de fruitoogst, Châteauneuf-du-Pape *(blz. 494).*
Lavendelparade *(eerste of tweede weekeinde)*, Digne *(blz. 507).*
Interkeltisch festival *(tweede week)*, Lorient *(blz. 405).*
'Feria'-Stieregevecht *(medio aug)*, Dax *(blz. 415).*
St-Jean-Pied-de-Port-Basque Fête *(medio aug, blz. 444).*
Son et lumière-voorstellingen (klank- en lichtspel) in vele historische gebouwen, op 15 augustus vuurwerk.
Internationaal Sardana-festival *(derde weekeinde)*, Céret *(blz. 472).*

Deelnemer theaterfestival Avignon

Herfst

In de wijnstreken is de druivenpluk een aanleiding voor veel vrolijkheid en vrijwel elk dorp heeft zijn eigen wijnfeest. Als de nieuwe wijn in november klaar is, wordt dat opnieuw gevierd. Vervolgens breekt het jachtseizoen aan. In het zuidwesten jaagt men ook met netten op kleine trekvogels, vaak tot woede van natuurbeschermers.

Feest bij de installatie van nieuwe ridders in het Hospice de Beaune

September

Festival de l'Ile de France *(weekeinden, tot medio okt).* Klassieke en jazzconcerten.
Kathedraalfestival van Picardië *(medio sept)*, klassieke concerten.
'Musicades' *(eerste twee weken)*, Lyon. Klassieke concerten.
Le Puy 'Roi de l'Oiseau', *(derde week)*, renaissancistisch festival *(blz. 355).*
Oogstfeesten, in de wijnstreken.

Oktober

Jazzfestival Parijs, de hele maand zijn er concerten.
Pottenbakkersfestival *(eerste weekeinde)*, Lyon.
Prix de l'Arc de Triomphe *(eerste zondag)*, paarderace op Longchamp, Parijs.
Espelette rode pe-perfestival *(laatste weekeinde, blz. 443).*
Walnotenseizoen, in de hele Périgord.

Cello

November

Internationaal eet- en wijnfestival van Dijon *(eerste twee weken).* Gastronomische beurs.
Appelfestival *(medio nov)*, Le Havre.
Wijnverkoop en Les Trois Glorieuses *(derde weekeinde)*, Beaune *(blz. 336).*
Truffelseizoen *(tot maart)*, Périgord, Quercy en Provence.

WINTER

Kerstkrans

Met Kerstmis wordt in de kerken in heel Frankrijk het kerstspel opgevoerd. Overal vinden beurzen en markten plaats. In de Alpen en Pyreneeën en zelfs in de Vogezen en het Massif Central wordt volop geskied. In Vlaanderen en Nice wordt de Vasten voorafgegaan door carnaval.

DECEMBER

Internationale skiwedstrijden voor mannen *(medio dec)*, Val d'Isère. De belangrijkste skiwedstrijd.

JANUARI

Muziekfestival van Château de Toiry *(het hele jaar)*, allerlei soorten muziek.
Muziekseizoen van Abbaye de Fontevraud *(tot juni, blz. 284)*.

Een skiër op de hellingen van de Franse Alpen

Een nagebouwde Taj Mahal op het Citroenfestival in Menton

Rally van Monte-Carlo *(meestal medio jan, blz. 520)*.
Carnaval van Limoux *(tot maart)*.

FEBRUARI

Découvertes *(eerste week)*, Grand Palais. Tentoonstelling voor jonge kunstenaars.
Citroenfestival *(medio febr-maart)*, Menton *(blz. 519)*.
Carnaval en bloemencorso van Nice *(eind febr-begin maart, blz. 516)*.
Internationaal Jazzfestival *(medio-eind febr)*, Cannes.

Het bloemencorso is onderdeel van het carnaval in Nice

Herdenking van de Bestorming van de Bastille bij de Arc de Triomphe

OFFICIËLE FEESTDAGEN

Nieuwjaarsdag (1 jan)
Paaszondag en -maandag
Hemelvaartsdag (zesde donderdag na Pasen)
Pinkstermaandag (tweede maandag na Hemelvaartsdag)
Dag van de Arbeid (1 mei)
Bevrijdingsdag (8 mei)
Bestorming van de Bastille (14 juli)
Maria Hemelvaart (15 aug)
Allerheiligen (1 nov)
Wapenstilstandsdag (11 nov)
Kerstmis (25 dec)

Het Franse klimaat

Frankrijk heeft een gevarieerd en overwegend gematigd klimaat. Het noordwesten staat onder invloed van de Atlantische Oceaan, waarbij westelijke zeewinden voor vochtigheid en zachte winters zorgen. In het oosten heerst een landklimaat: heldere, koude winters en warme, turbulente zomers. Het Middellandse-Zeeklimaat zorgt in het zuiden voor hete, droge zomers en zachte winters.

Parijs en Ile de France

maand	apr	juli	okt	jan
°C	14.5	24	16	6.5
°C	6.5	15	9.5	2
	6 uur	8 uur	4.5 uur	2 uur
	50 mm	58 mm	55 mm	55 mm

Gemiddelde maandelijkse maximumtemperatuur

Gemiddelde maandelijkse minimumtemperatuur

Gemiddeld aantal uren zon per dag

Gemiddelde neerslag per maand

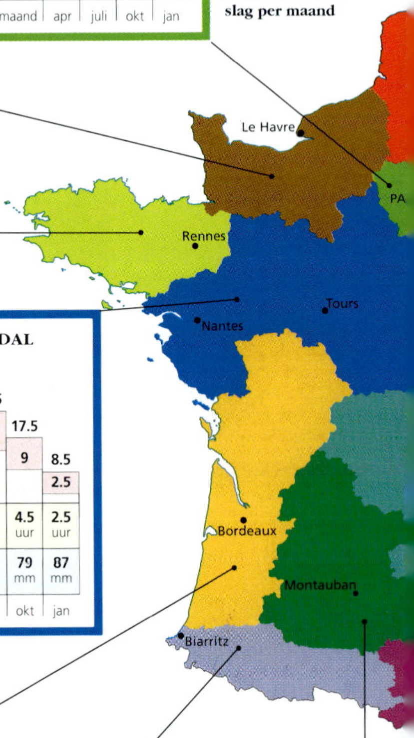

Normandië

maand	apr	juli	okt	jan
°C	13	21.5	16	7.5
°C	5	12.5	8	2
	5.5 uur	7 uur	4 uur	2 uur
	46 mm	48 mm	68 mm	64 mm

Loiredal

maand	apr	juli	okt	jan
°C	15	24.5	17.5	8.5
°C	6	14	9	2.5
	6 uur	8.5 uur	4.5 uur	2.5 uur
	50 mm	46 mm	79 mm	87 mm

Bretagne

maand	apr	juli	okt	jan
°C	14.5	24	17	8
°C	5.5	13	8.5	2
	6 uur	8 uur	4.5 uur	2 uur
	44 mm	39 mm	62 mm	63 mm

Poitou en Aquitanië

maand	apr	juli	okt	jan
°C	16.5	26	19	9.5
°C	6.5	14.5	9	2.5
	6.5 uur	9 uur	5.5 uur	2.5 uur
	72 mm	47 mm	88 mm	100 mm

Pyreneeën

maand	apr	juli	okt	jan
°C	15	25	19	10
°C	5	13.5	7.5	0.5
	5 uur	7.5 hrs	5.5 uur	3.5 uur
	98 mm	62 mm	78 mm	93 mm

Périgord, Quercy en Gascogne

maand	apr	juli	okt	jan
°C	16.5	27	19	8.5
°C	6	14.5	9	2
	6 uur	9 uur	4.5 uur	2.5 uur
	60 mm	50 mm	57 mm	66 mm

Het Noorden en Picardië

maand	apr	juli	okt	jan
°C	13	22	15	5
°C	4.5	12.5	7.5	0.5
zon	5.5 uur	6.5 uur	3.5 uur	1.5 uur
neerslag	48 mm	60 mm	64 mm	51 mm

Champagne

maand	apr	juli	okt	jan
°C	14	24	15.5	5
°C	4	12	6.5	(-0.5)
zon	5.5 uur	7.5 uur	4 uur	1.5 uur
neerslag	43 mm	52 mm	52 mm	44 mm

Elzas-Lotharingen

maand	apr	juli	okt	jan
°C	14.5	25	15	3.5
°C	4.5	13.5	6.5	(-1.5)
zon	5.5 uur	7.5 uur	3 uur	1.5 uur
neerslag	48 mm	57 mm	43 mm	33 mm

Bourgogne en Franche-Comté

maand	apr	juli	okt	jan
°C	14.5	25.5	15.5	4
°C	5	14	7	(-1)
zon	6 uur	8.5 uur	4 uur	1.5 uur
neerslag	52 mm	51 mm	58 mm	59 mm

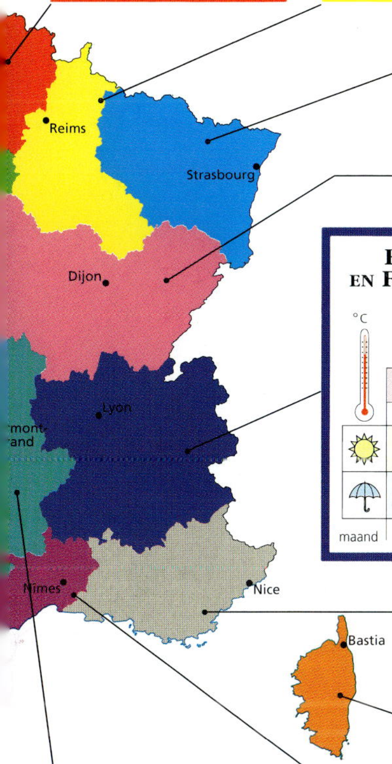

Rhônedal en Franse Alpen

maand	apr	juli	okt	jan
°C	15	26.5	17	6
°C	6	15	8	(-0.5)
zon	6 uur	9.5 uur	4.5 uur	2 uur
neerslag	68 mm	61 mm	80 mm	54 mm

Provence en Côte d'Azur

maand	apr	juli	okt	jan
°C	17	26.5	21	12.5
°C	10	19.5	13	5
zon	7.5 uur	11 uur	6.5 uur	5 uur
neerslag	62 mm	16 mm	108 mm	83 mm

Massif Central

maand	apr	juli	okt	jan
°C	15	25.5	17.5	7
°C	4	13	7	(-0.5)
zon	5.5 uur	8.5 uur	4.5 uur	2.5 uur
neerslag	45 mm	48 mm	51 mm	29 mm

Languedoc-Roussillon

maand	apr	juli	okt	jan
°C	17.5	28.5	20	11
°C	8	17	10.5	2
zon	7.5 uur	11 uur	6 uur	4.5 uur
neerslag	55 mm	20 mm	110 mm	72 mm

Corsica

maand	apr	juli	okt	jan
°C	17.5	28.5	21.5	13.5
°C	8.5	18	12.5	5
zon	7 uur	11 uur	6.5 uur	4.5 uur
neerslag	66 mm	15 mm	107 mm	62 mm

GESCHIEDENIS VAN FRANKRIJK

Frankrijk is het enige land in Europa dat zowel aan de Noordzee als aan de Middellandse Zee grenst, waardoor het aan een enorme diversiteit van culturele invloeden heeft blootgestaan. Hoewel Frankrijk bekend staat om zijn honkvaste boerenbevolking is het ook altijd een smeltkroes geweest. Dat begon al vóór de komst van Keltische Galliërs in de eeuwen voor Christus, en zet zich ook nu nog voort met de grootschalige immigratie uit de landen rond de Middellandse Zee.

De Romeinse verovering onder leiding van Julius Caesar was lang voelbaar, maar vanaf de 4de en 5de eeuw werd het land overspoeld door barbaarse stammen die veel van het Romeinse erfgoed verwoestten.

De *Fleur-de-lys*, het koninklijk embleem

DE VORMING VAN FRANKRIJK

De Capetinger dynastie bracht Frankrijk in de Middeleeuwen stukje bij beetje weer bij elkaar. Het was een periode van grote economische welvaart en een rijk cultureel leven. De pest en de Honderdjarige Oorlog zorgden voor een terugval en de macht van de Capetingers werd ernstig bedreigd door de Bourgondische hertogen. Frankrijk beleefde in de Renaissance wederom een bloeiperiode, gevolgd door de grandeur van de heerschappij van Lodewijk XIV. Tijdens de Verlichting in de 18de eeuw gold de Franse cultuur als een voorbeeld voor heel Europa.

De Revolutie van 1789 maakte een eind aan de absolute monarchie, maar leidde ook tot een instabiliteit die nog altijd kenmerkend voor de Franse politiek is: sinds 1789 heeft Frankrijk vijf republieken, twee keizers en drie koningen gekend, plus de Vichy-regering gedurende de Tweede Wereldoorlog.

De modernisering in de 19de en 20ste eeuw voltrok zich maar langzaam. De spoorwegen, militaire dienst en ingrijpende onderwijshervormingen waren cruciaal bij het scheppen van een eigen identiteit onder de Franse burgers.

In de late 19de en vroege 20ste eeuw werd de Franse politiek beheerst door de rivaliteit met Duitsland. Het traumatische verlies van honderdduizenden burgers in de Eerste Wereldoorlog en de bezetting door Duitsland tussen 1940 en 1944 weerhielden de twee landen er niet van, zich samen vanaf 1945 te ontpoppen als de ruggegraat van de allengs groeiende Europese eenheid.

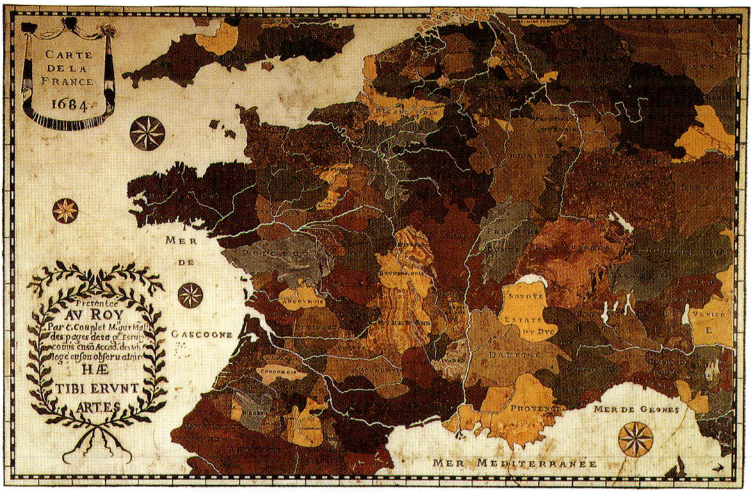

Dit ingelegde marmeren tafelblad toont de grenzen van Frankrijk in 1684

◁ *La République*, een schilderij van Charles Landelle uit 1848

Prehistorisch Frankrijk

Vaas uit de Bronstijd, Bretagne

De vroegste tekenen van menselijk leven in Frankrijk dateren van 2 miljoen jaar geleden. Vanaf ongeveer 40.000 v.C. leidde de *Homo sapiens* een rondtrekkend bestaan als jager-verzamelaar. Rond 6000 v.C., na het einde van de IJstijd, ging de bevolking zich op een vaste plek vestigen en vee houden of land verbouwen. Bewerking van ijzer gaf de mens efficiënter gereedschap en wapens. De IJzertijd wordt vooral geassocieerd met de Kelten, die in de laatste 1000 jaar v.C. uit het oosten het land binnenkwamen. Er ontwikkelde zich een complexere sociale hiërarchie, van strijders, boeren, ambachtslieden en druïden (Keltische priesters).

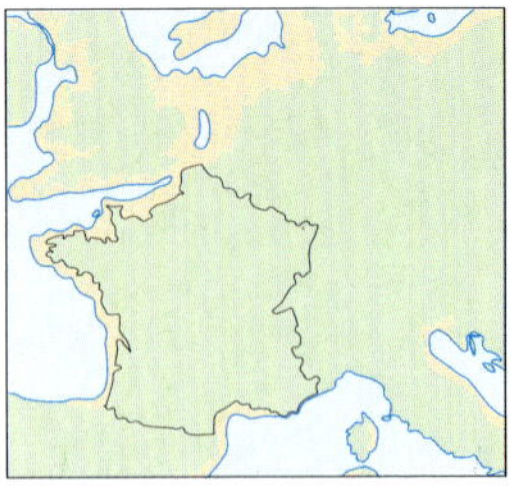

Frankrijk 8000 v.C.

- *Voormalige kustlijn*
- *Huidig landoppervlak*

De stenen van Carnac *(4500-4000 v.C.)* *De functie van deze enorme hoeveelheid megalieten rond Carnac* (blz. 268) *is nog altijd niet duidelijk. Mogelijk werden ze gebruikt bij heidense rituelen of als astronomische kalender.*

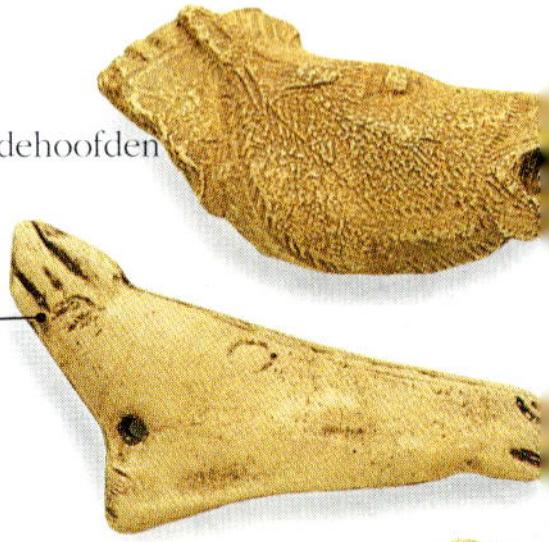

Deze houten paardehoofden komen uit de Pyreneeën en dateren van rond 9000 v.C.

De mammoet, hier uit bot gesneden, was een enorm, dikhuidig dier dat na de IJstijd is uitgestorven.

Cro-Magnon-mens
Deze schedel uit ongeveer 25.000 v.C. werd in 1868 ontdekt bij Cro-Magnon in de Dordogne. Het lichaam van deze mens was groter en steviger dan dat van oudere geraamten en had ook een forser hoofd. De Cro-Magnon-mens week slechts marginaal van de huidige mens af.

Prehistorische kunst

Pas sinds een eeuw wordt de authenticiteit van de grotkunst in Frankrijk erkend. De kunst bestaat uit muurschilderingen en pleisterwerk, maar ook uit allerlei graveringen. De Venusbeeldjes dienden waarschijnlijk rituele en religieuze doelen en hadden geen erotische betekenis.

Tijdbalk

2.000.000 v.C. Vroege hominide samenlevingen

30.000 De man van Cromagnon

Geschilderde stieren in Lascaux

2.000.000 v.C.	30.000	25.000	20.000

400.000 *Homo erectus* ontdekt vuur

28.000 Eerste Venusbeeldjes, waarschijnlijk vruchtbaarheidsgodinnen

Primitief stenen gereedschap

Deur, Roquepertuse
Religie speelde een belangrijke rol in het Keltische leven. De Kelten koesterden afgehakte hoofden, waarschijnlijk van hun vijanden, zoals bij deze deur naar een heiligdom, uit de 3de eeuw v.C., te zien is.

Waar vindt u prehistorisch Frankrijk

De grotschilderingen van Lascaux in de Périgord *(blz. 424)* behoren tot de fraaiste ter wereld. Meer grotschilderingen vindt u in Les Eyzies *(blz. 424-425)*, in de Vallée des Merveilles in de Alpes-Maritimes *(blz. 519)* en in de Grotte du Pech Merle in de Lotvallei *(blz. 428)*. De menhirs bij Filitosa op Corsica *(blz. 532-533)* zijn ongeveer 4000 jaar oud.

Op de grotschilderingen *bij Lascaux (16.000-14.000 v.C.) zijn afbeeldingen van stieren en mammoeten te zien.*

De prooi van een prehistorische jager, een kudde gemzen, is in een bot uitgesneden.

Op dit bewerkte bot, gevonden in Laugerie Basse in de Dordogne, achtervolgt een man met speer een bison.

Koperen bijl *(ongeveer 2000 v.C.)*
Voor de ontdekking van het sterkere en buigzamere brons werkte men met koperen gereedschappen. Later bleek ijzer het sterkste en bruikbaarste metaal te zijn.

Bronzen harnas
In de Brons- en IJzertijd werd veel gevochten. De Keltische Galliërs werden zelfs door de Romeinen geducht. Hun gevechtsbescherming was licht en redelijk effectief. Deze bronzen borstbescherming dateert uit 750-475 v.C.

Dit gestileerde vrouwenfiguurtje is een Venusbeeld, gevonden in Zuidwest-Frankrijk. Het werd rond 20.000 v.C. uit de slagtand van een mammoet gesneden.

15.000 Jagers leven van rondtrekkende kudden mammoeten, neushoorns en rendieren. Kunst vinden we in de grotten van Lascaux en Val Camonica/Mont Bego

7000-4500 Neolithische revolutie: akkerbouw, megalieten en menhirs

600 Griekse kolonie in Marseille. Luxe goederen uit het Middellandse-Zeegebied worden geruild voor tin, koper, ijzer en slaven. Vroege stedelijke ontwikkeling

15.000 | **10.000** | **5000**

10.000 Einde van de IJstijd. Meer streken worden bewoonbaar

10.000-6000 Mammoeten verdwijnen en de jagers moeten het nu hebben van dieren uit het bos, zoals wild zwijn en oeros

1200-700 In het brons- en ijzertijdperk vallen de Kelten het land binnen

500 Keltische edellieden begraven hun doden met schatten, zoals de Vix-schat *(zie blz. 324)*

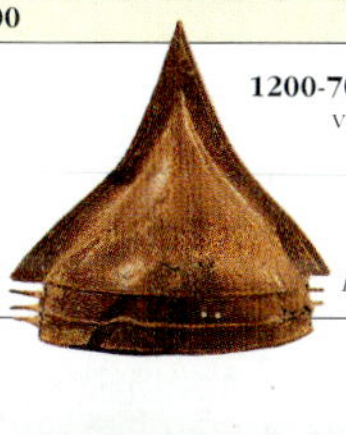

Keltische helm

Romeins Gallië

Romeins mozaïek in Vienne

Het zuidelijke deel van het huidige Frankrijk werd rond 125 v.C. door de Romeinen geannexeerd. De rest van Gallië werd in de Gallische Oorlogen (58-51 v.C.) door Julius Caesar onderworpen. Het ging Gallië voor de wind: de contacten tussen de gebiedsdelen waren intensief, in de steden werden baden en amfitheaters aangelegd en op het platteland werden grote buitenverblijven gebouwd. In de 3de eeuw n.C. richtten Germaanse stammen grote vernielingen aan en tegen de 5de eeuw hadden zij zich over heel Gallië verspreid.

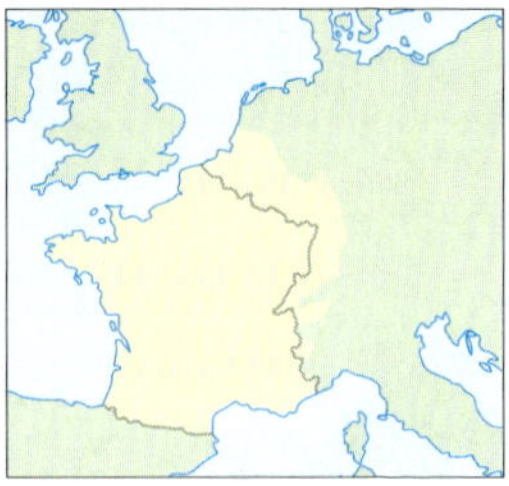

FRANKRIJK IN 58 V.C.

Romeins Gallië

Het Romeins Dolce Vita
Materiële zaken en luxe speelden bij de Romeinen een grote rol en wijnteelt raakte wijd verspreid. Dit 19de-eeuwse schilderij van Couture laat zien hoe de Romeinse decadentie in zijn tijd werd gezien.

Vercingetorix
De Keltische leider Vercingetorix was de grootste opponent van Caesar. Dit bronzen standbeeld staat in Alise-Sainte-Reine (blz. 324)*, de laatste stelling van de Galliërs in 51 v.C.*

Keizer Augustus, die als een levende god werd beschouwd, werd bij dit altaar vereerd.

LA TURBIE

De Romeinse Senaat richtte dit indrukwekkende monument vlak bij Monaco in 6 v.C. op ter ere van Augustus' overwinning op de Alpenstammen in 14-13 v.C. Het door plunderingen ernstig gehavende monument werd in 1935 gedeeltelijk gerestaureerd.

TIJDBALK

125-121 v.C. Romeinse kolonisatie van Zuid-Gallië

31 v.C. Augustus stelt grenzen van drie Gallische gebieden vast *(Gallia Celtica, Gallia Aquitania, Gallia Belgica)*

Augustus

200 v.C. | **100** | **0** | **100 n.C.**

Julius Caesar

58-51 v.C. De Gallische Oorlogen onder Julius Caesar leiden tot de stichting van Romeins Gallië

52-51 v.C. Opstand onder Vercingetorix

16 v.C. Maison Carrée in Nîmes gebouwd *(blz. 486-487)*

43 n.C. Lugdunum (Lyon) wordt hoofdstad van heel Gallië

Dansend meisje *De Keltische kunst werd niet wezenlijk beïnvloed door de Romeinse naturalistische idealen. Dit bronzen beeldje van een jonge vrouw is in de 1ste of 2de eeuw gemaakt.*

Waar vindt u Gallo-Romeins Frankrijk

Overal in Frankrijk zijn Gallo-Romeinse overblijfselen, de meeste daarvan staan in de Provence. Behalve La Turbie *(blz. 519)* is er het Romeinse amfitheater in Arles *(blz. 475)* en het theater en de triomfboog in Orange *(blz. 492)*. Elders zijn de ruïnen in Autun in Bourgogne *(blz. 329)*, de Temple d'Auguste et Livie in Vienne *(blz. 372)*, Les Arènes in Nîmes *(blz. 486-487)* en fragmenten van Vesunna in Périgueux *(blz. 424)* hoogtepunten.

Les Arènes in Nîmes *uit het einde van de 1ste eeuw is nog altijd in gebruik.*

Emaillen broche *Deze Gallo-Romeinse broche dateert uit de tweede helft van de 1ste eeuw v.C.*

Op het oorspronkelijke monument werd een standbeeld van Augustus geplaatst.

De 44 stammen die door Augustus werden onderworpen, staan vermeld op een inscriptie, met een opdracht aan de keizer.

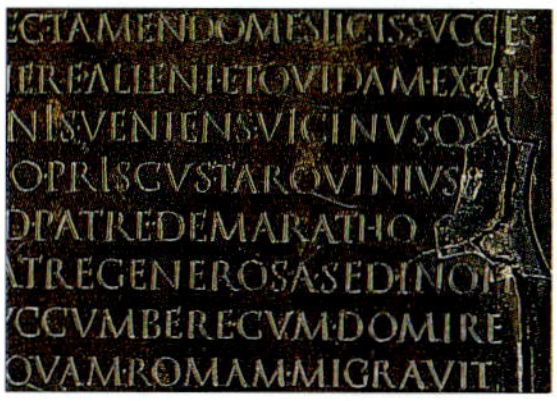

De tabletten van Claudius *In 48 kregen de Galliërs dank zij keizer Claudius van de Senaat volwaardig Romeins staatsburgerschap. De Galliërs legden deze gebeurtenis vast op stenen tabletten die in Lyon werden gevonden.*

Keizer Augustus *Augustus was de eerste Romeinse keizer (27 v.C.-14 n.C.). Hij steunde de Pax Romana, een vrede waardoor de Galliërs zich cultureel konden ontwikkelen.*

Sainte Blandine

177 Eerste terechtstelling van christelijke martelaren in Lyon. Sainte Blandine wordt voor de leeuwen geworpen, haar wordt echter geen haar gekrenkt

360 Julianus, prefect van Gallië, benoemd tot keizer van het Romeinse Rijk. Lutetia krijgt een nieuwe naam: Parijs

200 | **300** | **400**

275 Eerste Germaanse inval

313 Constantijn, de eerste christelijke keizer, erkent het christendom officieel als godsdienst

406 Frankische en Germaanse stammen vestigen zich in Gallië na invallen uit het oosten

476 Afzetting van de laatste Romeinse keizer betekent het einde van het West-Romeinse Rijk

Het kloosterleven

Gouden kelk uit 9de eeuw

Op de instorting van het Romeinse Rijk volgde een periode van instabiliteit. Noch onder de Frankisch-Merovingische (486-751), noch onder de Karolingische (751-987) dynastie kende het land politieke rust. In deze turbulente periode zorgde de Kerk voor een element van continuïteit. De kloosters waren centra voor christelijke geleerden en kunstenaars en hielpen zo met het herstellen van de waarden van de oude wereld. Zij droegen ook bij aan de ontwikkeling van de akker- en wijnbouw. Sommige kloosters vergaarden grote macht.

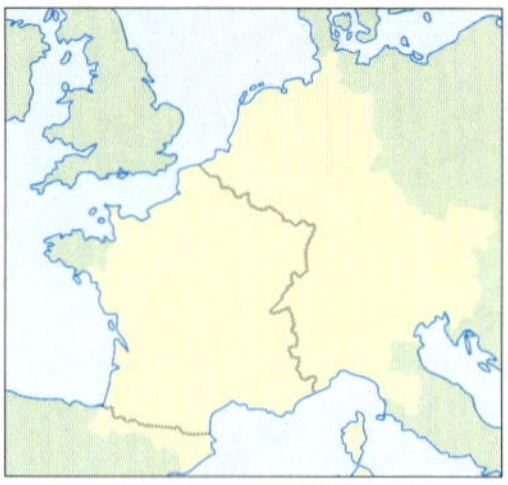

Frankrijk in 751

Karolingische wijk

Karel de Grote *(742-814)*
Karel de Grote was de belangrijkste Karolingische vorst. Hij was volstrekt alleenheerser over zijn rijk. Hij had een groot charisma, maar kon lezen noch schrijven.

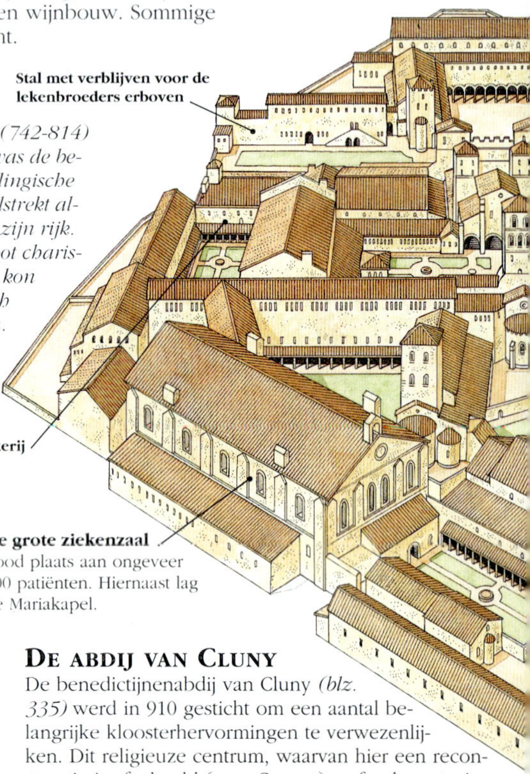

De grote ziekenzaal bood plaats aan ongeveer 100 patiënten. Hiernaast lag de Mariakapel.

H. Benedictus
Deze heilige stelde de Regel van Benedictus op volgens welke monniken leefden.

De abdij van Cluny

De benedictijnenabdij van Cluny *(blz. 335)* werd in 910 gesticht om een aantal belangrijke kloosterhervormingen te verwezenlijken. Dit religieuze centrum, waarvan hier een reconstructie is afgebeeld (naar Conant), oefende grote invloed uit op honderden kloosters in heel Europa.

Tijdbalk

481 Frankische leider Clovis wordt de eerste Merovingische koning

507 Parijs wordt de hoofdstad van Frankisch koninkrijk

ca. 590 H. Colombanus brengt Iers kloosterleven naar Frankrijk

732 Slag bij Poitiers: Karel Martel weerstaat Arabische invasie

500 — 600 — 700

496 Clovis, Frankisch koning, tot het christendom bekeerd

628-637 Dagobert I, de laatste echte Merovingische heerser, brengt tijdelijk eenheid in het Frankisch koninkrijk

Dagobert I

751 Pepijn wordt de eerste Karolingische koning

Doop van Clovis
De Frankische leider Clovis bekeerde zich als eerste barbaarse heerser tot het christendom. Hij werd in 496 in Reims gedoopt.

WAAR VINDT U HET FRANSE KLOOSTERLEVEN

In Bourgogne zijn nog cisterciënzer-abdijen zoals Fontenay *(blz. 322-323)*. Van Cluny is weinig over, maar er zijn nog wel wat fraaie kapitelen te bewonderen *(blz. 335)*. De beste manier om wat van het Franse kloosterverleden te proeven, is om de middeleeuwse pelgrims naar Santiago de Compostela te volgen *(blz. 390-391)*. Deze weg leidt langs Vézelay *(blz. 326-327)*, Le Puy *(blz. 354-355)*, Conques *(blz. 358-359)*, Moissac *(blz. 432-433)* en St-Sernin in Toulouse *(blz. 436-437)*.

Kapitelen in Cluny

Kunst in het klooster
In scriptoria wijdden talentvolle kunstenaars zich aan de nauw luisterende kunst van het illustreren en overschrijven van manuscripten voor de bibliotheek.

Werken in het klooster
Cisterciënzer monniken stonden bekend om hun toewijding bij handarbeid, zoals akkerbouw en het maken van wijn en likeur.

Karolingische soldaten

800 | 900 | 1000

800 Kroning Karel de Grote tot keizer van het Heilige Romeinse Rijk

843 Verdrag van Verdun: verdeling van het Karolingische Rijk in drie delen, waaronder West Francia

910 Stichting benedictijnenklooster in Cluny

987 Hugo Capet, eerste Capetinger heerser

1066 Verovering van Engeland door Normandiërs

1077 Tapijt van Bayeux

1096 Eerste Kruistocht

Willem de Veroveraar bestuurt zijn schip; tapijt van Bayeux

Gotisch Frankrijk

Strijdende ridders in de Middeleeuwen

De Gotiek, het beste te zien in de kathedralen *(blz. 28-29)*, ontstond in de 12de eeuw. Dit was een periode van groeiende welvaart en een in toenemende mate dominante monarchie. De Franse en Bourgondische hoven *(blz. 333)* schreven in Europa de mode en etiquette voor. *Chansons des gestes* (heldengedichten) beschreven de hoofse gebruiken; troubadours brachten ze ten gehore.

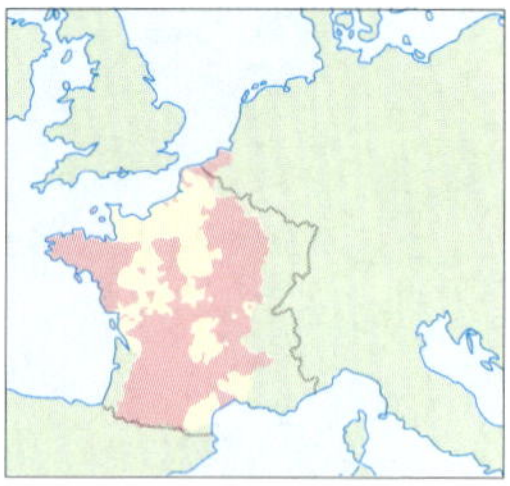

Frankrijk in 1270

Koninklijk grondgebied

Ander leengoed

Ciborium van Alpais
Alpais, een 12de-eeuwse goudsmid uit Limoges, maakte dit ciborium voor hosties voor de Heilige Communie.

Hoofse liefde
Ridders stelden zich naar hoofs gebruik ten dienste van een ideale, maar onbereikbare dame. Hoffelijkheid en romantiek deden hun intrede in kunst en muziek.

Spoel waarmee stenen worden opgehesen

De koning had, samen met de architect, de supervisie over de bouw van de kathedraal.

Lakengilderaam
De textielhandel profiteerde van de welvaart in de steden. Op dit gebrandschilderde raam in een kerk in Semur-en-Auxois (blz. 325) *zijn wolwassers afgebeeld.*

Tijdbalk

ca. 1100 Eerste editie van het heldendicht *Chanson de Roland*

1115 H. Bernardus sticht de cisterciënzer-abdij in Clairvaux

1117 Geheim huwelijk van de geleerde Abelard en studente Héloise. Haar oom, kanunnik Filibert, is tegen en dwingt Abelard monnik te worden. Héloise wordt non

1120 Herbouw van de abdij van St-Denis; ontstaan van de gotische stijl

1154 Hendrik Plantagenet, hertog van Anjou, wordt koning van Engeland en als Hendrik II de eerste vorst van het Anglo-Normandische Angevijnse rijk

1180-1223 Heerschappij van Filips August

1100 | 1125 | 1150 | 1175

Koning Filips August, die de fleur-de-lys als embleem nam

De kruistochten
Om het Heilige Land op de Turken te heroveren ondernam Filips August de derde Kruistocht (1189), met Richard Leeuwenhart van Engeland en de keizer van het Heilige Roomse Rijk, Frederik Barbarossa.

Eleonora van Aquitanië

Eleonora, hertogin van Aquitanië, was een vrouw met een sterke wil. Zij was mede verantwoordelijk voor het conflict tussen Engeland en Frankrijk. In 1137 trouwde zij met Lodewijk VII van Frankrijk met wie zij aan een kruistocht deelnam. Na thuiskomst werd hun huwelijk in 1152 ontbonden. Ze trouwde met Hendrik van Anjou en bleef hertogin van Aquitanië. Twee jaar later eiste Hendrik met succes de troon van Engeland op. Aquitanië kwam bij het Engelse rijk.

***Eleonora van Aquitanië** en Hendrik II in Fontevraud* (blz. 284)

Kantachtig beeldhouwwerk sierde de façades van de gotische kathedralen.

Steenhouwers hakten de steen ter plekke.

H. Bernardus *(1090 1153)*
H. Bernardus was een sleutelfiguur voor de cisterciënzers en raadsman van de paus. Hij predikte uiterste soberheid.

Heilige relikwie
In de Middeleeuwen had vrijwel elke kerk ten minste één relikwie van een heilige. Deze cultus leverde pelgrims en rijkdom voor de kerk op.

De bouw van een kathedraal

In welvarende handelssteden bouwde men torenhoge gotische kathedralen naar revolutionaire ontwerpen. Voorbeelden hiervan staan in Chartres *(blz. 192-193)* en Amiens *(blz. 298-301)*. De onwaarschijnlijke hoogte en lichtheid van deze bouwwerken getuigden van geloof en welvaart.

Lodewijk IX op zijn sterfbed

1226 Lodewijk IX tot koning gekroond

1270 Lodewijk IX sterft in Tunis tijdens de achtste Kruistocht

1305 Pausen vestigen zich in Avignon

1200 | 1225 | 1250 | 1275 | 1300

1214 Slag bij Bouvines. Filips August vangt aan met het verdrijven van de Engelsen uit Frankrijk

1259 Normandië, Maine, Anjou en Poitou op Engeland heroverd

1285 Kroning Filips de Goede

1297 Heiligverklaring van Lodewijk IX

De Honderdjarige Oorlog

Openbare terechtstelling, uit 14de-eeuwse kroniek van Froissart

Tijdens de Honderdjarige Oorlog (1337-1453) streed Engeland met Frankrijk om heerschappij over Franse gebieden. Naast oorlogsschade was er hongersnood en werd de Zwarte Dood van 1348 gevolgd door een verwoestende epidemie van builenpest. Het scheelde niet veel of Frankrijk was opgedeeld tussen de Engelse koning en de hertog van Bourgondië. In 1429-1430 droeg de jeugdige Jeanne d'Arc bij aan de ommekeer van het Franse lot en een generatie later waren de Engelsen uit Frankrijk verdreven.

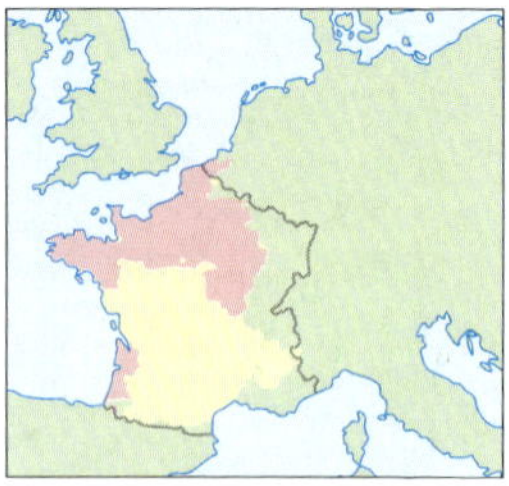

Frankrijk in 1429

Frankrijk

Engels bezit

Strijders
Mannen werden onder meer soldaat om de buit. De Franse en de Engelse legers stroopten het land af, ten koste van de plattelandsbevolking.

Engelen met trompetten kondigen Het Laatste Oordeel aan.

De uitverkorenen staan op uit hun graf en worden de hemel binnengeleid.

De Zwarte Dood
De epidemie van 1348-1352 kostte 4 à 5 miljoen mensen, ongeveer 25 procent van de Franse bevolking, het leven. Wegens het ontbreken van medicijnen vertrouwde men op het gebed en heilige processies.

Tijdbalk

1328 Filips VI, eerste koning van Valois

1337 Begin van de Honderdjarige Oorlog

1346 Slag bij Crécy: Engelsen verslaan de Fransen

Slachtoffers van de pest

1348-1352 De Zwarte Dood

1356 Franse nederlaag in de Slag bij Poitiers

1358 Opstand van burgers in Parijs onder leiding van Etienne Marcel. Boerenopstand in Noord-Frankrijk

14de-eeuwse vl... menwerpe...

1325 | 1350 | 1375

Middeleeuwse geneeskunst *De stand van de sterren werd geacht een grote invloed te hebben op aardse omstandigheden zoals de gezondheid. Een op de dierenriem gebaseerde diagnose werd dan ook betrouwbaar geacht. Aderlaten werd als therapie bij allerlei ziekten toegepast.*

De Engelse handboog *De koninklijke troepen vochten tegen Engeland, maar de Franse hertogen begunstigden beide partijen beurtelings met hun steun. Uitblinkers tijdens de verwarrende gevechten waren de Engelse boogschutters. Hun handbogen zorgden voor chaos onder de bereden Franse ridders.*

Christus als opperrechter met naast hem engelen die de attributen van de lijdensweg dragen.

Aartsengel Michaël, met prachtige pauweveren, draagt de balans der rechtvaardigheid. De zondaars zijn zwaarder dan de uitverkorenen.

Johannes de Doper wordt vergezeld door de twaalf apostelen en de in het blauw geklede Maagd Maria.

De vervloekten vallen met verwrongen gezicht in de hel.

Het Laatste Oordeel

Met oorlog, epidemieën en hongersnood om zich heen vreesden veel mensen dat het einde van de wereld nabij was. Religieuze schilderijen, zoals dit 15de-eeuwse altaarstuk van Rogier van der Weyden in het Hôtel-Dieu in Beaune *(blz. 336-337)*, geven de morele gedrevenheid van deze tijd goed weer.

Aanval op de ketterij *De algehele ontreddering leidde tot antisemitische pogroms en verbranding van vermeende ketters op de brandstapel.*

1400

1411 *Les Très Riches Heurs du Duc du Berry*, gebedenboek door Paul en Jean de Limbourg *(blz. 194)*

1415 Slag bij Azincourt. Hendrik V van Engeland verslaat de Fransen

1419 Karel VI van Frankrijk wijst Hendrik V van Engeland aan als erfgenaam

1425

1429 Tussenkomst Jeanne d'Arc; Karel VII tot koning gekroond

1431 Jeanne d'Arc door de Engelsen als heks op de brandstapel omgebracht

1450

1453 Einde Honderdjarige Oorlog. Alleen Calais blijft in Engelse handen

Jeanne d'Arc

Frankrijk in de Renaissance

Gemaskerde luitspeler

Als gevolg van de Franse invasie van Italië in 1494 verspreidden de idealen van de Italiaanse Renaissance zich ook in Frankrijk. Onder Frans I bereikte de Renaissance zijn hoogtepunt. Hij had talent voor de letteren en kunst, maar ook voor sport en oorlogvoeren. Hij nodigde Italiaanse kunstenaars als Leonardo en Cellini aan zijn hof uit en hield van de dubbelzinnige verhalen van Rabelais. De Italiaanse Catharina de' Medici (1519-1589) had grote invloed aan het hof. Zij was weduwe van Hendrik II en via haar zonen Frans II, Karel IX en Hendrik III had zij veel macht. Zij speelde een belangrijke rol in de godsdienstoorlogen (1562-1593) tussen de katholieken en de protestanten.

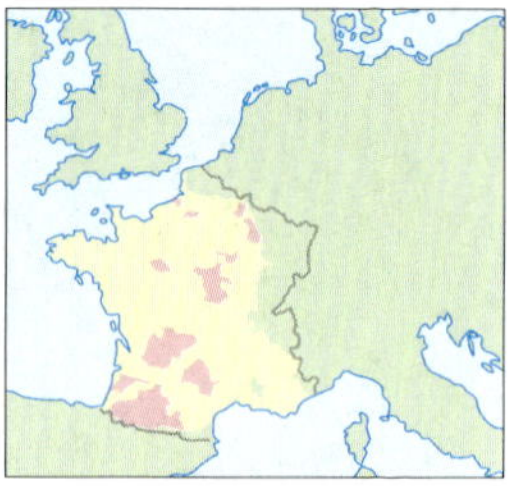

FRANKRIJK IN 1527

- *Koninklijk grondgebied*
- *Ander gebied*

Galerie François I, Fontainebleau
De kunstenaars van Fontainebleau mengden de late Italiaanse renaissancestijl met Franse elementen.

De macht achter de troon
Catharina de' Medici domineerde de Franse politiek.

De hoektorens zijn een gotisch kenmerk die door de lichte Italiaanse toets ook decoratief worden.

AZAY-LE-RIDEAU

Azay is een van de mooiste kastelen aan de Loire. Men begon in 1518 met bouwen *(blz. 286)*. De Italiaanse invloeden zijn duidelijk. Het kasteel had meer een recreatieve dan een militaire functie.

TIJDBALK

1470 Eerste drukpers in Frankrijk

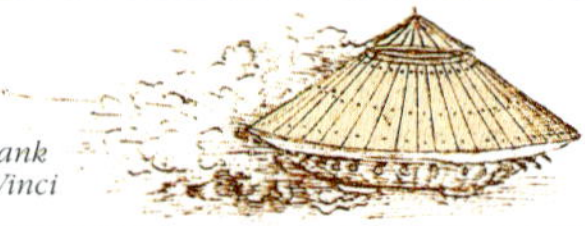

Prototype van een tank door Leonardo da Vinci

1477 Definitieve nederlaag hertogen van Bourgogne, die tussen Frankrijk en Duitsland een middenrijk wilden stichten

1494-1559 Frankrijk en Oostenrijk strijden om Italiaans gebied in Italiaanse oorlogen

1515 Frans I bestijgt troon

1519 Leonardo da Vinci sterft in de armen van Frans I aan het Franse hof in Amboise

1536 *Christianae religio-nis Institutio* van Calvij[n] leidt tot nieuwe vorm van protestantism[e]

Gouden munt met fleur-de-l[ys] en de sala[mander v]an Frans I

1470 | 1480 | 1490 | 1500 | 1510 | 1520 | 1530

Gouden pomander
Pomanders bevatten zoetgeurende kruiden zoals amber en kaneel. Ze werden gedragen om vieze geuren, waarvan men dacht dat deze de pest overbrachten, op afstand te houden.

WAAR VINDT U RENAISSANCISTISCH FRANKRIJK

In Parijs dateren het Place des Vosges *(blz. 87)* en veel kerken uit de Renaissance. Langs de Loire en in Bourgogne staan 16de-eeuwse kastelen waaronder Chenonceau *(blz. 288-289)* en Tanlay *(blz. 321)*. Salers *(blz. 353)* is een vrijwel onaangetast renaissance-stadje. In het oude centrum van Toulouse *(blz. 436)* staan veel elegante renaissance-paleizen.

***Deze baard** staat in de kamer van Frans I in Château de Chenonceau.*

Balzaal met Vlaamse wandtapijten

De trap werd, naar Italiaans idee, recht in een trappehuis in plaats van spiraalvormig aangelegd.

De rode kamer

Frans I en de Italiaanse invloed
Frans I, die hier De heilige familie *uit 1518 van Raphael ontvangt, verzamelde in Fontainebleau Italiaanse kunst. Michelangelo, Leonardo en Titiaan behoorden tot zijn favorieten.*

Nieuw Frankrijk
De Franse zoektocht naar koloniën begon in 1534 met de expeditie van Cartier naar Canada (zie blz. 272).

1559 Verdrag van Cateau-Cambrésis maakt einde aan Italiaanse oorlogen

1572 Protestanten afgeslacht in de Bartholomeüsnacht in Parijs

1589 Hendrik III vermoord. Hugenoot Hendrik IV wordt eerste Bourbonse koning van Frankrijk

1598 Edict van Nantes: protestantisme getolereerd

1608 Stichting Quebec

540 | 1550 | 1560 | 1570 | 1580 | 1590 | 1600

39 Het Edict van Villers terets bepaalt dat Frans officiële taal wordt

1562 Begin godsdienstoorlogen tussen katholieken en protestanten

Bloedbad in de Bartholomeüsnacht

1593 Hendrik IV wordt katholiek en maakt einde aan godsdienstoorlogen

De Gouden Eeuw

Embleen van de Zonnekoning

Na afloop van de godsdienstoorlogen begon een tijdperk van enorme Franse invloed en macht. De kardinaal-ministers Richelieu en Mazarin maakten de weg vrij voor de absolute monarchie van Lodewijk XIV. Deze periode was ook in artistieke zin een gouden tijd voor Frankrijk, hetgeen blijkt uit de enorme barok-bouwwerken, toneelstukken van Molière en Racine en de muziek van Lully. Versailles *(blz. 164-167)* werd gebouwd onder Lodewijks minister van financiën Colbert. De prijs van het paleis en de vele oorlogen bracht het land in grote financiële problemen.

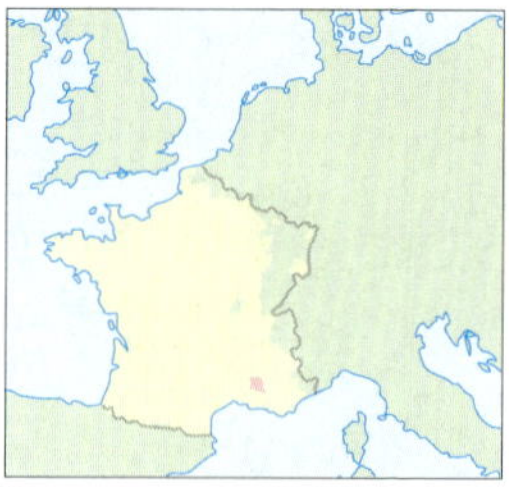

Frankrijk in 1661

- *Koninklijk grondgebied*
- *Avignon (pauselijke enclave)*

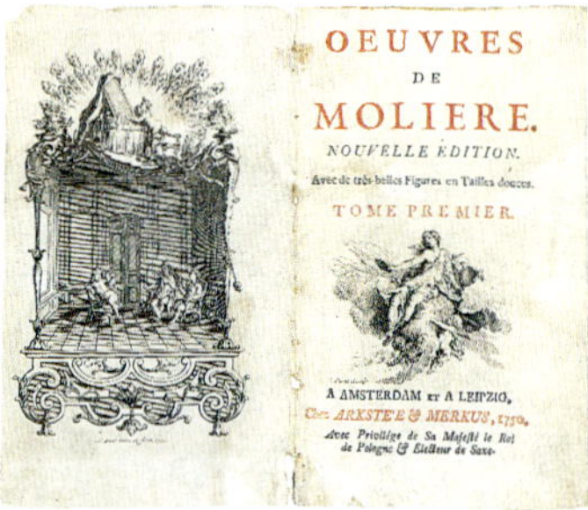

Molière *(1622-1673)*
Acteur-toneelschrijver Molière voerde vele toneelstukken op voor Lodewijk XIV en zijn hof, hoewel enkele van zijn satires werden verboden. Na zijn dood ontstond uit zijn gezelschap het Franse staatstoneel, de Comédie Française.

Madame de Maintenon
In 1684, na de dood van zijn eerste vrouw Maria-Theresia, trouwde Lodewijk in het geheim met zijn minnares, de 49-jarige Mme De Maintenon.

Madame (getrouwd met Monsieur) als Flora

Monsieur, de broer van de koning

De zonnekoning en zijn gezin
Lodewijk XIV meende door God op de troon te zijn geplaatst. Hij liet deze allegorische voorstelling in 1665 door hofschilder Jean Nocret maken. De koning verschijnt als de zonnegod Apollo.

Tijdbalk

Kardinaal Richelieu

1610-1617 Maria de' Medici regent voor Lodewijk XIII

1617 Lodewijk XIII komt op 17-jarige leeftijd op de troon

1624 Kardinaal Richelieu wordt de belangrijkste minister

1631 *La Gazette*, de eerste Franse krant, wordt opgericht

1634 Stichting van het literair genootschap Académie Française

1635 Richelieu betrekt Frankrijk actief bij de Dertigjarige Oorlog

1637 Descartes publiceert *Over de methode*

1642-1643 Dood van Lodewijk XIII en kardinaal Richelieu. Lodewijk XIV en Mazarin nemen hun posities over

1648-1652 De Fronde: Franse burgeroorlogen

1610 | 1620 | 1630 | 1640 | 1650

Getijdenboek van Lodewijk XIV
Na een levenslustige en losbandige jeugd werd Lodewijk gaandeweg religieuzer. Zijn Getijdenboek *(1688-1693) is te zien in het Musée Condé* (blz. 195).

Koninklijke bruiloft
Lodewijk XIII en Anna van Oostenrijk trouwden in 1615. Na zijn dood werd Anna regent voor de jonge Lodewijk XIV, met kardinaal Mazarin als minister.

Barok beeldje
De koninklijke luister kwam ook in de kunst tot uiting. Deze Christusfiguur is van jaspis. Het voetstuk is versierd met vergulde cherubijnen.

Lodewijk XIV als Apollo

Anna van Oostenrijk als Kybele

Grande Mademoiselle, het nichtje van de koning, als Diana

De dauphin (de zoon van de koning)

Koningin Maria-Theresia als Juno

WAAR VINDT U ARCHITECTUUR UIT DE GOUDEN EEUW

In Parijs: het Hôtel des Invalides *(blz. 110)*, de Dôme des Invalides *(blz. 111)*, het Palais du Luxembourg *(blz. 122-123)*. Het Château van Versailles *(blz. 164-167)* is het monument bij uitstek van deze periode. Aan al deze luister herinnert ook het weelderige Palais Lascaris in Nice *(blz. 518)* en de Corderie Royale in Rochefort *(blz. 407)*. In dezelfde periode bouwde de militaire architect Vauban zijn citadels, zoals Neuf-Brisach *(blz. 216)*.

Versailles' *interieur is een goed voorbeeld van de Barok.*

Toneelschrijver Jean Racine (1639-1699)

1661 Dood Mazarin: Lodewijk XIV wordt zijn eigen eerste minister

1662 Colbert, minister van financiën, hervormt staatsfinanciën en economie

1680 Oprichting Comédie Française

1682 Koninklijk hof verhuist naar Versailles

1685 Herroeping Edict van Nantes van 1598: protestantisme verboden

1686 Opening Café Procope (eerste koffiehuis van Parijs)

1689 Lodewijk XIV start grote oorlogen

1709 Laatste grote hongersnood in Frankrijk

1660 | 1670 | 1680 | 1690 | 1700

17de-eeuws kanon

Verlichting en Revolutie

Terechtstelling Lodewijk XVI

De nieuwe definitie van de plaats der mensheid in de natuur door de filosofen Voltaire en Rousseau betekende een rechtstreekse uitdaging voor de oude aristocratie. Hun essays werden in heel Europa en zelfs in de Amerikaanse koloniën gelezen. De staatsschuld liep echter hoog op. De sociale onrust die dat veroorzaakte, vond zijn hoogtepunt in de Revolutie van 1789. Onder het motto 'Vrijheid, gelijkheid en broederschap' hadden de hervormingen in de nieuwe republiek grote invloed op de rest van Europa.

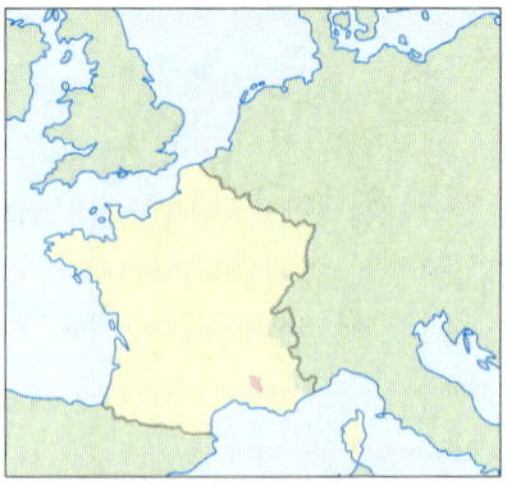

Frankrijk in 1789

Koninklijk Frankrijk

Avignon (pauselijke enclave)

Voltaire *(1694-1778)*
Voltaire schreef talrijke essays en de roman Candide. *Door zijn felle kritiek moest hij soms naar het buitenland vluchten.*

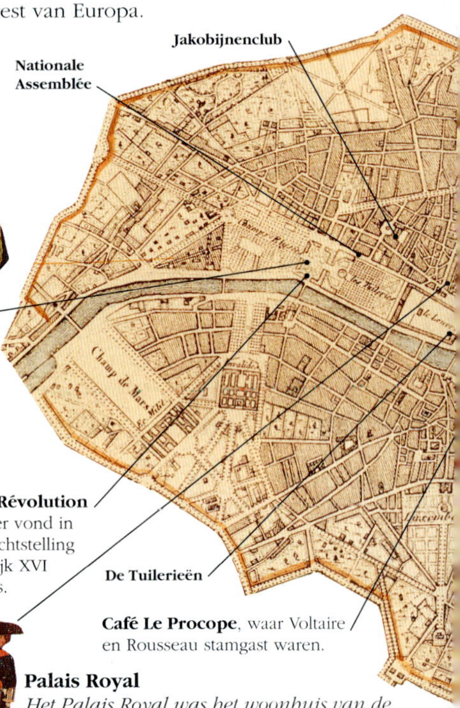

Jakobijnenclub

Nationale Assemblée

De guillotine
Dit beruchte werktuig werd in 1792 geïntroduceerd als humaan alternatief voor de manieren waarop voordien de doodstraf werd voltrokken.

Place de la Révolution *(blz. 94)*; hier vond in 1793 de terechtstelling van Lodewijk XVI plaats.

De Tuilerieën

Café Le Procope, waar Voltaire en Rousseau stamgast waren.

Palais Royal
Het Palais Royal was het woonhuis van de hertog van Orléans (blz. 95). *Dit werd vanaf 1789 het brandpunt van revolutionair oproer. Er stonden ook een aantal drukpersen.*

Tijdbalk

1715 Dood van Lodewijk XIV, opvolging door Lodewijk XV

1720 Laatste pestepidemie in Frankrijk: bevolking van Marseille gedecimeerd

De beschermende kleding van een arts tijdens een pestepidemie

1743-1764 Mme de Pompadour, geliefde van Lodewijk XV, steunt tijdens haar hofleven kunstenaars en filosofen

1715 | 1725 | 1735 | 1745 | 175

1751 Verschijning eerste deel *Encyclopaedia* van Diderot

1756-1763 Zevenjarige Oorlog: Frankrijk verliest Canada en andere koloniale bezittingen

Symbolen van de Revolutie
Zelfs behang werd in de jaren negentig van de 18de eeuw in het blauw-wit-rood van de Revolutie gedrukt.

Koningin Marie-Antoinette
Het gedrag van Marie-Antoinette deed de monarchie geen goed. Zij werd in 1793 naar de guillotine geleid.

De Marais, vroeger een aristocratische wijk, raakte na de Revolutie in verval.

Bastille

Parijs en de Revolutie

Vanaf 1789 waren er vele politieke genootschappen in Parijs, zoals de linkse Jakobijnen, en talloze revolutionaire kranten. Het oorlogsdeuntje *La Marseillaise*, geïntroduceerd door vrijwilligers uit het zuiden, was overal te horen.

Waar vindt u 18de-eeuws Frankrijk

Het Palais de l'Elysée uit 1718 *(blz. 104)* is een uitnemend voorbeeld van de 18de-eeuwse Parijse architectuur. Voorbeelden elders in Frankrijk zijn het merkwaardige Saline Royale in Arc-et-Senans *(blz. 340)*, het Grand Théâtre in Bordeaux *(blz. 412)*, de elegante landhuizen in Condom *(blz. 430)* en de koopmanshuizen in Ciboure *(blz. 443)*. Het Château de Laàs in Sauveterre de Béarn is een paradijs vol 18de-eeuwse kunst en meubelen *(blz. 448)*.

***Het Grand Théâtre** in Bordeaux is een goed voorbeeld van de elegante 18de-eeuwse bouwkunst.*

Revolutionaire kalender
De maanden werden genoemd naar de seizoenen. Deze gravure toont Messidor, de oogstmaand.

1768 Annexatie van Corsica

1783 Eerste ballonvaart door gebroeders Montgolfier

1789 Bestorming van de Bastille, begin van de constitutionele monarchie, afschaffing leenstelsel

Maquette van de Bastille

1765 | 1775 | 1785 | 1795

1762 Verschijning *Emile* en *Le contrat social* van Rousseau

1774 Lodewijk XVI bestijgt de troon

1778-1783 Frankrijk helpt de 13 koloniën tijdens Amerikaanse Revolutie

Kiezerskaart voor de Conventie van 1792

1792 Lodewijk XVI afgezet: begin Eerste Republiek

1794 Robespierre afgezet, einde Terreur

Frankrijk onder Napoleon

Légion d'Honneur

In Frankrijk heersten tussen 1800 en 1870 twee generaties Napoleon. Napoleon Bonaparte nam de titel keizer Napoleon I aan. Hij breidde zijn rijk uit over een groot deel van West-Europa en zette zijn broers en zusters op de troon van de veroverde landen. Hij werd in 1814 verslagen, waarna de Bourbons zijn plaats innamen. Na de revolutie van 1830 en de zogenaamde juli-monarchie kwamen de Napoleons in 1848 weer terug. Lodewijk Napoleon, een neef van Napoleon I, werd president van de Tweede Republiek en kroonde zichzelf vervolgens tot keizer Napoleon III. Onder zijn bewind werd Parijs gemoderniseerd en begon de industriële hervorming van Frankrijk.

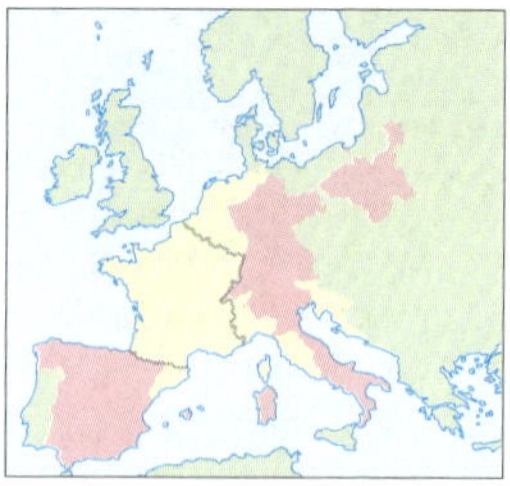

EUROPA IN 1812

Napoleontisch gezag

Afhankelijke staten

Musée du Louvre
Het museum werd in 1792 geopend, maar bloeide pas onder Napoleon op. Hij interesseerde zich persoonlijk voor de collectie en organisatie.

Laurier, kroon van de Romeinse keizers

Napoleon wordt gekroond door Chronos, god van de tijd.

De revolutionaire driekleur bleef onder Napoleon het nationale symbool.

Medaille van het Légion d'Honneur

Keizerlijke insignia
Napoleon I schiep een nieuwe aristocratie die een eigen blazoen mocht dragen. Alleen op zijn eigen wapen mocht een kroon staan. In 1800 nam hij, als ode aan het Romeinse Rijk, de adelaar als symbool.

TIJDBALK

1800 Oprichting Bank van Frankrijk

1801-1803 Verdrag van Amiens brengt tijdelijk vrede in Europa

1802 Légion d'Honneur ingesteld

1803 Hervatting oorlog voor uitbreiding Napoleontisch Rijk

1804 Napoleon tot keizer gekroond. Napoleontische Code Civil ingesteld

Bed van Josephine in Malmaison

1806 Start bouw Arc de Triomphe

1809 Scheiding van Josephine en Napoleon. Zij behoudt Château Malmaison *(blz. 163)*

1814 Napoleon door geallieerden (Engeland, Rusland, Oostenrijk en Pruisen) verslagen en naar Elba verbannen

1815 De 'honderd dagen': Napoleon keert terug van Elba, wordt bij Waterloo verslagen en vervolgens naar St.-Helena verbannen

1800 | 1810 | 1820

Juli-revolutie
Drie dagen strijd beëindigden in 1830 het bewind van de Bourbons.

De Napoleons
In deze denkbeeldige groep staan Napoleon I (zittend), zijn zoon 'Napoleon II' (rechts, heeft nooit geregeerd), Napoleons neef Lodewijk Napoleon (Napoleon III) en diens zoontje.

De Code Civil, opgesteld door Napoleon, is hier afgebeeld als tablet.

Napoleon op veldtocht
Napoleon was een wilskrachtig generaal en hij zou zijn hele regeringsperiode een opmerkelijk militair leider blijven.

Napoleontische luister

Hoewel hij zichzelf een echte revolutionair vond, hield Napoleon van keizerlijke pronk en praal. Een aantal van zijn hervormingen, zoals de Code Civil, het nieuwe onderwijssysteem en de Bank van Frankrijk, waren blijvend.

Empirestijl

In architectuur, meubels, ontwerp en mode waren de Griekse en Romeinse idealen herkenbaar. De vrouwen droegen klassieke tunieken, soms met een uitdagende blote schouder. David en Gérard waren gewilde portretschilders en Delacroix en Géricault ontwierpen tal van romantische meesterwerken.

Madame Récamier, *beroemd om haar schoonheid, hield een populaire salon. David schilderde haar in 1800.*

1830 Revolutie van 1830: de Bourbonse vorst Karel X vervangen door Juli-monarchie van Louis-Philippe

1832 Begin cholera-epidemie

1838 Daguerre experimenteert met fotografie

1840 Aanleg spoorwegen

Trein op het traject Parijs-St-Germain

1848 Revolutie 1848: einde Julimonarchie, begin Tweede Republiek

1851 Staatsgreep van Lodewijk Napoleon

1852 Lodewijk Napoleon tot keizer Napoleon III gekroond

1853 Hausmann moderniseert Parijs

1857 Baudelaire *(Les Fleurs du Mal)* en Flaubert *(Madame Bovary)* wegens openbare immoraliteit vervolgd

1859-1860 Annexatie van Nice en Savoie

1830 | 1840 | 1850 | 1860

De Belle Epoque

Art nouveau-vaas van Lalique

De decennia voor de Eerste Wereldoorlog gaan de geschiedenis in als de *Belle Epoque*, het schone tijdperk. Toch was het politiek gezien een woelige periode: opstandige arbeiders, zich organiserende socialistische bewegingen en de Dreyfus-affaire, die het land verdeelde. Het leven werd veraangenaamd door nieuwe uitvindingen als de elektriciteit en inentingen tegen ziekte. Ook in cultureel opzicht was het een bloeiende tijd, die nieuwe stromingen als het Impressionisme en de Art Nouveau, de realistische romans van Gustave Flaubert en Emile Zola, cabaret, cancan en in 1895 de filmkunst voortbracht.

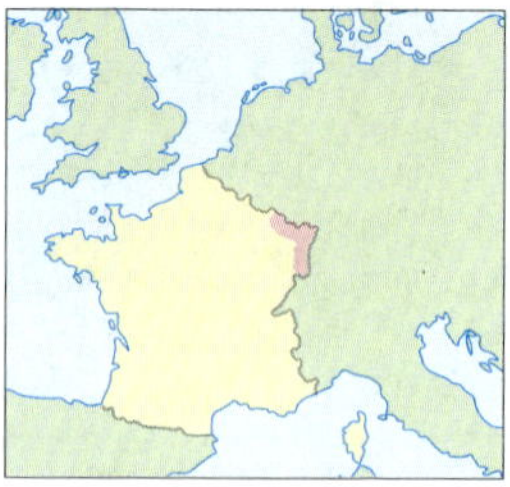

Frankrijk in 1871

Onder de Derde Republiek

Elzas-Lotharingen

Wereldtentoonstelling
De tentoonstelling in Parijs in 1889 werd door 3,2 miljoen mensen bezocht. Het ademnemende stalen bouwwerk van ingenieur Eiffel was het belangrijkste onderdeel van de tentoonstelling en zorgde voor veel opschudding.

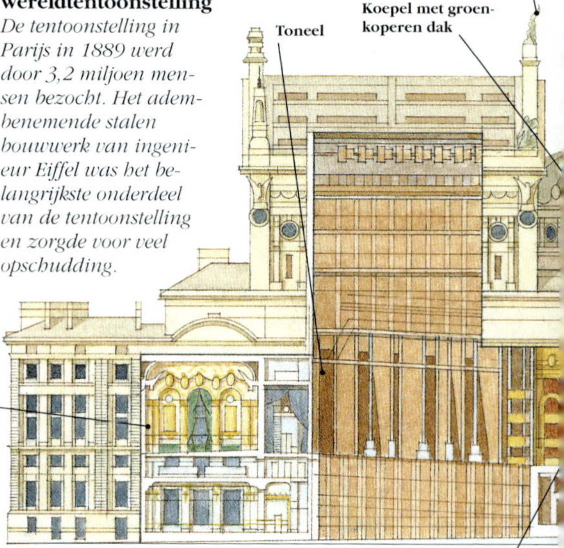

De goud-paarse grote zaal kan meer dan 2000 mensen herbergen.

De Peugeot *(1899)*
De auto en de fiets werden onderdeel van de vrijetijdsbesteding van de bevolking. Peugeot, Renault en Citroën dateren allemaal van voor de Eerste Wereldoorlog.

Tijdbalk

Vrouw op de barricaden in 1871

1869 Opening Suezkanaal, ontworpen door Ferdinand de Lesseps

1871 Parijse Commune leidt tot Derde Republiek

1880-1890 Begin race om koloniën in Afrika en Azië

1889 Wereldtentoonstelling in Parijs; bouw Eiffeltoren

1865 | 1870 | 1875 | 1880 | 1885 | 18

1870-71 Frans-Duitse oorlog: Napoleon III verslagen en afgezet; Frankrijk verliest Elzas-Lotharingen aan Duitsland

1874 Begin Impressionisme

1881-1886 Onderwijshervormingen door Jules Ferry

1885 Voor het eerst wordt een vaccin (tegen rabies, van Pasteur) op de mens getest

1890 Peugeot ontwerpt een van de eerste auto's

Affichekunst
Het affiche veranderde volkomen door de Art Nouveau, vooral door ontwerpen van Alphonse Mucha. Dit affiche uit 1897 is voor bier, door het verlies van Elzas-Lotharingen, waar veel bier wordt gedronken, een 'patriottisch' drankje.

De trap van de Opéra
Het trappehuis werd gesierd door zuilen van gekleurd marmer en fresco's. Dit schilderij uit 1887 van Beroud laat zien dat op de trap rijkelijk werd geflaneerd.

Waar vindt u de Belle Epoque

Gebouwen uit de Belle Epoque zijn: hotel Negresco in Nice *(blz. 516)*, het Grand Casino te Monte-Carlo *(blz. 520)* en het hotel Palais in Biarritz *(blz. 442)*. In het Musée d'Orsay in Parijs *(blz. 116-117)* zijn art nouveau-objecten en meubilair te zien.

Deze metro-ingang *van Guimard toont zwierige art nouveau-lijnen.*

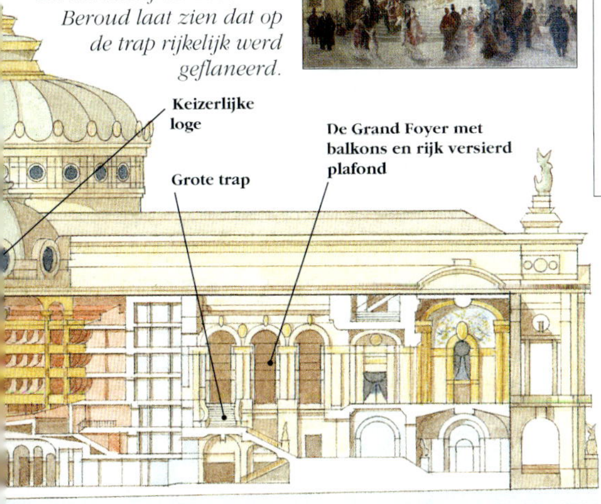

De Opéra Garnier

In 1862 gaf Napoleon III de aanzet tot de bouw van een nieuw operagebouw. Het complex werd in 1875 geopend. De door Charles Garnier ontworpen Opéra is zowel aan de buitenkant als van binnen uitermate weelderig.

De goddelijke Sarah
Actrice Sarah Bernhardt (1844-1923) trad op in alle toneelgenres en was de ster van het Parijse theater.

1895 Gebroeders Lumière openen eerste bioscoop

Karikatuur van Zola

1894-1906 Vermeend verraad van Dreyfus leidt tot Dreyfus-affaire, waarbij ook de schrijver Zola betrokken raakt

1909 Blériot vliegt over Het Kanaal

1918 Wapenstilstand

1917 Pétain onderdrukt muiterij in leger

1916 Slag bij Verdun

1895 | 1900 | 1905 | 1910 | 1915

1905 Officiële scheiding van kerk en staat

1898 Marie en Pierre Curie ontdekken radium

1913 Verschijning eerste deel *A la recherche du temps perdu* van Proust

1914 Begin Eerste Wereldoorlog

Franse soldaat, 1916

1919 Vrede van Versailles

De Avant-garde in Frankrijk

Ondanks de verwoestingen van twee wereldoorlogen behield Frankrijk zijn internationale reputatie als centrum voor de avant-garde. Vooral Parijs lokte veel experimentele schrijvers, kunstenaars en musici. De cafés zaten vol Amerikaanse schrijvers, jazzmusici, Franse surrealisten en filmmakers. Aan de Franse Rivièra ontstonden koloniën van beeldend kunstenaars en schrijvers, van Matisse en Picasso tot Hemingway en Scott Fitzgerald, maar ook van rijke industriëlen die daar per auto of met de beroemde Train Bleu heen reisden. Vanaf 1936 werden de vakanties doorbetaald waardoor ook de arbeidersklasse kon genieten van die nieuwe mode, het zonnebaden.

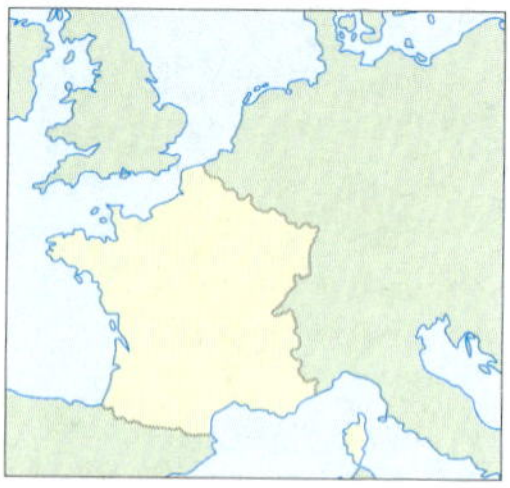

Frankrijk in 1919

Frans grondgebied

Art Deco 1925
Op de Wereldtentoonstelling van 1925 in Parijs werd de Art Deco geïntroduceerd: geometrische vormen en gebruiksvoorwerpen.

Afrikaanse scheppingsgoden

Dansers in kostuums van dik karton

De kostuums en decors van de kubist Léger vielen op door hun strakke lijnen.

De jazz-tijd
Parijs verwelkomde de Amerikaanse jazzmusici als Sidney Bechet (1925) en Dizzy Gillespie (links), een van de bedenkers van de Bebop.

Citroën DS (déesse-godin) *(1956)*
Het boegbeeld van de Franse consumptiemaatschappij van na de oorlog.

Tijdbalk

1920 Oprichting Franse communistische partij. Publikatie *Dadaïstisch manifest* van Tristan Tzara

1928 Première *Un chien Andalou* van Luis Buñuel en Salvador Dalí

Toestel van Air France, 1937

1933 Air France wordt operationeel

1937 Première *La grande illusion* van Jean Renoir

1920

1930

1924 Olympische Spelen in Parijs. André Breton publiceert *Surrealistisch Manifest*

Detail van een poster voor de Olympische Spelen van 1924

1929-1939 Depressie

1936-1938 Het Volksfront voert een radicaal sociaal programma in, met onder andere betaald verlof

1938 Conferentie van München: hoogtepunt van verzoeningspolitiek

Coco Chanel *(1883-1971)*
Chanel, hier op een foto van Man Ray, zorgde in de jaren twintig met haar elegante kleren voor een revolutie in de mode.

Par Avion
In 1927 werd in Frankrijk de eerste luchtpost verzonden.

Eerste man en vrouw

Een tekst van Blaise Cendrars leverde het Afrikaanse thema.

La Création du Monde *(1923)*

Er werd veel geëxperimenteerd in de kunst. De kostuums voor *La création du monde* van Les Ballets Suédois waren van Léger, de muziek van Milhaud. De Ballets Russes van Diaghilev werkte met Picabia, Cocteau, Satie en Sonia Delaunay.

Tweede Wereldoorlog

Na de val van de Derde Republiek in 1940 werden Parijs en Noord- en West-Frankrijk tot de bevrijding in 1944 bezet door de Duitsers. In Zuidwest-Frankrijk werd onder maarschalk Pétain en Pierre Laval de collaborerende Vichy-regering gevormd. Tegelijkertijd was er de beweging der Vrije Fransen onder leiding van Charles de Gaulle, waarin Jean Moulin de vele verzetsgroeperingen coördineerde.

***Duitse soldaten** poseerden tijdens de bezetting van Parijs graag aan de voet van de Eiffeltoren.*

Josephine Baker *(1906-1975)*
Mistinguett en Josephine Baker waren de sterren tijdens de bloeiperiode van de musical in de jaren twintig.

1940 Frankrijk valt na Duits offensief. Pétain leidt Vichy-regering

1942 Duitsland bezet heel Frankrijk

1949 Oprichting NAVO en Raad van Europa

1956 Edith Piaf bekroont carrière met concert in Carnegie Hall, New York

1958 Begin 5de Republiek onder De Gaulle

1940

1950

9 Begin Tweede reldoorlog

1944 D-Day: geallieerden landen in Normandië

1945 Einde oorlog. Stemrecht voor vrouwen

1946 Sartre start tijdschrift *Les Temps Modernes*. Eerste filmfestival van Cannes

1954 Frankrijk trekt zich terug uit Indo-China na Slag bij Dien Bien Phu. Begin Algerijnse opstand

Het huidige Frankrijk

Citruspers van Philippe Starck

Na de jaren vijftig veranderden de traditionele verhoudingen in de Franse samenleving: het aantal boeren daalde snel, oude industrieën raakten in verval, werkgelegenheid in de dienstensector en technologische industrie steeg enorm en de Fransen konden meegenieten van de massacultuur en de consumptiemaatschappij. Prestigieuze projecten zoals de Concorde, de TGV, La Défense en het Centre Pompidou werden met bijval ontvangen. Door Europese integratie te initiëren en mee te werken aan de aanleg van de Kanaaltunnel versterkte Frankrijk de banden met zijn buurlanden.

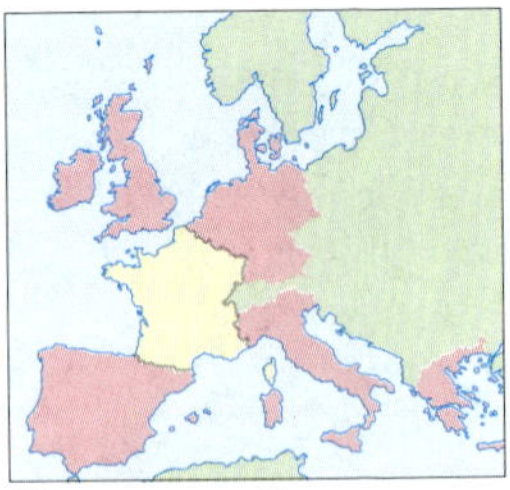

Het huidige Frankrijk

- *Frankrijk*
- *Europese Gemeenschap*

Centre Pompidou *(1977)*
Het ontwerp van dit gebouw gaf de historische wijk Beaubourg een heel nieuw aanzien. De komst van dit centrum voor beeldende kunst heeft de wijk nieuw leven ingeblazen (blz. 88-89).

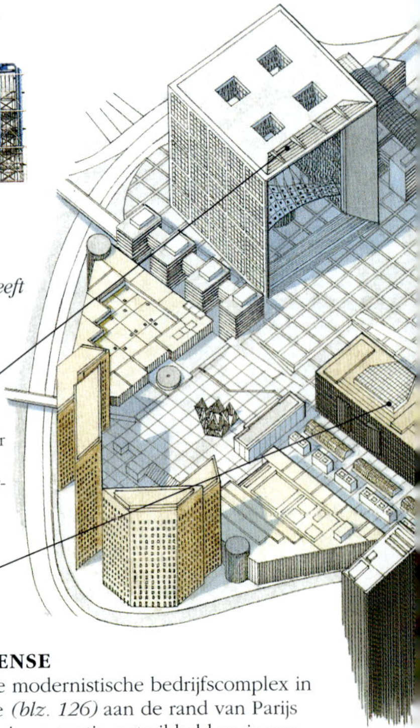

La Grande Arche werd in 1989 geopend ter herdenking van de 200ste verjaardag van de Revolutie.

Winkelcentrum

Nouvelle Vague
Regisseurs als Godard en Truffaut brachten nieuwe, persoonlijke films, zoals Jules et Jim *(1961).*

La Défense

Dit enorme modernistische bedrijfscomplex in La Défense *(blz. 126)* aan de rand van Parijs werd in de jaren zestig ontwikkeld en is een toplocatie geworden voor de hoofdkantoren van de belangrijkste multinationals.

Tijdbalk

1960 Eerste Franse atoombom. Dekolonisatie van zwart Afrika

1962 Conferentie in Evian leidt tot onafhankelijkheid Algerije

1963 Eerste Franse kerncentrale

1965 Eerste Franse satelliet

1966 Frankrijk stapt uit NAVO

1967 Europese landbouwpolitiek, subsidies voor Europese boeren

1968 Mei-demonstraties

1969 Pompidou volgt De Gaulle op als president

1970 Charles de Gaulle sterft

1973 Uitbreiding EEG (nu EU) van zes naar negen landen

1974 Giscard d'Estaing nieuwe president

1976 Eerste commerciële vlucht Concorde

1977 Jacques Chirac wordt eerste gekozen burgemeester van Parijs sinds 1871. Opening Centre Pompidou

1960 | 1970

Vlag van de EU *Frankrijk is een van de hoofdrolspelers in de sinds de jaren vijftig toenemende Europese samenwerking.*

TGV *De TGV (Train à Grande Vitesse) is een van de snelste treinen ter wereld* (blz. 634-635). *De trein weerspiegelt de hang van Frankrijk naar moderne technologie en goede communicatiemiddelen.*

Couture van Lacroix *Hoewel de vraag naar* haute couture *afneemt, blijft Parijs de belangrijkste modestad. De ontwerpen, zoals deze creatie van Christian Lacroix, bevestigen steeds weer de enorme kwaliteiten van de Franse ontwerpers.*

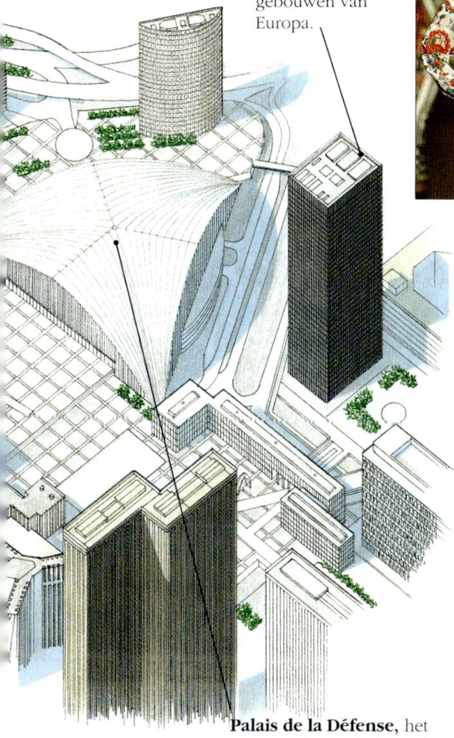

De Fiat-toren is met 178 m een van de hoogste gebouwen van Europa.

Palais de la Défense, het oudste gebouw, huisvest het industriële centrum.

Mei 1968

In mei 1968 keerden linkse studenten zich tegen het establishment. Ongeveer 9 miljoen arbeiders en vooraanstaande intellectuelen als Jean-Paul Sartre schaarden zich achter het oproer en eisten hogere lonen, betere studiemogelijkheden en het afschaffen van traditionele waarden en instellingen.

Het studentenoproer begon in Nanterre, vlak buiten Parijs, en leidde tot opstand en industriële onrust in heel Frankrijk.

980 Tuin van lonet in Giverny pen voor publiek *blz. 256)*

1989 Viering 200ste verjaardag Franse Revolutie

1991 Edith Cresson eerste vrouwelijke premier

1995 Jacques Chirac wordt president

1998 WK voetballen in Frankrijk gehouden. Frankrijk wint

980 | 1990 | 2000

1981 Mitterrand president; socialistische regeringen 1981-1986

François Mitterrand

1987 Mitterrand en Thatcher tekenen overeenkomst voor Kanaaltunnel. Rechtszaak in Lyon tegen ex-SS-er Klaus Barbie

1994 Opening Kanaaltunnel

1996 Frankrijk rouwt om Mitterrand die na een slepende ziekte sterft

1997 Socialist Lionel Jospin wordt premier na grote stembusoverwinning

Koningen en keizers van Frankrijk

Na het uiteenvallen van het Romeinse Rijk vestigde de Frankische vorst Clovis de dynastie der Merovingen. Deze werd gevolgd door die van de Karolingen en vanaf de 10de eeuw door de Capetingen. De Capetingen verkregen koninklijke macht, welke in de 14de eeuw op de Valois en – na de godsdienstoorlogen – tegen het einde van de 16de eeuw op de Bourbons overging. De Revolutie van 1789 maakte, op een korte terugkeer in 1814-1830 na, een einde aan de Bourbon-dynastie. De 19de eeuw was de eeuw van de Bonapartes met Napoleon I en Napoleon III. Nadat Napoleon III in 1870 was afgezet, werd Frankrijk een republiek.

768-814 Charlemagne

447-458 Merovich

458-482 Childerik I

558-562 Clotharius I

566-584 Chilperik I

628-637 Dagobert I

655-668 Clotharius III

674-691 Theodorik III

695-711 Childebert II

716-721 Chilperik II

743-751 Childerik III

840-877 Karel I, de Kale

879-882 Lodewijk III

884-888 Karel II, de Dikke

898-929 Karel III, de Eenvoudige

954-986 Lotharius

987-996 Hugo Cape

1031-1060 Hendrik I

1060-1 Filips I

1137-1180 Lodewijk V

400 | 500 | 600 | 700 | 800 | 900 | 1000

MEROVINGEN | KAROLINGEN | CAPETINGEN

400 | 500 | 600 | 700 | 800 | 900 | 1000

751-768 Pepijn de Korte

721-737 Theodorik IV

711-716 Dagobert III

691-695 Clovis III

668-674 Childerik II

637-655 Clovis II

584-628 Clotharius II

562-566 Caribert

511-558 Childebert I

996-1031 Robert II, de Vrome

986-987 Lodewijk V, de Luie

936-954 Lodewijk IV, de Vreemde

888-898 Udo, graaf van Parijs

882-884 Karloman

877-879 Lodewijk II, de Stotteraar

814-840 Lodewijk I, de Vrome

482-511 Clovis I

1108-1137 Lodewijk VI, de Dikke

1515-1547 Frans I

1226-1270 Lodewijk IX, de Heilige

1498-1515 Lodewijk XII

1774-1792 Louis XVI

1483-1498 Karel VIII

1422-1461 Karel VII

1270-1285 Filips III

1547-1559 Hendrik II

1285-1314 Filips IV, de Schone

1559-1560 Frans II

1316-1322 Filips V

1610-1643 Lodewijk XIII

1328-1350 Filips VI

1643-1715 Lodewijk XIV, de Zonnekoning

1804-1814 Napoleon I

1200 | 1300 | 1400 | 1500 | 1600 | 1700 | 1800

VALOIS **BOURBON**

1200 | 1300 | 1400 | 1500 | 1600 | 1700 | 1800

1314-1316 Lodewijk X

1380-1422 Karel VI, de Zotte

1560-1574 Karel IX

1814-1824 Lodewijk XVIII

1574-1589 Hendrik III

1824-1830 Karel X

1364-1380 Karel V, de Wijze

1830-1848 Louis-Philippe

1322-1328 Karel IV, de Schone

1589-1610 Hendrik IV

1852-1870 Napoleon III

1350-1364 Jan II, de Goede

1223-1226 Lodewijk VIII

1180-1223 Filips II August

1461-1483 Lodewijk XI

1715-1574 Lodewijk XV

Parijs en Ile de France

Inleiding op Parijs en Ile de France

Er zijn in de Franse hoofdstad vele musea, galeries en monumenten te vinden. Het Louvre, de Eiffeltoren en het Centre Pompidou behoren tot de grootste publiekstrekkers.

Rond Parijs ligt het Ile de France, 12.000 km² drukke buitenwijken en forenzensteden. Hier staan ook mooie châteaus, waarvan Versailles de beroemdste is. Verder buiten de stad maken de voorsteden plaats voor akkers, bossen en Fontainebleau.

De Eiffeltoren *werd ontworpen voor de Wereldtentoonstelling van 1889. Destijds kreeg het ontwerp veel kritiek, maar nu is het Parijs' belangrijkste handelsmerk* (blz. 109).

Het Musée d'Orsay *is gevestigd in een laat-19de-eeuws station en werd in 1986 geopend* (blz. 116-117). *Het museum beschikt over een schitterende collectie 19de- en 20ste-eeuwse kunst, waaronder* De vier windstreken *(1867-1872) van Jean-Baptiste Carpeaux.*

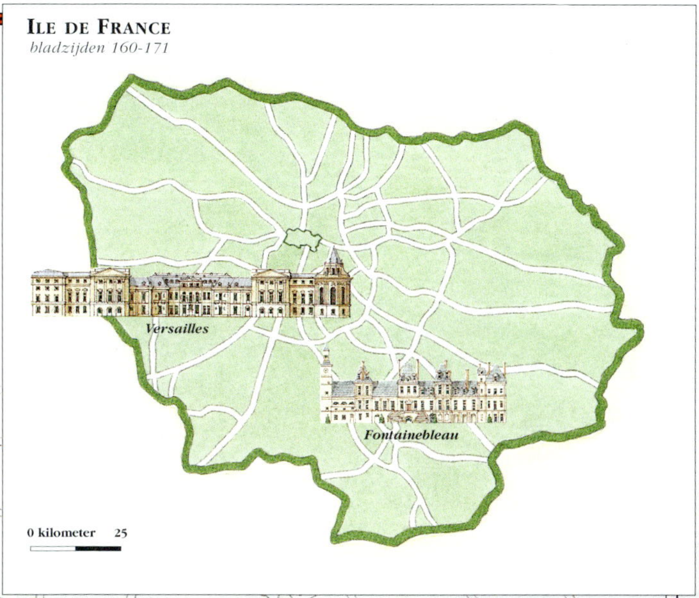

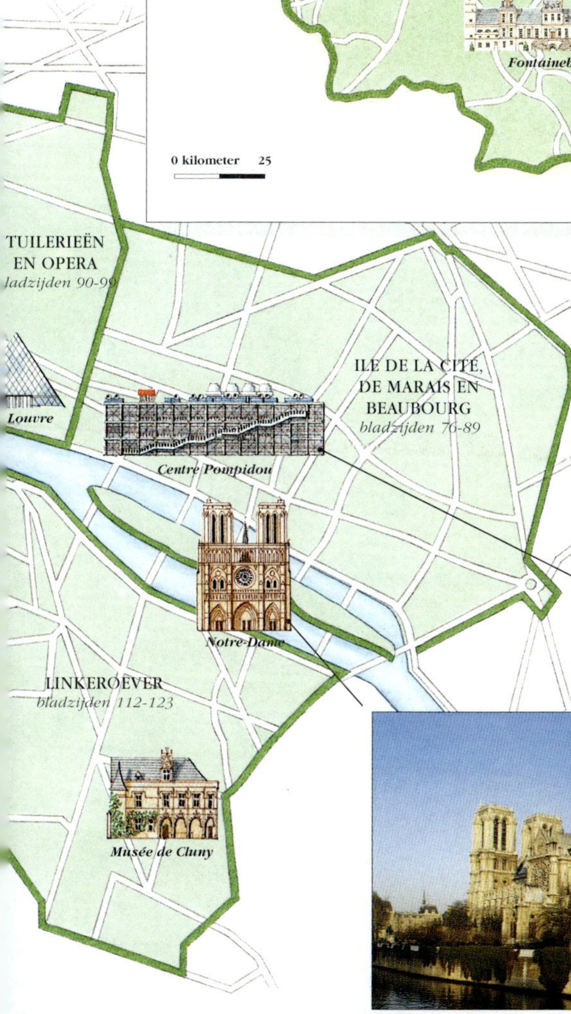

Het Centre Pompidou *(1977) is minstens zo beroemd om zijn doorzichtige ontwerp als vanwege de Picasso's, Matisse's en Miró's* (blz. 88-89).

De Notre-Dame *is een adembenemend gotisch bouwwerk. De bouw, waarmee in 1163 werd begonnen, duurde twee eeuwen* (blz. 82-83). *De architect Viollet-le-Duc ontwierp de torenspits in de 19de eeuw.*

PARIJS VANAF DE SEINE

De grote Franse musicalster Mistinguett noemde de Seine 'een mooie blondine met pretoogjes'. Hoewel de rivier onmiskenbaar aantrekkelijk is, is de band tussen water en stad meer dan een vage flirt.

Beeld op de Pont Alexandre III

Er is geen stad in Europa waar de rivier zo'n bepalende invloed op heeft als de Seine op Parijs. De Seine is het oriëntatiepunt in Parijs: vanaf het water worden afstanden gemeten, gaan straatnummers tellen en de rivier verdeelt de stad in twee helften, de rechteroever aan de noordkant en de linkeroever aan de zuidkant. Zo worden onduidelijke wijkgrenzen overbodig. De stad kent ook een historische indeling: in het oosten liggen de oude wortels en het westen wordt meer met de 19de en 20ste eeuw geassocieerd. Vrijwel alle gebouwen van belang staan òf langs de rivier, òf op een steenworp afstand daarvan. Langs de kaden staan fraaie statige appartementencomplexen, schitterende herenhuizen, beroemde musea en opmerkelijke monumenten.

Maar boven alles is de Seine een drukke rivier. Eeuwenlang voeren vele kleine bootjes af en aan, maar door het toegenomen vervoer over land is dat verleden tijd. Tegenwoordig varen er vooral binnenschippers en enorme *bateaux mouches*, plezierboten vol toeristen.

Het Quartier Latin ligt op de linkeroever van de Seine. Sinds de Middeleeuwen wordt deze wijk geassocieerd met hoger onderwijs; de buurt kreeg zijn naam door de studenten, die vroeger altijd Latijn spraken.

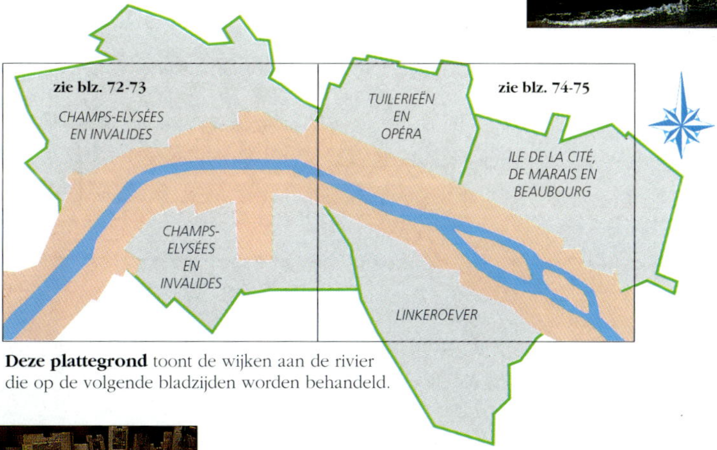

Deze plattegrond toont de wijken aan de rivier die op de volgende bladzijden worden behandeld.

Les Bouquinistes, de boekenstalletjes op de oever, bieden een schat aan tweedehands boeken en prenten aan en zijn ideaal voor een middagje rondstruinen.

◁ **Pont Alexandre III, versierd met uitbundig beeldhouwwerk**

Van Pont de Grenelle naar Pont de la Concorde

De grootse monumenten langs dit deel van de rivier dateren uit het Napoleontische tijdperk en de Industriële Revolutie. De sierlijkheid van de Eiffeltoren, het Petit Palais en het Grand Palais wordt naar de kroon gestoken door modernere gebouwen als het Palais de Chaillot en de wolkenkrabbers op de linkeroever.

Palais de Chaillot
Dit met zuilengangen en vleugels gesierde paleis werd voor de Wereldtentoonstelling in 1937 gebouwd. Er zijn vier musea, een theater en een bioscoop gehuisvest (blz. 106).

Het Palais de Tokyo, onderdeel van de filmbibliotheek, is gesierd met beelden van Bourdelle.

De Pont Bir-Hakeim is aan de noordkant getooid met een stoer standbeeld van Wederkinch.

Maison de Radio France, een indrukwekkend rond gebouw, ontworpen in 1960. Er zijn zowel studio's als een radiomuseum in ondergebracht.

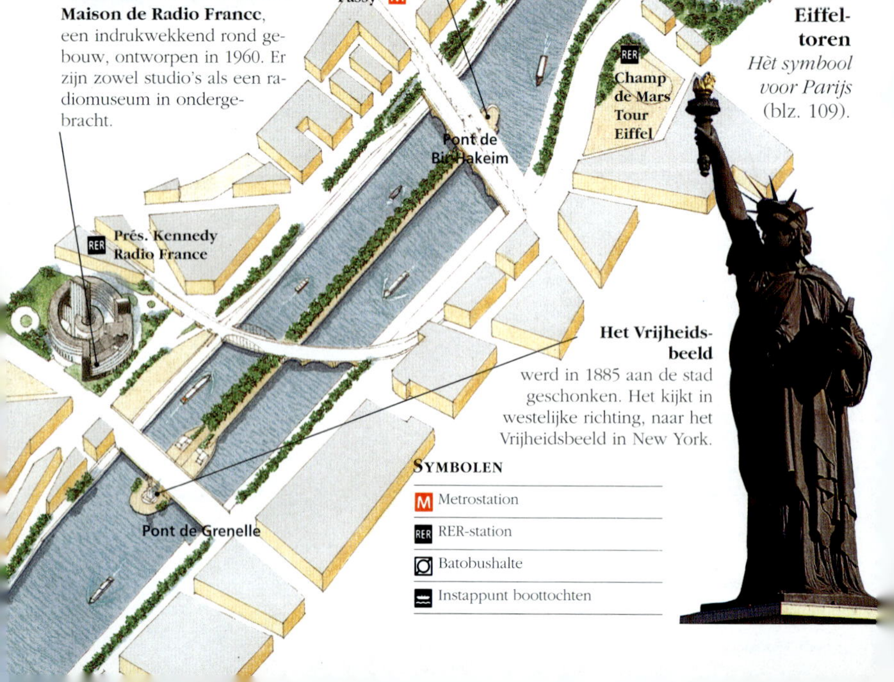

De Eiffeltoren
Hèt symbool voor Parijs (blz. 109).

Het Vrijheidsbeeld werd in 1885 aan de stad geschonken. Het kijkt in westelijke richting, naar het Vrijheidsbeeld in New York.

SYMBOLEN

- M Metrostation
- RER RER-station
- Batobushalte
- Instappunt boottochten

Grand Palais
In deze tentoonstellingsruimte is ook een wetenschapsmuseum gevestigd (blz.105).

Petit Palais
Dit paleis, gebouwd als pendant van het Grand Palais, huisvest nu het museum voor schone kunsten (blz. 104).

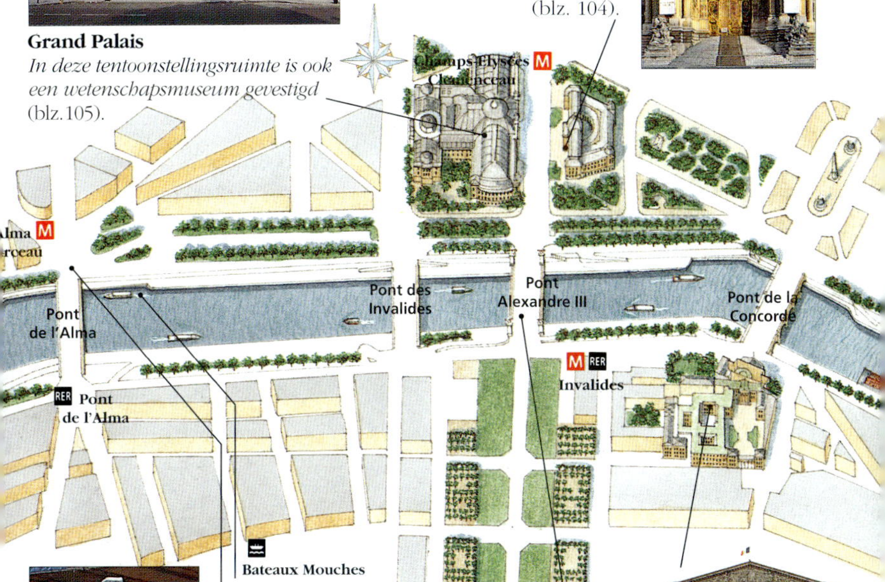

De Zouave, een beeld op de middelste pijler, doet ook dienst als waterstandmeter.

De Eeuwige Vlam is een gedenkteken voor verzetsstrijders van de Tweede Wereldoorlog.

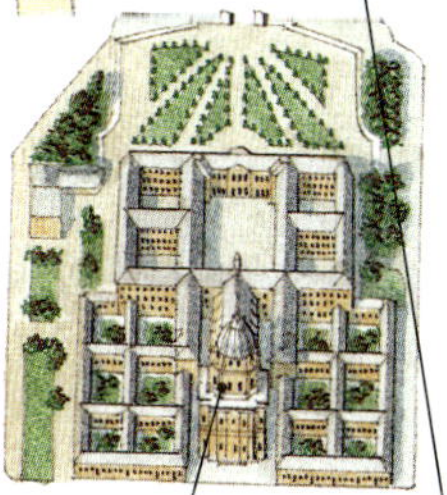

Assemblée Nationale Palais-Bourbon
Dit paleis behoorde vroeger aan de dochter van Lodewijk XIV. Sinds 1830 komt het Franse parlement hier bijeen.

Dôme des Invalides
De majestueuze, vergulde koepel (blz. 111), *gezien vanaf de Pont Alexandre III. In de crypte bevindt zich het graf van Napoleon.*

Pont Alexandre III
Dit is de brug met de meeste ornamenten van Parijs (blz. 105).

Van Pont de la Concorde naar Pont de Sully

Het oude hart van Parijs ligt aan de kaden en op de eilanden in het oosten van het centrum. Ile de la Cité, het grootste eiland, was het culturele hart van middeleeuws Parijs. Ook tegenwoordig is het eiland de feitelijke kern van Parijs.

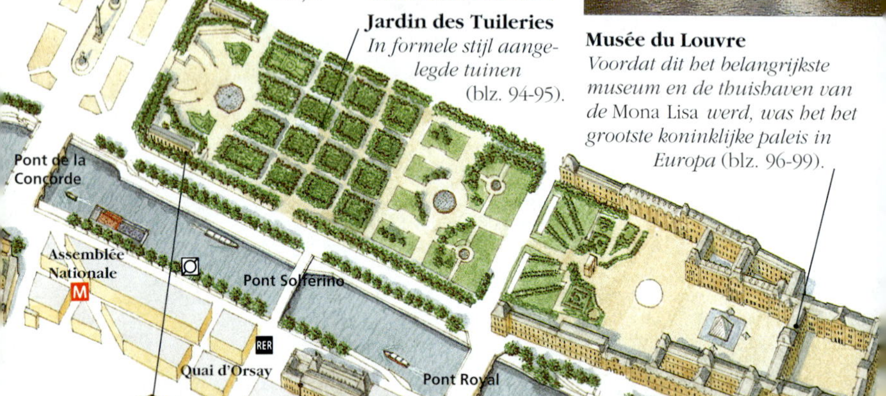

Jardin des Tuileries
In formele stijl aangelegde tuinen (blz. 94-95).

Musée du Louvre
Voordat dit het belangrijkste museum en de thuishaven van de Mona Lisa *werd, was het het grootste koninklijke paleis in Europa* (blz. 96-99).

Musée de l'Orangerie
In dit museum is een grote collectie 19de-eeuwse schilderijen te zien (blz. 94).

Musée d'Orsay
Dit voormalige spoorwegstation huisvest nu de impressionistische kunst van de stad (blz. 116-117).

Bateaux Vedettes du Pont Neuf

BATOBUS

Deze pendeldienst vertrekt mei-sept.: dag. elke 25 minuten 10.00-19.00 uur (juli en aug. 21.00 uur) bij:
Eiffeltoren. Kaart 6 D3. M Bir Hakeim.
Musée d'Orsay. Kaart 8 D2. M Assemblée Nat.
Louvre. Kaart 8 D2. M Palais Royal-Louvre
Hôtel de Ville. Kaart 9 B4. M Hôtel de Ville.
Notre-Dame. Kaart 9 B4. M Saint-Michel
Saint-Germain des Prés. Kaart 8 E3. M Saint-Germain des Prés

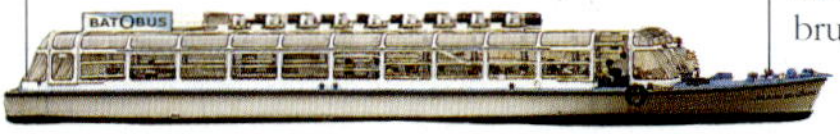

De Pont des Arts was de eerste gietijzeren brug in Parijs. De brug werd tussen 1802 en 1804 gebouwd.

Hôtel des Monnaies, de Munt, dateert uit 1778. In de oude freeshallen is een collectie munten en medailles tentoongesteld.

Een boottochtje over de Seine

Vedettes du Pont Neuf

Bateaux Vedettes Pont Neuf Seine Cruise

Het vertrekpunt is: **Square du Vert-Galant** (Pont Neuf). **Kaart** 8 F3. *01-53009898*★ M *Pont Neuf.* RER *Châtelet.* *24, 27, 58, 67, 70, 72, 74, 75.* **Vertrektijden** *maart-okt: elke 45 min.; 10.30, 11.15, 12.00, elk half uur; 13.30-18.30, 21.00-22.30 uur; nov-maart: dag. elke 45 min.; 10.30, 11.15, 12.00, 14.00-17.45.* **Duur** *1 uur.*

BATEAUX-MOUCHES

Bateaux Mouches Seine Cruise

Het vertrekpunt is: **Pont de l'Alma. Kaart** 6 F1. *01-42259610.* M *Alma-Marceau.* RER *Pont de l'Alma.* *42, 63, 72, 80, 92.* **Vertrektijden** *maart-nov: dag. elk half uur 10.00-22.30 uur; nov-maart: 11.00, 14.30, 16.00, 21.00 uur (extra afvaarten op za-, zo- en feestdagen).* **Duur** *75 minuten.* **Lunch-cruise** *april-okt: di-zo 13.00 uur; nov-maart: vr-zo 12.45 uur.* **Diner-cruise** *dag. 20.30 uur. Bâteaux Mouches zijn de grootste plezierboten.*

ILE de FRANCE

Vedettes de Paris Ile de France Seine Cruise

Het vertrekpunt is: **Pont d'Iéna. Kaart** 6 D2. *01-47057129 en 01-45502379.* M *Bir Hakeim.* RER *Champ-de-Mars-Tour Eiffel.* *22, 30, 32, 44, 69, 82, 87.* **Vertrektijden** *april-okt: dag. elk half uur; 10.00-23.30 uur; nov-maart: ma-vr elk uur; 11.00-18.00 uur, za en zo elk half uur; 11.00-15.00 uur.* **Duur** *1 uur. Vedettes zijn kleine boten met een glazen overkapping.*

BATEAUX PARISIENS

Bâteaux Parisiens Tour Eiffel Seine Cruise

Het vertrekpunt is: **Pont d'Iéna. Kaart** 6 D2. *01-44113344.* M *Trocadéro, Bir Hakeim.* RER *Champ-de-Mars-Tour Eiffel.* *42, 82, 72.* **Vertrektijden** *maart-sept: dag. elk half uur; 10.00-22.30 uur; okt-feb: dag. elk uur; 10.00-21.00 uur; za elk half uur 10.00-22.00 uur.* **Lunch-cruise** *dag. 12.30 uur.* **Diner-cruise** *dag. 20.00 uur.* **Duur** *2 1/2 uur. Colbert en das verplicht. Bateaux Parisiens zijn een wat luxueuzere uitvoering van de Bateaux Mouches.*

Ile de la Cité
Dit kleine eilandje in de Seine werd rond 200 v.C. bewoond door een Keltische stam, de Parisii (blz. 78-79).

Conciergerie
Tijdens de Revolutie diende dit gebouw met zijn markante torens als een gevreesde gevangenis (blz. 79).

Het Ile St-Louis met zijn vele elegante panden is al sinds de 17de eeuw een erg populaire plaats om te wonen.

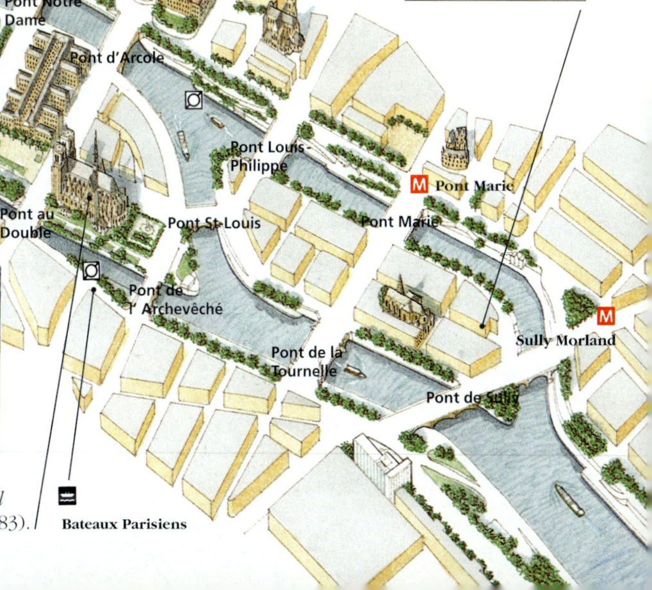

Notre-Dame
De kathedraal staat pal aan het water (blz. 82-83).

CAPTAIN'S BAR
Vedettes

ILE DE LA CITÉ, DE MARAIS EN BEAUBOURG

Het Forum des Halles en het Centre Pompidou in Beaubourg bepalen de aanblik van de rechteroever. Dit zijn de drukste wijken van Parijs, waar miljoenen toeristen, winkelende mensen en studenten samenkomen. Jongeren trekken naar Les Halles, waar ze onder de betonnen en glazen koepels van de ondergrondse arcaden op zoek gaan naar de laatste mode. Vanaf Les Halles lijkt het wel of alle straten naar het Centre Pompidou leiden. Deze avantgardistische verzameling pijpleidingen, buizen en kabels biedt onderdak aan het Musée National d'Art Moderne. In de straatjes rond dit gebouw zitten veel galeries.

De wapenspreuk van de stad Parijs

De naburige Marais werd tijdens de Revolutie van 1789 door zijn koninklijke bewoners verlaten en raakte in verval, tot het in de jaren zestig van de verloedering werd gered. Sindsdien is deze wijk erg mondain geworden, maar er zijn nog steeds cafétjes en bakkers te vinden.

De Notre-Dame, het Palais de Justice en de Sainte-Chapelle lokken nog veel toeristen naar het Ile de la Cité, ondanks de veranderingen die het eiland de afgelopen eeuw heeft ondergaan. De oostpunt staat via een brug in verbinding met het Ile St-Louis, een voormalig moerassig weiland dat nu een woonwijk met fraaie kaden is.

BEZIENSWAARDIGHEDEN IN HET KORT

Musea en galeries
- Crypte Archéologique 5
- Hôtel de Sens 8
- Hôtel de Soubise 14
- Maison de Victor Hugo 18
- Musée Carnavalet 16
- Musée Picasso 15
- *Centre Pompidou blz. 88-89* 13

Historische gebouwen
- Conciergerie 2
- Hôtel de Ville 10
- Palais de Justice 3
- Tour St-Jacques 11

Pleinen
- Place de la Bastille 19
- Place des Vosges 17

Kerken
- *Notre-Dame blz. 82-83* 6
- Sainte-Chapelle 4
- St-Eustache 12
- St-Gervais–St-Protais 9
- St-Louis-en-l'Ile 7

Bruggen
- Pont Neuf 1

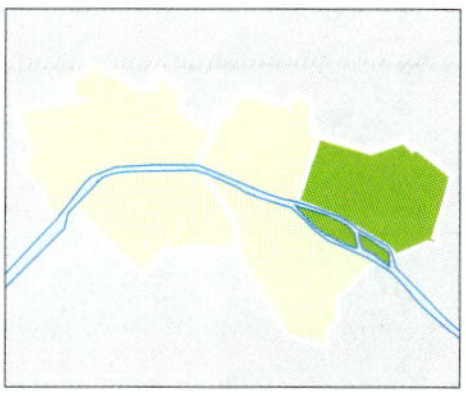

BEREIKBAARHEID

De metrostations in deze buurt zijn onder andere Châtelet, Hôtel-de-Ville en Cité. De bussen 47 en 29 komen door Beaubourg en de Marais. Over de eilanden lopen veel buslijnen.

SYMBOLEN

- Stratenkaart *blz. 78-79*
- Stratenkaart *blz. 84-85*
- M Metrostation
- Vetrekpunt Batobus
- P Parkeerplaats
- RER Station RER station

Onder de loep: Ile de la Cité

Het begin van Parijs als nederzetting ligt op het Ile de la Cité, een bootvormig eiland in de Seine dat in de 3de eeuw v.C. door Keltische stammen werd bewoond. Aan één van deze stammen, de Parisii, heeft de stad zijn naam te danken. Via het eenvoudig te verdedigen eiland konden reizigers van Noord- naar Zuid-Gallië de rivier oversteken. In latere eeuwen werd de nederzetting door de Romeinen, Franken en Capetinger vorsten uitgebouwd tot de kern van het huidige Parijs. In de archeologische crypte van de grote middeleeuwse kathedraal de Notre-Dame zijn de overblijfselen van de eerste bouwwerken te bezichtigen. Aan de andere kant van het eiland staat de Sainte-Chapelle, eveneens een gotisch meesterwerk.

★ Conciergerie
Tijdens de Revolutie was dit grimmig ogende gebouw gevangenis ❷

De Marché aux Fleurs et Oiseaux op Place Louis-Lépine is een grote bloemenmarkt; 's zondags is er een vogeltjesmarkt.

Metro Cité

Naar Pont Neuf

★ Sainte-Chapelle
Deze parel van de gotische architectuur is vooral beroemd om zijn prachtige glas-in-loodramen ❹

Palais de Justice
Het verleden van dit gebouw beslaat meer dan 16 eeuwen. Tegenwoordig zijn er talloze rechtbanken ondergebracht ❸

Sterattracties

- ★ **Notre-Dame**
- ★ **Sainte-Chapelle**
- ★ **Conciergerie**

Symbool

– – – Aanbevolen route

Point Zéro geeft de plek aan vanwaar alle afstanden op de weg in Frankrijk worden gemeten.

Naar Quartier Latin

Crypte Archéologique
Diep onder dit plein liggen restanten van 2000 jaar oude huizen ❺

Hôtel Dieu, ziekenhuis voor het centrum van Parijs, werd in 651 gesticht door de bisschop van Parijs.

ORIËNTATIEKAART
Zie Stratengids Parijs kaart 8, 9

★ **Notre-Dame**
Deze kathedraal is een prachtig voorbeeld van Franse middeleeuwse architectuur ❻

Musée Notre-Dame werd gesticht in 1951. Hier zijn voorwerpen en documenten te zien die een rol hebben gespeeld in de geschiedenis van de Notre-Dame.

Square Jean XXIII, een formele tuin met een neogotische fontein uit 1844, biedt een prachtig uitzicht op de oostkant van de kathedraal.

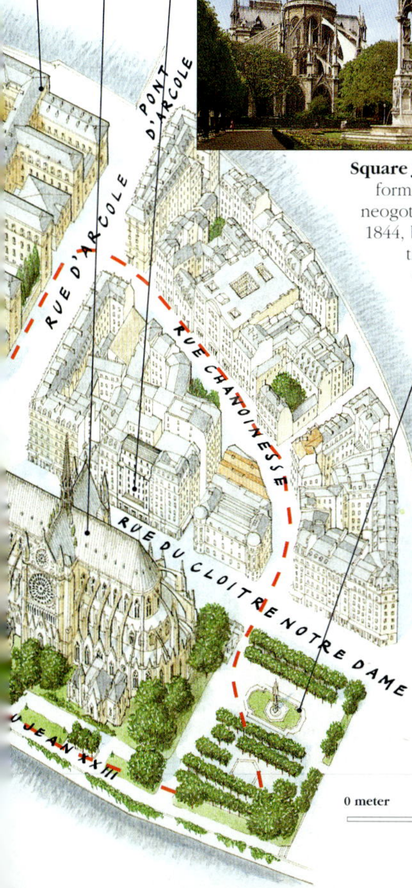

De oudste brug, de Pont Neuf

Pont Neuf ❶

75001. **Kaart** 8 F3. M *Pont Neuf, Cité.*

Deze brug is, zijn naam (Nieuwe Brug) ten spijt, de oudste en beroemdste brug van Parijs. In 1578 legde Hendrik III de eerste steen, maar de opening werd in 1607 verricht door Hendrik IV, die de brug zijn naam gaf en wiens standbeeld midden op het bouwwerk staat.

Conciergerie ❷

1 quai de l'Horloge 75001. **Kaart** 9 A3. 01-53737850. M *Cité.* ***Open*** *april-sept: dag. 9.30-18.00 uur; okt-maart: dag. 10.00-17.00 uur (laatste toegang 30 min. voor sluiting).* ***Gesloten*** *1 jan, 1 mei, 1-11 nov, 25 dec.* *dag. 11.00 en 15.00 uur.*

Van 1391 tot 1914 was de Conciergerie, onderdeel van het enorme Palais de Justice, gevangenis.
Tijdens de Revolutie werden meer dan 4000 mensen in dit gebouw gevangen gezet. De beroemdste van hen was Marie-Antoinette, die hier tot haar terechtstelling in 1793 zat opgesloten. Een andere gevangene was Charlotte Corday, die de revolutionaire voorman Marat doodstak terwijl hij in bad zat.
In de vierbeukige gotische hal woonden vroeger de bewakers van de koninklijke familie. In de 19de eeuw werd het gebouw gerestaureerd, maar de 11de-eeuwse martelkamer, de Bonbec-toren en de 14de-eeuwse klokketoren zijn nog behouden gebleven.

Een gebeeldhouwd reliëf op het Palais de Justice

Palais de Justice ❸

Boulevard du Palais 4 (ingang bij Sainte-Chapelle) 75001. **Kaart** 9 A3. *01-44325000.* *Cité.* ***Open*** *dag. 8.30-18.00 uur.*

In dit complex zijn de rechtbanken van Parijs gevestigd. Het strekt zich uit over de gehele breedte van het Ile de la Cité en biedt met de vele gotische torens langs de kaden een prachtige aanblik. Al sinds de Romeinse tijd is het terrein bebouwd. Tot Karel V zijn hof in 1358 na een bloedige opstand naar de Marais verhuisde, was dit de zetel van de koninklijke macht. In april 1793 ging het beruchte revolutietribunaal recht spreken vanuit de Première Chambre Civile, of de eerste burgerkamer. Het Palais de Justice is de belichaming van het Franse rechtssysteem. Rechtszaken zijn meestal openbaar, toeristen zijn welkom.

Crypte Archéologique ❺

Place du Parvis Notre-Dame 1, 75004. **Kaart** 9 A4. *01-43298351.* *Cité.* ***Open*** *april-sept: dag. 10.00-17.30 uur; okt-maart: dag. 10.00-17.00 uur.* ***Gesloten*** *1 jan, 1 mei, 1 & 11 nov, .25 dec.*

Deze crypte onder de grond van het *parvis* (groot plein) voor de Notre-Dame is sinds 1980 het Parijse museum voor archeologie.
Te zien zijn resten van straten en huizen uit de Gallo-Romeinse periode, delen van de verdedigingsmuur van Lutetia uit de 3de v.C. en overblijfselen van de oorspronkelijke kathedraal. Maquettes verduidelijken de ontwikkeling van Parijs sinds de bouw van de eerste nederzetting van de Parisii.

Notre-Dame ❻

Zie blz. 82-83.

Sainte-Chapelle ❹

Boulevard du Palais 4, 75001. **Kaart** 9 A3. *01-53737851.* *Cité.* ***Open*** *apr-sept: dag. 9.30-18.30 uur; okt-maart: dag. 10.00-17.00 uur.* ***Gesloten*** *1 jan, 1 mei, 1 & 11 nov, 25 dec.*

De Sainte-Chapelle wordt beschouwd als een van de grootste architectonische meesterwerken van het Westen. In de Middeleeuwen zagen de gelovigen deze kerk als een 'toegangspoort naar de hemel'. Iedereen die de kerk bezoekt, zal onder de indruk raken van de lichtgloed die door de 15 magnifiek gebrandschilderde ramen naar binnen valt. De ramen zijn door 15 m hoge zuiltjes van elkaar gescheiden en lopen door tot aan het met sterren beschilderde dak. Op de ramen zijn meer dan 1000 bijbelse voorstellingen te zien. Als u links van de ingang begint en met de klok mee verder gaat, kunt u de Heilige Schrift volgen van Genesis via de kruisiging naar de Openbaring.
De kapel werd in 1248 in opdracht van Lodewijk IX gebouwd om er de doornenkroon van Christus en fragmenten van het kruis (nu in de schatkamer van de Notre-Dame) in te bewaren. De vrome koning, die later vanwege zijn goede daden heilig werd verklaard, had deze relikwieën gekocht van de keizer van Constantinopel. Ze kostten hem het drievoudige van de prijs die was gemoeid met de bouw van Sainte-Chapelle.
Het bouwwerk bestaat uit twee aparte kapellen. De sombere benedenkapel werd door bedienden en lagere hoffunctionarissen ge-bruikt. De verfijnde bovenkapel was gereserveerd voor de koninklijke familie en de hovelingen. Een verdekt aangebracht raam gaf de koning gelegenheid ongemerkt aan plechtigheden deel te nemen.
Tijdens de Revolutie werd de kapel ernstig beschadigd. Hij deed toen dienst als graanopslagplaats. Een eeuw later werd hij door architect Viollet-le-Duc gerestaureerd.

Sainte-Chapelle in volle glorie

St-Louis-en-l'Ile ❼

Rue St-Louis-en-l'Ile 19 bis, 75004. **Kaart** 9 C4. ☎ *01-46341160.* Ⓜ *Pont Marie.* ***Open*** *di-zo 9.00-12.00 uur, 15.00-19.00 uur.* ***Gesloten*** *feestdagen.* 📷

Met de bouw van deze door hofarchitect Louis Le Vau ontworpen kerk werd in 1664 begonnen. Hij werd in 1726 voltooid en ingewijd. De opvallendste kenmerken aan de buitenkant zijn de ijzeren klok uit 1741 en de ijzeren spits.
Het barokke interieur is rijk versierd met bladgoud en marmer. Er is een standbeeld van H. Lodewijk met een kruisvaarderszwaard in de hand. Op een plaquette in de noordelijke beuk, uit 1926, staat 'ter nagedachtenis aan de H. Lodewijk naar wie de stad St. Louis, Missouri, VS is vernoemd'. De kerk is ook gelieerd aan de Carthaagse kathedraal in Tunesië, waar H. Lodewijk begraven ligt.

Het interieur van St-Louis-en-l'Ile

Hôtel de Sens ❽

Rue du Figuier 1, 75004. **Kaart** 9 C4. ☎ *01-42781460.* Ⓜ *Pont-Marie.* ***Open*** *di-vr 13.30-20.15 uur; za 10.00-20.15 uur.* ***Gesloten*** *feestdagen.*

Er staan nog maar weinig middeleeuwse gebouwen in Parijs. Eén daarvan is het Hôtel de Sens, waar de Forney kunstbibliotheek is gevestigd. Het gebouw werd tijdens de Katholieke Liga in de 17de eeuw gebruikt als fort.

St-Gervais-St-Protais ❾

Place St-Gervais 75004. **Kaart** 9 B3. ☎ *01-48873202.* Ⓜ *Hôtel de Ville.* ***Open*** *di-vr 6.00-21.00 uur, za-zo 7.00-20.00 uur..*

De oorsprong van deze opmerkelijke kerk, genoemd naar twee Romeinse soldaten die door keizer Nero waren doodgemarteld, gaat terug tot de 6de eeuw. Hij heeft de oudste classicistische gevel van Parijs, uit 1621, met Dorische, Ionische en Korinthische zuilen.
Achter deze gevel bevindt zich een laat-gotische kerk die beroemd is vanwege de associatie met religieuze muziek. François Couperin (1668-1733) schreef zijn twee missen speciaal voor het orgel van deze kerk.

De ramen van de bovenkapel

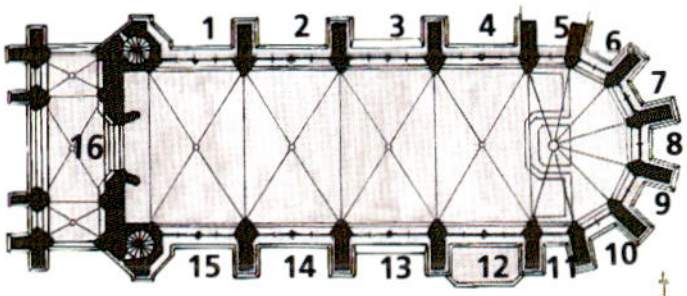

1 Genesis
2 Exodus
3 Numeri
4 Deuteronomium: Joshua
5 Richteren
6 *l.* Jesaja *r.* boom van Jesse
7 *l.* Johannes de evangelist *r.* Kindsheid van Jezus
8 Lijden van Jezus
9 *l.* Johannes de Doper *r.* Daniël
10 Ezechiël
11 *l.* Jeremia *r.* Tobias
12 Judith en Job
13 Esther
14 Boek der Koningen
15 Legende van het ware Kruis
16 Roosvenster: de Openbaring

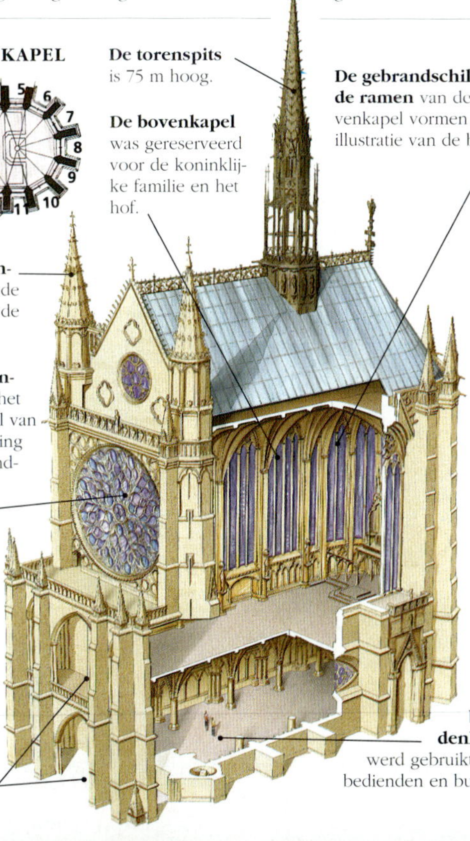

Notre-Dame ❻

Geen ander gebouw vertolkt de geschiedenis van Parijs beter dan de Notre-Dame. De bisschop van Sully gaf in 1159 opdracht tot de bouw op de plek waar eerst een Romeinse tempel had gestaan. De eerste steen werd in 1163 gelegd, waarna twee eeuwen hard werken door gotische architecten en middeleeuwse ambachtslieden volgden. Grote gebeurtenissen als de kroning van Hendrik VI in 1422 en Napoleon Bonaparte in 1804 vonden in de Notre-Dame plaats. Tijdens de Revolutie werd de kerk ontheiligd en omgedoopt tot de Tempel van de Rede. De architect Viollet-le-Duc voerde in de 19de eeuw restauraties uit.

★ Westgevel
De fraai geproportioneerde westgevel is een hoogtepunt in de Frans-gotische architectuur.

387 treden leiden naar de top van de zuidelijke toren, waar de beroemde klok van Emmanuel hangt.

★ Galerie des Chimères
De gargouilles (chimières) *van de kathedraal kijken dreigend uit de dakgoot naar beneden.*

★ Westelijk roosvenster
Dit raam stelt de Maagd Maria voor in een warm rood-blauw medaillon.

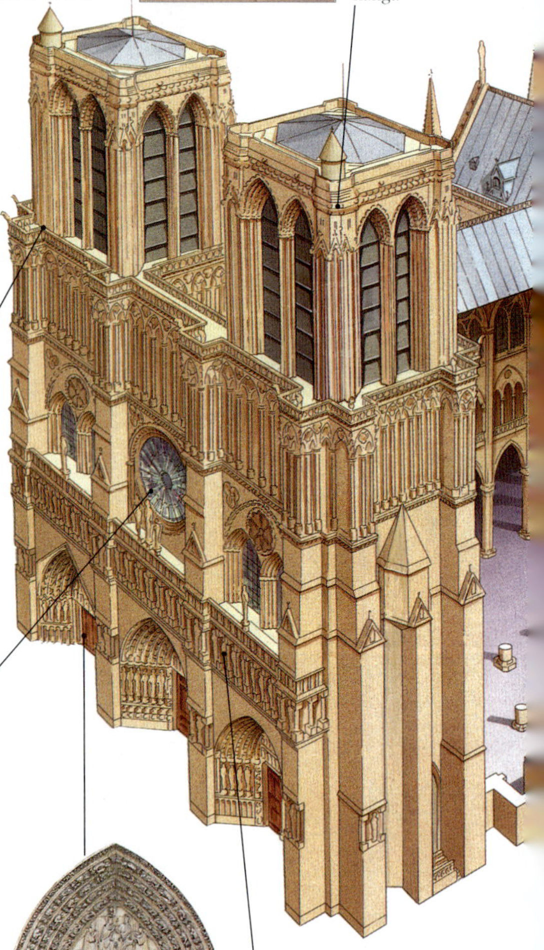

STERATTRACTIES

- ★ **Westgevel en portalen**
- ★ **Luchtbogen**
- ★ **Roosvensters**
- ★ **Galerie des Chimères**

De Koningsgalerij toont 28 beelden van de koningen van Judea.

Portaal van de Maagd
Maria wordt omringd door 13de-eeuwse beelden van heiligen en koningen.

★ Luchtbogen
De spectaculaire steunberen van Jean Ravy aan de oostkant van de kathedraal hebben een spanwijdte van 15 m.

Tips voor de toerist

Place du Parvis-Notre-Dame 6. **Kaart** 9 B4. *01-42345610.* *Cité.* *21, 38, 85, 96 naar Ile de la Cité.* *Notre-Dame.* *place du Parvis.* ***Open** dag. 8.00-18.45 uur (torens. 9.30-18.00 uur, 's winters tot 17.30 uur).* *ma-za 8.00, 9.00, 12.00, 18.15 uur ; zo 8.00, 8.45, 10.00, 11.30, 12.30, 18.30 uur.*

De torenspits, een ontwerp van Viollet-le-Duc, is 90 m hoog.

Het interieur
Het hoge gewelf van het middenschip, het koor en het altaar, gezien vanuit de hoofdingang.

Het transept is uit de 13de eeuw, uit het begin van de regeringsperiode van Filips II August.

In de schatkamer bevinden zich de kerkschatten van de kathedraal, waaronder antieke manuscripten en relikwieën.

★ Zuidelijk roosvenster
Dit raam in de zuidgevel, waar een afbeelding van Christus centraal staat, is 13 m hoog.

Mei-schilderingen
Tussen 1630 en 1707 gaven de Parijse gilden elk jaar op 1 mei een religieus schilderij ten geschenke aan de kathedraal. Er hangen werken van onder anderen Le Brun en Le Sueur.

Onder de loep: De Marais

De Marais was vroeger een stuk moerasland (*marais* = moeras). Sinds de 14de eeuw nam het belang van het gebied toe vanwege de nabijheid van het Louvre, de favoriete residentie van Karel V. De bloeitijd van de wijk lag in de 17de eeuw, toen veel rijke Parijzenaars er gingen wonen. Zij bouwden vele luxueuze herenhuizen, de *hôtels* die ook vandaag de dag nog in de Marais te vinden zijn. Veel van deze panden zijn gerestaureerd en tot museum gemaakt.

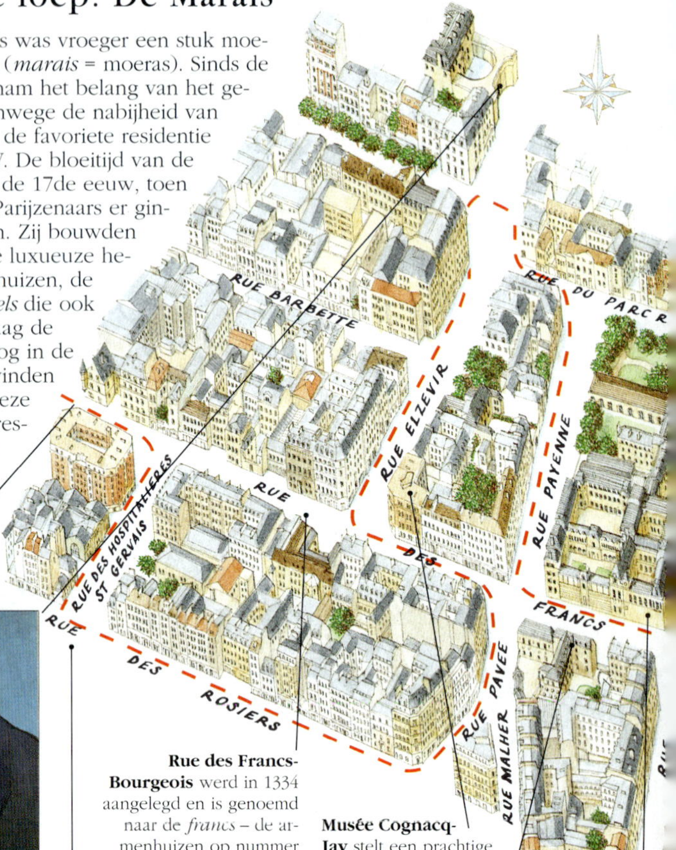

Naar Centre Pompidou

Rue des Francs-Bourgeois werd in 1334 aangelegd en is genoemd naar de *francs* – de armenhuizen op nummer 34 en 36.

Musée Cognacq-Jay stelt een prachtige collectie 18de-eeuwse schilderijen en meubels tentoon.

★ Musée Picasso
In het huis van een 17de-eeuwse inner van zoutbelasting is de grootste collectie Picasso's ter wereld ondergebracht ⓯

Hôtel de Lamoignon (1584) biedt onderdak aan de historische bibliotheek van Parijs.

In de Rue des Rosiers, midden in de joodse wijk, staan 18de-eeuwse huizen, winkels en restaurants waar men warme pastrami en borsjt kan eten.

Symbool

— — — Aanbevolen route

0 meter 100

★ Musée Carnavalet
Dit museum beslaat twee herenhuizen en behandelt de geschiedenis van Parijs ⓰

★ **Place des Vosges**
Dit heerlijke plein is een oase van rust ⓱

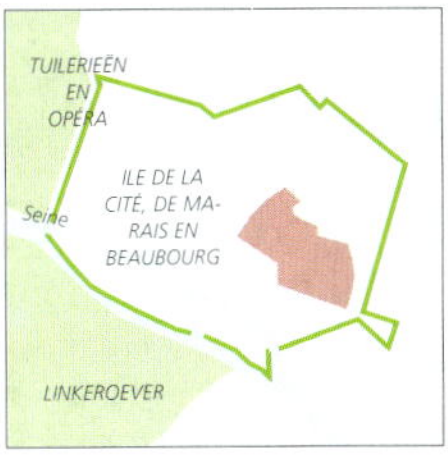

ORIËNTATIEKAART
Zie Stratengids van Parijs kaart 9, 10

Maison de Victor Hugo
Victor Hugo, schrijver van Les Misérables, *woonde op Place des Vosges 6. Hier is nu een museum gewijd aan zijn leven en werk* ⓲

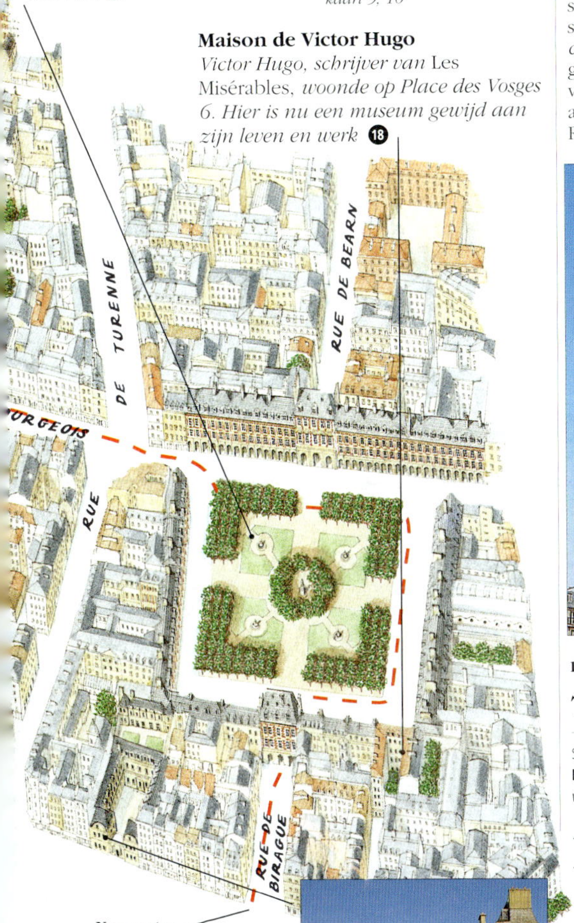

Naar metro Sully Morland

STERATTRACTIES

- ★ Musée Picasso
- ★ Musée Carnavalet
- ★ Place des Vosges

Hôtel de Sully, met orangerie en binnenplaats, is een mooi renaissancistisch herenhuis.

Hôtel de Ville ❿

Place de l'Hôtel de Ville, 75004.
Kaart 9 B3. *01-42765049.*
Hôtel-de-Ville.
Toegang *alleen rondleidingen (bel voor afspraak).*
Gesloten *feestdagen, tijdens officiële gelegenheden.*

In het Hôtel de Ville huist de gemeenteraad. Het is een 19de-eeuwse reconstructie van het 17de-eeuwse stadhuis dat in 1871 door *communards* in brand werd gestoken. Het is een rijk versierd voorbeeld van de architectuur van de Derde Republiek.

De 16de-eeuwse Tour-St-Jacques

Tour St-Jacques ⓫

Square de la Tour St-Jacques 75004.
Kaart 9 A3. *Châtelet.* ***Gesloten*** *voor het publiek.*

Deze laat-gotische toren uit 1522 is het laatste restant van een middeleeuwse kerk die verzamelplaats was voor pelgrims die naar Compostela in Spanje reisden. De rest van het bouwwerk werd in 1797 verwoest.
Blaise Pascal, de 17de-eeuwse wetenschapper, deed in de toren experimenten met de luchtdruk. Aan de voet van de toren staat zijn standbeeld. Het gebouw doet nu dienst als meteorologisch station.

St-Eustache ⓬

Place du Jour 75001. **Kaart** 9 A1
01-42363105. M *Les Halles.*
RER *Châtelet-Les-Halles.*
***Open** ma-za 9.00-19.00 uur, zo 9.15-13.00 en 15.00-19.00 uur).*

De combinatie van een gotisch grondplan en renaissancistische aankleding maken de St-Eustache tot een van de mooiste kerken van Parijs. Het interieur is geïnspireerd op de Notre-Dame, met vijf beuken en zijkapellen. De bouw van de kerk nam 105 jaar in beslag (1532-1637) in de hoogtijdagen van de Renaissance.
In de St-Eustache hebben vele ceremoniële gebeurtenissen plaatsgevonden, waaronder de doop van kardinaal Richelieu en Madame de Pompadour en de begrafenissen van de fabelschrijver La Fontaine, Colbert (premier onder Lodewijk XIV) en de 17de-eeuwse toneelschrijver Molière. In deze kerk bracht Berlioz in 1855 voor de eerste keer zijn *Te Deum* en Liszt in 1866 zijn *Messe Solennelle* ten gehore.
Tegenwoordig worden er in juni en juli orgelconcerten gegeven.

***L'Ecoute* van Henry de Miller bij de St-Eustache**

Centre Pompidou ⓭

Zie blz. 88-89.

Hôtel de Soubise ⓮

Rue des Francs-Bourges 60, 75003. **Kaart** 9C2. *01-40276178.* M *Rambuteau.* ***Open** wo-ma 12.00-18.45 uur.* ***Gesloten** feestdagen.*

Dit pand werd tussen 1705 en 1709 gebouwd voor de Princesse de Rohan. Het is een van de twee hoofdgebouwen waarin de nationale archieven zijn ondergebracht (het andere is Hôtel de Rohan).
In het museum voor Franse geschiedenis, dat nu in dit pand zit, kan men het *rocaille*-werk van Natoire in de ovale salon (de slaapkamer van de prinses) bezichtigen. Ook het testament van Napoleon, waarin hij verzoekt zijn stoffelijk overschot naar Frankrijk terug te brengen, is tentoongesteld.

Musée Picasso ⓯

Hôtel Salé, Rue de Thorigny 5.
Kaart 10 D2. *01-42712521.*
M *St-Sébastien Froissart.* ***Open** okt-maart: wo-ma 9.30-17.30 uur; april-sept: wo-ma 9.30-18.00 uur.*
***Gesloten** 1 jan, 25 dec.*
alleen op afspraak

Bij de dood van Pablo Picasso (1881-1973), een Spanjaard die het grootste deel van zijn leven in Frankrijk woonde, erfde de Franse staat een kwart van zijn werk bij wijze van successierechten. Met dit werk kon men het Musée Picasso oprichten, dat in 1986 werd geopend. Het museum is gevestigd in het prachtig gerestaureerde Hôtel Salé, een van de mooiste gebouwen in de Marais. Het werd in 1656 gebouwd voor Aubert de Fontenay, inner van de gevreesde zoutbelasting (*salé* betekent 'gezouten'). Met meer dan 200 schilderijen, 158 sculpturen, 88 keramische voorwerpen en ongeveer 3000 schetsen en gravures geeft deze unieke collectie een goed beeld van het enorme bereik en de verscheidenheid van Picasso's werk.

***Lezende vrouw* (1932) door Pablo Picasso**

Hoogtepunten in de collectie zijn het *Zelfportret* uit de blauwe periode dat hij op 20-jarige leeftijd schilderde, studies voor zijn meesterwerk *Les demoiselles d'Avignon*, *Stilleven met rieten stoel* waarmee de collage in het kubisme werd geïntroduceerd, het neoclassicistische *Panfluiten* en *De Kruisiging*.

Musée Carnavalet ⓰

Rue de Sevigné 23, 75003. **Kaart** 10 D3. ☎ *01-42722113.* Ⓜ *St-Paul.* ***Open*** *di-zo 10.00-17.40 uur.* *di 13.30, zo 14.15 uur.* ***Gesloten*** *feestdagen.*

Dit museum is gewijd aan de geschiedenis van Parijs sinds de Romeinse tijd. Het beslaat twee naast elkaar liggende herenhuizen. Er zijn geheel gedecoreerde en gemeubileerde kamers met panelen met bladgoud en met *objets d'art*; schilderijen en beelden van beroemde personen en gravures die laten zien hoe Parijs werd gebouwd.

Het belangrijkste gebouw is het Hôtel Carnavalet, in 1548 gebouwd door Nicolas Dupuis. Madame de Sévigné, de beroemde gastvrouw van de literaire scène, woonde hier tussen 1677 en 1696. Op de tentoonstelling op de begane grond over het Lodewijk XIV-tijdperk zijn veel van haar bezittingen te bewonderen.

Het 17de-eeuwse Hôtel le Peletier werd in 1989 geopend. Er zijn reconstructies van vroeg 20ste-eeuwse interieurs te zien. Er worden voorwerpen uit de tijd van de Revolutie en later tentoongesteld en u kunt er de slaapkamer van Proust bezichtigen.

Een prachtige 17de-eeuwse plafondschildering van Charles Le Brun

SYMBOLEN PLATTEGROND

- Schilderijen
- Illustraties
- Beeldentuin
- Keramiek
- Geen tentoonstellingen

MUSEUMWIJZER

De collectie is grotendeels in chronologische volgorde gerangschikt. Op de eerste verdieping de blauwe en roze periode en kubistische en neoclassicistische werken.

Op de begane grond werken uit de jaren twintig en dertig en later.

Keramiek, illustraties en werk uit de oorlogsjaren in de kelder.

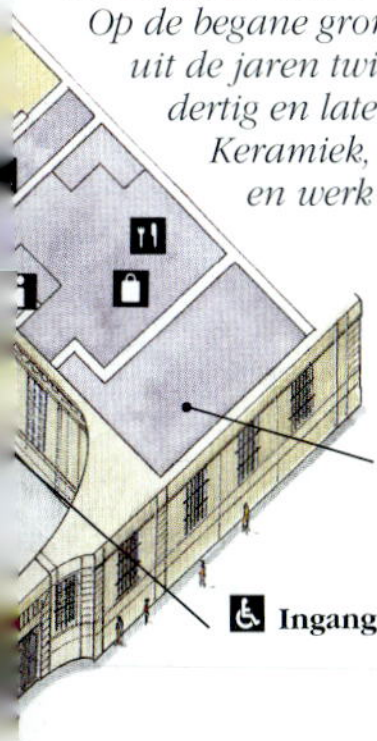

Place des Vosges ⓱

75003, 75004. **Kaart** 10 D3. Ⓜ *Bastille, St-Paul.*

Dit volkomen symmetrische plein werd in 1605 onder Hendrik IV aangelegd en wordt alom als een van de mooiste pleinen ter wereld beschouwd. Er staan 36 huizen, 9 aan elke kant, met overwelvingen waar antiekwinkels en cafés zijn gevestigd. Op het plein hebben vele historische gebeurtenissen plaatsgevonden, waaronder een driedaags toernooi ter ere van het huwelijk van Lodewijk XIII met Anna van Oostenrijk in 1615.

Maison de Victor Hugo ⓲

Place des Vosges 6, 75004. **Kaart** 10 D4. ☎ *01-42721016.* Ⓜ *Bastille.* ***Open*** *di-zo 10.00-17.40 uur.* ***Gesloten*** *feestdagen.* *op afspraak.*

De Franse dichter, toneelschrijver en romancier woonde van 1832 tot 1848 op de eerste verdieping van dit voormalige Hôtel Rohan-Guéménée. Hier schreef hij het grootste deel van *Les Misérables* en andere beroemde werken. Voor de tentoonstelling zijn een aantal van zijn kamers gereconstrueerd, onder andere zijn werkkamer. De meubels die hij maakte, pentekeningen en aantekeningen uit de belangrijkste perioden van zijn leven worden ook getoond.

Marmeren buste van Victor Hugo door Auguste Rodin

Place de la Bastille ⓳

75004. **Kaart** 10 E4. Ⓜ *Bastille.*

Er is niets meer over van de beruchte gevangenis waarvan de bestorming op 14 juli 1789 de aanzet tot de Franse Revolutie gaf.

Op het drukke plein staat de 52 m hoge Colonne de Juillet, ter nagedachtenis aan de slachtoffers van de juli-revolutie van 1830. Aan de zuidkant van het plein (Rue de Lyon 120) bevindt zich de **Opéra Bastille** die in 1989, ter ere van de 200ste verjaardag van de Revolutie werd geopend.

De 'geest van de vrijheid' op de Colonne de Juillet

Centre Pompidou ⓭

Het Centre Pompidou lijkt op een binnenstebuiten gekeerd gebouw: liften, trappen, lucht- en waterbuizen en zelfs de massieve stalen stutten die het skelet van het gebouw vormen, zijn aan de buitenkant zichtbaar. De architecten Rogers, Piano en Franchini creëerden zo een heldere, flexibele tentoonstellingsruimte. In het museum hangt onder anderen werk van Matisse, Picasso, Miró en Pollock, en stromingen als het Fauvisme, het Kubisme en het Surrealisme. Tijdens de huidige renovatie zijn veel van deze werken elders in de wereld te zien. Het Atelier Brancusi op het piazza is wel open.

De bovenste verdieping van het Centre biedt prachtig uitzicht op andere bezienswaardigheden, zoals de Eiffeltoren, Notre-Dame en Sacré-Coeur.

Naar het Atelier Brancusi

Dit allegaartje van glas en staal noemt men Beaubourg en is een van de grootste trekpleisters van Parijs. Sinds 1977 trekt het jaarlijks meer dan 7 miljoen bezoekers.

Mobile op twee niveaus *(1955) De 20ste-eeuwse Amerikaanse kunstenaar Calder introduceerde de mobile als kunstvorm.*

MUSEUMWIJZER

Een groot deel van het Centre Pompidou is tijdens de renovatie voor het publiek gesloten. De schilderijen op deze bladzijden zullen waarschijnlijk weer te zien zijn (op de 4de en 5de verdieping) als het Centre heropend wordt, maar het is verstandig tegen die tijd u hiervan telefonisch op de hoogte te stellen. Op het piazza bevindt zich ook een informatiekiosk.

Tristesse du roi *(1952) Deze collage van Matisse is gemaakt met gouache-knipsels.*

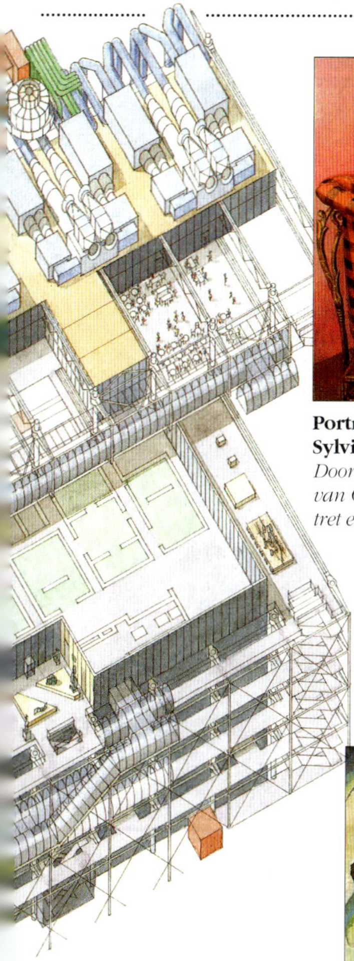

Portret van de journaliste Sylvia von Harden *(1926) Door de chirurgische precisie van Otto Dix wordt dit portret een wrange karikatuur.*

TIPS VOOR DE TOERIST

Centre d'Art et de Culture Georges Pompidou, Pl G Pompidou. **Kaart** 9 B2. *01 44 78 12 33.* M *Rambuteau, Châtelet, Les Halles, Hôtel de Ville.* *21, 29, 38, 47, 58, 69, 70, 72, 74, 75, 76, 85.* RER *Châtelet-Les-Halles.* P *Centre G Pompidou.* ***Centre Pompidou gesloten*** *wegens renovatie tot jan 2000.* ***Atelier Brancusi open*** *ma-vr 12.00-22.00 uur; zo en feestdagen 10.00-22.00 uur.* ***Web site:*** *www.cnac-gp.fr*

Man met gitaar *(1914) Samen met Picasso ontwikkelde Braque de kubistische techniek waarbij vele visies op een onderwerp in één beeld werden gebracht.*

Met de zwarte boog *(1912) De overgang naar Abstractie, een van de belangrijkste kunststromingen van de 20ste eeuw, is te zien in de werken van Vassily Kandinsky.*

De fontein van Picasso *Deze fontein op het Place Igor Stravinsky bij het Centre Pompidou werd in 1983 onthuld. Ander werk van de ontwerpers, beeldhouwers Jean Tinguely en Niki de Saint Phalle, is te zien in het Centre Pompidou.*

ATELIER BRANCUSI

Het Atelier Brancusi, op het piazza aan de kant van de Rue Rambuteau, is een reconstructie van het atelier van de in Roemenië geboren kunstenaar Constantin Brancusi (1876-1957), die in Parijs woonde en werkte. Hij liet zijn hele kunstverzameling na aan de Franse staat op voorwaarde dat zijn atelier in originele staat herbouwd zou worden. Er zijn meer dan 200 beelden en voetstukken, 1600 foto's, gereedschappen en een aantal persoonlijke stukken, waaronder documenten, meubels en de boekenverzameling.

Interieur van het Atelier Brancusi door Renzo Piano

Tuilerieën en Opéra

De weidse, 19de-eeuwse *grands boulevards* van Baron Haussmann vormen het decor voor mensen die naar hun werk of het theater gaan, voor toeristen en winkelend publiek, kortom voor de drukte rond de Opéra. De vele winkeltjes en warenhuizen, van exclusieve dure zaken tot buurtwinkels, trekken heel veel mensen. De 19de-eeuwse winkelgalerijen, met imposante daken van glas en staal, bepalen het karakter van de wijk. Deze in de jaren zeventig gerestaureerde complexen noemt men *galeries* of *passages*. Galerie Vivienne is de mooiste, vooral de mozaïekvloer is heel bijzonder. De Passage des Panoramas, Passage Verdeau en de kleine Passage des Princes zijn wat meer in de stijl van het oude Parijs. In deze gaanderijen zitten winkeltjes waar allerlei etenswaren te koop zijn, en de uitgestalde dure jams, kruiden, pâtés, mosterds en sauzen wekken direct de eetlust op.

Straatlantaarn van Vestaalse maagd bij de Opéra

Het Tuilerieën-complex ligt tussen de Opéra en de Seine en wordt aan de westkant begrensd door het enorme Place de la Concorde en in het oosten door het Louvre. In het Louvre is een van de grootste kunstcollecties ter wereld bijeengebracht en op de binnenplaats staat de avantgardistische glazen piramide van IM Pei. Dit deel van de stad ontleent zijn karakter aan de elegante pleinen en de formeel aangelegde tuinen. Monumenten voor de monarchie en de kunst vermengen zich met nadrukkelijk aanwezige moderne luxe. Op het Place Vendôme bevinden zich de mondaine juwelierszaken en het luxueuze Ritz-hotel.

Bezienswaardigheden in het kort

Musea en galeries
Galerie National du Jeu de Paume 6
Musée des Arts Décoratifs 11
Musée Grévin 3
Musée du Louvre blz. 96-99 14
Musée de l'Orangerie 8

Pleinen, parken en tuinen
Jardin des Tuileries 9
Place de la Concorde 7
Place Vendôme 5

Monumenten
Arc de Triomphe du Carrousel 12

Historische gebouwen
Opéra de Paris Garnier 2
Palais Royal 13

Kerken
La Madeleine 1
St-Roch 10

Winkels
Les Galeries 4

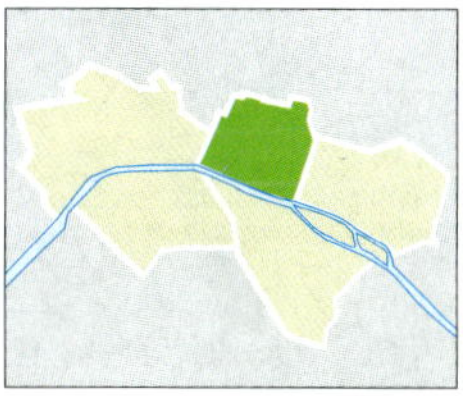

Bereikbaarheid

Deze buurt is goed bereikbaar per metro, er zijn onder andere stations bij de Tuilerieën, Pyramides, Palais Royal, Madeleine en de Opéra. Bus 24 en 72 komen langs de Quai des Tuileries en Quai du Louvre en bus 21, 27 en 29 gaan over de avenue de l'Opéra.

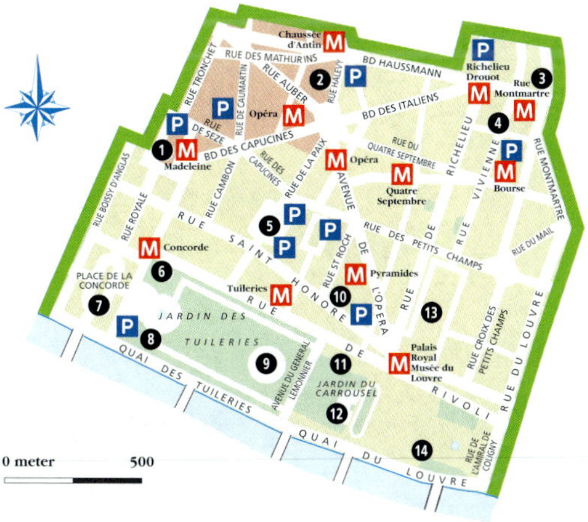

Symbolen

Stratenkaart *blz. 92-93*
M Metrostation
P Parkeerplaats

◁ **De obelisk op het Place de la Concorde met op de achtergrond de Eiffeltoren**

Onder de loep: l'Opéra

Naar men zegt trekt de hele wereld aan u voorbij als u maar lang genoeg in Café de la Paix (tegenover de Opéra Garnier) blijft zitten. Overdag is de buurt vol met Parijzenaars en toeristen die de warenhuizen langs de *grands boulevards* bezoeken. 's Avonds trekken de clubs en theaters een heel ander publiek en zijn de cafés langs de Boulevard des Capucines bomvol.

Beeld van Gurnery op de Opéra

★ Opéra Garnier

Dit grootse operahuis dateert uit 1875 en is een symbool geworden van de rijkdom van het tweede keizerrijk ❷

STERATTRACTIES

★ La Madeleine

★ Opéra Garnier

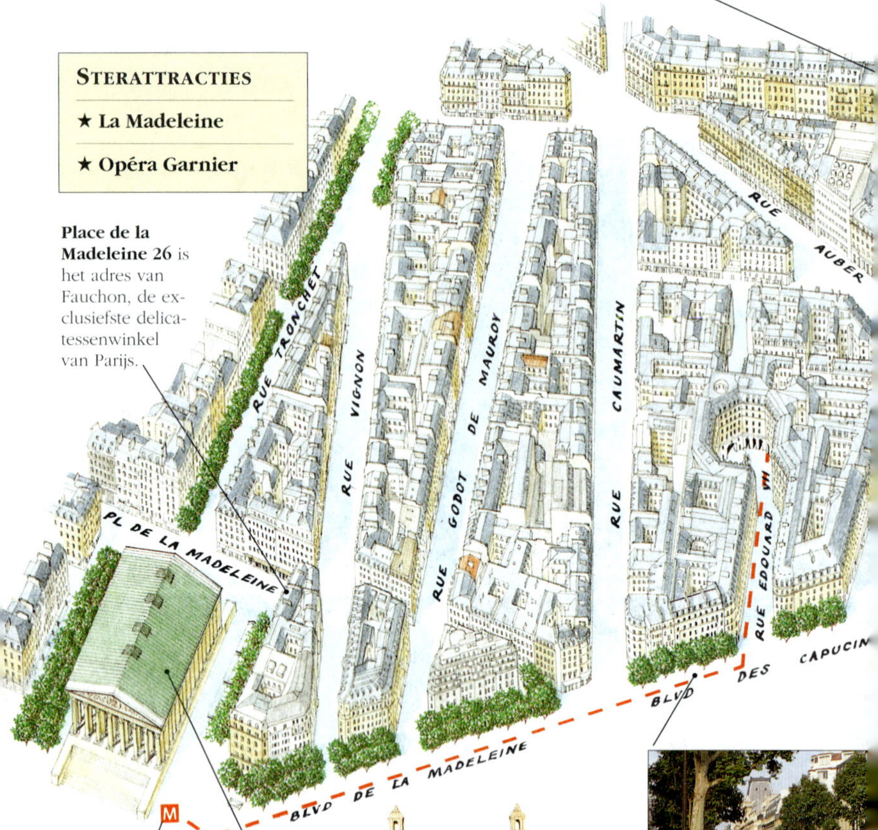

Place de la Madeleine 26 is het adres van Fauchon, de exclusiefste delicatessenwinkel van Parijs.

Metro Madeleine

★ La Madeleine

Het oorspronkelijke model voor de Madeleine is te zien in het Musée Carnavalet (blz. 87) ❶

Op Boulevard des Capucines 14 vertoonden de gebroeders Lumière op 28 december 1895 hun eerste film.

ORIËNTATIEKAART

Zie Stratengids Parijs kaart 4, 7, 8

Musée de l'Opéra bezit de partituren van alle balletten en opera's die ooit in de Opéra zijn opgevoerd, alsmede memorabilia, van Nijinsky's spitzen tot de tiara van Pavlova.

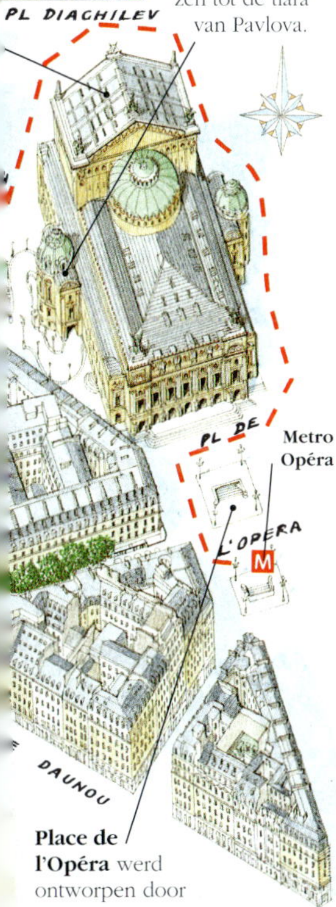

Place de l'Opéra werd ontworpen door Baron Haussmann en is een van de drukste kruispunten van Parijs.

SYMBOOL

- - - Aanbevolen route

0 meter 100

***Maria Magdalena's Hemelvaart* van Marochetti in La Madeleine**

La Madeleine ❶

Place de la Madeleine 75008. **Kaart** 3 C5. *01-44516900.* *Madeleine.* ***Open*** *ma-za 7.15-17.15 uur, zo 7.30-13.30 en 15.30-19.00 uur.*

La Madeleine is geïnspireerd op een Griekse tempel. Men begon in 1764 met de bouw maar de kerk werd pas in 1845 gewijd. Tijdens de bouw wilde men er afwisselend een bank, een beursgebouw, een theater, een spoorwegstation of nog maar weer een tempel voor keizer Napoleon van maken. Om het gebouw staat een Korinthische zuilengaanderij met daarboven een fries met beeldhouwwerk. Binnenin zijn drie koepels te zien.

Opéra Garnier ❷

Place de l'Opéra 75009. **Kaart** 4 DF. *01-40012263.* *Opéra.* ***Open*** *dag. 10.00-16.30 uur.* ***Gesloten*** *1 jan, 1 mei en feestdagen.*

Dit extravagante, in 1862 door Charles Garnier voor Napoleon III ontworpen gebouw is wel eens vergeleken met een enorme bruidstaart. De opening moest wegens de Frans-Duitse oorlog en het oproer van 1871 worden uitgesteld tot 1875.
Het interieur van de Opéra is beroemd om zijn trappenhuis in wit Carrara-marmer. De concertzaal is uitgevoerd in rood fluweel en goud en het verlaagde plafond werd in 1964 door Chagall geschilderd. Tegenwoordig worden de opera's in de Opéra Bastille uitgevoerd, maar de Opéra Garnier blijft het podium voor ballet in Parijs.

Musée Grévin ❸

Boulevard Montmartre 10, 75009. **Kaart** 4 F4. *01-47708505.* *Rue Montmartre.* ***Open*** *dag. 13.00-19.00 uur, in schoolvak. 10.00-19.00 uur.*

Bord buiten het Musée Grévin

Dit in 1882 opgerichte museum is voor Parijs wat Madame Tussaud voor Londen is. Er worden historische gebeurtenissen in beeld gebracht zoals Lodewijk XIV in Versailles en de arrestatie van Lodewijk XVI. Voorts zijn er personen uit de wereld van de kunst, politiek, film en sport te zien. Op de eerste verdieping bevindt zich een holografisch museum, gewijd aan optisch bedrog.

Les Galeries ❹

75002. **Kaart** 4 F5. *Bourse.*

De vroeg 19de-eeuwse winkelgalerijen met glazen overkapping *(galeries* of *passages)* vindt u vooral tussen Boulevard Montmartre en Rue St-Marc. Hier vindt u kleine winkeltjes waar van alles te koop is, van speciaal ontworpen sieraden tot zeldzame boeken. Een van de aardigste *galeries* is de Galerie Vivienne (bij de Rue Vivienne of de Rue des Petits Champs), waar u een interessante mozaïekvloer en een tearoom vindt.

Place Vendôme ❺

75001. **Kaart** 8 D1. **M** *Tuileries.*

Architect Jules Hardouin-Mansart ontwierp dit plein, met de aanleg waarvan in 1698 werd begonnen. Aanvankelijk was het de bedoeling dat er academies en ambassades zouden worden gehuisvest, maar in plaats daarvan vestigden zich hier banken die luxueuze filialen openden. Tot de beroemdste bewoners van het plein behoren Frédéric Chopin, die hier in 1848 op nummer 12 overleed en César Ritz, die in 1898 op nummer 15 zijn beroemde hotel vestigde.

Waterlelies (Nymphéas) **van Monet, te zien in het Musée de l'Orangerie**

Galerie National du Jeu de Paume ❻

Jardin des Tuileries, Place de la Concorde 75008. **Kaart** 7 C1. *01-47031250. 01-42606969.* **M** *Concorde.* ***Open*** *di 12.00-21.30 uur, wo-vr 12.00-19.00 uur, za, zo 10.00-19.00 uur* ***Gesloten*** *1 jan, 1 mei, 25 dec.*

De Jeu de Paume (letterlijk 'spel van de handpalm') werd in 1851 voor Napoleon III aangelegd als kaatsbaan. Toen dat spel aan populariteit inboette, kwam er een galerie gewijd aan de Franse impressionistische kunst. In 1986 ging de collectie naar het Musée d'Orsay *(blz. 116-117)*. De Jeu de Paume wordt nu gebruikt voor kunsttentoonstellingen.

Place de la Concorde ❼

75008. **Kaart** 7 C1. **M** *Concorde.*

Dit is een van de mooiste pleinen van Europa. Het is 8 ha groot en tot het midden van de 18de eeuw een moerasgebied. In 1775 werd het Place Louis XV aangelegd door de koninklijke architect Jacques-Ange Gabriel als omlijsting voor een standbeeld van de koning te paard.
Dit monument hield slechts twintig jaar stand en werd vervangen door de guillotine (die de Zwarte Weduwe werd genoemd). Het plein werd omgedoopt tot Place de la Révolution. Op 21 januari 1793 werd Lodewijk XVI er onthoofd, gevolgd door nog 1300 slachtoffers, onder wie Marie Antoinette, Madame du Barry, Charlotte Corday (de moordenaar van Marat) en de revolutionaire leiders Danton en Robespierre.
Nadat het schrikbewind in 1794 definitief tot een einde was gekomen, werd het van bloed doordrenkte plein heel optimistisch Place de la Concorde (plein van de eenheid) genoemd.
Jaren later kreeg koning Louis-Philippe de 3200 jaar oude obelisk uit Luxor cadeau van de onderkoning van Egypte (die ook de naald van Cleopatra aan Londen schonk).
Naast de Rue Royale aan de noordkant van het plein staan twee neoclassicistische huizen van Gabriel, het Hôtel de la Marine en het exclusieve Hôtel Crillon.

De 3200 jaar oude obelisk uit Luxor

Musée de l'Orangerie ❽

Jardin des Tuileries, Place de la Concorde 75008. **Kaart** 7 C1. *01-42974816.* **M** *Concorde. wo-ma 9.45-17.00 uur.* ***Gesloten*** *wegens renovatie vanaf jan 1999.*

In de twee ovale kamers op de begane grond hangen een aantal werken van Claude Monet uit zijn beroemde waterlelieserie. Deze schilderijen, bekend onder de naam *Nymphéas*, schilderde hij grotendeels tussen 1899 en 1921 in zijn tuin in Giverny, vlak bij Parijs.
Er hangt ook werk uit de Walter Guillaume-collectie. Deze bestaat onder meer uit 24 doeken van Renoir waaronder *Meisjes aan de piano*, dramatisch werk van Soutine en 14 schilderijen van Cézanne, onder andere *De rode rots*. Van Picasso hangt er vroeg werk als *De baadsters* en van Rousseau zijn er 9 schilderijen, waaronder *De bruiloft* en *De wagen van de oude Junier*.

Jardin des Tuileries ❾

75001. **Kaart** 8 D1. **M** *Tuileries, Concorde.*

Deze neoclassicistische tuinen behoorden vroeger tot het Palais des Tuileries, dat in 1871 door de *commu-*

nards werd verwoest. De tuinen werden in de 17de eeuw aangelegd door André Le Nôtre, met een brede laan in het midden en daar omheen snoeikunst in geometrische patronen. De tuin is een van de populairste open ruimten in de stad.

St-Roch ⑩

Rue St-Honoré 296, 75001. **Kaart** 8 E1. *01-42441320.* *Tuileries.* **Open** *dag. 8.15-19.30 uur.* **Gesloten** *op niet-religieuze feestdagen.*

Deze kerk werd ontworpen door Jacques Lemercie. Lodewijk XIV legde in 1653 de eerste steen. De kerk bezit een verzameling religieuze kunst, waarvan een groot deel uit kerken en kloosters komt die nu verdwenen zijn. Hier liggen onder anderen de toneelschrijver Pierre Corneille, de koninklijke tuinarchitect André Le Nôtre en de filosoof Denis Diderot begraven.

***St Denis preekt voor Gallië* van Vien in de St-Roch (1767)**

Musée des Arts Décoratifs ⑪

Palais du Louvre, Rue de Rivoli 109, 75001. **Kaart** 8 E2. *01-44555750.* *Palais Royal, Tuileries.* **Open** *di, do, vr 11.00-18.00 uur, wo 11.00-21.00 uur, za-zo 10.00-18.00 uur.* **Bibliotheek open** *wo 10.00-18.00 uur, do-di 12.30-18.00 uur.*

Dit museum is gevestigd in de noordwest-vleugel van het Palais du Louvre en stelt een boeiende verzameling kunstnijverheid tentoon uit de Middeleeuwen tot heden. Vooral de art nouveau- en art deco-kamers.
Op andere verdiepingen zijn decoratie- en meubelstijlen te zien uit de perioden van Lodewijk XIV, XV en XVI. Ook moderne ontwerpers als Jean-Michel Wilmotte, Philippe Starck en Andrée Putman zijn vertegenwoordigd.

Pilaren van Daniel Buren op de binnenplaats van het Palais Royal

Arc de Triomphe du Carrousel ⑫

Place du Carrousel 75001. **Kaart** 8 E2. *Palais Royal.*

Deze poort van roze marmer werd gebouwd door Napoleon ter ere van diverse militaire overwinningen, waaronder die van de slag bij Austerlitz in 1805. In 1828 zijn de beelden bovenop toegevoegd; dit zijn kopieën van de beroemde paarden van de San Marco, die Napoleon uit Venetië had gestolen en na zijn nederlaag bij Waterloo in 1815 had moeten teruggeven.

Palais Royal ⑬

Place du Palais Royal 75001. **Kaart** 8 E1. *Palais Royal.* ***De gebouwen zijn gesloten*** *voor het publiek.*

Dit voormalige paleis heeft een woelige geschiedenis. Kardinaal Richelieu liet het aan het begin van de 17de eeuw bouwen en na diens dood kwam het in koninklijke handen. Lodewijk XIV bracht er zijn jonge jaren door. Onder de koninklijke hertogen van Orléans in de 18de eeuw werd het paleis het brandpunt van hooggestemde ontmoetingen, met zo nu en dan een periode van gokken en uitspattingen tussendoor. Van hieruit klonk het klaroengeschal dat de meute er op 14 juli 1789 toe aanzette om de Bastille te bestormen. Tegenwoordig zit in een deel van het gebouw de Raad van State en het ministerie van cultuur. Net ten westen van het paleis, op Rue de Richelieu 2, bevindt zich de Comédie Française, door Lodewijk XIV in 1680 opgericht.

De beeldengroep op de Arc de Triomphe du Carrousel

Musée du Louvre ⓮

In het Musée du Louvre is een van de belangrijkste kunstverzamelingen ter wereld ondergebracht. Het gebouw stamt uit de Middeleeuwen. Koning Filips II August bouwde het vanaf 1190 als fort om Parijs tegen aanvallen van de Vikingen te beschermen. Onder Frans I werden zijn burchttoren en donjon door renaissancistische aanbouwen vervangen. Hierna werd het gebouw vier eeuwen lang verbeterd. Na een grote restauratie, die in 1998 werd voltooid, is de collectie uitgebreid met veel belangrijke werken.

De oostgevel van het Louvre, tegenover St-Germain l'Auxerrois

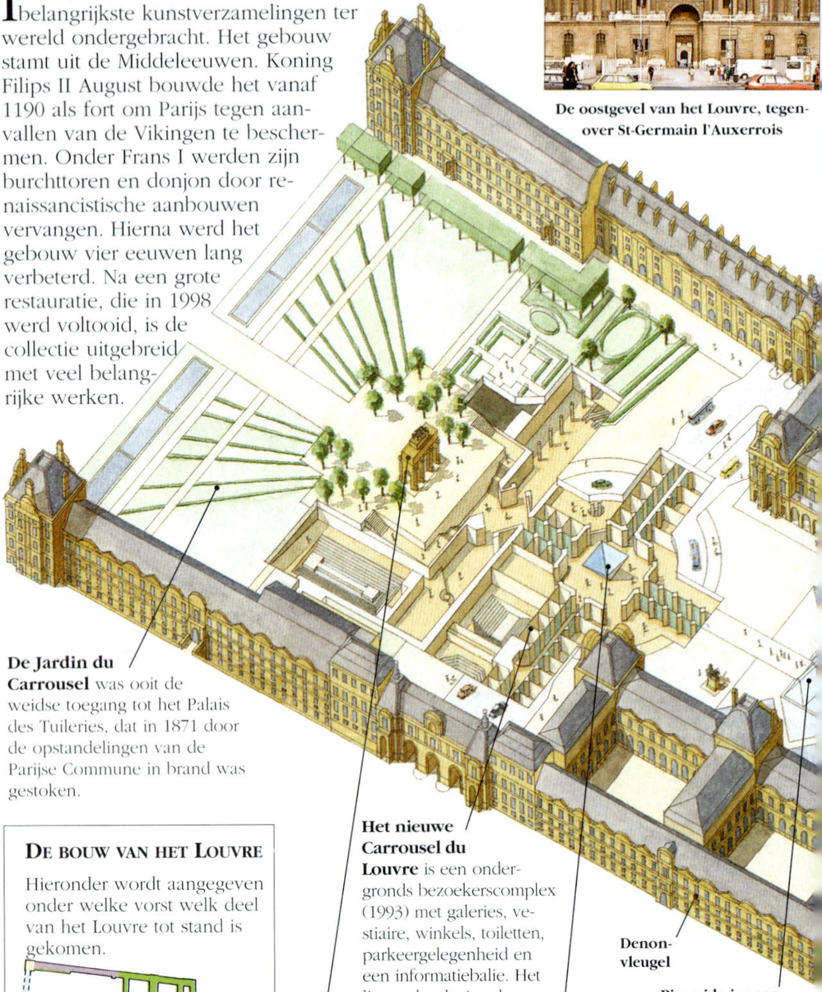

De Jardin du Carrousel was ooit de weidse toegang tot het Palais des Tuileries, dat in 1871 door de opstandelingen van de Parijse Commune in brand was gestoken.

Het nieuwe Carrousel du Louvre is een ondergronds bezoekerscomplex (1993) met galeries, vestiaire, winkels, toiletten, parkeergelegenheid en een informatiebalie. Het ligt onder de Arc de Triomphe du Carrousel.

De omgekeerde glazen piramide zorgt voor verlichting in het souterrain. Het is in stijl met de nieuwe grote ingang van het museum in de Cour Napoléon.

De bouw van het Louvre

Hieronder wordt aangegeven onder welke vorst welk deel van het Louvre tot stand is gekomen.

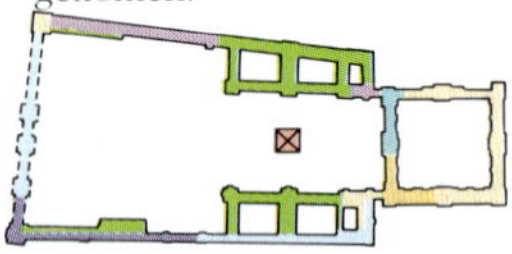

GROTE VERANDERINGEN

- Frans I (1515-1547)
- Catherine de' Medici (rond 1560)
- Hendrik IV (1589-1610)
- Lodewijk XIII (1610-1643)
- Lodewijk XIV (1643-1715)
- Napoleon I (1804-1815)
- Napoleon III (1852-1870)
- IM Pei (1989) (architect)

★ Arc de Triomphe du Carrousel
Triomfboog uit 1805 ter ere van de overwinningen van Napoleon.

Sterattracties

- ★ **Colonnade Perrault**
- ★ **Slotgrachten**
- ★ **Arc de Triomphe du Carrousel**

De glazen piramide

De eerste plannen om het Louvre te moderniseren en uit te breiden ontstonden in 1981. Volgens dit plan zou het ministerie van financiën de Richelieu-vleugel ontruimen en kwam er een nieuwe ingang, de in 1989 gebouwde piramide van architect IM Pei. De piramide is gemaakt van metaal en glas. Zo kan de bezoeker de gebouwen rond het paleis zien en komt er ook licht in het souterrain waar de receptie is.

Tips voor de toerist

Kaart 8 E2. ☎ *01-40205317.* *01-40205151.* Ⓜ *Palais Royal, Musée du Louvre.* 🚌 *21, 24, 27, 39, 48, 68, 69, 72, 81, 95.* RER *Châtelet-Les-Halles.* *Louvre.* P *Carrousel du Louvre (ingang via Avenue du General Lemmonier), Place du Louvre, Rue St-Honoré.* **Museum open** *do-zo 9.00-18.00 uur (laatste toegang 17.30 uur), ma en wo 9.00-21.45 uur (laatste toegang 21.30).* **Napoleon-zaal** *(de geschiedenis van het Louvre, middeleeuws Louvre, aula, tijdelijke tentoonstellingen, restaurants, boekwinkel)* **open** *wo-ma 9.00-22.00 uur.* *(half geld na 15.00 uur en hele zo, eerste zo van maand gratis).* ♿ *gedeeltelijk.* *(dag. behalve zo) tel. 01-40205760.* **Website** *http://www.louvre.fr*

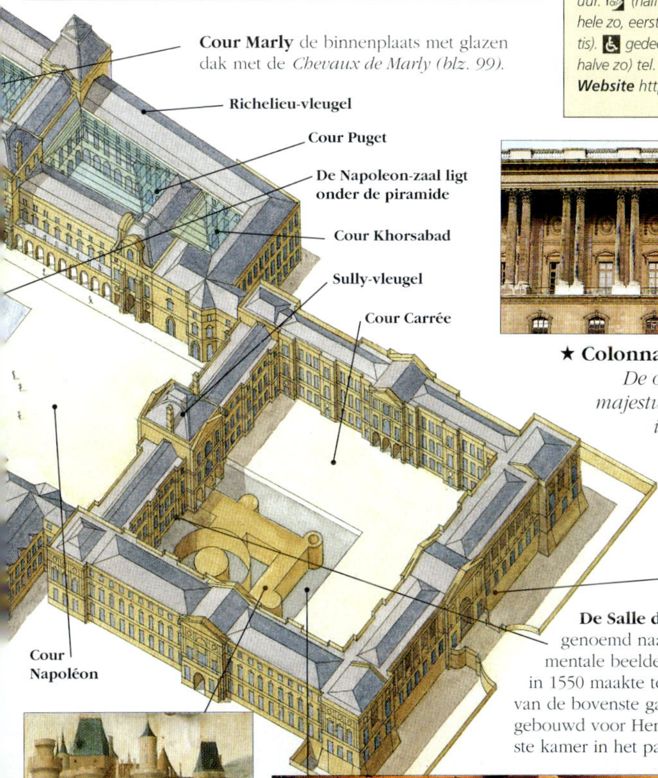

★ Colonnade van Perrault
De oostgevel, met zijn majestueuze zuilenrijen, is ontworpen door Claude Perrault die halverwege de 17de eeuw met Louis Le Vau aan het Louvre werkte.

De Salle des Caryatides is genoemd naar de vier monumentale beelden die Jean Goujon in 1550 maakte ter ondersteuning van de bovenste galerij. Deze ruimte, gebouwd voor Hendrik II, is de oudste kamer in het paleis.

Het Louvre van Karel V
Rond 1360 veranderde Karel V het oude fort van Filips II August, met zijn opvallende toren en kerker, in een koninklijk paleis.

★ Middeleeuwse slotgrachten
In deze opgravingen zijn de voet van de twee torens en de fundering van de ophaalbrug van het fort van Filips II August te zien.

De collectie van het Louvre verkennen

Omdat de collectie van het Louvre zo groot is, doet u er verstandig aan te bedenken wat u graag wilt zien. De collectie Europese schilderkunst (1400-1848) is vrijwel compleet, terwijl de sectie beeldhouwkunst veel minder volledig is. In de uitgebreid gerenoveerde afdelingen met oosterse, Egyptische, Griekse, Etruskische en Romeinse oudheden zijn talloze nieuwe aanwinsten te zien. Bekijk ook de gevarieerde collectie *objets d'art*.

***Le radeau de la Méduse* (1819) van Théodore Gericault**

Europese schilderkunst van 1400 tot 1848

De schilderkunst uit Noord-Europa (Vlaams, Hollands, Duits en Engels) is ruim vertegenwoordigd. Een van de vroegste Vlaamse werken is *De Heilige Maagd met kanselier Rolin* (ongeveer 1435) van Jan van Eyck, waarop de kanselier van Bourgogne in gebed verzonken knielt voor Maria met Kind. *Het narrenschip* (1500) van Jeroen Bosch is een satirische weergave van de nietigheid van de mens.
In de verzameling Hollandse kunst zijn het *Zelfportret*, *Emmausgangers* (1648) en *Bathseba* (1654) drie fraaie voorbeelden van het genie van Rembrandt.
Ook de drie grootste Duitse schilders van de 15de en 16de eeuw zijn vertegenwoordigd: Albrecht Dürer, Lucas Cranach en Hans Holbein.
De afdeling Italiaanse schilderkunst is heel uitgebreid en bestrijkt de periode tussen 1200 en 1800. Er hangt werk van de vaders van de vroege Renaissance, Cimabue en Giotto, maar ook van Fra Angelico, met *Kroning van de Madonna* (1435) en Pisanello met zijn *Portret van Ginevra d'Este* (ongeveer 1435). Ook ziet u verscheidene schilderijen van Leonardo da Vinci, bijvoorbeeld *De Maagd met Kind en de H. Anna,* dat even betoverend is als zijn *Mona Lisa.*
De collectie Franse schilderkunst van het Louvre bestrijkt de periode van de 14de eeuw tot 1848. Recentere werken bevinden zich in het Musée d'Orsay *(blz. 116-117)*. De grote 18de-eeuwse schilder van de melancholie, J.A. Watteau, is goed vertegenwoordigd, net als J.H. Fragonard, de meester van de Rococo. Deze laatste hield van lichte onderwerpen, hetgeen te zien is in *De badenden* uit 1770.

***Mona Lisa* (rond 1504) van Leonardo da Vinci**

Europese beeldhouwkunst van 1100 tot 1848

Onder de vroege Vlaamse en Duitse beeldhouwkunst in deze collectie bevinden zich tal van meesterwerken, zoals *De Maagd van de Aankondiging* van Tilman Riemenschneider uit de late 15de eeuw en een levensgroot naakt van de boetvaardige Maria Magdalena van Gregor Erhart (vroeg 16de eeuw).
De sectie Franse beeldhouwkunst begint met vroeg romaans werk, zoals de Christusfiguur van een 12de-eeuwse Bourgondische beeldhouwer. *Het graf van Philippe Pot* (een hooggeplaatste ambtenaar uit Bourgogne) uit de 15de eeuw, is versierd met acht rouwenden met een zwarte kap op. Diane de Poitiers, de minnares van Hendrik II, had een groot beeld van haar naamgenoot Diana, de godin van de jacht, laten plaatsen op de binnenplaats van haar kasteel ten westen van Parijs. Het staat nu in het Louvre. Het werk van de Franse beeldhouwer Pierre Puget (1620-

Het graf van Philippe Pot (eind 15de eeuw) van Antoine le Moiturier

De *Cheveaux de Marly* (1745) door Guillaume Coustou

1694) staat in de Cour Puget, waaronder een beeld van Milo van Crotona, de Griekse atleet die met zijn handen in een boomstronk kwam vast te zitten en door een leeuw werd verslonden. De *Chevaux de Marly* staan nu in de Cour Marly, omgeven door andere meesterwerken uit de Franse beeldhouwkunst, waaronder de vroeg 19de-eeuwse borstbeelden van Antoine Houdon van beroemde mannen als Diderot en Voltaire.
In de collectie Italiaanse beeldhouwkunst bevinden zich *Slaven* van Michelangelo en de voor Fontainebleau gemaakte *Nimf* van Cellini.

Oosterse, Egyptische, Griekse, Etruskische en Romeinse oudheden

De collectie oudheidkundige vondsten in het Louvre is nog indrukwekkender dan voorheen. De voorwerpen bestrijken de periode van het Neolithicum tot aan de val van het Romeinse Rijk. Onder de nieuwe aanwinsten treft u Grieks en Romeins glaswerk uit de 6de eeuw v.C. aan. De belangrijke collectie Mesopotamische kunst bevat een van de oudste juridische documenten ter wereld, een basaltblok met daarop de wetten van de Babylonische koning Hammoerabi uit ongeveer 1700 v.C. De Assyriërs zijn vertegenwoordigd met een reconstructie van een deel van het paleis van Sargon II (722-705 v.C.). Het geglazuurde aardewerk waarop de boogschutters van de koning van Perzië staan afgebeeld, is een fraai voorbeeld van Perzische kunst (5de eeuw v.C).
De meeste Egyptische kunst was bestemd voor overledenen, die het graf ingingen met alles wat ze in het hiernamaals nodig konden hebben. Er zijn ook levensechte grafportretten te zien, zoals de *Zittende schrijver*.
Op de afdelingen Griekse, Romeinse en Etruskische oudheden zijn veel fragmenten te zien waaronder het geometrische hoofd uit de Cycladen (2700 v.C.) en een fraaie schaal met zwanehals van bladgoud (2500 v.C.). De twee beroemdste Griekse marmeren beelden zijn *Nike van Samothrace* en de *Venus van Milo*. Beide beelden komen uit de Hellenistische periode (laat 3de tot 2de eeuw v.C.), toen er natuurlijker ogende menselijke figuren werden gemaakt dan voorheen. Het onbetwiste hoogtepunt van de Etruskische collectie is de terracotta sarcofaag van een echtpaar dat eruit ziet alsof ze aan een eeuwig banket zitten, terwijl het mooiste werk uit de Romeinse afdeling een bronzen hoofd van keizer Hadrianus uit de 2de eeuw is.

***Venus van Milo* (Griekenland, eind 3de-begin 2de eeuw v.C.)**

***Zittende schrijver* (rond 2500 v.C.), een levensecht Egyptisch grafbeeld**

Objets d'Art

De overkoepelende term *objets d'art* behelst vele verschillende voorwerpen: sieraden, meubels, klokken, horloges, zonnewijzers, tapijten, miniaturen, zilver- en glaswerk, bestek, Byzantijns en Parijs' uitgesneden ivoor, emailwerk uit Limoges, porselein, Frans en Italiaans aardewerk, kleedjes, snuifdozen, wetenschappelijke instrumenten en wapenrusting. Het Louvre heeft meer dan 8000 voorwerpen, uit vele tijdperken en gebieden. Veel van deze kostbare voorwerpen komen uit de abdij van St-Denis, waar de koningen van Frankrijk werden gekroond. Onder deze schatten bevindt zich een plaat van serpentiniet uit de 1ste eeuw n.C. met een rand van goud en edelstenen uit de 9de eeuw, een porfieren vaas die Suger, de abt van St-Denis, met goud in de vorm van een adelaar had laten bedekken, en de gouden scepter die rond 1380 voor koning Karel V werd gemaakt.
Bij de Franse kroonjuwelen kunnen we de kronen zien waarmee Lodewijk XV en Napoleon werden gekroond en scepters, zwaarden en andere accessoires voor de kroningsplechtigheid. Ook de Regent is tentoongesteld, een van de zuiverste diamanten ter wereld. Lodewijk XV droeg deze bij zijn kroning in 1722. Een hele kamer wordt in beslag genomen door de *Jachtpartijen van Maximiliaan*, een serie wandtapijten. Deze werden oorspronkelijk in 1530 voor keizer Karel V gemaakt. De grote collectie Franse meubels dateert van de 16de tot de 19de eeuw en is per periode gerangschikt, of per zaal waarin de donaties van belangrijke verzamelaars te zien zijn.

Vergulden bronzen beelden van diverse beeldhouwers sieren het plein van Palais de Chaillot

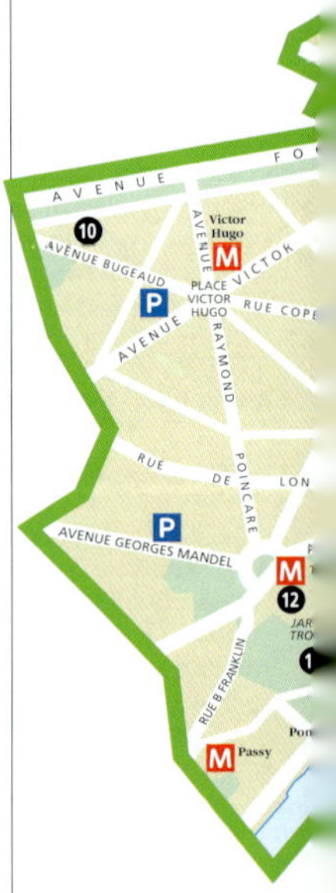

Champs-Elysées en Invalides

Dit gebied, dat door de Seine in tweeën wordt gesplitst, kenmerkt zich door de monumentale schaal waarin het is aangelegd, van de indrukwekkende 18de-eeuwse grandeur van Les Invalides tot de art nouveau-lanen rond de Eiffeltoren. Ten noorden van de Seine wordt de buurt gedomineerd door de twee grootste doorgangswegen van Parijs: langs de Champs-Elysées vindt u hotels en winkels en aan de Rue du Faubourg St-Honoré staat het zwaarbewaakte Palais de l'Elysée. In de 19de eeuw slokte de stad het dorp Chaillot op en veel van de panden uit het tweede keizerrijk zijn nu ambassades of kantoren. In de straten rond het Place du Trocadéro en het Palais de Chaillot bevinden zich musea en cafés.

Sierlantaarn op Pont Alexandre III

Bezienswaardigheden in het kort

Historische gebouwen en straten
Avenue des Champs-Elysées 2
Champ-de-Mars 16
Ecole Militaire 17
Hôtel des Invalides 19
Les Egouts 13
Avenue Rapp 29 15
Palais de l'Elysée 3

Musea en galeries
Grand Palais 5
Musée de l'Armée 20
Musée d'Art Moderne de la Ville de Paris 7
Musée de la Mode et du Costume Palais Galliera 8
Musée National des Arts Asiatiques Guimet 9
Musée National d'Ennery 10
Musée Rodin 23
Palais de Chaillot 12
Petit Palais 4

Kerken
Dôme-kerk 22
Sainte-Clothilde 24
St-Louis-des-Invalides 21

Monumenten en fonteinen
Arc de Triomphe 1
Eiffeltoren blz. 109 14
Fontaine des Quatre Saisons 25

Moderne architectuur
UNESCO 18

Tuinen
Jardins du Trocadéro 11

Bruggen
Pont Alexandre III 6

Bereikbaarheid

Metrostations zijn Etoile, Trocadéro en Champs-Elysées. Bus 42 en 73 rijden over de Champs-Elysées, bus 87 en 69 over Avenue de Suffren en Rue St-Dominique.

Symbolen

Stratenkaart *blz. 102-103*
Metrostation
RER-station
Vertrekpunt Batobus
Parkeerplaats

Onder de loep: Champs-Elysées

De formele tuinen die van het Place de la Concorde tot het Rond-Point langs de Champs-Elysées liggen, zijn nauwelijks veranderd sinds ze in 1838 door de architect Jacques Hittorff werden ontworpen. Voor de Wereldtentoonstelling van 1855, die rond deze tuinen werd gehouden, werd het Palais de l'Industrie gebouwd. Dit Parijse antwoord op Crystal Palace in Londen werd later vervangen door het Grand Palais en het Petit Palais, die de paradepaardjes van de Derde Republiek waren voor de Wereldtentoonstelling van 1900. Deze paleizen staan aan weerszijden van de indrukwekkende laan die van het Place Clémenceau langs de vier zuilen van de sierlijke Pont Alexandre III naar Invalides leidt.

Het Théâtre du Rond Point is de thuishaven van het toneelgezelschap Marcel Maréchal.

Metro Franklin D. Roosevelt

★ Avenue des Champs-Elysées
Hier werden na beide wereldoorlogen de overwinningsparades gehouden ❷

★ Grand Palais
Dit gebouw, waarvan de grote hal met het ronde glazen dak als tentoonstellingsruimte dienst doet, werd ontworpen door Charles Girault en gebouwd tussen 1897 en 1900 ❺

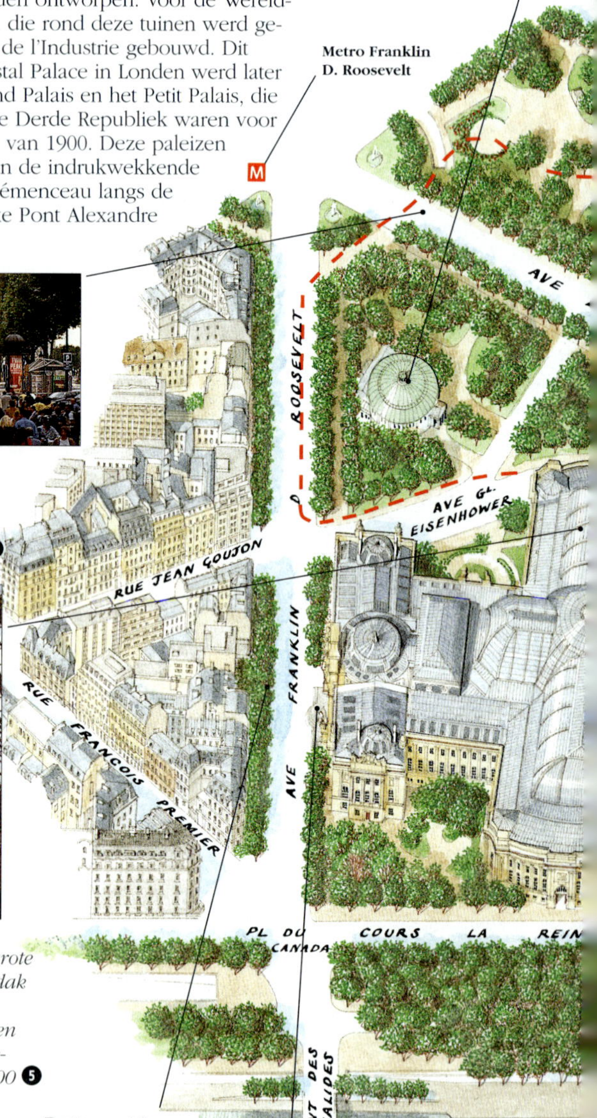

Restaurant Lasserre is ingericht als een grote oceaanstomer uit de jaren dertig.

Palais de la Découverte, een museum over wetenschappelijke ontdekkingen, werd geopend tijdens de Wereldtentoonstelling van 1937.

STERATTRACTIES

- ★ Avenue des Champs-Elysées
- ★ Grand Palais
- ★ Petit Palais

SYMBOLEN

– – – Aanbevolen route

0 meter 100

De Jardin des Champs-Elysées met fonteinen, bloembedden en uitspanningen, is sinds de 19de eeuw een geliefd park.

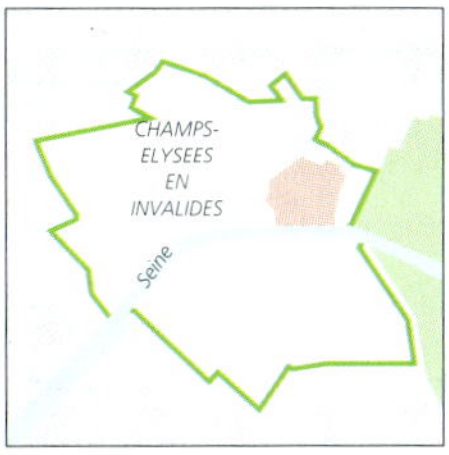

ORIËNTATIEKAART
Zie Plattegrond Parijs kaart 2, 3, 6, 7

Metro Champs-Elysées-Clémenceau

Naar de Place de la Concorde

★ Petit Palais
Hier is de kunstverzameling van de stad Parijs ondergebracht. De collectie varieert van antiek beeldhouwwerk tot landschapsschilderijen uit de School van Barbizon ❹

Naar Invalides

Pont Alexandre III
Deze rijk versierde brug is een toonbeeld van het optimisme van de Belle Epoque rond de eeuwwisseling ❻

De oostgevel van de Arc de Triomphe

Arc de Triomphe ❶

Place Charles de Gaulle. **Kaart** 2 D4. ☎ *01-43803131.* ***Open*** *dag. 10.00-22.30 uur.* ***Gesloten*** *feestdagen.* 📷

Na zijn grootste overwinning, in de Slag bij Austerlitz in 1805, beloofde Napoleon zijn soldaten dat zij 'onder triomfbogen thuis zouden komen'. De eerste steen van wat de beroemdste triomfboog ter wereld zou worden, werd het jaar daarop gelegd. Door het overlijden van architect Jean Chalgrin en het tanen van Napoleons macht kwam het bouwwerk pas in 1836 gereed. De Arc is 50 m hoog, versierd met reliëfs en opsommingen van veldslagen. Vanaf het panoramaplatform hebt u een mooi uitzicht over de stad en het drukke verkeer. Op 11 november 1920 werd het lichaam van de onbekende soldaat onder de triomfboog begraven ter nagedachtenis aan de gesneuvelden van de Eerste Wereldoorlog. De eeuwige vlam brandt nog elke nacht op het graf.

De Triomf van Napoleon zoals uitgebeeld door J.P. Corot

Baron Haussmann

Georges-Eugène Haussmann (1809-1891) had rechten gestudeerd en was rijksambtenaar. In 1852 benoemde Napoleon III hem tot prefect van de Seine, in welke functie hij zeventien jaar lang verantwoordelijk was voor de modernisering van Parijs. In samenwerking met architecten en ingenieurs veranderde hij de overvolle, onhygiënische middeleeuwse stad in een ruime hoofdstad met een geometrische indeling. Het nieuwe stratenplan wijzigde het gebied rond het westeinde van de Champs-Elysées ingrijpend. De Arc de Triomphe werd het hart van een door twaalf lanen gevormde ster.

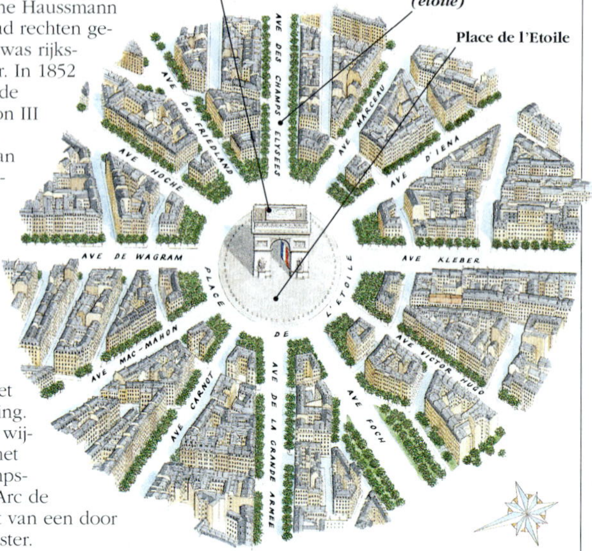

Avenue des Champs-Elysées ❷

75008. **Kaart** 3 A5. **M** *Franklin D. Roosevelt, George V.*

Tot 1667, toen de beroemde landschapsarchitect André Le Nôtre *(blz. 169)* een brede laan met bomen ontwierp en deze de naam Champs-Elysées gaf, was dit gebied moerasland. Sinds de terugkeer van het stoffelijk overschot van Napoleon uit St.-Helena in 1840 geldt de laan als de 'triomfstraat' van Parijs. Tegenwoordig is het een ideale plek om iets te drinken en de charmes van het Parijse leven te bestuderen.

Palais de l'Elysée ❸

Rue du Faubourg-St-Honoré 55, 75008. **Kaart** 3 B5. **M** *St-Philippe-du-Roule.* ***Niet geopend*** *voor het publiek.*

Het Palais de l'Elysée en de prachtige Engelse tuinen eromheen werden in 1718 door Molet ontworpen. Sinds 1873 is het de officiële residentie van de president van de republiek. Het paleis is vaak verbouwd. De minnares van Lodewijk XV, Madame de Pompadour, paste het complex aan aan haar luxueuze levensstijl. Na de Revolutie werd het een openbaar park. In de 19de eeuw woonde Caroline, de zuster van Napoleon, met haar man Murat in het paleis. Uit deze tijd zijn twee fraaie kamers overgebleven. Generaal De Gaulle gaf zijn persconferenties vaak in de spiegelzaal. Tegenwoordig liggen de appartementen van de president, ingericht door Philippe Starck, op de eerste verdieping tegenover de Rue de l'Elysée.

Elysée bewaker

Petit Palais ❹

Av. Winston Churchill 75008. **Kaart** 7 B1. ☎ *01-42651273.* **M** *Champs-Elysées-Clemenceau.* ***Open*** *di-zo 10.00-17.40 uur.* ***Gesloten*** *feestdagen.*

Het Petit Palais werd gebouwd om er tijdens de Wereldtentoonstelling van 1900 een grote tentoonstelling van Franse kunst te houden. Tegenwoordig is hier het Musée des Beaux-Arts de la Ville de Paris gevestigd. De architect Charles Girault ontwierp het paleis rond een

Grand Palais

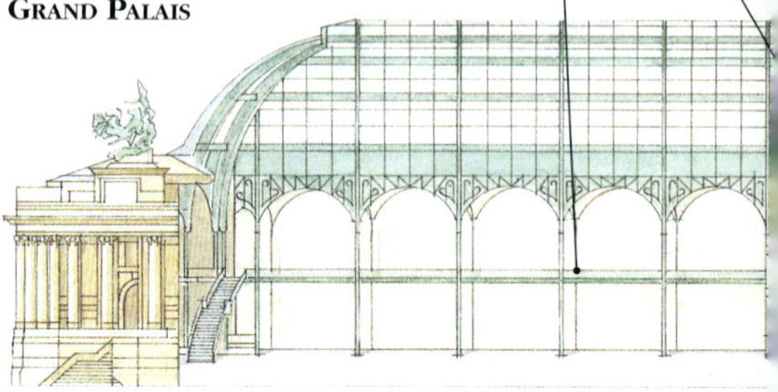

Pont Alexandre III, tussen 1896 en 1900 voor de Wereldtentoonstelling gebouwd

halfronde binnenplaats en tuin, in dezelfde stijl als het Grand Palais. De tentoongestelde voorwerpen zijn in verschillende secties opgedeeld. Hieronder bevindt zich de Dutuit-collectie met middeleeuwse en renaissancistische *objets d'art*, schilderijen en tekeningen, de Tuck-collectie met 18de-eeuws meubilair en *objets d'art* en de collectie van de stad Parijs met kunstenaars als Ingres, Delacroix en Courbet en landschapschilders uit de school van Barbizon.

Ingang van het Petit Palais

Grand Palais ❺

Porte A, Avenue Eisenhower 75008. **Kaart** 7 A1. *01-44131730.* *Champs-Elysées-Clémenceau.* ***Open*** *do-ma 10.00-20.00; wo 10.00-22.00 uur.* ***Gesloten*** *feestdagen.*

De classicistische stenen gevel is bewerkt in art nouveau-stijl. Het paleis is tegelijk met het er tegenover liggende Petit Palais gebouwd, heeft een glazen dak en op de vier hoeken bronzen beelden van vliegende paarden en wagens. Het gebouw ziet er in het donker, als het licht van binnen door het glazen dak schijnt en de silhouetten van de beelden scherp tegen de achtergrond staan afgetekend, spectaculair uit. De grote hal en de glazen koepel kunt u van binnen zien als er een tentoonstelling wordt gehouden in de Galeries Nationales du Grand Palais. De Salon des Antiquaires is tijdelijk gesloten wegens restauratie.

Pont Alexandre III ❻

75008. **Kaart** 7 A1. *Champs-Elysées-Clémenceau.*

Dit is de mooiste brug van Parijs. Hij wordt gesierd door uitbundige art nouveau-decoratie in de vorm van vergulde en bronzen lampen en beelden van cupido's, cherubijnen, nimfen en gevleugelde paarden aan beide zijden van de brug. De brug werd gebouwd tussen 1896 en 1900 ter nagedachtenis aan het Frans-Russische verbond van 1892 en was voor de Wereldtentoonstelling van 1900 klaar. De Pont Alexandre III werd genoemd naar tsaar Alexander III (vader van Nicolaas II) die in oktober 1896 de eerste steen legde. De stijl van de brug past bij de architectuur van het Grand Palais, waar hij op de rechteroever dan ook heen leidt. De brug bestaat uit een 6 m hoge enkelvoudige stalen boog over de Seine. Het ontwerp werd heel streng gecontroleerd want de brug mocht het uitzicht van de Champs-Elysées of Invalides niet belemmeren.

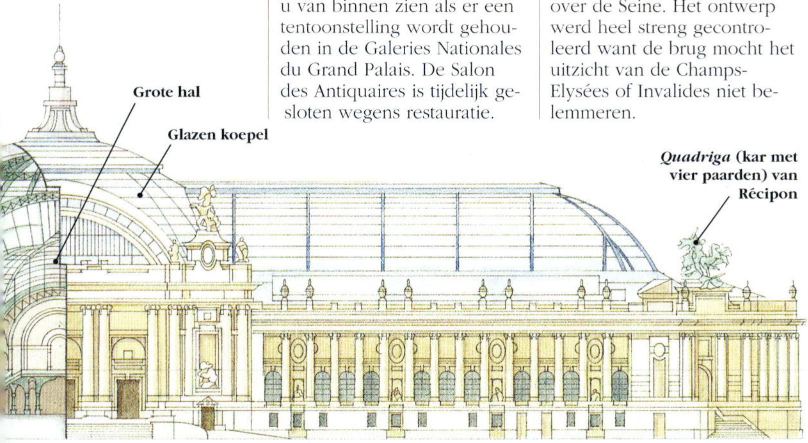

Musée d'Art Moderne de la Ville de Paris 7

Avenue du Président-Wilson 11, 75116. **Kaart** 6 E1. *01-53674000.* *Iéna.* ***Open*** *di-vr 10.00-17.30 uur, za-zo 10.00-19.00 uur.* ***Gesloten*** *feestdagen.*

In dit museum, gevestigd in de oostvleugel van het Palais de Tokyo, komen de belangrijkste kunststromingen uit de 20ste eeuw aan bod. Vooral de fauvisten en kubisten zijn ruim vertegenwoordigd. Hoogtepunten zijn de enorme muurschildering van Raoul Dufy *De geest van de elektriciteit* (Wereldtentoonstelling van 1937) en *De dans* van Matisse (1932). Er is ook een collectie art deco uit 1920-1937.

Musée de la Mode et du Costume Palais Galliera 8

Av. Pierre 1er de Serbie 10, 75116. **Kaart** 6 D1. *01-47208523.* *Iéna, Alma-Marceaux.* ***Open*** *di-zo 10.00-17.40 uur, maar bel van tevoren, want alleen open voor twee tentoonstellingen per jaar.* ***Gesloten*** *feestdagen.*

Dit museum, gewijd aan de ontwikkeling van de mode, is gevestigd in het renaissancistische paleis dat in 1892 werd gebouwd voor hertogin Maria de Ferrari Galliera. De collectie omvat meer dan 100.000 kledingstukken en modeaccessoires uit de laatste drie eeuwen. Beroemde vrouwen als barones Hélène de Rothschild en prinses Gracia van Monaco hebben dit museum schenkingen gedaan. Ook grote couturiers als Balmain en Balenciaga hebben creaties aan het museum gedoneerd. Omdat de artikelen heel kwetsbaar zijn, worden ze beurtelings tentoongesteld, vaak in twee grote tentoonstellingen per jaar. Dan wordt het werk van een ontwerper of een thema uitgelicht.

Trocadéro-fonteinen voor het Palais de Chaillot

Jardins du Trocadéro 11

75016. **Kaart** 6 D2. *Trocadéro.*

Deze prachtige tuinen zijn 10 ha groot. Centraal staat een lange, rechthoekige siervijver, waarlangs stenen en bronzen standbeelden staan die er vooral 's nachts, als de fonteinen verlicht zijn, spectaculair uitzien. Tot de beelden horen de *Vrouw* van Georges Braque en het *Paard* van Georges Lucien Guyot. Aan weerskanten van het bassin lopen de hellingen van de Chaillotheuvel langzaam af naar de Seine en de Pont d'Iéna. In de noordoosthoek van de tuinen vol bomen, paadjes, beekjes en bruggetjes staat een zoetwateraquarium.

Palais de Chaillot 12

Place du Trocadéro 17, 75016. **Kaart** 5 C2. *Trocadéro.* ***Open*** *wo-ma 9.45-18.00 uur.* ***Gesloten*** *feestdagen.* **Cinémathèque Française** *filmvertoningen:* *01-56260101.*

Dit paleis, waarvan de vleugels met zuilengaanderijen uitkomen in een groot paviljoen, biedt onderdak aan vier musea, een theater en een bioscoop. Azéma, Louis-Auguste Boileau en Jacques Carlu ontwierpen het voor de Parijse tentoonstelling van 1937. Het paleis is versierd met bas-reliëfs en beeldhouwwerk. Op de muren van de paviljoens staan gouden inscripties van de dichter en essayist Paul Valéry.

De *parvis*, of het plein, gelegen tussen de twee paviljoens, is rijk gedecoreerd met bronzen sculpturen, siervijvers en fonteinen. Op het terras voor de *parvis* staan twee bronzen beelden, de *Apollo* van Henri Bouchard en de *Hercules* van Pommier. Van het terras leidt een trap omlaag naar het Théâtre National de Chaillot, dat na de Tweede Wereldoorlog beroemd was vanwege de avantgardistische stukken die er werden opgevoerd.

In de kelder is de Cinémathèque Française gevestigd, opgericht door Henri Langlois in 1936. De bioscoop werd door brand verwoest in 1997, maar is inmiddels gerestaureerd. De brandschade aan het Musée du Cinéma Henri Langlois wordt nog hersteld. Het museum bezit een grote verzameling voorwerpen uit het begin van de fotografie en de filmkunst.

In de oostvleugel is het in 1882 door de architect Viollet-le-Duc ontworpen Musée des Monu-

Musée National des Arts Asiatiques Guimet ❾

Place d'Iéna 6, 75116. **Kaart** 6 D1. *01-45050098.* *Iéna.* ***Gesloten*** *wegens restauratie tot dec 1999.* *Nieuwe galeries op Avenue 19 d'Iena (bel voor de openingstijden)*

Dit is een van de toonaangevende musea op het gebied van Aziatische kunst. Het Guimet heeft de mooiste collectie Cambodjaanse kunst in het Westen. Het museum werd in 1879 in Lyon opgericht door de industrieel en oriëntalist Emile Guimet en verhuisde in 1884 naar Parijs.

Boeddhabeeld in Musée Guimet

Musée National d'Ennery ❿

Avenue Foch 59, 75016. **Kaart** 1 B5. *01-45535796.* *Porte Dauphine.* ***Open*** *do, zo 14.00-17.45 uur.* ***Gesloten*** *in augustus.*

Dit pand uit het tweede keizerrijk biedt onderdak aan twee heel persoonlijke musea met collecties kostbare *objets d'art.* Adolphe d'Ennery was een 19de-eeuwse toneelschrijver en amateurverzamelaar van kunst uit het Verre Oosten. Hij verzamelde Chinese en Japanse beeldjes, keramiekdoosjes, ornamenten en meubels uit de 17de tot 19de eeuw.

PALAIS DE CHAILLOT

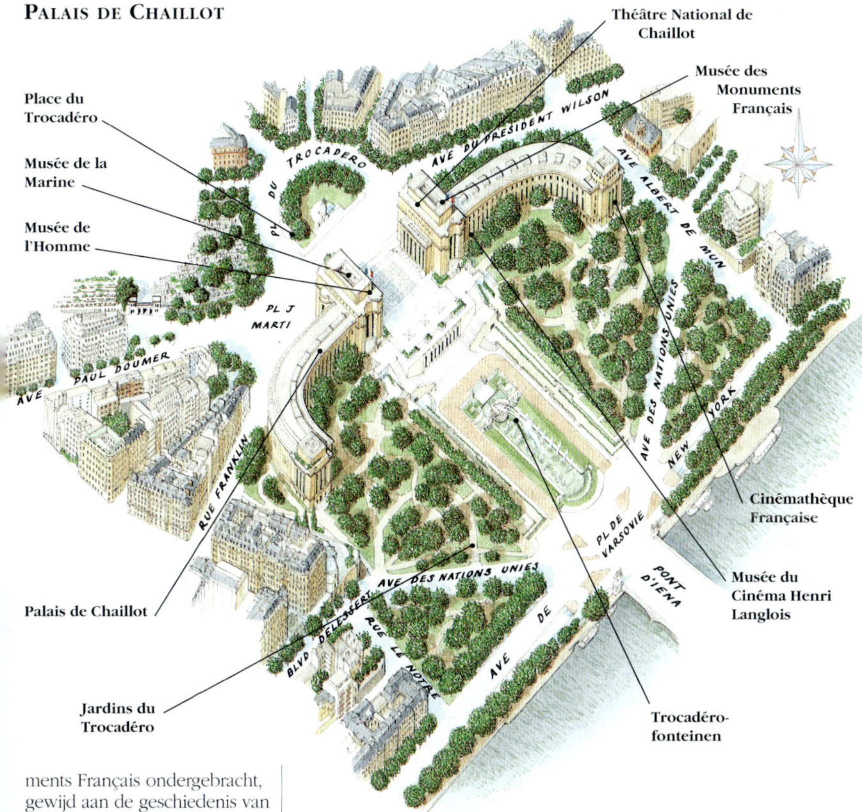

ments Français ondergebracht, gewijd aan de geschiedenis van de monumentale kunst van Frankrijk, van de pre-Romeinse tijd tot de 19de eeuw.
Het Musée de l'Homme in de westvleugel laat de geschiedenis en ontwikkeling van de mensheid zien. Hoogtepunten in de collectie zijn een 'haaimens', een mummie van de Inka's en een fraaie Afrikaanse afdeling. In de westvleugel zit ook het Musée de la Marine, gewijd aan de geschiedenis van de Franse scheepvaart. Een aantal van deze musea zal op den duur verhuizen naar het Palais de Tokyo, maar het Palais de Chaillot blijft ook dan een bezoek waard.

Les Egouts ⓭

Tegenover Quai d'Orsay 93, 75007. **Kaart** 6 F2. *01-47051029.* *Pont-de-l'Alma.* **Open** *za-wo 11.00-16.00 uur ('s zomers 17.00 uur).*

Het grootste deel van de riolen *(égouts)* van Parijs stammen uit het tweede keizerrijk. Ze vormen een van de belangrijkste werken van Baron Haussmann. Achter elkaar gelegd zouden ze een afstand van Parijs tot Istanboel beslaan. De riolen zijn een grote publiekstrekker geworden. Rondleidingen beperken zich tot een gedeelte rond de ingang aan de Quai d'Orsay. Hier is ook een rioolmuseum waar bezoekers de geheimen van het ondergrondse Parijs worden onthuld. Op de tentoonstelling is te zien hoe de in de riolering gebruikte apparatuur in de loop der jaren is veranderd.

Eiffeltoren ⓮

Zie blz. 109.

Avenue Rapp 29 ⓯

75005. **Kaart** 6 E2. *Pont-de-l'Alma.*

Avenue Rapp 29 is een prachtig voorbeeld van art nouveau-architectuur. De ontwerper Jules Lavirotte won hiermee in 1901 de eerste prijs op het Concours des Façades de la Ville de Paris. De gevelversiering is uitgevoerd in dieren- en bloemenmotieven en vrouwenfiguren op een veelkleurig zandstenen ondergrond, waardoor de gevel een erotische lading krijgt. Destijds was er veel kritiek op het werk. Een ander gebouw van Lavirotte, aan het Square Rapp, compleet met uitkijktoren, is ook een bezoekje waard.

Originele art nouveau-deur op Avenue Rapp 29

Champ-de-Mars ⓰

75007. **Kaart** 6 E3. *Ecole-Militaire.* RER *Champ-de-Mars-Tour-Eiffel.*

De grote tuinen tussen de Eiffeltoren en de Ecole Militaire (militaire school) waren vroeger het exercitieterrein voor jonge onderofficieren. Later werden hier ook paardenraces gehouden, luchtballons opgelaten en massabijeenkomsten gehouden ter ere van de herdenking van de Revolutie op 14 juli. Bij de eerste herdenking, in 1790, was een sombere, in gevangenschap levende Lodewijk XVI present. Tegen het einde van de 19de eeuw werden hier enorme tentoonstellingen gehouden, onder andere de Wereldtentoonstelling van 1889.

Een Parijse ballonvaart

Ecole Militaire ⓱

Place Joffre 1, 75007. **Kaart** 6 F4. *Ecole-Militaire.* ***Bezoek*** *alleen met speciale toestemming – schriftelijk aanvragen bij de commandant.*

De koninklijke militaire academie van Lodewijk XV werd in 1751 opgericht. Lodewijk XV en Madame de Pompadour gaven de architect Jacques-Ange Gabriel de opdracht een gebouw te ontwerpen dat de vergelijking kon doorstaan met het Hôtel des Invalides van Lodewijk XVI. De financiering leverde problemen op, dus werd er een loterij georganiseerd en werd er belasting op speelkaarten geheven. Een van de opvallendste kenmerken van dit gebouw is het paviljoen in het midden – een prachtig voorbeeld van de Franse classicistische stijl, met tien Korinthische zuilen en een vierkante overkoepeling. Op het fries staan vier figuren, die Frankrijk, de overwinning, de kracht en de vrede symboliseren.

Een gravure uit 1751 van het ontwerp van de Ecole Militaire

UNESCO ⓲

Place de Fontenoy 7, 75007. **Kaart** 6 F5. *01-45681000.* *Ségur, Cambronne.* ***Open*** *ma-vr 9.00-18.00 uur.* ***Gesloten*** *op feestdagen en bij conferenties.*

Dit is het hoofdkantoor van de United Nations Educational, Scientific and Cultural Organization (UNESCO), een organisatie die zich ten doel heeft gesteld om door onderwijs, wetenschap en cultuur bij te dragen aan de internationale vrede en veiligheid.
Het gebouw van de UNESCO is een schatkamer van moderne kunst, met onder andere een enorme muurschildering van Picasso, keramiek van Joan Miró en sculpturen van Henry Moore. Ook heel fraai is de rustige Japanse tuin van de ontwerper Nogushi.

De Eiffeltoren ⓮

De Eiffeltoren, gezien vanaf de Trocadéro

De Eiffeltoren werd gebouwd voor de Wereldtentoonstelling van 1889 en om het honderdjarig bestaan van de Revolutie te herdenken. Hij is 320 m hoog. Ontwerper Gustave Eiffel kreeg veel kritiek, vooral omdat de toren lelijk zou zijn. Tot 1931, toen het Empire State Building in New York de kroon overnam, was het het hoogste bouwwerk ter wereld.

Tips voor de toerist

Champ-de-Mars-Tour Eiffel. **Kaart** 6 D3. *01-44112311.* *Bir Hakeim.* *42, 69, 72, 82, 87, 91 naar Champ-de-Mars.* *Champ-de-Mars.* *Tour Eiffel.* *op het plein.* ***Open*** *sept-juni: 9.30-23.00 uur, juli & aug 9.00-24.00 uur.*

De derde verdieping, 276 m boven de grond, kan 800 mensen tegelijk ontvangen.

Hoog spel

De toren heeft velen op rare ideeën gebracht. Reichelt, een Parijse kleermaker, wilde in 1912 van de top wegvliegen met een cape als vleugels. Voor de ogen van de massa sloeg hij tegen de grond te pletter.

Stuntman Reichelt

★ Panorama-galerij
Op een heldere dag kan men 72 km ver zien. Heel in de verte is dan zelfs de kathedraal van Chartres zichtbaar.

De dubbeldekslift kan maar een beperkt aantal mensen vervoeren en in het hoogseizoen zijn er dan ook lange wachttijden. Wie in de rij gaat staan moet veel geduld en geen last van hoogtevrees hebben.

Sterattracties

★ Borstbeeld van Eiffel

★ Panorama-galerij

Cineiffel *In dit kleine audio-visuele museum is een historische film over de toren te zien.*

De tweede verdieping ligt op 195 m hoogte en is vanaf de eerste verdieping per trap (359 treden) en per lift te bereiken.

Restaurant Jules Verne staat in Parijs goed aangeschreven. U kunt hier genieten van de uitstekende keuken en een adembenemend uitzicht.

★ Borstbeeld van Eiffel
Het werk van Eiffel (1832-1923) werd door Antoine Bourdelle geëerd met dit borstbeeld dat in 1923 onder de toren werd geplaatst.

De eerste verdieping is 57 m hoog en bereikbaar per lift of door de 345 treden te beklimmen. U vindt er ook een postkantoor.

Les Invalides

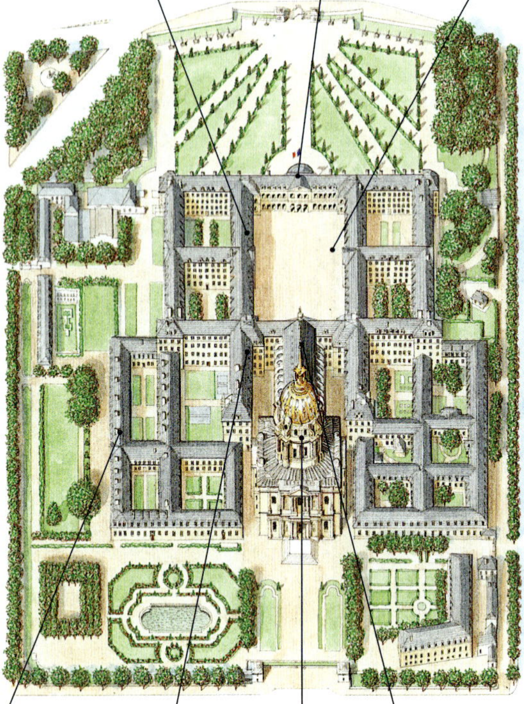

Hôtel des Invalides ⓳

75007. **Kaart** 7 A3.
01-44423770.
Latour-Maubourg, Varenne.
Open *dag. 10.00-18.00 uur.*
Gesloten *1 jan, 1 mei, 1 nov, 25 dec.*

Dit indrukwekkende gebouw werd in 1671 neergezet in opdracht van Lodewijk XIV als opvanghuis voor veteranen. Het werd ontworpen door Libéral Bruand en in 1676 voltooid door Jules Hardouin-Mansart. Vroeger verbleven hier meer dan 6000 soldaten, tegenwoordig minder dan 100. Later voegde Hardouin-Mansart de Dôme des Invalides toe. Deze kerk met zijn vergulde koepel was de privé-kapel van Lodewijk XIV. De harmonieuze classicistische voorgevel is een van de indrukwekkendste bezienswaardigheden van Parijs. In het gebouw zijn het Musée de l'Armée en het Musée de l'Ordre de la Libération gehuisvest. Hier worden de heldhaftige wapenfeiten uit de Tweede Wereldoorlog onder leiding van Charles de Gaulle herdacht. Het verhaal wordt verteld aan de hand van documenten, foto's en andere aandenkens. Het Musée des Plans-Reliefs is in de rechtervleugel gevestigd en bezit een grote collectie gedetailleerde maquetten van Franse forten en gefortificeerde steden. Op de Cour d'Honneur van Bruand, omgeven door arcaden, puntdaken en kanonnen, worden nog steeds militaire parades gehouden.

De gevel van het Musée de l'Armée

Musée de l'Armée ⓴

Hôtel des Invalides 75007. **Kaart** 7 A3. *01-44423770.* *Latour-Maubourg, Varenne.* ***Open*** *dag. 10.00-18.00 uur (okt-maart 17.00 uur).* ***Gesloten*** *1 jan, 1 mei, 1 nov, 25 dec.*

In dit museum is een van de uitvoerigste collecties over de militaire geschiedenis te zien. Het is ondergebracht in twee galeries aan weerskanten van de grote binnenplaats van het Hôtel des Invalides.
Er is een tentoonstelling over Franse militaire overwinningen en nederlagen, waarbij het tijdperk van Napoleon een centrale rol speelt. Er zijn uniformen, wapens en maquetten te zien, maar ook het dodenmasker van de keizer en zijn opgezette paard, Vizier. Van Frans I zijn de ivoren jachthoorns bewaard gebleven en verder bezit het museum Oosters wapentuig uit China, Japan en Turkije en een model van de landing in Normandië in 1944.

St-Louis-des-Invalides ㉑

Hôtel des Invalides 75007. **Kaart** 7 A3. *Varenne, Latour-Maubourg.* *01-44423765.* ***Open*** *dag. 10.00-17.00 uur ('s winters 16.30 uur).*

Deze kerk, ook wel de 'soldatenkerk' genoemd, is de kapel van het Hôtel des Invalides. Hij werd gebouwd

Het altaar van St-Louis-des-Invalides

tussen 1679 en 1708 door Jules Hardouin-Mansart, naar een ontwerp van Bruand. Het interieur heeft de vorm van het Griekse kruis. In de kapel staat een 17de-eeuws orgel, gebouwd door Alexandre Thierry, waarop op 5 december 1837 de eerste vertolking van het *Requiem* van Berlioz werd gegeven. De organist werd bijgestaan door 200 musici en koorzangers.

Dôme-kerk ㉒

Hôtel des Invalides, Avenue de Tourville.
Kaart 7 A3. *01-44423767.*
Latour-Maubourg, Varenne. *32, 63, 93 naar Les Invalides.* RER *Invalides.* *Tour Eiffel.* ***Open*** *dag. 10.00-18.00 uur (okt-maart 10.00-17.00 uur); Graf: juni-aug dag. 10.00-19.00 uur.* ***Gesloten*** *1 jan, 1 mei, 17 juni, 1 nov, 25 dec.*

In 1676 vroeg Lodewijk XIV aan Jules Hardouin-Mansart of hij de Dôme wilde ontwerpen als aanvulling op de al bestaande gebouwen van het militaire rustoord Invalides.
Deze gebouwen, ontworpen door Libéral Bruand, moesten een afspiegeling zijn van de grootsheid van Lodewijks bewind. Alleen de Zonnekoning zelf mocht de Dôme gebruiken, later wilde hij er de koninklijke graven inrichten.
Het meesterwerk dat uit deze opdracht voortkwam is een van de mooiste voorbeelden van de 17de-eeuwse Franse architectuur, een periode die bekend staat onder de naam *grand siècle*. Na de dood van Lodewijk XIV zag men af van de plannen om de koninklijke familie in deze kerk te begraven. In plaats daarvan werd het een monument ter ere van de Bourbons.
De belangrijkste attractie is het graf van Napoleon.
Twintig jaar na zijn dood op het eiland St.-Helena werd zijn lichaam op gezag van Louis-Philippe overgebracht naar Frankrijk en werd in de crypte begraven. De zes doodskisten zijn omhuld door een enorme sarcofaag van rood porfier die op een groen-granieten voetstuk staat. Zijn zoon en de broers Jerôme en Joseph zijn ook in de crypte begraven.

De sinds 1715 vergulde koepel van de Dôme des Invalides

Musée Rodin ㉓

Rue de Varenne 77, 75007. **Kaart** 7 B3. *01-47050134.* *Varenne.* ***Open*** *di-zo 9.30-17.45 uur (okt-maart 10.00-16.45 uur).* ***Gesloten*** *1 jan, 1 mei, 25 dec.* *beperkt.*

Auguste Rodin (1840-1917) wordt alom beschouwd als een van de grootste Franse beeldhouwers. Hij woonde en werkte van 1908 tot zijn dood in het Hôtel Biron, een elegant 18de-eeuws herenhuis.
In ruil voor een appartement en atelier van de overheid liet Rodin zijn werk na aan de Franse staat en die collectie is hier nu tentoongesteld.
In de tuin zijn enkele van zijn beroemdste beeldhouwwerken te zien: *De burgers van Calais, De denker, De poorten van de hel* (*blz. 116*) en *Balzac.*
Binnen staat, in chronologische volgorde, werk uit de hele carrière van Rodin.

De denker **van Rodin in de museumtuin**

Sainte-Clothilde ㉔

Rue Martignac 12, 75007.
Kaart 7 B3. *01-44186264.*
Solférino, Varenne, Invalides.
Open *dag. 8.30-19.00 uur.*

Deze neogotische kerk werd ontworpen door de in Duitsland geboren architect Franz Christian Gau en gebouwd tussen 1846 en 1856. Het ontwerp werd geïnspireerd door de interesse voor de Middeleeuwen, die door schrijvers als Hugo werd aangewakkerd. De kerk staat bekend om de twee torens die vanaf de andere kant van de Seine te zien zijn.
Van binnen is de kerk bewerkt met muurschilderingen van James Pradier en gebrandschilderde ramen. Van 1858 tot 1890 was de componist César Franck hier organist.

Fontaine des Quatre Saisons ㉕

Rue de Grenelle 57-59, 75007.
Kaart 7 C4. *Rue du Bac.*

In 1739 kreeg de getalenteerde beeldhouwer Edmé Bouchardon opdracht om een mooie en praktische fontein te ontwerpen als watertoevoer voor de buurt van de Boulevard Raspail. De fontein is versierd met allegorische figuren van de stad Parijs en bas-reliëfs van de vier seizoenen.
In het huis achter de fontein, op nummer 59, woonde in de 19de eeuw Alfred de Musset.

DE LINKEROEVER

De linkeroever werd heel lang in verband gebracht met dichters, filosofen, kunstenaars en allerlei radicale denkers. En hoewel de bohémien-sfeer nog zeker niet verdwenen is, komt daar de mondaine chic bij die boodschappen doen in de exclusieve designwinkels in de Rue Jacob. Quartier Latin is de oude wijk tussen de Seine en de Jardin du Luxembourg met veel boekwinkels, galeries en cafés. De Boulevard St-Michel, de scheidslijn tussen Quartier Latin en St-Germain-des-Prés, is langzaam maar zeker ten prooi gevallen aan de commercie en tegenwoordig het domein van fastfoodzaken en goedkope winkels. In de wijk rondom deze straat, met veel smalle kasseiensteegjes, internationale winkeltjes en avantgardistische theaters, is de sfeer van vroeger nog niet verdwenen. Dit deel wordt gedomineerd door de gevel van de Sorbonne, de eerste universiteit van Frankrijk, gebouwd in 1253.

Klok in Musée d'Orsay

Veel Parijzenaars zouden het liefst vlak bij de Jardin du Luxembourg wonen, een rustige wijk met aardige oude straatjes, poorten en grote tuinen vol paadjes, lanen en met bomen omzoomde boulevards.

BEZIENSWAARDIGHEDEN IN HET KORT

Kerken
Panthéon 13
St-Etienne-du-Mont 12
St-Germain-des-Prés 5
St-Julien-le-Pauvre 10
St-Séverin 9
St-Sulpice 15
Val-de-Grâce 17

Musea en galeries
Musée de Cluny 8
Musée Eugène Delacroix 6
Musée d'Orsay blz. 116-117 1

Fonteinen
Fontaine de l'Observatoire 16

Historische gebouwen en straten
Boulevard St-Germain 2
Ecole Nationale Supérieure des Beaux Arts 4
Palais du Luxembourg 14
Quai Voltaire 3
Rue de l'Odéon 7
La Sorbonne 11

BEREIKBAARHEID
De metrostations St-Germain-des-Prés, St-Michel en St-Sulpice liggen in deze buurt en de RER stopt bij het Musée d'Orsay en Luxembourg. De bussen 24, 63 en 87 rijden over de Boulevard St-Germain en bus 38 over de Boulevard St-Michel.

SYMBOLEN
- Stratenkaart *blz. 114-115*
- Stratenkaart *blz. 120-121*
- Stratenkaart *blz. 122-123*
- M Metrostation
- RER RER-station
- P Parkeerplaats
- Vertrekpunt Batobus

◁ De Jardin de Luxembourg en het Panthéon

Onder de loep: St-Germain-des-Prés

Draaiorgel in St-Germain

In de jaren na de Tweede Wereldoorlog stond St-Germain-des-Prés synoniem voor het intellectuele leven in bars en cafés. Filosofen, schrijvers, acteurs en musici kwamen bijeen in nachtclubs en brasseries, waar existentialistische filosofie werd opgeluisterd met Amerikaanse jazz. Sinds de glorietijd van Jean-Paul Sartre en Simone de Beauvoir, Juliette Greco en de nouvelle vague-filmmakers is de buurt mondainer geworden, maar nog steeds hangen er schrijvers rond in Les Deux Magots, Café de Flore of andere uitspanningen. De 17de-eeuwse gebouwen staan er nog steeds, maar er zijn nu vooral dure winkels met antiek, boeken en mode.

Les Deux Magots was in de jaren twintig het ontmoetingspunt van bohémiens en schrijvers.

Café de Flore, ooit het café van Jean-Paul Sartre, Simone de Beauvoir en andere intellectuelen, heeft nog altijd een klassiek art deco-interieur.

Brasserie Lipp, bewerkt met kleurig keramiek, wordt vooral bezocht door politici.

Metro St-Germain-des-Prés

★ St-Germain-des-Prés
De filosoof René Descartes is een van de beroemdheden die in deze oudste kerk van Parijs begraven liggen ❺

★ Boulevard St-Germain
De belangrijkste straat op de linker oever wordt gedomineerd door terrasjes, winkeltjes, bioscopen, restaurants en boekwinkels ❷

STERATTRACTIES

★ St-Germain-des-Prés

★ Boulevard St-Germain

★ Musée Delacroix

SYMBOOL

Aanbevolen route

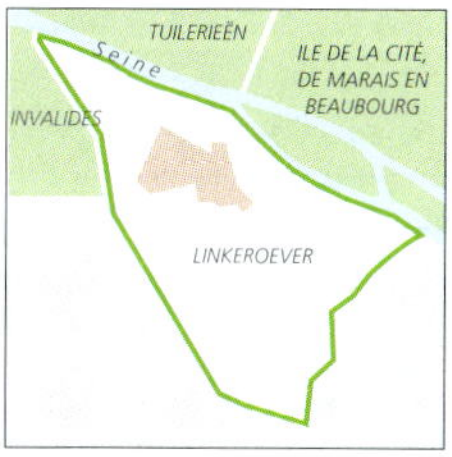

ORIËNTATIEKAART

Zie Stratengids kaart 7, 8

★ Musée Delacroix

In het huis van de romantische schilder Eugène Delacroix (1798-1863) is nu een aan zijn werk gewijd museum ingericht ❻

In het Palais Abbatial woonden abten van 1586 tot de Franse Revolutie in 1789.

De Rue de Buci was altijd een belangrijke straat. Vroeger waren er kaatsbanen, nu is er een markt.

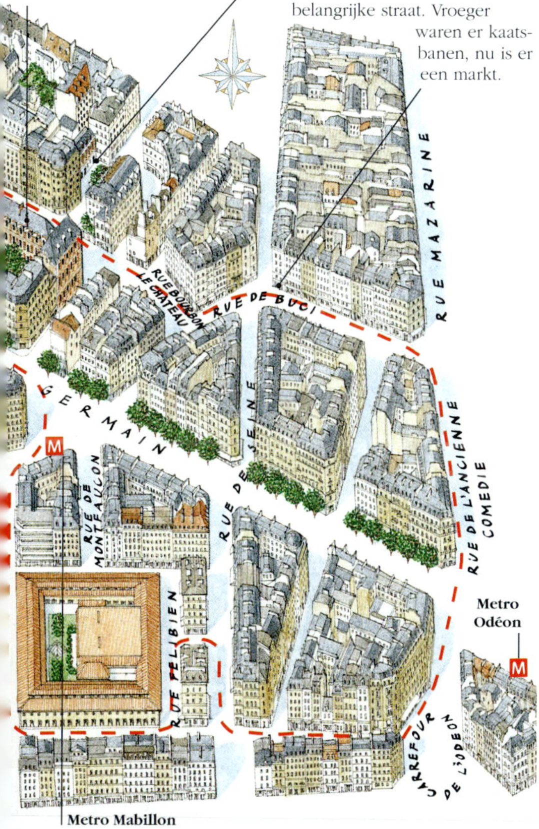

Metro Odéon

Metro Mabillon

0 meter 100

Musée d'Orsay ❶

Zie blz. 116-117.

Boulevard St-Germain ❷

75006, 75007. **Kaart** 8 D4.
Ⓜ *Solférino, Rue du Bac, St-Germain-des-Prés, Mabillon, Odéon.*

Dit is de beroemdste straat van de linkeroever en leidt van het Ile St-Louis door drie arrondissementen naar de Pont de la Concorde. De architectuur langs deze straat is homogeen omdat de boulevard tijdens de stadsvernieuwing in de 19de eeuw, onder leiding van Haussmann, werd aangelegd.
Wie in het oosten de straat ingaat, komt eerst langs het Musée de Cluny en de Sorbonne. Het levendigste deel van de straat, met talloze cafés, ligt tussen de Boulevard St-Michel en St-Germain-des-Prés.

Quai Voltaire ❸

75006, 75007. **Kaart** 8 D3.
Ⓜ *Rue du Bac.*

De antiquairs aan de Quai Voltaire behoren tot de belangrijkste in Parijs. In de fraaie 18de-eeuwse huizen hebben vele beroemde mensen gewoond, onder wie Voltaire op nummer 27 en Richard Wagner, Jean Sibelius en Oscar Wilde op nummer 19.

Plaquette op het huis aan de Quai Voltaire waar Voltaire in 1778 stierf

Musée d'Orsay ❶

***Danseresje van veertien* (1881) van Edgar Dégas**

Dit prachtige bouwwerk van rond de eeuwwisseling van Victor Laloux werd in 1986 heropend als het Musée d'Orsay. Aanvankelijk was het het Orléans-station, maar al 47 jaar voordat het een museum werd, was er geen trein meer gestopt. Tijdens de verbouwing tot museum is er veel van de oorspronkelijke architectuur bewaard gebleven. Het museum biedt een overzicht van de beeldende kunsten tussen 1848 en 1914 en verklaart de sociale, politieke en technologische context waarbinnen deze kunst tot stand kwam. Het grootste deel van de collectie bestaat uit schilderijen en beeldhouwwerk, maar er zijn ook meubels, kunstnijverheid en memorabilia uit de film- en krantenindustrie te zien.

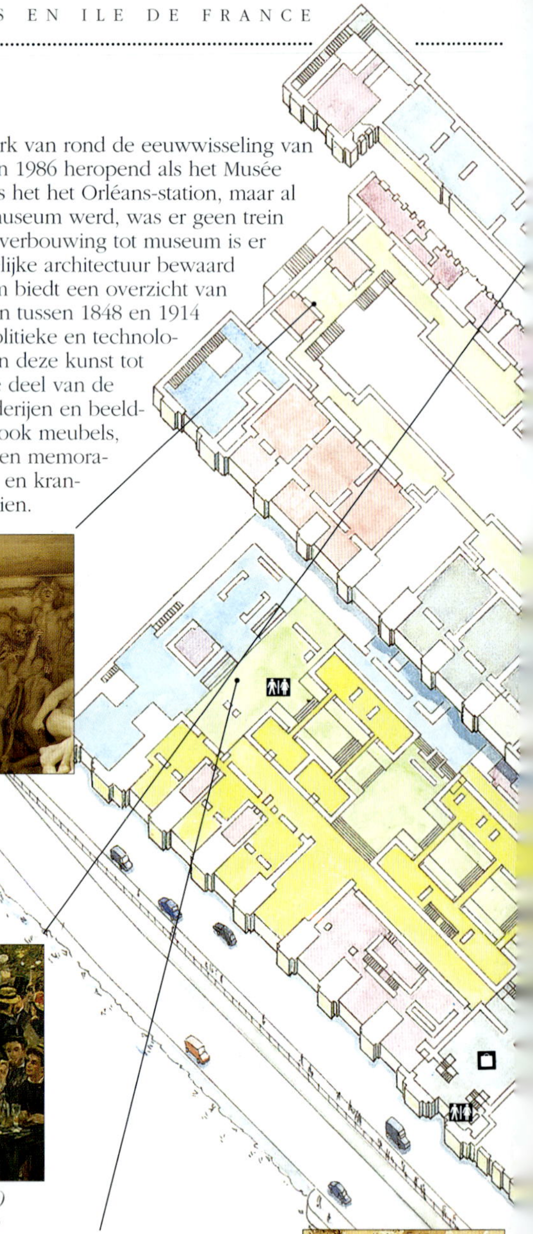

De poorten van de hel *(1880-1917)*
Rodin greep in deze beroemde toegangspoort terug op eerder werk als De denker *en* De kus.

De Moulin de la Galette *(1876)*
Om het door de bomen gefilterde licht te vangen, schilderde Renoir dit kleurige schilderij in de buitenlucht.

De dans *(1867-1868)*
De onthulling van dit dynamische beeldhouwwerk van Carpeaux had een schandaal tot gevolg.

Symbolen

- Architectuur en kunstnijverheid
- Beeldhouwkunst
- Schilderkunst tot 1870
- Impressionisme
- Neo-impressionisme
- Naturalisme en symbolisme
- Art Nouveau
- Tijdelijke tentoonstellingen
- Geen tentoonstellingen

Dokter Paul Gachet *(1890)*
Dit portret van Van Gogh is er een uit een reeks van drie. Hij schilderde het vlak voor zijn dood.

MUSEUMWIJZER

Op de begane grond zijn werken uit het midden tot het eind van de 19de eeuw. De middelste verdieping behandelt de kunstnijverheid en schilder- en beeldhouwkunst van rond 1900. Op de bovenste verdieping is impressionistische kunst te zien.

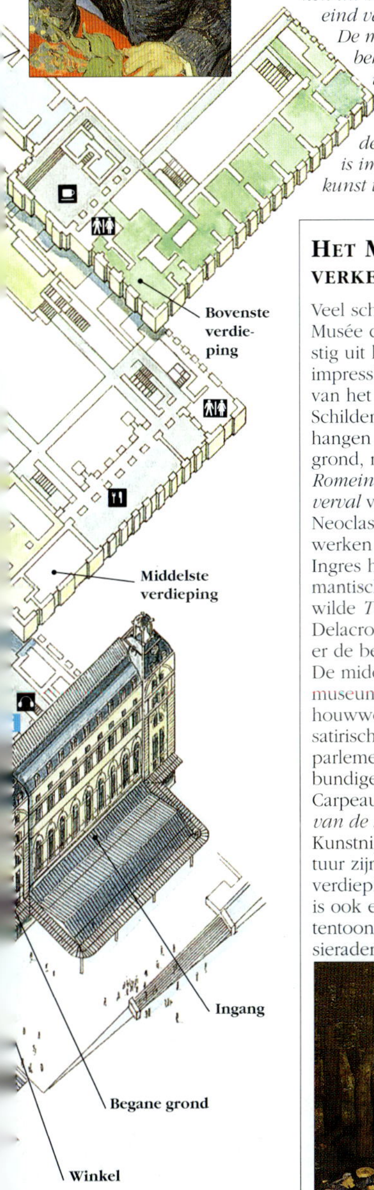

TIPS VOOR DE TOERIST

Rue de Bellechasse 1, 75007. **Kaart** 8 D2 *01-40494814.* *Solférino.* *24, 68, 69, 84 naar Quai A. France; 73 naar Rue Solférino; 63, 83, 84, 94 naar Bd St-Germain.* RER *Musée d'Orsay.* *Musée d'Orsay.* P *Quai d'Anatole France.* ***Open*** *juni-sept: di-zo 9.00-18.00 uur (do 21.45 uur), okt-mei: di-za 10.00-18.00 uur (do 21.45 uur), zo 9.00-18.00 uur.* ***Gesloten*** *1 jan, 1 mei, 25 dec.*

HET MUSÉE D'ORSAY VERKENNEN

Veel schilderijen in het Musée d'Orsay zijn afkomstig uit het Louvre en uit de impressionistische collectie van het Jeu de Paume. Schilderijen van voor 1870 hangen op de begane grond, met als topstuk *De Romeinen ten tijde van het verval* van Thomas Couture. Neoclassicistische meesterwerken als *De bron* van Ingres hangen vlak bij romantische doeken als de wilde *Tijgerjacht* van Delacroix. Van Manet hangt er de beroemde *Olympia*. De middengang van het museum staat vol beeldhouwwerk, van Daumiers satirische borstbeelden van parlementsleden tot het uitbundige *De dans* van Carpeaux en *De poorten van de hel* van Rodin. Kunstnijverheid en architectuur zijn op de middelste verdieping te vinden. Daar is ook een art nouveau-tentoonstelling waar de sieraden en het glaswerk van Lalique en de ontwerpen van Hector Guimard, die ook de karakteristieke metro-ingangen maakte, te zien zijn.

Blauwe waterlelies **(1919) van Claude Monet**

Hoogtepunten van de impressionistische kunst op de bovenste verdieping zijn de *Kathedraal van Rouen*-reeks van Monet *(blz. 257)* en het vrolijke *Moulin de la Galette* van Renoir. De postimpressionistische collectie bevat de *Eglise d'Auvers* van Van Gogh en werken van Cézanne, pointillistische composities van Seurat, zoals *Le cirque*, het kleurige symbolistische werk van Gauguin, voorstellingen van Parijse vrouwen en het uitgaansleven van Toulouse-Lautrec en de naïeve droomwereld van Rousseau. Van de kunst van na 1900 is *Luxe, calme et volupté* van Matisse een hoogtepunt.

Le déjeuner sur l'Herbe **(1863) van Edouard Manet**

De gevel van de Ecole Nationale Supérieure des Beaux Arts

Ecole Nationale Supérieure des Beaux Arts ❹

Rue Bonaparte 14, 75006. **Kaart** 8 E3. *01-47035000.* *St-Germain-des-Prés.* ***Open*** *voor het publiek elke 3de ma van de maand 14.00-17.00 uur.* *op afspraak*

De belangrijkste Franse kunstacademie zit op de hoek van de Rue Bonaparte en de Quai Malaquais langs de Seine. De academie is in verschillende gebouwen ondergebracht, waarvan het 19de-eeuwse Palais des Etudes het indrukwekkendste is. Ontelbare aankomende Franse en buitenlandse schilders en architecten hebben de grote binnenplaats, waar een 17de-eeuwse kapel staat, al overgestoken om in de ateliers van de academie te gaan studeren.

St-Germain-des-Prés ❺

Place St-Germain-des-Prés 3, 75006. **Kaart** 8 E4. *01-43254171.* *St-Germain-des-Prés.* ***Open*** *dag. 8.30-19.30 uur.*

Dit is de oudste kerk van Parijs. Hij werd in 542 gesticht als basiliek. Later werd het een machtige benedictijnenabdij, die in de 11de eeuw werd herbouwd, maar in 1794 voor een groot deel door brand werd verwoest. In de 19de eeuw werd het complex grondig gerestaureerd. Een van de drie oorspronkelijke torens staat nog overeind, met daarin een van de oudste klokketorens van Frankrijk. Het interieur van de kerk bestaat uit een mengeling van bouwstijlen, met marmeren zuilen uit de 6de eeuw, een gotisch gewelf en romaanse bogen.

Musée Eugène Delacroix ❻

Rue de Fürstenberg 6, 75006. **Kaart** 8 E4. *01-43540487.* *St-Germain-des-Prés.* ***Open*** *wo-ma 9.30-17.00 uur.*

De toonaangevende, nonconformistische schilder van de Romantiek, Eugène Delacroix, woonde en werkte hier van 1857 tot zijn dood in 1863. Hier schilderde hij *De graflegging van Christus* en *De weg naar Golgotha* (die nu in het museum hangen). In het appartement en het atelier in de tuin hangen zelfportretten van Delacroix, een portret van Georges Sand en schetsen. Er worden ook tijdelijke tentoonstellingen gehouden.

Jacob in gevecht met de engel door Delacroix, in de St-Sulpice *(blz. 123)*

Rue de l'Odéon ❼

75006. **Kaart** 8 F5. *Odéon.*

Deze straat werd in 1779 aangelegd en was bedoeld om de toegang tot het Odéontheater te verbeteren. De boekwinkel van Sylvia Beach, de oorspronkelijke Shakespeare & Company, bevond zich van 1921 tot 1940 op nummer 12. Schrijvers als James Joyce, Ezra Pound en Hemingway kwamen hier steeds terug.

Musée de Cluny ❽

Place Paul-Painlevé 6, 75005. **Kaart** 9 A5. *01-53737800.* *Cluny, St-Michel, Odéon.* RER *St-Michel.* ***Open*** *9.15-17.45 wo-ma.* ***Gesloten*** *1 jan, 1 nov, 25 dec.*

Dit museum heet nu officieel het Musée National du Moyen Age -Thermes de Cluny. Om een Gallo-Romeinse ruïne heen is een

Stenen hoofden van de Koningen van Judea, gemaakt rond 1220

St-Séverin ❾

Rue-des-Prêtres-St-Séverin 1, 75005. **Kaart** 9 A4. *01-42349350.* *St-Michel.* ***Open*** *ma-vr 11.00-19.45 uur, za 11.00-20.00 uur, zo 9.00-20.00 uur.*

Deze kerk, een van de mooiste van Parijs, is aan een 6de-eeuwse kluizenaar gewijd. Het is een perfect voorbeeld van de flamboyant-gotische bouwstijl. Vooral de dubbele zijbeuk om de kansel is opvallend. Het gebouw met puntdak in de tuin van de kerk is het vroegere knekelhuis.

Waterspuwers aan de flamboyant-gotische St-Séverin

De school, **houtsnijwerk (Engels, vroeg 16de eeuw)**

middeleeuws huis gebouwd. Het museum beschikt over een van de mooiste collecties ter wereld op het gebied van middeleeuwse kunst en nijverheid. De abt van Cluny kocht de ruïne in 1330. Het huidige gebouw is van 1485-1498.

Tot de hoogtepunten van de collectie behoren de wandtapijten. In de afdeling beeldhouwkunst is de Galerij der Koningen een van de mooiste onderdelen, terwijl de gouden roos van Basel uit 1330, te bezichtigen in de collectie sieraden en metaalwerk, waarschijnlijk het waardevolste stuk is. Er zijn ook afdelingen met gebrandschilderd glas, houtsnijwerk, getijdenboeken en fraai emailwerk.

VROUW MET EENHOORN, WANDTAPIJTEN

Deze zes wandtapijten zijn een voorbeeld van de *millefleurs*-stijl. Deze stijl ontstond in de 15de en de vroege 16de eeuw en is bekend om de sierlijke afbeelding van dieren en mensen en de frisse, harmonieuze kleuren.

De sierlijk dromerige eenhoorn op het zesde wandtapijt

St-Julien-le-Pauvre ⑩

Rue St-Julien-le-Pauvre 1, 75005. **Kaart** 9 A4. *01-43290909.* M *St-Michel.* RER *St-Michel.* ***Open*** *zo-vr 10.00-12.00 en 15.00-18.00 uur.*

Dit is een van de oudste kerken van Parijs, gebouwd tussen 1165 en 1220. Tot 1524 hield de universiteit hier zijn officiële bijeenkomsten, maar in dat jaar werd er door een studentenoproer zoveel schade aan de kerk toegebracht dat het parlement de bijeenkomsten in de kerk verder verbood. Sinds 1889 behoort hij toe aan de Melchitische sekte van de Grieks-orthodoxe kerk.

La Sorbonne ⑪

Rue des Ecoles 47, 75005. **Kaart** 9 A5. *01-40462211.* M *Cluny-La Sorbonne, Maubert-Mutualité.* ***Open*** *ma-vr 9.00-17.00 uur.* ***Gesloten*** *op feestdagen.*

De Sorbonne was tot 1969 de zetel van de universiteit van Parijs. In 1253 werd de universiteit opgericht door Robert de Sorbon, biechtvader van Lodewijk IX. Sindsdien ontwikkelde hij zich tot het belangrijkste centrum voor scholastiek. In 1469 werden er drie drukpersen uit Mainz geplaatst, waarmee de eerste drukkerij van Frankrijk een feit was. De universiteit verzette zich tegen de liberale filosofie van de 18de eeuw, hetgeen tot sluiting tijdens de Revolutie leidde. Napoleon herstelde de universiteit in 1806 in ere en verving de 17de-eeuwse huisvesting.

St-Etienne-du-Mont ⑫

Place Ste-Geneviève 75005. **Kaart** 13 A1. *01-43541179.* M *Cardinal Lemoine.* ***Open*** *dag.8.00-12.00 en 14.00-19.00 uur.* ***Gesloten*** *op ma in juli-aug en op feestdagen.*

In deze opmerkelijke kerk staat de schrijn van Saint Geneviève, de patroonheilige van Parijs. Jean Racine, de grote treurspeldichter, en Blaise Pascal, wis- en natuurkundige en schrijver, liggen hier begraven. Sommige delen van de kerk zijn gotisch, andere renaissancistisch, waaronder het prachtige koorhek.

ST-ETIENNE-DU-MONT

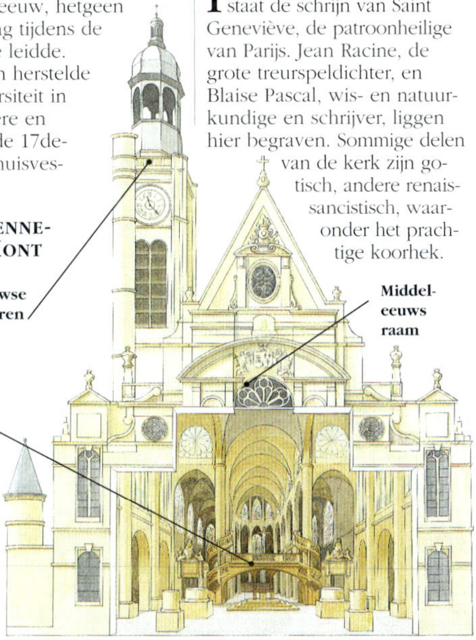

Onder de loep: Quartier Latin

Jazz op straat

Sinds de Middeleeuwen wordt deze wijk langs de rivier beheerst door de Sorbonne. Het Latijn van de studenten bezorgde de buurt zijn naam. De geschiedenis gaat terug tot de Romeinse stad aan de andere kant van de Ile de la Cité, toen de Rue St-Jacques een van de grote uitvalswegen van Parijs was. De wijk wordt meestal in verband gebracht met kunstenaars, intellectuelen en andere bohémiens. Ook heeft het de naam een politiek onrustige wijk te zijn. In 1871 werd het Place St-Michel het brandpunt van de Parijse Commune en in mei 1968 vonden hier de studentenopstanden plaats.

★ St-Séverin
De in de 13de eeuw begonnen bouw van deze kerk nam drie eeuwen in beslag. Het is een mooi voorbeeld van de flamboyant-gothische stijl ❾

Boulevard St-Michel, of de Boul'Mich zoals Parijzenaars zeggen, is een bruisend geheel van cafés, boeken- en kledingzaken, omgeven door nachtclubs en cultbioscopen.

Metro St-Michel

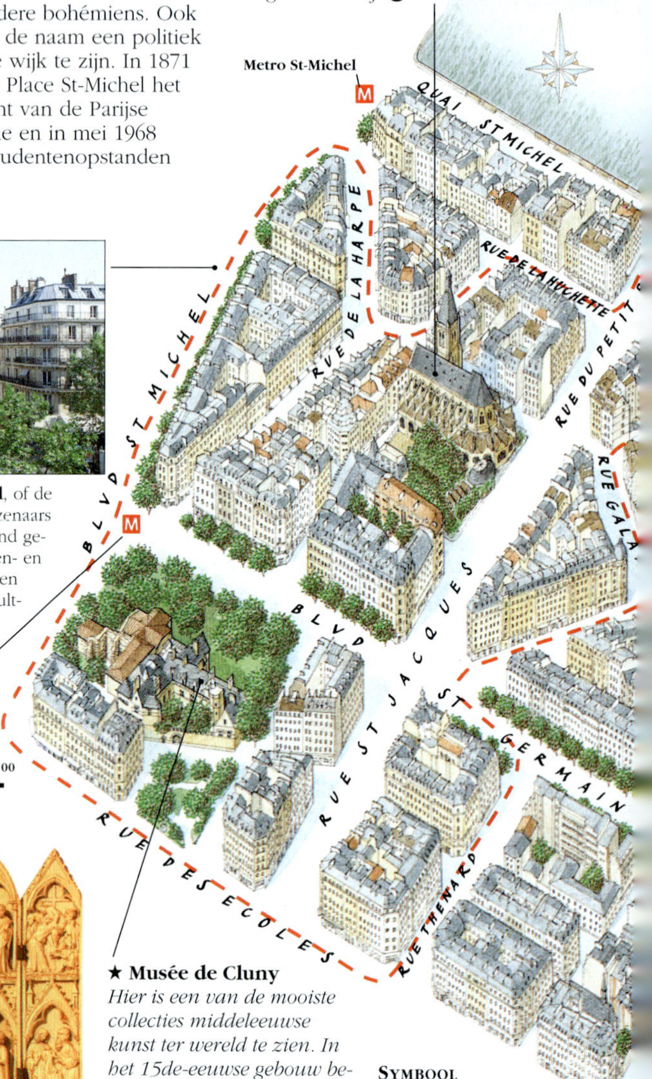

Metro Cluny La Sorbonne

0 meter 100

★ Musée de Cluny
Hier is een van de mooiste collecties middeleeuwse kunst ter wereld te zien. In het 15de-eeuwse gebouw bevinden zich ook ruïnes van Gallo-Romeinse baden ❽

Symbool

Aanbevolen route

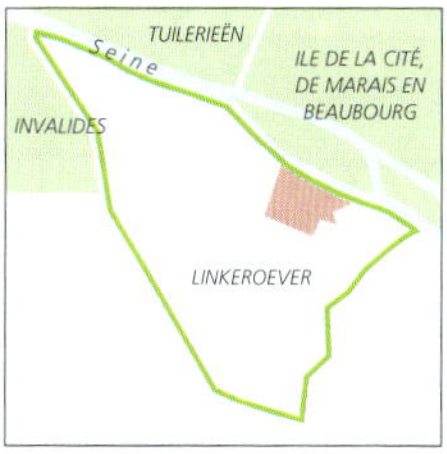

Oriëntatiekaart
Zie Plattegrond kaart 8, 9, 12, 13

★ St-Julien-le-Pauvre
In deze kerk, herbouwd in de 17de eeuw, bewaarde men tijdens de Revolutie veevoer ⑩

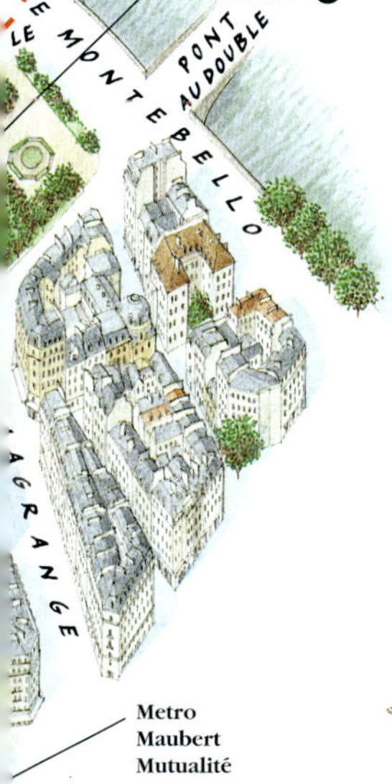

Metro Maubert Mutualité

Sterattracties

- ★ **Musée de Cluny**
- ★ **St-Séverin**
- ★ **St-Julien-le-Pauvre**

Panthéon ⑬

Place du Panthéon 75005. **Kaart** 13 A1. ☎ *01-44321800.* Ⓜ *Maubert-Mutualité, Cardinal-Lemoine.* ***Open*** *okt-maart dag. 10.00-18.15, april-sept: 9.30-18.30 uur.* ***Gesloten*** *1 jan, 1 mei, 11 nov, 25 dec.*

Toen Lodewijk XV in 1744 van een ernstige ziekte herstelde, was hij zo dankbaar nog in leven te zijn dat hij een schitterende kerk voor Sainte Geneviève wilde laten bouwen. Hij gaf de opdracht aan de Franse architect Jacques-Germain Soufflot, die een neoclassicistisch ontwerp maakte. In 1764 begon men met de bouw en in 1790, tien jaar na de dood van Soufflot, werd de kerk onder leiding van Guillaume Rondelet voltooid. Maar de Revolutie was gaande, waardoor de kerk al gauw tot een pantheon werd gemaakt, een monument met graven van de grote helden van Frankrijk. In 1806 gaf Napoleon het Panthéon terug aan de Kerk, en voordat het in 1885 definitief een gebouw met een openbare functie werd, werd het eerst nog een keer gewijd en weer ontheiligd. In het Panthéon liggen onder anderen Voltaire, Jean-Jacques Rousseau en Emile Zola begraven. Hier rust ook de as van Pierre en Marie Curie en André Malraux.

Het Panthéon van binnen
Het interieur bestaat uit vier beuken, in de vorm van een Grieks kruis, met in het midden de enorme koepel.

In ijzer gevatte koepel
De fresco's in de stenen koepel stellen De verheerlijking van Sainte Geneviève *voor, in 1811 geschilderd in opdracht van Napoleon.*

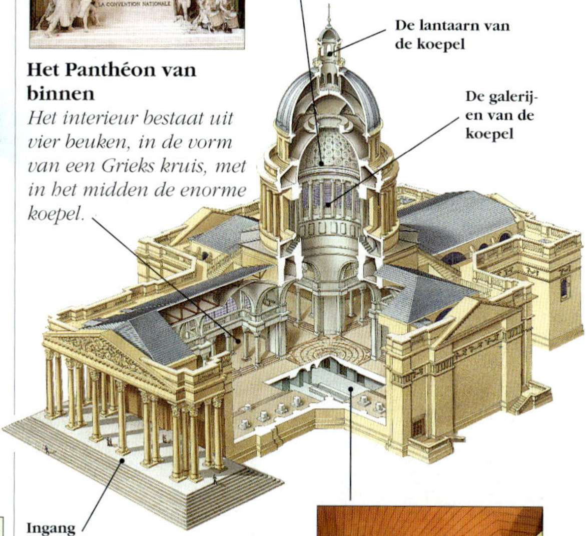

De lantaarn van de koepel

De galerijen van de koepel

Ingang

Crypte
Onder het gebouw ligt de grote crypte, verdeeld in galerijen met Dorische zuilen. Beroemdheden als Voltaire en Zola zijn hier begraven.

Onder de loep: Luxembourg

Deze charmante, historische wijk ligt op een steenworp afstand van het bedrijvige St-Germain-des-Prés en is een zee van rust middenin de moderne stad. De Jardin du Luxembourg en het Palais du Luxembourg bepalen het karakter van de wijk. In de 19de eeuw werden de tuinen, toen ze eigendom waren van de Comte de Provence (later Lodewijk XVIII), voor het publiek opengesteld; men mocht voor een klein bedrag naar binnen en zich tegoed doen aan het fruit in de boomgaard. De tuinen, het paleis en de oude huizen in het noordelijk deel staan er nog in volle glorie en trekken veel bezoekers.

STERATTRACTIES

- ★ **St-Sulpice**
- ★ **Palais du Luxembourg**

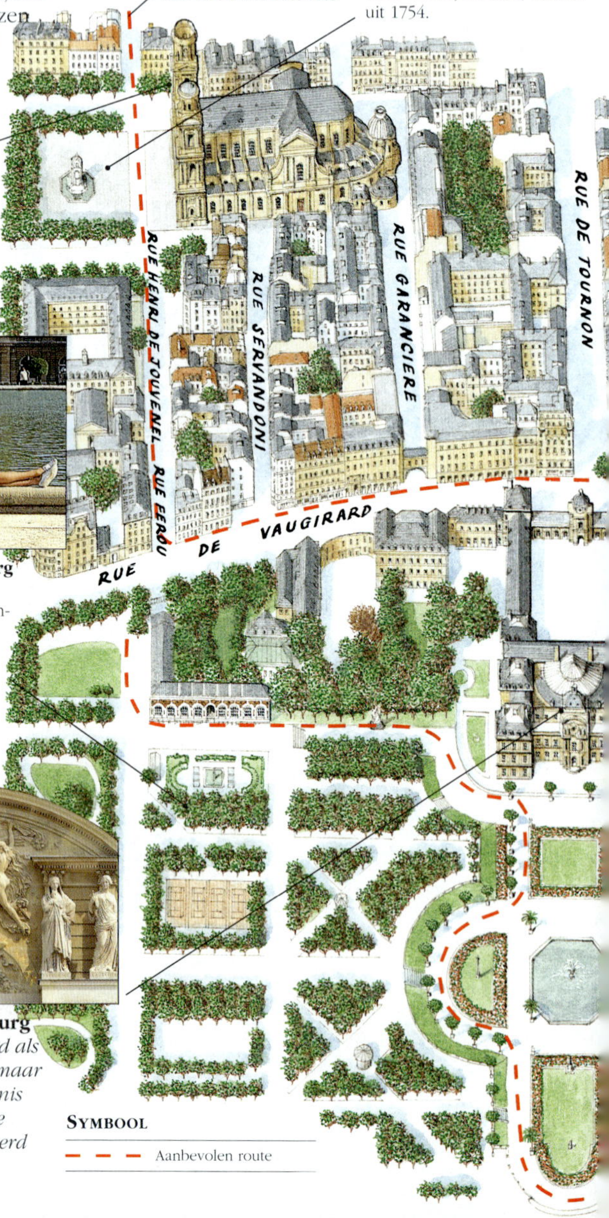

Place St-Sulpice, omgeven door kastanjebomen, dateert uit 1754.

★ St-Sulpice
Deze classicistische kerk is gebouwd door zes architecten. De bouw nam meer dan een eeuw in beslag ⓯

De Jardin du Luxembourg is een tuin waar mensen graag komen uitrusten, zonnebaden, langs het water spelen of de 19de-eeuwse beelden bewonderen.

0 meter 100

★ Palais du Luxembourg
Dit paleis werd gebouwd als koninklijke residentie, maar diende ook als gevangenis of hoofdkwartier van de Luftwaffe. Deze gevel werd in 1841 toegevoegd ⓮

SYMBOOL

– – – Aanbevolen route

ORIËNTATIEKAART
Zie Stratengids kaart 8, 12, 13

De Fontaine de Médicis is een 17de-eeuwse fontein in de stijl van een Italiaanse grot. Waarschijnlijk is hij ontworpen door Salomon de Brosse.

Sainte Geneviève, patroonheilige van Parijs. Dit beeld uit 1845 is gemaakt door Michel-Louis Victor.

Palais du Luxembourg ⓮

Rue de Vaugirard 15, 75006. **Kaart** 8 E5. ☎ *01-42342000.* Ⓜ *Odéon.* RER *Luxembourg.* ***Bezichtiging** eerste zo van de maand door de Caisse Nationale de Monuments Historiques.* ☎ *01-44612089. Voor de 1ste van de maand aanvragen.*

In dit paleis zetelt de Franse senaat. Het werd aangelegd om Maria de' Medici, weduwe van Hendrik IV, aan haar geboortestad Florence te herinneren. Toen het af was (1631) was zij al uit Parijs verbannen, maar het bleef tot de Revolutie een koninklijk paleis. Sinds die tijd heeft het paleis dienst gedaan als gevangenis en in de Tweede Wereldoorlog als hoofdkwartier van de Duitse Luftwaffe. Salomon de Brosse nam het Palazzo Pitti tot voorbeeld.

St-Sulpice ⓯

Place St-Sulpice 75006. **Kaart** 8 E5. ☎ *01-46332178.* Ⓜ *St-Sulpice.* ***Open** dag. 7.30-19.15 uur.*

De bouw van deze kerk begon in 1646 en nam meer dan een eeuw in beslag. Het resultaat is een eenvoudige gevel met twee rijen sierlijke zuilen en twee uit de toon vallende torens aan de zijkanten. Het licht valt door grote boogramen naar binnen.
In de zijkapel aan de rechterkant bevinden zich muurschilderingen van Eugène Delacroix, met onder andere *Jacob in gevecht met de engel* (*blz. 118*).

De twee verdiepingen hoge westgevel van St-Sulpice

Fonteinbeeld van Carpeaux

Fontaine de l'Observatoire ⓰

Place Ernest Denis, Avenue de l'Observatoire 7500. **Kaart** 12 E2. RER *Port Royal.*

Deze fontein in het zuidelijkste puntje van de Jardin du Luxembourg is een van de mooiste waterwerken in Parijs. De sculptuur in het midden is van Jean-Baptiste Carpeaux, uit 1873. Het stelt vier vrouwen voor die een wereldbol vasthouden. De vrouwen staan elk symbool voor een continent – de vijfde, Oceania, werd omwille van de symmetrie weggelaten.

Val-de-Grâce ⓱

Place Alphonse-Laveran 1, 75005. **Kaart** 12 F2. ☎ *01-40515192.* RER *Port Royal.* ***Open** dag. 13.30-17.30.*

Dit is een van de mooiste kerken van Frankrijk. Hij werd gebouwd voor Anna van Oostenrijk (echtgenote van Lodewijk XIII) uit dankbaarheid voor de geboorte van haar zoon. De jonge Lodewijk XIV legde in 1645 zelf de eerste steen.
De kerk werd ontworpen door François Mansart. In de koepel bevindt zich een fresco van Pierre Mignard. De zes gedraaide marmeren zuilen rond het altaar lijken op de zuilen die Bernini voor de St.-Pieter in Rome maakte.

BUITEN HET CENTRUM

Vele beroemde bezienswaardigheden van Parijs bevinden zich enigszins buiten het stadscentrum. Montmartre was heel lang het mekka voor kunstenaars en schrijvers en heeft nog steeds een bohémien-sfeer en in Montparnasse zijn talloze bruisende cafés vol theaterbezoekers. Op de beroemde begraafplaats Cimetière du Père Lachaise liggen onder anderen Chopin, Oscar Wilde en Jim Morrison begraven en hier kan men, net als in de parken en tuinen, even tot rust komen. Voor moderne architectuur moet u bij de Fondation Le Corbusier en La Défense zijn en de keuze aan musea is overweldigend.

BEZIENSWAARDIGHEDEN IN HET KORT

Musea en galeries
Musée de Cristal de Baccarat 9
Musée Gustave Moreau 8
Musée Marmottan 5
Musée National d'Histoire Naturelle 23
Museum National des Arts Africains et Océaniens 19

Kerken en moskeeën
Mosquée de Paris/Institut musulman 26
Sacré-Coeur 11
St-Alexandre-Nevsky 6

Parken en tuinen
Bois de Boulogne 2
Jardin des Plantes 24
Parc André Citroën 27
Parc des Buttes-Chaumont 17
Parc Monceau 7
Parc Montsouris 22

Moderne architectuur
La Défense 1
Fondation Le Corbusier 3
Institut du Monde Arabe 25

Historische wijken
Canal St-Martin 16
Montmartre blz. 128-129 10
Montparnasse 28

Begraafplaatsen
Cimetière de Montmartre 13
Cimetière du Montparnasse 29
Cimetière du Père Lachaise 18

Markten
Marché aux Puces de St-Ouen 14

Historische gebouwen en straten
Bibliothèque Nationale de France 21
Catacombes 30
Château de Vincennes 20
Moulin Rouge 12
Rue La Fontaine 4

Themaparken
Cité des Sciences et de l'Industrie blz. 132-133 15

SYMBOLEN

Belangrijkste toeristische gebied
Hoofdwegen

0 kilometer 4

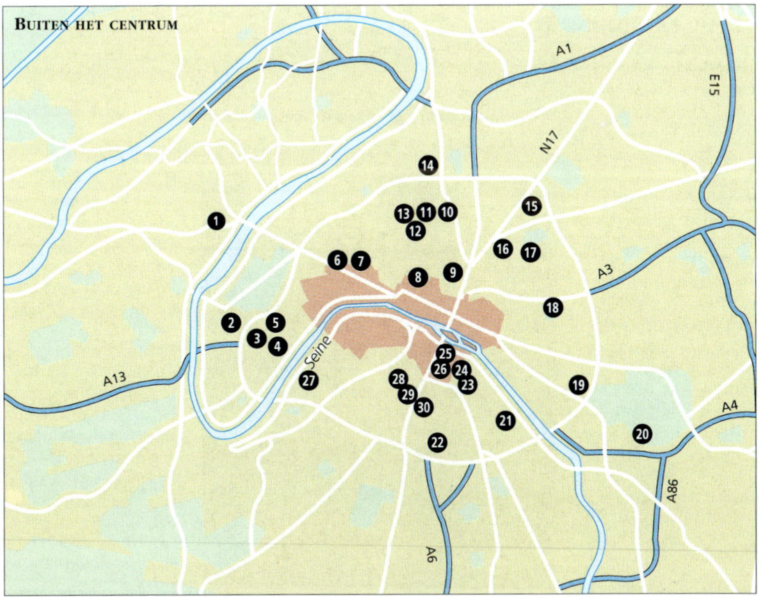

◁ **De smalle Rue St-Rustique leidt naar de Sacré-Coeur**

Naar het westen

La Défense ❶

La Grande Arche. 01-49072727. *La Défense.* ***Open*** *dag. 10.00-18.00 uur.*
*Zie **Geschiedenis van Frankrijk**, blz. 62-63.*

Deze werkstad vol wolkenkrabbers aan de westrand van Parijs is het grootste 'kantorenpark' in Europa. La Grande Arche is een enorme holle kubus, zo groot dat de Notre-Dame erin zou passen. Hij werd in de late jaren tachtig door de Deense architect Otto von Spreckelsen ontworpen en biedt onderdak aan een galerie en een conferentiecentrum.

La Grande Arche in La Défense

Bois de Boulogne ❷

75016. *Porte Maillot, Porte Dauphine, Porte d'Auteuil, Sablons.* ***Open*** *24 uur per dag. voor speciale tuinen en het museum.*

Dit park van 865 ha groot ligt tussen de westrand van Parijs en de Seine. Het is een uitgestrekte groenstrook waar men kan wandelen, fietsen, paardrijden, varen, picknicken of de paardenraces kan bijwonen. Het Bois de Boulogne was ooit onderdeel van het immense Forêt du Rouvre. In het midden van de 19de eeuw gaf Napoleon III opdracht aan baron Haussmann een ontwerp voor het Bois te maken in de stijl van het Londense Hyde Park. In het bos liggen weer op zichzelf staande parken als de Pré Catelan- en de Bagatelletuinen, met extravagante gebouwen en een 18de-eeuwse villa die beroemd is om zijn rozentuin. Tegenwoordig is het in het Bois overdag vol met gezinnen, joggers en wandelaars, maar na zonsondergang is het er minder veilig en kunt u het beter mijden.

Een prieeltje op een eiland in het Bois de Boulogne

Fondation Le Corbusier ❸

Square du Docteur-Blanche 8-10, 75016. *01-42884153. Jasmin.* ***Open*** *ma-vr 10.00-12.30, 13.30-18.00 uur (vr 17.00 uur). Bibliotheek in Jeanneret alleen 's middags.* ***Gesloten*** *op feestdagen, aug, 24 dec-2 jan.*

In een rustig hoekje van Auteuil staan de villa's La Roche en Jeanneret, gebouwd door de briljante 20ste-eeuwse architect Charles-Edouard Jeanneret, die onder de naam Le Corbusier wereldberoemd werd. Deze huizen werden aan het begin van de jaren twintig gebouwd en tonen het revolutionaire gebruik van wit beton in kubistische vormen. De kamers lopen in elkaar over waardoor er veel licht en volume ontstaat. De huizen staan op pijlers met ramen over de hele lengte.
Villa La Roche was eigendom van de mecenas Raoul La Roche. Tegenwoordig dienen beide villa's als documentatiecentrum.

Een venster in art nouveau-stijl in de Rue la Fontaine

Rue la Fontaine ❹

75016. **Kaart** 5 A4. *Michel-Ange Auteuil, Jasmin. Radio-France.*

De bebouwing in de Rue la Fontaine en de omliggende straatjes is een goed voorbeeld van vroeg-20ste-eeuwse architectuur. Op nummer 14 staat het Castel Béranger, waarmee architect Hector Guimard zijn reputatie vestigde. Later maakte hij meer naam voor zichzelf met het ontwerp van de Parijse metro-ingangen in art nouveau-stijl.

Musée Marmottan ❺

Rue Louis Boilly 2, 75016. *01-44965033. Muette.* ***Open*** *di-zo 10.00-17.30 uur.* ***Gesloten*** *1 jan, 1 mei, 25 dec.*

In 1932 werd dit museum opgericht in het 19de-eeuwse huis van de kunsthistoricus Paul Marmottan. Behalve zijn huis liet hij ook zijn schilderijen en meubilair uit de Renaissance en het Napoleontische Frankrijk na aan het Institut de France.
In 1971 kwam het museum dankzij de nalatenschap van Michel Monet in het bezit van een van de belangrijkste collecties werken van diens vader, Claude Monet. Enkele van de beroemdste schilderijen van Monet

hangen hier, waaronder *Impressie – zonsopgang* (deze titel leidde later tot gebruik van het woord Impressionisme), een schilderij van de kathedraal van Rouen *(blz. 257)* en enkele werken uit de *Waterlelie*-reeks *(blz. 94)*. Van het late werk van Monet zijn er *De Japanse brug* en *De treurwilg*. De wilde, expressieve verfstreken en iriserende kleuren maken deze tot de krachtigste werken van dit museum.
Ook een gedeelte van Monets privé-collectie werd aan het museum nagelaten, waaronder werk van zijn collega-impressionisten Camille Pissarro, Pierre-Auguste Renoir en Alfred Sisley. Er worden ook middeleeuwse manuscripten en 16de-eeuwse Bourgondische tapijten tentoongesteld.

Zuilengalerij naast de naumachieënvijver in het Parc Monceau

Naar het noorden

Kathedraal St-Alexandre-Nevsky

St-Alexandre-Nevsky ❻

Rue Daru 12, 75008. **Kaart** 2 F3.
01-42273734. *Courcelles, Ternes.*
Open *di, vr, zo 15.00-17.00 uur.*

Deze grote Russisch-orthodoxe kathedraal met vijf koperen uivormige spitsen symboliseert de omvang van de Russische gemeenschap in Parijs. De in 1861 voltooide kerk werd ontworpen door leden van de kunstacademie uit St. Petersburg en gefinancierd door tsaar Alexander II en de plaatselijke Russische gemeenschap. Het interieur wordt door een muur met iconen in tweeën gedeeld. Het grondplan heeft de vorm van een Grieks kruis, de rijke mozaïeken en fresco's zijn in neo-Byzantijnse stijl uitgevoerd.

Parc Monceau ❼

Bd de Courcelles 75017. **Kaart** 3 A3.
01-42270864. *Monceau.*
Open *dag. 7.00-21.00 uur.*

Deze groene oase stamt uit 1778, toen de graaf van Chartres aan de schrijver, schilder en amateur-landschapsarchitect Louis Carmontelle de opdracht gaf een grote siertuin te ontwerpen. Het resultaat was een exotisch landschap vol buitennissige architectuur in Engelse en Duitse stijl.
Sinds het in 1852 door de staat werd aangekocht, is het een chic openbaar park. Er zijn nog kenmerken uit de begintijd over, bijvoorbeeld de naumachieënvijver, een Romeins bad waarin vroeger zeeslagen werden nagebootst.

Musée Gustave Moreau ❽

Rue de la Rochfoucauld 14, 75009.
Kaart 4 E3. *01-48743850.*
Trinité. **Open** *ma & wo 11.00-17.00 uur, do-zo 10.00-12.30 uur, 14.00-17.00 uur.*

De symbolistische schilder Gustave Moreau (1826-1898) verwierf faam met zijn bijbelse en mythologische fantasieën. Hij woonde eind 19de eeuw in dit fraaie herenhuis. Tentoongesteld is onder andere *Jupiter en Semele*, een van de beste werken van de kunstenaar. Verder hangt hier een selectie uit de 7000 tekeningen en 1000 olie- en waterverfschilderijen die Moreau aan de Franse staat naliet.

Musée de Cristal de Baccarat ❾

Rue de Paradis 30 bis, 75010.
01-47706430. *Château d'Eau, Poissonnières.* **Open** *ma-vr 9.30-18.00 uur, za 10.00-17.00 uur.* **Gesloten** *feestdagen.* *op afspraak.*

In de Rue de Paradis zijn meerdere glas- en keramiekwinkels gevestigd, waaronder de firma Baccarat, die in 1764 in Lotharingen werd opgericht. Het Musée de Cristal, ook wel bekend als het Musée Baccarat, bevindt zich naast de toonzaal van dat bedrijf. Er zijn meer dan 1200 voorwerpen van Baccarat-kristal te zien, waaronder serviezen die voor de koninklijke en keizerlijke hoven van Europa werden gemaakt en veel andere topstukken van de fabriek.
Men demonstreert er hoe kristal wordt vorm gegeven.

Le Vase d'Abyssinie, gemaakt van Baccarat-kristal en brons

Montmartre ⑩

De *butte* (heuvel) van Montmartre is al 200 jaar met het kunstenaarsleven verbonden. Théodore Géricault en Camille Corot kwamen hier aan het begin van de 19de eeuw en in de 20ste eeuw volgde Maurice Utrillo. Tegenwoordig moeten de straatartiesten het vooral van het toerisme hebben, maar in de wijk heerst nog steeds de sfeer van voor de oorlog. De wijk zou zijn naam, *mons martyrium*, hebben ontleend aan de martelaren die hier rond 250 n.C. gedood zijn.

Schilder in de openlucht

Wijngaard van Montmartre
Dit is de laatste wijngaard in Parijs. Op de eerste zaterdag van oktober wordt het oogstfeest gevierd.

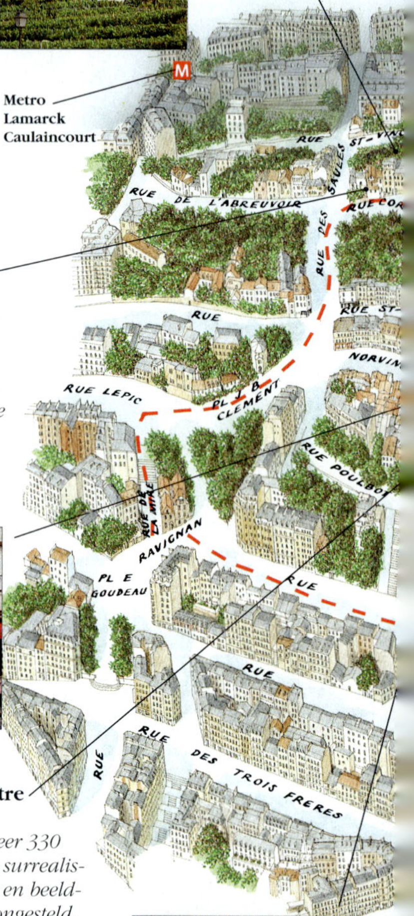

Metro Lamarck Caulaincourt

Au Lapin Agile
'Het beweeglijke konijn' was vroeger een literair café en is nu een van de bekendste nachtclubs van de stad.

A la Mère Catherine
Dit restaurant was populair bij de Russische kozakken. Ze riepen 'bistro!' ('snel!'), hetgeen tot de naam voor dit soort restaurants heeft geleid.

Espace Montmartre Salvador Dali
Hier zijn ongeveer 330 werken van de surrealistische schilder en beeldhouwer tentoongesteld.

Place du Tertre
Dit centrale plein wemelt van de portretkunstenaars. In de 19de eeuw toonden de eerste kunstenaars hun werk op het plein.

Symbool

– – – Aanbevolen route

0 meter 100

Musée de Montmartre
Hier is werk te zien van vele kunstenaars die in deze wijk hebben gewoond: Portret van een vrouw *(1918) is een werk van de Italiaanse schilder en beeldhouwer Amedeo Modigliani.*

ORIËNTATIEKAART
Zie Stratengids kaart 3, 4

Sacré-Coeur
Deze neoromaanse kerk is tussen de jaren zeventig van de 19de eeuw en 1914 gebouwd. Tot de rijke kerkschat behoort dit beeld van de Heilige Maagd met Kind *(1896) van P. Brunet* ⓫

St-Pierre de Montmartre
De oudste delen van deze Parijse kerk dateren uit de 6de eeuw.

Naar metro Anvers

Musée d'Art Naïf Max Fourny
Hier zijn werken van de naïeve schilderkunst te zien, waaronder De muur *(1944) van F. Tremblot.*

De funiculaire of kabelspoorbaan brengt passagiers van het eind van de Rue Foyatier naar de voet van de Sacré-Coeur.

Square Willette ligt onder het voorplein van de Sacré-Coeur. Het beslaat één kant van de heuvel in een reeks aflopende terrassen met laantjes, struiken, bomen en bloembedden.

Sacré-Coeur ⓫

Rue de Chevalier 35, 75018. **Kaart** 4 F1. ☎ *01-53418900.* Ⓜ *Abbesses (dan de funiculaire naar de trappen van de Sacré-Coeur nemen), Anvers, Barbès-Rochechouart, Château-Rouge, Lamarck-Caulaincourt.* 🚌 *30, 54, 80, 85.* ***Basiliek open** dag. 6.30-23.00 uur.* ***Koepel en crypte open** dag. 9.00-19.00 uur ('s winters 18.00 uur)* ***voor crypte en koepel.*** ♿ *beperkt.*

De basiliek Sacré-Coeur, is gebouwd na een gelofte die twee zakenmensen, Alexandre Legentil en Rohault de Fleury, bij het uitbreken van de Frans-Duitse oorlog maakten. Ze beloofden een basiliek te bouwen als een bezetting van Frankrijk kon worden voorkomen. Weliswaar kwam er oorlog en vond er een beleg van Parijs plaats, maar tot een feitelijke bezetting van Frans grondgebied kwam het niet, waarna in 1875 met de bouw werd begonnen. Het ontwerp was van Paul Abadie. De Sacré-Coeur behoort tot de belangrijkste rooms-katholieke bouwwerken van Frankrijk.

Moulin Rouge ⓬

Bd de Clichy 82, 75018. **Kaart** 4 E1. ☎ *01-46060019.* Ⓜ *Blanche.* ***Open** dag. 21.00-01.00 uur. Zie **Amusement in Parijs** blz. 141.*

De Moulin Rouge werd in 1885 gebouwd en is sinds 1900 in gebruik als dansgelegenheid. De rode molenwieken buiten herinneren nog aan de oorspronkelijke nachtclub. Henri de Toulouse-Lautrec vereeuwigde de wilde cancan-shows en ook nu gaan de benen nog de lucht in.

Cimetière de Montmartre ⓭

Avenue Rachel 20, 75018. **Kaart** 4 D1. ☎ *01-43876424.* Ⓜ *Place de Clichy.* ***Open** ma-za 8.30-17.30; zo 9.00-17.30 uur.* ♿

Sinds het begin van de 19de eeuw zijn hier vele sterren uit de wereld van de kunst begraven. De componisten Hector Berlioz en Jacques Offenbach, de Duitse dichter Heinrich Heine, de Russische danser Waslaw Nijinsky en de filmregisseur François Truffaut zijn slechts een paar van de talloze beroemdheden die hier door de jaren heen zijn begraven.
Een tweede kerkhof in Montmartre, de St-Vincent-begraafplaats, ligt vlak bij het Square Roland-Dorgelès. Hier ligt de Franse schilder Maurice Utrillo begraven.

Afrikaans stalletje op de Marché aux Puces de St-Ouen

Marché aux Puces de St-Ouen ⓮

Rue des Rosiers, St-Ouen 75018. Ⓜ *Porte-de-Clignancourt.* ***Open** za-ma 7.00-18.00 uur. Zie **winkels en markten** blz. 138.*

Dit is de oudste en grootste vlooienmarkt van Parijs (6 ha), vlak bij de Porte de Clignancourt. In de 19de eeuw verzamelden de voddenboeren en zwervers zich buiten de verdedigingswerken die de stad omgaven en boden daar hun waren te koop aan. Vandaag de dag is het gebied verdeeld in verschillende markten. Hoewel het aantal koopjes dat u hier vindt steeds minder wordt, blijven vooral in het weekeinde duizenden mensen de markt bezoeken.

Cité des Sciences et de l'Industrie ⓯

Zie blz. 132-133.

Canal St-Martin ⓰

M Jaurès, J Bonsergent, Goncourt.

Tijdens een wandeling langs een van de kaden van het Canal St-Martin ziet u nog hoe deze arbeiderswijk er aan het eind van de 19de eeuw uit moet hebben gezien. Het 5 km lange kanaal werd in 1825 geopend. Langs de Quai de Jemmapes staan nog enkele steen- en ijzerfabrieken en loodsen uit deze tijd. Hier vindt u ook het legendarische Hôtel du Nord dat te zien was in de gelijknamige film uit de jaren dertig van Marcel Carné. Op het kanaal varen plezierboten en langs de oevers wordt gevist. De bomen aan de kaden, de ijzeren voetgangersbruggetjes en de openbare tuinen rondom maken het gebied tot een paradijs voor een rustige wandeling.

Boten in de Port de l'Arsenal

Parc des Buttes-Chaumont ⓱

Rue Manin 75019 (hoofdingang aan de Rue Armand Carrel). ☎ *01-53358935.* M *Botzaris, Buttes-Chaumont.* ***Open*** *dag. 7.00-21.00 uur ('s zomers 7.00-22.00 uur).*

Veel mensen vinden dit het verrassendste park van Parijs. Stadsarchitect baron Haussmann veranderde deze heuvelachtige plek in de jaren zestig van de 19de eeuw van een afvalberg en steengroeve in een Engelse tuin. Bij dit project werkte Haussmann samen met de landschapsarchitect Adolphe Alphand, die de stoepen van de Parijse avenues voorzag van straatmeubilair.

Bij de aanleg waren ook de ingenieur Darcel en de tuinarchitect Barillet-Deschamps betrokken. Zij legden een meertje aan met daarin een eiland met echte en namaakrotsen, een Romeins tempeltje, een waterval en beekjes. Enkele bruggetjes ontsluiten het eiland voor wandelaars.

Tegenwoordig kan men er 's zomers bootjes huren, ezeltje rijden en zonaanbidders kunnen op de gazons terecht.

Naar het oosten

Cimetière du Père Lachaise ⓲

Rue de Repos 16, 75020. ☎ *01-43707033.* M *Père Lachaise, Alexandre Dumas.* ***Open*** *ma-vr 8.00-17.30 uur; za-zo 9.00-18.00 uur.*

Dit is de meest prestigieuze begraafplaats in Parijs. Hij ligt op een beboste heuvel die over de stad uitziet. Deze grond was vroeger eigendom van Père de la Chaise, de biechtvader van Lodewijk XIV, maar sinds 1803 is het een kerkhof. Deze begraafplaats werd zo populair bij de Parijse bourgeoisie dat de grenzen in de 19de eeuw wel zes keer moesten worden verlegd. Hier liggen bijvoorbeeld Honoré de Balzac en Frédéric Chopin, Jim Morrison, Simone Signoret en Yves Montand.

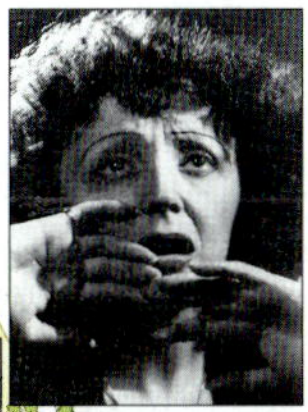

Edith Piaf

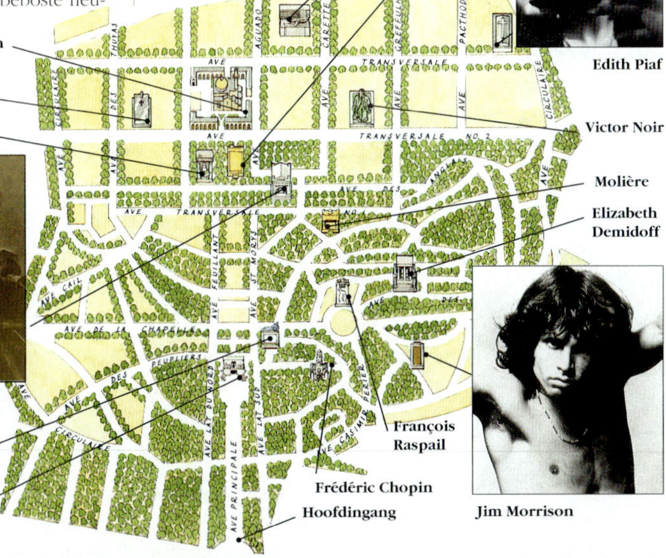

Sarah Bernhardt

Jim Morrison

Cité des Sciences et de l'Industrie ⓯

Gebouw in het Parc de la Villette

In het grootste gebouw van de oude Villette-abbatoirs is nu het museum voor populaire wetenschap en technologie gehuisvest. Rond het complex ligt een groot park. Architect Adrien Fainsilber heeft in het vijf verdiepingen hoge high tech-gebouw een fantasierijke combinatie van licht, begroeiing en water bewerkstelligd. Het gebouw is 40 m hoog en strekt zich over 3 ha uit. Midden in het museum is de Explora-tentoonstelling, een boeiende reis door de wereld van wetenschap en techniek. Bezoekers kunnen met de computer van alles leren over de ruimte, de aarde en de oceaan, computers en geluid.

★ Planetarium
Deze zaal biedt plaats aan 260 mensen. Met behulp van de laatste audiovisuele techniek worden boeiende beelden van sterren en planeten vertoond.

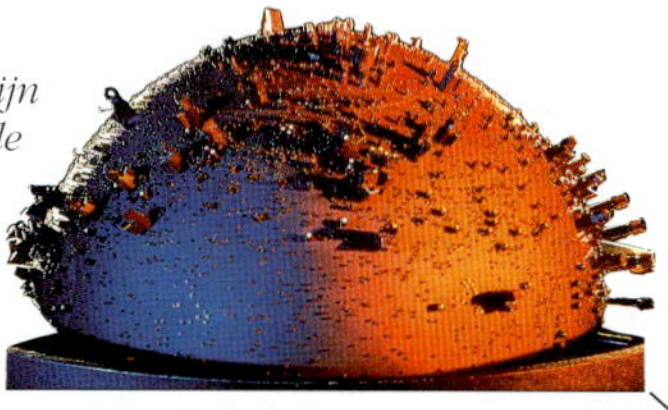

Sterbal
In het planetarium zijn beelden te zien van de ruimte zoals die buiten de atmosfeer van de aarde door astronauten is waargenomen.

★ Ariane
De raketopstelling legt uit hoe astronauten de ruimte in worden geschoten en er is een model van de Europese Ariane.

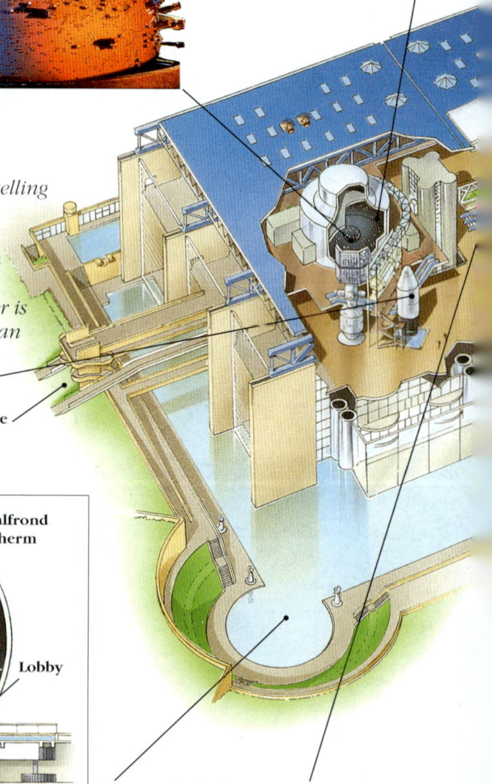

Westelijke ingang

De gracht is door Fainsilber zo ontworpen dat er ook in de lager gelegen verdiepingen van het gebouw zon- en maanlicht kan doordringen.

De grote hal doet, door de schachten, bruggen, trappen en balkons, een beetje aan een kathedraal denken.

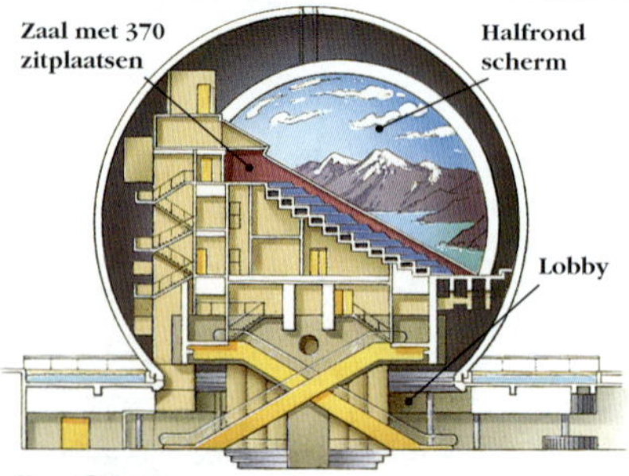

La Géode

Op het reusachtige halfronde bioscoopscherm (1000 m²) in deze grote bolvormige amusementshal worden films over de natuur, reizen en de ruimte vertoond.

STERATTRACTIES

- ★ Planetarium
- ★ Ariane
- ★ La Géode

TIPS VOOR DE TOERIST

Av Corentin-Cariou 30, 75019. *01-40037500.* *Porte de la Villette.* *150, 152, 250A tot Porte de la Villette.* **Open** *di-za 9.00-18.00 uur, zo 9.00-17.00 uur.* **Gesloten** *1 mei, 25 dec.* **Concerten. Films, video's. Bibliotheek.**

Koepels
De twee glazen koepels van elk 17 m doorsnede filteren het natuurlijke licht boven de grote hal.

De vierkante broeikassen, elk 32 m hoog en breed, verbinden het park met het gebouw.

Mirage
Een model op ware grootte van deze Franse straaljager is een van de voorbeelden van technologische vooruitgang.

Wandelgangen
Deze promenades verbinden de verschillende verdiepingen van het museum met La Géode en het omliggende park.

Wetenschapsstad voor kinderen
In deze ruimte kunnen kinderen experimenteren met machines die hen van alles leren over de wetenschap.

Bibliothèque Nationale de France

Museum National des Arts Africains et Océaniens 19

Avenue Daumesnil 293, 75012. *01-44748480.* M *Porte Dorée.* **Open** *wo-ma 10.00-17.30 uur; za, zo 12.30-18.00 uur.* **Gesloten** *1 mei.*

Dit museum is gevestigd in een art deco-gebouw van de architecten Albert Laprade en Léon Jaussely dat werd ontworpen voor de tentoonstelling van 1931 over het kolonialisme. Het museum bezit een fraaie collectie Afrikaanse en Australisch-Aziatische kunst. Hoogtepunten zijn de antilopemaskers uit Mali, gesneden ivoor uit Benin en Marokkaanse sieraden.

Château de Vincennes 20

Avenue de Paris 94300 Vincennes. *01-43281548.* M *Château de Vincennes.* RER *Vincennes.* **Open** *okt-maart dag. 10.00-17.00 uur (laatste toegang 16.15 uur), april-sept dag. 10.00-18.00 uur.* **Kapel open.** *verplicht.*

Het Château van Vincennes was tot de 17de eeuw, toen het hof naar Versailles verhuisde, de koninklijke residentie. De koninklijke vertrekken en de prachtige gotische kapel zijn zeker een bezichtiging waard, evenals het grote, indrukwekkende museum in de middeleeuwse kerker.
Buiten de slotgracht ligt het Bois de Vincennes, nu een bos met aangelegde meren, watervallen en een dierentuin.

Bibliothèque Nationale de France 21

Quai François-Mauriac 75013. *01-53795959.* M *Quai de la Gare.* **Open** di-za *10.00-19.00; zo 12.00-18.00 uur .* **Gesloten** *feestdagen & 2 weken half-sept.*

Deze vier boekvormige torens herbergen tien miljoen banden. De verschillende bibliotheken hebben meer dan 400.000 titels, digitale afbeeldingen, geluidarchieven en CD-ROMS.

Naar het zuiden

Parc Montsouris 21

Bd Jourdan 75014. *01-45882860.* M *Porte d'Orléans.* RER *Cité Universitaire.* **Open** *dag. 7.30-19.00 uur.*

Dit park in Engelse stijl is het op een na grootste in Parijs. Het werd tussen 1865 en 1878 aangelegd door de landschapsarchitect Adolphe Alphand. Het park wordt vooral gefrequenteerd door studenten en kinderen. U vindt er een restaurant, grasvelden en een meer.

Schedel van een dimetrodon-reptiel

Musée National d'Histoire Naturelle 22

Rue Buffon 2, 75005. **Kaart** 14 D1. *01-40793000.* M *Jussieu, Austerlitz.* **Open** *wo-ma 10.00-17.00 uur.* **Gesloten** *doordeweekse feestdagen.*

Het natuurhistorisch museum heeft vier afdelingen, een vijfde, over de evolutie, is in de maak. Op de afdeling paleontologie zijn skeletten en een tentoonstelling over het skelet van gewervelde dieren te zien. De paleobotanie is gewijd aan fossiele planten, de mineralogie aan stenen en edelstenen. Op de afdeling entomologie zijn een paar van de oudste fossiele insekten ter wereld te bezichtigen. De boekwinkel van het museum is gevestigd in het huis waar de natuurkenner Buffon van 1772 tot zijn dood in 1788 woonde.

Jardin des Plantes 23

Rue Cuvier 57, 75005. **Kaart** 13 C1. M *Jussieu, Austerlitz.* **Open** *dag. 9.00-18.00 uur ('s winters 17.00 uur).*

Toen Jean Hérouard en Guy de la Brosse, de artsen van Lodewijk XIII, in 1626 toestemming kregen om een koninklijke tuin met geneeskrachtige kruiden aan te leggen, ontstonden de botanische tuinen. Er werd een school voor plantkunde, natuurlijke geschiedenis en farmacie gesticht en in 1640 werd de tuin voor het publiek opengesteld. In dit prachtige park zijn een natuurhistorisch museum, een botanische school en een dierentuin ondergebracht.
In het park kunt u genieten van wandelpaden langs antieke beelden, maar ook van een rotstuin met planten uit Corsica, Marokko, de Alpen en de Himalaya. Natuurlijk zijn er ook veel kruiden en wilde planten.

Rue Mouffetard, een markt in de buurt van de Jardin des Plantes

Institut du Monde Arabe ㉕

Rue des Fossés St-Bernard 1, 75005. **Kaart** 9 C5. ☎ *01-40513838.* Ⓜ *Jussieu, Cardinal-Lemoine.* ***Museum en tijdelijke tentoonstellingen open*** *di-zo 10.00-18.00 uur.* ***Bibliotheek open*** *di-za 13.00-18.00 uur.*

Dit prachtige moderne gebouw is ontworpen door de Franse architect Jean Nouvel. Het is een combinatie van high-techdetails en het karakter van de traditionele Arabische architectuur. Op de zevende verdieping is een overzichtstentoonstelling van islamitische kunst van de 9de tot de 19de eeuw. Het hoogtepunt is de mooie collectie *astrolabia*, het werktuig van Arabische astronomen.

Het veelgeprezen gebouw van het Institut du Monde Arabe

Mosquée de Paris/Institut musulman ㉖

Place du Puits de l'Ermite 75005. ☎ *01-45359733.* Ⓜ *Place Monge.* ***Open*** *za-do 9.00-12.00 en 13.00-18.00 uur.* ***Gesloten*** *op islamitische feestdagen.*

Dit in Spaans-Moorse stijl gebouwde complex dateert uit de jaren twintig. Het is het spirituele centrum van de islamitische gemeenschap in Parijs en het huis van de hoogste imam in het land. Er zijn de beste Turkse baden van de hele stad, een restaurant en een mooie *salon de thé*.

Parc André Citroën ㉗

Rue Balard, 75015. Ⓜ *Javel, Balard.* ***Open*** *ma-vr 7.30-schemering, za, zo feestdagen 9.00-schemering.*

Dit zowel door landschapsinrichters als architecten ontworpen park is een fascinerend mengsel van stijlen, met wilde bloemen in het noorden en beeldentuinen in het zuiden. Watersculpturen liggen verspreid door het park.

Tour Montparnasse

Montparnasse ㉘

75014 & 75015. **Kaart** 11 & 12. Ⓜ *Vavin, Raspail, Edgar Quinet.*

In de 17de eeuw toonden studenten van de kunstacademie hun werk op een berg puin uit een steengroeve. Zij noemden die berg Montparnasse, naar de berg Parnassus. In de 19de eeuw trokken de cabarets en cafés, die belastingvrij opereerden, veel mensen naar de buurt. Tussen de twee wereldoorlogen bereikte de combinatie van kunst en het rijke leven een hoogtepunt, toen Hemingway, Picasso, Cocteau, Giacometti, Matisse en Modigliani in de wijk woonden. In het moderne *quartier* staat de alom ge-hate Tour Montparnasse, die vanuit alle hoeken van Parijs te zien is en die door veel andere moderne kantoorkolossen wordt omgeven.

Cimetière du Montparnasse ㉙

Bd Edgar Quinet 3, 75014. **Kaart** 12 D3. ☎ *01-44108650.* Ⓜ *Edgar Quinet.* ***Open*** *ma-vr 8.00-18.00; za 8.30-18.00; zo 9.00-18.00 ('s winters 17.30) uur.*

Deze begraafplaats werd in 1824 geopend. Beroemde Parijzenaars die hier zijn begraven, zijn Serge Gainsbourg, Charles Baudelaire, beroemdheden van de linkeroever zoals Jean-Paul Sartre en Simone de Beauvoir en de schrijver Guy de Maupassant.

Catacombes ㉚

Place Denfert-Rochereau 1, 75014. **Kaart** 12 E3. ☎ *01-43224763.* Ⓜ *Denfert-Rochereau.* ***Open*** *di-vr 14.00-16.00 uur, za & zo 9.00-11.00, 14.00-16.00 uur.* ***Gesloten*** *feestdagen.*

In deze door de Romeinen uitgegraven steengroeven werden in de jaren tachtig van de 18de eeuw duizenden rottende lijken opgeborgen waarvoor op de onhygiënische begraafplaats bij Les Halles geen plaats meer was.

Schedels en botten in de catacomben

Winkelen

Voor veel mensen zijn Parijs en een luxueuze levensstijl één. De goedkoopste manier om aan het chique winkelgedrag mee te doen, is om er met behulp van accessoires of sieraden zelf zo Frans mogelijk uit te zien. Een andere mogelijkheid is om uw slag te slaan in de uitverkoop in januari en juli. Als u het zich kunt permitteren, is Parijs de ideale stad om moderne haute couture te kopen of uzelf te trakteren op verrukkelijke delicatessen.

In de Parijse winkelstraten en op de markten kunt u heerlijk meedoen aan de Franse gewoonte om te slenteren, te kijken en bekeken te worden. Voor de allerlaatste mode moet u in de Rue du Faubourg-St-Honoré met zijn weergaloos ingerichte etalages zijn. Een ander favoriet Frans tijdverdrijf is rondneuzen in de boekenstalletjes langs de Seine. Hier volgt een overzicht van de beste en beroemdste winkels in Parijs.

Winkelen in Avenue de Montaigne

Openingstijden

Winkels zijn meestal van maandag tot zaterdag tussen 9.30 en 19.00 uur open. Markten en buurtwinkels zijn op maandag gesloten en sommige winkels gaan ook in augustus voor de zomervakantie dicht.

Betaalmiddelen en BTW

Travellercheques, Visa, American Express, Carte Bleue, Mastercard en in toenemende mate ook Eurocheques worden overal geaccepteerd. De BTW varieert tussen de 5 en 25 procent en is meestal bij de prijs inbegrepen. Mensen van buiten de Europese Unie kunnen BTW terugkrijgen mits zij minimaal 2000 FF in één winkel hebben uitgegeven en minder dan zes maanden in Frankrijk verblijven. Hiervoor dient u bij de douane een formulier in te vullen *(bordereau de détaxe* of *bordereau de vente).*

Damesmode

Parijs is de hoofdstad van de *haute couture*. Echte *haute couture* bestaat, in tegenstelling tot imitaties en aanpassingen, uit eenmalige creaties van de 23 couturehuizen die verbonden zijn aan de Fédération Française de la Couture. Door de astronomisch hoge prijzen is de *haute couture* voor de meeste mensen niet betaalbaar. De modehuizen zijn gevestigd aan of in de buurt van de Rue du Faubourg-St-Honoré. Daar vindt u onder andere **Chanel, Christian Lacroix, Guy Laroche, Nina Ricci, Yves Saint Laurent** en **Christian Dior.**

Hermès verkoopt klassieke country-chic en de Italiaanse elegantie van **MaxMara** of een pak van **Giorgio Armani** is moeilijk te weerstaan. **Karl Lagerfeld** ontwierp niet alleen voor Chanel, maar heeft ook een eigen lijn ontwikkeld. Als u uw garderobe kleurloos vindt, kunt u de exotische **Kenzo** proberen. **Equipment** staat bekend om zijn klassieke zijden hemden in vele kleuren en **Comme des Garçons** maakt eigenzinnige kleren voor hem en haar.

Het over de hele wereld bekende logo van Chanel

Het hart van de haute couture

De grote modehuizen zijn op de rechteroever in de omgeving van de Rue de Faubourg-St-Honeré en de Avenue Montaigne gevestigd.

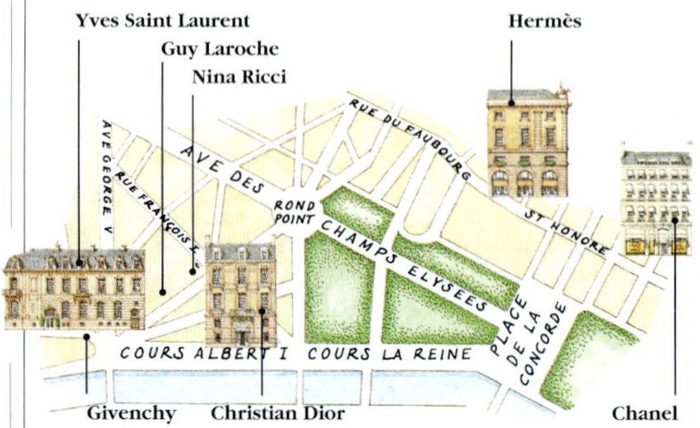

Nergens vindt u betere accessoires om uw uiterlijk te vervolmaken dan bij de wereldberoemde ontwerpers **Cartier** en **Christian Lacroix.**
De vlakbij gelegen Rue Jean-Jacques Rousseau is ook een prima winkelstraat.
De excentrieke ontwerper **Jean-Paul Gaultier** heeft een vestiging in het winkelcentrum van Les Halles, evenals **Agnès B.**, wiens collectie chic en comfortabel tegelijk is.
In de Rue des Rosiers in de Marais hebben veel nieuwe ontwerpers een winkel, zoals **Lolita Lempicka** en **Azzedine Alaïa**.

Kleding van Kenzo aan het Place de Victoires

Herenmode

Voor mannen bestaat er nauwelijks *haute couture.* De meeste grote ontwerpers verkopen ook wel mannenkleding, maar deze is vaak erg duur en dus zijn mannen vooral op confectie aangewezen. Dat daarin wel degelijk kwaliteit bestaat, bewijst **Gianni Versace**, met klassieke Italiaanse kleding voor mannen.
Op de rechteroever zijn ontwerpers gevestigd als **Giorgio Armani**, de stijlvolle **Pierre Cardin, Yves Saint Laurent** en **Lanvin**, die vooral in trek is vanwege zijn fraai vervaardigde lederen accessoires. Aan de andere kant van de Seine vinden de elegante ontwerpen van **Francesco Smalto** gretig aftrek bij mensen als Jean-Paul Belmondo. Voor wie niet bang is op te vallen, is er **Yohji Yamamoto.**

Het warenhuis La Samaritaine in Les Halles, Beaubourg

Warenhuizen

Als u niet veel tijd hebt en u al uw inkopen op één adres wilt doen, kunt u in de *grands magasins* (warenhuizen) terecht. De meeste warenhuizen werken nog met het bonnetjessysteem: de verkoper schrijft een bon uit voor bij hem of haar gekochte artikelen en die moeten bij de kassa worden afgerekend. Vervolgens gaat u naar de verkoper terug om uw aankopen op te halen. Wees assertief, want een rij zegt de Fransen niets.
Au Printemps is geweldig groot en heeft aparte gebouwen voor herenmode, huishoudelijke artikelen, dames- en kinderkleding. Elke dinsdag om 10.00 uur is er een modeshow ('s zomers ook op vrijdag). Bezoek in ieder geval even de cosmetica-afdeling met zijn enorme keus aan parfums.
Au Bon Marché, op de linkeroever, was het eerste warenhuis in Parijs en is nog steeds het deftigste. De afdeling etenswaren is uitstekend.
In de **Galeries Lafayette** zijn heel veel kleren in alle prijsklassen te koop. Op woensdag en 's zomers ook op vrijdag worden hier om 11.00 uur modeshows gehouden.
La Samaritaine is een van de oudste winkels in Parijs, met een keur aan koopjes. Er is een afdeling sportkleding en u kunt hier ook goed huishoudelijke artikelen en meubels kopen.

Cartier, een van de deftigste winkels ter wereld

Kunst en antiek

Kunst en antiek kunt u kopen in gerenommeerde winkels en galeries, op vlooienmarkten of in meer avantgardistisch ingestelde galeries. Als u *objets d'art* van meer dan 20 jaar oud of andere artikelen die meer dan een eeuw oud en meer dan FF 1.000.000 waard zijn, wilt exporteren, dan moet u, om geen uitvoerrechten te hoeven betalen, een bewijs van echtheid hebben. Veel prestigieuze antiekwinkels en galeries zijn rond de Rue du Faubourg-St-Honoré gevestigd, onder andere **Le Louvre des Antiquaires** waar zich 250 winkels onder een dak bevinden. Op de linkeroever ligt de Carré Rive Gauche, een samenwerkingsverband van 30 antiquairs. **Didier Aaron** is daar de deskundige op het gebied van de 17de en de 18de eeuw. Twee galeries die een bezoekje waard zijn, zijn **Artcurial** voor boeken en prenten en **Lavignes-Bastille**.

Kinderen

Er zijn in Parijs veel leuke speelgoedwinkels, waaronder een van de beroemdste ter wereld, **Au Nain Bleu**, in de Rue du Faubourg-St-Honoré.
Natuurlijk is er ook volop kinderkleding te krijgen in Parijs. Een goede plaats om een zoektocht naar kinderkleren te beginnen, is de Rue du Jour in Beaubourg en Les Halles, waar verscheidene gespecialiseerde zaken zijn. Veel ontwerpers van kleding voor volwassenen hebben ook een kinderkledinglijn, bijvoorbeeld **Kenzo, Baby Dior** en **Agnès B.** Ook hier zijn de prijzen heel hoog. Voor de betere kinderconfectie kunt u terecht bij ketens als **Bonpoint**, die dure, maar mooi gemaakte kleren verkopen. Deze groots opgezette winkels bieden een goede service. Dat het meest verkochte kledingstuk voor kinderen bij **Tartine et Chocolat** aan de Rue du Faubourg-St-Honoré de overall is, wekt niet echt verbazing. Voor de kleine voetjes kunt u het best terecht bij **Froment-Leroyer**.

Stripfiguren uit Kuifje in de speelgoedwinkel Au Nain Bleu

Boeken, kranten en tijdschriften

Bij de grote kiosken zijn kranten in alle talen te koop. Alle grote Nederlandse en Vlaamse dagbladen liggen op de dag van verschijning in de schappen. Als het lezen in het Frans geen probleem vormt, kunt u in de weekbladen *Pariscope* en *L'Officiel des Spectacles* terecht voor overzichten van het uitgaansleven. De uitgebreidste boekhandel in Parijs is de **FNAC Librairie**

Boekenstalletje op de Vanves-markt

Internationale. Wie vindt dat de FNAC wat te veel op een supermarkt lijkt, kan terecht bij **Gilbert Joseph**,. dat algemene en en educatieve boeken verkoopt. **La Hune** is gespecialiseerd in boeken over kunst, film, mode en fotografie. De meeste boekwinkels in Parijs zijn op de Franse taal georiënteerd, maar voor wie liever Engelse boeken leest, bieden **WH Smith**, **Brentano**, **Village Voice** en de tweedehandswinkel **Tea and Tattered Pages** uitkomst. Nederlandstalige boeken zijn alleen op bestelling te koop.

Stijlvol verpakte produkten van Fauchon

Eten en wijn

In Parijs is het aanbod aan lekker eten natuurlijk overvloedig. Sommige straten staan vol met delicatessenzaken, bijvoorbeeld de Rue Montorgueil of de Rue Rambuteau. **Fauchon** op het Place Madeleine is een exclusieve slagerij en de voedselafdeling in de kelder van de **Au Bon Marché** verkoopt kaas, slakken, truffels, kaviaar en produkten van het Franse platteland.
L'établissement Poilâne is het enige adres in Parijs waar men brood kan kopen dat naar de bakker zelf is genoemd. In het weekeinde staan hier lange rijen als het verse brood om 16.00 uur uit de oven komt. Een andere obsessie van de Fransen is chocolade. De produkten van **Christian Constant** hebben een laag suikergehalte en zijn gemaakt van zuivere cacao: een adres waar geen kenner omheen kan. **Barthélemy** in de Rue de Grenelle verkoopt heerlijke Roquefort.

Markten

De meeste groente- en fruitmarkten zijn van dinsdag tot zaterdag tussen 8.00 en 13.00 uur en tussen 16.00 en 19.00 uur geopend en op zondag tussen 9.00 en 13.00 uur. Koop bij voorkeur losse waar, want in doosjes verpakte artikelen blijken vaker oud of bedorven te zijn. Een beetje kennis van het Frans is wel handig als u iets zoekt dat *pas trop mûr* (niet te rijp) is of *pour manger ce soir* (om vanavond op te eten). Op de onlangs gerenoveerde **Marché St-Germain** kunt u uitstekende Italiaanse, Mexicaanse, Griekse, Aziatische en biologische produkten kopen. De **Rue Lepic**, vlak bij Montmartre, heeft een groente- en fruitmarkt waar het vooral in de weekeinden heel druk is. Op de voedselmarkt in de **Rue Pontelet** verkoopt men veel verschillende soorten brood, gebak en fijne vleeswaren. In de **Rue de Seine** en de **Rue de Buci** vindt u veel bloemenstalletjes en twee uitstekende banketbakkers.
De grootste en bekendste vlooienmarkt van Parijs is de **Marché aux Puces de St-Ouen**.

Het vierkant op dit brood is het handelsmerk van Lionel Poilâne

ADRESSEN

DAMESMODE

Agnès B
Rue du Jour 6, 75001.
Kaart 9 A1.
01-45085656.

Azzedine Alaïa
Rue de Moussy 7, 75004.
Kaart 9 C3.
01-40278558.

Cartier
Rue de la Paix 13, 75002.
Kaart 4 D5.
01-42615856.

Chanel
Av Montaigne 42, 75008.
Kaart 3 A5.
01-47208445.

Christian Dior
Av Montaigne 30, 75008.
Kaart 6 F1.
01-40735444.

Christian Lacroix
Av Montaigne 29, 75008,
75008. **Kaart** 3 B5.
01-42686950.

Comme des Garçons
Rue Etienne-Marcel 40-42,
75002. **Kaart** 9 A1.
01-42330521.

Equipment
Rue Etienne-Marcel 46,
75002. **Kaart** 9 A1.
01-40261784.

Giorgio Armani
Pl Vendôme 6, 75001.
Kaart 4 D5.
01-42615509.

Guy Laroche
Av Montaigne 29, 75008.
Kaart 3 C5.
01-40696950.

Jean-Paul Gaultier
Rue Vivienne 6, 75002.
Kaart 8 F1.
01-42860505.

Hermès
Rue du Faubour-St-Honoré
24, 75008. **Kaart** 3 C5.
01-40174717.

Karl Lagerfeld
Rue du Faubour-St-Honoré
17, 75008. **Kaart** 3 C5.
01-42666464.

Kenzo
Pl des Victoire 3, 75001.
Kaart 8 F1.
01-40397203.

Lolita Lempicka
Rue des Rosiers 3 bis,
75004. **Kaart** 9 C3.
01-42745048.

MaxMara
Rue du Four 37, 75006.
Kaart 8 D4.
01-43299110.

Nina Ricci
Av Montaigne 39, 75008.
Kaart 6 F1.
01-49525600.

Yves Saint Laurent
Av Marceau 5, 75016.
Kaart 6 E1.
01-44316400.

HERENMODE

Francesco Smalto
Rue François 1er 44,
75008. **Kaart** 2 F5.
01-47207063.

Gianni Versace
Rue du Faubourg-St-Honoré 62, 75008.
Kaart 3 C5.
01-47428802.

Lanvin
Rue du Faubourg-St-Honoré 15, 75008.
Kaart 3 C5.
01-44713333.

Pierre Cardin
Rue du Faubourg-St-Honoré 59, 75008.
Kaart 3 B5.
01-42669225.

Yohji Yamamoto
Rue des Grenelle 3,
75006. **Kaart** 8 D4.
01-45442932.

WARENHUIZEN

Au Bon Marché
Rue de Sèvres 22, 75007.
Kaart 7 C5.
01-44398000.

Au Printemps
Bd Haussmann 64, 75009.
Kaart 4 D4.
01-42825000.

Galeries Lafayette
Bd Haussmann 40, 75009.
Kaart 4 E4.
01-42823456.

La Samaritaine
Rue de la Monnaie 19,
75001. **Kaart** 8 F2.
01-40412020.

KUNST EN ANTIEK

Artcurial
Av Matignon 9, 75008.
Kaart 3 A5.
01-42991616.

Didier Aaron
Rue du Faubour-St-Honoré
118, 75008. **Kaart** 3 C5.
01-47424734.

Lavignes-Bastille
Rue de Charonne 27,
75011. **Kaart** 10 F4.
01-47008818.

Le Louvre des Antiquaires
Pl du Palais-Royal 2,
75001. **Kaart** 8 F2.
01-42942700.

KINDEREN

Au Nain Bleu
Rue du Faubourg-St-Honoré 406-410,
75008.**Kaart** 3 C5.
01-42603901.

Baby Dior
Av Montaigne 30, 75008.
Kaart 6 F1.
01-40735544.

Bonpoint
Rue Royale 15, 75008.
Kaart 3 C5.
01-47425244.

Froment-Leroyer
Rue Vavin 7, 75006.
Kaart 12 E1.
01-43543315.

Tartine et Chocolat
Rue du Faubour-St-Honoré
105, 75008. **Kaart** 3 B5.
01-45624404.

BOEKEN

Brentano
Av de l'Opéra 37, 75002.
Kaart 4 E5.
01-42615250.

Gilbert Joseph
Bd St-Michel 26, 75006.
Kaart 8 F5.
01-44418888.

La Hune
Bd St-Germain 170,
75006.**Kaart** 8 D4.
01-45483585.

Tea and Tattered Pages
Rue Mayet 24, 75006.
Kaart 11 B1
01-40659435.

Village Voice
Rue Princesse 6, 75006.
Kaart 8 E1.
01-46333647.

FNAC Librairie Internationale
Bv St-Germain 71, 75005.
Kaart 9 A5.
01-44413150.

WH Smith
Rue de Rivoli 248, 75001.
Kaart 7 C1.
01-44778899.

ETEN EN WIJN

Barthélemy
Rue de Grenelle 51,
75007. **Kaart** 8 D4.
01-45485675.

Caves Taillevent
Rue du Faubourg-St-Honoré 199, 75008.
Kaart 2 F3.
01-45611409.

Christian Constant
Rue d'Assas 37, 75006.
Kaart 12 E1.
01-45484551.

L'établissement Poilâne
Rue du Cherche-Midi 8,
75006. **Kaart** 8 D4.
01-45484259.

Fauchon
Pl de la Madelaine 26,
75008. **Kaart** 3 C5.
01-47426011.

MARKTEN

Marché St-Germain
Rue Mabillon en Rue Lobineau, 75005.
Kaart 8 E4.

Rue Lepic
75018. **Kaart** 4 F1.

Rue Poncelet
75017. **Kaart** 2 E3.

Marché de la Porte de Vanves
Av Georges-Lafenestre & av Marc-Sangnier 75014.

Marché aux Puces de St-Ouen
Rue des Rosiers, St-Ouen
75018.

Rue de Seine and Rue de Buci
75006. **Kaart** 8 E4.

Amusement in Parijs

Of u nu van klassiek of van avantgardistisch toneel houdt, van ballet, opera of jazz, van film of van een hele nacht door dansen, in Parijs kunt u voor alles terecht. Er is ook een ruim aanbod aan vrijblijvender amusement, van straatartiesten op het plein bij het Centre Pompidou tot muzikanten die u in de hele stad en ook in de metro tegenkomt.

Als u kennis wilt maken met het bruisende Parijs, doet u er goed aan een nachtclub te bezoeken.

Passieve sportliefhebbers kunnen hun hart ophalen tijdens de grote tennistoernooien, de Tour de France en de paardenraces. En voor wie liever niet al te moe wordt, is er altijd de mogelijkheid om in een park aan te schuiven voor een potje *jeu de boules*.

De glazen gevel van de Bastille Opéra

Plaatsen bespreken

Het is meestal mogelijk om kaartjes gewoon aan het loket te kopen, maar voor de drukbezochte voorstellingen is het verstandiger om uw toegangsbewijs van tevoren te kopen bij de **FNAC**-winkels of bij de **Virgin Megastore**. De kassa's van de theaters zijn dagelijks geopend van ongeveer 11.00 tot 19.00 uur. Vaak kunt u ook telefonisch reserveren en met een creditcard betalen. Het **Kiosque Théâtre** verkoopt overgebleven kaartjes tegen lagere prijzen op de dag van de voorstelling.

Toneel

Met alle vormen van toneel, van de grandeur van de **Comédie Française** tot kleinschalige komedies en avantgardistisch toneel, gaat het heel goed in Parijs. De Comédie Française werd in 1680 opgericht bij koninklijk besluit en is hèt bolwerk van het Franse toneel. Het **Odéon Théâtre de l'Europe**, het vroegere tweede theater van de Comédie Française, is nu gespecialiseerd in buitenlands toneel, opgevoerd in de oorspronkelijke taal. Het **Théâtre National de Chaillot** is gevestigd in een enorme ondergrondse zaal in het art deco Palais de Chaillot en brengt de grote Europese klassieken ten tonele. Het **Théâtre National de la Colline** is gespecialiseerd in eigentijds werk.

De **Comédie des Champs-Elysées** is een van de belangrijkste serieuze onafhankelijke gezelschappen, terwijl het **Palais Royal** al meer dan een eeuw de tempel van de gewaagde kluchten is. In theatercafés als **Théâtre d'Edgar** en **Au Bec Fin** kan men nieuw talent bewonderen.

's Zomers treden er straatartiesten op rond het Centre Pompidou, Les Halles en St-Germain-des-Prés. In de Shakespearetuin in het Bois de Boulogne worden openluchtvoorstellingen van stukken van Shakespeare en klassiek Frans toneel gehouden.

Klassieke muziek

Het muziekleven in Parijs beleeft hoogtijdagen. De hypermoderne **Opéra de Paris Bastille** biedt plaats aan 2700 liefhebbers van klassieke en moderne opera's. Dè plek voor produkties van buiten Frankrijk is de **Opéra Comique**, waar ook veel operettes worden opgevoerd.

De **Salle Pleyel** is de belangrijkste concertzaal van Parijs en thuishaven van het Orchestre de Paris. Zowel het **Théâtre des Champs-Elysées** als het **Auditorium du Chalet** bieden gevarieerde programma's van hoge kwaliteit. De belangrijkste podia voor kamermuziek en recitals zijn het **Théâtre de la**

Uitgaansbladen

Twee goede uitgaansbladen in Parijs zijn *Pariscope* en *L'Officiel des Spectacles*. Ze komen elke woensdag uit en zijn bij alle kiosken in de stad verkrijgbaar. De uitgaansladders in *Le Figaro* op woensdag zijn ook een goede leidraad. Het Engelstalige *Boulevard* verschijnt tweewekelijks en is bij kiosken en WH Smith *(blz. 139)* te koop.

Het beroemde silhouet van de Moulin Rouge

Ville en de **Salle Gaveau**. De **Cité de la Musique** is de jong ste aanwinst voor Parijs, gelegen in het Parc de la Villette. Pierre Boulez heeft hier de muzikale leiding over het beroemde Ensemble InterContemporain (hedendaagse muziek).

Dans

Het Franse publiek is zeer direct in het uiten van goed- of afkeuring bij dansvoorstellingen. Wie niet voldoet, wordt genadeloos uitgefloten en vaak loopt het publiek midden onder een uitvoering gewoon weg. In de **Opéra de Paris Garnier** kunnen 450 mensen tegelijk optreden. Het Ballet de l'Opéra is het vaste gezelschap en is een van de beste klassieke balletgezelschappen ter wereld. Met hulp van de overheid is het **Théâtre de la Ville** het belangrijkste podium van Parijs geworden voor moderne dans. Het **Maison des Arts de Créteil** brengt beroemde gezelschappen uit andere landen op het podium, maar ook eigen produkties.

Clubs en cabaret

De muziek die men in de Parijse nachtclubs hoort, hobbelt achter de trends uit Amerika en Engeland aan. Voor echt eigentijdse muziek kunt u terecht in **Balajo**, waar Edith Piaf vroeger altijd kwam, en een voormalige stripteasebar, het nu ultramoderne **Folies Pigalle**.
De drie verdiepingen tellende discotheek **La Locomotive** trekt een gemengd publiek met zijn house-avonden. **Les Bains** is een oude bekende onder de nachtclubs waar vooral mensen uit de modewereld en de showbusiness komen.
Voor Latin-muziek moet u in **La Java** zijn. In deze club, waar Edith Piaf ooit optrad, kunt u nu dansen op Cubaanse en Braziliaanse muziek.
Wie op zoek is naar variété, kan zich het beste op de bekende namen concentreren. De **Folies-Bergères** is het oudste variététheater in Parijs en ook de beroemdste ter wereld. Andere soortgelijke etablissementen van wereldfaam zijn het **Lido** en de **Moulin Rouge**, de club waar de cancan werd geboren.

Pop, jazz en world music

De internationaal beroemde musici en bands treden meestal op in reusachtige arena's als het **Palais d'Omnisports Paris-Bercy** of het **Zenith**. Veel intiemer is de sfeer in het legendarische **Olympia** met zijn uitstekende akoestiek. Voor de echte Parijse popmuziek van Les Negresses Vertes en Mano Negra moet u naar **La Cigale** of naar **Elysée-Montmartre** in de Pigalle gaan.
Parijs is een echte jazz-stad en er zijn talloze clubs waar men op een willekeurige avond de beste muzikanten ter wereld kan horen spelen. Alle grote jazzmusici hebben in de **New Morning** opgetreden. Daar zijn overigens ook Afrikaanse, Braziliaanse en andersoortige muziek te horen. Voor dixieland moet u naar **Le Petit Journal St-Michael** gaan.

La Locomotive, een enorme, drie verdiepingen tellende discotheek

Film

Film staat in Parijs hoog in aanzien. Bijna 100 jaar geleden werd hier de filmkunst geboren. In de jaren vijftig en zestig was Parijs de bakermat van de Nouvelle Vague. Filmregisseurs als François Truffaut en Jean-Luc Godard brachten een revolutionaire ommekeer teweeg in de manier waarop films werden gemaakt.

Tegenwoordig zijn er meer dan 300 schermen in Parijs, verdeeld over 100 bioscopen. De meeste bevinden zich dicht bij elkaar en hebben een extra aantrekkingskracht omdat er ook restaurants en winkels in de buurt zijn. De Champs-Elysées heeft de hoogste bioscoopdichtheid van de stad. Op de Grands Boulevards in de buurt van de Opéra de Paris Garnier staan twee van de belangrijkste bioscopen in Parijs, **Le Grand Rex** met 2800 zitplaatsen en een barok decor en het in de jaren tachtig geheel opgeknapte **Max Linder Panorama**. Het Place de Clichy is het laatste bolwerk in Parijs van het filmdistributiebedrijf Pathé en op de rechteroever is in het winkelcentrum van de Forum des Halles pas een nieuwe bioscoop geopend. Behalve het halfronde scherm in **La Géode** is er geen groter bioscoopscherm in Frankrijk dan dat van **Gaumont** bij het Place d'Italie.

Op de linkeroever is Odéon-St-Germain-des-Prés het Quartier Latin opgevolgd als belangrijkste plaats voor vertoning van films uit het alternatieve circuit.

Het dak van de 2800 zitplaatsen tellende bioscoop Le Grand Rex

Sport

In Parijs vindt een aantal sportevenementen plaats die internationaal veel belangstelling trekken. Als de Tour de France in juli zijn finish op de Champs-Elysées beleeft, is de hele stad in rep en roer. Van eind mei tot midden juni is Parijs in de ban van tennis, want dan vindt de French Open op **Roland Garros** plaats. Op de eerste zondag van oktober kunt u tijdens de Prix de l'Arc de Triomphe, gehouden op het **Hippodrome de Longchamp**, van paardesport op het hoogste niveau genieten.

In het **Palais Omnisports de Paris-Bercy** worden allerlei verschillende evenementen gehouden. Het **Parc des Princes** is de thuishaven voor het beste voetbalelftal van Parijs, Paris St-Germain.

De beroemde cafés van Parijs

Een van de hardnekkigste beelden die Parijs oproept, is dat van de cafés op de linkeroever waar kunstenaars, schrijvers en intellectuelen elkaar treffen. Voor de Eerste Wereldoorlog zaten tal van Russische revolutionairen, onder wie Lenin en Trotski, in de Rotonde en de Dôme op Montparnasse. Later arriveerden de Amerikaanse schrijvers, met Ernest Hemingway en Scott Fitzgerald – zij frequenteerden La Coupole. Na de Tweede Wereldoorlog verschoof het brandpunt van het culturele leven door toedoen van Jean-Paul Sartre en andere existentialisten naar St-Germain.

De Parijzenaar leest zijn krant op het terras

ADRESSEN

PLAATSEN BESPREKEN

FNAC
Av des Ternes 26-30, 75017. **Kaart** 2 D3.
01-44091800.
Forum Les Halles, Rue Pierre Lescot 1-7, 75001. **Kaart** 9 A4.
01-40414000.

Kiosque Théâtre
Pl de la Madeleine 15, 75008.
Kaart 7 C1.

Virgin Megastore
Av des Champs-Elysées 52-60, 75008.
Kaart 2 F5.
01-49535000.

THEATER

Au Bec Fin
Rue Thérèse 6, 75001.
Kaart 8 E1.
01-42962935.

Comédie des Champs-Elysées
Av Montaigne 15, 75008.
Kaart 6 F1.
01-53239919.

Comédie Française
Place de Colette, 75001.
Kaart 8 E1.
01-44581515.

Odéon Théâtre de l'Europe
Place de l'Odéon, 75006.
Kaart 8 F5.
01-44413636.

Palais Royal
Rue Montpensier 38, 75001.
Kaart 8 E1.
01-42975981.

Théâtre d'Edgar
Bd Edgar-Quinet 58, 75014.
Kaart 12 D2.
01-42799797.

Théâtre National de Chaillot
Pl du Trocadéro 1, 75016.
Kaart 5 C2.
01-53653000.

Théâtre National de la Colline
Rue Malte-Brun 15, 75020.
01-44625252.

KLASSIEKE MUZIEK

Auditorium du Chalet
(Auditorium des Halles) Forum des Halles, Porte St-Eustache. **Kaart** 9 A2.
01-42282840.

Cité de la Musique
Av Jean-Jaurès 221, 75019.
01-44844484.

Opéra Comique
(Salle Favart) Rue Favart 5, 75002. **Kaart** 4 F5.
01-42444546.

Opéra de Paris Bastille
Rue de Lyon 120, 75012.
Kaart 10 E4.
01-44731399.

Salle Gaveau
Rue la Boétie 45, 75008.
Kaart 3 B4.
01-49530507.

Salle Pleyel
Rue du Faubourg-St-Honoré 252, 75008.
Kaart 2 E3.
01-45615300.

Théâtre des Champs-Elysées
Av Montaigne 15, 75008.
Kaart 6 F1.
01-49525050.

Théâtre de la Ville
Pl du Châtelet 2, 75004.
Kaart 9 A3.
01-42742277.

DANS

Maison des Arts de Créteil
Pl Salvador Allende 94000 Créteil.
01-45131919.

Opéra Garnier
Pl de l'Opera 75009.
Kaart 4 E5.
01-40011789.

Théâtre de la Ville
(Zie klassieke muziek)

NACHTCLUBS EN CABARET

Les Bains
Rue du Bourg-L'Abbé 7, 75003. **Kaart** 9 B1.
01-48870180.

Balajo
Rue de Lappe 9, 75011.
Kaart 10 E4.
01-47000787.

Folies-Bergères
Rue Richer 32, 75009.
01-44799898.

Folies Pigalle
Pl Pigalle 11, 75009.
Kaart 4 E2.
01-48782556.

La Java
Rue du Faubourg-du-Temple 105, 75010.
01-42022052.

La Locomotive
Bd de Clichy 90, 75018,
Kaart 4 D1.
01-53418888.

Lido
Av des Champs-Elysées 116 bis, 75008.
Kaart 2 E4.
01-40765610.

Moulin Rouge
Bd de Clichy 82, 75018.
Kaart 4 E1.
01-46060019.

Paradis Latin
Rue du Cardinal-Lemoine 28, 75005. **Kaart** 9 B5.
01-43252828.

POP, JAZZ EN WORLDMUSIC

Chapelle des Lombards
Rue de Lappe 19, 75011.
Kaart 10 F4.
01-43572424.

La Cigale
Bd Rochechouart 120, 75018. **Kaart** 4 F2.
01-42231515.

Elysée-Montmartre
Bd Rochechouart 72, 75018.**Kaart** 4 F2.
01-44924545.

New Morning
Rue des Petites-Ecuries 7-9, 75010.
01-45235141.

Olympia
Bd des Capucines 28, 75009. **Kaart** 4 D5.
01-47422549.

Palais Omnisports de Paris-Bercy
Bd de Bercy 8, 75012.
Kaart 14 F2.
01-43461221.

Le Petit Journal St-Michel
Bd St-Michel 71, 75005. **Kaart** 12 F1.
01-43262859.

Zénith
Av de Jean-Jaurès 211, 75019.
01-42086000.

BIOSCOPEN

Gaumont Gobelins
Av des Gobelins 58 & 73, 75013. **Kaart** 13 B4.
01-47075588.

La Géode
Av Corentin-Cariou 26, 75019.
01-40058000.

Le Grand Rex
Bd Poissonnière 1, 75002.
01-42368393.

Max Linder Panorama
Bd Poissonnière 24, 75009.
01-48248888.

SPORT

Hippodrome de Longchamp
Bois de Boulogne 75016.
01-44307500.

Palais Omnisports de Paris-Bercy
(Zie pop, jazz en world music)

Parc des Princes
Rue du Commandant-Guilbaud 24, 75016.
01-42880276.

Stade Roland Garros
Av Gordon-Bennett 2, 75016.
01-47434800.

PLATTEGROND PARIJS

De verwijzingen naar de kaarten bij alle bezienswaardigheden, winkels en uitgaansgelegenheden die in het hoofdstuk over Parijs in dit boek zijn gegeven, hebben betrekking op de kaarten in dit hoofdstuk *(zie* Verwijzing naar de kaarten *hiernaast)*. Ook in de beschrijving van Parijse hotels *(blz. 540-544)* en restaurants *(blz. 580-584)* en in *Tips voor de reiziger* en *Wegwijs in Frankrijk* wordt naar de Plattegrond verwezen. Op de kaarten staan niet alleen de belangrijkste toeristische trekpleisters, maar ook de wijken waar u veel hotels, restaurants, winkels en vermaakcentra vindt. De overzichtskaart hieronder geeft aan, welke delen van Parijs op de kaarten te vinden zijn.

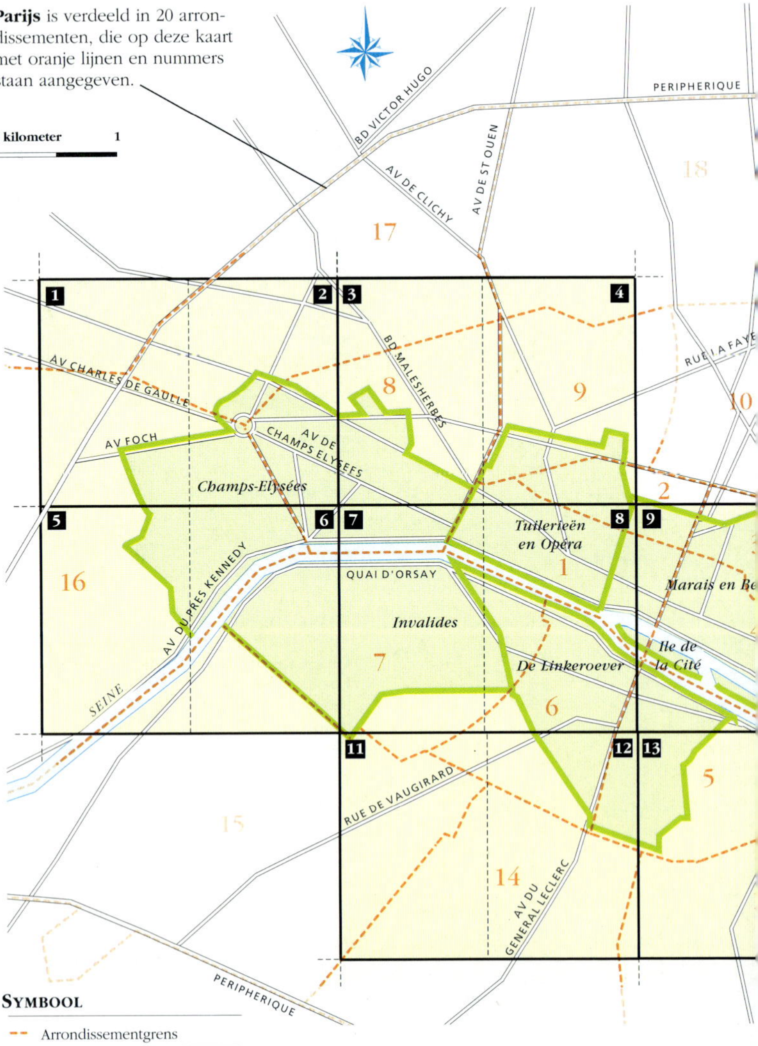

SYMBOOL

- - - Arrondissementgrens

Verwijzing naar de kaarten

Het eerste getal geeft aan op welke *kaart* u moet kijken

Hôtel de Ville ⑩

Place de l'Hôtel-de-Ville 75004.
Kaart 9 B3. ☎ *42 76 50 49.* Ⓜ *Hôtel-de-Ville.* ***Open*** *ma 10.30 uur voor rondleidingen in het Frans, vertrek van het info-kantoor, Rue de Rivoli.* ***Gesloten*** *feestdagen, tijdens officiële diensten* ♿

De letter en het cijfer verwijzen naar de vakjes. Letters staan aan de boven- en onderkant, cijfers aan de zijkanten.

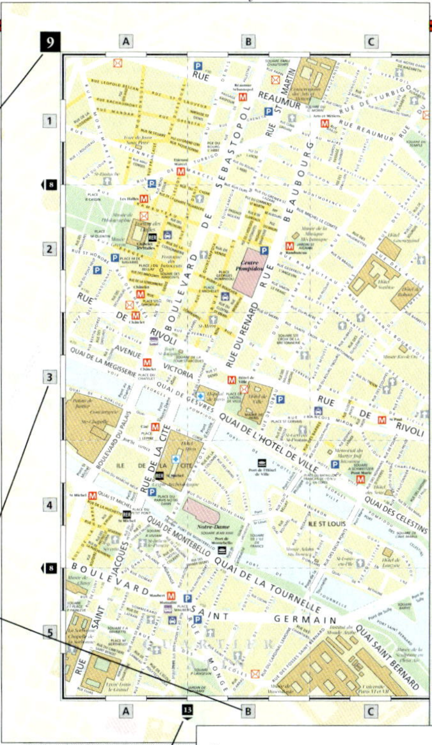

De kaart loopt door op bladzijde 13 van de *Plattegrond*.

Symbolen plattegrond

- Belangrijke bezienswaardigheid
- Bezienswaardigheid
- Gebouw
- Metrostation
- RER-station
- Belangrijke bushalte
- Inschepen voor boottocht
- Belangrijke parkeerplaats
- VVV
- Ziekenhuis met eerste hulp
- Politiebureau
- Kerk
- Synagoge
- Postkantoor
- Spoorlijn
- Snelweg
- Eenrichtingsverkeer
- Voetgangersgebied
- «130 Huisnummer (hoofdstraat)

Schaal kaarten

0 meter 200

1:12.000

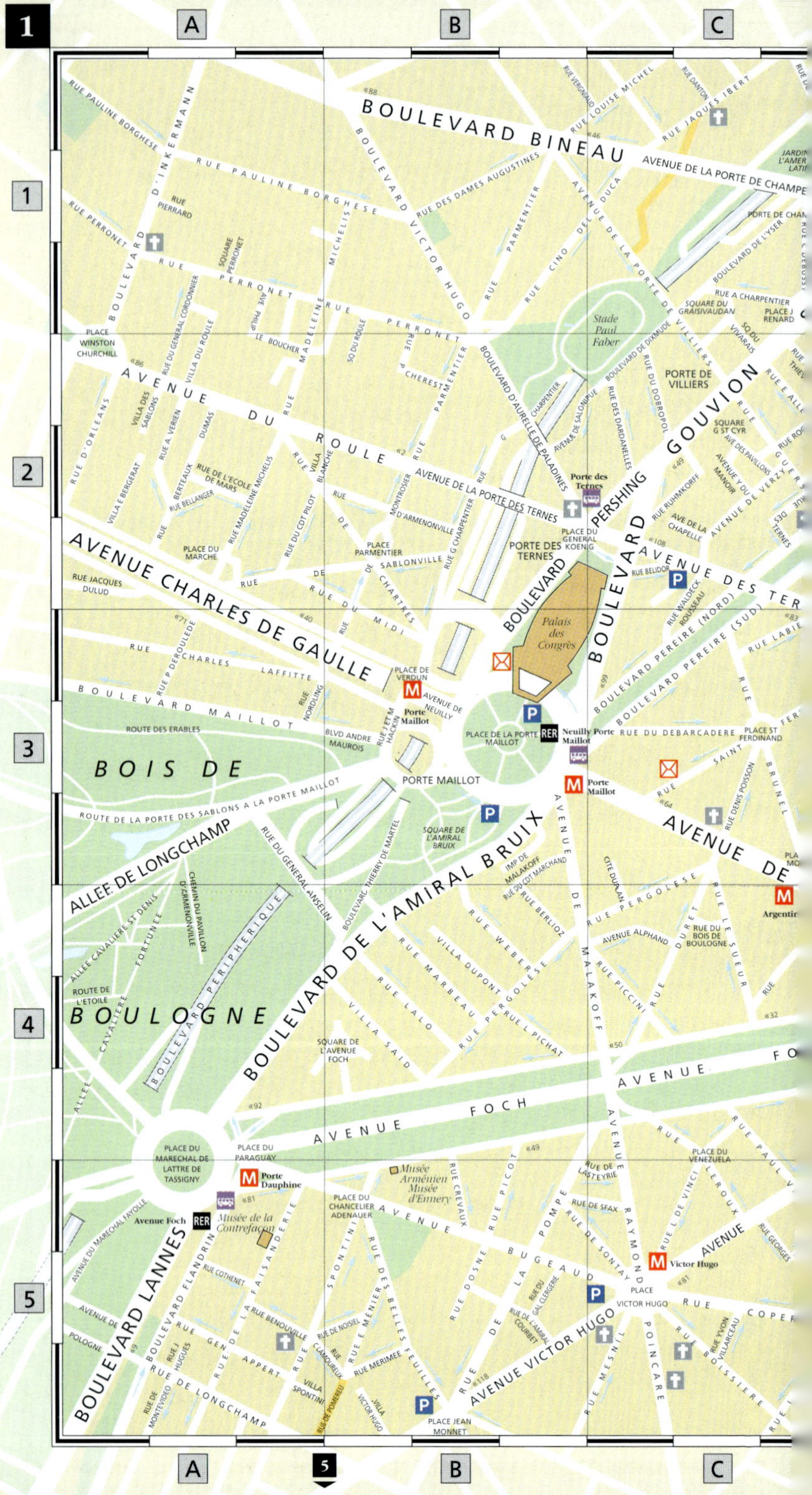
1
A
B
C
BOULEVARD BINEAU
AVENUE DE LA PORTE DE CHAMPERRET
RUE PAULINE BORGHESE
RUE PERRONET
RUE D'INKERMANN
RUE PIERRARD
SQUARE PERRONET
RUE DES DAMES AUGUSTINES
BOULEVARD VICTOR HUGO
RUE PARMENTIER
RUE CINO DEL DUCA
AVENUE DE LA PORTE DE VILLIERS
RUE LOUISE MICHEL
RUE JACQUES IBERT
RUE A CHARPENTIER
SQUARE DU GRAISIVAUDAN
PLACE J RENARD
Stade Paul Faber
PORTE DE VILLIERS
BOULEVARD D'AURELLE DE PALADINES
PLACE WINSTON CHURCHILL
AVENUE DU ROULE
AVENUE DE LA PORTE DES TERNES
RUE D'ORLEANS
VILLA DES SABLONS
RUE A VERIEN
RUE DUMAS
RUE BERTEAUX
RUE DE L'ECOLE DE MARS
RUE MADELEINE MICHELIS
RUE DU CDT PILOT
RUE BELLANGER
PLACE DU MARCHE
RUE JACQUES DULUD
VILLA E BERGERAT
PLACE PARMENTIER
RUE DE SABLONVILLE
RUE D'ARMENONVILLE
RUE DE CHARTRES
RUE DU MIDI
Porte des Ternes
PORTE DES TERNES
PLACE DU GENERAL KOENIG
BOULEVARD GOUVION
PERSHING
AVENUE DES TERNES
RUE BELIDOR
SQUARE G ST CYR
AVE DE LA CHAPELLE
RUE RUHMKORFF
AVENUE CHARLES DE GAULLE
RUE CHARLES LAFFITTE
BOULEVARD MAILLOT
PLACE DE VERDUN
AVENUE DE NEUILLY
Porte Maillot
Palais des Congrès
BOULEVARD PEREIRE (NORD)
BOULEVARD PEREIRE (SUD)
PLACE DE LA PORTE MAILLOT
RER
Neuilly Porte Maillot
RUE DU DEBARCADERE
PLACE ST FERDINAND
ROUTE DES ERABLES
BLVD ANDRE MAUROIS
BOIS DE
BOULOGNE
PORTE MAILLOT
ROUTE DE LA PORTE DES SABLONS A LA PORTE MAILLOT
ALLEE DE LONGCHAMP
RUE DU GENERAL ANSELIN
SQUARE DE L'AMIRAL BRUIX
BOULEVARD DE L'AMIRAL BRUIX
BOULEVARD THIERRY DE MARTEL
AVENUE DE MALAKOFF
AVENUE DE LA GRANDE ARMEE
RUE PERGOLESE
RUE DU BOIS DE BOULOGNE
Argentine
CHEMIN DU PAVILLON D'ARMENONVILLE
BOULEVARD PERIPHERIQUE
ALLEE CAVALIERE ST DENIS
ROUTE DE L'ETOILE
RUE MARBEAU
VILLA DUPONT
RUE WEBER
RUE LALO
VILLA SAID
RUE PICCINI
RUE DURET
RUE LE SUEUR
SQUARE DE L'AVENUE FOCH
AVENUE FOCH
PLACE DU MARECHAL DE LATTRE DE TASSIGNY
PLACE DU PARAGUAY
Porte Dauphine
Musée Arménien
Musée d'Ennery
Avenue Foch
Musée de la Contrefaçon
PLACE DU CHANCELIER ADENAUER
AVENUE BUGEAUD
RUE PICOT
RUE DE LA POMPE
AVENUE RAYMOND POINCARE
PLACE DU VENEZUELA
RUE LEROUX
Victor Hugo
PLACE VICTOR HUGO
RUE COPERNIC
AVENUE VICTOR HUGO
RUE BOISSIERE
BOULEVARD LANNES
BOULEVARD FLANDRIN
RUE DE LA FAISANDERIE
RUE SPONTINI
RUE DES BELLES FEUILLES
RUE DE LONGCHAMP
RUE GEN APPERT
RUE COTHENET
RUE MERIMEE
VILLA SPONTINI
PLACE JEAN MONNET
RUE DE POMEREU
VILLA VICTOR HUGO
AVENUE DU MARECHAL FAYOLLE
AVENUE DE POLOGNE
RUE DE MONTEVIDEO
RUE MESNIL
5

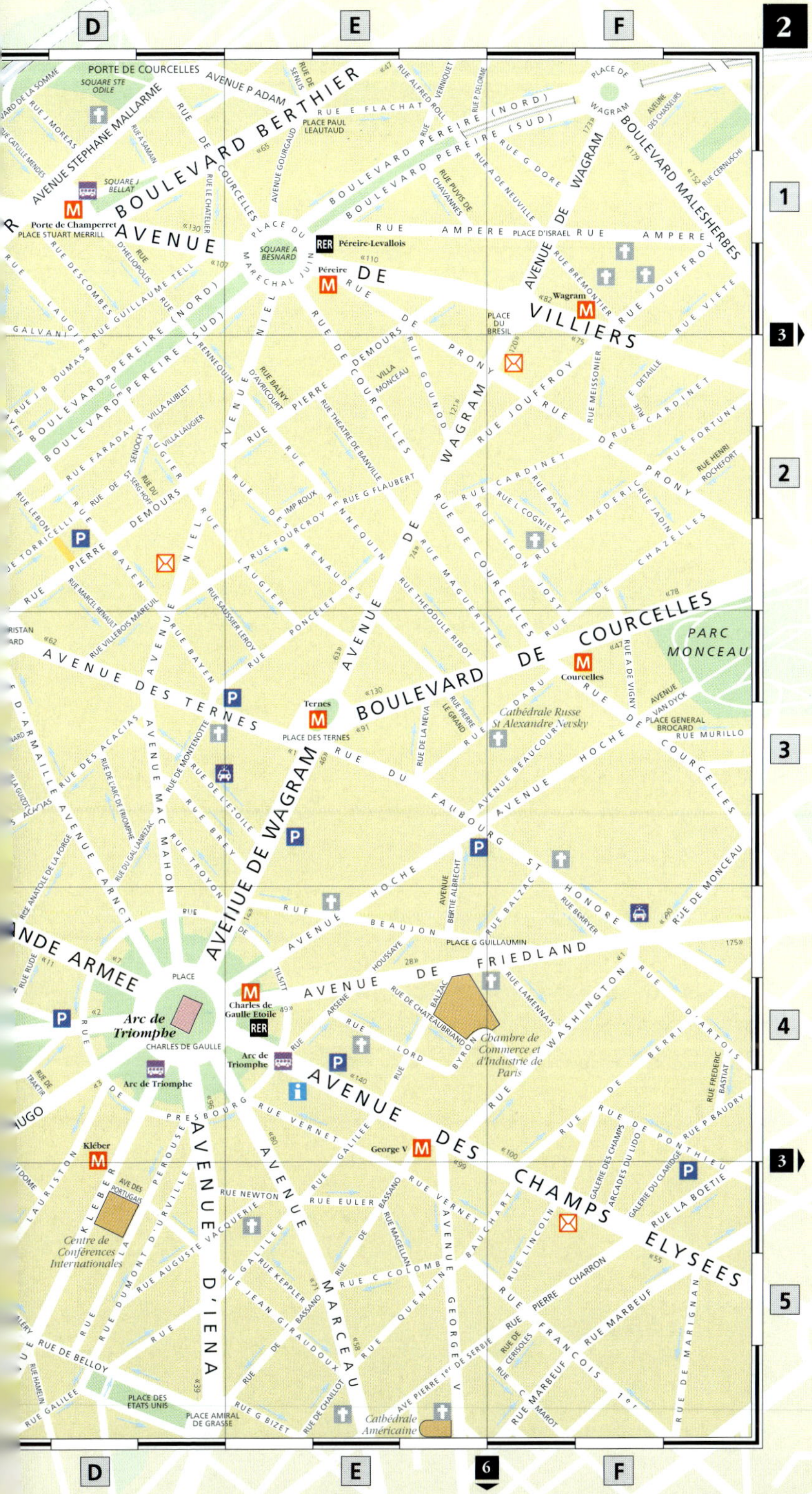
2
D
E
F
1
2
3
4
5
6
PORTE DE COURCELLES
SQUARE STE ODILE
AVENUE STEPHANE MALLARME
BOULEVARD BERTHIER
AVENUE P ADAM
RUE E FLACHAT
PLACE PAUL LEAUTAUD
BOULEVARD PEREIRE (NORD)
BOULEVARD PEREIRE (SUD)
PLACE DE WAGRAM
BOULEVARD MALESHERBES
SQUARE J BELLAT
Porte de Champerret
PLACE STUART MERRILL
AVENUE DE VILLIERS
PLACE DU MARECHAL JUIN
SQUARE A BESNARD
RER
Péreire-Levallois
Péreire
RUE AMPERE
PLACE D'ISRAEL
AVENUE DE WAGRAM
Wagram
PLACE DU BRESIL
RUE DE PRONY
RUE JOUFFROY
RUE DE COURCELLES
RUE DEMOURS
RUE PIERRE DEMOURS
AVENUE NIEL
RUE CARDINET
RUE FORTUNY
RUE HENRI ROCHEFORT
RUE DE CHAZELLES
RUE MEDERIC
RUE JADIN
RUE LEON JOST
RUE MARGUERITTE
RUE THEODULE RIBOT
RUE DES RENAUDES
RUE FOURCROY
RUE G FLAUBERT
RUE RENNEQUIN
RUE LAUGIER
RUE BAYEN
RUE PONCELET
RUE SAUSSIER LEROY
BOULEVARD DE COURCELLES
PARC MONCEAU
Courcelles
AVENUE VAN DYCK
PLACE GENERAL BROCARD
RUE MURILLO
AVENUE DES TERNES
Ternes
PLACE DES TERNES
RUE DU FAUBOURG ST HONORE
Cathédrale Russe St Alexandre Nevsky
RUE DARU
AVENUE HOCHE
AVENUE BEAUCOUR
AVENUE MAC MAHON
AVENUE CARNOT
AVENUE DES ACACIAS
AVENUE DE LA GRANDE ARMEE
RUE DE L'ETOILE
RUE BREY
RUE TROYON
RUE DE MONTENOTTE
RUE BEAUJON
PLACE G GUILLAUMIN
AVENUE DE FRIEDLAND
RUE WASHINGTON
RUE D'ARTOIS
RUE DE BERRI
RUE BALZAC
RUE LORD BYRON
RUE DE CHATEAUBRIAND
RUE LAMENNAIS
Chambre de Commerce et d'Industrie de Paris
RUE FREDERIC BASTIAT
RUE DE MONCEAU
RUE P BAUDRY
PLACE CHARLES DE GAULLE
Arc de Triomphe
Charles de Gaulle Etoile
Arc de Triomphe
RUE DE TILSITT
RUE ARSENE HOUSSAYE
AVENUE DES CHAMPS ELYSEES
RUE DE PRESBOURG
RUE VERNET
RUE GALILEE
George V
Kléber
AVENUE KLEBER
AVENUE D'IENA
AVENUE MARCEAU
AVENUE GEORGE V
RUE DE BASSANO
RUE MAGELLAN
RUE EULER
RUE NEWTON
RUE LA PEROUSE
RUE DUMONT D'URVILLE
RUE AUGUSTE VACQUERIE
RUE LAURISTON
AVE DES PORTUGAIS
Centre de Conférences Internationales
RUE DE BELLOY
RUE HAMELIN
RUE GALILEE
PLACE DES ETATS UNIS
PLACE AMIRAL DE GRASSE
RUE G BIZET
RUE DE CHAILLOT
RUE KEPPLER
RUE JEAN GIRAUDOUX
RUE QUENTIN BAUCHART
RUE C COLOMB
RUE LINCOLN
RUE DE PONTHIEU
RUE LA BOETIE
GALERIE DU CLARIDGE
ARCADES DU LIDO
GALERIE DES CHAMPS
RUE PIERRE CHARRON
RUE FRANCOIS 1er
RUE MARBEUF
RUE DE MARIGNAN
RUE DE CERISOLES
RUE C MAROT
AVE PIERRE 1er DE SERBIE
Cathédrale Américaine

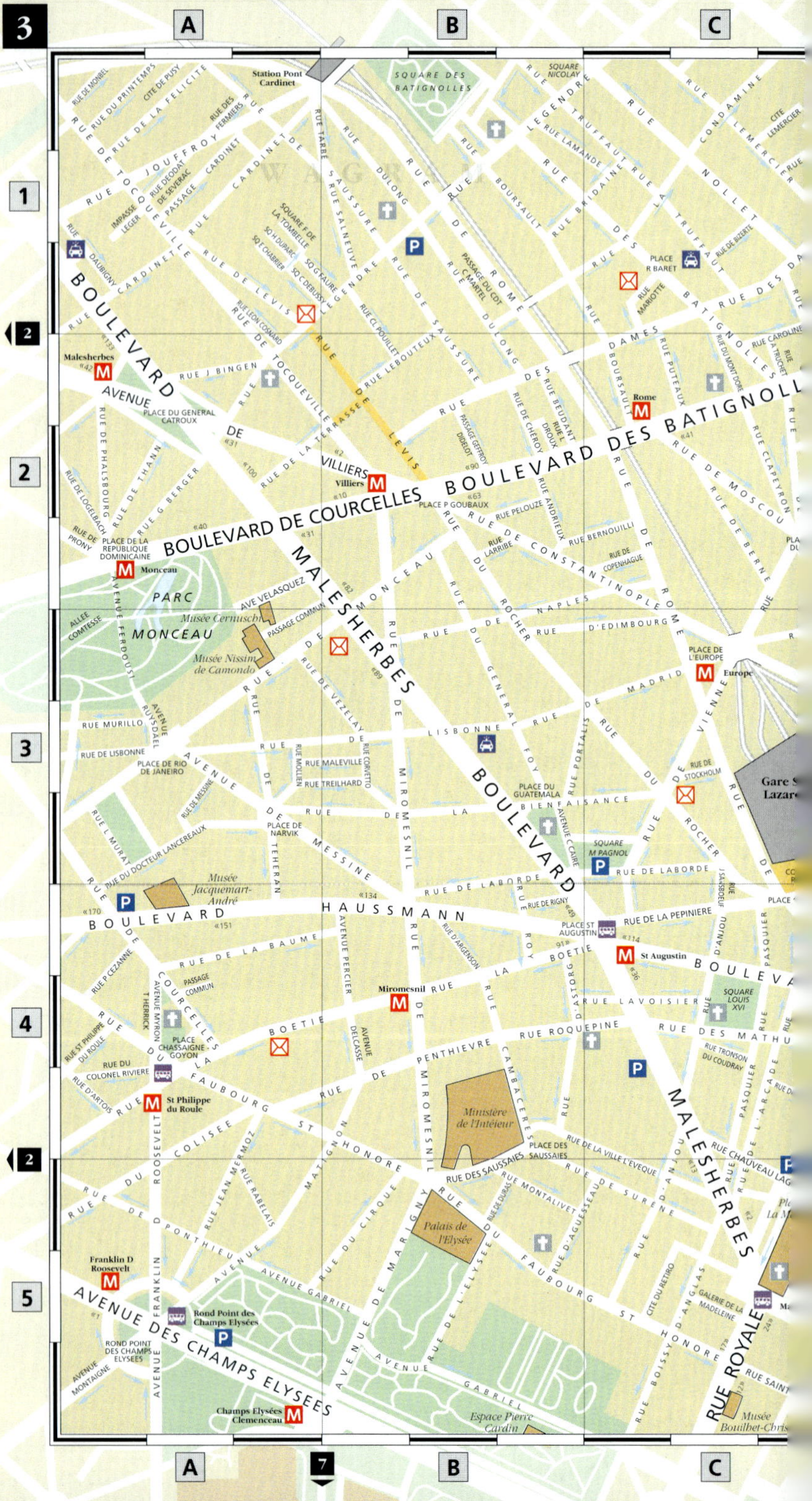
3
A
B
C
1
2
3
4
5
2
2
7
Station Pont Cardinet
SQUARE DES BATIGNOLLES
SQUARE NICOLAY
WAGRAM
RUE DE MONBEL
RUE DU PRINTEMPS
CITE DE PUSY
RUE DE LA FELICITE
RUE DES FERMIERS
RUE JOUFFROY
RUE DEODAT DE SEVERAC
PASSAGE CARDINET
IMPASSE LEGER
RUE DE TOCQUEVILLE
RUE CARDINET
RUE DAUBIGNY
RUE TARBE
RUE SAUSSURE
RUE SALNEUVE
RUE DULONG
SQUARE F DE LA TOMBELLE
SQ H DUPARC
SQ E CHABRIER
SQ G FAURE
SQ C DEBUSSY
RUE LEGENDRE
RUE DE LEVIS
RUE LEON COSNARD
RUE CL POUILLET
RUE LEBOUTEUX
RUE DE SAUSSURE
RUE DE ROME
PASSAGE DU COT C MARTEL
RUE BOURSAULT
RUE LAMANDE
RUE TRUFFAUT
RUE BRIDAINE
RUE DES DAMES
PLACE R BARET
RUE MARIOTTE
RUE DE BIZERTE
RUE DES BATIGNOLLES
RUE CONDAMINE
RUE LEMERCIER
CITE LEMERCIER
RUE NOLLET
RUE CAROLINE
RUE TRUCHET
RUE DU MONT DORE
RUE PUTEAUX
Rome
BOULEVARD DES BATIGNOLLES
RUE CLAPEYRON
RUE DE MOSCOU
RUE DE BERNE
Malesherbes
BOULEVARD
AVENUE DE VILLIERS
RUE J BINGEN
PLACE DU GENERAL CATROUX
RUE DE LA TERRASSE
RUE DE PHALSBOURG
RUE DE LOGELBACH
RUE DE THANN
RUE G BERGER
RUE DE PRONY
PLACE DE LA REPUBLIQUE DOMINICAINE
Monceau
VILLIERS
Villiers
PASSAGE GEFFROY DIDELOT
RUE DE CHEROY
RUE BEUDANT
RUE DROUX
RUE ANDRIEUX
PLACE P GOUBAUX
BOULEVARD DE COURCELLES
RUE PELOUZE
RUE LARRIBE
RUE DE CONSTANTINOPLE
RUE BERNOUILLI
RUE DE COPENHAGUE
PARC MONCEAU
ALLEE COMTESSE
AVENUE FERDOUSI
AVE VELASQUEZ
Musée Cernuschi
PASSAGE COMMUN
Musée Nissim de Camondo
RUE DE MONCEAU
MALESHERBES
RUE DU ROCHER
RUE DE NAPLES
RUE D'EDIMBOURG
PLACE DE L'EUROPE
Europe
RUE DE MADRID
RUE DE VIENNE
RUE DE VEZELAY
RUE MURILLO
AVENUE RUYSDAEL
RUE DE LISBONNE
PLACE DE RIO DE JANEIRO
RUE MOLLIEN
RUE MALEVILLE
RUE CORVETTO
RUE TREILHARD
RUE DU GENERAL FOY
RUE PORTALIS
RUE DE STOCKHOLM
Gare St Lazare
RUE DE MESSINE
AVENUE DE MESSINE
PLACE DE NARVIK
RUE DE TEHERAN
RUE MIROMESNIL
RUE DE LA BIENFAISANCE
PLACE DU GUATEMALA
AVENUE CAIRE
SQUARE M PAGNOL
RUE DE LABORDE
RUE L MURAT
RUE DU DOCTEUR LANCEREAUX
Musée Jacquemart-André
BOULEVARD HAUSSMANN
RUE DE RIGNY
PLACE ST AUGUSTIN
RUE DE LA PEPINIERE
St Augustin
RUE D'ANJOU
RUE PASQUIER
RUE DE LA BAUME
RUE P CEZANNE
AVENUE PERCIER
RUE D'ARGENSON
RUE ROY
RUE LA BOETIE
RUE D'ASTORG
RUE LAVOISIER
SQUARE LOUIS XVI
PASSAGE COMMUN
AVENUE MYRON T HERRICK
RUE DE COURCELLES
Miromesnil
RUE DES MATHURINS
RUE ST PHILIPPE DU ROULE
PLACE CHASSAIGNE GOYON
AVENUE DELCASSE
RUE DE PENTHIEVRE
RUE ROQUEPINE
RUE CAMBACERES
RUE TRONSON DU COUDRAY
RUE DU COLONEL RIVIERE
RUE D'ARTOIS
RUE DU FAUBOURG ST HONORE
St Philippe du Roule
Ministère de l'Intérieur
RUE DE L'ARCADE
RUE COLISEE
RUE JEAN MERMOZ
RUE RABELAIS
AVENUE MATIGNON
PLACE DES SAUSSAIES
RUE DES SAUSSAIES
RUE DE LA VILLE L'EVEQUE
RUE CHAUVEAU LAGARDE
RUE DE PONTHIEU
AVENUE FRANKLIN D ROOSEVELT
RUE DU CIRQUE
RUE MONTALIVET
RUE DE DURAS
RUE DE SURENE
Palais de l'Elysée
RUE D'AGUESSEAU
Franklin D Roosevelt
AVENUE GABRIEL
AVENUE DE MARIGNY
AVENUE DE L'ELYSEE
RUE DU FAUBOURG ST HONORE
CITE DU RETIRO
GALERIE DE LA MADELEINE
RUE BOISSY D'ANGLAS
RUE ROYALE
RUE SAINT
AVENUE DES CHAMPS ELYSEES
Rond Point des Champs Elysées
ROND POINT DES CHAMPS ELYSEES
AVENUE MONTAIGNE
Champs Elysées Clemenceau
Espace Pierre Cardin
Musée Bouilhet-Christofle

4
D
E
F
1
2
3
4
5
8
CIMETIERE DE MONTMARTRE
RUE CAULAINCOURT
RUE LEPIC
RUE DE L'ARMEE D'ORIENT
RUE NORVINS
RUE ST RUSTIQUE
St-Pierre de Montmartre
PLACE ST-PIERRE
Sacré-Cœur
PLACE DU CALVAIRE
PLACE DU TERTRE
RUE AZAIS
SQUARE NADAR
Bateau-Lavoir
RUE GABRIELLE
RUE BERTHE
RUE DES TROIS FRERES
RUE JOSEPH DE MAISTRE
RUE THOLOZE
RUE DURANTIN
RUE CAVALLOTTI
RUE CAPRON
RUE FOREST
AVENUE RACHEL
RUE GANNERON
PASSAGE DE CLICHY
Moulin Rouge
Blanche
PLACE BLANCHE
Abbesses
RUE DES ABBESSES
PLACE DES ABBESSES
SQUARE J RICTUS
RUE YVONNE LE TAC
RUE TARDIEU
RUE VERON
RUE GERMAIN PILON
RUE ANDRE ANTOINE
RUE HOUDON
BOULEVARD DE CLICHY
Place de Clichy
RUE DE DOUAI
RUE DUPERRÉ
Pigalle
PLACE PIGALLE
BOULEVARD DE ROCHECHOUART
RUE D'ORSEL
PLACE C DULLIN
RUE MANSART
RUE BLANCHE
SQUARE BERLIOZ
RUE DE CALAIS
RUE DE VINTIMILLE
RUE BALLU
RUE DE PARME
RUE CARD MERCIER
C MONTHIERS
RUE J LEFEBVRE
SQUARE MONCEY
RUE MONCEY
RUE D'AMSTERDAM
RUE DE CLICHY
Musée de la Vie Romantique
RUE CHAPTAL
CITE PIGALLE
RUE P ESCUDIER
RUE FONTAINE
RUE PIGALLE
RUE FROCHOT
AVENUE FROCHOT
RUE A STEVENS
CITE MALESHERBES
RUE VICTOR MASSE
AVENUE TRUDAINE
RUE CONDORCET
RUE DES MARTYRS
RUE DE NAVARIN
RUE DE LA TOUR D'AUVERGNE
RUE H MONNIER
RUE LAFERRIERE
RUE CLAUZEL
RUE DE LIEGE
Liège
RUE DE MILAN
RUE D'ATHENES
PLACE DE BUDAPEST
RUE DE LA BRUYERE
RUE DE LA ROCHEFOUCAULD
RUE NOTRE DAME DE LORETTE
St Georges
RUE D'AUMALE
RUE DE LA TOUR DES DAMES
Musée Gustave Moreau
RUE MANUEL
RUE DE L'AGENT BAILLY
RUE RODIER
RUE CHORON
RUE HIPPOLYTE LEBAS
RUE DE MAUBEUGE
RUE DE LONDRES
Direction Générale SNCF
SQUARE DE LA TRINITÉ
Trinité
PLACE D'ESTIENNE D'ORVES
RUE ST LAZARE
RUE LAMARTINE
Carrefour de Châteaudun
RUE DE CHATEAUDUN
Notre Dame de Lorette
RUE DE LA VICTOIRE
Le Peletier
RUE TAITBOUT
RUE CAUMARTIN
RUE JOUBERT
RUE DE PROVENCE
RUE LA FAYETTE
RUE DU FAUBOURG MONTMARTRE
RUE CADET
RUE DROUOT
RUE DE LA CHAUSSÉE D'ANTIN
CITE D'ANTIN
Havre Caumartin
BOULEVARD HAUSSMANN
Chaussée d'Antin
RUE DES MATHURINS
PLACE DIAGHILEV
RUE PILLET WILL
RUE ROSSINI
RUE DE LA GRANGE BATELIERE
PASSAGE VERDEAU
PASSAGE JOUFFROY
Auber
RER
RUE BOUDREAU
RUE AUBER
RUE SCRIBE
Opéra Garnier
RUE HALEVY
RUE MEYERBEER
RUE DU HELDER
RUE GLUCK
Richelieu Drouot
BLVD MONTMARTRE
Musée Grévin
Rue Montmartre
BOULEVARD DES ITALIENS
BOULEVARD DES CAPUCINES
Opéra
PLACE DE L'OPERA
RUE D'AMBOISE
RUE FAVART
RUE DE MARIVAUX
PLACE BOIELDIEU
RUE GRETRY
RUE DE RICHELIEU
RUE VIVIENNE
GALERIE MONTMARTRE
PGE DES PANORAMAS
RUE ST MARC
Olympia
RUE DE SEZE
RUE VOLNEY
RUE DE LA PAIX
RUE DAUNOU
RUE DE HANOVRE
RUE DU QUATRE SEPTEMBRE
Quatre Septembre
RUE MENARS
RUE DE LA BOURSE
PLACE DE LA BOURSE
Bourse
Bourse des Valeurs
RUE FEYDEAU
RUE DES VICTOIRES
RUE DES FILLES ST THOMAS
RUE ST AUGUSTIN
PLACE GAILLON
RUE DE LOUVOIS
RUE RAMEAU
RUE CHERUBINI
RUE COLBERT
Bibliothèque Nationale
RUE REAUMUR
RUE PAUL LELONG
RUE DE LA BANQUE
RUE DES CAPUCINES
RUE DANIELLE CASANOVA
RUE DE LA PAIX
RUE LOUIS LE GRAND
PLACE VENDOME
Ministère de la Justice
RUE CAMBON
RUE SAINTE ANNE
RUE GAILLON
RUE DE GRAMONT
RUE DE CHOISEUL

5

A 1 B C

1 2 3 4 5

A B C

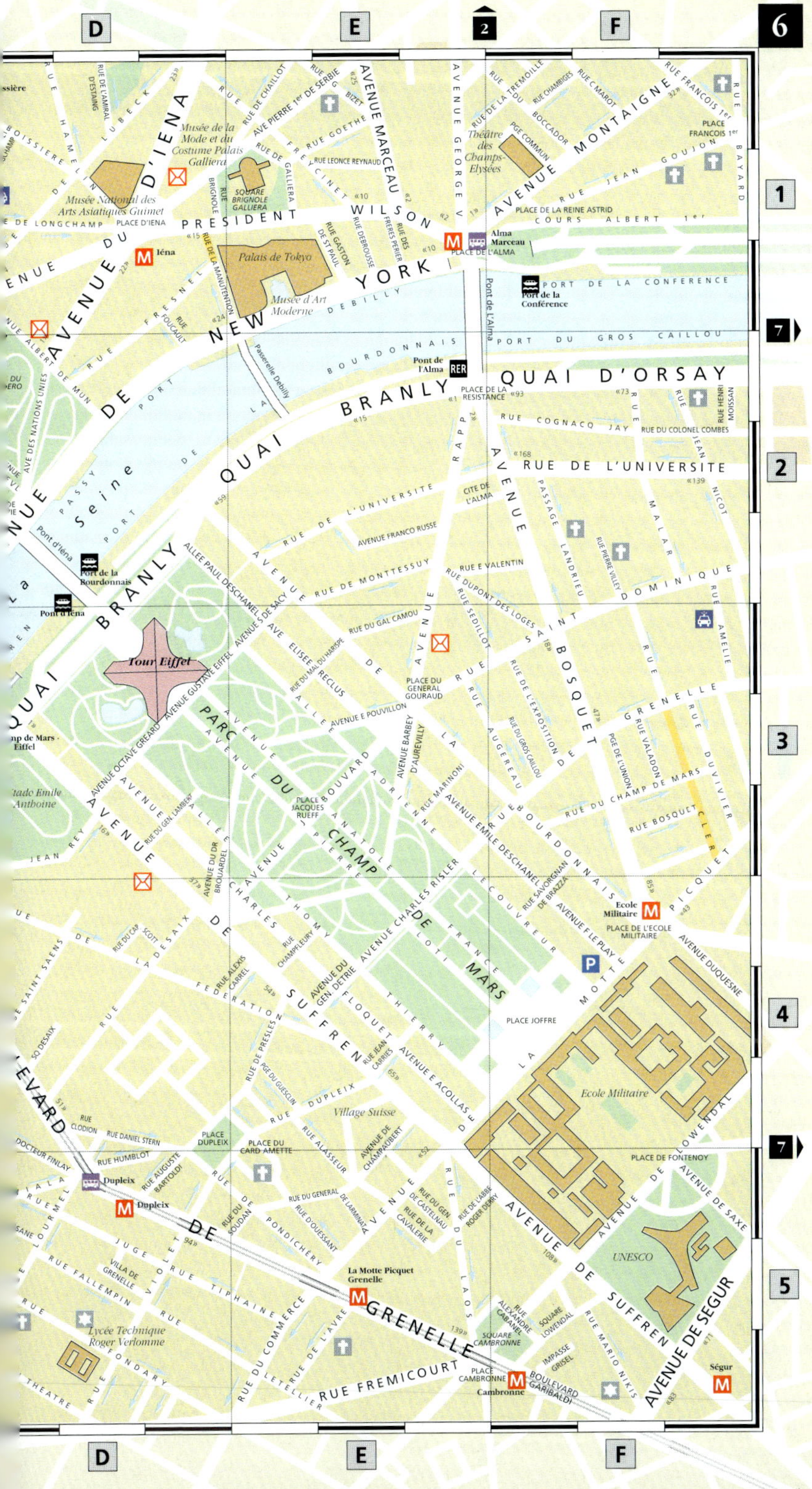
6
D
E
F
2
7
1
2
3
4
5
AVENUE DU PRESIDENT WILSON
AVENUE D'IENA
AVENUE MARCEAU
AVENUE GEORGE V
AVENUE MONTAIGNE
RUE FRANÇOIS 1er
PLACE FRANÇOIS 1er
RUE BAYARD
RUE JEAN GOUJON
COURS ALBERT 1er
PLACE DE LA REINE ASTRID
Théâtre des Champs-Elysées
RUE DE LA TREMOILLE
RUE DU BOCCADOR
RUE CHAMBIGES
RUE C MAROT
PGE COMMUN
RUE PIERRE 1er DE SERBIE
RUE DE CHAILLOT
RUE GOETHE
RUE LEONCE REYNAUD
RUE DE GALLIERA
RUE FRESNEL
RUE DE LUBECK
RUE HAMELIN
RUE DE L'AMIRAL D'ESTAING
Musée de la Mode et du Costume Palais Galliera
SQUARE BRIGNOLE GALLIERA
Musée National des Arts Asiatiques Guimet
PLACE D'IENA
AVENUE DE NEW YORK
Iéna
Palais de Tokyo
Musée d'Art Moderne
RUE DE LA MANUTENTION
RUE GASTON DE ST PAUL
RUE DEBROUSSE
RUE FRERES PERIER
Alma Marceau
PLACE DE L'ALMA
Pont de l'Alma
PORT DE LA CONFERENCE
Port de la Conférence
PORT DU GROS CAILLOU
PORT DEBILLY
Passerelle Debilly
PORT DE LA BOURDONNAIS
Pont de l'Alma
RER
PLACE DE LA RESISTANCE
QUAI D'ORSAY
QUAI BRANLY
AVENUE RAPP
RUE COGNACQ JAY
RUE DU COLONEL COMBES
RUE HENRI MOISSAN
RUE JEAN NICOT
RUE DE L'UNIVERSITE
CITE DE L'ALMA
AVENUE FRANCO RUSSE
PASSAGE LANDRIEU
RUE MALAR
RUE PIERRE VILLEY
RUE SAINT DOMINIQUE
RUE AMELIE
RUE E VALENTIN
RUE DE MONTTESSUY
RUE DUPONT DES LOGES
RUE SEDILLOT
RUE DU GAL CAMOU
AVENUE BOSQUET
PLACE DU GENERAL GOURAUD
RUE DE L'EXPOSITION
RUE DU GROS CAILLOU
RUE AUGEREAU
RUE DE GRENELLE
RUE VALADON
PGE DE L'UNION
RUE DU CHAMP DE MARS
RUE BOSQUET
RUE CLER
RUE DUVIVIER
AVENUE DE NEW YORK
AVENUE DU PRESIDENT WILSON
RUE ALBERT DE MUN
AVE DES NATIONS UNIES
Seine
Pont d'Iéna
Port de la Bourdonnais
Pont d'Iéna
PORT DE PASSY
QUAI BRANLY
Tour Eiffel
ALLEE PAUL DESCHANEL
AVENUE DE SACY
AVE ELISEE RECLUS
RUE DU MAL DU HARISPE
AVENUE E POUVILLON
AVENUE GUSTAVE EIFFEL
AVENUE OCTAVE GREARD
Champ de Mars - Eiffel
Stade Emile Anthoine
PARC DU CHAMP DE MARS
PLACE JACQUES RUEFF
AVENUE BARBEY D'AUREVILLY
RUE MARINONI
AVENUE EMILE DESCHANEL
AVENUE DE LA BOURDONNAIS
RUE SAVORGNAN DE BRAZZA
AVENUE F LE PLAY
ALLEE ADRIENNE LECOUVREUR
ALLEE LOTI
AVENUE CHARLES RISLER
AVENUE ANATOLE FRANCE
RUE DU GEN. LAMBERT
AVENUE DE SUFFREN
AVENUE DU DR BROUARDEL
AVENUE CHARLES FLOQUET
AVENUE THOMY THIERRY
AVENUE PIERRE LOTI
RUE CHAMPFLEURY
AVENUE DU GEN. DETRIE
RUE JEAN REY
RUE DESAIX
RUE DU CAP SCOTT
RUE ALEXIS CARREL
RUE DE LA FEDERATION
RUE DE PRESLES
PGE DU GUESCLIN
RUE DUPLEIX
Village Suisse
RUE JEAN CARRIES
AVENUE E ACOLLAS
AVENUE DE LA MOTTE PICQUET
Ecole Militaire
PLACE DE L'ECOLE MILITAIRE
PLACE JOFFRE
AVENUE DUQUESNE
AVENUE DE LOWENDAL
PLACE DE FONTENOY
AVENUE DE SAXE
UNESCO
AVENUE DE SUFFREN
AVENUE DE SEGUR
Ségur
SQ DESAIX
RUE CLODION
RUE DANIEL STERN
PLACE DUPLEIX
PLACE DU CARD AMETTE
RUE ALASSEUR
AVENUE DE CHAMPAUBERT
DOCTEUR FINLAY
RUE HUMBLOT
RUE AUGUSTE BARTOLDI
Dupleix
BOULEVARD DE GRENELLE
RUE DU GENERAL DE LARMINAT
RUE D'OUESSANT
RUE DE PONDICHERY
RUE DE SOUDAN
RUE DU GEN DE CASTELNAU
RUE DE LA CAVALERIE
RUE DE L'ABBE ROGER DERRY
RUE DU LAOS
RUE VIOLET
VILLA DE GRENELLE
RUE FALLEMPIN
RUE TIPHAINE
RUE JUGE
RUE DU COMMERCE
RUE DE L'AVRE
RUE LETELLIER
RUE FREMICOURT
La Motte Picquet Grenelle
Lycée Technique Roger Verlomme
RUE FONDARY
RUE DU THEATRE
RUE ALEXANDRE CABANEL
SQUARE LOWENDAL
SQUARE CAMBRONNE
IMPASSE GRISEL
RUE MARIO NIKIS
PLACE CAMBRONNE
Cambronne
BOULEVARD GARIBALDI

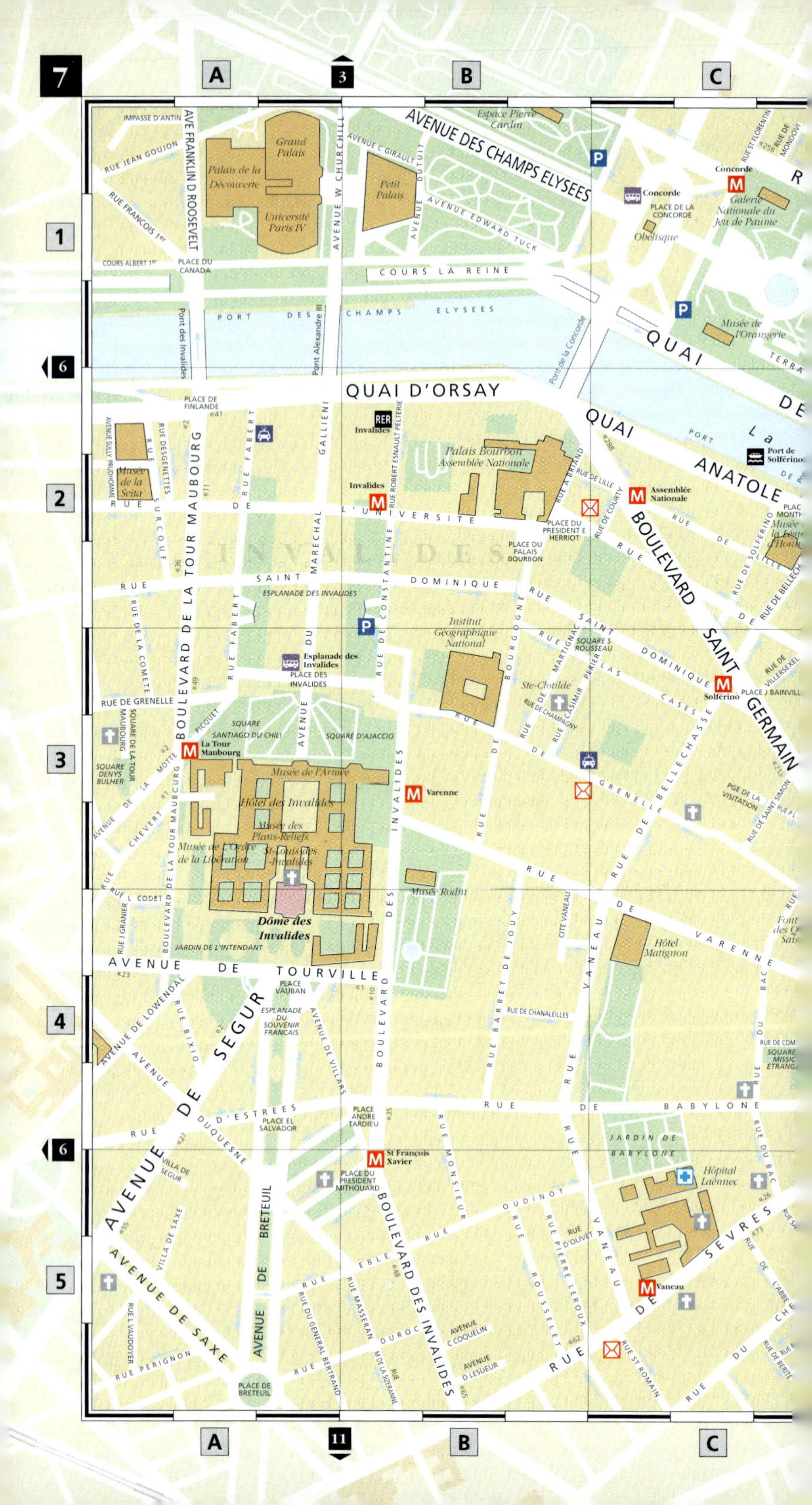
7
A
B
C
3
11
6
1
2
3
4
5
Grand Palais
Palais de la Découverte
Université Paris IV
Petit Palais
Espace Pierre Cardin
AVENUE DES CHAMPS ELYSEES
AVENUE C GIRAULT
AVENUE DUTUIT
AVENUE EDWARD TUCK
AVENUE W CHURCHILL
AVE FRANKLIN D ROOSEVELT
IMPASSE D'ANTIN
RUE JEAN GOUJON
RUE FRANÇOIS 1er
COURS ALBERT 1er
PLACE DU CANADA
COURS LA REINE
PORT DES CHAMPS ELYSEES
Pont des Invalides
Pont Alexandre III
Pont de la Concorde
Concorde
PLACE DE LA CONCORDE
Obélisque
Galerie Nationale du Jeu de Paume
Musée de l'Orangerie
QUAI
QUAI D'ORSAY
QUAI ANATOLE
La
Port de Solférino
PLACE DE FINLANDE
RER
Invalides
Palais Bourbon Assemblée Nationale
Assemblée Nationale
RUE DE L'UNIVERSITE
PLACE DU PRESIDENT E HERRIOT
PLACE DU PALAIS BOURBON
RUE A BRIAND
RUE DE LILLE
RUE DE COURTY
BOULEVARD SAINT GERMAIN
Musée de la Seita
AVENUE SULLY PRUDHOMME
RUE DESGENETTES
RUE SURCOUF
RUE FABERT
RUE ROBERT ESNAULT PELTERIE
INVALIDES
RUE SAINT DOMINIQUE
ESPLANADE DES INVALIDES
Esplanade des Invalides
PLACE DES INVALIDES
RUE DE CONSTANTINE
AVENUE DU MARECHAL GALLIENI
Institut Géographique National
RUE DE BOURGOGNE
SQUARE S ROUSSEAU
RUE MARTIGNAC
RUE LAS CASES
Ste-Clotilde
RUE DE CHAMPAGNY
RUE CASIMIR PERIER
Solférino
PLACE J BAINVILLE
RUE DE VILLERSEXEL
RUE DE BELLECHASSE
RUE DE SOLFERINO
RUE DE LA COMETE
RUE DE GRENELLE
BOULEVARD DE LA TOUR MAUBOURG
SQUARE SANTIAGO DU CHILI
SQUARE D'AJACCIO
La Tour Maubourg
SQUARE DE LA TOUR MAUBOURG
SQUARE DENYS BULHER
RUE DE LA MOTTE PICQUET
AVENUE DE LA MOTTE PICQUET
Musée de l'Armée
Hôtel des Invalides
Musée des Plans-Reliefs
Musée de l'Ordre de la Libération
St-Louis-des-Invalides
Dôme des Invalides
JARDIN DE L'INTENDANT
Varenne
Musée Rodin
PGE DE LA VISITATION
RUE DE SAINT SIMON
RUE DE VARENNE
Hôtel Matignon
RUE CHEVERT
RUE J GRANIER
RUE L CODET
AVENUE DE TOURVILLE
PLACE VAUBAN
ESPLANADE DU SOUVENIR FRANCAIS
AVENUE DE VILLARS
BOULEVARD DES INVALIDES
CITE VANEAU
RUE BARBET DE JOUY
RUE DE CHANALEILLES
RUE VANEAU
RUE DU BAC
RUE DE COMMAILLE
SQUARE DES MISSIONS ETRANGERES
AVENUE DE LOWENDAL
RUE BIXIO
AVENUE DE SEGUR
RUE DE BABYLONE
RUE D'ESTREES
PLACE EL SALVADOR
PLACE ANDRE TARDIEU
RUE MONSIEUR
JARDIN DE BABYLONE
Hôpital Laënnec
St François Xavier
PLACE DU PRESIDENT MITHOUARD
RUE DUQUESNE
VILLA DE SEGUR
VILLA DE SAXE
AVENUE DE SAXE
AVENUE DE BRETEUIL
PLACE DE BRETEUIL
RUE OUDINOT
RUE ROUSSELET
RUE PIERRE LEROUX
RUE D'OLIVET
RUE DE SEVRES
Vaneau
RUE DE L'ABBE
RUE DU CHERCHE
RUE DE BERITE
RUE ST ROMAIN
RUE DU
RUE EBLE
RUE DUROC
AVENUE C COQUELIN
AVENUE D LESUEUR
RUE MASSERAN
RUE DU GENERAL BERTRAND
RUE M DE LA SIZERANNE
RUE L VAUDOYER
RUE PERIGNON
RUE ST FLORENTIN
RUE DE MONDOVI

8
D
E
F
4
12
1
2
3
4
5
9
Place Vendome
Rue de Rivoli
Jardin des Tuileries
Tuileries
Pyramides
St Roch
Rue Saint Honoré
Place des Pyramides
Musée des Arts de la Mode
Musée des Arts Décoratifs
Jardin du Carrousel
Arc de Triomphe du Carrousel
Place du Carrousel
Pyramide
Cour Napoleon
Cour Carree
Musée du Louvre
Jardin de l'Infante
Quai des Tuileries
Quai du Louvre
Port du Louvre
Pont Royal
Pont du Carrousel
Pont des Arts
Pont Neuf
Bibliothèque Nationale
Rue des Petits Champs
Rue de Richelieu
Avenue de l'Opéra
Comédie Française
Place A Malraux
Place Colette
Palais Royal Musée du Louvre
Place du Palais Royal
Jardin du Palais Royal
Palais Royal
Banque de France
Place des Victoires
Rue du Mail
Rue d'Aboukir
Rue Etienne Marcel
Rue Herold
Rue Coquillère
Bourse du Commerce
Louvre des Antiquaires
Louvre Rivoli
Place du Louvre
St-Germain-l'Auxerrois
Pont Neuf
Place de l'Ecole
Quai Voltaire
Quai Malaquais
Quai de Conti
Quai des Grands Augustins
Quai des Orfèvres
Quai de l'Horloge
Place Dauphine
Square du Vert-Galant
Bateaux Pompes
Place du Pont Neuf
Musée d'Orsay
Quai Anatole France
Rue du Bac
Rue de Lille
Rue de Verneuil
Rue de l'Université
Rue des Saints Pères
Ecole Nationale Supérieure des Beaux Arts
Ecole Nationale d'Administration
Place St Thomas d'Aquin
Rue Bonaparte
Rue des Beaux Arts
Rue Visconti
Rue Jacob
Place de l'Institut
Square H Champion
Institut de France
Square G Pierne
Hôtel des Monnaies
Rue Guénégaud
Rue de Nevers
Direction RATP
Rue Mazarine
Rue Dauphine
Rue Christine
Rue de Savoie
Rue Séguier
Musée Delacroix
Rue de l'Abbaye
Rue de Furstenberg
Rue de l'Echaudé
St-Germain-des-Prés
Palais Abbatial
Square F Desruelles
St Germain des Prés
Boulevard Saint Germain
Rue de Buci
Rue Saint André des Arts
St Michel
Place St André des Arts
Rue Suger
Rue de l'Eperon
Rue Danton
Rue Serpente
Rue Hautefeuille
Mabillon
Rue du Four
Rue de Rennes
Rue du Dragon
Rue de Grenelle
Square Chaise Recamier
Carrefour de la Croix Rouge
Rue des Saints Peres
Rue de Sevres
Rue du Vieux Colombier
Rue de Montfaucon
Rue Clement
Rue Lobineau
Rue Guisarde
Rue Mabillon
Rue des Quatre Vents
Carrefour de l'Odeon
Odéon
Rue de l'Ecole de Médecine
Cluny la Sorbonne
Musée de Cluny
Boulevard Saint Michel
Rue Racine
St Sulpice
Place St-Sulpice
St-Sulpice
Rue Saint Sulpice
Rue Palatine
Rue Garancière
Rue de Tournon
Rue de Condé
Rue de l'Odéon
Rue Monsieur le Prince
Place de l'Odeon
Odéon-Théâtre de l'Europe
Mairie du 6e Arr
Rue de Mézières
Rue Madame
Rue Cassette
Rue Bonaparte
Rue Ferou
Rue Servandoni
Square F Poulenc
Rue de Vaugirard
Place Paul Claudel
Rue de Médicis
Place de la Sorbonne
La Sorbonne
Rue Champollion
Rue Cujas
Rue Soufflot
Place Edmond Rostand
Petit Luxembourg
Palais du Luxembourg
Fontaine Médicis
Jardin du Luxembourg
St-Joseph-des-Carmes
Rue d'Assas
Rue de Fleurus
Rue Guynemer
Rue Jean Bart
Boulevard Raspail
Rennes
Placide
Sevres Babylone
Place Deville
Rue Coetlogon
Rue du Cherche Midi
Rue Pape Carpentier
Rue H Chevalier

A
B
C
1
2
3
4
5
8
13
RUE REAUMUR
BOULEVARD DE SEBASTOPOL
RUE BEAUBOURG
RUE ST MARTIN
RUE DE TURBIGO
RUE ETIENNE MARCEL
RUE MONTMARTRE
RUE MONTORGUEIL
RUE LEOPOLD BELLAN
RUE BACHAUMONT
RUE MANDAR
RUE ST SAUVEUR
RUE GRENETA
RUE DUSSOUBS
RUE ST DENIS
RUE ST MARTIN
Réaumur Sébastopol
Arts et Métiers
Conservatoire des Arts et Métiers
SQUARE EMILE CHAUTEMPS
SQUARE DU G. MORIN
RUE DU TEMPLE
RUE VOLTA
RUE VAUCANSON
RUE DES GRAVILLIERS
RUE CHAPON
RUE DE MONTMORENCY
RUE MICHEL LE COMTE
RUE RAMBUTEAU
Rambuteau
Tour de Jean Sans Peur
St-Eustache
Etienne Marcel
Les Halles
Forum des Halles
Châtelet les Halles
Musée Grévin
PLACE R CASSIN
PLACE M QUENTIN
RUE ST HONORE
PLACE M DE NAVARRE
PLACE J DU BELLAY
Fontaine des Innocents
SQUARE DES INNOCENTS
Centre Georges Pompidou
PLACE GEORGES POMPIDOU
Musée de la Musique Mécanique
JARDIN ST AIGNAN
Hôtel Guénégaud
Musée de la Chasse et de la Nature
Hôtel de Soubise
Archives Nationales
Hôtel de Rohan
RUE DES ARCHIVES
RUE DES FRANCS BOURGEOIS
RUE DES BLANCS MANTEAUX
RUE DE LA VERRERIE
RUE DU RENARD
RUE DE RIVOLI
Châtelet
St-Merri
RUE DES LOMBARDS
AVENUE VICTORIA
QUAI DE LA MEGISSERIE
Tour St-Jacques
SQUARE DE LA TOUR ST-JACQUES
PLACE DU CHATELET
QUAI DE GESVRES
Assistance Publique
Hôtel de Ville
PLACE DE L'HOTEL DE VILLE
MAIRIE DE PARIS
RUE DE LOBAU
PLACE ST GERVAIS
St-Gervais St-Protais
RUE FRANCOIS MIRON
St Paul
Mémorial du Martyr Juif Inconnu
SQUARE A SCHWEITZER
Pont Marie
Hôtel de Sens
QUAI DE L'HOTEL DE VILLE
Port de l'Hôtel de Ville
PLACE DU BATAILLON FRANÇAIS DE L'O.N.U. EN COREE
QUAI DES CELESTINS
Conciergerie
Palais de Justice
Ste-Chapelle
BOULEVARD DU PALAIS
QUAI DE L'HORLOGE
Pont au Change
Pont Notre Dame
Pont d'Arcole
Cité
PLACE L LEPINE
RUE DE LUTECE
ILE DE LA CITE
RUE DE LA CITE
Hôtel Dieu
Crypte Archéologique
PLACE DU PARVIS NOTRE DAME
Notre-Dame
SQUARE JEAN XXIII
Port de Montebello
SQUARE DE L'ILE DE FRANCE
ILE ST LOUIS
Pont Louis Philippe
Pont St Louis
Musée Adam Mickiewicz
St-Louis-en-l'Ile
Hôtel de Lauzun
QUAI D'ORLEANS
QUAI DE BETHUNE
QUAI DE BOURBON
Pont de la Tournelle
Pont de Sully
St Michel
Pont St Michel
Petit Pont
QUAI ST MICHEL
PLACE DU PETIT PONT
QUAI DE MONTEBELLO
QUAI DE LA TOURNELLE
St-Julien-le-Pauvre
SQUARE R VIVIANI
St-Séverin
RUE DE LA HUCHETTE
RUE DE LA HARPE
RUE ST JACQUES
BOULEVARD SAINT GERMAIN
Musée de Cluny
Maubert Mutualité
PLACE MAUBERT
SQUARE ET PLACE P PAINLEVE
La Sorbonne
Chapelle de la Sorbonne
SQUARE F A MARIETTE
PLACE M BERTHELOT
QUARTIER LATIN
RUE DES CARMES
RUE MONGE
RUE DES ECOLES
SQUARE P LANGEVIN
JARDIN DE NAVARRE
Lycée Louis le Grand
RUE CUJAS
RUE DU CARDINAL LEMOINE
RUE DES FOSSES SAINT BERNARD
Institut du Monde Arabe
QUAI SAINT BERNARD
Musée de Minéralogie
Universités Paris VI et Paris VII

D
E
F
1
2
3
4
5
PLACE DE LA REPUBLIQUE
Temple
Parmentier
St Maur
Oberkampf
Filles du Calvaire
St Sébastien Froissart
St Ambroise
Richard Lenoir
Chemin Vert
Bréguet Sabin
Bastille
Ledru Rollin
Sully Morland
AVENUE DE LA REPUBLIQUE
BOULEVARD DU TEMPLE
BOULEVARD VOLTAIRE
BOULEVARD RICHARD LENOIR
BOULEVARD BEAUMARCHAIS
RUE OBERKAMPF
RUE DE CRUSSOL
RUE AMELOT
RUE DE TURENNE
RUE DE BRETAGNE
RUE CHARLOT
RUE DE SAINTONGE
RUE DU GRAND PRIEURE
RUE DE MALTE
RUE JEAN PIERRE TIMBAUD
RUE DES TROIS BORNES
RUE SAINT MAUR
RUE PARMENTIER
RUE DE LA FOLIE MERICOURT
RUE TERNAUX
RUE DE NEMOURS
RUE GAMBEY
PASSAGE BESLAY
AVENUE PARMENTIER
RUE SAINT SEBASTIEN
PASSAGE ST PIERRE AMELOT
PLACE PASDELOUP
RUE FROISSART
RUE DU PONT AUX CHOUX
RUE DES FILLES DU CALVAIRE
RUE COMMINES
SQUARE RICHARD LENOIR
RUE PASTEUR
RUE SAINT AMBROISE
RUE LACHARRIERE
IMPASSE TRUILLOT
RUE DU CHEMIN VERT
RUE PELEE
ALLEE VERTE
RUE MOUFLE
RUE POPINCOURT
RUE SEDAINE
RUE BREGUET
RUE DU FOIN
RUE DES MINIMES
RUE SAINT GILLES
RUE DU PARC ROYAL
RUE ST CLAUDE
MARAIS
Musée Picasso
PLACE DE THORIGNY
Musée Carnavalet
PLACE DES VOSGES
SQUARE LOUIS XIII
RUE DU PAS DE LA MULE
IMPASSE JEAN BEAUSIRE
Maison de Victor Hugo
Hôtel de Sully
RUE SAINT ANTOINE
RUE DE LA BASTILLE
PLACE DE LA BASTILLE
Colonne de Juillet
RUE DE LA ROQUETTE
RUE DE LAPPE
RUE DE CHARONNE
RUE KELLER
RUE DES TAILLANDIERS
AVENUE LEDRU ROLLIN
RUE DU FAUBOURG ST ANTOINE
Opéra Bastille
RUE DE CHARENTON
RUE DE LYON
AVENUE DAUMESNIL
BOULEVARD DE LA BASTILLE
Port de l'Arsenal
PORT DE PLAISANCE DE PARIS ARSENAL
BOULEVARD BOURDON
BOULEVARD HENRI IV
BOULEVARD MORLAND
RUE DE SULLY
RUE MORNAY
RUE JULES CESAR
RUE DE BERCY
RUE TRAVERSIERE
RUE EMILIO CASTELAR
Marché d'Aligre
PLACE D'ALIGRE
RUE D'ALIGRE
SQUARE TROUSSEAU
RUE DE COTTE
Préfecture de Paris
QUAI HENRI IV
RUE DE LA CERISAIE
RUE DU PETIT MUSC
RUE BEAUTREILLIS
RUE CHARLES V
RUE DES TOURNELLES
RUE DE BIRAGUE
RUE JACQUES COEUR
RUE DE LESDIGUIERES
RUE CASTEX
COUR DAMOYE
PASSAGE THIERE
PGE DU CHEVAL BLANC
COUR DU CANTAL
RUE DALLERY
RUE SAINT SABIN
RUE FROMENT
SQUARE BREGUET SABIN
RUE BOULLE
RUE DE L'ASILE POPINCOURT
VILLA MARCES
IMPASSE POPINCOURT
PASSAGE SAINT AMBROISE
PASSAGE ST MAUR
RUE LECHEVIN
COUR POPINCOURT
RUE NEUVE POPINCOURT
RUE BAUDELAIRE
RUE DE PRAGUE
RUE ABEL
RUE CRILLON
RUE D'AUSTERLITZ

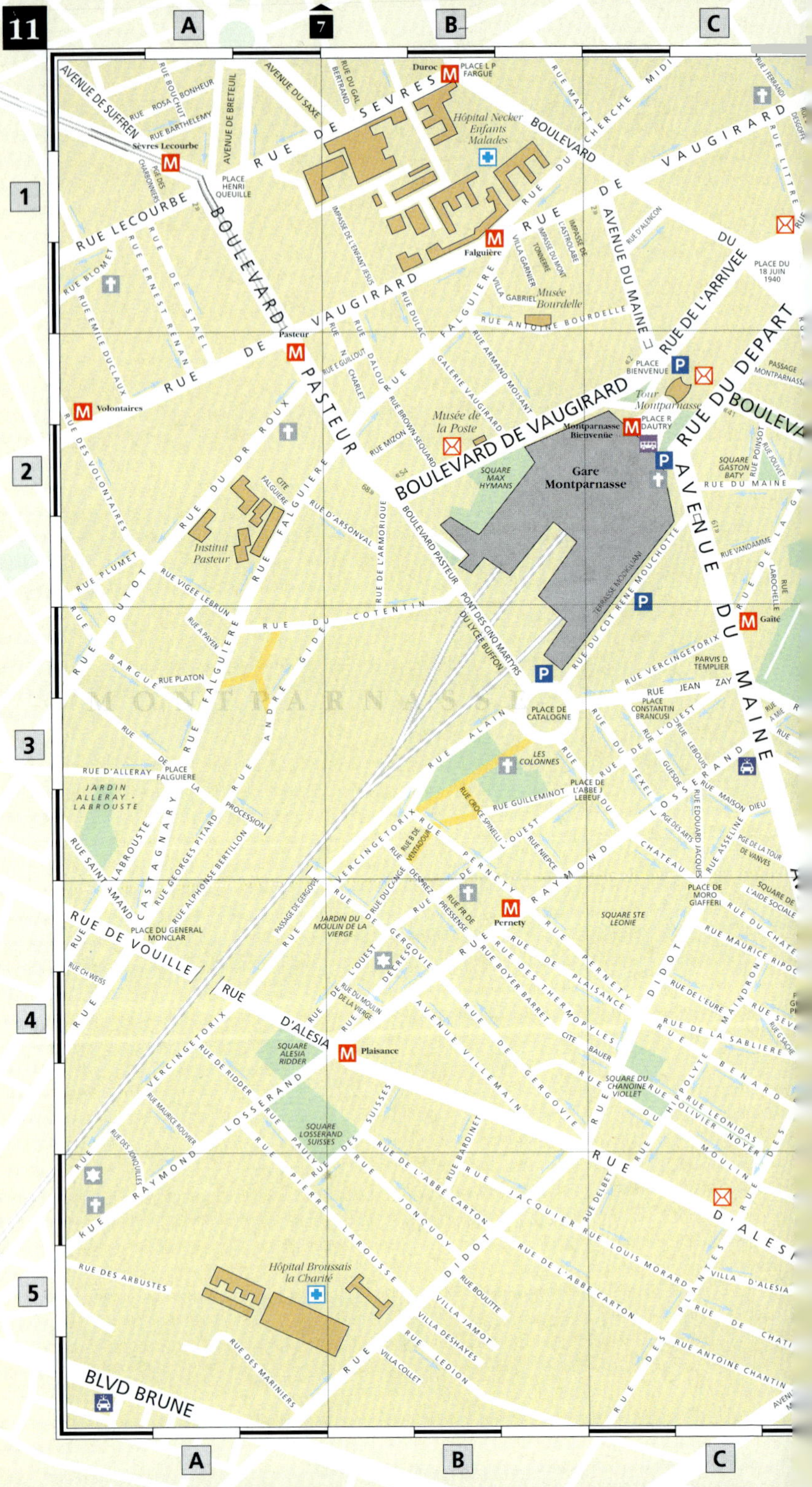
A
7
B
C
1
2
3
4
5
AVENUE DE SUFFREN
RUE ROSA BONHEUR
RUE BARTHELEMY
RUE BOUCHUT
AVENUE DE BRETEUIL
AVENUE DU SAXE
RUE DU GAL BERTRAND
RUE DE SEVRES
Duroc
PLACE L P FARGUE
Hôpital Necker Enfants Malades
BOULEVARD
RUE MAYET
RUE DU CHERCHE MIDI
RUE DE VAUGIRARD
RUE FERRANDI
RUE DESGOFFE
RUE LITTRE
Sèvres Lecourbe
PLACE HENRI QUEUILLE
RUE LECOURBE
BOULEVARD PASTEUR
RUE BLOMET
RUE ERNEST RENAN
RUE DE STAEL
RUE EMILE DUCLAUX
IMPASSE DE L'ENFANT JESUS
Falguière
VILLA GARNIER
IMPASSE DU MONT TONNERRE
IMPASSE DE L'ASTROLABE
VILLA GABRIEL
Musée Bourdelle
AVENUE DU MAINE
IMP. D'ALENCON
RUE DU DEPART
RUE DE L'ARRIVEE
PLACE DU 18 JUIN 1940
RUE ANTOINE BOURDELLE
RUE DULAC
RUE FALGUIERE
RUE ARMAND MOISANT
Pasteur
RUE DALOU
RUE N CHARLET
RUE E GUILLOUT
Volontaires
PLACE BIENVENUE
Tour Montparnasse
PASSAGE MONTPARNASSE
BOULEVARD DE VAUGIRARD
GALERIE VAUGIRARD
RUE BROWN SEQUARD
Musée de la Poste
RUE MIZON
Montparnasse Bienvenüe
PLACE R DAUTRY
RUE DES VOLONTAIRES
RUE DU DR ROUX
CITE FALGUIERE
RUE D'ARSONVAL
SQUARE MAX HYMANS
Gare Montparnasse
SQUARE GASTON BATY
RUE POINSOT
RUE JOLIVET
RUE DU MAINE
AVENUE DU MAINE
Institut Pasteur
RUE DE L'ARMORIQUE
BOULEVARD PASTEUR
RUE VANDAMME
RUE PLUMET
RUE DUTOT
RUE VIGEE LEBRUN
RUE A PAYEN
RUE DU COTENTIN
TERRASSE MODIGLIANI
RUE DU CDT RENE MOUCHOTTE
PONT DES CINQ MARTYRS DU LYCEE BUFFON
RUE DE LAROCHELLE
Gaîté
RUE BARGUE
RUE PLATON
RUE GIDE
RUE ANDRE
MONTPARNASSE
RUE VERCINGETORIX
PARVIS D TEMPLIER
RUE JEAN ZAY
PLACE CONSTANTIN BRANCUSI
PLACE DE CATALOGNE
RUE ALAIN
RUE DE L'OUEST
RUE LEBOUIS
RUE A MIE
RUE D'ALLERAY
PLACE FALGUIERE
JARDIN ALLERAY - LABROUSTE
RUE DE LA PROCESSION
LES COLONNES
RUE GUILLEMINOT
PLACE DE L'ABBE J LEBEUF
RUE DU TEXEL
RUE J GUESDE
RUE MAISON DIEU
RUE EDOUARD JACQUES
RUE CROCE SPINELLI
RUE NIEPCE
RUE LABROUSTE
RUE CASTAGNARY
RUE GEORGES PITARD
RUE ALPHONSE BERTILLON
RUE SAINT AMAND
RUE DE VENTADOUR
PGE DES ARTS
RUE DU CHATEAU
RUE ASSELINE
PGE DE LA TOUR DE VANVES
RUE RAYMOND LOSSERAND
RUE PERNETY
PLACE DE MORO GIAFFERI
SQUARE DE L'AIDE SOCIALE
RUE DE VOUILLE
PLACE DU GENERAL MONCLAR
PASSAGE DE GERGOVIE
JARDIN DU MOULIN DE LA VIERGE
RUE DU CANGE
RUE DESPREZ
RUE FR DE PRESSENSE
Pernety
SQUARE STE LEONIE
RUE DU CHATEAU
RUE MAURICE RIPOCHE
RUE CH WEISS
RUE DE GERGOVIE
RUE DECRES
RUE DE L'OUEST
RUE DU MOULIN DE LA VIERGE
RUE DE PLAISANCE
RUE BOYER BARRET
RUE DES THERMOPYLES
RUE DIDOT
RUE DE L'EURE
RUE MAINDRON
RUE SEVERO
RUE G SACHE
RUE D'ALESIA
SQUARE ALESIA RIDDER
Plaisance
AVENUE VILLEMAIN
CITE BAUER
RUE DE LA SABLIERE
RUE BENARD
RUE VERCINGETORIX
RUE DE RIDDER
RUE MAURICE ROUVIER
SQUARE DU CHANOINE VIOLLET
RUE HIPPOLYTE
RUE OLIVIER NOYER
RUE LEONIDAS
RUE DES SUISSES
SQUARE LOSSERAND SUISSES
RUE DES JONQUILLES
RUE PAULY
RUE BARDINET
RUE DE L'ABBE CARTON
RUE DU MOULIN VERT
RUE RAYMOND LOSSERAND
RUE PIERRE LAROUSSE
RUE JONQUOY
RUE JACQUIER
RUE DELBET
RUE LOUIS MORARD
RUE D'ALESIA
RUE DES ARBUSTES
Hôpital Broussais la Charité
RUE DIDOT
RUE BOULITTE
VILLA JAMOT
VILLA DESHAYES
RUE DE L'ABBE CARTON
RUE DES PLANTES
VILLA D'ALESIA
RUE DE CHATILLON
RUE ANTOINE CHANTIN
RUE DES MARINIERS
VILLA COLLET
RUE LEDION
BLVD BRUNE

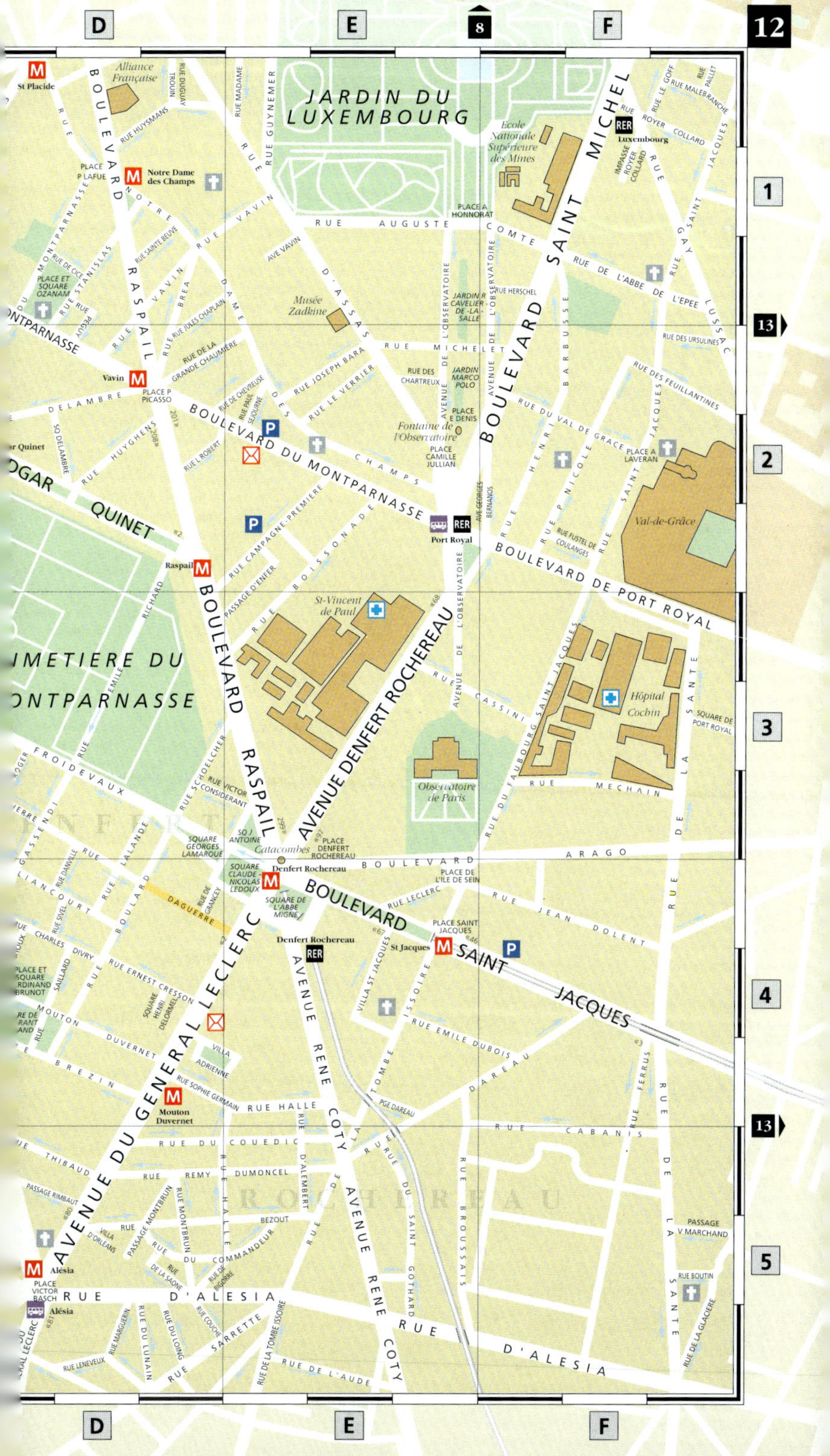
D
E
8
F
1
2
3
4
5
13
JARDIN DU LUXEMBOURG
Alliance Française
St Placide
Notre Dame des Champs
Place P Lafue
Ecole Nationale Supérieure des Mines
Luxembourg
Place A Honnorat
Rue Auguste Comte
Boulevard Saint Michel
Rue de l'Abbé de l'Epée
Rue Gay Lussac
Rue des Ursulines
Rue des Feuillantines
Musée Zadkine
Rue d'Assas
Rue Michelet
Rue Vavin
Ave Vavin
Rue Notre Dame des Champs
Boulevard Raspail
Rue Bréa
Rue Jules Chaplain
Rue de la Grande Chaumière
Rue Joseph Bara
Rue Le Verrier
Rue des Chartreux
Jardin R Cavelier de la Salle
Jardin Marco Polo
Place E Denis
Fontaine de l'Observatoire
Place Camille Jullian
Avenue de l'Observatoire
Rue Henri Barbusse
Rue du Val de Grâce
Place A Laveran
Rue Saint Jacques
Val-de-Grâce
Vavin
Place P Picasso
Rue Delambre
Boulevard du Montparnasse
Rue Campagne-Première
Rue Boissonade
Port Royal
Boulevard de Port Royal
Rue Nicole
Rue Fustel de Coulanges
Place et Square Ozanam
Rue Stanislas
Rue Huyghens
Edgar Quinet
Raspail
Passage d'Enfer
St-Vincent de Paul
Avenue Denfert Rochereau
Rue Cassini
Hôpital Cochin
Square de Port Royal
Rue du Faubourg Saint Jacques
Observatoire de Paris
Rue Méchain
Cimetière du Montparnasse
Rue Froidevaux
Rue Victor Considérant
Rue Schoelcher
Sq J Antoine
Square Georges Lamarque
Catacombes
Place Denfert Rochereau
Boulevard Arago
Denfert Rochereau
Square Claude-Nicolas Ledoux
Square de l'Abbé Migne
Place de l'Ile de Sein
Rue Leclerc
Rue Jean Dolent
Place Saint Jacques
St Jacques
Boulevard Saint Jacques
Rue Daguerre
Rue Gassendi
Rue Lalande
Rue Ernest Cresson
Villa Adrienne
Rue Mouton Duvernet
Rue Brézin
Rue Sophie Germain
Mouton Duvernet
Avenue du Général Leclerc
Avenue René Coty
Rue de la Tombe Issoire
Rue Emile Dubois
Rue Dareau
Rue Ferrus
Rue Cabanis
Rue de la Santé
Rue Hallé
Rue du Couëdic
Rue Thibaud
Rue Rémy Dumoncel
Rue d'Alembert
Rue Bézout
Rue du Commandeur
Rue Brousssais
Rue du Saint Gothard
Passage V Marchand
Rue Boutin
Rue de la Glacière
Alésia
Place Victor Basch
Rue d'Alésia
Rue Sarrette
Rue de l'Aude
Rue du Loing
Rue du Lunain
Rue Marguerin
Rue Leneveux
ROCHEREAU

A
9
B
C
1
2
3
4
5
12
Panthéon
Place du Panthéon
Rue Soufflot
Place Ste Geneviève
St-Etienne-du-Mont
Lycée Henry IV
Rue Clotilde
Rue Clovis
Jardin de Navarre
Rue Descartes
Rue du Cardinal Lemoine
Cardinal Lemoine
Rue Monge
Place Jussieu
Jussieu
Universités Paris VI et Paris VII
Rue Jussieu
Rue Cuvier
Jardin des Plantes
Square des Arènes de Lutèce
Arènes de Lutèce
Square Capitan
Rue des Arènes
Rue Linné
Rue Guy de la Brosse
Place de l'Estrapade
Rue de l'Estrapade
Rue d'Ulm
Rue Clotaire
Rue Pierre et Marie Curie
Rue des Irlandais
Rue Laromiguière
Rue Thouin
Rue Blainville
Place de la Contrescarpe
Rue Rollin
Rue Lacépède
Rue de Navarre
Rue Tournefort
Rue Mouffetard
Rue Amyot
Rue Lhomond
Square Ortolan
Rue Ortolan
Monge
Place Monge
Rue Dolomieu
Rue Malus
Rue de la Clef
Rue de Quatrefages
Mosquée de Paris
Muséum National d'Histoire Naturelle
Rue Geoffroy
Rue Thuillier
Rue Erasme
Rue Rataud
Rue du Pot de Fer
Rue P. Brossolette
Place L. Herr
Ecole Normale Supérieure
Place P. Lampué
Rue J. Calvin
Rue de l'Epée de Bois
Rue Pestalozzi
Rue Gracieuse
Rue du Puits de l'Ermite
Square R. Montagne
Rue Larrey
Rue G. Desplas
Rue Daubenton
Rue du Gril
Rue Vauquelin
Rue Lagarde
PGE des Postes
Square Vermenouze
Rue des Patriarches
Rue de Mirbel
Rue Censier
Rue Santeuil
Rue de l'Arbalète
Rue Claude Bernard
Val-de-Grâce
St-Médard
Censier Daubenton
Sq. Adanson
Rue de Bazeilles
Rue Berthollet
Rue Saint Hilaire
Rue Poliveau
Rue de l'Essai
Rue du Fer à Moulin
Square Scipion
Rue des Fossés St Marcel
Boulevard Saint Marcel
Rue des Lyonnais
Rue Flatters
Rue Broca
Rue Pascal
Rue de Valence
Rue du Petit Moine
Rue de la Collégiale
Rue Vésale
Rue Scipion
Rue du Jura
Rue Oudry
Rue Jeanne d'Arc
Boulevard de Port Royal
Avenue des Gobelins
Rue de la Reine Blanche
Rue Pirandello
Rue Duméril
La Gare
Rue de la Glacière
Rue Saint Hippolyte
Boulevard Arago
Rue des Gobelins
Gobelins
Rue Nicolas Roret
Rue Titien
Rue Banquier
Rue des Cordelières
Rue Berbier du Mets
Rue Gustave Geffroy
Rue Emile Deslandres
Manufacture des Gobelins
Hôpital Broca
Rue Léon Maurice Nordmann
Rue des Tanneries
Rue Croulebarbe
Rue Véronèse
Rue Rubens
Rue Primatice
Rue Coypel
Rue Philippe de Champagne
Rue Ed. Manet
Rue Fagon
Avenue Stephen Pichon
Gobelins
Rue du Champ de l'Alouette
Rue Vulpian
Rue Hovelacque
Avenue de la Sœur Rosalie
Rue des Reculettes
Rue Abel
Place d'Italie
Rue Godefroy
Boulevard Auguste Blanqui
Glacière
Rue Edmond Gondinet
Rue Corvisart
Rue de Croulebarbe
Rue Père Guérin
Rue Paulin Méry
Rue Bobillot
Corvisart
Rue Albert Bayet
Avenue Nicolas Fortin
Rue George Eastman
Rue Verniquet
Rue Le Dantec
Passage Barrault
Rue Barrault
Rue des Cinq Diamants
Rue Gérard
Rue Samson
Rue Simonet
Rue du Moulin des Prés
Avenue d'Italie
Avenue de Choisy
Rue Daviel
Rue Alphand
Rue de la Butte aux Cailles
Rue Vandrezanne
Rue des Deux Avenues
Rue Wurtz
Passage Boiton
Rue de Pouy
Rue Moulinet
Rue Toussaint Féron
Rue Michal
Rue Buot
Rue du Moulin des Prés

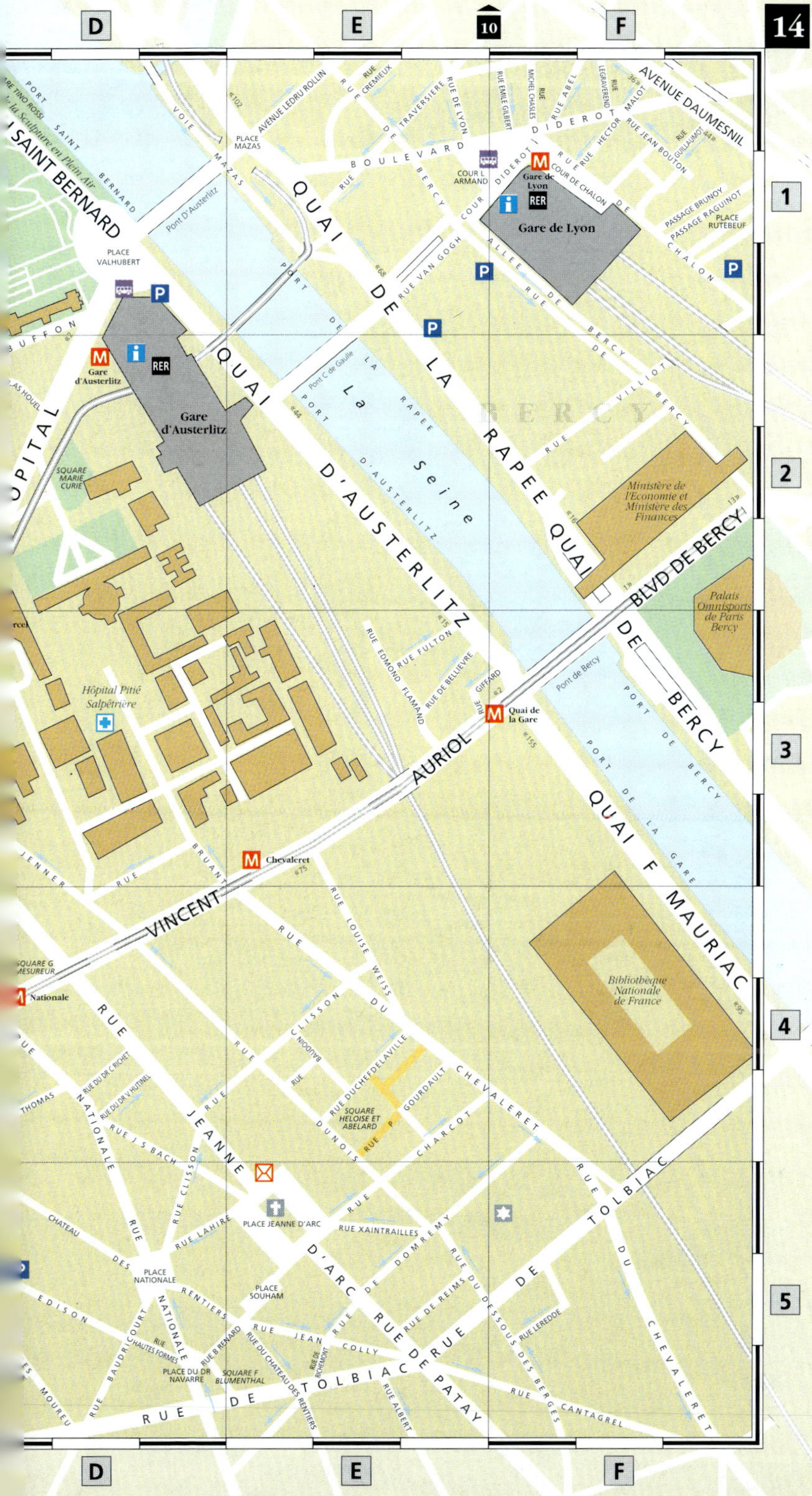

D
E
10
F
1
2
3
4
5
Gare de Lyon
Gare d'Austerlitz
RER
Place Valhubert
Place Mazas
Quai Saint Bernard
Port Saint Bernard
Avenue Ledru Rollin
Boulevard Diderot
Rue de Lyon
Rue Traversière
Rue de Bercy
Cour L Armand
Cour de Chalon
Rue Emile Gilbert
Rue Michel Chasles
Rue Abel
Rue Hector Malot
Rue Legraverend
Avenue Daumesnil
Rue Jean Bouton
Rue Guillaumot
Passage Brunoy
Passage Raguinot
Place Rutebeuf
Rue de Chalon
Rue Van Gogh
Allée de Bercy
Quai de la Rapée
Voie Mazas
Pont d'Austerlitz
Port de la Rapée
Pont Ch de Gaulle
La Seine
Port d'Austerlitz
Quai d'Austerlitz
Bercy
Rue Villiot
Ministère de l'Economie et Ministère des Finances
Boulevard de Bercy
Quai de Bercy
Palais Omnisports de Paris Bercy
Pont de Bercy
Port de Bercy
Port de la Gare
Quai de la Gare
Quai F Mauriac
Bibliothèque Nationale de France
Square Marie Curie
Hôpital Pitié Salpêtrière
Boulevard de l'Hôpital
Rue Buffon
Rue Edmond Flamand
Rue Fulton
Rue de Bellièvre
Rue Giffard
Quai de la Gare
Boulevard Vincent Auriol
Chevaleret
Rue Bruant
Rue Jenner
Rue Louise Weiss
Rue du Chevaleret
Rue Clisson
Rue Baudoin
Rue Duchefdelaville
Square Héloïse et Abélard
Rue Gourdault
Rue Charcot
Rue Dunois
Rue P
Square G Mesureur
Nationale
Rue Nationale
Rue du Dr C Richet
Rue du Dr V Hutinel
Rue J S Bach
Rue Jeanne d'Arc
Rue Clisson
Rue Thomas
Place Jeanne d'Arc
Rue Xaintrailles
Rue Lahire
Rue de Domrémy
Rue du Château des Rentiers
Place Nationale
Place Souham
Rue Edison
Rue Baudricourt
Rue Hautes Formes
Rue B Renard
Place du Dr Navarre
Square F Blumenthal
Rue Jean Colly
Rue de Tolbiac
Rue de Reims
Rue du Dessous des Berges
Rue Leredde
Rue de Patay
Rue Albert
Rue Cantagrel
Rue Moureu

Ile de France

Ile de France ligt in het hart van Frankrijk, de kern van de streek is Parijs, maar het strekt zich uit tot ver voorbij de dichtbevolkte voorsteden van Parijs. Grote delen van het platteland bestaan uit voormalig koninklijk grondgebied, waarvan de monumentale pracht van groot belang is voor *'la gloire de la France'*.

Sinds Frans I in 1528 Fontainebleau tot een renaissancistisch paleis verbouwde, is deze streek in trek bij het Franse koningshuis. Ile de France behield zijn centrale functie in de Franse politiek toen Lodewijk XIV in 1661 begon met de bouw van Versailles. Dit classicistische château, een produkt van de gebundelde krachten van Le Nôtre, Le Vau, Le Brun en Hardouin-Mansart, is een monument voor de macht van de Zonnekoning, de drukst bezochte bezienswaardigheid in Frankrijk en wordt nog steeds gebruikt voor staatsaangelegenheden. Rambouillet, waar Lodewijk XVI vaak kwam, is nu het zomerverblijf van de president van Frankrijk en Malmaison was het favoriete huis van keizerin Josephine. In het noorden is Château d'Ecouen het paradepaardje van de renaissancistische levensstijl en rond Vaux-le-Vicomte, in het zuiden, liggen stijltuinen die tot de mooiste van Frankrijk worden gerekend.

Bezienswaardigheden in het kort

Châteaus en musea

Château de Dampierre 8
Château de Fontainebleau 13
Château de Malmaison 5
Château de Rambouillet 9
Château de Sceaux 7
Château de Vaux-le-Vicomte 11
Château de Versailles 6
Musée National de la Renaissance 2

Steden

Provins 12
St-Germain-en-Laye 4

Abdijen en kerken

Abbaye de Royaumont 1
Basilique St-Denis 3

Pretparken

Disneyland Parijs 10

Symbolen

- Parijs met voorsteden
- Parijs centrum
- Internationale luchthaven
- Snelweg
- Hoofdweg
- Secundaire weg

0 kilometer 20

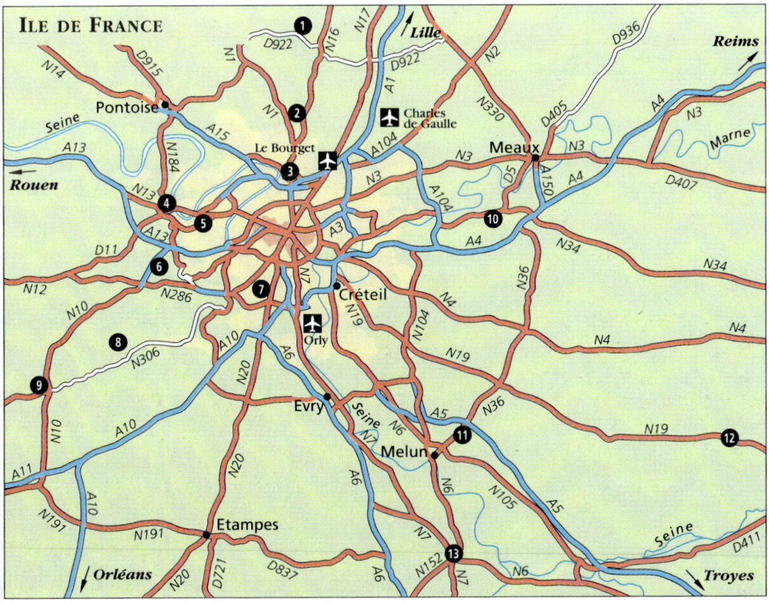

◁ **De unieke formele tuinen van Château de Vaux-le-Vicomte**

De gewelfde gotische refter in Abbaye de Royaumont

Abbaye de Royaumont ❶

Fondation Royaumont, Asnières-sur-Oise, Val-d'Oise. 01-30355900. **Open** dag. beperkt. bel 01-30355991. **Concerten**

Royaumont ligt in het bos 'vlak bij water en ver van de mensen', 30 km ten noorden van Parijs. Het is de mooiste cisterciënzerabdij in Ile de France. De eenvoudige lijnen die het stoere bouwwerk kenmerken, geven de strenge leer van St.-Bernardus goed weer. Lodewijk IX en zijn moeder Blanche de Castille stichtten de abdij en de later heilig verklaarde koning bedeelde het uitbundig met zijn rijkdommen en ligt hier begraven.
Tot de verwoesting tijdens de Revolutie bleven de banden met het koningshuis hecht. Sindsdien heeft het complex dienst gedaan als katoenspinnerij en weeshuis, en pas zeer onlangs heeft het weer een culturele functie gekregen. De oorspronkelijke zuilen staan er nog steeds, net als de indrukwekkende hoektoren en de grootste cisterciënzer kruisgang in Frankrijk. Het Château de Royaumont is voor de Revolutie gebouwd als paleis van de abt. Als u over het terrein wandelt zult u de werkplaats van de monniken, bossen, vijvers en grachten passeren.
De abdij wordt soms gebruikt voor concerten: bel de Fondation Royaumont voor informatie.

Musée National de la Renaissance ❷

Chateau d'Ecouen, Val-d'Oise. 01-34383850. **Open** wo-ma. **Gesloten** 1 jan, 1 mei, 25 dec.

Dit door een slotgracht omgeven château ligt, halverwege St-Denis en Royaumont, nogal uit de koers. Het vierkante Ecouen biedt een passend onderdak aan een museum over de Renaissance. Er is een indrukwekkende collectie schilderijen, wandtapijten, schatkisten, deuren met houtsnijwerk en uit andere 16de-eeuwse kastelen geredde trappen te zien. Ecouen werd in 1538 gebouwd voor Anne de Montmorency, de adviseur van Frans I en bevelhebber van diens leger. Dankzij zijn functie kon hij kunstenaars en ambachtslieden uit de School van Fontainebleau voor zich laten werken om zijn paleis te verfraaien. Hun invloed is herkenbaar in de schouwen, die prachtig zijn beschilderd. In de kapel bevinden zich een galerij voor minstreels en plafondschilderingen met het wapen van Montmorency. Boven hangen enkele van de mooiste 16de-eeuwse wandtapijten die Frankrijk rijk is.
Even indrukwekkend zijn de prinsenkamers, de vloeren met renaissance-betegeling, de bibliotheek met verluchte manuscripten, keramiek uit Lyon, Nevers, Venetië, Faenza en Iznik, en de wiskundige instrumenten en horloges. Omdat de begane grond alleen 's ochtends en de bovenverdieping alleen 's middags toegankelijk is, kunt u het best in Ecouen lunchen.

Basilique St-Denis ❸

Rue de la Légion d'Honneur 1, St-Denis, Seine-St-Denis. **Open** dag. **Gesloten** 1 jan, 1 mei, 1 & 11 nov, 25 dec.

De legende wil dat de onthoofde Dionysius met zijn hoofd onder zijn arm van Montmartre naar deze plek strompelde. Ter nagedachtenis aan deze heilig verklaarde bisschop werd een abdij gebouwd. De band tussen het koningshuis en St-Denis ontstond na de begrafenis van Dagobert I in de basiliek in 638 en zou 12 eeuwen lang blijven bestaan. De meeste Franse koningen werden in de St-Denis begraven en alle koninginnen van Frankrijk werden hier gekroond.

Lodewijk XVI in St-Denis

De elegante, vroeg-gotische basiliek is gebouwd op Karolingische en Romaanse crypten. De mooiste middeleeuwse beelden zijn die van Karel V (1364) en een 12de-eeuws portret in geëmailleerd

De westelijke vleugel van het Musée Nationale de la Renaissance

De tombe van Lodewijk XII en Anna van Bretagne in St-Denis

koper van Blanche van Castilië met haar hond. De verstilde sereniteit van deze beeltenissen contrasteert scherp met het minutieuze realistische werk van de doodsstrijd die te zien is in het potsierlijke renaissancistische mausoleum van Lodewijk XII en Anna van Bretagne. Beiden liggen naakt en met verwrongen gezichten in het tabernakel. Boven het mausoleum bekijkt het koninklijke paar, fraai gekleed, de eigen naaktheid.

St-Germain-en-Laye ❹

Yvelines. 41.000.
Maison Claude Debussy. Rue au Pain 38. 01-34510512.
di, vr & zo.

Château de St-Germain aan het Place Général de Gaulle is de geboorteplaats van Lodewijk XIV en het centrale gebouw in deze chique plaats. Lodewijk VI bouwde de oorspronkelijke vesting in 1124, maar daarvan zijn slechts de kerker en de H. Lodewijk-kapel over. Onder Frans I en Hendrik II werd het bovenste, middeleeuwse gedeelte vernietigd, zodat er een vijfhoekig bouwwerk met slotgracht overbleef. Hendrik VI bouwde het paviljoen en de terrassen die naar de Seine toe lopen, en Lodewijk XIV liet, voor hij in 1682 naar Versailles vertrok, Le Nôtre de tuinen aanleggen.
Tegenwoordig is in het château het **Musée des Antiquités Nationales** ondergebracht. Er zijn archeologische vondsten van de Prehistorie tot de Middeleeuwen te zien. Napoleon III startte met de aanleg van de collectie. Hoogtepunt is het Gallo-Romeinse vloermozaïek.

Musée des Antiquités Nationales

Château de St-Germain-en-Laye.
01-34515365. ***Open*** *wo-ma.*

Château de Malmaison ❺

Rueil-Malmaison, Hauts-de-Seine.
01-41299555. ***Open*** *wo-vr 9.30-12.30, 13.30-17.45 uur, za-zo 10.00-18.30 uur ('s winters 18.00 uur).*
beperkt.

Het 17de-eeuwse landgoed van Richelieu ligt op 15 km ten westen van Parijs en wordt nu vooral met Napoleon geassocieerd. Josephine kocht het om aan de vormelijkheid van de keizerlijke residenties in de Tuilerieën en Fontainebleau te kunnen ontsnappen. Er heerst ook nu nog een landelijke sfeer. Napoleon gebruikte de door hem aangelegde ophaalbrug om het gebouw binnen te komen. De mooiste zalen zijn de bibliotheek, de stafzaal en de Salon de Musique, waar schilderijen uit Josephine's privéverzameling hangen. Let op het contrast tussen de sobere gele slaapkamer van Napoleon en de overvloedig in rood ingerichte kamer waar Josephine stierf. Veel kamers zien uit over de romantische Engelse tuinen en de beroemde rozentuin die door Josephine na haar scheiding werd aangelegd.
Er zijn talloze memorabilia te zien, van de keizerlijke adelaars tot Davids humeurige portret van Napoleon en het schilderij van Gérard van de lusteloze Josephine op haar chaise-longue.
In Château Bois Préau, op het bosrijke landgoed, is een museum gewijd aan de ballingschap en de dood van Napoleon.

Het bed van Josephine in Château de Malmaison

Château de Versailles 6

Grieks beeld van fluitspeler

Het huidige paleis is het eindresultaat van de in 1668 door Lodewijk XIV begonnen uitbreiding van een jachtslot van Lodewijk XIII. Architect Louis Le Vau ontwierp de eerste aanbouw. Jules Hardouin-Mansart voegde in 1678 de noord- en zuidvleugels toe en verbouwde het terras van Le Vau tot de Spiegelzaal. Hij ontwierp ook de in 1710 voltooide kapel. De Opera (L'Opéra) werd in 1770 onder Lodewijk XV toegevoegd. André le Nôtre breidde de tuinen uit en doorbrak de symmetrische eentonigheid met waterpartijen. Tegenover het paleis staat het Musée des Carrosses met een verzameling koninklijke rijtuigen.

★ Stijltuinen
De strenge geometrie van de paden en beplanting is kenmerkend voor de tuin.

De Oranjerie, onder de Parterre du Midi, is gebouwd om 's winters exotische planten in onder te brengen.

Latonavijver
Balthazar Marsy's beeld van de godin Latona rijst op boven de vier marmeren bassins.

Parterres d'Eau

★ Château
Onder Lodewijk XIV werd Versailles het politieke machtscentrum van Frankrijk.

Drake vijver
In het mic den van deze fontein staat een g vleugeld monster.

De Koningstuin met Spiegelvijver staat in de 19de-eeuwse tuin die Lodewijk XVIII heeft laten aanleggen.

Zuilengalerij
Mansart ontwierp deze cirkel van marmeren bogen in 1685.

TIPS VOOR DE TOERIST

Versailles, Yvelines. 01-30847400. 171 vanaf Parijs. RER Versailles Rive Gauche. Versailles Chantiers, Versailles Rive Droite. **Château open** okt-april: di-zo 9.00-17.00 uur; mei-sept: di-zo 9.00-18.00 uur. **Grand Trianon & Petit Trianon open** okt-april: di-vr 10.00-12.00, 14.00-17.00 uur, za-zo 10.00-17.00 uur; mei-sept: di-zo 10.00-18.00 uur (toegang tot een half uur voor sluitingstijd). **Musée des Carrosses open** zomer: za, zo 12.30-18.00 uur; winter: za, zo: 9.30-12.30, 14.00-17.00 uur.

Op het Grand Canal werden de bootfeesten van Lodewijk XIV gehouden.

Neptunusvijver
Beeldengroepen spuiten het water spectaculair in de 17de-eeuwse tuin van Le Nôtre.

Petit Trianon
Dit kleine château werd in 1762 gebouwd als verblijf voor Lodewijk XV. Marie-Antoinette vond het er heerlijk.

★ Grand Trianon
Lodewijk XIV liet dit paleisje in 1687 bouwen om aan de drukte van het hof te ontsnappen en om Madame De Maintenon te ontvangen.

STERATTRACTIES

- ★ **Château**
- ★ **Stijltuinen**
- ★ **Grand Trianon**

Het interieur van Château de Versailles

De belangrijkste, weelderige appartementen bevinden zich op de eerste verdieping van dit enorme complex. Rond de marmeren binnenplaats liggen de privé-vertrekken van de koning en de koningin. Aan de tuinkant liggen de staatsiezalen waar het officiële hofleven zich afspeelde. Charles Le Brun heeft hier rijke decoraties aangebracht van gekleurd marmer, steen en houtsnijwerk, muurschilderingen, fluweel, zilver en goud. Te beginnen met de Salon d'Hercule, is elke zaal aan een andere Olympische godheid gewijd. De Spiegelzaal vormt de climax, met 17 grote spiegels tegenover grote boogvormige ramen.

★ Slaapkamer van de koningin
In deze kamer baarden de koninginnen van Frankrijk hun koninklijke kinderen.

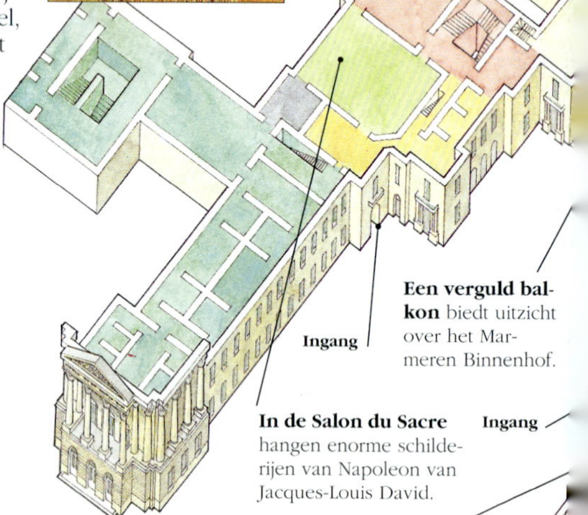

Een verguld balkon biedt uitzicht over het Marmeren Binnenhof.

Ingang

In de Salon du Sacre hangen enorme schilderijen van Napoleon van Jacques-Louis David.

Ingang

SYMBOLEN PLATTEGROND

- Zuidelijke vleugel
- Kroningsvertrek
- Verblijf van Madame De Maintenon
- Verblijven en privé-vertrekken van de koningin
- Grands Appartements
- Verblijven en privé-vertrekken van de koning
- Nieuwe vleugel
- Geen tentoonstellingen

★ Salon de Vénus
Rijk marmerwerk omgeeft het standbeeld van Lodewijk XIV.

Trap naar receptie op begane grond

★ Chapelle Royale
De eerste verdieping van de kapel was bestemd voor de koninklijke familie en de begane grond voor het hof. Het interieur is versierd met Korinthische zuilen, wit marmer, verguldsel en barokke muurschilderingen.

STERATTRACTIES

- ★ Chapelle Royale
- ★ Salon de Vénus
- ★ Spiegelzaal
- ★ Slaapkamer koningin

★ Spiegelzaal
In deze 70 m lange ruimte langs de westgevel speelden zich de staatszaken af. Hier werd in 1919 het Verdrag van Versailles geratificeerd ter beëindiging van de Eerste Wereldoorlog.

Oeil-de-Boeuf

In de slaapkamer van de koning stierf Lodewijk XIV in 1715.

In het Cabinet du Conseil ontving de koning zijn ministers en zijn familie.

Salon de la Guerre
Het thema van deze zaal is de oorlog, hetgeen wordt geïllustreerd met het reliëf van de zegetocht van Lodewijk XIV.

De bibliotheek van Lodewijk XVI bezit neoclassicistische panelen en de globe van de koning.

Salon d'Apollon
Dit was de troonzaal van Lodewijk XIV, ontworpen door Le Brun en gewijd aan de god Apollo. Er hangt een kopie van het beroemde portret van de koning van Hyacinthe Rigaud (1701).

Salon d'Hercule

TIJDBALK

Lodewijk XV

- **1661** Uitbreiding kasteel door Lodewijk XIV
- **1667** Begin aanleg Grand Canal
- **1668** Start aanleg nieuw château onder Le Vau
- **1671** Le Brun begint met het interieur
- **1682** Lodewijk XIV en Marie-Thérèse verhuizen naar Versailles
- **1715** Dood van Lodewijk XIV, het hof verlaat Versailles
- **1772** Lodewijk XV, 12 jaar oud, bewoont Versailles
- **1774** Lodewijk XVI en Marie-Antoinette wonen in Versailles
- **1789** Koning en koningin moeten Versailles verlaten en naar Parijs vertrekken
- **1793** Lodewijk XVI en Marie-Antoinette terechtgesteld
- **1833** Louis-Philippe maakt van het château een museum
- **1919** Verdrag van Versailles op 28 juni ondertekend

1650 | 1700 | 1750 | 1800 | 1850

Château de Sceaux ❼

Sceaux, Hauts-de-Seine.
01-46610671. ***Open*** *wo-ma.*
Gesloten *feestdagen.*

Het Parc de Sceaux is een aantrekkelijke combinatie van formele tuinen, bos en water. Le Nôtre ontwierp een deel van het park. De watervallen en fonteinen, waarvan het water in een achthoekige vijver terechtkomt, doen denken aan een roltrap. Van deze vijver, die uitkomt in het Grand Canal, hebt u langs een rij populieren mooi uitzicht op het elegante Pavillon de Hanovre. Dit is een van de sierlijke paviljoens in het park, een andere is de classicistische Orangerie van Mansart. Tegenwoordig worden hier tentoonstellingen gehouden en 's zomers klassieke concerten gegeven

In 1670 werd hier een kasteel voor Colbert gebouwd, maar dat gebouw werd gesloopt, waarna in 1856 het huidige château in classicistische stijl werd neergezet. Deze stijlvolle namaak biedt onderdak aan het Musée de l'Ile de France, waar met schilderijen, meubilair, beeldhouwwerk en keramiek de glorie van het landschap, de châteaus en geschiedenis van Ile de France levend worden gehouden.

Château de Dampierre ❽

Dampierre-en-Yvelines, Yvelines.
01-30525324. ***Open*** *april-half okt: dag. 's middags.* *beperkt.*

Na Versailles en Rambouillet is Dampierre het beroemdste château ten zuidwesten van Parijs.Het werd in 1675 gebouwd voor de Duc de Chevreuse. De buitenkant van het château is ontworpen door Hardouin-Mansart.

Het interieur is, in tegenstelling tot de buitenkant, heel weelderig. Vooral de koninklijke appartementen de Lodewijk XIV-eetzaal doen erg aan Versailles denken. De indrukwekkendste ruimte is de met fresco's opgesierde Salle des Fêtes, die in de 19de eeuw in Romeinse stijl opnieuw werd aangekleed.

Château de Rambouillet

Château de Rambouillet ❾

Rambouillet, Yvelines.
01-34830025. ***Open*** *wo-ma.*
Gesloten *1 jan, 1 mei, 1 & 11 nov, 25 dec, en als de president er verblijft.*

Dit château ligt aan het Forêt de Rambouillet, dat vroeger het favoriete jachtterrein van de koning was. Doordat het in het verleden dienst deed als feodaal kasteel, landgoed, koninklijk paleis en keizerlijke residentie is de geschiedenis van Rambouillet een bloemlezing van de heersende klasse in Frankrijk. Sinds 1987 is het het officiële zomerhuis van de president van Frankrijk.

De kamers met eikehouten lambrizering zijn ingericht met empire-meubels en wandtapijten uit Aubusson. Vlak bij bevindt zich de melkveehouderij van de koningin, die Lodewijk XVI Marie-Antoinette schonk, zodat ze melkmeisje kon spelen.

Omgeving

Ongeveer 28 km ten noorden van de D11 ligt het **Château de Thoiry**, met een grote dierentuin met ongeveer 800 dieren en een modern speelterrein voor kinderen.

Disneyland Parijs ❿

Marne-la-Vallée, Seine-et-Marne.
01-60306030. ***Open*** *dag.*
Marne-la-Valée-Chessy. *TGV vanuit Lille of Lyon.* *vanaf de luchthavens Charles de Gaulle en Orly.*

Het hele terrein beslaat 600 ha en het pretpark is 40 ha groot. Het park is in vijf thema's verdeeld: Frontierland, Adventureland, Main Street USA, Fantasyland en Discoveryland. Het park leunt zwaar op de nostalgie van Hollywood, maar er is wel gepoogd het geheel een Europees tintje te geven. Bij Space Mountain kunt u een wilde, snelle rit maken, waar uw maag van omdraait.

Minnie Mouse

Château de Vaux-le-Vicomte ⓫

Maincy, Seine-et-Marne.
01-64144190. ***Open*** *dag. maart-11 nov.*

Dit château ligt ten noorden van Melun, niet ver van Fontainebleau. Nicolas

Sèvres-porselein

In 1756 openden Madame de Pompadour en Lodewijk XV een porseleinfabriek in Sèvres, in de buurt van Versailles, om de koninklijke residenties van serviesgoed en van *objets d'art* te voorzien. De kenmerken van Sèvresporselein zijn dat het doorschijnend maar sterk is en dat er slechts een beperkt aantal vaste kleuren bij worden gebruikt.

Le Pugilat **(1832), een vaas van Sèvres-porselein**

André Le Nôtre

Le Nôtre (1613-1700) was de grootste landschapsarchitect in Frankrijk. Vele tuinen in Ile de France kwamen voort uit zijn classicistische visie. In Vaux vervolmaakte hij het concept van de *jardin à la française*: lanen met standbeelden en buxushagen erlangs, watertuinen met fonteinen en siervijvers, sierlijke terrassen en geometrische parterres. Zijn kwaliteiten lagen vooral in het architectonische samenspel en in een gevoel voor symmetrie, die met name door de indrukwekkende doorkijkjes van Versailles, zijn grootste meesterwerk, worden geïllustreerd.

Fouquet, een machtige financier van het hof van Lodewijk XIV, daagde architect Le Vau en binnenhuisarchitect Le Brun uit om het weelderigste paleis van die tijd te maken. Het resultaat, een van de indrukwekkendste 17de-eeuwse Franse châteaus, overtrof Fouquets stoutste dromen. Lodewijk en zijn ministers waren echter zo woedend – de tentoongespreide luxe stelde de koninklijke paleizen namelijk in de schaduw – dat zij Fouquet lieten arresteren en al zijn landgoederen in beslag namen.
Geheel in overeenstemming met de verheven smaak van Fouquet is het interieur een verguld festijn van fresco's, pleisterwerk, kariatiden en reusachtige borstbeelden. In tegenstelling tot Versailles of zelfs Fontainebleau wekken de vele kamers een intieme indruk en heeft het paleis als geheel iets kleinschaligs.
De voortlevende roem van Vaux-le-Vicomte is evenwel te danken aan de prachtige tuinen van André Le Nôtre, de mooiste tuinen in Ile de France. Deze landschapsarchitect genoot in zijn jonge jaren een opleiding tot schilder en dat is goed te zien in de majestueuze opeenvolging van terrassen, decoratieve meren en fonteinen die afwateren in een kanaal.

Provins ⓬

Seine-et-Marne. 12.000. Chemin de Villecran (01-64602626). za.

Provins was een Romeinse voorpost belast met de bewaking van de grens tussen Ile de France en Champagne. Tegenwoordig biedt deze plaats een goed beeld van de Middeleeuwen. Ville Haute, de bovenstad, is omsloten door 12de-eeuwse vestingmuren, compleet met kantelen en verdedigingsgracht. De muren aan de westkant zijn het best bewaard gebleven. Tussen de versterkte poorten Porte de Jouy en Porte St-Jean staan op de verdedigingswerken vierkante, ronde en rechthoekige torens.
Het stadsbeeld wordt gedomineerd door de Tour César, een vierkante donjon, geflankeerd door vier hoektorentjes en met een piramidevormig dak. De slotgracht en de verdedigingswerken zijn er door de Engelsen in de Honderdjarige Oorlog bijgebouwd. Een gewelfde wachtkamer leidt naar een galerij die uitzicht biedt over het Place du Chatel, de Grange aux Dimes en de uitgestrekte tarwevelden daarachter.

De door Le Nôtre ontworpen tuin, met daarachter Château de Vaux-le-Vicomte

Château de Fontainebleau ⓭

Plafond-detail in de Salle de Bal

Fontainebleau is een fascinerende combinatie van stijlen. Lodewijk VII bouwde hier een abdij die in 1169 door Thomas Becket werd gewijd. Van dit gebouw is een middeleeuwse toren bewaard gebleven, maar het huidige château stamt uit de tijd van Frans I. Hij kwam naar dit gebied om te jagen en liet er een kasteel in Florentijnse en Romeinse stijl bouwen. De charme van Fontainebleau komt voort uit de losheid van het complex en het bosgebied, waarin het ligt. U kunt niet alles in een dag zien, maar de *grands appartements* zijn een fraaie opmaat tot bezichtiging van dit koninklijke paleis.

Jardin de Diane
In de meer romantisch dan classicistische tuinen staat een fontein van Diana als jagerin.

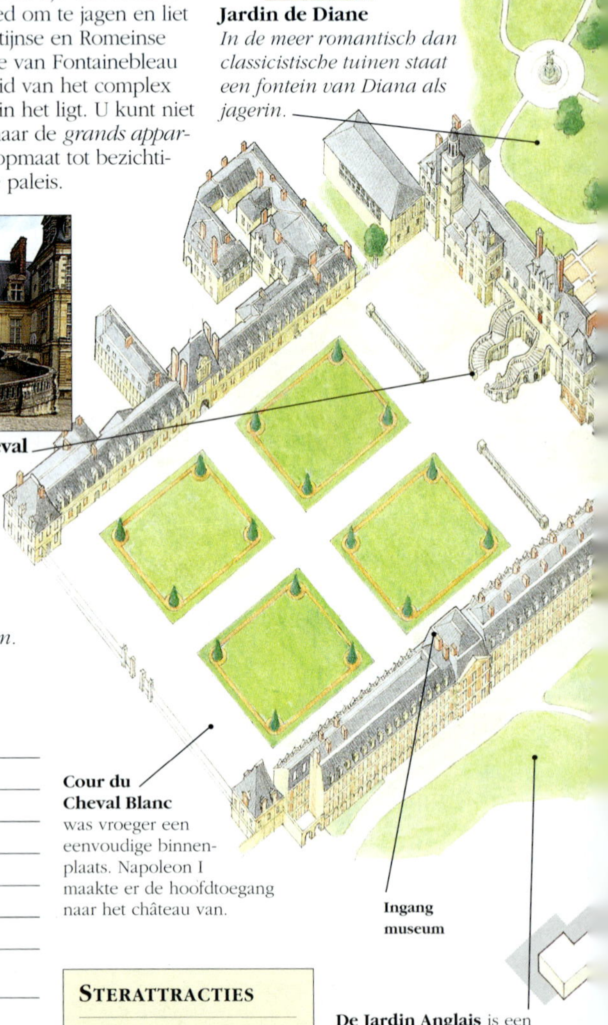

★ Escalier du Fer-à-Cheval
Deze hoefijzervormige trap van Jean Androuet du Cerceau werd gebouwd in 1634. Het ingenieuze ontwerp bood rijtuigen gelegenheid onder de twee bogen door te rijden.

Cour du Cheval Blanc was vroeger een eenvoudige binnenplaats. Napoleon I maakte er de hoofdtoegang naar het château van.

De Jardin Anglais is een romantische 'Engelse' tuin met cipressen en platanen. De huidige aanblik van de tuin is het gevolg van een 19de-eeuwse reconstructie.

SYMBOLEN

- Petits Appartements
- Galerie des Cerfs
- Musée Chinois
- Musée Napoléon
- Grands Appartements
- Salle Renaissance
- Appartements de Madame De Maintenon
- Grands Appartements des Souverains
- Escalier de la Reine/ Appartements des Chasses
- Chapelle de la Trinité
- Appartement Intérieur de l'Empereur

STERATTRACTIES

- **★ Escalier du Fer-à-Cheval**
- **★ Salle de Bal**
- **★ Galerie François I**

Porte Dorée
Deze van oorsprong middeleeuwse gevangenenpoort werd door Gilles Le Breton voor Frans I omgebouwd tot de toegang naar het bos.

Tips voor de toerist

Seine-et-Marne. 01-60715070. **Geopend** wo-ma 9.30-12.30, 14.00-17.00 uur. **Gesloten** 1 jan, 1 mei, 25 dec.

★ Salle de Bal
De balzaal, ontworpen door Primaticcio (1552) werd voltooid onder Hendrik II. Van hem staan ook wapens afgebeeld op de walnoten plafondcassetten.

De Appartements de Napoléon I beschikken in de Salle du Trône over een schitterende troon. Vroeger was dit de Chambre du Roi.

★ Galerie François I
Dit is een eerbetoon aan de Italianen uit de School van Fontainebleau. Rosso Fiorentino's fresco's dragen bij aan de wens van de koning om een 'tweede Rome' te creëren.

Chapelle de la Sainte Trinité werd in 1550 ontworpen door Hendrik II. Hendrik IV voegde het gewelf en de fresco's op het plafond toe en Lodewijk XIII voltooide de kapel.

De School van Barbizon

In de jaren veertig van de 19de eeuw besloot een aantal schilders onder aanvoering van Théodore Rousseau en Millet zich in het bos rond Fontainebleau te vestigen. Hun doel was de natuur zo puur mogelijk te schilderen. Ze kozen het gehucht Barbizon. Hier is in het vroegere atelier van Rousseau een museum gevestigd.

***Lente in Barbizon*, een schilderij van Jean-François Millet (1814-1875)**

NOORDOOST-FRANKRIJK

Inleiding op Noordoost-Frankrijk

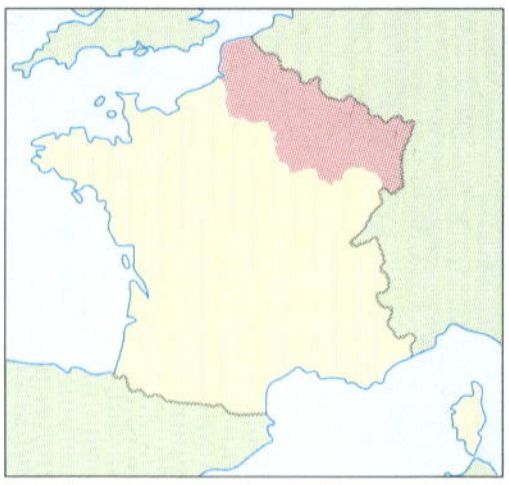

De open vlakten van het noordoosten worden begrensd door de Vogezen en de Ardennen. Behalve om zijn sombere oorlogsmonumenten is de streek bekend om de wijnen uit de Champagne en Elzas en enkele van de mooiste gotische kathedralen in Frankrijk. Met de traditionele industrieën – kolen, staal en textiel – gaat het slecht, maar de produktie van tarwe en wijn bloeit en de Kanaaltunnel belooft een economische opleving. Deze kaart geeft enige bezienswaardigheden aan.

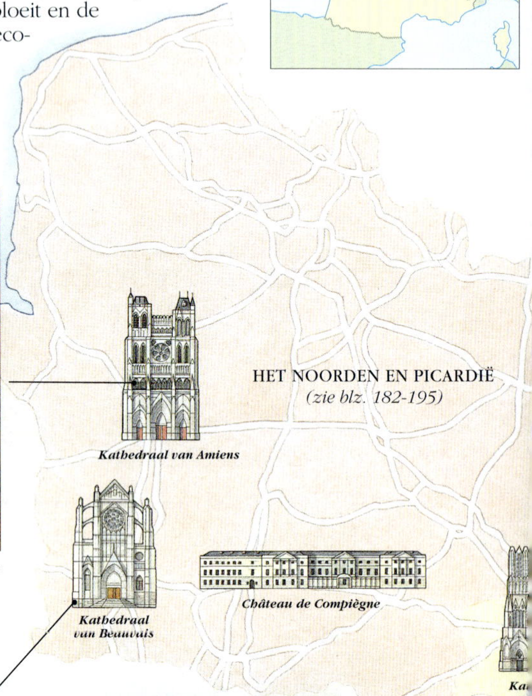

De kathedraal van Amiens *is beroemd om het mooie houtsnijwerk en het schip, het hoogste van Frankrijk* (blz. 192-193).

De trots van Beauvais *is de gotische kathedraal met astronomische klok* (blz. 190), *die de bombardementen in de Tweede Wereldoorlog doorstond.*

Vakwerkhuizen *en renaissancistische herenhuizen omzomen de straten en stegen van het centrum van Troyes* (blz. 206), *dat werd herbouwd na de grote brand in 1524. De glas-in-loodramen in de kathedraal zijn markant.*

De Eerste Wereldoorlog *heeft in dit gebied van veldslagen haar sporen nagelaten. Het Ossuaire de Douaumont bij Verdun* (blz. 180-181), *met 15.000 graven, herinnert aan die tijd.*

Haut-Koenigsbourg*, een kasteel dat door keizer Wilhelm II in neogotische stijl werd herbouwd toen Elzas-Lotharingen onder Duitse heerschappij stond, is een van de populairste attracties in de Elzas* (blz. 218).

In Straatsburg*, zetel van de Raad van Europa, staat een mooie gotische kathedraal* (blz. 220-221), *omgeven door prachtige historische gebouwen.*

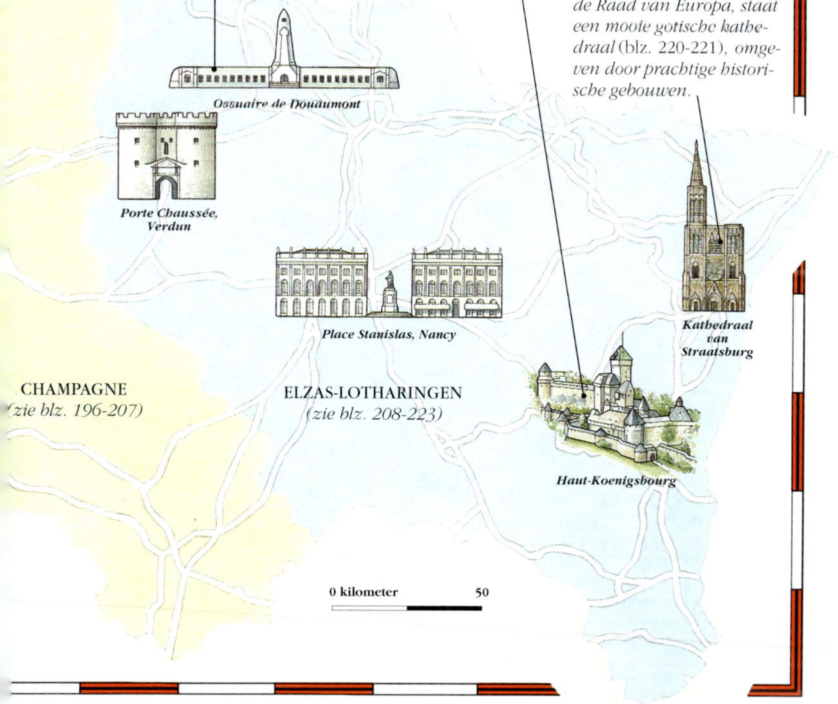

Het eten in Noordoost-Frankrijk

Moutarde de Meaux

Bezoekers van Boulogne, Le Touquet en Calais kennen vooral visgerechten. Naast schotels *fruits de mer* behoort een bord met gekookte mosselen en patates frites tot een van de genoegens van deze kuststreek. De maaltijd wordt afgerond met een enorme wafel met suiker. Landinwaarts groeit hop, waar het lokale bier van wordt gebrouwen, en witlof. Ook Elzas-Lotharingen heeft een oude traditie op het gebied van bier brouwen. In Lotharinger gerechten wordt vaak bier verwerkt, terwijl in de Elzas rieslingwijn populair is. De Elzassische keuken is gebaseerd op *charcuterie* (vleeswaren), met als klassiek hoogtepunt de *choucroute garnie* (zuurkool met varkensvlees en worstjes). Ook machtige cakes en taarten zijn geliefd. De bekendste is de *kougelhopf*, een ronde cake versierd met rozijnen, krenten en amandelen, die vaak ook nog in kirsch wordt gedrenkt.

Brioche *is een met boter en eieren verrijkte broodsoort. In de Elzas horen bepaalde brioches bij feestdagen:* neujohweka *worden op nieuwjaarsdag gegeten,* bonshommes *verkopen de bakkers op Sint-Nicolaas (6 dec.).*

Choucroute garnie *is een stevig gerecht van zuurkool met bacon, speklapjes of schenkel en verse en gerookte worstjes, waaronder* boudin noir *(bloedworst),* saucisse de Strasbourg *(dikke knakworst)* en boudin blanc *(witte varkensworst). Er horen gekookte aardappels en pittige* moutarde de Meaux *bij, en de gebruikelijke begeleidende drank is koude Riesling uit de Elzas.*

Aardappelsalade met worst *verraadt de Duitse invloed in de stevige Elzassische kost. Dit gerecht wordt warm geserveerd.*

Haring*, gevangen langs de Franse noordoostkust, is zowel gegrild als gerookt geliefd en wordt met aardappels gegeten.*

Pâté en croûte *wordt bereid in een omhulsel van bladerdeeg. Het bladerdeeg houdt de pâté vochtig en iets roze.*

Erwtensoep *of* potage St-Germain *wordt bereid met verse erwten die rijkelijk groeien in de kwekerijen van Amiens.*

Truite Ardennaise, *in de pan gebakken forel met gerookte ham en room, is een klassiek gerecht uit de Ardennen.*

Zewelwai ***of uienquiche*** *is een met uien, eieren en room gevulde taart die kenmerkend is voor Lotharingen.*

Porc aux deux pommes *is een typisch Elzassisch gerecht, dat bestaat uit varkensvlees geserveerd met aardappels en appels.*

Ardenner ham*, op traditionele wijze geconserveerd, is naar de streek genoemd. Later wordt de ham gezouten en gerookt.*

Carbonnade *is een schotel van in bier gesmoord rundvlees, genoemd naar 'carbon', uit de tijd dat het vlees op kolen werd gegrild.*

Tarte Alsacienne *is een met fruit en custard gevulde taart, vaak gemaakt met gistdeeg in plaats van kruimeldeeg.*

Madeleines *zijn kleine cakes, beroemd door* A la recherche du temps perdu *van Marcel Proust.*

Rum babas *zijn in rum en stroop gedrenkte cakes, in aparte vormpjes gebakken.*

Makronen *zijn amandelmeringues, een specialiteit uit Nancy.*

Brie de Meaux

Munster

Coulommiers

Kaas

Naast de bekende Brie de Meaux en de pittige Munster uit de Elzas, brengt het Noordoosten ook vele minder bekende, maar even lekkere kazen voort, bijvoorbeeld de pikante Maroilles, Vieux Lille, Boulette d'Avesnes, Dauphin, Rollot en Coulommiers.

Dranken

In het noordoosten wordt vaak bier gedronken. De traditionele methoden van bierbrouwen worden nog toegepast door grote brouwerijen als Kronenburg en vele kleinere brouwerijen.

Savenne

Kronenbourg

Bière de Garde

Franse wijngebieden: Champagne

Groot bewerkt vat, Épernay

Sinds de monnik Dom Pérignon in de 17de eeuw champagne zou hebben uitgevonden, heeft geen wijn met deze drank kunnen concurreren als symbool voor feestelijkheden. De meeste champagnes zijn niet van één bepaalde jaargang: de bekwaamheid van de wijnmeesters *(blz. 200)* zorgen voor een constante uitstekende kwaliteit. De *grandes marques* bepalen de prijs en het prestige, maar veel kleinere wijnboeren en coöperatieven produceren ook uitstekende wijnen. Deze zijn het waard om naar op zoek te gaan.

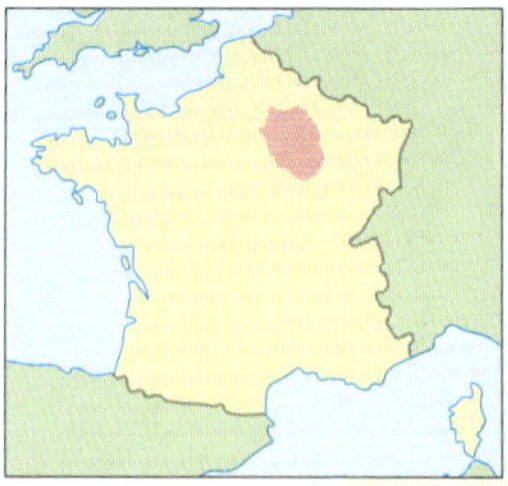

ORIËNTATIEKAART

Wijngebied Champagne

De druiven worden geplukt, Montagne de Reims

WIJNSTREKEN

Champagne ligt grotendeels in het *département* Marne. Sommige wijnen zijn verbonden aan een bepaald gebied. Zo is de Aube niet alleen beroemd vanwege zijn champagne, maar ook om een excentrieke niet-mousserende wijn, Rosé des Riceys.

BELANGRIJKE FEITEN OVER CHAMPAGNE

Plaats en klimaat
Het koele, ruige klimaat zorgt voor de verfijning die andere mousserende wijnen missen. Kalkhoudende grond en de hellingen op het oosten en noorden zorgen voor de zuurgraad die champagne nodig heeft.

Druivesoorten
Er zijn drie soorten, rode ***Pinot Noir*** en ***Pinot Meunier*** en witte ***Chardonnay***. De meeste champagnes zijn een mengeling, maar Blanc de Blancs is 100 procent Chardonnay en Blanc de Noirs wordt van rode druiv-

Goede producenten
Grandes Marques: Bollinger, Krug, Louis Roederer, Pol Roger, Deutz, Billecart-Salmon, Veuve Clicquot, Charles Heidsieck, Taittinger, Ruinart, Laurent Perrier. *Négociants, cooperatives en verbouwers:* A. Bonnet, Boizel, Bricout, Drappier, Ployez-Jacquemart, Union Champagne, Cattier, Gimmonet, Andre Jacquart, Jacques Selosses, Chartogne-Taillet, Alfred Gratien, Emile Hamm, Albert Beerens, Vilmart.

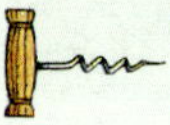

Goede jaren
1996, 1990, 1989, 1988, 1985, 1983.

Een merk *dat niet alleen bij kenners beroemd is – hier een klassieke* brut *(droog); alleen* brut non dosage *of* brut sauvage *zijn nog*

SYMBOLEN

- *Appellation*-gebied Champagne
- Vallée de la Marne
- Montagne de Reims
- Côte de Sézanne
- Côte des Blancs
- Aube

0 kilometer 15

Champagne Charlie *werd in een Engels liedje bezongen als een op stand levende, lichtzinnige figuur.*

Keurig geordende wijngaarden van een champagne-château

Roze champagne*, die vaak een lichte fruitsmaak heeft, is een perfecte zomerdrank. De kleur wordt verkregen door rode en witte wijnen te mengen.*

Deze Blanc de Blancs *van het gerenommeerde huis Deutz is een lichter soort champagne, uit een jaar waarin de Chardonnay tot perfecte rijping is gekomen.*

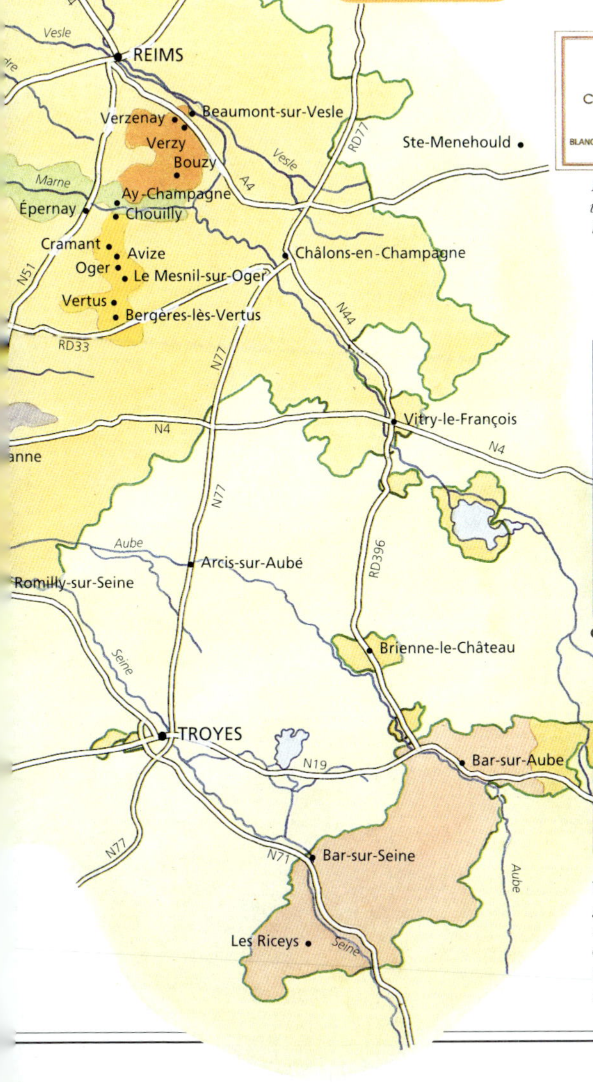

Champagnemenger

Voor wie *de voorkeur geeft aan een minder droge champagne is een demi-sec, zoals deze wijn van Canard-Duchêne, de ideale keuze.*

De Slag aan de Somme

Brits soldaat uit WO I

De vele begraafplaatsen in de omgeving van de Somme zijn een herinnering aan de massaslachting die in de Eerste Wereldoorlog (die op 11 november 1918 met een wapenstilstand eindigde) aan het westelijke front plaatsvond. Tussen 1 juli en 21 november 1916 verloren de geallieerden meer dan 600.000 man en de Duitsers ten minste 465.000. De Slag aan de Somme, een reeks manoeuvres van Britse en Franse troepen tegen de versterkingen van de Duitsers, ontlastte de onder druk staande Fransen bij Verdun. Een doorbraak werd echter niet gerealiseerd en de geallieerden kwamen slechts 16 km verder.

Oriëntatiekaart

Slagveld rond de Somme

In Beaumont Hamel Memorial Park, een eerbetoon aan het Royal Newfoundland Regiment, staat een enorme bronzen kariboe.

Het monument van Thiepval *werd ontworpen door Sir Edwin Lutyens. Het domineert het landschap van Thiepval, een van de gebieden waar het hardst strijd werd geleverd. Hier liggen 73.412 onbekende Britse soldaten.*

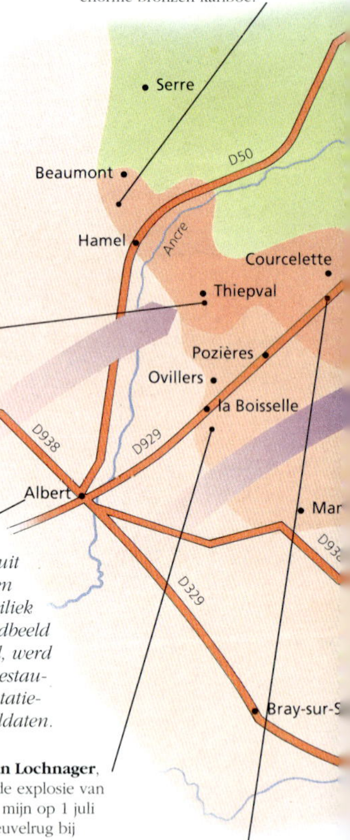

Albert *werd in 1916 zwaar beschoten door de Duitse artillerie. Vanuit de stad zijn de slagvelden goed bereikbaar. De basiliek van Albert, met het standbeeld van de leunende Maagd, werd beschadigd, maar is gerestaureerd. Hij was een oriëntatiepunt voor duizenden soldaten.*

De mijnkrater van Lochnager, veroorzaakt door de explosie van de zwaarste Britse mijn op 1 juli 1916, ligt op de heuvelrug bij La Boiselle.

Het Britse tank-monument *aan de grote weg van Albert naar Bapaume, is gewijd aan het eerste gebruik van tanks in de oorlog, op 15 september 1916. De aanval had slechts gedeeltelijk succes, want de tanks waren te langzaam en onbetrouwbaar om de oorlogvoering uit die tijd wezenlijk te beïnvloeden.*

__Propaganda__ was in de Eerste Wereldoorlog aan beide zijden een belangrijk middel om de steun van het thuisfront in stand te houden. Deze Franse ansichtkaart toont de oorlog zoals men die graag zag: een soldaat kust al stervend de vlag waarmee hij aantoont dat hij tot zijn laatste snik in het doel blijft geloven.

TIPS VOOR DE TOERIST

D929, D938 vanuit Albert. *Rue Gambetta 9, Albert.* *03-22751642.* **Albert Basilique, Beaumont Hamel Memorial Park, Thiepval, La Boiselle, Delville Wood en Pozières** ***open*** *dag.* **Ulster Tower** ***open*** *mei-sept: di-zo; okt-april: zo.* **South African Memorial Museum**, Delville Wood, Longueval. *03-22850217.* ***Open*** *feb-half dec, di-zo.* ***Gesloten*** *op feestdagen.* **Historial de Péronne** *03-22831418.* ***Open*** *april-sept: dag.; okt-mei: di-zo.* ***Gesloten*** *half dec-half jan.*

Delville Wood South African Memorial en museum zijn een eerbetoon aan de belangrijke rol die de strijdkrachten van het Britse Gemenebest speelden.

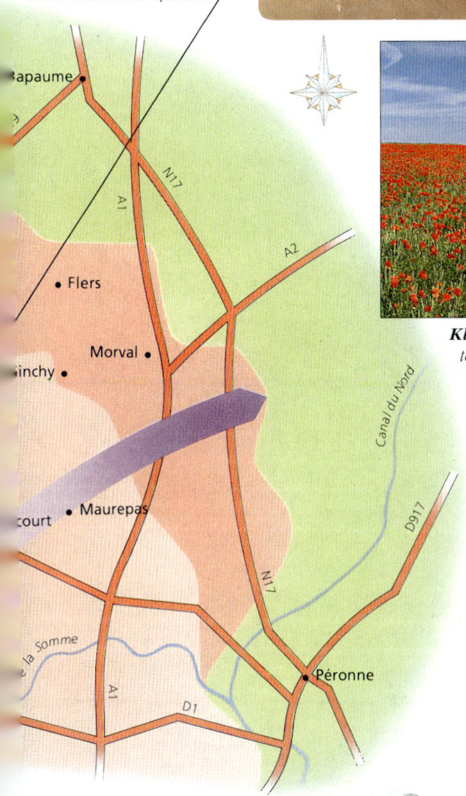

__Klaprozen__ waren een van de weinige planten die op het slagveld wilden groeien. Volgens de legende werd deze witte bloem na een veldslag rood. Klaprozen gelden tegenwoordig als een gedenkbloem.

SYMBOLEN

- Geallieerde strijdkrachten
- Duitse strijdkrachten
- Frontlinie voor 1 juli 1916
- Vordering van de frontlinie juli-september 1916
- Vordering van de frontlinie september-november 1916

0 kilometer 5

__De loopgraven van de frontlinie__ strekten zich uit van de Noordzee tot de Zwitserse grens. Alleen ondergronds was het mogelijk de penibele omstandigheden te overleven. Er zijn nog loopgraven in Beaumont Hamel Park.

1234
F.54
95
50
45
nacra 5.7

HET NOORDEN EN PICARDIË

PAS DE CALAIS · NORD · SOMME · OISE · AISNE

De bezienswaardigheden en monumenten in het moderne noorden van Frankrijk getuigen van de woelige geschiedenis van de streek: de hoge gotische kathedralen, de statige châteaus langs de rivier de Oise en de slagvelden van de Eerste Wereldoorlog.

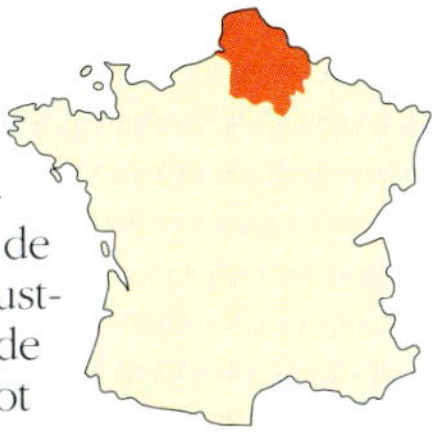

De havensteden Duinkerken, Calais en Boulogne en de gedistingeerde badplaats Le Touquet zijn de drukste punten aan een kustlijn die zich uitstrekt van de monding van de Somme tot de Belgische grens. Boulogne heeft de ouderwetse sfeer van een vissersdorp behouden en de witte krijtrotsen die hiervandaan naar Calais leiden, vormen het landschappelijke hoogtepunt van de Côte d'Opale.

Langs de Belgische kust treft u een onbekend, grotendeels op Vlaanderen geïnspireerd Frankrijk aan met windmolens en kanalen, waar de lokale voorkeur uitgaat naar bier, jachtschotels en feesten met boemelende reuzen. Lille is een naar alle kanten uitdijende moderne metropool met een levendig historisch hart. Ten zuidwesten van Lille ligt Arras, waar op enkele pleinen de sierlijkheid van de vroegere Vlaamse architectuur terug te vinden is. Het landschap tussen Arras en de vallei van de Somme wordt beheerst door de angstaanjagende herinneringen aan de Eerste Wereldoorlog.

In Picardië trekken vooral de kathedralen de aandacht. Een hoogtepunt van de Gotiek is de Cathédrale Notre-Dame in Amiens, de hoofdstad van de streek. Meer naar het zuiden staat de al even duizelingwekkend grote kathedraal van Beauvais. Dichter bij Parijs dwingen twee châteaus de aandacht af. Chantilly, het centrum van de Franse paarderennen, wordt omringd door tuinen van de hand van Le Nôtre. Compiègne, een koninklijk paleis waar veel Franse heersers in de 18de en 19de eeuw graag kwamen, ligt naast een groot, uitnodigend bos.

Een begraafplaats voor oorlogsslachtoffers in de Somme-vallei

◁ **Catamarans op het drukke strand van Le Touquet Paris-Plage**

Het Noorden en Picardië verkennen

In de noordelijkste hoek van Frankrijk, die de poort vormt naar België en Engeland, heerst een grote bedrijvigheid. Lille vervult zowel in cultureel als in technologisch opzicht een voortrekkersrol. Toch zijn stilte en rust nooit ver weg. De kust tussen de historische havenstad Boulogne-sur-Mer en de monding van de Somme is een vogelrijk gebied. Landinwaarts zijn de gotische kathedralen zoals die in Amiens en Beauvais indrukwekkende bezienswaardigheden, en de slagvelden en monumenten van de Eerste Wereldoorlog bieden een belangrijk inzicht in 20ste-eeuwse geschiedenis. In zuidelijke richting kunnen de grote châteaus bij Compiègne en Chantilly – met het fascinerende Musée Condé – zonder veel moeite worden aangedaan op weg van of naar Parijs.

SYMBOLEN

- Snelweg
- Hoofdweg
- Secundaire weg
- Toeristische route
- Rivier
- Uitzichtpunt

0 kilometer 25

Gezellig terras aan het historische Grand' Place in het centrum van Arras

Bezienswaardigheden

Amiens 10
Arras 8
Beauvais 11
Boulogne-sur-Mer 2
Calais 3
Chantilly 16
Château de Pierrefonds 14
Compiègne 13
Duinkerken 4
Flandre Maritime 6
Laon 18
Le Touquet 1
Lille 7
Noyon 12
Parc Astérix 17
St-Omer 5
Senlis 15
Vallée de la Somme 9

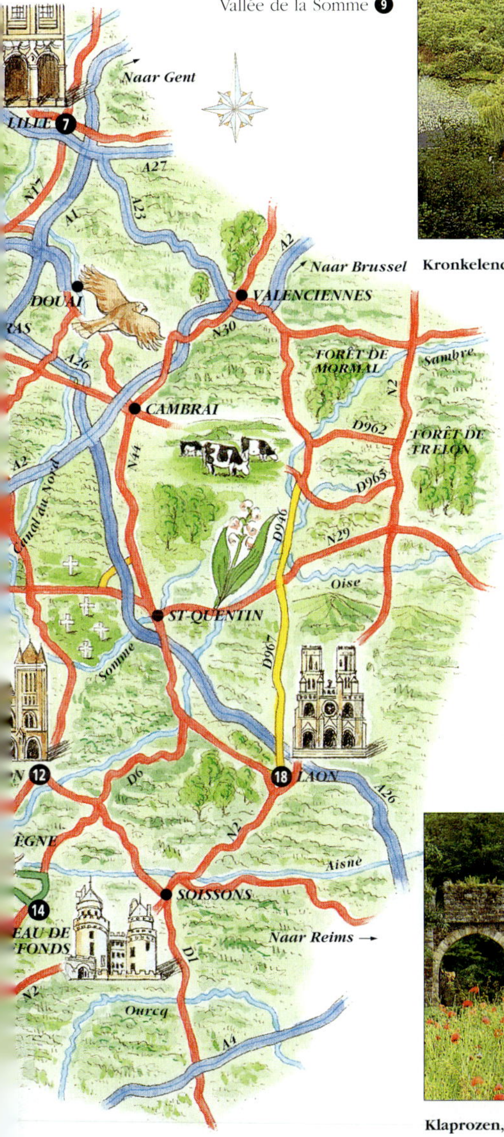

Kronkelende riviertjes in Vallée de la Somme

Bereikbaarheid

Er zijn snelweg- en treinverbindingen tussen Parijs en de havenplaatsen Boulogne, Calais en Duinkerken en naar de Kanaaltunnel bij Sangatte. De A1 en de TGV verbinden de rest van Frankrijk met Lille en België – Lille is een belangrijk knooppunt voor de TGV. Vanuit Amiens gaan er bussen naar de meeste grote steden in de omtrek en naar Parijs. De A26 loopt van Calais via Arras en Laon naar Troyes. Deze weg staat ook bekend als de Autoroute des Anglais en leidt van Noord-Frankrijk naar het zuiden zonder Parijs aan te doen. In Lille is een internationale luchthaven.

Klaprozen, het symbool van de slagvelden in WO I, in Vallée de la Somme

Eb aan het strand van Le Touquet

Le Touquet ❶

Pas de Calais. 6000.
Palais de l'Europe (03-21067200).
di & za (juni-half sep: ook ma).

Deze badplaats, voluit Le Touquet Paris-Plage, werd in de 19de eeuw gebouwd en was tussen de twee wereldoorlogen in trek bij de beau monde.
Aan de rand van de stad ligt een in 1855 geplant dennenbos waarin statige villa's schuil gaan. In het westen liggen mooie hotels, appartementencomplexen, chique winkels en restaurants aan een lang zandstrand. Een renbaan en een casino dragen bij aan het behoud van de luxueuze sfeer in Le Touquet. Ook strandvertier en sportfaciliteiten zijn voorhanden. Landinwaarts ligt op een heuvel het stadje **Montreuil** met witgepleisterde 17de-eeuwse huizen, restaurants en een overschaduwd wandelpad langs de stadswallen.

Boulogne-sur-Mer ❷

Pas de Calais. 44.000.
Forum Jean Woël, quai de la Poste (03-21316838). *wo & za.*

Deze belangrijke vissershaven, waarvandaan ook een veerboot naar Engeland vertrekt, heeft toeristen veel te bieden. De Porte des Dunes komt uit op het **Place de la Résistance** waar 17de- tot 19de-eeuwse gebouwen het Palais de Justice, de Bibliothèque en Hôtel de Ville huisvesten.
De koepel van de 19de-eeuwse **Basilique Notre-Dame** is tot ver in de omtrek te zien. In de kerk staat een houten standbeeld met ingelegde juwelen van de beschermvrouw van Boulogne, Notre-Dame de Boulogne. Ze draagt een *soleil*, een stervormige hoofdtooi zoals de vrouwen van de stad ook dragen tijdens de *Grande Procession* die jaarlijks ter ere van haar wordt gehouden. Dichtbij ligt het indrukwekkende 13de-eeuwse **Château** met slotgracht. Het werd gebouwd voor de graven van Boulogne en is nu een overzichtelijk historisch museum.
In het centrum liggen winkels, hotels en visrestaurants langs de Quai Gambetta op de oostelijke oever van de rivier de Liane. In het noorden ligt het strand van Boulogne en vindt u ook **Nausicaa**, een boeiend aquarium en nautisch centrum.
Ten noorden van de stad werd in 1821 de **Colonne de la Grande Armée** opgericht, een monument voor de door Napoleon I geplande invasie van Engeland in 1803-1805. Dit is het schilderachtigste stuk van de Côte d'Opale, met de verwaaide landtongen **Cap Gris-Nez** en **Cap Blanc-Nez**.

Château
Rue de Bernet. *03-21100220.*
Open *wo-ma.* ***Gesloten*** *1 jan, 1 mei 25 dec.*

Nausicaa
Bd Sainte-Beuve. *03-21309898.*
Open *dag.* ***Gesloten*** *2 weken in jan, 25 dec.*

Calais ❸

Pas de Calais. *80.000.*
12 bd Clémenceau (03-21966240). *wo, do & za.*

Van Calais vertrekken veel veerboten naar Engeland. De stad heeft op het eerste gezicht weinig te bieden.
Het **Musée des Beaux Arts et de la Dentelle** bezit echter werken van de Hollandse en Vlaamse school en herinnert aan de kantindustrie van de stad. Ook zijn studies te bezichtigen voor *Les bourgeois de Calais* (1895) van Auguste Rodin. Het beeld zelf staat in het zuiden van de stad, bui-

De verweerde Cap Blanc-Nez aan de Côte d'Opale

Les bourgeois de Calais van Auguste Rodin (1895)

ten het Hôtel de Ville. Het stelt een moment voor tijdens de belegering van Calais door Edward III in 1347, waarop zes inwoners hun leven offerden om de rest van de stad te redden. De zes overleefden het.

Het **Musée de la Guerre** in een door de oorlog beschadigde Duitse bunker, geeft een verslag van de plaatselijke gebeurtenissen tijdens de Eerste Wereldoorlog.

Musée des Beaux Arts et de la Dentelle
Rue Richelieu 25. 03-21464840.
Open *wo-ma (zo 's middags).*
Gesloten *feestdagen.*

Musée de la Guerre
Parc Saint Pierre. 03-21342157.
Open *feb-nov: wo-ma.*

Duinkerken ❹

Nord. 70.000.
Place Général de Gaulle (03-28667921). *wo & za.*

Duinkerken is een belangrijke havenstad en industrieel centrum, met in het westen een veerdienst naar Engeland. Een wandeling langs het Bassin du Commerce leidt naar het **Musée Portuaire**, dat gewijd is aan de maritieme geschiedenis van de stad. In het centrum van de stad staat een standbeeld van de 17de-eeuwse kaper Jean Bart, die begraven ligt in de **Eglise St-Eloi**. De klokketoren (1440) speelt een liedje over Jean Bart. In het **Musée des Beaux Arts** is een tentoonstelling te zien over de dramatische evacuatie in 1940 van 350.000 Britse en Franse manschappen. Ook zijn hier werken van Vasarely en César te zien.

In het **Musée d'Art Contemporain**, nabij Malo-les-Bains in het noordoosten, kunt u keramiek en glaswerk bekijken.

De haven van Duinkerken

Musée Portuaire
Quai de la Citadelle 9.
03-28633339. ***Open*** *wo-ma.*
Gesloten *sommige feestdagen.*

Musée des Beaux Arts
Place du Général de Gaulle.
03-28592165. ***Open*** *wo-ma.*
Gesloten *1 jan, 1 mei, 25 dec.*

Musée d'Art Contemporain
Avenue des Bains. *03-28592165.*
Open *wo-ma.* ***Gesloten*** *sommige feestdagen.*

St-Omer ❺

Pas de Calais. *15.000.*
Bd Pierre Guillain (03-21980851).
za.

Het lijkt alsof oorlogen het ouderwetse en stijlvolle St-Omer altijd hebben overgeslagen. De elegante 17de- en 18de-eeuwse huizen langs de kasseienstraatjes worden gesierd met pilaren. **Hôtel Sandelin**, (1777) is nu een museum voor schone kunsten. In de **Cathédrale Notre-Dame** ziet u 13de-eeuwse tegels en een enorm classicistisch orgel. Vlakbij staat de **Bibliothèque Municipale** met zeldzame handschriften en oude drukken uit de Abbaye St-Bertin, een 15de-eeuws vervallen klooster.

Hôtel Sandelin
Rue Carnot 14. *03-21380094.*
Open *wo-zo.* ***Gesloten*** *feestdagen.*
alleen op benedenverdieping.

Bibliothèque Municipale
Rue Gambetta 40. *03-21383508.*
Open *di-za.* ***Gesloten*** *feestdagen.*

Over Het Kanaal

Calais ligt slechts 36 km ten zuidoosten van de Engelse kust. De wens Het Kanaal – dat door de Fransen La Manche (de mouw) wordt genoemd – over te steken, heeft velen bezig gehouden. Jean Pierre Blanchard maakte de eerste overtocht per ballon in 1785, kapitein M. Webb zwom als eerste Het Kanaal over in 1875 en de pioniersvlucht van Louis Blériot volgde in 1909. Een ondergrondse tunnel, waarvoor in 1751 al plannen werden gemaakt, werd in 1994 werkelijkheid, Per trein kan men nu van Sangatte naar Folkestone reizen.

Kinderen kijken Louis Blériot na, 1909

Flandre Maritime ❻

Nord. ✈ *Lille.* 🚉 *Bergues.* ⛴ *Duinkerken.* ℹ *Bergues, La Mairie (03-28686044).*

Ten zuiden van Duinkerken ligt een vlak landbouwgebied met smalle waterwegen en eindeloze vergezichten – het oerbeeld van het Vlaamse landschap, met kanalen, fietsers en oude windmolens. De **Noordmeulen**, die in 1129 vlak ten noorden van Hondschoote werd gebouwd, zou de oudste molen van Europa zijn.

Vanuit Hondschoote loopt de D3 westwaarts langs het Canal de la Basse Colme naar Bergues. In deze versterkte wolstad zijn een aantal mooie 16de- en 17de-eeuwse Vlaamse kunstwerken te zien in het **Musée Municipal**. Verder zuidwaarts ligt, op een heuvel, de aantrekkelijke stad **Cassel**.

Musée Municipal

Rue de Mont de Piété 1, Bergues. ☎ *03-28681330.* ***Open*** *wo-ma, feb-dec.*

Lille ❼

Nord. 175.000. ✈ 🚉 🚌 ℹ *Palais Rihour (03-20219421).* *dag.*

Lille is de hoofdstad van Le Nord en tevens de belangrijkste plaats in Noord-Frankrijk. De stad ligt vlak bij de Belgische grens en vormt het hart van een agglomeratie van industrieterreinen, buitenwijken en nieuwe steden met bij elkaar meer dan een miljoen inwoners. Lille moet een centrale rol gaan spelen in het nieuwe Europa zonder grenzen: er wordt een technologisch geavanceerd zakencentrum, EuraLille, gebouwd met een eigen treinstation, Lille-Europe.

Het historische centrum, Vieux Lille, is een levendig geheel van kasseienpleinen en smalle straten met chique winkels, cafés en restaurants. Het middelpunt is Place du Général de Gaulle, omgeven door de imponerende façades van het art-decokantoor van de krant ***Voix du Nord*** en de 17de-eeuwse **Vieille Bourse** (oude beurs). In het oosten liggen de indrukwekkende **Nouvelle Bourse** (nieuwe beurs) en de **Opéra**, beide uit het begin van de 20ste eeuw.

Straatmuzikanten op het Place du Général de Gaulle in Lille

Bloemenverkopers in de arcades van de Vieille Bourse in Lille

Hospice Comtesse

Rue de la Monnaie 32. ☎ *03-20495090.* ***Open*** *wo-ma.* ***Gesloten*** *1 jan, 1 mei, 14 juli, 4-5 sept, 1 nov, 25 dec.* ♿ *beperkt.*

Al in 1237 werd op deze plek een ziekenhuis gebouwd. Tegenwoordig worden de voornamelijk 15de- en 17de-eeuwse gebouwen gebruikt voor tentoonstellingen. Het tongewelf van de ziekenkamer (1470) is schitterend en de gemeenschapsvleugel heeft een prachtige keuken van Delfts blauw. Het ziekenhuis stelt ook een collectie oude muziekinstrumenten tentoon.

Musée des Beaux Arts

Pl de la République. ☎ *03-20067800.* ***Open*** *wo-ma.* ♿

Het museum is in het bezit van een van de mooiste kunstcollecties buiten Parijs, met een sterke vertegenwoordiging van Vlaamse werken.

Arras 8

Pas de Calais. 42.000.
Hôtel de Ville, Place des Héros (03-21512695). wo & za.

Het centrum van Arras, hoofdstad van de Artois, ligt rond twee schilderachtige kasseienpleinen waaromheen 155 huizen met 17de-eeuwse Vlaamse gevels. Ieder huis aan het **Grand' Place** en het iets kleinere Place des Héros heeft, dankzij de zeer geslaagde na-oorlogse wederopbouw, een iets ander ontwerp, en bij sommige zijn de oorspronkelijke winkelopschriften nog zichtbaar.
Aan de westzijde van het Place des Héros staat het monumentale **Hôtel de Ville**, herbouwd in flamboyant-gotische stijl. Van de kelder kunt u met de lift naar de klokketoren, die een schitterend uitzicht biedt, of een rondleiding krijgen in het labyrint van de onderaardse gangen van Arras, die in de 10de eeuw in het kalksteen zijn uitgehouwen. Deze gangen vormden tijdens de Eerste Wereldoorlog een onderaards legerkamp.
In de enorme Abbaye St-Vaast gaan een 18de- en 19de-eeuwse neoclassicistische kathedraal en het **Musée des Beaux Arts** schuil. Het museum stelt verfijnde middeleeuwse beeldhouwkunst tentoon. Ook te bezichtigen zijn een plaatselijk *arras* (wandtapijt), souvenirs van de beroemdste zoon van de stad, Maximilien de Robespierre, en 19de-eeuwse werken van de door Corot beïnvloede School van Arras.

Hôtel de Ville
Pl des Héros. 03-21512695.
Open *dag.* **Gesloten** *1 jan, 25 dec.*

Musée des Beaux Arts
Rue Paul Doumer 22.
03-21712643. **Open** *wo-ma.*
Gesloten *feestdagen.*

Vallée de la Somme 9

Somme. *Amiens.*
Péronne (03-22844238).

De Somme, die westwaarts kronkelt van St-Quentin naar St-Valéry-sur-Somme, fungeert als een natuurlijke gids door het noorden van Picardië. De naam is vooral bekend van de veldslagen die hier tijdens de Eerste Wereldoorlog plaatsvonden *(blz. 180-181)*. Voor wie zich hierin wil verdiepen, is er het **Historial de la Grande Guerre**, dat op fantasierijke wijze gebruik maakt van archieffilms, posters, wapens, speelgoed en de kunst van Otto Dix.

Schrijn langs de weg, Somme-vallei

Ten westen van Péronne, in de richting van Amiens *(blz. 190)*, maken meertjes en beboste eilanden het dal van de Somme tot een aantrekkelijk gebied om te kamperen, wandelen en vissen. 's Zomers rijdt er een stoomtreintje door het schilderachtige landschap tussen Froissy en Dompierre.
Ten westen van Amiens ligt **Samara**, het grootste archeologische park in Frankrijk.
Stroomafwaarts ligt **Abbeville**, de moeite waard vanwege zijn door de tijd verweerde Eglise St-Vulfran. De kerk, die men in 1448 begon te bouwen, is uitgerust met een flamboyant-gotische westgevel met prachtige 16de-eeuwse bewerkte deurpanelen.
Vanaf hier leidt het Canal de la Somme de rivier naar **St-Valery-sur-Somme**. Deze vissershaven annex badplaats beschikt over een Haute Ville met gedeeltelijk bewaard gebleven stadswallen.
U kunt van de zee, het strand en het moeraslandschap in de baai genieten door het treintje te nemen dat in de zomer tussen Cayeux-sur-Mer en Le Crotoy rijdt. Voor vogelliefhebbers zijn het **Maison de l'Oiseau** op de D3 richting Cayeux-sur-Mer en het **Parc Ornithologique de Marquenterre** in St-Quentin-en-Tourmont ten noorden van de baai interessant.

Watersporters op de Somme

Een 16de-eeuws houtsnijwerk in de Eglise St-Vulfran in Abbeville

Historial de la Grande Guerre
Château de Péronne.
03-22831418. **Open** *okt-april: di-zo; mei-sept: dag.*

Samara
La Chaussée-Tirancourt.
03-22518283. **Open** *dag. jan-half dec.*

Amiens ⑩

Somme. 130.000.
Rue Duseval 6 bis (03-22716058). wo & za.

Amiens, de hoofdstad van Picardië, is meer dan alleen de **Cathédrale Notre-Dame** *(blz. 192-193)*. De schilderachtige wijk St-Leu is een van verkeer vrijgemaakt gebied met lage huizen en met bloemen omzoomde kanalen, waarlangs restaurants, cafés en ambachtswinkeltjes liggen. Ten oosten hiervan liggen **Les Hortillonages,** kleurige tuinderijen in het moerasland dat boeren vroeger met punters doorkruisten en nu een beschermd landschap is.

Musée de Picardie bezit middeleeuwse religieuze beeldhouwkunst en 19de-eeuwse marmeren en bronzen beelden. In het zuiden ligt het ronde plein dat door Jules Verne (1828-1905) werd ontworpen. Zijn huis, **Maison à la Tour**, is nu een documentatiecentrum. Het **Musée d'Art Local et d'Histoire Régionale** stelt meubels en *objets d'art* uit de streek tentoon.

Musée de Picardie
Rue de la République 48.
03-22913644. ***Open*** *dag.*
Gesloten *1 jan, 1 mei, 1 nov, 11 nov, 25 dec.*

Musée d'Art Local et d'Histoire Régionale
Rue V Hugo 36. 03-22918112.
Open *Pasen-sept do-zo; okt-Pasen: zo.* ***Gesloten*** *1 jan, 1 mei, 1 nov, 11 nov, 25 dec.*

De astronomische klok in de kathedraal van Beauvais

Beauvais ⑪

Oise. 56.000.
Rue Beauregard 1 (03-44450818)
wo & za.

Beauvais, dat zwaar werd gebombardeerd in de Tweede Wereldoorlog, is nu een moderne stad met één pronkstuk. De **Cathédrale St-Pierre** is de kroon op de grenzeloze ambitie waarmee de grote gotische kathedralen werden gebouwd. In 1227 begon men aan een bouwwerk dat hoger dan al zijn voorgangers moest worden. Door onvoldoende onderbouwing stortte het dak van het koor twee keer in voordat het gebouw in de vroege 14de eeuw werd voltooid.

Oorlogen en gebrek aan kapitaal hadden tot gevolg dat de dwarsbeuk pas in 1550 afkwam. In 1573 stortte de viering in nadat er een toren en een spits waren aangebouwd. Wat bewaard is gebleven, is echter nog altijd een meesterwerk van 480 m hoog. Wat het schip had moeten worden, wordt nog steeds ingenomen door de overblijfselen van een 10de-eeuwse kerk, de Basse-Oeuvre.

Het vroegere bisschoppelijk paleis huisvest nu het **Musée Départemental de l'Oise**. De collectie omvat archeologische vondsten, middeleeuwse beeldhouwkunst, tapijten en plaatselijk aardewerk. Beauvais beschikt over een oude tapijtindustrie, en voorbeelden uit de Franse nationale collectie hangen in de

Viollet-le-Duc

De architect en theoreticus Viollet-le-Duc (1818-1879) was de eerste die de gotische bouwkunst volledig op zijn juiste waarde schatte. Hij roemde de middeleeuwse bouwtechnieken, waarbij hij liet zien dat de gewelven oplossingen waren voor bouwkundige problemen. Hij restaureerde onder andere Château de Pierrefonds, de Notre-Dame in Parijs *(blz. 82-83)* en Carcassonne *(blz. 478-479)*.

Middeleeuwse architecten, door Viollet-le-Duc

Galerie Nationale de la Tapisserie.

Musée Départemental de l'Oise
Ancien Palais Episcopal, Rue du Musée 1. *03-44484888.*
***Open** wo-ma. **Gesloten** 1 jan, tweede paasdag, tweede pinksterdag, 1 mei, 25 dec.*

Galerie Nationale de la Tapisserie
Rue St-Pierre 22. *03-44051428.*
***Open** di-zo (bel van tevoren voor openingstijden).*

Noyon ⓬

Oise. 15.000. Place de l'Hôtel de Ville (03-44442188). wo & za, 1ste di van de maand.

Noyon is al heel lang een religieus centrum. De **Cathédrale de Notre-Dame**, de vijfde kerk die op deze plek werd gebouwd, werd tussen 1150 en 1290 voltooid. Het gebouw is een harmonieus voorbeeld van de overgang van romaanse naar de gotische bouwkunst. Een deel van het bisschoppelijk paleis huisvest een lokaal historisch museum, het **Musée du Noyonnais**.
In 1509 werd Jean Calvin, de protestantse theoloog en een van de leiders van de Reformatie, in Noyon geboren. Het kleine **Musée Jean Calvin** is aan hem gewijd.

Musée du Noyonnais
Ancien Palais Episcopal, Rue de l'Evêché 7. *03-44094341.*
***Open** wo-ma. **Gesloten** 1 jan, 11 nov, 25 dec.*

Het kruisribgewelf in de Cathédrale de Notre-Dame, Noyon

Een pad door Forêt de Compiègne

Compiègne ⓭

Oise. 50.000. Place de l'Hôtel de Ville (03-44400100). wo & za.

Compiègne is de stad waar Jeanne d'Arc in 1430 door de Bourgondiërs gevangen werd genomen. Het centrum wordt gedomineerd door het 16de-eeuwse Hôtel de Ville, maar de stad is het bekendst om zijn koninklijke **Château**. Jacques-Ange Gabriel ontwierp het paleis als zomerverblijf voor Lodewijk XV, waarna het werd voltooid onder Lodewijk XVI, gerestaureerd onder Napoleon en vervolgens een favoriet verblijf van Napoleon III en keizerin Eugénie werd.
In het paleis zijn het Musée du Second Empire en Musée de l'Imperatrice gewijd aan meubels, portretten en memorabilia, terwijl het Musée de la Voiture een aardige verzameling historische rijtuigen, fietsen en oude auto's bezit.
Ten zuiden en ten oosten van de stad strekken de oude jachtgronden van **Forêt de Compiègne** zich uit tot aan Pierrefonds. Ten oosten van de D130 ziet men vanuit Les Beaux Monts het château in volle glorie liggen.
Ten noorden van de N31 markeert de Clairière de l'Armistice de plek waar de wapenstilstand werd getekend die op 11 november 1918 een einde aan de Eerste Wereldoorlog maakte. Het kleine **Musée Wagon de l'Armistice** bezit een replica van de treinwagon waarin de ceremonie plaatsvond. Hitler gebruikte dezelfde wagon op 22 juni 1940 als vernederend ontmoetingspunt voor het tekenen van de Franse overgave in de Tweede Wereldoorlog.

Château de Compiègne
Place du Général de Gaulle.
*44 38 47 00. **Open** wo-ma. **Gesloten** 1 jan, 1 mei, 1 nov, 25 dec.*

Musée Wagon de l'Armistice
Clairière de l'Armistice (in de richting van Soissons). *03-44851418.*
***Open** wo-ma. **Gesloten** 1 jan, 25 dec.*

Château de Pierrefonds

Château de Pierrefonds ⓮

*Oise. 03-44427272. **Open** dag. **Gesloten** 1 jan, 1 mei, 1 nov, 25 dec.*

Het enorme Château de Pierrefonds domineert het kleine stadje dat aan de voet van het kasteel ligt. Hier werd in de 14de eeuw door Louis d'Orléans een kolossaal kasteel gebouwd, maar in 1813 was het vervallen tot een schilderachtige ruïne, die voor nog geen 3.000 francs door Napoleon I werd gekocht.
In 1857 gaf Napoleon III architect Viollet-le-Duc opdracht het te restaureren en in 1884 herrees Pierrefonds als keizerlijk verblijf. De buitenkant doet middeleeuws aan, maar het interieur is verlevendigd met de romantische fantasieën van Viollet-le-Duc en zijn opdrachtgever. Er worden rondleidingen gegeven en er is een historische tentoonstelling.

De kathedraal van Amiens

In 1220 werd begonnen met de bouw van de grootste kathedraal in Frankrijk. De kathedraal zou onderkomen bieden aan het hoofd van Johannes de Doper, dat in 1206 was meegenomen door de Kruisvaarders en een grote aantrekkingskracht uitoefende op pelgrims. De Notre-Dame werd binnen 50 jaar voltooid en is een bouwkundig meesterwerk – het toppunt van gotische architectuur. De kathedraal, die halverwege de vorige eeuw door Viollet-le-Duc (blz. 190) werd gerestaureerd, overleefde twee wereldoorlogen en is beroemd om zijn beelden en reliëfs, die John Ruskin in 1884 inspireerden tot *De Bijbel van Amiens*.

★ Westgevel
De koningsgalerij, een rij van 22 standbeelden die de koningen van Frankrijk voorstellen, strekt zich uit over de westelijke voorgevel. Ze zouden tevens de koningen van Judea symboliseren.

Wenende engel
Dit in 1628 door Nicolas Blasset gemaakte sentimentele standbeeld in de kloostergang verwierf tijdens de Eerste Wereldoorlog grote populariteit.

STERATTRACTIES

- ★ **Westgevel**
- ★ **Middenschip**
- ★ **Koorbanken**
- ★ **Koorhekken**

Het St-Firminportaal is versierd met figuren en taferelen uit het leven van St.-Firmin, de martelaar die het christendom in Picardië introduceerde en de eerste bisschop van Amiens werd.

De kalender toont tekens van de dierenriem met de bijbehorende werken eronder. Hij beeldt het dagelijks leven in de 13de eeuw af.

Hoofdportaal
Het timpaan is versierd met scènes uit Het Laatste Oordee Tussen de deuren staat de Be Dieu, *een beeld van Christus.*

Torens
De westgevel wordt gesierd door twee torens van ongelijke hoogte. De zuidelijke werd in 1366 voltooid, de noordelijke in 1402. De spits werd tweemaal, in 1627 en 1887, vervangen.

Tips voor de toerist

Cathédrale Notre-Dame, Place Notre-Dame. *03-22716050.* **Open** *april-okt: 8.30-19.00 uur, nov-maart: 9.00-12.00, 14.00-17.00 (za 18.00) uur.* **Gesloten** *laatste zo van sept., 23 dec.* *zo 9.00, 10.15, 11.30, 18.00 uur.*

De flamboyante tracering van het roosvenster dateert uit de 16de eeuw.

Een dubbele rij van 22 elegante luchtbogen steunt de constructie.

★ Schip
Het helder verlichte, 42 m hoge schip van de Notre-Dame wordt gesteund door 126 slanke pilaren en is een lofzang op het verticale.

★ Koorbanken
In de 110 eikehouten koorbanken (1508-1519) zijn 4000 bijbelse, mythische en hedendaagse personen uitgesneden.

★ Koorhekken
Levendige scènes uit de levens van St-Firmin en Johannes, vervaardigd in de 15de en 16de eeuw, sieren de galerij.

De vloer werd in 1288 gelegd en in de late 19de eeuw gerestaureerd. De gelovigen kropen vroeger over de patronen van de vloer.

Senlis ⓯

Oise. 16.000. Place du Parvis Notre-Dame (03-44530640). di & vr.

Senlis, 10 km ten oosten van Chantilly, is een bezoek waard vanwege zijn gotische kathedraal en de historische straten in de oude stad. De **Cathédrale Notre-Dame** werd in de tweede helft van de 12de eeuw gebouwd en de bewerkte deur in de westgevel, die de Maria-Hemelvaart afbeeldt, heeft ontwerpers van latere kathedralen zoals die in Amiens *(blz. 192-193)* beïnvloed. De zuidelijke torenspits dateert uit de 13de eeuw en de flamboyante zuidelijke dwarsbeuk uit het midden van de 16de eeuw vormt een sierlijk contrast met de soberheid van voordien. Tegenover de westgevel leidt een poort naar de ruïnes en tuinen van het Château Royal. Hier ligt het aan de jacht gewijde **Musée de la Vénerie**, gevestigd in een voormalige priorij.

Het **Musée d'Art** is gewijd aan het Gallo-Romaanse verleden van de stad en kan tevens bogen op een uitstekende verzameling vroeg-gotische sculptuur.

Musée de la Vénerie
Château Royal, Place du Parvis Notre-Dame. 03-44530080 lijn 1315. **Open** do-ma, di middag. **Gesloten** 1 mei. verplicht.

Musée d'Art
Ancien Evêché, Place Notre-Dame 2. 03-44530080 lijn 1247. **Open** wo mid-ma. **Gesloten** 1 mei.

***Les Très Riches Heures de Duc de Berry,* te zien in Chantilly**

Chantilly ⓰

Oise. 11.000. Avenue du Maréchal Joffre 23 (03-44570858). wo & za.

Het kasteel van Chantilly, dat omgeven wordt door park en bos, is al sinds jaar en dag een geliefde plek voor uitstapjes. Daarnaast is de plaats de hoofdstad van de paardesport in Frankrijk.

In 1528 werd begonnen met de bouw van het kasteel zoals dat er nu staat, maar de fundamenten dateren uit de Gallo-Romeinse tijd. Onder de beroemde maarschalk Anne de Montmorency werd de oude vesting vervangen en het Petit Château toegevoegd. Tijdens het leven van 'de grote Condé' (1621-1686) werd de restauratie voortgezet en Le Nôtre ontwierp een

Paardenraces in Chantilly

Chantilly, de hoofdstad van het volbloedpaardenrennen in Frankrijk, is het monument voor de innige band tussen de Franse hogere klassen en het paard. Prins Louis-Henri de Bourbon, grondlegger van de monumentale Grandes Ecuries in Chantilly, was ervan overtuigd dat hij ooit gereïncarneerd als paard zou terugkomen. De paardenraces werden rond 1830 geïntroduceerd uit Engeland en waren al snel zeer populair. De eerste officiële race werd hier in 1834 gehouden en tegenwoordig worden er in de omgeving zo'n 3.000 paarden afgericht. In juni is Chantilly het centrum van de paardesport als topjockeys en hun volbloeden strijden om twee historische trofeeën, de Prix du Jockey-Club en de Prix de Diane-Hermès.

Prix Equipage de Hermès, een van de vele prestigieuze races op Chantilly

park en fonteinen waar zelfs Lodewijk XIV jaloers op was. Het Grand Château werd tijdens de Revolutie vernietigd maar later herbouwd. Tussen 1820 en 1840 waren de recepties en jachtfeesten die er werden gegeven zeer in trek bij de hogere klasse. Tegen het einde van de 19de eeuw werd het gebouw vervangen door een renaissancistisch château. Tegenwoordig vormen het Grand Château en het Petit Château het **Musée Condé**, met kunstschatten die zijn verzameld door de laatste particuliere eigenaar, de hertog van Aumale. Er hangt werk van Raphael, Botticelli, Poussin en Ingres en er is een aardige collectie 16de-eeuwse portretten door de gebroeders Clouet te zien. Een van de kostbaarste voorwerpen is het beroemde 15de-eeuwse manuscript *Les Très Riches Heures du Duc de Berry*, waarvan reprodukties worden getoond. De Grandes Ecuries zijn een in 1719 door Jean Aubert ontworpen ruiterpaleis dat 240 paarden en 500 honden kan huisvesten. De stallen liggen naast de renbaan en bieden nu onderdak aan het **Musée Vivant du Cheval**.

Musée Condé
Château de Chantilly.
03-44626262. **Open** *wo-ma.*

Musée Vivant du Cheval
Grandes Ecuries du Prince de Condé, Chantilly. *03-44574040.* **Open** *wo-ma.*

Parc Astérix ⑰

Plailly. *03-36683010.* ***Open** april-aug dag., sept-okt wo, za, zo.* ***Gesloten** sommige ma & vr in mei & juni (informeer telefonisch).*

Iets ten noorden van het vliegveld Charles de Gaulle ligt langs de A1 een versterkt Gallo-Romeins kamp met zijn eigen douane, munteenheid en radiostation en een veiligheidsdienst waarvan de leden rondlopen met een helm met plastic vleugels. Dit sfeervolle themapark, zeer populair bij gezinnen, is geïnspireerd op de stripthelden van Goscinny en Uderzo.
Langs de Via Antiqua zijn architectuur en souvenirs van de reizen van Asterix te bezichtigen. Het dorp van Asterix en het Romeinse kamp zijn reconstructies naar de stripverhalen. De kermisattracties variëren van waterplezier op hoge snelheid – uitsluitend voor avonturiers – tot rustigere ouderwetse draaimolens. Rue de Paris is een weergave van Parijs door de eeuwen heen, inclusief de Notre-Dame en de avonturen van de drie musketiers. Souvenirs zijn overal te koop.

Asterix met vriendjes, Parc Astérix

Laon ⑱

Aisne. *36.000.* *Pl du Parvis de la Cathédrale (03-23202862).* *do & za.*

Laon, de hoofdstad van de Aisne, ligt op een lange, smalle door uitgestrekte vlakten omgeven heuvelrug.
U bereikt de oude stad op de berg het gemakkelijkst met de Poma, een kabelbaan die van het treinstation naar Place du Général Leclerc leidt.

Rue Châtelaine, een van de belangrijkste winkelstraten in Laon

Het 15de-eeuwse roosvenster in de Cathédrale de Notre Dames

De autovrije Rue Châtelaine gaat naar de prachtige **Cathédrale de Notre-Dame**. De kathedraal werd voltooid in 1235 en is, ondanks het verlies tijdens de Revolutie van twee van de oorspronkelijk zeven torens, een indrukwekkend monument van vroege Gotiek.
Bijzondere details zijn de diepe portalen van de westfaçade, het vier verdiepingen hoge schip en de bewerkte koorhekken die de zijkapellen afschermen. Het enorme 13de-eeuwse roosvenster in de apsis beeldt de verheerlijking van de Kerk fraai uit.
De beelden op de westelijke torens bewijzen eer aan de ossen die werden gebruikt om de bouwstenen van de kathedraal omhoog te trekken.
Een wandeling door de rest van het middeleeuwse Laon is absoluut lonend. Aan de oostkant leidt een promenade om de 16de-eeuwse **Citadelle**, terwijl men in het zuiden over de stadswallen langs de Porte d'Ardon en de Porte des Chenizelles naar de **Eglise St-Martin** kan lopen, waarbij u vanuit Rue Thibesard over de daken heen een goed uitzicht hebt op de kathedraal.
Ten zuiden van Laon loopt de Chemin des Dames, genoemd naar de dochters van Lodewijk XV. De weg staat echter vooral bekend als een slagveld uit de Eerste Wereldoorlog en wordt omzoomd door begraafplaatsen en monumenten.

CHAMPAGNE

MARNE · ARDENNES · AUBE · HAUTE-MARNE

Champagne is een bekende naam, die beelden oproept van feesten en de wereldberoemde kathedraal van Reims. De naam staat echter ook voor een onbedorven landelijke idylle van twee zeer verschillende landschappen: in het zuiden de golvende velden van Champagne die zich uitstrekken tot aan meren en uiterwaarden en in het noorden de dichte bossen en heuvels van de Ardennen.

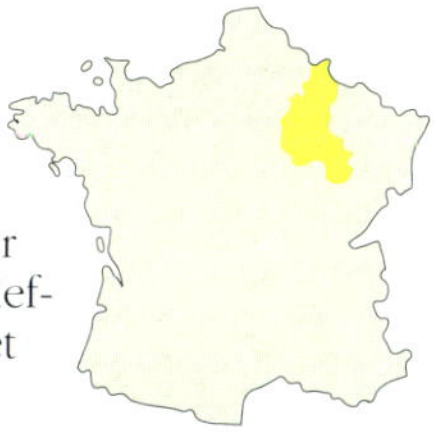

De 'heilige driehoek van Champagne', die Épernay, Reims en Châlons-en-Champagne met elkaar verbindt, trekt veel wijnliefhebbers aan. Hier wordt het drinken van champagne gecombineerd met overheerlijke maaltijden van gevulde forel, Ardenner ham en de beroemde *andouillettes*, Franse knoflookworstjes. De *route touristique du Champagne* slingert door wijngaarden naar eindeloze graanvlakten die zich zuidwaarts uitstrekken tot aan het merengebied.
Op de grens tussen Frankrijk en België liggen de Ardennen, die hun naam ontlenen aan het Keltische woord voor breed bos. Dit woeste grensgebied van indrukwekkende dalen, loofbossen en heuvels, wordt doorsneden door de kronkelingen van de Maas. Tot de grensversterkingen behoren de enorme vesting Sedan, het stervormige bastion Rocroi en de voorposten van de Maginotlinie die voor de Tweede Wereldoorlog werden gebouwd.
In cultureel opzicht maakt Champagne indruk met schitterende steden. Er staan prachtige kerken, van de gotische grootsheid van de kathedraal van Reims tot de landelijke charme van de houten *champenois* kerken. Deze zijn ingericht met kleurige gebrandschilderde ramen van de beroemde School van Troyes. Het subtiele vakmanschap ervan symboliseert de rustige charme van deze streek.

De vakwerk *champenois*-kerk in Lac du Der-Chantecoq

◁ **De Cathédrale St-Etienne in Châlons-en-Champagne**

Champagne verkennen

De mousserende Champagne lokt vele wijnliefhebbers naar de heilige driehoek tussen Reims, Epernay en Châlons-en-Champagne, maar de streek trekt ook cultuurliefhebbers naar zijn grote kerken, met name de kathedraal van Reims. In Reims zijn veel goede restaurants, maar Troyes, de vroegere hoofdstad van Champagne, is als uitgangspunt aanlokkelijker. Champagne is voor een groot deel vlak en wandelaars en natuurliefhebbers hebben veelal een voorkeur voor de wilde en beboste Ardennen in het noorden. Ten noorden van Reims kunt u het Canal des Ardennes per boot vanuit Rethel verkennen.

Vissen aan een kanaal in Montier-en-Der, vlak bij Lac du Der-Chantecoq

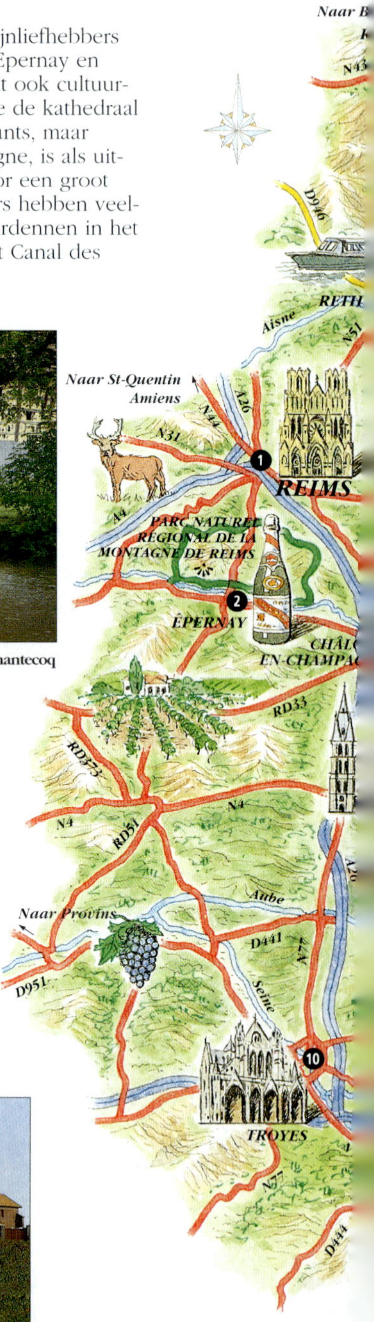

Bereikbaarheid

Voor een internationale vlucht naar de luchthaven van Reims-Champagne moet u meestal overstappen in Parijs. Met de auto kan Reims, de belangrijkste trekpleister voor toeristen, gemakkelijk worden bereikt via de A4 van de Elzas naar Parijs. De trein uit Parijs doet er anderhalf uur over. De treinverbindingen in de streek zelf zijn redelijk, evenals de wegen.

De wijngaarden kunt u vanuit Reims uitgebreid bezichtigen door de overal aanwezige wegwijzers met de tekst 'Route de Champagne' te volgen.

Molen bij Verzenay, Parc Naturel de la Montagne de Reims

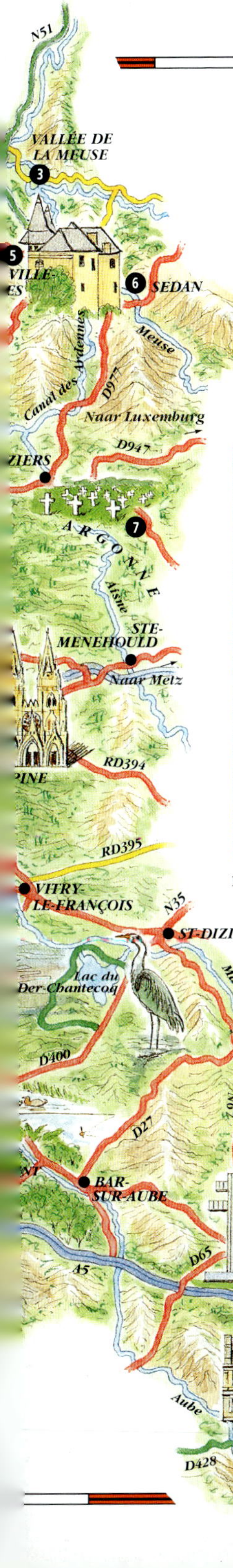

Een *grande marque*-champagne uit Reims

BEZIENSWAARDIGHEDEN IN HET KORT

- Argonne 7
- Châlons-en-Champagne 9
- Charleville-Mézières 5
- Chaumont 11
- Épernay 2
- L'Épine 8
- Langres 12
- Reims 1
- Rocroi 4
- Sedan 6
- Troyes 10
- Vallée de la Meuse 3

De oude stad van Monthermé ligt in een meander van de Maas

SYMBOLEN

- Snelweg
- Hoofdweg
- Secundaire weg
- Toeristische route
- Rivier
- Uitzichtpunt

0 kilometer 25

De vergulde schrijn met het lichaam van St-Remi in de Basilique St-Remi

Reims ❶

Marne. *185.000.*
Rue Guillaume de Machault 2 (03-26774525). dag.

Reims is wereldberoemd als thuisbasis van een paar van de bekendste *grandes marques*. De stad heeft echter ook historische faam: sinds de 11de eeuw hebben alle Franse koningen zich in de opvallende gothische **Cathédrale Notre-Dame** *(blz. 202-203)* laten kronen. Hoewel de bombardementen van de Tweede Wereldoorlog in Reims veel hebben vernield, staat er nog een aantal bijzondere monumenten. De **Cryptoportique**, onderdeel van het forum, en de Porte Mars, een Augusteïsche triomfboog, herinneren aan het Romeinse verleden van de stad. In 1945 werd de Duitse overgave getekend in het **Musée de la Reddition** in het Franse hoofdkwartier van generaal Eisenhower. **Musée des Beaux Arts** bezit een mooie verzameling 15de- en 16de-eeuwse doeken zoals portretten door de Cranachs, *De dood van Marat* van David en meer dan 20 landschappen van Corot. Verder zijn er werken van de School van Barbizon, impressionisten en moderne meesters.
In 1996 vond in de kathedraal van Reims de viering van de 1500ste verjaardag van de doop van Clovis plaats, de eerste koning der Franken,.

Ancien Collège des Jésuites & Planetarium

Place Museux 1. *03-26855150.* **Collège** ***open*** *dag.* ***Gesloten*** *feestdagen.* **Planetarium** ***open*** *za, zo.*
Dit weinig bekende college, gesticht in 1606, was tot 1976 een verpleeghuis. Tegenwoordig worden er filmopnamen gemaakt. Het gebouw is in Zola's *Germinal* (1992) en *Koningin Margot* (1993), met Isabelle Adjani in de hoofdrol, te zien. Tot de hoogtepunten behoren het ingelegde plafond in de eetzaal en de keuken, de enige plaats waar een open haard was toegestaan in het sobere jezuïtische gebouw. Een dubbele wenteltrap leidt naar een barokke bibliotheek, waarvan het plafond aan een omgekeerde boot doet denken.

Basilique St-Remi

Place de Lenoncourt. ***Open*** *dag.*
Deze benedictijner abdijkerk, het oudste godshuis in Reims, staat tegenwoordig geïsoleerd in een moderne wijk. Aanvankelijk was het een Karolingische basiliek, gewijd aan Saint Remi (440-533).

De Porte Mars, die herinnert aan de Romeinse tijd in Reims

Méthode Champenoise

Om de karakteristieke belletjes te verkrijgen, moet champagne een dubbele gisting ondergaan.

- **Eerste gisting:** De basiswijn, die van nogal zure druiven wordt gemaakt, gist bij een temperatuur van 20-22 °C in roestvrije stalen tanks of eiken vaten. Daarna wordt het bezinksel verwijderd en de wijn bij een lagere temperatuur opgeslagen. Vervolgens wordt hij afgestoken en vermengd met wijnen uit andere streken en jaren. De wijn wordt gebotteld en de *liqueur de tirage* (suiker, wijn en gist) wordt toegevoegd.
- **Tweede gisting**: de flessen worden een jaar lang opgeslagen in koele kelders. De gist splitst de suiker in alcohol en kooldioxyde, die de belletjes produceert, waarna de gistcellen afsterven en bezinken. Het bezinksel wordt verwijderd door de flessen dagelijks te keren en te kloppen om het gistbezinksel in de hals van de fles te krijgen *(remuage)*. Ten slotte wordt het bezinksel verwijderd door middel van een proces dat *dégorgement* wordt genoemd.

Mumm, een champagne uit Reims

Binnen bevinden zich een vroeg-gotisch koor, kapellen en gebeeldhouwde romaanse kapitelen in de noordelijke dwarsbeuk.

Musée St-Remi

Rue Simon 53. *03-26852336.* ***Open*** *dag. alleen 's middags* ***Gesloten*** *1 jan, 1 mei, 14 juli, 1 & 11 nov, 25 dec.*

Het museum, dat aan de abdij grenst, is om de oorspronkelijke gotische kapittelzaal in zijn 17de-eeuwse omhulsel heen gebouwd. In het museum zijn archeologische vondsten, 15de-eeuwse tapijten met scenes uit het leven van Saint Remi en een afwisselende verzameling wapens uit de 16de tot en met de 19de eeuw te zien.

Épernay ❷

Marne. *28.000.* *Av de Champagne 7 (03-26533300).* *wo, za & zo.*

Épernay is interessant om zijn in kalksteen uitgehouwen *caves*, waar men champagne kan proeven. Dit centrum van de champagne-industrie heeft het hoogste inkomen per hoofd van de bevolking in Frankrijk. **Moët et Chandon**, sinds 1743, is het grootste huis en het paradepaard van Moët-Hennessy. Deze groep bezit ook andere merken, zoals Ruinart, Dom Perignon, Pommery, Mercier en zelfs Parfums Dior. Toen de omzet van champagne in 1993 terugliep, ontsloeg Moët een aantal mensen, hetgeen tot de eerste staking in de geschiedenis van de bedrijfstak leidde.

Beeld van Dom Perignon bij Moët

Of u nu een kelder van Moët of van **Mercier** bezichtigt – beide zijn gevestigd aan de Avenue de Champagne. Mercier bezit een enorm vat, dat in 1889 voor de Wereldtentoonstelling in Parijs werd gemaakt, en vervoert bezoekers per elektrisch treintje door de *caves*.

De Castellane, aan de Avenue de Verdun, is als merk minder belangrijk, maar biedt een persoonlijkere rondleiding, vergezeld van een stevige *dégustation*.

Moët et Chandon

Avenue de Champagne 20.
03-26512000.
Open *april-half nov: dag.; half nov-maart: ma-vr.*

Mercier

Avenue de Champagne 70.
03-26512222.
Open *maart-nov: dag.; dec-feb: do-ma.* ***Gesloten*** *25 dec-1 jan.*

De Castellane

Rue de Verdun 57.
03-26511911.
Open *april-nov: dag.*

Dégorgement *is de laatste verwijdering van het gistbezinksel uit de fles. De hals van de fles wordt in een zoutoplossing gedoopt, waarna het bevroren bezinksel kan worden verwijderd.*

Verleidelijke reclame *heeft een grote bijdrage geleverd aan het succes van champagne.*

De prik in champagne *ontstaat tijdens de tweede gisting. Hoe langer een champagne rijpt, des te lekkerder wordt hij.*

De kathedraal van Reims

De schitterende gotische Cathédrale Notre-Dame in Reims is een indrukwekkend, harmonieus bouwwerk. Sinds 401 staat er al een kathedraal op deze plek, en in 1211 werd begonnen met de constructie van het huidige gebouw. In Reims werden vanaf de Middeleeuwen tot 1825, toen Karel X de troon besteeg, alle Franse koningen gekroond. De kroning van Karel VII in 1429 werd bijgewoond door Jeanne d'Arc.
Tijdens de Revolutie werden het koorhek en de ramen vernield, maar het gebouw zelf bleef behouden. De restauratie van de schade uit de Eerste Wereldoorlog is in 1996 voltooid, in het jaar van de 1500ste verjaardag van de doop van Clovis, de koning der Franken.

Het middenschip
Het schip van Reims is hoger dan dat van Chartres (blz. 298-301). *Op de elegante kapitelen zijn naturalistische plantmotieven zoals klimop en bessen te zien.*

★ Groot roosvenster
Het 13de-eeuwse roosvenster, vooral mooi bij zonsondergang, beeldt de Maagd Maria uit, omgeven door apostelen en musicerende engelen. Het is geplaatst in een groter raam.

Westgevel

Zuidgevel

★ Glimlachende engel
Reims wordt, vanwege de vele beelden, vaak 'de kathedraal der engelen' genoemd. Deze mysterieuze engel met uitgevouwen vleugels boven het (noordelijke) portaal is het beroemdste van de vele beelden die het bouwwerk sieren.

★ Koningsgalerij
De harmonieuze westgevel met meer dan 2300 beelden bevat ook de Koningsgalerij die uit 56 stenen beelden van de Franse koningen bestaat.

Palais du Tau

Het paleis van de aartsbisschop naast de kathedraal is genoemd naar zijn T-vorm, gebaseerd op vroege episcopale kruisen (tau is Grieks voor T). Het paleis, dat in 1690 werd gebouwd door Mansart en Robert de Cotte, bezit een gotische kapel en de 15de-eeuwse Salle du Tau, die beide een functie hebben bij Franse kroningen. De nacht voor de kroning bracht de toekomstige koning in het paleis door. Na de kroning in de kathedraal vond er een groots banket in het paleis plaats. De Salle du Tau, of banketzaal, is de mooiste zaal van het paleis, met een prachtig tongewelf en 15de-eeuwse Arras-tapijten aan de wanden. Het paleis huisvest nu een museum met beeldhouwwerken en tapijten uit de kathedraal, waaronder een 15de-eeuws tapijt van de doop van Clovis, de eerste christelijke koning.

De banketzaal in Palais du Tau

Tips voor de toerist

Cathédrale Notre-Dame, Place du Cardinal Luçon.
03-26475534. ***Open*** *dag. 7.30-19.30 uur.* *ma-vr 8.00 & 19.00 uur; zo 9.00, 10.15 & 12.00 uur.*
Palais du Tau *03-26478179.* ***Open*** *dag.* ***Gesloten*** *1 jan, 1 mei, 1 & 11 nov, 25 dec.*

Apsisgalerij
De gerestaureerde opengewerkte galerij op de apsis is afgewerkt met beelden van mythologische dieren.

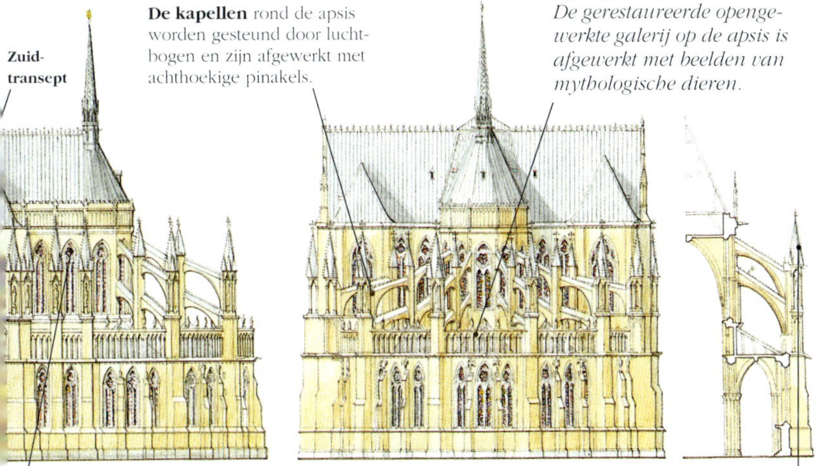

Zuidtransept

De kapellen rond de apsis worden gesteund door luchtbogen en zijn afgewerkt met achthoekige pinakels.

Apsis

Zijvleugel

De vensters in de lichtbeuken zijn door slanke stenen spaken verdeeld, een noviteit van de gotische tracering.

Pinakels op de luchtbogen huisvesten beschermengelen, de symbolische beschermers van de kathedraal.

Sterattracties

- ★ **Koningsgalerij**
- ★ **Glimlachende engel**
- ★ **Groot roosvenster**

Raam van Chagall
De ramen in de axiale kapel zijn ontworpen door de 20ste-eeuwse kunstenaar Marc Chagall en gemaakt door lokale handwerkslieden. Dit raam beeldt de Kruisiging en het Offer van Isaak af.

Het *sentier touristique*, het pad langs de wallen van Rocroi

Vallée de la Meuse ❸

Ardennes. *Revin.* *Revin (03-24401959).*

De Maas kronkelt zich een weg door de Ardennen, door een woest landschap van wilde kloven, bossen en verwrongen steenformaties van graniet of schist.

Revin is een onopvallend stadje op een bijzondere plek. Het ligt bij een dubbele slinger in de Maas, met de oude stad ingesloten in de noordbocht. Vanaf de kade ziet u de beboste **Mont Malgré Tout,** die bereikbaar is via een route met uitkijkpunten en steile paadjes. Iets naar het zuiden liggen de **Dames de la Meuse**, een rotspartij over de rivierkloof.

Monthermé ligt op twee oevers, met de oude stad op de aantrekkelijkere linkeroever. De rotsachtige kloven rond de **Roche à Sept Heures** op de andere oever trekken zowel wandelaars als klimmers aan, terwijl verderop de **Rocher des Quatre Fils d'Aymon** ligt.

Rocroi ❹

Ardennes. 2600. *Place d'Armes 14 (03-24542006).* *di.*

De stervormige vesting Rocroi werd in 1555 onder Hendrik II gebouwd en onneembaar gemaakt door Vauban in 1675 *(blz. 216)*. Het *sentier touristique* is een pad langs de borstwering dat bij de Porte de France, de zuidelijke toegang, begint. Het natuurgebied in Rièzes heeft orchideeën en vleesetende planten.

Charleville-Mézières ❺

Ardennes. 57.000. *Place Ducal 4 (03-24324480).* *di, do & za.*

Deze plaats aan de rivier bestond vroeger uit twee steden. De middeleeuwse vesting Mézières werd pas in 1966 met de stad Charleville verenigd. Mézières bestaat uit huizen met leien daken en ligt aan een bocht in de Maas. De veelvuldig herbouwde gotische **Notre-Dame de l'Esperance** ligt weggestoken in de borstwering.

Het pronkstuk is het **Place Ducale**, een toonbeeld van stadsontwikkeling zoals die onder Lodewijk XIII plaatsvond. Het doet een beetje aan het Place des Vosges in Parijs *(blz. 87)* denken. Vlakbij werd in 1854 de dichter Arthur Rimbaud geboren. Zijn geboortehuis, Rue Thiers 12, staat er nog, evenals het huis langs de Maas op Quai Arthur Rimbaud 7, waar hij zijn jeugd doorbracht.

Aan de kade staat de Vieux Moulin, het stadhuis waarvan het uitzicht Rimbaud inspireerde tot *Le bateau ivre*, zijn beroemdste gedicht. Binnen bevindt zich het kleine **Musée Rimbaud**.

Musée Rimbaud
Quai Arthur Rimbaud.
03-24324465. ***Open*** *di-zo.*
Gesloten *1 jan, 1 mei, 25 dec.*

Sedan ❻

Ardennes. *22.000.* *Château Fort, Place de Château (03-24277373).* *wo & za.*

Even ten oosten van Charleville staat het **Château de Sedan**, het grootste versterkte kasteel van heel Europa. Al sinds de 11de eeuw staat hier een bastion en na elk conflict in de Ardennen werd dat telkens wat verder verstevigd.

In 1870 stonden er tijdens de Frans-Duitse oorlog 700 Pruisische kanonnen op Sedan gericht, waarna Napoleon III zich overgaf. In mei 1940 bereikten de Duitsers binnen een week na de verovering van Sedan de Franse kust.

Delen van het zeven verdiepingen hoge bastion dateren nog uit de Middeleeuwen en de 16de eeuw. Hoogtepunten

Rimbaud, de 19de-eeuwse dichter wiens wieg in Charleville stond

van een bezoek zijn de wallen, de 16de-eeuwse versterkingen en de 15de-eeuwse dakranden in een van de torens. Het **Musée du Château**, dat zich in de zuidvleugel bevindt, toont een tentoonstelling over militaire acties.
Het bastion is omgeven door 17de-eeuwse huizen aan de oever van de Maas.

Musée du Château
Château de Sedan, Place du Château 1.
03-24277375.
Open *maart-okt: di-zo.*

Omgeving
In het zuiden ligt het **Fort de Vitry-la-Ferté**. Dit is een van de weinige forten uit de Maginotlinie waar in 1940 rechtstreeks met de vijand werd gevochten. Die overmoed werd door de Duitsers zwaar bestraft.

Een binnenplaats van Château de Sedan

Een waterspuwer van de Basilique de Notre-Dame de l'Epine

Argonne 7

Ardennes & Meuse. *Vouziers.*
Vouziers 03-24719757 (okt-maart 03-24719757).

Argonne ligt ten oosten van Reims. Op het platteland overheersen priorijen, loopgraven en begraafplaatsen. Als bosrijk grensgebied tussen de rivaliserende bisdommen van Champagne en Lotharingen herbergde Argonne abdijen en priorijen. De vervallen benedictijner abdij van **Beaulieu-en-Argonne** kijkt uit op het bos. Ten noorden hiervan ligt **Les Islettes**, bekend om zijn geglazuurde keramiek en tegels. Het heuvelachtige terrein was een slagveld tijdens de Frans-Duitse oorlog en lag in de Eerste Wereldoorlog aan het westelijke front. In het toen betwiste gebied, **Butte de Vauquois** (ten noorden van Les Islettes) staat een oorlogsmonument.

L'Épine 8

Marne. *650.*

Een bezoek aan l'Epine is alleen al de moeite waard vanwege een blik op de **Basilique de Notre-Dame de l'Épine**. Deze 15de-eeuwse flamboyant-gotische kerk is al sinds de Middeleeuwen een bedevaartsoord. Zelfs Franse koningen zijn hier gekomen om het 'wonderbaarlijke' beeld van de Maagd Maria te vereren.
In de gevel bevinden zich drie spits toelopende portalen met zwevende traceringen, wat een gaaseffect geeft dat doet denken aan de kathedraal van Reims. Rondom zitten griezelige waterspuwers, symbolen van de kwade geesten en doodzonden die naar buiten zijn gejaagd door de heiligheid van de kerk. Helaas zijn de gewaagdste sculpturen vernietigd omdat ze door de 19de-eeuwse puriteinen als obsceen werden beschouwd.

Vakwerkkerken in Champagne

Langs Lac du Der-Chantecoq ligt een gebied met bossen, uiterwaarden en karakteristieke vakwerkkerken in romaanse en renaissancistische stijl met opvallende puntgevels en *caquetoirs*, gammele houten portalen. De in de levendige kleuren van de School van Troyes uitgevoerde glas-in-lood-ramen zijn kenmerkend voor de intieme en prachtig bewerkte interieurs. Kleine weggetjes verbinden de kerken in Bailly-le-Franc, Chatillon-sur-Broué, Lentilles, Vignory, Outines, Chavanges en Montier-en-Der.

De 16de-eeuwse vakwerkkerk in Lentilles

Châlons-en-Champagne ❾

Marne. 48.000.
Quai des Arts 3 (03-26651789).
wo & za.

Châlons ligt ingesloten tussen de rivier de Marne en een paar kleine kanalen. De vakwerkhuizen en in het water weerspiegelde tuinen geven het plaatsje een slaperige, burgerlijke charme.
De Quai de Notre-Dame biedt uitzicht op oude bruggen en de **Notre-Dame-en-Vaux**, een meesterwerk van romaans-gotische bouwkunst.
In het **Musée du Cloître de Notre-Dame-en-Vaux** zijn de romaanse kloostergangen behouden.
De aan het kanaal gelegen **Cathédrale St-Etienne** is een gotisch bouwwerk met een barok portaal, romaanse crypte en kleurige middeleeuwse vensters. Verderop ligt **Le Petit Jard**. Deze tuin aan de rivier biedt uitzicht op het Château du Marché, een door Hendrik IV gebouwde tolpoort. Aan het aangrenzende Place de la République vindt u gezellige café's en restaurants.

Musée du Cloître de Notre-Dame-en-Vaux

Rue Nicolas Durand. 03-26640387.
Open *wo-ma.* ***Gesloten*** *1 jan, 1 mei, 1 & 11 nov, 25 dec.*

Troyes ❿

Aube. 60.000. Bd Carnot 16 (03-25826250). za.

Het historische centrum van Troyes wordt gedomineerd door fraaie gotische kerken en charmante 16de-eeuwse hofjes. De stad is beroemd om het vele authentieke glas-in-lood, de worstjes *(andouillettes)* en de breiwerkplaatsen en -winkels.
Achter de gehavende flamboyant-gotische westgevel van de **Cathédrale St-Pierre-et-St-Paul** gaat een prachtig gewelfd interieur schuil. De kleurenpracht in het schip is uitbundig: door het 16de-eeuwse roosvenster valt paars-rood binnen, het venster dat de Boom van Jesse uitbeeldt, is overwegend turqoise, terwijl de middeleeuwse ramen in de apsis voornamelijk blauw zijn.
In de wat verbleekte wijk achter de kathedraal schittert de **Eglise St-Nizier** met zijn glanzende betegelde Bourgondische dak. Het interieur wordt in vele tinten paars en blauw fraai verlicht.
De luchtbogen van de harmonieuze gotische **Basilique St-Urbain** zijn imponerend.
In de zeer gedetailleerd bewerkte koorhekken van de **Eglise Ste-Madeleine** zijn gebladerte, druiven en vijgen te herkennen. In de vensters daar achter overheersen bruin, rood en blauw.
De Ruelle des Chats, een curieuze overdekte passage, verbindt Rue Charbonnet met Rue Champeaux.
De **Eglise St-Pantaléon**, die in een zeer goed bewaard gebleven wijk ligt, staat tegenover een renaissancistisch herenhuis. Het interieur van de kerk is deels gotisch, deels renaissancistisch en bevat imponerende beeldhouwwerken en grauwe *grisaille*-vensters.

Beeldengroep in de Cathédrale St-Pierre-et-St-Paul in Troyes

Rue Lavirey, een steegje met vakwerkhuizen in Troyes

Musée d'Art Moderne

Palais Episcopal, place St-Pierre.
03-25762680. ***Open*** *wo-ma.*
Gesloten *feestdagen.*

Het voormalig bisschoppelijk paleis naast de kathedraal is nu een museum voor moderne kunst, met een beeldhouwwerk van Rodin en een bijzonder mooie collectie fauvistische schilderijen.

Hotel du Petit Louvre

Rue de la Montée St-Pierre. **Alleen binnenhof** ***Open*** *dag.*

In dit onlangs gerestaureerde *hôtel particulier* aan de Quai Dampierre zijn een geschubd dak, een middeleeuwse toren en een binnenhof, trap en bron uit de Renaissance te zien. Het hoogtepunt is een met grappige veelkleurige gezichten versierde gevel.

Omgeving
Het recreatiegebied van de stad, **Lac et Forêt d'Orient**, ligt 25 km ten oosten van Troyes. In het bos liggen moerassen, natuurreservaten en meertjes. Lac d'Orient, een groot aangelegd meer, is populair bij zeilers, op Lac Amance kan men waterskiën.

Chaumont ⓫

Haute-Marne. 29.000. Place du Général de Gaulle (03-25038080). wo & za.

Als verblijf van de graven van Champagne stond deze stad in de 13de eeuw in hoog aanzien. De oude stad ligt op een rotsige uitloper aan het einde van een ravijn, met het Palais de Justice en de Tour Hautefeuille als blikvangers.
Tour Hautefeuille, de middeleeuwse donjon, is een herinnering aan het grootse verleden van deze kalme bestuursstad.
De **Basilique St-Jean-Baptiste**, een Champenoiskerk van grijze steen, is het opvallendste bouwwerk. Het interieur wordt gesierd door een web van gewelven, een prachtige trap met een torentje en renaissancistische galerijen. Bij de ingang bevindt zich een piepkleine kapel met een beklemmende *Mise au Tombeau* (1471), een krachtige veelkleurige beeldengroep van elf rouwenden die zich rond Christus hebben verzameld. In de linkerzijbeuk is een bizarre maar bekoorlijke boom van Jesse te zien. Op dit slecht verlichte steenreliëf uit de Renaissance ontspruit een stamboom uit Jezus, die wat ligt te dommelen zonder zich van zijn omgeving bewust te zijn.

Omgeving
Colombey-les-Deux-Eglises, 23 km ten noordwesten van Chaumont, zal voor altijd in verband worden gebracht met Charles de Gaulle. De familie De Gaulle kocht het huis **La Boisserie** in 1933, maar moest het tijdens de oorlog verlaten toen het zwaar beschadigd raakte. Na de restauratie ging De Gaulle er ieder weekend vanuit Parijs naar toe om zijn memoires te schrijven en zijn terugkeer in de politiek voor te bereiden. Hij stierf er op 9 november 1970. Het huis is nu een aan De Gaulle gewijd museum. In een eenvoudige tombe op het kerkhof van het dorp ligt de vroegere generaal en president van Frankrijk begraven. Sinds 1972 wordt de omgeving echter beheerst door een enorm Lotharinger kruis – symbool van het Franse verzet en een monument dat beter dan de tombe past bij De Gaulle's denkbeelden.

Cathédrale St-Mammès in Langres

La Boisserie
Colombey-les-Deux-Eglises.
03-25015252. **Open** maart-dec: wo-ma. **Gesloten** 25 dec.

Langres ⓬

Haute-Marne. 10.000. Square O Lahalle (03-25876767). vr.

Langres ligt achter Chaumont, op een rotsachtige uitloper in het zuidelijke deel van Champagne. Deze vroegere bisschopszetel was een van de poorten naar Bourgogne en de geboorteplaats van de encyclopedist Denis Diderot (1713-1784).
De grootste attractie van Langres zijn de middeleeuwse muren. Een aaneenschakeling van torens en borstweringen verschaffen uitzicht op romantische stadspoorten en versierde herenhuizen uit de Renaissance. Vanaf de muren hebt u prachtig uitzicht over het dal van de Marne, het plateau van Langres, de Vogezen en, op heldere dagen, zelfs de Mont Blanc.
Dicht bij de Porte Henri IV staat de **Cathédrale St-Mammès**. Het sombere gewelfde interieur, in Bourgondisch-romaanse stijl, wordt gecompenseerd door de gebeeldhouwde kapitelen in de apsis, die volgens de overlevering afkomstig zijn uit een Jupitertempel.
Het zomerseizoen in Langres is levendig met een nagemaakte taveerne uit de Renaissance en de Nachtwakersronde, een folkloristische avondwandeling.

Het monument van Charles de Gaulle in Colombey-les-Deux-Eglises

ELZAS-LOTHARINGEN

MEURTHE-ET-MOSELLE · MEUSE · MOSELLE · BAS-RHIN
HAUT-RHIN · VOSGES

Het grensgebied Elzas-Lotharingen is eeuwenlang inzet geweest van strijd tussen Frankrijk en Duitsland. Vele militaire vestingen en begraafplaatsen getuigen van dit verleden. Tegenwoordig biedt de streek echter een heel vredige aanblik met pastelkleurige dorpen, vestingplaatsjes en slaperige wijngaarden.

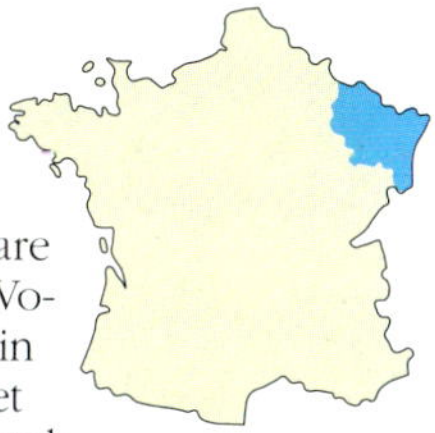

De Elzas, gelegen bij de noordoostelijke grens van Frankrijk en begrensd door de Rijn, vormt een vruchtbare waterscheiding tussen de Vogezen en het Zwarte Woud in Duitsland. Lotharingen, met zijn vriendelijk golvende landschap ten westen van de bergen, is het armere broertje van de Elzas, maar is duidelijk Franser van karakter.

BEVOCHTEN TERRITORIUM

Sinds 1871 is Elzas-Lotharingen, twistpunt in de oorlogen tussen Frankrijk en Duitsland, vier keer van nationaliteit gewisseld. Eeuwen van strijd hebben van Metz, Toul en Verdun grensbolwerken gemaakt en in de Elzas wemelt het van de kastelen – van de dwaze mengelmoes van Haut-Koenigsbourg tot de vervallen vesting van Saverne – gebouwd om strategische doorgangen in de Vogezen te bewaken. Het gebied heeft echter een sterke eigen identiteit en is trots op zijn klederdracht, tradities en dialecten. Straatsburg, de hoofdstad, is een metropool met een 16de-eeuws hart, terwijl Nancy, de historische hoofdstad van Lotharingen, een model is van elegante 18de-eeuwse architectuur en stadsontwikkeling.

De streek heeft een voortreffelijke keuken. In Lotharingen zijn bier en quiche lorraine de specialiteiten en in de Elzas zuurkool en fruitige witte wijnen als Riesling en Gewürztraminer erg populair.

Dorpelingen genieten van hun uitzicht in Hunspach, ten noorden van Straatsburg in de Vogezen

Vakwerkhuizen in een van de dorpjes langs de Route du Vin in de Elzas

Elzas-Lotharingen verkennen

Wie van kunst en architectuur houdt, komt ruimschoots aan zijn trekken in de bekoorlijke middeleeuwse steden en uitstekende musea van de streek. Het onbekende Lotharingen is dè plek om militaire vestingen te beklimmen, te wandelen in onaangetast landschap en op adem te komen in rustgevende kuuroorden. De Elzas daarentegen biedt u schitterende bossen en ruige bergritten in de Vogezen, curieuze dorpjes en volle wijnen. De Route du Vin *(blz. 222-223)* is een van de vele panoramische routes van de streek. De tocht is vooral geliefd tijdens de druivenoogst, maar ook in andere seizoenen de moeite waard.

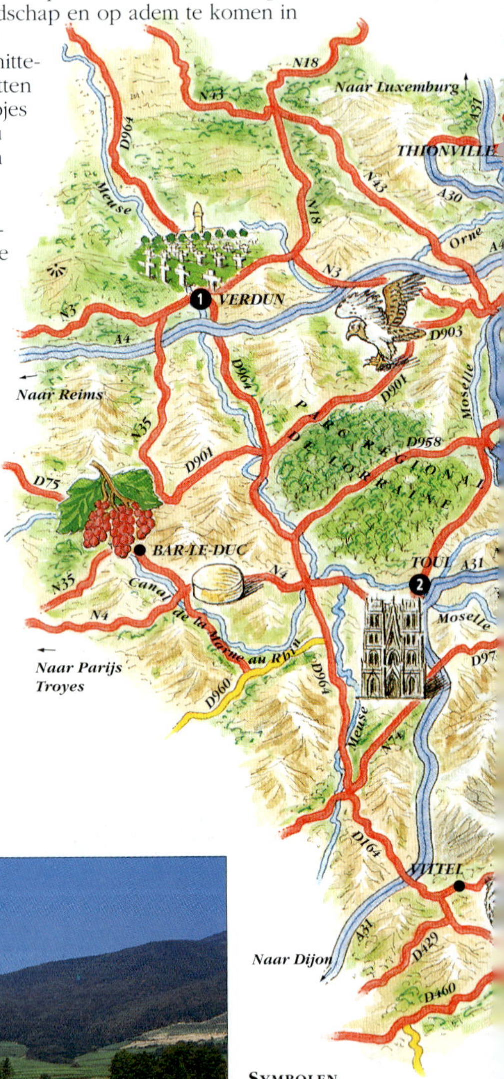

Bezienswaardigheden in het kort

- Betschdorf 18
- Château du Haut-Koenigsbourg 13
- Colmar 10
- Eguisheim 9
- Gérardmer 5
- Guebwiller 7
- Metz 3
- Mulhouse 6
- Nancy 4
- Neuf-Brisach 8
- Obernai 15
- Ribeauvillé 12
- Riquewihr 11
- Saverne 17
- Sélestat 14
- Straatsburg 16
- Toul 2
- Verdun 1

Veld met zonnebloemen buiten het dorpje Turckheim

Symbolen

- Snelweg
- Hoofdweg
- Secundaire weg
- Toeristische route
- Rivier
- Uitzichtpunt

Het schilderachtige dorp Riquewihr langs de Route du Vin

Bereikbaarheid

Er zijn internationale luchthavens bij Straatsburg en tussen Mulhouse en Basel. Als u zich met het openbaar vervoer verplaatst, kunt u het beste Straatsburg, Colmar of Nancy als uitvalsbasis nemen. Van deze steden zijn er goede weg- en treinverbindingen naar het achterland. De spectaculaire tocht over de Vogezen en langs de Route du Vin kan het best per auto worden afgelegd.

Het Ossuaire de Douaumont waakt over de oorlogsgraven op de slagvelden van Verdun

Verdun ❶

Meuse. 23.000. Place de la Nation (03-29861418). vr.

Dikke muren, ophaalbruggen en poorten getuigen van het militaire verleden van Verdun. De strategisch aan de Maas en dicht bij de grens gelegen stad is door de eeuwen heen betrokken geweest bij talloze oorlogen.

In 1916 werd Verdun het symbool van het Franse verzet toen meer dan 400.000 Franse soldaten omkwamen bij de verdediging van de vesting.

De van kantelen voorziene **Porte Chausée**, een middeleeuwse poort aan de rivier, bewaakt nog steeds de oostelijke ingang van de stad.

De Citadelle de Verdun heeft weliswaar oorlogsschade opgelopen, maar de 12de-eeuwse toren is behouden. Deze toren was het enige onderdeel van de oude abdij die de architect van Lodewijk XIV, Vauban, in zijn militaire reorganisatie van Verdun opnam. In de kelder vertelt de **Citadelle Souteraine** over de rol van Verdun in de Eerste Wereldoorlog.

Aan het slot van de tentoonstelling wordt uitgelegd hoe de 'onbekende soldaat' werd gekozen voor de tombe onder de Arc de Triomphe in Parijs *(blz. 103)*.

De hooggelegen **Cathédrale de Notre-Dame** is nogal klungelig herbouwd. Enkele romaanse elementen zijn in de kathedraal bewaard gebleven: een timpaan dat Christus in zijn heerlijkheid afbeeldt en beeldhouwwerken van Adam en Eva. In de 18de eeuw werden de romaanse gedeelten dichtgemetseld, maar door de bombardementen van 1916 kwamen de oude delen weer tevoorschijn.

Omgeving

Verdun zal voor altijd verbonden blijven met de gruwelen van 1916-1917.

De slagvelden van Verdun liggen ten noorden van de stad aan weerszijden van de Maas. In het landschap staan nu sombere monumenten, waarvan de opvallendste het **Ossuaire de Douaumont** is, een begraafplaats voor de ongeïdentificeerde overblijfselen van 130.000 Franse en Duitse soldaten uit de Eerste Wereldoorlog.

Musée de la Citadelle Militaire

La Citadelle. 03-29861418. ***Open*** *dag.* ***Gesloten*** *1 jan, 25 dec.*

De 16de-eeuwse kruisgangen van Eglise St-Gengoult in Toul

Toul ❷

Meurthe-et-Moselle. 18.000. Parvis de la Cathédrale (03-83641169). wo & vr.

In de donkere bossen ten westen van Nancy, omgeven door de Moezel en het Canal de la Marne, ligt de achthoekige vestingstad Toul. Samen met Verdun en Metz was Toul een van de 4de-eeuwse bisdommen.

Vauban bouwde de vesting, waarvan de ring van beschermende waterwegen, de achthoekige borstwering en de **Porte de Metz** zijn overgebleven.

De **Cathédrale St-Etienne**, is een combinatie van bouwstijlen, waarbij de flamboyantgotische overheerst. De kathedraal werd in de Tweede Wereldoorlog beschadigd, maar de zuiverheid van de Champenois-stijl is behouden. De imponerende flamboyant-gotische façade wordt geflankeerd door twee achthoekige torens.

Andere hoogtepunten zijn twee kapellen uit de Renaissance bij de dwarsbeuken en de enorme Champenois-kruisgangen die zijn versierd met uitgesneden bladeren en stenen gargouilles.

De gotische façade van de **Eglise St-Gengoult** wordt geflankeerd door torens. De gotische gebrandschilderde ramen beelden het leven van St. Gengoult uit.

Omgeving

In het **Parc Régional de Lorraine**, bereikbaar vanuit

zowel Metz als Toul, zijn rood betegelde huisjes, wijngaarden, bossen, akkerland, *chaumes* (hooggelegen grasland), moerassen en meren te zien. De herbergen in het gebied staan met name bekend om hun quiche lorraine en *potée lorraine*, een ovenschotel met spek.

***Jupiter die een monster verslaat* in La Cour d'Or**

Metz ❸

Moselle. 124.000.
Place d'Armes (03-87555376).
wo, do & za.

Metz, een sobere maar aantrekkelijke stad, ligt op de plek waar de Moezel en de Seille samenkomen. Twintig bruggen overspannen de rivieren en kanalen. Deze Gallo-Romeinse stad, tegenwoordig de hoofdstad van Lotharingen, is lange tijd de inzet geweest in een grensschaakspel: in 1870 werd hij geannexeerd door de Duitsers, in 1918 heroverd door Frankrijk.

De **Cathédrale St-Etienne**, gelegen op een heuvel boven de Moezel, kijkt uit over het historische hart. Aan de gotische buitenkant zijn indrukwekkende luchtbogen en gargouilles met lange halzen te zien. De gebrandschilderde ramen – sommige gotisch, andere, waaronder een paar van Chagall, modern – vormen muren van flakkerend licht. Op het eiland Petit Saulcy, ten noordoosten van de kathedraal, staat het oudste nog steeds in gebruik zijnde theater in het land. Aan de andere kant van de kathedraal wordt de rivier overspannen door de **Porte des Allemands**.

Place St-Louis in de oude stad is een prachtig plein omgeven door imposante 14de-eeuwse herenhuizen met arcades. De **Eglise St-Pierre-aux-Nonnains** zou een van de oudste kerken van Frankrijk zijn. De buitenmuren en de vervallen façade dateren uit de Romeinse tijd, terwijl andere gedeelten tot het 7de-eeuwse klooster behoren dat op deze plek stond. Vlakbij staat de met fresco's beschilderde **Chapelle des Tempeliers**, gebouwd door de tempelridders.

Musée de la Cour d'Or

Rue du Haut-Poirier 2.
03-87751018. ***Open*** *dag.*
Gesloten *sommige feestdagen.*

Dit fascinerende museum, ook bekend als het Musée d'Art et d'Histoire, is gevestigd in de Petits-Carmes, een geseculariseerd 17de-eeuws klooster met Gallo-Romeinse thermische baden en een middeleeuwse tiendschuur. Er zijn Merovingische stenen beeldhouwwerken en gotische beschilderde plafonds.

Ooievaars

De ooievaar, van oudsher een symbool van voorspoed, was altijd een regelmatige gast in Noordoost-Frankrijk. Ooievaars brengen de winter door in Afrika, maar trekken naar het noorden om te broeden. Door het uitdrogen van drassige grond en het gebruik van pesticiden en elektriciteitskabels zijn ze hun leven hier echter niet meer zeker. Een programma om ze opnieuw in dit gebied te introduceren leidde tot het oprichten van fokcentra in Molsheim en Turckheim.

De fresco's in de 13de-eeuwse Chapelle des Templiers, Metz

Dit standbeeld van Stanislaw Leszczynski, schoonvader van Lodewijk XV, staat op het Place Stanislas in Nancy

Nancy 4

Meurthe-et-Moselle. 100.000. Place Stanislas 14 (03-83352241). di-za.

De historische hoofdstad van Lotharingen ligt aan het Canal du Marne en de rivier de Meurthe. In de 18de eeuw liet Stanislaw Leszczynski, hertog van Lotharingen *(blz. 222)*, Nancy ingrijpend verfraaien, waardoor de stad een schoolvoorbeeld van de beroemde 18de-eeuwse stadsontwikkeling werd.

De belangrijkste en bekendste historische bezienswaardigheid van Nancy is **Place Stanislas**. Dit elegante plein wordt omsloten door sierlijke smeedijzeren hekken en traliewerk, een kenmerk van de stad.

Een Arc de Triomphe leidt naar het Place de la Carrière, een sierlijk, door bomen omgeven plein. Aan het uiteinde staat, geflankeerd door halfronde arcades, het gotische **Palais du Gouvernement**. Daarnaast ligt het Parc de la Pépinière met Rodin's standbeeld van Claude Lorrain, een landschapsschilder die in de buurt van Nancy werd geboren.

De Grande Rue geeft een indruk van Nancy in de Middeleeuwen. Van de oorspronkelijke versterkingen is alleen de Porte de la Craffe, die na de Revolutie als gevangenis werd gebruikt, bewaard gebleven.

Eglise et Couvent des Cordeliers et Musée Régional des Arts et Traditions Populaires

Grande Rue 66. 03-83321874. **Open** wo-ma. **Gesloten** 1 jan, 1 mei, 14 juli, 1 nov, 25 dec.

De hertogen van Lotharingen liggen begraven in de crypte en het aangrenzende voormalige klooster huisvest het Musée Régional des Arts et Traditions Populaires met folklore, meubelen, klederdracht en handwerken.

Musée des Beaux Arts

Place Stanislas 3. 03-83853072. **Open** wo-ma. **Gesloten** wegens renovatie tot 1999.

Het museum voor schone kunsten is bekend om Delacroix's indrukwekkende *Dood van Karel de Stoute te Nancy* (1833) en de landschappen van Poussain en Claude Lorrain.

Musée Historique Lorraine

Palais Ducal, Grande Rue 64. 03-83321874. **Open** wo-ma. **Gesloten** 1 jan, 1 mei, 14 juli, 1 nov, 15 dec.

In dit museum zijn een mooie verzameling archeologische vondsten, beeldhouwwerken en schilderijen, waaronder twee van Georges de la Tour, te zien.

Musée de l'Ecole de Nancy

Rue de Sergent Blandan 36-38. 03-83401486. **Open** wo-zo, ma middag. **Gesloten** 1 jan, 1 mei, 14 juli, 1 nov, 25 dec.

De tentoonstelling bestaat uit voorwerpen tegen art nouveau-achtergrond, waaronder meubelen, weefstoffen en juwelen, en het fantasierijke glaswerk van Emile Gallé, oprichter van de Ecole de Nancy.

De Arc de Triomphe op Place Stanislas leidt naar Place de la Carrière

Landschap in de Vogezen vanaf de Route des Crêtes

De Route des Crêtes

Deze bergroute (83 km lang) verbindt de dalen in de Vogezen van Col du Bonhomme tot Cernay ten oosten van Thann. De Route des Crêtes, die aan de westkant van de Vogezen loopt, werd tijdens de Eerste Wereldoorlog uitgestippeld om te voorkomen dat de Duitsers de bewegingen van de Franse troepen konden volgen. Vanaf de vele kammen *(crêtes)* heeft men, bij helder weer, adembenemend uitzicht over Lotharingen.

Gérardmer ❺

Vosges. 10.000. Place des Déportés (03-29272727). do & za.

Gérardmer aan de Lotharingse kant van de Vogezen aan de oever van een prachtig meer, is meer een streek dan een stad. In november 1944 werd Gérardmer, vlak voor de bevrijding, volledig verwoest. Houtzagerijen en houtsnijwerk behoren nog steeds tot de lokale nijverheden, hoewel het toerisme in snel tempo bezig is de textielindustrie te overvleugelen. Gérardmer is een populaire vakantieplaats. 's Winters maken de steile hellingen van de Vosges Cristallines het stadje tot een wintersportoord, terwijl het meer 's zomers door watersporters wordt gebruikt. Tot de attracties van de plaats behoren wandelingen langs en tochtjes op het meer en Géromée-kaas. Gérardmer gaat er prat op de oudste VVV – uit 1875 – in Frankrijk te hebben.
Toch zijn het uiteindelijk de panoramische ritjes door het landschap en de bergwandelingen in de Vogezen die avontuurlijke bezoekers aantrekken. De meesten verlaten het dal waar het meer in ligt om via de schitterende **Route des Crêtes** naar de Elzas te gaan. Via de Col de la Schlucht is deze route bereikbaar.

In het Ecomusée d'Alsace zijn oude ambachten te zien

Mulhouse ❻

Haut Rhin. 109.000. Av du Maréchal Foch 9 (03-89354848). di, do & za.

Mulhouse ligt vlak bij de Zwitserse grens en is een onopvallende stad die in de Tweede Wereldoorlog zwaar werd beschadigd. De stad is echter rijk aan technische musea, winkelgalerijen, Elzassische restaurants en Zwitserse wijnbars.
Het **Musée de l'Impression sur Etoffes**, Rue Jean-Jaques Henner 14, huisvest een tentoonstelling over weeftechnieken en het verven van stoffen en het **Musée Français du Chemin de Fer**, Rue Alfred Glehn 2, heeft een collectie stoomlocomotieven en elektrische locomotieven.

In het **Musée de l'Automobile**, Avenue de Colmar 192, zijn meer dan 100 Bugatti's, een aantal Mercedessen en Ferrari's en de Rolls Royce van Charlie Chaplin tentoongesteld. Aan het Place de la République, dat in het levendigste deel van de stad ligt, staat het **Musée Historique**.

Een zwart varken in het Ecomusée d'Alsace in Ungersheim

Omgeving

In het **Ecomusée d'Alsace** in Ungersheim zijn diverse landelijke leefmilieus nagemaakt. Het 12de-eeuwse versterkte huis uit Mulhouse is een indrukwekkend gebouw, compleet met een gotische tuin. Boerenbedrijven worden op traditionele wijze geleid en er is levende have, zoals het in deze streek veel voorkomende zwarte varken.

Ecomusée d'Alsace
Chemin du Grosswald.
03-89744474.
***Open** dag.*

Het meer bij Gérardmer, een paradijs voor watersporters

Guebwiller ❼

Haut Rhin. 11.000. Rue de la République 73 (03-89761063). di & vr.

Guebwiller wordt ook wel de poort naar het dal van de bloemen genoemd. Als industriestad die weefstoffen en werktuigmachines produceert, is het plaatsje echter een buitenbeentje in deze landelijke omgeving. De huizen zijn voornaam, zelfs monumentaal, maar het zijn de *caves* en kerken die een bezoek de moeite waard maken.

De **Eglise Notre-Dame** combineert barok vertoon met neoclassicistische elegantie en in de **Eglise des Dominicains** zijn prachtige gotische fresco's en een mooi koorhek te zien. **Eglise St-Léger** beschikt over een fraaie gevel en een driedubbele poort en portaal.

Eglise St-Léger in Guebwiller

Omgeving

Het schilderachtige Lauch-dal, ten noordwesten van Guebwiller, wordt vanwege de vele bloemen die er groeien ook wel 'Le Florival' genoemd. **Lautenbach** is een goed vertrekpunt voor wandelingen. In het dorp zelf staat een opvallende roze romaanse kerk met een ontroerend portaal dat de menselijke hartstocht en de strijd tussen Goed en Kwaad uitbeeldt.

Neuf-Brisach ❽

Haut Rhin. 2100. Palais du Gouverneur, Place d'Armes 6 (03-89725666). 1ste & 3de ma van de maand.

Deze achthoekige citadel bij de Duitse grens is het meesterwerk van Vauban. De citadel werd gebouwd tussen 1698 en 1707 in een stervormig patroon met symmetrische torens die 48 identieke huizenblokken omgeven. In het hart, waarvandaan rechte straten naar buiten leiden om de verdediging eenvoudiger te maken, liggen het Place

De Citadel van Neuf-Brisach

Het beroemde altaarstuk van Isenheim door Matthias Grünewald in Colmar

d'Armes en de Eglise St-Louis, die in 1731-1736 werd gebouwd. Vauban ging vaker zo te werk, de suggerend dat de kerk niet aan de heilige, maar aan de Zonnekoning was gewijd.

De Porte de Belfort huisvest het **Musée Vauban**, met een schaalmodel van de stad waarop de nu door bos overwoekerde buitenste verdedigingswerken te zien zijn. Deze waren Vauban's eerste barrière op weg naar de vesting en het strekt hem tot eer dat de citadel nooit werd veroverd.

Musée Vauban

Place Porte de Belfort. 03-89725666. **Open** april-okt: wo-ma; nov-maart: alleen groepen op afspraak.

Eguisheim 9

Haut Rhin. 1500.
Grand'Rue 22a (03-89234033).

Eguisheim is een prachtig stadje, gebouwd binnen drie concentrische weermuren. Binnen deze 13de-eeuwse wallen vormt de combinatie van sobere versterkingen en huiselijke gratie een verrassend harmonieus geheel. In het hart van de stad staat het achthoekige feodale **kasteel** van de graven van Eguisheim. Voor het kasteel staat een fontein uit de Renaissance met het standbeeld van Bruno Eguisheim, die hier in 1002 werd geboren, het tot paus Leo IX bracht en nog later heilig verklaard werd.

Aan de Grand'Rue staan veel vakwerkhuizen, vaak met de bouwdatum erop vermeld. Vlak bij het kasteel ligt het **Marbacherhof**, een tiendschuur en graanhal van het klooster. Op een aangrenzend plein is van een verder moderne parochiekerk het originele romaanse, bewerkte timpaan bewaard gebleven. Ook de rest van de stad lijkt zo uit een sprookje vandaan te komen, met uitnodigende binnenhoven waar men *grands crus* kan drinken.

Colmar 10

Haut Rhin. 65.000.
Rue d'Unterlinden 4 (03-89206892). wo, do & za.

Colmar is de best bewaard gebleven stad in de Elzas. Als handelsnederzetting en rivierhaven kende de stad zijn bloeiperiode in de 16de eeuw, toen wijnhandelaren hun wijn verscheepten langs de kanalen in de schilderachtige wijk die nu **Petite Venise** wordt genoemd. Het Place de l'Alsacienne Douane wordt gedomineerd door het **Koïfhüs**, een inklaringsgebouw met een galerij en een Bourgondisch betegeld dak dat uitkijkt op pastelkleurige vakwerkhuizen met bewerkte pilaren.

Vlakbij ligt rond het Place de la Cathédrale een wijk met 16de-eeuwse huizen met prachtige uithangborden. Het zuidportaal van de hoofdzakelijk gotische **Eglise St-Martin** is opvallend. Ten westen hiervan valt het Place des Dominicains met zijn cafés in het niet bij de gotische **Eglise Dominicains**. Binnen hangt *La vierge au buisson de roses* (1473), de schitterende rood met gouden 'Maagd van de rozenstruik' van Martin Schongauer.

Aan het Place d'Unterlinden, het aangrenzende plein, is in een dominicanenklooster het **Musée d'Unterlinden** gevestigd. Het bevat vroege schilderijen uit de Rijnstreek. Het hoogtepunt is het altaarstuk van Isenheim dat deel uitmaakt van een vroeg 16de-eeuws Elzassisch paneel van Matthias Grünewald.

In de curieuze Rue des Têtes in het historische hart staat het Maison des Têtes. Dit renaissancistische huis, waar vroeger de wijnmarkt was gevestigd, ontleent zijn naam aan de grimassende gezichten op de façade. In Rue Mercière staat **Maison Pfister**, dat met zijn slanke traptoren en met bloemen bedekte façade tegenwoordig hèt symbool van de stad is.

De Quai de la Poissonerie in Petite Venise in Colmar

Riquewihr ⓫

Haut Rhin. 1100.
Rue de 1ère Armée 2 (03-89490840). vr.

Wijngaarden lopen tot aan de muren van Riquewihr, het mooiste dorpje langs de Route du Vin *(blz. 222-223)*. De pragmatische wijnboeren van Riquewihr planten rozen aan het eind van iedere rij wijnstokken – zowel vanwege hun decoratieve effect als om parasieten in een vroeg stadium op te sporen. Het dorp was tot de Revolutie eigendom van de graven van Württemberg en is rijk geworden door de wijnbouw, van Tokay en Pinot Gris tot Gewürztraminer en Riesling. Riquewihr is een aaneenschakeling van geplaveide stegen, balkons met geraniums, binnenhoven met galerijen, romantische dubbele stadswallen en wachttorens.
Vanaf het Hôtel de Ville loopt de **Rue de Gaulle** licht omhoog langs middeleeuwse en renaissancistische, in vakwerk of op kraagstenen gebouwde huizen. Rechts ligt het idyllische **Place des Trois Eglises**. Een gang leidt door de stadswallen naar de wijngaarden op de heuvel. Hogerop ligt de **Dolder**, een 13de-eeuwse klokketoren, en nog verder de **Tour Haute**, die de tweede rij wallen markeert. Achter de poort liggen de **Cours des Bergers**, tuinen rond de 16de-eeuwse muren. Het ansichtkaartimago wordt alleen 's zomers verstoord door de horden toeristen. Ook tijdens de wijnoogst zijn er vele malen meer bezoekers dan inwoners.

Het mooie dorp Riquewihr, omgeven door wijngaarden

Ribeauvillé ⓬

Haut Rhin. 4800.
Grand'Rue 1 (03-89736222). za.

Drie vervallen kastelen kijken uit over Ribeauvillé, een nogal dwangmatig opgesmukte favoriet langs de Route du Vin. Het plaatsje ontleent zijn status mede aan de goed lopende verkoop van de geroemde *grands crus* van de Elzas, vooral de Riesling is hier in trek. Er zijn veel proeflokalen, vooral bij het park in het lager gelegen deel van het stadje *(blz. 222-223)*.
Op Grand'Rue 14, in het **Pfifferhüs**, woonde vroeger de minstreel en er is nu een restaurant gevestigd. Volgens de plaatselijke koks is Ribeauvillé de hoofdstad van de *kougelhopf*, de luchtige, naar amandelen smakende Elzassische cake.
In de huizen met steile daken in de kronkelende steegjes wonen ambachtslieden en *vignerons*. Daar achter staan fonteinen uit de Renaissance, huizen met beschilderde façades en St-Grégoire-le-Grand, de gotische parochiekerk.

Château du Haut-Koenigsbourg ⓭

St-Hippolyte. 03-88921146.
Open *tweede week feb-tweede week jan: dag.* ***Gesloten*** *1 jan, 1 & 11 nov, 25 dec.*

Hoog boven het mooie dorpje St-Hippolyte domineert kasteel Haut-Koenigsbourg, de populairste attractie van de Elzas, de horizon. In 1114 liet Frederik van Hohenstaufen, de Zwabische keizer, hier het eerste Teutoonse kasteel bouwen. Nadat dit gebouw in 1462 werd vernield, volgde een restauratie en uitbreiding onder de Habsburgers, maar in 1633 deed een brand dit werk teniet. Aan het einde van de 19de eeuw gaf Wilhelm II de Berlijnse architect Bodo Erhardt de opdracht om de het kasteel te restaureren. Dit resulteerde in een exacte reconstructie van het oorspronkelijke gebouw.
De ophaalbrug, het machtige bastion en de verdedigingsringen kunnen niet verhullen dat het zandstenen gebouw als geheel te verfijnd is voor een feodaal kasteel. In het kasteel bevinden zich sombere 'gotische' zalen en luchtige 'renaissance'-kamers. La Grande Salle is het meest overdreven, met een neogotische galerij en bloemrijke panelen. De kantelen bieden een glorieus uitzicht op het door het Zwarte Woud en de Alpen begrensde Rijnlandschap. Aan de andere kant kijkt u op de Vogezen.

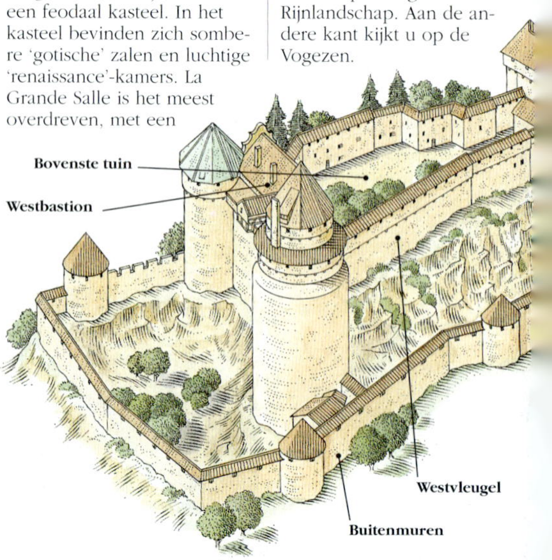

Chapelle St-Sébastien bij Dambach-la-Ville langs de Route du Vin

Sélestat ⓮

Bas Rhin. 16.000.
Commanderie Saint Jean, boulevard du Général Leclerc (03-88588720). di.

Tijdens de Renaissance was Sélestat het intellectuele centrum van de Elzas.
De beroemde **Bibliothèque Humaniste** heeft een fraaie collectie in leer gebonden edities van enkele van de eerste gedrukte boeken en unieke verluchte manuscripten. Vlak bij staan de Cour des Prélats, een met klimop begroeid herenhuis met torentjes, en de Tour de l'Horloge, een middeleeuwse klokketoren. **Eglise Ste-Foy** is 12de-eeuws, de klokketoren achthoekig. Er tegenover staat **Eglise St-Georges** die schittert van de groene en rode 'Bourgondische tegels'.

Bibliothèque Humaniste

Rue de la Bibliothèque 1.
03-88920324. ***Open*** *juli & aug: dag., sept-juni: ma-za morgen.* ***Gesloten*** *feestdagen.*

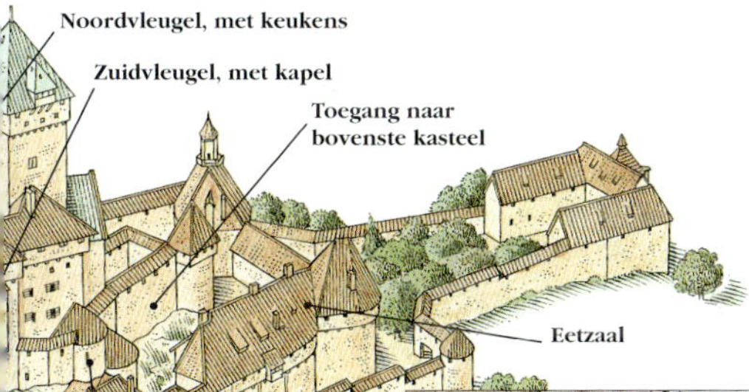

Ophaalbrug binnen de muren van Haut-Koenigsbourg

Omgeving

Het middeleeuwse Dambach-la-Ville is via een landelijke weg door wijngaarden verbonden met Andlau en het rood betegelde Itterswiller.
In **Ebersmunster** staat een abdijkerk met een uivormige koepel en een barok interieur met een weelderig vertoon van verguld pleisterwerk.

Obernai ⓯

Bas Rhin. *10.000.*
Place du Beffroi (03-88956413). *di & do.*

Jonge *Alcaciens* in klederdracht

In Obernai, aan het noordeinde van de Route du Vin, is de oude Elzassische sfeer bewaard gebleven: de inwoners spreken Elzassisch, bij feestelijkheden dragen vrouwen klederdracht en de kerkdiensten in de grote, donkere **Eglise St-Pierre-et-St-Paul** worden goed bezocht. Het Place du Marché verkeert nog in mooie staat. U ziet er een renaissancistische fontein en de **Halle aux Blés**, een 16de-eeuwse graanhal met puntgevel boven een voormalige slagerij, waarvan de façade is verlevendigd met koeien- en drakenkoppen. Aan het Place de la Chapelle, het aangrenzende plein, staan het 16de-eeuwse **Hôtel de Ville** en de **Kapellturm**, de gotische klokketoren met galerij. In de zijstraten staan vakwerkhuizen uit de Middeleeuwen en Renaissance.

Omgeving

Odile, de 7de-eeuwse schutspatrones van de Elzas, werd geboren in Obernai, maar ze wordt vereerd op **Mont Sainte-Odile** in het westen, waar ze begraven ligt in de Chapelle Ste-Odile.
Tien kilometer ten noorden van Obernai ligt **Molsheim**, een voormalig bisdom en versterkte marktstad. De belangrijkste attractie is de Metzig. Dit voormalige slagersgildehuis is nu stadhuis.

Straatsburg ⓰

Beeld van kathedraal

Het is nauwelijks verrassend dat Straatsburg, dat halverwege Parijs en Praag ligt, bekend staat als 'het kruispunt van Europa'. De stad voelt zich wel bij zijn status van Europese metropool – in de beroemde kathedraal zijn ten slotte zowel katholieke als protestantse gemeenten bijeengekomen – en als een van de hoofdsteden van de Europese Unie heeft men het futuristische gebouw van het Europees Parlement heel verstandig net buiten het historische centrum gebouwd. Zowel dit gebouw als de oude Straatsburgse monumenten zijn goed te bezichtigen tijdens een boottocht. Onderweg ziet u de Ponts-Couverts, overdekte bruggen verbonden door middeleeuwse wachttorens die als observatiepost dienen voor de vier Ill-kanalen, en het pittoreske Petite France.

Boot op het kanaal

Het middenportaal in de westfaçade van de kathedraal

Cathédrale Notre-Dame

De zandstenen kathedraal is een meesterwerk van verfijnde beeldhouwwerk. Hoewel men al in de 11de eeuw met de bouw van de kathedraal was begonnen (het koor is romaans, het schip gotisch), werd hij pas in 1439 voltooid. De drie portalen zijn met standbeelden verfraaid, maar de glorieuze bekroning is het roosvenster. Het zuidportaal leidt naar de gotische Pilier des Anges (pilaar der engelen, rond 1230 gebouwd) naast de astronomische klok: iedere dag om 12.31 uur verschijnen mechanische figuurtjes vergezeld van klokkenspel. Vanaf het terras hebt u prachtig uitzicht over de stad en op sommige zomeravonden worden er orgelconcerten gegeven.

Aan het Place de la Cathédrale staat Maison Kammerzell, dat vroeger de woning van een rijke koopman was en waar tegenwoordig een populair restaurant is gevestigd. De begane grond dateert uit 1467, de rest van het gebouw uit 1589.

Vanaf het Place du Château, achter de kathedraal, rijdt een toeristisch treintje langs de belangrijkste bezienswaardigheden in het historische hart en Petite France.

Musée de l'Oeuvre de Notre-Dame

Place du Château 3. *03-88525000*
***Open** di-zo. **Gesloten** 1 jan, Goede Vrijdag, 1 mei, 11 nov, 25 dec. alleen op begane grond.*

Het museum van de kathedraal bevat originele beeldhouwwerken en fraai gebrandschilderd glas uit de 11de eeuw. Er wordt verder Elzassische

Het gebouw van het Europees Parlement aan de rand van het stadscentrum

Tips voor de toerist

Bas Rhin. 250.000. 12 km ZW Strasbourg. Place de la Gare (03-36353535). Place des Halles (03-88777070). Place de la Cathédrale 17 (03-88522828). ma-za. Festival van klassieke muziek (juni); jazzfestival (juni); Musica, festival van hedendaagse muziek (half sept-begin okt).

Centrum van Straatsburg

Cathédrale Notre-Dame ④
Maison Kammerzell ③
Musée Alsacien ⑦
Musée de l'Oeuvre de Notre-Dame ⑤
Palais des Rohan ⑥
Petite France ②
Ponts-Couverts ①

0 meter 250

kunst uit de Middeleeuwen en Renaissance tentoongesteld.

Palais des Rohan

Pl du Château 2. *03-88525000.* ***Open** wo-ma.* **Musée d'Art Moderne**, Rue du Château 5. ***Open** wo-ma. **Musea gesloten** 1 jan, Goede Vrijdag, 1 mei, 1 & 11 nov, 25 dec.*

Dit grootse classisistische paleis, dat in 1730 werd ontworpen door de architect van de koning, Robert de Cotte, was bestemd voor de prins-bisschoppen van Straatsburg. Het huisvest drie musea: het Musée des Beaux Arts, het Musée Archéologique en het Musée des Arts Décoratifs, dat de weelderige staatsievertrekken beslaat en een van de mooiste keramiekcollecties van Frankrijk bezit. In het nabijgelegen Musée d'Art Moderne zijn tijdelijke tentoonstellingen te zien gewijd aan het werk van moderne kunstenaars.

Musée Historique

Place de la Grande Boucherie 3. *03-88525000.* ***Gesloten** wegens renovatie tot 1999.*

Het museum is gevestigd in het 16de-eeuwse gemeentelijke slachthuis en richt zich op de geschiedenis van Straatsburg.

Musée Alsacien

Quai St-Nicolas 23. *03-88355536.* ***Open** wo-ma. **Gesloten** 1 jan, Goede Vrijdag, 1 mei, 1 nov, 25 dec.*

Een reeks onderling verbonden gebouwen uit de Renaissance vormen samen dit museum dat is gewijd aan lokale tradities, volkskunst en ambachten.

De Ponts-Couverts met hun middeleeuwse wachttorens

Symbolen

- Rondvaart
- Parkeerplaats
- Toeristenbureau
- Kerk

De Route du Vin in de Elzas

Elzassische wijnmeester

De schilderachtige wijnroute, die over een lengte van 180 km van Marlenheim naar Thann kronkelt, voert langs historische plaatsjes met kasseienstraatjes, middeleeuwse vakwerkhuizen en renaissancistische fonteinen. In de romantisch ingerichte *winstubs* serveert men traditionele *choucroute garnie* en fruitige witte wijnen uit de Elzas. Toegewijde wijnliefhebbers kunnen de route rustig in een paar dagen afleggen of vanuit Colmar steeds korte dagtochtjes maken. Een verfrissend contrast met de niet aflatende charmes van de stadjes en dorpjes bieden de *sentiers viticoles* – lieflijke wandelpaadjes die door de wijngaarden zelf leiden.

Druivenoogst in de Elzas

Molsheim ①
Renaissance-bouwwe ken en Riesling-wijngaarden naast een Bugatti-museum.

Obernai ②
De van galerijen voorziene Kapellt op het Place du Marché dateert uit 13de-16de eeuw.

Dambach-la-Ville ③
De karren van wijnhandelare dienen als decoratie in dit mo middeleeuwse stadje, bekend om zijn *grand cru* Frankstein

Ribeauvillé ④
Dit stadje, beroemd om z Riesling, viert de eerste z dag in september met ee fontein die gratis wijn sp

Riquewihr ⑤
Dit druk bezochte plaatsje is een soort openluchtmuseum van huizen uit de Middeleeuwen en Renaissance.

Turckheim ⑥
Oude gebouwen omgev Place Turenne in deze re sancistische stad die ber is om zijn Brand-wijn.

Eguisheim ⑦
Deze oude stad met middeleeuwse huizen produceert twee *grands crus*, Eichberg en Pfersigberg.

Guebwiller ⑧
De Eglise St-Léger dateert uit de Middeleeuwen, toen Guebwiller rijk werd van de wijn. Tegenwoordig is het een drukke textielstad.

SYMBOLEN

Wijnroute

Andere wegen

IJNEN UIT DE ELZAS

zijn meestal aromatisch, droog hebben een rijk bouquet. ıalve de rode Pinot Noir zijn : wijnen uit dit gebied wit.

klassieke wijn uit de Elzas

ELANGRIJKE FEITEN

Ligging en klimaat
De Elzas heeft, beschut door de Vo- ezen, een gematigd land- ìimaat: vrij droog en warm.

Druivesoorten
De wijnen uit de Elzas worden genoemd naar de ruivesoort. ***Gewürztrami- r*** is met zijn karakteristie- : bouquet de wijn die de zas het meest typeert, maar ***iesling*** wordt vaak als de kkerste beschouwd. ***uscat*** is een aromatische riant. ***Pinot Gris*** en de ogere ***Pinot Blanc*** doen t goed bij de maaltijd. ***not Noir*** is de enige rode zassische wijn. eelderige, zoete, laat ge- gste wijnen zijn een spe- liteit van de Elzas.

De producenten
Albert Boxler, Marcel Deiss, Marc Kreydenweiss, Bernard & Robert ıoffit, Kuentz-Bas, omaine Weinbach, meyer, Olivier Zind- mbrecht, Charles Schléret, omaines Schlumberger, maine Ostertag, Domaine mbach, Hugel & Fils, Cave Turckheim.

Goede jaren
1996, 1995, 1994, 1990, 1989, 1988.

De 12de-eeuwse kapel van het Château du Haut-Barr, bij Saverne

Saverne ⓱

Bas Rhin. *10.600.* *Château des Rohan (03-88918047).* *di, do & za.*

Saverne aan de Zorn en het Marne-Rijnkanaal biedt een fraaie aanblik. De stad was een leengoed van de prins-bisschoppen van Straatsburg en het zandstenen Château des Rohan was een geliefd zomerverblijf. Tegenwoordig is in dat gebouw het **Musée de la Ville de Saverne** gehuisvest. Aan de andere kant van het château ligt de Grand'Rue, waar in de renaissancistische vakwerkhuizen goede restaurants zijn gevestigd.

Betschdorf-keramiek

Musée de la Ville de Saverne
Château des Rohan. *03-88910628.* ***Open** maart-nov: wo-ma; dec-feb: zo.*

Omgeving
Op een rotsachtige uitloper ten zuidwesten van Saverne ligt het vervallen **Château du Haut-Barr** dat vroeger de vitale pas over de Col de Saverne beheerste.
In **Marmoutier**, 6 km ten zuiden van Haut-Barr, staat een beroemde abdijkerk met een romaans-Lombardische façade en achthoekige torens.

Betschdorf ⓲

Bas Rhin. *3600.* *La Mairie (03-88544800).*

Het dorpje Betschdorf grenst aan het Forêt de Haguenau, 45 km ten noorden van Straatsburg. Veel Betschdorfers wonen in 18de-eeuwse vakwerkhuizen die konden worden gebouwd van het geld dat de keramiekindustrie opbracht. Generaties pottenbakkers hebben hun geheimen omtrent het karakteristieke blauwgrijze glazuur doorgegeven aan hun zoons, terwijl de vrouwen verantwoordelijk waren voor de kobaltblauwe beschildering. Een pottenbakkersmuseum, waaraan een atelier is verbonden, stelt de keramiek van het platteland tentoon. Eveneens een bezoek waard zijn de met fresco's beschilderde gotische Niederbetschdorfkerk en de lutherse Kuhlendorfkerk, de enige vakwerkkerken in de Elzas. Vlakbij ligt de Wacht, het vroegere verblijf van de nachtwakers.

Omgeving
Ten zuidoosten, op 10 km afstand van Betschdorf, ligt **Soufflenheim**, ook een pottenbakkersdorp.

West-Frankrijk

Inleiding op West-Frankrijk

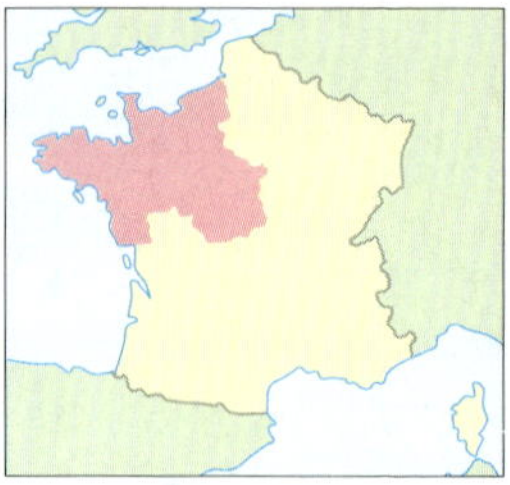

In de geschiedenis van Frankrijk hebben verschillende delen van het westen zeer diverse rollen gespeeld: het Loire-dal is voor altijd met het Franse koningshuis verbonden, terwijl Bretagne zich vooral in separatistische zin heeft onderscheiden. Het gebied is agrarisch en langs de kust wordt veel gevist. Rond Rouen en Le Havre zijn industrieën en olieraffinaderijen gevestigd. Bezoekers komen naar de stranden, de stille landweggetjes en de châteaus langs de Loire.

Mont-St-Michel met zijn suggestieve silhouet *verwelkomt al sinds de 11de eeuw bedevaartgangers. Tegenwoordig wandelen jaarlijks bijna een miljoen bezoekers over het zand naar de abdij* (blz. 246-251).

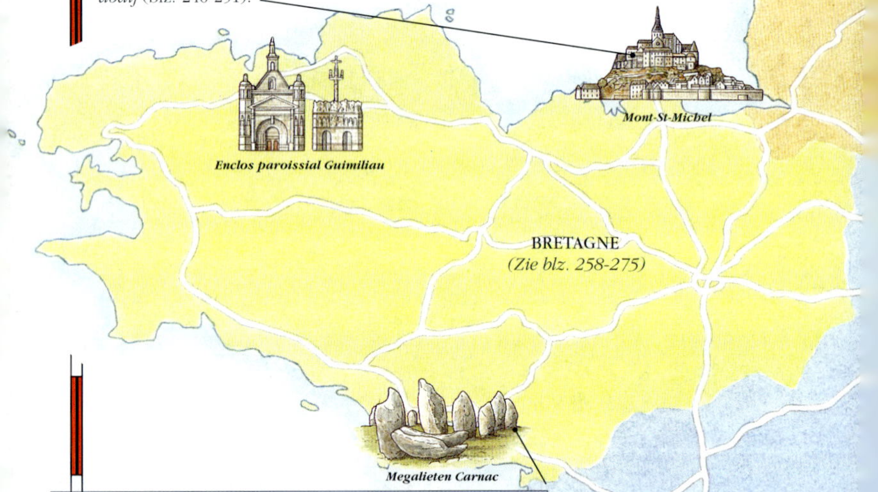

De menhirs van Carnac *bewijzen dat Bretagne al vroeg werd bewoond. Deze granieten stenen, gerangschikt in intrigerende patronen, staan er al sinds 4000 v.C. en hadden wellicht een religieuze of astronomische functie* (blz. 269).

Het tapijt van Bayeux (blz. 242-243) *doet verslag van de invasie van Engeland door Willem de Veroveraar vanuit Frans perspectief. De 58 taferelen beelden belangrijke gebeurtenissen, zoals de Slag bij Hastings in 1066, gedetailleerd en krachtig uit. Hier zijn twee boodschappers van Willem in grote haast op weg naar hun baas.*

Château de Chambord *is het grootste van de Loirekastelen* (blz. 292-293). *In 1519 liet Frans I het tot dan toe als jachtslot gebruikte bouwwerk tot een kasteel met slotgracht omvormen. Louis XIV vervolmaakte het in 1685. De 440 vertrekken bevatten het salamanderembleem van Frans I en 365 schouwen, één voor iedere dag van het jaar.*

Het eten in West-Frankrijk

Camembert

Met een kustlijn van 480 km maakt de Normandische keuken natuurlijk rijkelijk gebruik van vis en schaal- en schelpdieren. Lammeren grazen in de zoutmoerassen, wat het vlees een aparte, enigszins zoute smaak geeft. Landinwaarts produceert het melkvee vette melk voor room, kaas en boter. Calvados, de beroemde appelbrandewijn, wordt gemaakt van de appels die hier overdadig groeien. Visgerechten, lam van de zoutmoerassen, cider en eau-de-vie van cider zijn ook een kenmerk van de Bretonse keuken, maar uniek voor Bretagne is kwark of karnemelk met boekweit-crèpes.

In het Loire-dal is de rivier een bron voor smakelijke zoetwatervis en in de grotten langs de oevers worden dikke champignons gekweekt. De rijke, alluviale gronden brengen heerlijke groente, fruit, kaas en wijn voort.

***Pure zeezoutkristallen**, die men kan zien glinsteren op het schiereiland Guérande in het zuidoosten van Bretagne, worden door de boeren op traditionele wijze gezeefd. Dit mooie natuurlijke zout behoudt al zijn mineralen en de onmiskenbare geur van de zee.*

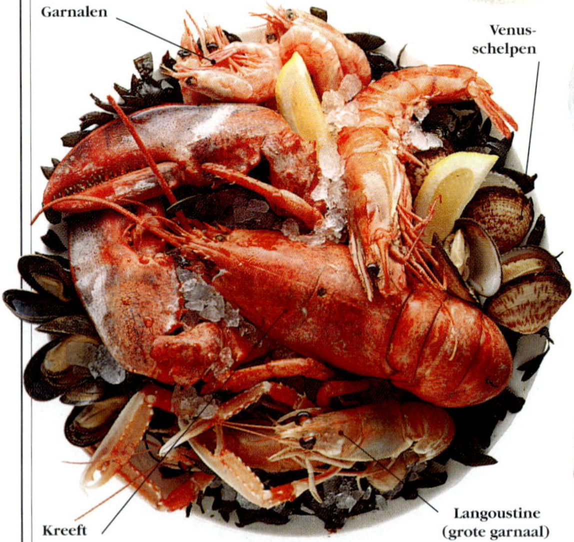

***Fruits de mer** is een keur aan plaatselijke schaal- en schelpdieren zoals oesters, venusschelpen, mosselen, krab, langoustines, wulken, garnalen en alikruiken, vaak geserveerd op een bed van ijs en zeewier. Met citroen en vergezeld van een saus van sjalotjes en azijn, gekoelde Muscadet, vers roggebrood en boter zijn ze het lekkerst.*

Moules marinières *zijn mosselen gekookt in witte wijn met uien, sjalotjes, peterselie en boter.*

***Oesters** kunnen rauw uit de schelp of even gegrild en met een sausje worden gegeten.*

Rillettes *zijn gekruide, in spek gebakken en tot pastei gepureerde stukken varkens- of ganzevlees.*

***Artisjokken** kunnen worden gekookt in water of wijn met kruiden, gevuld, of geserveerd met kruiden- of citroenboter.*

Gigot d'agneau à la Bretonne *is gebraden lamsvlees met in tomaten, knoflook en uien gestoofde* haricots verts.

***Zalm met* beurre blanc**, *een saus van boter, wijn en sjalotjes, is een populair gerecht, zowel in Bretagne als rond de Loire.*

Tripe à la mode de Caen *is een Normandisch gerecht van gestoomde pens en groente die in cider worden gestoofd.*

Tarte Tatin *is een gekaramelliseerde omgekeerde appeltaart, een recept van Hôtel Tatin in het Loire-dal.*

Crèpes Suzettes, *een van de beroemdste gerechten van Bretagne, zijn flensjes met sinaasappel en Grand Marnier.*

Galettes *uit Bretagne smaken duidelijk naar de enigszins zoute boter die in de regionale keuken wordt gebruikt.*

KAZEN

Enkele van de beste Fransc kazen komen uit Normandië – Camembert, scherpe Livarot en romige Pont-l'Evêque. Crottin de Chavignol uit de Loire is een van de populairste *chèvres* (geitekazen).

Livarot

Pont l'Eveque

Crottins de Chavignol

Camembert

Benedictine

Calvados

Cider

DRANKEN

In Normandië en Bretagne is de lokale drank mousserende alcoholische en niet-alcoholische cider, die goed past bij de smakelijke *crèpes*. De appelbrandewijn Calvados (*lambig* in Bretagne) is veel sterker. De kruidenlikeur Benedictine werd in 1510 voor het eerst gemaakt door een monnik in Fécamp.

Franse wijngebieden: de Loire

Cabernet Franc, rode druif uit de Loire

Langs de Loire worden goede wijnen gemaakt, maar slechts enkele daarvan gelden als echte topwijn. De vruchtbare landbouwgronden in de 'Tuin van Frankrijk', zoals de vlakte rond de meanderende Loire ook wel wordt genoemd, zijn uitstekend voor fruit en groente, maar minder geschikt voor de produktie van bijzonder goede wijnen. Toch brengt het koele, noordelijke klimaat verfrissende rode wijnen en zomerrosé's, aromatische witte wijnen en verkwikkende mousserende wijnen voort. De witte wijnen hebben hier de overhand en moeten snel worden gedronken.

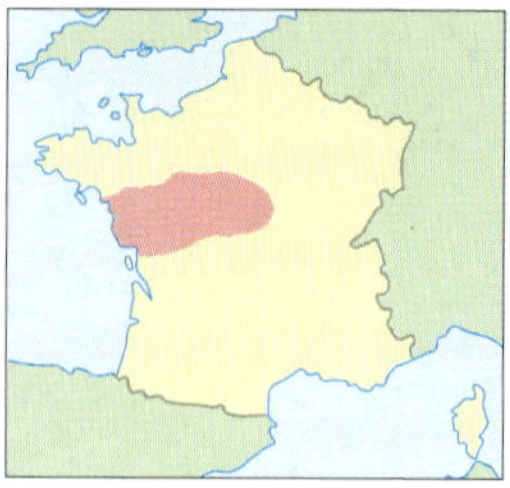

ORIËNTATIEKAART

Wijnstreek van de Loire

De zoete wijn *van de Coteaux du Layon, Quarts de Chaume, is buiten Frankrijk nauwelijks bekend.*

Muscadet *met de woorden* sur lie *op het etiket is gerijpt op zijn droesem* (blz. 23), *hetgeen de wijn meer smaak geeft.*

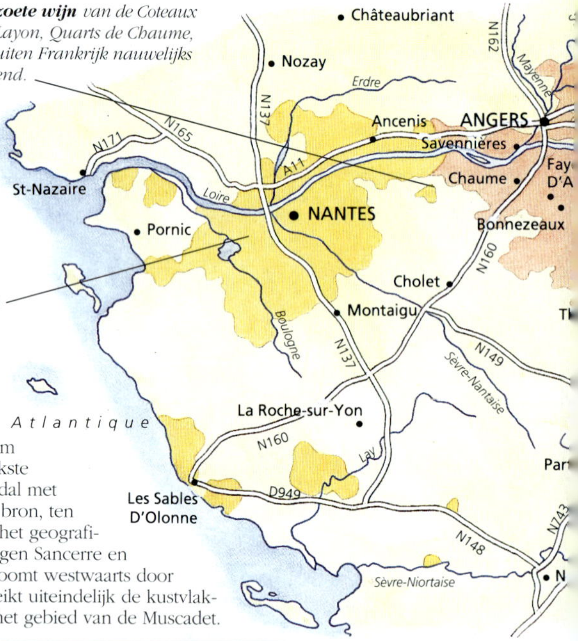

WIJNSTREKEN

De Loire, ongeveer 1000 km lang, verbindt de belangrijkste wijngebieden in het Loire-dal met elkaar. In de buurt van de bron, ten westen van Bourgogne in het geografische hart van Frankrijk, liggen Sancerre en Pouilly Fumé. De rivier stroomt westwaarts door Touraine en Anjou en bereikt uiteindelijk de kustvlakten van het Pays Nantais, het gebied van de Muscadet.

SYMBOLEN

- Pays Nantais
- Anjou-Saumur
- Haut-Poitou
- Touraine
- Wijngaarden Midden-Frankrijk

0 kilometer 15

Clos de l'Echo, Chinon, produceert mooie, kruidige rode wijn

[D]eze rode wijn is ge[m]aakt van druiven van [v]ieilles vignes – de oudste [en] beste wijnstokken op het [la]nd van de wijnboer.

Wijngaarden voor rode wijn, Bourgueil

In Vouvray *worden gewone en mousserende witte wijnen gemaakt. De laatste laat men rijpen in kalkgrotten zoals in Champagne.*

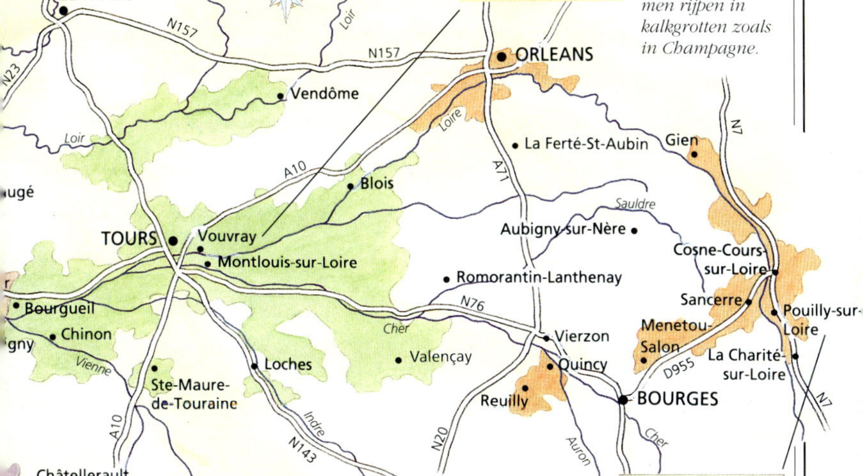

Pouilly Fumé, *een klassieke, maar vaak prijzige wijn, wordt geprezen om zijn unieke, rokerige karakter.*

Belangrijke feiten over Loire-wijnen

Ligging en klimaat
De grond is vruchtbaar en het klimaat is koel en wordt beïnvloed door de Atlantische Oceaan, wat de wijnen een verfrissende zuurgraad geeft.

Druivesoorten
De ***Muscadet*** levert simpele, droge witte wijnen, de ***Sauvignon*** droge witte wijnen met een kruisbesaroma; hij is op zijn best in Sancerre en Pouilly Fumé, maar ook goed in Touraine. De ***Chenin Blanc*** produceert halfdroge Anjou, Savennières, Vouvray, Montlouis en Saumur, mousserende Vouvray en Saumur en de zoete witte wijnen Bonnezeaux,

Vouvray en Quarts de Chaume. Uit de ***Gamay*** en de kruidige ***Cabernet Franc*** worden rode wijnen gemaakt.

Goede producenten
Muscadet: Sauvion, Guy Bossard, Luneau. *Anjou, Savennières, Vouvray:* Richou, Domaine de la Bizolière, Coulée de Serrant, Huet, Domaine des Aubuissières, Bourillon-Dorléans. *Touraine* (wit): Domaine des Acacias. *Saumur* (rood): Filliatreau, Domaine des Roches Neuves. *Chinon/ Bourgeuil* (rood): Joguet, Taluau, Druet. *Sancerre, Pouilly Fumé, Ménétou-Salon:* Dagueneau, Reverdy, Vacheron, Mellot, Henry Natter, Henry Pelle.

Van verdediging tot versiering

De grote châteaux in het Loire-dal hebben zich geleidelijk ontwikkeld van pure verdedigingswerken tot decoratieve paleizen. Met de komst van vuurwapens werd de defensieve functie van kastelen overbodig, waarna comfort en smaak voorop kwamen te staan. Verdedigingselementen zoals torens, kantelen, slotgrachten en poortgebouwen behield men voornamelijk als symbolen van rang en afkomst.

Salamanderembleem van Frans I

***Angers** (blz. 281), een fort dat tussen 1230 en 1240 door Lodewijk IX werd gebouwd, staat op een heuvel in het centrum van de stad. In 1585 verwijderde Hendrik III de peperbustorens van zeventien versterkingen.*

***Chaumont** (blz. 296) werd tussen 1498 en 1510 door de familie Amboise in renaissancestijl herbouwd. Hoewel het gebouw er uit ziet als een verdedigingswerk, zijn deze elementen voornamelijk decoratief.*

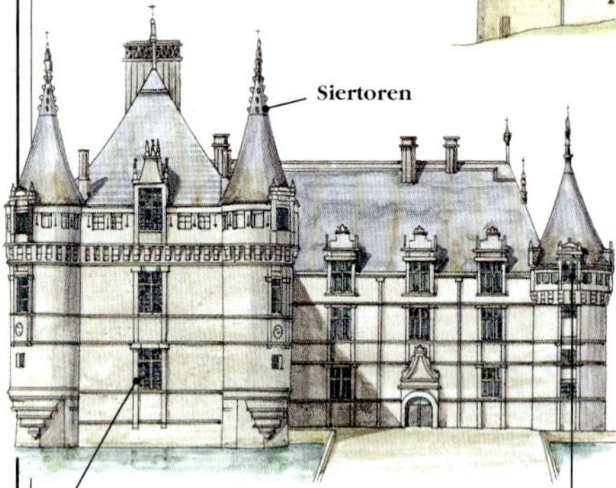

***Azay-le-Rideau** (blz. 286), dat wordt beschouwd als een van de elegantste en best ontworpen renaissancekastelen, werd gebouwd voor de minister van financiën Gilles Berthelot (1518-1527) en zijn vrouw Philippa Lesbahy. Het is een mengeling van traditionele torentjes met renaissancistische pilasters en pinakels. Zeer indrukwekkend is de trap met dubbele nissen over drie verdiepingen en het fronton met ingewikkelde decoraties.*

***Ussé** (blz. 285) werd in 1462 door Jean de Bueil gebouwd als een vesting met verschansingen, compleet met openingen voor projectielen, kantelen en schietgaten. De familie Espinay, kamerheren van zowel Lodewijk XI als Karel VIII, kocht het kasteel en paste de muren die op de grote binnenplaats uitkeken in renaissancestijl aan door dakkapellen en pilasters toe te voegen. In de 17de eeuw werd de noordvleugel afgebroken om plaats te maken voor terrassen.*

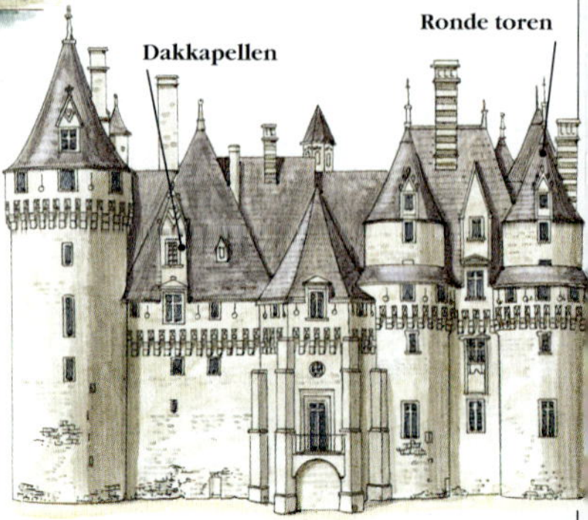

Bretonse tradities

Bretagne werd Breiz Izel (Klein-Brittannië) genoemd door de migranten die in de 5de en 6de eeuw uit Cornwall en Wales waren gevlucht en hun gebruiken, taal en religie aan de Galliërs oplegden. Tot 1532 weerstond Bretagne Karel de Grote, de Vikingen, Engelse allianties en zelfs de Franse heerschappij. Op scholen wordt nog altijd Bretons onderwezen en een volle kalender houdt het contact tussen Bretagne en zijn verleden en andere Keltische religies in stand.

Kanten mutsen uit Bigouden

Bretonse muziek *heeft een sterk Keltische inslag. Op traditionele feesten kan men nog steeds de* biniou, *een soort doedelzak, en de hobo-achtige* bombarde *horen.*

***Een* pardon** *is een jaarlijks religieus feest ter ere van de plaatselijke heilige. De naam is afkomstig van het schenken van aflaat na vergeving van de zonden van het afgelopen jaar. Sommige* pardons, *zoals die in Ste Anne d'Auray en Ste-Anne-la-Palud, worden nog steeds door duizenden bedevaartgangers bezocht. De meeste* pardons *vinden tussen april en september plaats.*

***Bretonse klederdracht**, die nog steeds wordt gedragen bij* pardons *en bruiloften, was per plaats anders omdat iedere streek zijn eigen mutsen of* coiffes *had. In Quimper* (blz. 264) *en Pont l'Abbé in Pays Bigouden* (blz. 263) *zijn musea aan de Bretonse kledij gewijd.*

De natuur aan de Bretonse kust

Zeester

De granieten klippen, enorme baaien en diepe riviermondingen zorgen voor een veelheid aan habitats in Bretagne. Het hoogteverschil tussen de eb- en vloedlijn bedraagt in sommige kustgedeelten meer dan 15 m, het grootste in Frankrijk. Door dit enorme verschil is het zeeleven in aparte zones verdeeld. De meeste beroemde schelpdieren van de streek, zoals mosselen, venusschelpen en oesters, leven in de lagere delen van de kust, op rotsen of modderig zand waar ze het grootste deel van de dag onder water zijn. Wat hoger vindt u patella's en verschillende soorten zeewier die het langer zonder water uithouden. Op de hoge klippen boven de zee broeden de zeevogels en groeien allerlei soorten wilde planten.

Klippen op de Pointe du Raz

Ile de Bréhat bij eb

Kenmerken van de kust

Deze tekening toont enkele van de habitats van de Bretonse kust. Informeer wanneer de vloed opkomt voordat u de kust gaat verkennen, vooral als u langs de onderkant van de rotsen wilt wandelen.

De bloemen in het zo moeras zijn op hun mooist in de late zom

Duinen, waarop helmgras groeit dat het zand vasthoudt.

Slib en zand worden bewoond door venusschelpen en kokkels, die voedseldeeltjes uit het water filteren.

Rotseilandjes bieden zeevogels een veilige broedplaats.

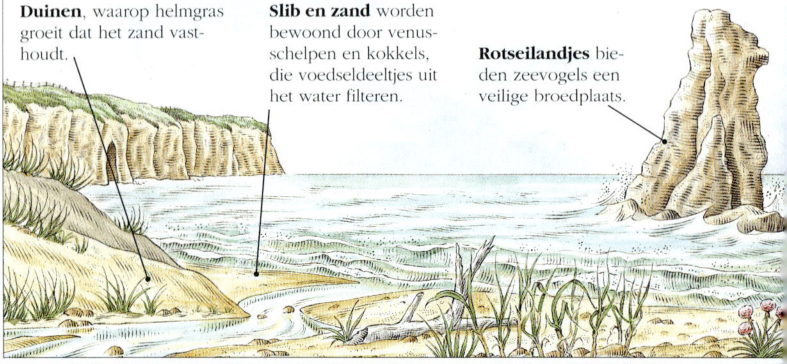

OESTERBEDDEN

Oesters beginnen hun leven als larven. De eerste stap in de *ostréculture*, of oesterkweek, is ervoor te zorgen dat de larven zich ergens aan kunnen vasthechten, gewoonlijk een stapel tegels onder water. De groeiende oesters worden later naar oesterbanken overgebracht, waar ze rijpen en vervolgens worden verzameld.

Oesterbanken in Cancale

FLORA EN FAUNA AAN DE KUST

De structuur van de kust bepaalt de plaatselijke flora en fauna. In een milieu dat wordt beheerst door wind en golven bieden rotsen een stevige ondergrond voor planten en een veilig onderkomen voor vele kleine dieren. Modderig zand is rijk aan voedingsstoffen en heeft een grotere rijkdom aan leven.

Klippen

De rotsduif *is een op de rotsen levende voorouder van de bekende stadsduif.*

Engels gras *is een veel voorkomende lentebloem die op de richels bij de zee groeit.*

Rotsen en rotspoeltjes

Verschillende soorten zeewier *wordt dagelijks bij eb zichtbaar.*

De patella, *die zich langzaam voortbeweegt, schraapt minuscule plantjes van de rots.*

De grondel *heeft scherpe ogen en zoekt beschutting zodra hij boven zich iets ziet bewegen.*

Krabben *komen op verschillende diepten voor. Sommige soorten zijn zeer goede zwemmers.*

Modder en zand

Kokkels *leven in groten getale net onder het oppervlak van modderig zand.*

De wulp *trekt met zijn gekromde snavel schaaldieren uit de modder en het zand.*

Boven op de klippen groeien, tussen de velden en de zee, vaak stroken wilde planten.

Rotspoeltjes worden tweemaal daags overstroomd door het tij. Er leven vissen, weekdieren, zeeanemonen en sponzen.

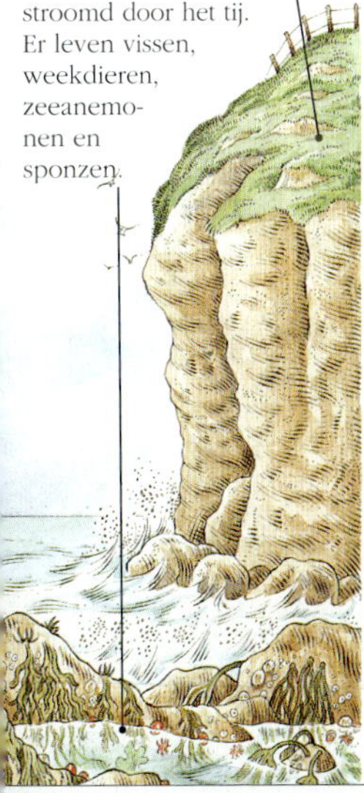

NORMANDIË

EURE · SEINE-MARITIME · MANCHE · CALVADOS · ORNE

Het kenmerkende beeld van Normandië is dat van een rijk begroeide landelijke streek vol appelboomgaarden en tevreden koeien, van cider en pikante kazen. Ook de winderige stranden van Cotentin en de beboste oevers van de Seine maken echter deel uit van de streek. Toeristische hoogtepunten zijn de grote abdijkerken in Caen, het indrukwekkende eiland Mont-St-Michel en Monets tuin in Giverny.

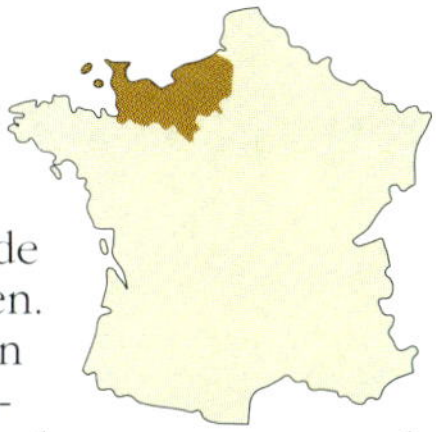

De naam Normandië is afkomstig van de Scandinavische Noormannen die in de 9de eeuw langs de Seine landinwaarts trokken. De plunderaars vestigden zich in dit gebied en maakten Rouen tot hun hoofdstad. Hiervandaan kronkelt de Seine zeewaarts langs de oude abdijen in Jumièges en St-Wandrille naar de kust.

Ten noorden van Rouen liggen de krijtrotsen van de Côte d'Albâtre, waarna de sfeer bij de haven van Honfleur en de elegante badplaatsen van de Côte Fleurie in het westen weer minder grimmig wordt. Landinwaarts wordt het Pays d'Auge gekenmerkt door vakwerkhuizen en de Normandische koe. Het westen van Normandië is een *bocage*-landschap vol kleine akkers en hoge heggen.

De stad Caen is een bezoek waard vanwege zijn twee grote 11de-eeuwse, voor Willem de Veroveraar en koningin Mathilde gebouwde abdijkerken. In Bayeux, vlak bij Caen, hangt het beroemde tapijt waar het verhaal van Willems invasie van Engeland gedetailleerd wordt afgebeeld. Herinneringen aan een andere invasie, de landingen op D-Day in 1944, leven voort langs de Côte de Nacre en het schiereiland Cotentin. Duizenden geallieerden landden in het voorlaatste oorlogsjaar op deze schitterende stranden. Op de punt van Cotentin ligt Cherbourg, dat nog steeds een strategische marinebasis is. Aan de westvoet van het schiereiland ligt een van de grootste attracties van Frankrijk: het kloostereiland Mont-St-Michel.

Een vakwerkboerderij in Beuvron-en-Auge, bij Lisieux

Grazige weiden en bruinwit-gevlekt Normandisch vee, de traditionele rijkdom van het gewest

Normandië verkennen

De vele historische bezienswaardigheden en het afwisselende landschap van Normandië zijn ideaal voor bezichtiging per fiets of auto. Langs de winderige Côte d'Albâtre en op het schiereiland Cotentin leveren de kustwegen fraaie uitzichten en liggen prima stranden. In het zuiden staat een van Frankrijks beroemdste bezienswaardigheden, Mont-St-Michel. Landinwaarts leidt het Seine-dal naar Rouen en Monet's tuin in Giverny.

Bloeiende appelbomen in Pays d'Auge

De kust van de Côte d'Albâtre

Bezienswaardigheden in het kort

- Avranches 5
- Basse-Seine 18
- Bayeux 8
- Caen 9
- Cherbourg 2
- Côte d'Albâtre 16
- Côte Fleurie 12
- Côte de Nacre 7
- Cotentin 1
- Coutances 3
- Dieppe 17
- Évreux 22
- Giverny 21
- Granville 4
- Haute-Seine 20
- Honfleur 14
- Le Havre 15
- Mont-St-Michel 6
- Parc Régional de Normandie-Maine 11
- Pays d'Auge 13
- Rouen 19
- Suisse Normande 10

Symbolen

- Snelweg
- Hoofdweg
- Secundaire weg
- Toeristische route
- Rivier
- Uitzichtpunt

BEREIKBAARHEID

De A13 leidt van Parijs naar Rouen en Caen en er zijn drukke weg- en spoorverbindingen naar de havensteden Dieppe, Le Havre, Caen (Ouistreham) en Cherbourg. Buiten deze aders is het openbaar vervoer vrij beperkt. De streek is doorvlochten met secundaire wegen, die vooral in Pays d'Auge en op het schiereiland Cotentin erg mooi zijn. Bij Rouen, Le Havre en Caen liggen belangrijke luchthavens.

Het stadje Les Andelys, in nevelen gehuld

Ruige klippen op het schiereiland Cotentin

Cotentin ❶

Manche. *Cherbourg.*
Cherbourg (02-33935202).

Cotentin lijkt veel Bretagne. De lange zandstranden zijn nog relatief onaangetast en rond de ruige landtongen zoals Cap de la Hague en Nez de Jobourg is het altijd winderig. Vogelliefhebbers kunnen hun hart ophalen op Nez de Jobourg, waar grote aantallen jan-van-genten en pijlstormvogels te zien zijn. Aan de oostkust, op de lange stranden van Utah Beach, landden de Amerikaanse troepen op 6 juni 1944 als onderdeel van de geallieerde invasie.

Landinwaarts houdt Ste-Mère-Eglise de herinnering aan deze gebeurtenissen levend in het indrukwekkende **Musée des Troupes Aéroportées** (museum van luchtlandingstroepen). Net buiten Ste-Mère-Eglise staat het **Musée de la Ferme du Cotentin**, dat inzicht geeft in het plattelandsleven aan het begin van deze eeuw, terwijl verder naar het noorden het **Musée Régional du Cidre et du Calvados** in het marktstadje Valognes is gewijd aan het maken van cider en calvados.

De noordoosthoek van het schiereiland wordt beheerst door twee vissershavens: Barfleur en St-Vaast-la-Hougue. De laatste is beroemd om zijn oesters en u kunt vanuit deze plaats boottochtjes maken naar Ile de Tahitou. Val de Saire is ideaal voor het maken van rondritten en het uitzichtspunt bij La Pernelle is de beste plek om over de kust uit te kijken. Aan de westkant van het schiereiland liggen, bij de badplaats Barneville-Carteret, zandstranden. 's Zomers vertrekken hiervandaan bootjes naar de Kanaal-eilanden.

Musée des Troupes Aéroportées
Place du 6 Juin, Ste-Mère-Eglise.
02-33414135. ***Open*** *feb-half nov: dag., half nov-half dec: za & zo.*

Musée de la Ferme du Cotentin
Route de Beauvais, Ste-Mère-Eglise.
02-33413025. ***Open*** *Pasen-okt: wo-ma (juli & aug: dag.).*

Musée Régional du Cidre et du Calvados
Rue du Petit-Versailles, Valognes.
02-33402273. ***Open*** *april-sept: wo-ma; (juli & aug: dag.).* ***Gesloten*** *zondagmorgen.*

Cherbourg ❷

Manche. *28.000.*
Quai Alexandre III (02-33935202).
di, do & za.

Al sinds halverwege de 19de eeuw is Cherbourg een strategische haven en marinebasis. De Franse marine en ook transatlantische schepen en veerboten uit Ierland en Engeland gebruiken de haven nog steeds. Het op een heuvel gelegen **Fort du Roule** biedt een weids uitzicht over de haven. In het fort geeft het **Musée du Roule** informatie over de invasie op D-Day en de daaropvolgende bevrijding van Cherbourg. De drukste plaatsen zijn het marktplein, het Place Général de Gaulle en winkelstraten zoals Rue Tour-Carrée en Rue de la Paix. De collectie schone kunsten van de stad wordt tentoongesteld in het grote **Musée Thomas-Henry**. Te zien zijn onder andere enkele aardige 17de-eeuwse Vlaamse werken en portretten van Jean François Millet, die werd geboren in Gréville-Hague.

In **Parc Emmanuel Liais** zijn enkele kleine botanische tuinen en een **Musée d'Histoire Naturelle**.

Musée du Roule
Fort du Roule. *02-33201412.* ***Open*** *april-sept: dag., okt-maart: di-zo.* ***Gesloten*** *1 jan, 1 nov, 25 dec.*

Musée Thomas-Henry
Rue Vastel. *02-33230223.* ***Open*** *di-zo.* ***Gesloten*** *feestdagen.*

Musée d'Histoire Naturelle
Parc Emmanuel Liais, Rue de l'Abbaye 9.
02-33535161. ***Open*** *di-zo.* ***Gesloten*** *zo 's morgens, feestdagen.*

Centrum van Cherbourg

Coutances ❸

Manche. *12.000.*
Place Georges Leclerc (02-33451779)
do.

Coutances was van de Romeinse tijd tot de Revolutie de hoofdstad van Cotentin. Rond 1040 startte een plaatselijke familie, de De Hautevilles, met de bouw van de slanke **Cathédrale Notre-Dame**, een mooi voorbeeld van Normandisch-gotische architectuur, met een 41 m hoge toren en gotische gebrandschilderde ramen. Een groot deel van de stad werd tijdens de Tweede Wereldoorlog zwaar beschadigd, maar de kathedraal bleef gespaard. Ook de kerken St-Nicolas en

St-Pierre de mooie openbare tuinen met hun zeldzame planten hebben de oorlog doorstaan.

De kathedraal van Coutances, van achteren gezien

Granville ❹

Manche. 13.000.
Cours Jonville 4 (02-33913003).
wo & za.

Het bovenste deel van Granville, dat op een rotsachtige uitloper ligt en uitkijkt op de Baie du Mont-St-Michel, is omgeven door stadswallen. De stad is voortgekomen uit versterkingen die in 1439 door de Engelsen werden gebouw als deel van hun bestorming van Mont-St-Michel. De zeevarende traditie van Granville wordt belicht in het **Musée de Vieux Granville**, gevestigd in het poortgebouw van de stad. De kapelmuren van de **Eglise de Notre-Dame** zijn behangen met blijken van waardering van lokale vissers voor hun beschermvrouw Notre-Dame du Cap Lihou.

De benedenstad is een ouderwetse badplaats, met een casino, boulevard, openbare tuinen en attracties zoals een aquarium, een wassenbeeldenmuseum en een *Féerie du Coquillage* (schelpenwonderland). Vanuit de haven kunt u een boottocht maken naar de Iles Chausey.

Musée de Vieux Granville

Rue Lecarpentier 2.
02-33504410. **Open** april-juni: wo-zo, juli-sept: wo-ma, okt-maart: wo, za & zo. **Gesloten** 1 jan, 1 mei, 1 & 11 nov, 25 dec.

Landingen op D-Day

In de vroege uren van 6 juni 1944 landden de eerste geallieerde strijdkrachten op de stranden van Normandië. Het was een eerste stap in een lang van tevoren uitgedachte invasie van het door de Duitsers bezette Frankrijk, de zogenaamde Operation Overlord. Parachutisten werden gedropt bij Ste-Mère-Eglise en de Pegasusbrug, en vanuit zee landden troepen op een aantal stranden met codenamen. De Amerikaanse troepen landden in het westen, op Utah en Omaha, en Britse en Canadese troepen, met een contingent vrije Franse commando's, landden op Gold, Juno en Sword. Vijftig jaar later worden de stranden nog steeds bij hun codenamen genoemd.

De Pegasusbrug, waar het eerste Franse huis werd bevrijd, vormt het logische beginpunt voor een tocht langs de bezienswaardigheden en monumenten. Verder naar het westen, in Arromanches-les-Bains, liggen nog de overblijfselen van de kunstmatige haven die hier uit Engeland naartoe was gesleept.

In La Cambe, Ranville en St-Laurent-sur-Mer liggen Britse, Duitse en Amerikaanse oorlogsbegraafplaatsen.

Amerikaanse troepen gaan aan land tijdens de invasie van Frankrijk

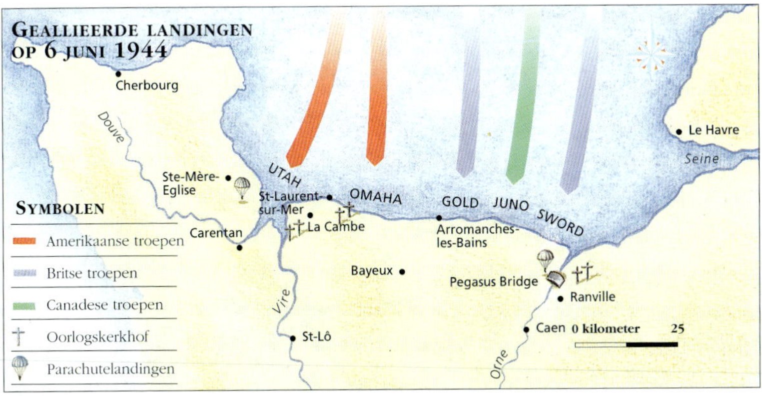

Aan het eind van D-Day waren meer dan 135.000 man geland, met een verlies van in totaal 10.000 man

Avranches 5

Manche. *8500.* *Rue Général de Gaulle 2 (02-33580022).* *za.*

Avranches is al sinds de 6de eeuw een religieus centrum en is de laatste halte onderweg naar de abdij op Mont-St-Michel. De beroemde abdij werd gebouwd naar aanleiding van een visioen van Aubert, de bisschop van Avranches. Volgens de legende kreeg hij op een nacht bezoek van de aartsengel Michaël, die hem opdroeg een kerk op het eiland te bouwen. Aubert's schedel is te bezichtigen in de schatkamer van de **St-Gervais** in Avranches.

Het mooiste uitzicht op Mont-St-Michel hebt u vanaf de **Jardin des Plantes** in Avranches. Na de Revolutie werden 203 geïllumineerde manuscripten uit de abdij van Mont-St-Michel gered en sommige hiervan zijn te bezichtigen in het **Musée Hôtel de Ville**. Vlakbij staat het **Musée Municipal**, gewijd aan het leven op Cotentin in de afgelopen eeuwen.

Musée Hôtel de Ville
Place Littré. 02-33892940.
Open *juni: ma-za; juli-aug: dag.; sept: ma-za.*

Musée Municipal
Pl Jean de Saint-Avit. 02-33582515.
Open *Pasen-juni: wo-ma; juli-aug: dag.; sept: wo-ma.* **Gesloten** *1 mei.*

De restanten uit de Tweede Wereldoorlog van Mulberry Harbour

Mont-St-Michel 6

Zie blz. 246-249.

Côte de Nacre 7

Calvados. *Caen.* *Caen, Bayeux.* *Caen-Ouistreham.* *Caen (02-31271414).*

Het kustgebied tussen de mondingen van de Orne en de Vire kreeg in de 19de eeuw de naam Côte de Nacre (paarlemoeren kust). Later is deze kust bekend geworden als de plek waar geallieerde troepen op D-Day aan land gingen in het kader van Operation Overlord *(blz. 241)*. De hiermee verband houdende begraafplaatsen, monumenten en musea en de overblijfselen van Mulberry Harbour in Arromanches-les-Bains zijn belangrijke trekpleisters. De kust is echter even populair. De badplaatsen zijn goedkoper dan langs de Côte Fleurie in het oosten en de sfeer is er gemoedelijker.

Bayeux 8

Calvados. *15.000* *Pont St-Jean (02-31512828).* *za.*

Bayeux was de eerste stad die in 1944 door de geallieerden werd bevrijd en kwam bovendien ongeschonden tevoorschijn uit de oorlog. De stad heeft nog een aantrekkelijke kern met 17de- tot 19de-eeuwse gebouwen langs de hoofdstraten, de Rue St-Martin en de Rue St-Jean. In de laatste, die nu verkeersvrij is, zijn veel winkels en cafés gevestigd. De spitsen en de

Tapijt van Bayeux

Dit levendige stripverhaal dat de invasie van Engeland door Willem de Veroveraar moet rechtvaardigen, is een 70 m lang, geborduurd wandtapijt waarvoor bisschop Odo van Bayeux opdracht zou hebben gegeven. Het tapijt, dat inzicht geeft in het leven in de 11de eeuw en avontuurlijk verslag doet van de nederlaag van de Engelse koning Harold in de Slag bij Hastings, wordt beschouwd als kunstwerk, historisch document en onderhoudende lectuur.

Harold's gevolg vertrekt naar Frankrijk om Willem te vertellen dat hij de Engelse troon erft.

Bomen met verstrengelde takken dienen soms om de 58 scènes op het tapijt te scheiden.

gekoepelde lantaarntoren van de gotische **Cathédrale Notre-Dame** rijzen boven de stad uit. Onder het harmonieus geproportioneerde interieur bevindt zich een 11de-eeuwse crypte, versierd met gerestaureerde 15de-eeuwse fresco's. Oorspronkelijk stond hier een romaanse kerk die in 1077 werd gewijd. Waarschijnlijk is het beroemde tapijt van Bayeux ter ere hiervan besteld door een van de figuren in het werk, bisschop Odo.
Het tapijt wordt tentoongesteld in een gerestaureerd seminarie, het **Centre Guillaume-le-Conquerant**, dat een gedetailleerde audiovisuele uitleg geeft over de gebeurtenissen die leidden tot de verovering van Engeland.
Ten zuidwesten van de ringweg staat het **Musée Mémorial de la Bataille de Normandie**, dat is gewijd aan de gebeurtenissen rond de Slag van Normandië in de Tweede Wereldoorlog. Er is onder andere een uitstekende compilatie van nieuwsuitzendingen uit die tijd te zien.

Centre Guillaume-le-Conquérant
Rue de Nesmond. *02-31512550.*
***Open** dag. **Gesloten** 1 jan, 25 dec.*

Musée Mémorial de la Bataille de Normandie
Boulevard Fabian-Ware.
*02-31929341. **Open** dag.*
***Gesloten** 1 jan, laatste twee weken van jan, 25 dec.*

De Abbaye aux Hommes in Caen

Caen 9

Calvados. *116.000*
Place St-Pierre (02-31271414).
vr & zo.

Halverwege de 11de eeuw kozen Willem de Veroveraar en koningin Mathilde Caen tot hun residentie en hoewel driekwart van de stad tijdens de Tweede Wereldoorlog werd vernield, is 'hun' stad nog altijd herkenbaar. Het koninklijke paar liet twee grote abdijen en een kasteel op de noordelijke oever van de Orne bouwen.
De **Eglise St-Pierre**, erg populair bij de inwoners van Caen, werd in de 13de en 14de eeuw aan de zuidzijde van het kasteel gebouwd. De sierlijke, renaissancistische oostgevel werd in de 16de eeuw toegevoegd. De vaak nagebouwde klokketoren werd in 1944 vernield, maar is nu gerestaureerd. Ten oosten hiervan loopt de Rue de Vaugeux, de centrale straat in het kleine Vieux Quartier van Caen. Langs deze straat, die nu verkeersvrij is, staan nog een paar bekoorlijke vakwerkgebouwen. Een westwaartse wandeling langs de Rue St-Pierre of Boulevard du Maréchal Leclerc leidt naar het belangrijkste winkelgebied van de stad.

De Engelsen gebruiken een laatste maaltijd voordat ze met hun jachthonden en valken aan boord gaan.

Brede snorren onderscheiden de Engelsen van de gladgeschoren Fransen.

De gekleurde wol die is gebruikt om op het linnen te borduren, is nauwelijks verkleurd sinds de 11de eeuw.

Latijnse inscripties boven de hoofdtaferelen in het werk belichamen de heroïsche idealen van de deelnemers.

Langs de randen wordt in fabels en terzijdes ironisch commentaar gegeven.

Abbaye aux Hommes

Esplanade Jean-Marie Louvel. ***Open*** *dag.* ***Gesloten*** *1 jan, 25 dec.* *verplicht.*

In 1066 werd begonnen met de bouw van Willems Abbaye aux Hommes. Twintig jaar later, toen hij stierf, was het gebouw bijna af. De abdijkerk, de **Eglise St-Etienne** is een meesterwerk van Normandisch-romaanse bouwkunst, met een strenge, sobere westgevel, gekroond met 13de-eeuwse spitsen. Het schip werd in de 12de eeuw van een dak voorzien.

Abbaye aux Dames

Place de la Reine Mathilde. ***Open*** *dag.* ***Gesloten*** *1 jan, 25 dec.* *verplicht.*

Net zoals bij Willems Abbaye aux Hommes staat ook bij Mathildes Abbaye aux Dames een Normandisch-romaanse abdijkerk, **La Trinité**. In 1060 werd met de bouw begonnen en zes jaar later werd hij gewijd – een paar maanden voordat Willem Engeland binnenviel. Koningin Mathilde ligt begraven in het koor. De abdij vormt een sereen mausoleum.

Château de Caen

Esplanade du Château. **Musée des Beaux Arts** *02-31852863.* **Musée de Normandie** *02-31860624.* **Musea** ***open*** *wo-ma.* ***Gesloten*** *1 jan, Pasen, 1 mei, Hemelvaart, 1 nov, 25 dec.*

Binnen de muren van de ruïne van het kasteel van Caen bevinden zich enkele musea. Het **Musée des Beaux Arts** bevat een ruime collectie schone kunsten, met veel 17de-eeuwse Franse en Italiaanse schilderijen. Het **Musée de Normandie** brengt het traditionele leven in de streek tot leven, met panelen over landbouw en kantwerk, en (pre-historische) gereedschappen.

Mémorial

Esplanade Dwight-Eisenhower. *02-31060644.* ***Open*** *half jan-dec: dag.* ***Gesloten*** *25 dec.*

Mémorial, een museum bij de N13 in het noordwesten van Caen, is gewijd aan de vrede en plaatst de gebeurtenissen van D-Day in de context van de Tweede Wereldoorlog en andere conflicten in de 20ste eeuw. Het museum werd in 1988 geopend en maakt gebruik van interactieve en audiovisuele technieken, waaronder compilaties van archieffilm en fictie die ingaan op het ontstaan van de oorlog, de gruwelen ervan en de mislukte vrede die erop volgde.

Het weelderig begroeide Orne-dal in Suisse Normande

Suisse Normande ⑩

Calvados & Orne. ✈ Caen. 🚉 🚌 Caen, Argentan. ℹ Putanges-Pont-Ecrepin (02-33358657).

Hoewel ze nauwelijks aan Zwitserse bergen doen denken, zijn de rotsen en de door de Orne uitgesleten dalen erg in trek om te wandelen, klimmen, kamperen en riviersporten te beoefenen. Het gebied leent zich ook uitstekend voor een ontspannend ritje door het landschap. Het hoogste punt is de Oëtre-rots, bij de D329, waarvandaan u neerkijkt op de indrukwekkende kloven die door de Rouvre zijn gevormd.

Parc Régional de Normandie-Maine ⑪

Orne & Manche. ✈ Alençon. 🚉 🚌 Argentan. ℹ Carrouges 02-33274062).

De zuidelijke rand van Midden-Normandië maakt deel uit van het grootste regionale park van Frankrijk. Tussen de landbouwgrond en de eiken- en beukenbossen bevinden zich diverse kleine plaatsjes. **Domfront** ligt op een uitloper die over de Varenne uitkijkt. In het aan een meer gelegen kuuroord **Bagnoles-de-l'Orne** treft u een casino en sportfaciliteiten, en verder naar het oosten ligt **Sées**, met een mooie kathedraal.

Affiche van Deauville, rond 1930

In Carrouges ligt het **Maison du Parc**.

Maison du Parc
Carrouges. ☎ 02-33817575.
***Open** dag. **Gesloten** feestdagen.*

Omgeving
Iets ten noorden van het park, buiten Mortrée, staat het **Château d'O**, een kasteel met slotgracht en mooie 17de-eeuwse fresco's. Hier vlakbij bevindt zich **Haras du Pin**, de nationale stoeterij van Frankrijk. Zijn bijnaam 'Versailles voor paarden' dankt het aan zijn grandeur en 17de-eeuwse architectuur.

Côte Fleurie ⑫

Calvados ✈ 🚌 Deauville. ℹ Deauville (02-31887888).

De Côte Fleurie (bloemenkust) tussen Villerville en Cabourg is bezaaid met chique badplaatsen. **Trouville** was ooit een eenvoudig vissersdorpje, maar halverwege de 19de eeuw ontdekten de schrijvers Gustave Flaubert en Alexandre Dumas het. Rond 1870 waren er luxe hotels, een spoorwegstation en pseudo-Zwitserse villa's langs het strand van Trouville gebouwd. Het dorp is echter al lang voorbijgestreefd door zijn buurman **Deauville**, dat rond 1860 door de hertog van Morny werd aangelegd. Hier zijn een casino, renbanen, jachthavens en het beroemde pad langs het strand, Les Planches.
De kleinere badplaatsen in het westen, zoals Villers-sur-Mer en Houlgate, bieden meer rust. Verder naar het westen ligt **Cabourg**, met zijn *fin de siècle-Grand Hôtel (blz. 551)* waar de schrijver Marcel Proust vele zomers doorbracht. Deze badplaats stond model voor Balbec in Proust's roman *A la recherche du temps perdu*.

Appels en Cider

Appelboomgaarden zijn kenmerkend voor het Normandische landschap en het fruit is een fundamenteel ingrediënt van het gastronomische repertoire van de streek. Iedere pâtisserie verkoopt *tarte normande* (appeltaart), terwijl elk plattelandsweggetje wel een bordje met *Ici Vente Cidre* (cider te koop) heeft. Een groot deel van de oogst wordt gebruikt voor cider en Calvados, appelbrandewijn die minstens twee jaar in eiken vaten moet rijpen. Een ander plaatselijk brouwsel, *poiré*, wordt van peren gemaakt.

De oogst varieert van zure ciderappels tot zoete handappels

Pays d'Auge ⑬

Calvados. ✈ Deauville. 🚌 Lisieux. ℹ Lisieux (02-31620841)

Het achterland van de Côte Fleurie, Pays d'Auge, is het klassieke Normandische landschap. De hoofdstad **Lisieux**, een kathedraalstad gewijd aan de in 1925 heilig verklaarde Ste-Thérèse van Lisieux, trekt jaarlijks duizenden bedevaartgangers. Lisieux is de moeite waard, maar marktplaatsjes als St-Pierre-sur-Dives en Orbec zijn zowel kleiner als aantrekkelijker. Tochtjes over de secundaire wegen van Pays d'Auge tonen de streek van zijn beste kant. Twee bewegwijzerde toeristische routes richten zich op de thema's cider en kaas, en schitterende boerderijen, landhuizen en kastelen getuigen van de rijkdom die dit vruchtbare land herbergt. Twee karakteristieke landhuizen die openstaan voor bezichtiging, staan in **Crèvecoeur-en-Auge** en **St-Germain-de-Livet**, terwijl het dorpje **Beuvron-en-Auge** met zijn vakwerkhuizen eveneens zeer fotogeniek is.

Mont-St-Michel ❻

St-Michaël

Gehuld in mist, omgeven door zee, is het silhouet van Mont-St-Michel een van de betoverendste bezienswaardigheden in Frankrijk. Het eiland Mont-Tombe (tombe op de heuvel), dat tegenwoordig door een dijk met het vasteland is verbonden, ligt voor de monding van de Couesnon en wordt gekroond door een versterkte abdij. De strategisch op de grens tussen Normandië en Bretagne gelegen Mont-St-Michel ontwikkelde zich van een eenvoudig 8ste-eeuws oratorium tot een benedictijnerklooster dat in de 12de en 13de eeuw zijn grootste invloed kende. Bedevaartgangers, de zogenaamde *miquelots*, reisden van heinde en ver om de verering van de aartsengel Michaël bij te wonen en het klooster was in de Middeleeuwen een vooraanstaand centrum voor wetenschap. Na de Revolutie werd de abdij een gevangenis.

De abdij in de 10de eeuw

De abdij in de 11de eeuw

De abdij halverwege de 18de eeuw

Kapel van St-Aubert
Een kleine, op een rots gebouwde 15de-eeuwse kapel is gewijd aan Aubert, de stichter van Mont-St-Michel.

★ Borstwering
Bestormingen door de Engelsen tijdens de Honderdjarige Oorlog leidden tot de bouw van een borstwering met imposante torens.

TIJDBALK

- **708** St. Aubert bouwt oratorium op Mont-Tombe
- **966** Benedictijnerabdij gesticht door hertog Richard I
- **1017** Aanvang bouw abdijkerk
- **1067-1070** Mont-St-Michel afgebeeld op tapijt van Bayeux
- **1211-1228** Bouw van La Merveille
- **1434** Laatste aanval Engelse troepen. Eiland ommuurd
- **1516** Abdij raakt in verval
- **1789** Franse Revolutie, abdij wordt politieke gevangenis
- **1874** Abdij wordt nationaal monument
- **1877-1879** Bouw verbindingsdam
- **1895-1897** Toevoeging klokketoren, spits en beeld van St.-Michaël
- **1922** In de abdijkerk worden kerkdiensten gehouden
- **1969** Terugkeer benedictijnermonniken

700 | 1000 | 1300 | 1600 | 1900

Detail tapijt van Bayeux

Tips voor de toerist

naar Pontorson, dan bus. Boulevard de l'Avancée (02-33601430). St-MIchel de Printemps (mei).
Abdij 02-33601414. 02-33601414. **Open** mei-sept: 9.00-17.30 uur, okt-april: 9.00-16.30 uur (tijdens schoolvakanties: 9.30-17.00 uur).
Gesloten 1 jan, 1 mei, 1 & 11 nov, 25 dec. dag. 12.15 uur.

Getijden van Mont-St-Michel
Het extreem grote tijverschil in de Baie du Mont-St-Michel vormt een natuurlijke verdediging. In het voorjaar kan de stroomsnelheid van het water tot 10 km/u oplopen.

★ Abdij
De kerk en abdij worden beschermd door hoge muren en zijn praktisch onneembaar.

De sprong van Gautier
Dit terras is genoemd naar een gevangene die hier naar beneden sprong en stierf.

De arcadetoren bood onderdak voor de soldaten van de abt.

★ Grande Rue
De sinds de 12de eeuw gevolgde pelgrimsroute, die nu wemelt van de toeristen en souvenirwinkeltjes, leidt langs Eglise St-Pierre omhoog naar de abdijpoorten.

Sterattracties

- ★ **Abdij**
- ★ **Borstwering**
- ★ **Grande Rue**

De Abdij van Mont-St-Michel

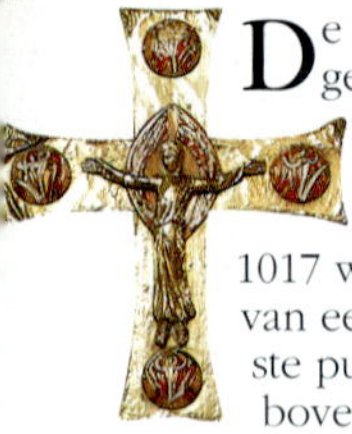

Kruis in het koor

De gebouwen waarin de abdij is gevestigd, hebben eerder dienst gedaan als benedictijnerklooster en, na de Revolutie, als politieke gevangenis. In 1017 werd begonnen met de aanleg van een romaanse kerk op het hoogste punt van het eiland. Deze werd bovenop zijn 10de-eeuwse voorganger, die nu de ondergrondse kapel van Onze Vrouwe is, gebouwd. In de vroege 13de eeuw werd aan de noordkant van de kerk een klooster, La Merveille (het wonder), gebouwd.

★ Kerk
Het romaanse schip heeft nog vier erkers; drie andere werden in 1766 afgebroken voor de aanleg van het Westterras.

Refter
In deze lange, smalle zaal aten de monniken. Door de hoge ramen baadt de ruimte in een zee van licht.

★ La Merveille
De bouw van dit gotische meesterwerk nam slechts zestien jaar in beslag.

Ridderzaal
Het ribgewelf en de fijnbewerkte kapitelen zijn typerend voor de Gotiek.

De crypte van de dertig kaarsen is een van twee 11de-eeuwse crypten die dienden als fundering van dwarsbeuken van de kerk

★ Kloostergangen
De kloostergangen met hun sierlijke, marmeren pilaren, zijn een mooi voorbeeld van vroeg-13de-eeuwse Anglo-Normandische bouw.

EEN BEZOEK AAN DE ABDIJ

De drie niveaus van de abdij weerspiegelen de hiërarchie in het klooster. De monniken woonden op het hoogste niveau in een besloten wereld van kerk, klooster en refter, de abt ontving zijn hoge gasten op het middelste niveau en soldaten en bedevaartgangers werden ontvangen op het onderste niveau. Rondleidingen beginnen op het Westterras op het kerkniveau en eindigen in het aalmoezeniershuis. Dit is nu een boek- en souvenirwinkel.

KERKNIVEAU

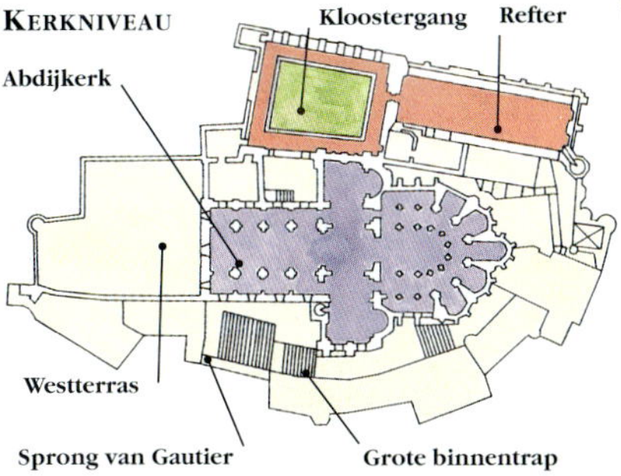

MIDDELSTE NIVEAU

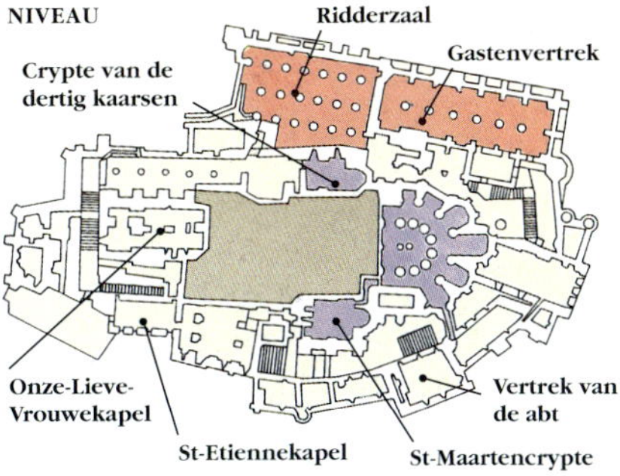

ONDERSTE NIVEAU

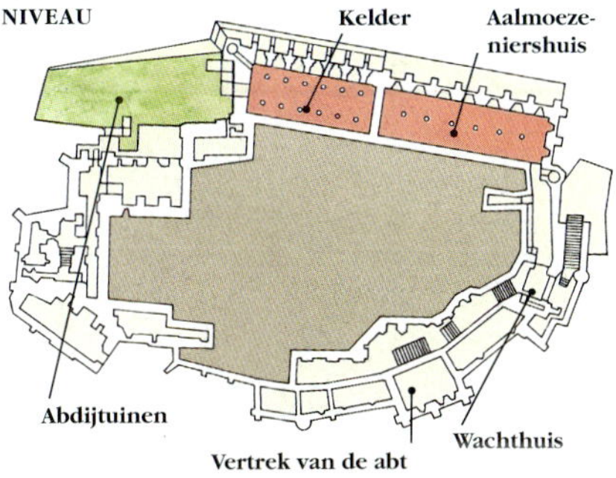

Interieur van de kerk
Het flamboyant-gotische koor werd tussen 1446 en 1521 gebouwd. De enorme steunpilaren in de crypten dienden als fundering.

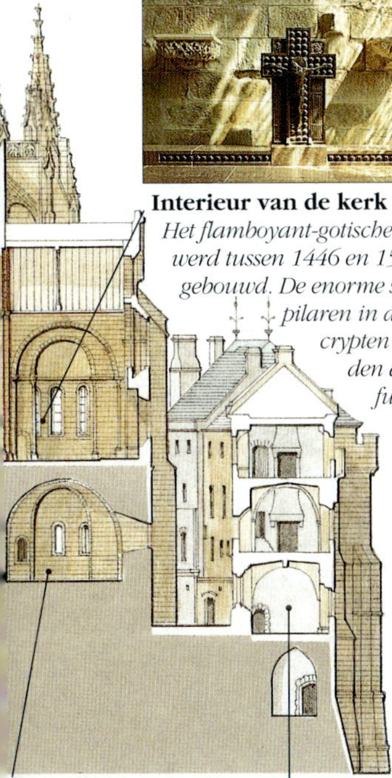

De St.-Maartencrypte is een 11de-eeuws kapel met tongewelf waarin de sobere vormen van de oorspronkelijke romaanse abdij behouden zijn.

De vertrekken van de abt bevonden zich dicht bij de ingang van de abdij. Hoog bezoek ontving hij in het gastenvertrek, armere pelgrims ontmoette hij in het aalmoezeniershuis.

Benedictijnenmonniken
Tegenwoordig woont er een klein gezelschap benedictijnen in de abdij. Zij zetten de tradities voort die hun voorgangers in 966 introduceerden.

STERATTRACTIES

- ★ **Kerk**
- ★ **La Merveille**
- ★ **Kloostergangen**

Mont-St-Michel bij nacht ▷

Honfleur ⓮

Calvados. *8400.* *Deauville* *Place Arthur Boudin (02-31892330).* *za.*

Honfleur, dat in de 15de eeuw een belangrijke maritiem-militaire functie had, is nu een van de charmantste havens in Normandië. De kern van het plaatsje, het Vieux Bassin (oude dok), dateert uit de late 17de eeuw. In de 19de eeuw werd Honfleur een centrum voor artistieke creativiteit. Eugène Boudin, de schilder van woelige zeegezichten, werd hier in 1824 geboren. Schilders als Courbet, Sisley, Pissarro, Renoir en Cézanne bezochten Honfleur en kwamen vaak bijeen in de Ferme St-Siméon, nu een luxueus hotel. Nog steeds werken er schilders op de kade van Honfleur. Zij exposeren in de **Greniers à Sel**, twee pakhuizen die in 1670 werden gebouwd voor zoutopslag. Deze staan ten oosten van het Vieux Bassin in l'Enclos, het versterkte hart van de stad uit de 13de eeuw. Het **Musée de la Marine** is gewijd aan het zeevaartkundige verleden van Honfleur, met in de aangrenzende voormalige gevangenis een expositie van Normandische interieurs. Ten westen van het Vieux Bassin staat op het Place Ste-Catherine een houten kerk, die in de 15de eeuw door scheepstimmerlieden is gebouwd. In het **Musée Eugène Boudin** zijn werken van onder anderen Eugène Boudin en Raoul Dufy te zien. Hiervandaan leidt een steil pad, dat vooral bij zonsondergang fraaie uitzichten biedt, naar de kapel **Notre-Dame de Grace**.

Greniers à Sel
Rue de la Ville/quai de la Tour.
02-31890230. ***Open*** *voor rondleidingen en tijdens exposities (bel voor informatie).* *verplicht, behalve tijdens zomertentoonstellingen.*

Musée de la Marine
Quai St Etienne. *02-31891412.* ***Open*** *half feb-half novz: di-zo; juli & aug: dag.* ***Gesloten*** *1 mei.*

Musée Eugène Boudin
Place Erik Satie, Rue de l'Homme de Bois. *02-31895400.* ***Open*** *half maart-okt: wo-ma; nov, dec, half feb-half maart: wo-vr en ma 's middags, za, zo.* ***Gesloten*** *jan-half feb.*

De kade van Honfleur

Le Havre ⓯

Seine-Maritime. *195.000.* *Forum de l'Hôtel de Ville (02-32740404).* *ma, wo & vr.*

Het strategisch aan de monding van de Seine gelegen Le Havre werd in 1517, toen de haven van Honfleur aan het dichtslibben was, onder Frans I gebouwd. Tijdens de Tweede Wereldoorlog werd de stad praktisch weggevaagd maar ondanks de olieraffinaderijen en het industriegebied naast de haven is Le Havre niet zonder charme. Een groot deel van het centrum is in de jaren vijftig en zestig herbouwd op basis van ontwerpen van August Perret, die ook de reusachtige **Eglise St-Joseph** aan de Boulevard François I heeft ontworpen.
Het **Musée des Beaux Arts** toont een verzameling werken van de in Le Havre geboren schilder Raoul Dufy.

Musée des Beaux Arts
Place Guynemer.
02-35423397.
Gesloten *wegens renovatie tot 1999.*

Côte d'Albâtre ⓰

Seine-Maritime. *Dieppe (02-35841177).*

De albasten kust ontleent zijn naam aan de kalkrotsen en melkkleurige wateren die kenmerkend zijn voor de Normandische kustlijn tussen Le Havre en Le Tréport. Zeer bekend is de **Falaise d'Aval**, ten westen van Etretat, die in een boogvorm is gesleten. De schrijver Guy de Maupassant, die in 1850 in de buurt van Dieppe werd geboren, vergeleek deze rotsen met een olifant die zijn slurf in zee steekt. **Fécamp** is de enige grote stad langs deze route. De vervallen benedictijnerabdij was ooit een belangrijke bedevaartsplek nadat een met druppels bloed van Christus bevlekte boomstam hier in de 7de eeuw aanspoelde. Deze stam ligt in een reliquiarium bij de ingang van de Mariakapel van de abdijkerk La Trinité.
Het enorme **Palais Bénédictine** is een namaakgotisch en renaissancistisch eerbetoon aan Alexander Le Grand, een plaatselijke wijnhandelaar die het recept herontdekte van de beroemde, door monniken uitgevonden, kruidenlikeur Bénédictine. Met de bouw van het paleis, waar tegenwoordig een distilleerderij en een excentriek

Vrouw met parasol **(1880) van Boudin in het Musée Eugène Boudin**

De rotsen bij Falaise d'Aval, waarbij het lijkt alsof een olifant zijn slurf in zee steekt

museum met kunstschatten en curiosa te zien zijn, werd in 1880 begonnen. In de aangrenzende ruimten wordt geurig verhaald over de 27 kruiden en specerijen waaruit het aftreksel is gemaakt.

Palais Bénédictine
Rue Alexandre Le Grand, Fécamp 110. 02-35102600. **Open** *dag.* **Gesloten** *1 jan, 25 dec.*

Uitzicht op Dieppe vanaf het kasteel en museum boven de stad

Dieppe ⓱

Seine-Maritime. 40.000. Pont Jean Ango *(02-35841177).* *di, do & za.*

Dieppe ligt in een onderbreking van de kalkrotsen van Pays de Caux. De stad kwam tot bloei in de 16de en 17de eeuw, toen een kaper uit de stad, Jean Ango, Portugese en Engelse vloten enterde en aan de Westafrikaanse kust de handelspost Petit Dieppe werd gesticht. In die tijd woonden er in Dieppe bijna twee keer zo veel mensen als nu, met een gemeenschap van 300 handwerkslieden die geïmporteerd ivoor uitsneden. Het **Musée du Château**, gevestigd in een 15de-eeuws kasteel dat op een landtong aan de westzijde van de stad staat, is gewijd aan het maritieme verleden van de stad. Het bevat oude kaarten en scheepsmodellen, een verzameling van het hier gesneden ivoor en schilderijen die bewijzen dat Dieppe in de 19de eeuw een modieuze badplaats was. Het strand van Dieppe lag het dichtst bij Parijs en kwam snel tegemoet aan de toenemende vraag naar boulevards, zeewaterkuren en baden in zee.

Tegenwoordig wordt de brede boulevard van Dieppe beheerst door gazons, kustvertier en parkeerplaatsen. De levendigste straten liggen ten zuiden van de door de oorlog aangetaste **Eglise St-Jacques**. Als het slecht weer is, kan men het **Cité de la Mer** bezoeken, een expositiecentrum met modellen op maritiem gebied.

Musée du Château
02-35841976. **Open** *juni-sept: dag., okt-mei: wo-ma.* **Gesloten** *1 jan, 1 mei, 1 nov, 25 dec.*

Cité de la Mer
Rue de l'Asile Thomas 37. 02-35069320. **Open** *dag.*

Basse-Seine ⓲

Seine-Maritime & Eure. *Le Havre, Rouen.* *Yvetot.* *Le Havre.* *Yvetot (02-35950840).*

Twee spectaculaire bruggen overspannen de kronkelende Seine in haar laatste kilometers voordat zij in zee uitmondt: de Pont de Brotonne en, meer naar het westen, de Pont de Tancarville. Een derde brug, de Pont de Normandie, wordt in 1995 voltooid en zal Le Havre met Honfleur verbinden. De gewaagde, gracieuze ontwerpen van deze bruggen zijn eigentijdse echo's van de aspiraties waarmee in de 7de en 8ste eeuw de hoge abdijen langs de rivieroevers werden gebouwd.

Ten westen van Rouen staat in **St-Martin-de-Boscherville** de harmonieuze Eglise de St-Georges, die tot de Revolutie de kerk van een kleine ommuurde abdij was. In de 12de-eeuwse kapittelzaal zijn opmerkelijke bijbelse standbeelden en bewerkte kapitelen te zien.

In het noordwesten kunt u in Mesnil-sous-Jumièges met een autoveer, dat elk uur vaart, naar de kolossale ruïnes van de **Abbaye de Jumièges**. De abdij werd in 654 gesticht en huisvestte ooit 900 monniken en 1500 bedienden. De grote abdijkerk dateert uit de 11de eeuw; de wijding in 1067 was een zo belangrijke gebeurtenis, dat Willem de Veroveraar persoonlijk aanwezig was.

De D913 voert door de eiken- en beukenbossen in het Parc Régional de Brotonne naar de 7de-eeuwse **Abbaye de St-Wandrille**.

Het Musée de la Marine de Seine in **Caudebec-en-Caux** vertelt het fascinerende verhaal van het leven op deze grote rivier in de afgelopen 120 jaar.

Monnik uit de Abbaye de St-Wandrille

Rouen ⑲

Rouen, een bloeiende haven aan de Seine

Rouen is door zeehandel en industrie tot bloei gekomen. Ondanks zware bombardementen tijdens de Tweede Wereldoorlog zijn op de rechteroever nog vele bezienswaardigheden behouden. Vanaf de vaak door Monet geschilderde Cathédrale Notre-Dame zijn ze alle te voet bereikbaar. Rouen was achtereenvolgens Keltische handelspost, Romeins garnizoen en Vikingkolonie voordat het in 911 de hoofdstad van het Normandische hertogdom werd. De stad werd in 1419 na een beleg tijdens de Honderdjarige Oorlog ingenomen door Hendrik V. In 1431 werd Jeanne d'Arc op het Place du Vieux-Marché op de brandstapel gedood.

Rouen verkennen
De Rue du Gros Horloge loopt van de kathedraal onder de Grote Klok westwaarts naar het Place du Vieux Marché en de na-oorlogse kerk Ste-Jeanne-d'Arc. Rue aux Juifs leidt langs het 15de-eeuwse gotische **Palais de Justice**, ooit het parlement van Normandië, naar de toonaangevende winkels en cafés rond de Rue des Carmes. In het noorden staat aan het Place Général de Gaulle het 18de-eeuwse **Hôtel de Ville**.

Cathédrale Notre-Dame
Dit gotische meesterwerk wordt gedomineerd door de beroemde, vaak door Monet geschilderde westfaçade *(blz. 257)*. De bouw van de jongste van de twee torens, de Tour du Beurre, werd bekostigd uit de heffing op de consumptie van boter tijdens de vastentijd. Wanneer de restauratie van de kathedraal naar wens verloopt, zullen zowel het 13de-eeuwse noordelijke Portail des Libraires als het 14de-eeuwse zuidelijke Portail de la Calende vanwege hun verfijnde sculpturen en delicate traceringen een bezichtiging waard zijn. Veel van de rijkdommen van de kerk kunnen alleen tijdens een rondleiding worden bezichtigd. Hoogtepunten zijn de tombe van Richard Leeuwenhart – zijn hart ligt hier begraven – en de merkwaardige, 11de-eeuwse halfronde halcrypte, die pas in 1934 werd herontdekt.

Cathédrale Notre-Dame, Rouen

SYMBOLEN

P Parkeerplaats
i Toeristenbureau
Kerk

0 meter 250

Eglise St-Maclou

In de houten deuren in het portaal van de westgevel van deze flamboyant-gotische kerk zijn bijbelse taferelen uitgesneden. Het *aître* of knekelhuis achter de kerk is een van de weinige nog overgebleven middeleeuwse begraafplaatsen waar slachtoffers van de pest werden begraven. In de balken van de huizen die om de vierhoek heen staan, is een macabere verzameling grijnzende schedels en dergelijke uitgesneden.

Kan uit het Musée de la Céramique

Eglise St-Ouen

St-Ouen, ooit deel van een benedictijnerabdij, is een zware gotische kerk met een zeer hoog, sober interieur dat extra indrukwekkend wordt door het gerestaureerde 14de-eeuwse gebrandschilderde glas. Achter de kerk ligt een park dat ideaal is voor picknicks.

Musée des Beaux Arts

Square Verdrel. 02-35712840. **Open** wo-ma. **Gesloten** feestdagen.

De stedelijke kunstcollectie omvat meesterwerken van Caravaggio en Velázquez en werken van de in Normandië geboren schilders Eugène Boudin en Raoul Dufy. Ook te bezichtigen is Monet's *Kathedraal van Rouen, het portaal bij grauw weer.*

Tips voor de toerist

Seine Maritime. 103.000. 11 km ten zuidoosten van Rouen. Gare rive droite, Place Bernard Tissot (08-36353535). Rue des Charrettes 25 (02-35529200). Place de la Cathédrale 25 (02-32083240). di-zo. Feest van Jeanne d'Arc (eind mei).

Musée de la Céramique

Hôtel d'Hocqueville, Rue Faucon 1. 02-35712840. **Open** wo-ma. **Gesloten** feestdagen.

Hier worden 6000 stukken faience uit Rouen samen met andere Franse en buitenlandse porseleinen stukken tentoongesteld. Ze vormen een samenvatting van de geschiedenis van de keramiek sinds het hoogtepunt van deze kunstvorm in de 18de eeuw.

Musée Le Secq des Tournelles

Rue Jacques-Villon. 02-35712840. **Open** wo-ma. **Gesloten** feestdagen.

Dit museum exposeert antieke ijzeren voorwerpen, variërend van sleutels en kurketrekkers tot Gallo-Romaanse lepels en uithangborden van herbergen.

Musée Flaubert

Rue de Lecat 51. 02-35155995. **Open** di-za. **Gesloten** feestdagen.

Flaubert's vader was chirurg in het ziekenhuis in Rouen. In het huis waar het gezin woonde zijn souvenirs en een indrukwekkende en soms gruwelijke reeks 17de- tot 19de-eeuwse medische instrumenten te zien.

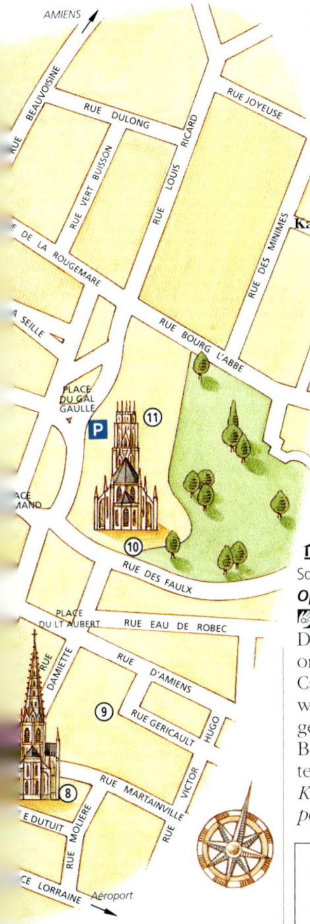

Bezienswaardigheden

Aître St-Maclou ⑨
Cathédrale Notre-Dame ⑦
Eglise St-Maclou ⑧
Eglise St-Ouen ⑩
Gros-Horloge ②
Hôtel de Ville ⑪
Musée des Beaux Arts ⑤
Musée de la Céramique ④
Musée le Secq des Tournelles ⑥
Palais de Justice ③
Place du Vieux-Marché ①

Gustave Flaubert

De schrijver Gustave Flaubert (1821-1880) is in Rouen geboren en getogen, en enkele prachtige scènes uit zijn meesterwerk *Madame Bovary* spelen zich hier af. Dit in 1857 geschreven, realistische verhaal over de vrouw van een plattelandsdokter die tot wanhoop wordt gedreven door haar liefdesaffaires deed veel stof opwaaien en vestigde Flaubert's naam. Zijn beroemde opgezette groene papegaai, te bezichtigen in Musée Flaubert, zat altijd op zijn bureau.

Flauberts papegaai

Château Gaillard en het dorp Les Andelys, in een bocht van de Seine

Haute-Seine 20

Eure. Rouen. Gaillon, Pont St-Pierre. Pont de l'Arche, Louviers, Les Andelys. Les Andelys (02-32544193).

Ten zuidoosten van Rouen volgt de Seine een bochtig spoor door het landschap. De meeste bezienswaardigheden liggen op de noordelijke oever. In het hart van het Forêt de Lyons, de vroegere jachtgronden van de hertogen van Normandië, staan in het plattelandsstadje **Lyons-la-Forêt** mooie vakwerkhuizen en een 18de-eeuwse overdekte markt. Ten zuiden hiervan volgt de D313 de Seine naar het dorpje **Les Andelys**, dat wordt gedomineerd door de ruïnes van Château Gaillard. Richard Leeuwenhart liet dit kasteel in 1197 bouwen om Rouen uit handen van de Fransen te houden.

Giverny 21

Eure. 600. Rue Carnot 36, Vernon. (02-32513960).

In 1883 huurde de impressionistische schilder Claude Monet een huis in het kleine dorpje Giverny, waar hij tot zijn dood in 1926 bleef werken. Het huis, de **Fondation Claude Monet**, en de prachtige tuin er omheen zijn opengesteld voor het publiek. Het huis is geschilderd in de favoriete kleurstellingen van Monet en de tuin geniet faam als het onderwerp van enkele van zijn meest bewonderde schilderijen. In de kleine galerie worden alleen kopieën tentoongesteld, maar in het vlakbij gelegen **Musée d'Art Américain Giverny** zijn originele 19de- en 20ste-eeuwse kunstwerken te zien.

Fondation Claude Monet
Giverny, Gasny. *02-32512821.* ***Open** april-okt: di-zo.*

Musée d'Art Américain Giverny
Rue Claude Monet, Giverny 99. *02-32519465.* ***Open** april-okt: di-zo.*

Évreux 22

Eure. 55.000. Place du Général de Gaulle 3 (02-32240443). wo & za.

Hoewel Évreux tijdens de Tweede Wereldoorlog aanzienlijke schade opliep, blijft het een aangename kathedraalstad te midden van een gebied van weidse landbouwgronden. Centraal staat de **Cathédrale Notre-Dame**, die vermaard is om haar 14de- en 15de-eeuwse gebrandschilderde glas. Het aangrenzende voormalig bisschoppelijk paleis huisvest het **Musée Municipal**, met een collectie variërend van twee Romeinse beelden van Jupiter tot mooi 18de-eeuws meubilair en decoratieve kunst.

Monet's tuin in Giverny, hersteld in zijn oorspronkelijke weelderige glorie

De kathedralenserie van Monet

In de jaren negentig van de vorige eeuw maakte Claude Monet bijna 30 schilderijen van de kathedraal van Rouen. Een aantal is te zien in Musée d'Orsay in Parijs *(blz. 116-117)*. Hij bestudeerde het wisselende licht op de façades en legde zowel details als grote lijnen vast. Kleuren waren belangrijker dan vormen. Monet kreeg het idee voor deze serie toen hij de effecten van het licht op een plattelandskerk zag, 'toen de stralen van de zon de mist langzaam oplosten… die het gouden steen als een ideale ijle envelop omhulde'.

HARMONIE IN BLAUW EN GOUD *(1894)*
Monet concentreerde zich vooral op het zuidwestaanzicht. De zon wierp middagschaduwen over de gedecoreerde westgevel, waardoor de diepe portalen en het grote roosvenster werden geaccentueerd.

Deze schets *door Monet van Rouen evenaart het schemerige effect van de schilderijen.*

Harmonie in bruin *(1894) is de enige voltooide versie van een vooraanzicht van de westfaçade. Uit analyse bleek dat ook dit schilderij als een zuidwestaanzicht was begonnen.*

In ***Harmonie in blauw*** *(1894) wordt, vergeleken met Harmonie in blauw en goud, het steen van de westfaçade nog verder verzacht door het diffuse licht van een mistige ochtend.*

Het portaal bij grauw weer *(1894) behoorde tot een serie doeken in grijze tinten die de façade van de kathedraal in het zachte licht van een bewolkte dag toonden.*

BRETAGNE

FINISTÈRE · CÔTES D'ARMOR · MORBIHAN · ILLE-ET-VILAINE

De noordwesthoek van Frankrijk heeft zich in cultureel en geografisch opzicht lange tijd onderscheiden van de rest van Frankrijk. Bretagne – door de Kelten Armorica, het land van de zee, genoemd – heeft een verleden vol legenden over verdronken steden en koning Arthur. Mysterieuze prehistorische menhirs rijzen uit de aarde en de zee op en de Middeleeuwen zijn nooit ver verwijderd.

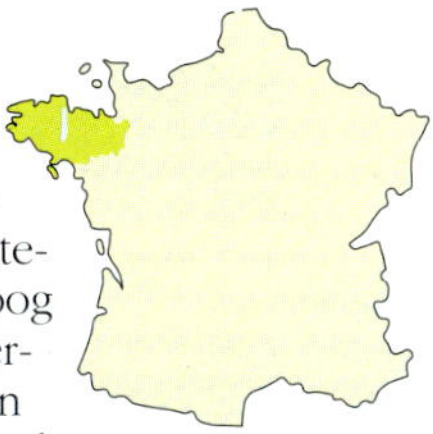

De grote attractie van Bretagne is zijn lange, gekartelde kustlijn. Langs de noordkust liggen schitterende stranden, die bij hoog water vaak helemaal onderlopen. Tussen deze stranden in liggen badplaatsen, oude vissershavens en rijk gevulde oesterbanken. De zuidkust is met zijn beboste rivierdalen en mildere klimaat minder ruig, maar het westen, dat voortdurend is blootgesteld aan de Atlantische winden, luistert volkomen begrijpelijk naar de naam Finistère – einde van de wereld.

Landinwaarts ligt de Argoat – vroeger het land van het bos, nu een lappendeken van golvende velden, bossen en heidelandschap. Het Parc Régional d'Armorique beslaat een groot deel van het midden van Finistère. In het westen van Bretagne is nog het meest overgebleven van de Bretonse cultuur. In Oost-Bretagne hebben Vannes, Dinan en Rennes, de hoofdstad van Bretagne, goed bewaard gebleven middeleeuwse wijken, met vakwerkgebouwen waarin uitnodigende markten, winkels, crêperies en restaurants zijn gevestigd. De haven van St-Malo aan de Côte d'Emeraude is een aandenken aan de maritieme heldenmoed van de streek, terwijl de kastelen in Fougères en Vitré herinneren aan de grensvestingen die de oostgrens van Bretagne bewaakten voordat de streek in 1532 onderdeel van Frankrijk werd.

Vrouwen in klederdracht en *coiffe*, de typisch Bretonse kanten muts

◁ **Karakteristieke roze rotsen aan de Côte de Granit Rose, Noord-Bretagne**

Bretagne verkennen

Bretagne is ideaal voor een vakantie aan zee: het noorden biedt de landtongen en stranden van Côte d'Emeraude en Côte de Granit Rose, terwijl de zuidkust kan bogen op beboste dalen en de prehistorische vindplaatsen in Carnac en de Golfe du Morbihan. De begraafplaatsen *(blz. 266-267)* zeggen veel over de Bretonse cultuur, evenals de kathedraalstad Quimper. Bezoek vooral ook de regionale hoofdstad Rennes en het kasteel in Fougères en maak een boottochtje naar een van de Bretonse eilanden.

BEZIENSWAARDIGHEDEN IN HET KORT

Belle-Île 21
Brest 2
Cancale 28
Carnac 19
Combourg 30
Concarneau 9
Côte d'Emeraude 26
Côte de Granit Rose 16
Dinan 29
Douarnenez 4
Forêt de Paimpont 25
Fougères 32
Golfe du Morbihan 23
Guimiliau 14
Île de Bréhat 18
Île d'Ouessant 1
Josselin 24
Lampaul-Guimiliau 15
Le Pouldu 11
Locronan 5
Parc Régional d'Armorique 3
Pays Bigouden 7
Pointe du Raz 6
Pont-Aven 10
Presqu'île de Quiberon 20
Quimper 8
Rennes 31
Roscoff 12
St-Malo 27
St-Thégonnec 13
Tréguier 17
Vannes 22
Vitré 33

0 kilometer 25

Vuurtoren op Île de Bréhat, Côte de Granit Rose

BEREIKBAARHEID

De hoofdwegen van Bretagne lopen van Rennes naar Brest (N12), van Nantes naar Quimper (N165) en van St-Malo naar Rennes (N137). De spoorverbindingen van oost naar west en naar St-Malo en Roscoff zijn goed, maar een reis van noord naar zuid is tijdrovend. Bij Rennes en Brest liggen internationale luchthavens, de andere vliegvelden in de streek zijn voor binnenlandse vluchten.

SYMBOLEN

- Snelweg
- Hoofdweg
- Secundaire weg
- Toeristische route
- Rivier
- Uitzichtpunt

Vakwerkhuizen in het middeleeuwse deel van Rennes

Île d'Ouessant ❶

Finistère. *Ouessant (via Brest). Brest, daarna boot. Le Conquet, daarna boot. Place de l'Eglise, Lampaul (02-98488583).*

Een Bretons spreekwoord luidt: 'Wie Ouessant ziet, ziet bloed'. Het eiland is berucht vanwege de hevige stormen en sterke stromingen. 's Zomers is het klimaat op dit westelijkste puntje van Frankrijk echter aangenaam. Dit verwaaide eiland, dat deel uitmaakt van het Parc Régional d'Armorique, is een geliefde tussenstop voor trekvogels. U kunt ze samen met een kleine populatie zeehonden waarnemen vanaf de kapen Pern en Pen--ar-Roc'h. Twee musea zijn gewijd aan de woelige geschiedenis van het eiland. Het **Eco-Musée d'Ouessant** in Niou Uhella, bevat meubilair dat door de eilandbewoners van drijfhout en wrakken is gemaakt, en dat vaak wit en blauw is geschilderd ter ere van de Maagd Maria. Vlakbij, in Phare du Créac'h, staat het **Musée des Phares et Balises**, dat verslag doet van de geschiedenis van de vele vuurtorens van Bretagne en hun wachters.

Eco-Musée d'Ouessant
Niou Uhella. *02-98488637.*
***Open** juni-sept: dag., okt-mei: di-zo (alleen 's middags). beperkt.*

Musée des Phares et Balises
Phare du Créac'h. *02-98488070.*
***Open** mei-sept: dag., okt-april: di-zo (alleen 's middags). **Gesloten** 1 jan, 25 dec.*

Brest ❷

Finistère. *153.000. Avenue Clémenceau (02-98442496). dag.*

Brest ligt aan een natuurlijke haven die wordt beschermd door het Presqu'île de Crozon. Het is de belangrijkste marinebasis van Frankrijk en heeft een rijke maritieme geschiedenis. Na de zware bombardementen in de Tweede Wereldoorlog is Brest opgebouwd tot een moderne handelsstad. Het Château, gebouwd tussen de 12de en 17de eeuw, huisvest het **Musée de la Marine** met oude kaarten, schilderijen, modelschepen, boegbeelden en nautische instrumenten. Aan de andere kant van de Penfeld – die u oversteekt via de grootste ophaalbrug van Europa, de Pont de Recouvrance – staat de 16de-eeuwse **Tour Tanguy**, waar u diorama's van het oude Brest kunt zien. Bij de Port de Plaisance ligt **Océanopolis**, een 'zeecentrum', waar bezoekers zelf allerlei apparatuur kunnen bedienen en zeehonden en aquaria te zien zijn.

Musée de la Marine
*02-98008860. **Open** wo-ma.*

Tour Tanguy
Square Pierre Peron. *02-98450531.*
***Open** juni-sept: dag., okt-mei: wo, do, za & zo alleen 's middags.*

Océanopolis
Port de Plaisance du Moulin Blanc.
*02-98344040. **Open** dag.*
***Gesloten** sept-mei: ma middag.*

Verwaaid heidelandschap bij Ménez-Meur, Parc Régional d'Armorique

Traditionele botenbouw in Le Port-Musée, Douarnenez

Parc Régional d'Armorique ❸

Finistère. *Brest. Chateaulin, Landernau. Le Faou, Huelgoat. Hanvec (02-98219069).*

Dit regionale natuurpark strekt zich westwaarts van de heidelandschappen van de Monts d'Arrée uit tot Presqu'île de Crozon en Ile d'Ouessant.
Huelgoat is een goed beginpunt van waaruit u wandelingen kunt maken in het binnenland, en vanaf **Ménez-Hom** (300 m) hebt u prachtig uitzicht.
Informatie over het park kunt u onder andere verkrijgen in **Hanvec**, waar een bebost landgoed ligt met wilde dieren en vee en waar ook een Bretons paardenmuseum is gevestigd. Er zijn, verspreid over het park, nog negen kleine, gespecialiseerde musea, sommige gewijd aan plattelandstradities zoals jagen, vissen en looien. Werk van contemporaine kunstenaars en ambachtslieden wordt tentoongesteld in het **Maison des Artisans** in Brasparts.
In het **Musée de l'Ecole Rurale** in Trégarven is een plattelandsschool uit het begin van de 20ste eeuw nagebouwd. Andere musea zijn gewijd aan uiteenlopende onderwerpen zoals het middeleeuwse kloosterleven, voddenmannen en het leven van een Bretonse plattelandspriester.

Douarnenez ❹

Finistère. 16.700. Rue Docteur Mevel 2 (02-98921335). ma-za.

Aan het begin van deze eeuw was Douarnenez met een vloot van bijna 1000 boten de belangrijkste sardinehaven van Frankrijk. Tegenwoordig is het niet alleen een vissershaven, maar ook een toeristenoord, met strand aan weerszijden van de monding van de Pouldavid. Vlakbij ligt het **Île Tristan** dat verbonden is met de tragische liefdesgeschiedenis van Tristan en Isolde.
Aan de pittoreske **Port du Rosmeur** zijn cafés en visrestaurants gevestigd en 's ochtends vroeg is er een drukke *criée* (visafslag) in de dichtbij gelegen Nouveau Port. De Port-Rhu is omgebouwd tot een drijvend museum, **Le Port-Rhu Musée**, met meer dan 100 boten en scheepswerven. In het hoogseizoen kunt u op een aantal schepen.

Le Port-Musée
Place de l'Enfer. 02-98926520.
Open dag. ('s winters: di-zo).
Gesloten 1 jan.

De 15de-eeuwse Eglise St-Ronan in Locronan, gezien vanaf het kerkhof

Locronan ❺

Finistère. 800. Place de la Mairie (02-98917014).

In de 15de, 16de en 17de eeuw vergaarde Locronan rijkdom door de vervaardiging van zeildoek. Nadat Lodewijk XIV het Bretonse monopolie hierop beëindigde, raakte de stad in verval, maar de erfenis van een aantal renaissancistische gebouwen trekt tegenwoordig grote aantallen bezoekers. Aan het centrale kasseienplein staat een laat-15de-eeuwse kerk, gewijd aan de Ierse missionaris St.-Ronan. In de Rue Moal staat de prachtige **Chapelle Notre-Dame-de-Bonne-Nouvelle** met een calvarie en een fontein.
Ieder jaar in juli is er in Locronan een bedevaartstocht naar de heuvel ter ere van St.-Ronan. De uitgebreidere *Grande Troménie* vindt iedere zes jaar plaats.

De angstaanjagende rotsen van Pointe du Raz

Pointe du Raz ❻

Finistère. Quimper. Quimper, dan de bus. Audierne (02-98701220).

De spectaculaire, bijna 80 m hoge Pointe du Raz is een smalle landtong die bij het uiteinde van Cap Sizun in de Atlantische Oceaan uitsteekt. Het uitzicht op de puntige rotsen en beukende golven is adembenemend. Ten westen hiervan ligt het vlakke, boomloze Ile de Sein en daar voorbij staat de vuurtoren van Ar Men. Hoewel het slechts 1,5 m boven zeeniveau ligt, zijn er op Ile de Sein nog altijd 500 vastberaden bewoners.

Pays Bigouden ❼

Finistère. Pont l'Abbé. Pont l'Abbé (02-98823030).

De zuidwestpunt van Bretagne wordt Pays Bigouden genoemd. De streek is beroemd om zijn hoge *coiffes*, die nog altijd gedragen worden tijdens feesten en *pardons (blz. 233)*, en in **Musée Bigouden** zijn diverse exemplaren te bezichtigen. Langs de Baie d'Audierne ligt een dreigend landschap van verweerde gehuchten en geïsoleerde kapellen – de 15de-eeuwse calvarie in **Notre-Dame-de-Tronoën** is de oudste van Bretagne. De **Pointe de la Torche** en de vuurtoren **Eckmühl** bieden inspirerende uitzichten over de zee.

Musée Bigouden
Le Château, Pont l'Abbé.
02-98660909.
Open Pasen-sept: ma-za.
Gesloten 1 mei. verplicht.

Quimper ❽

Finistère. 63.000.
Place de la Résistance (02-98530405). dag.

Quimper, de oude hoofdstad van Cornouaille, heeft een duidelijk Bretons karakter. De naam Quimper is afgeleid van *kemper*, een Bretons woord dat de samenkomst van twee rivieren betekent; de Steir en de Odet stromen nog steeds door deze gemoedelijke kathedraalstad.

Ten westen van de kathedraal ligt een verkeersvrije zone, **Vieux Quimper**, met winkels, crêperies en vakwerkhuizen. De Rue Kéréon is de hoofdstraat, met in het noorden het Place aux Beurre en de schilderachtige hôtel particuliers (herenhuizen) van de Rue des Gentilshommes.

In Quimper wordt al sinds 1690 faience, elegant met de hand beschilderd aardewerk, gemaakt. In het zuidwesten van de stad staat de oudste fabriek, **Faïenceries HB-Henriot**, waar van maart tot oktober bezoekers mogen rondkijken.

***Het Martelaarschap van St.-Trifonius* (1910) door Sérusier**

Cathédrale St-Corentin

De kathedaal van Quimper is gewijd aan de bisschop die de stad stichtte, St-Corentin. Het is het oudste gotische bouwwerk in Zuid-Bretagne, met de bouw waarvan in 1240 werd begonnen. Het koor staat, wellicht om ruimte te bieden aan enkele inmiddels verdwenen gebouwen achter de kerk, enigszins scheef tegen het schip aan. De twee spitsen op de westfaçade werden pas in 1856 toegevoegd. Hiertussen staat het standbeeld van koning Gradlon, de mythische stichter van de verdronken stad Ys. Na de overstroming koos hij Quimper als nieuwe hoofdstad en St-Corentin als zijn spirituele leider.

Faiencebord uit Quimper

Musée des Beaux-Arts

Place St-Corentin 40. 02-98954520.
Open *juli-aug: dag., sept-juni: wo-ma.* **Gesloten** *meeste feestdagen, nov-maart: zo middag.*

Het kunstmuseum van Quimper, een van de beste in de streek, is in 1993 uitgebreid gerestaureerd. De collectie bevat veel werken van 19de-eeuwse en vroeg-20ste-eeuwse schilders. Veel van deze werken, bijvoorbeeld Jean-Eugène Buland's *Visite à Ste-Marie de Bénodet*, geven een goede indruk van het romantische beeld dat bezoekende schilders van Bretagne hadden. Ook hangen er werken van leden van de School van Pont-Aven en plaatselijke kunstenaars zoals J.J. Lemordant en Max Jacob.

Musée Departemental Breton

Rue de Roi-Gradlon 1.
02-98952160.
Open *juni-sept: dag., okt-mei: di-zo.*
Gesloten *feestdagen.*

Het 16de-eeuwse bisschoppelijk paleis bezit een mooie collectie Bretonse kostuums, meubilair en faience. Ook zijn er fijn afgewerkte *coiffes* uit de omgeving van Cornouaille, mooi bewerkte bedsteden en kleerkasten en toeristische posters van het Bretagne van rond de eeuwwisseling te bewonderen.

Concarneau ❾

Finistère. 19.000.
Quai d'Aiguillon (02-98970144).
ma & vr.

De voornaamste attractie van Concarneau, een belangrijke vissershaven, is de 14de-eeuwse **Ville Close** (ommuurde stad), gebouwd op een eiland in de haven en geheel omringd door enorme, met korstmossen bedekte muren. Het eiland is bereikbaar via de brug bij het Place Jean Jaurès. Een deel van de muren zijn begaanbaar en de smalle straten zijn vol met winkels en restaurants. Het **Musée de la Pêche** geeft uitleg over de technieken en geschiedenis van de zeevisserij.

Musée de la Pêche

Rue Vauban. 02-98971020.
Open *dag.* **Gesloten** *jan.*

Vissersboten in de drukke haven van Concarneau

Pont-Aven ⑩

Finistère. 3000. Place de l'Hôtel de Ville (02-98060470). di.

Pont-Aven was ooit een marktstad van 'veertien molens en vijftien huizen'. In 1888 ontwikkelde Paul Gauguin, samen met de gelijkgezinde schilders Emile Bernard en Paul Sérusier, een grove, kleurige schilderstijl, het synthetisme. De Ecole de Pont-Aven, die zich liet inspireren door het Bretonse landschap en zijn bevolking, werkte tot 1896 hier en in het naburige Le Pouldu.

De stad is nog altijd nauw met de kunst verbonden en bezit, naast zo'n 50 privégaleries, het informatieve **Musée de Pont-Aven**, dat is gewijd aan de prestaties van de School van Pont-Aven. De omliggende bossen hebben vele bezoekende kunstenaars geïnspireerd, en men kan er aangename wandelingen in hun voetsporen maken. Eén van de routes loopt door het Bois d'Amour naar de **Chapelle de Trémalo**, waar de houten Christus van Gauguin's *Le Christ Jaune* hangt.

Musée de Pont-Aven
Pl de l'Hôtel de Ville. 02-98061443.
Open *dag.* ***Gesloten*** *tussen exposities.*

Notre-Dame-de-Kroaz-Baz, Roscoff

Le Pouldu ⑪

Finistère. 4000. Boulevard Charles Filiger (02-98399342).

Le Pouldu is een rustige havenstad aan de monding van de Laïta. Er is een klein strand en mooie wandelpaden. De voornaamste attractie is **Maison de Marie Henry**, een reconstructie van de herberg waar Paul Gauguin en andere kunstenaars tussen 1889 en 1893 verbleven. Ze bedekten iedere centimeter van de eetzaal met zelfportretten, karikaturen en stillevens. Deze werden in 1924 onder het behang herontdekt.

Maison de Marie Henry
Rue des Grandes Sables. 02-98399851. ***Open*** *half juni-half sept: dag; half sept-half juni: alleen op afspraak, van tevoren bellen.*

Roscoff ⑫

Finistère. 3700. Rue Gambetta 46 (02-98611213). wo.

Vroeger was Roscoff een piratennest, tegenwoordig is het een bloeiende havenstad en badplaats aan Het Kanaal. Sporen van het rijke zeevarende verleden zijn nog te vinden in de oude haven, met name langs de Rue Amiral Réveillère en op het Place Lacaze-Duthiers. Hier getuigen de granieten façades van de 16de- en 17de-eeuwse redershuizen, de verweerde karvelen en het kanon op de **Eglise Notre-Dame-de-Kroaz-Baz** van de dagen dat de kapers van Roscoff even berucht waren als die van St-Malo *(blz. 272)*. De lantaarnklokketoren van de vroeg-16de-eeuwse Notre-Dame is buitengewoon rijk versierd. Vlak bij de kerk bevindt zich het **Charles Perez Aquarium**, dat is gewijd aan de vreemde en prachtige levensvormen in Het Kanaal. Vanuit de haven gaat er een boot naar het vredige **Ile de Batz**. In de twee zeewatertherapie-instituten van Roscoff kan men een zoutwaterkuur doen.

Charles Perez Aquarium
Place Georges Teissier.
02-98292523.
Open *Pasen-sept: dag.*
beperkt.

Paul Gauguin in Bretagne

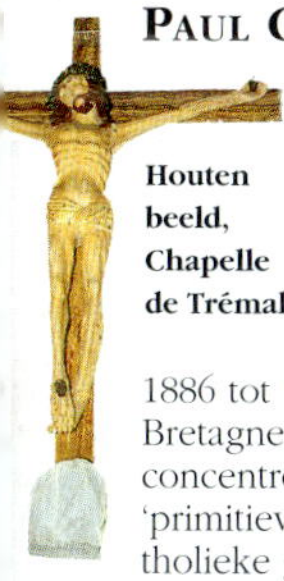

Houten beeld, Chapelle de Trémalo

Het verhaal van Paul Gauguin (1848-1903) leest als een roman. Op 35-jarige leeftijd hield hij zijn beroep van effectenmakelaar voor gezien en ging hij zich volledig aan de schilderkunst wijden. Van 1886 tot 1894 woonde en werkte hij in Bretagne, in Pont-Aven en Le Pouldu. Hij concentreerde zich op de intense, bijna 'primitieve' kwaliteit van het Bretonse katholieke geloof en probeerde dit vast te leggen in zijn werk. Dit is duidelijk zichtbaar in *Le Christ Jaune* (Gele Christus), geïnspireerd op een houten beeld in de kapel van Trémalo. Op het schilderij van Gauguin is de Kruisiging een realiteit in het Bretonse landschap van zijn tijd. Dit thema keert terug in veel van zijn schilderijen uit deze periode, waaronder *Visioen na de preek – Jacob vecht met de engel* (1888).

***Le Christ Jaune* (1889) door Paul Gaugain**

St-Thégonnec ⓭

Finistère. Open dag.

Dit is een van de volledigste *enclos paroissiaux* in Bretagne. Na het passeren van de triomfboog ziet u links het knekelhuis. Recht voor u staat de calvarie, gebouwd in 1610, die de grote vaardigheid die de Bretonse beeldhouwers bij het houwen van graniet ontwikkelden, perfect illustreert. Tussen de vele levendige beelden om het centrale kruis heen staat in een kleine nis het standbeeld van St-Thégonnec.

Guimiliau ⓮

Finistère. **Open** dag.

Op de rijk calvarie van Guimiliau (1581-1588) bevinden zich bijna 200 figuren, velen in 16de-eeuwse kledij. Men ziet onder andere de legendarische kwelling van Katell Gollet, die door demonen werd gemarteld omdat ze een heilige hostie voor haar minnaar had gestolen. De kerk is gewijd aan St-Miliau en heeft een rijk bewerkt zuidportaal. Het buitengewoon precies uitgesneden eiken dak van het doopvont dateert uit 1675.

Doopvont uit 1675, Guimiliau

Lampaul-Guimiliau ⓯

Finistère. **Open** dag.

Als u de monumentale poort bent gepasseerd, ziet u links de kapel en rechts het knekelhuis. De kerk zelf is echter het opvallendst. Het interieur bevat een paar naïeve tafrelen uit het Lijden van Christus, afgebeeld langs de 16de-eeuwse koorbalk die het schip van het koor scheidt.

Kerkhoven

De *enclos paroissiaux* (ommuurde kerkhoven), die tussen de 16de en 18de eeuw werden gebouwd, weerspiegelden de religieuze hartstocht van de Bretonnen. Er waren in die tijd slechts weinig steden in Bretagne, maar wel veel rijke plattelandsnederzettingen die profiteerden van handel over zee en stoffenfabricage. Zo bouwden kleine dorpjes grootse religieuze monumenten, waarvan de aanleg soms wel 200 jaar duurde. De bouw werd ingegeven door spirituele ijver en het profanere verlangen om de buren naar de kroon te steken. In het dal van de Elorn liggen de mooiste *encloses.*

***Het hof**, omgeven door een stenen muur, is het gewijde gebied. Door de muur te volgen, komen bezoekers bij de triomfboog. De hier afgebeelde boog staat in Pleyben.*

Het kleine kerkhof geeft de omvang van de gemeenschap aan die deze grootse kerken bouwde.

ENCLOS PAROISSIAL GUIMILIAU

De drie essentiële kenmerken van een *enclos* zijn een triomfboog die de ingang vormt tot het gewijde hof, een calvarie die het Lijden van Christus en de Kruisiging afbeeldt en een knekelhuis naast het kerkportaal.

***De calvarie** of kruisigingsgroep is uniek voor Bretagne en is waarschijnlijk voortgekomen uit de kruisen die door de vroege christenen bovenop de menhirs* (blz. 269) *werden geplaatst. Het is een soort bijbelles waar men omheen kan lopen, vaak met figuren in 17de-eeuwse kledij zoals de hier afgebeelde calvarie uit St-Thégonnec.*

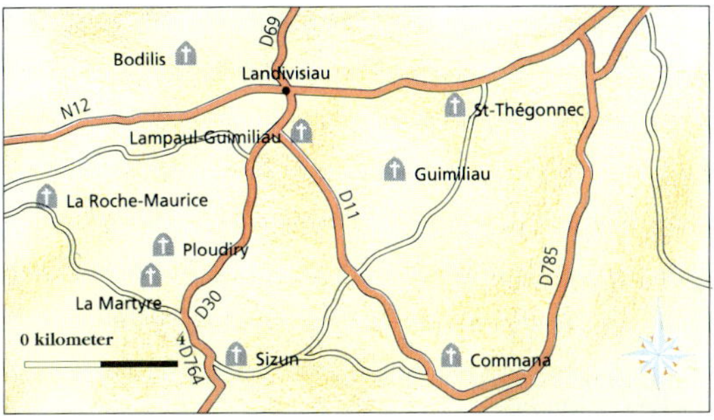

De meeste* encloses *in Bretagne *liggen in het dal van de Elorn. Naast St-Thégonnec, Guimiliau en Lampaul-Guimiliau zijn ook de* encloses *Bodilis, La Martyre, La Roche-Maurice, Ploudiry, Sizun en Commana te bezichtigen. Verder weg liggen Plougastel-Doulas en Pleyben, terwijl Guébenno in de Morbihan-streek ligt.*

Kerkinterieurs *zijn meestal versierd met afbeeldingen van plaatselijke heiligen en scènes uit hun leven. Ook aan de bewerking van de balken en het meubilair is veel zorg besteed. Dit is het altaarstuk in Guimiliau.*

In het knekelhuis werden de op het kerkhof geruimde beenderen opgeslagen. Het knekelhuis, dat altijd vlak bij de ingang van de kerk stond, werd beschouwd als een brug tussen de levenden en doden.

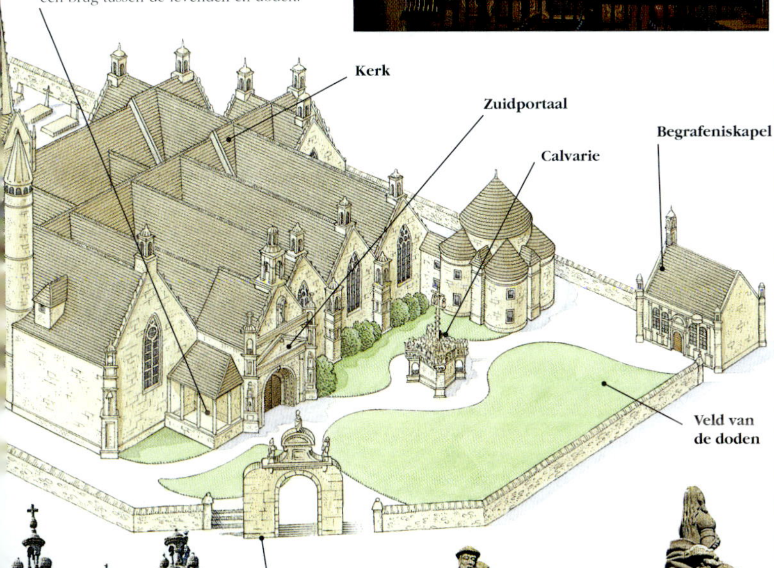

De triomfboog *in St-Thégonnec, een enorme ingang, kondigt de betreding van heilige grond aan zoals de deugdzamen de hemel binnentreden.*

Stenen beeldhouwwerken *in de vorm van bijbelse voorstellingen moesten bezoekers stichten. Hun boodschap is nu vaak verborgen door verwering, maar deze in St-Thégonnec is goed bewaard.*

De kapel van Notre-Dame op de rotsen boven het strand van Port-Blanc, Côte de Granit Rose

Côte de Granit Rose ⓰

Côtes d'Armor. *Lannion.* *Lannion (02-96464100).*

De kust tussen Paimpol en Trébeurden wordt de Côte de Granit Rose genoemd vanwege zijn donkerroze rotsen. Het roze graniet wordt in de naburige steden ook gebruikt als bouwmateriaal. De kust tussen Trébeurden en Perros-Guirec is een van de populairste gebieden voor een gezinsvakantie.
Ten oosten hiervan liggen rustigere stranden en inhammen, bijvoorbeeld bij **Trévou-Tréguignec** en **Port-Blanc**. Achter de kathedraalstad Tréguier ligt **Paimpol**, een vissershaven die ooit enorme kabeljauw- en walvisvloten naar de zeeën voor de IJslandse en Canadese kust uitzond.

Tréguier ⓱

Côtes d'Armor. *2900.* *Hôtel de Ville (02-96923019).* *wo.*

Tréguier ligt enigszins afzijdig van de badplaatsen aan de kust, op een heuvel die uitzicht biedt op de monding van de Jaundy en Guindy. Het is een echt Bretons marktplaatsje, doet weinig concessies aan het toerisme en is tevreden met zijn ene grote attractie, de **Cathédrale St-Tugdual**. De kathedraal, gebouwd in de 14de en 15de eeuw, is gewijd aan een van de heilige grondleggers van Bretagne, de monnik St-Tugdual. De kathedraal heeft drie torens – een romaanse, een gotische en een 18de-eeuwse spits.

Île de Bréhat ⓲

Côtes d'Armor. *Paimpol, daarna bus naar Pointe de l'Arcouest ('s winters ma-za, 's zomers dag.), daarna boot.* *Paimpol (02-96208316).*

Île de Bréhat, op een kwartiertje varen van Pointe de l'Arcouest, bestaat eigenlijk uit twee door een brug met elkaar verbonden eilanden die bij elkaar slechts 3,5 km lang zijn. De sfeer op Bréhat, waar gemotoriseerd verkeer niet is toegestaan, is gemoedelijk en landelijk en het klimaat is mild. In **Port-Clos** kunt u fietsen huren of inschepen voor een boottochtje. Het hoogste punt van het eiland, de **Chapelle St-Michel**, is te voet bereikbaar.

Chapelle St-Michel, een baken op Ile de Bréhat

Carnac ⓳

Morbihan. *4400.* *Avenue des Druides 74 (02-97521352).*

Carnac is een belangrijke prehistorische vindplaats: ten noorden van het centrum staan bijna 30.000 menhirs in evenwijdige rijen en het **Musée de Préhistoire** is buitengewoon.
De 17de-eeuwse **Eglise St-Cornély** is gewijd aan St.-Cornelius, schutspatroon van de gehoornde dieren. Het lange zandstrand in het zuiden maakt Carnac tot een populaire badplaats.

Musée de Préhistoire

Place de la Chapelle 10.
02-97522204.
***Open** wo-ma. **Gesloten** 1 jan, 25 dec.*

Presqu'île de Quiberon ⓴

Morbihan. *Quiberon (via Lorient).* *juli-aug.* *Quiberon.* *Quiberon (02-97500784).*

De westkust van Quiberon is somber en winderig: de Côte Sauvage. Het oosten met zijn beschutte stranden is vriendelijker. Op het zuidelijkste puntje van het schiereiland ligt de vissershaven annex badplaats **Quiberon**, waarvandaan een autoveer naar Belle-Ile vertrekt.
In 1795 werden hier 10.000 koningsgezinde soldaten afgeslacht in een mislukte poging de Revolutie ongedaan te maken.

De prehistorische monumenten van Bretagne

Bij Carnac werden rond 4000 v.C. duizenden granieten stenen in mysterieuze rijen en patronen neergezet. Het is niet duidelijk waarvoor ze bestemd waren: wellicht hadden ze een religieuze betekenis, maar het is ook mogelijk dat het een astronomische kalender was. Kelten, Romeinen en christenen hebben ze voor hun eigen geloof gebruikt.

De grafheuvel van Gavrinis, Golfe du Morbihan

Megalieten

Megalieten zijn verschillend gerangschikt, en elke ordening heeft een eigen betekenis. Ze worden nog steeds aangeduid met Bretonse woorden, zoals *men* (steen), *dole* (tafel) en *hir* (lang).

***Menhirs**, de meest voorkomende megalieten, staan rechtop, los of in rijen. Als ze in een cirkel staan, worden ze cromlechs genoemd.*

***Dolmen**, twee rechtopstaande stenen met een derde als dak erop, waren grafkamers, zoals de Table des Marchands.*

***De allée couverte**, een serie dolmens, lijken het meest op de Drentse hunebedden en zijn te zien bij Carnac.*

***Een tumulus** is een met steen en aarde bedekte dolmen, waardoor een grafheuvel wordt gevormd.*

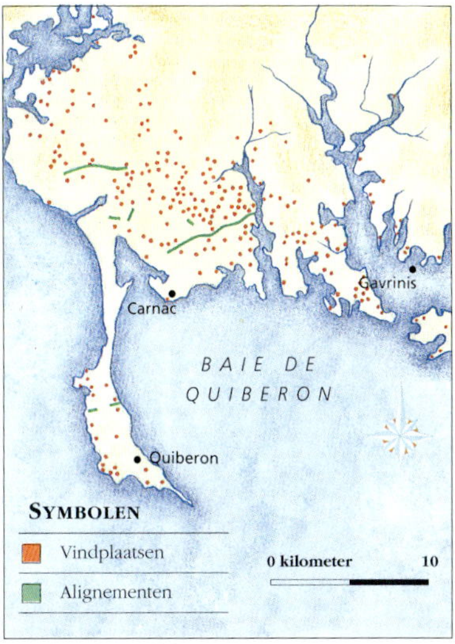

Megalitische vindplaatsen in Bretagne

Alignementen in Carnac

Menhirs in alle soorten en maten in een veld bij Carnac

Belle-Île ㉑

Morbihan. ✈ *Quiberon (via Lorient).* ⛴ *van Quiberon.* ℹ *Le Palais (02-97318193).*

Het grootste eiland van Bretagne ligt 14 km en drie kwartier met het autoveer ten zuiden van Quiberon. Langs de kust vindt men zowel ruige rotsen als mooie stranden en in het binnenland worden open hooglanden afgewisseld met beschutte dalen. In het voornaamste plaatsje op het eiland, Le Palais, staat de **Citadelle Vauban**, een 16de-eeuwse stervormige vesting.

Bretonse visser bij Belle-Ile

Claustrum van de St-Pierre, Vannes

Vannes ㉒

Morbihan. 48.500. *Rue Thiers 1 (02-97472434).* *wo & za.*

Vannes ligt uiterst landinwaarts aan de Golfe du Morbihan en was de hoofdstad van de Veneti, een zeevarende Bretonse stam die in 56 v.C. werd verslagen door Julius Caesar. In de 9de eeuw maakte Nominoë, de eerste hertog van Bretagne, de stad tot zijn machtsbasis. Vannes behield zijn grote invloed tot 1532, toen de unie met Frankrijk werd getekend en Rennes de Bretonse hoofdstad werd. Tegenwoordig is Vannes een drukke handelsstad met een goed bewaard gebleven middeleeuwse wijk. De oostelijke stadswallen van het oude Vannes zijn goed te zien vanaf de Promenade de la Garenne. Aan de uiteinden staan twee oude stadspoorten: Porte-Prison in het noorden en de Porte-Poterne in het zuiden, vlak bij een rij 17de-eeuwse washuizen.

De Porte-St-Vincent leidt omhoog naar de oude marktpleinen van de stad, die nog steeds in gebruik zijn. Het **Place des Lices** was ooit het toneel van middeleeuwse toernooien.

De **Cathédrale St-Pierre**, met de bouw waarvan in de 13de eeuw werd begonnen, is later ingrijpend herbouwd en gerestaureerd.

Tegenover de westgevel van de kathedraal staat de oude overdekte markt **La Cohue** (dat mensenmassa of gedrang betekent). Vroeger was dit het centrale ontmoetingspunt van de stad. Sommige delen van het gebouw dateren nog uit de 13de eeuw en binnen bevindt zich een klein museum dat kunst en artefacten exposeert die verband houden met de geschiedenis van Vannes en de Golfe du Morbihan.

Het **Musée d'Archéologie du Morbihan**, gevestigd in het 15de-eeuwse Château Gaillard, bevat een rijke verzameling vondsten uit de vele prehistorische vindplaatsen van Morbihan, waaronder juwelen, aardewerk en wapens. Er is ook een afdeling met *objets d'art* uit de Middeleeuwen en Renaissance.

Musée d'Archéologie du Morbihan
Château Gaillard, Rue Noé 2.
02-97425980. ***Open*** *april-okt: ma-za, nov-maart: ma-za 's middags.* ***Gesloten*** *feestdagen.*

Omgeving
Ten zuiden van de stad ligt het **Parc du Golfe**, een amusementspark met een vlinderkas en een aquarium met meer dan 400 verschillende vissen. Ten noordoosten van Vannes, bij de N166, liggen de romantische ruïnes van de 15de-eeuwse **Tours d'Elven**.

Golfe du Morbihan ㉓

Morbihan. ✈ *Lorient.* *Vannes.* ℹ *Vannes (02-97472434).*

Morbihan is het Bretonse woord voor 'kleine zee', een gepaste beschrijving voor dit door land omsloten getijdewater. De baai, die slechts door een smal kanaal tussen de schiereilanden Locmariaquer en Rhuys met de Atlantische Oceaan is verbonden, ligt vol eilandjes. Ongeveer 40 hiervan zijn bewoond, waarvan het **Ile d'Arz** en **Ile aux Moines** de grootste zijn. Deze eilanden worden door een veerdienst verbonden met respectievelijk Conleau en Port-Blanc.

Rond de baai liggen diverse

De schilderachtige vissershaven van Le Bono in de Golfe du Morbihan

Jonge vakantiegangers op het strand van Dinard, een ouderwetse badplaats aan de Côte d'Emeraude

dorpjes. Ook treft u er talloze megalitische vindplaatsen. Op het eiland **Gavrinis** is een grafheuvel uitgegraven die van binnen buitengewoon fraai is bewerkt met steenhouwwerk *(blz. 269)*. Vanaf Larmor-Baden kunt u met de boot naar Gavrinis.

Het middeleeuwse Château de Josselin op de oever van de Oust

Josselin ㉔

Morbihan. *2500.* *Place de la Congrégation (02-97223643).* *za.*

Josselin, dat uitzicht biedt over de Oust, wordt beheerst door een middeleeuws **Château**, dat al sinds het eind van de 13de eeuw in het bezit is van de familie Rohan. In de granieten façade aan de binnenplaats is de letter 'A' uitgehouwen – een eerbetoon aan hertogin Anna van Bretagne (1477-1514), die tijdens Bretagnes Gouden Eeuw regeerde. In de vroegere stallen bevindt zich het Musée des Poupées, waar 500 poppen te zien zijn. De **Basilique Notre-Dame-du-Roncier** in de stad bevat het mausoleum van de beroemdste eigenaar van het kasteel en hofmeester van Frankrijk, Olivier de Clisson (1336-1407). Ten westen van Josselin, in Kerguéhennec, is op het terrein rond een 18de-eeuws château een intrigerend, modern beeldenpark ingericht.

Château de Josselin
02-97223645. ***Open** april-mei & okt: wo, za, zo & feestdagen (alleen 's middags), juni & sept: dag. 's middags; juli & aug: dag..*

Forêt de Paimpont ㉕

Ille-et-Vilaine. *Rennes.* *Rennes, daarna bus.* *Ploërmel.* *Paimpont, 's zomers (02-99078423).*

Dit bos, ook wel het Fôret de Brocéliande genoemd, is een laatste overblijfsel van de dichte oerbossen. Het wordt geassocieerd met koning Arthur en nog steeds komen er mensen om de magische bron te zoeken waar de tovenaar Merlijn voor het eerst Viviane ontmoette, de vrouwe van het meer. Vanuit het dorpje **Paimpont** kunt u zowel het bos als zijn mythen trachten te ontsluieren.

De tovenaar Merlijn en Viviane, vrouwe van het meer Vannes

Côte d'Emeraude ㉖

Ille et Vilaine & Côtes d'Armor.
Dinard–St-Malo.
St-Malo (02-99566448).

Tussen Le Val-André en de Pointe du Grouin, in de buurt van Cancale aan de noordkust van Bretagne, strekken zich zandstranden, rotsachtige landtongen en klassieke badplaatsen uit. Dit gebied wordt de Smaragdkust genoemd. De stijlvolle badplaats **Dinard** is de zelfgekroonde koningin van de streek.

Ten westen van Dinard gaat de zomervakantiesfeer voort in plaatsen als St-Jacut-de-la-Mer, St-Cast-le-Guildo, Sables d'Or-les-Pins en Erquy. Het middeleeuwse **Fort La Latte** in de Baie de la Frênaye biedt een mooi uitzicht vanaf zijn oude wachttoren, en de vuurtoren die **Cap Fréhel** domineert, biedt een nog weidser uitzicht.

Ten oosten van Dinard loopt de D186 over de **Barrage de la Rance** naar St-Malo. Deze in 1966 gebouwde dam was de eerste ter wereld waarmee elektriciteit uit getijdekracht werd gegenereerd. Ten westen van St-Malo ligt het door inhammen en stranden omringde La Guimorais en bij de Pointe du Grouin is de zee echt smaragdkleurig.

Zeevaarders van St-Malo

St-Malo dankt zijn rijkdom en reputatie aan de ondernemingslust van zijn zeelieden. In 1534 ontdekte Jacques Cartier, die vlakbij in Rothéneuf werd geboren, de monding van de St. Lawrence in Canada en eiste het gebied voor Frankrijk op. Bretonse zeelui voeren in 1698 naar Zuid-Amerika en koloniseerden daar de Iles Malouines, de tegenwoordige Las Malvinas of Falkland-eilanden. In de 17de eeuw was St-Malo de grootste haven in Frankrijk en berucht om zijn boekaniers – zeelui die koninklijke toestemming hadden om buitenlandse schepen te kapen. De meest illustere onder hen waren de roekeloze René Duguay-Trouin (1673-1736), die in 1711 Rio de Janeiro op de Portugezen veroverde, en de onverschrokken Robert Surcouf (1773-1827), die met zijn schepen de boten van de Britse Oostindische Compagnie opjoeg.

Ontdekkingsreiziger Jacques Cartier (1491-1557)

St-Malo ㉗

Ille-et-Vilaine. 49.000. *Esplanade St-Vincent (02-99566448). ma-za.*

St-Malo, dat vroeger een versterkt eiland was, beheerst door zijn ligging de monding van de Rance. De stad is genoemd naar Maclou, een monnik uit Wales die hier in de 6de eeuw de christelijke boodschap verspreidde. St-Malo werd in 1944 zwaar gebombardeerd, maar na de oorlog werd de stad minutieus in zijn oude staat herbouwd. Tegenwoordig is St-Malo havenstad, vertrekpunt van veerboten en badplaats. Intra-muros, de oude stad, wordt omgeven door muren die een mooi uitzicht bieden op St-Malo en de eilanden voor de kust. Wanneer u de treden van de **Porte St-Vincent** met de klok mee beklimt, passeert u de machtige 15de-eeuwse **Grande Porte**. Binnen de muren bestaat de stad uit een web van smalle kasseienstraten met hoge 18de-eeuwse gebouwen. Rue Porcon-de-la-Barbinais leidt naar de **Cathédrale St-Vincent**. Het sombere 12de-eeuws schip van de kerk contrasteert sterk met de gebrandschilderde ramen van het koor. Het 15de-eeuwse Maison de la Duchesse Anne aan de Cour La Houssaye is zorgvuldig gerestaureerd.

St-Malo bij eb, gezien door de poort van Fort National

Château de St-Malo

02-99407157. ***Open*** *Pasen-aug: dag., sept-Pasen: di-zo.* ***Gesloten*** *1 jan, 1 & 11 nov, 25 dec.*

Het kasteel van St-Malo is in de 14de en 15de eeuw gebouwd. De donjon, uit 1424, huisvest een museum. Daar worden onder andere de avonturen van de door de staat gesteunde boekaniers verteld. De wachttorens bieden een indrukwekkend uitzicht over de zee en de kust. De aangrenzende toren, de Quic-en-Groigne, bevat een wassenbeeldenmuseum. Vlakbij, op het Place Vauban, is een aquarium in de wallen gebouwd.

Fort National

Open *Pasen-eind sept: dag. bij eb.*

Deze vesting, in 1689 gebouwd door de militaire architect van Lodewijk XIV, Vauban, kan bij eb te voet worden bereikt en biedt mooi uitzicht op St-Malo. Bij eb kunt u naar het eilandje **Grande Bé** wandelen. Vanaf het hoogste punt hebt u uitzicht over de gehele Côte d'Emeraude *(blz. 271)*. De schrijver François-René de Chateaubriand, die in St-Malo werd geboren, ligt hier begraven.

Tour Solidor

St-Servan. 02-99407158. ***Open*** *Pasen-sept: dag., okt-Pasen: di-zo.* ***Gesloten*** *1 jan, 1 mei, 1 & 11 nov, 25 dec.*

Ten westen van St-Malo werd in 1382 in St-Servan de Tour Solidor gebouwd. Deze voormalige gevangenis huisvest nu een museum gewijd aan de schepen en zeevaarders die om Kaap Hoorn voeren. Er zijn scheepsmodellen, logboeken en nautische instrumenten te zien.

Omgeving

Bij eb komen er mooie stranden vrij rond St-Malo en de naburige buitenwijken St-Servan en Paramé. Er gaat een pont naar Dinard *(blz. 271)* en de Kanaaleilanden en verder varen er boten over de Rance naar Dinan en over zee naar de Iles Chausey, Ile de Cézembre en Cap Fréhel. In Rothéneuf staat het **Manoir Limoëlou**, het huis van de ontdekkingsreiziger Jacques Cartier. Aan de kust liggen Les Rochers Sculptée,

Oesters van Cancale, sinds Romeinse tijden gewaardeerd

granieten gezichten en figuren die aan het eind van de 19de eeuw door een plaatselijke priester, Abbé Fouré, in de rotsen zijn uitgehouwen.

Manoir Limoëlou
Rue D Macdonald-Stuart, Limoëlou-Rothéneuf. 02-99409773. **Open** *juni-aug: dag., sept-mei: ma-vr.*

Cancale 28

Ille-et-Vilaine. 5000. *Rue du Port 44 (02-99896372).* *zo.*

Het kleine havenstadje Cancale kijkt uit op de Baie du Mont-St-Michel en staat verder geheel in het teken van de kweek en consumptie van oesters. De oesters van Cancale, die al door de Romeinen werden gewaardeerd, hebben een alom geprezen smaak. Vanaf een *sentier des douaniers* (pad van de kustwacht, de GR34) dat langs de rotsen loopt, kunt u de oesterbanken zien liggen. Er is ruim gelegenheid tot het proeven van de lokale specialiteit in de veelheid aan bars en restaurants langs de drukke kaden van de Port de la Houle waar bij vloedde vissersboten aankomen. Liefhebbers wordt aangeraden een bezoek te brengen aan het **Musée de l'Huître et du Coquillage**.

Musée de l'Huître et du Coquillage
Aurore. *02-99896999.*
Open *half feb-half nov: dag.*

Dinan 29

Côtes d'Armor. *12.800.*
Rue de l'Horloge 6 (02-96397540).
do.

Dinan ligt op een heuvel en biedt uitzicht over het beboste dal van de Rance. Het is een moderne marktstad met een middeleeuws hart. De goed onderhouden vakwerkhuizen en de kasseienstraten van de ommuurde Vieille Ville vormen een indrukwekkende, ongedwongen eenheid, die zich vooral laat appreciëren vanaf de 15de-eeuwse **Tour d'Horloge** in de Rue de l'Horloge. Vlakbij staat de **Basilique St-Sauveur**, waar het hart van de de beroemdste zoon van Dinan, de 14de-eeuwse krijgsman Bertrand du Guesclin, begraven is. Les Jardins, achter de kerk, bieden mooi uitzicht op de Rance en het viaduct over de rivier. Een paar straten noordelijker kronkelt de steile, met geraniums omzoomde Rue du Jerzual door de 14de-eeuwse stadspoort omlaag naar de haven. Ooit was dit een drukke haven waar stoffen werden verscheept, maar nu is het een rustig binnenwater waar men een pleziervaart kan maken of kan wandelen over het trekpad naar de gerestaureerde 17de-eeuwse **Abbaie St-Magloire** in Léhon.
Wie meer wil weten over de geschiedenis van Dinan kan een kijkje nemen in een klein museum van het **Musée-Château**, dat naast de 15de-eeuwse **Tour de Coëtquen** staat.

Musée-Château
Château de Dinan, Rue du Château. *02-96394520.* **Open** *2de week feb-mei & half okt-dec: wo-ma, juni-half okt: dag.* **Gesloten** *25 dec.*

Blik op Dinan en de gotische brug die de Rance overspant

Schrijver en diplomaat François-René de Châteaubriand (1768-1848)

Combourg 30

Ille-et-Vilaine. *4900.*
Place Albert Parent (02-99731393).
ma.

Combourg, een slaperig stadje aan een meer, wordt volledig in beslag genomen door het **Château de Combourg**, met de bouw waarvan in de 11de eeuw werd begonnen. De gebouwen die er nu staan, dateren uit de 14de en 15de eeuw. In 1761 werd het kasteel gekocht door de Comte de Chateaubriand. Zijn zoon, de schrijver en diplomaat François-René de Chateaubriand (1768-1848), bracht hier de melancholieke jeugdjaren door die hij zo openhartig beschreef in zijn onderhoudende kroniek *Mémoires d'Outre-Tombe*. Tegenwoordig worden er rondleidingen gegeven. In een kamer wordt de herinnering aan De Châteaubriand levend gehouden.

Château de Combourg
Rue des Princes 23. *02-99732295.*
Open *april-okt: wo-ma.*

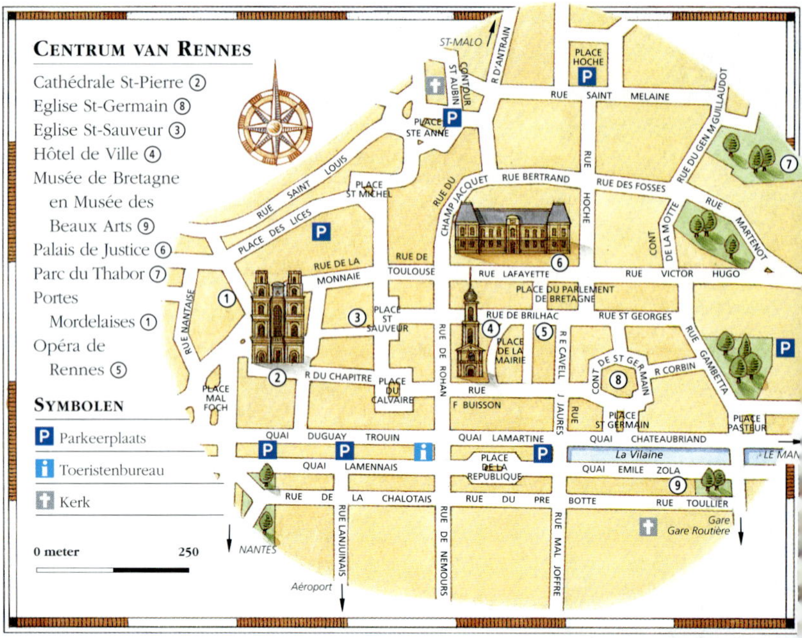

Rennes ㉛

Ille-et-Vilaine. 204.000. *Pont de Nemours (02-99790198).* *di-za.*

Rennes, gesticht door de Galliërs en gekoloniseerd door de Romeinen, ligt op een strategisch punt waar de Vilaine en Ille samenkomen. Nadat Bretagne en Frankrijk in 1532 werden verenigd, werd Rennes de regionale hoofdstad. In 1720 werd de stad verwoest door een zes dagen aanhoudende brand. Een klein deel van de middeleeuwse stad is bewaard gebleven en vormt nu samen met de regelmatig geordende 18de-eeuwse bebouwing het hart van de stad.

De levendige markt op het Place des Lices in het hart van Rennes

Zwervend door de straten die het Place des Lices en het Place St-Anne met de omgeving verbinden, is het niet moeilijk een beeld op te roepen van het Rennes van vóór de grote brand. Dit gebied, nu grotendeels verkeersvrij, is het kloppende hart van de stad, met veel cafés, crêperies en couturewinkels. Aan het westelijk uiteinde van de Rue de la Monnaie staat de 15de-eeuwse **Portes Mordelaises**, die vroeger deel uitmaakte van de stadswallen.

De **Cathédrale St-Pierre**, daar vlakbij, dateert uit 1844 en is al de derde kerk op deze plek. Bekijk vooral het 16de-eeuwse Vlaamse altaarstuk. In dezelfde buurt staat de 18de-eeuwse **Eglise St-Sauveur** en net ten zuiden van de aantrekkelijke Rue St-George staat de **Eglise St-Germain**, met een typisch Bretonse klokketoren en een houten gewelf. Op het Place de la Mairie staan het vroeg-18de-eeuwse **Hôtel de Ville** en het neoclassicistische **Opéra de Rennes**.

Vakwerkhuizen langs de smalle straten van het oude Rennes

Palais de Justice

*Place du Parlement. **Gesloten** wegens restauratie tot tenminste 2000.*

In dit gebouw, dat tussen 1618 en 1655 naar een ontwerp van Salomon de Brosse werd gemaakt, was tot de Revolutie de regionale regering gehuisvest. Tot februari 1994 was het de rechtbank van Rennes. Hoog oplopende rellen over de visprijzen troffen toen ook het gerechtsgebouw, dat door brand werd verwoest. Het monument wordt helemaal hersteld, inclusief het cassettenplafond en het vergulde houtwerk in de Grande Chambre.

Musée de Bretagne, Musée des Beaux Arts

Quai Emile Zola 20. 02-99285584. **Open** *wo-ma.* **Gesloten** *feestdagen.*

Het Musée de Bretagne, op de zuidoever van de Vilaine, biedt een inleiding op de geschiedenis van Bretagne. Het bevat Bretonse meubels en klederdracht, en heeft exposities over de prehistorische megalieten, de groei van Rennes, ambachten en de visindustrie.

Het gebouw huisvest ook het **Musée des Beaux Arts**, met een kunstcollectie vanaf de 14de eeuw tot heden. Eén van de zalen is gewijd aan kunst die is geïnspireerd op Bretonse thema's. Er hangen schilderijen van Gauguin, Bernard en andere leden van de School van Pont-Aven *(blz. 265)*. Een van de drie werken van Picasso is de levendige *Baigneuse*, die hij in 1928 in Dinard schilderde.

Omgeving

Ten zuiden van Rennes traceert het **Ecomusée du Pays de Rennes** de geschiedenis van een plaatselijke boerderij vanaf de 17de eeuw. Ongeveer 16 km ten zuidoosten van Rennes ligt **Châteaugiron**, een aardig middeleeuws dorpje.

Ecomusée du Pays de Rennes

Ferme de la Bintinais, route de Châtillon-sur-Seiche. 02-99513815. **Open** *half jan-feb: wo-ma.* **Gesloten** *za en zo 's morgens, feestdagen.*

Château de Châteaugiron

02-99378902. **Open** *juli-aug: dag.; mei-juni & sept: zo middag.*

Fougères 32

Ille-et-Vilaine. 23.000.
Place Aristide Briand 1 (02-99941220). *za.*

De vestingstad Fougères ligt op een heuvel vlak bij de Bretonse grens en kijkt uit over de rivier de Nançon. In het dal staat het machtige **Château de Fougères**, dat tussen de 11de en 15de eeuw werd gebouwd. De tuinen van het Place aux Arbres achter de 16de-eeuwse **Eglise St-Léonard** bieden een goed uitzicht op het kasteel.

De machtige versterkingen van Château de Fougères

Hiervandaan kunt u afdalen naar de rivier en de middeleeuwse huizen rond het Place du Marchix. De gotische **Eglise St-Sulpice** is vanwege zijn 18de-eeuwse gelambrizeerde interieur en granieten retabels zeker een bezoek waard.

Een wandeling om de enorme buitenste versterkingen van het kasteel openbaart de ambitieuze schaal waarop het complex is gebouwd. Er staan dertien torens en de muren zijn meer dan 3 m dik. Wanneer u de muren om het kasteel en de torens beklimt, kunt u zich goed voorstellen hoe het leven binnen deze verdedigingswerken was. Balzac's roman *Les Chouans* (1829) speelt zich voor een groot deel af rond Fougères en haar kasteel.

Château de Fougères

Place Pierre-Simon. 02-99997959. **Open** *feb-dec: dag.*

Overhangende vakwerkhuizen aan de Rue Beaudrairie, Vitré

Vitré 33

Ille-et-Vilaine. 14.000.
Place St-Yves (02-99750446). *ma.*

De versterkte stad Vitré ligt hoog op een heuvel en kijkt uit over het dal van de Vilaine. Het middeleeuwse **Château** werd in de 14de en 15de eeuw herbouwd en heeft een driehoekig grondplan. De Tour St-Laurent huisvest een museum.

Langs Rue Beaudrairie en Rue d'Embas staan overhangende vakwerkhuizen in opmerkelijke kleurschakeringen.

De zuidfaçade van de 15de- en 16de-eeuwse, flamboyant-gotische **Cathédrale Notre-Dame** is rijk versierd. Aan de buitenkant van deze gevel is een stenen kansel aangebracht. Als u de Rue Notre-Dame uitloopt, komt u bij de Promenade du Val, die vlak langs de stadswallen loopt.

Ten zuidoosten van Vitré, aan de D88, ligt het **Château des Rochers-Sévigné**, het huis van Mme de Sévigné (1626-1696), die beroemd is geworden om haar briefwisselingen en haar kronieken van het leven aan het hof van Lodewijk XIV. Het park, de kapel en sommige van haar kamers zijn toegankelijk voor publiek.

Château de Vitré

02-99750454. **Open** *april-sept: dag.* **Gesloten** *za, zo & ma 's morgens, 1 jan, Pasen, 1 nov, 25 dec.*

Château des Rochers-Sévigné

02-99967651. **Open** *april-sept: dag.* **Gesloten** *1 jan, Pasen, 1 nov, 25 dec.* *beperkt.*

HET LOIRE-DAL

INDRE · INDRE-ET-LOIRE · LOIR-ET-CHER · LOIRET · EURE-ET-LOIR
CHER · VENDÉE · MAINE-ET-LOIRE · LOIRE-ATLANTIQUE · SARTHE

Het magnifieke Loire-dal, beroemd om zijn weelderige châteaus die herinneren aan de tijd van de Franse koningen, kan bogen op een rijke geschiedenis en architectuur. De mondaine steden, het vruchtbare landschap en de heerlijke keuken vormen te zamen een paradijs voor de burgerij.

Het groene dal van de Loire draagt een koninklijk stempel. Orléans was in de 13de eeuw de intellectuele hoofdstad van Frankrijk en trok schilders, dichters en troubadours naar het koninklijke hof. Maar dat hof verbleef in de Middeleeuwen nooit lang op dezelfde plek, hetgeen leidde tot de bouw van vele schitterende châteaus langs de Loire. Chambord en Chenonceau, de twee indrukwekkendste renaissancistische kastelen, zijn nog altijd symbolen van de koninklijke macht.

Tours is, dank zij haar centrale ligging, cultuur en verfijnde keuken, de hoofdstad van de toeristen. Angers is een goede tweede, maar de historische steden Amboise, Blois, Saumur en Beaugency, die als juwelen langs de rivier liggen, zijn authentieker. Rond deze steden ligt het echte Loire-dal, het gebied van de renaissancistische tuinen van Villandry, van de sprookjesachtige torentjes van Azay-le-Rideau. Ten noorden hiervan wordt de streek beheerst door Le Mans en Chartres, twee kathedraalsteden waarvan de middeleeuwse harten door Gallo-Romaanse muren worden omringd.

De winderige Vendée, in het zuiden, is met zijn ruige zandkust ideaal voor surfers en natuurliefhebbers. Landinwaarts kunt u de kalmere zijrivieren van de Loire en de waterrijke Sologne verkennen. Ook de grotwoningen en romaanse kerken zijn een bezoek waard. Wild, vis en veel verse groente zijn de favorieten in de uitnodigende restaurants, waar u onder het genot van een lichte witte Vouvray of een rondborstige Bourgeuil vooral kalm aan moet doen.

De Loire bij Montsoreau, ten zuidoosten van Saumur

Het sprookjesachtige Château de Saumur torent uit boven de stad en de Loire

Het Loire-dal verkennen

Het zeer groene landschap en de talloze grote Franse châteaus zijn de grote attracties van het gebied. Van Angers en Nantes kunt u tochtjes over de rivier maken, terwijl de zanderige Atlantische kust ideaal voor een strandvakantie is. De wijnroutes voeren langs Bourgueil, Chinon, Muscadet en Vouvray. De mooiste plaatsen waarvandaan u de streek kunt bezichtigen, zijn Amboise, Blois, Beaugency en Saumur, maar cultuurliefhebbers komen in het hele gebied aan hun trekken.

Landschap bij Vouvray

SYMBOLEN

- Snelweg
- Hoofdweg
- Secundaire weg
- Toeristische route
- Rivier
- Uitzichtpunt

Het 16de-eeuwse Château de Villandry, omgeven door tuinen

BEZIENSWAARDIGHEDEN IN HET KORT

Abbaye de Fontevraud 7
Amboise 18
Angers 3
Azay-le-Rideau 11
Beaugency 21
Blois 20
Bourges 27
Chambord 19
Chartres 24
Chenonceau 17
Chinon 8
Langeais 10
Le Mans 4
Loches 15
De Loir 23
Montrésor 16
Montreuil-Bellay 6
Nantes 1
Orléans 25
St-Benoît-sur-Loire 26
Saumur 5
Tours 13
Ussé 9
De Vendée 2
Vendôme 22
Villandry 12
Vouvray 14

Een brug over de Loire bij zonsopgang

BEREIKBAARHEID

De lucht-, weg- en treinverbindingen naar de streek zijn goed. Bij Nantes is een internationaal vliegveld. Vanuit Parijs bereikt men Chartres, Le Mans, Angers en Nantes via de A11, en de A10 leidt langs Orléans, Blois en Tours. De TGV rijdt van Parijs naar Le Mans (1 uur), Tours (1 uur), Angers (90 min) en Nantes (2 uur). De kleinere kastelen zijn soms moeilijk te bereiken met het openbaar vervoer, maar vanuit de grote plaatsen worden busreizen georganiseerd.

Tombe van Frans II en Marguerite de Foix, in de Cathédrale St-Pierre

Nantes ❶

Loire-Atlantique. 250.000. Place du Commerce (02-40206000). dag.

Nantes heeft eeuwenlang met Rennes gestreden om de titel van hoofdstad van Bretagne. Door de band tussen de stad en de Plantagenets en Hendrik IV hoorde Nantes echter ook bij de 'koninklijke' Loire.
Hoewel het de hoofdstad van Pays de la Loire is en al 200 jaar niet meer bij Bretagne hoort, blijft Nantes in zijn hart Bretons.
De grimmige **Cathédrale St-Pierre**, waarvan de bouw van 1434 tot 1893 duurde, wordt gesierd door gebeeldhouwde gotische portalen en herbergt een renaissancistische tombe van Frans II, de laatste hertog van Bretagne. In het **Château des Ducs de Bretagne**, waar Anna van Bretagne in 1477 werd geboren, werd in 1598 het Edict van Nantes, dat de protestanten vrijheid van godsdienst bood, door Henri IV getekend. Het **Musée des Salorges**, in een vleugel van het kasteel, is een maritiem museum gewijd aan het koloniale verleden van Nantes en de slavenhandel in de 18de en 19de eeuw. U kunt Indiaanse prenten en de werkkamer van een slavenhandelaar bezichtigen en een indruk krijgen van de onmenselijke omstandigheden waaronder de galeislaven leefden.

Château des Ducs de Bretagne/Musée des Salorges

Pl Marc Elder. *02-40415656.* ***Open*** *juli-aug: dag., sept-juni: wo-ma.* ***Gesloten*** *feestdagen.*

Omgeving

Vanuit Nantes varen rondvaartboten over de Erdre en de Sèvre langs kleinere kastelen, Muscadet-wijngaarden en door lieflijk landschap.
Ongeveer 16 km ten zuidoosten van Nantes ligt **Clisson**, een stad die met de grond gelijk werd gemaakt tijdens de Vendée-opstand van 1793. Later werd de plaats in Italiaanse stijl herbouwd. De 13de-eeuwse ruïne van **Château de Clisson** ligt op een rotsachtige uitloper en kijkt uit over de Sèvre. Een deel ervan wordt nu gerestaureerd.

Château de Clisson

02-40540222. ***Open*** *wo-ma.* ***Gesloten*** *kerstvakantie.*

De Vendée ❷

Vendée en Maine-et-Loire.
Nantes. *La Roche-sur-Yon.*
La Roche-sur-Yon (02-51360085).

De contrarevolutionaire beweging die tussen 1793 en 1799 door West-Frankrijk woedde, begon met een reeks opstanden in de Vendée. Dit bastion van het *Ancien Regime* rebelleerde tegen republikeinse waarden. In 1793 werden binnen één dag 80.000 royalisten afgeslacht toen ze bij St-Florent-le-Vieil probeerden de Loire over te steken. De streek wordt nog altijd gekenmerkt door conservatisme en een diep religieuze overtuiging.
In 1993 werd de 200ste verjaardag van de Vendée-opstanden herdacht met de opening van twee nieuwe musea, in Cholet en Challans. Andere monumenten zijn het oorlogskerkhof in La Gaubretière en de gebrandschilderde ramen in de parochiekerk van Luc-sur-Boulogne.
Tegenwoordig verwelkomt de rustige Vendée toeristen die vooral voor het buitenleven komen. Ten oosten en noorden van La Roche-sur-Yon ligt de *bocage vendéen*, een bebost watergebied met ruiter- en natuurpaden. De Atlantische kust tussen de Loire en Poitou is een van de schoonste en minst bekende Franse kuststreken. De enige belangrijke badplaats is **Les Sables d'Olonne**. Iets noordelijker ligt het moerassige **Ile de Noirmoutier**, dat bij eb met het vasteland is verbonden via de dijk van Gois.

De haven van Ile de Noirmoutier in de Vendée

In het afgelegen **Marais Poitevin** *(blz.398)*, landinwaarts, liggen polders vol vogelreservaten en gehuchten omgeven door kanalen. In Maillezais staat een romaanse kerk en u kunt er met punters op de kanalen varen. In het naburige Chaillé-les-Marais staan mooie 17de-eeuwse kerken. Dit weelderig begroeide gebied, dat het grootste door mensen aangelegde stelsel van watergangen van Frankrijk bevat, wordt Venise Verte (groen Venetië) genoemd.

Het Tapijt van de Openbaring

Angers ❸

Maine-et-Loire. *140.000.*
Pl Kennedy (02-41235111).
wo & za.

Angers is de vroegere hoofdstad van Anjou en plaats van herkomst van de Plantagenets.
Zoals het een koninklijke stad betaamt, staat er in Angers een indrukwekkend 13de-eeuws **Château** *(blz. 232)*. Binnen hangt een van de mooiste middeleeuwse tapijten van Frankrijk, dat tussen 1375 en 1378 werd geweven. Het vertelt het verhaal van de Openbaring.
De **Cathédrale St-Maurice** heeft een bijzondere romaanse façade en 12de-eeuwse gebrandschilderde ramen.
Vlak bij **Maison d'Adam**, een vakwerkhuis waar gravures van een levensboom te zien zijn. Het dichtbij gelegen **Musée David d'Angers**, gevestigd in de met glas overdekte ruïnes van een 13de-eeuwse kerk, is een monument voor de 19de-eeuwse, in Angers geboren beeldhouwer. Aan de andere kant van de Maine staat het Hôpital St-Jean, dat van 1174 tot 1854 een hospitaal voor de armen was en nu het **Musée Jean Lurçat** huisvest.

Château d'Angers
02-41874347. ***Open*** *dag.* ***Gesloten*** *1 jan, 1 mei, 1 & 11 nov, 25 dec.*

Musée David d'Angers
Rue Toussaint 33 bis.
02-41872103. ***Open*** *half juni-half sept: dag., half sept-half juni: di-zo.* ***Gesloten*** *feestdagen.*

Musée Jean Lurçat
Boulevard Arago 4. *02-41241845.* ***Open*** *half juni-half sept: dag., half sept-half juni: di-zo.* ***Gesloten*** *feestdagen.*

Omgeving
In een straal van 16 km van Angers staan het classicistische **Château de Serrant** en het **Château du Plessis-Bourré**. Wie graag een rustig tochtje door het landschap wil maken, kan de Loire oostwaarts langs de zandbanken en dijken volgen.

Château de Serrant
St-Georges-sur-Loire.
02-41391301. ***Open*** *juli-aug: dag., maart-juni & sept-okt: wo-ma.*

Château du Plessis-Bourré
Ecuillé. *02-41320601.*
Open *maart-nov: do 's middags-di; dec-feb groepen op afspraak.*

Le Mans ❹

Sarthe. *150.000.*
Hôtel des Ursulines, Rue de l'Etoile (02-43281722). *wo, vr en zo.*

Monsieur Bollée plaatste als eerste een motor onder de kap van een auto, en sindsdien staat de naam Le Mans synoniem voor handel in motoren.
De zoon van Bollée bedacht een rudimentaire Grand Prix en sinds die tijd *(blz. 33)* zijn dit evenement en het **Musée de l'Automobile** topattracties gebleven.
Vieux Mans, het oude versterkte centrum, wordt omringd door de grootste Gallo-Romaanse muren in Frankrijk. Het gebied wordt nu als achtergrond gebruikt voor de verfilming van epische verhalen als *Cyrano de Bergerac*. De charme ontleent de buurt aan de renaissancistische herenhuizen, vakwerkhuizen, overwelfde stegen en kleine binnenplaatsen. Het pronkstuk is de gotische **Cathédrale St-Julien**, met mooie luchtbogen en een romaans portaal dat niet onderdoet voor dat in Chartres.

Gebrandschilderd raam in de Cathédrale St-Julien, Le Mans

Musée de l'Automobile
Circuit des 24 Heures du Mans.
02-43727224.
Open *juni-sept: dag.*

Circuit van Le Mans: een prent uit 1933 uit het Franse tijdschrift *Illustration*

Saumur 5

Maine-et-Loire. 32.000. Pl de la Bilange (02-41402060). za.

Saumur geniet faam vanwege zijn sprookjeskasteel, cavalerieschool, champignons en mousserende wijnen. De stenen herenhuizen herinneren aan de bloei van de stad in de 17de eeuw, toen de stad een bastion van de protestanten was en met Angers streed om de titel van intellectuele hoofdstad van Anjou.

Het **Château de Saumur** torent hoog boven de stad en de rivier uit. In de 14de eeuw begon Lodewijk I van Anjou met de bouw van het huidige kasteel, een eeuw later volgde een verbouwing onder Lodewijks kleinzoon, koning René. Een anderhalf uur durende rondleiding door het kasteel voert langs porselein en ruiterattributen.

Aan het **Place St-Pierre** staan een aantal mooi gerestaureerde vakwerkhuizen en een middeleeuwse kerk waarin 16de-eeuwse wandtapijten te zien zijn. Een trap leidt naar **Maison des Compagnons**, het huis waar Balzacs roman *Eugénie Grandet* zich afspeelt.

Château de Saumur en de spits van St-Pierre, gezien vanaf de Loire

Het wapen van koning René

Op de zuidelijke oever van de Loire staat de **Ecole Nationale d'Equitation** (nationale rijschool), waar het prestigieuze Cadre Noir indrukwekkende hippische demonstraties geeft. In het hier vlakbij gelegen **Musée du Champignon** kunt u de ondergrondse tufsteengrotten zien, waar driekwart van de champignonproduktie van het land wordt gekweekt.

Château de Saumur
02-41402440.
***Open** april-sept: dag., okt-maart: wo-ma. **Gesloten** 1 jan, 25 dec.*

Ecole Nationale d'Equitation
St-Hilaire-St-Florent.
*02-41535050. **Open** april-sept: ma-za; okt-maart: op afspraak.*
***Gesloten** feestdagen.*

Musée du Champignon
St-Hilaire-St-Florent. 02-41503155.
***Open** half feb-half nov: dag.*

Omgeving

Stroomafwaarts van Saumur staat de beeldschone **Eglise de Cunault**, een romaanse abdijkerk uit de 11de eeuw.

Grotwoningen

Uit het zachte kalk- of tufsteen in het Loire-dal zijn grotwoningen gehouwen die tot de mooiste in Frankrijk worden gerekend. Vooral rond Saumur, Vouvray en langs de Loir is hun aantal groot. De grotten, die uit de rotsen zijn gehouwen of in de grond zijn uitgegraven, dienden eeuwenlang als een goedkoop en veilig onderkomen. Tegenwoordig doen ze vooral dienst als *résidences secondaires* of worden ze gebruikt voor wijnopslag en champignonteelt. Sommige zijn omgebouwd tot restaurants of hotels en in een oude steengroeve in Doué-la-Fontaine bevindt zich zelfs een dierentuin en een 15de-eeuws amfitheater. In Rochemenier, bij Saumur, is een goed bewaard gebleven grottendorp nu ingericht als museum. Een centrale put wordt omringd door grotten, schuren, wijnkelders, woningen en zelfs een eenvoudige ondergrondse kapel.

Een karakteristieke grotwoning

Montreuil-Bellay 6

Maine-et-Loire. 4000. Saumur. Place de la Concorde (02-41523239). di (juni-sept: ook zo).

Montreuil-Bellay, 17 km ten zuiden van Saumur aan de oever van de Thouet, is een van de elegantste stadjes in de streek en een ideaal beginpunt voor bezichtiging van Anjou. Ommuurde herenhuizen kijken uit op gotische kerken en de **Chapelle St-Jean**, een oud ziekenhuis en bedevaartsoord.

Het indrukwekkende **Château de Montreuil-Bellay**, gebouwd in 1025, is een ware vesting met dertien door zware muren verbonden torens, een vestingtoren en wallen. Achter de versterkte poort staat een mooi 15de-eeuws huis met een gewelfde middeleeuwse keuken, een wijnkelder (proef vooral de wijnen) en een met fresco's bewerkt oratorium.

Château de Montreuil-Bellay
*02-41523306. **Open** Pasen-nov: wo-ma.*

Hofleven in de Renaissance

De Franse Renaissance beleefde zijn hoogtepunt onder Frans I, die van 1515 tot 1547 regeerde. Deze periode werd gekenmerkt door kastelenbouw, humanisme en kunst. Het rondreizende hof vestigde zich afwisselend in de lustsloten in Amboise, Blois en Chambord. Overdag vermaakte men zich met de jacht, valkerij, *fêtes champêtres* (plattelandsfeesten) of *jeu de paume*, een voorloper van tennis. De avonden waren gewijd aan banketten, bals, poëzie en romantische afspraakjes.

Luit- en mandolinespel *waren erg geliefd, evenals gemaskerde bals. Twee keer per week waren er feesten waarbij musici de gasten aanzetten tot het dansen van de pavane en galliard.*

De capriolen *van de narren van Frans I, Triboulet en Caillette, vermaakten het hof. Toch werden ze vaak slecht behandeld: zo nagelden hovelingen Caillettes oren regelmatig aan een paal.*

Renaissance-feesten

Er werd meestal vóór 19.00 uur gedineerd, onder begeleiding van Italiaanse muziek. Er werden humanistische teksten voorgelezen en de narren van de koning vermaakten de hovelingen.

De hovelingen brachten hun eigen messen mee voor het eten. Vorken waren zeldzaam, hoewel ze in Italië wel steeds vaker werden gebruikt.

Een koninklijk diner bestond uit gerookte paling, gezouten ham, kalfspâté, eier- of saffraansoep, geroosterd wild, gekookt vlees en vis in citroen- of kruisbessensaus.

Ter financiering van de damasten, satijnen en zijden kostuums staken de hovelingen zich vaak in de schulden.

Diane de Poitiers *(1499-1566) werd de minnares van de latere Hendrik II toen deze twaalf jaar oud was. Twee jaar later trouwde hij met Catharina de' Medici, maar Diane bleef tot zijn dood zijn favoriete vrouw.*

Kunstenaars beeldden de liefde *in de Renaissance op allerlei manieren uit. Hier is de symboliek verpakt in gevleugelde hartjes.*

De Grand Moûtier-kloostergangen

Abbaye de Fontevraud ❼

Maine-et-Loire. vanuit Saumur. 02-41517141. **Open** dag. **Gesloten** 1 jan, 1 & 11 nov, 25 dec.

De Abbaye de Fontevraud is de grootste en best bewaard gebleven middeleeuwse abdij in Frankrijk. Hij werd in de 12de eeuw gesticht door Robert d'Arbrissel, een idealistische rondreizende priester die een benedictijnengemeenschap van monniken, nonnen, edelen, zwervers, lepraleiders en bekeerde prostituées startte.

De radicale stichter gaf de leiding van de abdij in handen van een moederoverste, meestal iemand van adel. Fontevraud raakte hierdoor vooral in trek als heiligdom voor de vrouwelijke aristocratie, waaronder Eleonora van Aquitanië.

Tussen 1804 en 1963 werd de abdij gebruikt als gevangenis, en na deze periode zijn de gebouwen zorgvuldig gerestaureerd door de Franse regering. Het middelpunt was de romaanse abdijkerk, die in 1119 werd gewijd. De kapitelen zijn heel fraai en het enorme middenschip met zijn vier koepels is het mooiste voorbeeld van deze bouwstijl in Frankrijk. De kerk bevat geschilderde grafbeelden van de Plantagenets uit de vroege 13de eeuw: Hendrik II van Engeland, zijn gevreesde vrouw koningin Eleonora van Aquitanië, hun zoon Richard Leeuwenhart en de sluwe Isabelle d'Angoulême die haar echtgenoot, koning Jan, vergiftigde.

De nonnen van de abdij woonden rond de renaissancistische **Grand Moûtier-kloostergangen**. De verpleegsters van de leprakolonie waren gehuisvest in de **St-Lazarepriorij**, dat tegenwoordig het abdij-hotel *(blz. 555)* is. Er is niet veel meer over van de kloostergebouwen, maar het **St-Benoît-hospitaal** staat er nog. De achthoekige keuken in de **Tour Evraud** is door zijn schouwen en schoorstenen het indrukwekkendste restant van de abdij.

Tour Evraud

De schoorstenen van de keuken zijn in de 19de eeuw gerestaureerd.

In de alkoven, die aan zijkapellen doen denken, zaten de ovens.

De Plantagenets

De graven van Anjou werden genoemd naar de *genêt*, het bremtakje dat Geoffrey Plantagenet op zijn hoofddeksel droeg. Geoffrey trouwde Mathilde, dochter van Hendrik I van Engeland. Toen hun zoon Hendrik – die met Eleonora van Aquitanië was getrouwd *(blz. 47)* – in 1154 de Engelse troon besteeg, ontstond de dynastie der Plantagenets.

Grafbeelden van Hendrik II, koning van Engeland, en Eleanora van Aquitanië

Chinon ❽

Indre-et-Loire. 9000. *Rue Voltaire 12 (02-47931785).* do.

Château de Chinon is een belangrijk heiligdom in de streek van Jeanne d'Arc. In 1429 herkende Jeanne in dit kasteel de vermomde kroonprins, de latere Karel VII, die ze overreedde haar een leger te geven om de Engelsen uit Frankrijk te verdrijven.

Voordien was Chinon het favoriete kasteel van de Plantagenets en Hendrik II vond in dit kasteel de dood. Hoewel het **Château** nu voornamelijk uit ruïnes bestaat, zien de wallen er, gezien van de overkant van de Vienne, nog altijd indrukwekkend uit.

Het prachtige stadscentrum doet het meest denken aan een middeleeuws filmdecor. **Rue Voltaire**, omzoomd door 15de- en 16de-eeuwse huizen, lag vroeger binnen de kasteelmuren. Op nummer 12 bevindt zich het **Musée Animé du Vin**, waar de geschiedenis van het wijnmaken aan de hand van tekenfilms wordt verteld. In het stenen herenhuis op

Middeleeuws feest in Chinon

Wijngaard in de buurt van Chinon

nummer 44 zou Richard Leeuwenhart in 1199 gestorven zijn. Het statigste huis is het **Hôtel du Gouvernement**, met een dubbele trap en loggia, maar het **Maison Rouge** in de Grand Carroi, gebouwd in een visgraatpatroon van rode baksteen, is aardiger.
De 15de-eeuwse **Hostellerie Gargantua**, waar de vader van Rabelais vroeger als advocaat werkte, is nu een leuk restaurant *(blz. 555)*. De grote schrijver uit de Renaissance woonde vlakbij, in de Rue Jean-Jacques Rousseau.

Musée Animé du Vin
Rue Voltaire 12. 02-47932563.
Open *april-sept: dag.*

Omgeving
Ongeveer 5 km ten zuidwesten van Chinon staat het rustieke landhuis La Devinière, nu **Maison Rabelais**, waar de 16de-eeuwse schrijver werd geboren.

Maison Rabelais
Seuilly. *02-47959118.* **Open** *dag.*
Gesloten *1 jan, 25 dec.*

Château d'Ussé ❾

Indre-et-Loire. *Langeais, daarna taxi.* *02-47955405.*
Open *half feb-half nov: dag.*

Het sprookjesachtige, landelijke Château d'Ussé kijkt uit over drassige velden en de Indre. De romantische witte torentjes en schoorstenen inspireerden Charles Perrault tot het schrijven van *De schone slaapster*.
Het 15de-eeuwse kasteel is nog steeds privé-bezit *(blz. 232)*. Het sombere, muffe interieur stelt echter teleur en de schilderijen van *De schone slaapster* zien er nogal klungelig uit.
In het eikenbos van Chinon staat de renaissancistische kapel van het kasteel. Weliswaar zijn de Aubusson-wandtapijten hier verdwenen, maar de aardewerken *Maagd* van Della Robbia is behouden.

Château de Langeais ❿

Indre-et-Loire. *Langeais.*
02-47967260. **Open** *dag.*
Gesloten *25 dec.*

In vergelijking met omliggende plaatsen is Langeais niet zo toeristisch en de sfeer is er aangenaam en ongedwongen. Het kasteel is streng middeleeuws, met een ophaalbrug en een valhek. Sinds het – tussen 1465 en 1469 – onder Lodewijk XI werd gebouwd, is er nauwelijks iets aan het kasteel veranderd. De Renaissance heeft hier geen enkele invloed gehad. De ruïne van een indrukwekkende donjon, in 994 gebouwd door Foulques Nerra, bevindt zich op de kleine binnenplaats van het kasteel.
De wassen beelden die het hier gesloten huwelijk in 1491 van Karel VIII met zijn kindbruidje Anna van Bretagne uitbeelden, stellen niet veel voor.

François Rabelais

De in 1494 geboren Rabelais was priester, dokter, diplomaat en humanistisch geleerde. Hij genoot faam vanwege zijn wijsheid en tolerantie. Hij wordt met name herinnerd om zijn satires *Pantagruel* en *Gargantua*. Deze verhalen speelden zich af in de buurt van Chinon, waar Rabelais opgroeide.

Een reuzenfeest in *Pantagruel* (1532) van Rabelais

Château d'Azay-le-Rideau ⓫

Indre-et-Loire. Azay-le-Rideau. 02-47454204. **Open** dag. **Gesloten** 1 jan, 1 mei, 1 & 11 nov, 25 dec.

Balzac noemde Azay-le-Rideau 'een veel gefacetteerde diamant in de Indre'. Het kasteel werd in de vroege 16de eeuw ontworpen door Philippa de Lesbahy, de vrouw van de corrupte minister van financiën onder Frans I. Hoewel Azay een gotische *(blz. 50-51, 232)* indruk wekt, hebben de torentjes alleen een decoratieve functie en zijn de slotgrachten sierlijke vijvers. Azay was een lustslot, dat alleen bij mooi weer werd bewoond en 's winters verlaten was. In het ruime, krakende en licht naar cederhout ruikende gebouw wordt de renaissancistische sfeer liefdevol gekoesterd. Het historische meubilair, de familieportretten en de exquise wandtapijten bevestigen de indruk dat Azay een museum van de Renaissance is. Bijzonder aardig zijn de draagbare Spaanse kabinetten en de geborduurde gordijnen van de hemelbedden. Het vier verdiepingen hoge grote trappehuis was destijds een bijzonderheid omdat het recht in plaats van spiraalvormig was.

In het dorp kunt u wijn proeven. In tegenstelling tot de meeste dorpjes langs de Loire is er in Azay 's avonds nog wat te beleven dankzij de poëtische *son et lumière*-voorstellingen.

De *jardin d'ornament* van Château de Villandry

Château de Villandry ⓬

Indre-et-Loire. Savonnières of Tours, daarna taxi. 02-47500209. **Kasteel open** half feb-half nov: dag.; half nov-half feb: alleen rondleidingen **Tuinen open** dag.

Villandry, het laatste grote renaissancistische kasteel dat in het Loire-dal werd gebouwd, is een perfect voorbeeld van 16de-eeuwse architectuur. De adembenemende tuinen werden eerder deze eeuw in hun oorspronkelijke staat gereconstrueerd door dr. Joachim Carvallo, en zijn kleinzoon zet dat werk voort. Het geheel vormt een lappendeken van in model geknipte struiken en planten op drie niveaus: de keukentuin *(jardin potager)*, de siertuin *(jardin d'ornament)* en de hoogste, de watertuin *(jardin d'eau)*. Op bordjes staat de herkomst en betekenis van iedere plant aangegeven: de pompoen symboliseert bijvoorbeeld de vruchtbaarheid, de kool seksuele en spirituele verloedering. Planten werden ook gewaardeerd om hun geneeskrachtige eigenschappen: kool hielp tegen katers en Spaanse peper bevorderde de spijsvertering. In de *jardin d'amour* staan de bloemen voor de vele gezichten van de liefde.

Château d'Azay-le-Rideau, weerspiegeld in het water van de Indre

Een *chocolatier* uit Tours

Tours ⓭

Indre-et-Loire. 140.000. Rue Bernard Palissy 78 (02-47703737). dag.

Tours is de aantrekkelijkste van de steden langs de Loire. Het is gebouwd op de plek van een vroegere Romeinse stad en werd in de 4de eeuw een belangrijk centrum van het christendom onder St.-Maarten, bisschop van Tours. In 1461 maakte Lodewijk XI Tours tot hoofdstad van Frankrijk en ze verwierf rijkdom door de fabricage van wapens en stoffen. Onder Hendrik IV viel Tours uit de gratie bij de monarchie en werd Parijs de hoofdstad. In 1870 liep Tours grote schade op door Pruisische aanvallen en in de Tweede Wereldoorlog richtten Duitse bombardementen nieuwe ravages aan. Na de oorlog raakte het centrum in verval. Onder leiding van

de populaire Jean Royer, van 1958 tot 1986 burgemeester van Tours, is de binnenstad gerenoveerd.
Rond het verkeersvrije **Place Plumereau**, in het middeleeuwse hart, ligt de sfeervolste buurt van Tours, met cafés, boetieks en galeries. In straten zoals de Rue Briçonnet zijn vakwerkgevels, verscholen binnenhoven en vreemde torens te zien. Een poort leidt naar het Place St-Pierre-le-Puellier, een plein met Gallo-Romaanse overblijfselen en een tot café omgebouwde romaanse kerk. Een paar straten verder, aan het Place de Châteauneuf, staat de romaanse **Tour Charlemagne**, het enige overblijfsel van de eerste kerk van St.-Maarten. Ten westen hiervan, rond de Rue du Petit St-Martin, ligt de kunstenaarswijk.
De bouw van de **Cathédrale St-Gatien** in het oostelijk deel van de stad duurde van de 13de tot de 16de eeuw. De zwart uitgeslagen, flamboyant-gotische gevel brokkelt langzaam af, maar is desondanks zeer indrukwekkend, net als de middeleeuwse gebrandschilderde ramen.
Tours kent enkele curieuze musea. **Hôtel Gouin**, dat wordt

Cathédrale St-Gatien in Tours

beschouwd als het mooiste renaissance-bouwwerk in Touraine, was het huis van een zijdehandelaar en is nu een archeologisch museum vol middeleeuwse beelden.
Het **Musée des Beaux Arts**, in het voormalig bisschoppelijk paleis, kijkt uit op klassieke tuinen en een enorme Libanonceder. De pronkstukken zijn *De opstanding* en *Christus in de olijventuin* van Mantegna. Het **Historial de Touraine** in het dichtbij gelegen Château Royal biedt een perfecte kennismaking met de Loire. De 165 wassen beelden brengen 15 eeuwen lokale geschiedenis tot leven.
Vlak ten westen hiervan, bij de Rue Colbert, staat de **Eglise St-Julien**, waarvan de gotische kloostercellen en de kapittelzaal een wijnmuseum en een ambachtsmuseum huisvesten.

Hôtel Gouin
Rue du Commerce 25.
02-47662232. **Open** *half maart-sept: dag., feb-half maart & okt-nov: za-do.*

Musée des Beaux Arts
Place François Sicard 18.
02-47056873. **Open** *wo-ma.* **Gesloten** *1 jan, 1 mei, 14 jul, 1 & 11 nov, 25 dec.*

Historial de Touraine
Château Royal, Ave André Malraux 25.
02-47610295. **Open** *dag.*

Een partijtje backgammon op het Place Plumereau in Tours

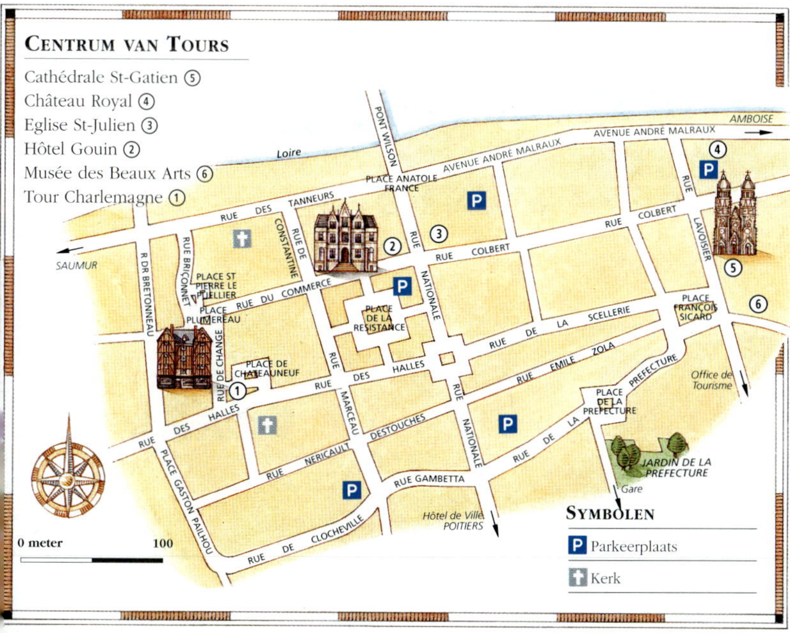

Château de Chenonceau ⓱

Vanaf de Renaissance is door een reeks vrouwen uit de hogere kringen aan het romantische paleis Chenonceau gebouwd. Een weidse laan met platanen leidt naar de symmetrisch aangelegde tuinen en het serene droombeeld dat Flaubert prees als 'drijvend op lucht en water'. Het kasteel overspant de Cher met een 60 m lange, op een reeks bogen gebouwde galerij, die in al zijn sierlijke schoonheid wordt gereflecteerd in het water. Het interieur is indrukwekkend, met stijlvol ingerichte vertrekken, hoge slaapkamers en mooie schilderijen en wandtapijten.

Paviljoen met torens
Dit werd tussen 1513 en 1521 op de fundering van een watermolen gebouwd naar een ontwerp van Catherine Briçonnet en Thomas Bohier.

Chapelle
Het gewelfde plafond wordt gedragen door pilasters met acanthusbladeren en hartschelpen. Het gebrandschilderde glas, dat in 1944 brak, is in 1953 vervangen.

De tuinen van Catharina de' Medici
Catharina organiseerde uitbundige recepties en travestiebals.

Tijdbalk

1533 Catharina de' Medici (1519-1589) trouwt met Hendrik II (1519-1559). Chenonceau wordt een koninklijk Loire-château

1559 Hendrik sterft en Catharina dwingt de in ongenade gevallen Diane het Château de Chaumont te accepteren in ruil voor Chenonceau

Catharina de' Medici

1789 Chenonc blijft tijdens de Franse Revolu gespaard dank Madame Dupi

1500 | 1600 | 1700 | 1800

1575 Louise van Lotharingen (1554-1601) trouwt met Hendrik III, de derde en favoriete zoon van Catharina

1547 Hendrik II schenkt Chenonceau aan Diane de Poitiers, zijn minnares

1512 Thomas Bohier verwerft het middeleeuwse Chenonceau. Zijn vrouw, Catherine Briçonnet, verbouwt het in renaissancistische stijl

1863 Madame F brengt het kasteel oorspronkelijke sta

1730-1799 Madame Dupin, vrouw v een belastingpachter, maakt Chenonc tot een salon voor schrijvers en dicht

TIPS VOOR DE TOERIST

Chenonceau. vanuit Tours. 02-47239007. ***Open*** *16 maart-15 sept: dag. 9.00-19.00 uur, 16 sept-15 maart: wisselende openingstijden.*

Grande Galerie
De elegante Florentijnse galerij boven de brug is tussen 1570 en 1576 onder Catharina de' Médici aangelegd.

1913 Het kasteel wordt gekocht door de familie Menier, de *chocolatiers*, die het nog steeds bezit

1940 De kapel van Chenonceau raakt beschadigd tijdens een luchtaanval

Diane de Poitiers

De bouw van Chenonceau

Van alle vrouwen van Chenonceau is de invloed nog zichtbaar. Catherine Briçonnet, de vrouw van de eerste eigenaar, liet een paviljoen met torentjes en een van de eerste rechte trappen in Frankrijk bouwen; de maitresse van Hendrik III, Diane de Poitiers, voegde de formele tuin en de pijlerbrug over de Cher toe; Catharina de' Medici maakte van de brug een galerij in Italiaanse stijl; Louise van Lotharingen, weduwe van Hendrik III, erfde het kasteel in 1590 en liet de plafonds zwart-wit, de kleuren van koninklijke rouw, schilderen; Madame Dupin, een ontwikkelde 18de-eeuwse kasteelvrouwe, behoedde het kasteel voor afbraak tijdens de Revolutie; Madame Pelouze liet het in 1863 volledig restaureren.

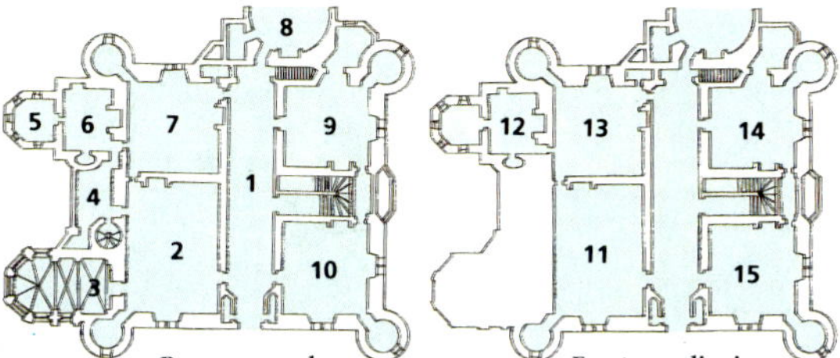

Begane grond **Eerste verdieping**

KASTEELWIJZER

Het woongedeelte bevond zich in het vierkante paviljoen in het midden van de Cher. Er liggen vier belangrijke kamers aan de Grande Galerie op de begane grond: de Salle des Gardes en de Chambre de Diane de Poitiers, beide behangen met 16de-eeuwse Vlaamse wandtapijten, de Chambre de François I, met een schilderij van Van Loo, en de Salon Louis XIV. Op de eerste verdieping, die u via de vestibule bereikt, liggen nog meer weelderige vertrekken, waaronder de Chambre de Catherine de' Medici en de Chambre de Vendôme.

1 Vestibule
2 Salle des Gardes
3 Chapelle
4 Terrasse
5 Librairie de Catherine de' Medici
6 Cabinet Vert
7 Chambre de Diane de Poitiers
8 Grande Galerie
9 Chambre de François I
10 Salon Louis XIV
11 Chambre des Cinq Reines
12 Cabinet des Estampes
13 Chambre de Catherine de' Medici
14 Chambre de Vendôme
15 Chambre de Gabrielle d'Estrée

Slaapkamer van Catherina de' Medici

Vouvray ⓮

Indre-et-Loire. 3000.
Le Moirie (02-47527048).
di & vr.

Iets ten oosten van Tours ligt het dorpje Vouvray, met de heerlijke witte wijn die Rabelais vergeleek met tafzijde. Bij bezoek aan het **Ecomusée du Pays de Vouvray**, een wijnmuseum, krijgen de gasten eerst een presentatie en een film te zien, waarna de plaatselijke wijn kan worden geproefd.
De belangrijkste wijngaard is **Huet**. In 1829 schreef Sir Walter Scott een loflied op Huet, waarbij hij de droge witte wijnen roemde, de curieze, uit de rots gehouwen grotwoningen van de wijnmakers prees en de gotische kerk in de wijngaarden memoreerde. Er is sinds die tijd niet veel veranderd in Vouvray. Huet laat de wijn nog altijd gisten in eiken vaten. Gesteund door plaatselijke wijnboeren kwam Gaston Huet in 1990 in het nieuws met zijn protest tegen de aanleg van een TGV-spoorlijn door de wijngaarden van Vouvray. Uiteindelijk werden er onder de glooiende wijngaarden tunnels voor de trein aangelegd.

Het middeleeuwse stadje Loches

Ecomusée du Pays de Vouvray
Rue Victor Herault 30. 02-47526604.
***Open** dag.*

Huet
Le Manoir du Haut-Lieu, Rue de la Croix-Buisée 11-13.
*02-47527887. **Open** juli en aug: ma-za; sept-juni: alleen op afspraak. **Gesloten** feestdagen.*

Loches ⓯

Indre-et-Loire. 7000.
Place de la Marne (02-47590798).
wo & za.

Dit ongerepte middeleeuwse stadje ligt enigszins van de kastelenroute af in het Indre-dal. In het rustige plaatsje zijn laat-gotische poorten en gevels te zien. Het **Château**, met de diepste kerkers in de hele regio, is nauw verbonden met Karel VII en zijn mooie minnares Agnès Sorel. Jeanne d'Arc haalde hier Karel na haar overwinning in Orléans over om zijn belofte gestand te doen en zich in Reims tot koning te laten kronen. De kapel van Anna van Bretagne is bewerkt met hermelijn (haar embleem) en bevat een beeld van Agnès Sorel.

Château de Loches
*02-47590132. **Open** dag.*

De heldin van Frankrijk

Jeanne d'Arc is Frankrijks grootste nationale heldin. Haar door God geleide campagne om de Engelsen tijdens de Honderdjarige Oorlog uit Frankrijk te verdrijven, is inspiratiebron geweest voor toneelstukken, gedichten en films, van Voltaire tot Cecil B. de Mille. Zij hoorde hemelse stemmen en verscheen op het toneel als voorvechtster van de kroonprins, Karel VII. Deze stond tegenover een Anglo-Bourgondische alliantie die het grootste deel van Noord-Frankrijk in handen had, en was gevlucht naar de koninklijke kastelen aan de Loire. Jeanne overtuigde hem van haar missie, bracht de Franse manschappen bijeen en voerde ze in mei 1429 in Orléans naar de overwinning. Daarna spoorde ze Karel aan om zich te laten kronen in Reims. In 1430 werd ze echter gevangen genomen en aan de Engelsen uitgeleverd. Ze werd beschuldigd van hekserij en in 1431, op negentienjarige leeftijd, in Rouen op de brandstapel gebracht.

Oudste bekende tekening van Jeanne d'Arc

***Portret van Jeanne d'Arc** in het Maison Jeanne d'Arc in Orléans* (blz. 302). *Op 8 mei 1429, een dag waarop de inwoners nog altijd feestvieren, bevrijdde ze Orléans.*

Montrésor ⓰

Indre-et-Loire. 400. *Grande Rue (02-47927104).*

Montrésor doet zijn reputatie als het mooiste dorp van Frankrijk eer aan. Het was ooit een leengoed van de Cathédrale de Tours en rond 1840 vestigde er zich een Poolse gemeenschap. In 1849 kocht een Poolse edelman, graaf Branicki, het 15de-eeuwse **Château**, dat is gebouwd op de plek van een 11de-eeuwse versterking. Dezelfde familie bezit het gebouw ook nu nog en het interieur is sinds de tijd van Branicki nauwelijks veranderd.

Boerderij en klaprozen bij het dorpje Montrésor

Château de Montrésor
02-47926004. ***Open*** *april-okt: dag.*

Château de Chenonceau ⓱

Zie blz. 288-289.

Amboise ⓲

Indre-et-Loire. *12.000.* *Quai du Général de Gaulle (02-47570928).* *vr & zo.*

Slechts weinig gebouwen zijn historisch gezien belangrijker dan **Château d'Amboise**. Lodewijk XI woonde er, Karel VIII werd er geboren en stierf er, Frans I en later Catharina de' Medici bezochten het regelmatig. Het kasteel was in 1560 het toneel van de Samenzwering van Amboise, een tot mislukken gedoemd complot van de hugenoten tegen Frans II. Bezoekers wordt getoond waar de lichamen van de 1200 samenzweerders aan ijzeren haken aan de gevel van het kasteel werden opgehangen.

Amboise, gezien vanaf de Loire

In de gotische **Chapelle St-Hubert** op de borstwering zou Leonardo da Vinci begraven liggen. Als gunsteling van Frans I bracht de kunstenaar zijn laatste jaren door in het vlakbij gelegen landhuis **Clos-Lucé**. In de kelders hiervan worden modellen van de uitvindingen van Leonardo tentoongesteld, die zijn gebouwd aan de hand van zijn schetsen van ontwerpen.

Château d'Amboise
02-47570098. ***Open*** *dagelijks.* ***Gesloten*** *1 jan, 25 dec.*

Clos-Lucé
Rue de Clos-Lucé 2. *02-47576288.* ***Open*** *dag.* ***Gesloten*** *1 jan, 25 dec.*

Als romantische heldin *was Jeanne d'Arc een geliefd onderwerp voor schilders. Dit portret is geschilderd door François Léon Benouville (1821-1859).*

Gestorven op de brandstapel *– een scène uit* St. Joan, *een film uit 1957 van Otto Preminger met in de hoofdrol Jean Seberg.*

Château de Chambord ⓳

Henry James zei: 'Chambord is met recht koninklijk – koninklijk in omvang, grandeur en onverschilligheid jegens algemene opvattingen.' Het grootste kasteel aan de Loire, geesteskind van Frans I, was aanvankelijk slechts een jachtslot in het Fôret de Boulogne. In 1519 werd het oorspronkelijke gebouw afgebroken en werd Chambord gebouwd, waarschijnlijk gebaseerd op een ontwerp van Leonardo da Vinci. In 1537 voltooiden 1800 werklieden en twee bouwmeesters de torens, de donjon en de terrassen. Frans wilde eerst de Loire verleggen, maar het werd de Cosson, die dichterbij was. Zijn zoon Hendrik II zette zijn werk voort en Lodewijk XIV voltooide het uit 440 kamers bestaande bouwwerk in 1685.

Château de Chambord met op de voorgrond de Closson, een zijrivier van de Loire

De salamander
Frans I koos de salamander als mysterieus embleem. Het is meer dan 700 keer in het kasteel te zien.

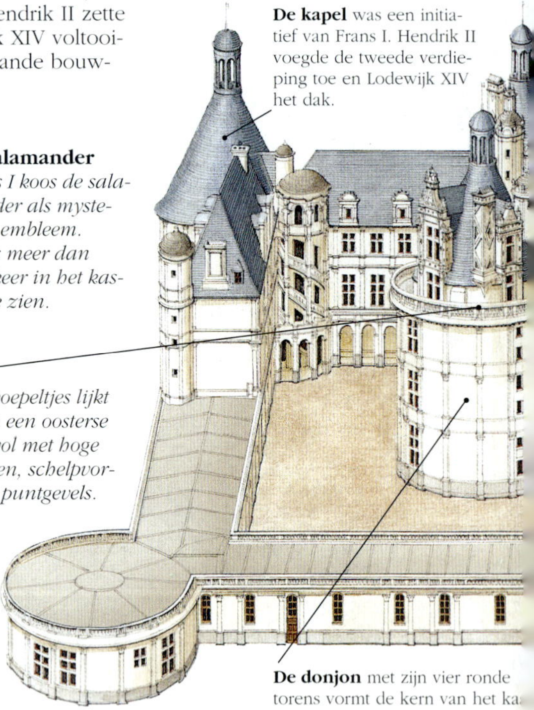

De kapel was een initiatief van Frans I. Hendrik II voegde de tweede verdieping toe en Lodewijk XIV het dak.

★ Dakterrassen
Het silhouet van de delicate koepeltjes lijkt op een miniatuuruitgave van een oosterse stad. De dakterrassen staan vol met hoge schoorstenen, miniatuurspitsen, schelpvormige koepels en rijk bewerkte puntgevels.

De donjon met zijn vier ronde torens vormt de kern van het ka teel.

Sterattracties

- ★ **Dakterrassen**
- ★ **Gewelfde gardezalen**
- ★ **Grote trap**

Tijdbalk

1519-1547 Frans I breekt het jachtslot van de graaf van Blois af en bouwt Chambord

1547-1559 Hendrik II voegt de westvleugel en tweede verdieping van de kapel toe

1725-1733 Stanislaw Lesczynski, de Poolse koning in ballingschap die tot hertog van Lotharingen was uitgeroepen, woont in Chambord

1748 De Maréchal de Saxe verwerft Chambord. Na zijn dood, twee jaar later, raakt het kasteel in verval

1500 | **1600** | **1700** | **1800** | **1900**

1547 Na de dood van Frans I wordt het hof verplaatst van Chambord naar Chenonceau en Blois

1669-1685 Lodewijk XIV voltooit het gebouw

1670 Uitvoering van Molière's *Le Bourgeois Gentilhomme* in Chambord

Molière

1840 Chambord uitgeroepen tot *Monument historique*

na 1970 Giscard d'Estaing laat Chambord restaureren, meubileren en de slotgrach uitgraver

★ Gewelfde gardezalen
De gardezalen, die in de vorm van een Grieks kruis om de grote trap liggen, waren het decor voor koninklijke bals en voorstellingen. Op de plafonds de initialen en de salamander van Frans I.

Tips voor de toerist

vanuit Blois. 02-54504000.
Open dag. 9.30-18.15 uur (juli-aug tot 19.15 uur, okt-maart: 9.30-17.15 uur). Toegang tot een half uur voor sluitingstijd.
Gesloten 1 jan, 1 mei, 25 dec.

De lantaarntoren is 32 m hoog. Hij wordt gesteund door luchtbogen en gekroond door een fleurs-de-lys.

De slaapkamer van Frans I is de plek waar de koning, gekwetst door een mislukte romance, een boodschap in een ruit kraste: *'Souvent femme varie, bien fol est qui s'y fie.'* (Vrouwen zijn wispelturig, wie ze vertrouwt is een dwaas).

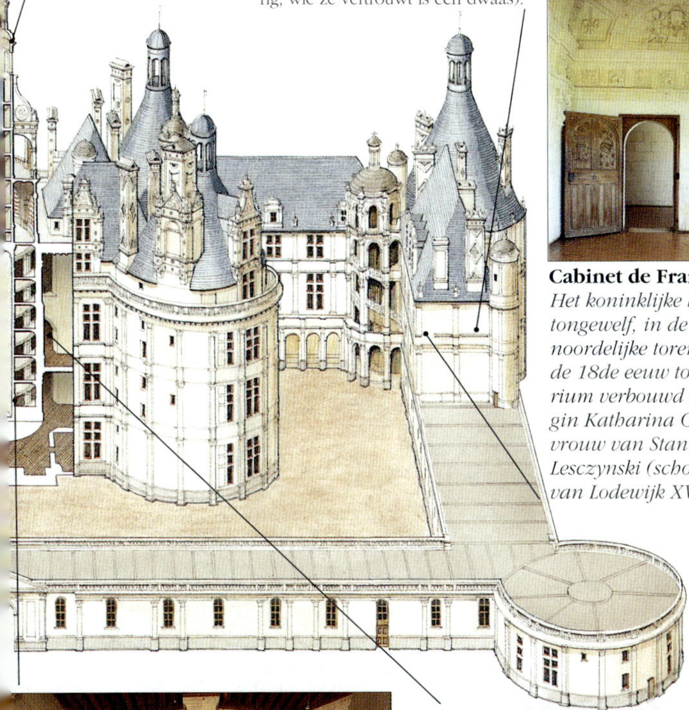

Cabinet de François I
Het koninklijke kabinet met tongewelf, in de buitenste noordelijke toren, werd in de 18de eeuw tot een oratorium verbouwd door koningin Katharina Opalinska, vrouw van Stanislaw Lesczynski (schoonvader van Lodewijk XV).

★ Grote trap
Deze bijzondere trap met dubbele omloop zou door Leonardo da Vinci zijn ontworpen. Hij is zo gemaakt dat degene die omhoog gaat degene die omlaag gaat niet ontmoet.

Slaapkamer van Lodewijk XIV
De slaapkamer van Lodewijk XIV is een van de staatsievertrekken van de Zonnekoning.

De Cathédrale St-Louis en het Hôtel de Ville van Blois gezien over de Loire

Blois ⑳

Loir-et-Cher. 50.000.
Pavillon Anne de Bretagne, Av Jean Laigret 3 (02-54740649). *di, do, za & zo.*

Deze stad, ooit het leengoed van de graven van Blois, stond in de 15de eeuw als koninklijke residentie in hoog aanzien en heeft zijn historische gevels en verfijnde atmosfeer behouden.

In architectonisch opzicht gaat de aandacht vooral uit naar Vieux Blois, de heuvelachtige, gedeeltelijk verkeersvrij gemaakte wijk die wordt ingesloten door het kasteel, de kathedraal en de rivier. Een bewegwijzerde wandelroute, de *route royale*, vormt een aangename kennismaking met de herenhuizen van de edelen en romantische binnenhoven van deze verleidelijke stad.

Château de Blois, dat een stukje van de noordelijke oever van de rivier af ligt, was de belangrijkste koninklijke residentie tot Hendrik IV het hof in 1598 naar Parijs verplaatste. Met de bouw van Versailles door Lodewijk XIV *(blz. 164-167)* verloor Blois zijn koninklijke status definitief. De vier contrasterende vleugels van het kasteel vormen een harmonieus geheel. De Salle des Etats, het enige deel van het gebouw dat nog uit de 13de eeuw dateert, huisvestte het hof en de raad. Het is de mooiste nog bestaande gotische zaal in de streek. De aangrenzende laat 15de-eeuwse Lodewijk XII-vleugel is weliswaar gotisch, maar ademt al de sfeer van de Renaissance. Te zien zijn het egelsymbool van de koning en zijn motto: 'van dichtbij en ver, kan ik mezelf verdedigen.'

De 16de-eeuwse Frans I-vleugel is een meesterwerk van de Franse Renaissance met een monumentale wenteltrap in een achthoekige toren. De 17de-eeuwse Gaston d'Orléans-vleugel geldt als een model van klassieke soberheid.

In het château staat authentiek meubilair en hangen veel historische schilderijen. De

Het egelsymbool van koning Lodewijk XII

Trap van Frans I

Dit achthoekige trappehuis, gebouwd tussen 1515 en 1524, is een meesterwerk van de vroege Franse Renaissance.

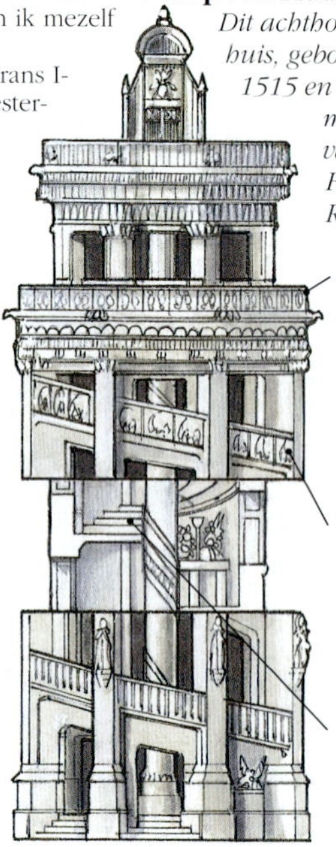

Het balkon bood mooi uitzicht op de toernooien en recepties die op de binnenplaats werden gehouden.

De salamander van Frans I siert de opengewerkte balustrades.

De trap in de toren loopt veel steiler op dan de balustrades.

De Lodewijk XII-vleugel van het Château de Blois

geheimzinnigste kamer is het gelambrizeerde werkvertrek van Catharina de' Medici. De muren bevatten 237 geheime kastjes vol juwelen, staatsdocumenten en medicinale drankjes.

Het oostelijk deel van de stad wordt gedomineerd door de **Cathédrale St-Louis**, een 17de-eeuwse reconstructie van een gotische kerk die in 1678 bijna geheel door een orkaan werd verwoest.

Achter de kathedraal staat het in 1725 gebouwde voormalig bisschoppelijk paleis, dat sinds 1940 dienst doet als **Hôtel de Ville** (stadhuis). Rond het Place Louis-XII, dat tot de 18de eeuw als marktplein diende, staan fraaie 17de-eeuwse gevels, huizen met balkons en vakwerkhuizen. Het mooiste gebouw is het **Maison des Acrobates**, waarvan de gevel bewerkt is met afbeeldingen van figuren uit middeleeuwse kluchten, waaronder acrobaten en jongleurs.

De Rue Pierre de Blois kronkelt omlaag naar het middeleeuwse joodse getto. Langs de in verval geraakte Rue des Juifs staan enkele voorname *hôtels particuliers* (herenhuizen), waaronder **Hôtel Condée** met zijn overdekte galerij en renaissancistische binnenhof. Aan het Place Vauvert ligt **Hôtel Sardini**, dat in de Renaissance een bankiershuis was.

Château de Blois
02-54780662. **Open** dag.
Gesloten 1 jan, 25 dec.

Een overdekte gotische gang in de Rue Pierre de Blois

Het schip van de abdijkerk Notre-Dame in Beaugency

Beaugency 21

Loiret. 7000. Pl de Docteur Hyvernaud (02-38445442). za.

Deze compacte middeleeuwse stad is een ideaal punt om te beginnen met een verkenning van de Orléanais. U kunt hier langs de oevers en stenen *levées* wandelen. Vanaf de Quai de l'Abbaye kunt u de 14de-eeuwse brug, die tot voor kort de enige overspanning tussen Blois en Orléans was, mooi zien liggen. De brug werd tijdens de Honderdjarige Oorlog vier keer door de Engelsen veroverd voordat Jeanne d'Arc hem in 1429 weer in Franse handen bracht.

Het stadscentrum wordt gedomineerd door een vervallen 11de-eeuwse donjon. Deze staat op het **Place St-Firmin**, waar verder een 16de-eeuwse klokketoren (de kerk werd tijdens de Revolutie verwoest) en een ruiterstandbeeld van Jeanne d'Arc te zien zijn. Het plein wordt omgeven door historische gebouwen, waaronder **Château Dunois**, een herenhuis uit de Renaissance dat de plaats van een feodaal kasteel innam. Het huisvest een interessant museum met kostuums, meubelen en antiek speelgoed.

Tegenover Château Dunois staat de **Notre-Dame**, een romaanse abdij waar het huwelijk tussen Eleonora van Aquitanië en Lodewijk VII nietig werd verklaard, waarna Eleonora vrij was om met de toekomstige Hendrik II van Engeland te trouwen.

Vlakbij, in Rue des Trois Marchands, staat de middeleeuwse klokketoren en daarachter het gotische **Hôtel de Ville**, waarvan de renaissance-gevel is versierd met het stadswapen.

Château Dunois (Musée Régional de l'Orléanais)
Place Dunois. 02-38445523.
Open wo-ma. **Gesloten** 1 jan, 1 mei, 25 dec.

Kastelentocht door de Sologne

De geheimzinnige Sologne is een gesloten landschap van door wijngaarden begrensde bossen en moerassen. Wijnliefhebbers kunnen het proeven van de Cheverny-wijn combineren met een maaltijd van mals wild uit de bossen van de streek, die al vele eeuwen geliefd jachtterrein zijn. De Sologne is een jagersparadijs en liefhebbers van deze sport kunnen zich vergapen aan jachttrofeeën uit het verleden. Deze landelijke tocht leidt langs een zeer afwisselende serie kastelen. De vijf châteaux langs de route (die enkele dagen in beslag neemt) vormen een boeiende samenvatting van de architectuur van de streek. Alle stijlen zijn hier vertegenwoordigd, van feodale macht tot renaissancistische sierlijkheid.

Château de Beauregard ②
Beauregard werd rond 1520 gebouwd als jachtslot voor Frans I. In de galerij hangen 363 koninklijke portretten.

Château de Chaumont ①
Chaumont is een feodaal kasteel met renaissancistische ornamenten, dat boven de Loire uittorent *(blz. 232)*.

0 kilometer 5

Symbolen

- Kastelenroute
- Andere wegen

Vendôme ㉒

Loir-et-Cher. 18.000. *Rue Poterie 47 (02-54770507). vr & zo.*

Vendôme was vroeger een belangrijke tussenstop voor pelgrims op weg naar Compostela in Spanje. Tegenwoordig is het, dank zij de TGV, erg gewild bij de moderne reiziger. Hoewel er veel Parijse forenzen wonen, heeft de stad zijn provinciale charme weten te behouden. Langs de oude stenen gebouwen, de weelderige tuinen en de deftige restaurants van Vendôme stroomt de Loir. Het belangrijkste monument van de stad is de abdijkerk **La Trinité**, die in 1034 werd gesticht. De romaanse klokketoren (het enige overblijfsel van het oorspronkelijke bouwwerk) valt in het niet bij het kerkportaal, een mooi voorbeeld van flamboyant-gotisch maaswerk. Het vervallen **Château**, op een rotsachtige uitloper boven de Loir, werd in de 13de en 14de eeuw gebouwd door de graven van Vendôme. Eronder ligt het **Parc Ronsard** met een middeleeuws *lavoir*, een was- en droogruimte van twee verdiepingen. Stroomafwaarts kunt u een prachtige wandeling maken.

Rochambeau, zoon van Vendôme en held van de Amerikaanse Revolutie

De Loir ㉓

Loir-et-Cher. Tours. *Vendôme.* *Montoire-sur-Loir (02-54850029).*

De rustige Loir heeft onbetwistbaar charme. Vooral het gedeelte tussen Vendôme en Trôo is een bezoek waard. U vindt er grotwoningen *(blz. 282)*, wandelpaden, wijnproeverijen en gelegenheid tot vissen of het maken van een boottochtje.

Les Roches-l'Eveque is een versterkt dorp van in de rots uitgehouwen grotwoningen. Een stukje stroomafwaarts ligt **Lavardin**, met een romaanse kerk, vakwerkhuizen, een gotische brug en een ommuurd kasteel. In de Chapelle St-Gilles in **Montoire-sur-Loir**, waar vroeger een leprakolonie was ondergebracht, zijn romaanse fresco's te zien.

Trôo, het volgende grotere dorp, geniet faam vanwege zijn romaanse Eglise de St-

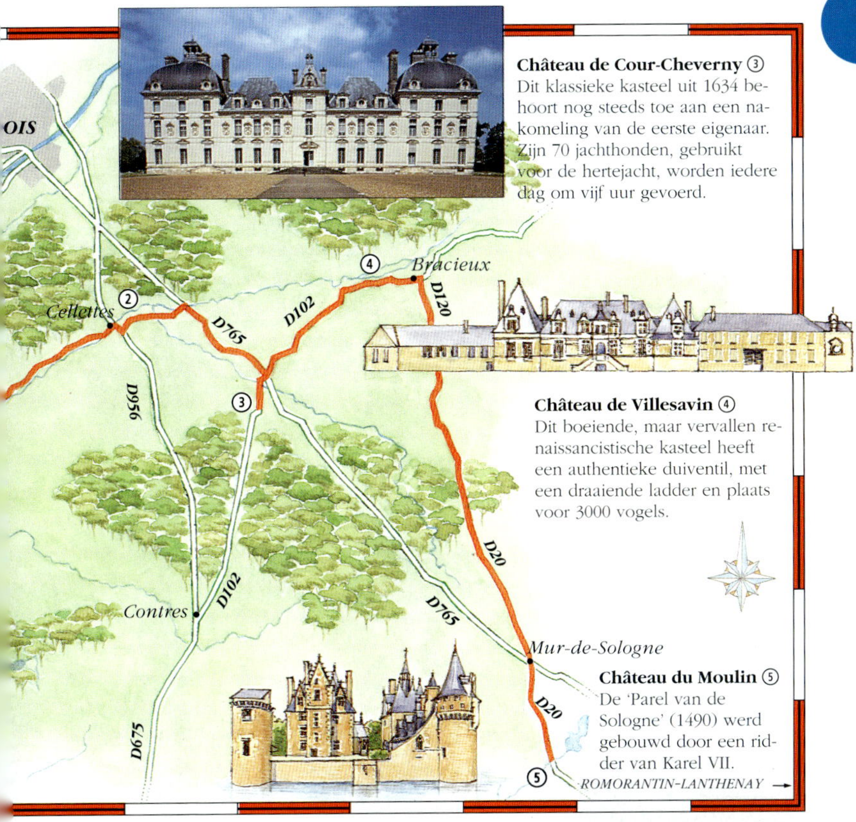

Château de Cour-Cheverny ③
Dit klassieke kasteel uit 1634 behoort nog steeds toe aan een nakomeling van de eerste eigenaar. Zijn 70 jachthonden, gebruikt voor de hertejacht, worden iedere dag om vijf uur gevoerd.

Château de Villesavin ④
Dit boeiende, maar vervallen renaissancistische kasteel heeft een authentieke duiventil, met een draaiende ladder en plaats voor 3000 vogels.

Château du Moulin ⑤
De 'Parel van de Sologne' (1490) werd gebouwd door een ridder van Karel VII.

Martin en een labyrint van grotwoningen.
In **St-Jacques-des-Guérets** en het verder stroomafwaarts gelegen **Poncé-sur-le-Loir** staan kapellen met romaanse fresco's. Op de hellingen liggen de wijngaarden die Jasnières en Côteaux du Vendômois voortbrengen. In het slaperige **Poncé** en **La Chartre-sur-le-Loir** kunt u wijn proeven. De rotsen op de andere oever zijn bezaaid met grotten, waar grote hoeveelheden wijn worden opgeslagen.
In het noorden ligt het **Fôret de Bercée** en ten westen daarvan, op de zuidoever van de Loir, het stadje **Le Lude**. In het romantische kasteel dat hier staat, wordt *son et lumière* fraai gecombineerd met fonteinen en vuurwerk.
Zo'n 20 km ten westen van Le Lude ligt **La Flèche**, een stad met als voornaamste attractie de Prytanée National Militaire.

Chartres ㉔

Eure-et-Loir. 42.000.
Pl de la Cathédrale (02-37215000).
za.

Behalve de beroemdste gotische kathedraal in Europa *(blz. 298-301)* staan er nog enkele andere fraaie kerken in Chartres. De benedictijnenabdijkerk **St-Pierre** heeft prachtige middeleeuwse gebrandschilderde ramen en tegen de stadswallen aan staat de 9de-eeuwse **St-Aignan.**
In het **Musée des Beaux Arts** zijn een mooie verzameling wandtapijten en schilderijen van Fragonard te zien.
Chartres was een van de eerste steden in Frankrijk waar aan monumentenzorg werd gedaan. Kasseienstraten zoals de Rue des Ecuyers staan vol vakwerkhuizen. Steile trappen, de zogenaamde *tertres*, leiden naar de Eure en bieden uitzicht op molens, middeleeuwse looierijen, hoge stenen bruggen, washuizen en de kathedraal.

Een van de vele washuizen langs de Eure

Onder leiding van architect Richard Rogers wordt er momenteel aan een groot archeologisch museum gewerkt. Hier zullen de vondsten uit de ruïnes van de Gallo-Romaanse stad die naast de kathedraal is blootgelegd, worden gehuisvest.

Musée des Beaux Arts
Cloître Notre-Dame 29.
02-37364139. ***Open*** *wo-ma.* ***Gesloten*** *1 jan, 1 & 8 mei, 14 juli, 11 nov, 25 dec.*

De kathedraal van Chartres

Deel van het Vendôme-venster

Volgens de kunsthistoricus Emile Male is Chartres 'een manifest van de geest van de Middeleeuwen'. In 1020 werd begonnen met de bouw van de romaanse kathedraal, maar al in 1194 werd hij door brand vernietigd. Slechts de zuidtoren, westgevel en crypte bleven over. In de kathedraal zelf was de *Sluier van Maria* de enige schat die ongeschonden bleef. In slechts 25 jaar herbouwden boeren en edelen eensgezind de kerk. Chartres bleef tijdens de godsdienstoorlogen en de Franse Revolutie gespaard. Het resultaat is een gotische kathedraal, een 'uit steen gehouwen bijbel'.

Langwerpige beelden
Deze beelden op het koninklijk portaal stellen figuren uit het Oude Testament voor.

STERATTRACTIES

- ★ **Gebrandschilderde ramen**
- ★ **Zuidportaal**
- ★ **Koninklijk portaal**

Gotisch schip
Het schip, dat even breed is als de romaanse crypte eronder, is op zijn hoogste punt 37 m.

★ Koninklijk portaal
Het middelste timpaan van het koninklijke portaal (1145-1155) beeldt Christus op zijn troon *uit.*

De hoogste van de twee spitsen dateert uit het begin van de 16de eeuw. De flamboyant-gotische stijl contrasteert scherp met de andere, die strak romaans is.

De onderste helft van de westgevel is een overblijfsel van de romaanse kerk, het portaal is uit het midden van de 12de eeuw.

Labyrint

Het Labyrint

Het 13de-eeuwse labyrint in de vloer van het schip is kenmerkend voor middeleeuwse kathedralen. Als boetedoening volgden pelgrims het gecompliceerde spoor op hun knieën. De 262 m lange weg over de elf stroken van onderbroken ringen werd in ongeveer één uur overbrugd.

Tips voor de toerist

Place de la Cathédrale.
02-37217502. **Open** *ma-za. 7.30-19.15 uur, zo en feestdagen 8.30 uur. ma-za 11.45 & 18.00, zo 9.30, 11.00 & 18.00 uur. Engels 12.00 & 14.45; Frans 10.30 & 15.00 uur.*

Apsidische Kapel
In deze kapel bevindt zich de oudste kerkschat, de Sluier van Maria, *die op miraculeuze wijze de brand van 1194 overleefde. Andere schatten zijn te zien in de* Kapel van St-Piat.

Gewelf
Een netwerk van ribben ondersteunt het gewelf.

★ Gebrandschilderd glas
De glas-in-loodramen beslaan bij elkaar meer dan 3000 m².

★ Zuidportaal
Op het zuidportaal (1179-1209) is de leer van het Nieuwe Testament afgebeeld.

De crypte
Deze crypte, de grootste in Frankrijk, dateert grotendeels uit de 11de eeuw. Hij bestaat uit twee evenwijdige galerijen, een reeks kapellen en de 9de-eeuwse grafkelder van St-Lubin.

Het glas-in-lood van Chartres

Deze glas-in-lood-ramen, tussen 1210 en 1240 door koningen, adel en kooplieden gedoneerd, zijn wereldberoemd. Meer dan 150 vensters illustreren bijbelse verhalen en het dagelijks leven in de 13de eeuw. Tijdens beide wereldoorlogen werden de vensters uit elkaar gehaald en weggeborgen. Sinds de jaren zeventig is er een doorlopend programma om de de ramen van de kathedraal te restaureren.

Glas-in-lood boven de apsis

Verlossingsvenster
Het Lijden van Christus *en zijn dood aan het kruis (ca. 1210).*

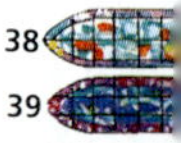

★ Boom van Jesse
Dit 12de-eeuwse venster beeldt de stamboom van Christus af. De boom begint onderaan bij Isaï, de vader van David, en leidt naar Christus, die bovenaan op zijn troon zit.

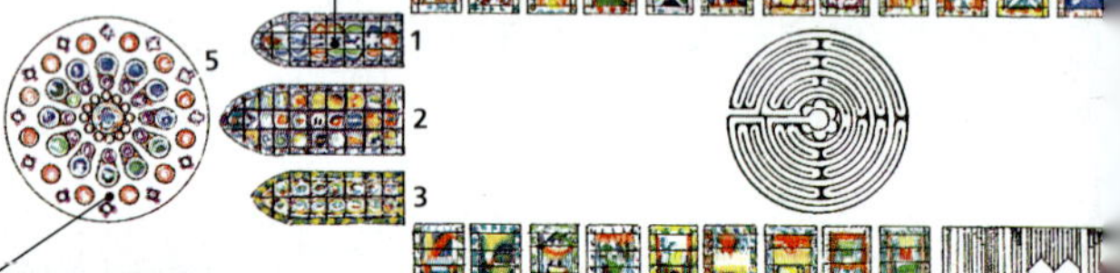

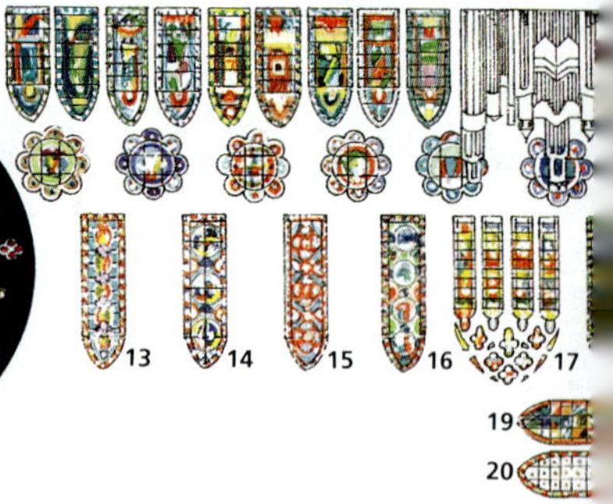

★ Westelijk roosvenster
Dit venster (1215), met Christus in het midden, beeldt het Laatste Oordeel *af.*

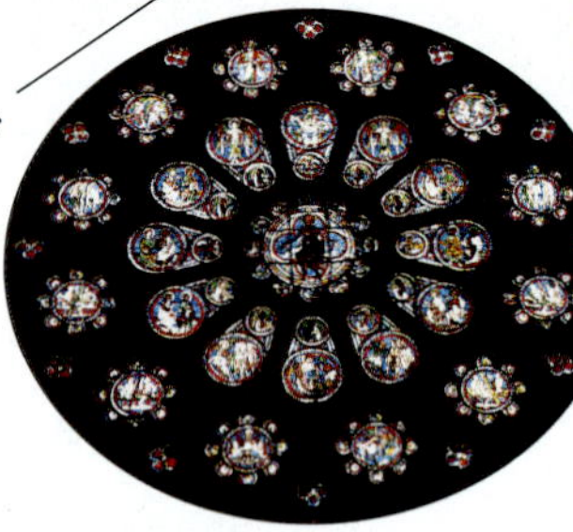

Verklaring

1 Boom van Jesse
2 Incarnatie
3 Het Lijden en de Opstanding
4 Noordelijk venster
5 Westelijk venster
6 Zuidelijk venster
7 Verlossingsvenster
8 St.-Nicolaas
9 Jozef
10 St.-Eustatius
11 St-Lubin
12 Noach
13 Johannes de Evangelist
14 Maria Magdalena
15 Goede Samaritaan, Adam en Eva
16 Maria-Hemelvaart
17 Vendôme-kapelvensters
18 Wonderen v. Maria
19 St.-Apollinaris
20 Modern Venster
21 St-Fulbert
22 St.-Antonius en St.-Paulus
23 Blauwe Maagd
24 Leven v.d. Maagd
25 Dierenriem
26 St.-Maarten
27 St-Thomas à Becket
28 St.-Margaretha en St.-Catharina
29 St.-Nicolaas
30 St-Remy
31 Jacobus de Meerdere
32 Karel de Grote
33 St.-Theodorus en St.-Vincentius
34 St.-Stefanus
35 St-Cheron
36 St-Thomas
37 Vredesvenster
38 Modern venster
39 Verloren Zoon
40 Ezechiël en David
41 Aaron
42 Maria met Kind
43 Jesaja en Mozes
44 Daniël en Jeremia

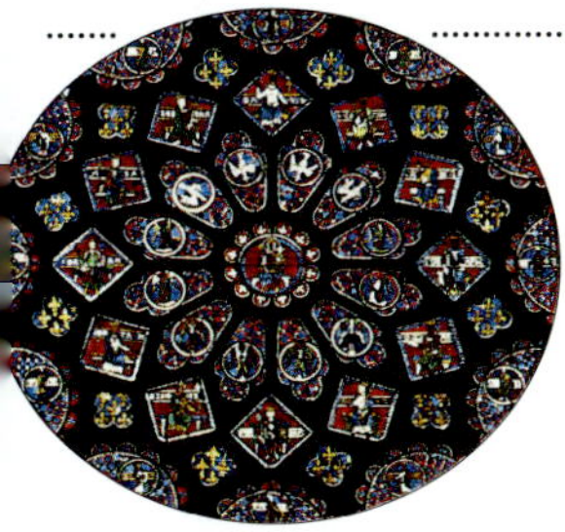

Noordelijk roosvenster
De Verheerlijking van Maria, *omgeven door de koningen van Judea en de profeten (ca. 1230).*

HOE LEEST U DE ROOSVENSTERS

Elk venster is verdeeld in panelen, die gewoonlijk van links naar rechts en van beneden naar boven (van aarde naar hemel) worden gelezen. Het aantal figuren heeft een betekenis: drie staat voor de kerk, vierkanten symboliseren de stoffelijke wereld of de vier elementen.

Bovenste panelen van het venster van de Incarnatie

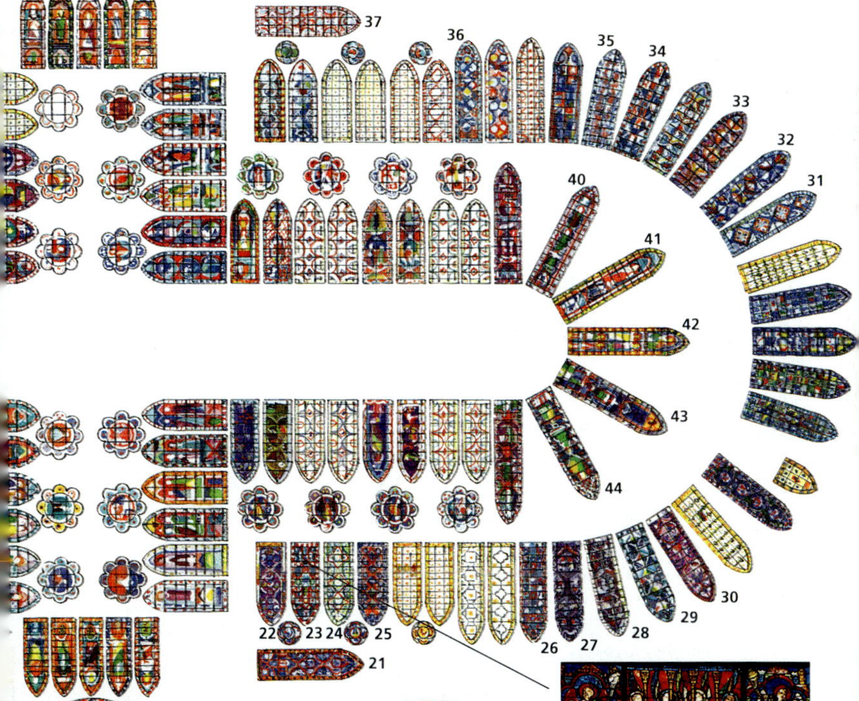

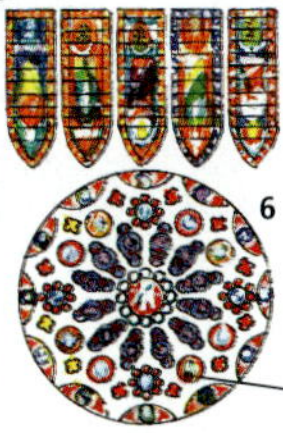

Zuidelijk venster
De Openbaring, *met een triomferende Christus (ca. 1225).*

★ Venster van de Blauwe Maagd
Onderste paneel: De bruiloft in Kana, *Christus verandert water in wijn.*

STERVENSTERS

★ **Westelijk venster**

★ **Boom van Jesse**

★ **Venster van de Blauwe Maagd**

Cathédrale Sainte-Croix in Orléans

Orléans ㉕

Loiret. 150.000. Place Albert 1er (02-38240505). di-zo.

Haar karakter ontleent Orléans vooral aan Jeanne d'Arc, die Frankrijk in 1429 in deze stad uit handen van de Engelsen redde *(blz. 290)*. Haar geest waart sinds 1431, toen zij in Rouen werd terechtgesteld, door Orléans. Ieder jaar op 29 april en 7 en 8 mei wordt de bevrijding nagespeeld in een historisch schouwspel en vindt een zegening in de kathedraal plaats. Orléans werd in de Tweede Wereldoorlog zwaar beschadigd, maar van de vroegere grandeur is in Vieil Orléans nog wel iets terug te vinden. Deze wijk wordt begrensd door de kathedraal, de Loire en het **Place du Martroi**. Op dit classicistische plein, waar het vaak nogal waait, treft u gezellige cafés en een ruiterstandbeeld van de heldin van de stad. Vlakbij staat het **Maison Jeanne d'Arc**, een vakwerkhuis dat in 1965 uit materiaal van andere oude woningen werd gebouwd op de plek waar Jeanne in 1429 woonde. Binnen wordt haar levensverhaal verteld met behulp van audiovisueel materiaal.

De Rue d'Escures leidt van het Place du Martroi langs oude herenhuizen naar de kathedraal. **Hôtel Groslot,** een 16de-eeuws herenhuis van rode baksteen waar zowel koning Karel IX, Hendrik III als Hendrik IV hebben gelogeerd, is het statigste pand in deze straat. In 1560 overleed de zeventienjarige Frans II in dit huis nadat hij een bijeenkomst van de Staten-Generaal had bijgewoond met zijn kindbruidje Mary, de latere koningin van Schotland. Het gebouw was tussen 1790 en 1982 het stadhuis van Orléans. In het **Musée des Beaux Arts** zijn Franse werken uit de 15de tot de 20ste eeuw te zien. Ook hangt er werk van buitenlandse schilders zoals Tintoretto, Correggio, Ruysdael en Velázquez.

De **Cathédrale Sainte-Croix**, iets ten zuiden van het museum, is indrukwekkend. Het oude, 13de-eeuwse gebouw werd in 1568 door de hugenoten (protestanten) vernield, waarna het huidige, quasi-gotische gebouw in de 17de en 18de eeuw werd neergezet.

Hôtel Groslot
Pl de l'Etape. *02-38792230.* ***Open*** *dag.* ***Gesloten*** *sporadisch & 8 mei.*

Musée des Beaux Arts
Pl Ste-Croix. *02-38533922.* ***Open*** *wo-ma.* ***Gesloten*** *1 jan, 1 mei, 8 mei, 1 nov, 25 dec.*

Maison Jeanne d'Arc
Place du Général de Gaulle 3. *02-38529989.* ***Open*** *di-zo.* ***Gesloten*** *1 jan, 1 mei, 25 dec; nov-mei: zo 's morgens.*

Glas-in-loodraam met Jeanne d'Arc in de Cathédrale Sainte-Croix in Orléans

St-Benoît-sur-Loire 26

Loiret. 2000. La Mairie (02-38357900).

In St-Benoît-sur-Loire, aan de Loire tussen Orléans en Gien, staat een van de mooiste romaanse abdijen in Frankrijk, gebouwd tussen 1067 en 1108. Het is het enige overblijfsel van een belangrijk klooster dat in 650 werd gesticht en zijn naam ontleende aan St.-Benedictus, beschermheilige van Europa. Op de bewerkte kapitelen boven de poort van de klokketoren worden bijbelse tafelen uitgebeeld. Het schip is hoog en licht en de vloer van het koor heeft een interessant patroon in marmer. De dagelijkse diensten met gregoriaanse zang zijn openbaar.

Bourges 27

Cher. 76.000.
Rue Victor Hugo 21 (02-48247533).
do-zo.

Deze Gallo-Romaanse stad is vooral bekend als de stad van Jacques Coeur, financier en minister van buitenlandse zaken onder Karel VII. Coeur was een wapenhandelaar. Bourges is nog altijd het centrum van de Franse wapenindustrie. Het is ook een bloeiende universiteitsstad en een cultureel mekka, waar elk voorjaar een beroemd muziek- en dansfestival plaatsvindt.

Het **Palais Jacques Coeur**, dat over de Gallo-Romaanse stadsmuren heen is gebouwd, is een gotisch juweel en een blijvend aandenken aan zijn eerste eigenaar. Het dateert uit 1453 en bevat naast de emblemen van Coeur – sintjakobsschelpen en harten – ook het familiemotto: *'A vaillan coeur, rien impossible'* – niets is onmogelijk voor een moedig hart. Een verplichte rondleiding van 45 minuten leidt langs een galerij met tongewelf, een beschilderde kapel en een ruimte waarin zich het Turkse bad van Coeur bevond.

De Rue Bourbonnoux leidt naar **St-Etienne**, de breedste gotische kathedraal van Frankrijk, die als geen ander op de Notre-Dame in Parijs lijkt. De westgevel bevat vijf bewerkte portalen, waarvan het middelste een betoverend *Laatste Oordeel* afbeeldt. In het koor zijn levendige 13de-eeuwse glas-in-loodramen te zien. Vanaf de noordelijke kerktoren hebt u uitzicht over de fraai gerestaureerde middeleeuwse wijk en de moerassen erachter. Naast de kathedraal staan een tiendschuur en de resten van de Gallo-Romaanse stadsmuren.

Standbeeld van Jacques Coeur

De **Jardin des Prés Fichaux**, op de zuidoever van de Yèvre, heeft vijvers, bloemperken en een openluchttheater.

Aan de noordrand van de stad liggen de **Marais de Bourges**, een van de mooiste moerasgebieden van Frankrijk. U kunt ze het beste met een platbodem verkennen.

Glas-in-loodraam in de Cathédrale St-Etienne

Palais Jacques Coeur

Rue Jacques Coeur. 02-48240687.
Open dag. **Gesloten** 1 jan, 1 mei, 1 & 11 nov, 25 dec.

Omgeving

Ongeveer 35 km ten zuiden van Bourges, in de streek Berry, staat de **Abbaye de Noirlac**. Deze werd in 1136 gesticht en is een van de best bewaard gebleven cisterciënzerabdijen in Frankrijk.

Standbeeld in de Jardin des Prés Fichaux

Midden-Frankrijk en de Alpen

Inleiding op Midden-Frankrijk en de Alpen

De geologische tegenstellingen zijn typerend voor de enorme diversiteit van de streek, van de industriële en gastronomische metropool Lyon tot het voornamelijk agrarische Bourgogne. De bergen in het Massif Central en de Alpen trekken vooral liefhebbers van wintersport, wandelen en andere buiten-activiteiten. Hiernaast zijn de belangrijkste bezienswaardigheden van het gebied aangegeven.

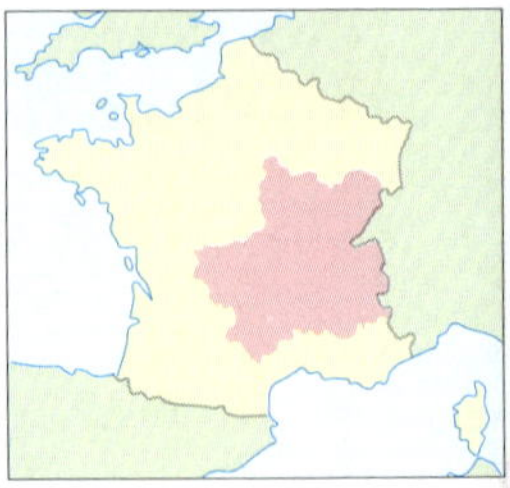

Basilique Ste-Madeleine, *de beroemde bedevaartskerk, is de trots van het heuveldorp Vézelay. Dit meesterwerk van de Bourgondisch-romaanse stijl is vermaard om zijn fraai vormgegeven timpaan en kapitelen.*

De Abbaye de Ste-Foy *in Conques* (blz. 356-357) *is een van de grote bedevaartskerken van Frankrijk, met een schat aan gouden relikwiehouders uit de Middeleeuwen en Renaissance.*

De Gorges du Tarn *vormen een van de spectaculairste natuurgebieden in Frankrijk. De weg langs de onstuimige loop van de rivier de Tarn biedt fraaie vergezichten over het ravijn en de kalkstenen Causses* (blz. 360-361).

***De Abbaye de Fontenay**, in het begin van de 12de eeuw gesticht door St.-Bernardus, is het oudste cisterciënzerklooster in Frankrijk* (blz. 322-323). *Deze goed bewaard gebleven romaanse abdij geeft een mooi beeld van de strenge leefwijze van de cisterciënzers.*

Het eten in Midden-Frankrijk

Lyon met zijn eeuwenoude gastronomische traditie is de ideale plaats om van een echt Bourgondisch maal te genieten. U vindt er magnifieke drie-sterrenrestaurants, maar ook eenvoudige gelegenheden, de *mères*, waar de vrouw des huizes het eten bereidt. Het platteland rond de grote steden brengt produkten voort die uitmuntend in de keuken passen: de beroemde Bressekip, eersteklas Charolais-rundvlees, prachtige hammen uit de Morvan, gevogelte en kikkers uit de Dombes-moerassen, vis uit de Saône en de Rhône en slakken die wel 'Bourgondische oesters' worden genoemd. Deze culinaire rijkdom wordt gecompleteerd door Franche-Comté en de Jura waar gerookte worsten, boerenkazen, walnootolie en vis uit de bergmeren tot de specialiteiten behoren.

Pain d'epices

Oeufs en meurette *is een Bourgondische klassieker met eieren in rode wijnsaus met uien, champignons en spek.*

Mosterd uit Dijon *dankt zijn kenmerkende smaak aan de combinatie van goed mosterdzaad, plaatselijke wijn en* verjus *(het gegiste sap van onrijpe druiven). Deze mosterd staat in elke Franse keuken en wordt ook bij het koken gebruikt.*

Rosette de Lyon, *de bekendste worstsoort uit Lyon, wordt gemaakt van varkensvlees en in grove plakken geserveerd.*

Escargots à la Bourguignonne, *slakken met peterselie en knoflook, worden met een tangetje uit hun schelp gehaald.*

Boeuf bourguignon, *de klassieke stoofpot, is verfijnder dan veel andere Franse stoofpotten. Bourgondiërs gebruiken liefst rundvlees uit Charolais. Het gemarineerde vlees wordt langzaam gaar gestoofd in wijn uit Bourgogne of Beaujolais. Daarna worden blokjes spek, uitjes en champignons toegevoegd.*

Falette *(gevulde kalfsborst), ee specialiteit uit de Auvergne, wordt warm met gesmoorde ko of koud met een salade gegeten*

Biefstuk Dijonnaise *wordt geserveerd met mosterd-roomsaus. Konijn, kalfs- en varkensvlees dient men ook zo op.*

Bresse-kip*, de* 'appellation contrôlée' *kip, is heerlijk met een romige saus met wilde morillen.*

Andouillettes à la Lyonnaise, *met kalsvlees gevulde darmen met gebakken ui, zijn typisch Lyonnais.*

Gepekeld varkensvlees *met linzen uit de Auvergne is gepocheerd in wijn, met kleine groene linzen uit Puy.*

Walnoot-perentaart *is een korstdeegtaart met een bodem van gemalen walnoten, gevuld met plakjes peer.*

***Kersenvlaai of* clafoutis** *bestaat uit zwarte kersen met beslag eroverheen, doordrenkt met* kirsch.

KAZEN

Uit Midden-Frankrijk komen de rijkste en meest gevarieerde kazen in het land. Van de zachte, scherpe, in cognac geweekte Epoisses uit Bourgogne en de fondue-kazen uit de Alpen tot de cheddarachtige Cantal en schimmelkazen zoals Roquefort.

Kazen uit Bourgogne

Epoisses

Pipo Crem'

Bleu de Bresse

Kazen uit de Alpen

Tomme au raisin

Raclette

Emmenthal Français

Vacherin

Kazen uit het Massif Central

St-Nectaire

Roquefort

Fourme d'Ambert

Cantal

Franse wijngebieden: Bourgogne

Druivenplukkersmand

De goede wijnen uit Bourgogne dwingen al eeuwen lang respect af. In de 14de eeuw werden de wijnen in heel Europa bekend dank zij de Bourgondische hertogen van Valois. Door de invoering van een nieuw erfrecht onder Napoleon ontstonden er veel kleine wijnproducenten, hetgeen tot enorme hoeveelheden *appellations* leidde. Ook tegenwoordig is het classificatiesysteem buitengewoon ondoorzichtig. Desondanks kan de echte wijnliefhebber niet om deze streek, met zijn rijke wijngeschiedenis, traditie en fantastische *grand crus,* heen.

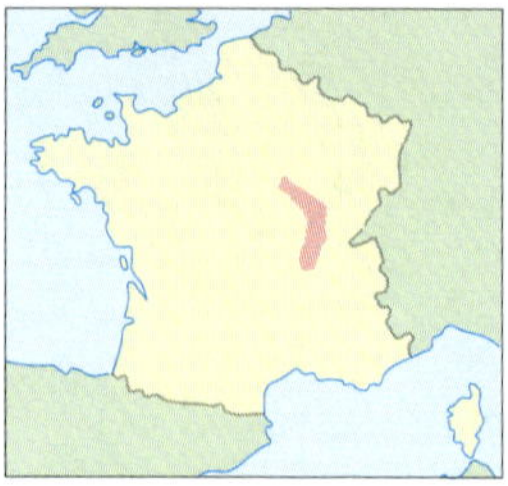

Oriëntatiekaart

Wijngebied Bourgogne

Clos de Vougeot in de Côte de Nuits

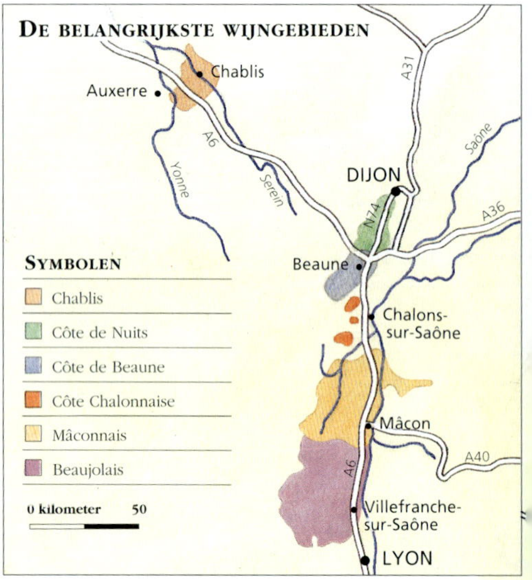

Wijnstreken

Tussen Chablis in het noorden en de Côte Chalonnaise en Mâconnais in het zuiden ligt de Côte d'Or, waar de Côte de Nuits en de Côte de Beaune deel van uitmaken. Beaujolais *(blz. 366-367)* ligt onder Mâcon.

Belangrijke feiten over Bourgogne

Plaats en klimaat

Het weer (gure winters en hete zomers) is elk jaar anders, waardoor het wijnjaar een kwaliteitsfactor is. De beste wijngaarden liggen op kalkgrond en naar het zuiden of oosten gericht.

Druivesoorten

De diversiteit in de gebruikte druiven in Bourgogne is nogal gering. Rode Bourgogne wordt gemaakt van **Pinot Noir**, zoet smakend naar frambozen, kersen en aardbeien, terwijl de **Gamay** rode Mâcon en Beaujolais voortbrengt. **Chardonnay** is de voornaamste witte soort voor Chablis en witte Bourgogne, daarnaast wordt er **Aligoté** en **Pinot Blanc** gekweekt. De **Sauvignon** is een specialiteit van St-Bris.

Goede huizen

Witte Bourgogne: Jean-Marie Raveneau, René Dauvissat, La Chablisienne, Comtes Lafon, Guy Roulot, Etienne Sauzet, Pierre Morey, Louis Carillon, Jean-Marc Boillot, André Ramonet, Hubert Lamy, Jean-Marie Guffens-Heynen, Olivier Merlin, Louis Latour, Louis Jadot, Olivier Leflaive. *Rode Bourgogne:* Denis Bachelet, Daniel Rion, Domaine Dujac, Armand Rousseau, Joseph Roty, De Montille, Domaine de la Pousse d'Or, Domaine de l'Arlot, Jean-Jacques Confuron, Robert Chevillon, Georges Roumier, Leroy, Drouhin.

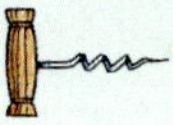

Goede jaren

(Rood) 1996, 1993, 1990, 1988.
(Wit) 1996, 1995, 1993, 1992.

***De Bourgondische** appellations zijn zo precies omschreven dat elke wijngaard, zoals Clos la Roche, zijn eigen predikaat voert.*

Grand cru-*wijngaarden leveren de hoogste kwaliteit. De meeste liggen op de hogere hellingen van de Côte d'Or.*

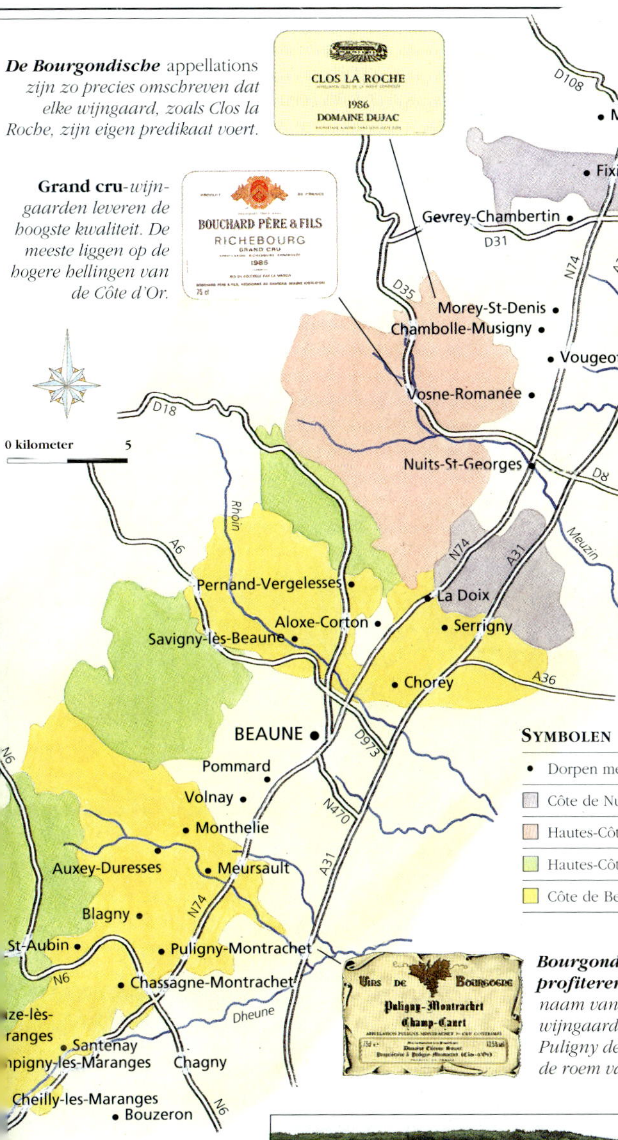

Wijn voor de 'ridders van de proefbokaal'

SYMBOLEN

- Dorpen met *appellations*
- Côte de Nuits-Villages
- Hautes-Côtes de Nuits
- Hautes-Côtes de Beaune
- Côte de Beaune-Villages

***Bourgondische dorpen profiteren vaak** van de naam van hun beroemdste wijngaard: alle wijnen uit Puligny delen bijvoorbeeld in de roem van Le Montrachet.*

De Côte d'Or

De Côte de Nuits en de Côte de Beaune, samen de 'gouden' Côte d'Or *(blz. 334)* komen samen in het historische Beaune, waar elk jaar de beroemdste wijnveiling ter wereld wordt gehouden *(blz. 336). Hautes-Côtes* en *Villages* komen van wijnboeren die geen gaarden met een eigen *appellation* bezitten.

Druivenplukkers op de wijngaarden van Nuits-St-Georges

De Franse Alpen

De Alpen vormen in elk jaargetijde een van de mooiste delen van Frankrijk. Deze vorstelijke bergketen strekt zich uit van het Meer van Genève tot de Middellandse Zee, met als toppunt de hoogste berg van Europa, de 4807 m hoge Mont Blanc. Het Franse deel van de bergketen ligt in de historische streken Dauphiné en Savoie, beide vroeger solitair en onafhankelijk (Savoie hoort pas sinds 1860 bij Frankrijk). Sinds bergsport- en skivakanties populair zijn geworden gaat het deze streek voor de wind, maar ze behouden zeer bewust hun eigen identiteit.

Kinderen in klederdracht van de Savoie

Winters alpenlandschap: chalets en skiërs op de hellingen bij Courchevel

Winter

Het skiseizoen loopt van Kerstmis tot eind april. In de meeste plaatsen kan men zowel langlaufen als alpineskiën en veel skigebieden zijn door pistes met elkaar verbonden. Wie liever toekijkt dan zelf sport, kan het uitzicht bewonderen vanuit de hoogste kabelbanen (*téléphériques*) ter wereld. Tot de populairste plaatsen in de Franse Alpen behoren **Chamonix-Mont Blanc,** in 1924 gastheer van de eerste Olympische Winterspelen, **Megève,** waar een van de beste skischolen in Europa staat, **Morzine** aan de Zwitserse grens, dat van boven wordt gadegeslagen door het moderne, autoloze **Avoriaz, Albertville,** waar de Winterspelen in 1992 werden gehouden, **Les Trois Vallées,** waar de chique plaatsen **Courchevel** en **Méribel** en het minder bekende **Val Thorens/Les Ménuires** deel van uitmaken, **Tignes, Les Arcs** en **La Plagne**, speciaal voor de wintersport gebouwd, en **Val d'Isère**, de favoriet van de jet-set.

Een kabelbaan in Courchevel, deel van Les Trois Vallées

Afdaling in Val d'Isère

Alpenbloemen

In het voorjaar en het begin van de zomer staan de weiden in de Franse Alpen vol bloemen. Er groeien purperen en gele gentianen, lelies, klokbloemen, steenbreken en allerlei soorten orchideeën. Op de hellingen zonder bestrijdingsmiddelen en kunstmest hebben de wilde planten vrij spel.

Gentiana verna

Lilium martagon

De Franse Alpen in het voorjaar: bloeiende weiden omzoomd door schitterende witte bergtoppen

Lente en zomer

De zomer loopt in de Alpen van eind juni tot begin september. De meeste skicentra sluiten in oktober en november, tussen het wandel- en het skiseizoen. Na de voorjaarsdooi is het hier een paradijs voor wandelaars met bloeiende weiden, meren vol smeltwater en een groot aantal uitgezette routes. Alleen al rond Chamonix zijn er meer dan 310 km wandel- en klimtrajecten. De bekendste langeafstandstocht is de **Tour du Mont Blanc,** een wandeling van 10 dagen door Frankrijk, Italië en Zwitserland. De **GR5** doorkruist de hele Alpen, en leidt door het **Parc National de la Vanoise** en het **Parc Régional du Queyras** *(zie blz. 377)* naar het zuiden. *Téléphériques* geven toegang tot de hoger gelegen paden, waar het uitzicht nog mooier is. Neem vooral warme, waterdichte kleding mee, want het weer kan hier snel omslaan. Veel plaatsen richten zich steeds meer op zomeractiviteiten – er is overal gelegenheid tot golfen, tennissen, mountain-biken, paardrijden, hanggliden, kanoën, vlotvaren, gletsjerskiën en bergbeklimmen.

Koeien met bellen in een alpenweide

Bergbeklimmers op de hellingen rond Mont Blanc

Geologie van het Massif Central

Het Massif Central beslaat bijna 20 procent van Frankrijk en is ruim 250 miljoen jaar oud. Erosie heeft veel bergen afgetopt en het geheel vormt nu een groot plateau met diepe valleien. De kern van het Massif wordt gevormd door harde stollingsgesteenten zoals graniet, met zachter kalksteen aan de randen. In de geërodeerde Gorges du Tarn zijn de huizen gebouwd van rode kalksteen, grote granieten boerderijen zijn kenmerkend voor Limousin en Le-Puy-en-Velay is herkenbaar aan de basaltzuilen.

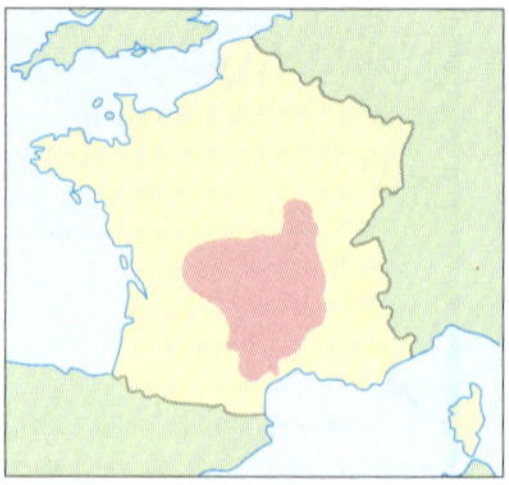

ORIËNTATIEKAART

Het Massif Central

Deze granieten poort *is onderdeel van de romaanse kerk van Moutier d'Ahun* (zie blz. 346). *Graniet is de onderlaag van een groot deel van het Massif Central.*

Basalt *is een donkere, fijne steensoort, gevormd door lava. Het wordt in blokken gebakt en met licht gekleurd cement gemetseld. In de Auvergne wordt het veel gebruikt als bouwsteen. In het middeleeuwse Salers* (zie blz. 353) *is vrijwel alles van basalt gemaakt, ook dit gebouw aan het Grande Place.*

Schist dakpannen *zijn gebruikt op deze daken in Argentat. Schist is een kristalsteen dat zich gemakkelijk laat splijten. Het komt vooral voor aan de rand van het Massif en is heel geschikt voor dakbedekking.*

Kalkstenen muren *vindt u bij huizen in Espalion* (zie blz. 356). *Het is een van de best bewerkbare steensoorten in het Massif Central. Het splijt gemakkelijk en kan met een handzaag in blokken worden verdeeld. Net als bij graniet varieert de kleur en structuur van plaats tot plaats.*

***Uitgekristalliseerde lava**, zoals deze zuilengalerij bij Prades, ontstond toen vloeibaar basalt tussen de omliggende rotsen door stroomde en stolde.*

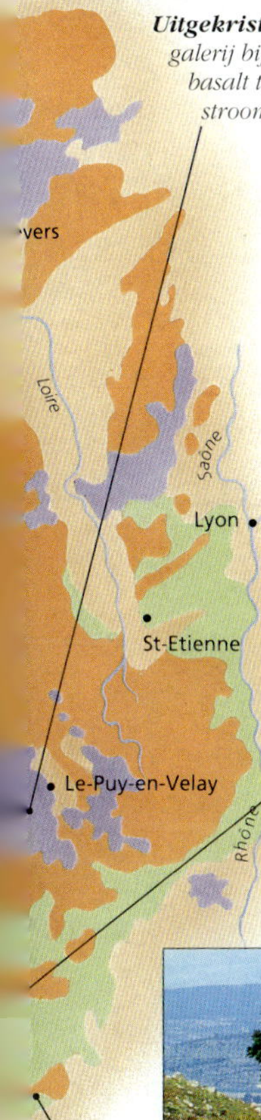

SYMBOLEN

- Sedimentair gesteente
- Vulkanisch gesteente
- Graniet
- Metamorf gesteente

***Kalksteenplateaus** (causses) zijn kenmerkend voor dit gebied. Overal in het Massif Central hebben rivieren diepe geulen door dit zachte steen gesneden.*

***Dit oude landschap** bij Mont Aigoual is het hoogste punt in de Cévennen* (zie blz. 357)*. Deze bergen vormen de waterscheiding tussen de Atlantische Oceaan en de Middellandse Zee.*

STENEN HERKENNEN

Er zijn drie soorten gesteenten. Stollingsgesteenten zoals graniet, gevormd door vulkaanuitbarstingen, liggen aan het oppervlak of tussen ondergrondse gesteenten. Sedimentaire gesteenten worden gevormd door afzettingen. Metamorfe gesteenten zijn ontstaan door hitte of druk.

SEDIMENTAIR GESTEENTE

***Oöliet kalksteen** bevat vaak fossielen en stukjes kwarts.*

VULKANISCH GESTEENTE

***Basalt**, dat zeer dikke platen kan vormen, is het bekendste lavasteen.*

GRANIET

***Roze graniet**, een grove steen, wordt diep ondergronds gevormd.*

METAMORF GESTEENTE

***Mica** is een lichtgrove steen op een modder- of kleibasis.*

BOURGOGNE EN FRANCHE-COMTÉ

YONNE · NIÈVRE · CÔTE D'OR · SAÔNE-ET-LOIRE HAUTE-SAÔNE · DOUBS · JURA

Bourgogne ziet zich als het hart van Frankrijk. De welvarende streek heeft wereldberoemde wijn, een simpele maar goede keuken en fraaie architectuur. In het oosten ligt Franche-Comté waar het glooiende boerenland langzaam in Alpenwouden overgaat.

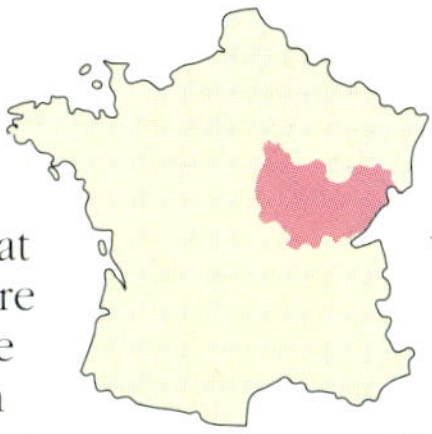

Onder de hertogen van Valois was Bourgondië de machtigste vijand van Frankrijk, met een gebied dat de huidige grenzen verre overschreed. In de 16de eeuw kwam het hertogdom onder bestuur van gouverneurs van de Franse koning, maar het behield zijn privileges en tradities. Franche-Comté – het Vrije Graafschap – maakte ooit deel uit van Bourgondië, maar werd later onafhankelijk. Het was een provincie van het Roomse Rijk tot Lodewijk XIV het in 1674 annexeerde.

Bourgogne is altijd een welvarende streek geweest, een centrum van middeleeuws geloof dat romaanse meesterwerken in Vézelay, Fontenay en Cluny voortbracht. Dijon is een fraaie stad, vol Bourgondische paleizen en een collectie belangrijke schilderijen en beelden in het Musée des Beaux Arts. Uit de wijngaarden van de Côte d'Or, de Côte de Beaune en Chablis komen een aantal van de meest aansprekende wijnen ter wereld. Het zeer afwisselende landschap – van de woeste bossen van de Morvan tot het grazige boerenland van de Brionnais – levert slakken, kippen uit Bresse en rundvlees uit Charolais. Franche-Comté heeft niets van deze rijkdom, maar de hoofdstad Besançon is een elegante 17de-eeuwse stad met een traditie van klokkenmakers. Topografisch gezien heeft Franche-Comté twee delen, zacht glooiend boerenland in het Saônedal en het rijzige alpenlandschap in het oosten. Uit dit alpenbos komen bekende kazen.

De prehistorische vindplaats Roche de Solutré bij Mâcon

◁ **De wijngaarden bij Santenay in de Côte de Beaune**

Bourgogne en Franche-Comté verkennen

Bourgogne is op historisch, cultureel, gastronomisch en economisch gebied de rijkste provincie in Frankrijk. De unieke romaanse architectuur in Fontenay en Vézelay weerspiegelt het rijke verleden van dit voormalige machtscentrum. Daarnaast komen sommige van de beste wijnen ter wereld uit dit gebied. Liefhebbers van kunst, architectuur en eten moeten beslist naar Dijon gaan. Franche-Comté is vooral geschikt om te wandelen en kanoën door de woeste natuur.

Gezicht op de rivier nabij Font

SYMBOLEN

- Snelweg
- Hoofdweg
- Secundaire weg
- Toeristische route
- Rivier
- Uitzichtpunt

Het markante leistenen dak van Hôtel Aubriot in Dijon

Bezienswaardigheden

Abbaye de Fontenay 9
Alise-Ste-Reine 10
Arbois 27
Arc-et-Senans 29
Autun 17
Auxerre 3
Avallon 13
Beaune 20
Belfort 33
Besançon 31
Brionnais 24
Cascades du Hérisson 26
Chablis 4
Champlitte 30
Château d'Ancy-le-Franc 7
Château de Tanlay 6
Châtillon-sur-Seine 8
Cluny 22
Côte d'Or 19
Dijon 18
Dole 28
La Puisaye 2
Mâcon 25
Morvan 14
Nevers 16
Ornans 32
Paray-le-Monial 23
Ronchamp 34
Saulieu 15
Semur-en-Auxois 11
Sens 1
Tonnerre 5
Tournus 21
Vézelay 12

Druivenpluk in Nuits-St-Georges, Côte d'Or

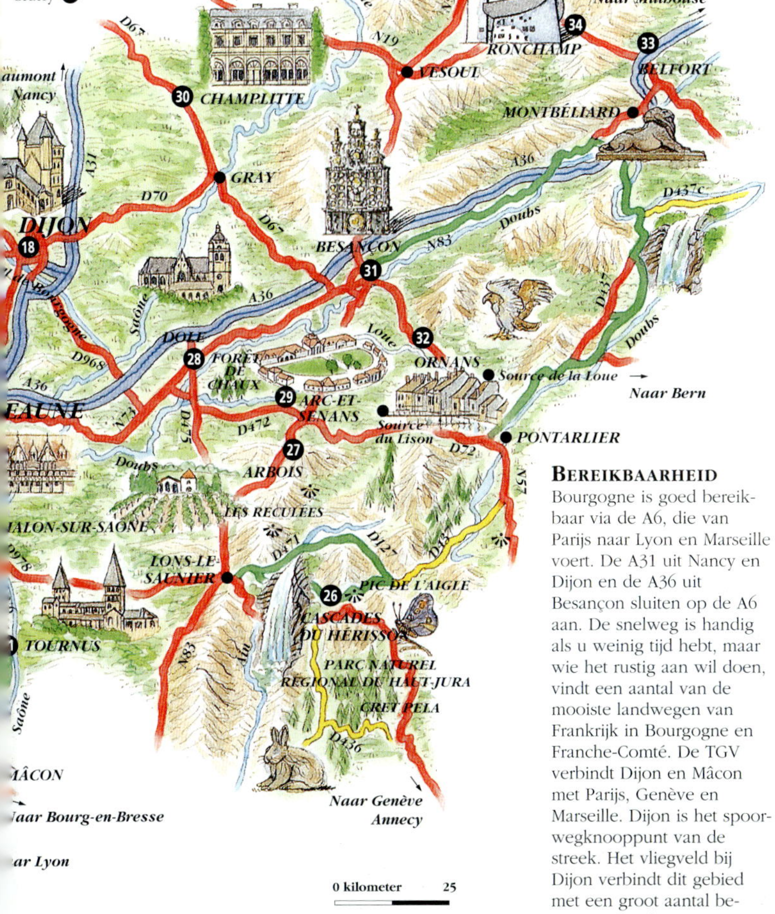

Bereikbaarheid

Bourgogne is goed bereikbaar via de A6, die van Parijs naar Lyon en Marseille voert. De A31 uit Nancy en Dijon en de A36 uit Besançon sluiten op de A6 aan. De snelweg is handig als u weinig tijd hebt, maar wie het rustig aan wil doen, vindt een aantal van de mooiste landwegen van Frankrijk in Bourgogne en Franche-Comté. De TGV verbindt Dijon en Mâcon met Parijs, Genève en Marseille. Dijon is het spoorwegknooppunt van de streek. Het vliegveld bij Dijon verbindt dit gebied met een groot aantal bestemmingen binnen Europa.

Relikwieënschrijn in de schatkamer van de kathedraal van Sens

Sens ❶

Yonne. 27.000. Place Jean-Jaurès (03-86651949). ma & vr.

Het stadje Sens speelde al een rol voordat Caesar naar Gallië kwam. De stam van de Senones deed in 390 v.C. een poging om Rome te plunderen, maar dit werd volgens de overlevering verijdeld door een vlucht ganzen.

De **Cathédrale St-Etienne** is de trots van Sens. Met de bouw van deze oudste van de gotische kathedralen werd al voor 1140 gestart en de statige, eenvoudige stijl heeft op veel volgende ontwerpen invloed gehad. Lodewijk IX *(blz. 47)* trouwde hier in 1234. De prachtige gebrandschilderde ramen uit de 12de-16de eeuw tonen bijbelse taferelen, waaronder een Boom van Jesse en een eerbetoon aan Thomas Becket, die hier tijdens zijn ballingschap verbleef. Zijn liturgische gewaden zijn in de schatkamer, de **Musée de la Cathédrale St-Etienne,** te zien. Tot de kerkschatten behoort verder onder andere een prachtige Byzantijnse geldkist uit de 11de eeuw. Rond de kathedraal is een goede markt.

Musée de la Cathédrale St-Etienne

Place de la Cathédrale. *03-86644622, 03-86641527.* ***Open*** *juni-sept: dag., okt-mei: ma, do en vr 's middags, wo, za, zo.*

La Puisaye ❷

Yonne, Nièvre. Auxerre, Clamecy, Bonny-sur-Loire, Cosne-Cours-sur-Loire. St-Fargeau, St-Sauveur-en-Puisaye. Maison de la Puisaye, St-Fargeau (03-86741572).

De mysterieuze bossen in deze streek zijn vereeuwigd door Colette (1873-1954), die werd geboren in **St-Saveur**. In het **Musée Colette**, ingericht in het 17de-eeuwse kasteel van de stad, worden foto's, boeken, meubilair en andere voorwerpen van de schrijver tentoongesteld

De beste manier om de Puisaye te verkennen is te voet of per fiets. De waterrijke valleien, bossen, boomgaarden en weiden trekken dan langzaam aan u voorbij. Er zijn tal van bezienswaardigheden, bijvoorbeeld het 13de-eeuwse **Château de Ratilly** bij St-Saveur, waar een pottenbakkerswerkplaats is en tentoonstellingen worden gehouden. Meer keramiek is te zien in **St-Amand**, het centrum van het markante aardewerk van de Puisaye. Het roze **Château de St-Fargeau** is bekend als ballingsoord van Grande Mademoiselle *(blz. 53)*. In de kerk in **La Ferté-Loupière** is een 15de-eeuws fresco van de *Danse Macabre* te zien, terwijl de fresco's in Eglise St-Pierre in **Moutiers** het leven van Johannes de Doper en het Scheppingsverhaal uitbeelden.

Château de St-Fargeau in de streek Puisaye

Colette in St-Saveur rond 1880

Musée Colette

Château St-Sauveur-en-Puisay. *03-86456195.* ***Open*** *april-sept: wo-ma; okt-maart: za, zo en feestdagen.*

Auxerre ❸

Yonne. 39.000. Quai de la République 1-2 (03-86520619). di & vr.

Auxerre ligt prachtig boven de Yonne en is trots op zijn fraaie kerken en het mooie, autovrije Place Charles-Surugue. De bouw van de gotische **Cathédrale St-Etienne** nam ruim drie eeuwen in beslag en werd in 1560 voltooid. De kathedraal is befaamd om zijn 13de-eeuwse gebrandschilderde ramen. De ranke zuilen in het koor zijn het toppunt van gotische gewichtloosheid en gratie, terwijl de westelijke portalen zijn afgewerkt met schitterend beeldhouwwerk, dat helaas nogal is aangetast door de oorlog en het weer.

De romaanse crypte is versierd met unieke fresco's uit de 11de tot 13de eeuw, onder andere met een afbeelding van Christus op een wit paard. De veelvuldig geplunderde schatkamer bevat een interessante collectie verluchte manuscripten.

St.-Germanus, mentor van St.-Patrick en bisschop van Auxerre in de 5de eeuw, ligt begraven in de voormalige kloosterkerk van **St-Germain.** Het klooster werd gesticht door koningin Clothilde, echtgenote van Clovis *(blz. 44-45)*, de eerste Christelijke koning van Frankrijk. De crypte is deels Karolingisch, met tomben en fresco's uit de 11de tot 13de eeuw. In het klooster is tegenwoordig het **Musée d'Art et d'Histoire** gehuisvest. Er worden Gallo-Romaanse vondsten uit de regio tentoongesteld.

Musée d'Art et d'Histoire
Place St-Germain 2. 03-86510974.
Open *wo-ma.* **Gesloten** *1 jan, 1 mei, 1 & 11 nov, 25 dec.*

Middeleeuws fresco in de Cathédrale St-Etienne in Auxerre

Chablis 4

Yonne. *2300.* *Quai du Biez (03-86428080).* *zo.*

Het is boven elke twijfel verheven dat Chablis in Chablis het lekkerste is. Het is een van de beroemdste wijndorpen ter wereld. In februari worden ter ere van St.-Vincentius, de beschermheilige van de wijnboeren, processies gehouden waarbij ook leden van het wijnbroederschap van Piliers Chablisiens aanwezig zijn.

De mysterieuze bron van Fosse Dionne in Tonnerre

Tonnerre 5

Yonne. *6000.* *Rue du Collège 12 (03-86551448).* *za.*

De bron van **Fosse Dionne** is een goede reden om het plaatsje Tonnerre te bezoeken. Uit de grond stroomt een verbazingwekkende hoeveelheid water in een 18de-eeuwse wasplaats. Vanwege de diepte en sterke stroming is de bron nooit goed onderzocht, maar volgens de legende leeft er op de bodem een slang. Het **Hôtel-Dieu** is 150 jaar ouder dan het Hôtel-Dieu in Beaune *(blz. 336-337)*. Het werd in 1293 gesticht door Margareta van Bourgondië. Tijdens de Revolutie verloor het zijn dak, maar het eiken tongewelf bleef gelukkig behouden.

Hôtel-Dieu
Rue du Prieuré. 03-86553300.
Open *Pasen-mei & okt: za, zo & feestdagen; juni-sept: wo-ma.*

Château de Tanlay 6

Tanlay. 03-86551554. **Open** *april-half nov: wo-ma.*

Het Château de Tanlay is een fraai voorbeeld van Frans-renaissancistische bouw en dateert uit de 16de eeuw. In de Grande Galerie hangt een *trompe l'oeil*-werk en in de hoektoren is een plafondschildering uit de School van Fontainebleau te zien. De goden uit de Oudheid verbeelden protestanten en katholieken uit de 16de eeuw: Venus bijvoorbeeld is Diane de Poitiers.

e renaissancistische gevel en de *cour d'honneur* van Château de Tanlay

Abbaye de Fontenay ❾

De vredige abdij van Fontenay is de oudste nog bestaande cisterciënzer nederzetting in Frankrijk en geeft een zeldzaam beeld van het cisterciënzer leven. Het is een afspiegeling van de geest van de kloosterorde, met de sublieme ernst van de romaanse kerk en het eenvoudige maar mooie kapittelhuis in vroeg-gotische stijl. De abdij werd in 1118 gesticht door St.-Bernardus. Door de ligging diep in het bos vonden de monniken er rust en afzondering. De abdij bleef in gebruik tot aan de Revolutie, toen hij werd verkocht en verbouwd tot papierfabriek. In 1906 ging de abdij in andere handen over en werd gerestaureerd naar het originele voorbeeld.

Duiventil
Naast de kennel waar de kostbare jachthonden van de hertogen van Bourgondië door bedienden werden bewaakt, staat deze prachtige ronde duiventil.

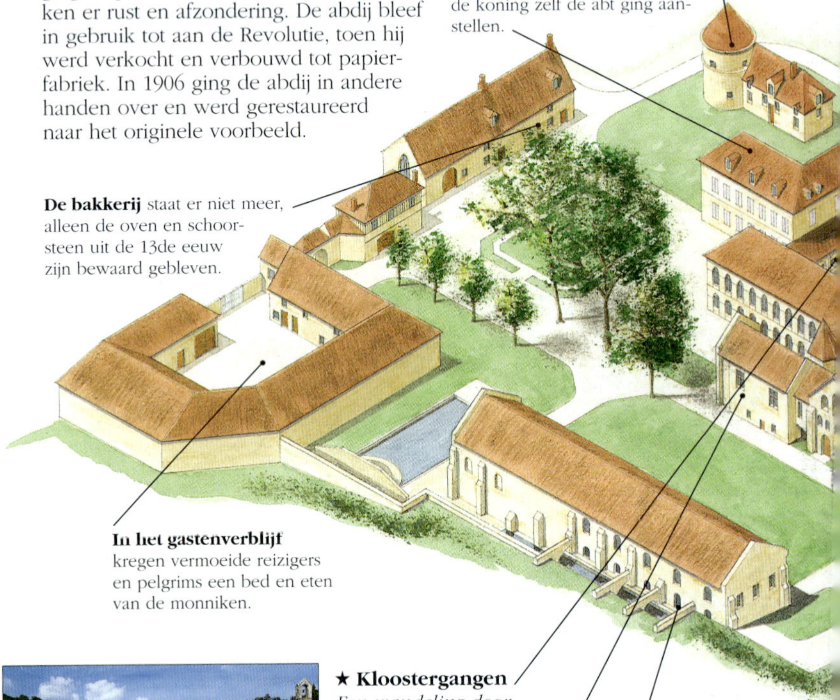

Het 17de-eeuwse onderkomen van de abt werd gebouwd toen de koning zelf de abt ging aanstellen.

De bakkerij staat er niet meer, alleen de oven en schoorsteen uit de 13de eeuw zijn bewaard gebleven.

In het gastenverblijf kregen vermoeide reizigers en pelgrims een bed en eten van de monniken.

Warmkamer

In de smederij maakten de monniken hun gereed schappen.

★ Kloostergangen
Een wandeling door de kloostergangen bood een monnik in de 12de eeuw gelegenheid tot overpeinzing en beschermde hem tegen slecht weer.

'Gevangenis' van Fontenay
Dit 15de-eeuwse gebouw is wellicht niet gebruikt om ongelovigen op te sluiten, maar om de kloosterarchieven vrij van ratten te bewaren.

Scriptorium
Hier werden manuscripten ov schreven. In de aangrenzende kamer kon men de handen w

★ Kloosterkerk
De aanblik van deze kerk, die rond 1140 werd gebouwd, is sober. De strenge architectuur, de warme kleur van het steen en het zachte licht geven de kerk echter een eigen schoonheid.

TIPS VOOR DE TOERIST

Marmagne. ☎ 03-80921500. Montbard. **Open** 9.00-12.00 & 14.00-18.00 uur.

Slaapzaal
In deze grote onverwarmde zaal sliepen de monniken op stromatrassen. Het houten dak dateert uit het eind van de 15de eeuw.

De kruidentuin werd door de monniken ingericht om kruiden te kweken voor medicijnen en drankjes.

STERATTRACTIES

★ Kloosterkerk

★ Kloostergangen

Kapittelhuis
De abt en de monniken kwamen elke dag in deze zaal bijeen om zaken van het klooster te bespreken. Deze ruimte is vooral fraai door de 12de-eeuwse pijlers en booggewelven.

Ziekenzaal

ST.-BERNARDUS EN DE CISTERCIËNZERS

In 1112 trad Bernard, een jonge Bourgondische edelman, toe tot de cisterciënzers. Deze orde was destijds nauwelijks bekend en pas veertien jaar eerder opgericht door monniken die zich afkeerden van het rijke leven in Cluny *(blz. 44-45)*. Ze sloten zich van de buitenwereld af en zochten hun heil in soberheid en eenvoud. De cisterciënzers groeiden tijdens het leven van Bernard uit tot een van de grootste en bekendste ordes van hun tijd. Bernards krachtige persoonlijkheid en zijn talenten als schrijver, theoloog en staatsman droegen daar in hoge mate toe bij. Hij voerde de armoederegel weer in en keurde alle opsmuk en verfraaiing af. In 1174, slechts 21 jaar na zijn dood, werd hij heilig verklaard.

***Maria beschermt de cisterciënzers* van Jean Bellegambe**

Château d'Ancy-le-Franc ❼

Ancy-le-Franc. ☎ *03-86751463.* ***Open*** *april-half nov: dag.* *verplicht.*

De klassiek-renaissancistische gevel van Château d'Ancy-le-Franc maakt een sobere indruk, maar de binnenplaats is verrassend rijk versierd. Het château werd tussen 1540 en 1550 voor de hertog van Clermont-Tonnerre gebouwd naar een ontwerp van de Italiaanse architect Sebastiano Serlio. Primaticcio en andere leden van de School van Fontainebleau *(blz. 170-171)* zorgden voor de fraaie bewerking van het interieur. Het portret van Diana de Poitiers is te zien in de *Chambre de Judith et Holophernes*.
In de bijgebouwen zijn ruim 80 voertuigen te zien in het mooie auto- en koetsmuseum.

De sobere gevel van Château d'Ancy-le-Franc

De vaas van Vix in het Musée Archéologique, Châtillon-sur-Seine

Châtillon-sur-Seine ❽

Côte d'Or. *7500.* *Pl Marmont 4 (03-80911319).* *za.*

Châtillon biedt een zeer moderne aanblik omdat van het stadje na de Tweede Wereldoorlog slechts een rokende puinhoop overbleef. Het verleden is echter nog steeds aanwezig in het **Musée du Châtillonnais,** waar de schat van Vix te zien is. In 1953 werd het graf van een Gallische prinses uit de 6de eeuw v.C. ontdekt bij Vix in Mont Lassois. Er was een schitterende, 164 cm hoge en 208 kg zware bronzen vaas bij. In de romaanse **Eglise St-Vorles** staat de *Teraardebestelling* met Christus en rouwenden (1527).
Vlak bij Châtillon ontspringt de Douix, die in de Seine uitmondt. Bij de bron is een prachtige grot.

Musée du Châtillonnais

Rue du Bourg 7. ☎ *03-80912467.* ***Open*** *dag., half sept-half juni: wo-ma.* ***Gesloten*** *1 jan, 1 mei, 25 dec.*

Abbaye de Fontenay ❾

Zie blz. 322-323.

Alise-Ste-Reine ❿

Côte d'Or. *670.* *Venarey-les-Laumes, 3 km (03-80968913).*

Boven het dorpje Alise-Ste-Reine, op de Mont Auxois, versloeg Caesar in 52 v.C. na zes weken strijd de dappere Gallische leider Vercingetorix *(blz. 42)*. De eerste opgravingen rond 1850 brachten de funderingen van een bloeiende Gallo-Romaanse stad, compleet met een theater, een forum en een duidelijk stratenplan aan het licht. In het **Musée Alésia** zijn artefacten, juwelen en bronzen beelden te zien.
In Alise staat een enorm beeld van de besnorde Vercingetorix. Dit beeld van Aimé Millet werd hier in 1865 geplaatst ter ere van de eerste opgravingen. Boze tongen beweren dat het beeld opvallende gelijkenis vertoont met Napoleon III, die de opgraving bekostigde.

Musée Alésia

Rue de l'Hôpital. ☎ *03-80961095.* ***Open*** *april-11 nov: dag.*

Omgeving
Vlak bij Alise staat het **Château de Bussy-Rabutin**. De geestige, maar verbitterde 17de-eeuwse soldaat Roger de Bussy-Rabutin ontwierp de

Opgravingen van een Romeinse stad bij Alise-Ste-Reine

interieurs nadat hij uit het hof van Lodewijk XIV was verbannen. In een van de kamers hangen portretten van zijn vele echte dan wel gefingeerde maîtresses.

Château de Bussy-Rabutin
Bussy-le-Grand. *03-80960003.* ***Open*** *dag., nov-maart: do-ma.* ***Gesloten*** *1 jan, 1 mei, 1 & 11 nov, 25 dec.*

Semur-en-Auxois ⓫

Côte d'Or. 4500. Place Gaveau 2 (03-80970596). do & za.

Wie over de saaie weg uit het westen naar Semur-en-Auxois rijdt, wordt verrast door de charme van het plaatsje. Vanuit het niets doemen plotseling de kolossale 14de-eeuwse bolwerken op die hoog over de Pont Joly en de vredig stromende Armançon uit torenen.

De **Eglise Notre-Dame** dateert uit de 13de en 14de eeuw en is gemaakt naar het voorbeeld van de kathedraal van Auxerre. De breekbare hoge muren zijn zowel in de 15de als de 19de eeuw gerestaureerd. In de kerk zijn belangrijke kunstwerken te zien, van het timpaan met de legende van de Ongelovige Thomas boven het noordelijke portaal tot de 15de-eeuwse *Teraardebestelling* van Antoine le Moiturier.

Omgeving
In het dorp Epoisses staat het door een slotgracht omgeven **Château d'Epoisses.** Dit kasteel werd tussen de 11de en 18de eeuw gebouwd en is daardoor een mengeling van diverse stijlen, van middeleeuwse torens tot renaissancistische details en een grote 15de-eeuwse duiventil. Uit Epoisses komt ook een van

Glas-in-loodraam in Eglise Notre-Dame in Semur-en-Auxois

Semur-en-Auxois aan de rustige Armançon

de beste Bourgondische kazen, die u kunt proeven in het café of de *fromagerie.*

Château d'Epoisses
Epoisses. *03-80964056.* ***Open*** *juli-aug: wo-ma (park het hele jaar). alleen op begane grond.*

Vézelay ⓬

Zie blz. 326-327.

Avallon ⓭

Yonne. 8600. Rue Bocquillot 4 (03-86341419). za.

De oude vestingstad Avallon ligt op een ondergrond van graniet tussen twee ravijnen aan de Cousin. Talloze oorlogen – tegen Saracenen, Normandiërs, Engelsen en Fransen – zijn bepalend geweest voor het koele, defensieve uiterlijk van Avallon. Na deze eeuwen vol strijd is de sfeer in het stadje rustig en zijn er talloze leuke plekjes te vinden. Het voornaamste monument is de 12de-eeuwse romaanse **Eglise St-Lazare,** waarvan vooral de portalen erg mooi zijn. Op de grootste staan de tekens van de dierenriem, de taken van de maand en de musici van de Openbaring. De zeer gevarieerde collectie van het **Musée de l'Avallonnais** omvat veel interessant materiaal. Het prachtige Venus-mozaïek dateert uit de 2de eeuw en de *Miserere,* de expressionistische etsen van Georges Rouault (1871-1958), behoren tot de hoogtepunten.

Musée de l'Avallonnais
Place de la Collégiale. *03-86340319.* ***Open*** *juli-half sept: wo-ma (alleen 's middags).*

Omgeving
Ten zuidwesten van Avallon staat het 12de-eeuwse Château de Bazoches, dat in de 17de eeuw door Vauban werd omgebouwd tot militair garnizoen.

Miserere **van Georges Rouault in het Musée d'Avallonnais, Avallon**

Vézelay ⓬

Bewerkt kapiteel

De pracht van de Basilique Ste-Madeleine, boven op de heuvel van Vézelay, is al van veraf te zien. Toeristen volgen het spoor van middeleeuwse pelgrims door het steile straatje omhoog naar de voormalige kloosterkerk. In de 12de eeuw bezat de abdij naar verluidt relikwieën van Maria Magdalena. De abdij was ook een belangrijk ontmoetingspunt voor bedevaartgangers op weg naar Santiago de Compostela in Spanje *(blz. 390-391)*. Tegenwoordig is de romaanse kerk zelf de grote trekpleister.

Uitzicht op Vézelay
De abdij domineert Vézelay zoals hij vroeger de kerkelijke en wereldlijke zaken van de streek domineerde.

Schip van Ste-Madeleine
Het schip werd tussen 1120 en 1135 herbouwd, met donkere en lichte steensoorten in de dwarsbogen.

De Tour St-Michel werd tussen 1230 en 1240 gebouwd. De naam komt van het beeld van de aartsengel op de toren.

Schip van Ste-Madeleine

De gevel dateert uit 1150, het venster erin uit de 13de eeuw. In 1840 behoedde een restauratie onder leiding van Viollet-le-Duc de gevel van instorting.

Het portaal was een verzamelpunt voor middeleeuwse processies.

★ Timpaan
Dit meesterwerk (1120-1135) verbeeldt Christus op Zijn troon. Van Zijn uitgestrekte handen straalt licht uit op de apostelen.

STERATTRACTIES

- ★ **Timpaan**
- ★ **Kapitelen**

De Tour St-Antoine werd samen met het koor tegen het einde van de 12de eeuw gebouwd. De noordelijke toren is nooit voltooid.

Het kapittelhuis en de kloostergangen zijn de enige overblijfselen van het oorspronkelijke 12de-eeuwse klooster. Viollet-le-Duc herbouwde de gangen en restaureerde het kapittelhuis met booggewelven. Vroeger kwamen de monniken hier dagelijks bijeen.

TIPS VOOR DE TOERIST

Vézelay. *03-86332673.* *Sermizelles, dan de bus.* *uit Avallon.* **Open** *april-okt: dag. 6.00-20.00, nov-maart: dag. 7.00-18.00 uur.* *di-vr 7.00, 12.30, 18.00, 18.30; za 8.00, 12.30, 18.00, 18.30; zo 8.00, 11.00 uur.*

Crypte van Ste-Madeleine

In de Karolingische crypte liggen relikwieën die ooit werden toegeschreven aan Maria Magdalena. Het gewelf werd in 1165 herbouwd.

Koor van Ste-Madeleine

Het koor werd tegen het einde van de 12de eeuw herbouwd, naar de toen moderne gotische stijl van Ile de France.

★ Kapitelen

De kapitelen in het schip en het portaal zijn fraai gebeeldhouwd. Ze vertellen verhalen uit de Oudheid en de Bijbel. Wie de kapitelen heeft gemaakt, is niet bekend.

De Morvan, een bos- en rivierengebied, is ideaal voor vissen en andere buitenactiviteiten

Morvan ⓮

Yonne, Côte d'Or, Nièvre, Saône en Loire. *Dijon.* *Autun, Corbigny.* *Château-Chinon, Saulieu, Avallon.* *Château-Chinon (03-86850658); Maison du Parc, St-Brisson (03-86787900).*

Morvan is een Keltisch woord voor Zwarte Berg, hetgeen een adequate beschrijving is voor dit gebied. Het is een enorm, schaars bevolkt plateau van graniet en bos. De Morvan loopt in zuidelijke richting omhoog en bereikt zijn hoogste punt op 901 m bij de **Haut-Folin**.
De twee natuurlijke rijkdommen van de Morvan zijn een overvloed aan water en dichte bossen met eiken, beuken en coniferen. Vroeger werd het hout over de Yonne naar Parijs vervoerd.
Tegenwoordig gaat dat per vrachtwagen en worden de Yonne, de Cousin en de Cure gebruikt voor het opwekken van elektriciteit.
De bevolking neemt steeds verder af, want de Morvan is altijd een arm en afgelegen gebied geweest. De twee belangrijkste steden, Château-Chinon en Saulieu, hebben elk nauwelijks 3000 inwoners. Tijdens de Tweede Wereldoorlog was de Morvan een bolwerk van het Franse verzet; verzetslieden konden zich goed verbergen in de dichte bossen. Tegenwoordig is het een Regionaal Natuurpark. In het Maison du Parc in St-Brisson geeft men informatie over activiteiten zoals fietsen, kanoën, skiën, vogels kijken en tochten te paard maken. Hier is ook het **Musée de la Resistance** gevestigd. Door de hele Morvan lopen korte wandelpaden en er zijn ook twee lange afstandsroutes: de GR13 (Vézelay-Autun) en de Tour du Morvan par les Grands Lacs.

Musée de la Résistance
Maison du Parc, St-Brisson.
03-86787900. ***Open*** *juli-okt: dag.; april-juni: za, zo; nov-maart: op afspraak.*

Saulieu ⓯

Côte d'Or. *2900.* *Rue d'Argentine 24 (03-80640021).* *do & za.*

Saulieu, aan de rand van de Morvan, is al sinds de 17de eeuw een soort heiligdom van de Bourgondische keuken. Destijds was de stad een halteplaats op de route van de postkoets van Parijs naar Lyon. De culinaire traditie van het stadje wordt nu in ere gehouden door de beroemde kok Bernard Loiseau van het restaurant **Côte d'Or** *(blz. 599)*. Saulieu heeft echter meer te bieden dan *ris de veau de lait braisé* of *poularde truffée à la vapeur*. In de romaanse **Basilique St-Andoche** uit de vroege 12de eeuw zijn kapitelen te zien die zijn verlucht met afbeeldingen van de Vlucht naar Egypte.

Faience-vaas uit Nevers

Nevers ⓰

Nièvre. *44.000.* *Palais Ducal, rue Sabatier (03-86684600).* *za.*

Nevers is nooit van groot historisch belang geweest, maar heeft toch het nodige te bieden. De sierlijke zuilen in de romaanse **Eglise St-Etienne** zijn uit één steen gehouwen en rond het schip bevindt zich een krans van kapellen. In de crypte van de gotische **Cathédrale St Cyr** staat een gebeeldhouwde *Teraardebestelling* uit de 15de eeuw. Ook de gebrandschilderde ramen moet u zeker bekijken. De heerschappij over Nevers kwam in de 16de eeuw in handen van de Italiaanse familie Gonzaga. De Gonzaga's omringden zich met kunstenaars op het gebied van faience-keramiek en glasblazen. Deze ambachten worden hier nog steeds beoefend en het moderne keramiek – als altijd wit, blauw, geel en groen – is erg mooi. Het handelsmerk is een groen arabisch knoopje, de *noeud vert*. Het werk is te bezichtigen in het **Musée Municipal** en te koop bij de nabij gelegen 17de-eeuwse **Faïencerie Montagnon**. In de **Porte du Croux** uit de 12de eeuw vindt u het **Musée Archéologique** met opvallende romaanse beeldhouwwerken.

Musée Municipal Frédéric Blandin
Promenade des Remparts.
03-86239289. **Open** wo-ma.

Musée Archéologique
Rue de la Porte-du-Croux.
03-86591785. **Open** wo-ma.

Omgeving
Iets ten zuiden van Nevers wordt het Loire-kanaal via de grootse 19de-eeuwse **Pont du Guetin** over de Allier geleid. Op de kapitelen in de crypte van de kerk van **St-Parize-le-Châtel** staan vrolijke Bourgondische dierentaferelen.

De indrukwekkende Porte St-André in Autun

***De Verleiding van Eva* in Autun**

Autun 17

Saône-et-Loire. 17.900. Av Charles de Gaulle 2 (03-85868038). wo, vr & zo.

Agostodunum, de stad van Augustus, werd aan het einde van de 1ste eeuw v.C. gesticht. De stad gold als centrum voor wetenschap en er woonden vier keer zoveel mensen als tegenwoordig. In het theater, uit de 1ste eeuw, konden 12.000 mensen plaatsnemen. Autun is nog steeds een bezoek waard, om gastronomische en culturele redenen. De magnifieke **Cathédrale St-Lazare** stamt uit de 12de eeuw. De mysterieuze 12de-eeuwse kunstenaar Gislebertus maakte het grootste deel van het beeldhouwwerk. Van zijn hand zijn zowel de kapitelen in de kerk als het prachtige timpaan met het Laatste Oordeel boven het voorportaal. Dit meesterwerk, door schrijver André Malraux een 'romaanse Cézanne' genoemd, bleef dankzij een gelukkig toeval gespaard tijdens de Revolutie. Het was in de 18de eeuw bepleisterd, waardoor het ontkwam aan de destructieve krachten die destijds talrijk waren. Binnen zijn vanuit een torenkamer een aantal kapitelen van dichtbij te zien. Let ook op het beeld van Pierre Jeannin en zijn vrouw. Jeannin was de president van het parlement van Dijon. Met zijn onsterfelijke opmerking 'de bevelen van razende monarchen moeten heel langzaam worden opgevolgd' voorkwam hij dat het geweld van de Bartholomeüsnacht *(blz. 50-51)* zich naar Bourgondië verspreidde.

Tot de fraaie verzameling middeleeuwse kunst in het **Musée Rolin** hoort het reliëf *De Verleiding van Eva*, van Gislebertus. De monumentale **Porte St-André**, de **Porte d'Arroux** en de ruïnes van het **Théâtre Romain** en de **Temple de Janus** herinneren aan het Romeinse verleden van Autun.

Musée Rolin
Rue des Bancs 5. 03-85520976.
Open wo-ma. **Gesloten** 1 jan, 1 mei, 14 juli, 1 & 11 nov, 25 dec.

Overblijfselen van het 1ste-eeuwse Romeins theater in Autun

Onder de loep: Dijon ⓲

Het centrum van Dijon geniet faam vanwege de fraaie architectuur, een erfenis van de hertogen van Bourgondië *(blz. 333)*. Rijke parlementsleden lieten hier in de 17de en 18de eeuw hun *hôtels particuliers* bouwen. Tegenwoordig is Dijon, hoofdstad van Bourgogne, beroemd om zijn rijke cultuur en de universiteit. De grote kunstschatten van de stad zijn te zien in het Palais des Ducs. Dijon is ook beroemd om zijn mosterd *(blz. 308)* en *pain d'epice* (peperkoek), een lekkernij uit de tijd dat de specerijenroute door de stad liep. Per TGV bent u in een uur in Parijs.

Hôtel de Vogüé
Dit mooie 17de-eeuwse herenhuis is versierd met Bourgondische kolen en fruitguirlandes van Hugues Sambin.

★ Notre-Dame
De gevel van deze 13de-eeuwse gotische kerk is bewerkt met waterspuwers, zuilen en een klok, de jaquemart. Het aanraken van de chouette *(uil) brengt, naar verluidt, geluk.*

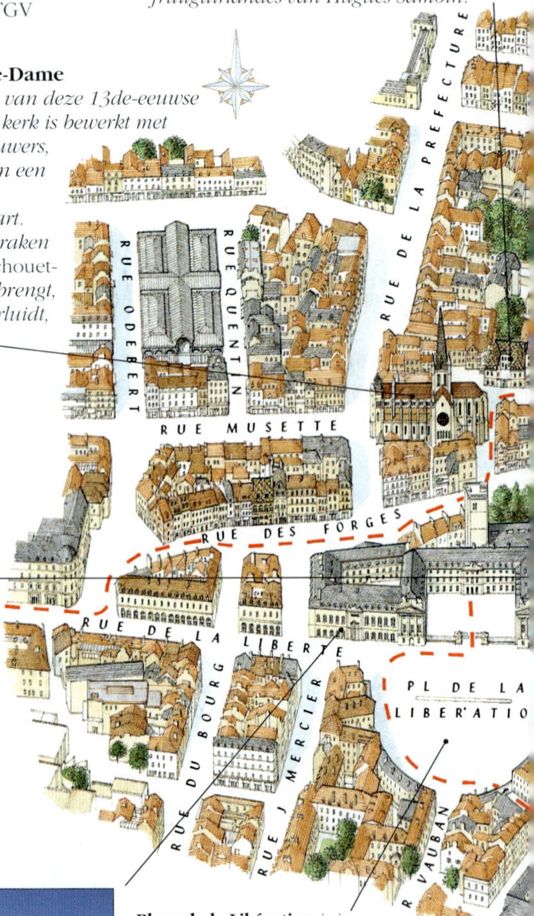

Musée des Beaux Arts
Prachtige verzameling Vlaamse meesters, waaronder deze 14de eeuwse triptiek van Jacques de Baerze en Melchior Broederlam.

Place de la Libération is in de 17de eeuw door Mansart ontworpen.

★ Palais des Ducs
Hier was het hof van de hertogen van Bourgondië, maar dit gebouw werd in de 17de eeuw neergezet voor het parlement. Het is nu het Musée des Beaux Arts.

Rue Verrerie
Langs dit straatje in de oude koopmanswijk staan veel middeleeuwse vakwerkhuizen. Op sommige van deze huizen, bijvoorbeeld op nrs. 8, 10 en 12, is mooi houtsnijwerk te zien.

TIPS VOOR DE TOERIST

Côte d'Or. *151.000.* *5 km ZZW Dijon.* Cours de la Gare. *Place Darcy (03-80441144).* *di, vr & za.* *Florissimo (elke 3 jaar:1999, 2002 enzovoort.); Festival de Musique (juni); Fêtes de la Vigne (sept).* **Hôtel de Vogüé** *alleen binnenplaats toegankelijk voor publiek.* **Musée Magnin** *(03-80671110) di-zo.* ***Gesloten*** *sommige feestdagen.*

★ St-Michel
De bouw van St-Michel duurde van de 15de tot de 17de eeuw. In het ontwerp van de gevel worden laat-gotische elementen gecombineerd met renaissancistische details. In de zuilengang zijn mythologische en bijbelse motieven gecombineerd.

Musée Magnin
In de stijlkamers van dit 17de-eeuwse herenhuis is een collectie Franse en buitenlandse schilderijen uit de 16de-19de eeuw te zien.

De Eglise St-Etienne is van oorsprong 11de-eeuws, maar werd sindsdien vaak verbouwd.

STERATTRACTIES

- ★ **Palais des Ducs**
- ★ **Notre-Dame**
- ★ **St-Michel**

SYMBOOL

Aangegeven route

0 meter 100

De *Bron van Mozes* van Claus Sluter in Chartreuse de Champmol

Dijon verkennen

Het centrum van Dijon bestaat uit een wirwar van straatjes die het verkennen waard zijn. De Rue des Forges achter het Palais des Ducs was tot de 18de eeuw de hoofdstraat en is genoemd naar de juweliers en goudsmeden die hier hun werkplaatsen hadden (*forge* = smederij). Het toeristenbureau in het flamboyant-gotische Hôtel Chambellan op nr. 34 heeft een stenen wenteltrap en houten galerijen. De stenen gevel van Maison Milsand (1561) op nr. 38 is bewerkt door Hugues Sambin Bekijk in de Rue Chaudronnerie het Maison des Cariatides op nr. 28, waar tien vrouwenbeelden (kariatiden) de ramen omlijsten. Aan de Place Darcy staan veel hotels en restaurants.

Musée des Beaux Arts

Place de la Ste-Chapelle.
03-80745270. ***Open*** *wo-ma.* ***Gesloten*** *1 jan, 1 mei, 8 mei, 14 juni, 1 & 11 nov, 25 dec.*

De prestigieuze kunstverzameling van Dijon is te zien in het voormalige Palais des Ducs *(blz. 330).* In de Salle des Gardes op de eerste verdieping wordt een belangrijke plaats ingenomen door de enorme mausoleums van de hertogen, waarvan de tomben door Claus Sluter (ca. 1345-1405) bewerkt zijn. Verder zijn er twee verguld de Vlaamse retabels en een portret van Filips de Goede van Rogier van der Weyden. De kunstverzameling omvat beelden van Sluter en François Rude. Verder is er een grote collectie Zwitserse en Duitse primitieven, Franse schilderijen uit de 16de tot 18de eeuw en de Donation Granville, bestaande uit 19de- en 20ste-eeuwse Franse kunst. Let ook op de enorme hertogelijke keukens met de zes reusachtige haarden, en de 46 m hoge Tour Philippe le Bon.

Cathédrale St-Bénigne

Er is weinig over van de 11de-eeuwse benedictijnenabdij die werd gesticht ter ere van St-Benigne. Onder de gotische kerk ligt echter nog een mooie romaanse crypte met een hal met drie rijen zuilen eromheen.

Musée Archéologique

Rue du Docteur Maret 5.
03-80308854. ***Open*** *wo-ma.* ***Gesloten*** *meeste feestdagen.*

Het museum is gevestigd in de oude slaapzaal van de benedictijnenabdij van St-Bénigne. In de kapittelzaal uit de 11de eeuw staat een mooie verzameling Gallo-Romaanse beelden. Onder het mooie waaiergewelf op de begane grond ziet u het beroemde Christushoofd van Claus Sluter, dat oorspronkelijk uit de *Bron van Mozes* komt.

Chartreuse de Champmol

Bd Chanoine Kir 1. ***Open*** *dag.*

Hier bevond zich vroeger de dodenstad voor de familie van Filips de Stoute, die tijdens de Revolutie werd verwoest. Het enige dat resteert, is een kapeldeur en de beroemde *Bron van Mozes* van Claus Sluter. Op het terrein, ten oosten van het station van Dijon, is tegenwoordig een psychiatrische inrichting gevestigd. Hoewel de naam anders doet vermoeden is dit niet een bron maar een monument, waarvan het laagstgelegen gedeelte vroeger waarschijnlijk werd omgeven door water. Sluter is befaamd om zijn diep uitgesneden werk en de zes afgebeelde profeten zijn bijzonder levensecht.

De tombe van Filips de Stoute van Claus Sluter, te zien in de Salle de Gardes in het Musée des Beaux Arts

De Gouden Eeuw van Bourgondië

Terwijl de Franse Capetingers in de Honderdjarige Oorlog *(blz. 48-49)* verwikkeld waren, stichtten de hertogen van Bourgondië een van de machtigste staten in Europa. Het land strekte zich uit tot Vlaanderen en Holland. Vanaf de tijd van Filips de Stoute (1342-1404) werd het hof ook in cultureel opzicht een macht die kunstenaars als de schilders Rogier van der Weyden en de broers Van Eyk en beeldhouwer Claus Sluter ondersteunde. Het hertogdom viel echter uiteen na de dood van hertog Karel de Stoute in 1477.

De tombe van Filips de Stoute *in Dijon is gemaakt door de Vlaming Claus Sluter, een van de meest vooraanstaande kunstenaars uit de Bourgondische gouden eeuw. Op deze tombe, met de aanleg waarvan al werd begonnen tijdens het leven van de hertog, valt de levensechtheid van de rouwenden op.*

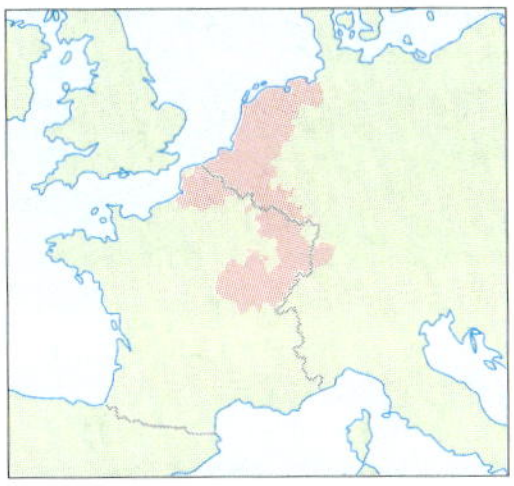

Bourgondië in 1477

Het hertogdom op zijn grootst

Het huwelijk van Filips de Goede

Filips de Goede, hertog van 1419 tot 1467, trouwde in 1430 met Isabella van Portugal. Deze 17de-eeuwse kopie van een schilderij van Van Eyk toont het huwelijksfeest, waarbij Filips ook de Orde van het Gulden Vlies initieerde.

Isabella van Portugal

De hertogen omringden zich met luxe als fraai tafelzilver en gouden borden.

De hertogin van Bedford, de zuster van Filips

Windhonden waren aan het Bourgondische hof in trek voor de jacht.

Filips de Goede, gekleed in ceremoniële witte kleding.

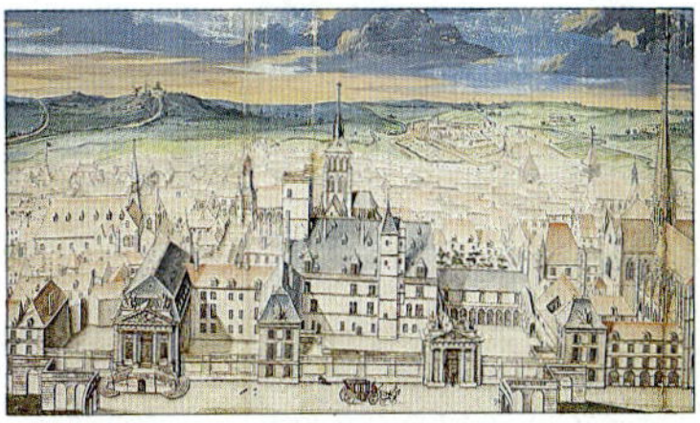

Het Palais des Ducs *werd in 1450 herbouwd door Filips de Goede ter ere van het Bourgondische hof. Tussen de dood van Karel de Stoute en de restauratie in de 17de eeuw stond het complex leeg.*

Bourgondische kunst *zoals dit Frans-Vlaamse getijdenboek verried de Vlaamse komaf van de kunstenaars van de hertog.*

De druiven worden geplukt in Nuits-St-Georges in de Côte d'Or

Côte d'Or ⓳

Côte d'Or. Dijon. Dijon, Nuits-St-Georges, Beaune, Santenay. Santenay (03-80206315: alleen 's zomers); Beaune (03-80262130).

De Côte d'Or omvat de Côte de Beaune en de Côte de Nuits, bij elkaar een vrijwel onafgebroken wijngaard van Dijon tot Santenay. Deze ongeveer 50 km lange strook ligt ingeklemd tussen het vlakke Saône-dal en een plateau woest bosland in het noordwesten. De roodgouden aarde (Côte d'Or = gouden heuvelrug) is de grond met de belangrijkste Bourgondische wijngaarden.

Hoe de kenmerken van de verschillende wijngaarden precies zijn te onderscheiden, is voor niet-ingewijden nauwelijks te volgen.

De leek kan zich vastklampen aan de wetenschap dat 95 procent van de beste wijnen uit het gebied worden gemaakt van de druiven die op de wijngaarden ten westen van de N47 groeien *(blz. 310-311)*. Elke wijnliefhebber zal gelukzalig wegdromen tijdens een tochtje door deze streek.

Een steegje in het oude centrum van Beaune

Druivenmand in het Musée du Vin de Bourgogne in Beaune

Beaune ⓴

Côte d'Or. 22.000. Rue de l'Hôtel Dieu (03-80262130). za en wo.

Het oude centrum van Beaune, ingenesteld tussen de stadswallen en de boulevards eromheen, kan eenvoudig te voet worden verkend. De trots van de stad is het **Hôtel-Dieu** *(blz. 336-337)*. Het Hôtel des Ducs de Bourgogne, in de 14de tot 16de eeuw gebouwd, huisvest het **Musée du Vin de Bourgogne**. Het gebouw met zijn laat-gotische gevel is zelf even interessant als de tentoonstelling van apparatuur om wijn te maken die binnen is ingericht.

Ten noorden hiervan staat de **Collégiale Notre-Dame,** met de bouw waarvan in de 12de eeuw werd begonnen. In deze voornamelijk romaanse kerk hangen vijf mooie 15de-eeuwse wandtapijten van wol en zijde.

Musée du Vin de Bourgogne

Rue d'Enfer. 03-80220819.
***Open** april-nov: dag., dec-maart: wo-ma. alleen begane grond.*

Tournus ㉑

Saône-et-Loire. 6400. Place Carnot (03-85511310). za.

In Tournus staat een van de oudste en belangrijkste romaanse gebouwen die Frankrijk rijk is. De **Abbaye de St-Philibert** werd gesticht door een groep monniken van Noirmoutier, die in de 9de eeuw door de Noormannen van hun eiland waren verdreven en de relekwieën van hun patroonheilige St-Philibert hadden meegenomen. De kloosterkerk, die in de 10de tot 12de eeuw werd herbouwd, is gemaakt van zachtroze steen. Een voor-

De duiventil in de tuin van het château in Cormatin, Mâconnais

St-Philibert in Tournus

portaal leidt naar het schip met rijzige pilaren en zwart-witte gewelven. De beenderen van St-Philibert kunnen in het koor worden bewonderd en in de nis aan de zuidzijde is 12de-eeuws houtsnijwerk van Notre-Dame-la-InBrune te zien.

Omgeving

Ten zuidwesten van Tournus ligt de Mâconnais, een landschap met heuvels, wijngaarden, boomgaarden, boerderijen met rode daken en romaanse kerken. Interessant zijn het dorp **Brancion, Chapaize** met zijn 11de-eeuwse kerk, en het weelderige renaissancistische kasteel in **Cormatin**. Het dorpje **Taizé** is een wereldberoemd oecumenisch centrum. In het noordelijker gelegen **Chalon-sur-Saône** kunt u oude wijken bekijken en het het Musée Niepce, gewijd aan de uitvinder van de fotografie..

Cluny ㉒

Saône-et-Loire. *4400.* *Rue Mercière 6 (03-85590534).* *za.*

Het plaatsje Cluny wordt geheel beheerst door de ruïne van de grote abdij. De **Ancienne Abbaye de Cluny** was ooit het machtigste klooster in Europa *(blz. 44-45)*. In 910 werd het gesticht door Willem de Vrome, hertog van Aquitanië. Binnen 200 jaar werd Cluny het hoofdkwartier van een grote hervormende orde met honderden kloosters in heel Europa. De abten genoten macht en aanzien. Vier van hen – Odon, Mayeul, Odilon en Hugues – werden later heilig verklaard. In de 14de eeuw raakte de organisatie in verval. De abdij werd in 1790 gesloten en later werd de kerk afgebroken.

Een rondleiding laat de overblijfselen van de abdij zien, met name de Clocher de l'Eau Bénite (Wijwater-klokketoren), **Musée d'Art**, ingericht in het vroegere paleis van de abt, en de bewerkte kapitelen, die te zien zijn in het 13de-eeuwse meelpakhuis. Bezoek in de stad vooral de 12de-eeuwse **Eglise St-Marcel.**

Ten zuidwesten van de stad, in **Berzé-la-Ville**, staat een kapel met prachtige 12de-eeuwse fresco's.

Ancienne Abbaye de Cluny
03-85591279. ***Open*** *dag.* ***Gesloten*** *feestdagen*

Musée d'Art
Palais Jean de Bourbon. *03-85592397.* ***Open*** *dag.* ***Gesloten*** *1 jan, 1 mei, 1 & 11 nov, 25 dec.*

Paray-le-Monial ㉓

Saône-et-Loire. *10.500.* *Av Jean-Paul II 25 (03-85811092).* *vr.*

De **Basilique du Sacré-Coeur,** gewijd aan de verering van het Heilig Hart van Jezus, heeft van Paray-le-Monial een van de belangrijkste bedevaartsoorden in Frankrijk gemaakt. Grondlegster van de cultus was Marguerite-Marie Alacoque, die hier in 1647 werd geboren, maar pas in de 19de eeuw groeide de aanhang. De kerk is een kleine versie van de verloren gegane kloosterkerk van Cluny en de romaanse architectuur straalt grote harmonie en zuiverheid uit.

Het **Musée de la Faïence** in de kloostergang bevat een aantal voorbeelden van 19de-eeuws Charolle-porselein met herderstaferelen.

Aan de Place Guignaud staat het fraaie 16de-eeuwse **Maison Jayet**, waarin het stadhuis is gevestigd.

De Basilique du Sacré-Coeur in Paray-le-Monial

Hôtel-Dieu

Christ-de-Pitié

Na de Honderdjarige Oorlog werden veel inwoners van Beaune het slachtoffer van armoede en honger. Om dit leed te verzachten, stichtten kanselier Nicolas Rolin en zijn vrouw hier in 1443 een hospitium. De bouw was geïnspireerd op de architectuur van Noord-Franse ziekenhuizen. Het gebouw is nu een uniek overblijfsel uit de Middeleeuwen, waarbij vooral de geometrische veelkleurige Bourgondische dakpannen de aandacht trekken. De twee religieuze meesterwerken die er te zien zijn, zijn de houten *Christ-de-Pitié* en een veelluik van Rogier van der Weyden.

★ Grote Zaal der Armen
In de zaal zijn plafondschilderingen en houtsnijwerk te zien. Er staan 28 hemelbedden, waarin vaak meerdere zieken tegelijk lagen. Aan de tafels in het midden werd gegeten.

Eerbetoon aan Rolins vrouw
Het motief bestaat uit de door elkaar gevlochten letters N en G, vogels, sterren en het woord Seulle', *dat verwijst naar Rolins vrouw Guigone, zijn 'enige'.*

In St.-Hugo's kamer hangt een schilderij waarop de heilige twee kinderen geneest. Christus' wonderen staan afgebeeld op de fresco's van Isaac Moillon.

Ingang

St.-Anna's kamer bevat een tableau van nonnen in de voormalige linnenkamer en een kleurrijk feesttapijt.

Jaarlijkse wijnveiling voor het goede doel

Elk jaar vindt op de derde zondag in november in Beaune een wijnveiling plaats, waarvan de opbrengst voor een goed doel is bestemd. Het is het klapstuk van een driedaags feest onder de naam *Les Trois Glorieuses*. Op zaterdag houdt men in het Château Clos de Vougeot het banket van de Confrérie des Chevaliers du Tastevin en op zondag is de veiling van wijnen van de omliggende ziekenhuizen. 's Maandags is er een feest in La Paulée de Meursault, waar men de mooiste wijnen schenkt.

Op de veiling verkochte wijn

Sterattracties

- **★ Grote zaal**
- **★ Veelluik van Het Laatste Oordeel van Rogier van der Weyden**

Keuken
In de keuken staat een dubbele gotische haard – met een spit uit 1698 dat wordt gedraaid door een houten 'robot' – centraal.

Tips voor de toerist

Rue de L'Hôtel-Dieu, Beaune.
03-80244500. **Open** dag. 9.00-11.30 uur, 14.00-17.30 uur (april-half nov: 9.00-18.30 uur).

Wijnveiling Les Halles de Beaune (03-80244500).
Elke 3de zondag in nov.

Cour d'Honneur
De gebouwen van Hôtel-Dieu staan rond een fraaie binnenplaats. Boven de houten galerij erombeen staan windvaantjes op de dakkapellen. De put op de binnenplaats is een mooi voorbeeld van gotisch smeedijzerwerk.

Geglazuurde dakpannen, kleurrijk geometrisch ingelegd, zijn kenmerkend voor het Hôtel-Dieu.

Apotheek
In deze stenen potten zitten curieuze mengsels als houtluispoeder, garnale-ogen en braaknootpoeder. Er ligt een bronzen vijzel om medicijnen te bereiden.

St.-Lodewijks kamer

★ Veelluik Laatste Oordeel
De naakte figuren in Rogier van der Weydens polyptiek uit de 15de eeuw droegen in de 19de eeuw korte tijd kleding. Gelijktijdig werd het altaarstuk in tweeën gezaagd, zodat alle panelen tegelijk zichtbaar waren.

Château de Pierreclos in de Mâconnais

Brionnais ㉔

Saône-et-Loire. ✈ *Mâcon.*
🚉 *Paray-le-Monial, La Clayette.*
🚌 *Paray-le-Monial, Anzy-le-Duc.*
ℹ *Marcigny (03-85253906).*

De Brionnais is een rustig agrarisch gebied tussen de Loire en de heuvels van de Beaujolais in het uiterste zuiden van Bourgogne.
De veestapel in deze streek bestaat voornamelijk uit de witte Charolais-runderen, die op vrijwel elk weiland grazen. Wie dit regionale symbool van dichterbij wil bekijken, moet eens een bezoek brengen aan de drukke veemarkt in **St-Christophe**, die elke donderdagochtend vroeg plaatsvindt.
In de streek staan veel romaanse kerken, waarvan de meeste zijn gebouwd van het plaatselijke okergele steen.
De 11de-eeuwse kerk in **Anzy-le-Duc** heeft een majestueuze, veelhoekige, uit drie trappen bestaande toren en sierlijk bewerkte kapitelen. In **Semur-en-Brionnais** werd St.-Hugo, de beroemde abt van Cluny, geboren. De kerk in **St-Julien-de-Jonzy** heeft een verfijnd gesneden timpaan. In het stadje **La Clayette,** aan de Genette staat midden in een meer een château, dat niet toegankelijk is voor publiek. 's Zomers wordt er een klank- en lichtspel vertoond.
Ten zuidoosten van La Clayette staat de 700 m hoge **Montagne de Dun,** die mooi uitzicht biedt over de glooiende groene Brionnais. Dit is een van de beste picknickgebieden in Bourgogne.

Kapiteel in St-Julien-de-Jonzy

Mâcon ㉕

Saône-et-Loire. 👥 *38.000.* ✈ 🚉 🚌
ℹ *Rue Carnot 187 (03-85397137).*
🛒 *za.*

Op de zuidelijke grens van Bourgogne ligt Mâcon, een industriestad en wijncentrum aan de Saône.
Tijdens de Revolutie werden veertien kerken in de stad verwoest. Een 17de-eeuws klooster is verbouwd tot het **Musée des Ursulines**. Dit museum bezit onder meer schilderijen van Franse en Vlaamse meesters en een tentoonstelling over de prehistorische opgraving bij Solutré.
Op het knusse Place aux Herbes, het marktplein, staat het met bizar houtsnijwerk versierde **Maison de Bois.**

🏛 Musée des Ursulines

Allée de Matisco. ☎ *03-85399038.*
***Open** ma, wo-za, zo alleen 's middags.*
***Gesloten** meeste feestdagen.* ♿

Omgeving
De **Roche de Solutré** torent hoog uit boven de Pouilly Fuissé-wijngaarden in Mâconnais *(blz. 335)*. Aan de voet van de rots liggen beenderen en vuurstenen uit de Steentijd, waardoor de plek archeologisch van belang is.
Mâconnais is ook de streek van de romantische dichter Lamartine (1790-1869). Hij werd geboren in Mâcon, groeide op in Milly Lamartine en woonde later in Château de St-Point. **Château de Pierreclos** komt voor in zijn episch gedicht *Jocelyne.*

Charolais-vee graast op de glooiende weiden in de Brionnais

Franche-Comté

Franche-Comté is een door bos en water gedomineerde streek en biedt naast natuurschoon ook mogelijkheden om te kanoën, wandelen en skiën. Naast enkele steden die een bezoek waard zijn, is het gebied vooral interressant om zijn natuur. Langs de Vallée du Doubs liggen prachtige landschappen met grotten en watervallen en verder zuidwaarts vindt u de hiernaast afgebeelde Source du Lison en de Loue. De Reculées is een gebied met heuvelruggen waar u watervallen zoals de Baume-les-Messieurs vindt. In Région des Lacs omringen bergtoppen en maagdelijke bossen de vredige meren.

De natuur op zijn zuiverst bij Source du Lison in Franche-Comté

Cascades du Hérisson ㉖

Pays-des-Lacs. *Clairvaux-les-Lacs (03-84252747).*

Het dorpje Doucier, aan de voet van de Pic de l'Aigle, is het beginpunt van het dal van de Hérisson, een van de mooiste natuurgebieden in de Jura. Parkeer uw auto in het park bij de Moulin Jacquand en volg het pad door het bos tot de 65 m hoge Cascade de l'Eventail, en vervolg uw wandeling naar de indrukwekkende Cascade du Grand Saut. Het pad is hier en daar steil en glad, dus zorg dat u goede schoenen draagt. Het kost ongeveer twee uur om het traject heen en terug af te leggen.

Arbois ㉗

Jura. *4000.* *Rue de l'Hôtel de Ville 10 (03-84374737).* *vr.*

Het aangename wijnstadje Arbois ligt aan de groene oevers van de Cuisance. Het is befaamd om zijn wijnen, met name de sherry-achtige *vin jaune* (gele wijn). Aan de noordkant van de stad staat het **Maison de Pasteur**, het huis en laboratorium van de wetenschapper Louis Pasteur (1822-1895). Hij was de eerste die vaccins testte op mensen.

Omgeving

Ten zuidoosten van Dole staat het 18de-eeuwse **Château d'Arlay**, met zijn fraaie tuinen.

Dole ㉘

Jura. *27.000.* *Pl Grévy 6 (03-84721122).* *di, do & za.*

De drukke stad Dole ligt op het punt waar de Doubs het Rijn-Rhône kanaal ontmoet. Deze vroegere hoofdstad van de Comté is altijd een symbool geweest van het verzet tegen de Fransen. Het gebied was gewend aan betrekkelijke onafhankelijkheid, eerst onder de hertogen van Bourgondië en later als deel van het Roomse Rijk. Hoewel er altijd Frans werd gesproken, zag de bevolking niets in de Franse absolute monarchie. In 1636 weerstond de stad een lange belegering, maar in 1668 onderwierp Dole zich uiteindelijk aan Lodewijk XIV – en later nog eens in 1674. In het centrum is een mooie historische wijk met huizen uit de 15de eeuw en stille binnenplaatsen. Vanaf het Place aux Fleurs hebt u een mooi zicht op dit stadsdeel en de bemoste daken van de 16de eeuwse **Eglise Notre-Dame**.

Maria met Kind in het noordportaal van de Eglise Notre-Dame in Dole

De Saline Royale in Arc-et-Senans

Arc-et-Senans ㉙

Doubs. 1300. 03-81574644.

De Saline Royale (zoutfabriek) in Arc-et-Senanse, in 1982 uitgeroepen tot internationaal erfgoed, werd ontworpen door de Franse architect Claude-Nicolas Ledoux (1736-1806). Toen de gebouwen voor de zoutproduktie in 1775 af waren, werd de door hem beoogde uitbreiding echter gestaakt. Uit het complex zoals dat er nu staat, blijkt de enorme schaal van Ledoux' idee: via pijpleidingen uit het naburige Salines-les-Bains zou zout water worden aangevoerd en de brandstof om daar zout uit te winnen leverde het Chaux-bos. De onderneming was geen financieel succes en werd in 1895 gesloten, maar de prachtige gebouwen staan er nog.

In het **Musée Ledoux** staat een aantal intrigerende maquettes van dit en andere fantastische projecten die de visionaire 18de-eeuwse architect heeft bedacht.

Musée Ledoux
Ancienne Saline Royale.
03-81544500. ***Open*** *dag.*
Gesloten *1 jan, 25 dec.*

Champlitte ㉚

Haute Saône. *1900.* *La Mairie (03-84676878).*

In een tijd waarin het kleinschalige boerenleven in Frankrijk snel aan het verdwijnen is, is een attractie als het **Musée des Arts et Traditions Populaires** in het stadje Champlitte heel belangrijk. Dit in een renaissancistisch château gehuisveste museum van volkskunst en traditie werd gesticht door een plaatselijke herder die voorwerpen verzamelde die te maken hadden met verdwijnende gebruiken. Het resultaat is fascinerend.

Musée des Arts et Traditions Populaires
Cours du Château. *03-84678200.*
Open *april-sept: dag., okt-maart: wo-ma.* ***Gesloten*** *1 jan, 1 nov, 25 dec.*

Besançon ㉛

Doubs. *120.000.*
Place de la 1re Armée Française 2 (03-81809255). *di, vr en zo.*

In de 17de eeuw streefde Besançon Dole voorbij als de belangrijkste stad in Franche-Comté. Vroeger was Besançon vooral van kerkelijk belang, maar tegenwoordig speelt de industrie, en met name de precisietechniek, de hoofdrol.

Een wandeling langs de Grande Rue toont vele facetten van het verleden.

Het **Palais Granvelle,** in 1534-1542 gebouwd voor de kanselier van de Roomse keizer, beschikt over een mooie renaissancistische gevel.

Iets verder de straat in, op nr. 140, is Victor Hugo (1802-1885) geboren en de gebroeders Lumière *(blz. 59)* kwamen aan het Place Victor Hugo ter wereld. Achter de **Porte Noire**, een Romeinse triomfboog, staat de 12de-eeuwse Cathédrale St-Jean.

In de klokketoren bevindt zich het **Horloge Astronomique,** het symbool van de vroegere horlogemakerij. Op het hele uur komt de klok tot leven.

Het fraaie **Musée des Beaux Arts et d'Archéologie** ligt op de oude maïsmarkt. De collectie omvat werken van Bellini, Cranach, Rubens, Fragonard, Boucher, Greuze, Ingres, Courbet, David, Goya, Matisse en Picasso.

De citadel van Vauban, die strategisch boven de Doubs staat, biedt een schitterend uitzicht. In het gebouw is het **Musée Comtoise** met een groot aantal lokale vondsten ingericht.

Horloge Astronomique
Rue de la Convention.
03-81811276. ***Open*** *april-sept: wo-ma, okt-dec, feb-maart: do-ma.* ***Gesloten*** *1 jan, 1 mei, 1 & 11 nov, 25 dec.*

Musée des Beaux Arts et d'Archéologie
Pl de la Révolution 1.
03-81814447. ***Open*** *wo-ma.* ***Gesloten*** *1 jan, 1 mei, 1 nov, 25 dec.* *behalve zo.*

Musée Comtoise
Rue des Fusillés de la Résistance, La Citadelle. *03-81650744.* ***Open*** *dag.* ***Gesloten*** *1 jan, 25 dec.*

De astronomische klok in Besançon (1857-1860)

Ornans ㉜

Doubs. *4300.* *Rue Pierre Vernier 7 (03-81622150).*

De vooraanstaande realistische schilder Gustave Courbet werd in 1819 in Ornans geboren. Hij heeft de stad op talloze manieren geschilderd. Zijn *Enterrement à Ornans* is een van de in-

De markante Chapelle Notre-Dame van Le Corbusier in Ronchamp

vloedrijkste schilderijen uit de 19de eeuw. Courbet ligt in Ornans begraven en in zijn ouderlijk huis is het **Musée Courbet** ingericht waar veel werk van hem hangt.

Musée Courbet

Place Robert Fernier. 03-81622330. ***Open*** *april-okt: dag, nov-maart: wo-ma.* ***Gesloten*** *1 jan, 1 mei, 1 nov, 25 dec.*

Omgeving

De mooie **Vallée de la Loue** is een paradijs voor kanoërs. De D67 volgt de rivier van Ornans oostwaarts naar Ouhans. Hiervandaan is het een kwartiertje lopen naar de bron van de rivier. Diverse uitkijkpunten brengen de omgeving fraai in beeld.

Ten zuidwesten van Ornans is het vanuit Nans-sous-Ste-Anne twintig minuten lopen naar de **Source du Lison** *(blz. 339)*.

Belfort ㉝

Territoire de Belfort. 52.000. *Rue de Clemenceau 2 bis (03-84559090).* *dag.*

Een enorme, van roze zandsteen gemaakte leeuw is hèt symbool van Belfort. De maker, Frédéric Bartholdi (1834-1904), ontwierp ook het Vrijheidsbeeld in New York.

De citadel in Belfort werd onder Lodewijk XIV ontworpen door Vauban. Het gebouw doorstond in 1814, 1815 en 1870 drie zware belegeringen. Tegenwoordig vormen de vestingwerken een interessante wandelroute. Het **Musée d'Art et d'Histoire,** dat in de kwartieren is gevestigd, laat naast modellen van de oorspronkelijke vestingwerken ook regionale kunst en voorwerpen zien.

Ronchamp ㉞

Haute Saône. *3100.* *Place du 14 juillet (april-nov: 03-84635082).* *za.*

Dit voormalige mijnwerkersplaatsje wordt beheerst door Le Corbusiers markante **Chapelle Notre-Dame-du-Haut** uit 1955. Licht, vorm en ruimte vormen binnen een fraaie eenheid. In Ronchamp is ook een **Musée de la Mine,** waar het leven en werken van de mijnwerkers in beeld wordt gebracht.

Le Miroir d'Ornans **in het Musée Courbet in Ornans**

HET MASSIF CENTRAL

ALLIER · AVEYRON · CANTAL · CORRÈZE · CREUSE · HAUTE-LOIRE HAUTE-VIENNE · LOZÈRE · PUY DE DÔME

Het Massif Central is de spil van Frankrijk, het houdt het hele land bij elkaar met zijn indrukwekkende pracht. Behalve de vele bronnen en de steden Clermont-Ferrand, Vichy en Limoges is de streek verrassend onbekend. Dit afgelegen, woeste land is een goed bewaard geheim.

Het enorme plateau van oeroud graniet en kristallijnsteen dat het Massif Central vormt, omvat het landschap van de Auvergne, de Limousin, de Aveyron en de Lozère. Ooit betekende de doortocht door deze streek met haar grote vulkanen een zware beproeving voor de pelgrims. Het is een gebied vol onverwachte rijkdommen, van de prachtige stad Le-Puy-en-Velay tot de unieke schatten van Conques. Met zijn kratermeren en warme bronnen is de Auvergne het groene, vulkanische hart van het Massif. Het is een paradijs voor buitensporters die hier kunnen wandelen in de zomer en skiën in de winter. Verder staat er een aantal van Frankrijks mooiste romaanse kerken, middeleeuwse kastelen en renaissancepaleizen. Aan de oostkant liggen de bergketens van Forez, Livradois en Velay; naar het westen de reeks uitgedoofde vulkanen, de Monts Dômes, Monts Dore en de Monts du Cantal. De Limousin, aan de noordwestzijde van het Massief, is een liefelijker land met groene weiden en vredige weggetjes. De Aveyron strekt zich uit van de Monts d'Aubrac naar het zuidwesten. Hier slingeren de rivieren Lot, Aveyron en Tarn zich door ravijnen en valleien terwijl dorpen op steile hellingen liggen. In de Lozère, in het oosten, liggen de Grands Causses, uitgestrekte hooglanden van de Cévennes. Op de onvruchtbare plateaus leiden de boeren een hard leven, maar de streek is al eeuwenlang populair bij avontuurlijke reizigers.

La Bourboule, een kuuroord in de Monts Dore

◁ **De top van Puy Mary, 1787 m hoog, biedt een schitterend uitzicht aan ieder die de klim aandurft**

Het Massif Central verkennen

De natuur is op haar mooist in de vulkanische bergketens en langs de woeste rivieren van het Massif Central. Dit is een uitgestrekt, onbedorven gebied waar veel te zien is en waar alle denkbare buitensporten kunnen worden beoefend. Vlotvaren, paragliding, kanoën en wandelen zijn enkele van de vele mogelijkheden. Er staan honderden kerken, kastelen en musea voor de liefhebbers van cultuur, architectuur en kunst; zij die van het goede leven houden, vinden hier een stevige regionale keuken begeleid door heerlijke wijnen.

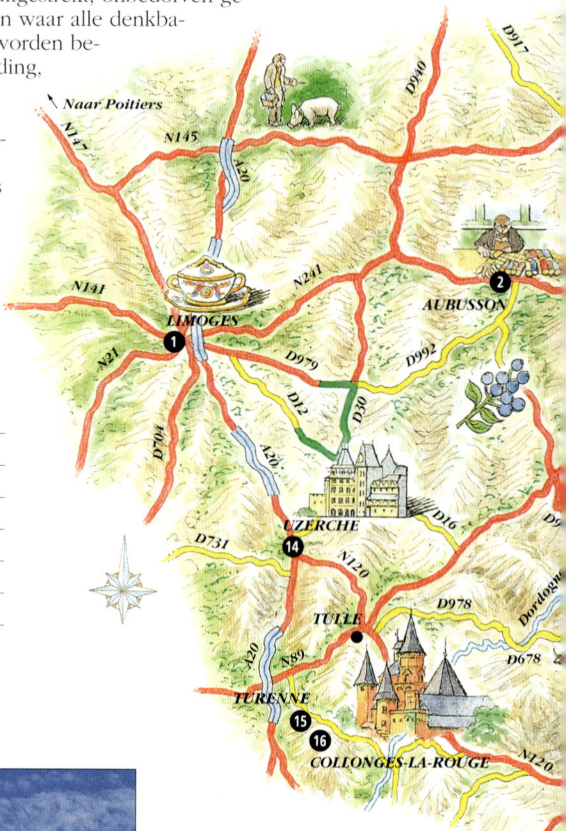

SYMBOLEN

- Snelweg
- Hoofdweg
- Secundaire weg
- Toeristische route
- Rivier
- Uitzichtpunt

0 kilometer 25

Kalkstenen rotsen van de Gorges du Tarn

BEREIKBAARHEID

Er zijn goede lucht- en spoorwegverbindingen tussen Parijs en Limoges, Clermont-Ferrand en Vichy. De meeste bezienswaardigheden in deze streek zijn alleen per auto goed bereikbaar. Clermont-Ferrand, Issoire, Thiers en Limoges liggen in de buurt van snelwegen. De meeste binnenwegen verkeren in goede staat, maar in de bergen kan sneeuw liggen. Enkele wegen zijn erg steil, met name de weg naar de top van Puy Mary is adembenemend.

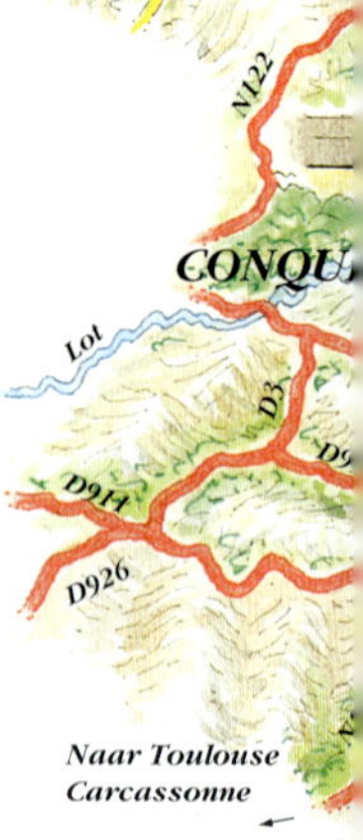

BEZIENSWAARDIGHEDEN

Aubusson 2
Château de Lapalisse 5
Clermont-Ferrand 10
Collonges-la-Rouge 16
Conques 22
Corniche des Cévennes 24
Gorges du Tarn 26
Grands Causses 25
Issoire 8
La Chaise-Dieu 19
Le Puy-en-Velay 20
Limoges 1
Montluçon 3
Monts Dômes 12
Monts Dore 13
Monts du Cantal 18
Moulins 4
Orcival 11
Rodez 23
St-Nectaire 9
Salers 17
Thiers 7
Turenne 15
Uzerche 14
Vallée du Lot 21
Vichy 6

Herfst in de heuvels bij Puy Mary in de Monts du Cantal

Een email bord uit Limoges, *De Slechte Herder*

Limoges ❶

Haute-Vienne. 150.000. Bd de Fleurus (05-55344687). dag.

De hoofdstad van de Limousin heeft twee centra: de oude Cité rond de kathedraal, die uitziet over de Vienne en wedijvert met het kasteel op de aangrenzende heuvel, nu het handelscentrum van de stad. De Cité werd in 1370 verwoest door de Zwarte Prins en is deze slag nooit te boven gekomen. De Limousin was in de Middeleeuwen en de Renaissance befaamd om zijn email. Rond 1770 ontdekte men hier porseleinaarde, waardoor de stad Limoges synoniem werd met porselein. Het befaamde aardewerk is te zien in het **Musée National Adrien-Dubouché**. Aan de hand van meer dan 10.000 voorwerpen, waaronder oud-Griekse en Chinese stukken, wordt de geschiedenis van het keramiek weergegeven. Het **Musée Municipal de l'Evêché** stelt ongeveer 500 voorbeelden van Limousin-email tentoon.

Musée National Adrien-Dubouché
Place Winston Churchill.
05-55330850. ***Open*** *wo-ma.* ***Gesloten*** *1 jan, 1 mei, 25 dec.*

Musée Municipal de l'Evêché
Place de la Cathédrale.
05-55456175. ***Open*** *juli, aug: dag., okt-juni: wo-ma.* ***Gesloten*** *1 jan, 1 mei, 1 & 11 nov, 25 dec.*

Omgeving
Het felle verzet van de Limousin in de Tweede Wereldoorlog leidde tot vergeldingsacties van de bezetter. Op 10 juni 1944 werden alle 650 inwoners van het dorpje Oradour-sur-Glane levend verbrand door leden van de SS. Naast de ruïnes, nu een monument, ontstond een nieuw dorp. Het stadje St-Junien is al sinds de Middeleeuwen het centrum van de handschoenmakers. De collegiale St-Junienkerk stamt uit de 11de eeuw en bezit een beeld van St-Madeleine, uitsluitend gekleed in haar lange blonde haar.

Aubusson ❷

Creuse. 6000. *Rue Vieille (05-55663212).* *za.*

Aubusson dankt haar faam aan het zuivere water van de Creuse, de basis voor de verfstoffen waarmee men wandkleden en tapijten kleurt. De tapijtweverij was op haar hoogtepunt in de 16de en 17de eeuw. De Revolutie aan het einde van de 18de eeuw joeg veel klanten weg, evenals de opkomst van bedrukt behang.
Sinds de jaren veertig komt Aubusson weer tot leven dank zij de kunstenaar Jean Lurçat die anderen inspireerde tot het ontwerpen van tapijten. Het **Musée Departemental de la Tapisserie**, aan de overkant van de rivier, toont een aantal van deze moderne werken. Bezoekers zijn welkom bij de **Manufacture St Jean**, waar wandkleden en tapijten met de hand worden gemaakt en gerestaureerd.

Musée Departemental de la Tapisserie
Avenue des Lissiers. 05-55663306.
Open *wo-ma.*

Manufacture St Jean
Rue St Jean 3. 05 55661008.
Open *maart-okt: dag.; nov-feb: ma-vr.* ***Gesloten*** *23 dec-1 jan.*

Omgeving
Diep in de groene Creuse-vallei ligt **Moûtier-d'Ahun**. Dit dorpje bestaat uit een

Restauratie van tapijten in de Manufacture St Jean in Aubusson

Romaanse kerk in Moûtiers-d'Ahun bij Aubusson

straatje met 15de-eeuwse huizen en een romaanse brug. In de half-romaanse, half-gotische kerk met zijn versierde stenen portaal liggen resten van een benedictijnenabdij.
De stoelen van het koor van de kerk zijn laat 17de-eeuws en zijn meesterwerken van houtsnijkunst. De bloem- en diermotieven symboliseren de diverse aspecten van het goed en het kwaad.

Montluçon ❸

Allier. 45.000.
Place Piquand 5 (04-70051144).
wo, za & zo.

Montluçon is het economische centrum van de regio, een kleine industriestad met een middeleeuws hart. In het château van de Bourbons in het centrum huist nu het **Musée des Instruments et des Musiques Populaires**, met een collectie *vielles* (draailieren). Boven vindt u faience en 19de- en 20ste-eeuws grafiek van lokale kunstenaars. De 12de-eeuwse **Eglise de St-Pierre** heeft verrassende stenen pilaren en een enorm tongewelf.

Musée des Instruments et des Musiques Populaires

Château des Ducs de Bourbon.
04-70056375.
***Open** wo-ma 13.00-17.00 uur.*
***Gesloten** feestdagen.*

Moulins ❹

Allier. *23.000.* *Place de l'Hôtel de Ville (04-70441414).*
do & vr.

Moulins beleefde haar grootste bloei tijdens de Renaissance. Het was sinds de 10de eeuw de zetel van de hertogen van Bourbon. Nu is het een alleraardigst plaatsje. Moulins' grote bezienswaardigheid is de laat-gotische **Cathédrale Notre Dame**. Op de 15de en 16de-eeuwse gebrandschilderde ramen staan hovelingen van de Bourbons afgebeeld tussen de heiligen. In de schatkamer staat een Madonna-triptiek uit 1498, van de 'meester van Moulins'. De mecenassen Pierre II, hertog van Bourbon, en zijn vrouw Anne de Beaujeu, beide overdekt met borduursels en juwelen, worden op het middenpaneel voorgesteld aan een iets minder rijk geklede Madonna. In de toren en de enige overgebleven vleugel van het **Vieux Château** van de Bourbons bevindt zich een fraaie collectie beelden, schilderijen en decoratieve kunst uit de 12de tot 16de eeuw.

Cathédrale Notre-Dame

Rue Louis Mantin. **Schatkamer** ***open*** *april-sept: dag., okt-maart: wo-ma.*
***Gesloten** zo morgen.*

Gebrandschilderde ramen in de Cathédrale Notre-Dame in Moulins

Château de Lapalisse ❺

Allier. 04-70990851, 04-70550112. *Open* Pasen-okt: wo-ma.

In het begin van de 16de eeuw liet Jacques II de Chabannes, hofmaarschalk van Frankrijk, de feodale burcht bij Lapalisse verbouwen tot een verfijnd renaissance-kasteel dat nog steeds door zijn nazaten wordt bewoond. De *salon doré* (vergulde kamer) heeft een balkenplafond met gouden panelen. Twee grote Vlaamse wandkleden beelden de kruisvaarder Godfried van Bouillon en de Griekse held Hector af, twee van de negen helden uit de klassieke ridderlegenden.

Omgeving
Van Lapalisse rijdt u via de D480 langs een aantal kleine kastelen naar de vallei van de Besbre. Alleen het **Château de Thoury** is geopend voor publiek, u ziet hier jachttrofeeën en antieke gebruiksvoorwerpen.

Château de Thoury
Dompierre. 04-70420041.
Open april-okt: dag. beperkt.

Plafond, Château de Lapalisse

Vichy ❻

Allier. 26.000. Rue du Parc 19 (04-70987194). wo.

Dit stadje aan de Allier staat al sinds de Romeinse tijd bekend om zijn warme en koude bronnen en kuren tegen reumatiek en maagklachten. De beroemde schrijfster Madame De Sévigné en de dochters van Lodewijk XIV kwamen hier in de 17de en 18de eeuw. De schrijfster noemde de stortbaden een 'oefening voor het vagevuur'.

Interieur van het originele Badhuis in Vichy

De bezoeken van Napoleon III maakten Vichy rond 1860 beroemd en modieus.
Het stadje werd opgeknapt en raakte erg in zwang bij de Franse adel en de rijke middenklasse. Tegenwoordig zijn in het fraaie oude Badhuis (Grand Établissement Thermal) uit 1900 winkelgalerijen ondergebracht.
De moderne baden hebben de laatste snufjes.

Affiche van Vichy (circa 1930-1950) door Badia-Vilato

Tegenwoordig is een verwijzing van de dokter nodig en moet u 30 dagen van tevoren reserveren voor een behandeling.
In de jaren zestig van de 20ste eeuw onderging Vichy weer een ingrijpende verandering. Door de indamming van de Allier ontstond er een enorm meer in de stad.
Het werd een watersportcentrum waar ook internationale festiviteiten plaatsvinden. U kunt hier vele sporten beoefenen, van aikido tot waterskiën, of kanoles nemen op de aangelegde, 3 km lange rivier. Het **Parc des Sources** is het middelpunt van Vichy, met daarin een muziektent van rond 1900 (in het seizoen zijn er middagconcerten), glazen winkelpassages uit de Belle Epoque, het Grand Casino en de Opéra.
Hier kunt u 's middags een gokje wagen, 's avonds zijn er muziekuitvoeringen.
De bronzen kranen van de **Source Celestin** zijn geopend voor het publiek. Ze staan in een park langs de

rivier, waar ook de resten liggen van een klooster met dezelfde naam. Alleen als u de stad als door de ogen van een zwart-wit bioscoopjournaal ziet, kunt u zich nog voorstellen hoe Vichy eruitzag onder de regering van Pétain tussen 1940 en 1944 *(blz. 68)*.

Source Celestin
Boulevard Kennedy. ***Open*** *dag.*

Thiers ❼

Puy de Dôme. *15.000.*
Maison du Pirou (04-73801074).
do, za.

Volgens de schrijver La Bruyère 'lijkt Thiers op de helling van de heuvel geschilderd'. De stad hangt boven een scherpe bocht in de Durolle en is sinds de Middeleeuwen befaamd vanwege haar bestekindustrie. Volgens de legende brachten de kruisvaarders de benodigde technische kennis mee uit het Midden-Oosten. Met maalstenen, aangedreven door tientallen watervallen aan de andere oever van de rivier, maakten de inwoners van Thiers alles van messen tot valbijlen. Bestek is nog steeds de voornaamste industrie, waarmee u kennis kunt maken in het **Musée de la Coutellerie**.
De oude stad is vol geheimzinnige plekjes als 'de Hoek van het Lot' en 'het Hellehol'. De gerestaureerde huizen in de bochtige straatjes dateren van de 15de tot de 17de eeuw en hebben veelal bewerkte houten gevels, zoals het Maison du Pirou op het Place du Pirou.
Bij zonsondergang hebt u vanaf de wallen van Thiers een schitterend uitzicht over de Monts Dômes en de Monts Dore.

BEDEVAARTEN EN VERHEFFINGEN

Parochies in de Auvergne en de Limousin staan bekend om hun processies, waarin ze hun heiligen eren. Op Hemelvaartsdag wordt de Maagd van Orcival in het donker uit het dorp gedragen, begeleid door zigeuners die hun kinderen willen dopen. Elke zeven jaar vieren veel dorpen in de Limousin *Ostensions*, waarbij men de relikwieën door de straten naar het omliggende bos draagt. Het *Ostension*-seizoen loopt van de zondag na Pasen tot juni. De volgende gelegenheid in de cyclus van zeven jaar is 1995.

De Maagd van Orcival in een processie buiten het dorp (1903)

Musée de la Coutellerie
Maison des Coutelliers, Rue de la Coutellerie 21-23 & 58.
04-73805886. ***Open*** *juni-sept: dag., okt-mei: di-zo.* ***Gesloten*** *1 jan, 1 mei, 14 sept, 1 nov, 25 dec.*

Issoire ❽

Puy de Dôme. *14.000.*
Place du Général de Gaulle (04-73891590). *za.*

Het oude stadje Issoire werd tijdens de 17de-eeuwse godsdienstoorlogen grotendeels verwoest. Sinds de Tweede Wereldoorlog is het een belangrijk industriecentrum. Issoire heeft een rijke aëronautische traditie en is een Mekka voor deltavliegers, die van ver op de sterke hier heersende luchtstromingen afkomen.
Een van de weinige resten van het oude Issoire is de kleurrijke 12de-eeuwse romaanse kloosterkerk van **St-Austremoine**. Op de kapitelen staan taferelen uit het *Leven van Christus* (een van de Apostelen is bij het Laatste Avondmaal in slaap gevallen) en duivels en monsters. Op het 15de-eeuwse fresco van het *Laatste Oordeel* staan Bosch-achtige zondaars die in de mond van een draak worden geworpen, een meisje wordt in een mandje naar de hel gedragen.

Thiers van het zuiden, gelegen op de heuvels boven de Durolle

St-Nectaire 9

Puy de Dôme. 650. Les Grandes Thermes (04-73885086).

De Auvergne is befaamd om zijn romaanse kerken. De sierlijke, langgerekte **Eglise St-Nectaire** in St-Nectaire-le-Haut is een van de mooiste. De 103 stenen kapitelen, waarvan 22 polychrome, zijn rijk bewerkt. In de schatkamer staan twee meesterwerkjes uit de 12de eeuw; een gouden borstbeeld van St.-Baudime en een houten Vierge-du-Mont-Cornadore. St-Nectaire-le-Bas is een kuuroord met ruim 40 warme en koude bronnen die heilzaam zijn voor mensen met nier- of stofwisselingsziekten.

Omgeving
Het 12de-eeuwse **Château de Murol** is gedeeltelijk verwoest. In de citadel maken gekostumeerde gidsen het middeleeuwse leven en de ridderlijke idealen aanschouwelijk. Erg leuk voor kinderen.

Château de Murol
Murol. 04-73886711. ***Open*** *april-sept: dag., za geen voorstellingen, okt-maart: zo & schoolvakanties.*

Fontaine d'Amboise (1515) in Clermont-Ferrand

Clermont-Ferrand 10

Puy de Dôme. 140.000. Place de la Victoire (04-73986500). ma-za.

Clermont-Ferrant is ontstaan uit twee rivaliserende plaatsen die zich pas in 1630 verenigd hebben. Het is een levendig en druk commercieel centrum en studentenstad met een bloeiend uitgaansleven. Al voor de Romeinse tijd was hier een Keltische nederzetting, de oudste kathedraal stamt uit de 5de eeuw en in 1095 was de stad zo belangrijk dat de paus hier de Eerste Kruistocht afkondigde. De graven van Auvergne daagden de bisschoppelijke macht van Clermont uit door zich te vestigen in het oude Montferrand, even buiten het huidige centrum. In de vredige straatjes met renaissancehuizen waant u zich in vroeger tijden. De grote markt van Clermont-Ferrand heet Place St-Pierre. Hier wordt een markt gehouden die vooral op zaterdag is aan te raden. Vanaf de **Fontaine d'Amboise** (1515), een suikertaart van zwarte lavasteen hier vlakbij, kijkt u uit over de Puy de Dôme. De alleen voor voetgangers toegankelijke winkelstraat Rue du Port loopt heuvelafwaarts van de fontein naar de **Basilique Notre-Dame-du-Port**. Dit is een van de belangrijkste romaanse kerken van deze streek. De verhoudingen van het stenen interieur zijn fraai, er is een prachtig verhoogd koor en rijk versierde kapitelen. Let op het gevecht tussen Gulheid en Hebzucht in de vorm van twee ridders met maliënkolders en speren. De overgang naar de zwarte lavastenen **Cathédrale de Notre-Dame-de-l'Assomption** is enorm, van

Verhoogd koor in de Basilique Notre-Dame-du-Port

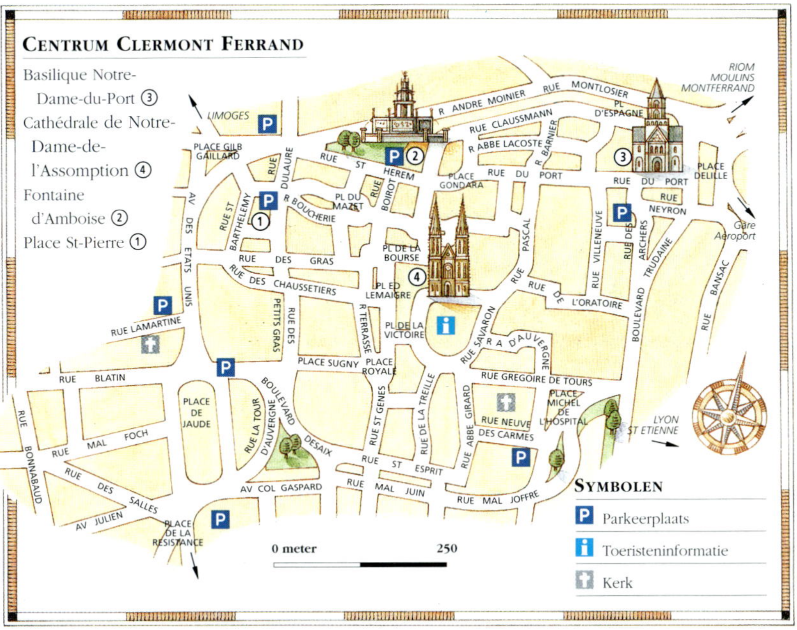

de sobere romaanse stijl van de 12de eeuw tot de zwierige 13de eeuwse Gotiek. De sierlijke lijnen in het interieur zijn te danken aan de sterkte van de lokale steensoort, die dunne pilaren en een lichte structuur mogelijk maakten. De donkere lavasteen is een mooie achtergrond voor de fraaie gebrandschilderde ramen uit de 12de tot de 15de eeuw. Ze komen naar verluidt uit dezelfde werkplaats als de ramen van de Sainte-Chapelle in Parijs *(blz. 80-81)*. Het oude Montferrand kende een bloeiperiode van de 13de tot de 17de eeuw. Uit deze periode dateren de vele herenhuizen *(hôtels particuliers)* van rijke handelaren, waarvan er een aantal langs de oude **Rue Kléber** staat. Ze hebben Italiaanse loggia's, vensters met verticale raamstijlen en binnenplaatsen. Tussen Clermont en Montferrand ligt een derde mini-stadje. Het kantoor en de fabrieken van de rubber- en bandenmaker Michelin domineren sinds 1830 de stad.

Michelinmannetje

Koor in de Cathédrale de Notre-Dame-de-l'Assomption

Omgeving

Riom vocht ooit met Clermont-Ferrand om de macht in de Auvergne. Het 14de-eeuwse kasteel van hertog Jean de Berry werd in de 19de eeuw afgebroken om plaats te maken voor het Palais de Justice. Alleen de verfijnde Sainte-Chapelle met mooie 15de-eeuwse ramen staat er nog. De grootste schat van Riom is een elegante Madonna met een kind dat een vogel op schoot houdt in de Eglise de Notre-Dame-du-Marthuret.

Orcival ⓫

Puy de Dôme. *300.*
04-73658255.

Ondanks de vele hotels en de massa's toeristen in de zomer is Orcival een bezoek waard vanwege de romaanse kerk, de **Basilique d'Orcival**. Volgens velen is dit de mooiste kerk in de omtrek. De kerk werd in het begin van de 12de eeuw gebouwd in de voor deze streek kenmerkende variant van de romaanse stijl. De apsis bestaat uit meerdere niveaus en de zijmuren worden gestut door forse steunberen en sterke bogen. Het zilverwerk en de vermiljoenkleurige *Maagd met Kind* (in de formele frontale positie, oftewel 'in majesteit') op haar rechte stoel zijn erg interessant. De verhoudingen van het gebouw en de crypte zijn echter het indrukwekkendst.

***Maagd met Kind* in de Basilique d'Orcival**

Luchtfoto van Puy de Dôme in de Monts Dômes

Monts Dômes ⓬

Puy de Dôme. Clermont-Ferrand. top van Puy de Dôme (04-73622145: april-okt); Montlosier (04-73656400).

De jongste vulkanen van de Auvergne zijn de Monts Dômes oftewel Chaîne des Puys, die 4000 jaar oud zijn. Deze keten omvat 112 uitgedoofde vulkanen die over een lengte van 30 km ten westen van Clermont-Ferrand liggen. In het midden torent de **Puy de Dôme** hoog uit boven een plateau. Vanaf de N922 slingert een weg omhoog met een helling van 12 procent, terwijl wandelaars nog steeds gebruik maken van het steilere Romeinse pad. Op de top – zo'n half uur lopen – liggen de resten van de Romeinse Tempel van Mercurius en een telecommunicatie-toren. Op de zeldzame heldere dagen is het uitzicht over de vulkaan adembenemend – voor wie nog adem heeft. In de zuidwesthoek van de Monts Dômes ligt het **Château de Cordès**, een klein privé-landhuis uit de 15de eeuw. De geometrische tuinen zijn aangelegd door Le Nôtre *(blz. 169)*, de beroemde tuinarchitect van Versailles.

De Roche Tuilière onder de Col de Guéry in de Monts Dore

Château de Cordès

*Orcival. 04-73658134. **Open** Pasen-okt: dag. (bezoeken buiten het seizoen op afspraak).*

Monts Dore ⓭

Puy de Dôme. Clermont-Ferrand. Le Mont-Dore. Montlosier (04-73656400).

Drie enorme vulkanen – de Puy de Sancy, de Banne d'Ordanche en de Puy de l'Aiguiller – en een aantal lagere toppen vormen samen de Monts Dore: donkergroene bosrijke bergen vol rivieren en meren, met hier en daar vakantieoorden waar men kan skiën, wandelen, paragliden, kanoën en zeilen. De **Puy de Sancy** (1885 m) is het hoogste punt van Midden-Frankrijk. De top is bereikbaar per kabelbaan vanuit Le Mont-Dore, gevolgd door een lange wandeling door open terrein. Vanuit Le Mont-Dore kunt u over de D36 een opwindende autorit maken naar de vallei van de **Couze de Chambon**, een prachtig, hooggelegen heidegebied vol watervallen. Er zijn hier twee populaire kuuroorden: **La Bourboule** is een zonnig plaatsje waar veel zieke kinderen komen kuren. Er is zelfs een Kindercasino, verbonden aan het **Grand Casino**. In Le Mont-Dore staat het **Etablissement Thermal** voor astma en ademhalingsproblemen, met een schitterend interieur van rond 1900. Onder de Col de Guéry aan de D983 staan de geërodeerde vulkanen **Roche Sanadoire** en **Roche Tuilière** als enorme wachters. Vanaf de toppen heeft u een prachtig uitzicht over de beboste Cirque de Chausse en over de vallei.

Etablissement Thermal

*Place du Panthéon 1, Le Mont-Dore. 04-73650510. **Open** half mei-9 okt: ma-za.*

Kerk van La Bourboule in de Monts Dore

Uzerche ⓮

Corrèze. 3500. Place de la Lunade (05 -55731571).

Uzerche is prachtig om te zien: met zijn daken van grijze leisteen, torentjes en klokketorens ligt het op een heuvel boven de Vézère. Deze welvarende plaats heeft zich in de Middeleeuwen nooit overgegeven en doorstond in 732 een beleg van zeven jaar door Moorse troepen. Vlak voordat overgave onvermijdelijk was, stuurden de stedelingen een waar feestmaal naar hun vijanden – het waren hun laatste voorraden. De Moren dachten dat de stad blijkbaar nog ruime voorraden bezat en gaven hun belegering op. De romaanse **Eglise St-Pierre** bekroont de heuvel boven de stad.

CANTALKAAS

In de Auvergne worden de koeien nog verweid. De runderen van Salers staan 's winters op stal in het dal en worden 's zomers naar de bergweiden gebracht. De stevige grassoorten en bloemen – gentiaan, mirte, anemoon – leveren een smakelijke melk op die de basis vormt voor de plaatselijke kaas, Cantal. De wrongel werd ooit met de hand gedraaid en geperst, maar men gebruikt nu moderne middelen. Cantal is het essentiële ingrediënt in het streekgerecht *aligot*, de aardappel-kaaspuree met knoflook waar deze streek bekend om staat.

Vee uit Salers geniet van het malse gras

Turenne ⓯

Corrèze. 750. Ancienne Mairie (zomer: 04-55859438, winter: 04-55859115).

Turenne is een van de leukste middeleeuwse stadjes in de Corrèze. De stad ligt in een cirkel op een rots en was het laatste onafhankelijke feodale leengoed in Frankrijk. Tot 1738 stond het onder de absolute heerschappij van de familie De la Tour d'Auvergne. Henri de la Tour d'Auvergne was maarschalk onder Lodewijk XIV en een van de grootste militairen van de moderne tijd. De enige overblijfselen van het **Château de Turenne** zijn de 13de-eeuwse Klokketoren en de 11de-eeuwse Toren van Caesar, vanwaar u een prachtig uitzicht hebt op de Cantal aan de overkant van de Dordognevallei. Vlakbij vindt u de 16de-eeuwse collegiale kerk en de **Chapelle des Capucins**, die uit de 18de eeuw dateert.

Château du Turenne
04-55859187. ***Open** Pasen-okt: dag., nov-feb: zo.*

Collonges-la-Rouge ⓰

Corrèze. 400.

De unieke karmijnrode zandstenen huizen van Collonges ademen een ietwat onheilspellende sfeer. Op zichzelf is het materiaal erg mooi, maar op zo grote schaal toegepast, geeft het een sinister effect, vooral door het witte cement tussen de stenen. Collonges werd gesticht in de 8ste eeuw en bestuurd vanuit Turenne. De burgers van die stad bouwden hier in de wijngaarden huizen met torentjes. Let u op de gemeenschappelijke broodoven op de markt en de 11de-eeuwse kerk, later versterkt met een burchttoren. Op het witte, bewerkte timpaan staat een man afgebeeld die een beer opjaagt temidden van andere levendige figuren.

Middeleeuws Château de Val in Bort-les-Orgues bij Salers

Salers ⓱

Cantal. 450. Place Tyssandier d'Escous (04-71407068). wo.

Salers heeft grijze lavastenen huizen en 15de-eeuwse stadswallen en ligt boven een steile helling aan de rand van de Cantal. Het is een van de weinige renaissance-dorpjes in de omgeving dat nog vrijwel intact is. De kerk bezit een prachtig polychrome *mise en tombeau* (graflegging) uit 1495 en vijf bewerkte Aubusson wandtapijten uit de 17de eeuw. Vanaf de fontein lopen de straten op naar de rots. Aan de rand van de rots kunt u uitzien over de vallei en luisteren naar het verre geluid van de koebellen. Het is hier 's zomers vrij druk. In de omgeving zijn de Puy Mary *(blz. 354)*, de grote stuwdam bij Bort-les-Orgues, het vlakbij gelegen Château de Val en de Cèrevallei in het zuiden.

De top van Puy Mary in de Monts du Cantal

Monts du Cantal ⓲

Cantal. Aurillac. Lioran. Super-Lioran (04-71495008).

De bergen van de Cantal vormden ooit één grote vulkaan – de oudste en grootste van Europa, die in het Tertiair is ontstaan.
De hoogste toppen, die van de **Plomb du Cantal** (1855 m) en de **Puy Mary** (1787 m) worden omringd door lagere bergen en diepe rivierdalen. De wegen zijn vaak smal en steil maar u hebt bij elke haarspeldbocht een totaal nieuw uitzicht.
Tussen pieken en ravijnen staan de roodbonte Salerskoeien in hun grazige weiden *(blz. 353)*. Vanaf de **Pas de Peyrol**, met 1582 m de hoogste pas van de streek, loopt u in ongeveer drie kwartier naar de top van de Puy Mary.

Omgeving
Een van de mooiste kastelen van de Auvergne is het **Château d'Anjony**, dat is gebouwd door Louis II d'Anjony, een medestander van Jeanne d'Arc *(blz. 290-291)*. De 16de-eeuwse fresco's zijn erg mooi; die in de kapel verbeelden taferelen uit het leven en lijden van Christus, de fresco's in de *Salle des Preux* (Ridderzaal) de negen ridderlijke helden.
In het zuidwesten ligt het stadje **Aurillac**, een goede uitvalsbasis voor ontdekkingstochten in de Cantal.

Château d'Anjony
Tournemire. 04-71476167.
***Open** half jan-half nov: dag.*

La Chaise-Dieu ⓳

Haute-Loire. 950. Place de la Mairie (04-71000116). do.

De 14de-eeuwse kloosterkerk van **St.-Robert** is een somber en massief compromis tussen de romaanse en gotische stijl, en de belangrijkste attractie van La Chaise-Dieu. Het koor is echter bijzonder: 144 eiken koorstoelen met uitbeeldingen van de Deugd en de Zonde. Daarboven bedekken prachtige wandtapijten de gehele muur. Deze tapijten zijn in het begin van de 16de eeuw gemaakt in Brussel en Arras en tonen taferelen uit het Oude en Nieuwe Testament, ze zijn rijk van kleur en detail. Op de buitenmuur van het koor is een muurschildering uit de 15de eeuw: de *Danse Macabre* beeldt de Dood uit in de vorm van skeletten die rijk en arm naar hun onontkoombare einde voeren. Achter de kloostergang ligt de Echokamer, waar mensen die in de uiterste hoeken iets fluisteren, elkaar prima kunnen verstaan. Op deze manier nam men in de Middeleeuwen melaatsen de biecht af.

Notre-Dame-de-France in Le Puy

Le Puy-en-Velay ⓴

Haute-Loire. *23.000.* Place du Breuil (04-71093841). za. sept.

Le Puy ligt in de krater van een vulkaan, balancerend op een indrukwekkende rij lavarotsen en gigantische pilaren van basalt. Het lijkt of de stad drie toppen heeft, elk bekroond met een kerk of een beeld. Le Puy trekt veel toeristen. De grootste attractie is de middeleeuwse **Heilige Stad**. Dit bedevaartscentrum ontstond toen de bisschop van Le Puy, Gotescalk, in 962 als een van de eersten een bedevaart naar Santiago de Compostela maakte. Na zijn terugkeer bouwde hij de **Chapelle St-Michel d'Aiguilhe**. Pelgrims uit Oost-Frankrijk en Duitsland verzamelden zich voor ze

Detail van *Danse Macabre*, St-Robertkerk, La Chaise-Dieu

De Zwarte Madonna's van de Auvergne

De Mariaverering is altijd erg belangrijk geweest in de Auvergne, wat blijkt uit het grote aantal Mariabeelden. De Madonna's zijn van donker walnoten- of cederhout en mettertijd donkerder geworden. Hun vorm is van Byzantijnse oorsprong. De beroemdste Madonna is waarschijnlijk die in Le-Puy-en-Velay, een 17de-eeuwse kopie van het beeld dat Lodewijk IX in de Middeleeuwen in zijn bezit had.

Zwarte Maagd

naar Compostela vertrokken in de **Cathédrale de Notre-Dame** met haar beroemde Zwarte Madonna en 'koortssteen', een ceremoniële Druïde-steen met genezende kracht. De enorme romaanse kathedraal staat op een vroegere heidense heilige plaats. Veelvormige bogen, uitgesneden palm- en bladmotieven en een geblokte gevel getuigen van Moors-Spaanse invloed. In de 11de en 12de eeuw waren er aanzienlijke culturele contacten met Zuid-Frankrijk. In het dwarsschip zijn romaanse fresco's geschilderd waaronder een St.-Michaël uit de 11de en 12de eeuw. In de schatkamer in de sacristie ligt de Bijbel van Theodolphus, een handgeschreven document uit de tijd van Karel de Grote. Er zijn verder een doopkapel, kloostergangen, een priorij en een penitentiekapel. Het grote rode beeld van de **Notre-Dame-de-France** op de top van de Rocher Corneille werd daar in 1860 geplaatst. Het is gegoten uit het ijzer van 213 kanonnen die in de Krimoorlog werden buitgemaakt bij Sebastopol. Via een steil pad kunt u naar het beeld klimmen, binnenin staat een ijzeren ladder. De Chapelle St-Michel heeft net als de kathedraal Spaans-Moorse invloeden ondergaan, wat blijkt uit de met klaverbladen en mozaïeken versierde boog boven de hoofdingang. De kerk lijkt uit de lavarots te zijn gegroeid. Men zegt dat ze op de plaats van de Romeinse Tempel van Mercurius staat. De steile trap erheen telt 268 treden. Hoewel het middenstuk van de kerk uit de 10de eeuw dateert, werd het grootste gedeelte een eeuw later gebouwd. De vloer volgt hier en daar de contouren van de rots. Binnen ziet u een aantal verbleekte muurschilderingen uit de 10de eeuw evenals enkele 20ste-eeuwse glas-in-loodramen. In de benedenstad leiden straatjes met 15de en 16de-eeuwse huizen naar de Vinay-tuinen en het **Musée Crozatier**. Dit museum bezit een verzameling handgemaakt kant van de 16de eeuw tot nu. Ook is er een collectie middeleeuwse gebruiksvoorwerpen en schilderijen uit de 15de eeuw, waaronder werken die aan Rubens, De Heem en Salomon Ruysdael worden toegeschreven. Half september wordt in Le Puy een gemaskerd renaissance-feest gevierd vanwege het Festival van de Vogelkoning, een oude traditie ter ere van de beste boogschutters van de stad *(blz. 34)*.

Chapelle St-Michel d'Aiguilhe
Aiguilhe. *04-71095003.* ***Open*** *half feb-half nov & 21 dec-5 jan: dag.* ***Gesloten*** *1 jan, 25 dec.*

Notre-Dame-de-France
Rocher Corneille. *04-71041133.* ***Open*** *feb-nov: dag.; dec, jan en schoolvakanties: alleen 's middags.* ***Gesloten*** *1 jan, 25 dec.*

Musée Crozatier
Jardin Henri Vinay. *04-71093890.* ***Open*** *wo-ma.* ***Gesloten*** *1 jan, 1 nov, 25 dec.*

Chapelle St-Michel d'Aiguilhe, op een smalle lavarots

Ruïne van het kasteel van Calmont d'Olt bij Espalion in de vallei van de Lot

Vallée du Lot 21

Aveyron. ✈ *Aurillac, Rodez.* 🚆 *Rodez, Séverac-le-Château.* 🚌 *St-Geniez, Conques.* ℹ *Espalion (05-65441063).*

De Lot (*Olt* in oude teksten) stroomt van Mende en de oude rivierhaven La Canourgue tot aan Conques door een vruchtbare vallei langs boom- en wijngaarden en naaldbossen. **St-Côme d'Olt**, nabij de Monts d'Aubrac, is een onbedorven vestingstadje met een 15de-eeuwse kerk omringd door pastelkleurige huizen uit de Middeleeuwen en de Renaissance. Het 16de-eeuwse kasteel in **Espalion** weerspiegelt in de rivier die onder een stenen boogbrug uit de 13de eeuw stroomt. Op vrijdagochtend wordt hier een van de mooiste markten in de wijde omtrek gehouden.
Even buiten het centrum ligt de 11de-eeuwse Persekerk met op haar kapitelen vechtende ridders en vogels die uit een bokaal drinken.
Estaing dateert uit de 13de eeuw en was ooit het leengoed van een van de voornaamste families van de Rouergue. Het dorpje ligt aan de voet van het enorme kasteel (nu een klooster) boven de rivieroever. De weg loopt door de Gorges du Lot naar **Entraygues** ('tussen water') waar de oude stad en de 13de eeuwse gotische brug de moeite waard zijn. Voorbij Entraygues wordt de rivier breder en mondt uit in de Garonne.

Conques 22

Zie blz. 358-359.

Rodez 23

Aveyron. 👥 *25.000.* ✈ 🚆 🚌 ℹ *Place Foch (05-65680227).* *wo & za.*

Zoals veel middeleeuwse steden in Frankrijk was Rodez politiek verdeeld: de kerkelijke en wereldlijke belangen kregen vorm in het winkelplein **Place du Bourg** aan de ene kant van de stad en het **Place de la Cité** bij de kathedraal aan de andere kant. Het handelscentrum van Rodez, het belangrijkste van de regio, is nu waarschijnlijk de grootste trekpleister. Wie echter 's ochtends in Rodez is, moet zeker een bezoek brengen aan de **Cathédrale Notre-Dame**. Deze enorme kathedraal van roze steen stamt uit 1277 en heeft een verstevigde westgevel die ooit als verdedigingsmuur werd gebruikt. De smalle straatjes bieden slechts uitzicht op de prachtige hoge klokketoren. Het gotische interieur wordt gedomineerd door een rij hoge pilaren en een orgel met houten engelen. De 15de-eeuwse koorstoelen zijn versierd met onder meer een gevleugelde leeuw, bevallige demoiselles en een ondeugend figuurtje dat zijn achterwerk laat zien.

***Entombement* in de kathedraal van Rodez**

Robert Louis Stevenson

De bekendste boeken van Robert Louis Stevenson (1850-1894) zijn *Treasure Island (Schateiland), Kidnapped* en *Dr Jekyll and Mr Hyde.* Hij schreef echter ook reisgidsen. Zo trok hij in 1878, met alleen het ezeltje Modestine als gezelschap, over de afgelegen Cévennes. Zijn verslag van deze boeiende reis werd het jaar daarop onder de titel *Travels with a Donkey in the Cévennes* uitgebracht.

Robert Louis Stevenson

Landschap in het nationale park Corniche des Cévennes

Corniche des Cévennes ㉔

Lozère, Gard. ✈ *Rodez-Marcillac.* 🚂 *Alès.* 🚌 *St-Jean-du-Gard.* ℹ *St-Jean-du-Gard (04-66853211).*

De weg van Florac aan de Tarn naar St-Jean-du-Gard, langs steile afgronden, werd in het begin van de 18de eeuw gebruikt door het leger van Lodewijk XIV. Zij achtervolgden de Camisards, protestantse rebellen zonder uniform, die streden in hun daagse hemden (*camiso* in de *langue d'oc*). De rit over de D983 is bijzonder mooi. De beroemde Schotse schrijver Robert Louis Stevenson was gefascineerd door de Camisards en maakte daarom met Modestine zijn beroemde tocht door de Cévennes. Hierover vertelt hij in zijn *Travels with a Donkey*. St-Laurent-de-Treves, waar u fossielen van dinosaurussen kunt zien, geeft een panoramisch uitzicht over de Grands Causses en op de toppen van Lozère en Aigoual. De Corniche eindigt in St-Jean-du-Gard, waar het **Musée des Vallées Cévenoles** in een 17de-eeuwse herberg aspecten van het boerenleven toont.

Musée des Vallées Cévenoles
Grand' Rue 95, St-Jean-du-Gard
☎ *04-66851048.* ***Open*** *juli-aug: dag., mei-juni & sept: di-zo, okt-april: zo (di, do & zo 's middags op afspraak).* ***Gesloten*** *1 jan, 25 dec.*

Grands Causses ㉕

Aveyron. ✈ *Rodez-Marcillac.* 🚂 🚌 *Millau.* ℹ *Millau (05-65600242).*

De Causses zijn uitgestrekte, schrale kalkstenen plateaus afgewisseld met verrassend groene, vruchtbare ravijnen. Soms is het enige teken van leven een roofvogel in de lucht, of een eenzame boerderij of herdershut. Dit gebied is ideaal voor een wandelaar die de eenzaamheid zoekt. De vier Grands Causses – Sauveterre, Méjean, Noir en Larzac – strekken zich uit tussen Millau in het westen, Mende in het noorden en de vallei van de Vis in het zuiden. In de Causses liggen de *chaos* – bizarre rotsformaties die wel wat lijken op de ruïnes van een stad, en daar ook naar heten. Er zijn *chaos* met namen als **Montpellier-le-Vieux, Nîmes-le-Vieux** en **Roquesaltes.** Onder het oppervlak liggen grote en diepe grotten; **Aven Armand** en de **Dargilan Grot** hebben verbazingwekkende rotsformaties. Een goed reisdoel op de stormachtige Causse du Larzac is het vreemde, met ruw gehakte stenen gebouwde dorpje **La Couvertoirade**, een ommuurde citadel van de Tempeliers uit de 12de eeuw. De onverharde straten en oude huizen herinneren aan de duistere kant van de Middeleeuwen. Het is jammer dat u bij het tolhuisje toegangsgeld moet betalen.
Het bekendste dorp van de Causse du Larzac is wellicht **Roquefort-sur-Soulzon,** een grijs stadje op een afbrokkelend kalksteenplateau. Het plaatsje bestaat uit één straat waar slechts één produkt wordt gefabriceerd, Roquefort kaas. Die wordt gemaakt van ongepasteuriseerde schapemelk en een kenmerkende blauwe schimmel die op brood wordt gekweekt. De kazen rijpen in de wirwar van vochtige grotten boven het stadje.

Uitzicht over Méjean, een van de vier plateaus van de Grands Causses

Conques ㉒

12de-eeuwse reliekhouder

Het dorpje Conques ligt rond de prachtige Abbaye de St-Foy op een ruig begroeide heuvel. Sainte Foy was een vroeg-christelijke martelares wiens relikwieën eerst in een klooster in Agen rustten. Een monnik uit de abdij van Conques stal ze in de 9de eeuw en maakte daarmee deze afgelegen plaats tot een pelgrimsoord en vaste halteplaats op de route naar Santiago de Compostela *(blz. 390-391)*.

In de schatkamer van de abdij ligt de belangrijkste collectie goud uit de Middeleeuwen en de Renaissance van heel West-Europa. Een aantal stukken stamt uit de 9de eeuw en is in de smederijen van de abdij gemaakt. De romaanse abdijkerk heeft fraaie gebrandschilderde ramen en het timpaan van de kerk is een hoogtepunt van middeleeuwse beeldhouwkunst.

De kerk vanuit het dorp

De brede dwarsbeuken konden vele pelgrims herbergen.

Schip
Het sobere romaanse interieur dateert van 1050 tot 1135. Het korte schip is 22 m hoog en bestaat uit drie niveaus met bogen bekroond door 250 gebeeldhouwde kapitelen.

Timpaan
Dit beeldhouwwerk uit 1135 verbeeldt het Laatste Oordeel. *Onderaan staat de Duivel in de Hel (hier afgebeeld), in het midden van het timpaan staat Christus in de Hemel.*

DE SCHATTEN VAN CONQUES

De schatten dateren van de 9de tot de 16de eeuw en zijn beroemd om hun schoonheid en zeldzaamheid. De vergulde houten-met-zilveren reliekhouder van St.-Foy is bezet met edelstenen, kristal en zelfs een *intaglio* van de Romeinse keizer Caracalla. Het lichaam is 9de-eeuws, maar het gezicht is ouder, wellicht uit de 5de eeuw. Andere pronkstukken zijn onder meer een 'A'-vormige reliekhouder, naar verluidt een geschenk van Karel de Grote, het prachtige kistje van Pepijn uit het jaar 1000 en een laat-15de-eeuws processiekruis.

De kostbare reliekhouder van St-Foy

TIPS VOOR DE TOERIST

Abbaye de Sainte-Foy, Conques.
05-65698512.
vanuit Rodez.
Schatkamer I en II *open* *juli-aug: 9.00-19.00 uur dag., sept-juni: 9.00-12.00 (zo: 11.00) & 14.00-18.00 uur.* *ma-za 8.15, 11.30 uur; zo 7.45, 11.00 uur.* *beperkt.*

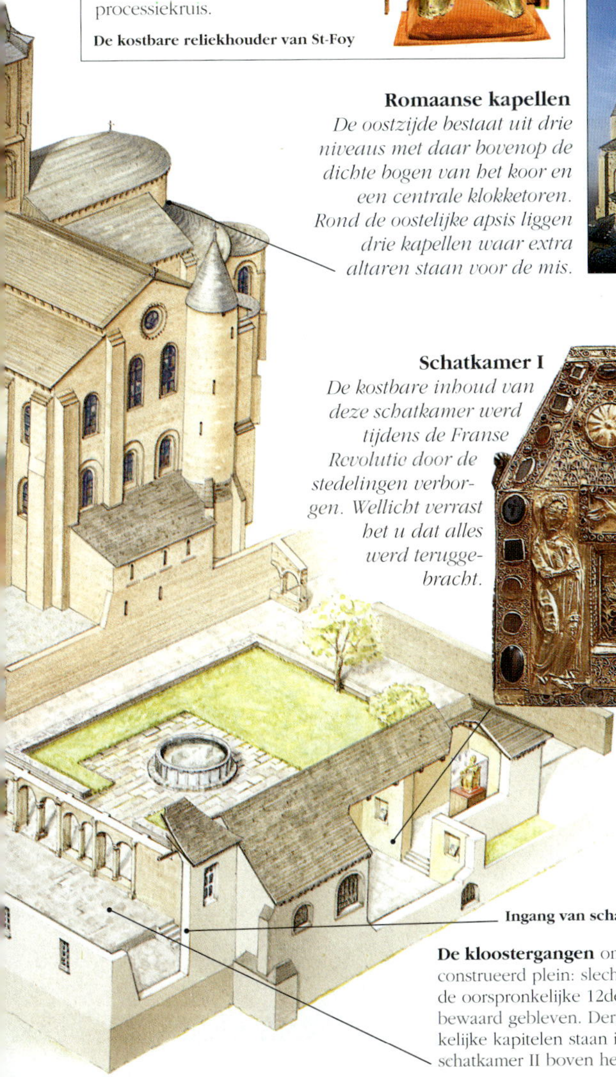

Romaanse kapellen
De oostzijde bestaat uit drie niveaus met daar bovenop de dichte bogen van het koor en een centrale klokketoren. Rond de oostelijke apsis liggen drie kapellen waar extra altaren staan voor de mis.

Schatkamer I
De kostbare inhoud van deze schatkamer werd tijdens de Franse Revolutie door de stedelingen verborgen. Wellicht verrast het u dat alles werd teruggebracht.

Ingang van schatkamer I

De kloostergangen omringden een gereconstrueerd plein: slechts twee gedeelten van de oorspronkelijke 12de-eeuwse bogen zijn bewaard gebleven. Dertig van de oorspronkelijke kapitelen staan in de refter en in schatkamer II boven het toeristenbureau.

Gorges du Tarn ㉖

De Tarn stroomt door een aantal zeer spectaculaire ravijnen alvorens ze in de Garonne uitmondt. Miljoenen jaren lang hebben deze rivier en de Jonte een weg uitgeslepen door de kalkstenen plateaus van de Cévennes, waardoor een vork van twee kronkelige Gorges ontstond die beide ongeveer 25 km lang, en bijna 600 m diep zijn. De rivieren stromen tussen steile rotsoevers en de wegen door de Gorges zijn vol duizelingwekkende bochten en prachtige uitzichten. Het is er erg druk in het hoogseizoen. De plateaus boven de Gorges, de *causses*, zijn totaal anders; in het kale landschap, droog in de zomer en besneeuwd in de winter, dwalen schapen rond en staan eenzame boerderijen verloren op de vlakte.

Point Sublime
Dit punt op 800 m hoogte geeft een prachtig uitzicht over een wijde bocht in de Gorges du Tarn, in de verte is de Causse Méjean zichtbaar.

Buitensport
Op de Tarn en de Jonte kunt u heerlijk kanoën en vlotvaren. De rivieren zijn 's zomers vrij kalm, maar de smeltende sneeuw kan in het voorjaar voor problemen zorgen.

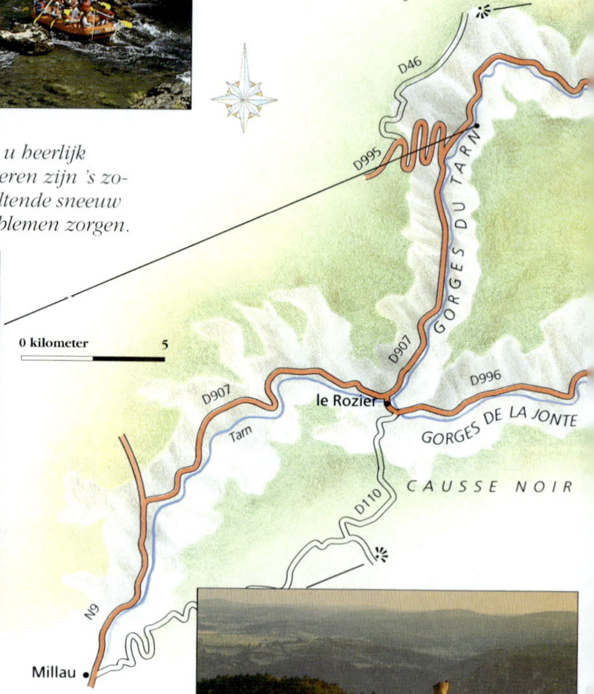

Pas de Souci
Even boven Les Vignes ligt de Pas de Souci. Het is een versmalling in het ravijn, waardoor de Tarn zich naar het zuiden perst.

Chaos de Montpellier-le-Vieux
Op flanken van de Causse Noir naast de D110 ligt een geologisch interessante plaats – deze bizarre rotsformaties zijn ontstaan door erosie.

La Malène

Dit is een oude oversteekplaats tussen de Causse de Sauveterre en de Causse Méjean. Er staat een versterkt riddergoed uit de 14de eeuw.

TIPS VOOR DE TOERIST

Lozère. ✈ *Rodez-Marcillac.* 🚌 *Mende, Banassac, Séverac-le-Château.* 🚆 *Florac, Le Rozier.* ℹ *Le Rozier (05-65626089). St-Enimie (04-66485344).*

Aven Armandgrotten

Deze bevinden zich op de Causse Méjean. Veel stalactieten zijn verkleurd door de mineralen die het druipende water achterlaat.

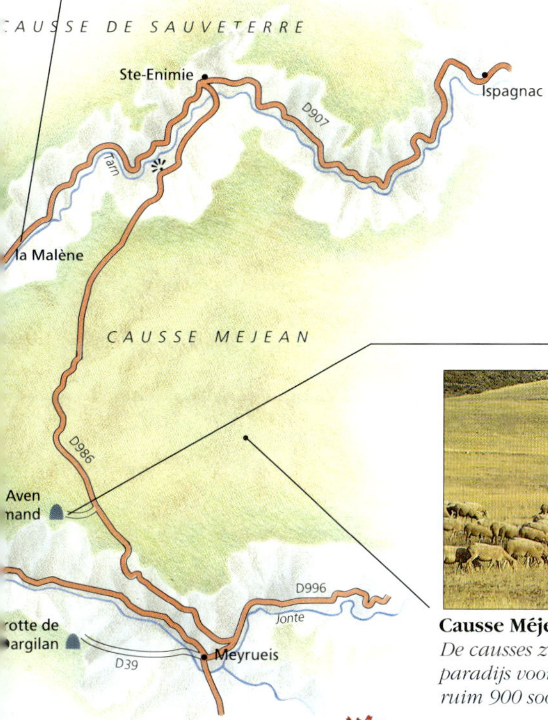

Causse Méjean

De causses zijn in de lente en de zomer een paradijs voor plantenliefhebbers; er groeien ruim 900 soorten, waaronder orchideeën.

DE WOESTE CÉVENNES

Dit is een van de dunst bevolkte gebieden van Frankrijk, en staat bekend om zijn wilde bloemen en roofvogels. Zo was de vale gier hier ooit een veel voorkomende vogel. Enkele tientallen jaren geleden was deze grote, ongevaarlijke aaseter bijna uitgeroeid door jagers, maar nieuw uitgezette dieren gedijen uitstekend in het dal van de Gorges de la Jonte.

Wilde bloemen *in dit dunbevolkte gebied zijn onder meer bijzondere alpiene soorten.*

De vale gier*, die weer broedt in dit gebied, heeft een spanwijdte van ruim 2,5 m.*

HET RHÔNE-DAL EN DE FRANSE ALPEN

LOIRE · RHÔNE · AIN · ISÈRE · DRÔME
ARDÈCHE · HAUTE-SAVOIE · SAVOIE · HAUTES-ALPES

Deze streek wordt bepaald door de Alpen en de Rhône die haar zowel hun naam als hun indrukwekkende sfeer hebben gegeven. Het oosten wordt gedomineerd door besneeuwde bergtoppen, terwijl de Rhône het noorden en het zuiden verbindt.

De Romeinen zagen het strategische belang van deze waterweg toen ze ruim 2000 jaar geleden Lyon stichtten. Nu is deze tweede stad van Frankrijk, met grote musea en mooie renaissance-gebouwen, een levendig commercieel en cultureel centrum, en bovendien op gastronomisch gebied de onbetwiste hoofdstad. In het noorden liggen de moerassen van Dombes en het rijke boerenland van Bresse. Hier liggen ook de beroemde wijngaarden van de Beaujolais, die dit gebied samen met de Côtes du Rhône tot zo'n belangrijke wijnstreek maken. In de Franse Alpen liggen de populairste vakantiegebieden ter wereld, skicentra als Chamonix, Mégève en Courchevel en historische plaatsen als Chambéry, dat de hoofdstad van Savoie was voordat deze provincie door Frankrijk werd ingelijfd. Aan de oevers van Lac Léman (het Meer van Genève) liggen fraaie kuuroorden. Grenoble is een bruisende universiteitsstad en een centrum van moderne technologie. In de omgeving liggen twee van de mooiste natuurparken van Frankrijk: de Chartreuse en de Vercors. In het zuiden maken boomgaarden en akkers vol zonnebloemen plaats voor lavendelvelden en wijn- en olijfgaarden. Kastelen en oude stadjes liggen verspreid in het landschap. De ruige Ardèche bestaat uit bergen en liefelijke ouderwetse kuuroorden.

De gerestaureerde Ferme de la Fôret in St-Trivier-de-Courtes, ten noorden van Bourg-en-Bresse

◁ **De middeleeuwse wijk van Annecy**

Het Rhône-dal en de Franse Alpen verkennen

Lyon is de grootste stad in deze regio, befaamd om haar historische gebouwen en gastronomische traditie. Wijnliefhebbers kunnen kiezen uit wijn van de Beaujolais, uit het Rhône-dal en uit de Drôme. In het westen biedt de Ardèche een ruige wildernis waar u kunt kanoën en klimmen. Liefhebbers van bronnen komen naar Évian-les-Bains en Aix-les-Bains, terwijl de Alpen favoriet zijn bij sporters *(blz. 312-313).*

BEZIENSWAARDIGHEDEN

- Aix-les-Bains 22
- Annecy 23
- De Ardèche 11
- Bourg-en-Bresse 1
- Briançon 16
- Chambéry 21
- De Chartreuse 20
- Dombes 2
- Grenoble 18
- Grignan 14
- Lac Léman 24
- Le Bourg d'Oisans 17
- Lyon 4
- Montélimar 13
- Nyons 15
- Palais Idéal du Facteur Cheval 8
- Pérouges 3
- St-Étienne 7
- St-Romain-en-Gal 6
- Tournon-sur-Rhône 9
- Valence 10
- Vals-les-Bains 12
- De Vercors 19
- Vienne 5

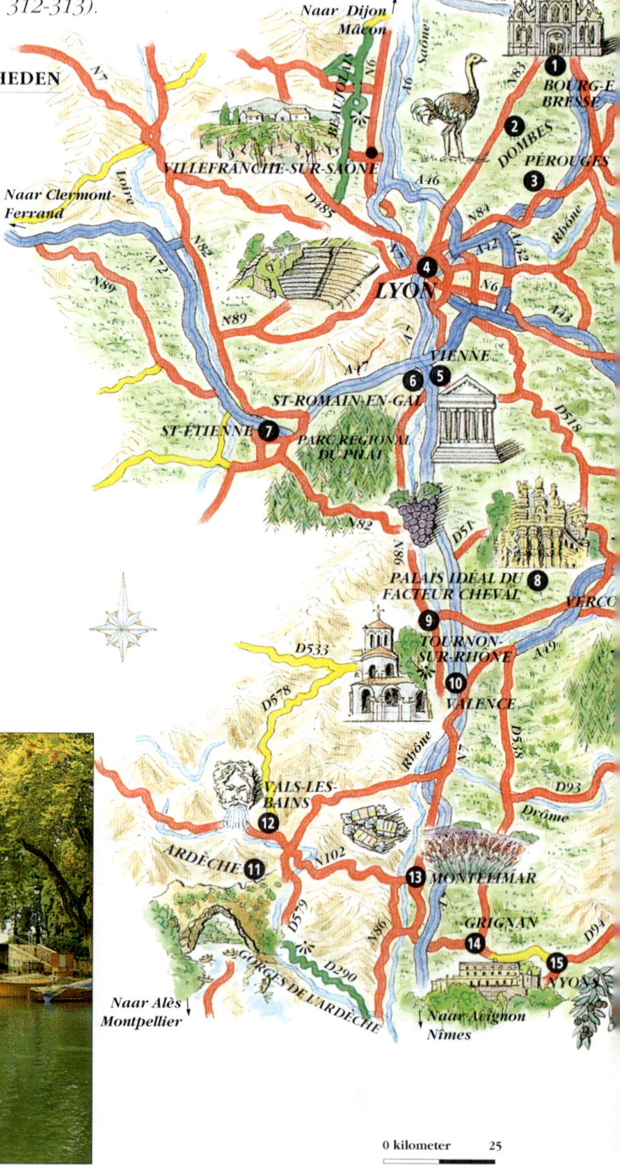

De Pont des Amours in Annecy

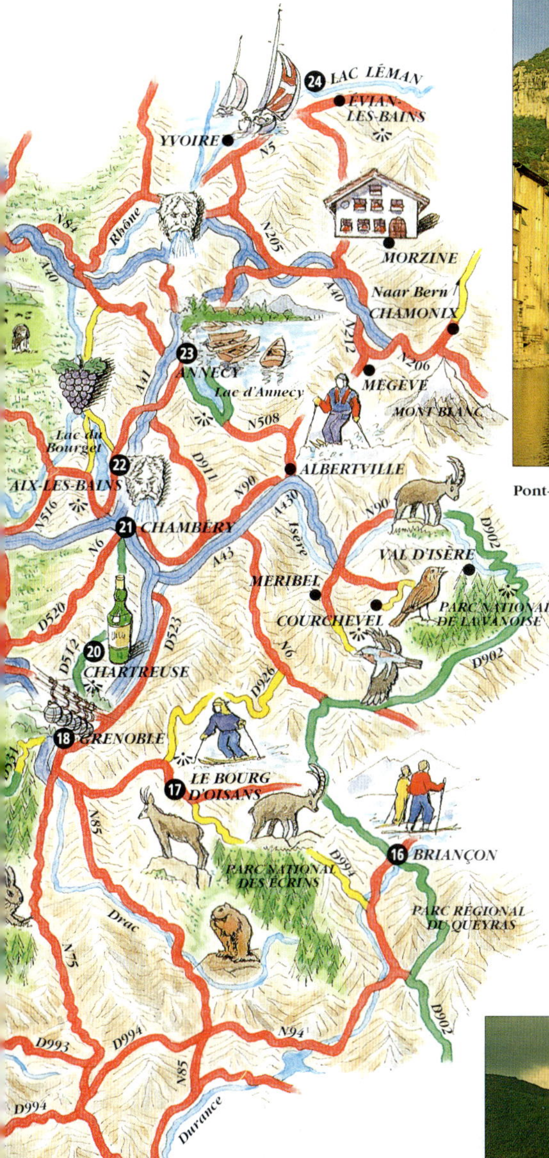

Symbolen

- Snelweg
- Hoofdweg
- Secundaire weg
- Toeristische route
- Rivier
- Uitzichtpunt

Pont-en-Royans in de Vercors

Bereikbaarheid

Lyon en Genève zijn de knooppunten van deze streek. De reis per TGV van Parijs duurt respectievelijk 2 en 3 uur. Behalve in de Alpen zijn de treinen en bussen vaak traag en onhandig. Als u de drukke hoofdwegen wilt vermijden, is een auto onmisbaar. Die hoofdwegen zijn de A7 tussen Lyon, Valence en het zuiden, en de A40 en A43/A41, die oostwaarts de Alpen in gaan. De twee dichtstbijzijnde luchthavens zijn Genève-Cointrin in Zwitserland en Satolas bij Lyon. De hoge passen in de Alpen zijn soms gesloten tussen november en juni.

Boerderijen bij Le Poët Laval, nabij Montélimar

Bourg-en-Bresse ❶

Ain. *43.000.* *Centre Culturel Albert Camus, Av Alsace-Lorraine 6 (04-74224940).* *wo & za.*

Bourg-en-Bresse is een drukke marktstad met fraai gerestaureerde vakwerkhuizen. De stad is beroemd om haar *poulet de Bresse* (Deze kippen uit Bresse hebben hun eigen *appelation contrôlée, blz. 309)* en de abdijkerk van **Brou** in het zuidoosten. De kerk (niet meer in gebruik) is een van de grote attracties van Frankrijk. Margareta van Oostenrijk liet hem in laat-gotische stijl bouwen tussen 1505 en 1536, nadat haar man Philibert, hertog van Savoie, in 1504 was gestorven. Het uit carrara-marmer gebeeldhouwde graf van het echtpaar, in het koor, ligt naast het graf van de in 1483 gestorven Margareta van Bourbon, Philiberts moeder. Let ook op de bewerkte houten koorstoelen, de ramen van gebrandschilderd glas en het koorhek met sierlijke bogen. In de kloostergangen is een museumpje met een mooie collectie 16de- en 17de-eeuwse Vlaamse en Hollandse meesters benevens werken van moderne lokale kunstenaars.

Omgeving

Ongeveer 15 km ten noorden van Bourg-en-Bresse, in St-Trivier-de-Courtes, staat een gebouw van houten balken, wilgetenen en pleisterwerk. Dit **Ferme-Musée de la Forêt** geeft een beeld van het boerenleven in de 17de eeuw. Het oude huis heeft een zogeheten Saraceense schoorsteen met een stenen kap midden in de kamer, vergelijkbaar met schoorstenen in Spanje en Portugal. Verder is er een verzameling antieke werktuigen.

Ferme-Musée de la Forêt

04-74307189. ***Open** Pasen-juni & okt-nov: za, zo & feestdagen, juli-half sept: dag.*

Graftombe van Margareta van Oostenrijk in de abdijkerk van Brou

Dombes ❷

Ain. *Lyon.* *Lyon, Villard les Dombes, Bourg-en-Bresse.* *Villars-les-Dombes (van Bourg-en-Bresse).* *Place de l'Hôtel de Ville, Villars-les-Dombes (04-74980629).*

Dit met gletsjers doorsneden plateau ten zuiden van Bourg-en-Bresse heeft tal van heuveltjes, moerassen en zo'n 1000 meertjes, die populair zijn bij vissers en vogelaars. In het midden ligt **Villars-des-Dombes** met een ornithologisch park, het **Parc des Oiseaux.** Er leven ruim 400 soorten in- en uitheemse vogels, waaronder reigers, gieren, emoes, flamingo's en struisvogels.

Kippen uit Bresse

Parc des Oiseaux

Route Nationale 83, Villars-les-Dombes. *04-74980554.*

***Open** dag.*

Pérouges ❸

Ain. *900.* *Meximieux-Pérouges.* *04-74600114.*

Pérouges is ontstaan als kolonie van emigranten uit Perúgia. Het is een versterkt dorp boven op een heuvel, met middeleeuwse huizen en straatjes. In de 13de eeuw was het een bloeiend centrum van linnenwevers, maar door de mechanisatie in de 19de eeuw liep het aantal inwoners terug van 1500 tot 900. Door de historische gebouwen te restaureren en nieuwe ambachtslieden aan te trekken kwam de stad weer tot leven. Pérouges is vaak gebruikt als decor voor kostuumstukken als *De Drie Musketiers* en *Monsieur Vincent.* Het grote plein, Place de la Halle, ligt in de schaduw van een grote limoenboom, die in 1792 ter ere van de Revolutie werd geplant.

Een rondrit door Beaujolais

Beaujolais is een ideaal gebied om wijn te proeven. Hier vindt u heerlijke, betaalbare wijn en een mooi landschap. In het zuiden wordt de Beaujolais Nouveau geproduceerd. Deze komt jaarlijks op de derde donderdag van november uit de kelders. De tien grote *cru* wijnen – St-Amour, Juliénas, Moulins-à-Vent, Chénas, Fleurie, Chiroubles, Morgon, Brouilly, Côte de Brouilly en Regnié komen uit het noorden. In de kenmerkende *maisons du pays* ligt het woongedeelte boven de wijnkelder. Bijna elk dorp heeft zijn *cave* (wijnkelder) waar u wijn kunt proeven en een beeld krijgt van de wijncultuur die het leven hier bepaalt.

Côte de Brouilly

Juliénas ①
Dit dorp, bekend om zijn *coq au vin*, bewaart en verkoopt wijn in de kerk, het kasteel en Maison de la Dime, een 16de-eeuws tiendhuis.

Moulin-à-Vent ②
Deze 17de-eeuwse molen ziet uit op het dal van de Saône. De oudste *cru* van deze streek proeft u in de naburige *caves*.

Wijngaard met Gamaydruiven

Chiroubles ⑦
Op het dorpsplein staat een beeld van Victor Pulliat die rond 1880 de wijngaarden van druifluis redde met Amerikaanse wijnstokken.

Fleurie ③
De kapel van de Madonna (1875) waakt over de wijngaarden. Restaurants serveren hier *andouillettes (worstjes) au Fleurie*.

Villié-Morgon ④
In de kelders van het 18de-eeuwse kasteel is een wijnproeverij. Het Château de Corcelles heeft een renaissance-binnenplaats.

Beaujeu ⑥
Beaujeu is de vroegere hoofdstad van deze streek. In dit renaissancehuis en in de 17de-eeuwse Hospices de Beaujeu zijn proeverijen.

Brouilly ⑤
Op deze heuvel, met het 19de-eeuws kapelletje van Notre-Dame du Raisin, wordt jaarlijks het Beaujolais-festival gevierd.

Onder de loep: Lyon ❹

Het oude stadsdeel Vieux-Lyon ligt op de westelijke oever van de Saône. Het is een wirwar van straatjes, *traboules* (overdekte steegjes), renaissance-paleizen, restaurants, *bouchons* (bistro's) en winkels van grote ontwerpers. Ooit lag hier het Romeinse Lugdunum, de commerciële en militaire hoofdstad van Gallië, die in 43 v.C. was gesticht door Julius Caesar. Resten zijn te zien in het mooie Gallo-Romeinse museum op de Fourvièreheuvel. In twee Romeinse theaters worden nog steeds voorstellingen gegeven. Onder aan de heuvel liggen de mooiste renaissancehuizen van Frankrijk. Ze getuigen van de grote rijkdom die de stad te danken heeft aan bankiers, drukkers en zijdehandelaars.

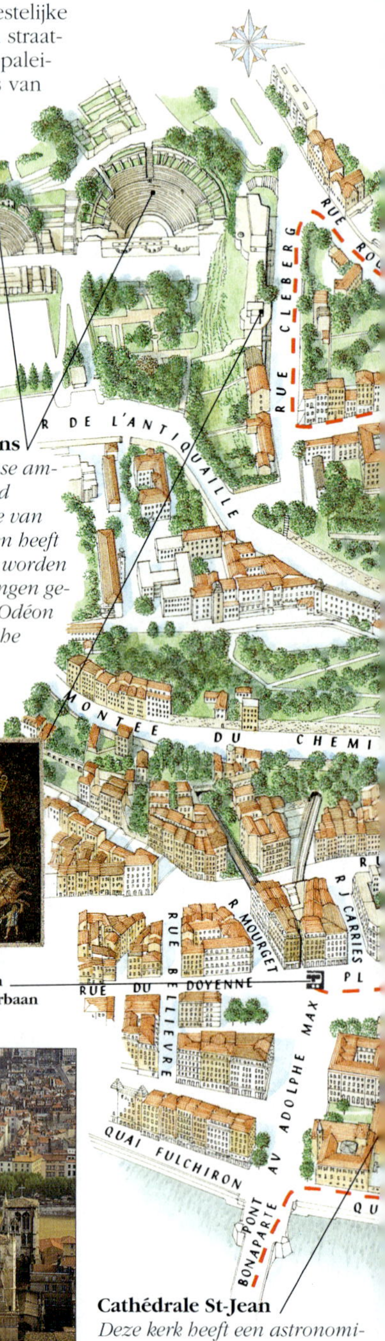

★ Théâtres Romains
Er zijn twee Romeinse amfitheaters: Het Grand Théâtre is het oudste van Frankrijk, 15 v.C., en heeft 10.000 plaatsen. Er worden nog steeds voorstellingen gegeven. Het kleinere Odéon heeft een geometrische tegelvloer.

★ Musée de la Civilisation Gallo-Romaine
Dit ondergrondse museum heeft een grote collectie beelden, mozaïek, munten en inscripties die herinneren aan Lyons Romeinse verleden.

STERATTRACTIES

- ★ Théâtres Romains
- ★ Musée de la Civilisation Gallo-Romaine
- ★ Basilique Notre-Dame de Fourvière

Cathédrale St-Jean
Deze kerk heeft een astronomische klok uit de 14de eeuw die de religieuze feestdagen tot 2019 aangeeft.

★ Basilique Notre-Dame de Fourvière
Dit opvallende imitatie-Byzantijnse gebouw, vol torentjes en kantelen, marmer en mozaïek, werd gebouwd aan het einde van de 19de eeuw en is een symbool van Lyon.

> **TIPS VOOR DE TOERIST**
>
> *Rhône. 420.000. 25 km O Lyon Perrache, Part-Dieu (08-36353535). Perrache (04-78717000). Place Bellecour (04-72776969). di-zo. Biennale Internationale d'Art Contemporain & Biennale Internationale de la Danse (sept).* **Hôtel Gadagne** *04-78420361.* ***Open*** *wo-ma.* ***Gesloten*** *feestdagen.* **Musée de la Civilisation Gallo-Romaine** *04-72388190.* ***Open*** *wo-zo.* ***Gesloten*** *feestdagen.*

Chemin de la Rosaire
Dit pad loopt van de Notre-Dame de Fourvière naar beneden en biedt een mooi uitzicht over de uitgestrekte stad.

Tour Métallique
Deze toren werd in 1893 gebouwd en dient nu als zendmast voor televisie.

Rue Juiverie In deze straat staan mooie herenhuizen uit de Renaissance – let op Hôtel Paterin op nr. 4 en Hôtel Bullioud, nr. 8.

Rue St-Jean en Rue du Boeuf Deze straten staan vol renaissance-huizen die ooit toebehoorden aan bankiers en zijdehandelaars.

Hôtel Gadagne uit de 15de eeuw
Dit gebouw herbergt twee musea: het **Musée Historique de Lyon** en het leuke **Musée de la Marionnette**, met de beroemde poppen van Lyon.

SYMBOOL

Aanbevolen route

Lyon verkennen

De tweede stad van Frankrijk aan de oevers van de Rhône en de Saône is altijd al een belangrijke verbinding geweest tussen het noorden en het zuiden. Bij aankomst is de *brin du sud*, de stijl van het zuiden, direct voelbaar. De mensen zijn niet zo gehaast als in Parijs en als het in het noorden koud en nat is, schijnt hier de zon. Hoewel de stad een belangrijk centrum van bankzaken, textiel en farmaceutica is, associëren de meeste mensen Lyon met lekker eten. Er zijn talloze restaurants, van simpele *bouchons* (bistro's) tot restaurants waar u de meest overvloedige maaltijden van Frankrijk krijgt.

Rue St-Jean in Vieux-Lyon

Presqu'île

Het Presqu'île vormt het hart van Lyon. Iets ten zuiden van dit smalle schiereiland stromen de Rhône en de Saône samen. De Rue de la République, voetgangersgebied, verbindt de twee bestuurlijke centra: het grote **Place Bellecoeur**, met een ruiterstandbeeld van Lodewijk XIV, en het **Place des Terreaux**. Aan dit plein staan het sierlijke Hôtel de Ville uit de 17de eeuw en het Palais St-Pierre, een voormalig benedictijnenklooster dat tegenwoordig het **Musée des Beaux Arts** huisvest. In het midden van het plein staat een monumentale 19de-eeuwse fontein van Bartholdi, die ook het Vrijheidsbeeld heeft gemaakt. Achter het stadhuis staat de futuristische **Opéra de Lyon** van de architect Jean Nouvel. Dit zwarte, neo-classicistische gebouw van staal en glas werd in 1993 ondanks grote protesten heropend. Verder naar het zuiden staat het **Musée de l'Imprimerie**, dat een beeld geeft van de beginperiode van de Lyonse drukkerijen aan het einde van de 15de eeuw. Twee andere musea op het Presqu'île zijn het **Musée Historique des Tissus**, met een bijzondere collectie zijde en wandtapijten van het begin van onze jaartelling tot heden, en het **Musée des Arts Décoratifs**, met wandtapijten, meubilair, porselein en *objets d'art*. De naburige **Abbaye St-Martin d'Ainay** is een gerestaureerde Karolingische kerk uit 1107.

Centrum Lyon

Abbaye St-Martin d'Ainay ⑬
Amphithéâtre des Trois Gaulles ①
Basilique Notre-Dame de Fourvière ⑨
Cathédrale St-Jean ⑫
Eglise St-Polycarpe ②
Hôtel Gadagne ⑦
Hôtel de Ville ④
Musée de la Civilisation Gallo-Romaine ⑩
Musée de l'Imprimerie et de la Banque ⑥
Musée des Arts Décoratifs ⑭
Musée des Beaux Arts ⑤
Musée Historique des Tissus ⑮
Opéra de Lyon ③
Théâtres Romains ⑪
Tour Métallique ⑧

Symbolen

Zie blz. 368-369
Metrostation
Parkeerplaats
Informatie
Kerk

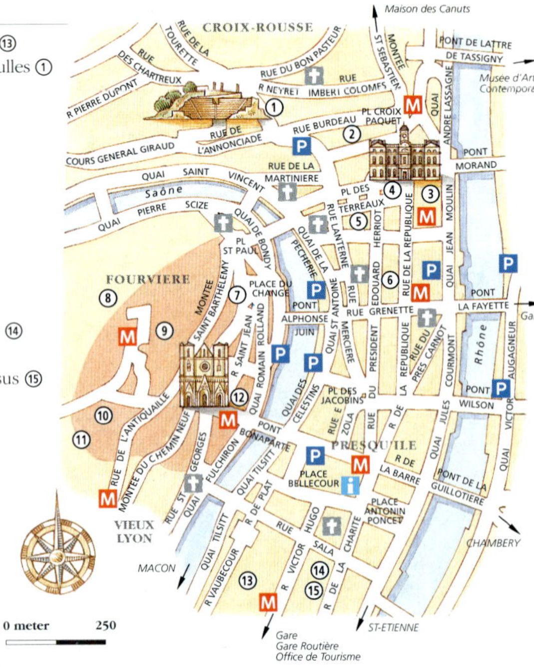

Markt op Quai St-Antoine

La Croix-Rousse
Deze arbeiderswijk ten noorden van het Presqu'île was in de 15de eeuw het centrum van de zijdeweverij van Lyon. Er zijn veel overdekte gangen, de zogeheten *traboules*, waardoor de wevers stoffen vervoerden. Kijk maar eens op Place des Terreaux 6, en loop door tot de **Eglise St-Polycarpe**. Vlakbij ligt de ruïne van het **Amfithéâtre des Trois Gaulles** uit 19 n.C. en het **Maison des Canuts**, waar u een traditioneel zijdeweefgetouw in werking kunt zien.

Le Part-Dieu
In deze moderne zakenwijk op de oostoever van de Rhône ligt het TGV-station, een gigantisch winkelcentrum, een openbare bibliotheek en het **Auditorium Maurice-Ravel**, waar grote culturele festiviteiten plaatsvinden.

Musée de l'Imprimerie
Rue de la Poulaillerie 13.
04-78376598.
Open wo-zo.
Gesloten feestdagen.

Musée Historique des Tissus
Rue de la Charité 34. 04-78371505.
Open di-zo. **Gesloten** feestdagen.

Musée des Arts Décoratifs
Rue de la Charité 30. 04-78371505.
Open di-zo. **Gesloten** feestdagen.

Maison des Canuts
Rue d'Ivry 10-12. 04-78286204.
Open ma-za (aug: di-za).
Gesloten feestdagen.

Musée des Beaux Arts

Het onlangs gerenoveerde Musée des Beaux Arts van Lyon bezit, na het Louvre, de belangrijkste kunstverzameling van Frankrijk. Het museum is gevestigd in het 17de-eeuwse Palais St-Pierre, een voormalig benedictijnenklooster voor adellijke vrouwen. Het Musée d'Art Contemporain, voorheen gehuisverst in het Palais St-Pierre, bevindt zich nu op Cité Internationale 81, ten noorden van de Jardin Tête d'Or. Het is gespecialiseerd in werk van na 1950.

Oudheidkunde

De afdeling oudheidkunde bevindt zich op de begane grond van het museum, waar ook tentoonstellingen worden gehouden. De collectie omvat onder meer archeologische vondsten uit Egypte, Etruskische beeldjes en 4000 jaar oud keramiek uit Cyprus.

Beeldhouwkunst en antieke gebruiksvoorwerpen

In de oude kapel op de begane grond is de afdeling beeldhouwkunst met werken uit de romaanse periode en de Italiaanse Renaissance. Er staan ook werken uit de 19de en de 20ste eeuw van onder anderen Rodin en Bourdelle (ook op de binnenplaats), Maillol, Despiau en Pompon. De grote verzameling gebruiksvoorwerpen op de eerste verdieping omvat middeleeuws ivoor, keramiek, munten, wapens, juwelen, meubilair en wandtapijten.

Odalisque **(1841) van Jean-Jacques Pradier**

Schilderijen en prenten

De prachtige collectie schilderijen bevindt zich op de eerste en de tweede verdieping. Er hangt werk van Spaanse en Hollandse meesters, van Franse kunstenaars uit de 17de, 18de en 19de eeuw en van moderne kunstenaars. Ook de Lyonse school is vertegenwoordigd met haar fraaie bloempatronen die al eeuwenlang een inspiratiebron zijn voor de stofontwerpers. In het Cabinet d'Arts Graphiques op de eerste verdieping zijn ruim 4000 tekeningen en etsen van kunstenaars als Delacroix, Poussin, Géricault, Degas en Rodin (alleen op afspraak).

Fleurs des Champs **(1845) van Jean-Louis Janmot uit de Lyonse School**

Musée des Beaux Arts
Palais St-Pierre, Place des Terreaux 20.
04-72101740. **Open** wo-zo.
Gesloten feestdagen.

La Méduse **(1923) van Alexej von Jawlensky**

Châtiment de Lucurgue **in het Musée Archéologique, St-Romain-en-Gal**

Vienne ❺

Isère. 29.000. Cours Brillier (04-74851262). za.

Geen enkele andere stad in het Rhône-dal heeft zoveel historische gebouwen als Vienne. De stad ligt tussen de rivier en de heuvels en toen de Romeinen dit gebied in de eerste eeuw v.C. veroverd hadden, zagen ze direct de strategische voordelen. Het centrum van de Romeinse stad was de **Tempel van Augustus en Livia** (25 v.C.) aan het Place du Palais, een fraai gebouw met Korinthische zuilen. Op het Place de Miremont liggen de resten van het **Théâtre de Cybèle**, waar rituele orgieën werden gehouden ter ere van de godin Cybele. Het **Théâtre Romain,** aan de voet van de Mont Pipet bij de Rue du Cirque, behoort met zijn 13.000 zitplaatsen tot de grootste Romeinse amfitheaters van Frankrijk. Na de restauratie in 1938 wordt er nu onder meer in de eerste twee weken van juli een internationaal jazzfestival gehouden. Vanaf de bovenste rij hebt u een prachtig uitzicht over de stad en de rivier. Andere Romeinse overblijfselen zijn een gedeelte van een Romeinse weg in het park en de **Pyramide du Cirque**, een vreemd bouwwerk van zo'n 20 m hoog, dat ooit onderdeel was van een wedrenbaan. **Het Musée des Beaux Arts et Archéologie** heeft een mooie collectie Gallo-Romeinse voorwerpen, 17de-eeuwse schilderijen van lokale kunstenaars en 18de-eeuwse Franse faience. De **Cathédrale St-Maurice** is het belangrijkste middeleeuwse monument van Vienne. De kerk werd gebouwd tussen de 12de en 16de eeuw in een ongebruikelijke mengeling van romaanse en gotische stijlen. Er zijn drie zijbeuken, maar geen dwarsbeuk, en er staan fraaie romaanse beelden. Twee van de oudste christelijke kerken van Vienne zijn de 12de-eeuwse **Eglise St-André-le-Bas**, met rijk bewerkte kapitelen in het schip en de kloostergangen, en de **Eglise St-Pierre**, die dateert uit de 5de en 6de eeuw. Hierin is het **Musée Lapidaire** gevestigd, dat is gewijd aan de steenhouwerij met een collectie bas-reliëfs en beelden uit Galloromeinse gebouwen.

Tempel van Augustus en Livia (1ste eeuw v.C.) in Vienne

Musée des Beaux Arts et d'Archéologie
Place de Miremont. *04-74855042.*
Open *april-half okt: wo-ma, half okt-maart: wo-za, zo 's middags.*
Gesloten *1 jan, 1 mei, 1 & 11 nov, 25 dec.*

Musée Lapidaire
Place St-Pierre. *04-74852035.*
Open *april-half okt: wo-ma, half okt-maart: wo-za, zo 's middags.*
Gesloten *1 jan, 1 mei, 1 & 11 nov, 25 dec.*

Cathédrale de St-Maurice, Vienne

St-Romain-en-Gal ❻

Rhône. *1.300.* *Vienne.*

Deze handelsstad ligt aan de Rhône tegenover Vienne. In 1967 kwamen bij bouwwerkzaamheden de overblijfselen van een grote Romeinse nederzetting aan het licht die stamt uit 100 tot 300 v.C. Het bevat resten van villa's, badhuizen, winkels en pakhuizen. Het Huis van de Zeegoden heeft een prachtige mozaïekvloer met afbeeldingen van Neptunus en andere zee-taferelen.
Een groot deel van de opgravingen is te zien in het nieuwe **Musée Archéologique**, naast de ruïnes. De indruk-

wekkende collectie omvat huishoudelijke voorwerpen, muurschilderingen en mozaïeken. De *Châtiment de Lycurgus*, een in 1907 ontdekt mozaïek, is het topstuk.

Site Archéologique
04-74537401. **Open** *di-zo.* **Gesloten** *feestdagen.*

St-Étienne 7

Loire. 200.000. Pl Roanelle (04-77251214). dag.

Het sombere imago van industriestad, vanwege haar kolenmijnen en wapenindustrie, doet St-Étienne geen recht. Het centrum rond het Place des Peuple is druk en levendig en het nabijgelegen **Musée d'Art et d'Industrie** zal liefhebbers van techniek boeien. Het behandelt de industriële achtergrond van St-Étienne, zoals de ontwikkeling van het revolutionaire Jacquard-weefgetouw. De grootste trekpleister van de stad is echter het **Musée d'Art Moderne**, een groot, modern gebouw waarvan de muren bekleed zijn met zwarte keramische panelen. Het ligt aan de noordrand van de stad vlak bij de N82. Het heeft een groeiende collectie 20ste-eeuwse kunst van onder meer Andy Warhol en Frank Stella.

Detail van het bizarre Palais Idéal du Facteur Cheval in Hauterives

Musée d'Art et d'Industrie
Place Louis Comte. 04-77330485. **Gesloten** *tot begin 1999 wegens renovatie.*

Musée d'Art Moderne
La Terrasse. 04-77795252 **Open** *dag.* **Gesloten** *1 jan, 1 mei, 14 juli, 15 aug, 1 nov, 25 dec.*

Palais Idéal du Facteur Cheval 8

Hauterives, Drôme. Romans-sur-Isère 04-75688119. **Open** *dag.* **Gesloten** *1 jan, 25 dec.*

In Hauterives, 25 km ten noorden van Roman-sur-Isère aan de D538, ligt een van de vreemdste gebouwen van Frankrijk, een wonderlijk 'paleis' van stenen. Het is gebouwd in Egyptische, Romeinse, Azteekse en Siamese bouwstijlen door een plaatselijke postbode, Ferdinand Cheval, die de stenen verzamelde op zijn dagelijkse ronde te paard. Zijn project oogstte bewondering van kunstenaars zoals de surrealist André Breton. Binnen staan talloze motto's en opmerkingen van Cheval gekrast. De meest aangrijpende tekst gaat over de noeste arbeid om zijn droombeeld te verwezenlijken: '1879-1912: 10.000 dagen, 93.000 uur, 33 jaar zwoegen.'

Bruggen over de Rhône

De Rhône speelde een belangrijke rol in de Franse geschiedenis, zowel voor militaire transporten als voor commercieel verkeer tussen noord en zuid. De rivier is altijd gevaarlijk geweest en vormde eeuwenlang een uitdaging voor wie er op moest varen. In 1825 bouwde de geniale ingenieur Marc Seguin de eerste hangbrug met stalen kabels. Twintig latere bruggen over de Rhône veranderden de verhoudingen tussen oost en west voorgoed.

Hangbrug over de Rhône bij Tournon-sur-Rhône

Tournon-sur-Rhône

Tournon-sur-Rhône ❾

Ardèche. 10.000. Hôtel de la Tourette (04-75081023). wo & za.

Aan de voet van indrukwekkende granieten heuvels ligt het stadje Tournon, met lommerrijke boulevards en een indrukwekkend 11de tot 16de-eeuws **kasteel**. Hierin is het museum voor lokale geschiedenis gevestigd, vanaf de terrassen hebt u uitzicht op de stad en de rivier. De vierkante klokketoren en de rijk bewerkte gevel van de naburige collegiale kerk **St-Julien** is een goed voorbeeld van de Italiaanse invloed op de regionale architectuur in de 14de eeuw. Binnen hangt een *Wederopstanding* uit 1576 van Capassin, een leerling van Raphael. Aan de Quai Charles de Gaulle staat het **Lycée Gabriel-Faure** uit 1536, dit is de oudste middelbare school van Frankrijk. Recht tegenover Tournon ligt het dorp **Tain d'Hermitage**, befaamd om de steile wijngaarden waar de rode en witte Hermitage vandaan komt, de beste (en duurste) Côtes du Rhône-wijnen.

Omgeving

Vanaf het Place Jean Jaurès in Tournon slingert een weg, aangegeven met het bord **Route Panoramique,** zich via de dorpen Plats en St-Romain-de-Lerps naar St-Péray. U hebt bij elke bocht een prachtig uitzicht, het schitterend panorama over 13 *départements* bij St-Romain spant de kroon.

Valence ❿

Drôme. 65.000.
Parvis de la Gare (04-75449040).
ma-za.

Valence is een bruisende marktstad op de oostelijke oever van de Rhône, met uitzicht op de rotsen van de Ardèche. de voornaamste attractie is de romaanse **Cathédrale St-Appolinaire** aan het Place des Clercs, die stamt uit 1095 en is herbouwd in de 17de eeuw. Naast de kathedraal staat het voormalige Bisschoppelijk Paleis, waar nu het kleine **Musée des Beaux Arts** is gevestigd, met een verzameling 18de-eeuwse krijttekeningen van Rome door Hubert Robert. Hier vlakbij staan twee renaissance-huizen. Het **Maison des Têtes** aan de Grande Rue 57 werd in 1532 gebouwd en is versierd met stenen portretten van Grieken als Aristoteles, Homerus en Hippocrates. Aan de Rue Pérollerie staat het **Maison Dupré-Latour** met een gebeeldhouwde veranda en trap. In het **Parc Jouvet**, ten zuiden van de Avenue Gambetta, zijn vijvers en tuinen. Hier hebt u een mooi uitzicht over de rivier en de ruïne van **Château de Crussol**.

Musée des Beaux Arts

Place des Ormeaux 4.
04-75792080. ***Open*** *dag.* ***Gesloten*** *ma, di, do en vr morgen, feestdagen. behalve zo.*

De kalkstenen Pont d'Arc

De Ardèche ⓫

Ardèche. Avignon.
Montélimar, Pont St-Esprit.
Montélimar, Vallon Pont d'Arc.
Vallon Pont d'Arc (04-75880401).

Water en wind hebben dit deel van Frankrijk in de loop van duizenden jaren zo woest en ruig gemaakt dat

Côtes du Rhône

De Rhône ontspringt in de Zwitserse Alpen en mondt uit in de Middellandse Zee. De rivier verbindt de vele wijngaarden in de vallei met elkaar. Die zijn verdeeld in drie kwaliteitsklassen of *appelations:* onderaan staan de regionale Côtes du Rhône, hier komen de meeste wijnen uit het Rhônegebied vandaan; daarboven staan de Côtes du Rhône-Villages, waar veel schilderachtige dorpjes liggen; en bovenaan staan de dertien individuele *appelations*. Daarvan zijn de steile hellingen van de Hermitage en de Côte Rôtie in het noorden, en het historische Châteauneuf du Pape *(blz. 493)* in het zuiden het beroemdst. Het leeuwedeel van de produktie bestaat uit rode wijn die wordt gemaakt van syrah-druiven en pittig, vol en robuust is van smaak.

Wijngaard in de Côtes du Rhône

het meer lijkt op de prairies van de VS, dan op het frisgroene beeld dat men gewoonlijk heeft van het Franse platteland. Ondergronds is het hier al even bijzonder: in de Ardèche kunt u talloze druipsteengrotten bewonderen. De mooiste zijn **Aven d'Orgnac** (*aven* betekent put) ten zuiden van Vallon-Pont-d'Arc, en **Grotte de la Madeleine**, die bereikbaar is via een aangegeven pad vanaf de D290.

Wie liever boven de grond blijft, kan naar de **Gorges de l'Ardèche** gaan. Vanaf de D290 hebt u het beste uitzicht omdat deze weg 32 km lang langs de diepgelegen rivier loopt. Bijna aan het einde van de kloof ligt de **Pont d'Arc**, een natuurlijke kalkstenen 'brug' over de rivier die in de loop van duizenden jaren is ontstaan door de werking van erosie en wind.

Kanoën en vlotvaren zijn hier populaire sporten. Boten en vlotten kunnen onder meer worden gehuurd in Vallon-Pont-d'Arc. Na de tocht wordt u met uw tweepersoons kano opgehaald uit het 32 km stroomafwaarts gelegen St-Martin d'Ardèche. Denk er overigens wel aan dat de Ardèche tot de snelst stromende rivieren van Frankrijk behoort. In mei en juni is het risico gering, in het najaar echter kan de stroming onvoorspelbaar en gevaarlijk zijn, vooral voor beginners.

De liefelijker kant van deze streek vindt u in de schilderachtige oude dorpjes, de elegante kuuroorden die aan vervlogen dagen doen denken, de wijngaarden en de velden vol tamme kastanjes (waarvan het heerlijke *marron glacé* wordt gemaakt).

De Gorges de l'Ardèche tussen Vallon-Pont d'Arc en Pont St-Esprit

Vogüé aan de oever van de Ardèche

Zo'n 13 km ten zuiden van Aubenas ligt het 12de-eeuwse plaatsje **Balazuc**, kenmerkend voor deze streek en een bezoek meer dan waard.

De stenen huizen zijn tegen de heuvel gebouwd en kijken uit over een kloof van de Ardèche. De D294 van en naar het dorp biedt fraaie uitzichten. Het naburige **Vogüé** ligt genesteld tussen de rivier en een kalkstenen rots.

Het opvallendste aan dit piepkleine, sfeervolle dorpje is het **Château de Vogüé** uit de 12de eeuw. In vroeger tijden zetelden hier de baronnen van Languedoc. Het is in de 17de eeuw herbouwd en herbergt nu een regionaal museum.

Château de Vogüé
04-75377650.
***Open** Pasen-15 juni: zon- & feestdagen; 16 juni-15 sept: zo-vr.*

Vals-les-Bains ⓬

Ardèche. 3700. Gare Routière (04-75374927). do & zo.

Dit kleine kuuroord heeft nog iets behouden van zijn oude elegantie. Het ligt in het Volane-dal waar ten minste 150 bronnen zijn. Op twee na zijn de alle koud. Het water bevat dubbelkoolzure soda en andere mineralen en schijnt heilzaam te zijn voor de spijsvertering, reumatiek en suikerziekte.

De bronnen van Vals-les-Bains werden rond 1600 ontdekt en zijn daarmee enkele van de weinige bronnen die de Romeinen over het hoofd hebben gezien. Tijdens de *Belle Epoque* beleefde het stadje haar hoogtepunt; waaraan veel gebouwen en parken herinneren. Met haar casino, mooie parken, restaurants en hotels is Vals een goede pleisterplaats in de Ardèche.

Omgeving

Ongeveer 15 km ten oosten van Vals ligt de romaanse kerk van **St-Julien du Serre**.

Boerderij bij Le Poët Laval, ten oosten van Montélimar

Montélimar ⓭

Drôme. 31.000. Allées Provençales (04-75010020). wo & za.

Als u van zoetigheid houdt, moet u zeker naar Montélimar gaan. De voornaamste attractie van deze marktstad is het middeleeuwse centrum waar vele winkeltjes zijn vol noga met amandelen. Dit heerlijke snoepgoed wordt hier al gemaakt sinds het begin van de 17de eeuw, toen de amandelboom vanuit Azië naar Frankrijk kwam. Het **Château des Adhémar**, gebouwd in een mengelmoes van stijlen uit de 12de, 14de en 16de eeuw, staat hoog op een heuvel ten oosten van de stad.

Château des Adhémar

*04-75010785. **Open** april-okt: dag.; nov-maart: wo-ma. **Gesloten** 1 jan, 25 dec.*

Omgeving

De omgeving van Montélimar is bezaaid met schilderachtige dorpjes en landweggetjes. **La Bégude-de-Mazenc** is een klein vakantieoord waarvan de versterkte oude stad op een heuvel ligt. Verder naar het oosten, in de heuvels aan de voet van de Alpen, ligt **Le Poët Laval**, een piepklein middeleeuws dorpje met honinggele huizen. In **Dieulefit**, de hoofdstad van deze streek, zijn enkele kleine hotels en restaurants, tennisbanen, zwembaden en visplaatsen. In het zuiden ligt het vestingstadje **Taulignan**, befaamd vanwege de gerechten met truffels, de lokale delicatesse.

Grignan ⓮

Drôme. 1300. Grande Rue (04-75465675). di.

Dit dorpje is mooi gelegen op een rotsachtige heuvel omringd door lavendelvelden. Het dankt zijn roem aan Madame De Sévigné, die een groot deel van haar beroemde brieven schreef tijdens haar verblijf op het **Château de Grignan**. Dat werd in de 15de en 16de eeuw gebouwd, en behoort tot de mooiste renaissance-gebouwen van deze omgeving. Er is een fraaie collectie Lodewijk XIII-meubilair en wandtapijten uit Aubusson.

Vanaf het terras kunt u tot aan de Monts Vivarais in de Ardèche zien. Vlak onder het terras staat de **Eglise de St-Saveur** van circa 1530. Hierin ligt het graf van Madame De Sévigné, die in 1696 stierf op 69-jarige leeftijd.

Château de Grignan

*04-75465156. **Open** april-okt: dag., nov-maart: wo-ma. **Gesloten** 1 jan, 25 dec.*

Nyons ⓯

Drôme. 7000. Place de la Libération (04-75261035). do.

Een Fransman associeert de naam Nyons met olijven, want deze streek is een belangrijk centrum van de olijventeelt. Elke donderdag zijn er op de markt alle mogelijke olijfprodukten te koop, van zeep tot *tapenade*, de olijvenpasta die in het zuiden zo geliefd is. Het **quartier des Forts** is het oudste deel van Nyons, vol straatjes en steegjes. Vooral de overdekte Rue des Grands Forts is de moeite waard. Over de rivier de Aygues ligt een sierlijke 13de-eeuwse brug. Aan de stadskant staat een aantal oude molens, verbouwd tot winkels, waar u de enorme persen kunt zien waarmee vroeger de olijfolie werd gewonnen. Het **Musée de l'Olivier** geeft nog meer informatie over het kweken van olijven en de talloze gebruiksmogelijkheden. Van de belvédère boven de stad hebt u uitzicht over de omgeving. Doordat Nyons beschut ligt achter de bergen heeft de stad een haast mediterraan klimaat, alle planten en bomen van de Rivièra groeien hier.

Musée de l'Olivier

*Ave des Tilleuls. 04-75261212. **Open** maart-okt: dag., nov-feb: ma-za.*

Omgeving

De D94 loopt van Nyons westwaarts naar het wijndorpje **Suze-la-Rousse**. In de Middeleeuwen was dit de voornaamste stad in de streek. Nu dankt ze haar faam aan de 'wijnuniversiteit', een wereldberoemd centrum van oenologie. Het is gevestigd in het 14de-eeuwse

Grignan en het renaissance-kasteel op de heuvel

Olijfgaarden bij Nyons

Château de Suze-la-Rousse, dat ooit het jachtverblijf was van de prinsen van Oranje. De binnenplaats is een meesterwerk van renaissance-architectuur en in verscheidene kamers zijn nog de oorspronkelijke verf en pleisterwerk te zien.

Château de Suze-la-Rousse
04-75048144. ***Open*** *Pasen-okt: dag.; nov-Pasen: wo-ma.*
Gesloten *1 jan, 25 dec.*

***Jeu de boules* in Nyons**

Briançon ⓰

Hautes Alpes. 12.000. Place du Temple (04-92210850). wo

Briançon is de hoogst gelegen stad van Europa, 1320 m. Het was al voor de Romeinse tijd een belangrijk bolwerk. Van hier verdedigde men de weg naar de Col de Montegenèvre, een van de oudste en belangrijkste passen naar Italië. Aan het begin van de 18de eeuw kreeg de stad verdedigingswallen en poorten, die nog steeds intact zijn. Ze werden gebouwd door Vauban, de militair architect van Lodewijk XIV. Automobilisten kunnen het best parkeren op de Champs de Mars en te voet de stad in gaan via de **Porte de Pignerol**.
U komt dan in de **Grande Rue**, een smalle steile straat met een goot in het midden en omzoomd door mooie oude huizen. De **Eglise de Notre-Dame** stamt uit 1718 en werd, half en half als verdedigingswerk, gebouwd door Vauban. Wie Vauban's **citadel** wil bezoeken, kan bij het toeristenbureau terecht voor een gids. Tegenwoordig is Briançon een populair sportcentrum waar u kunt skiën in de winter en vlotvaren, fietsen en *parapente* in de zomer.

Omgeving
Iets ten westen van Briançon ligt het **Parc National des Ecrins**, het grootste nationale park van Frankrijk, met hoge bergtoppen, gletsjers en veel verschillende alpenbloemen. Via de woeste Col de l'Izoard komt u in het **Parc Régional du Queyras**. Een muur van 3000 m hoge bergen vormt de grens tussen dit prachtige ruige natuurpark en Italië.

Le Bourg d'Oisans ⓱

Isère. 2900. Quai Girard (04-76800325). za.

Le Bourg d'Oisans is een ideale uitvalsbasis voor een bezoek aan de Romanche-vallei en haar omgeving. U kunt hier onder meer fietsen en bergbeklimmen. Skiën kunt u in het vlakbij gelegen vakantieoord **L'Alpe d'Huez**. Sinds de Middeleeuwen worden hier zilver en andere delfstoffen gevonden. De stad heeft een reputatie op het gebied van de geologie en de mineralogie. Het **Musée des Mineraux et de la Faune des Alpes** heeft een wereldberoemde collectie kristallen en edelstenen.

Musée des Minéraux et de la Faune des Alpes
04-76802754. ***Open*** *dag. (okt-half nov: alleen 's middags).* ***Gesloten*** *1 jan, 25 dec.*

Leven aan de top

De steenbok is één van de zeldzaamste bewoners van de Franse Alpen. Het dier leeft hoog boven de boomgrens, behalve in de koudste tijd van het jaar. Voor het Parc National de la Vanoise werd geopend, was deze vaardige klimmer in Frankrijk bijna uitgestorven, maar door strenge maatregelen zijn er nu weer ruim 500. Zowel mannetjes als vrouwtjes hebben horens.

Steenbok in het Parc National de la Vanoise

Voormalig stadhuis van Grenoble, nu het Musée Stendhal

Grenoble ⓲

Isère. 200.000.
Rue de la République 14 (04-76424141). di-zo.

Grenoble is de vroegere hoofdstad van de Dauphiné, hier vonden in 1968 de Olympische Winterspelen plaats. De technische universiteit van deze welvarende stad is een centrum van chemie, elektronica en kernonderzoek. De stad ligt fraai bij de samenloop van de Drac en de Isère, met de bergen van de Vercors en de Chartreuse in het westen en het noorden. Een kabelbaan brengt u van de Quai Stéphane-Jay naar het 16de-eeuwse **Fort de la Bastille**, vanwaar u een prachtig uitzicht hebt op de stad en de bergen. Hiervandaan lopen paden omlaag door het Parc Guy Pape en de Jardin des Dauphins naar het **Musée Dauphinois**, in een 17de-eeuws klooster. Het is gewijd aan de regionale geschiedenis, kunst en kunstnijverheid. Op de linkeroever van de Isère draait alles rond het Place Grenette, een druk plein met terrassen. Het Place St-André is het middeleeuwse hart van de stad, omlijst door de oudste huizen van Grenoble, waaronder de 13de-eeuwse **Eglise St-André** en het **Palais de Justice** uit de 15de eeuw. In het voormalige stadhuis heeft het **Musée Stendhal** een tentoonstelling over het leven van deze 19de-eeuwse schrijver uit Grenoble. In het **Musée de Grenoble**, een prachtig nieuw gebouw op het Place de Lavalette, zijn kunstwerken uit diverse perioden te zien, waaronder werk van Chagall, Picasso en Matisse. Aan de Rue Hébert staat het **Musée de la Résistance**, met een verzameling documenten over het Franse verzet. Het **Centre National d'Art Contemporain** (beter bekend als 'Le Magasin') is een gerenoveerd pakhuis op de Cours Berriat. Hier wordt moderne kunst tentoongesteld. In de wijk Malherbe biedt het **Maison de la Culture** ('Le Cargo') plaats aan activiteiten als filmfestivals en orkestuitvoeringen. Halverwege 1998 zal het grondig gereneoveerd worden, de voorstellingen zullen elders plaatsvinden.

Musée Dauphinois
Rue Maurice Gignoux 30.
*04-76851901. **Open** wo-ma.*
***Gesloten** 1 jan, 1 mei, 25 dec.*

Musée Stendhal
Rue Hector Berlioz 1. *04-76544414.*
Bel voor openingstijden.

Gondelbaan in Grenoble

Musée de Grenoble
Place de Lavalette 5. 04-76634444.
Open wo-ma. **Gesloten** 1 jan, 1 mei, 25 dec.

Musée de la Résistance
Rue Hébert 14. 04-76423853.
Open wo-ma. **Gesloten** 1 jan, 1 mei, 25 dec.

CNAC (Le Magasin)
Cours Berriat 155. 04-76219584.
Open di-zo (tijdens tentoonstellingen). **Gesloten.** 1 mei, 25 dec.

Maison de la Culture
Rue Paul Claudel 4. 04-76259200.
Open sept-juni: di-za 's middags. verplicht. **Gesloten** 24 dec-4 jan, schoolvakanties en feestdagen.

De Vercors ⓳

Isère & Drôme. Grenoble. Romans-sur-Isère, St-Marcellien, Grenoble. Pont-en-Royans, Romans-sur-Isère. Pont-en-Royans (04-76360910).

Ten zuiden en westen van Grenoble ligt de Vercors, een van de meest indrukwekkende regionale parken in Frankrijk, een wildernis van naaldbossen, watervallen en smalle, diepe kloven. Vanuit Grenoble voert de D531 door **Villard-de-Lans** – van waaruit u excursies in de omgeving kunt maken – naar de donkere **Gorges de la Bourne**. Acht kilometer verder kijkt het gehucht **Pont-en-Royans** uit over een zeer smalle kloof. De huizen zijn in de kalkstenen rotsen uitgehakt en hebben uitzicht over de rivier de Bourne. Ten zuiden van Pont-en-Royans slingert de **Route de Combe-Laval** via de D76 langs een steile bergkam boven de woeste rivier. De **Grands Goulets**, 6,5 km naar het oosten, is een diep, smal ravijn, waar u door de hoge rotswanden bijna geen lucht meer ziet. De bekendste berg in het park is de **Mont Aiguille**, een steile rots van 2086 m hoogte. In de Tweede Wereldoorlog was de Vercors een centrum van het Verzet. In juli 1944 voerden de Duitsers hier een luchtaanval uit waarbij een aantal dorpen werd verwoest. Net als in Grenoble is het Verzetsmuseum in Vassieux een bezoek waard.

Grazende koeien in de Chartreuse

De Chartreuse ⓴

Isère & Savoie. Grenoble, Chambéry. Grenoble, Voiron. St-Pierre-de-Chartreuse. St-Pierre-de-Chartreuse (04-76886208).

Vanuit Grenoble loopt de D512 richting Chambéry naar de Chartreuse. Dit is een bebost, bergachtig gebied waar aan het eind van de 19de eeuw de door waterkracht opgewekte elektriciteit werd uitgevonden. Het **Monastère de la Grande Chartreuse** ligt ten westen van St-Pierre-de-Chartreuse langs de D520-Bis, en is van verre te zien. Het klooster werd in 1084 gesticht door St-Bruno en dankt zijn faam aan de Chartreuse-likeur die sinds 1605 door de monniken wordt gestookt. Het recept is gebaseerd op een geheim kruidenelixer met 130 ingrediënten. Het klooster wordt bewoond door zo'n 40 monniken die stilte en afzondering zoeken. Het is dan ook niet toegankelijk voor publiek, maar het **Musée de la Correrie** bij de ingang schetst een beeld van het leven van deze kartuizer monniken.

Musée de la Correrie
St-Pierre-de-Chartreuse.
04-76886045. **Open** Pasen-okt: dag.

Boerderij in de beboste bergen van de Chartreuse

Chambéry 21

Savoie. 55.000.
Boulevard de la Colonne 24 (04-79334247). za.

Deze waardige stad, met haar duidelijk Italiaanse sfeer, was ooit de hoofdstad van Savoie. Het mooiste monument is de extravagante **Fontaine des Eléphants** aan de Rue de Boigne. Deze werd in 1838 gebouwd ter ere van de Comte de Boigne, die zijn stad een deel van zijn in India vergaarde fortuin naliet. Het **Château des Ducs de Savoie**, aan de andere kant van de Rue de Boigne, stamt uit de 14de eeuw en wordt nu gebruikt door de Préfecture (politie). Sommige delen van het gebouw zijn voor publiek toegankelijk, zoals de laat-gotische Ste-Chapelle. In het zuidwesten van de stad ligt het 17de-eeuwse landhuis **Les Charmettes**, waar de filosoof Rousseau van 1732 tot 1742 woonde met zijn maîtresse Madame De Warens. De met wijnranken overdekte tuin is zeker een bezoek waard, net als het kleine museum over Rousseau.

Les Charmettes

Chemin des Charmettes 892.
04-79333944.
***Open** wo-ma. **Gesloten** feestdagen.*

Romeins beeld in de Tempel van Diana

Lac du Bourget in Aix-les-Bains

Aix-les-Bains 22

Savoie. 25.000.
Pl Jean Mollard (04-79350592).
wo & za.

De grote romantische dichter Lamartine beschreef de schoonheid van Lac de Bourget, waaraan het kuuroord Aix-les-Bains ligt. De 19de-eeuwse **Thermes Nationaux** vormen het hart van de stad. Ruim 2000 jaar geleden lieten de Romeinen zich al verkwikken door deze warme bronnen. In de kelder zijn nog overblijfselen van hun baden te zien. In dit instituut komen tegenwoordig meer *curistes* dan in enig ander kuuroord in Frankrijk. Tegenover de baden staat de **Tempel van Diana** uit de 2de eeuw v.C. Het **Musée Faure** bezit een prachtige collectie impressionistische schilderijen (onder anderen Degas en Sisley), beelden van Rodin en souvenirs van Lamartine.

Thermes Nationaux

Pl Maurice Mollard. *04-79353850.*
***Open** wo 's middags. verplicht.*
***Gesloten** half dec-half jan, 1 mei, 14 juli, 15 aug.*

Musée Faure

Villa des Chimères, Bd des Côtes 10.
*04-79610657. **Open** wo-ma.*
***Gesloten** 18 dec-2 jan, feestdagen.*

Omgeving

Er varen boten uit Aix over het Lac de Bourget naar de **Abbaye d'Hautecombe**. In deze benedictijnenabdij is het mausoleum van de Savoyard-dynastie ondergebracht. Rond **Le Revard**, ten oosten van Aix aan de D913, liggen wandel- en langlaufpaden met prachtig uitzicht over het meer en op de Mont Blanc.

Annecy 23

Haute Savoie. 50.000.
Rue Jean Jaurès 1 (04-50450033).
do, vr & za.

Annecy ligt aan de noordkant van het Lac d'Annecy en is omringd door besneeuw-

Palais de l'Isle in Annecy (12de eeuw) en het Thiou-kanaal

Fietsen langs de oever van Lac Léman (Meer van Genève)

de toppen. Het is een van de aantrekkelijkste steden in de Alpen. Het kleine middeleeuwse stadsdeel bestaat uit grachten, bruggen vol bloemen en overdekte straatjes. Het is erg leuk om hier te wandelen, vooral als er markt is. Een aantal andere zaken is ook bijzonder: het indrukwekkende **Palais de l'Isle**, een gevangenis uit de 12de eeuw midden in het Thiou-kanaal; het hoog boven de stad gelegen **Château d'Annecy** dat een mooi uitzicht biedt op de oude stad en het kristalheldere meer. De beste plek voor watersport en om te zwemmen is aan de oostzijde van de Avenue d'Albigny bij het Imperial Palace hotel. Boottochten vertrekken vanaf de Quai Thiou.

Omgeving

Tijdens de boottocht van Annecy naar **Talloires** kunt u uitstekend van deze prachtige omgeving genieten. Het dorpje Talloires ligt aan het meer en heeft beroemde restaurants en hotels. Aan de overkant van het smalste deel van het meer ligt het 15de-eeuwse **Château de Duingt** (voor publiek gesloten). Op de westoever kunt u vanaf de top van de Semnoz, de **Crêt de Châtillon**, prachtig uitkijken over de Mont Blanc en de Alpen.

Lac Léman ㉔

Haute Savoie & Zwitserland. ✈ Geneva. 🚆 🚌 Genève, Thonon-les-Bains, Évian-les-Bains. ℹ Thonon-les-Bains (04-50715555).

Door het prachtige landschap en het zachte klimaat is de Franse kant van het meer van Genève een geliefd vakantieoord sinds in 1839 de eerste bronhuizen werden gebouwd in Évian-les-Bains. **Yvoire** is een goed beginpunt voor een bezoek aan dit gebied. Deze middeleeuwse vissershaven wordt bewaakt door een massief 14de-eeuws kasteel en de huizen zijn behangen met kleurige plantenbakken. Verder naar het oosten ligt op een rots boven het meer het welvarende kuuroord **Thonon-les-Bains**. Een kabeltreintje gaat omlaag naar Rives, het haventje aan de voet van de rots, waar zeilboten worden verhuurd. Hier leggen ook de rondvaartboten naar de Zwitserse steden Genève en Lausanne aan. Buiten de stad ligt het 15de-eeuwse **Château de Ripaille**, dat beroemd werd door een van zijn bewoners, hertog Amadeus VIII, de latere tegenpaus Felix V. In **Évian-les-Bains** heerst nog steeds een sfeer van *la vie en rose*, hoewel het stadje is gemoderniseerd en het gelijknamige bronwater internationale bekendheid geniet. De promenade langs de oever van het meer trekt veel wandelaars, terwijl energiekere mensen kunnen tennissen, golfen, paardrijden, zeilen en in de winter skiën. Hier zijn de nieuwste kuren beschikbaar en in het casino met de buitenissige koepel wordt elke avond onder meer blackjack, roulette en baccarat gespeeld. Vanuit Évian varen dagelijks veerboten over het meer naar Lausanne in Zwitserland. Ook zijn er bustochten door de bergen.

Hôtel Royal in Évian-les-Bains ***(blz. 563)***

ZUIDWEST-FRANKRIJK

Inleiding op Zuidwest-Frankrijk

Zuidwest-Frankrijk is een landbouwgebied, een vredig land met allerlei produkten, van zonnebloemen tot *foie gras* (leverpâté). Andere specialiteiten zijn hout uit Landes en wijnen en cognac uit Bordeaux. De moderne industrie, waaronder die van de ruimtevaart, is geconcentreerd in de twee grootste steden Bordeaux en Toulouse. Toeristen komen voor de brede Atlantische stranden, de skihellingen van de Pyreneeën en het rustige platteland van de Dordogne. In dit gebied staat een aantal beroemde romaanse bouwwerken.

Haven van La Rochelle *Dit is een jacht- en handelshaven* (blz. 406). *De Tour de la Chaîne en de Tour St-Nicolas staan als wachters bij de ingang van de stad. In het oude centrum staan koopmanshuizen aan geplaveide straatjes.*

Bordeaux *Deze stad heeft veel imposante gebouwen. Het Monument aux Girondins, met bronzen beelden en fonteinen, staat aan de 18de-eeuwse Esplanade des Quinconces* (blz. 410-412).

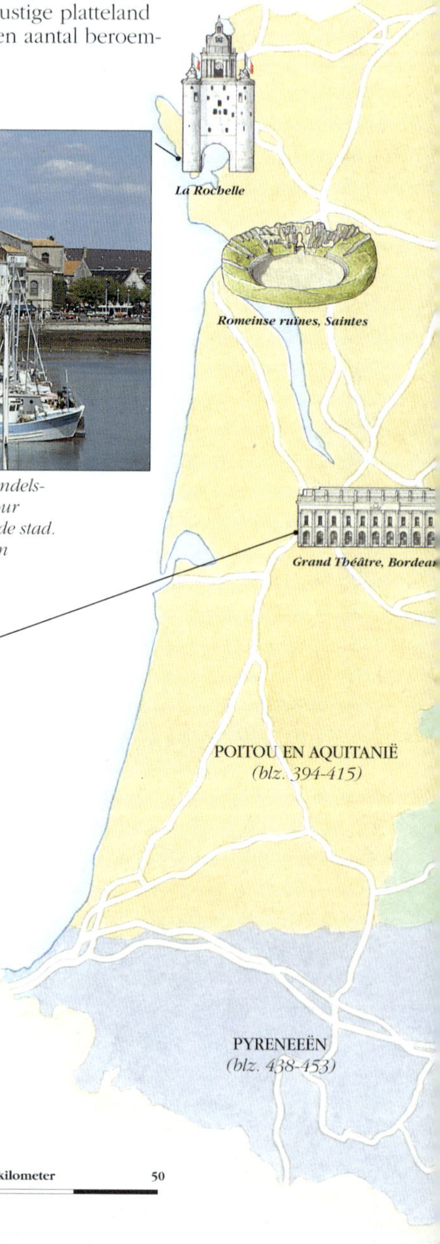

Notre-Dame-la-Grande *Dit is de mooiste kerk van Poitiers* (blz. 402-403), *met gebrandschilderde ramen en een romaanse gevel die is versierd in de stijl van de School van Poitou.*

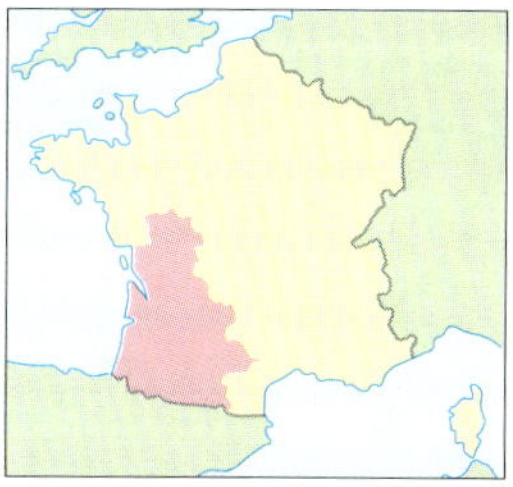

Rocamadour *Dit is zowel een pelgrims- als een toeristenoord. De kapellen en heiligdommen lijken zich vast te klampen aan de rand van de rotsachtige heuvel* (blz. 426-427). *Hier wordt de Zwarte Madonna met Kind vereerd.*

Abdij van Moissac *Dit is de mooiste middeleeuwse abdij van Zuidwest-Frankrijk* (blz. 432-433). *Het timpaan en de kapitelen zijn prachtige voorbeelden van romaans beeldhouwwerk.*

Het eten in Zuidwest-Frankrijk

Knoflook

De renaissance-koning Hendrik IV heeft gezegd: 'Een goede keuken en goede wijnen maken samen een paradijs op aarde', waarmee hij de gevarieerde keuken van Zuidwest-Frankrijk samenvatte. Langs de kusten van Arcachon en Marennes komen veel oesters en mosselen voor en er staan zoveel druiven rond Bordeaux dat er in vrijwel elk gerecht wijn wordt verwerkt (*à la bordelaise* betekent meestal 'met wijnsaus'). In de Périgord, Quercy en Gascogne leveren ganzen, eenden en geiten de heerlijkste *foie gras, confit* (ingemaakt vlees) en kaas. Truffels zijn ook zeer geliefd, ze worden gebruikt in soepen, sauzen en *pâtés*. Ganzevet wordt verwerkt in *cassoulet* (soort ragoût) en *daube de boeuf* (sudderlapjes). In Baskenland kruidt men alles met de lokale pepersoort *piment d'Espelette*, van de beroemde ham uit Bayonne en de *piperade* (soort omelet), tot vis en stoofpotten.

Piperade *is een geliefd Baskisch gerecht. Deze luchtige omelet of roerei bevat knoflook, pepers en ham.*

Foie gras *is gemaakt van de lever van een eend of gans die is vetgemest met maïs. Soms wordt hij bereid met port of cognac.*

Pain de campagne, *het traditionele ronde boerenbrood, wordt nog slechts door een enkele bakker gemaakt. Het zuurdeeg wordt in een houtoven gebakken waarbij de rook van het vuur het brood zijn karakteristieke smaak geeft.*

Cassoulet *is een gerecht dat de koks van het Zuidwesten tot felle competitie aanzet. Het is een dikke stoofpot van witte bonen met worst en stukken vlees. Er zijn allerlei versies waarbij men eend, vers of gezouten varkensvlees of schapevlees gebruikt.*

Homard persillé *is een schotel van kreeft gekookt in krachtige bouillon met peterselie en kruiden.*

Chèvre tiède sur un lit de salade *is gegrilde geitekaas op een bedje van groene sla, meestal met* croutons.

***Eend met* cèpes** *bestaat uit* confit *van gekookte, en in eigen vet ingemaakte eend met paddestoelen en knoflook.*

Verse truffels *worden vaak in een omelet verwerkt zodat hun smaak beter uitkomt. Périgord truffels schijnen de beste te zijn.*

Konijn *met gedroogde pruimen is een klassieke stoofpot waarvoor de beroemde Agen-pruimen worden gebruikt.*

Saucisson sec

Saucisson au poivre

Saucissons *zijn verse of droge* (sec) *worstjes die in heel Frankrijk te koop zijn. Ze zijn gemaakt van vlees, kruiden en specerijen.*

Geitekaas *wordt vaak ingelegd in olijfolie, met laurierbladeren, zwarte peperkorrels en tijm als smaakmakers.*

Touron *is een Baskische specialiteit, een soort noga, die bestaat uit amandelpasta met pistachenoten, hazelnoten en fruit.*

WILDE PADDESTOELEN

Paddestoelen zoeken is een populaire bezigheid in Frankrijk. Vooral het grote, vlezige *eekhoorntjesbrood (cèpe)*, de eigele *hanekam-cantharel (chantarelle)*, en de bruine *morielje (morille)* zijn in trek. Verse wilde paddestoelen vormen een goedkoop maar smakelijk alternatief voor de zeldzame truffels.

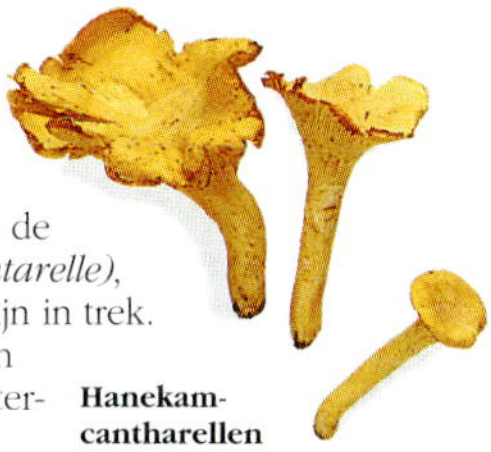

Hanekam-cantharellen

Morieljes

Eekhoorntjes-brood

Armagnac

Cognac

Quercy Noix

Walnoteolie *wordt in het zuidwesten veel gebruikt in salades. De bomen groeien in deze streek zelfs op de dunne laag aarde van de plateaus. Uit de Dordogne komen meer walnoten dan uit enige andere Franse streek.*

DRANKEN

Na wijn is cognac, een distillaat van witte druiven, de bekendste drank van deze streek. Cognac wordt zowel in Cognac als in Armagnac gemaakt en na de maaltijd gedronken. Uit Quercy komt een aperitief met de naam Quercy Noix, gemaakt van walnoten.

Franse wijnstreken: Bordeaux

Vaten maken

Rond Bordeaux ligt de grootste wijnstreek van de wereld. De handelsbetrekkingen die na het huwelijk van Eleonora van Aquitanië en Hendrik II (in 1152) ontstonden met het hof van Engeland, leidden ertoe dat de rode Bordeauxwijn in de hoogste buitenlandse kringen werd gedronken. In de 19de eeuw zetten handige kooplieden deze faam om in geld, en maakten de streek welvarend. De beroemde Appellation de Médoc werd in 1855 ingesteld, deze ranglijst van châteaux wordt tot op vandaag strikt aangehouden.

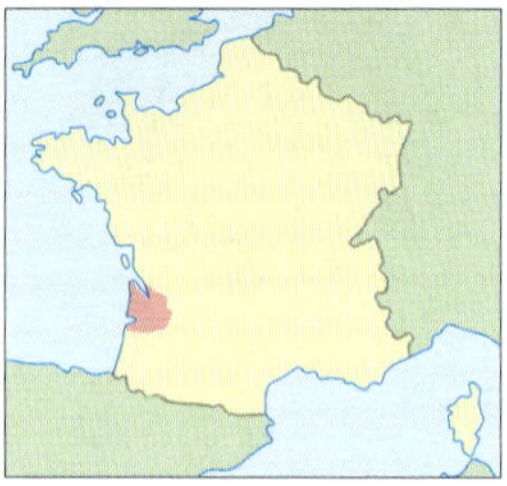

ORIËNTATIEKAART

Wijnstreek Bordeaux

Oogst van de rode Merlotdruif van Château Palmer

Cos d'Estournel *vermeldt, net als alle andere onderscheiden châteaux, op zijn etiket dat de wijn op de ranglijst van* crus classés *uit 1855 staat.*

WIJNSTREKEN

De beste Bordeauxwijnen komen uit het gebied aan weerszijden van de twee rivieren, iets mindere, vooral witte, wijnen komen van het land ertussen ('Entre-Deux-Mers'). De rivieren en de haven van Bordeaux waren van groot belang voor de wijnhandel; de mooiste châteaux liggen aan hun oevers zodat de wijn gemakkelijk kon worden vervoerd.

FEITEN OVER BORDEAUX WIJNEN

Ligging en klimaat
Weersomstandigheden verschillen niet alleen van jaar tot jaar, maar ook van wijngaard tot wijngaard. De aarde in de Médoc en Graves bevat grind, die op de andere oever klei.

Druivesoorten
De vijf voornaamste druivesoorten zijn de ***Cabernet-sauvignon, Cabernet franc, Merlot, Petit verdot*** en ***Malbec***. De Cabernet domineert de westzijde van de Gironde, Merlot de oostzijde. De meeste Bordeauxwijnen bestaan uit beide. ***Sauvignon blanc*** en ***Sémillon*** worden vaak gemengd tot zowel droge, als zoete wijn.

Goede châteaux
(rood) Latour, Margaux, Haut-Brion, Cos d'Estournel, Montrose, Léoville-Las Cases, Léoville-Barton, Lascombes, Pichon-Longueville, Pichon-Lalande, Lynch-Bages, Palmer, Rausan-Ségla, Duhart-Milon, Clerc-Milon, Grand-Puy-Lacoste, Sociando-Mallet, d'Angludet, Monbrison, Les Ormes-de-Pez, de Pez, Phélan-Segur, Chasse-Spleen, Poujeaux, Domaine de Chevalier, Pape Clément, Cheval Blanc, Canon, Pavie, l'Angelus, Le Tertre-Rôteboeuf, Larmande, Troplong Mondot, La Conseillante.

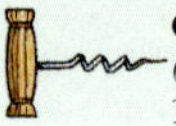

Goede wijnjaren
(rood) 1990, 1989, 1988, 1986, 1985.

Haut-Brion *staat hoog in de Appellation van Médoc en is nog steeds het enige château in Graves dat op deze lijst uit 1855 staat.*

Het beroemde opschrift *garandeert dat de Bordeauxwijn in deze streek gebotteld is, als bescherming tegen onbetrouwbare handelaars.*

Wijngaarden in St-Emilion

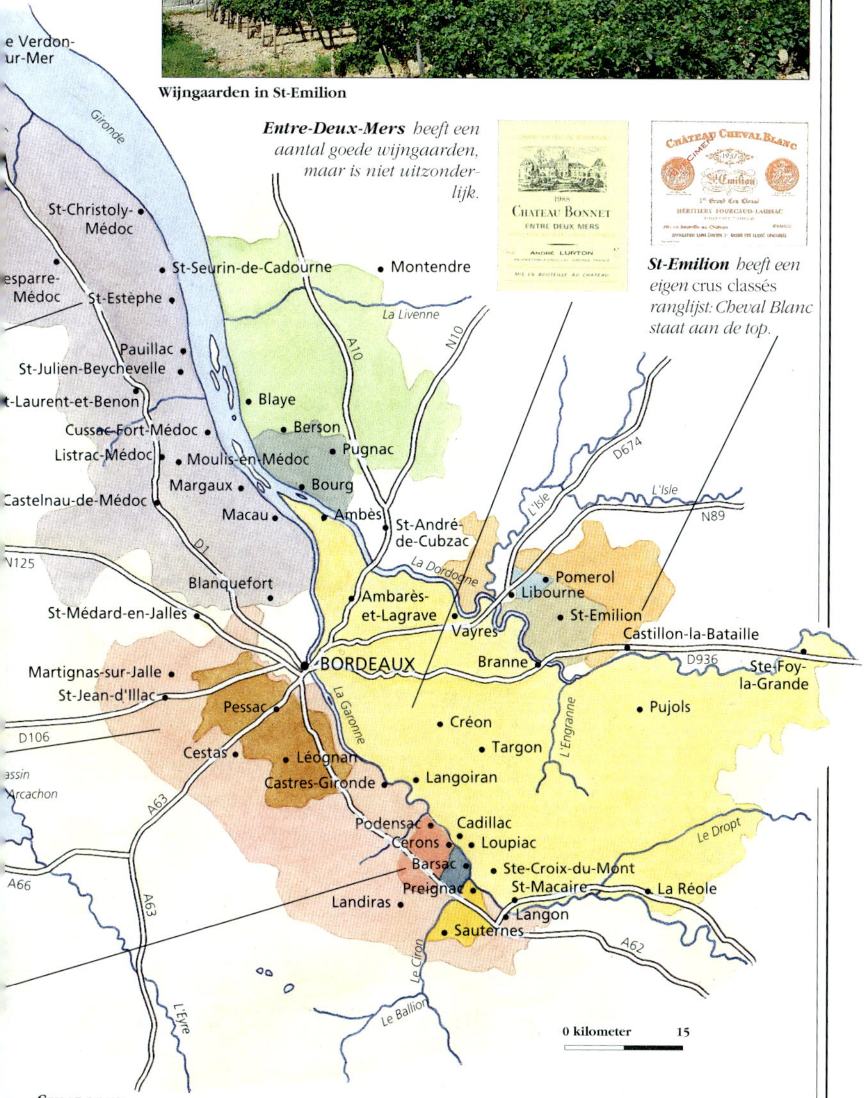

Entre-Deux-Mers *heeft een aantal goede wijngaarden, maar is niet uitzonderlijk.*

St-Emilion *heeft een eigen* crus classés *ranglijst: Cheval Blanc staat aan de top.*

SYMBOLEN

- Médoc
- Blaye
- Bourg
- Entre-Deux-Mers
- Graves
- Pessac-Léognan
- Cérons
- Barsac
- Sauternes
- Libournais District
- Pomerol
- St-Emilion

De weg naar Compostela

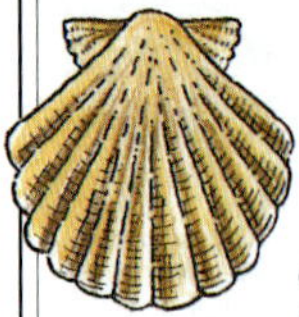

Sint-jakobsschelp

In de Middeleeuwen bezochten miljoenen christenen Santiago de Compostela in Spanje om het graf van St.-Jakob (Santiago) te vereren. Hun reis voerde door Frankrijk, via kloosters en eenvoudige pleisterplaatsen. Ze namen een Sintjakobsschelp mee als onderscheidingsteken. De meeste pelgrims gingen naar Santiago om verlossing te zoeken; ze waren vaak jaren onderweg. In 1140 schreef de monnik Picaud een van de eerste reisgidsen voor bedevaartgangers. Moderne reizigers kunnen nog steeds dezelfde routes volgen door de oude steden en dorpen met hun schitterende graftomben en kerken.

***De oorspronkelijke kathedraal** van Santiago de Compostela werd in 813 op het graf van St.-Jakob gebouwd door Alfonso II. In 1075 begon men met de bouw van de fraaie romaanse kerk die er nu nog staat. Later werd onder meer de 17de, en 18de-eeuwse barokke gevel toegevoegd.*

De pelgrims verzamelden zich in St.-Malo.

De routes kwamen samen in Santiago de Compostela.

De pelgrims staken de Pyreneeën over bij Roncesvalles.

***Jacobus de Meerdere**, een apostel, kwam als evangelist naar Spanje. Toen hij terug keerde in Judea liet Herodes hem de marteldood sterven. Zijn lichaam werd per boot naar Spanje gebracht en bleef 800 jaar verborgen.*

***Het machtige klooster van Cluny** in Bourgondië* (blz. 44-45) *stimuleerde samen met aangesloten kloosters de bedevaart. Zij lieten slaapgelegenheden en kerken bouwen met relikwieën om de pelgrims te steunen op hun tocht.*

De Pelgrimsroute
Parijs, Vézelay (*blz.326-327*), Le Puy (*blz.354*) en Arles waren de verzamelpunten van de vier 'officiële' routes door Frankrijk. Zij staken de Pyreneeën over bij Roncesvalles en Somport, kwamen te zamen bij Puente la Reina om ten slotte naar de schrijn aan de Galicische kust te leiden.

Conques vergrootte zijn prestige met relieken.

Le Puy was een verzamelpunt voor pelgrims.

De reliekhouder *van Ste-Foy in Conques is een van de heiligdommen waar pelgrims heen trokken. Men meende dat een relikwie van een heilige wonderbaarlijke krachten had.*

Men denkt *dat de naam Santiago de Compostela van het Latijnse* Campus stellae *(sterrenveld) komt. Volgens de legende werden er in 814 vreemde sterren boven een veld gezien. En op 25 juli, nu de feestdag van Santiago, werd het lichaam van de heilige gevonden.*

Pleisterplaatsen

Grote aantallen pelgrims overnachtten in enorme romaanse kerken, waaronder de Ste-Madeleine in Vézelay (*blz. 326*), de Ste-Foy in Conques (*blz. 358-359*) en de St-Sernin in Toulouse (*437*), en in veel kleine kapellen.

Basilique Ste-Madeleine, Vézelay

De eerste *officiële pelgrim was de bisschop van Le Puy in 951. Maar al sinds het graf van de heilige in 814 werd ontdekt, komen hier pelgrims.*

De grotten in het zuidwesten

Zuidwest-Frankrijk is bekend om de rotsformaties die zijn ontstaan door de langzame afzetting van in water opgeloste mineralen. Grotten en overhangende rotsen komen in het hele kalksteengebied van Frankrijk voor. Maar de grotten aan de voet van de Pyreneeën en in de heuvels van de Dordogne hebben nog meer te bieden: bijzondere grotschilderingen, waarvan er enkele uit de laatste IJstijd stammen. Deze afbeeldingen ontstonden toen prehistorische volken zich ontwikkelden en inscripties, schilderingen en sculpturen gingen maken. Deze artistieke traditie hield ruim 25.000 jaar stand en kende 17.000 jaar geleden haar grootste bloei. Een aantal fraaie rotsschilderingen is nog steeds te zien.

Rotsschilderingen in Lascaux

Grotten van de Dordogne

In het dal van de Dordogne zijn veel grotten. Het gebied van de Périgord heeft een van de grootste concentraties prehistorische vindplaatsen van de wereld. De grotten en overhangende rotsen bij de rivieren waren, vanwege het wisselvallige klimaat dat hier heerst, blijkbaar zeer aantrekkelijk voor de prehistorische mens.

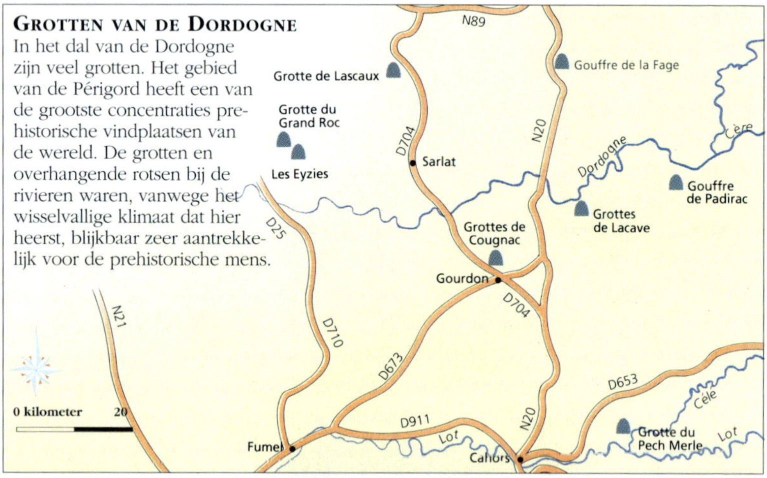

Rotsformatie

Kalksteen wordt afgezet in lagen. Daartussen zitten spleten waar water door naar binnen sijpelt. In de loop van duizenden jaren lost het water de kalksteen op, er ontstaan eerst holten en daarna grotten. Waar het water naar beneden druipt ontstaan stalactieten aan het plafond, op de vloer worden stalagmieten opgebouwd.

Grotte du Grand Roc in de Vézèrevallei, Limousin

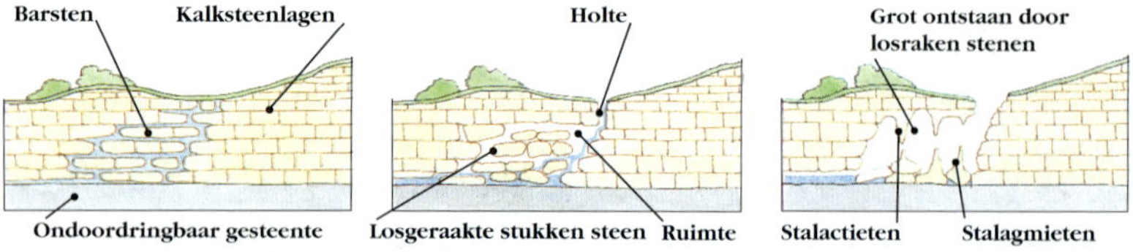

1 *Water sijpelt door barsten en lost het omliggende gesteente langzaam op.*

2 *Hierdoor ontstaan holten, de omringende steenlagen raken los en zakken weg.*

3 *Door het opgeloste kalk in het druipende water ontstaan stalactieten en stalagmieten.*

Gouffre de Padirac

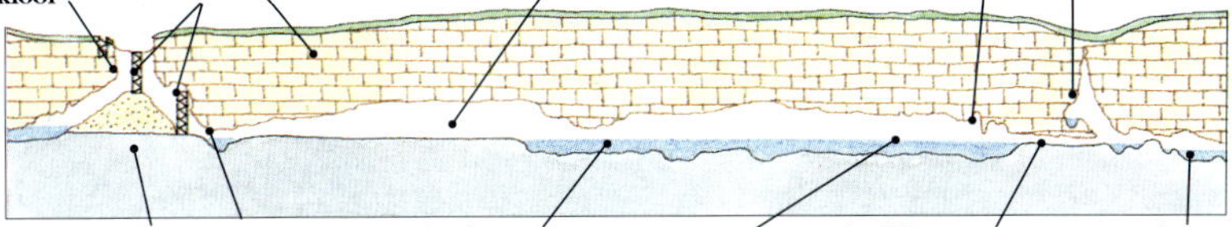

Ondergrondse rivier en zalen in de Gouffre de Padirac

Prehistorische grotten van Les Eyzies

De grotten bezoeken

De grot van **Cougnac** bestaat uit afgronden ('gouffres') en galerijen. Op de prehistorische schilderingen zijn menselijke figuren te zien. In de buurt van **Les Eyzies** *(blz. 424-425)* liggen de grotten van **Font de Gaume, Les Combarelles** en **La Mouthe**, waar ook prehistorische schilderingen te zien zijn, evenals in gangen van **Rouffignac**. De zalen in **Grand Roc** hangen en staan vol stalactieten en stalagmieten, terwijl u via de kloof in **La Fage**, ten noordoosten van Les Eyzies, naar mooie zalen en galerijen kunt lopen.

Op de zuidelijke oever van de Dordogne kunt u in **Lacave** een ondergrondse rivier en een meer zien met bijzondere rotsformaties.De gigantische kloof en spelonken van **Padirac** *(blz. 428)* zijn nog indrukwekkender. De grotten van **Lascaux**, met de allermooiste prehistorische schilderingen, zijn gesloten, maar de kopie in **Lascaux II** *(blz. 424)* is een bezoek waard. In de grotten van **Pech Merle**, verder naar het zuiden, zijn ook mooie rotsformaties. *(blz. 428)*

Kunst in de grotten

Prehistorische rotstekeningen werden in Europa voor het eerst ontdekt in 1879 in Noordwest-Spanje. Sindsdien zijn hier en in Frankrijk ruim 200 beschilderde grotten gevonden, vooral bij de Dordogne. Op grond van verschillende sporen, van stenen lampen tot voetafdrukken, konden wetenschappers afleiden welke technieken de grot-tekenaars gebruikten. Hun motivatie blijft onduidelijk. Bijna alle schilderingen verbeelden dieren, soms mensen, en de meeste zijn in bijna onbereikbare ruimtes aangebracht. De schilderingen hadden ongetwijfeld een symbolische of bezwerende functie, wellicht waren ze het werk van sjamanen.

***Grotbewoners** uit de IJstijd griften bij het licht van een olielampje de contouren van hun figuren in het zachte gesteente. Zwarte lijnen en schaduwen werden met houtskool neergezet, terwijl de kleuren werden aangebracht met mineralen als hematiet en porseleinaarde. Silhouetten van een hand werden gemaakt door verdunde kleurstof op te zuigen met een plantestengel en die als een fijne nevel over de uitgestrekte hand te blazen.*

Bewerkte stenen lamp gevonden in Lascaux

Porseleinaarde

Houtskool

Hematiet

De Grote Stier op de muur van de Stierenzaal in Lascaux

POITOU EN AQUITANIË

DEUX-SÈVRES · VIENNE · CHARENTE-MARITIME
CHARENTE · GIRONDE · LANDES

Dit deel van Zuidwest-Frankrijk wordt begrensd door de Atlantische Oceaan, waar uitgestrekte zandstranden zijn. In het noorden liggen de moerassen (marais) van de Poitevin, in het zuiden de naaldbossen van Landes. Ze omringen de beroemde wijnstreek van Bordeaux met de grote châteaux.

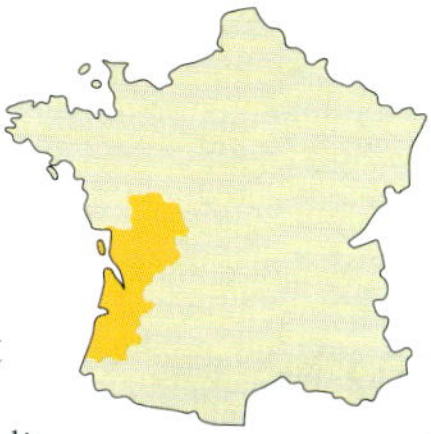

De roerige geschiedenis van Poitou en Aquitanië heeft een rijke architectonische en culturele erfenis opgeleverd. Zo getuigen de triomfboog en het amfitheater in Saintes van de Romeinse invloed in dit gebied. Langs de bedevaartsroute naar Santiago de Compostela *(blz. 390-391)* staan indrukwekkende romaanse kerken, zoals die in Poitiers en Parthenay, en kapelletjes met schitterende fresco's. De Honderdjarige Oorlog *(blz. 48-49)* veroorzaakte veel beroering maar leidde ook tot de bouw van de machtige verdedigingswerken van de Engelse Plantagenet-koningen. Door de godsdienstoorlogen *(blz. 50-51)* werden veel steden, kerken en kastelen verwoest, die in andere stijlen werden herbouwd. Het moderne Poitiers is een bloeiende handelsstad. In het westen liggen de havens van La Rochelle en Rochefort. De regio's rond Bordeaux en Cognac zijn met hun wijn en cognac verantwoordelijk voor een groot deel van de welvaart in dit gebied. In Bordeaux bruist het culturele leven in een elegant 18de-eeuws decor. Wijn speelt een hoofdrol in de regionale keuken, naast paling, mosselen en oesters aan de kust, en zout lamsvlees en geitekaas op het platteland.

Huizen met luiken in St-Martin-de-Ré, op het Ile de Ré, voor de kust bij La Rochelle

◁ **De badplaats Arcachon bij de duinen van Bassin d'Arcachon**

Poitou en Aquitanië verkennen

Deze streek is ideaal voor een ontspannen vakantie. Hier vindt u een eindeloze Atlantische kustlijn, vele bevaarbare waterwegen, uitstekende havens en de beste wijn en cognac van de wereld. Tegenwoordig trekken de meeste zomergasten direct naar het strand met zijn bulderende branding, maar het groene platteland daarachter heeft ook veel te bieden. Langs de bedevaartsroute naar Santiago de Compostela *(blz. 390-391)* staan fraaie middeleeuwse bouwwerken, in de wijnstreken rond Bordeaux vindt u kastelen (châteaus) in alle soorten en maten. De enige moderne stad van formaat is Bordeaux met zijn vele elegante 18de-eeuwse gebouwen. Ook de uitgestrekte, aangelegde bossen van Landes maken deze uithoek van Frankrijk de moeite waard.

Strand in Bassin d'Arcachon aan de Côte d'Argent

Bereikbaarheid

De grootste snelweg door deze streek is de A10 die van Parijs via Poitiers naar Bordeaux leidt, en zich dan vertakt naar het oosten (Toulouse), het westen (Rochefort) en het zuiden (Bayonne en Spanje).De prachtige secundaire wegen zijn niet zo druk, het is een genoegen om daar te rijden. De treinreis van Parijs via Poitiers en Angoulême naar Bordeaux duurt met de TGV slechts 3 uur en 45 minuten. Bordeaux heeft een internationaal vliegveld en busverbindingen met de meeste Europese hoofdsteden. Van Poitiers rijden bussen naar verschillende steden in de buurt zoals Parthenay, Chauvigny en St-Savin.

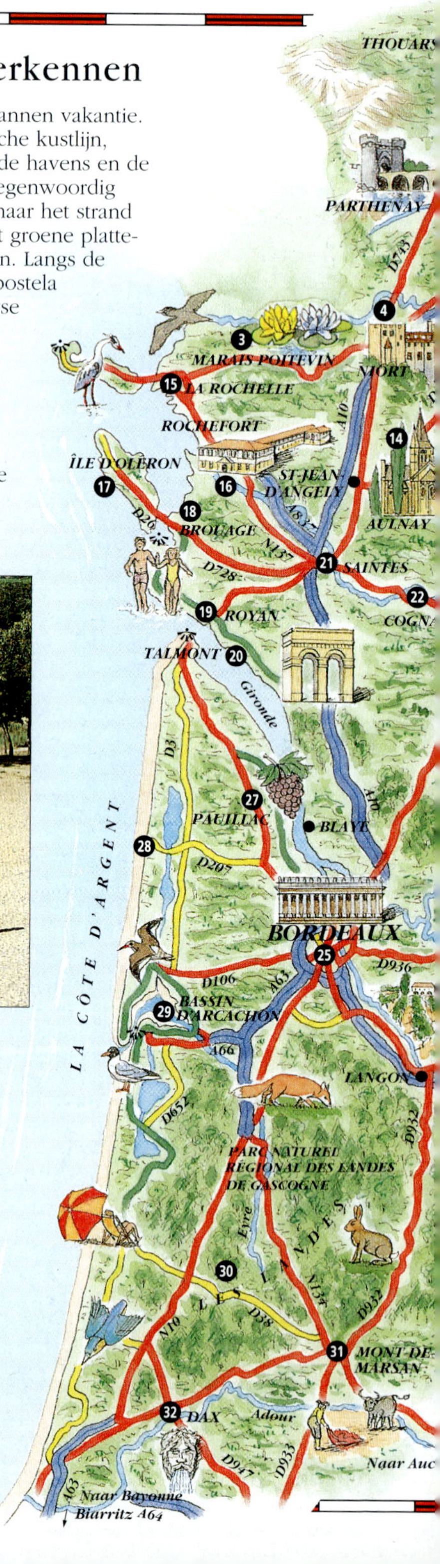

Symbolen

- Snelweg
- Hoofdweg
- Secundaire weg
- Toeristische route
- Rivier
- Uitzichtpunt

0 kilometer 25

Haven van het Île de Ré

Bezienswaardigheden in het kort

- Abbaye de Nouaillé-Maupertuis 7
- Angles-sur-Anglin 9
- Angoulême 23
- Aubeterre-sur-Dronne 24
- Aulnay 14
- Bassin d'Arcachon 29
- Bordeaux 25
- Brouage 18
- Charroux 13
- Chauvigny 8
- Cognac 22
- Confolens 12
- Dax 32
- Île d'Oléron 17
- La Côte d'Argent 28
- La Rochelle 15
- Les Landes 30
- Marais Poitevin 3
- Melle 5
- Mont-de-Marsan 31
- Montmorillon 11
- Niort 4
- Parthenay 2
- Pauillac 27
- Poitiers 6
- Rochefort 16
- Royan 19
- Saintes 21
- St-Émilion 26
- St-Savin 10
- Talmont 20
- Thouars 1

Afgemeerde boten in Coulon in de Marais Poitevin

Roosvenster St-Médard in Thouars

Thouars ❶

Deux-Sèvres. *12.600.* *Bd Pierre Curie 3 bis (05-49661765).* *di & vr.*

Thouars ligt op een heuvel op de grens van Anjou en Poitou. De daken zijn bedekt met de noordelijke leisteen of de zuidelijke rode dakpannen. De romaanse gevel van de **St-Médardkerk** in het centrum is een goed voorbeeld van de Poitevin-stijl van deze streek *(blz. 402)*. Later is een fraai gotisch roosvenster toegevoegd. De Rue du Château met middeleeuwse vakwerkhuizen loopt omhoog naar het 17de-eeuwse kasteel dat de stad domineert. Er is nu een middelbare school in gevestigd en het is in de zomer toegankelijk voor publiek. Ten oosten van Thouars ligt het **Château d'Oiron** met een slotgracht. Hier worden tentoonstellingen gehouden van hedendaagse kunst. Het renaissance-kasteel werd gebouwd in 1518-1549.

Château d'Oiron
79100 Oiron. *05-49965125.*
***Open** dag. **Gesloten** feestdagen.*

Parthenay ❷

Deux-Sèvres. *11.000.* *Rue de la Vau-St--Jacques 8 (05-49642424).* *wo.*

Parthenay is een slaperige provinciestad zoals er veel zijn in West-Frankrijk. Op woensdagochtend wordt hier echter de op een na grootste veemarkt van Frankrijk gehouden. In de Middeleeuwen was de stad een belangrijke halteplaats op de weg naar Compostela *(blz. 390-391)* en de pelgrims lijken nog elk moment te kunnen opduiken in de middeleeuwse wijk. De Rue de la Vau-St-Jacques loopt steil omhoog naar de stadswallen uit de 13de eeuw, naar de versterkte Porte St-Jacques die de eveneens 13de-eeuwse brug over de Thouet bewaakt.

Ten westen van Parthenay staat de 12de-eeuwse **St-Pierre de Parthenay-le-Vieux-kerk** met een Poitevin-gevel, waarop naast Samson en de Leeuw een ruiter met een valk staan afgebeeld.

Middeleeuwse huizen langs de Rue de la Vau-St-Jaques in Parthenay

Marais Poitevin ❸

Charente-Maritime, Deux-Sèvres, Vendée. *La Rochelle.* *Niort, Coulon, Marans.* *Coulon, Arcais.* *Coulon (05-49359929).*

De Poitevinmoerassen liggen tussen Niort en de zee en zijn ongeveer 90.000 ha groot. In de loop van duizend jaar zijn ze langzaam drooggelegd met behulp van kanalen, dijken en sluizen. Het gebied is nu een nationaal park dat uit twee delen bestaat. Ten noorden en zuiden van de Sèvredelta ligt de vruchtbare Marais Desséché (droog moeras), waar graan wordt verbouwd. De uitgestrekte Marais Mouillé (nat moeras) ligt stroomopwaarts richting Niort. Deze laatste wordt ook wel het Venise Vert (Groen Venetië) genoemd en is het interessantst. Er is een doolhof van dichtgegroeide kanalen, waar orchideeën en waterlelies groeien in de schaduw van populieren en beuken en een groot aantal vogel- en andere diersoorten voorkomen. De bewoners, of *maraîchins*, beweren dat een groot deel van het waterrijke bos nog onbetreden is. De schilderachtige dorpjes zijn op hogere gedeelten gebouwd en een platbodem, *la platte*, is het gebruikelijkste vervoermiddel. Vanuit de stadjes Coulon, St-Hilaire-la-Palud, La Garette, Arçais, Damvix en Maillezais kunt u een boottocht door het moeras maken (minstens

Platbodems afgemeerd in Coulon in de Marais Poitevin

3 uur). Boten worden met of zonder gids verhuurd. Neem wel een muggenstift mee. De hoofdstad van deze regio is **Coulon**, het grootste en best geoutilleerde dorp. In het plaatselijke aquarium huist de grootste en lelijkste zoetwatervis in Franse gevangenschap, een 20 kg zware *silure*, of meerval. Rondvaartboten maken van hieruit tochten over de Sèvre.

De donjon van de Plantagenets in Niort, nu een streekmuseum

Niort ❹

Deux-Sèvres. 58.000. *Rue Ernest Perochon (05-49241879).* *di & za.*

In de Middeleeuwen was Niort een haven aan het groene water van de Sèvre. Nu is het een welvarende industriestad die gespecialiseerd is in machinebouw, elektronica, chemie en verzekeringen. De nabijheid van het moeras blijkt uit de lokale keuken: paling, slakken en engelwortel. Dit kruid wordt sinds eeuwen gekweekt in het moeras. Het wordt voor allerlei dingen gebruikt, van likeur tot ijs. De grootste trekpleister van de stad is de enorme 12de-eeuwse donjon boven de Vieux Ponts, die werd gebouwd door Hendrik II en Richard Leeuwenhart en een belangrijke rol speelde in de Honderdjarige Oorlog. Later werd hij gebruikt als gevangenis. Een van de gevangenen was de vader van Madame De Maintenon *(blz. 52)* die in Niort werd geboren en hier haar jeugd doorbracht. De donjon is nu een museum voor kunstnijverheid, lokale kunst en archeologie.

Omgeving
Halverwege Poitiers ligt het stadje **St-Maixent-l'Ecole**. De abdijkerk uit 1670 is een reconstructie door François Le Duc van een laat-gotisch gebouw dat in de godsdienstoorlogen werd verwoest. In het westen ligt de **Tumulus de Bougon**. Deze bestaat uit vijf tumuli (grafheuvels) waarvan de oudste stamt uit 4500 v.C.

Melle ❺

Deux-Sèvres. *4000.* *Place de la Poste (05-49291510).* *vr.*

Melle is ontstaan bij een Romeinse zilvermijn. In de 9de eeuw stond hier de enige munt van heel Aquitanië. Later werd Melle bekend door de *baudet de Poitou*, een sterk muildier dat hier wordt gefokt. De huidige faam dankt Melle aan zijn kerken, de mooiste is **St-Hilaire**. Deze kerk staat langs de rivier en heeft een 12de-eeuwse Poitevin-gevel met een ruiterstandbeeld boven de noordelijke deur. De ruiter is waarschijnlijk keizer Constantijn. Op de kapitelen in het schip staan motieven die uiteenlopen van engelen tot bizarre beesten.

Omgeving
De abdij van **Celles-sur-Belle**, meer naar het noordwesten, heeft een Moorse poort die sterk afwijkt van de rest van de kerk.

Ruiterstandbeeld van Constantijn op de gevel van St-Hilaire in Melle

Kanaal in het Venise Verte van de Marais Poitevin ▷

Poitiers ❻

Rond Poitiers zijn drie grote veldslagen uit de Franse geschiedenis geleverd, de beroemdste was in 732, toen Karel Martel de Arabische invasie stopte. Na twee perioden van Engelse overheersing *(blz. 47)*, kende de stad een bloeitijd onder Jean de Berry (1369-1416). De stichting van de universiteit in 1432 maakte Poitiers tot een intellectueel centrum waar bijvoorbeeld Rabelais studeerde. De godsdienstoorlogen lieten Poitiers in chaos achter en pas aan het einde van de 19de eeuw was er weer sprake van enige groei. Nu is Poitiers de moderne, dynamische hoofdstad van deze regio, met een historisch centrum vol architectonische rijkdom.

Fresco in de Eglise St-Hilaire-le-Grand

Notre-Dame-la-Grande

Ondanks zijn naam is de Notre-Dame-la-Grande geen grote kerk. Deze pelgrimskerk is vooral bekend om zijn meesterlijke Poitevin-beelden uit de 12de eeuw. In het koor is een romaans fresco van Christus en de Maagd Maria. De meeste kapellen dateren uit de Renaissance.

Palais de Justice

Pl Alphonse-le-Petit. *05-49502200.*
***Open** ma-vr.*

Achter de saaie renaissancegevel ligt de 12de-eeuwse binnenzaal van het paleis van de Angevin-koningen Hendrik II en Richard Leeuwenhart. Naar verluidt werd Jeanne d'Arc hier in 1429 ondervraagd door een raad van theologen.

Cathédrale St-Pierre

De 13de-eeuwse houten koorbanken in St-Pierre zijn de oudste van Frankrijk. Op het grote oostelijke raam uit de 12de eeuw staat een Kruisiging. De patroons van de kerk (Hen-

Pilaren met kleurige geometrische patronen in Notre-Dame-la-Grande

NOTRE-DAME-LA-GRANDE

FUTUROSCOPE

In dit themapark draait het om de nieuwste visuele technologie in een futuristische architectuur. Een grote attractie is de 'vliegend tapijt' bioscoop, waar een van de twee schermen in de vloer is aangebracht zodat kijkers het gevoel hebben dat ze vliegen. De kristalvormige Kinemax heeft het grootste filmdoek van Europa.

Kinemax in Futuroscope

TIPS VOOR DE TOERIST

Vienne. 84.000. 5 km W Poitiers. Rue des Grandes Ecoles 8 (05-49412124). di-zo. Printemps Musical. (eerste twee weken van april).

drik II en Eleonora van Aquitanië) zijn afgebeeld in een benedenhoek van het raam.

Eglise Ste-Radegonde

In deze kerk bevindt zich de 6de-eeuwse crypte van Radegonde, die op deze plek de Abbaye de Ste-Croix stichtte, het eerste nonnenklooster van Frankrijk. De 13de-eeuwse ramen in het koor vertellen haar leven.

Baptistère St-Jean

Rue Jean Jaurès. ***Open** juli-aug: dag.; sept-juni: wo-ma.*

De polygonale Baptistère St-Jean uit de 4de eeuw behoort tot de oudste bouwwerken van Frankrijk. Nu is hier een museum met romaanse fresco's van Christus en keizer Constantijn, en Merovingische sarcofagen.

Musée Sainte-Croix

Rue Jean Jaurès 3 bis.

*05-49410753. **Open** di-zo. **Gesloten** feestdagen. (behalve di).*

Het Musée Sainte-Croix heeft een bonte verzameling klassieke en middeleeuwse archeologie en verschillende schilderijen en beelden. Zo staan er drie bronzen van Camille Claudel, waaronder *La Valse*. Er is ook een zaal met werk van lokale kunstenaars.

Eglise St-Hilaire-le-Grand

Door branden en verbouwingen is St-Hilaire een mozaïek van verschillende stijlen. De bouw begon in de 6de eeuw, de klokketoren stamt uit 11de eeuw, het schip uit de 12de.

Médiathèque François Mitterrand

Rue de l'Université. *05-49523151. **Open** di-za.*

Dit moderne gebouw is bekend om zijn communicatie-technologie. Binnen is het **Musée du Moyen Age** met middeleeuwse handschriften en gravures.

Omgeving

In het museum **Futuroscope**, 7 km ten noorden van Poitiers, wordt een beeld gegeven van ontwikkelingen in de visuele communicatie.

Futuroscope

Jaunay-Clan. *05-49493000. **Open** dag.*

Ruïne van het kasteel van Angles-sur-Anglin met op de voorgrond de oude watermolen

Abbaye de Nouaillé-Maupertuis 7

Nouaillé-Maupertuis.
05-49559025. ***Open*** *dag. (alleen 's middags)* *beperkt.*

Aan de oever van de Moisson ligt de abdij van Nouaillé-Maupertuis. Ze wordt voor het eerst genoemd in 780. In 808 werd de abdij zelfstandig en gingen de monniken leven volgens de regel van Benedictus. De abdij ligt erg mooi en ook de kerk is een bezoek waard. Deze werd in de 11de, en 12de eeuw gebouwd en daarna meerdere malen herbouwd. Achter het altaar ligt de 10de-eeuwse sarcofaag van St.-Junien, waar in de zijkant drie heraldische engelen zijn gekerfd.
Ook interessant is het nabijgelegen slagveld waar de Zwarte Prins met het Engelse leger in 1356 een grote overwinning behaalde. In 600 jaar is het uitzicht nauwelijks veranderd. Het centrum van de strijd lag bij de doorwaadbare plaats bij Gue de l'Omme (volg de weg richting La Cardinerie, rechtsaf vanaf de D142). Het monument halverwege de heuvel staat op de plaats waar de Franse koning Jean le Bon gevangen werd genomen. Slechts gewapend met een strijdbijl bood hij dapper verzet, terwijl zijn jonge zoon Philippe hem toeriep waar de aanvallen vandaan kwamen.

Chauvigny 8

Vienne. *8000.*
Rue St-Pierre 5 (05-49463901).
za.

Chauvigny kijkt vanaf een steile rots uit over de brede Vienne. De stad bezit vier ruïnes van middeleeuwse forten. De plaatselijke steengroeven leverden zoveel op dat niemand de moeite nam om de oude kastelen af te breken voor bouwmateriaal. Het absolute hoogtepunt van deze stad is de **Eglise St-Pierre** uit de 11de en 12de eeuw.
De versierde kapitelen zijn schitterend, vooral die van het koor. Ze verbeelden bijbelse verhalen, monsters, sfinxen en sirenes. Let vooral op het kapiteel met het opschrift *Gofridus me fecit* (Godfried heeft me gemaakt) met prachtig scènes uit de Epifanie.

Monsterkapitelen in de St-Pierrekerk in Chauvigny

Omgeving
Het mooie **Château de Touffou** is een renaissancekasteel in roze en oker. Het staat aan de oever van de Vienne en heeft terrassen en hangende tuinen. Iets noordelijker ligt het slaperige dorpje **Bonneuil-Matours**. De romaanse kerk heeft rijk versierde koorbanken.

Château de Touffou
Bonnes. *05-49564008.*
Open *half juni-half sept: di-zo, okt-mei: za & zo.*

Angles-sur-Anglin 9

Vienne. *420.* *La Mairie (05-49488687 of 05-49486120).*
zo.

Het dorpje Angles ligt op een prachtige plek aan de rivier en wordt gedomineerd door een kasteelruïne. De oude watermolen bij de trage Anglin is erg liefelijk, met sierlijke waterlelies en rietkragen. Angles is ook bekend vanwege het traditionele fijne naaldwerk, de *jours d'Angles*, dat hier nog steeds door de vrouwen wordt gemaakt. Buiten het seizoen is het een heerlijk dorp, maar in de zomer wordt het veel te druk in de smalle straatjes.

St-Savin ⑩

Vienne. 🏘 *1.100.* 🚌 ℹ *Rue St-Louis 15 (05-49481100).* 🛒 *vr.*

De grootste attractie van St-Savin is de 11de-eeuwse abdijkerk met de ranke gotische torenspits en het enorme schip. De abdij had veel invloed tot zij tijdens de Honderdjarige Oorlog afbrandde. Eenmaal herbouwd, werd ze tijdens de godsdienstoorlogen herhaaldelijk geplunderd. Ondanks herstelwerkzaamheden van de monniken in de 17de en 19de eeuw, lijkt de kerk onaangetast. Op de binnenmuren is de mooiste serie 12de-eeuwse romaanse fresco's van Europa geschilderd. Prosper Merimée, schrijver van *Carmen* en Inspecteur van Historische Monumenten, verklaarde ze al in 1836 tot officieel *Monument Historique*. Een aantal fresco's is tussen 1967 en 1974 gerestaureerd. De collectie staat nu onder bescherming van de UNESCO. Een replica is te zien in het Palais de Chaillot in Parijs *(blz. 106-107)*.

Klokketoren van St-Savin

Montmorillon ⑪

Vienne. 🏘 *7200.* 🚆 ℹ *Pl du Maréchal Leclerc 2 (05-49911196).* 🛒 *wo & za.*

Montmorillon ligt op de beide oevers van de kalme Gartempe. De stad stamt uit de 11de eeuw. Net als de meeste steden heeft Montmorillon zwaar geleden onder de Honderdjarige Oorlog en de godsdienstoorlogen. Sommige gebouwen bleven gespaard, zoals de **Eglise Notre-Dame**, met een 12de-eeuwse crypte vol fresco's. Het zijn levendige afbeeldingen uit het leven van St.-Catharina van Alexandrië.

Omgeving

Op een half uur lopen van de Pont de Chez Ragon, ten zuiden van Montmorillon, ligt de **Portes d'Enfer.** Deze rots ligt bij een stroomversnelling van de Gartempe.

Muurschilderingen van St-Savin

Op de fresco's van St-Savin staan taferelen uit het Oude Testament, van de Schepping tot de Tien Geboden. De serie begint links van de ingang met de Schepping van de sterren en van Eva. Dan volgen taferelen van de Ark van Noach tot de Toren van Babel, het verhaal van Jozef en de doortocht door de Schelfzee. Vanwege de gelijkvormige stijl gelooft men dat alle fresco's zijn gemaakt door dezelfde groep kunstenaars. De harmonieuze kleuren – rood, oker, groen, zwart en wit – zijn verbleekt door de tijd.

Ark van Noach, 12de-eeuwse muurschildering in St-Savin

Confolens ⑫

Charente. 🏘 *3150.* 🚌 ℹ *Place des Marronniers (05-45842222).* 🛒 *wo & za.*

Op de grens van de Limousin ligt Confolens, ooit een belangrijke grensplaats met acht kerken. Om niet helemaal geïsoleerd te raken, wordt er elk jaar een internationaal folkloristisch festival georganiseerd. In augustus toont het straatbeeld een mengeling van muziek, kostuums en handwerk van over de hele wereld. Van historisch belang is de middeleeuwse brug over de Vienne, die in de 19de eeuw uitgebreid werd gerestaureerd.

Charroux ⑬

Vienne. 🏘 *1400.* ℹ *Route de Chatain 2 (05-49876012).* 🛒 *do.*

De 8ste-eeuwse abdij **du St-Sauveur** in Charroux was ooit een van de rijkste kloosters van deze streek. Nu is het niet meer dan een ruïne zonder dak. In de 10de eeuw maakte de abdij geschiedenis toen de Raad van Charroux de 'Wapenstilstand van God' afkondigde, om de oorlog te regelen op de manier zoals de Geneefse Conventie dat doet. In de Wapenstilstand stonden regels als: 'Christelijke soldaten mogen geen kerken plunderen, priesters slaan of vee stelen tijdens de veldtochten.' De enorme toren in het midden van de kerk geeft een indruk hoe Charroux er in zijn bloeitijd uitzag, evenals het schitterend beeldhouwwerk dat oorspronkelijk in het portaal van de abdij stond.

Aulnay ⓮

Charente-Maritime. 1400.
Avenue de l'Eglise 290 (05-46331444). zo.

Het was erg ongebruikelijk, maar de mooie 12de-eeuwse **Eglise St-Pierre** in Aulnay is in één keer gebouwd. Geen apsis of transept wijkt af van de stijl van het oorspronkelijke schip. De kerk wordt omringd door cipressen en is nauwelijks veranderd sinds de grote bedevaarten.
Aan de buitenkant, vooral bij de zuidelijke transept, zijn veel beeldhouwwerken aangebracht. Het is een van de zeldzame complete renaissancegevels, met woeste monsters en sierlijke menselijke figuren. Let u op de ezel met de harp. Binnen staat een pilaar met olifanten, met het opschrift 'Hier zullen Olifanten zijn'.

De St-Pierrekerk in Aulnay

La Rochelle ⓯

Charente-Maritime. 71.000. Place de la Petite Sirène, Le Gabut (05-46411468). dag.

La Rochelle is sinds de 11de eeuw een bloeiende havenstad. Helaas kozen de bewoners in conflicten vaak de verkeerde kant, bijvoorbeeld die van de Engelsen en de calvinisten. Dit leidde in 1628 tot het medogeloze beleg van de stad door kardinaal Richelieu, waarbij 23.000 mensen verhongerden. De muren werden verwoest en de privileges

Tour St-Nicolas in la Rochelle

van de stad ingetrokken. De trots van La Rochelle is de oude haven met statige huizen, nu de grootste Franse jachthaven aan de Atlantische kust. Aan weerszijden van de ingang staan de **Tour de la Chaîne** en de **Tour St-Nicolas**.
Vroeger hing er een enorme ketting tussen de torens om aanvallen uit zee af te weren.
In La Rochelle kunt u prettig wandelen, hoewel de geplaveide straatjes 's zomer vreselijk druk zijn. Voor een overzicht moet u de 15de-eeuwse **Tour de la Lanterne** beklimmen.
De binnenmuren staan vol graffiti uit de 17de, 18de, en 19de eeuw van gevangenen, voornamelijk buitenlandse zeelieden. Schepen waren een geliefd onderwerp.
Het werk van de 18de-eeuwse wetenschapper Clément Lafaille wordt bewaard in het **Muséum d'Histoire Naturelle**, compleet met zijn schelpenverzameling en vitrines. Verder staan er opgezette dieren en Afrikaanse maskers. De relatie tussen La Rochelle en de Nieuwe Wereld wordt behandeld in het **Musée du Nouveau Monde**. Emigratie, handel en slavenhandel worden geïllustreerd met oude kaarten, schilderijen en objecten.
De 16de-eeuwse gevel aan de binnenplaats van het **Hôtel de Ville** is ook een bezoek waard, net als de verzameling parfumflesjes in het **Musée du Flacon à Parfum** in de parfumerie op Rue du Temple nummer 33.
Buiten het oude centrum ligt het **Aquarium**. In glazen tunnels passeert u verschillende biotopen en loopt u tussen haaien en zeeschildpadden.

Tour de la Lanterne
Le Port. 05-46415604. **Open** april-15 sept: dag., 15 sept-maart: di-zo. **Gesloten** 1 jan, 1 mei, 1 & 11 nov, 25 dec.

Muséum d'Histoire Naturelle
Rue Albert Premier 28.
05-46411825. **Open** di-zo. **Gesloten** feestdagen.

Musée du Nouveau Monde
Rue Fleuriau 10. 05-46414650. **Open** wo-ma. **Gesloten** 1 jan, 1 mei, 14 jul, 1 & 11 nov, 25 dec.

Aquarium
Port des Minimes. 05-46340000. **Open** dag.

Omgeving
Het Ile de Ré, ook wel het witte eiland genoemd, bestaat uit een lange rij krijtrotsen en duinen waar veel vogels leven. Sinds 1988 verbindt een 3 km lange brug het eiland met het vasteland. Over die brug wordt nog steeds gediscussieerd. Gaat u vooral naar het grootste dorp **St-Martin-de-Ré**. Behalve de 17de-eeuwse stadswallen zijn er veel visrestaurants waar men oesters serveert uit de oesterbedden van het eiland.

Rue du Palais, La Rochelle

Rochefort ⓰

Charente-Maritime. 28.000. Av Sadi-Carnot (05-46990860). di, do & za.

De eeuwige rivaal van La Rochelle was Rochefort. Deze stad werd in de 17de eeuw gebouwd door Colbert

Phare des Baleines op de oostelijke punt van het Ile de Ré, bij la Rochelle

(blz. 52-53) en moest de grootste scheepswerf van Frankrijk worden, met een produktie van ruim 300 zeilschepen per jaar. U krijgt een beeld van deze maritieme geschiedenis in de **Corderie Royale** (Koninklijke touwslagerij) uit 1670. Het **Musée de la Marine** bezit modellen van alle schepen die in Rochefort zijn gebouwd. De statige en wat sobere stad is ook de geboorteplaats van de flamboyante schrijver Pierre Loti (1850-1923). Zijn extravagante **Maison de Pierre Loti** staat vol weelderige souvenirs in een oosters decor. Het **Musée d'Art et d'Histoire** heeft een interessante etnografische collectie en een reliëfkaart van de oude scheepswerf.

La Corderie Royale
Centre International de la Mer, Rue Audebert. *05-46870190.* ***Open*** *dag.* ***Gesloten*** *1 jan, 25 dec.*

Musée de la Marine
Place de la Galissonnière.
05-46998657. ***Open*** *wo-ma.* ***Gesloten*** *feestdagen (beh. Pasen en Pinksteren)*

Maison de Pierre Loti
Rue Pierre Loti 141. *05-46991688.* ***Open*** *wo-ma; juli-sept: dag.* ***Gesloten*** *20 dec-20 jan, feestdagen.*

Musée d'Art et d'Histoire
Avenue Charles de Gaulle 63.
05-46998399. ***Open*** *juli-aug: dag., sept-juni: di-za.* ***Gesloten*** *feestdagen.*

Omgeving
Vanuit Fouras vaart een veerboot naar **Ile d'Aix**. Napoleon zat hier kort gevangen, voor hij werd verbannen naar St-Helena. Daarom is hier een **Musée Napoléonien**. Zijn kameel uit de Egyptische veldtocht staat echter in het **Musée Africain.**

Musée Napoléonien
Rue Napoléon 30. *05-46846640.* ***Open*** *wo-ma.* ***Gesloten*** *1 mei.*

Musée Africain
Rue Napoléon. *05-46846640.* ***Open*** *do-di.* ***Gesloten*** *1 mei.*

Napoleon gevangen in 1814 op Ile d'Aix

Île d'Oléron 17

Charente-Maritime. *La Rochelle.* *Rochefort, Marennes (zomer), dan bus.* *van La Rochelle.* *Château d'Oléron (05-46476051).*

Oleron is, na Corsica, het op een na grootste eiland van Frankrijk. Het is een geliefd vakantieoord. Aan de zuidkust, de **Côte Sauvage**, zijn duinen en naaldbossen. Mooie stranden vindt u hier bij Vert Bois en bij Grande Plage bij de vissershaven La Cotinière. Het noorden is alledaagser, met akkerbouw en visserij. Een interessant tochtje maakt u met het treintje vanuit **St-Trojan** door de duinen en de bossen naar Pointe de Maumusson. (alleen 's zomers).

Brouage 18

Charente-Maritime. *180.*
Rue de Québec 2, Hiers-Brouage (05-46851916).

Het fort van kardinaal Richelieu in Brouage, van waaruit hij het beleg van La Rochelle (1627-1628) leidde, keek ooit uit op een welvarende haven, maar zowel de rijkdom als het inwonersaantal nam af toen de oceaan zich in de 18de eeuw terugtrok. In 1659 ging Maria Mancini hier in ballingschap omdat haar oom, kardinaal Mazarin, haar relatie met Lodewijk XIV afkeurde. De koning vergat haar echter niet. Toen hij terugkeerde van zijn bruiloft, overnachtte hij in de kamer waar zijn eerste grote liefde had gewoond.

Omgeving
U kunt **Marennes**, ten zuidwesten van Brouage, om twee redenen bezoeken: het uitzicht uit de toren van de St-Pierre-de-Saleskerk en de groengetinte oesters. Vlakbij ligt het 18de-eeuwse **Château de la Gataudière**, waar door paarden getrokken koetsen worden tentoongesteld.

Een van de vijf stranden van Royan

Royan ⓳

Charente-Maritime. 17.500. alleen naar Verdon. *Rond-Point de la Poste (05-46050471).* *dag..*

Aan het einde van de Tweede Wereldoorlog werd Royan zwaar beschadigd door geallieerde bombardementen. Het is nu een moderne stad die totaal anders is dan de andere steden aan deze kust. Door de vijf zandstranden, of *conches*, is Royan in de zomer een druk vakantieoord. De **Eglise Notre-Dame**, gebouwd tussen 1955 en 1958, is een bijzonder voorbeeld van vroege betonbouw. Veelkleurig licht valt naar binnen door de gebrandschilderde ramen. Een tegenwicht voor alle moderne architectuur is de mooie **Phare de Cordouan** uit de Renaissance. Sinds de 11de eeuw hebben hier verschillende vuurtorens gestaan. De huidige toren, inclusief kapel, werd in 1611 voltooid. Later is de toren 40 m verhoogd. Sinds 1789 is alleen de verlichting veranderd. Vanuit de haven van Royan vertrekken rondvaartboten die ook de Phare de Cordouan aandoen.

Talmont ⓴

Charente-Maritime. *83.*

De kleine romaanse **Eglise Ste-Radegonde** in Talmont staat op een landtong met uitzicht op de Gironde. De kerk werd gebouwd in 1094 en heeft een apsis die lijkt op de boeg van een schip. Niet zo verwonderlijk, want het schip van de kerk is al in zee gestort. Het restant is afgesloten met een 15de-eeuwse gevel. De kapitelen aan de binnenkant zijn rijk versierd, bijvoorbeeld met een afbeelding van St.-Joris en de Draak. Dit mooie dorp staat vol witte huisjes die 's zomers overdekt zijn met klimrozen.

Saintes ㉑

Charente-Maritime. *27.000.* *Villa Musso, Cours National 62 (05-46742382).* *di-zo.*

In Saintes, de hoofdstad van de Saintonge, staan veel mooie gebouwen. Eeuwenlang lag hier de enige brug over de Charente die veel werd gebruikt door pelgrims op weg naar Santiago de Compostela. De Romeinse brug bestaat niet meer, maar de **Boog van Germanicus** (19 n.C.) wel. Vroeger markeerde deze de toegang tot de brug. Aan dezelfde kant van de rivier staat de eenvoudige **Abbaye aux dames**. Deze kerk werd in 1074 gewijd en in de 12de-eeuw gemoderniseerd. In de 17de en 18de eeuw was het een school voor adellijke jongedames. Let op het versierde portaal en op de 12de-eeuwse Christuskop in de apsis. Op de linkeroever staat het Romeinse **amfitheater** uit de 1ste eeuw. Iets verder ligt de **Eglise St-Eutrope**. Deze kerk had het ongeluk dat Lodewijk XI er in de 15de eeuw op wonderbaarlijke wijze van waterzucht genas. Uit dankbaarheid overlaadde hij de kerk met ondoordachte gotische toevoegingen. Gelukkig hebben de zeldzame romaanse kapitelen deze aanslag overleefd.

Boog van Germanicus in Saintes

Cognac ㉒

Charente. *20.000.* *Rue du 14 Juillet 16 (05-45821071).* *dag.*

Als u op een gebouw de kenmerkende zwarte korstmossen ziet, die hier dank zij de verdampte alcohol groeien,

Necropolis in de monolithische Eglise St-Jean in Aubeterre-sur-Dronne

dan is het vast een van de vele cognacpakhuizen. De beste stokerij van Cognac is **Cognac Otard**, gevestigd in het 15de- en 16de-eeuwse kasteel waar ook Frans I werd geboren. Deze stokerij is in 1795 opgericht door de Schot Otard, die daarvoor zonder veel omhaal een kapel sloopte. Veel van de renaissance-architectuur bleef echter behouden en is te zien tijdens de rondleiding, waarbij u ook cognac kunt proeven. Cognac wordt gemaakt van een middelmatige lokale witte wijn met een laag alcoholgehalte, die men distilleert. De hierdoor verkregen, lichtgekleurde sterke drank wordt 5 tot 40 jaar gerijpt in eiken vaten en dan gebotteld. Het vakmanschap ligt in het mengen en de kwaliteit kunt u daarom alleen afleiden uit de naam en de leeftijd van de drank.

Cognac in een traditioneel glas

Cognac Otard
Château de Cognac, Bd Denfert-Rochereau. 05-45368886. ***Open*** *april-sept: dag., okt-maart: ma-vr.* ***Gesloten*** *feestdagen.*

Angoulême ㉓

Charente. *46.000.*
Rue du Chat 7 bis (05-45951684).
dag.

De beroemde 12de-eeuwse **Cathédrale St-Pierre**, die deze industriestad domineert, is de vierde kerk die op deze plaats is gebouwd. Een interessant detail is de rijk bewerkte romaanse fries op de gevel. De restauraties van de 19de-eeuwse architect Abadie zijn ietwat uit de hand gelopen. In zijn enthousiasme om alle details van na de 12de eeuw te verwijderen, heeft hij zelfs een crypte uit de 6de eeuw verwoest. Helaas heeft hij ook het oude kasteel gerestaureerd en het veranderd in een neo-gotisch **Hôtel de Ville** (stadhuis). De 15de-eeuwse toren, waarin Marguerite d'Angoulême in 1492 werd geboren, staat echter nog overeind. In de tuin staat haar beeld. Deze zuster van Frans I sprak zes talen, speelde een belangrijke rol in de buitenlandse politiek en schreef de *Heptaméron*. Over de stadswallen kunt een flinke wandeling maken en van het uitzicht over de vallei van de Charente genieten. Het **Centre National de la Bande Dessinée et de l'Image** heeft een grote collectie Franse striptekeningen en tekenfilms vanaf 1946. In het museum ziet u stripfiguren als Kuifje, Asterix en Snoopy en ook hun makers.

Centre National de la Bande Dessinée et de l'Image
Rue de Bordeaux 121.
05-45386565. ***Open*** *di-zo (dag. tijdens schoolvakanties .* ***Gesloten*** *1 jan, 1 mei, 25 dec.*

Omgeving
Angoulême was ooit beroemd om haar papiermolens. In de **Moulin de Fleurac** in Nersac is een museum gevestigd waar nog steeds lompenpapier wordt gemaakt op de 18de-eeuwse manier.

Moulin de Fleurac
Nersac. *05-45915069.* ***Open*** *wo-ma.* *verplicht.*

Aubeterre-sur-Dronne ㉔

Charente. *390.* *Rue St Jean (05-459857 8).* *do & zo.*

Het pronkjuweel van dit mooie witte dorpje is de wonderlijke monolithische **Eglise St-Jean**. Deze kerk werd uitgehakt in de krijtrotsen die het dorpje zijn naam geven (Alba Terra – Witte Aarde) en stamt gedeeltelijk uit de 6de eeuw. Tussen de Revolutie en 1860 begroeven de dorpelingen hier hun doden. In de kerk is een achthoekige reliekhouder.

Detail van de romaanse gevel van de Cathédrale St-Pierre in Angoulême

Onder de loep: Bordeaux ㉕

Bordeaux ligt in een bocht van de Garonne, het was al voor de Romeinse tijd een belangrijke haven en eeuwenlang een centrum van de Europese handel. In de moderne stad zijn weinig sporen van de Romeinen, Franken en Engelsen terug te vinden, evenmin als van de godsdientsoorlogen. De vijfde stad van Frankrijk kijkt vooruit. Het is een rommelig industrieel en maritiem gebied rond een statig 18de-eeuws centrum. Langs de waterkant van deze rijke wijnstad staat een lange rij classicistische gevels die werden gebouwd om de middeleeuwse krotten te verbergen. De Esplanade des Quinconces, het Grand Théâtre en het Place de la Bourse dragen bij aan de luister van de stad.

★ Grand Théâtre
Dit classicistische theater uit 1773-1780 wordt bekroond door beelden van de twaalf muzen.

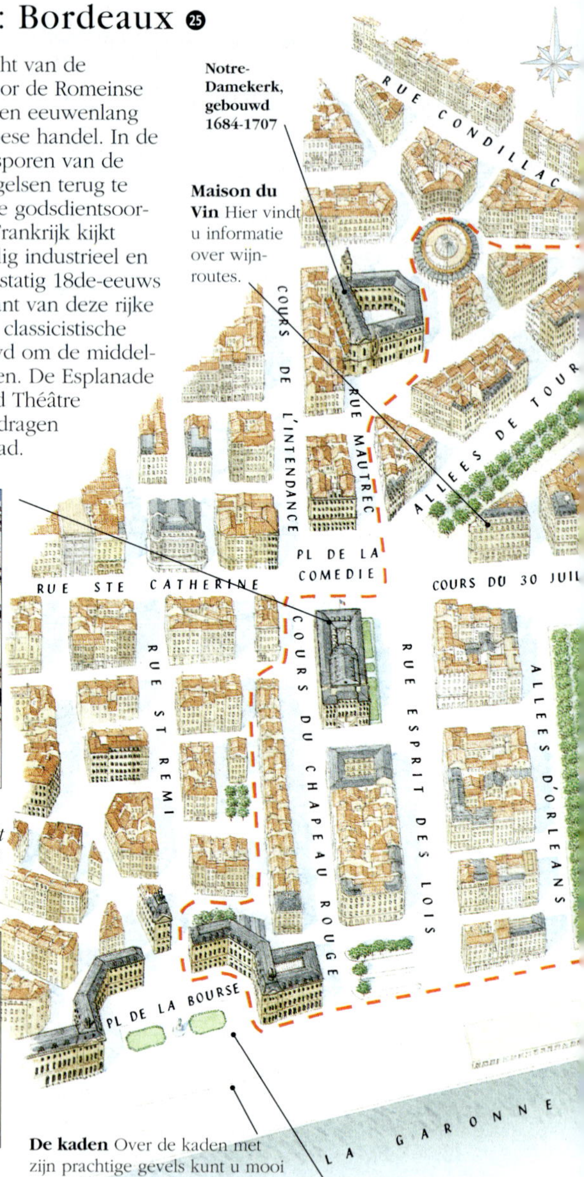

Notre-Damekerk, gebouwd 1684-1707

Maison du Vin Hier vindt u informatie over wijnroutes.

De kaden Over de kaden met zijn prachtige gevels kunt u mooi wandelen langs de Garonne.

STERATTRACTIES

- ★ Grand Théâtre
- ★ Esplanade des Quinconces
- ★ Place de la Bourse

SYMBOOL

– – – Aanbevolen route

0 meter 100

★ Place de la Bourse
Aan dit sierlijke plein staan twee fraaie 18de-eeuwse gebouwen, Palais de la Bourse en Hôtel des Douanes.

★ Esplanade des Quinconces
Waar vroeger het 15de-eeuwse kasteel van Trompette lag, zijn sinds 1827-1858 deze enorme pleinen met bomen, beelden en fonteinen.

> ### TIPS VOOR DE TOERIST
> Gironde. 214.000. 10 km W Bordeaux. Gare St-Jean, Rue Charles Domerq. Place des Quinconces. Cours du 30 Juillet 12 (05-56006600). ma-za. L'Eté Girondin (jazz; juli-aug); Fête du Vin Nouveau (eind okt).

Quartier des Chartrons In deze oude koopmanswijk staan nog 18de-eeuwse huizen.

Het Monument aux Girondins Dit rijk versierde monument is gebouwd tussen 1804 en 1902. Het herdenkt de Girondijnen die tijdens het Schrikbewind van Robespierre (1793-1795) onder de guillotine stierven.

Le CAPC
Dit museum voor moderne kunst annex cultureel centrum is sinds 1990 gevestigd in een 19de-eeuws pakhuis.

Terrassen Van hier hebt u een goed uitzicht over de rivier.

Laden van wijnvaten in Bordeaux, 19de eeuw

WIJNHANDEL IN BORDEAUX

Na Marseille is Bordeaux de oudste handelshaven van Frankrijk. Sinds de Romeinse tijd vormde de export van wijn de basis van de welvaart in de stad. Onder de Engelsen (tussen 1154 en 1453) *(blz. 46-49)* werden de kooplieden rijk door hun monopolie in de wijnhandel met Engeland. Ook de ontdekking van de Nieuwe Wereld betekende een enorme uitbreiding van de markt. Nu produceert deze regio ruim 44 miljoen kisten wijn per jaar.

Grand Théâtre de Bordeaux

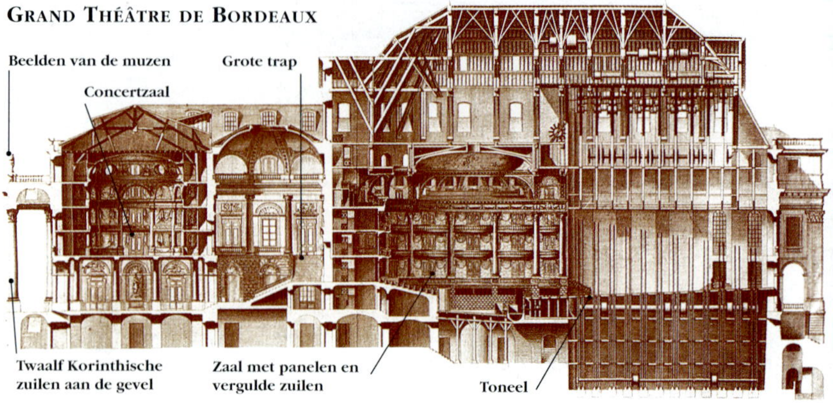

Bordeaux verkennen
Het gezelligste gedeelte van Bordeaux ligt in de driehoek tussen het Cours de l'Intendance, het Cours Clemenceau en de Allées de Tourny. Hier zijn de trendy boetieks en beroemde cafés. De warenhuizen staan langs de Rue Ste-Catherine en Porte-Dijeaux.

Grand Théâtre
Place de la Comédie. *05-56485848.*
Het Grand Théâtre werd in de 18de eeuw gebouwd door de architect Victor Louis en behoort tot de mooiste classicistische Franse theaters. De zaal staat bekend om zijn schitterende akoestiek. De mooie trap is later door Garnier nagemaakt voor de Opéra van Parijs *(blz. 93).*

Eglise St-Seurin
De bouwstijlen van deze kerk lopen uiteen van de 11de tot de 18de eeuw. Het interessantst zijn de 6de-eeuwse Gallo-Romeinse sarcofagen in de crypte en een gebeeldhouwde stenen bisschopstroon uit de 14de eeuw.

Basilique St-Michel
De St-Michelbasiliek is tussen 1350 en 1550 gebouwd. Deze kerk met drie schepen is rond 1990 gerestaureerd en gereinigd. In een van de zijkapellen staat een beeld van St.-Ursula met haar boetelingen. De vrijstaande klokketoren uit 1472-1492 is met 114 m de hoogste van Zuid-Frankrijk.

Musée des Beaux Arts
Cours d'Albret 20.
05-56101693. ***Open*** *wo-ma.* ***Gesloten*** *feestdagen.*
Dit museum is ingericht in de noord-en zuidvleugel van het stadhuis en bezit een fraaie collectie schilderijen, daterend van de Renaissance tot onze tijd. Er hangen onder meer werken van Titiaan, Veronese, Rubens, Delacroix, Corot, Renoir, Matisse en Boudin.

Musée d'Aquitaine
Cours Pasteur 20.
05-56015100. ***Open*** *di-zo.* ***Gesloten*** *feestdagen.*
Dit interessante museum geeft een goed beeld van het leven in de regio van de Prehistorie tot onze tijd. De spectaculairste bezittingen zijn de Tayacschat uit de 2de eeuw v.C., met een prachtige gouden halsring, en de Garonneschat, een verzameling van ruim 4000 Romeinse munten.

Rustig straatje in Bordeaux bij de Porte de la Grosse Cloche

Cathédrale St-André
De bouw van deze kerk begon in de 11de eeuw. Herbouw vond 200 jaar later plaats. In de 14de en 15de eeuw voegde men een gotisch koor en dwarsbeuken toe. Op de mooie middeleeuwse beelden op de Porte Royale staan onder meer taferelen van het Laatste Oordeel.

Le CAPC
Entrepôt Lainé, Rue Ferrère 7. *05-56008150.* ***Open*** *di-zo 's middags.* ***Gesloten*** *1 jan, 1 mei, 25 dec.*
Het CAPC (Centre d'Arts Plastiques Contemporains) is sinds 1990 gevestigd in een fraai verbouwd 19de-eeuws pakhuis. Er zijn regelmatige thema-tentoonstellingen uit de vaste collectie hedendaagse kunst. Het museum is ook een cultureel centrum, met filmvertoningen, lezingen en discussies.

St-Émilion 26

Gironde. 2800. Place de Créneaux (05-57247203). zo.

De meeste mensen associëren de naam St-Émilion met de *appelation* van een goede rode wijn *(blz. 388-389).* Het is ook een midden tussen de wijngaarden gelegen dorpje dat dateert uit de 8ste eeuw, toen de kluizenaar Émilion voor zichzelf een grot in de rotsen hakte. later werd een klooster gebouwd en in de Middeleeuwen was het stadje St-Émilion een feit. Er staan nog steeds middeleeuwse huizen en sommige delen van de 13de-eeuwse stadswallen zijn bewaard gebleven. De monolithische kerk is na de dood van St-Émilion door zijn volgelingen uitgehakt in de krijtrotsen. Onder de beroemde châteaus in dit gebied zijn **Figeac, Cheval Blanc** en **Ausone**, allemaal St-Émilion Premier Crus Classés.

Wijngaard nabij Margaux in de Médoc ten westen van Bordeaux

Pauillac ㉗

Gironde. 5700. Quai de Pauillac, la Verrerie (05-56590308). di & za.

Een van de beroemdste streken van de Médoc *(blz. 388-389)* is de Pauillac. Drie van de châteaus in het gebied zijn Médoc Premier Crus Classés. De etiketten van het **Château Mouton-Rothschild** worden door kunstenaars ontworpen. In het kleine museum hangen schilderijen uit de hele wereld met wijn als thema. Het **Château Lafite-Rothschild**, van middeleeuwse oorsprong, en het **Château Latour**, herkenbaar aan zijn stenen toren, zijn beide op afspraak te bezoeken (informeer bij het toeristenbureau). De stad Pauillac ligt op de westelijke oever van de Gironde. In de 19de eeuw was het een drukke aankomsthaven voor oceaanstomers, nu meren hier plezierjachten af. Aan de kaden zijn vele cafés waar de plaatselijke wijn wordt geschonken. Van hier hebt u een mooi uitzicht op de rivier.

Chateaus van Bordeaux

Het château is de essentie van het kwaliteitssysteem van de grootste wijnstreek van de wereld, de Bordeaux. Een château bestaat uit een wijngaard en een gebouw, dat bescheiden overdadig, historisch of modern kan zijn. Het château is ook het symbool van een traditie en van de filosofie dat het karakter en de kwaliteit van de wijn uit de aarde afkomstig zijn. Bij sommige châteaus kunnen bezoekers wijn proeven en kopen. Het Maison du Vin en het toeristenbureau van Bordeaux *(blz. 411)* geven informatie en rondleidingen.

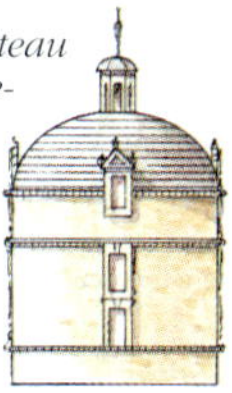

Latour *Dit château in Pauillac is beroemd om zijn krachtige wijnen en de middeleeuwse toren die op het etiket staat.*

Cheval Blanc *Van dit château in de regio van St-Emilion komt een kruidige Premier Grand Cru.*

Margaux *Het château is gebouwd in 1802. De Margaux Premier Cru is even klassiek als de gevel in Palladio-stijl.*

Palmer *Dit château in neorenaissancestijl stamt uit 1856 en produceert een uitstekende Margaux Troisième Cru.*

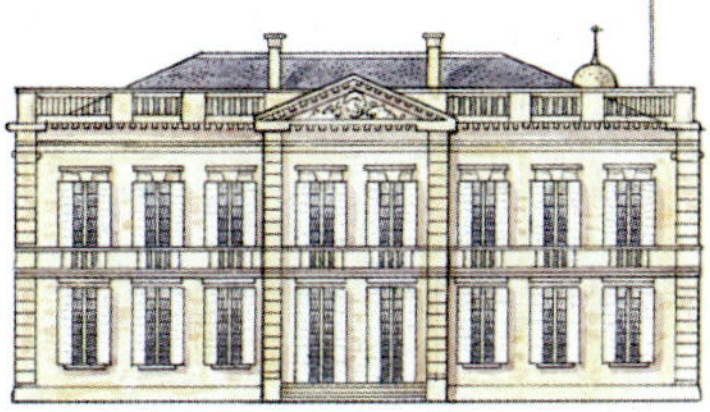

Gruaud-Larose *De gevel van dit crèmekleurige château is classicistisch. Hier wordt de karakteristieke volle St-Julien Deuxième Cru Classé gemaakt.*

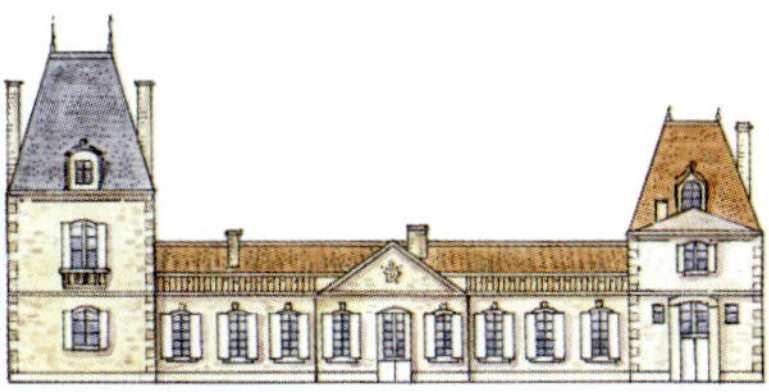

Vieux Château Certan *Dit is een van de historische landgoederen van Pomerol, en in Belgische handen. De wijnen behoren altijd tot de beste van de streek, naast die van Pétrus.*

Het enorme Dune du Pilat is 3 km lang en ligt ten zuiden van het Bassin d'Arcachon

La Côte d'Argent ㉘

Gironde, Landes. ✈ Bordeaux, Biarritz. 🚉 Soulac-sur-Mer, Arcachon, Labenne, Dax. 🚌 Lacanau, Arcachon, Mimizan. ℹ Lacanau (05-56032101), Mimizan-Plage (05-58091120), Capbreton (05-58721211).

De lange kuststrook tussen Pointe de Grave aan de Gironde-delta en Bayonne in het zuiden *(blz. 442)* heet La Côte d'Argent – de Zilveren kust. Het is een lang, uitgestrekt strand met duinen die steeds van plaats veranderen. Aan de kust liggen badplaatsen zoals **Soulac-sur-Mer**, **Lacanau-Océan**, **Mimizan-Plage**, **Hossegor**, met een zoutwatermeer, en **Capbreton**. Moderne vakantieoorden lopen harmonieus over in de oude plaatsjes. Landinwaarts liggen meren die ideaal zijn voor vissers en zeilers. Ze staan met elkaar en met de oceaan in verbinding door *courants*, snelstromende beekjes als de **Courant d'Huchet** bij het Etang de Léon. In dit beschermde gebied vol exotische planten worden boottochten georganiseerd.

Bassin d'Arcachon ㉙

Gironde. 👥 12.000. 🚉 🚌 ℹ Esplanade Georges Pompidou (05-56830169). 🛒 dag.

In het midden van de Côte d'Argent wordt de strakke kustlijn onderbroken door een lagune. De natuur in dit beschermde Bassin d'Arcachon is wereldberoemd, evenals de stranden en de oesters. Het gebied is ideaal voor vakantievierders, zeilers en liefhebbers van oesters; er zijn badplaatsjes, stranden, oesterbanken en vissershavens.

In **Cap Ferret**, de noordelijke landtong die het bassin beschermt tegen de oceaanstormen, staan de villa's van de rijken der aarde verscholen tussen de dennen. Het weggetje onder de bomen, dat hier van Lège naartoe loopt, leidt uiteindelijk naar het prachtige, woeste strand van Grand-Crohot.

Tussen Cap Ferret en Arcachon, bij Gujan-Mestras, biedt het **Parc Ornithologique du Teich** een schuilplaats en verzorging voor gewonde vogels en beschermde diersoorten. Voor vogelliefhebbers zijn er twee gemarkeerde wandelroutes: een inleidende en een iets langere. Langs beide routes zijn verdekt opgestelde observatiepunten, zodat u de vogels kunt bekijken zonder ze te storen.

De badplaats **Arcachon** werd in 1845 gesticht. De populariteit nam snel toe en eind 19de, begin 20ste eeuw werden de smaakvolle villa's in het kalme Ville d'Hiver gebouwd. Het drukkere Ville d'Eté aan de lagune heeft een casino en sportfaciliteiten.

Het enorme **Dune du Pilat** is het grootste zandduin van Europa. Het is bijna 3 km lang, 115 m hoog en 500 m breed. Bovenop hebt u een mooi uitzicht en in de herfst kunt u de trekvogels zien die op weg zijn naar Le Teich.

Parc Ornithologique du Teich

*Le Teich. ☎ 05-56228093. **Open** dag. ♿*

Parc Ornithologique du Teich, een vogelreservaat in het Bassin d'Arcachon

Het bos van Landes

Het uitgestrekte kunstmatige 19de-eeuwse bos van Landes was een ambitieus project om een gebied van zand en moeras bruikbaar te maken. Met dennebomen en grassen wilde men de duinen aan de kunst fixeren. Men gebruikte ook riet en brem. In 1855 was het gebied droog. Nu vormen de dennenbossen en het kreupelhout een gevoelig ecologisch evenwicht.

Dennebomen in Landes

Les Landes ㉚

Gironde, Landes. *Bordeaux. Morcenx, Dax, Mont de Marsan. Mont de Marsan. Mont de Marsan (05-58058737).*

Het grondgebied van Landes wordt bijna geheel bedekt door een enorm dennenbos dat zich uitstrekt over de twee *départements* Gironde en Landes. De bodem bestaat uit zand. Door een laag tufa (een poreuze steensoort net onder de oppervlakte die het water uit de meren vasthield) veranderde tot een eeuw geleden het hele gebied 's winters in een moeras. Het was onmogelijk dicht bij de zee te wonen of landbouw te bedrijven omdat de duinen zich constant verplaatsten.

Ook de monding van de Ardour verhuisde van Capbreton naar Vieux-Boucau, een afstand van 32 km. In de 16de eeuw werd zijn loop vastgelegd door een kanaal nabij Bayonne. Dit was het begin van de drooglegging van Landes. De aanplant van dennebomen betekende het einde voor de zwervende herders en hun kudden. Het binnenland van Landes is nog steeds dun bevolkt, maar de bewoners zijn welvarend geworden door het dennehout. Aan de kust komen in de zomer veel toeristen.

In 1970 werd van een deel van het bos een natuurpark gemaakt. Een stoomtreintje brengt bezoekers naar **Marqueze**, waar een typisch 19de-eeuwse *airial* (open plaats) is gerestaureerd. Deze plaats herinnert aan de verdwenen wereld van Landes toen herders nog op stelten rondzwierven en het moeras nog niet was drooggelegd. Hier vindt u nog traditionele *auberges landaises*, houten huizen met schuine daken en kippenhokken op palen vanwege de vossen. Het museum in **Luxey** toont de oude technieken van het tappen en distilleren van hars.

Mont-de-Marsan ㉛

Landes. *32.000.* *Place du Général Leclerc 6 (05-58058737).* *di-za.*

In de zomer komen alle grote stierenvechters van Spanje en Frankrijk in Mont-de-Marsan bij elkaar. Een lokale en minder bloederige variant van deze sport is hier erg populair: bij de *course landaise* moet de vechter over de horens van een aanstormende stier springen. De bestuurlijke hoofdstad van Landes is ook bekend om zijn wedrenbaan, pluimvee en *foie gras*.

In het **Musée Despiau-Wlérick** staan beeldhouwwerken uit de eerste helft van de 20ste eeuw.

Dax ㉜

Landes. *20.000.* *Place Thiers (05-58568686).* *za.*

Het kuuroord Dax is bijna even beroemd als Aix-les-Bains *(blz. 380)*. De warme bronnen, met een constante temperatuur van 64 °C, en de geneeskrachtige modder uit de Adour hebben al sinds de tijd van keizer Augustus een pijnstillende werking. Er zijn weinig bezienswaardigheden in deze kalme plaats, behalve de 13de-eeuwse deur van de overigens 17de-eeuwse **Cathédrale Notre-Dame.**

Ook de promenade langs de Ardour is alleraardigst en de arena voor de stieregevechten is wereldberoemd.

La Force **(1937) van Raoul Lamourdieu, in de hoofdstad van het stieregevecht, Mont-de-Marsan**

Restaurant
Hotel
Terrasse de l'Hôtel
Restaurant

PÉRIGORD, QUERCY EN GASCOGNE

DORDOGNE · LOT · TARN · HAUTE GARONNE · LOT-ET-GARONNE
TARN-ET-GARONNE · GERS · CORRÈZE

Archeologische vondsten suggereren dat het zuidwesten van Frankrijk al tienduizenden jaren onafgebroken door mensen wordt bewoond, dat is langer dan waar dan ook in Europa. Het landschap van deze historische streek lijkt een vertrouwdheid te bezitten die is ontstaan uit een eeuwenlange menselijke bewoning.

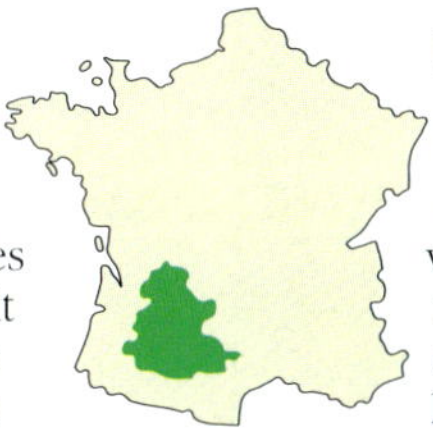

De prachtige grotten rond Les Eyzies en Lascaux dragen de oudste sporen van primitieve kunst. De kastelen, bastides *(blz. 435)* en kerken in dit landschap, van Périgueux tot aan de Pyreneeën, en van de Golf van Biskaje tot Toulouse en nog verder tot aan de Middellandse Zee, getuigen van een minder ver verleden. Vanaf de komst van het christendom tot het einde van de 18de eeuw zijn in dit gebied allerlei conflicten uitgevochten. De Engelsen voerden en verloren de Honderdjarige Oorlog om Aquitanië (1345-1453); daarna kwamen de verschillende godsdienstoorlogen waarin de katholieken tegen de hugenoten (protestanten) vochten in slachtpartijen en guerilla-oorlogen *(blz. 48-49)*.

Van deze gevechten is weinig meer bewaard gebleven dan wat vervallen stadswallen, bolwerken en bastides. Ze maken deel uit van de culturele en artistieke erfenis die elk jaar duizenden toeristen trekt. De grote monumenten, van de abdijkerk in Moissac met zijn romaanse 12de-eeuwse portaal, tot de overweldigende rotsen van Rocamadour, hebben echter ooit zwaar geleden onder de plunderende soldaten.

Dit gebied lijkt als geen ander alles in zich te hebben voor een fijne vakantie – een liefelijk landschap, rustige wegen, schone rivieren en een goede keuken – maar de economie is zwak. In de vorige eeuw raakte de oude levensstijl van de boeren langzaam in verval waardoor velen van het platteland naar de stad verhuisden.

Périgord-ganzen, speciaal gefokt voor de beroemde *foie gras*

◁ La Roque-Gageac in de Dordognevallei

Périgord, Quercy en Gascogne verkennen

De marktplaatsen Périgueux, Cahors en Albi zijn goede uitgangspunten voor een ontdekkingstocht door dit gebied. Het zijn rustige alternatieven voor de enige grote stad in deze streek – Toulouse. Wie houdt van het trage tempo van het platteland, zal zich thuisvoelen in de groene heuvels en slaperige dorpjes van Gascogne en Périgord. Wie meer wil dan rust en goed eten vindt in deze streek bovendien fraaie middeleeuwse bouwwerken en de belangrijkste prehistorische grotten van Europa, die van Lascaux.

Het middeleeuwse stadje Cordes ligt op een heuvel

Bereikbaarheid

De Autoroute des Deux Mers (A62) loopt oost-west. Hij verbindt de Atlantische kust met de Middellandse Zee. De N20 loopt noord-zuid van Limoges naar Toulouse. Bussen en treinen, waaronder de TGV-lijn Bordeaux – Marseille, rijden langs dezelfde twee assen. Ze kruisen elkaar in Toulouse, dat een internationaal vliegveld heeft met vluchten van en naar de meeste Europese steden.

Symbolen

- Snelweg
- Hoofdweg
- Secundaire weg
- Toeristische route
- Rivier
- Uitzichtpunt

0 kilometer 25

BEZIENSWAARDIGHEDEN IN HET KORT

- Agen 17
- Albi 26
- Auch 20
- Autoire 15
- Auvillar 21
- Bergerac 8
- Bourdeilles 4
- Brantôme 3
- Cahors 16
- Castres 27
- Condom 19
- Cordes 25
- Domme 12
- Dordogne-dal 10
- Gorges de l'Aveyron 24
- Gouffre de Padirac 14
- Larressingle 18
- Lascaux II 7
- Les Eyzies 9
- Moissac 22
- Montauban 23
- Périgueux 5
- Rocamadour 13
- St-Amand-de-Coly 6
- St-Jean-de-Côle 1
- St-Robert 2
- Sarlat 11
- Toulouse 28

Bourdeilles aan de Dronne

St-Jean-de-Côle ❶

Dordogne. 350.
05-53621415.

De gebochelde middeleeuwse brug van St-Jean-de-Côle biedt het beste uitzicht op dit mooie dorpje in de heuvels van de Dordogne. Stenen huizen en vakwerkhuizen met de kenmerkende roodbruine dakpannen staan opeen gepakt in de straatjes rond het dorpsplein. Hier is een oude overdekte markt, een kasteel en een 12de-eeuwse kerk die ooit deel uitmaakte van een priorij. Het koepelgewelf van de kerk was eens het grootste in de omgeving. Blijkbaar te groot, want hij kwam in de 18de en 19de eeuw tweemaal omlaag. Na de tweede keer gaven de bouwers het op en sindsdien bestaat het plafond uit planken.

Dorpsplein van het mooie St-Jean-de-Côle

St-Robert ❷

Corrèze. 350. La Mairie (05-55251112).

St-Robert is een groot dorp bovenop een heuvel met uitzicht over de weiden, de populieren en de walnotebomen van de Dordogne.
Er staat een 12de-eeuwse priorij vol aardige bijzonderheden, vele in een spottende romaanse stijl. Let bijvoorbeeld op het kapiteel boven de galerij, waarop een afbeelding staat van twee mannen die elkaar aan de baard trekken; en op de 13de-eeuwse Christus uit de Spaanse school. Op het dorpsplein worden in de laatste week van juli en de eerste week van augustus klassieke concerten gegeven.

Abdij van Brantôme

Brantôme ❸

Dordogne. 2100. Pavillon Renaissance (05-53058052). vr.

Brantôme is aan alle kanten omringd door de woeste Dronne en doorsneden door zwaar verkeer. Het dorp staat bekend om zijn restaurants, een aantal oude tuinen aan de rivier en een middeleeuwse abdij, nu stadhuis.
De enorme abdij heeft een versierde klokketoren uit de 11de eeuw die het hele dorp overschaduwt. De meest onwaarschijnlijke abt, de dichter Pierre de Bourdeille (1540-1614) werd op zijn 15de jaar benoemd. Naar verluidt had hij een verhouding met Bloody Mary, de koningin van Schotland. Na een val trok de kreupele Bourdeille zich in 1569 terug in de abdij om zijn memoires te schrijven. Bezoekers kunnen ronddwalen over stenen trappen en door kloostergangen, via de binnenplaats bereikt u een aantal grotten in de rotsen. In een van deze grotten is in de 16de eeuw een enorme, bizarre kruisiging uitgehakt.
Aan de overkant van de rivier staat het **Musé Rêve et Miniatures**, een particulaire verzameling poppenhuizen uit verschillende tijden, die in de authenieke stijl zijn ingericht tot in het kleinste detail.
Buiten Brantôme ligt het **Château de Puyguilhem**.

Musé Rêve et Miniatures
Rue Puyjoli. 05-53352900. **Open** april-nov: di-zo (juli-sept: dag.).
Château de Puyguilhem
Villars. 05-53548218. **Open** feb-dec: di-zo (juli-aug: dag.).

Bourdeilles ❹

Dordogne. 800. Rue Principale (05-53034296, alleen 's zomers).

Dit stadje heeft alles – een smalle gotische brug met golfbrekers over de Dronne, stroomopwaarts een molen en boven alles uit een **kasteel** uit de 13de tot de 16de eeuw. De 16de-eeuwse aanbouwen van het kasteel werden haastig ontworpen door kasteelvrouwe Jacquette de Montbron, die bezoek verwachtte van koningin Catharina de' Medici. Het koninklijk bezoek werd afgeblazen, evenals de bouw. Het hoogtepunt van het kasteel is de vergulde salon op de eerste verdieping die rond 1560 is gedecoreerd door Ambroise le Noble, een kunstenaar uit de school van Fontainebleau.

Château de Bourdeilles
05-53037336. **Open** feb-juni & sept-dec: wo-ma, juli-aug: dag.

Het indrukwekkende Château de Bourdeilles torent boven de stad uit

Cathédrale St-Front in Périgueux, gerestaureerd in de 19de eeuw

Périgueux ❺

Dordogne. 32.000.
Place Francheville 26 (05-53531063). dag.

U kunt de oude, gastronomische stad Périgueux het beste op een marktdag bezoeken. Dat geldt ook voor de naburige plaatsen Bergerac en Riberac. In het drukke middeleeuwse centrum liggen de kraampjes vol met lokale specialiteiten, zoals truffels, *charcuterie* (vleeswaren) en de malse pasteitjes, genaamd *pâtés de Périgord*. Périgueux, nu de drukke regionale hoofdstad, was lange tijd het centrum van Périgord. Het oudste deel van de stad is de wijk **La Cité**, ooit de grote Gallo-Romeinse nederzetting Vesunna. Wie geïnteresseerd is in archeologie, moet hier zeker heengaan. Vanaf de Romeinse tijd tot in de Middeleeuwen was dit het centrum van Périgueux. In de 3de eeuw is Vesunna afgebroken, maar enige resten van een tempel, een luxe villa en een enorme arena, zijn bewaard gebleven. In deze wijk sraat ook de **Eglise St-Etienne**, die oorspronkelijk uit de 12de eeuw dateert. Een wandeling heuvelopwaarts van la Cité naar de oogverblindend witte Cathédrale St-Front voert langs drukke straten en pleinen, elk met een paar marktkramen.

Dit is de middeleeuwse wijk Le Puy St-Front, die begon te floreren toen pelgrims op weg naar Santiago de Compostela *(blz. 390-391)* hier de kathedraal bezochten. Ze brachten prestige en rijkdom voor de wijk, die hierdoor uiteindelijk meer politiek gewicht kreeg dan La Cité. De indrukwekkende **Cathédrale St-Front**, is de grootste kathedraal van Zuidwest-Frankrijk. In de 19de eeuw werd de kerk grondig gerestaureerd (bijna fataal, volgens sommigen) door de architect Paul Abadie, die de bizarre koepels en torens bouwde. Hij gebruikte de St-Front later als bron van inspiratie voor de Sacré-Coeur in Parijs *(blz. 130)*. Andere parels van renaissance zijn **Maison Estignard** (Rue Limogeanne 3), met zijn bijzondere wenteltrap, en de huizen langs de Rue Aubrgerie en de Rue de la Constitution. In deze zelfde wijk staat het **Musée du Périgord**, een van de grootste prehistorische musea van Frankrijk. Hoogtepunten vormen de resten van 70.000 jaar oude graven en prachtig Romeins mozaïek, glas, aardewerk en andere voorwerpen uit Vesunna.

19de-eeuws glas in Cathédrale St-Front

Musée du Périgord
Cours Tourny 22. 05-53064070.
Open *wo-ma.*
Gesloten *feestdagen.*

St-Amand-de-Coly ❻

Dordogne. *05-53516750.*
Open *dag. ('s winters op afspraak)*

Deze abdijkerk werd in de 12de en 13de eeuw gebouwd door augustijner monniken die hun klooster wilden beschermen. Er zijn twee verdedigingslinies: een hoge stenen verdedigingswal en daarachter de gewelfde kerktoren. De toren lijkt meer op een burchttoren.
Binnen is de kerk mooi en eenvoudig, met zuivere lijnen, een plat kruisgewelf, een 12de-eeuws koepelgewelf, een enorm schip en een stenen vloer die omhoog loopt naar het altaar. Toch was zelfs het interieur ingesteld op verdediging; vanaf de galerij kon men de binnengedrongen vijand aanvallen. St-Amand werd tijdens de Honderdjarige Oorlog zwaar beschadigd. Later, in 1575, weerstond de kerk een beleg van 2000 Hugenoten en een bombardement door kanonnen dat zes dagen duurde. De Revolutie maakte ten slotte een einde aan het religieuze leven.

Beelden van ganzen in Sarlat

Sarlat ⓫

Sarlat La-Caneda bezit meer middeleeuwse, renaissancistische en 17de-eeuwse gevels dan enige andere Franse stad. Zijn welvaart was een weerslag van de privileges die de stad kreeg als beloning voor zijn trouw aan de Franse koning tijdens de Honderdjarige Oorlog. Achter de onopvallende Rue de la République liggen lanen, steegjes en oude, rijk versierde okerkleurige herenhuizen. Sinds 1962 zijn de gebouwen in Sarlat beschermd en vormen een openluchtmuseum. Hier is eveneens een van de beste markten van Frankrijk.

Place de la Liberté
In het renaissance-hart van Sarlat zijn nu veel luxe-winkels.

Rue des Consuls Hier liet de rijke middenstand, rechters en kerkelijke functionarissen in de 16de en 17de eeuw herenhuizen bouwen.

Rue Jean-Jacques Rousseau Dit was de hoofdstraat tot Rue de la République ('La Traverse') in de 19de eeuw werd aangelegd.

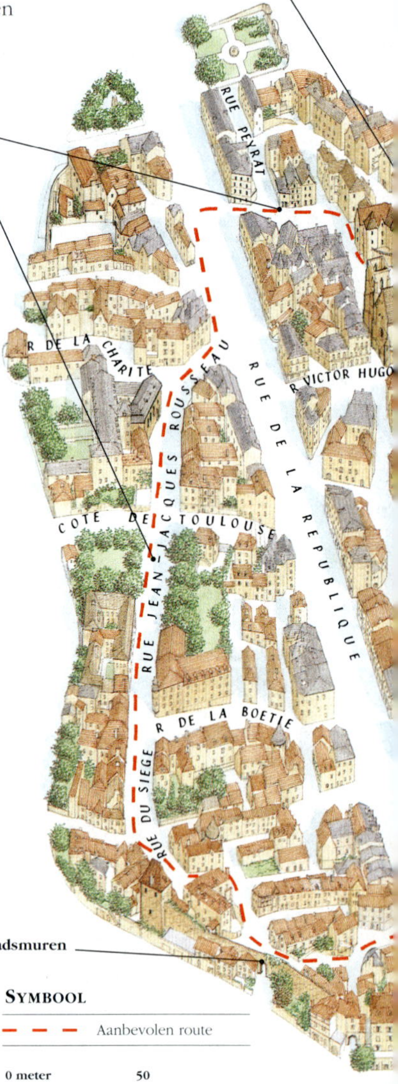

Stadsmuren

Symbool

Aanbevolen route

0 meter 50

Walnoten, een belangrijk produkt in de Périgord

De markt van Sarlat

Elke zaterdag staat de markt van Sarlat op het Place de la Liberté. Eens per maand is er een grote markt waar mensen uit de wijde omtrek op af komen. Sarlat is het centrum van de Franse handel in *foie gras* en walnoten. Deze typische Périgordprodukten krijgen veel aandacht van de stad en vormen een goede bron van inkomsten, net als in de bloeitijd van Sarlat in de 13de en 14de eeuw. Andere specialiteiten zijn zwarte truffels, die in januari in het bos worden uitgegraven, en wilde paddestoelen. Probeer ook de kazen in diverse soorten, leeftijd en kleuren, en het varkensvlees, vers, ingemaakt, gerookt, gedroogd, gezouten, gebakken, gestoofd of gekookt.

Knoflookbollen

Rue de la Salamandre
Dit laantje is genoemd naar de salamander, het embleem van koning Frans I, dat op veel 16de-eeuwse herenhuizen te zien is.

TIPS VOOR DE TOERIST

Dordogne. 10.000. Av de la Gare (05-53590021). Rue de Cahors 31 (05-53590148). Place de la Liberté (05-53592767). wo & za. Theater (3 weken juli-aug); film (nov).

Lanterne des Morts (Lantaarn der Doden)
De toren op het kerkhof is gebouwd ter herinnering aan de preken van St-Bernard in Sarlat in augustus 1147.

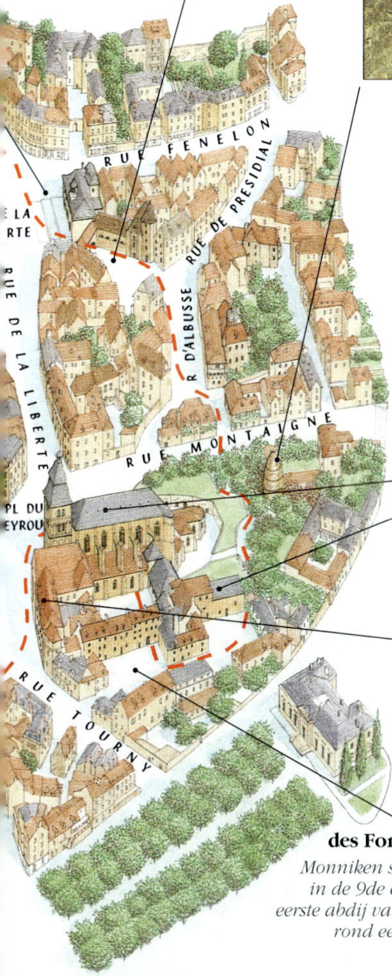

Cathédrale St-Sacerdos
De kathedraal, die grotendeels dateert uit de 16de en 17de eeuw, heeft een prachtig 18de-eeuws orgel.

Chapelle des Pénitents Bleus, Deze kapel in zuiver romaanse stijl, is een restant van de 12de-eeuwse abdij.

Bisschoppelijk paleis In dit gebouw met een 16de-eeuwse loggia en een interieur uit de Renaissance, is nu de schouwburg.

Cour des Fontaines
Monniken stichtten in de 9de eeuw de eerste abdij van Sarlat rond een bron.

Schildering van een stier in de oorspronkelijke grot van Lascaux

Lascaux II ❼

Montignac. 05-53519503. ***Open*** *feb-juni & sept-dec: di-zo, juli-aug: dag.* ***Gesloten*** *1 jan, 25 dec.*

Van alle prehistorische plaatsen rond de samenloop van de Vézère en de Beune is Lascaux de beroemdste *(blz. 392-393)*. Twee jongens en hun hond Robot vonden de grotten met de paleolithische schilderingen in 1940 bij toeval. Het belang van hun vondst werd spoedig erkend. Lascaux is sinds 1963 gesloten voor het publiek omdat de kwaliteit van de schilderingen verslechterde, maar er is een exacte kopie gemaakt, Lascaux II, die iets heuvelafwaarts ligt. Voor deze kopie zijn dezelfde materialen gebruikt als voor het origineel. De schilderingen bestaan uit elanden met grote geweien, bizons en zware paarden die in kudden of rijen lopen, omringd door pijlen en geometrische symbolen die waarschijnlijk een rituele betekenis hadden.

Bergerac ❽

Dordogne. 28.000. Rue Neuve d'Argenson 97 (05-53570311). wo & za.

Dit havenstadje, een commercieel centrum waar ook tabak wordt geteeld, strekt zich uit aan beide kanten van de Dordogne. De trekpleisters zijn het bijzondere **Musée du Tabac**, de lekkere wijn en het uitstekende eten. Bergeracs beroemdste wijn is Monbazillac, een zoete witte wijn, die veel wordt gedronken bij ceremoniën. In het museum zijn onder meer Indiaanse pijpen en ivoren tabaksraspen te zien.

Musée du Tabac
Maison Peyrarède, Place du Feu.
05-53630413. ***Open*** *di-zo.*
Gesloten *feestdagen.*

Les Eyzies ❾

Dordogne. 900. Place de la Mairie (05-53069705). ma.

Rond het kleine dorpje Les Eyzies liggen vier grote prehistorische vindplaatsen en een aantal kleinere grotten. U kunt het beste eerst het **Musée National de Préhistoire** bezoeken, dat is gevestigd in een 16de-eeuws kasteel boven het dorp. De tentoonstelling met tijdbalken zal u helpen om de enorme wirwar aan prehistorische schilderingen en beeldhouwwerk in een groter verband te zien. De **Grotte de Font de Gaume** is ruim 20 minuten lopen van de weg. Hij is in 1901 ontdekt en bevat de mooiste verzameling prehistorische schilderingen die voor publiek toegankelijk is. Hier vlakbij ligt de **Grotte des Combarelles** waar u schilderingen van bizons, rendieren, magische symbolen en menselijke figuren en een fraaie

Les Eyzies, waar veel prehistorische grotten zijn

serie reliëfs kunt zien. Verderop vind u de **Abri du Cap Blanc**. In deze in 1911 ontdekte holen is een zeldzame, levensgrote fries van in de rots uitgehakte paarden en stieren. Aan de andere kant van Les Eyzies is het grottenstelsel van **Rouffignac** sinds de 15de eeuw een favoriet reisdoel. De grotten zijn 8 km lang, door 2,5 km ervan loopt een elektrische trein. In de grotten zijn onder meer tekeningen van mammoeten te zien en een fries met een afbeelding van twee bizons die elkaar uitdagen. Kaartjes voor de grotten zijn vooral in de zomer snel uitverkocht, dus wees er vroeg bij als u verzekerd wilt zijn van een plaatsje.

Musée National de Préhistoire

Musée National de Préhistoire
05-53064545. ***Open*** *wo-ma.* ***Gesloten*** *25 dec, 1 jan.*

Grotte de Font de Gaume
05-53069080. ***Open*** *do-di op afspraak.* ***Gesloten*** *1 jan, 1 mei, 1 nov, 11 nov, 25 dec.*

Grotte des Combarelles
05-53069080. ***Open*** *do-di.* ***Gesloten*** *1 jan, 1 mei, 1 nov, 11 nov, 25 dec.*

Abri du Cap Blanc
Marquay, Les Eyzies. *05-53592174.* ***Open*** *april-nov: dag.*

Grotte de Rouffignac
05-53054171. ***Open*** *Pasen-okt: dag*

Dordognevallei 10

Dordogne. *Bergerac.* *Beynac, Bergerac, Le Buisson de Cadouin.* *Le Buisson de Cadouin (05-53220609).*

Waarschijnlijk is er geen andere rivier in Frankrijk die door zo'n gevarieerd landschap en langs zo'n verscheidenheid aan geologische formaties stroomt als de Dordogne. Hij ontspringt in de diepe granieten kloven van het Massif Central, vervolgt zijn weg door vruchtbaar laagland en stroomt dan de kalkstenen Causses rond Souillac binnen. Als de Dordogne samenvloeit met de Garonne, is hij bijna 3 km breed.

Laat het toeristische imago van de vallei u niet afschrikken; kunt u er nog steeds heerlijk ronddwalen. De dorpen Limeuil, in de vork van de Dordogne en de Vézère, Beynac en La Roque-Gageac, waar de platte *gabarres* (rivierboten) in de zomer als veerboot dienst doen, zijn uw bezoek zeker waard. Hoog boven de rivier, ten zuidwesten van Sarlat, staat het 17de-eeuwse **Château de Marqueyssac**. Vanuit het park kijkt u uit op de Domme tot aan Beynac, en op het Château de Castelnaud op de andere oever.

Uitzicht op Domme vanaf de middeleeuwse Porte de la Combe

Sarlat 11

Zie blz 422-423.

Domme 12

Dordogne. *1000.* *Place de la Halle (05-53283709).* *do.*

Henry Miller schreef eens: 'Alleen al een glimp van de zwarte, mysterieuze rivier de Domme vanaf de mooie oever ... is iets om je hele leven dankbaar voor te zijn.' Het stadje Domme is een goudgele bastide *(blz. 435)*, met middeleeuwse poorten. U kunt hier uitzien over de Dordognevallei vanaf Beynac in het westen tot Montfort in het oosten. Het is ook leuk om door de oude straatjes te dwalen. Verder is er een grote spelonk onder de 19de-eeuwse overdekte markt (van april tot december per lift bereikbaar). Hier verborgen de burgers zich in tijden van gevaar tijdens de Honderdjarige Oorlog en de 16de-eeuwse godsdienstoorlogen. Ondanks de schijnbaar onneembare positie wisten 30 hugenoten Domme te veroveren door 's nachts tegen de rotsen op te klimmen en de poorten te openen.

Een *cingle* (lus) in de Dordogne, gezien vanuit Domme

Rocamadour ⓭

Zwarte Madonna

Rocamadour is een van de beroemdste bedevaartsplaatsen sinds er in 1166 een oud graf en sepulcrum werd gevonden waarin een onaangetast stoffelijk overschot lag. Naar verluidt was dit de vroeg-christelijke kluizenaar St-Amadour. Op de ontdekking volgde een reeks wonderen die naar men zegt werden aangekondigd door de klok boven de Zwarte Madonna in de kapel van Notre-Dame. Hoewel het aantal bedevaarten in de 17de en 18de eeuw afnam, heeft men Rocamadour in de 19de eeuw gerestaureerd. De stad is ook nu nog een heilige plaats en een geliefd reisdoel, fraai gelegen op de top van een rots boven de Alzouvallei. Vanuit het dorp L'Hospitalet hebt u het beste uitzicht.

Uitzicht
Rocamadour is op haar mooist in de ochtendzon: de middeleeuwse hutzen, torens en vestingwerken lijken uit de rots te ontspringen.

Château. Vroeger stond hier een fort dat het heiligdom vanuit het westen beschermde.

Kapel van St-Michel De fresco's stammen uit de 12de eeuw.

Tombe van St-Amadour Dit was de laatste rustplaats van de kluizenaar '*roc amator*' (rotsliefhebber), waar de stad naar vernoemd is.

Museum voor Religieuze Kunst

Grote Trap
Pelgrims beklommen deze brede trap op hun knieën terwijl zij de rozenkrans baden. De trap leidt naar een hoger gelegen plein waaromheen de bedevaartskapellen lagen.

Tips voor de toerist

Lot. *630.*
5 km ZW Rocamadour.
Hôtel de Ville (05-65336259).
Notre-Dame-kapel
Open *april-okt: dag. 9.00-20.30 uur, nov-maart: dag. 8.30-18.30 uur.*

De kapel van Johannes de Doper staat tegenover het gotische portaal van de basiliek van St-Saveur.

De basiliek van St-Saveur Dit 12de-eeuwse heiligdom, leunt tegen de kale rotswand.

De kapel van St-Anne stamt uit de 19de eeuw, maar het altaarhek is 17de-eeuws.

Verdedigingswallen

Kruis van Jeruzalem

Kapel van St-Blaise (19de eeuw)

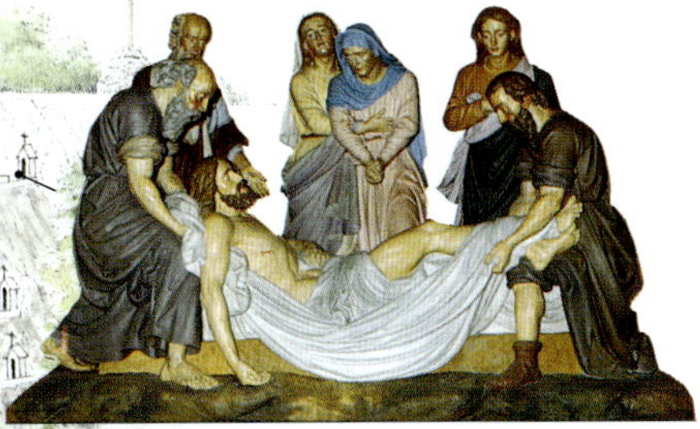

Kruiswegstaties
Op hun weg omhoog naar het kasteel komen de pelgrims langs het Jeruzalemkruis en de twaalf staties van de Kruisweg.

Rocamadour
Souvenirwinkels langs de hoofdstraat, nu voetgangersgebied, trachten pelgrims te lokken.

Kapel van Notre-Dame (Wonderen)
Het lichaam van St-Amadour werd gevonden onder de binnenplaats van dit heiligste heiligdom. De Zwarte Madonna wordt boven alles vereerd, haar beeld staat op het altaar.

Gouffre de Padirac ⓮

Lot. 05-65336456. **Open** april-half okt: dag.

Deze enorme krater van 35 m breed en 75 m diep ontstond toen een grot instortte. Het enorme gangenstelsel op de bodem *(blz. 393)* vormt sinds eind 19de eeuw een van de grootse trekpleisters van deze streek. Terecht, want de immense ruimte met de naam Salle de Grand Dôme is groter dan de grootste kathedralen.

Autoire ⓯

Lot. 250.

Autoire is een van de mooiste dorpen in het vruchtbare gebied ten oosten van Périgord, de Quercy. Hier zijn geen mooie gebouwen, alleen een onbedorven landschap aan het begin van de gorges van de Autoire.
Het **château Limarque** op het dorpsplein, en het **château Busqueille** zijn voorzien van de voor de Quercy-stijl kenmerkende torentjes. Versierde duiventillen op palen staan in het veld of op de huizen in het dorp. Buiten Autoire loopt een pad langs een waterval van 30 m hoogte naar een amfitheater, vanwaar u prachtig uitzicht hebt over de Quercy.

Het schilderachtige dorp Autoire, gezien vanaf de gorge

Cahors ⓰

Lot. 20.000. Place François Mitterand (05-65532065). wo & za.

Cahors is 2000 jaar oud en de grootste stad van de Quercy. De Lot vormt een natuurlijke slotgracht. De truffels uit dit handelscentrum zijn beroemd, net als de markt op zaterdagochtend en de donkere, zware Cahorswijn. De produktie van deze wijn vindt al sinds de Romeinse tijd plaats. De Boulevard Gambetta is een typische zuidelijke straat met platanen, cafés en winkels. Hij is, net als vele andere straten in Frankrijk, vernoemd naar Léon Gambetta (1838-1882). Deze werd in Cahors geboren en leidde de wederopbouw van Frankrijk na de oorlog tegen Pruisen in 1870.
De **Cathédrale de St-Etienne** staat ingeklemd

Een tocht langs twee rivieren

De Lot en de Célé stromen langs middeleeuwse dorpen en kastelen, door smalle kloven, via woeste watervallen en door brede vlakten. Een tocht door de beide valleien is ongeveer 160 km lang en als u rustig aan wilt doen, neemt u er twee dagen voor, zodat zowel de keuken als het schitterende landschap alle aandacht krijgen. De rustige weg van Cahors, die bekend is vanwege de 14de-eeuwse Pont (brug) Valentré, volgt de oevers van de Lot. Dit is het gebied van de truffels, *confit* (gelei) van eend en gans, heerlijke geitekaas en de haast zwarte Cahorswijn. Figeac is een ideale plaats om te overnachten. De oude stad is mooi en er zijn diverse hotels en restaurants.

Grotte du Pech Merle ①
In deze 25.000 jaar oude grot bij Cabrerets zijn zalen met afbeeldingen van mammoeten, paarden, bizons en mensen.

St-Cirq-Lapopie ⑥
Hoog boven de Lot ligt dit dorpje met een 15de-eeuwse kerk en vakwerkhuizen die in de rotswand zijn gebouwd.

tussen de straatjes van de oude stad. Deze heeft een aantal mooie middeleeuwse details die u niet mag missen: op de romaanse noorddeur en het timpaan staat een Hemelvaart afgebeeld en het koepelgewelf boven het schip (naar men zegt het grootste van Frankrijk) zijn beschilderd met 14de-eeuwse fresco's die de steniging van St Étienne weergeven. De kloostergangen uit de Renaissance zijn versierd met ingewikkeld en beschadigd beeldhouwwerk.

In de buurt van de kathedraal staat het 16de-eeuwse **Maison de Roaldès**. De noordelijke gevel is versierd met bomen, zonnen en een rozet met Quercy-motieven. Hier overnachtte Hendrik van Navarra (die later koning Hendrik IV werd) na de belegering en inname van Cahors in 1580.

Het monumentale herkenningspunt van de stad is de

Versterkte Pont Valentré over de Lot

Pont Valentré, een overspanning met zeven bogen en drie torens over de Lot. Deze versterkte brug werd gebouwd tussen 1308 en 1360 en heeft veel aanvallen weerstaan. Het adembenemende zicht op de brug is een van de meest gefotografeerde monumenten van Frankrijk. In de middelste toren, de Tour du Diable (Duivelstoren) is een klein museum dat ingaat op de geschiedenis van de brug en de stad.

Omgeving

Ongeveer 60 km ten westen van Cahors ligt het Château de Bonaguil, een mooi voorbeeld van militaire architectuur uit de middeleeuwen.

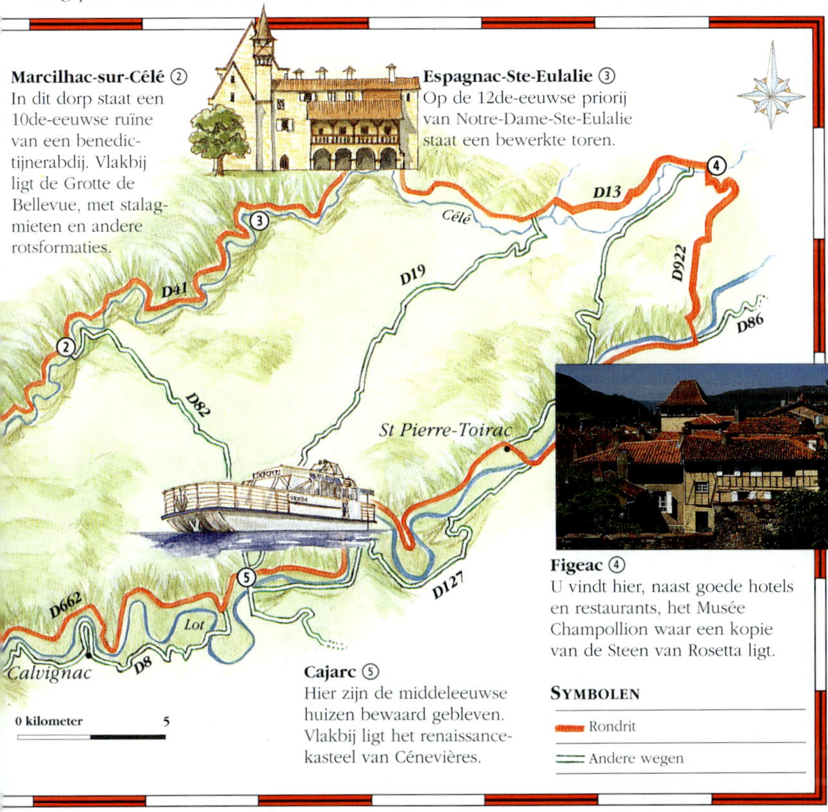

Marcilhac-sur-Célé ②
In dit dorp staat een 10de-eeuwse ruïne van een benedictijnerabdij. Vlakbij ligt de Grotte de Bellevue, met stalagmieten en andere rotsformaties.

Espagnac-Ste-Eulalie ③
Op de 12de-eeuwse priorij van Notre-Dame-Ste-Eulalie staat een bewerkte toren.

Figeac ④
U vindt hier, naast goede hotels en restaurants, het Musée Champollion waar een kopie van de Steen van Rosetta ligt.

Cajarc ⑤
Hier zijn de middeleeuwse huizen bewaard gebleven. Vlakbij ligt het renaissancekasteel van Cénevières.

SYMBOLEN

Rondrit

Andere wegen

Fruitbomen en wijngaarden nabij Agen

Agen ⓱

Lot-et-Garonne. 32.000. Boulevard Carnot 107 (05-53473609). wo, za, zo.

Uit een recent landelijk onderzoek blijkt dat de inwoners van Agen, de vriendelijke, vredige provinciehoofdstad aan de Garonne, de meest tevreden mensen van Frankrijk zijn. Agen stad is het centrum van het Franse rugby (het team van Agen is de afgelopen jaren driemaal kampioen geweest) en van de pruimenteelt.
Maar de stad heeft meer te bieden dan tevreden burgers en sappige pruimen. Het **Musée Municipal des Beaux Arts** bezit werken van Goya, waaronder zijn *Montgolfière*; Sisley's *Septembermorgen*, en een van de mooiste landschappen van Corot, *L'étang de Ville Avray*. Het allermooiste onderdeel van de collectie is de Griekse *Vénus du Mas*, een marmeren beeld uit de 1ste eeuw v.C., dat hier in 1876 is gevonden.
Rond de stad bepalen enorme pruimeboomgaarden het beeld. Kruisvaarders brachten de vrucht in de 11de eeuw mee uit het Midden-Oosten. Monniken uit de naburige Lotvallei waren de eersten die de pruimen droogden met de bedoeling ze te verhandelen. Agen produceert tegenwoordig ongeveer 35.500 ton gedroogde pruimen per jaar.

Musée Municipal des Beaux Arts
Place du Docteur Esquirol.
05-53694723. ***Open*** *wo-ma.* ***Gesloten*** *1 jan, 1 mei, 1 nov, 25 dec.*

Omgeving
In het versterkte dorp Moirax staat een mooie 12de-eeuwse romaanse kerk die voorheen deel uitmaakte van de priorij van Cluny. Op twee van de fraai bewerkte kapitelen staan taferelen van Daniël in de leeuwekuil en van de Erfzonde.

Larressingle ⓲

Gers. 150. naar Condom. 05-62283376 Larressingle (05-62280080).

Larressingle is een klein vestingplaatsje midden in de Gascogne met stadswallen, een vervallen verdedigingstoren en een poort. Het plaatsje dateert uit de 13de eeuw en is een van de laatste dorpen in de Gascogne waarvan de stadsmuren nog intact zijn. De gebouwen zijn uitstekend onderhouden.
U kunt zich hier voorstellen wat het betekent om tientallen jaren achtereen te moeten leven in een constante staat van oorlog.

Condom ⓳

Gers. 8000. Place Bossuet (05-62280080). wo.

De marktplaats Condom was lange tijd het centrum van de handel in armagnac. De huizen staan rond de laat-gotische **Cathédrale St-Pierre**. Tijdens de godsdienstoorlogen dreigde het leger van de hugenoten in 1569 deze kathedraal te slopen, maar de burgers van Condom kochten dit af met 30.000 franc. De Baïse loopt door het stadscentrum. Van de 17de- en 18de-eeuwse herenhuizen van Condom is het **Hôtel de Cugnac** aan de Avenue Général de Gaulle het opvallendst. Het heeft een oude *chai* (pakhuis voor wijn en gedestilleerde drank) en een stokerij. Aan de andere kant van de stad kunt u in het **Musée de l'Armagnac** ontdekken wat nu eigenlijk het verschil is tussen armagnac en cognac.

Musée de l'Armagnac.
Rue Jules Ferry 2.
05-62283141.
Open *wo-ma.* ***Gesloten*** *feestdagen.*

Armagnac

Armagnac behoort tot de duurste dranken ter wereld. Hij wordt goed beschermd: zo'n 40 procent komt nooit buiten Gascogne en 80 procent van de rest komt niet buiten de grenzen van Frankrijk. De wijngaarden van armagnac liggen op de grens tussen de districten Gers, Lot-et-Garonne en Landes. Hoewel armagnac vergelijkbaar is met cognac, zijn beroemder buur, is het door de enkelvoudige distillering individueler van smaak dan cognac. De meeste kleine, onafhankelijke producenten verkopen direct aan het publiek: let op de verweerde, vaak half verborgen borden bij de boerderijen met het opschrift *Vente Directe*.

Tenarèze Armagnac

D'ARTAGNAN

Gascogners noemen hun streek het 'Pays d'Artagnan' naar de held uit *De Drie Musketiers* van Alexandre Dumas (1844). De persoon van d'Artagnan is gebaseerd op Charles de Batz, een typische Gascogner, wiens passie en ridderlijkheid hem tot een ideale musketier (lid van de koninklijke lijfwacht) maakten. Het leven van de Batz was even uitbundig als dat van d'Artagnan. Hij bewees zijn hoffelijkheid door een gevreesde minister van Lodewijk XIV te arresteren zonder hem te beledigen. Er bestaat echter ook een andere mening over het karakter van de Gascogners: een *promesse de Gascon* betekent een loze belofte.

Beeld van de musketier d'Artagnan in Auch

Auch ⓴

Gers. 25.000. *Rue Dessoles 1 (05-62052289).* *do & za.*

Auch (uitgesproken als 'Osj') is de vroegere hoofdstad van het departement Gers. Het is een kalm plaatsje dat op marktdagen tot leven komt. De moderne stad bij het station nodigt niet uit tot een bezoek. Gaat u liever naar de oude stad op de rotsen boven de Gers. Wie de 232 stenen treden beklimt, komt vanzelf bij de laat-gotische **Cathédrale de Ste-Marie**, waarvan de bouw in 1489 begon. De afwerking is opmerkelijk, met als hoogtepunten de houten koorstoelen met afbeeldingen van ruim 1500 bijbelse, historische en mythologische figuren, en het al even mooie gebrandschilderde glas uit de 15de eeuw, toegeschreven aan Arnaud de Moles. Op de ramen zijn in totaal 360 profeten, patriarchen en apostelen door elkaar afgebeeld in bijzondere kleuren. Drie ramen verbeelden de sleutelverhalen uit de Bijbel: de Schepping, de Kruisiging en de Wederopstanding. In de 18de eeuw verstedelijkte Auch snel, toen de Allées d'Etigny werden aangelegd met daaraan het grootse Hôtel de Ville en het Palais de Justice. Langs de alleen voor voetgangers toegankelijke Rue Dessoles staan enkele huizen uit deze periode. De restaurants van Auch behoren tot de beste van de Gascogne, befaamd om de stevige kost, zoals allerlei soorten *foie gras de canard* (lever van een vetgemeste eend).

Medaillon in de Cathédrale de Ste-Marie

Auvillar ㉑

Tarn-et-Garonne. *1000.* *Pl de l'Horloge (05-63398982 alleen 's zomers).*

Een perfecte aanvulling op de dramatiek van Moissac *(blz. 432-433)* is Auvillar, een prachtig dorp op een heuvel. Het marktplein is driehoekig met in het centrum half overdekte houten galerijen. Vanaf het wandelpad hebt u een prachtig uitzicht over de Garonne. Langs dit pad zijn picknickplaatsen aangelegd en er is een oriëntatiekaart neergezet. Hierop staat de hele omgeving aangegeven, behalve de schoorstenen in de verte, dat is de kerncentrale in Golfech.

Zonnebloemen, een populaire plant in Zuidwest-Frankrijk, gekweekt voor zaden en olie

Moissac ㉒

Abt Durand

Moissac ligt tussen wijngaarden met zoete Chasselasdruiven. Het onbetwiste hoogtepunt is de abdij van St-Pierre die in de 7de eeuw werd gesticht door een benedictijner monnik. Later hebben Arabieren, Noormannen en Hongaren haar geplunderd. In 1047 sloot de abdij zich aan bij de rijke priorij van Cluny en kwam tot grote bloei onder Abt Durand de Bredon. In de 12de eeuw was het de belangrijkste abdij van Zuidwest-Frankrijk. Het zuidelijke portaal, een romaans meesterwerk, stamt uit deze periode.

Abdij van St-Pierre
De buitenkant is in twee stijlen gebouwd: het deel van natuursteen is romaans, het deel van baksteen is gotisch.

Christus Koning
Christus zit als rechter in het midden. Hij heeft het Boek des levens in Zijn linkerhand en geeft de zegen met Zijn rechterhand.

Timpaan
De onderste rij van het evenwichtige compacte timpaan toont de Vierentwintig Oudsten met gouden kronen uit het visioen van Johannes.

★ Zuidportaal
Het gebeeldhouwde Zuidportaal (1100-1130) is een prachtige stenen versie van het visioen van Johannes (Op. 4 en 5). De evangelisten Mattheus, Marcus, Lucas en Johannes zijn afgebeeld als 'vier dieren vol ogen'. Uit Moorse details op de deurstijlen blijken de culturele betrekkingen tussen Frankrijk en Spanje.

TIPS VOOR DE TOERIST

Tarn-et-Garonne. *Place Durand de Bredon 6 (05-63040185).* ***Abdij open*** *juli-aug: dag. 8.00-1800 uur.* ***Gesloten*** *1 jan, 25 dec.* *ma-vr: 18.30; za 19.30, zo 10.30 uur.*

★ Claustrum

Langs het 11de-eeuwse claustrum staan afwisselend enkele en dubbele pilaren van wit, roze, groen en grijs marmer. Ze dragen in totaal 76 versierde bogen.

PLATTEGROND: KERK EN CLAUSTRUM

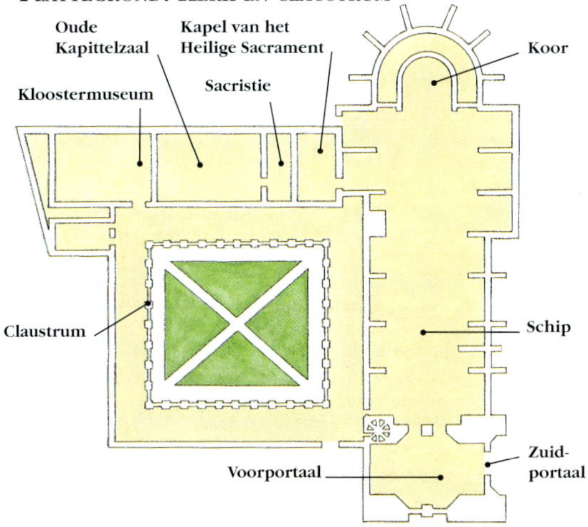

Kapitelen

Bloemen, dieren en taferelen uit het Oude en Nieuwe Testament zijn afgebeeld op deze prachtig gebeeldhouwde 11de-eeuwse kapitelen in het claustrum.

STERATTRACTIES

★ Zuidportaal

★ Claustrum

Montauban ㉓

Tarn-et-Garonne. *54.000.* *Place Prax-Paris (05-63636060).* *za.*

Montauban verdient meer aandacht dan het krijgt. Dit roze, bakstenen zusje van Toulouse was de hoofdstad van de 17de-eeuwse 'Protestantse Republiek' van Zuid-Frankrijk. De schilder Ingres is hier in 1780 geboren. In het **Musée Ingres** worden een aantal schilderijen en 4000 tekeningen tentoongesteld. Een ander deel van de collectie bestaat uit werk van de beeldhouwer Emile Bourdelle, een medewerker van Rodin, die ook uit Montauban kwam.

Maar voor dit alles is Montauban een keurig winkelcentrum met een overdekt plein (Place National) uit de 17de en 18de eeuw. Iets verder staat de witte **Cathédrale Notre-Dame**, die in 1685 in opdracht van Lodewijk XIV is gebouwd als reactie op de protestantse ketterij.

Musée Ingres

Palais Episcopal. *05-63221291.* ***Open*** *di-zo (juli-aug: dag.).* ***Gesloten*** *1 jan, 14 juli, 1 nov, 11 nov, 25 dec.*

Gorges de l'Aveyron ㉔

Tarn-de-Garonne. *Toulouse.* *Montauban, Lexos.* *Montauban.* *Montauban (05-63633140).*

Bij de Gorges de l'Aveyron gaat de zinderende vlakte van Montauban plotseling over in koele heuvels. Hier zien de dorpen er anders uit dan in Périgord en Quercy, ze lijken geobsedeerd door verdedigingswerken. Het kasteel in Bruniquel stamt uit de 6de eeuw en staat boven een diepe afgrond. Het is alleen bereikbaar na een steile klim uit het dorp. Aan de D115 ligt het dorp Penne op een hoge rotspunt. De kloof wordt smal en donker en vanuit St-Antonin-Noble-Val, dat tegen de rotswand ligt, maakt de vallei een bocht naar Cordes.

Cordes ㉕

Tarn. 970. Place Bouteillerie (05-63560052). za.

Cordes ligt schitterend op een berg boven de Cerou. Het wordt ook wel Cordes-sur-Ciel genoemd, omdat de stad in de lucht lijkt te zweven. Tijdens de 13de-eeuwse kruistochten tegen de Katharen zijn alle inwoners geëxcommuniceerd. Pestepidemieën eisten veel slachtoffers en rond 1900 was de stad ernstig vervallen.

Rond 1940 begon onder leiding van de kunstenaar Yves Brayer de restauratie. De stadswallen en een aantal poorten, die in 1222 waren gebouwd door de Kathaarse graaf en stichter van Cordes, Raymond VII van Toulouse, zijn bewaard gebleven. Gotische herenhuizen zoals het 14de-eeuwse **Maison du Grand Fauconnier** met reliëfs van valken op de gevel, en het **Maison du Grand Veneur** (Huis van de Grote Jager) staan in de ongelooflijk steile straatjes met klinkers. Desondanks heerst in Cordes nog steeds een sfeer van verlies.

Albert Camus schreef ooit over deze stad: 'Alles is daar mooi, zelfs spijt'. Cordes is volledig afhankelijk van het toerisme. Er worden 'middeleeuwse' ambachten uitgeoefend, maar van de levendige weefkunst en de leerindustrie is niets meer over.

Cathédrale Ste-Cécile torent uit boven Albi

Albi ㉖

Tarn. 47.000. Palais de la Berbei, Place Ste-Cécile (05-63494880). za.

Zoals veel andere grote steden in deze omgeving is Albi niet alleen rood, maar roodgloeiend van de warmte. De stad is beslist niet geschikt voor een snel bezoekje op een stille namiddag. U kunt beter in de koelte van de ochtend genieten van de straatjes rond de markt en de **Cathédrale de Ste-Cécile**. 's Morgens is het ook minder druk in het **Musée Henri de Toulouse-Lautrec** in het Palais de la Berbie. Hier wordt de meest complete, permanente collectie werken van deze kunstenaar bewaard, waaronder schilderijen, tekeningen en zijn beroemde affiches voor de Moulin-Rouge. Ook ziet u er doeken van Matisse, Dufy en Yves Brayer.

Vanuit de tuin met terrassen van het Palais de la Berbie hebt u een mooi uitzicht over de Tarn. Ga vervolgens naar de grote bakstenen kathedraal die in 1265 werd gebouwd als nasleep van de kruistocht tegen de Katharen. Ze was bedoeld om ketters duidelijk te maken dat de Kerk niet met zich laat sollen. Van verre lijken de halfronde torens en smalle ramen meer op een fort dan op een gebedsplaats. Elk detail, van de enorme klokketoren tot het grote fresco van het *Laatste Oordeel*, werd met opzet monumentaal gemaakt opdat de mens zich klein zou voelen.

Musée Henri de Toulouse-Lautrec

Palais de la Berbie. *05-63494870.* ***Open*** *april-sept: dag., okt-maart: wo-ma.* ***Gesloten*** *1 jan, 1 mei, 1 nov, 25 dec*

Toulouse-Lautrec

Graaf Henri de Toulouse-Lautrec werd in 1864 in Albi geboren. Op zijn 15de werd hij invalide door twee valpartijen. In 1882 ging hij naar Parijs, waar hij het leven rond de cabarets, bordelen, renbanen en circussen tekende. Met zijn krachtige en levendige affiches verhief hij de lithografie tot kunstvorm. Hij stierf op 36-jarige leeftijd, gesloopt door alcohol en syfilis.

La Modiste **Lautrec (1900)**

Castres ㉗

Tarn. 47.000. Rue Milhau Ducommun 3 (05-636263627). di, do-za.

Castres is sinds de 14de eeuw het centrum van de textielindustrie. Nu is ook het hoofdkantoor van een van de grootste farmaceutische bedrijven van Frankrijk hier gevestigd en de stad bruist van activiteit.

De grote collectie Spaanse kunst in het **Musée Goya** omvat onder meer een serie indrukwekkende prenten, *Caprichos* van de meester zelf. De geometrische tuin tussen het stadhuis en de Agout werd in de 17de eeuw ontworpen door de tuinarchitect van Vaux-le-Vicomte en Versailles, Le Nôtre *(blz. 169)*.

Musée Goya

Hôtel de Ville. *05-63715930 of 05-63715927.* ***Open*** *juli-aug: dag., sept-juni: di-zo.* ***Gesloten*** *1 jan. 1 mei, 1 nov, 25 dec.*

Bastides

Bastides werden in de 13de eeuw haastig gebouwd door zowel de Engelsen als de Fransen, om de onbewoonde gebieden te bezetten voordat de Honderdjarige oorlog uitbrak. Het zijn middeleeuwse nieuwbouwwijken, met vastgelegde inrichting en versterkte grenzen. Tussen Périgord en de Pyreneeën zijn ruim 300 bastidesteden en -dorpen bewaard gebleven.

Een ruime markt met galerijen *Dat is het kenmerk van de meeste bastides. In Montauban zijn er winkels gevestigd.*

Lauzerte *Deze typische bastide met grijze stenen huizen is in 1241 gesticht door de graaf van Toulouse. De stad lag veilig op de helling van een heuvel en was lange tijd een Engelse voorpost.*

Kerk Deze werd als bolwerk gebruikt, als de verdedigingswallen waren doorbroken.

Stenen huizen Deze moesten de stadsgrens beschermen.

Dorpsplein Het plein wordt omringd door met elkaar in verbinding staande straten en stegen. Dit in tegenstelling tot de normale wirwar van middeleeuwse huizen en steegjes.

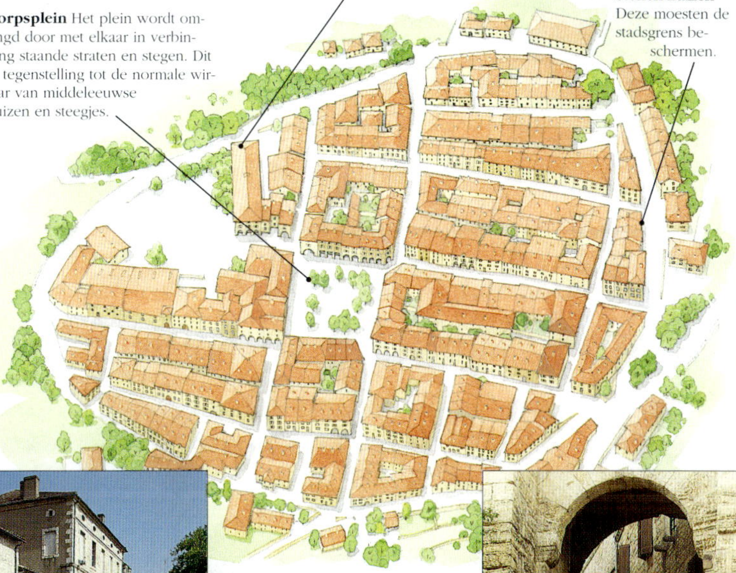

MONFLANQUIN
Deze bastide werd in 1256 door de Fransen gebouwd. Hij ligt strategisch op een noord-zuid route en werd in de Honderdjarige Oorlog voortdurend ver- en heroverd.

Bastides *Nu vormen ze een handig netwerk van marktplaatsen, dat de* route des bastides *wordt genoemd. Bezoek deze plaatsen op marktdagen, als de pleinen vol kraampjes staan.*

Porte de la Jane *Deze poort in Cordes is kenmerkend voor bastides. Hij kan snel worden gesloten met een valhek.*

Toulouse ㉘

De industrie- en universiteitsstad Toulouse is de belangrijkste stad van Zuidwest-Frankrijk en de op zes na grootste stad van het land. Hier worden de Concorde, Airbus en Ariane-raket gebouwd, zoals in de Cité de l'Espace te zien is. U leert Toulouse het beste kennen als u te voet gaat. De stad heeft een goede regionale keuken, twee kathedralen, gezellige straten en een mooi oud centrum van roze baksteen dat volgens de Fransen 'Roze bij zonsopgang, rood in de middag en paars bij zonsondergang' is.

De Garonne met de Pont Neuf en kaden met bomen

Woonboten op het Canal du Midi

Toulouse verkennen

Deze zuidelijke stad ontstond op de rechteroever van de Garonne rond een Romeinse nederzetting. Na de Romeinen kwamen de Westgoten. Vervolgens werd het een renaissance-stad met paleizen met torentjes, die werden gebouwd uit de opbrengsten van de *pastel* (blauwe verfstof) en de graanhandel. Sommige paleizen staan nog steeds in het oude centrum rond het Place de Capitole en het **Hôtel de Ville** uit de 18de eeuw. Hier en aan het Place St-Georges en de Rue Alsace Lorraine liggen de meeste winkels, bars en terrasjes.
De Universiteit werd in 1229 opgericht en bracht evenwicht tussen wetenschap en welvaart. Er zijn 70.000 studenten wat de prijzen in de vele cafés, oesterbars en boekwinkels laag houdt. Ook de zondagse vlooienmarkt op het Place St-Sernin is goedkoop.
De 18de- en 19de-eeuwse boulevards liggen in een cirkel om de stad. Nu verbindt een volautomatische metro het drukke centrum met de buitenwijken.

Les Jacobins

De bouw van de kerk startte in 1216, twee eeuwen later was ze klaar. Het was het eerste dominicanerklooster, bedoeld om de onvrede in deze streek tegen te gaan. Vanuit het klooster werd de universiteit van Toulouse opgericht. De gotische kloosterkerk heeft een hoog palmgewelf in de apsis met 22 ribben en de klokketoren (1294) zonder spits is in heel Zuidwest-Frankrijk nagebouwd. Op de muren van de ranke gotische Chapelle St-Antonin (1337) staan fresco's met afbeeldingen uit Openbaringen uit 1341.

Musée des Augustins

Rue de Metz 21. 05-61222182.
Open *wo-ma.* **Gesloten** *feestdagen.*

Toulouse is een centrum van Europese romaanse kunst door zijn ligging op de route naar Santiago de Compostela *(blz. 390-391)*. Dit museum heeft

Palmgewelf in de apsis van Les Jacobins

beeldhouwwerk uit deze periode en omvat kloostergangen van een 14de-eeuwse augustijner priorij en 12de-eeuwse kapitelen, afkomstig uit de nu grotendeels 18de-eeuwse **Basilique de Notre-Dame-de-la-Daurade**. U ziet ook Franse, Italiaanse en Vlaamse schilderijen (16de-19de eeuw).

Musée des Augustines

Hôtel d'Assézat

Place d'Assézat. 05-61120689. ***Open** di-zo. **Gesloten** 1 jan, 25 dec.*

Het Hôtel d'Assézat biedt onderdak aan de collectie van de Fondation Bamberg, waartoe renaissancistische schilderijen, *objets d'art* en bronzen uit Italië, Frankrijk en Vlaanderen, en 19de- en 20ste-eeuwse Franse schilderkunst behoren.

Basilique de St-Sernin

Deze grootste romaanse basiliek van Europa is gebouwd in de 11de-12de eeuw voor de pelgrims op weg naar Santiago de Compostela. De kerk heeft een achthoekige bakstenen klokketoren met sierbogen, die wordt bekroond door peperbussen en een torenspits. In de crypte zijn 11de-eeuwse marmeren bas-reliëfs van Christus te zien en de onderscheidingstekens van de Evangelisten, door Bernard Gilduin.

Cité de l'Espace

Avenue Jean Gonord.
*05-62716480. **Open** di-zo.*
Dit 'ruimtepark' ten zuidwesten van Toulouse heeft een planetarium en interactieve opstellingen die over de verkenning van de ruimte gaan. Er is een replica van de Ariane 5. In de controlekamer kunt u zien hoe raketten en satellieten worden gelanceerd.

De gelaagde 12de-eeuwse toren van Basilique de St-Sernin

Tips voor de toerist

Haute-Garonne. *360.000. 6 km NW Toulouse. Gare Matabiau, Bd Pierre Semard. Rue Marengo. Donjon du Capitole (05-61110222). dag. Piano Jacobins (sept); jazz (okt).*

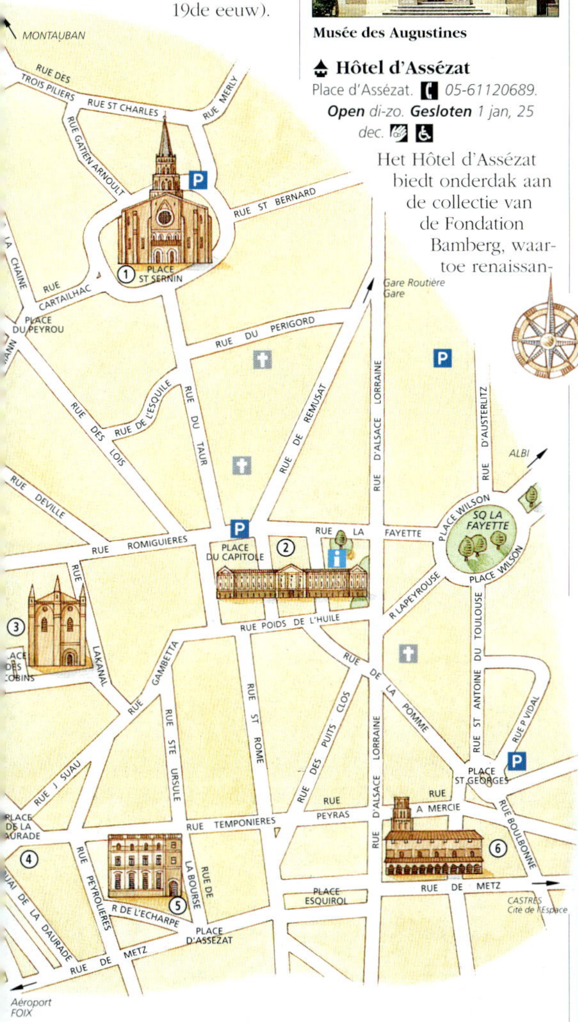

Bezienswaardigheden

Basilique de Notre-Dame-de-la Daurade ④
Basilique de St-Sernin ①
Hôtel d'Assézat ⑤
Hôtel de Ville ②
Les Jacobins ③
Musée des Augustins ⑥

Symbolen

- P Parkeerplaats
- i Toeristenbureau
- Kerk

0 meter 250

KODAK
EN VENTE ICI
HOTEL
EUROPE
La Hutte
INTERSPORT
Hutte
gence
Ski
Chalet l'Oustal
SKI & SUMMER HOLIDAYS
SKIS
LOCATION
Skis
CENTRAL HOTEL
RESTAURANT
CHELIEU
HOTEL

DE PYRENEEËN

PYRÉNÉES-ATLANTIQUES · HAUTES-PYRÉNÉES · ARIÈGE
HAUTE-GARONNE

De bergen bepalen het leven in de Franse Pyreneeën, een streek die in meerdere opzichten dichter bij Spanje ligt dan bij Frankrijk. Eeuwenlang vonden ketters en vluchtelingen bij de koppige bevolking in dit afgelegen land een schuilplaats. Dit is de laatste wildernis van Europa, een leefgebied voor zeldzame diersoorten.

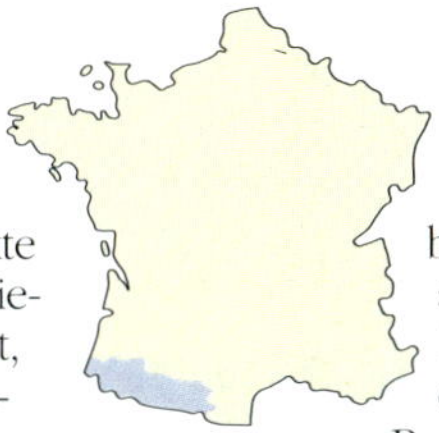

Als u van de Atlantische kust naar het oosten gaat, doen de heuvels heerlijk groen aan na de dorre vlakte van Aquitanië. Naarmate u dieper de Pyreneeën in gaat, worden de bergwanden steiler en de besneeuwde toppen hoger. Dit is een schitterend, onbewoond en gevaarlijk land dat met respect en voorzichtigheid moet worden betreden. De wandelpaden in deze streek zijn in totaal 1600 km lang en in de zomer wordt er hier gekampeerd, gevist en geklommen. 's Winters kunt u langlaufen en alpineskiën in de drukke grensplaatsen, die veel levendiger zijn dan hun Spaanse tegenhangers.

Dit is ook de geboorteplaats van Hendrik IV, die in 1593 een einde maakte aan de godsdienstoorlogen en eenheid bracht in Frankrijk. Het gebied wordt echter vaker geassocieerd met onafhankelijke leengoederen. De oudste bewoners zijn de Basken *(blz. 445)*, zij hebben hun eigen taal en cultuur behouden zoals te zien is in steden als Bayonne, Biarritz en St-Jean-de-Luz, waar geleefd wordt van de zee en de zomergasten. Pau, Tarbes en Foix in het binnenland leven van toerisme en kleinschalige industrie, terwijl Lourdes elk jaar vier miljoen pelgrims ontvangt. Verder wordt het bestaan bepaald door de landbouw, hoewel de huidige economische maatregelen een uittocht van het platteland tot gevolg hebben.

Platteland rond St-Lizier, in het hart van de Pyreneeën

◁ **Barèges, wintersportplaats en kuuroord in de Hautes-Pyrénées**

De Pyreneeën verkennen

De torenhoge Pyreneeën in Zuidwest-Frankrijk liggen tussen de Middellandse Zee en de Atlantische oceaan. Hier is de ontoegankelijke citadel van Montségur, hier zijn het bedevaartsoord Lourdes, de stad Pau in de heuvels van Béarn en de Baskische haven Bayonne. Dit bergland, waarin het woeste Parc National des Pyrénées ligt, is een paradijs voor wandelaars, vissers en skiërs. Het is groen in Frankrijk en dor in Spanje. Het weer in dit gebied is koel, maar het landschap is schitterend. Liefhebbers van kunst en architectuur komen ruimschoots aan hun trekken in onder meer St-Bertrand-de-Comminges en St-Jean-de-Luz.

Marsepein, een specialiteit uit Zuidwest-Frankrijk ***(blz. 387)***

Kerk met galerijen in het Baskische dorp Espelette

Bereikbaarheid

De A63 loopt van Bordeaux naar de Baskische kust. De A64 loopt van oost naar west, van Lannemesan bij Tarbes tot Bayonne. Hoog in de bergen zijn de wegen smal en bochtig, rijd hier dus langzaam. Tussen de Atlantische oceaan en de Middellandse Zee loopt de fraaie maar lastige D918/118 langs steile hellingen en over 18 passen. Vliegvelden zijn er in Biarritz, Pau en Lourdes. Langs deze plaatsen, evenals langs Orthez en Tarbes, loopt de spoorlijn die tussen Bordeaux en Toulouse een lus naar het zuiden maakt.

BEZIENSWAARDIGHEDEN

Aïnhoa ❹
Arreau ⓯
Bayonne ❶
Biarritz ❷
Foix ⓲
Forêt d'Iraty ❽
Lourdes ⓬
Luz-St-Sauveur ⓮
Mirepoix ⓴
Montségur ⓳
Oloron-Ste-Marie ❾
Orthez ❺
Parc National des Pyrénées ⓭
Pau ❿
St-Bertrand-de-Comminges ⓰
St-Jean-de-Luz ❸
St-Jean-Pied-de-Port ❼
St-Lizier ⓱
Sauveterre-de-Béarn ❻
Tarbes ⓫

Wilde Pottock-pony's op de heide van het Fôret d'Iraty

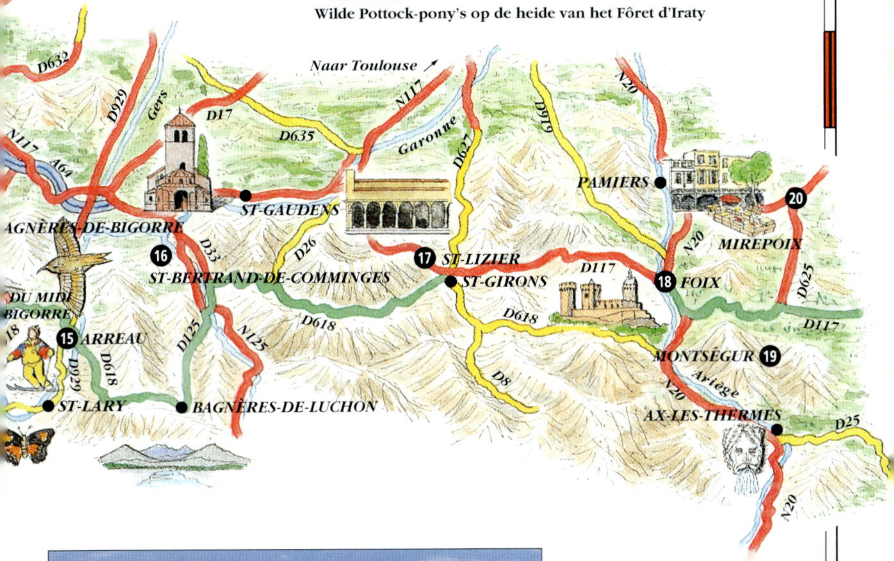

St-Jean-de-Luz vanuit Ciboure, aan de overkant van de Nive

SYMBOLEN

- Snelweg
- Hoofdweg
- Secundaire weg
- Toeristische route
- Rivier
- Uitzichtpunt

0 kilometer 25

Bayonne ❶

Pyrénées-Atlantiques. *40.000.* *Place des Basques (05-59460146).* *dag.*

Bayonne, de hoofdstad van Frans Baskenland, ligt tussen twee rivieren – de woeste Nive die rechtstreeks uit de bergen komt en de brede, trage Adour. Sinds de Romeinse tijd is het een belangrijke stad omdat het een van de weinige begaanbare wegen naar Spanje beheerste. Tussen 1152 en 1451 kwam Bayonne tot bloei als vrijhaven onder Engels gezag. Sindsdien weerstond de stad veertien belegeringen, waaronder een zeer bloedige in 1813, door Wellington.

In Grand Bayonne, rond de kathedraal, kunt u alles te voet bereiken. De gedeeltelijk door de Engelsen gebouwde 13de-eeuwse **Cathédrale de Sainte-Marie** is in de noordelijke gotische stijl gebouwd, in plaats van in de voor de Pyreneeën gebruikelijker romaanse. Let op de fraaie kloostergangen. Als een vluchteling de 15de-eeuwse klopper op de noordelijke deur kon bereiken, had hij recht op asiel. In het winkelcentrum, vooral in de overdekte Rue du Pont Neuf, zijn cafés waar de plaatselijke specialiteit, warme chocolademelk, wordt geserveerd.

U kunt hier ook ham uit Bayonne en pittige *Loukinkos*worst kopen.

Grand Bayonne ligt rond de kathedraal met twee torens

Vuurtoren bij Biarritz

Petit Bayonne ligt aan de overkant van de Nive. Het **Musée Basque** geeft een goed beeld van de gebruiken van het Baskenland, met interieurs en voorwerpen uit de zeevaart. Het nabije **Musée Bonnat** heeft een prachtige collectie. Op de eerste verdieping hangen schetsen van Da Vinci, Van Dyck, Rembrandt en Rubens en schilderijen van Goya, Constable, Poussin en Ingres.

Musée Basque
Rue Marengo 1. *05-59590898.*
***Gesloten** onbepaalde tijd wegens verbouwing.*

Musée Bonnat
Rue Jacques Lafitte 5.
05-59590852. ***Open** wo-ma.*
***Gesloten** feestdagen.*

Biarritz ❷

Pyrénées-Atlantiques. *29.000.* *Javalquinto, Place d'Ixelles (05-59223710).* *dag.*

Biarritz, ten westen van Bayonne, heeft een prachtig oud centrum, maar langs de kust zijn buitenwijken gekomen. De badplaats ontstond als haven voor de walvisvaart, maar groeide in de 19de eeuw uit tot een geliefd zomerverblijf voor de rijken van Europa. Biarritz was voorgoed populair toen keizerin Eugénie tijdens het bewind van haar man Napoleon III het milde winterweer ontdekte. Tegenwoordig is ongeveer een kwart van de bevolking gepensioneerd. De stad heeft drie goede stranden, met het beste surfwater van Europa, twee casino's en een van de laatste luxehotels in Frankrijk, het Hôtel du Palais *(blz. 569)* dat ooit de residentie was van Eugénie. In het aquarium van het **Musée de la Mer** in de Port des Pêcheurs zijn zeedieren uit de Golf van Biskaje te zien. Daarnaast staat de Atalaye-uitkijktoren, waar tot de 16de eeuw rooksignalen werden gegeven om de nadering van een groep walvissen aan te kondigen. Wat lager loopt een smalle weg naar de Rocher de la Vièrge, waar u een schitterend uitzicht hebt over de hele Baskische kust.

Musée de la Mer
Esplanade du Rocher-de-la-Vièrge, Plateau Atalaye 14. *05-59240259.*
***Open** dag.*

Altaar in de Eglise St-Jean-Baptiste

St-Jean-de-Luz ❸

Pyrénées-Atlantiques. *13.000.* *Place Maréchal Foch (05-59260316).* *di & vr.*

St-Jean is buiten het seizoen een stil vissersdorp dat in augustus verandert in een smoorhete toeristenstad, met winkels die rond de chique Dennenweg in Den Haag niet zouden misstaan. In de 11de eeuw werden dode walvissen de stad in gesleept om onder de dorpelingen te worden verdeeld. Door de natuurlijke haven is dit een van de weinige stranden langs deze kust waar u veilig kunt zwemmen. Een belangrijke historische gebeurtenis voor St-Jean was het huwelijk van Lodewijk XIV en de Infanta Maria-

St-Jean-de-Luz, een vissersdorp dat in de zomer plotsklaps tot leven komt

Theresa van Spanje in 1660, een verbintenis waarmee de langverwachte alliantie tussen Frankrijk en Spanje werd bezegeld. De twee landen raakten hierdoor wel verwikkeld in de Spaanse Successieoorlog. Het huwelijk vond plaats in de **Eglise St-Jean-Baptiste**. Dit is nog steeds de grootste en mooiste van alle Baskische kerken, met drie galerijen, een schitterend 17de-eeuws altaarstuk en een vrolijke, opgetogen atmosfeer. De poort waardoor de Zonnekoning zijn bruid binnenleidde is direct daarna dichtgemetseld, aan de buitenkant hangt een plaquette. Een andere bezienswaardigheden in St-Jean is het **Maison Louis XIV**, met meubelen uit die tijd. Hier verbleef de koning in 1660. De haven is druk in de zomer. De restaurants achter de overdekte markten serveren dan hun specialiteit: gloeiend hete kommen vol *chipirones*, inktvis gekookt in zijn eigen inkt.

Maison Louis XIV

Place Louis XIV. 05-59260156.

Open *juni-sept: dag.*

Omgeving

Aan de andere kant van de Nive ligt **Ciboure**, de geboortestad van de componist Maurice Ravel. De 18de-eeuwse koopmanshuizen, steile straatjes en visrestaurants zijn kenmerkend voor dit plaatsje. Een strandwandeling van twee uur voert naar het naburige dorp **Socoa**, waar u van de vuurtoren op de klip een mooi uitzicht hebt over de kust tot aan Biarritz.

Basken met hun traditionele baret

Aïnhoa 4

Pyrénées-Atlantiques. *550.*

Het gehucht Aïnhoa ligt aan de weg naar de Spaanse grens en werd in de 12de eeuw gesticht als etappeplaats voor pelgrims naar Santiago de Compostela *(blz. 390-391)*. De hoofdstraat vol witte 17de-eeuwse Baskische huizen en een kerk met galerijen uit dezelfde tijd zijn bewaard gebleven.

Omgeving

In het nabije dorp **Espelette** staat een soortgelijke kerk. Volgens Baskische stijl is het aantal zitplaatsen vergroot door galerijen aan te brengen. Hierdoor konden de mannen gescheiden zitten van de vrouwen en kinderen. Espelette vormt het centrum van de handel in *Pottocks*, een oeroud ras van pony's. De dieren worden eind januari geveild. De rode Spaanse peper staat hier ook in hoog aanzien, vooral tijdens het peperfestival in oktober.

Als u van Aïnhoa de andere kant op gaat, komt u bij het mooie bergdorp **Sare** aan de voet van de St-Ignace pas. Van hier gaat een tandradbaan naar de top van La Rhune, waar u het mooiste uitzicht hebt van het hele Pays Basque.

Baskische boerderij nabij Espelette

Sauveterre-de-Béarn en de resten van de versterkte brug over de Gave d'Oloron

Orthez 5

Pyrénées-Atlantiques. 10.700. *Maison de Jeanne d'Albret, Rue du Bourg Vieux (05-59690275 en 05-59693750).* *di.*

Orthez is een belangrijke marktstad in de Béarn. De versterkte brug uit de 13de en 14de eeuw was in de Middeleeuwen een belangrijke oversteekplaats over de Gave (bergbeek) de Pau. Van november tot februari is er op donderdagochtend een goede markt, met *foie gras*, hammen uit Bayonne, pluimvee en groente. Langs de Rue du Bourg Vieux staan mooie huizen, met name dat van Jeanne d'Albret, de moeder van Hendrik IV, op de hoek van de Rue Roarie. Haar enthousiasme over het protestantse geloof vervreemdde haar van haar onderdanen en van Karel X. Hierdoor raakte de Béarn verwikkeld in de godsdienstoorlogen (1562-1593).

Sauveterre-de-Béarn 6

Pyrénées-Atlantiques. 1400. *La Mairie, Château de Nays (05-59385017).* *wo, za.*

In het marktstadje Sauveterre zou u wat langer moeten blijven. Hier hebt u adembenemende uitzichten naar het zuiden over de Gave d'Oloron, er is een versterkte brug met nog één sierlijke boog, en er staat het 16de-eeuwse **Château de Nays**. Vissers komen hier elk jaar voor het wereldkampioenschap zalmvissen, dat tussen maart en juli wordt gehouden langs de snel stromende Oloron. Bezoek ook zeker het **Château de Laàs** dat 9 km verderop ligt aan de D27. Daar is een fraaie verzameling 18de-eeuwse decoratieve kunst en meubilair – zoals het bed waarin Napoleon sliep (als hij toen kon slapen) in de nacht na zijn nederlaag bij Waterloo.

Château de Laàs

05-59389153. ***Open*** *apr-okt: wo-ma.*

Château de Nays bij Sauveterre in de Béarn

St-Jean-Pied-de-Port 7

Pyrénées-Atlantiques. 1500. *Place Charles de Gaulle 14 (05-59370357).* *ma.*

St-Jean-Pied-de-Port ligt aan de voet van de Roncesvallespas en was ooit de hoofdstad van Basse-Navarre. Hier verpletterden de Basken de achterhoede van het leger van Karel de Grote in 778. Diens commandant Roeland vond hierbij de dood, maar werd later vereeuwigd in het *Roelandslied.*

In de Middeleeuwen was deze versterkte stad van rode zandsteen het laatste verzamelpunt voordat de pelgrims Spanje binnentrokken op weg naar Santiago de Compostela *(blz. 390-391).* Zodra er een groep pelgrims in zicht kwam, luidden de stedelingen de kerkklokken om hen de weg te wijzen, de pelgrims zongen ten antwoord.

Bezoekers en pelgrims vormen nog steeds de grootste bron van inkomsten van St-Jean. Ze betreden de straatjes van de bovenstad via de Porte d'Espagne en gaan langs cafés, hotels en restaurants naar boven. De stadswallen zijn de klim waard, evenals de citadel. Op maandag worden er in de stad een veemarkt en *pelote*-wedstrijden gehouden.

Forêt d'Iraty ❽

Pyrénées-Aquitaine. St-Jean-Pied-de-Port. Laurrau (05-59285129).

Het Fôret d'Iraty is een met beuken en heide begroeid plateau, waar veel wordt gelanglauft en gewandeld. Hier leven de Baskische pony's, de *Pottocks*, vrijwel in het wild. Ze zijn nauwelijks veranderd sinds de prehistorische inwoners hun silhouet op de rotswanden tekenden. Het bezoekerscentrum van Laurrau geeft kaarten uit met wandelroutes. De mooiste route begint bij de parkeerplaats van Chalet Pedro, ten zuiden van het meer op het plateau van Iraty, en voert langs de GR10 naar 3000 jaar oude menhirs aan de westkant van de Somme d'Occabé.

Baskische cultuur

Het grootste deel van Baskenland ligt in Spanje, ongeveer 10 procent ligt in Frankrijk. De Basken hebben hun eigen taal die niet verwant is met enige andere Europese taal. Hun muziek, sport en folklore zijn al even apart. Franse Basken zijn minder gericht op onafhankelijkheid dan de Spanjaarden, maar ze zijn beiden erg gehecht aan hun unieke levenswijze.

***Pelota*, de traditionele Baskische sport**

Oloron-Ste-Marie ❾

Pyrénées-Atlantiques. 11.000. Place de la Résistance (05-59399800). vr.

Oloron is ontstaan uit een Keltiberische nederzetting. Het stadje ligt op de plaats waar de Aspevallei en de Ossauvallei samenkomen. In mei en september worden hier grote landbouwmarkten gehouden. De klassieke Franse baretten komen hier vandaan.

Marmeren deur van Eglise Ste-Marie

De trots van de stad is echter het deurkozijn van de romaanse **Eglise Ste-Marie**, met bijbelse en lokale taferelen. Spanje ligt aan de andere kant van de Somportpas, aan het begin van de bergachtige Aspevallei. De invloed van Spaanse steenhouwers is goed te zien aan de **Eglise Sainte-Croix** van Oloron, die een Moors gewelf heeft. Deze twee kerken vormen de enige attracties van Oloron, waardoor er tijd overblijft om in de Aspevallei een van de beroemde geitekazen of een kaas van koeie- en geitemelk te proeven.

Er loopt een zijweg naar Lescun. Daarachter ligt een prachtige getande bergkam, met als top de **Pic d'Anie** van 2504 m hoogte, een van de mooiste plekken in de Pyreneeën. In Somport heeft men toestemming gegeven voor een controversieel snelweg- en tunnelproject, hoewel dit een bedreiging vormt voor de traditionele agrarische economie en voor het laatste leefgebied in de Pyreneeën van de bruine beer.

Heide boven het Fôret d'Iraty, de bomen werden lang geleden gekapt voor Franse en Spaanse marineschepen

Gobelin in het Château de Pau

Pau ⑩

Pyrénées-Atlantiques. 87.000.
place Royale (05-59272708).
ma-za.

Pau, de hoofdstad van de Béarn, is een levendige universiteitsstad met schaduwrijke parken en sierlijke gebouwen uit de Belle Epoque. Het is de interessantste grote stad van de centrale Pyreneeën. In de herfst en winter is het weer hier mild waardoor het sinds het begin van de 19de eeuw een favoriete bestemming is voor rijke buitenlanders, vooral Engelsen. Pau is vooral bekend als geboorteplaats van koning Hendrik IV. Zijn moeder Jeanne d'Albret maakte toen ze 8 maanden zwanger was een reis van 19 dagen vanuit Picardië om hier haar kind te krijgen. Ze zong tijdens de bevalling om zo haar kracht en incasseringsvermogen op haar kind over te brengen. Zodra Hendrik was geboren, werden zijn lippen volgens de traditie ingesmeerd met knoflook en de plaatselijke Jurançonwijn. De grootste trekpleister van de stad is het **Château de Pau**, dat in de 14de eeuw voor de eerste maal werd verbouwd voor de vorst van Béarn, Gaston Phoebus *(blz. 453)*. Het werd 400 jaar later gerestaureerd. Marguerite d'Angoulême, de zuster van de Franse koning, woonde hier aan het eind van de 16de eeuw. Zij maakte de stad tot een centrum van kunst en vrijdenkerij. Het kasteel heeft prachtige 16de-eeuwse gobelins, gemaakt door Vlaamse wevers in Parijs. Het Musée Béarnais op de derde verdieping geeft veel informatie over de geschiedenis, de traditie en de cultuur van de Béarn.

De Boulevard des Pyrénées biedt een prachtig uitzicht op de tuinen beneden en op de hoogste bergtoppen, die vaak het hele jaar besneeuwd blijven. Breng ook een bezoek aan het gevarieerde **Musée des Beaux Arts**, waar de *Katoenbeurs* en *New Orleans* van Degas hangen, evenals het *Laatste Oordeel* van Rubens en werk van El Greco.

Château de Pau
Rue du Château. *05-59823800.*
***Open** dag. **Gesloten** 1 jan, 1 mei, 25 dec. verplicht voor château.*

Musée des Beaux Arts
Rue Mathieu-Lalanne
*05-59273302. **Open** wo-ma.*
***Gesloten** feestdagen.*

Tarbes ⑪

Hautes-Pyrénées. *48.000.*
Cours Gambetta 3 (05-62513031). *do, za & zo.*

Tarbes is de welvarendste stad in de Bigorre. Het is een centrum van chemie en techniek en heeft goede winkels. De **Jardin Massey** in het midden van de stad is rond 1800 ontworpen en behoort tot de mooiste parken van het Zuidwesten. Er zijn prachtige paden en zeldzame planten, waaronder de Noordamerikaanse sassafras. Het cavaleriemuseum in **Musée Massey** is erg interessant. Hier hangen de zwierige uniformen van 19de- en 20ste-eeuwse regimenten. Ook de volbloed hengsten van de Nationale Franse Stoeterij mag u niet missen.

Musée Massey
Jardin Massey. *05-62363149.*
***Open** juli-aug: dag., sept-juni: wo-zo.*
***Gesloten** feestdagen.*

Lourdes ⑫

Hautes-Pyrénées. *16.500.*
Place Peyramale (05-62427740).
Elke tweede do.

Lourdes is een van de belangrijkste bedevaartsplaatsen in Europa vanwege de visioenen van de Maagd Maria die de 14-jarige Berna-

Château de Pau, geboortehuis van Hendrik IV (1589)

◁ Uitlopers van de Pyreneeën

dette Soubirous kreeg in 1858. Vier miljoen mensen bezoeken jaarlijks de **Grotte Massabielle**, de grot waar het allemaal gebeurde, en de kamer in de Rue des Petits-Fossés waar de Soubirous woonden.

Wie hier niet vanwege zijn geloof komt, kan Lourdes beter mijden. U kunt naar de **Grottes de Bétharram** gaan om een tochtje per ondergrondse trein of boot te maken door de enorme spelonken. In het **Musée Pyrénéen** is een tentoonstelling over de eerste bergbeklimmers die dit gebied ontsloten.

Grottes de Bétharram
St-Pé-de-Bigorre. 05-62418004. ***Open*** *half april-half okt: dag.*

Stalagmieten en stalactieten in de Grottes de Bétharram

Pelgrims tijdens een openluchtmis in Lourdes

Musée Pyrénéen
Château Fort, rue du Fort.
05-62423737. ***Open*** *april-half okt: dag., half okt-maart: wo-ma.* ***Gesloten*** *feestdagen in de winter.*

Parc National des Pyrénées ⓭

Zie blz. 450-451.

Luz-St-Sauveur ⓮

Hautes-Pyrénées. *1200.* *naar Lourdes* Place du 8 mai (05-62928160). *ma.*

Luz-St-Sauveur is een aantrekkelijk kuuroord met een bijzondere kerk die in de 14de eeuw is gebouwd door de hospitaalridders van St.-Jan van Jeruzalem (de latere Maltezer ridders), een orde die pelgrims moest beschermen. De kerk is voorzien van schietgaten, die uitkijken over de stad en de vallei, en bood bescherming aan pelgrims op hun weg naar Santiago de Compostela.

Omgeving
Cauterets is een goed vertrekpunt voor bergbeklimmers, skiërs en wandelaars in de woeste bergen van de Bigorre. **Gavarnie** is een voormalig halteplaats voor pelgrims op weg naar Santiago de Compostela.
Te voet of per ezel kunt u het pad volgen dat van het dorp naar het spectaculaire, door de natuur gevormde amfitheater **Cirque de Gavarnie** loopt. De hoogste waterval van Europa stort zich hier 240 m naar beneden, omringd door elf bergtoppen van 3000 m hoogte.
Het **Observatoire Pic du Midi de Bigorre** is bereikbaar via Barèges, de Col de Tourmalet en een wandeling van 30 minuten. De Fransen zijn terecht trots op deze hoog in de Pyreneeën gelegen sterrenwacht. Hier zijn de beste foto's van Venus en andere planeten gemaakt die tot nu toe vanaf de aarde zijn genomen. Door de 2 m lange telescoop verkende men de maan bij de voorbereidingen voor de Apollovluchten van NASA.

Observatoire Pic du Midi de Bigorre
Le Sommet des Loisirs, Pic du Midi, Bagnères de Bigorre. *05-62919033.* ***Open*** *25 juni-okt: dag. (afhankelijk van het weer).*

Het wonder van Lourdes

In 1858 kreeg Bernadette Soubirous achttien visioenen van de Heilige Maagd Maria in de Grotte Massabielle nabij Lourdes. Hoewel het meisje van haar moeder – en de plaatselijke rechter – niet bij de grot mocht komen, werd ze naar een bron geleid die wonderbaarlijke genezende kracht bezat. De wonderen werden rond 1860 door de kerk erkend en sindsdien beweren veel mensen dat ze zijn genezen door het heilige water. Een enorme 'Religieuze Stad' is ontstaan rond de bron, met de daarbij horende bloeiende toeristenindustrie.

Bernadette's visioen

Parc National des Pyrénées ⓭

Steenbok

Het nationale park van de Pyreneeën werd in 1967 geopend. Het ligt op de Frans/Spaanse grens en is ongeveer 100 km lang. De weiden vol vlinders en de hoge bergtoppen die zelfs in de zomer besneeuwd zijn vormen samen een bijzonder fraai landschap. Door de grote verschillen in hoogte en weersomstandigheden is er een grote diversiteit aan flora en fauna. U kunt dit park uitstekend te voet verkennen; de goed aangegeven voetpaden zijn bij elkaar 350 km lang.

Vallei van Aspe
De spitse bergtoppen boven de Vallée d'Aspe en het Cirque de Lescun worden bedreigd door de aanleg van een snelweg (blz. 445).

Pic d'Anie
De 2504 m hoge Pic d'Anie met kalkstenen flanken torent uit boven groene bergweiden die van het smeltwater profiteren. In de lente staan ze vol met Pyreneese variëteiten van gentiaan en akelei die nergens anders voorkomen.

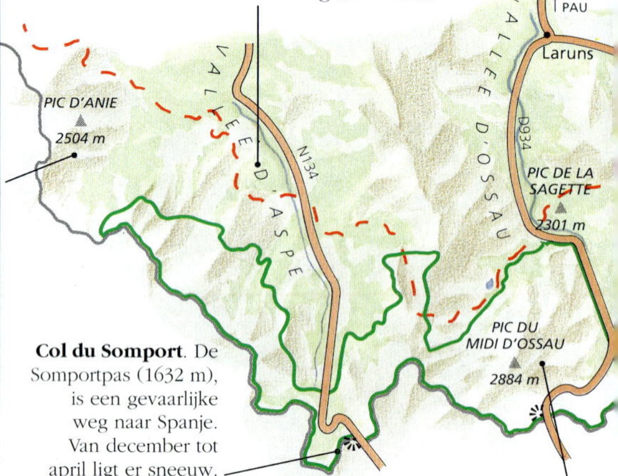

Col du Somport. De Somportpas (1632 m), is een gevaarlijke weg naar Spanje. Van december tot april ligt er sneeuw.

Pic du Midi d'Ossau
Een moeilijk begaanbaar pad loopt van het Bious-Artiguesmeer aan de voet van de Pic du Midi d'Ossau en omcirkelt de ontzagwekkende, puntige bergtop (2884 m hoog).

Planten en dieren

In de Pyreneeën leeft een groot aantal diersoorten dat alleen hier voorkomt. De steenbok, familie van de antilope, is nog talrijk in de valleien van Ossau en Cauterets. Hier voorkomende roofvogels zijn de Egyptische, de vale en de lammergier. Op de grond leven de zeldzame Pyreneese lynx, de civetkat, de boommarter en de hermelijn. De desman, een kleine waterzoogdier dat verwant is aan de mol, komt in veel bergbeken voor.

Pyreneese kievitsbloemen *bloeien op de bergweiden van het late voorjaar tot de zomer.*

De Turkse lelie *bloeit van juni tot augustus op rotsige hellingen tot 2200 m.*

Brèche de Roland
De befaamde bres in de steile kam van het Cirque de Gavarnie vormt een poort tussen Frankrijk en Spanje.

TIPS VOOR WANDELAARS

Een netwerk van paden doorkruist het park. Elk pad is goed aangegeven en er wordt vermeld hoe lang de wandeling duurt. Onderweg kunt u in berghutten eten en overnachten. Kaarten en andere informatie vindt u in het kantoor van het Park in Cauterets en bij het toeristenbureau in Luz-St-Saveur *(blz. 449)*.

Wandelaars in de zomer

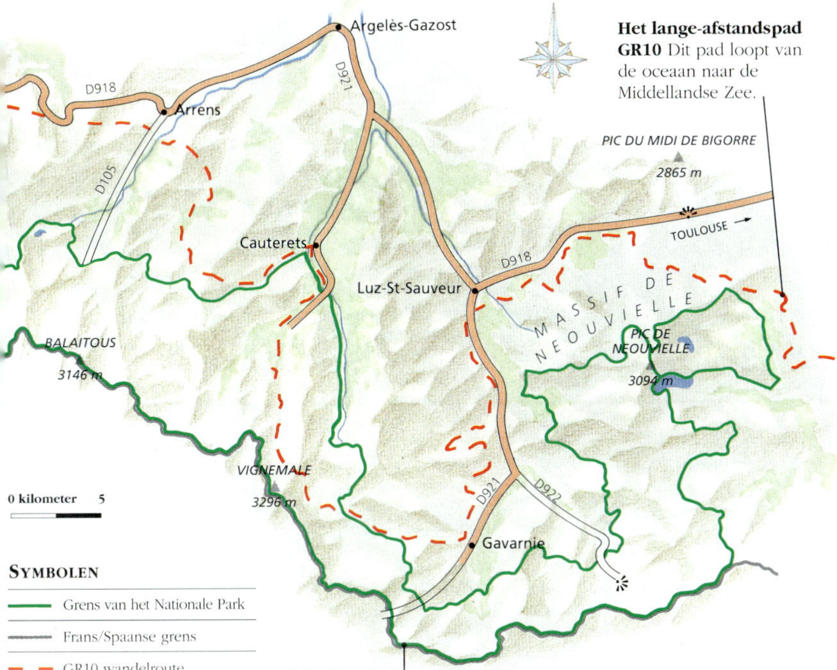

Het lange-afstandspad GR10 Dit pad loopt van de oceaan naar de Middellandse Zee.

Brèche de Roland

SYMBOLEN

- Grens van het Nationale Park
- Frans/Spaanse grens
- GR10 wandelroute

De Egyptische gier *komt in het hele park voor, vooral op rotsachtige bergwanden.*

Bruine beren *komen in de Pyreneeën alleen nog voor in de Ossau- en Aspevallei.*

Citroenvlinder

Zeldzame koninginnepage

Vlinders *Sommige kleurige soorten komen voor op grote hoogten.*

Arreau ⓯

Hautes-Pyrénées. *860.* *Château des Nestes (05-62986315).* *do.*

Arreau ligt bij de samenvloeiing van de Aure en de Louron. Het bruisende stadje met vakwerkhuizen heeft goede winkels en restaurants. Hier kunt u benodigdheden kopen voor uw wandeling of vispartij in de bergen (kaarten, bergschoenen, stokken).

Omgeving
St-Lary Soulan, verderop in de vallei, is een wintersportplaats. 's Zomers is het een uitvalsbasis voor tochten door het Massif du Néouvielle. U kunt van hier per auto tot grote hoogten rijden, voordat u moet lopen. Door het dorpje Fabian en langs de meren erboven lopen de GR10 *(blz. 451)* en andere aangegeven paden langs de toppen. Hier vliegen soms steenarenden en enorme lammergieren over de sneeuwvelden.

Kloostergangen van de Cathédrale de Ste-Marie, St-Bertrand-de-Comminges

St-Bertrand-de-Comminges ⓰

Haute-Garonne. *220.* *Montregeau, daarna taxi.* *Les Olivetains, Parvis de la Cathédrale (05-61954444).*

Het dorpje St-Bertrand ligt op een heuvel en is een van de interessantste dorpen op artistiek en historisch terrein in de Centrale Pyreneeën. In de zomer wordt hier een beroemd muziekfestival gehouden *(blz. 33).* In het portaal van de **Cathédrale Ste-Marie** zijn prachtige beelden uitgehouwen. In de daarachter gelegen romaanse en gotische kloostergangen bevinden zich sarcofagen, gebeeldhouwde kapitelen en beelden van de vier Evangelisten.
De oorsprong van St-Bertrand ligt beneden op de vlakte, in de stad die in 72 v.C. werd gesticht door de Romeinse staatsman Pompeius. Deze bestond uit twee warme baden, een theater, een tempel, een markt en een christelijke basiliek. In 585 werd deze nederzetting verwoest door Gontran, de kleinzoon van Clovis *(blz. 202).* Zes eeuwen later besloot de bisschop van Comminges, Bertrand de l'Isle, hier een nieuwe kathedraal en een klooster te bouwen. De stad, die politiek gezien onbelangrijk was, werd opnieuw een groot religieus centrum. Let u in de kathedraal op de 66 prachtig bewerkte koorbanken en de 16de-eeuwse orgelkast. De tombe van Bertrand de l'Isle ligt achter in het koor, met ernaast een altaar. De mooie marmeren tombe in de Mariakapel naast het schip is van Hugues de Chétillon, een rijke bisschop die in de 14de eeuw met een financiële bijdrage de laatste fase van de bouw van de kerk mogelijk maakte.

De indrukwekkende 12de-eeuwse Cathédrale Ste-Marie boven St-Bertrand

Cathédrale Ste-Marie
05-61890491. ***Open** dag.*

Fresco in de Cathédrale St-Lizier

St-Lizier ⓱

Ariège. *1600.* *Place de l'Eglise (05-61967777).*

St-Lizier ligt in de Ariège, een streek met diepe valleien en woeste bergen. Het dorp stamt uit de Romeinse tijd en was in de Middeleeuwen een religieus centrum. In de 12de eeuw werd het echter verdrongen door het naburige St-Girons. St-Lizier heeft maar liefst twee kathedralen, de mooiste is de **Cathédrale St-Lizier** uit de 12de tot de 14de eeuw die in het benedendorp staat. Binnen vindt u romaanse fresco's en een kloostergang met bewerkte pilaren. Van de

St-Lizier, op de achtergrond besneeuwde bergtoppen

Cathédrale de la Sède in het bovendorp, te voet bereikbaar door smalle straatjes, hebt u echter het mooiste uitzicht.

Foix ⓲

Ariège. 10.500. Cours Gabriel Fauré 45 (05-61651212). 1ste, 3de en 5de ma van iedere maand.

Het stadje Foix, met zijn torens en kantelen, ligt boven de samenloop van de Arget en de Ariège. In de Middeleeuwen bestuurden de graven van Foix de hele Béarn. Graaf Gaston Phoebus (1331-1391) was de bloemrijkste, deze dichter omringde zich met troubadours en schreef een beroemd traktaat over de jacht. Hij was ook een wreed politicus die zijn broer en zijn enige zoon ter dood liet brengen. Hier, op de grootste zomermarkt van Frankrijk komt het middeleeuwse hof weer tot leven. Het beklimmen van de 15de-eeuwse toren van het **Château de Foix** is altijd de moeite waard vanwege het uitzicht. De kleine, vaak gerestaureerde **Eglise de St-Volusien** uit de 14de eeuw ligt aan de oevers van de Ariège.

Château de Foix
*05-61655605. **Open** dag. **Gesloten** 1 jan, 1ste ma in sept, 25 dec.*

Montségur ⓳

Ariège. 100. La Mairie (05-61030303 of 05-61011027).

Montségur was het laatste bolwerk van de Katharen *(blz. 481)*. Een pad leidt van de parkeerplaats onderaan de berg naar het vestingstadje. Dit werd in de 13de eeuw bezet door *faydits* (onteigende aristocraten) en het Kathaarse garnizoen. De Katharen zelf woonden buiten het fort in huizen die tegen de rotswand hingen. Vanwege hun diepe afkeer van het katholieke gezag waren de soldaten zo onverstandig om in 1243 Avignonnet te bestormen en leden van de Inquisitie om te brengen. Ter vergelding werd Montségur 10 maanden lang door een leger van 10.000 mannen belegerd. Zo'n 225 Kathaarse rebellen, die zich niet wilden bekeren, werden veroordeeld tot de brandstapel.

Mirepoix ⓴

Ariège. 3000. Place du Maréchal Leclerc (05-61688376). ma & do.

Mirepoix is een robuuste bastide *(blz. 435)* met een schitterend, groot dorpsplein. Het wordt omringd door 13de- tot 15de-eeuwse arcaden en vakwerkhuizen. Men begon met de bouw van de **kathedraal** in 1343 en in 1867 vond de laatste verbouwing plaats. Hij heeft het breedste gotische schip (22 m) van Frankrijk. Bezoekt u het dorp vooral op marktdagen, als het plein vol staat met kraampjes met allerlei plaatselijke produkten.

Arcaden rond het dorpsplein van Mirepoix

ZUID-FRANKRIJK

Inleiding op Zuid-Frankrijk

Het zuiden is het populairste vakantiegebied van Frankrijk. Elk jaar trekken miljoenen toeristen naar de Rivièra en de moderne badplaatsen ten westen daarvan. Ook de landbouw vormt met zijn vroege fruitoogst en vele betaalbare wijnen een pijler van de economie. In Nice en Montpellier bevindt zich de meest geavanceerde technologische industrie van de regio, terwijl Corsica pronkt met ongerepte natuur. De kaart toont de voornaamste bezienswaardigheden van deze zonnige streek.

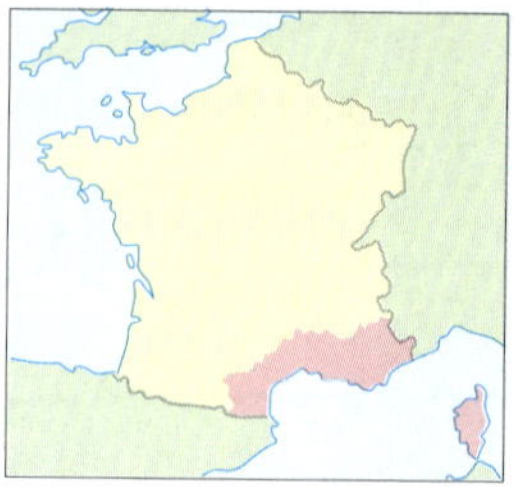

Pont du Gard. *Deze 2000 jaar oude brug* (blz. 485) *is een knap staaltje van Romeinse bouwkunst. Als onderdeel van het 17 km lange, deels ondergronds lopende aquaduct, vervoerde hij water uit de bron van Uzes naar Nîmes.*

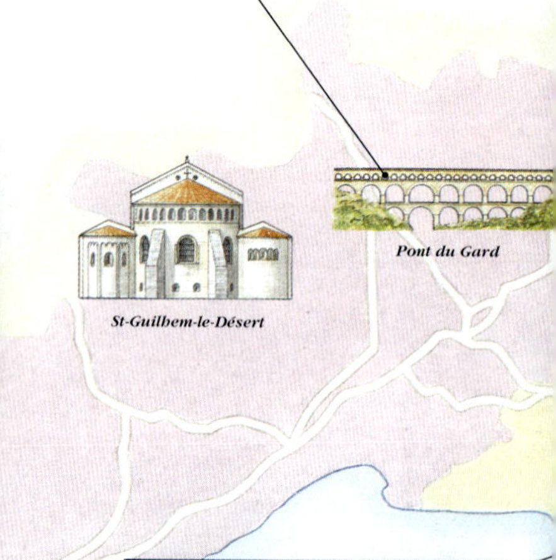

Camargue *Dit natuurgebied ligt aan de mond van de Rhônedelta. In de moerassen en binnenzeeën komen veel verschillende dieren voor. Drie bezoekerscentra geven u informatie over dit kwetsbare gebied met zijn roze flamingo's en witte paarden* (blz. 500-501).

Avignon *Deze stad is omsloten door massieve wallen. Het werd in de 14de eeuw een pauselijke stad toen de uit Rome gevluchte pausen er het Palais des Papes lieten bouwen* (blz. 493). *In de zomer wordt in deze plaats het beroemde Avignon-festival gehouden.*

Côte d'Azur *Deze kust is al sinds de jaren twintig populair* (blz. 464-465). *Hier vindt u ook een aantal waardevolle collecties van 20ste-eeuwse kunst* (blz. 462-463) *en evenementen als het Cannes Filmfestival en het Jazzfestival van Antibes.*

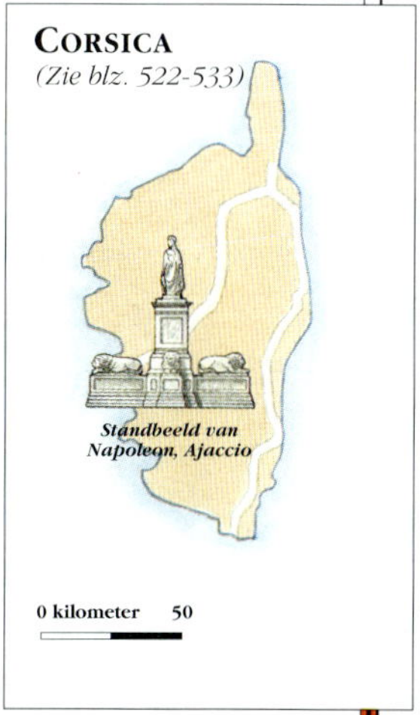

Het eten in het Zuiden

Rozemarijn

Het is een genot om op Provençaalse markten rond te lopen, te kijken en de geuren op te snuiven. De stalletjes buigen door onder het gewicht van roze knoflook, kleurige verse pepers, tomaten, aubergines, courgettes en asperges. De Cavaillonmeloenen zijn rijp en er lekt een zoet parfum uit. In het najaar is de lucht doortrokken van de geur van wilde paddestoelen, snijbieten, kardoenen, walnoten, kweeperen, pompoenen, venkel en gedroogde zwarte olijven. De Provençaalse kust is beroemd om vissoepen als de *bouillabaisse* en om de *bourride*, een visstoofpot met veel knoflook. Lamsvlees is hier de meest gegeten vleessoort; het beste vlees komt uit de Camargue en de Crau, waar de lammeren grazen op de brakke grond. Languedoc-Rousillon levert de eerste perziken, kersen en abrikozen van het jaar. De kustwateren leveren een rijke zee-oogst van mosselen, oesters en *tellines* (een klein soort mosselen). Meer naar het zuiden heeft Corsica een robuuste keuken die sterk door de Italiaanse is beïnvloed.

Salade Niçoise *Deze salade kent vele variaties maar bevat altijd sla, sperziebonen, tomaten, zwarte olijven, eieren en ansjovis.*

Pistou-soep *Deze volle groente- en bonensoep bevat* pistou, *een mengsel van basilicum, knoflook en olijfolie.*

Bouillabaisse *Deze vissoep komt oorspronkelijk uit Marseille en wordt als delicatesse beschouwd. De verschillende vissoorten, zoals zeeduivel, harder, schorpioenvis, snapper en zeepaling, worden op smaak gebracht met tomaten, saffraan en olijfolie. Traditioneel wordt eerst het aftreksel opgediend met croutons en rouille, een pittige mayonaise, waarna de vis wordt opgegeten.*

Ratatouille *Deze stamppot van uien, aubergines, courgettes, tomaten en pepers is bereid in olijfolie met knoflook.*

Pissaladière *Dit is een soort pizza die wordt gegarneerd met uien, olijven en ansjovis. Bij elke* boulangerie *in de Provence.*

Aïloli *Deze saus van eierdooiers, knoflook en olijfolie eet men bij gezouten kabeljauw, gekookte eieren, slakken of salades.*

Daube de boeuf *In de 'daubière', een stoofpan, wordt deze stamppot van rund-, lams- of schapevlees met rode wijn bereid.*

Brandade de morue *Uit Nîmes komt deze puree van gezouten kabeljauw met room, olijfolie, knoflook en aardappelen.*

Tarte au citron *Dit taartje is gevuld met een romige zoete citroencrême. Menton is vermaard om haar citroenen.*

Fougasse *Dit platte, rastervormige brood is bedekt met zwarte olijven, ansjovis, uien en specerijen. Er is ook een zoete versie met amandelen.*

Olijven en olijfolie

Het grootste deel van de olijvenoogst wordt tot olie verwerkt. Rijpe olijven zijn zwart, onrijpe groen; beide kunnen in olie of pekel worden ingemaakt. Aan het eind van de oogst eet men brood met *tapenade*, een pasta van zwarte olijven, kappers, ansjovis en olijfolie.

Tapenade

Olijfolie

Honing *Honing is er in vele smaken, afhankelijk van het menu van de bijen. Die bezoeken verschillende bloemen maar ook kruiden als lavendel, oranjebloesem, rozemarijn of tijm.*

Zwarte olijven

Gepitte olijven

Citroenkruid

Kamille

Lindebloesem

Tisane

In Zuid-Frankrijk zijn tisanes (thee van bloemen of kruiden) populaire dranken, vooral na de maaltijd. Lindebloesem (*tilleuil*) bevordert de spijsvertering en de nachtrust. Kamillethee is goed voor de nieren en citroenkruid (*verveine*) doet wonderen voor de lever.

Franse wijnstreken: het Zuiden

Huismerk van Banyuls

De mediterrane wijnstreken van Languedoc-Roussillon en de Provence strekken zich uit van Banyuls in het zuidwesten tot Nice aan de grens met Italië. Lange tijd was de wijnbouw in dit gebied een kwestie van massaproduktie. De meeste wijnen zijn nog steeds van *vin de table* kwaliteit. Tegenwoordig trachten steeds meer wijnboeren met behulp van moderne technologieën de traditionele en klassieke druivesoorten te kweken die wijnen opleveren met een oorspronkelijk karakter en met een geur die doet denken aan wilde kruiden, door de zon geblakerde stenen en de schittering van de Middellandse Zee.

ORIËNTATIEKAART

Languedoc-Roussillon en Provence

Coteaux du Languedoc *is een betrekkelijk recente* appellation *voor de nieuwe generaties zuidelijke wijnen.*

Rode Fitou *Uit de naam van deze volle wijn spreekt het belang dat de meeste Zuidfranse wijnmakers aan hun* terroir *of grond hechten.*

Stop hier *Proef de wijnen van Rivesaltes; aparte, zoete witte Muscats en volle, Port-achtige rode wijnen.*

SYMBOLEN

- Collioure & Banyuls
- Côtes de Roussillon
- Côtes de Roussillon Villages
- Fitou
- Corbières
- Minervois
- Coteaux du Languedoc
- Costières du Gard
- Coteaux d'Aix en Provence
- Côtes de Provence
- Cassis
- Bandol & Côtes de Provence
- Coteaux Varois
- Bellet

Ruige valleien in Corbières

Druivenpluk voor de rode Côtes de Provencewijn

Wijnstreken

In de Provence, ten oosten van Aix en Marseille, en in de Languedoc-Roussillon in het westen, worden naast de bekende soorten ook nieuwe kwaliteitswijnen *appellations* gemaakt.

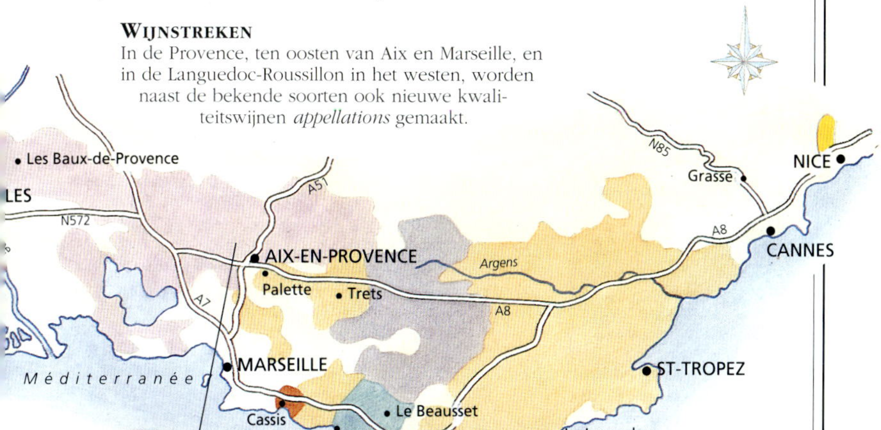

Provençaalse rosé *Deze kruidige wijnen zijn al lang bekend, maar door nieuwe methoden is hun smaak de laatste tien jaar sterk verbeterd.*

Bandol *Deze kleine appellation heeft een grote en welverdiende reputatie. Hij wordt, wat vrij ongebruikelijk is, alleen van een Zuidfranse druif, de Mourvèdre, gemaakt.*

Feiten over wijnen uit het Zuiden

Herkomst en klimaat

Een warm en zonnig klimaat geeft zware wijnen. De kustvlakten zijn bezaaid met enorme wijngaarden, maar de beste wijnen komen van de heuvels die rijk zijn aan schist en kalksteen.

Druivesoorten

Druiven als de **Carignan** en **Aramon** maken langzamerhand plaats voor kwalitatief betere soorten als **Syrah**, **Mourvèdre** en **Grenache**. De *vins de pays* worden steeds vaker gemaakt van **Cabernet-sauvignon**, **Merlot** en **Syrah**, en de witte **Chardonnay**, **Sauvignon blanc** en **Viognier**, volle witte wijn van de geurige **Muscat**druif.

Vooraanstaande producenten

Corbières & Minervois: La Voulte Gasparets, Saint Auriol, Lastours, Villerambert-Julien, Daniel Domergue. *Faugères*: Château des Estanilles, Gilbert Alquier, Château de la Liquiere. *St Chinian*: Château Cazals-Viel, Domaine des Jougla, Cave de Roquebrun. *Coteaux de Languedoc en vins de pays*: Mas Jullien, Prieuré de St Jean de Bebian, Mas de Daumas Gassac, Pech-Celeyran. *Roussillon*: Domaine Gauby, Domaine de la Rectorie. *Provence*: Domaine Tempier, Domaine de Pibarnon, Domaine de Trevallon, Mas de la Dame, Mas de Gourgonnier, Domaine Richeaume, Domaine de la Bernarde, Commanderie de Peyrassol, La Courtade.

Kunstenaars en schrijvers in Zuid-Frankrijk

Monets palet

Het beeld dat wij van Zuid-Frankrijk hebben, is in hoge mate gevormd door kunstenaars en schrijvers. Zelfs de naam Côte d'Azur werd in 1887 door een dichter bedacht: Stephen Liégeard. Tal van schrijvers uit verschillende landen vonden een thuis in het warme zuiden. Schilders als Cézanne, Van Gogh, Monet en Picasso deden hier inspiratie op. Tegenwoordig zijn hier veel musea. Sommige zijn gewijd aan een enkele schilder, zoals Matisse, Picasso of Chagall, andere hebben gevarieerde collecties, zoals die in Céret, Nîmes, Montpellier, St-Tropez, St-Paul-de-Vence en Nice (*blz. 472-517*).

Picasso met Françoise Gilot aan de Golfe Juan, 1948

Studio van Paul Cézanne in Aix-en-Provence *(blz. 501)*

De wilde Dieren

De Fauves of 'Wilde Dieren' noemde men hen vanwege hun felle en wilde kleuren. Het was één van de eerste 20ste-eeuwse avant-garde bewegingen, die in 1905 door Matisse in Collioure werd opgericht. (*blz. 25*). Schilders als Derain, Vlaminck, Marquet, Van Dongen en Dufy sloten zich aan. Matisse bezocht Corsica in 1898, daarna ging hij naar St-Tropez. De Provençaalse sensualiteit inspireerde hem tot het beroemde werk *Luxe, Calme et Volupté*. Hij schreef: 'Wat me deed blijven was de grootse kleurenpracht van januari, de helderheid van het daglicht.' De schitterende blauw met witte kapel in Vence die hij ontwierp, behoort tot zijn meest aangrijpende werken (*blz. 513*).

Het feestelijke licht

De impressionisten waren gefascineerd door het zonlicht. Volgens Monet maakte 'het stralende, feestelijke licht' van het zuiden de kleuren zo intens, dat niemand hun echtheid zou geloven als men ze precies zo schilderde als ze waren. In 1883 trok Renoir met hem mee naar het zuiden. Hij schilderde er zijn voluptueuze, in het gouden licht badende naakten. Bonnard maakte hier eindeloze vergezichten met rode pannendaken en palmbomen. Post-impressionisten als Van Gogh en Gauguin kwamen in 1888 op de felle kleuren af. Cézanne, die in 1839 in Aix werd geboren, onderzocht met zijn penseel de structuur van de natuur. In St-Tropez schilderde de pointillist Paul Signac de zee en de hemel in een regenboog van kleurige stippen.

***Zonnebloemen* van Van Gogh (1888)**

Het land van Picasso

Zuid-Frankrijk is het land van Picasso. Zijn nimfen en zeeëgels, de monumentale vrouwen, zijn vormen en kleuren, zijn keramiek en sculpturen, het is allemaal afgeleid van de scherpe schaduwen en de felle kleuren van het zuiden.
Pablo Picasso werd in 1881 geboren in het Spaanse Malaga, maar hij bracht het grootste deel van zijn leven door aan de Franse zuidkust. In Céret ontwikkelde hij in 1911 samen met Braque het Kubisme. In 1920 verhuisde hij naar Juan-les-Pins, maar toen in 1939 de oorlog uitbrak, woonde hij in Antibes, waar hij zijn *Nachtvissen in Antibes* maakte. Toen hij in 1946 terugkeerde, kreeg hij het Grimaldi Paleis. Nu is het een museum (*blz. 511*). Picasso werkte ook in Vallauris, waar hij keramiek en sculpturen maakte (*blz. 512*).

Deux Femmes Courant sur la Plage **(1933) van Pablo Picasso**

Scott en Zelda Fitzgerald met hun dochter Scottie

Dagen van nietsdoen en kaviaar

Zoals F. Scott Fitzgerald met zijn werk de *Jazz Age* tot leven riep, zo schiep hij ook het beeld van het sprookjesachtige bestaan aan de Rivièra in *Tender is the Night*. Hij en Zelda kwamen hier in 1924 wonen, aangetrokken door het klimaat en het goedkope, gemakkelijke leven. 'Aan de Rivièra kon men zich dingen permitteren die nergens anders konden, en alles wat er gebeurde leek iets met kunst te maken te hebben,' schreef hij. Later zouden ze hun villa aan een andere Amerikaan verkopen: Ernest Hemingway. Ook vele andere schrijvers verbleven korte of langere tijd in deze streek. Een van de eersten die in St-Tropez domicilie koos was de schilderachtige schrijfster Colette. In 1954 legde Françoise Sagan de sfeer van het jeugdige hedonisme vast in haar roman *Bonjour Tristesse*.

Het Neorealisme

In de jaren vijftig ontstond in Nice de beweging der *Nouveaux Réalistes*. Onder hen Yves Klein, Arman, Tinguely, César, Niki de Saint Phalle en Daniel Spoerri (*blz. 516-517*). Zij onderzochten de artistieke mogelijkheden van alledaagse objecten. Arman zaagde violen door en maakte kunstwerken van afval; Tinguely bracht TV's en auto's tot ontploffing. 'We leven in een land van opengevallen plaatsen en daar ontlenen wij een groot gevoel voor nonsens aan,' zei Klein. Hij beschilderde doeken met zijn favoriete kleur blauw, International Klein Blue.

Provençaalse schrijvers

Sinds de troubadours uit de 12de en 13de eeuw in het Provençaalse *langue d'oc* schreven, hebben de Provence en de Languedoc een geheel eigen literatuur gehad. In de afgelopen honderd jaar zijn veel schrijvers uit de regio door het landschap en de lokale tradities geïnspireerd. Ze werden beïnvloed door de Felibrige-beweging, geleid door de dichter en Nobelprijswinnaar Frédéric Mistral, die de herleving van de eigen taal nastreefde. Sommigen, zoals Daudet en de cineast/auteur Marcel Pagnol, kiezen de Provençaalse volksaard als thema, anderen, zoals Jean Giono, verdiepen zich in de relatie tussen de mens en de natuur.

Frédéric Mistral in het *Petit Journal*

Stranden in Zuid-Frankrijk

Logo van het Carlton Hotel

De Middellandse-Zeekust is het belangrijkste vakantiegebied van Frankrijk. In het oosten liggen plaatsen als Menton, Nice, Cannes en Monte Carlo; in het westen vindt u kleinere oorden als St-Tropez en Cassis. Iets verder ligt de langgerekte kust van Languedoc-Roussillon waar sinds de jaren zestig een zompig moeras vol muggen is omgetoverd tot vele kilometers schoon zandstrand. Er zijn allerlei vakantieoorden gebouwd, van supermoderne badplaatsen tot exacte kopieën van oude vissersdorpjes. Ten westen van Antibes liggen de zandstranden. Oorspronkelijk bestonden de stranden meer naar het oosten uit kiezelstenen, het zand dat u daar vindt is speciaal aangevoerd. Dank zij een strikt milieubeleid zijn de meeste stranden tegenwoordig schoon, behalve op enkele plaatsen ten westen van Marseille en rondom Nice.

Côte d'Azur op een spoorweg-affiche door Domergue

Sète *(blz. 482)* Deze havenplaats heeft een netwerk van grachten. Iets zuidelijker ligt een 15 km lang maagdelijk zandstrand waar zelfs in het hoogseizoen volop plaats is.

Stes-Maries-de-la-Mer *(blz. 500).* Dit stadje ligt midden in de duinen van de Camargue. Er zijn witte zandstranden en 6 km naar het oosten ligt een naturistenstrand. U kunt hier paardrijden.

Cap d'Adge (blz. 477) *Deze grote badplaats met langgerekte witte zandstranden heeft allerlei sportfaciliteiten. De grootste naturistencamping van Europa heeft plaats voor 20.000 mensen.*

La Grande Motte (blz. 485) *Dit is een grote badplaats met uitstekende sportfaciliteiten én vermaard om de bizarre ziggurat-architectuur.*

Victoriaanse tijd *Toen was de Côte d'Azur, of Rivièra, de modieuze vakantieplaats van de adel en de rijken van Europa. Ze kwamen om te gokken en om de winters in het noorden te ontvluchten. Zwemmen kwam pas in de jaren twintig in de mode. Nu is het hier het hele jaar druk, de stranden en het nachtleven vormen nog steeds de grootste attractie.*

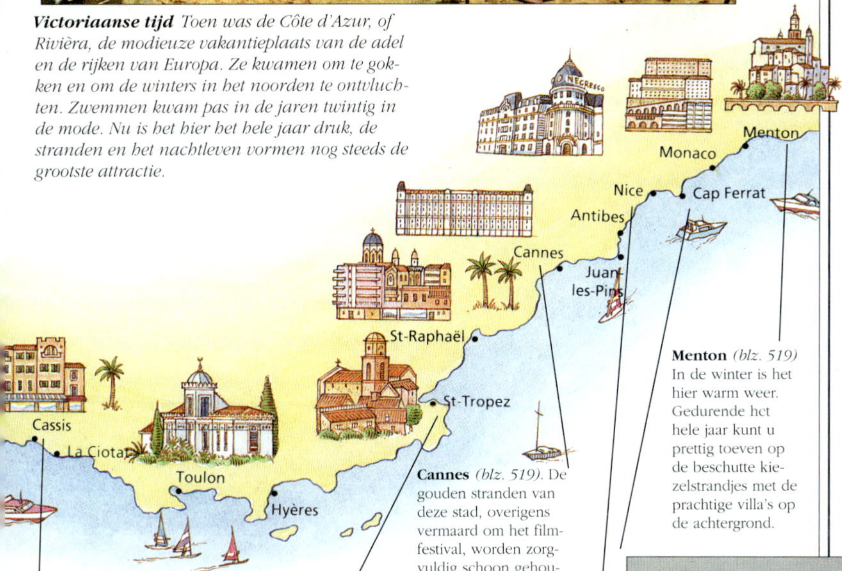

Menton *(blz. 519)* In de winter is het hier warm weer. Gedurende het hele jaar kunt u prettig toeven op de beschutte kiezelstrandjes met de prachtige villa's op de achtergrond.

Cannes *(blz. 519).* De gouden stranden van deze stad, overigens vermaard om het filmfestival, worden zorgvuldig schoon gehouden.

Cassis *(blz. 503)* Dit is een liefelijk vissersdorp met een casino, witte klippen en een paar schitterende verborgen kreekjes.

Cap Ferrat (blz. 518) *Op dit beboste schiereiland kunt u een 10 km lange wandeling over de woeste klippen maken, met uitzicht op chique villa's en privé-stranden.*

St-Tropez (blz. 506) *Bij deze stad liggen gouden stranden waar chique 'clubs' allerlei (dure) voorzieningen bieden.*

Nice (blz. 516) *De hoofdstad van de Côte d'Azur heeft een 5 km lang strand dat uit steentjes bestaat, maar schoon is en vaak goedkoper dan dat van Cannes.*

Languedoc-Roussillon

Aude · Gard · Hérault · Pyrénées-Orientales

De twee provincies Languedoc en Roussillon beslaan samen een gebied dat loopt van de uitlopers van de Pyreneeën tot aan de monding van de Rhône. De vlakke stranden en de lagunen vormen een speciaal voor het toerisme gecreëerd gebied dat jaarlijks miljoenen bezoekers trekt. Daartussen ligt een droog en door de zon gebrand land dat de helft van alle Franse tafelwijn voortbrengt.

Dit heerlijke gebied heeft een lange en woelige geschiedenis achter de rug, niet in het minst die van de eenwording van beide provincies. In het eertijds onafhankelijke Languedoc sprak men Occitaans, de taal der troubadours, en nog altijd hecht men hier aan de eigen identiteit. Roussillon behoorde tot aan het Verdrag van de Pyreneeën in 1659 aan Spanje. Het Catalaanse erfgoed is nog overal zichtbaar: in de wegwijzers, de Sardanadans, de populaire stieregevechten, de paella en de felle kleuren van de huizen.

Dit kustgebied was het eerste deel van Gallië dat door de Romeinen werd veroverd. Het grote amfitheater te Nîmes en de schitterende Pont du Gard getuigen nog van hun overheersing. De kloosters van St-Martin-du-Canigou, St-Michel-de-Cuxa en St-Guilhelm-le-Désert zijn voorbeelden van vroeg-romaanse bouwkunst, onaangetast door de Gotiek uit het noorden. De verweerde kastelen van de Katharen en de perfect gerestaureerde Cité van Carcassonne zijn veelzeggende overblijfselen van bloedige middeleeuwse oorlogen.

Sommige delen van de regio zijn woest en ongetemd: de hoogvlakten van de Cerdagne, de ruige heuvels van de Corbières of de afgelegen hoogten van Haut Languedoc. U vindt hier ook de levendigste en progressiefste steden van heel Frankrijk: Montpellier, de oude universiteitsstad die tevens de hoofdstad van de streek is, en Nîmes met de vele uitbundige *feria* en stieregevechten.

Zonnig strand bij Cap d'Agde

◁ **Abdij van Saint-Martin-du-Canigou, neergestreken op de Mont Canigou**

Languedoc-Roussillon verkennen

Elke zomer wordt in Sète een steekspel gehouden op de gracht

Achter de kalme kuststreek van Languedoc-Roussillon gaat een woest achterland schuil. De schone zandstranden zijn ideaal voor gezinsvakanties. U kunt logeren in rustieke vissersdorpjes of in speciaal ingerichte vakantieoorden. Het binnenland is stiller, met uitgestrekte wijngaarden in de Corbières en Minervois en bergpaden door de Haut Languedoc en Cerdagne. Er staan veel oude gebouwen, van Romeins tot romaans. Als tegenwicht is er de moderne, levendige sfeer van de grote steden.

Bezienswaardigheden in het kort

- Aigues-Mortes 24
- Béziers 17
- Carcassonne 15
- Cerdagne 1
- Céret 6
- Collioure 8
- Corbières 12
- Côte Vermeille 7
- Elne 9
- Golfe du Lion 14
- La Grande-Motte 23
- Minerve 16
- Montpellier 22
- Narbonne 13
- Nîmes 26
- Parc Régional du Haut Languedoc 20
- Perpignan 10
- Pézenas 19
- Pont du Gard 25
- Prieuré de Serrabone 5
- St-Guilhem-le-Désert 21
- St-Martin-du-Canigou 4
- St-Michel-de-Cuxa 3
- Salses 11
- Sète 18
- Villefranche-de-Conflent 2

Bereikbaarheid

Naast het grote vliegveld van Montpellier, dat de regio ontsluit, zijn er kleinere vliegvelden in Perpignan en Nîmes. De TGV stopt in Montpellier en tussen de andere steden ligt een goed spoorwegnet. Grote autowegen zijn de Autoroute des Deux Mers uit het westen en de A9 langs de kust. Kleinere wegen zijn, zelfs in de bergen, goed onderhouden. Wie geen haast heeft kan per boot door het Canal du Midi varen.

Ruïne van de Barbarossatoren bij Gruissan aan de Golfe du Lion

Symbolen

- Snelweg
- Hoofdweg
- Secundaire weg
- Toeristische route
- Rivier
- Uitzichtpunt

0 kilometer 25

Cerdagne ❶

Pyrénées-Orientales. ✈ Perpignan. 🚉 🚌 Mont Louis, Bourg Madame. ℹ Mont Louis (04-68042197 of 04-68042118).

De afgelegen streek Cerdagne was in de Middeleeuwen een onafhankelijke staat. Nu is hij verdeeld over Frankrijk en Spanje. Op de hoogvlakte kunt u skiën of wandelen langs heldere bergmeren en onder dennen- en kastanjebossen. Het Gele Boemeltje rijdt in een dag door het hele gebied. Onderweg stopt het onder meer bij **Mont Louis**, dat ooit werd versterkt door Vauban, de militaire architect van Lodewijk XIV, en waar nog altijd een garnizoen gelegerd is. Andere haltes zijn: het ski-oord **Font-Romeu**; **Latour-de-Carol** en het kleine dorpje **Yravals**. In het nabije **Odeillo** staat een enorme zonnecollector van 45 m hoog en 50 breed uit 1969.

Kloostergang van de abdij van St-Michel-de-Cuxa

Villefranche-de-Conflent ❷

Pyrénées-Orientales. 260. 🚉 🚌 ℹ Place de l'Eglise 1 (04-68962296).

Door de ligging op het nauwste punt van de Têtvallei was Villefranche in de Middeleeuwen een belangrijk verdedigingspunt tegen de Moren. Resten van 11de-eeuwse muren zijn nog zichtbaar. Ook zijn er nog overblijfselen van massieve borstweringen, poorten en van Fort Liberia dat boven de kloof ligt. De 12de-eeuwse **Eglise de St-Jaques** heeft prachtig uitgesneden kapitelen uit de werkplaatsen van St-Michel-de-Cuxa en beschilderde houten beelden uit Catalonië, waaronder een *Maria met Kind* uit de 14de eeuw. De eiken deur uit de 13de eeuw is versierd met fraai smeedwerk, dat ook boven vele winkels in het stadje hangt.

Beeldje in St-Jacques, Villefranche

Vanuit de straten met roze marmeren tegels (uit deze streek) kunt u naar de **Grottes des Canalettes** klimmen, een prachtige ondergrondse concertzaal. U kunt ook met het Gele Boemeltje naar de hoogvlakte van de Cerdagne rijden.

St-Michel-de-Cuxa ❸

*Prades, Pyrénées-Orientales. ☎ 04-68961535. **Open** dag. **Gesloten** zo 's morgens, feestdagen.*

Prades is een klein stadje van roze marmer in het dal van de Têt, en kenmerkend voor deze streek. De **Eglise St-Pierre** heeft een klokketoren met smeedwerk in zuidgotische stijl en een interieur in Catalaanse barok. De stad zelf wordt daarentegen gedomineerd door het schitterende preromaanse klooster van St-Michel-de-Cuxa dat 3 km verder in het dal ligt. De beroemde Spaanse cellist Pablo Casals woonde hier tijdens zijn ballingschap; ter herinnering wordt elk jaar in augustus in het klooster het Prades-muziekfestival gehouden.

Het klooster van St-Michel-de-Cuxa, een voorbeeld van vroege kloosterbouw, is in 878 gesticht door benedictijner monniken. Het verwierf grote faam in Frankrijk en Spanje. De Moorse invloed blijkt uit de sleutelgatbogen in de massieve muren van de kerk, die in 974 werd gewijd. De kloostergangen van gevlekt roze marmer werden pas in de 12de eeuw gebouwd.

Na de Revolutie stond het klooster leeg en werden de

Het Gele Boemeltje

Als u op tijd bent, krijgt u de beste plaatsen in *Le Petit Train Jaune*. Dit boemeltreintje rijdt over een smal kronkelig spoor door ravijnen en over bruggen en doet tal van stationnetjes aan. De spoorlijn van Villefranche-de-Conflent naar Latour-de-Carol werd in 1910 aangelegd om de bergen te ontsluiten, maar wordt nu vooral door toeristen gebruikt.

Het Gele Boemeltje heeft open rijtuigen voor zomerse tochten

beroemde beelden geroofd. In 1913 en de jaren daarna ontdekte de Amerikaanse kunstenaar George Grey Bernard een aantal kapitelen in gebouwen in de omgeving. Hij verkocht ze aan het Metropolitan Museum of Art in New York in 1925, waar ze de basis vormden van het Cloisters Museum – een nabootsing van een romaanse abdij in Manhattan.

Tribune van de kapel in de priorij van Serrabonne

St-Martin-du-Canigou ❹

Casteil. ☎ *04-68055003.* **Open** *(alleen rondleidingen) half juni-sept: dag.,: wo-ma (10.00, 12.00, 14.00, 15.00, 16.00, 17.00 uur), half sept-half juni: wo-ma (14.30, 15.30, 16.30 uur).*

De abdij van Saint-Martin-du-Canigou ligt op een opvallend afgelegen plaats, halverwege de helling van de Pic du Canigou. De grillige rotspunt kan alleen per jeep of te voet (een klim van 40 minuten) worden bereikt vanuit Casteil of per jeep vanuit Vernet-les-Bains. De abdij werd gebouwd tussen 1001 en 1026 en bekostigd door graaf Guifred van Cerdagne, die in 1035 zijn gezin vaarwel zei en intrad. Veertien jaar later werd hij begraven in een tombe die hij zelf uit de rots had gehakt. U kunt die nog steeds bezichtigen. De kerk is vroeg-romaans en heeft een eenvoudige basilicale opbouw. In feite zijn hier twee kerken boven op elkaar gebouwd, waardoor de onderste als crypte voor de bovenste ging fungeren. Het loont de moeite het pad iets verder te volgen zodat u de abdij van bovenaf kunt zien. Van boven lijkt het grillige bouwwerk zich vast te klampen aan de rots, tegen de spectaculaire achtergrond van bergen.

Een non van St-Martin

Prieuré de Serrabone ❺

Serrabone. ☎ *04-68840930.* **Open** *dag.* **Gesloten** *1 jan, 1 mei, 1 nov, 25 dec.*

Hoog op de noordelijke flank van de Pic du Canigou, de heilige berg van de Catalanen, ligt de priorij van Serrabonne. Van het laatste stuk van de D 618, die vol haarspeldbochten zit, kunt u de robuuste, vierkante toren en de ronde apsis van deze eenzame romaanse abdij tegen de berghelling zien liggen. In dit sobere gebouw uit de 12de eeuw treft u een verrassend verfijnde kapel aan, met pilaren en bogen van rood dooraderd marmer dat in deze streek wordt gevonden. De bouwer was de anonieme Meester van Cuxa, wiens werken overal in deze regio te vinden zijn. Let u vooral op de mysterieuze dieren en de groene bloemmotieven, waaronder de roos van Roussillon, in het snijwerk van de kapitelen.

De 11de-eeuwse kloostergang van St-Martin-du-Canigou

Céret ❻

Pyrénées-Orientales. 7500. Av Clémenceau 1 (04-68870053). za.

Céret is een kersenstad. In de vroege lente is de plaats gehuld in een prachtige wolk van roze bloesems, in de herfst is hier de eerste fruitoogst van het jaar. De betegelde en geschilderde gevels en loggia's van de huizen doen Spaans aan. Picasso, Braque en Matisse schilderden graag in Céret, hun werk hangt in het onlangs uitgebreide **Musée d'Art Moderne**. Hier vindt u een opmerkelijke kunstcollectie, met onder meer werk van de Catalaanse kunstenaars Tapiès en Capdeville, een reeks schalen met taferelen van stieregevechten door Picasso, en werk van Matisse, Chagall, Juan Gris en Salvador Dali. De Catalaanse achtergrond van Céret blijkt ook uit de stieregevechten die regelmatig in de arena plaatsvinden, en uit het jaarlijkse Sardanadansfestival eind augustus.

Musée d'Art Moderne
Bd Maréchal Joffre. *04-68872776.* ***Open*** *mei-sept: dag., okt-april: wo-ma.* ***Gesloten*** *1 jan, 1 mei, 1 nov, 25 dec.*

Omgeving
Van Céret volgt de D115 de vallei van de Tech naar het kuuroord **Amélie-les-Bains**, waar delen van Romeinse badinrichtingen zijn opgegraven. Verderop, in **Arles-sur-Tech**, staat de Eglise de Ste-Marie, met naast de ingang een sarcofaag waaruit volgens de overlevering elk jaar druppels zuiver water lekken.

Beeld door Aristide Maillol, Banyuls

Catalaanse vlag

Côte Vermeille ❼

Pyrénées-Orientales. Perpignan. Collioure, Cerbère. Collioure, Banyuls-sur-Mer. Port Vendres. Collioure (04-68821547), Cerbère (04-68884236).

Hier grenzen de Pyreneeën en de Middellandse Zee aan elkaar. Dit deel van de kust, het mooiste van de hele Languedoc-Roussillon, is vernoemd naar de *vermeille* (vermiljoenkleurige) rotsen. De Côte Vermeille loopt door tot aan de Costa Brava in het noorden van Spanje en heeft door de Catalaanse achtergrond een Frans-Spaans karakter.

Argelès-Plage heeft drie zandstranden en een door palmbomen omzoomde promenade. Hier zijn de meeste campings van Europa. Het kleine stadje **Cerbère** is de laatste Franse plaats voor de Spaanse grens, al maken het rood en geel van de Catalaanse vlaggen duidelijk waarmee de bevolking zich het meest verbonden voelt.

Langs de hele kust liggen wijngaarden genesteld in de rotsachtige flanken van de heuvels. Ze leveren zware, zoete wijnen als Banyuls en Muscat. De eerste wijnranken werden hier in de 7de eeuw v.C. geplant door Griekse kolonisten. Sommige wijnkelders in Banyuls stammen uit de Middeleeuwen. Banyuls is ook de geboorteplaats van Aristide Maillol, de 19de-eeuwse beeldhouwer wiens werk overal in deze streek is te zien. De vissershaven **Port Vendres**, waar Vauban (architect van Lodewijk XIV) fortificaties bouwde, is gespecialiseerd in ansjovis.

De spectaculaire Côte Vermeille vanaf de kustweg ten zuiden van Banyuls

De haven van Collioure met een van de strandjes en de Eglise Notre-Dame-des-Anges

Collioure ❽

Pyrénées-Orientales. 2700.
Place de 18 Juin (04-68821547).
wo & zo.

Matisse voelde zich in 1905 als eerste aangetrokken door de heldere kleuren van Collioure; het bonte pleisterwerk van de huizen en de vrolijk geschilderde vissersboten baden in het zonlicht en worden door het zeewater omspoeld. Ook andere kunstenaars als André Derain werkten hier en ondergingen Matisse's invloed. Ze werden *fauves*, wilde dieren, genoemd vanwege hun experimenten met felle kleuren. Hoewel dit vissersplaatsje tegenwoordig is bezaaid met galeries en souvenirwinkels, is het oorspronkelijke karakter nauwelijks veranderd. Ansjovis is nog steeds de belangrijkste bron van inkomsten. Drie zouterijen getuigen van deze traditie.

Drie beschutte stranden, met kiezels en zand, omringen de haven, die wordt gedomineerd door het omvangrijke **Château Royal** dat een deel van de havenmuur vormt. Dit kasteel is in de 13de eeuw gebouwd door de Tempeliers. Collioure was toen de belangrijkste haven, voor Perpignan. Tot 1659 zwaaide het Spaanse huis van Aragon hier de scepter, waarna Frankrijk de macht overnam. Toen Vauban tien jaar later de buitenste fortificaties vergrootte, werd een groot deel van Collioure verwoest. Het kasteel, waarin moderne kunst wordt tentoongesteld, kan worden bezichtigd.

De **Eglise Notre-Dame-des-Anges** werd in de 17de eeuw herbouwd om de door Vauban vernielde kerk te vervangen. Een vroegere vuurtoren is in de nieuwe kerk opgenomen als klokketoren. Binnen staan niet minder dan vijf altaarstukken van Joseph Sunyer en andere Catalaanse meesters.

In juli en augustus is Collioure erg druk. De toeristen verdringen elkaar dan in de smalle straatjes en er staan vaak lange files, hoewel hier dankzij de aanleg van de D86, een alternatieve route, wel iets verbetering in is gekomen.

Château Royal
04-68820643. **Open** dag. **Gesloten** 1 jan, 1 mei, 25 dec.

Elne ❾

Pyrénées-Orientales. 6500.
Rue de Docteur Bolte 2 (04-68220507). ma, wo & vr.

Toen Hannibal in 218 v.C. met zijn olifanten zijn tocht naar Rome maakte, overnachtte hij in Elne. Tot aan de 16de eeuw was deze plaats een van de belangrijkste steden van Roussillon. Nu trekt de 11de-eeuwse **Cathédrale de Ste-Eulalie et Ste-Julie** met zijn prachtige kloostergang veel toeristen. De kapitelen zijn van melkwit, blauw dooraderd marmer, waarin bloemen, symbolen en arabesken zijn uitgesneden. De kant van de kloostergang die het dichtst bij de kathedraal ligt, dateert uit 1100, de andere drie stammen uit de 13de en 14de eeuw.

'De droom van de drie Wijzen uit het Oosten' op een kapiteel in Elne

Breed zandstrand bij Perpignan, vooral geschikt voor gezinsvakanties

Perpignan ⑩

Pyrénées-Orientales. *108.000.* *Place Armand Lanoux (04-68663030).* *dag.*

De Catalaanse stad Perpignan heeft een uitgesproken zuidelijk karakter: aan het pad langs de Têt staan palmbomen, de gevels van de huizen en winkels zijn felblauw en roze en de geur van kruiden, couscous en paella hangt in de straten van de Arabische wijk. Tegenwoordig is Perpignan de hoofdstad van Roussillon. De stad speelt een belangrijke rol in de ontwikkeling van de Middellandse Zee. De hoogtijdagen van de stad vielen in de 13de en 14de eeuw, onder de koningen van Majorca en die van Aragon. Zij beheersten een groot gebied in Noord-Spanje en Zuid-Frankrijk. Hun **Palais des Rois de Majorque** neemt nog steeds een groot deel van het zuidelijke stadsdeel in beslag.

De Catalaanse identiteit van Perpignan doet zich vooral gelden tijdens de tweewekelijkse zomerfeesten. De Sardana, het Catalaanse symbool bij uitstek, wordt dan vol trots door jong en oud gedanst op het Place de la Loge. Zij bewegen zich met de armen fier geheven in concentrische cirkels op de tonen van een Catalaans blaasorkest.

Aan het Place de la Loge ligt één van de mooiste gebouwen van Perpignan, de **Loge de Mer** dat in 1397 is gebouwd voor de Maritieme Beurs. Alleen de oostelijke vleugel heeft nog de originele gotische structuur; de rest van het gebouw werd in 1540 in renaissance-stijl herbouwd. Hierbij werden de plafonds van weelderig houtsnijwerk voorzien en de vensters van gebeeldhouwde kozijnen. Wellicht stoort u zich aan het snelbuffet in het gebouw. De doodse museumsfeer wordt hiermee echter wel doorbroken. De Loge de Mer is nu het sociale centrum van Perpignan – omringd door chique en drukbezochte cafés.

Christus aan het kruis in St-Jean

Hiernaast staat het **Hôtel de Ville** met de gevel van kiezelstenen en de smeedijzeren poort. Delen van de overdekte binnenplaats stammen uit 1315; in het midden staat Aristide Maillol's allegorische beeld *Méditerranée* (1950).

In het oosten van de stad ligt een doolhof van kronkelige straatjes en pleintjes met schitterende 14de- en 15de-eeuwse gebouwen rond de kathedraal van St-Jean.

De jaarlijkse Procession de la Sanch

De processie van de broederschap van La Sanch ('het heilig bloed') wordt op Goede Vrijdag gehouden. De broederschap werd in de 15de eeuw gesticht om ter dood veroordeelden te troosten. Als de moderne broeders met de heilige voorwerpen en het Kruisbeeld uit de Kapel van de Devote Christus de tocht naar de kathedraal maken, dragen ze de oorspronkelijke rode en zwarte pijen.

Cathédrale St-Jean

Place de Gambetta.

De bouw van deze kathedraal met smeedijzeren klokketoren begon in 1324 en was pas in 1509 voltooid. De kerk is gemaakt van kiezelstenen uit de rivier met daaroverheen lagen rode baksteen; een gebruikelijke bouwstijl in deze streek. In het sombere interieur vallen aan weerszijden van het schip de vergulde altaarstukken en de beschilderde houten beelden op, evenals het enorme marmeren doopvont. In de Kapel van de Devote Christus staat een aangrijpend houten kruisbeeld uit de Middeleeuwen. Naast de kerk ligt het kerkhof. De kathedraal vervangt de 11de-eeuwse kerk van St-Jean-le-Vieux, waarvan de prachtige romaanse poort nog zichtbaar is achter het hek aan de linkerkant van de hoofdingang.

Palais des Rois de Majorque

Rue des Archés. 04-68344829. ***Open*** *dag.* ***Gesloten*** *1 jan, 1 mei, 1 nov, 25 dec.*

Het is niet eenvoudig om dit 13de-eeuwse, versterkte paleis van de koningen van Majorca te betreden. Binnen de borstwering van rode baksteen lopen trappen kris kras door elkaar. De eerste stamt uit de 15de eeuw, de laatste werd twee eeuwen later gemaakt. Uiteindelijk komt u via de Tour de l'Hommage in de mooie tuinen en bij het eigenlijke kasteel. Van het hoogste punt biedt dat een schitterend uitzicht over de stad, de bergen en de zee.

Het kasteel is gebouwd rond een overdekte binnenplaats. Aan een kant komt hierop de Salle de Majorque uit. Deze grote ruimte heeft drie open haarden en grote gotische vensters. De twee koninklijke kapellen hiernaast zijn boven op elkaar gebouwd in gotische stijl; met puntgewelven, fresco's en tegelwerk in ingewikkelde patronen die Moorse invloed verraden.

Binnenplaats Hôtel de Ville

Musée Catalan

Le Castillet. 04-68354205. ***Open*** *wo-ma.* ***Gesloten*** *feestdagen.*

De bakstenen toren met de roze klokkestoel van het Castillet stamt net als de stadspoort uit 1368. Dit is het enige overblijfsel van de oorspronkelijke stadsmuur. Ooit diende de toren als gevangenis, nu wordt er Catalaans ambachtswerk tentoongesteld. U ziet onder meer landbouwwerktuigen, keukengerei, weefgetouwen en geglazuurde terracotta potten voor water of olie.

Musée Hyacinthe-Rigaud

Rue de l'Ange 16. 04-68354340. ***Open*** *wo-ma.* ***Gesloten*** *feestdagen.*

Dit schitterende 17de-eeuwse herenhuis herbergt een kunstcollectie waarin Hyacinthe Rigaud (1659-1743) een centrale plaats inneemt. Deze in Perpignan geboren kunstenaar was hofschilder van Lodewijk XIV en Lodewijk XV. Andere werken dateren van de 13de eeuw tot heden; zo is er een aantal Catalaanse en Spaanse doeken uit de 14de tot de 16de eeuw, waaronder de *Retable de la Trinité* (1489) van de Meester uit Canapost.

Er zijn ook beelden van Aristide Maillol, geboren in het nabije Banyuls, en werk van Dufy, Picasso, Greuze, Ingres en Géricault.

Gelijkvloers is een verzameling Spaans-Moorse keramiek.

Cathédrale de St-Jean in Perpignan, van kiezels en rode baksteen

Burchttoren in Salses

Salses ⓫

Pyrénées-Orientales. 2500. Place de la République (04-68386613). wo.

Het **Fort van Salses** ligt als een reusachtig zandkasteel tegen een achtergrond van okerkleurige aarde en de wijngaarden van de Corbières. Het staat op de oude grens van Spanje en Frankrijk. Koning Ferdinand van Aragon liet dit kasteel tussen 1497 en 1506 bouwen om de Spaanse heerschappij over Roussillon veilig te stellen. De massieve wallen en ronde torens vormen de reactie van de Spaanse militaire architecten op de uitvinding van het buskruit.

In de ondergrondse stallen was plaats voor 300 paarden. en rond de binnenplaats liepen ondergrondse gewelven. Van de donjon hebt u een prachtig uitzicht over de lagune en de kust.

Wijngaarden op de heuvels van Corbières

Corbières ⑫

Aude. Perpignan. Salses-le-Château, Lézignan-Corbières. Lézignan-Corbières, Salses-le-Château, St Paul-de-Fenouillet. Lézignan-Corbières (04-68270542).

Corbières is nog altijd een van de woestste delen van Frankrijk, bekend om zijn wijnen en Kathaarse kastelen (*blz. 481*). De bodem is grotendeels begroeid met *garrigue*, ruig struikgewas met geurende kamperfoelie en brem; sommige hellingen op het zuiden zijn ontgonnen en beplant met druiven.

In het zuiden liggen de middeleeuwse kastelen **Peyrepertuse** en **Quéribus**. Quéribus was een van de laatste bolwerken van de Katharen. **Villerouge-Termenes** viert haar turbulente verleden nog jaarlijks met een middeleeuws banket.

In het westen ligt de kale, dunbevolkte streek Razès. Speurneuzen vinden hier het verscholen dorpje **Alet-les-Bains**, met schitterende halfhouten huizen en restanten van een in de godsdienstoorlogen vernielde benedictijnenabdij.

Narbonne ⑬

Aude. 46.000. Place Roger Salengro (04-68651560). do en zo.

Narbonne is een gezellige, middelgrote plaats die economisch leunt op de omliggende wijnstreek. De stad wordt in tweeën gedeeld door het Canal de la Robine. In het noordelijk deel is een middeleeuwse wijk met tal van winkels en prima restaurants. Hier vindt u een van de intrigerendste attracties van Narbonne: het **Horreum**. Dit ondergrondse doolhof van stortkokers en graanschuren dateert uit de eerste eeuw n.C. toen Narbonne een belangrijke haven had en de hoofdstad was van de grootste Romeinse provincie in Gallië. In de Middeleeuwen was Narbonne een welvarende stad, tot de haven in de 14de eeuw verzandde, de Aude zijn loop verlegde en de welvaart met zich meenam.

Inmiddels was in Narbonne een bisdom gesticht. De kathedraal, die moest lijken op de grote gotische kathedralen in het noorden, werd nooit afgemaakt. Het wel voltooide koor, waaraan men al in 1272 was begonnen, werd omgedoopt tot de **Cathédrale St-Just et St-Pasteur**.

Dit op zichzelf al reusachtige bouwwerk is versierd met 14de-eeuwse beelden en prachtige gebrandschilderde ramen. Het orgel heeft 18de-eeuws houtsnijwerk. Aan de wanden hangen tapisserieën uit Aubusson en Gobelin en in de kapel vindt u een schat aan manuscripten, met edelstenen belegde relikwieën en wandkleden.

Het onvoltooide dwarsschip is nu een binnenplaats en tussen de kathedraal en het naburige **Palais des Archevêques** liggen kloostergangen met vier prachtige galerijen met 14de-eeuwse gewelven.

Dit kathedraal- en paleiscomplex domineert het centrum van Narbonne. Tussen de immense torens van het Palais des Archevêques staat het stadhuis. De gevel is in 19de-eeuwse neo-gotische stijl gebouwd door Viollet le Duc

Het koor van de Cathédrale St-Just et St-Pasteur in Narbonne

Canal du Midi

Tussen Sète en Toulouse kronkelt het 240 km lange Canal du Midi. Het complexe systeem van sluizen, aquaducten en bruggen is een knap staaltje waterbouwkunde, gefinancierd door de Bézierse zoutkoopman Paul Riquet. De voltooiing van het kanaal in 1681 was een stimulans voor de handel in de Languedoc, omdat nu, via de Garonne, de Atlantische Oceaan met de Middellandse Zee was verbonden.

Het kalme water van het Canal du Midi

De cisterciënzer Abbaye de Fontfroide (1093) ten zuidwesten van Narbonne

(blz. 190). Het paleis zelf bestaat uit het Palais Vieux en het Palais Neuf. De belangrijkste musea van Narbonne zijn in dit laatste ondergebracht. Als u door de lage middeleeuwse gewelven van de passage de l'Ancre loopt, ligt dit aan uw linkerhand.
De collectie van het **Musée d'Archéologie et de Préhistoire** omvat onder meer fragmenten uit het Romeinse erfgoed van Narbonne. In de **Chapelle de la Madeleine** is een 14de-eeuwse muurschildering en een collectie Griekse vazen, sarcofagen en mozaïeken.
In de voormalige vertrekken van de aartsbisschop is nu het **Musée d'Art et d'Histoire** gevestigd, dat met zijn plafonds en meubilair evenzeer het oog streelt als de tentoonstelling. U vindt hier enkele prachtige doeken van Canaletto, Breughel, Boucher en Veronese, maar ook een keur aan plaatselijk aardewerk.
Ten zuiden van het Canal de la Robine staat een aantal fraaie herenhuizen zoals het **Maison des Trois Nourrices** uit de Renaissance, op de hoek van de Rue des Trois-Nourrices en de Rue Edgard Quinet. Niet ver hiervandaan ligt het **Musée Lapidaire**, met overblijfselen van Gallo-Romeinse bouwwerken, en de 13de-eeuwse gotische **Basilique St-Paul-Serge**. De crypte en enkele sarcofagen van een kerk die vroeger op deze plaats stond, zijn bewaard gebleven.

Horreum
Rue Rouget-de-l'Isle. *04-68324530. **Open** mei-sept: dag., okt-april: di-zo. **Gesloten** 1 jan, 1 mei, 14 juli, 25 dec.*

Musée d'Archéologie et de Préhistoire/Musée d'Art et d'Histoire
Palais des Archevêques.
*04-68903054. **Open** mei-sept: dag., okt-april: di-zo. **Gesloten** 1 jan, 1 mei, 14 juli, 25 dec.*

Musée Lapidaire
Eglise Notre-Dame de Lamourguier.
*04-68655358. **Open** juli-aug: dag. **Gesloten** 14 juli.*

Omgeving
Dertien kilometer ten zuidwesten van Narbonne ligt de cisterciënzer **Abbaye de Fontfroide** met een fraaie kloostergang. De abdij is omringd door cipressen en ligt verscholen in een stille vallei.

Golfe du Lion ⓮

Aude, Hérault. *Montpellier. Sète. Grande Motte (04-67290337).*

Tot aan de jaren zestig bestond dit kustgebied grotendeels uit een moeras vol muggen. Sporen van dit verleden kunt u nog vinden in plaatsjes als **Gruissan** met haar middeleeuwse Barbarossa-toren, maar door investeringen van de overheid is het grootste deel van de 100 km lange zanderige kuststrook omgetoverd tot een keten van toeristische vakantieoorden. Moderne gebouwen overheersen, maar de natuur is niet vergeten, grote stukken kust zijn ongerept gebleven. **Port Leucate** en **Port Bacarès** zijn ideaal voor watersport. Het enorme strand bij **Cap d'Agde** biedt elk jaar plaats aan duizenden mensen en hier is bovendien de grootste naturistencamping van Europa. Landinwaarts ligt het oude plaatsje **Agde**. Het is bekend om de zwarte basalten gebouwen, met name de 12de-eeuwse **Cathédrale St-Etienne**.

Breed zandstrand bij Cap d'Agde

Carcassonne ⓯

De citadel van Carcassonne is een in de originele staat teruggebracht middeleeuws stadje. Hoog gelegen op een steile oever van de Aude geeft het een sprookjesachtig beeld van torens en wallen. De stad werd in de 2de eeuw v.C. door de Romeinen gebouwd op een strategische plaats tussen de Middellandse Zee en de Atlantische Oceaan in de doorgang van het Iberisch schiereiland naar de rest van Europa. De grootste bloeitijd kende Carcassonne in de 12de eeuw, onder het bewind van de Trencavels die het kasteel en de kathedraal lieten bouwen. Veranderingen in de manier van oorlogvoeren en het Verdrag van de Pyreneeën in 1659 waarbij de Frans-Spaanse grens verschoof, maakten de fortificaties nutteloos, het verval trad in. Viollet-le-Duc *(blz. 190)* startte in de 19de eeuw met de restauratie.

Gerestaureerde citadel
De restauratie van de oude stad is zeer omstreden. Critici menen dat het er te nieuw uitziet en geven de voorkeur aan een romantischer ruïne.

★ Château Comtal
Een burcht binnen een burcht; dit kasteel heeft een gracht, vijf torens en houten transen op de wallen.

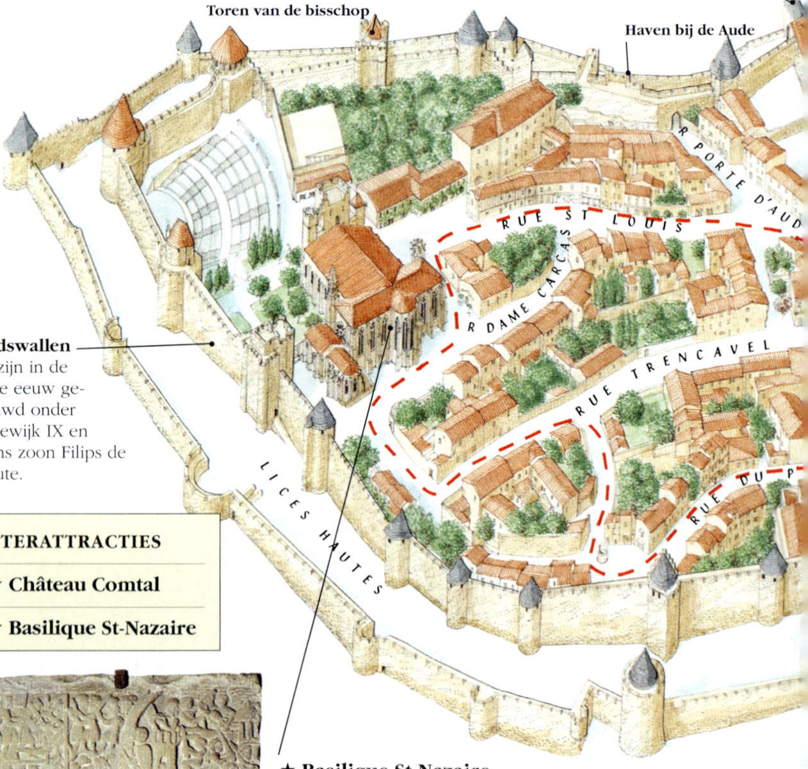

Stadswallen
Ze zijn in de 13de eeuw gebouwd onder Lodewijk IX en diens zoon Filips de Stoute.

STERATTRACTIES

★ Château Comtal

★ Basilique St-Nazaire

★ Basilique St-Nazaire
In deze romaanse en gotische kathedraal bevindt zich de beroemde Belegsteen. Het beleg van Carcassonne in 1209 zou hierop zijn afgebeeld.

0 meter 50

SYMBOOL

Aanbevolen route

Religieuze vervolging

Door zijn ligging was Carcassonne nogal eens het strijdtoneel van godsdienstige conflicten. Raymond-Roger Trencavel bood de Katharen *(blz. 481)* een vrijplaats in 1209, toen Simon de Montford op hen joeg. In de 14de eeuw nam de Inquisitie de vervolging van de Katharen over. Dit doek verbeeldt aanstaande slachtoffers in de Inquisitietoren.

***Les Emmurés de Carcassonne,* JP Laurens**

Tips voor de toerist

Aude. 45.000. Port du Canal du Midi (08-36353535). Bd de Varsovie. Tour Narbonnaise, La Cité (04-68250704); Bd Camille-Pelleton 15 (04-68102430). di, do & za. Festival de la Cité (juli); Illuminatie van de stad (14 juli); Les Médiévales (twee weken rond half aug).
Château Comtal ***open*** dag.
Gesloten 1 jan, 1 mei, 14 juli, 1 en 11 nov, 25 dec

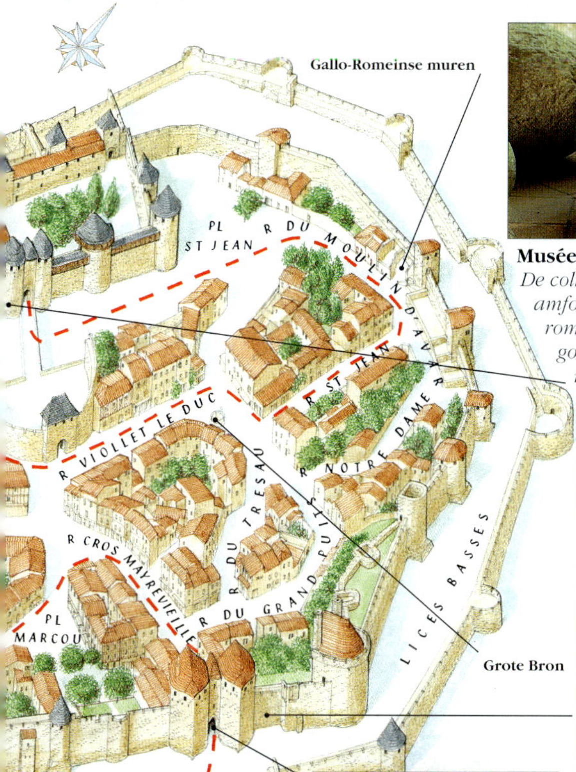

Musée Lapidaire
De collectie omvat Romeinse amforen, terracotta aardewerk, romaanse muurschilderingen, gotische ramen en deze middeleeuwse stenen kogels.

Porte Narbonnaise
Naast twee zandstenen torens uit 1280 heeft deze poort twee valhekken, twee ijzeren deuren, een slotgracht en een ophaalbrug.

De oude stadspoort
Als u La Cité betreedt, gaat u binnen in het verleden, ook al wemelt deze toeristische topattractie van de souvenirwinkels.

Lices In deze gemakkelijk verdedigbare ruimten tussen de binnenste en buitenste stadswal werden ook toernooien gehouden. Hier oefenden boogschutters en sloeg men hout en andere materialen op.

Béziers met haar middeleeuwse kathedraal, vanaf de Pont Vieux in het zuidwesten

Minerve 16

Hérault. 100. La Mairie (04-68918143).

In de dorre heuvels van de Minervois, omgeven door wijngaarden, gebouwd op de rotsen nabij het punt waar de Cesse en de Briant samenvloeien, ligt Minerve.

Het stadje wordt bewaakt door wat de Minervois de 'Candela' (kaars) noemen: een achthoekige toren die het enige restant vormt van een middeleeuws kasteel. In 1210 weerstond dit stadje zeven weken lang het beleg van de wrede Simon de Montford, de gesel der Katharen. De 140 Katharen die weigerden hun geloof af te zweren, vonden de dood op de brandstapel.

Tegenwoordig betreedt u Minerve via een hoge brug over de kloof. Ga rechtsaf en volg de weg van de Katharen door de romaanse boog van de Porte des Templiers naar de 12de-eeuwse **Eglise St-Etienne**. Aan de buitenkant van deze kerk vindt u een ruw beeldhouwwerk in de vorm van een duif, het symbool van de Katharen.

Een rotspad loopt boven langs de rivier in de diepte, waarvan het water diverse grotten en twee natuurlijke bruggen, de Grand Pont en de Petit Pont, in het zachte kalksteen heeft uitgesleten.

Béziers 17

Hérault. 76.000. *Palais des Congrès, Av. Saint Saëns 29 (04-67764700).* *vr.*

Béziers is vermaard vanwege rugby, stieregevechten en streekwijn, maar heeft zeker nog meer te bieden. De stad lijkt in zichzelf gekeerd, alle straten lopen naar de 14de-eeuwse **Cathédrale St-Nazaire**. In 1209 werden hier duizenden inwoners afgeslacht tijdens de veldtocht tegen de Katharen. De soldaten van de pauselijk gezant hadden opdracht geen onderscheid te maken tussen katholieken en Katharen. 'Doodt allen. God zal de Zijnen herkennen en behoeden!'

In het **Musée du Biterrois** vindt u tentoonstellingen over de lokale geschiedenis, de wijn en het Canal du Midi dat in de 17de eeuw werd aangelegd door Béziers' beroemdste zoon Paul Riquet *(blz. 476)*. Zijn standbeeld kijkt uit over de Allées Paul Riquet, de brede wandelpromenade onderaan de heuvel, die wordt beschaduwd door een dubbele rij platanen en door de baldakijnen van de restaurants.

Standbeeld van Paul Riquet in de Allées Paul Riquet, Béziers

Musée du Biterrois

Caserne St-Jacques. *04-67367101.* ***Open** di-zo.* ***Gesloten** 1 jan, Pasen, 1 mei, 25 dec.*

Omgeving

De Romeinse archeologische vindplaats Oppidum d'Ensérune ligt op een heuvel die uitziet over de vlakte van Béziers en op de bergen in het noorden. Van de oorspronkelijke, pre-Romeinse nederzetting zijn funderingen van huizen bewaard gebleven en enkele grote terracotta voorraadpotten die in de grond waren ingegraven. Het **Musée de l'Oppidum d'Ensérune** stelt archeologische vondsten tentoon: Keltische, Griekse en Romeinse vazen, sieraden, grafornamenten en wapens.

Musée de l'Oppidum d'Ensérune

Nissan lez Ensérune. *04-67370123.* ***Open** dag.* ***Gesloten** 1 jan, 1 mei, 1 en 11 nov, 25 dec.* *alleen op de hoofdverdieping.*

Katharen

De Katharen vormden in de 13de eeuw een sekte die zich afzette tegen de corruptie binnen de Kerk. Hun protest vond weerklank in de vrijgevochten Languedoc. Zo werd de religieuze strijd steeds meer verward met politiek. Peter II van Aragon hoopte door steun aan de paus de Languedoc in te lijven en Filips II van Frankrijk sloot een verbond met de paus tegen de Kathaarse ketters, die werden uitgeroeid in een door Simon de Montfort geleide kruistocht. Dit was het begin van een eeuw vol slachtingen en martelingen.

KATHAARSE KASTELEN
De Katharen verschansten zich in de burchten in Corbières en Ariège. Peyrepertuse is ook tegenwoordig nog een afgelegen en ontoegankelijke citadel: het nauwe en langwerpige bolwerk is uitgehakt in een grillige, 609 m hoge rots.

Katharen *(Albigenzen) geloofden in de dualiteit van goed en kwaad. Ze beschouwden de stoffelijke wereld als puur kwaad, dus moest men om het goede te dienen deze wereld afzweren, wat betekent: geweldloosheid, vegetarisme en kuisheid.*

De kruistocht *tegen de Katharen was wreed. Kruisvaarders werd het land beloofd van de ketters die ze ombrachten en voor elke misdaad schonk de paus bij voorbaat vergiffenis. In 1209 werden 20.000 burgers afgeslacht in Béziers en, het jaar daarop, 140 levend verbrand in Minerve. In 1244 stierven 225 Katharen bij de verdediging van Montségur.*

KATHARENLAND
Kastelen en plaatsen met een Kathaarse achtergrond vindt u vrijwel uitsluitend in Languedoc-Roussillon. Hier lag in de Middeleeuwen het centrum van deze sekte.

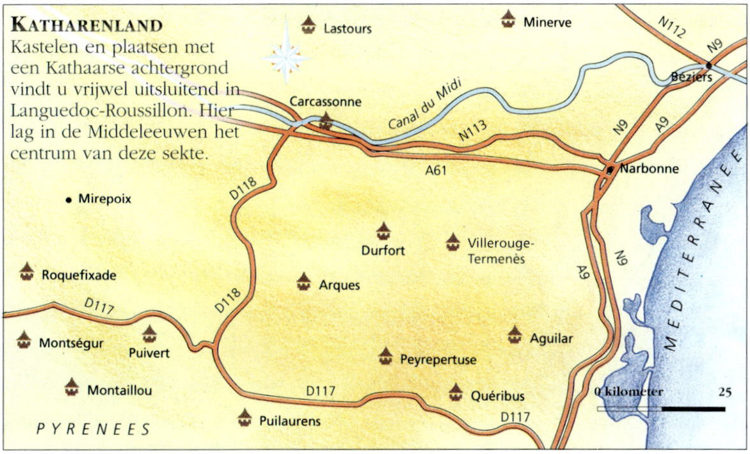

Het Grand Hotel *(blz. 571)* aan de Quai de la Résistance, Sète

Sète ⓲

Hérault. 42.000. Grand' Rue Mario Roustan 60 (04-67747171). wo en vr.

De haven van Sète is belangrijk voor zowel de visserij als de industrie. Het stadje heeft dan ook een wat rauwere uitstraling dan de meeste plaatsen aan de Middellandse Zee.

Cimetière Marin in Sète, hier ligt Paul Valéry begraven

U vindt hier winkels in scheepsbenodigdheden en restaurants vol hongerige zeelieden, die zich te goed doen aan mosselen, oesters en zeeslakken die zo van de boot komen. De meeste restaurants van Sète liggen aan het Grand Canal, tussen de huizen in Italiaanse pasteltinten met hun smeedijzeren balkons en uitzicht op de wirwar van grachten en bruggen. Gedurende het jaarlijkse festival in juli, dat twee weken duurt *(blz.33)*, worden op het water wilde steekspeltoernooien gehouden, die uit 1666 dateren. Op de Mont St-Clair, hoog boven de stad, ligt het **Cimetière Marin** waar Sète's beroemdste zoon, de dichter Paul Valéry (1871-1945), is begraven. Hier staat tevens een klein museum over hem. Op een observatiepunt kunt u genieten van het adembenemende uitzicht over de kust en de bergen van de Cévennes. Verderop ligt het Bassin de Thau, een grote oesterkwekerij, en in het zuiden zijn de door de wind geteisterde zandstranden.

Pézenas ⓳

Hérault. 8000. Place Gambetta 1 (04-67983539). za.

Pézenas is een liefelijk, dicht opeen gebouwd plaatsje temidden van eindeloze wijngaarden. U leert de stad het beste kennen op een wandeling langs de goed aangegeven bezienswaardigheden die tal van interessante details hebben. Een meesterlijk gesneden raampartij uit de Renaissance, een prachtig oud poortje met een Mariabeeld in een nis; alles getuigt van Pézenas' glorietijd in de 16de en 17de eeuw, toen de regionale overheid hier zetelde. Destijds ontving de stad ook menig beroemd theater- en muziekgezelschap. Molière verbleef rond 1650 enige tijd in de stad.

Het is een genot om door de poortjes van de binnenplaatsen een blik op de prachtige oude gebouwen te werpen. Het **Hôtel des Barons de Lacoste** in de Rue François Oustrin 8 heeft mooie stenen trappen, het **Maison des Pauvres** in de Rue Alfred Sabatier 12 drie galerijen. Ook de middeleeuwse winkelpui in de Rue Triperie Vieille is het aanzien waard. De nauwe straatjes van het joodse getto, dat nog altijd een sfeer van beslotenheid ademt, ligt vlak achter de 14de-eeuwse **Porte Faugères**. Er zijn veel antiekwinkels en winkels met tweedehands goederen en boeken.

Stenen hal van het Hôtel des Barons de Lacoste in Pézenas

Parc Régional du Haut Languedoc ⓴

Hérault, Tarn. ✈ *Béziers.* 🚆 *Béziers, Bédarieux.* 🚌 *St-Pons-de-Thomières, Mazamet, Lamalou-les-Bains.* ℹ *St-Pons-de-Thomières (04-67970665).*

Het hooggelegen kalkstenen plateau en de beboste hellingen van Haut-Languedoc zijn volkomen anders dan de kust. Van de Montagne Noire, een bergstreek tussen Béziers en Castres, tot in de Cévennes ligt een landschap met verweerde rotsen, diepe kloven met wilde rivieren en afgelegen schapenhouderijen. Een groot deel van dit gebied wordt ingenomen door het nationale Parc Régional du Haut Languedoc, dat op dat van Ecrins na het grootste van Frankrijk is.

U komt het park binnen via **St-Pons-de-Thomières**. Hier beginnen de wandel- en ruiterpaden naar de bossen en bergen. Ook is er een centrum voor natuuronderzoek waar u de oorspronkelijke dieren van de streek, zoals mouflons (wilde bergschapen), arenden en wilde zwijnen kunt zien. De D908 loopt van St-Pons door het park en komt langs het dorp **Olargues** met zijn 12de-eeuwse brug over de Jaur. **Lamalou-les-Bains** ligt aan de oostgrens van het park. Het is een klein kuuroord met een gerestaureerd badhuis en theater uit de Belle Epoque, palmbomen en roze villa's. Ten noordoosten van het park liggen spectaculaire stukjes natuur. Bij de **Cirque de Navacelles** heeft de rivier de Vis een bocht afgesneden en zo een eiland gemaakt waarop het liefelijke dorp Navacelles ligt, dat zichtbaar is van de hoger gelegen weg.

De **Grotte des Demoiselles** is een van de mooiste grotten van deze streek, waar u door een geheel versteende wereld kunt lopen. Een treintje brengt bezoekers van de voet van de berg naar de top.

Een bezoek aan de **Grotte de Clamouse** is ook een ongewone ervaring, de ondergrondse rivieren en meertjes weerspiegelen tegen de zoldering, de stalagmieten lijken op enorme druipkaarsen, de stalactieten op gotische zuilen.

Bijzondere kalksteenformaties in de Grotte de Clamouse

Grotte des Demoiselles
St-Bauzille-de-Putois. ☎ *04-67737002.* ***Open*** *dag.* ***Gesloten*** *1 jan, 25 dec.*

Grotte de Clamouse
Rte de St-Guilhem-le-Désert, St-Jean-de-Fos. ☎ *04-67577105.* ***Open*** *maart-okt: dag.; nov-feb: zo-vr.*

Apsis van St-Guilhem-le-Désert

St-Guilhem-le-Désert ㉑

Hérault. *200.* 🚌
ℹ *Maison Communale (04-67574433).*

Hoewel St-Guilhem-le-Désert ligt weggestopt in de bergen van Celette, is het niet meer zo ontoegankelijk als toen Guillaume van Aquitanië zich hier in de 9de eeuw als kluizenaar terugtrok. Na een lange carrière in het leger kreeg hij van keizer Karel een stukje van het Ware Kruis van Jezus ten geschenke. Daarop stichtte hij een klooster in het ravijn boven de Hérault. Er zijn resten van een oudere kerk uit de 10de eeuw ontdekt, maar het huidige gebouw is grotendeels in romaanse stijl (11de en 12de eeuw) gebouwd. De zijkapellen domineren het dorp.

In de kerk zelf voert een middenpad onder schemerige tongewelven naar een apsis die volop in het zonlicht staat. Van de originele kloostergangen zijn nog slechts twee galerijen over; de andere bevinden zich met sculpturen uit St-Michel-de-Cuxa *(blz. 471)* in het Cloisters Museum in New York.

Centrum van Montpellier

Cathédrale de St-Pierre ⑤
Château d'Eau ①
CORUM ⑫
Hôtel de Manse ⑧
Hôtel de Mirman ⑨
Hôtel des Trésoriers de la Bourse ⑥
Jardin des Plantes ③
Musée Fabre ⑩
Musée Languedocien ⑦
Notre-Dame des Tables ⑪
Place de la Comédie ⑬
Promenade de Peyrou ②
Tour de la Babote ⑭
Tours des Pins ④

Symbolen

P Parkeerplaats
Kerk

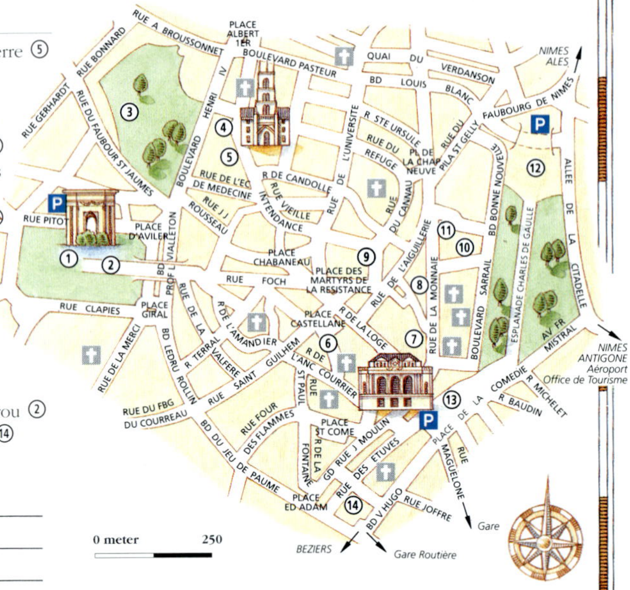

Caféterras aan het Place de la Comédie, Montpellier

Montpellier ㉒

Hérault. 👥 *211.000.* ✈ 🚆 🚌
ℹ *Allée de Tourisme, Le Triangle Bas (04-67586758).* 🗓 *dag.*

Montpellier is een van de meest levendige en op de toekomst gerichte steden in het zuiden van Frankrijk; een kwart van de bevolking is jonger dan 25 jaar. Op mooie zomeravonden lijkt de hoofdstad van Languedoc-Roussillon wel een groot popfestival. Het brandpunt van alle activiteit is de ovale **Place de la Comédie**, door de bevolking 'l'Oeuf' ('het ei') genoemd. Hier staan het 19de-eeuwse operagebouw en de Fontaine des Trois Graces, omringd door drukbezochte cafés. Een promenade met platanen voert naar het **CORUM**, een opera- annex congresgebouw waaruit blijkt hoeveel men in deze stad van gewaagde architectuur houdt. Een ander bewijs van die liefde is Ricardo Bofill's postmoderne appartementencomplex Antigone, ontworpen naar de Sint Pieter in Rome.

Vergeleken met andere steden van Romeinse origine in deze regio is Montpellier pas laat gesticht. De stad ontstond in de 10de eeuw toen de handel in specerijen uit het Midden-Oosten opkwam. De wisselwerking tussen de kennis van de twee culturen leidde tot de oprichting van de academie voor geneeskunde in 1220, die nog steeds tot de meest vooraanstaande van Frankrijk behoort. Een groot deel van Montpellier werd verwoest tijdens de godsdienstoorlogen in de 16de eeuw. Van de 12de-eeuwse fortificaties zijn alleen de **Tour de la Babote** en de **Tours des Pins** gespaard gebleven. Er zijn ook opvallend weinig mooie kerken; alleen de **Cathédrale de St-Pierre** en de 18de-eeuwse **Notre-Dame des Tables**.

Bij de wederopbouw van de stad in de 17de eeuw werden veel herenhuizen met mooie binnenplaatsen, stenen trappen en balkons neergezet. U kunt de volgende huizen bezichtigen: **Hôtel de Manse** in de Rue Embouque-d'Or, **Hôtel de Mirman** op het Place des Martyrs de la Résistance en **Hôtel des Trésoriers de la Bourse**. In het Hôtel des Lunaret is nu het **Musée Languedocien** gevestigd, met een collectie romaanse en prehistorische kunstvoorwerpen.

Pont du Gard

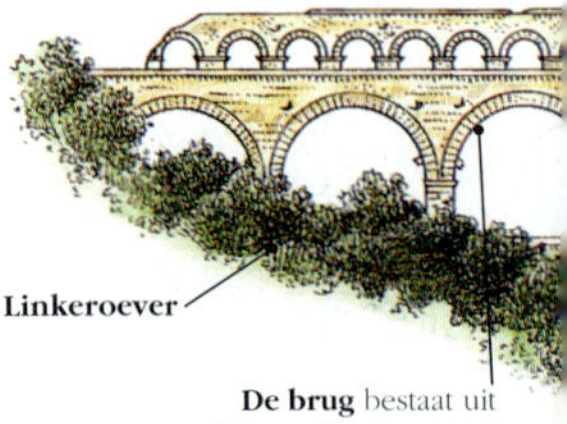

De brug bestaat uit drie verdiepingen met arcaden.

In een ander 17de-eeuws gebouw huist het **Musée Fabre**, met een collectie van voornamelijk Franse schilderijen. Hoogtepunten zijn Courbets *Bonjour, monsieur Courbet!*, Berthe Morisots *L'Eté* en Robert Delaunays *Nature Morte Portugaise*.
De **Promenade de Peyrou** wordt gedomineerd door een klassiek aquaduct en het **Château d'Eau**, vanwaar u een prachtig uitzicht hebt over de stad, de bergen en de zee. Iets ten noorden hiervan ligt de **Jardin des Plantes**, de oudste botanische tuin van Frankrijk (1593).

Musée Languedocien
Rue Jacques Coeur 7. *04-67529303.*
Open *ma-za.* ***Gesloten*** *feestdagen.*

Musée Fabre
Bd Bonne Nouvelle 39.
04-67148300. ***Open*** *di-zo.*
Gesloten *1 jan, 1 mei, 14 juli, 1 en 11 nov, 25 dec.*

Château d'Eau, Montpellier

La Grande-Motte ㉓

Hérault. 7000. Place de la Mairie (04-67290337). zo (en di van half juni tot half sept).

De bizarre ziggoerats van deze moderne badplaats typeren de nieuwbouw aan de kust van Languedoc-Roussillon. Zoals in alle badplaatsen ten zuiden van Montpellier vindt u ook hier jachthavens en voorzieningen voor tal van sporten; waaronder tennis, golf of watersport. In het oosten liggen Le Grau-du-Roi, ooit een klein vissersdorpje, en Port Camargue met een enorme jachthaven.

La Grande-Motte

Aigues-Mortes ㉔

Gard. 5000. Porte de la Gardette (04-66537300). wo & zo.

U zou deze stad met zijn perfect bewaard gebleven wallen moeten kunnen naderen vanuit de zoutwatermoerassen van de Petite Camargue. Nu de zee zich 5 km heeft teruggetrokken, hebben de indrukwekkende verdedigingsmuren van deze voormalige havenstad alleen toeristische waarde, hoewel u de smakeloze winkeltjes beter kunt mijden. Aigues-Mortes ('stad van de de dode wateren') is in de 13de eeuw gebouwd door Lodewijk XI, teneinde zijn macht over de Middellandse Zee te verstevigen. Via de **Tour de Constance** kunt u op de rechthoekige muren komen, vanwaar u prachtig uitzicht hebt op de Camargue.

Omgeving
Aan de andere kant van de zoutwaterlagunen ligt **St-Gilles-du-Gard**, ook ooit een voorname middeleeuwse haven. De 12de-eeuwse abdijkerk heeft een schitterend gebeeldhouwde gevel. Deze kerk werd opgericht door monniken uit Cluny als kapel voor St.-Gilles en als rustplaats voor pelgrims op weg naar Santiago de Compostela *(blz. 390-391)*.

Pont du Gard ㉕

Gard. uit Nîmes.

Hoe bekend de 2000 jaar oude Pont du Gard ook is, iedereen wordt totaal verrast door de aanblik. De Romeinen beschouwden dit bouwwerk als het beste bewijs van de grootsheid van hun rijk. Met een hoogte van 49 m was dit de hoogste brug die zij ooit bouwden. Ze plaatsten de steenblokken op elkaar met behulp van een ingenieus systeem van katrollen en met talloze slaven. Uit de kalkafzetting in de waterloop blijkt dat het aquaduct wel vier of vijf eeuwen in gebruik is geweest.
Een duizelingwekkend mooi uitzicht hebt u van de bovenste etage van dit aquaduct, dat ooit diende om water uit de bronnen bij **Uzès** naar Nîmes te brengen. In Uzès is een marktplein met arcaden en diverse middeleeuwse torens, waaronder de prachtige Tour Fenestrelle uit de 12de eeuw.

Nîmes ㉖

Toeristische bezienswaardigheid nummer één in Nîmes is een door Philippe Starck ontworpen bushalte. Hij tekende ook voor de herinrichting van het voetgangersgebied. Deze en andere innovaties zijn onderdeel van de huidige designs-renaissance van de stad. Architectonische projecten variëren van gedurfde nieuwbouwwoningen tot een oogverblindend complex voor moderne kunst, alles onder leiding van een dynamische burgemeester. Ook het Romeinse erfgoed van Nîmes, waaronder het amfitheater, is wereldberoemd. Deze stad was een belangrijk centrum in de oude wereld. In Nîmes worden drie festivals georganiseerd en vele stieregevechten.

Arcaden van het Romeinse amfitheater

Historisch Nîmes
Nîmes heeft een turbulent verleden en vooral de godsdienstoorlogen in de 16de eeuw, waarbij de romaanse **Cathédrale Notre-Dame et St-Castor** zwaar werd beschadigd, brachten veel leed. Gedurende de 17de en 18de eeuw maakte de stad een bloeiperiode door dank zij de textielindustrie. Een fabrikaat van blijvende betekenis was denim, dat betekent 'de Nîmes'. Veel mooie gebouwen uit deze tijd zijn gerestaureerd, zoals u kunt zien in de Rue de l'Aspic, de Rue des Marchands en de Rue de Chapitre in de oude binnenstad. Even buiten het centrum ligt het futurische appartementengebouw, **Nemausus I**. De Romeinse stadspoort, de **Porte Auguste**, 20 jaar voor de tempel **Maison Carrée** gebouwd, maakte ooit deel uit van de langste stadswallen van Gallië. De oorspronkelijke bogen staan nog altijd overeind: twee grote voor karren en koetsen, twee kleinere voor voetgangers. Een ander belangrijk Romeins overblijfsel is het **Castellum**, waar ooit het water van de Pont du Gard binnenstroomde *(blz. 485)*. Vanaf het Castellum werd het via dikke pijpen door de stad geleid.

Kruik uit het Musée Archeologique

Jardin de la Fontaine
Quai de la Fontaine.
Open dag. ♿
Toen de Romeinen zich hier vestigden troffen ze een Gallische stad aan die om een bron heen gebouwd

Jardin de la Fontaine, met uitzicht over de stad

BEZIENSWAARDIGHEDEN

Carré d'Art ⑥
Castellum ④
Cathédrale Notre-Dame et St-Castor ⑧
Jardin de la Fontaine ③
Les Arènes ⑩
Maison Carrée ⑤
Mont Cavalier ②
Musée Archéologique ⑨
Musée des Beaux Arts ⑪
Porte Auguste ⑦
Tour Magne ①

was. Ze noemden hun nederzetting Nemausus, naar hun riviergod. In de 18de eeuw legde men rond de bron formele tuinen aan; uit die tijd stamt ook het netwerk van heldere poelen en koele stenen waterstoepen. Hoog boven de tuinen op Mont Cavalier staat de achthoekige Tour Magne, ooit een belangrijk onderdeel van de Romeinse wallen.

SYMBOLEN

- P Parkeerplaats
- i Toeristenbureau
- Kerk

0 meter 250

Het stadswapen verwerkt in een sculptuur van Martial Raysse

Les Arènes

Bd des Arènes. 04-66767277. **Open** *dag.* **Gesloten** *1 jan., 1 mei, 25 dec en tijdens optredens.*

Alle wegen leiden naar het amfitheater Les Arènes. De ovale arena is aan het einde van de 1ste eeuw gebouwd en bood plaats aan 25.000 toeschouwers. Het is een goede plek voor concerten, sportevenementen en stieregevechten.

Maison Carrée

Place de la Maison Carrée. *04-66362676.* **Open** *dag.*

'Vierkant Huis' is een al te prozaïsche naam voor dit sierlijk Romeinse tempelgebouw, de trots van Nîmes. Het is gebouwd in 2-3 n.C. en is één van de best bewaard gebleven tempels ter wereld, met sierlijke cannelures in de Korinthische zuilen en een fraai gebeeldhouwd fries.

Musée des Beaux Arts

Rue Cité Foulc. *04-66673821.* **Open** *di-zo.* **Gesloten** *1 jan, 1 mei, 11 nov, 25 dec.*

Dit museum van schone kunsten biedt onderdak aan een verzameling Hollandse, Vlaamse, Franse en Italiaanse kunstwerken, waaronder Jacopo Bassano's *Susanna door de ouderlingen belaagd* en *Het mystieke Huwelijk van St.-Catharina* van Michele Giambono.

Musée Archéologique

Musée d'Histoire Naturelle, Bd Amiral Courbet 13 bis. *04-66672557.* **Open** *di-zo.* **Gesloten** *1 jan, 1 mei, 11 nov, 25 dec.*

> **TIPS VOOR DE TOERIST**
>
> Gard. *133.000.*
> *12 km ZZO van Nîmes.*
> *Bvd Talabot (04-36353535).*
> *Rue St Félicité (04-66295200).*
> *Rue Auguste 6 (04-66672911).*
> *ma, zo.* *Feria d'Hiver (feb), Feria de Pentecôte (Pinksteren), Feria des Vendages (druivenoogst, laatste weekeinde sept).*

Het Maison Carrée, nu een museum

De prachtige collectie Romeinse beelden, keramiek, glaswerk, munten en mozaïeken is gehuisvest in het museum voor natuurlijke historie van Nîmes.

Carré d'Art

Place de la Maison Carrée. *04-66763535.* **Open** *di-zo.*

Dit in Nîmes zeer omstreden complex voor moderne kunst, ontworpen door de Britse architect Norman Foster, werd in 1993 geopend. Vijf etages van deze tempel van glas en staal liggen ondergronds. Naast tentoonstellingszalen zijn er een bibliotheek en een restaurant rond een gigantisch glazen atrium op het dak.

Stieregevecht in Les Arènes van Nîmes

PROVENCE EN DE CÔTE D'AZUR

BOUCHES-DU-RHÔNE · VAUCLUSE · VAR
ALPES-DE-HAUTE-PROVENCE · ALPES-MARITIMES

De Provence is de meest tot de verbeelding sprekende streek in Frankrijk, van de heuvels vol geurige kruiden tot de havens met de plezierjachten. Het bonte landschap en het zonlicht vormden een bron van inspiratie voor schilders en schrijvers.

De Provence heeft natuurlijke grenzen: in het westen stroomt de Rhône, in het zuiden ligt de Middellandse Zee en in het noorden wordt de grens gevormd door de uiterste plaats waar olijfbomen kunnen groeien. De Alpen in het oosten vormen het gebied waarin de grens tussen Frankrijk en Italië door de eeuwen verschoof. Binnen die grenzen ligt een contrastrijk landschap met diepe kloven, de zoutvlakten van de Camargue, velden vol lavendel en zonovergoten stranden.
Tal van bezoekers hebben hier hun sporen nagelaten. In Orange en Arles zijn de gebouwen van Romeinse *Provincia* nog altijd in gebruik. Versterkte dorpen als Èze werden ooit gebouwd tegen de Saraceense piraten die in de 6de eeuw deze kust teisterden. In de 19de eeuw kwamen rijke Noordeuropeanen in de winter op de warmte van de Rivièra af, en in de jaren twintig van deze eeuw nam de high society hier zelfs definitief zijn intrek. Het warme zonlicht maakt de kleuren en geuren heel intens. Met paprika's, knoflook en olijven maakt men van vis het Provençaalse gerecht dat *Bouillabaisse* heet.

Cap Martin, gezien vanaf het dorp Roquebrune

Lavendelvelden nabij de Gorges du Verdon

De Provence verkennen

Deze zonovergoten streek in het zuidoosten is het populairste vakantiegebied van Frankrijk. Zonaanbidders liggen 's zomers zij aan zij op het strand; voor vertier zorgen jazzfestivals, stieregevechten, autoraces, casino's en *boules*-tournooien. Het binnenland is een paradijs voor wandelaars, met stille plateaus, woeste stromen en pittoreske dorpjes in de bergen.

Promenade des Anglais, Nice

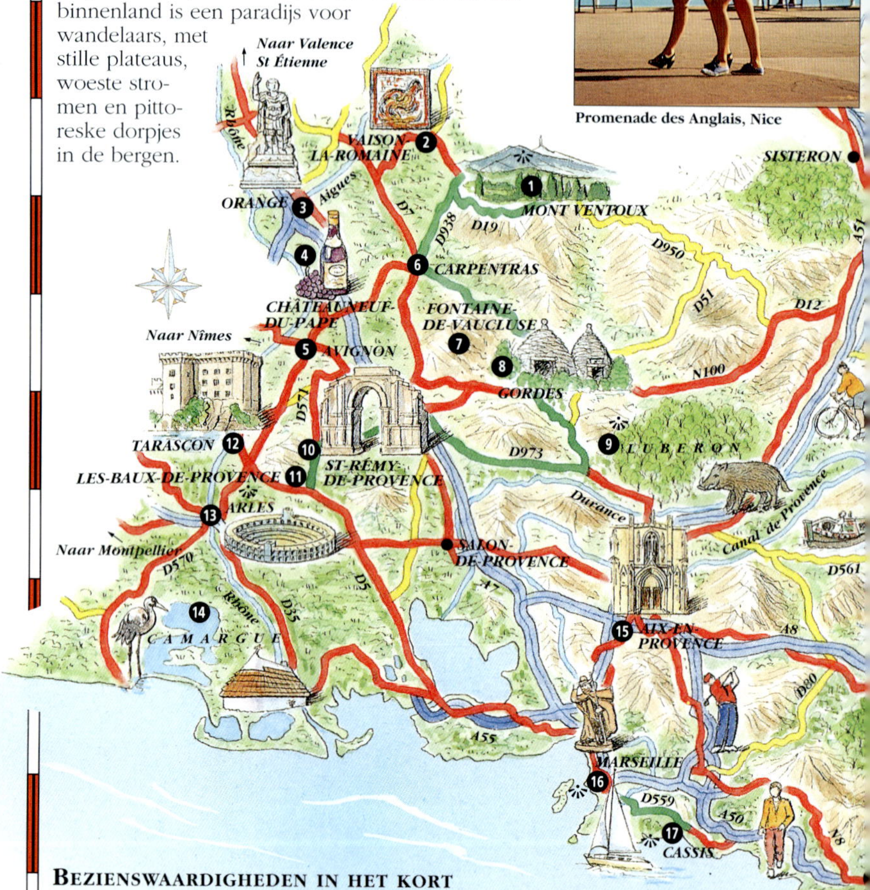

Bezienswaardigheden in het kort

Aix-en-Provence 15
Alpes-Maritimes 41
Antibes 29
Arles 13
Avignon 5
Biot 31
Cagnes-sur-Mer 32
De Camargue 14
Cannes 27
Cap d'Antibes 28
Cap Ferrat 38
Carpentras 6
Cassis 17
Châteauneuf-du-Pape 4
Digne-les-Bains 23
Èze 39
Fontaine-de-Vaucluse 7
Fréjus 24
Gordes 8
Gorges du Loup 33
Grasse 26
Hyères 19
Îles d'Hyères 20
Les Baux-de-Provence 11
Luberon 9
Marseille 16
Massif des Maures 21
Menton 42
Monaco 43
Mont Ventoux 1
Nice 36
Orange 3
Roquebrune-Cap-Martin 40
St-Paul-de-Vence 35
St-Raphaël 25
St-Rémy-de-Provence 10
St-Tropez 22
Tarascon 12
Toulon 18
Vaison-la-Romaine 2
Vallauris 30
Vence 34
Villefranche-sur-Mer 37

Bereikbaarheid

De grootste luchthaven in de buurt ligt bij Nice. Fly-drive-reizen zijn populair maar vooral geschikt voor wie het binnenland wil bezoeken. Als u de zomerse files aan de kust wilt vermijden, kunt u het beste de autoroute nemen. De badplaatsen hebben goede bus- en treinverbindingen, en bij de meeste stations zijn fietsen te huur. De Chemin de Fer de Provence loopt van Nice tot Digne-les-Bains door een schitterend berglandschap. De wegen in de bergen verkeren overal in goede staat.

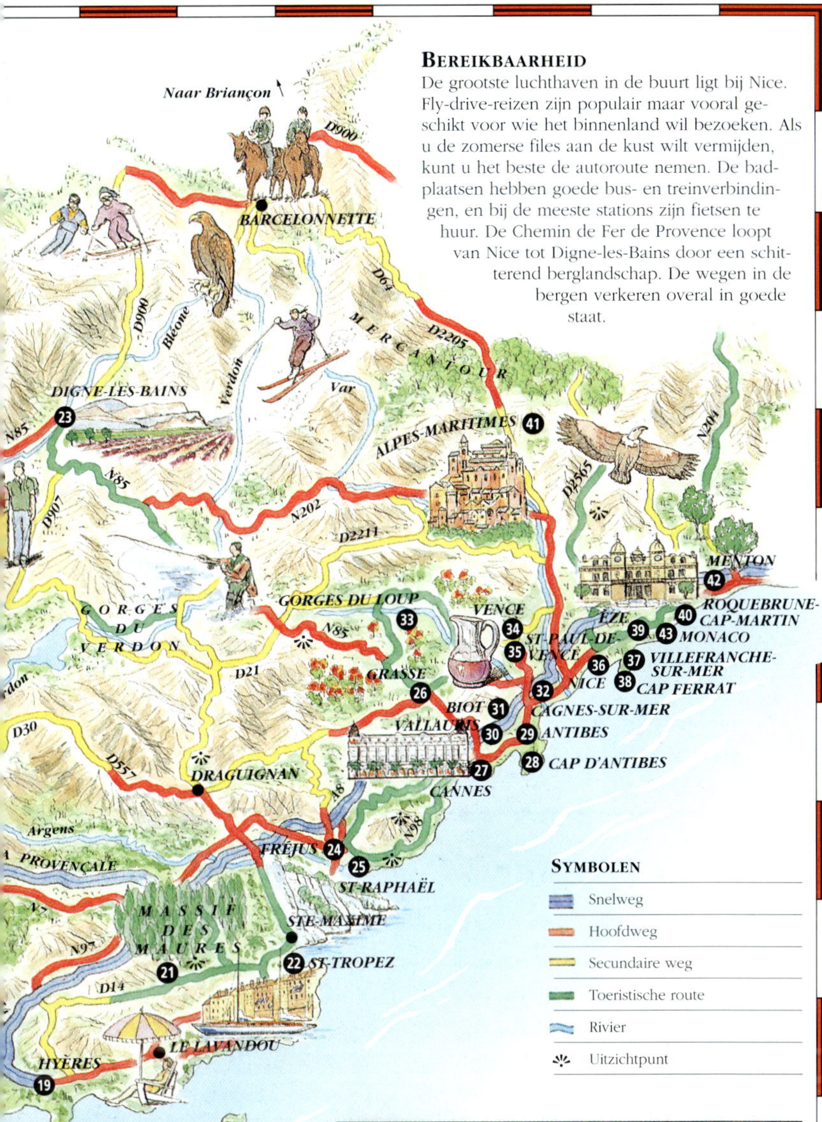

Symbolen

- Snelweg
- Hoofdweg
- Secundaire weg
- Toeristische route
- Rivier
- Uitzichtpunt

De prachtige omgeving van het rustige marktplaatsje Forcalquier

Mont Ventoux ❶

Vaucluse. Avignon. Orange. Bédoin. Bédoin (04-90656395).

Mont Ventoux is Provençaals voor 'winderige berg', en terecht! Op de lagere hellingen leven veel planten en dieren, maar boven, waar 's winters de temperatuur tot –27 °C kan dalen, groeit slechts mos. Het kale witte puinsteen op de top zorgt ervoor dat die er zelfs in de zomer besneeuwd uitziet. De eerste voor het nageslacht vastgelegde klim naar de 1909 m hoge top werd in 1336 gemaakt door de dichter Petrarca. Tegenwoordig loopt er een weg naar de top met het radiobaken, maar bij slecht weer is deze amper begaanbaar. Bij goed weer maakt het uitzicht alle inspanningen goed.

Romeins mozaïek uit de Villa du Paon in Vaison-la-Romaine

Vaison-la-Romaine ❷

Vaucluse. 5500. Place du Chanoine Sautel (04-90360211) di.

Deze plaats aan de oever van de Ouvèze werd al in de Bronstijd bewoond, maar de huidige naam is die van de Romeinse stad die hier vijf eeuwen bloeide.
De bovenstad wordt gedomineerd door de ruïne van een 12de-eeuws kasteel. De mooiste plekjes van Vaison liggen aan de overkant van de rivier.
De **Romeinse Stad** is tegenwoordig in twee delen gesplitst: Puymin en La Vilasse. In Puymin heeft men een statig herenhuis, de Villa du Paon, en een Romeins theater opgegraven. In 1992 trad de Ouvèze buiten zijn oevers en eiste vele slachtoffers in Vaison en omgeving. De schade aan enkele ruïnes, waaronder de Romeinse brug is inmiddels hersteld. In Vaison vindt u verder de fraaie romaanse **Cathédrale Notre-Dame-de-Nazareth** met zijn middeleeuwse kruisgangen.

Romeinse Stad

Fouilles de Puymin, Place du Chanoine Sautel. *04-90360211.* ***Open** wo-ma.* ***Gesloten** 1 jan, 1 mei, 25 dec.*

Orange ❸

Vaucluse. 29.000. Cours Aristide Briand (04-90347088). do.

Orange is een levendige regionale stad die door de omliggende akkers, boomgaarden en vooral de grote wijngaarden van de Côtes du Rhône, een belangrijke marktplaats is voor produkten als druiven, olijven, honing en truffels. Veel minder druk is het in de buurt van het 17de-eeuwse Hôtel de Ville. In Orange staan twee van de grootste Romeinse monumenten van Europa.

Romeins Theater

Place du Théâtre. *04-90511760.* ***Open** dag.* ***Gesloten** 1 jan, 25 dec.*

Dit theater is gebouwd tijdens het bewind van keizer Augustus in de eerste eeuw n.C. De akoestiek is volmaakt en het theater is nog steeds in gebruik als concertzaal. De achterwand is 38 m hoog en 103 m lang.

Triomfboog

Avenue de l'Arc de Triomphe.

Dit monument met drie bogen werd gebouwd rond 20 n.C. Het is uitbundig versierd: gevechtstaferelen en militaire trofeeën worden afgewisseld met bloem- en fruitmotieven.

Standbeeld van keizer Augustus in het Romeinse theater van Orange

Musée de la Ville

Place des Frères-Mounet. *04-90511824.* ***Open** dag.* ***Gesloten** 1 jan, 25 dec.*

Hier liggen overblijfselen uit het verleden van Orange; onder meer 400 marmeren fragmenten die aaneengepast een landkaart vormen, gebaseerd op opmetingen waarvan de eerste onder keizer Vespasianus in de eerste eeuw v.C. moet hebben plaatsgevonden.

Châteauneuf-du-Pape ❹

Vaucluse. 2100. Sorgues, dan per bus. Place du Portail (04-90837108). vr.

De pausen van Avignon kozen deze plaats om in de 14de eeuw een nieuw kasteel (*château neuf*) te bouwen. Daaromheen werden de

Uitzicht over de wijngaarden van Châteauneuf-du-Pape

wijngaarden geplant die één van de beste Côtes du Rhône-wijnen opleveren.
Na de godsdienstoorlogen *(blz. 50-51)* waren er van het pauselijk bolwerk slechts gedeelten van de muren en een toren over, maar deze ruïne oogt niettemin zeer indrukwekkend. De beklimming wordt beloond met een grandioos uitzicht tot aan de hooglanden van de Vaucluse voorbij Avignon.
Het jaar wordt hier gerekend in wijnfeesten; het Fête de la Véraison in augustus *(blz. 34)* en de Ban des Vendages in september.

Pont St-Bénézet en het Palais des Papes in Avignon

Avignon ❺

Vaucluse. 87.000. Cours Jean Jaurès 41 (04-90826511). di-zo.

Het uiterlijk van Avignon wordt bepaald door het immense **Palais des Papes** *(blz. 494-95)*. Ten noorden van het paleis staat het 13de-eeuwse **Petit Palais**, ooit de residentie van de aartsbisschop van Avignon. Nu is er een museum waar romaans en gotisch beeldhouwwerk wordt tentoongesteld, en schilderijen van onder meer Botticelli en Carpaccio.
In de Rue Joseph-Vernet en de Rue du Roi René staan huizen uit de 17de en 18de eeuw. Ook zijn er bijzondere kerken, zoals de **Cathédrale de Notre-Dame-des-Doms** met zijn romaanse koepel en de 14de-eeuwse **Eglise St-Didier**. Het **Musée Lapidaire** bezit beelden, mozaïeken en houtsnijwerk uit de pre-romaanse Provence. Het **Musée Calvet** beschikt over een zeer uitgebreide collectie, waaronder gietijzeren voorwerpen en Romeinse vondsten. Het biedt ook een overzicht van Franse kunst van de laatste vijf eeuwen, met werken van Rodin, Utrillo en Dufy.
Het Place de l'Horloge is het uitgaanscentrum van Avignon. Onder de gotische klok van het stadhuis wemelt het van de terrassen en er staat een draaimolen uit 1900. Een van de leukste straten is de Rue des Teinturiers. Hier werden tot aan de 19de eeuw *indiennes* gemaakt: met bonte patronen bedrukt katoen. De moderne Provençaalse patronen zijn daarop geïnspireerd.
Van half juli tot half augustus vindt in het Palais des Papes het festival van Avignon plaats *(blz. 33)*, het grootste festival van Frankrijk. Op het programma staan onder andere ballet, toneel en klassieke muziek. Het gelijktijdig gehouden 'Off' (alternatieve) festival biedt straattheater en niet-klassieke muziek. Het bekendste liedje over Avignon is ongetwijfeld *Sur le Pont d'Avignon*. Deze **Pont St-Bénézet** werd tussen 1171 en 1185 gebouwd en had oorspronkelijk 22 bogen, waarvan de meeste vernield werden bij de overstroming van 1668. Op een van de overgebleven bogen staat de kleine Chapelle St-Nicolas. Eigenlijk dansten de mensen niet *op* de brug, maar op een eilandje eronder.

Optreden in de openlucht tijdens het festival van Avignon

Petit Palais
Place du Palais. 04-90864458. ***Open*** *wo-ma.* ***Gesloten*** *1 jan, 1 mei, 14 juli, 1 nov, 25 dec.*

Musée Lapidaire
Rue de la République 27. 04-90857538. ***Open*** *wo-ma.* ***Gesloten*** *sommige feestdagen.*

Musée Calvet
Rue Joseph Vernet 65. 04-90863384. ***Open*** *wo-ma.* ***Gesloten*** *sommige feestdagen.*

Palais des Papes

Paus Clemens VI (1342-1352)

Paus Clemens V besloot in 1309 zijn zetel naar Avignon te verplaatsen. Hij had genoeg van de onderlinge twisten van zijn bisschoppen in Rome en liet zich verleiden door Filips IV van Frankrijk. De pausen zouden tot 1376 in Frankrijk blijven, en in die periode bouwden Clemens' opvolgers een bescheiden bisschoppelijk verblijf uit tot het grandioze paleis dat wij kennen. Binnen is geen spoor meer van de uitbundige luxe van het 14de-eeuwse hofleven, daar alle meubilair en kunst in de loop van de eeuwen werd vernietigd of geroofd.

Militaire architectuur
Het paleis met de tien torens werd geacht een onneembaar bolwerk te zijn. Uiteindelijk beslaat het een oppervlakte van 15000 m².

De pausen van Avignon

Tot 1376 zetelden zeven 'officiële' pausen in Avignon. Na hen volgden twee tegenpausen, waarvan de laatste, Benedictus XIII, in 1403 de vlucht nam. Paus of tegenpaus, erg vroom waren ze niet. Clemens V stierf nadat hij gepoederde smaragden had gegeten, voorgeschreven als middel tegen indigestie. Petrarca sprak vol afschuw over het pauselijk hof, waar 'alle vuiligheid van de wereld' was vergaard. In 1367 probeerde Urbanus V het pauselijk hof terug naar Rome te verhuizen, waarin hij uiteindelijk in 1376 slaagde.

Benedictus XII (1334–1342)

Consistorie
Deze fresco's van Simone Martini (1340) vervingen degenen uit de kathedraal die in 1413 waren vernietigd.

Pauselijke macht
Door de versterkingen lijkt het gebouw meer op een burcht dan op een pauselijk paleis. Het 14de-eeuwse kerkelijke leven was zeer onveilig.

TIPS VOOR DE TOERIST

Place du Palais, Avignon. ☎ *04-90275000.* **Open** *nov-maart: dag. 9.00-12.45 & 14.00-18.00 uur; april-okt: dag. 9.00-19.00 uur (juli: 9.00-21.00 uur; aug-15 sept: 9.00-20.00 uur); toegang tot 45 min. voor sluitingstijd.* **Gesloten** *1 jan, 25 dec.* *'s zomers in de tuin.*

★ Grand Tinel
In deze immense eetzaal kwamen de kardinalen bijeen als er een nieuwe paus moest worden gekozen. Nu hangen er 17de- en 19de-eeuwse gobelins.

★ Pronkkamer
Het studeervertrek van Clemens VI is de mooiste ruimte in het paleis. Er zijn fresco's en tegels.

Grote kapel Deze is 20 m hoog en beslaat 780 m^2

Grote ontvangstzaal Deze zaal is in twee schepen verdeeld door vijf zuilen met afbeeldingen van dieren op de kapitelen.

BOUW VAN HET PALEIS

Het paleis beslaat nu zowel het Palais Vieux van Benedictus XII als het Palais Neuf van Clemens VI. Tien torens, waarvan sommige meer dan 50 m hoog, zijn in de muren opgenomen om de vier vleugels te bewaken.

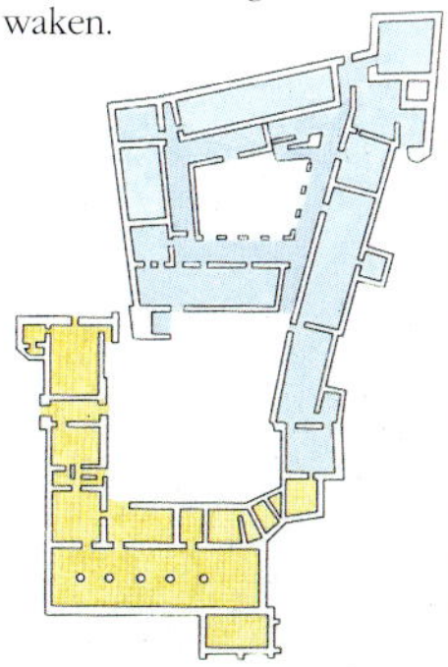

SYMBOLEN

- Benedictus XII (1334-1342)
- Clemens VI (1342-1352)

STERATTRACTIES

- ★ Grand Tinel
- ★ Pronkkamer

Carpentras 6

Vaucluse. 25.500. *Allée Jaurès 170 (04-90635788).* vr.

Van 1320 tot 1791 was Carpentras de hoofdstad van het pauselijk gewest Venaissin. Moderne boulevards vervingen de oude stadswallen, waarvan nu nog één poort over is, de Port d'Orange.
In de Middeleeuwen was er een grote joodse gemeenschap in deze stad, die nog altijd een centrum van joodse cultuur is. De **Synagogue** uit 1367 is de oudste van Frankrijk.
Joden werden niet openlijk vervolgd tijdens het pauselijk bewind, toch veranderden vele joden van geloof, waarna ze de **Cathédrale St-Siffrein** mochten betreden door de speciale Porte Juive. Het huidige gerechtshof werd in 1640 gebouwd als bisschoppelijk paleis. In de apotheek van het Hôtel-Dieu staan 18de-eeuwse kasten met afbeeldingen van 'apedokters'. Meer lokale kunst en geschiedenis vindt u in het **Musée Comtadin**.

Synagogue
Place de la Mairie. *04-90633997.* **Open** *ma-vr.* **Gesloten** *joodse feestdagen.*

Musée Comtadin
Bd Albin-Durand 234. *04-90630492.* **Open** *wo-ma.* *beperkt.*

Haven en watermolen bij Fontaine-de-Vaucluse

Fontaine-de-Vaucluse 7

Vaucluse. *500.* *Chemin de la Fontaine (04-90203222).*

De bron van de Sorgue is de krachtigste bron van Frankrijk; de ondergrondse rivier aan de voet van de rots levert maar liefst 90.000 liter per seconde. Het water drijft een molen aan waarin men papier maakt naar een 15de-eeuwse methode. Er zijn ook verschillende musea. Een daarvan is gewijd aan de dichter Petrarca die hier woonde en werkte, een ander aan het Franse verzet in de Tweede Wereldoorlog. Nogal bizar is het **Musée Historique de la Justice et de l'Injustice**, met onder meer een guillotine.

Gordes 8

Vaucluse. *2000.* *Le Château (04-90720275).* *di.*

In de Provence wemelt het van de hooggelegen dorpjes, maar Gordes is vermoedelijk het drukste. Het dorp rond het 16de-eeuws kasteel vormt een harmonieus geheel, en de middeleeuwse booghagen dragen bij aan de aantrekkelijke ligging op de heuvel.
Iets zuidelijker ligt het **Village des Bories** – een bizar oord. Bories zijn minuscule bijenkorfachtige hutjes van gestapelde stenen. Deze bouwmethode stamt vermoedelijk uit het Neolithicum, maar deze hutjes werden bewoond van de 16de tot vroeg in de 20ste eeuw.
De **Abbaye de Sénanque**, ten noorden van Gordes, is een van de fraaise romaanse cisterciënzer kloosters van Frankrijk.

Château de Gordes
04-90720275. *ma-vr.*
1 jan, 1 mei, 25 dec.

Village des Bories
Les Savourins, Route de Cavaillon. *04-90720348.* **Open** *dag.*

Het hooggelegen dorpje Gordes

Luberon 9

Vaucluse. *Avignon.* *Cavaillon, Avignon.* *Apt.* *Apt (04-90740318).*

De Montagne du Luberon is een enorme kalkstenen bergketen en een van de aantrekkelijkste gebieden in de Provence. De hoogste top is 1125 m en het gebied is een combinatie van woestenij en pittoreske dorpjes. Vrijwel de gehele streek is beschermd natuurgebied; er komen meer dan 1000 verschillende soorten planten voor en bossen met eiken en ceders. De fauna omvat arenden, gieren, bevers, slangen, wilde zwijnen en de grootste hagedissen in Europa. Het hoofdkantoor van het park staat in **Apt**, de hoofdstad van Luberon. De heuvels van Luberon waren ooit de schuilplaats van rovers; nu staan er luxe vakantiehuizen. Het belangrijkste dorp is **Bonnieux**, met een 12de-eeuwse kerk en 13de-eeuwse wallen. Andere geliefde dorpjes zijn **Roussillon**, met zijn rode en okergele huizen, **Lacoste,** waar de ruïne van het kasteel van de Markies de Sade staat en **Ansouis**, met zijn 17de-eeuwse kasteel. In **Ménerbes** woonde de schrijver Peter Mayle, wiens verhalen deze stille streek wereldberoemd maakten.

Kruiden in St-Rémy-de-Provence

St-Rémy-de-Provence ⓾

Bouches-du-Rhône. *9500.*
Place Jean Jaurès (04-90920522).
wo en za.

St-Rémy heeft lommerrijke boulevards, fonteinen en nauwe straatjes. Nostradamus, bekend om zijn cryptische voorspellingen, werd hier in 1503 geboren en Vincent van Gogh verbleef tussen 1889 en 1890 in het St-Paul-de-Mausole-ziekenhuis van St-Rémy en schilderde er 150 doeken, waaronder *Korenveld met cipressen* en *Het ravijn.*

In 1921 breidde de roem van het stadje zich verder uit doordat archeologen de Romeinse ruïne bij **Glanum** opgroeven. Er is niet veel over van deze stad die in 480 door de Goten werd geplunderd. Rond de resten van een gewelf uit de 1ste eeuw v.C. liggen funderingen van huizen, fragmenten van muren en een enorm mausoleum, versierd met afbeeldingen zoals de dood van Adonis.

Glanum
04-90922379. ***Open** dag.*
***Gesloten** 1 jan, 1 mei, 1 en 11 nov, 25 dec.*

Les Baux-de-Provence ⓫

Bouches-du-Rhône. *460.*
naar Arles. *Ilôt 'Post Tenebras Lux' (04-90543439).*

De verlaten citadel van Les Baux, die eruit ziet als de uitstulping van een immens rotsplateau, is een wonderlijke plaats. Oude huizen en een kasteelruïne kijken uit over de grillige Val d'Enfer ('helse vallei'), volgens de legende ooit een toevluchtsoord voor heksen en kobolden.

In de Middeleeuwen woonden er machtige edelen in Les Baux. Ze beweerden af te stammen van Balthazar, een der drie Wijzen. Les Baux was toen beroemd om het Provençaalse Cours d'Amour, waarbij troubadours de lof van adellijke dames zongen. Aan de glorie van Les Baux kwam een eind toen Lodewijk XIII in 1632 het inmiddels protestantse bolwerk liet vernietigen. In het wel bewoonde, lager gelegen dorpje is een liefelijk pleintje, de 12de-eeuwse **Eglise St-Vincent** en het **Musée Yves Brayer**. In 1821 ontdekte men bij Les Baux bauxiet. In de verlaten mijnen worden audiovisuele opvoeringen gegeven onder de naam **Cathédrale d'Images**.

In het zuidwesten liggen op een rots de ruïnes van de **Abbaye de Montmajour**. De 12de eeuwse kloosterkerk, de Eglise de Notre-Dame, heeft een ronde crypte.

Verlaten middeleeuwse citadel van Les Baux-de-Provence

Musée Yves Brayer
Hôtel de Porcelet.
04-90543699. ***Open** dag.*
***Gesloten** jan-half feb.*

Optocht met de Tarasque, 1850

Tarascon ⓬

Bouches-du-Rhône. *11.000.*
Rue des Halles 59 (04-90910352).
di.

Naar verluidt heet deze stad naar de Tarasque – een monster, half dier half vis, dat de omgeving terroriseerde. Het werd getemd door Ste-Marthe, die begraven ligt in de kerk. Een namaak Tarasque wordt nog ieder jaar in juni door de straten gevoerd *(blz. 33)*.

Het 15de-eeuwse **kasteel** op de oever van de Rhône is een van de mooiste voorbeelden van gotisch militaire bouwkunst in de Provence. De sobere buitenzijde verraadt niets van de schoonheid die u binnen aantreft: de Vlaams-gotische binnenplaats, de wenteltrap en de beschilderde plafonds van de eetzaal. Op de andere oever ligt de kasteelruïne van Beaucaire, omringd door tuinen.

Château
Bd du Roi René. *04-90910193.*
***Open** dag.* ***Gesloten** 1 jan, 1 mei, 1 & 11 nov, 25 dec.*

Arles ⓭

Keizer Constantijn

Geen andere stad in de Provence verenigt de bekoorlijkheden van deze regio zo mooi als Arles. Zijn ligging aan de Rhône maakt de stad tot een toegangspoort naar de Camargue *(blz. 500-501)*. Romeinse ruïnes zoals de arena en de baden van Constantijn harmoniëren prachtig met de okergele muren en de Romeinse holle dakpannen van latere gebouwen. De musea behoren tot de beste van de regio. Van Gogh verbleef hier in 1888 en 1889, maar Arles is niet meer het industriestadje dat hij zo vaak schilderde.

Paleis van Constantijn
Dit was ooit een groot keizerlijk paleis. Nu resteren slechts de Romeinse baden uit de 4de eeuw. Ze zijn goed bewaard gebleven en geven een indruk van de luxe die de baders genoten.

Musée Réattu
De oude commanderij van de Maltezer Ridders huisvest dit museum, dat enkele geestige schetsen van Picasso bezit naast sculpturen van Osip Zadkine zoals La Grande Odalisque (1932), *hierboven.*

Museon Arlaten
In 1904 stichtte dichter Frédéric Mistral met het geld van zijn Nobelprijs dit museum, geheel gewijd aan zijn geliefde Provence. Zelfs de museumgidsen zijn gehuld in traditionele klederdracht uit Arles.

Espace Van Gogh
Een voormalig hospitaal waar de schilder in 1889 werd verpleegd, is nu gewijd aan zijn leven en werk.

★ Eglise St-Trophime
Deze kerk combineert een 12de-eeuws romaanse bouw met romaanse en gotische kloostergangen. In de hoofdpoort zijn beelden van heiligen en apostelen uitgesneden.

Toeristenbureau

0 meter 100

Les Alyscamps, **Paul Gauguin**

Les Alyscamps

In het midden van deze 'Elysische velden' ten zuidoosten van Arles liggen graftomben uit de Middeleeuwen. Dit kerkhof werd tussen de 4de en de 12de eeuw gebruikt voor christelijke begrafenissen. Sommige sarcofagen zijn verkocht aan musea, andere gingen verloren. Dit oord, dat voorkomt in Dante's *Inferno*, is door Van Gogh en Gauguin geschilderd.

Tips voor de toerist

Bouches-du-Rhône. 52.600. 25 km NW Arles. Pl de la République. Av Paulin Talabot. Bd des Lices 04-90184120). wo & za. Arles Festival (juli); Premices du Riz (sept). **Museon Arlaten** ***open*** *jul-sept: dag., okt-juni: di-zo.* **Gesloten** *feestdagen.* **Musée Réattu** ***open*** *dag.* ***Gesloten*** *feestdagen.*

★ Romeins amfitheater
Een van de best bewaard gebleven monumenten van het Romeinse Provence. Elke boog wordt gedragen door Dorische en Korinthische zuilen. 's Zomers houdt men stieregevechten in deze arena met 20.000 zitplaatsen.

Notre-Dame-de-la-Major
In deze kerk vieren de *gardiens* van de Camargue de naamdag van hun patroonheilige, St.-Joris. Waar nu 14de- en 17de-eeuwse gebouwen staan, was ooit een Romeinse tempel.

★ Romeins theater
Stenen van dit voormalige fort werden gebruikt voor andere gebouwen. De overgebleven zuilen noemt men 'de twee weduwen'.

Sterattracties

- ★ **Romeins amfitheater**
- ★ **Romeins theater**
- ★ **Eglise St-Trophime**

Symbool

- - - Stadswandeling

Een *gardian*

De Camargue ⓮

De Rhône-delta is verantwoordelijk voor het ontstaan van de Camargue, een gebied van 140.000 ha van moerassen, weiden, duinen en zoutvlakten. Het hangt echter van de mens af of dit gebied bewaard zal blijven. Het ecologische evenwicht is broos. Hier groeien zeldzame bomen en planten, zoals tamarisken en narcissen, en leven dieren als de zilverreiger en de ibis. In de weiden grazen schapen, rundvee en de kleine witte paardjes die worden bereden door de *gardians*. Deze stoere cowboys van de Camargue woonden ooit in gevlochten hutten *(cabanes)* en houden nog steeds de tradities van de Camargue in ere.

Zonsondergang in de Camargue

Zwarte stieren

Bij Provençaalse stieregevechten ('courses') wordt de stier niet gedood. Met een haak moet men een rozet tussen zijn horens vandaan plukken.

Les Stes-Maries-de-la-Mer

Zigeuners komen elk jaar in mei naar deze kerk. Ze herdenken de legendarische aankomst per boot van Maria Magdalena, de heilige Martha en de zuster van Maria in 18 n.C.

Flamingo's

Deze schitterende vogels worden van oudsher met de Camargue vereenzelvigd, maar het gebied herbergt ook veel andere soorten zoals reigers, ijsvogels, uilen en roofvogels. Rondom Ginès kunt u de vogels het best bekijken.

SYMBOLEN

- Grens van het natuurreservaat
- Wandelroutes
- Wandel- en fietsroutes

TIPS VOOR DE TOERIST

Bouches-du-Rhône. *90 km O Marignane-Marseille.*
Av Paulin Talabot, Arles.
Av Paulin Talabot, Arles.
Av van Gogh 5, Les Stes-Maries-de-la-Mer, La Capelière bij de D36B. *04-90978255.*
Les Pèlerinages (eind mei, eind okt).
Musée Camarguais, Mas du Pont de Rousty, Arles. *04-90971082.* ***Open*** *april-sept: dag. 9.15-17.45 uur; okt-maart: wo-ma 10.15-16.45 uur.* ***Gesloten*** *feestdagen.*

Witte paarden
Deze kleine, stevige paardjes gaan nooit naar stal. Ooit werden ze gebruikt bij het dorsen van graan. Veulens hebben de eerste vijf jaar een donkere vacht.

Hut van de gardian
Oorspronkelijk woonden de gardians in hutten van stro. Nu vertonen de leden van de gardian-broederschap hun paardrijkunsten in april in Arles.

Zoutbergen
Zeezout is veruit de grootste 'oogst' van de Camargue. 's Zomers verdampt zeewater in enorme zoutpannen, waarna het zout wordt opgetast in glinsterende camelles.

Aix-en-Provence ⓯

Bouches du Rhône. *126.000.* *Place du Général de Gaulle 2 (04-42161161).* *dag.*

Aix werd in 103 v.C. gesticht door de Romeinen en is door diverse volken aangevallen: de Westgoten, de Lombarden, de Franken en Saracenen. Desondanks werd Aix tegen het eind van de 12de eeuw de hoofdstad van de Provence. De stad beleefde in de 15de eeuw zijn grootste bloei tijdens het bewind van 'de goede koning René'. Hij is afgebeeld op Froments drieluik het *Brandend Braambos*, dat in de 13de-eeuwse **Cathédrale de St-Saveur** staat. Aix is nog altijd een centrum van cultuur. Er zijn veel musea waaronder het **Musée Granet** voor schone kunsten en archeologie en het **Musée des Tapisseries** in het Palais de l'Archevêché. Aix wordt wel de Stad van de Duizend Fonteinen genoemd. De mooiste staan langs de Cours Mirabeau. Aan één zijde van deze lommerrijke promenade staan 17de- en 18de-eeuwse huizen met gebeeldhouwde deuren en smeedijzeren balkons.
In het midden van de oude binnenstad ligt het Place de l'Hôtel de Ville met de bloemenmarkt.
In het noordwesten van de stad ligt het **Pavillon de Vendôme**, dat onderdak biedt aan het meubilair en de kunstwerken van Van Loo.
De beroemdste zoon van Aix, Paul Cézanne, werd hier geboren in 1839. Het **Atelier de Cézanne** verkeert nog in dezelfde staat als toen hij in 1906 stierf. De Montagne Ste-Victoire die hij zo vaak schilderde, ligt 15 km ten oosten van Aix.

Musée Granet
Rue Cardinale 13. *04-42381470.* ***Open*** *wo-ma.* ***Gesloten*** *sommige feestdagen.*

Musée des Tapisseries
Place de l'Ancien Archevêché. *04-42230991.* ***Open*** *wo-ma.* ***Gesloten*** *sommige feestdagen.*

Atelier de Cézanne
Av Paul Cézanne 9. *04-42210653.* ***Open*** *wo-ma.* ***Gesloten*** *sommige feestdagen.*

De oude haven van Marseille, op de achtergrond de Quai de Rive Neuve

Marseille ⓰

Bouches-du-Rhône. 800.000. La Canebière 4 (04-91138900). dag.

De Griekse nederzetting Massilia, gesticht in de 7de eeuw v.C., werd in 49 v.C. door de Romeinen veroverd. De plaats groeide al snel uit tot 'de poort naar het Westen' voor handelswaar uit de Oriënt. Frankrijks grootste havenstad heeft nog steeds nauwe banden met het Midden-Oosten en met Noord-Afrika. Het is een drukke, kosmopolitische stad die op het gebied van corruptie en drugssmokkel een aanzienlijke reputatie geniet. Marcel Pagnol schreef een komische satire op het Marseillaanse leven in de trilogie *Marius*, *Fanny* en *César*. Steile, smalle straatjes, stille pleintjes en schitterende 18de-eeuwse gevels contrasteren met de rumoerige Boulevard Canebière en de Cité Radieuse, het naoorlogse revolutionaire huizencomplex van Le Corbusier. Een opvallend nieuw gebouw is L'Hôtel de Département, waarin het stadsbestuur is gevestigd: een helblauw gevaarte op stelten, ontworpen door de Engelse architect Will Alsop.
In de oude haven liggen nu alleen kleine schepen, maar de dagelijks vismarkt is nog steeds beroemd. Hier wordt de echte *bouillabaisse* bereid *(blz. 458)*. Van de musea in het oude havenkwartier mag u het **Musée des Docks Romains** niet missen. Het wrak van een in 1974 geborgen Romeins schip is te zien in het **Musée d'Histoire de Marseille**. In het **Musée de Vieux Marseille** hangen schilderijen van het oude Marseille.

Château d'If

04-91590230. **Open** dag; okt-maart: di-zo.

Het Château d'If ('kasteel van taxushout') ligt op een eilandje voor de kust. Het werd in 1524 gebouwd voor de artillerie, maar is nooit voor militaire doeleinden gebruikt. Later werden hier misdadigers en politieke gevangenen opgesloten. Alexandre Dumas situeerde er zijn 'Graaf van Monte Christo'. U kunt een cel met een echte vluchttunnel bezichtigen.

Notre-Dame-de-la-Garde

Deze neo-Byzantijnse basiliek, gebouwd tussen 1853 en 1864, domineert de stad. Op de 46 m hoge klokketoren staat een verguld Mariabeeld. Het uitbundig versierde interieur heeft panelen van marmer en kleurig mozaïek.

Abbaye St-Victor

De oude abdij werd verwoest door de Saracenen. Deze burcht-achtige abdij stamt uit de 11de eeuw. Tijdens de Franse Revolutie gebruikten de rebellen haar als kazerne en gevangenis.
In de abdijkerk is een crypte met een onderaardse kapel en enkele christelijke en heidense sarcofagen.
Elk jaar wordt er op 2 februari een bedevaart gehouden naar St-Victor. Er worden koeken in de vorm van een boot verkocht ter gedachtenis aan de aankomst, bijna 2000 jaar geleden, van Maria Magdelena, Lazarus en Martha.

Cathédrale de la Major

Deze neo-Byzantijnse kerk is 141 m lang en 70 m hoog. Het is de grootste 19de-eeuwse kerk van Frankrijk en gebouwd tussen 1852 en 1893. In de crypte bevinden zich de graftomben van de bisschoppen van Marseille. Bij de kerk staat de kleine, fraaie Ancienne Cathédrale de la Major.

Vieille Charité

Rue de la Charité 2.
04-91145880. **Open** di-zo. **Gesloten** feestdagen.

In 1640 bepaalde een koninklijk decreet dat men een onderkomen moest bouwen voor de 'armen en bedelaars' van Marseille. Pas een eeuw

Le Corbusiers vernieuwende Cité Radieuse in Marseille

Vismarkt in Marseille

later werden Pierre Pugets kerk en gasthuis geopend. In het gerestaureerde gebouw huist nu het Musée d'Archéologie Egyptienne met een mooie collectie Egyptische kunstvoorwerpen.

Musée des Beaux Arts

Palais Longchamp, Place Henri Dunan. 04-91622117. **Open** *di-zo.* **Gesloten** *1 jan, 1 mei, 25 dec.*
Dit museum huist in het schitterende 19de-eeuwse Palais Longchamp. U ziet onder meer Michel Serre's akelig realistische weergaven van de pestepidemie in 1721.

Cassis 17

Bouches-du-Rhône. *8.000.* *Place Baragnon (04-42017117).* *wo & vr.*

Veel dorpjes langs deze kust zijn zo uitgedijd dat er bijna niets meer van hun oorspronkelijke charme over is. Cassis is nog steeds het zelfde vissersplaatsje waar kunstenaars als Dufy, Signac en Derain zo graag werkten. Hier kunt u rustig zitten in een cafeetje aan de waterkant, de vissers en straatartiesten gadeslaan terwijl u geniet van een visschotel en de beroemde witte Cassiswijn.
De kust tussen Marseille en Cassis is bezaaid met smalle inhammen, **Calangues**, met witte kliffen van soms wel 400 m hoog.
De fauna is erg gevarieerd; hier leven zeevogels, vossen, steenmarters, vleermuizen, grote slangen en hagedissen. De flora is niet minder indrukwekkend met meer dan 900 soorten, waarvan 50 zeldzame. Met name de En-Vau en Sormiou Calangues zijn adembenemend mooi.

Toulon 18

Var. *170.000.* *Place Raimu (04-94185300).* *di-zo.*

Toulon werd in 1793 veroverd door een Brits-Spaanse vloot, maar direct weer heroverd door een jonge bevelhebber: Napoleon Bonaparte. Toen de Franse vloot hier bijna 150 jaar later door de nazi's was ingesloten, liet men de schepen zinken om ze uit handen van de Duitsers te houden. In het **Musée de la Marine** leert u alles over deze geschiedenis aan de hand van onder meer boegbeelden en scheepsmodellen.
De mooie stadhuistoren is het enige gebouw dat rest van de vooroorlogse Quai Cronstadt. De nieuwe Quai Stalingrad heeft veel winkels en cafés. Dit is het sociale hart van Toulon. De door de oorlog beschadigde binnenstad telt nog een paar oude gebouwen, de bonte ochtend-vismarkt is zeker een bezoek waard.

Musée de la Marine

Place Monsenergue. *04-94020201.* **Open** *juli-aug: dag., sept-juni: wo-ma.* **Gesloten** *feestdagen.*

Paul Signacs *Cap Canaille*, geschilderd in Cassis in 1889

Rond de Gorges du Verdon

De Gorges du Verdon vormen een van de spectaculairste natuurgebieden van Europa. Door een diep uitgesleten ravijn vol grillige rotsen en kegelvormige pieken stroomt de donkergroene Verdon. Op sommige plaatsen ligt de rivier wel 700 m diep. De kloven liggen in het verlaten landschap tussen het immense natuurlijke amfitheater van Mousiers-Ste-Marie en de nauwe straten van Castellane. Deze rondrit voert u langs de Balcons de la Mescla, vlak achter de Pont de l'Artuby, waar de kloven van de Verdon en de Artuby samenkomen.

Aiguines ③
In dit dorp staat een fraai 17de-eeuws kasteel met vier peperbustorens. Van hier hebt u een prachtig uitzicht over het kunstmatige Lac de Sainte-Croix.

Gorges du Verdon vanaf de weg naar Castellane

Hyères ⑲

Var. 52.000. Rotonde Jean Salusse, Av de Belgique (04-94651855). di, za en de 3de do van de maand.

Aan het einde van de 18de eeuw werd Hyères een kuuroord, één van de eerste aan de Côte d'Azur. Er kwamen veel beroemde bezoekers, zoals koningin Victoria, Robert Louis Stevenson en Edith Warton.

Het mooist zijn de middeleeuwse straten van de Vieille Ville. Ze lopen van het grote Place Massillon (waar elke dag markt is) naar een kasteelruïne, vanwaar u een mooi uitzicht hebt over de zee.

In Hyères hangt nog een aangename Belle Epoque-sfeer, waarvan dankbaar gebruik wordt gemaakt door filmmakers. Watersporters kunnen hier hun hart ophalen, net als degenen die voor hun gezondheid komen.

Vissen op Porquerolles, de grootste van de Iles d'Hyères

Moustiers-Ste-Marie ④
Dit dorp ligt in een diep ravijn. Tussen de tweelingpieken boven het dorp werd na de kruistochten een ijzeren ketting met een ster opgehangen.

Point Sublime ⑥
Vanaf dit schitterende uitkijkpunt, 180 m hoog, voeren twee paden naar beneden.

La Palud sur-Verdon ⑤
Dit dorp passeert men op een van de fraaiste en ruigste wandelingen, de Route des Crêtes.

Castellane ①
Dit stadje bezit een fontein met leeuwen en een 14de-eeuwse klokketoren. Op een hoge rots staat het kapelletje van Notre-Dame du Roc.

Pont de l'Artuby ②
Vanaf deze brug hebt u een adembenemend uitzicht op het 250 m lager gelegen ravijn.

SYMBOLEN

- Rondrit
- Andere wegen
- Uitzichtpunt

0 kilometer 2

Îles d'Hyères ⓴

Var. ✈ Toulon-Hyères. Hyères. ℹ Hyères (04-94651855).

Dit drietal betoverende eilanden wordt ook wel Iles d'Or genoemd naar hun goudkleurige klippen. Ze zijn gemakkelijk bereikbaar per boot van Hyères.
Porquerolles, de grootste van de drie, is 7 km lang en 3 km breed. De vegetatie is erg gevarieerd, de meeste soorten zijn uit exotische streken ingevoerd zoals de Mexicaanse Bellombra-boom. Het grootste stadje van het eiland heet eveneens Porquerolles en lijkt meer op een koloniale nederzetting in Noord-Afrika dan op een Provençaals dorp. Het werd in 1820 gebouwd als woonplaats voor napoleontische soldaten met een grote staat van dienst.
Alle stranden liggen aan de noordkust. Het mooist is het Plage Notre-Dame (een van de mooiste zandstranden van de Provence), dat aan een beschutte baai ligt, op een uur lopen van Porquerolles. Een wandeling door de weelderige heuvels van **Port-Cros** neemt, hoewel het gebied slechts 2,5 km^2 groot is, het grootste deel van de dag in beslag. Het hoogste punt van deze heuvels ligt op 195 m. Port-Cros is sinds 1963 een nationaal park; de unieke flora en fauna en de omringende wateren zijn beschermd. U kunt hier een 300 m lange toeristische zwemtocht maken; in een waterproof gidsje over het leven onder water staan de zeldzame vissen afgebeeld. Het wilde, kale **Île de Levant** is per boot bereikbaar van Port-Cros. Hier bevindt zich de oudste naturistenkolonie van Frankrijk, Héliopolis, die is gesticht in 1931. De oostelijke helft van het eiland is van de marine en niet voor het publiek toegankelijk.

Massif des Maures ㉑

Var. ✈ Toulon-Hyères. Hyères, Toulon of Fréjus. Bormes-les-Mimosas. Toulon. ℹ Bormes-les-Mimosas (04-94711517).

Massif des Maures betekent 'het duister massief'. Deze naam is waarschijnlijk ontstaan door de dichte begroeiing van dennen, eiken en kastanjes. Het gebied is bijna 65 km lang en ligt tussen Hyères en Fréjus. Ten noorden van Cogolin voert de D558 u naar het hart van de Maures. U komt langs Garde-Freinet, waar fleskurken worden gemaakt.
Ten noorden van Cannet-des-Maures ligt de romaanse Abbaye de Thoronet weldadig afgelegen. Deze abdij vormt samen met de abdijen van Sénanque (in Vaucluse) en die van Silvacane (In Bouches-du-Rhône) de 'Drie Gezusters van de Provence'.

Haven van St-Tropez

Vlakbij liggen twee stadjes met een heel ander karakter, maar evenveel charme. **Port-Grimaud** werd in 1966 gebouwd, maar lijkt ouder omdat men met traditionele bouwstijlen en materialen werkte. De meeste 'straten' zijn in feite grachten, waar elk huis een eigen aanlegsteiger heeft. De kronkelige straatjes van het in de heuvels gelegen **Ramatuelle** zijn tot in de puntjes gerestaureerd door de bijna uitsluitend uit beroemdheden bestaande bevolking.

St-Tropez ㉒

Var. *6000.* *Quai Jean Jaurès (04-94974521).* *di & za.*

Toen men de Côte d'Azur voor het eerst begon te ontwikkelen, werd St-Tropez vanwege zijn ligging overgeslagen. Dit is de enige stad aan deze kust die op het noorden ligt. In 1892 ontdekte de schilder Paul Signac als één van de eersten de onaangetaste charme van St-Tropez. Hij spoorde bevriende schilders als Van Dongen, Matisse en Bonnard aan zich bij hem te voegen. In de jaren twintig verhuisde de chique Parijse schrijfster Colette hiernaartoe. Toen kwamen ook de eerste 'sterrenspotters', toeristen die een glimp wilden opvangen van beroemdheden als de Prince of Wales.

In de Tweede Wereldoorlog landden de geallieerden op de stranden rond St-Tropez. De stad werd zwaar gebombardeerd. In de jaren vijftig kwamen rijke Parijse jongeren op het stadje af, de films met Brigitte Bardot en Roger Vadim vergrootten de reputatie van speelplaats voor welgestelden. Het wilde gedrag en de onstuimige affaires van Bardot, Vadim, Sacha Distel en anderen prikkelden veler fantasie. Het massa-toerisme kwam op gang, waarbij een glimp van een filmster meer werd gewaardeerd dan een bezoek aan het **Musée de la Marine** in de 16de-eeuwse citadel boven de stad, of aan het **Musée de l'Annonciade** met werken van Signac, Derain, Rouault, Bonnard en anderen.

Tegenwoordig liggen er veel meer luxe jachten dan vissersbootjes in de haven. De cafés zijn ideale observatieposten om jachten en mensen te bespieden. Ook op het Place des Lices is het goed toeven, zowel vanwege de markt als vanwege de Harley-Davidsonrijders.

St-Tropez heeft zelf een paar strandjes, maar de beste vindt u buiten de stad. Bijvoorbeeld de gouden halve maan van Pampelonne met zijn dure beach clubs en restaurants. Er is geen treinstation in St-Tropez, in de zomer is autorijden en parkeren hier een nachtmerrie.

Men zegt dat St-Tropez zijn naam kreeg van een Romeinse soldaat die onder Nero christen werd en dat met de marteldood moest bekopen. Elk jaar wordt ter ere van hem een *bravade* gehouden. Men draagt zijn beeltenis door de stad en vuurt musketten af.

Musée de la Marine

Montée de la Citadelle.

04-94974953.

***Open** half dec-half nov: wo-ma.*

***Gesloten** 1 jan, 1 mei, 25 dec.*

Musée de l'Annonciade

Place Grammont. *04-94970401.*

***Open** dec-okt: wo-ma. **Gesloten** 1 jan, Hemelvaartsdag, 1 mei, 25 dec.*

Modieus antwoord op de verkeersdrukte van St-Tropez

Brigitte Bardot

In 1956 speelde Bardot in de film *En God schiep de vrouw* van Roger Vadim. De verhuizing van 'BB' naar St-Tropez bracht grote veranderingen in dit rustige vissersplaatsje teweeg, en later aan de hele Côte d'Azur. In 1974 nam ze op 40-jarige leeftijd afscheid van de film met een feest in de Club 55 op het strand bij Pampelonne. Daarna begon ze een nieuwe carrière als dierenbeschermster.

Brigitte Bardot in 1956

Digne-les-Bains 23

Alpes-de-Haute-Provence. 16.000. Rond point du 11 Novembre (04-92314273). wo en za.

In dit liefelijke kuuroord in de heuvels aan de voet van de Alpen situeerde Victor Hugo *Les Miserables.* Een rit met de *Train des Pignes* uit Nice levert een aantal weergaloze vergezichten op. Naast de bron, biedt Digne onder meer het lavendelfestival *(blz. 34)* en de **Fondation Alexandra David-Néel**, een Tibetaans centrum.

Fondation Alexandra David-Néel
Av du Juin 27. *04-92313238.*
***Open** dag.*

Fréjus 24

Var. 53.000. Rue Jean Jaurès 325 (04-94171919). wo en za (juli, aug ook ma).

De moderne plaats Fréjus is minder interessant dan de twee archeologische vindplaatsen in de omgeving. De restanten van de Romeinse haven Forum Julii (in 49 v.C. gesticht door Julius Caesar) zijn minder gaaf dan die bij Orange of Arles, ze zijn echter uitzonderlijk uitgebreid: een groot **Amphithéâtre**, delen van een aquaduct, een theater en een stadswal met een poort.
De kathedraal op het Place Formigé markeert de ingang van de **Cité Episcopale** (bisschoppelijke stad). Het middeleeuwse cassettenplafond van de kloostergang is beschilderd met scènes uit Openbaringen.
In 1959 brak de Malpasset-stuwdam waarna Fréjus door een muur van water werd overspoeld. De kapotte dam is nog steeds te bezichtigen.

Amphithéâtre
Rue Henri Vadon. *04-94518383.*
***Open** wo-ma. **Gesloten** 1 jan, 25 dec.*

Cité Episcopale
Rue de Fleury 58. *04-94512630.*
***Open** april-sept: dag., okt-maart: wo-ma. **Gesloten** 1 jan, 1 mei, 1 en 11 nov, 25 dec.*

De creatie van een parfum

Lavendelwater

De beste parfums ontstaan uit een mengsel van plantaardige oliën dat wordt samengesteld door een 'neus', een parfumeur met een uitzonderlijk gevoelig reukzintuig. Het uiteindelijke parfum kan wel uit 300 essences bestaan, alle met de grootste zorg onttrokken aan planten door middel van stoomdistillatie, extractie met vluchtige oplosmiddelen en *enfleurage à froid* (bij kostbare of zeer sterke essences). Voor deze laatste methode worden bloesems met vet besmeerd dat na enkele maanden verzadigd is. De vetstof wordt dan 'uitgewassen' met alcohol. Als die is verdampt, blijft pure parfumessence over.

Bloemen uit Grasse

St-Raphaël 25

Var. 28.000. Rue Waldeck Rousseau (04-94195252). dag.

Het prachtig gelegen St-Raphaël heeft mooie art nouveau-gebouwen. Langs de promenade staan palmbomen. Behalve de stranden is er een jachthaven, een casino, Romeinse ruïnes en een 12de-eeuwse kerk. Er is een museum met voorwerpen uit het wrak van een Romeins schip, dat werd geborgen door Jacques Cousteau.
Hier landde Napoleon bij zijn terugkeer uit Egypte in 1799.

Grasse 26

Alpes-Maritimes. 44.000. Palais de Congrès. 04-93360356. di-zo.

In de heuvels, met uitzicht op zee en omringd door velden met lavendel, mimosa, jasmijn en rozen, ligt Grasse. Dit is het mondiale centrum van de parfumindustrie sinds Catharina de' Medici in de 16de eeuw het dragen van geparfumeerde leren handschoenen in de mode bracht. In die tijd stond Grasse ook bekend om zijn leerlooierijen, die nu zijn verdwenen. De 18de- en 19de-eeuwse parfumhuizen zijn nog volop in bedrijf, al worden de parfums nu grotendeels van geïmporteerde bloemen en chemicaliën gemaakt. Fragonard en Molinard hebben hun eigen musea, maar interessanter is het **Musée Internationale de la Parfumerie**, dat een tuin vol geurende planten heeft.
Grasse was de geboorteplaats van de kunstenaar Jean-Honoré Fragonard.In het **Villa-Musée Fragonard** heeft zijn zoon fresco's gemaakt. Het enige religieuze werk van Fragonard hangt in de **Cathédrale de Nôtre-Dame-du-Puy** in de binnenstad, naast twee doeken van Rubens. Er zijn overwelfde straatjes met trappen en balkons uit de Renaissance.

Musée International de la Parfumerie
Place du Cours 8.
04-93368020.
***Open** juni-sept: dag., okt-mei: wo-zo. **Gesloten** feestdagen.*

Villa-Musée Fragonard
Bd Fragonard 23.
04-93360161.
***Open** juni-sept: dag., okt-mei: wo-zo. **Gesloten** feestdagen.*

Beeldengroep ter ere van Jean-Honoré Fragonard, Grasse

Lavendelvelden bij Puimoisson, Alpes-de-Haute-Provence ▷

Hoogzomer op het strand van Cannes, voor het Carlton Hotel

Cannes ㉗

Alpes-Maritimes. 70.000. Palais des Festivals, La Croisette 1 (04-93392453). di-zo.

De naam Cannes associëren veel mensen direct met festivals, en dan vooral met het Internationale Filmfestival dat elk jaar in mei wordt gehouden. De stad heeft echter veel meer te bieden. Lord Brougham, voorzitter van het Britse Hogerhuis, was een van de eersten die zijn intrek nam in Cannes. Hij raakte hier in 1834 verzeild toen hij niet in Nice terecht kon, omdat daar cholera was uitgebroken. Het milde klimaat en de schoonheid van deze kleine vissersplaats bevielen hem zo goed dat hij besloot te blijven. Weldra volgden meer buitenlanders en langzaam veranderde Cannes in een mondaine badplaats.

Het oude deel van de stad ligt in het district Le Suquet op de hellingen van de Mont Chevalier. Op het Place de la Castre staat nog een deel van de oude stadsmuur. Het plein wordt gedomineerd door de **Notre-Dame de l'Espérance**, gebouwd in de 16de en 17de eeuw in de gotische stijl van de Provence. Een andere bezienswaardigheid in deze wijk is een 11de-eeuwse wachttoren. In de kerkers van het kasteel is het **Musée de la Castre** gehuisvest, waar u diverse vondsten vindt van de 19de-eeuwse Nederlandse ontdekkingsreiziger Baron Lycklama.

De beroemde **Boulevard de la Croisette** is omzoomd door tuinen en palmbomen. Eén kant wordt in beslag genomen door luxe boetieks en hotels, zoals het Carlton, dat is gebouwd in Belle Epoque-stijl met twee koepels. Deze zijn gemodelleerd naar de borsten van La Belle Otero, een beroemde dame in de 19de-eeuwse *demi monde*. Ooit was de Croisette een van de deftigste hoofdstraten ter wereld. In de drukte van de zomerse festivals is van die sfeer weinig te merken.

Îles de Lérins

vertrek: Gare Maritime, Vieux Port. *04-93391182. Zomer: heen 7.30-19.00 uur, elke 30 min.; terug 12.00, 15.00, 16.00, 17.00 en 18.00 uur. Winter: heen 10.00, 11.00, 12.15, 14.00, 15.15, 16.15 uur; terug 12.00, 15.00, 16.00 en 17.00 uur.*

Vlak voor de kust van Cannes liggen de Iles de Lérins. In het fort op het **Ile Ste-Marguerite** werd in de 17de eeuw de

Het Filmfestival van Cannes

Dit festival werd in 1946 voor het eerst georganiseerd en bleef ruim twintig jaar een klein en exclusief evenement dat alleen werd bezocht door sterren die toch al in de regio verbleven. Sinds de deelname van megasterren als Brigitte Bardot is het Festival steeds meer een mediacircus geworden. Desondanks blijft Cannes de internationale ontmoetingsplaats voor filmmakers en -distributeurs en heeft de *Palme d'Or* nog steeds veel status. Het festival wordt gehouden in het grote Palais des Festivals uit 1982, dat behalve drie filmzalen twee expositiezalen, congresruimten, een casino, een nachtclub en een restaurant heeft.

Gérard Depardieu en zijn gezin op het festival

geheimzinnige Man met het IJzeren Masker gevangen gehouden. Volgens velen was hij de onechte broer van Lodewijk XIV. U kunt de piepkleine cel waarin hij meer dan tien jaar zat opgesloten bezichtigen.
Op het **Ile St-Honorat** staat een 11de-eeuwse toren waarin de monniken van het eiland zich verschansten als de Saracenen aanvielen. Er staan ook vijf antieke kapellen. Op beide eilanden kunt u boswandelingen maken en zwemmen in een van de rustige inhammen.

De Boulevard de la Croisette

Cap d'Antibes ㉘

Alpes-Maritimes. Nice. Antibes. Nice. Antibes (04-92905300).

Vaste bezoekers van dit schiereiland spreken eenvoudig van de 'Cap'. Vanaf de tijd dat Scott Fitzgerald hier kwam, in de jaren twintig, is de 'Cap' hèt symbool van het luxueuze bestaan aan de Rivièra. De investeringen van de magnaat Frank Jay Gould maakten Juan-les-Pins tot het stralende middelpunt van de beau monde. De *Jazz Age* komt elk jaar weer tot leven tijdens het Jazzfestival *(blz. 33)*.
Op het hoogste punt van het schiereiland staat de kapel voor zeelieden **La Garoupe**. Hier vindt u een collectie votiefgeschenken en een Russische icoon uit de 14de eeuw. Vlakbij ligt de **Jardin Thuret**, die in 1856 werd aangelegd om tropische planten te acclimatiseren. Veel exotische planten uit deze streek zijn hier geacclimatiseerd.

Jardin Thuret

Bd du Cap 41. 04-93678800.
Open *ma-vr.* **Gesloten** *feestdagen.*

Antibes ㉙

Alpes-Maritimes. 70.000. *Place du Gal de Gaulle 11 (04-92905300).* *di-zo.*

Antibes werd gesticht door de Grieken, toen heette het Antipolis, en later versterkt door de Romeinen.
In 1481 veroverde Frankrijk de stad op het koninkrijk Savoie. Ze bouwden het **Fort Carré**. De haven, waar nu vooral jachten liggen, werd herbouwd door Vauban.
Het Château Grimaldi werd ooit bewoond door de Monegaskische heersers. Het stamt uit de 12de eeuw en heeft zijn romaanse toren behouden. Nu is hier het **Musée Picasso** gehuisvest. In 1946 gebruikte deze schilder een deel van het kasteel als atelier; uit dankbaarheid schonk hij alle 150 werken die hij tijdens zijn verblijf maakte, waaronder *De Geit*. Het aardewerk in het **Musée d'Archéologie** is deels afkomstig uit wrakken van middeleeuwse tot 18de-eeuwse schepen.

***De Geit* (1946) van Picasso**

Musée Picasso

Château Grimaldi. 04-92905420.
Open *di-zo.*
Gesloten *feestdagen.*

Musée d'Archéologie

Av Mezières 1. 04-92905435.
Open *dec-okt: di-zo.*
Gesloten *feestdagen.*

Zeilboten in de haven van Antibes

Vallauris ㉚

Alpes-Maritimes. 24.000. *Place 8 mai 1945 (04-93638258). di-zo.*

Vallauris dankt zijn faam aan Pablo Picasso die de kwijnende aardewerkindustrie deed opleven. In 1951 schilderde Picasso een fresco in de geseculariseerde kapel naast het kasteel. **Oorlog en Vrede** (1951) is nu het belangrijkste stuk van het **Musée Picasso**. Op het grootste plein van de stad staat het bronzen beeld *Man met een Schaap*, dat Picasso aan de stad schonk.

Musée Picasso
Place de la Libération. *04-93641605.* ***Open** wo-ma.* ***Gesloten** feestdagen.* *alleen begane grond.*

Biot ㉛

Alpes-Maritimes. *8000.* *Place de la Chapelle (04-93650585).* *di en vr.*

Biot heeft altijd veel vaklieden en kunstenaars aangetrokken en is nog steeds een charmant dorpje op een heuvel. Fernand Léger maakte hier in 1949 zijn eerste keramieken. Deze en andere werken van zijn hand worden tentoongesteld in het **Musée Fernand Léger**, vlak buiten het dorp. De wal rond Biot is versierd met een enorm mozaïek van de kunstenaar. Biot is ook beroemd om zijn belletjes-glaswerk, dat u kunt bezichtigen (en kopen) in de **Verrerie de Biot**.

Musée Fernand Léger
Chemin du Val-de-Pôme. *04-92915030.* ***Open** wo-ma.* ***Gesloten** 1 jan, 1 mei, 25 dec.*

La Verrerie de Biot
Chemin des Combes. *04-93650300.* ***Open** dag.* ***Gesloten** 25 dec.*

Atelier van Renoir in het Maison Les Colettes in Cagnes-sur-Mer

Cagnes-sur-Mer ㉜

Alpes-Maritimes. *43.000.* *Bd Maréchal Juin 6 (04-93206164).* *di-vr.*

Cagnes-sur-Mer is verdeeld in drie districten. Het oudste en interessantste is Haut-de-Cagnes met zijn steile straatjes, overdekte passages en oude gebouwen, waaronder renaissance-huizen met arcades. De andere districten zijn Cagnes-Villes, waar de hotels en winkels staan, en Cros-de-Cagnes aan het water. Het **kasteel** in Haut-de-Cagnes stamt uit de 14de eeuw en is in de 17de eeuw verbouwd door Henri Grimaldi. Achter de dikke muren ligt een schaduwrijke binnenplaats met een 200 jaar oude peperboom. De marmeren zuilen verbergen een museum met moderne mediterrane kunst en alles wat te maken heeft met de olijfboom. Hier hangt ook een verzameling portretten (door onder meer Laurencin en Cocteau) vande nachtclubzangeres Suzy Solidor, die zij aan het museum heeft nagelaten. Het plafond van de eetzaal is getooid met een fascinerend fresco, de *Val van Phaeton* (1621-1624), van Carlone. Pierre Auguste Renoir bracht de laatste twaalf jaar van zijn leven door in Cagnes, omdat het warme en droge klimaat zijn artritis verlichtte. Hij woonde in het **Maison Les Collettes.** Het huis verkeert nog bijna in dezelfde staat als bij zijn

Buitenmuur van het Musée Fernand Léger; schildering van de kunstenaar

dood in 1919. Er hangen tien doeken van de schilder.
Bij het huis staat het bronzen beeld *Venus Victrix*.

Château de Cagnes
04-93208557. **Open** juli-sept: dag.; okt-juni: wo-ma. **Gesloten** half nov-half dec.

Maison Les Colettes
04-93206107. **Open** wo-ma. **Gesloten** 20 okt- 9 nov., feestdagen.

***La Ferme des Colettes* (1915) Renoir, in Cagnes-sur-Mer**

Gorges du Loup 33

Alpes-Maritimes. Nice. Cagnes-sur-Mer. Grasse. Nice. Grasse (04-93366666).

De Loup ontspringt in de uitlopers van de Alpen boven Grasse en baant zich een weg naar de Middellandse Zee. Het water passeert woeste watervallen, spectaculaire vergezichten en een aantal tegen de hellingen gelegen plaatsjes.
Gourdon is een liefelijk dorpje met oude huisjes die om het 13de-eeuwse **Château** staan. Dit kasteel ligt adembenemend mooi op de rand van een hoge rots waar ooit een bolwerk van de Saracenen was. De terrastuinen zijn aangelegd door Le Nôtre *(blz. 169)*. In het kasteel is een museum met naïeve kunst van onder meer Henri Rousseau.
Tourrette-sur-Loup is een versterkt dorp waarvan de buitenste huizen de verdedigingswal vormen. Rond het dorp liggen de beroemde velden met viooltjes, die worden verwerkt in de parfum- en suikergoedindustrie.

Château Gourdon
04-93096802. **Open** juni-sept: dag., okt-mei: wo-ma.

Vence 34

Alpes-Maritimes. 15.000. Place du Grand Jardin (04-93580638). di, do en vr.

In de Middeleeuwen was Vence een belangrijk religieus centrum. De bisschop Antione Godeau restaureerde de **Cathédrale**, die staat op de plaats waar ooit een heiligdom van de god Mars was. De muren van de kathedraal zijn versierd met Karolingische reliëfs en een Romeinse sarcofaag uit de 5de eeuw dient als altaar.
De 13de- en 14de-eeuwse poorten in de stadswal zijn nog intact. Daarachter ligt het Place du Peyra, vroeger een Romeins forum. Uit de urnvormige fontein uit 1578 spuit drinkwater. Aan de rand van de stad ligt de **Chapelle du Rosaire**. Ze is gebouwd tussen 1946 en 1951 en versierd door Henri Matisse, als dank aan de nonnen die hem tijdens een ziekte hadden verpleegd. Op de witte muren heeft hij met eenvoudige zwarte lijnen bijbelse taferelen afgebeeld. Die worden ingekleurd door het blauwe en gele licht dat door de gebrandschilderde ramen valt. Matisse beschouwde dit als zijn meesterwerk.

Koepeldak in Vence

Chapelle du Rosaire
Av Henri Matisse. 04-93580326. **Open** dec-okt: di en do.

Marktdag in de oude binnenstad van Vence

Onder de loep: St-Paul-de-Vence ㉟

Uithangbord St-Paul-de-Vence

St-Paul-de-Vence is een van de beroemdste (en drukst bezochte) dorpen in het heuvelachtige achterland van Nice. Ooit bewaakte een Franse legerpost hier de grens met Savoie. Vanaf de 16de-eeuwse borstwering hebt u uitzicht over het landschap vol cipressen, villa's met rode daken, zwembaden en palmbomen. Het dorp is grondig gerestaureerd, maar de kronkelige straatjes en de middeleeuwse gebouwen zijn authentiek. Al honderd jaar komen hier veel kunstenaars. Galeries en ateliers bepalen het straatbeeld.

Gezicht op St-Paul-de-Vence
De streek rond St-Paul is geliefd bij kunstenaars. Dit gezicht op St-Paul is van de neo-impressionist Paul Signac (1863-1935).

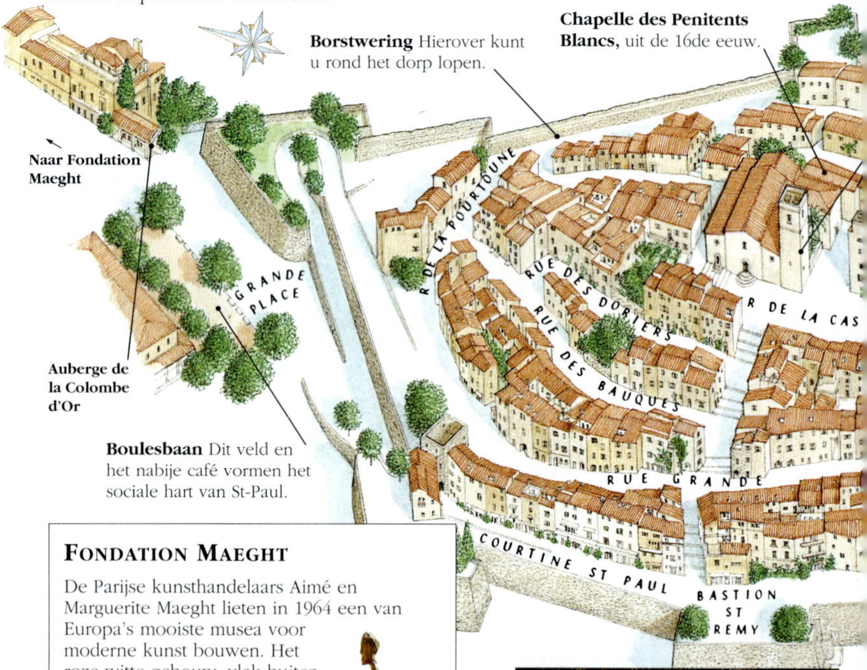

Fondation Maeght

De Parijse kunsthandelaars Aimé en Marguerite Maeght lieten in 1964 een van Europa's mooiste musea voor moderne kunst bouwen. Het roze-witte gebouw, vlak buiten St-Paul, werd ontworpen door de Catalaanse architect José-Luis Sert in nauwe samenwerking met kunstenaars als Miró en Chagall. Er hangen doeken van Bonnard, Braque, Kandinsky en Chagall. In het museum worden ook zomerconcerten gehouden, er is een bibliotheek en een filmzaal. Tussen de dennebomen in de terrastuin staan beelden, mobiles en mozaïeken van Arp, Calder, Miró en Hepworth.

***L'homme qui Marche* door Giacometti**

Colombe d'Or
Hier is een muurschildering van Léger op het terras, een duif van Braque en werken van Picasso en Matisse in de eetzaal.

Musée d'Histoire Locale de Saint Paul. In dit museum zijn tableaus te zien van taferelen uit het verleden van de stad.

Eglise Collégiale
Onder de schatten van deze 12de-eeuws kerk bevindt zich een schilderij van St.-Catherina, toegeschreven aan Tintoretto.

Grote fontein
Op dit fraaie plein met kinderhoofdjes staat een grote urnvormige fontein.

TIPS VOOR DE TOERIST

Alpes-Maritimes. *2900.* *Place du Grand Jardin 12, Vence (04-93583760).* *Maison de la Tour, Rue Grande 2 (04-93328695).* **Fondation Maeght** *open dag.*

Rue Grande
De deuren van de 16de- en 17de-eeuwse huizen zijn versierd met familiewapens.

Donjon Dit grimmige middeleeuwse gebouw was tot de 19de eeuw een gevangenis.

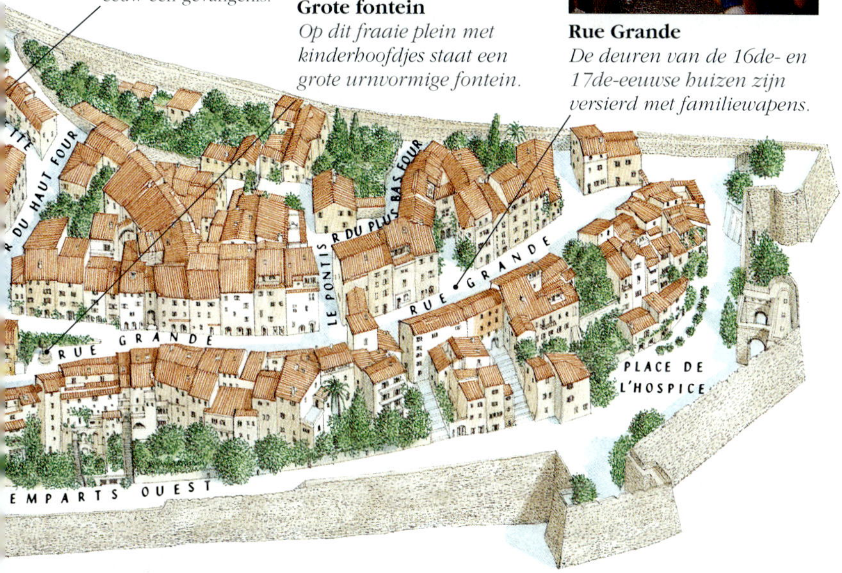

STERREN-STAD

De herberg Colombe d'Or, of Gouden Duif (*blz. 574*), werd in de jaren twintig bezocht door talloze schrijvers en kunstenaars die aan de Rivièra woonden. De eerste klanten waren Picasso, Soutine, Modigliani, Signac, Colette en Cocteau. Ze betaalden hun maaltijden en overnachtingen vaak met eigen werk, waardoor u kunt genieten van een kunstcollectie van onschatbare waarde. St-Paul bleef een trekpleister voor beroemdheden; Zelda en F. Scott Fitzgerald baarden er veel opzien met hun ruzie over Isadora Duncan en op het terras trouwde Yves Montand met Simone Signoret. In het Museum van St-Paul hangen foto's van beroemde gasten als Sartre en De Beauvoir, Garbo, Sophia Loren, Burt Lancaster en Catherine Deneuve.

Marc Chagall (1887-1985), die in 1950 in St-Paul kwam wonen

Nice 36

Nice is de grootste badplaats aan de Middellandse Zee, de vijfde stad van Frankrijk en heeft de op één na drukste luchthaven. De stad werd gesticht door de Grieken en gekoloniseerd door de Romeinen. Het zachte winterweer en de altijd groene, subtropische vegetatie trekken veel bezoekers. Voor de Tweede Wereldoorlog waren dat vooral aristocraten, zoals de weduwe van tsaar Nicolaas I in 1856 en koningin Victoria, die hier in 1895 logeerde. De stad is nu bekend als congrescentrum en basis voor geheel verzorgde vakanties. Er zijn mooie musea, goede stranden en een sfeervol uitgaansleven. Het grootste feest is Carnaval: dat duurt achttien dagen en wordt op vastenavond afgesloten met vuurwerk en de Slag van de Bloemen *(blz. 35)*.

Jachten in de haven van Nice

Nice verkennen

De Engelse kolonie liet in jaren dertig van de 19de eeuw de Promenade des Anglais aanleggen, die langs de hele zeezijde van de stad loopt. De Promenade is nu een 5 km lange snelweg met galeries, winkels en Grand Hotels als het **Negresco**.
De duistere kant van Nice werd in 1982 vastgelegd door de Engelse schrijver Graham Greene. Deze opende de aanval op Jacques Médécin, de rechtse burgemeester die naar Paraguay vluchtte om aan juridische vervolging te ontkomen.
Het Italiaanse verleden van Nice, tot 1861, is zichtbaar in de balkons en de pastelkleurige gevels van de oude binnenstad. Die ligt aan de voet van een heuvel en wordt nog altijd Château genoemd, naar het kasteel dat hier ooit stond. De dagelijkse bloemen- en groentemarkt in de Cours Saleya is een lust voor het oog.

De chique buurt van Nice is het Cimiez-district in de heuvels. Een bezoek aan het oude klooster Notre-Dame-de-Cimiez is aan te raden. Lager op die zelfde heuvel liggen de restanten van Romeinse baden en een amfitheater. Andere vondsten worden tentoongesteld in het archeologische museum naast het Musée Matisse.

Musée Matisse

Av des Arènes de Cimiez 164.
04-93810808. **Open** *wo-ma.* **Gesloten** *sommige feestdagen.*
Matisse was geobsedeerd door het mediterrane zonlicht en woonde lange tijd in Nice. Het museum is gehuisvest in en onder de 17de-eeuwse Arena Villa en bezit tekeningen, schilderijen, bronzen, constructies en artefacten van de meester. Hoogtepunten zijn: *Stilleven met granaatappels* en zijn laatste voltooide werk *Bloemen en fruit*.

De Oude Wijk van Nice

Palais Lascaris

Rue Droite 15. *04-93620554.*
Open *dec-okt: di-zo.* **Gesloten** *sommige feestdagen.*
Dit gepleisterde 17de-eeuwse paleis is versierd met fijn timmerwerk en Vlaamse wandkleden. De plafondschilderingen worden toegeschreven aan Carlone. Een replica van een 18de-eeuwse apotheek maakt deel uit van de kleine collectie.

Musée d'Art Contemporain

Promenade des Arts. *04-93626162.*
Open *wo-ma.* **Gesloten** *1 jan, Pasen, 1 mei, 25 dec.*
Dit museum is ondergebracht in een uiterst origineel gebouw van vier met marmer beklede torens, die via glazen tunnels met elkaar zijn verbonden. Het Neorealisme en de Popart zijn goed vertegenwoordigd met werken van Andy Warhol, Jean Tinguely en Niki de Saint-Phalle, evenals de Ecole de Nice-kunstenaars César, Arman en Yves Klein.

***Blauw Naakt IV* (1952) van Matisse**

Luieren op de Promenade des Anglais en genieten van het azuren uitzicht

Cathédrale Ste-Réparate

De koepel van dit 17de-eeuwse barok-gebouw is prachtig betegeld. Het interieur is uitbundig versierd met pleisterwerk, marmer en de oorspronkelijke panelen.

Musée Chagall

Avenue du Docteur Ménard.
04-93538720.
Open wo-ma. **Gesloten** 1 jan, 1 mei, 25 dec.

Hier vindt u de grootste verzameling werken van Chagall. Het mooist zijn de zeventien doeken waarop hij zijn *visie op de Bijbel* weergaf.

Musée des Beaux Arts

Avenue des Baumettes 33.
04-93445072. **Open** di-zo. **Gesloten** 1 jan, Pasen, 1 mei, 25 dec.

Dit 19de-eeuwse huis van een Oekraïense prinses herbergt kunstwerken die Napoleon III naar Nice zond ter ere van het feit dat Italië deze stad in 1860 afstond aan Frankrijk. Er hangen werken van Dufy, Monet, Renoir en Sisley.

Palais Masséna

Rue du France 65. 04-93881134.
Open dec-okt: di-zo. **Gesloten** 1 jan, 1 mei, nov: schoolvakanties, 25 dec.

In dit 19de-eeuwse paleis hangt lokale volkskunst. Ook de impressionisten zijn vertegenwoordigd, evenals het Provençaalse keramiek. De eerste eigenaar van dit huis was de achterkleinzoon van de maarschalk van Napoleon.

Cathédrale Orthodoxe Russe St-Nicolas

Deze in 1912 voltooide kathedraal is gebouwd ter nagedachtenis aan een jonge tsarevitsj die hier in 1865 aan tuberculose stierf. De buitenkant is van roze baksteen en grijs marmer, en heeft grote mozaïeken. Het interieur is verfraaid met prachtige iconen en fraai timmerwerk. De uivormige koepels maken dit tot het meest exotische gebouw van Nice.

Tips voor de toerist

Alpes-Maritimes. 345.000. 7 km ZW. Av Thiers (04-36353535). Prom des Arts (04-93856181). Quai du Commerce (04-93661366). Prom des Anglais 5 (04-92144800). di-zo. Carnaval (feb).

Nice

Cathédrale Ste-Réparate ④
Hôtel Negresco ②
Musée d'Art Contemporain ⑥
Musée Chagall ①
Palais Lascaris ⑤
Palais Masséna ③

Symbolen

- Busstation
- Parkeerplaats
- Toeristenbureau
- Kerk

Chapelle St-Pierre, Villefranche

Villefranche-sur-Mer 37

Alpes-Maritimes. 8000. Jardin François Binon (04-93017368). di, za zo & feestdagen.

Een van de mooist gelegen kustplaatsen is Villefranche, dat aan de voet van de heuvels ligt die een natuurlijk amfitheater vormen. De stad kijkt uit over een prachtige natuurlijke haven die diep genoeg is voor lijnboten.

De huizen aan de levendige waterkant zijn gebouwd in Italiaanse stijl. Vanuit de bars en cafés kunt u de vissers aan het werk zien. Hier staat ook de middeleeuwse **Chapelle St.-Pierre**, waarin lange tijd alleen netten werden opgeslagen, maar die in 1957 is gerestaureerd en gedecoreerd door Jean Cocteau. Hij schilderde fresco's over zowel wereldse onderwerpen als het leven van Petrus.

De 16de-eeuwse **Citadelle St-Elme**, met het stadhuis en twee galeries, is ook een bezoek waard.

De straatjes achter de haven zijn smal, kronkelig, steil en soms raken de huizen elkaar boven uw hoofd. Tijdens bombardementen schuilde men in de 13de-eeuwse overwelfde Rue Obscure.

Chapelle St-Pierre

Port de Villefranche. *04-93769070.* ***Open** half dec-half nov: di-zo.* ***Gesloten** 25 dec.*

Cap Ferrat 38

Alpes-Maritimes. *Nice.* *Nice.* *Beaulieu-sur-Mer.* *St-Jean-Cap-Ferrat (04-93760890).*

Op het schiereiland Cap Ferrat staan de meest luxueuze villa's van de Rivièra. Die van Somerset Maugham, 'Mauresque', was van 1926 tot aan zijn dood het bekendst. Er werden gasten ontvangen als Noël Coward, Winston Churchill en de Hertog van Windsor.

De meeste villa's zijn omgeven door hoge dennen en muren, de mooiste is echter geopend voor het publiek.

De **Fondation Ephrussi de Rothschild**, een landhuis van marmer en terracotta, is omringd door prachtige tuinen en ligt op het hoogste punt van de kaap. Hier woonde barones Ephrussi de Rothschild, die het in 1934 naliet aan het Institut de France. De inrichting is ongewijzigd, met wandkleden, een kostbare verzameling porselein, persoonlijke eigendommen van Marie Antoinette, schilderijen, en unieke schetsen van Fragonard.

Daar waar de kaap in het vasteland overgaat ligt het plaatsje **Beaulieu**, dat uitkijkt over de Baie des Fourmis. Bij een fraaie jachthaven met chique hotels staat een uniek huis, de **Villa Kerylos**, dat tussen 1902 en 1908 in opdracht van de archeoloog Theodore Reinach werd gebouwd naar het model van een klassieke Griekse villa. Hier vindt u zorgvuldig nagemaakte Griekse mozaïeken, fresco's en meubilair.

Fondation Ephrussi de Rothschild

Cap Ferrat. *04-93013309.* ***Open** dag.* ***Gesloten** 25 dec.*

Villa Kerylos

Impasse Eiffel, Beaulieu. *04-93010144.* ***Open** dag.* ***Gesloten** 1 jan, 25 dec.*

De 'Griekse' Villa Kerylos bij Beaulieu op Cap Ferrat

Salon van Lodewijk XV in de Fondation Ephrussi de Rothschild, Cap Ferrat

Èze 39

Alpes-Maritimes. *2600.*
Place de Gaulle (04-93412600).

Voor velen is Èze het ultieme bergdorp, zoals het balanceert op een rotsachtige top hoog boven de Middellandse Zee. Elke zomer stromen duizenden toeristen door de versterkte 14de-eeuwse poort de nauwe straatjes in. In de zorgvuldig gerestaureerde en met bloemen overdekte huizen zijn winkels, galeries of werkplaatsen gevestigd. De kasteelruïne op het hoogste punt van het dorp ligt temidden van de welig tierende tropische planten van de **Jardin Exotique**.
Iets verder staat op de overhangende rots het Romeinse monument **La Turbie** *(blz. 42-43)*, dat zij oprichtten na hun overwinning op lokale stammen in 6 v.C. Hier kijkt u uit over Monaco.

Jardin Exotique
Rue du Château. *04-93411011.*
Open *dag.*
La Turbie
Open *dag.*

Roquebrune-Cap-Martin 40

Alpes-Maritimes. *Nice.*
Av Paul Doumer 20 (04-93356287). *dag.*

Het middeleeuwse dorp Roquebrune kijkt uit over de beboste kaap waar veel beroemdheden woonden, zoals Coco Chanel en Greta Garbo. Toch is de kaap zijn bewoners niet altijd gunstig gezind geweest; de dichter W.B. Yeats stierf hier in 1939 en in 1965 verdronk architect Le Corbusier in zee.
In 1467 meenden de inwoners van Roquebrune aan de pest te ontkomen door taferelen uit het Passieverhaal op te voeren. Deze traditie wordt elk jaar in augustus voortgezet.

Uitzicht vanaf Roquebrune

Alpes-Maritimes 41

Alpes-Maritimes. *Nice.* *Nice.*
Peille. *Nice.* *Peille (04-93799104).*

In het achterland van de Côte d'Azur liggen nog ongerepte dorpjes. De miniatuur-tweelingdorpjes **Peille** en **Peillon** zijn wat dat betreft typerend: er is sinds de Middeleeuwen maar weinig veranderd. De straatjes zijn één en al trappen en bogen. In het erg afgelegen Peille spreken de inwoners zelfs een eigen dialect. Ook het landschap van de Alpes Maritimes is nog onaangetast: er zijn verweerde gorges, klaterende riviertjes en woeste plateaus. De oeroude rotsreliëfs in de **Vallée des Merveilles** en de zeldzame dieren in het **Parc National du Mercantour** zijn uniek.

Menton 42

Alpes-Maritimes. *30.000.*
Palais de l'Europe, Avenue Boyer (04-93575700). *dag.*

Menton heeft prachtige stranden met op de achtergrond villa's uit de Belle Epoque, de gouden gebouwen van de oude stad en de Alpen. In de 19de eeuw kwamen addellijke personen, schrijvers en dichters hier vakantie vieren. Tropische tuinen en boomgaarden gedijen hier prima. Het weer is zelfs in februari nog mild, dan wordt het beroemde Citroenenfestival gehouden *(blz. 35)*.
De **Eglise St-Michel** is een prachtig barok-gebouw in gele en roze steen. Op het plein ervoor is een mozaïek met het wapen van de Grimaldi's.
Het **Hôtel de Ville** is in 1957 beschilderd door Jean Cocteau. Tekeningen, schilderijen, keramiek en decorontwerpen van de gevierde kunstenaar zijn te zien in het **Musée Cocteau**, gevestigd in een 17de-eeuws fort. In het Palais de Carnolès is het **Musée des Beaux Arts** gehuisvest, met werken van de Middeleeuwen tot de 20ste eeuw.

Hôtel de Ville
Place Ardoiono. *04-92105000.*
Open *ma-vr.* ***Gesloten*** *feestdagen.*
Musée Cocteau
Bastion du Port. *04-93577230.*
Open *wo-ma.* ***Gesloten*** *feestdagen.*
Musée des Beaux Arts
Avenue de la Madone 3.
04-93354971. ***Open*** *wo-zo.*
Gesloten *feestdagen.*

Mozaïek in het Musée Cocteau te Menton

Monaco 43

De Moyenne Corniche-snelweg naar Monaco is een van de mooiste verkeerswegen ter wereld, met een weergaloos uitzicht op de mediterrane kust. Wie tussen de moderne wolkenkrabbers door het hedendaagse Monaco binnenrijdt, kan zich moeilijk voorstellen dat zijn verleden zo roerig was. Monaco is ooit door de Grieken gesticht en later door de Romeinen veroverd. De stadstaat werd in 1297 door de Genuezen verkocht aan de familie Grimaldi, die ondanks bittere familievetes en minstens één politieke moord nog steeds aan de macht is. Monaco is 's werelds oudste monarchie. Hoewel het gebied door landwinning met één derde is toegenomen, is het met zijn 1,9 km^2 kleiner dan het Central Park van New York.

Monaco vanuit de lucht

Casino

Monaco verkennen

Monaco ontleent zijn faam voornamelijk aan het met talloze legenden omgeven Casino. Dat begon als kleine speelbank die in 1856 door koning Charles III werd opgericht om zijn land van een dreigend bankroet te redden. Het eerste echte casino werd in 1865 geopend op een kale rotsvlakte nabij Monaco-Ville, dat men later, naar Charles III, Monte Carlo zou noemen. Charles' onderneming was zo succesvol dat hij in 1870 het betalen van belasting kon afschaffen. Het inkomen van de bewoners van dit belastingparadijs is nu gemiddeld het hoogste ter wereld.

Gokken is niet het enige vermaak in Monaco. Van over de hele wereld komen jaarlijks vele bezoekers naar de Grand Prix in mei en de rally van Monte Carlo in januari *(blz. 35)*. In juli en augustus is er een vuurwerkfestijn en in januari een internationaal circusfestival. U kunt hier elke sport beoefenen. Cultuur vindt u in de vorm van het **Fort Antoine** en de neoromaanse **Cathédrale**.

Casino

Place du Casino. ☎ *00377-92162121.* ***Open*** *dag.* ♿

Het ontwerp voor dit gebouw uit 1878 is van Charles Garnier, de architect die ook de Parijse Opera *(blz. 93)* ontwierp. Het Casino ligt in een fraaie tuin van waar u een prachtig uitzicht hebt op Monaco. De stijl van het interieur is uit de Belle Epoque en doet denken aan de tijd dat Russische groothertogen, Engelse lords en andere avonturiers hier rondliepen. Nu kan iedereen een gokje wagen bij de fruitautomaten van de Salle Blanche of aanschuiven aan een roulettetafel in de Salle Europe. Zelfs de exclusiefste zalen zijn tegen betaling toegankelijk, maar om te spelen hebt u een fortuin nodig.

Palais du Prince

Place du Palais. ☎ *00377-93251831.* ***Open*** *juni-okt: dag.*

In Monaco-Ville, waar de regering zetelt, staat het 13de-

Wolkenkrabbers en woonblokken in het moderne Monte Carlo

Het Monegaskische vorstenhuis

Sinds 1949 regeert in Monaco de zakelijke Prins Rainier III die afstamt van een Grimaldi die in 1297 de burcht van Monaco als monnik vermomd wist binnen te dringen. Rainiers echtgenote, de filmster Grace Kelly, kwam in 1982 bij een tragisch ongeval om het leven. Zoon Albert is troonopvolger, maar zijn zusters Caroline en Stephanie komen het meest in het nieuws.

Prins Rainier III, prinses Grace en prinses Caroline

Tips voor de toerist

Monaco. 30.000. 7 km ZW Nice. Av Prince Pierre (00377-93106015). Bd des Moulins 2a (00377-92166116). dag. Festival du Cirque (jan-feb); internat. vuurwerkfestival (juli-aug); Fête Nationale Monégasque (nov).

eeuwse Palais du Prince dat alleen geopend is als de prins afwezig is. Binnen ziet u kostbaar meubilair, kleden en fresco's. Dagelijks om 11.55 uur wisseling van de wacht.

Musée des Souvenirs Napoléoniens

Palais du Prince.
00377-93251831.
***Open** juni-half nov: dag.; half dec-mei: di-zo.*

Op een stamboom aan de muur staan de familiebanden tussen de Grimaldi's en Bonapartes aangegeven. In dit museum ziet u persoonlijke bezittingen van Napoleon en enkele portretten van Napoleon en Josephine.

Wachter voor het Palais du Prince

Musée Océanographique

Av Saint-Martin.
00377-93153600.
***Open** dag.*

Dit museum is in 1910 opgericht door prins Albert I. Hij bekostigde deze passie met casino-opbrengsten. In het zee-aquarium leven tal van zeldzame vissen en planten. Het museum bezit een belangrijke wetenschappelijke collectie, duikapparatuur en scheepsmodellen. Zee-onderzoeker Jacques Cousteau vestigde hier zijn onderzoekscentrum.

Jardin Exotique

Bd du Jardin Exotique 62.
*00377-93303365. **Open** dag. **Gesloten** 19 nov, 25 dec. slechts een deel van de tuin.*

In deze tuinen groeit een enorme diversiteit aan tropische en subtropische planten. Het antropologische museum ligt in het park.

Musée des Automates et Poupées d'Autrefois

Av Princesse Grace 17. *00377-93309126. **Open** dag. **Gesloten** 1 jan, 1 mei, 19 nov, 25 dec.*

Dit museum bezit meer dan 400 poppen van de 18de eeuw tot heden. De schitterende robots komen een paar maal per dag in beweging.

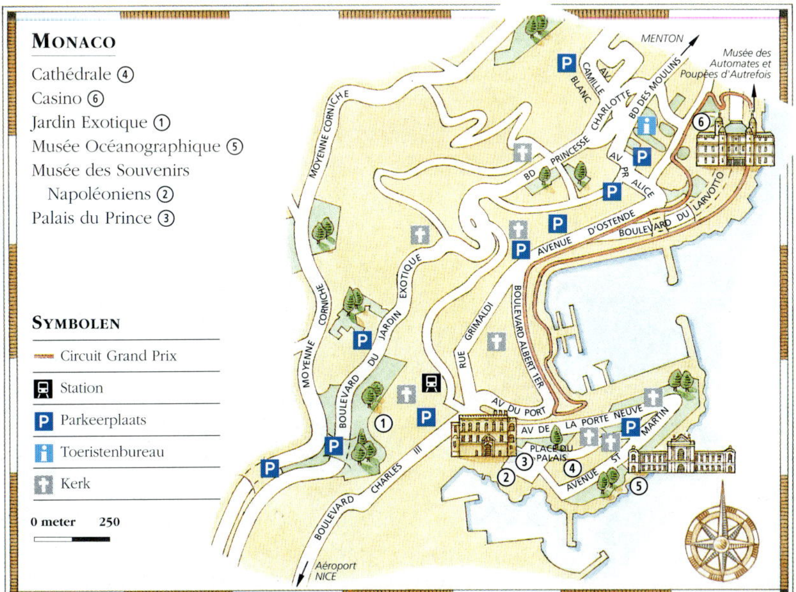

CORSICA

HAUTE-CORSE · CORSE-DU-SUD

Corsica, waar de bevolking een eigen dialect spreekt, heeft alle kenmerken van een mini-continent. Er groeien tropische palmen, er liggen olijf- en wijngaarden en sinaasappelplantages, bossen vol kastanjes en inheemse dennen, bergmeren en beken vol forel. Het opvallendst is de maquis; Napoleon beweerde de doordringende geur van mirte in dit struikgewas nog op zee te kunnen ruiken.

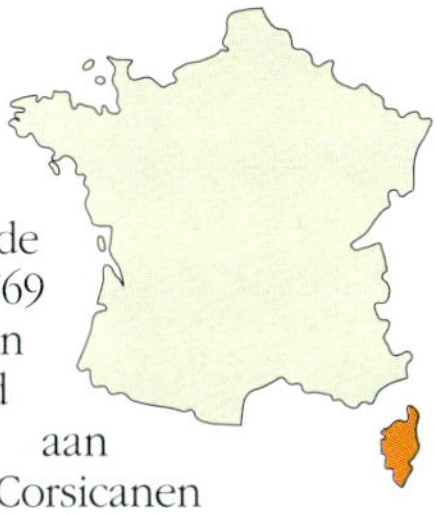

Corsica is na Sicilië en Sardinië het op drie na grootste eiland in de Middellandse Zee. Het bezorgt de Franse regering al sinds 1769 tal van hoofdbrekens. Toen verkocht Genua het eiland voor 40 miljoen franc aan Lodewijk XV, terwijl de Corsicanen zich 15 jaar eerder, onder leiding van Pasquale Paoli, na een zware strijd onafhankelijk hadden verklaard. De eilanders voelden zich bedrogen door deze handel en hielden altijd een hekel aan de Fransen. Voor veel vakantiegangers (in juli en augustus zijn er zes keer zoveel toeristen als Corsicanen) is deze historische kwestie niet interessant, maar de onafhankelijkheidsbeweging is sterk en soms gewelddadig en schrikt wel degelijk toeristen af. Daardoor is de woeste natuur hier echter beter bewaard gebleven dan op andere plaatsen in de Middellandse Zee. Tweehonderd jaar lang, van de 11de tot de 13de eeuw, was Corsica een kolonie van de Toscaanse stadstaat Pisa. Pisaanse architecten bouwden hier een aantal schitterende romaanse kerken die samen met de megalithische stenen krijgers in Filitosa de belangrijkste monumenten vormen. Verder bestaat het geboorte-eiland van Napoleon uit woeste kusten en bergen, één van de laatste onbedorven uithoeken in het Middellandse-Zeegebied: armoedig, dunbevolkt, ouderwets en hardnekkig onverschillig.

Het dorp Oletta in de streek Nebbio rond St-Florent

◁ **Een visser en zijn fluwelen vrienden in Bastia**

Corsica verkennen

Corsica's sterkste punt is het landschap: een schitterend geheel van woeste bergen, bossen, naar mirte geurende maquis en eindeloze zandstranden. De late lente (als de wilde planten in bloei staan) en de vroege herfst zijn de beste seizoenen voor een bezoek – dan is het hier aangenaam van temperatuur en zijn er niet zo veel toeristen. Het eiland is vermaard om zijn prachtige wandelroutes, sommige kunt u in de winter met langlaufski's verkennen. In februari en maart kunt hier ook prima alpineskiën.

De haven en 15de-eeuwse citadel van Calvi

Symbolen

- Snelweg
- Hoofdweg
- Secundaire weg
- Toeristische route
- Rivier
- Uitzichtpunt

Winden van Corsica

Corsica heeft te maken met winden uit alle richtingen. Naast de genoemde: de mezzogiorno, die rond de middag opsteekt, en de Terrana.

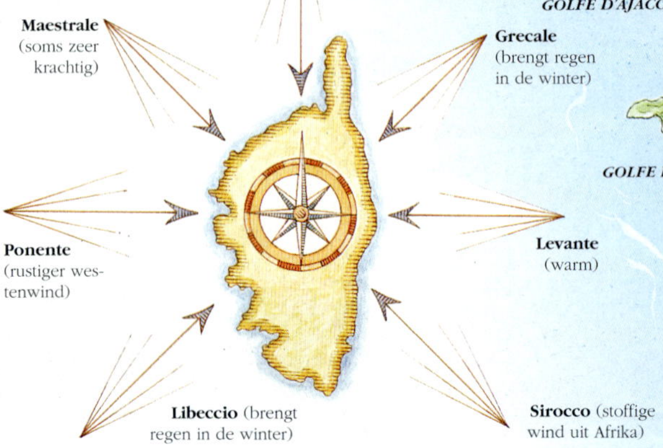

BEZIENSWAARDIGHEDEN

- Ajaccio 11
- Bastia 2
- Bonifacio 14
- Calvi 5
- Cap Corse 1
- Cargèse 10
- De Castagniccia 8
- Corte 7
- Côte Orientale 15
- Filitosa 12
- Golfe de Porto 9
- L'Île Rousse 4
- De Niolo 6
- St-Florent 3
- Sartène 13

Calanche kliffen in de Golfe de Porto

BEREIKBAARHEID

Autoveerboten (die u tijdig moet bespreken) vertrekken van Marseille, Nice en Toulon en komen aan in Bastia, l'Île Rousse, Calvi, Ajaccio en Propriano. Er varen ook veerboten van Sardinië, Genua, Livorno en La Spezia in Italië. Er zijn kleine vliegvelden bij Ajaccio, Bastia, Calvi en Figari (nabij Bonifacio). De wegen op Corsica zijn smal en kronkelig, maar de vergezichten zijn adembenemend. Vanwege het beperkte openbare vervoer, hebt u een auto nodig om het eiland te leren kennen. Neem een voorraad benzine mee, want benzinestations zijn schaars.

0 kilometer 20

De citadel van de oude stad van Corte ligt op een hoge rotspunt

Cap Corse ❶

Haute-Corse. ✈ *Bastia.* 🚌 *Bastia, Macinaggio, Rogliano.* ⛴ *Bastia.* ℹ *Bastia (04-95310089).*

Cap Corse ligt in het uiterste noorden van Corsica. Het gebied is 40 km lang en bijna nergens meer dan 12 km breed, en wijst als een beschuldigende vinger in de richting van Genua.

Van Bastia leiden er twee wegen heen: de D81 loopt door de bergen in het westen en voegt zich na het wijndorpje Patrimonio bij de D80; deze loopt langs de oostkust via **Erbalunga** en **Macinaggio**. Beide wegen zijn nauw en kronkelig, zoals bijna overal op Corsica.

Van het kustplaatsje **Lavasina** voert de D54 links van de D80 naar Pozzo. Daar vandaan kunt u een vijf uur durende voettocht maken naar de 1307 m hoge top van de kaap: **Monte Stello**. Hier hebt u uitzicht naar alle kanten, over St-Florent in het westen, het massief van Midden-Corsica in het zuiden en het Italiaanse eilandje Elba in het oosten.

Verderop staat de gerestaureerde **Tour de Losse**, een van de vele 16de-eeuwse Genuese torens langs de kust. Ze vormden een vernuftig systeem waardoor alle Corsicaanse steden binnen twee uur wisten dat er een aanval van piraten dreigde.

De 18de-eeuwse vissershaven **Centuri**, aan de westkust nabij de punt van het schiereiland, is een paradijs voor visliefhebbers. Verder naar het zuiden ligt het mooie dorpje **Pino** op de groene berghelling. Het heeft geen hotel, maar wel een schattig kerkje vol scheepsmodellen waarmee zeelui Maria dankten voor haar bescherming.

Als u langs de duizelingwekkende afgrond verder naar het zuiden rijdt, vergeet dan niet linksaf naar het op de heuvel gelegen **Canari** te gaan. Dit dorp heeft een juweel van een 12de-eeuwse Pisaanse kerk, Santa Maria Assunta, biedt prachtig uitzicht over zee en heeft een uitmuntend hotel-restaurant.

Alle zijwegen in dit bosrijke gebied lijken naar iets interessants te voeren. In de omgeving liggen tientallen schilderachtige gehuchtjes. Voorbij dit gebied wordt het landschap minder aantrekkelijk; de weg voert verder langs oude asbestmijnen en de zwarte zandstranden bij **Nonza**.

Het dorpje Erbalunga aan de oostkant van Cap Corse

Bastia ❷

Haute-Corse. 👥 *39.000.* ✈ 🚆 🚌 ⛴ ℹ *Place St-Nicolas (04-95310089).* 📅 *di-zo.*

Bastia is de hoofdstad van Noord-Corsica en heeft een drukke haven. Er heerst een totaal andere sfeer dan in zijn westelijke rivaal, het bedaarde Ajaccio. Met de Genuese citadel en de kleurige 19de-eeuwse Italiaanse huizen rond de oude haven beantwoordt Bastia precies aan het beeld dat veel mensen hebben van Middellandse-Zeestadjes.

Het centrum van het sociale leven van Bastia is het **Place St-Nicolas**, dat uitkijkt op de kade waar de veerboten uit Frankrijk en Italië aankomen.

Meer naar het zuiden ligt het **Place de l'Hôtel de Ville**, waar iedere ochtend een levendige markt is. Aan dit plein staan de vroeg-17de-eeuwse **Chapelle de l'Immaculée Conception**, met zijn verfijnde interieur, en de midden 17de-eeuwse **Eglise de Jean-Baptiste,** die met zijn façade de Vieux Port domineert.

Van hier is het maar een klein eindje lopen naar de 16de-eeuwse **citadel.** Daar staan nog twee kerken: de barokke **Chapelle Sainte-Croix** met een *Zwarte Christus* die in 1428 uit zee werd opgevist en de 15de-eeuwse **Sainte-Marie**, waar een *Mariabeeld* van duizend kilo puur zilver staat.

Bastia's Vieux Port, gezien vanaf de Jetée du Dragon

St-Florent ❸

Haute-Corse. 1400.
Bâtiment Administratif (04-95370604).

St-Florent is het Corsicaanse St-Tropez: chique, welvarend en de haven ligt vol jachten en speedboten uit het hele Middellandse-Zeegebied. De citadel (niet voor publiek toegankelijk) dateert uit 1439 en is een fraai voorbeeld van Genuese militaire architectuur. De stad zelf kunt u het beste te voet verkennen, hoogtepunt is de 12de-eeuwse Pisaanse **Cathédrale de Santa Maria Assunta**, aan de weg naar Poggio-d'Oletta.

Omgeving
Een vier uur durende rondrit door de streek **Nebbio**, in de kom rond St-Florent, zou er als volgt kunnen uitzien: **San Pietro di Tenda**; **Murato**, bekend om de prachtige **Eglise de San Michele de Murato**, een 12de-eeuws Pisaans-romaans bouwwerk van witte en groene steen; de **San Stefano**-pas met aan weerszijden de zee; **Oletta**, waar men schimmelkaas maakt van schapemelk; de **Teghime**pas; en ten slotte het wijndorp **Patrimonio**, waar een merkwaardige menhir uit 900-800 v.C. staat. Langs de kust ten westen van St-Florent ligt de kale, onbewoonde **Désert des Agriates**. Na een voet-, fiets- of motortocht van 10 km wordt u beloond met het Saleccia-strand; veruit het mooiste en stilste van Corsica.

San Michele de Murato

L'Île Rousse ❹

Haute-Corse. 2300.
Place Paoli (04-95600435).
dag.

L'Île Rousse is in 1758 gesticht door de leider van de bevrijdingsbeweging op Corsica, Pasquale Paoli. Het is nu een grote badplaats en veerhaven. In het centrum ligt het door platanen beschaduwde Place Paoli waar een enorm marmeren beeld van Corsica's nationale held staat. Aan de noordzijde van het plein is de overdekte markt, daarachter ligt de oude binnenstad. In de zomermaanden is L'Île Rousse vreselijk druk, de stranden krioelen van de zonaanbidders. U kunt beter naar het 10 km noordelijker gelegen **Lozari** trekken.

Legionair van het Franse Vreemdelingenlegioen

Omgeving
Een uiterst aangename manier om de streek **Balagne** te verkennen is met de tram van L'Île Rousse naar Calvi, en terug. Deze rit voert vrijwel uitsluitend langs de kust en wordt van juni tot september gemaakt. U kunt uitstappen in Algajola, Lumio en bij verschillende vakantieoorden.

Calvi ❺

Haute-Corse. 5000.
Port de Plaisance (04-95651667).
dag.

Calvi, waar admiraal Nelson in 1794 een oog verloor bij een ontploffing, is tegenwoordig half legerplaats half (goedkoop) vakantieoord. De 15de-eeuwse citadel fungeert als legerplaats voor een eliteregiment van het Vreemdelingenlegioen, terwijl achter de veerhaven een smerige en schier eindeloze camping ligt. De stad beroept zich erop de geboorteplaats van Columbus te zijn, maar daarvoor is geen enkel bewijs. De lokale keuken geeft meer reden om trots te zijn, die is goed en voor Corsicaanse begrippen redelijk van prijs. In de derde week van juni wordt in Calvi een uitstekend jazzfestival gehouden. Op een heuvel buiten de stad staat de 19de-eeuwse **Chapelle de Notre-Dame de la Serra**, met fraai uitzicht in alle richtingen.

Chapelle de Notre-Dame de la Serra, 6 km ten zuidwesten van Calvi

Corte's 15de-eeuwse citadel bij zonsopgang

De Niolo 6

Haute-Corse. *Bastia.* *Calacuccia (04-95480522).*

Deze streek ten westen van Corte strekt zich uit van de Vergiopas en de bovenloop van de Golo tot de Scala di Santa Regina. Hier ligt Corsica's hoogste berg, de **Monte Cinto** (2700 m), en stroomt de grootste rivier, de **Golo** die ten zuiden van Bastia in zee uitmondt. Niolo is de enige Corsicaanse regio waar op grote schaal veeteelt wordt bedreven.
Van de stad **Calacuccia** kunt u tochten maken naar de Monte Cinto. Het skigebied in **Haut Asco** bereikt u het gemakkelijkst via de D147 van **Asco**, liefhebbers kunnen ook lopen vanuit Calacuccia (8 tot 9 uur). In het zuiden ligt het bos **Valdu Niello**.

Corte 7

Haute-Corse. *6000.* *Quartier Quatre Fontaines 15 (04-95462670).* *vr.*

Op het geografische midden van Corsica ligt Corte, dat van 1755 tot 1769 de door leider Pasquale Paoli aangewezen hoofdstad was van het onafhankelijke Corsica. Nu is hier de universiteit van het eiland gevestigd. In de vervallen binnenstad staat de 15de-eeuwse citadel. Hier is het **Musée de la Corse** gehuisvest, gewijd aan het traditionele Corsicaanse leven. Corte is een goede basis voor een verkenning van het omringende bergland. Het ligt precies halverwege de GR20, de 220 km lange wandelroute van Calenzana naar Conca.

Musée de la Corse

La Citadelle. *04-95452545.* ***Open*** *half juni-half sept: dag. 10.00-19.30 uur; half sept-half juni: di-za 10.00-12.30 en 14.00-17.45 uur.* ***Gesloten*** *feestdagen.*

Omgeving
Bezoekers van Corte mogen de woeste schoonheid van de **Gorges de la Restonica** beslist niet missen. Dit ravijn ligt 12 km buiten de stad en is bereikbaar via de D623. Avontuurlijke wandelaars kunnen zich wagen aan de klim (60 tot 90 minuten) naar het **Lac de Melo** dat boven het ravijn ligt, of naar het 30 minuten verder gelegen **Lac de Capitello**, waar de sneeuw tot in juni blijft liggen. Het pad, in de winter een loipe, volgt de rivier. Ten zuiden van Corte ligt het **Forêt de Vizzavona**, een beuken- en dennenbos. Het wordt doorsneden door paden (met name de GR20) en beekjes die wemelen van de forellen. Het boemeltje dat tussen Ajaccio en Bastia rijdt, stopt in Vizzavona.

De Castagniccia 8

Haute-Corse. *Bastia.* *Corte, Ponte Leccia.* *Piedicroce, La Porta, Valle-d'Alesani.* *Piedicroce (04-95358254).*

Het gebied ten oosten van Corte is heuvelachtig en overdekt met kastanjebomen. Volgens de Corsicanen klopt in de Castagniccia ('kastanjebosje'), het hart van hun eiland. Hier werd in 1725 de held van de onafhankelijkheid, Pasquale Paoli, geboren. En in 1729 begon hier het verzet tegen Genua en later tegen Frankrijk. Helaas zijn de meeste dorpjes in deze schitterende, afgelegen streek zo goed als verlaten. De bewoners zijn met ongeveer 800.000 andere Corsicanen (driemaal zoveel als het huidige inwonertal) naar Frankrijk of Italië getrokken. Hoewel het nu moeilijk voorstelbaar is, was dit in de 17de eeuw de welvarendste en dichtstbevolkte streek van Corsica, vooral door de kastanjeplantages die de Genuezen hier hadden aangelegd.
De D71 uit Ponte Leccia (ten noorden van Corte) kronkelt op weg naar de oostkust door de Castagniccia; een rustige rit duurt bijna een hele dag maar biedt schitterende uitzichten. Neem wel leeftocht mee, want er valt onderweg weinig te kopen.

◁ Kalkrotsen van Bonifacio *(blz. 533)*

Golfe de Porto 9

Corse-du-Sud. *Ajaccio.* *Porto.* *Porto (04-95261055).*

Porto ligt in de bocht van de Golfe de Porto, een van de mooiste baaien van de Middellandse Zee die is toegevoegd aan de lijst van gebieden die de UNESCO tot ons gemeenschappelijke erfgoed rekent. Tot dusver heeft dit weinig effect gehad op Porto, behalve dat de prijzen van hotels en restaurants tot exorbitante hoogten zijn gerezen. Twee dingen mag u zeker niet missen: de zonsondergang vanuit de Genuese wachttoren en de boot naar de Calanche, Scandola en Girolata.

De kliffen van de **Calanche** beginnen 2 km buiten Porto in de richting van Piana. De 300 m hoge, rode, granieten kliffen rijzen loodrecht uit zee op en zijn verbijsterend mooi. U kunt ze alleen per boot of te voet bereiken. Goed gemarkeerde paden beginnen vanaf de Tête du Chien en de Pont de Mezanu. Kaartjes voor de boot kunt u kopen bij het Hôtel Monte Rosso bij het Hôtel Le Cyrnée in Porto.

Een ander beginpunt voor uw wandeling is het mooie dorpje **Piana**, net onder Porto. Hier kunt u veel beter logeren dan in Porto. Ter plekke krijgt u alle informatie over wandeltochten in dit gebied. Een zeer geschikt doel is de inham bij **Ficajola**, ten zuiden van Piana, met een heerlijk strand.

Porto met jachthaven en Genuese wachttoren

Omgeving

De weg over de bergen van Porto naar Calvi is slechts een voorproefje van dit prachtige deel van Corsica. Een goed beeld krijgt u alleen vanaf zee (bijvoorbeeld op de veerboot uit Porto of Galéria). **Giroletta**, een gehucht ten noorden van Porto, kunt u alleen over zee bereiken of via een ezelspad vanaf een duidelijk aangegeven punt 23 km ten noorden van Porto op de D81 (deze wandeling duurt vier uur).

Aan de mond van de Golfe du Girolata ligt het **Réserve Naturelle de Scandola**. Dit oudste land-en-zeereservaat van Frankrijk werd in 1975 gesticht. Het beslaat zo'n 1000 ha zee en een even groot gebied met kliffen, grotten en maquis. In deze heldere, beschermde wateren is volop vis; erboven vliegen onder meer visarenden, papegaaiduikers en valken.

Corsicaanse bloemen

Zonneroosje

Voor liefhebbers van bloemen is Corsica een paradijs. Een groot deel van het eiland is overdekt met maquis, een wirwar van geurig struikgewas en boompjes, die vanaf het eind van de winter in bloei staat. Hier staan de prachtige gele brem en zonneroosjes die de bodem met een deken van roze en witte blaadjes bedekken. Op de hellingen groeit de kuifhyacint en de 'Illyrische' lelie, die alleen op Corsica en Sardinië voorkomt.

Gele brem

'Illyrische' lelie

Kuifhyacint

Het stadje Piana, met daarachter de Calanche

Cargèse's Grieks-orthodoxe kerk

Cargèse ⑩

Corse-du-Sud. 900. *Rue du Docteur Dragacci (04-95264131).*

Cargèse ligt op een vooruitstekende rots tussen de baaien van Sagone en Pero. Het plaatsje heeft een opmerkelijke geschiedenis: de meeste inwoners stammen af van Griekse vluchtelingen die hier in de 17de eeuw asiel kregen nadat ze waren ontkomen aan de Turken.
Sommige Cargèsiens spreken nog steeds Grieks en hun met iconen gevulde orthodoxe kerk staat nog recht tegenover de katholieke. De oude rivaliteit is al lang verdwenen: de orthodoxe priester en de katholieke *curé* vervangen elkaar bij ziekte.
Er zijn veel prachtige stranden in de omgeving, met name bij **Pero** en **Chiuni** in het noorden, en bij **Ménasina** en **Stagnoli** in het zuiden.

Ajaccio ⑪

Corse-du-Sud. *59.000.* *Place Foch (04-95515303).* *di- zo.*

Voor Corsicaanse begrippen is de geboorteplaats van Napoleon Bonaparte (1769) een drukke stad. Na zijn eigenhandige kroning tot keizer der Fransen, in 1804, keerde Napoleon nooit meer terug naar Corsica. Toch viert de stad nog jaarlijks op 15 augustus zijn geboortedag.
In de 16de-eeuwse **Cathédrale Notre-Dame de la Miséricorde** werd Napoleon op 21 juli 1771 gedoopt. Hier hangt Eugène Delacroix' beroemde schilderij *Vierge du Sacré-Coeur.*
Enkele straten verderop staat het **Maison Bonaparte**: het geboortehuis waar Napoleon ook zijn jeugd doorbracht.
U vindt hier familieportretten, meubilair uit die tijd en diverse andere memorabilia. Nadat de burgers van Ajaccio de familie Bonaparte in 1793 hadden verjaagd, woonde Hudson Lowe hier, de latere bewaker van Napoleon op St-Helena.
Interessanter is de kunstcollectie die in het voetspoor van Napoleon werd aangelegd door zijn gewetenloze oom, kardinaal Fesch. Tijdens de Italiaanse veldtocht plunderde dit heerschap kerken, paleizen en musea, en bracht de buit over naar Ajaccio. Het **Musée Fesch**, gehuisvest in het 19de-eeuwse Palais Fesch, bezit een collectie primitieve Italiaanse kunst die, op die in het Louvre na, de mooiste is van heel Frankrijk. Er zijn werken van Botticelli, Titiaan en Veronese. Naast het paleis staat de **Chapelle Impériale**, die Napoleon III in 1855 liet bouwen boven de graftombe van de Bonapartes.
Over de kade kunt u naar de Jetée de la Citadelle wandelen. U hebt dan een magnifiek uitzicht over de stad, de haven en de Golfe d'Ajaccio.

Standbeeld van Napoleon, door Laboureur, in Ajaccio

Maison Bonaparte
Rue St-Charles. *04-95214389.* ***Open** ma-zo. **Gesloten** ma 's morgens, zo 's middags.*

Musée Fesch
Rue Fesch 50. *04-95214817.* ***Open** juni-sept: di-zo; okt-mei: za-di.* ***Gesloten** feestdagen.*

Omgeving
Er zijn dagelijks excursies naar de **Îles Sanguinaires**, aan de mond van de Golfe d'Ajaccio (vertrek Quai de la Citadelle).

Menhir bij Filitosa

Filitosa ⑫

Centre Préhistorique de Filitosa, Corse-du-Sud. 04-95740091. ***Open** dag.* *alleen in het museum.*

De 4000 jaar oude stenen krijgers van Filitosa zijn de spectaculairste voorbeelden van de megalithische cultuur op Corsica. Deze fallusachtige, granieten menhirs werden in 1946 ontdekt. Ze vertegenwoordigen een overgangsperiode van pure silhouetten naar meer gedetailleerd beeldhouwwerk waarin menselijke trekken en wapens worden gesuggereerd. De jongste en meest verfijnde figuren (omstreeks 1500 v.C.)

De versterkte oude stad van Bonifacio, op de voorgrond de haven

staan rond een duizend jaar oude olijfboom in een veld onderaan een grafheuvel. Andere vondsten, staan binnen in het archeologische museum.

Sartène ⓭

Corse-du-Sud. 3600. Rue Borgo 6 (04-95771540). *'s winters: di en za, 's zomers: wo en ma.*

Sartène is een versterkte middeleeuwse stad met smalle, geplaveide straatjes en huizen van grijs graniet. Ze werd in de 16de eeuw gesticht door de Genuezen. Eeuwenlang heersten er bloedige vetes tussen de voorname families van de stad. Desondanks heeft Sartène een vrome reputatie, die jaarlijks wordt versterkt door de oudste en meest christelijke ceremonie van het eiland: de Goede Vrijdag-Catenacciu (de 'geketende'). Een in rode pij gehulde boeteling sleept een houten kruis door de straten van de oude stad en bootst zo Christus' gang naar Golgotha na.

Omgeving

Even buiten de stad, in Sartènes vroegere gevangenis, is het **Musée de Préhistoire Corse** met een fascinerende collectie voorwerpen uit het Neolithicum, de Bronstijd en de IJzertijd.

Musée de Préhistoire Corse

Rue Croce. 04-95770109. ***Open*** *half juni-half sept: ma-za, half sept-half juni: ma-vr.* ***Gesloten*** *feestdagen.*

Bonifacio ⓮

Corse-du-Sud. *2700.* *Place de l'Europe (04-95731188).* *wo.*

Bonifacio is de zuidelijkste stad van Corsica. Ze ligt spectaculair op een hoge kalkstenen uitloper. Het uitzicht is bijna het mooiste van de Middellandse Zee *(blz. 528-529)*. De fraaie haven aan de voet van de kliffen is het levendigst. Daar wemelt het van de cafés, winkels en restaurants en er vertrekken regelmatig boten naar Sardinië en de onbewoonde eilanden Lavezzi en Cavallo. Van de haven leiden stenen trappen omhoog naar het oude versterkte centrum van Bonifacio. De citadel, gebouwd door de Genuese veroveraars in de 12de eeuw, was van 1963 tot 1983 het hoofdkwartier van het vreemdelingenlegioen. Als u van hier naar de punt van de klif loopt, komt u langs de twee oude windmolens en de ruïne van een klooster.

Côte Orientale ⓯

Haute-Corse & Corse-du-Sud. *Bastia.* *Porto-Vecchio, Aléria, Salenzara.* *Bastia, Porto-Vecchio.* *Aléria (04-95570626), Porto-Vecchio (04-95700958).*

Sinds de drooglegging van het vlakke, nogal saaie kwelderland tussen Bastia en Solenzara in 1945, waarmee men tevens afrekende met de malariamuggen, is het als akkerland in gebruik. Recentelijk zijn er echter ook vakantieoorden en hotels gebouwd die profiteren van de uitgestrekte zandstranden.

Mariana ligt onaangenaam dicht bij de drukke Bastia-Poretta luchthaven, maar de vroeg-12de-eeuwse kathedraal, die men **La Canonica** noemt, is prachtig. Iets verderop staat de door weiden omgeven **Eglise de San Perteo**.

De havenstad **Aléria** was ooit een Griekse nederzetting en later de uitvalsbasis voor de Romeinse veroveraars in 259 v.C. Even buiten de stad is in het 16de-eeuwse Fort de Matra een museum ingericht waar het dagelijks leven in het Romeinse Aléria wordt getoond.

Bij de zuidpunt van Corsica ligt de versterkte stad **Porto-Vecchio**, gebouwd door de Genuezen en tegenwoordig een populair vakantieoord. De omgeving is ideaal voor een ouderwetse vakantie aan zee, met parasoldennen, bossen van kurkeiken en verrukkelijke witte zandstranden vlak bij de stad, vooral bij **Palombaggia** en **Pinarello**.

Golfe de Porto-Vecchio

2828 PC 13

TIPS VOOR DE REIZIGER

ACCOMMODATIE

Een groot aantal van de 22.000 geregistreerde hotels in Frankrijk is smaakvol, persoonlijk en biedt beslist waar voor uw geld. Op deze vier bladzijden krijgt u een idee wat u van Franse hotels kunt verwachten. Het overzicht op blz. 540-575 geeft een selectie van de beste hotels in iedere prijsklasse en stijl, van moderne vestigingen van hotelketens tot klassieke familiebedrijfjes. Ook besteden we aandacht aan *chambres d'hôte* (het Franse *bed and breakfast*), die variëren van boerderijtjes tot châteaus, en aan jeugdherbergen. Frankrijk is een van de populairste vakantiebestemmingen van toeristen die het liefst zelf koken. Hier leest u informatie over het huren van een huisje op het platteland en over kampeervakanties.

Het Hôtel Euzkadi in Espelette in de Pyreneeën ***(blz. 569)***

HET KLASSIEKE FAMILIEHOTEL

In de kleine familiebedrijfjes kunt u voor weinig geld overnachten. Dikwijls zijn de bar en eetzaal een trefpunt voor buurtbewoners. Er heerst een zeer ongedwongen sfeer, met kinderen, katten en honden die zich volkomen thuis voelen. De kamers zijn niet altijd even levendig ingericht en uit de douche komt wellicht slechts een dun straaltje warm water, maar door de ouderwetse charme van het hotel stapt u hier snel overheen.
De jaarlijkse gids *Logis de France* vermeldt ruim 4000 van deze familiebedrijfjes, veelal hotel-restaurants met een of twee sterren. U treft ze aan in kleine steden of op het platteland; in Parijs staat er niet een. De meeste zijn niet meer dan een herberg langs de weg, maar wie van de gejikte toeristische route afwijkt, ontdekt ook veel omgebouwde boerderijen en goedkope hotelletjes aan de kust. *Logis* is een handig naslagwerk, maar de kwaliteit van de adressen loopt wel uiteen.

HET CHÂTEAU-HOTEL

Veel châteaus en herenhuizen in Frankrijk zijn omgebouwd tot luxehotel. Deze panden variëren van renaissance-gebouwen met imposante gazons tot middeleeuwse kastelen met torens en kantelen. Ze staan verspreid over heel Frankrijk, met name in de Loire-streek, Savoie, Haute-Savoie en de Rhônedelta. Vooral de hotels van **Relais et Châteaux** zijn aan te bevelen.
De kamers zien er prachtig uit en de keuken is *haute cuisine*. De accommodatie loopt uiteen van chique suites tot eenvoudiger vertrekken, vaak in omgebouwde boerderijen, waar u in luxe kunt logeren (zij het zonder hemelbedden en antiek) zonder een kapitaal neer te tellen.

HET HOTEL IN DE STAD

In iedere grote stad treft u vlak bij het station of de haven talrijke hotels aan. De beroemdste stadshotels zijn de herenhuizen in Parijs en die in de vakantieoorden aan de Rivièra, zoals Nice en Cannes. Houd er rekening mee dat veel hotels in de stad niet over een restaurant beschikken. Het is raadzaam de kwaliteit van kamer te controleren voor u hem boekt.

DE MODERNE HOTELKETEN

In vestigingen van moderne hotelketens kunt u goedkoop overnachten. Ze staan veelal in de buitenwijken van steden, aan snel- of hoofdwegen. De eenvoudige eensterrenmotels van **Formula 1** zijn het voordeligst. Ze beschikken over kamers met een- en tweepersoonsbedden zonder bijbehorende suite. Enkele ketens met twee sterren zijn **Ibis/Arcade**, **Campanile**, **Climat de France** en **Inter Hôtel**. **Novotel** en **Mercure/Altéa** zijn ketens met drie sterren; beide bieden *en suite*-accommodatie. Mercure/Altéa verleent gratis onderdak aan één kind, mits het hele gezin op dezelfde kamer slaapt.

Het Négresco in Nice aan de Côte d'Azur ***(blz. 573)***

Hôtel Meurice in de wijk de Tuilerieën in Parijs ***(blz. 541)***

HET RESTAURANT-MET-KAMERS

In heel Frankrijk zijn dure restaurants die ook onderdak bieden. Gewoonlijk doen de kamers niet onder voor het chique restaurant zelf en zijn ze even prijzig. Sommige goede restaurants beschikken echter over eenvoudige kamertjes – ideaal voor wie zich te goed wil doen aan dure maaltijden maar op onderdak wil besparen. Zie ook blz. 580-613.

MAALTIJDEN EN VOORZIENINGEN

In het hoogseizoen nemen veel hotels in toeristische oorden alleen gasten op basis van halfpension of *demi-pension* (een tarief per persoon voor een kamer, diner en ontbijt).
Een andere mogelijkheid is volpension of *pension*, waartoe ook de lunch hoort. Bij tarieven inclusief maaltijden bent u goedkoper uit, maar kunt u alleen kiezen van een vaste menukaart, vaak zonder de interessante schotels.
In veel kleine familiebedrijfjes kunt u 's zondags niet dineren en wordt deze maaltijd de overige dagen maar tot 21.00 uur geserveerd.
In de kamers staat meestal een tweepersoonsbed; wilt u lits-jumeaux of een eenpersoonsbed, vraag hier dan om bij het boeken. Bij middenklassehotels hebt u keuze uit diverse soorten badkamers. Het gebruik van een aparte badkamer verderop in de gang kan de kamerprijs aanzienlijk verlagen. Een bad *(un bain)* is vaak duurder dan een douche *(une douche); un cabinet de toilette* bevat een wastafel en bidet, maar geen bad, douche of toilet.

Hôtel de l'Abbaye in Talloires in de Franse Alpen ***(blz. 564)***

HOTELCLASSIFICATIES

Franse hotels worden aangeduid met nul tot vier sterren (plus een 'luxe viersterrenklasse'). Hotels met twee of meer sterren beschikken over een lift (waar noodzakelijk), telefoon op de kamer, en minstens 40 procent van de kamers bezit een suite. Driesterrenhotels serveren ontbijt op de kamer en 80 procent van de kamers is *en suite*. In viersterrenhotels treft u een restaurant aan en uitsluitend kamers met suite.

HOTELPRIJZEN

De prijzen, inclusief belasting en bediening, gelden per kamer (behalve bij *pension* en *demi-pension*-arrangementen). Vaak rekent het hotel iets extra voor een derde persoon op een tweepersoonskamer en iets minder voor wie alleen reist.
Hoe hoger de hotelklasse, hoe meer u betaalt. Het tarief voor een tweepersoonskamer begint rond FF 130 per nacht voor een hotel met één ster en loopt op tot FF 500 of meer voor een viersterrenhotel. De prijs verschilt per gebied; afgelegen gebieden zijn het goedkoopst. In streken als de Dordogne en de Provence betaalt u 20 procent meer, en in Parijs en de Côte d'Azur bent u nog 20 procent duurder uit. De prijs varieert ook per seizoen. Het hoogseizoen is soms wel 50 procent duurder.

HOE BOEKT U

Wilt u naar Parijs, of gaat u in juli en augustus naar een populaire toeristische streek, boek uw hotel dan zeer tijdig.
In vakantiegebieden zijn de meeste hotels van oktober tot maart gesloten. Mocht u buiten het seizoen reizen, informeer dan of uw hotel open is.
Bij alle hotels, op de eenvoudigste na, kunt u gewoonlijk met een creditcard boeken.
De toeristenbureaus in de belangrijke Franse steden kunnen maximaal acht dagen van tevoren een hotel reserveren.

De eetzaal van het Grand Hôtel, Sète *(blz. 571)*

Logies en ontbijt

Chambres d'hôte, het Franse *bed and breakfast*, vindt u in alle soorten en maten, van eenvoudige huisjes op het platteland tot châteaus vol familieportretten en antiek, plus diverse *ferme-auberges (blz. 577)*. U verblijft altijd in een particuliere woning en mag niet de bediening en voorzieningen van een hotel verwachten. Veel gelegenheden serveren het diner – *table d'hôte* – op verzoek, waarbij u *en famille* eet. Bij **Gîtes de France** staan ruim 5000 landelijke *chambres d'hôte* geregistreerd. Let op de groene *Chambres d'hôte*-borden.

Ook treft u veel niet-geregistreerde adressen voor logies en ontbijt aan. Informeer bij plaatselijke toeristenbureaus. Voorts kunt u terecht bij **Café-Couette**-gelegenheden ('koffie-dekbed') op het platteland en in de stad. Alleen al in Parijs staan er zo'n 50. De in totaal 500 adressen zijn te reserveren bij een centraal kantoor, na betaling van een jaarcontributie.

Het logo van Gîtes de France

Logies met eigen kookgelegenheid

Een *gîte* is een landelijk vakantiehuisje, vaak een omgebouwde boerderij of bijgebouwen ervan. De beste *gîtes* moeten maanden van tevoren worden gereserveerd.

Bij **Gîtes de France** staan zo'n 40.000 *gîtes* geregistreerd, geclassificeerd naar de geboden voorzieningen. U kunt de huisjes boeken uit een gids met een selectie van 2500 *gîtes* (verkrijgbaar bij Gîtes de France in Nederland) of rechtstreeks. Elk van de 95 regionale kantoren geeft een boekje uit met alle *gîtes* in het département plus een boekingsformulier. Deze zijn ook verkrijgbaar bij het hoofdkantoor in Parijs, **Maison des Gîtes de France**.

Frankrijk biedt daarnaast vele andere typen accommodatie met eigen kookgelegenheid: dure villa's aan de zuidkust, chalets in skioorden, en appartementen in de stad en aan de kust. Informeer bij het **Frans Verkeersbureau** naar adressen van makelaars die de huur van vakantiewoningen regelen.

Kamperen

Verspreid over Frankrijk liggen 11.000 officiële campings. De **Fédération Française de Camping et de Caravaning** geeft een uitgebreid overzicht uit van de kampeerplaatsen in Frankrijk, dat elk jaar wordt bijgewerkt. De gids *Camping à la Ferme* van Gîdes de France noemt een aantal eenvoudige campings bij boerderijen.

Campings worden aangeduid met een tot vier sterren. Drie- en viersterrencampings zijn gewoonlijk indrukwekkend groot en beschikken over veel voorzieningen en verscheidene elektriciteitsaansluitingen. Een- en tweesterrencampings zijn altijd voorzien van toiletten, een openbare telefoon en stromend water (campings met één ster hebben doorgaans alleen koud water). Wat ze missen aan voorzieningen wordt meestal goedgemaakt door de rust en het natuurschoon.

Sommige campings kunt u alleen bezoeken met een **kampeerbewijs**, verkrijgbaar bij de ANWB (Nederland) en KAC (België).

Jeugdherbergen

Jeugdherbergen zijn een voordelige vorm van onderdak voor wie alleen reist, maar mensen die met zijn tweeën reizen zijn in goedkope hotels vaak niet veel duurder uit. De Hostelling Guide van de IYHF bespreekt 220 jeugdherbergen van de **FUAJ**

Een camping in Bordeaux tijdens het hoogseizoen

(Fédération Unie des Auberges de Jeunesse) in Frankrijk, die toegankelijk zijn voor alle leeftijden. Als u geen lid bent van de jeugdherbergcentrale in eigen land, moet u bij de Franse jeugdherbergen een kleine toeslag betalen. **UCRIF** (Union des Centres de Rencontres Internationales de France) beschikt over 63 centra van culturele aard, verspreid over heel Frankrijk. Deze beschikken over accommodatie voor een en meer personen, slaapzalen en een restaurant. 's Zomers kunt u een studentenkamer huren. Neem contact op met **CROUS** (Centre Régional des Oeuvres Universitaires et Scolaires). *Gîtes d'étapes* zijn in de regel grote boerderijen met slaapzalen vlak bij wandel-, fiets- en paardrijroutes. De *Gîtes d'Étapes*-gids van Gîtes de France bespreekt er 1000.

GEHANDICAPTE REIZIGERS

Het **CNRH** (Comité Nationalpour la Réadaption des Handicapés) verstrekt informatie over hotels die toegankelijk zijn voor gehandicapte reizigers. De **Association des Paralysés de France** geeft een gids uit met toegankelijke hotels, getiteld *Où Ferons Nous Étape*.
Bij Gîtes de France is de gids *Gîtes Accessibles aux Handicapés* verkrijgbaar met *gîtes* die geschikt zijn voor gehandicapten.

Het Carlton International Continental in Cannes *(blz. 572)*

VERDERE INFORMATIE

Het Frans Verkeersbureau verstrekt informatie over hotelketens, reserveerbureaus en georganiseerde vakanties. U kunt hier ook *Logis de France*-gidsen krijgen en brochures over château-hotels, châteaus die logies en ontbijt bieden en Café-Couette. Informeer naar adressen van *Rélais et Châteaux* in Frankrijk bij vestigingen van deze keten of bij het hoofdkantoor in Parijs. Zoekt u accommodatie op het platteland maar niet in een hotel, wendt u zich dan eerst tot Gîtes de France.
In Frankrijk zelf kunt u voor informatie over logies en ontbijt en accommodatie met eigen kookgelegenheid het beste naar het plaatselijke toeristenbureau gaan.
Loisirs Accueil zijn een 53-tal speciale reserveerbureaus waar u terecht kunt met vragen over hotels, campings en logies met ontbijt in het betreffende gebied. Informeer bij het Frans Verkeersbureau naar de telefoonnummers.

ADRESSEN

HOTELKETENS

Campanile
033-4556566 (Nederland). België heeft geen centraal telefoonnummer voor buitenlandse reserveringen; men rechtstreeks naar Nederland of Frankrijk bellen).
01-64624646 (Frankrijk).

Climat de France
01-64460123 (Frankrijk).

Inter Hôtel
01-42064646 (Frankrijk).

Ibis/Arcade, Novotel, Mercure/Altéa
020-6443951 (Nederland).
0800-19511 (België, Nederlandstalig).
0800-10127 (België, Franstalig).
01-60772727 (Frankrijk).

Centre d'Information Relais & Châteaux
01-45729000 (Parijs).

LOGIES MET EIGEN KOOKGELEGENHEID

Gîtes de France – Nederland
Langestraat 52-B, 6850 AD Huissen.
026-3253383.

Maison des Gîtes de France
St-Lazaire 59, 75009 Parijs.
01-49707575.

JEUGDHERBERGEN

CROUS
Av G-Bernanos 39, 75231 Parijs Cedex 05.
01-40513600.

FUAJ (Féderation Unie des Auberges de Jeunesse)
Rue Pajol 27, 75018 Parijs.
01-44898727.

Nederlandse Jeugdherbergcentrale
Professor Tulpplein 4, 1018 GX Amsterdam.
020-5513155.

UCRIF
Rue de Turbigo 27, 75002 Parijs. *01-40265764.*

Vlaamse Jeugdherbergcentrale
Van Stralenstraat 40, 2060 Antwerpen.
03-2327218.

LOGIES EN ONTBIJT

Café-Couette
Rue de l'Isly 8, 75008 Parijs.
01-42949200.

KAMPEREN

Fédération Française de Camping et de Caravaning
Rue de Rivoli 78, 75004 Parijs. *01-42728408.*

KAMPEERBEWIJS

ANWB
070-3141420.

Koninklijke Automobiel Club
02-2870911

GEHANDICAPTE REIZIGERS

Association des Paralysés de France
Bd August Blanqui 17, 75013 Parijs.
01-40786900.

CNRH (Comité National pour la Réadaptation des Handicapés)
Rue de Tolbiac 236bis, 75013 Parijs.
01-53806666.

MEER INFORMATIE

Frans Verkeersbureau
Guldenvlieslaan 21, 1060 Brussel.
02-25130762.

Maison de la France
Prinsengracht 670, 1017 KX Amsterdam.
0900-1122332.

Een hotel kiezen

De hotels in dit boek variëren in prijsklasse en zijn geselecteerd vanwege de uitstekende voorzieningen en ligging. Veel hotels beschikken over een voortreffelijk restaurant. In het overzicht zijn de hotels ingedeeld naar streek, te beginnen met Parijs; gekleurde markeringen boven aan de bladzijden geven de streek aan. Restaurants vindt u op blz. 580-613.

Parijs

Hotel	Creditcards	Faciliteiten voor kinderen	Parkeerruimte	Zwembad	Tuin
Ile St-Louis: *Hôtel des Deux Iles.* Kaart 9 C4. ⒻⒻⒻⒻ Rue St-Louis-en-l'Ile 59, 75004. *01-43261335.* FAX *01-43296025.* ***Kamers:*** *17.* Het is een voorrecht om in het Ile St-Louis te logeren. De prijzen zijn redelijk, maar de kamers zijn wel vrij klein. TV	AE V	●	■		■
Ile St-Louis: *Hôtel du Jeu de Paume.* Kaart 9 C4. ⒻⒻⒻⒻ Rue St-Louis-en-l'Ile 54, 75004. *01-43261418.* FAX *01-40460276.* ***Kamers:*** *32.* Een gastvrij, karakteristiek hotel met een glazen lift, houten balken, oud terracotta plaveisel en een sauna. TV	AE DC MC V	●			■
De Marais: *Hôtel de la Place des Vosges.* Kaart 10 D4. ⒻⒻⒻ Rue de Birague 12, 75004. *01-42726046.* FAX *01-42720264.* ***Kamers:*** *16.* Een fraai oud gebouw, vlak bij een van het prachtigste pleinen van Parijs. De kamers op de bovenste verdieping bieden een mooi uitzicht. TV	DC MC V				
De Marais: *Hôtel de la Bretonnerie.* Kaart 9 C3. ⒻⒻⒻⒻ Rue Ste-Croix de la Bretonnerie 22, 75004. *01-48877763.* FAX *01-42772678.* ***Kamers:*** *30.* Dit is een van de gerieflijkste hotels van de Marais, gelegen in een aardige straat. Ruime kamers met antiek meubilair. TV	MC V	●			
De Marais: *St-Paul-le-Marais.* Kaart 10 D3. ⒻⒻⒻⒻ Rue de Sévigné 8, 75004 . *01-48049727* FAX *01-48873704.* ***Kamers:*** *27.* Oud hout en steen scheppen een rustieke omgeving. In de kamers aan de kant van de binnenplaats hebt u geen last van verkeerslawaai. TV	AE DC MC V	●			■
De Marais: *Pavillion de la Reine.* Kaart 10 D3. ⒻⒻⒻⒻⒻ Place des Vosges 28, 75003. *01-40291919.* FAX *01-40291920.* ***Kamers:*** *55.* Dit is hèt luxehotel van de Marais. De kamers zijn weelderig gerestaureerd. De binnenplaats is een oase van rust. TV	AE DC MC V	●	■		
Beaubourg: *Hôtel Beaubourg.* Kaart 9 B2. ⒻⒻⒻ Rue Simon Lefranc 11, 75004. *01-42743424.* FAX *01-42786811.* ***Kamers:*** *28.* Een uiterst comfortabel hotel, van alle gemakken voorzien, smaakvol gerestaureerd en ingericht. Geniet van de fraaie tuin. TV	AE DC MC V	●			■
Beaubourg: *Hôtel Britannique.* Kaart 9 A3. ⒻⒻⒻ Avenue Victoria 20, 75001. *01-42337459.* FAX *01-42338265.* ***Kamers:*** *40.* Een redelijk geprijsd, vriendelijk familiebedrijf in een gerenoveerd 19de-eeuws gebouw. TV	AE DC MC V	●			
Les Halles: *Hôtel Agora.* Kaart 9 A2. ⒻⒻⒻ Rue de la Cossonerie 7, 75001. *01-42334602.* FAX *01-42338099.* ***Kamers:*** *29.* Een grillig gerenoveerd hotel in een betrekkelijk rustige straat. In de kamers prijken glanzende kasten en oude schilderijen. TV	AE MC V	●			
Les Halles: *Hôtel St-Merry.* Kaart 9 B3. ⒻⒻⒻⒻ Rue de la Verrerie 78, 75004. *01-42781415.* FAX *01-40290682.* ***Kamers:*** *11.* Dit gebouw grenst aan de kerk de St-Merry en is ingericht in een 17de-eeuwse stijl met hemelbedden en oude tapijten.	V				
Tuilerieën: *Hôtel Brighton.* Kaart 8 D1. ⒻⒻⒻⒻ Rue de Rivoli 218, 75001. *01-47036161.* FAX *01-42604178.* ***Kamers:*** *70.* De kamers hebben hoge gewelfde plafonds en grote ramen die ofwel op de binnenplaats of op de Jardin des Tuileries uitkijken. De kamers aan de kant van de binnenplaats zijn rustiger maar minder mooi. TV	AE DC MC V	●			
Tuilerieën: *Hôtel de Crillon.* Kaart 7 C1. ⒻⒻⒻⒻⒻ Pl de la Concorde 10, 75008. *01-44711500.* FAX *01-44711502.* ***Kamers:*** *163.* Dit hotel is magnifiek gelegen in het hart van de stad en bezit een weelderige maar toch ingetogen elegantie. Schitterend terras. TV	AE DC MC V	●	■		■

Prijsklassen voor een standaard tweepersoonskamer (niet per persoon) per nacht, inclusief belasting en bediening, maar zonder ontbijt.
Ⓕ minder dan FF 200
ⒻⒻ FF 200-400
ⒻⒻⒻ FF 400-600
ⒻⒻⒻⒻ FF 600-1000
ⒻⒻⒻⒻⒻ meer dan FF 1000

FACILITEITEN VOOR KINDEREN
Wiegen en kinderoppas beschikbaar. In sommige hotels kunt u in het restaurant kinderporties en -stoelen krijgen.

PARKEERRUIMTE
Parkeergelegenheid bij het hotel: een eigen parkeerplaats of een eigen garage vlak in de buurt

ZWEMBAD
Hotelzwembaden zijn vaak erg klein en niet overdekt, tenzij anders vermeld.

TUIN
Hotel met tuin, binnenplaats of terras. Meestal staan hier tafels zodat u buiten kunt eten.

Hotel	Prijs	Creditcards	Faciliteiten voor kinderen	Parkeerruimte	Zwembad	Tuin
TUILERIEËN: *Hôtel du Louvre.* Kaart 8 E1. Place André Malraux, 75001. *01-44583838.* FAX *01-44583801.* ***Kamers:*** *197.* Reserveer hier de Pissarro-suite, waar deze kunstenaar *Place du Théâtre Français* heeft geschilderd. Zeer goede brasserie. TV	ⒻⒻⒻⒻⒻ	AE DC MC V	●			■
TUILERIEËN: *Intercontinental.* Kaart 8 D1. Rue de Castiglione 3, 75001. *01-44771111.* FAX *01-44771460.* ***Kamers:*** *450.* Dit laat-19de-eeuwse hotel is ontworpen door Charles Garnier, de architect van de Parijse Opéra, en wordt gebruikt voor modeshows. TV	ⒻⒻⒻⒻⒻ	AE DC MC V	●			■
TUILERIEËN: *Meurice.* Kaart 8 D1. Rue de Rivoli 228, 75001. *01-44581010.* FAX *01-44581015.* ***Kamers:*** *180.* Een typisch voorbeeld van een succesvolle restauratie met uitstekende replica's van het originele pleisterwerk en meubilair. TV	ⒻⒻⒻⒻⒻ	AE DC MC V	●			
TUILERIEËN: *Ritz.* Kaart 4 D5. Place Vendôme 15, 75001. *01-43163030.* FAX *01-43163178.* ***Kamers:*** *187.* Dit hotel doet zijn discrete, uitstekende reputatie nog altijd eer aan. Originele Lodewijk-XVI-meubels, schouwen en kroonluchters. TV	ⒻⒻⒻⒻⒻ	AE DC MC V	●	■	●	■
OPÉRA: *Ambassador.* Kaart 4 E4. Bd Haussmann 16, 75009. *01-42469263.* FAX *01-40220874.* ***Kamers:*** *289.* Dit zeer karakteristieke art deco-hotel met dikke tapijten en antieke meubels is hersteld in zijn oude glorie. Beneden hangen kristallen kroonluchters. De keuken is uit de kunst. TV	ⒻⒻⒻⒻⒻ	AE DC MC V	●			
OPÉRA: *Grand Hôtel.* Kaart 4 D5. Rue Scribe 2, 75009. *01-40073232.* FAX *01-42661251.* ***Kamers:*** *540.* In dit hotel zijn miljoenen geïnvesteerd; de kamers bieden het toppunt aan comfort en voorts beschikt het hotel over een fitnessclub. TV	ⒻⒻⒻⒻⒻ	AE DC MC V	●			
OPÉRA: *Westminster.* Kaart 4 D5. Rue de la Paix 13, 75002. *01-42615746.* FAX *01-42603066.* ***Kamers:*** *101.* De kamers zijn aangenaam ingericht, sommige met marmeren schoorsteenmantels, kroonluchters en 18de-eeuwse klokken. TV	ⒻⒻⒻⒻⒻ	AE DC MC V	●	■		
INVALIDES: *Pavillon.* Kaart 7 A2. Rue Saint Dominique 54, 75007. *01-45514287.* FAX *01-45513279.* ***Kamers:*** *20.* Een klein familiebedrijf waar u geheel tot rust komt. De kamers zijn niet groot, maar de inrichting is smaakvol. 's Zomers wordt het ontbijt op de binnenplaats geserveerd. TV	ⒻⒻⒻ	AE DC MC V	●			■
INVALIDES: *Hôtel de Suède.* Kaart 7 B4. Rue Vaneau 31, 75007. *01-47050008.* FAX *01-47056927.* ***Kamers:*** *39.* Dit stijlvolle, laat-18de-eeuwse hotel kijkt uit over het park van het Hôtel Matignon, de residentie van de Franse premier.	ⒻⒻⒻ	AE MC V	●			■
INVALIDES: *Hôtel de Varenne.* Kaart 7 B2. Rue de Bourgogne 44, 75007. *01-45514555.* FAX *01-45518663.* ***Kamers:*** *24.* Achter een strenge gevel gaat een kleine binnenplaats schuil waar u 's zomers kunt ontbijten. Dubbele beglazing houdt het verkeerslawaai buiten. De kamers die op de binnenplaats uitkijken zijn rustig en gezellig. TV	ⒻⒻⒻⒻ	AE MC V	●			■
INVALIDES: *Hôtel de Bourgogne et Montana.* Kaart 7 B2. Rue de Bourgogne 3, 75007. *01-45512022.* FAX *01-45561198.* ***Kamers:*** *34.* Dit hotel beschikt over een mahoniehouten bar en een ronde hal met roze marmeren pilaren. De kamers zijn minder opvallend, behalve die op de vierde verdieping, waar u een fantastisch uitzicht hebt. TV	ⒻⒻⒻⒻ	AE DC MC V	●			
EIFFELTOREN: *Grand Hôtel Lévêque.* Kaart 6 F3. Rue Cler 29, 75007. *01-47054915.* FAX *01-45504936.* ***Kamers:*** *50.* Zeer redelijk hotel, magnifiek gelegen. De kamers variëren in prijs en grootte, maar zijn allemaal licht en goed geventileerd.	ⒻⒻ	AE MV V	●			

Prijsklassen voor een standaard tweepersoonskamer (niet per persoon) per nacht, inclusief belasting en bediening, maar zonder ontbijt.
Ⓕ minder dan FF 200
ⒻⒻ FF 200-400
ⒻⒻⒻ FF 400-600
ⒻⒻⒻⒻ FF 600-1000
ⒻⒻⒻⒻⒻ meer dan FF 1000

Faciliteiten voor kinderen
Wiegen en kinderoppas beschikbaar. In sommige hotels kunt u in het restaurant kinderporties en -stoelen krijgen.

Parkeerruimte
Parkeergelegenheid bij het hotel: een eigen parkeerplaats of een eigen garage vlak in de buurt

Zwembad
Hotelzwembaden zijn vaak erg klein en niet overdekt, tenzij anders vermeld.

Tuin
Hotel met tuin, binnenplaats of terras. Meestal staan hier tafels zodat u buiten kunt eten.

Hotel	Creditcards	Faciliteiten voor kinderen	Parkeerruimte	Zwembad	Tuin
Chaillot: *Alexander.* Kaart 1 B5. ⒻⒻⒻⒻⒻ Av Victor Hugo 102, 75116. Tel. *01-45536465.* FAX *01-45531251.* ***Kamers:*** *62.* Dit gerieflijke, traditionele hotel weerspiegelt het *bourgeois*-zelfbewustzijn van de Avenue Victor Hugo. In de kleine, rustige gastenverblijven heerst een warme, gezellige sfeer. TV	AE DC MC V		■		■
Chaillot: *Raphaël.* Kaart 2 D4. ⒻⒻⒻⒻⒻ Avenue Kléber 17, 75116. Tel. *01-44280028.* FAX *01-45012150.* ***Kamers:*** *90.* Tal van films zijn opgenomen in de neogotische bar van dit tijdloze hotel waar sterren dekking zoeken voor de paparazzi. TV	AE DC MC V	●			
Chaillot: *Hôtel Paris Kléber Palace.* Kaart 5 C1. ⒻⒻⒻⒻⒻ Avenue Kléber 81, 75116. Tel. *01-44057575.* FAX *01-44057474.* ***Kamers:*** *83.* De kamers in dit hotel van de Spaanse architect Ricardo Bofill zijn stijlvol en luxueus. In de lobby groeit bamboe. TV	AE DC MC V		■	●	
Chaillot: *Villa Maillot.* Kaart 1 C4. ⒻⒻⒻⒻⒻ Avenue de Malakoff 143, 75116. Tel. *01-01-53645252.* FAX *01-45006061.* ***Kamers:*** *42.* Een modern hotel met meubilair geïnspireerd op de Art Deco. De kamers hebben grote bedden, kluisjes en een marmeren badkamer. TV	AE DC MC V	●	■		■
Champs-Elysées: *Résidence Lord Byron.* Kaart 2 E4. ⒻⒻⒻⒻ Rue Chateaubriand 5, 75008. Tel. *01-43598998.* FAX *01-42894604.* ***Kamers:*** *31.* 's Zomers ontbijten de gasten in de binnentuin van dit kleine, discrete hotel. De kamers zijn betrekkelijk rustig maar niet groot. TV	AE DC MC V	●			■
Champs-Elysées: *Atala.* Kaart 2 E4. ⒻⒻⒻⒻⒻ Rue Chateaubriand 10, 75008. Tel. *01-45620162.* FAX *01-42256638.* ***Kamers:*** *48.* Het Atala is gelegen in een stille straat vlak bij de Champs-Elysées. De kamers kijken uit op een tuin met bomen. Van de kamers op de achtste verdieping hebt u een spectaculair uitzicht op de Eiffeltoren. TV	AE DC MC V	●	■		■
Champs-Elysées: *Bristol.* Kaart 3 A4. ⒻⒻⒻⒻⒻ Rue du Faubourg St-Honoré 112, 75008. Tel. *01-53434300.* FAX *01-53434301.* ***Kamers:*** *194.* Een van de beste hotel van de stad. De grote kamers zijn weelderig ingericht met antiek. De badkamers zijn formidabel. TV	AE DC MC V	●	■	●	■
Champs-Elysées: *Concorde La Fayette.* Kaart 1 C2. ⒻⒻⒻⒻⒻ Pl du Général Koenig 3, 75017. Tel. *01-40685068.* FAX *01-40685043.* ***Kamers:*** *970.* Een high-techtoren met talrijke voorzieningen, waaronder een fitnessclub, een winkelgalerij en een verbazingwekkende bar op de 33ste verdieping. TV	AE DC MC V	●			
Champs-Elysées: *George V.* Kaart 2 E5. ⒻⒻⒻⒻⒻ Avenue George V 31, 75008. Tel. *01-47235400.* FAX *01-47204000.* ***Kamers:*** *260.* Een legendarisch hotel vol met geheime salons, oud meubilair en schilderijen. U kunt gebruik maken van talrijke voorzieningen. TV	AE DC MC V	●	■		■
Champs-Elysées: *Plaza Athénée.* Kaart 6 F1. ⒻⒻⒻⒻⒻ Avenue Montaigne 25, 75008. Tel. *01-53676665.* FAX *01-53676666.* ***Kamers:*** *211.* Dit is hèt hotel voor echtparen op huwelijksreis en voor de oude aristocratie. Plaza Athénée is het summum van moderne luxe. TV	AE DC MC V	●	■		■
Champs-Elysées: *Royal Monceau.* Kaart 2 F3. ⒻⒻⒻⒻⒻ Avenue Hoche 37, 75008. Tel. *01-42998800.* FAX *01-42998990.* ***Kamers:*** *219.* Het Royal Monceau beschikt over een van de meest luxueuze fitnessclubs van Parijs en een voortreffelijk Italiaans restaurant. TV	AE DC MC V	●	■	●	
St-Germain-des-Prés: *Hôtel Solférino.* Kaart 7 C2. ⒻⒻⒻ Rue de Lille 91, 75007. Tel. *01-47058554.* FAX *01-45555116.* ***Kamers:*** *33.* Een klein hotel vlak bij het Musée d'Orsay met eenvoudig ingerichte kamers en een fantastisch uitzicht over de daken. Een aanrader. TV	AE MC V	●			

St-Germain-des-Prés: *Buci Latin.* Kaart 8 E4. ⒻⒻⒻⒻ Rue du Buci 34, 75006. *01-43290720.* FAX *01-43296744.* ***Kamers:*** *27.* Modern hotel met een minimalistisch decor dat jonge gasten trekt. Enkele suites beschikken over een balkon en een whirlpool. TV	*AE DC MC V*	●			
St-Germain-des-Prés: *Hôtel St-Germain-des-Prés.* Kaart 8 E4. ⒻⒻⒻⒻ Rue Bonaparte 36, 75006. *01-43260019.* FAX *01-40468363.* ***Kamers:*** *30.* Hoewel dit aardige, bijzondere hotel aan een drukke straat ligt, dringt er zelden lawaai binnen. De kamers variëren in grootte. TV	*MC V*				
St-Germain-des-Prés: *Hôtel de l'Université.* Kaart 8 D3. ⒻⒻⒻⒻⒻ Rue de l'Université 22, 75007. *01-42610939.* FAX *01-42604084.* ***Kamers:*** *27.* Een omgebouwd 17de-eeuws herenhuis met antiek en tapijten in de gastenverblijven. De kelder is een 14de-eeuwse crypte. TV	*AE MC V*	●			
Quartier Latin: *Esmeralda.* Kaart 9 A4. ⒻⒻ Rue St-Julien-le Pauvre 4, 75005. *01-43541920.* FAX *01-40510068.* ***Kamers:*** *19.* Het interieur achter de oude stenen muren weerspiegelt uiteenlopende perioden en stijlen. De beste kamers kijken uit op de Notre-Dame.		●			
Quartier Latin: *Hôtel les Degrés de Notre-Dame.* Kaart 9 B4. ⒻⒻⒻ Rue des Grands-Degrés 10, 75005. *01-43258838.* FAX *01-40469534.* ***Kamers:*** *10.* U kunt kiezen tussen een rustige kamer en een kamer met een beeldschoon uitzicht op de Notre-Dame. Gunstig gelegen. TV	*MC V*				
Quartier Latin: *Hôtel des Grandes Ecoles.* Kaart 9 B5. ⒻⒻⒻ Rue Cardinal Lemoine 75, 75005. *01-43267923.* FAX *01-43252815.* ***Kamers:*** *50.* Een verbazingwekkend geheel van drie kleine huizen met een tuin. Twee van de gebouwen hebben hun ouderwetse charme behouden.	*MC V*	●			■
Quartier Latin: *Hôtel des Grands Hommes.* Kaart 13 A1. ⒻⒻⒻⒻ Place du Panthéon 17, 75005. *01-46341960.* FAX *01-43266732.* ***Kamers:*** *32.* Veel docenten aan de Sorbonne verblijven in dit rustige hotel vlak bij de Jardin du Luxembourg. De bovenste kamers kijken uit op het Panthéon. TV	*AE DC MC V*	●			■
Quartier Latin: *Hôtel de Notre-Dame.* Kaart 9 B5. ⒻⒻⒻⒻ Rue Maître Albert 19, 75005. *01-43267900.* FAX *01-46335011.* ***Kamers:*** *34.* Dit kleine hotel staat in een rustige straatje tegenover de Notre-Dame en is een ideale uitvalsbasis voor verkenningstochten in het oude Parijs. TV	*AE MC V*				
Quartier Latin: *Hôtel du Panthéon.* Kaart 13 A1. ⒻⒻⒻⒻ Place du Panthéon 19, 75005. *01-43543295.* FAX *01-43266465.* ***Kamers:*** *34.* Het Hôtel du Panthéon wordt door dezelfde mensen beheerd als het Hôtel des Grands Hommes. De ontvangst is even hartelijk. TV	*AE DC MC V*	●			
Luxembourg: *Perreyve.* Kaart 8 E5. ⒻⒻⒻ Rue Madame 63, 75006. *01-45483501.* FAX *01-42840330.* ***Kamers:*** *30.* De kamers zijn sober, eenvoudig en schoon. De kamers op de hoeken en de zolderkamers op de zesde verdieping zijn het best. TV	*AE DC MC V*				
Luxembourg: *Récamier.* Kaart 8 E4. ⒻⒻⒻ Place St-Sulpice 3 bis, 75006. *01-43260489.* FAX *01-46332773.* ***Kamers:*** *30.* Een familiehotel zonder televisies en restaurant. Probeer een kamer te krijgen die zowel op de binnenplaats als op het plein uitkijkt.	*MC V*				
Luxembourg: *Hôtel de l'Abbaye St-Germain.* Kaart 8 D5. ⒻⒻⒻⒻ Rue Cassette 10, 75006. *01-45443811.* FAX *01-45480786.* ***Kamers:*** *46.* In deze voormalige abdij heerst nog altijd een serene sfeer. Het hotel beschikt over een mooie binnenplaats en een open haard in de salon. TV	*AE MC V*	●			■
Jardin des Plantes: *Le Jardin des Plantes.* Kaart 13 B1. ⒻⒻⒻ Rue Linné 5, 75005. *01-47070620.* FAX *01-47076274.* ***Kamers:*** *33.* Dit vrolijk ingerichte hotel staat in een woonwijk vlak bij de tuinen. U vindt er een dakterras, en een sauna in de gewelfde kelder. TV	*AE DC MC V*				■
Montparnasse: *L'Atelier Montparnasse.* Kaart 12 D1. ⒻⒻⒻ Rue Vavin 49, 75006. *01-46336000.* FAX *01-40510421.* ***Kamers:*** *17.* U krijgt hier een stijlvol onthaal. De badkamers zijn verfraaid met reprodukties van beroemde schilderijen in de vorm van mozaïeken. TV	*AE DC MC V*	●			
Montparnasse: *Ferrandi.* Kaart 11 C1. ⒻⒻⒻ Rue du Cherche-Midi 92, 75006. *01-42229740.* FAX *01-45448997.* ***Kamers:*** *42.* Een rustig hotel met een open haard in de lounge. In een groot aantal van de comfortabele kamers staat een hemelbed. TV	*AE DC MC V*	●	■		

Verklaring van de symbolen zie achterflap

Prijsklassen voor een standaard tweepersoonskamer (niet per persoon) per nacht, inclusief belasting en bediening, maar zonder ontbijt.
Ⓕ minder dan FF 200
ⒻⒻ FF 200-400
ⒻⒻⒻ FF 400-600
ⒻⒻⒻⒻ FF 600-1000
ⒻⒻⒻⒻⒻ meer dan FF 1000

Faciliteiten voor kinderen
Wiegen en kinderoppas beschikbaar. In sommige hotels kunt u in het restaurant kinderporties en -stoelen krijgen.

Parkeerruimte
Parkeergelegenheid bij het hotel: een eigen parkeerplaats of een eigen garage vlak in de buurt

Zwembad
Hotelzwembaden zijn vaak erg klein en niet overdekt, tenzij anders vermeld.

Tuin
Hotel met tuin, binnenplaats of terras. Meestal staan hier tafels zodat u buiten kunt eten.

Hotel	Prijs	Creditcards	Faciliteiten voor kinderen	Parkeerruimte	Zwembad	Tuin
Montparnasse: *Hôtel la Ste-Beuve.* Kaart 12 D1. Rue Ste Beuve 9, 75006. Tel. *01-45482007.* Fax *01-45486752.* ***Kamers:*** *22.* In dit met zorg gerestaureerde hotel heerst een gezellige sfeer. U kunt ontbijten aan bridgetafels of op sofa's in de salon. TV	ⒻⒻⒻⒻ	AE MC V	●			
Montparnasse: *Lenox Montparnasse.* Kaart 12 D2. Rue Delambre 15, 75014. Tel. *01-43353450.* Fax *01-43204664.* ***Kamers:*** *52.* Dit hotel bezit een ingetogen elegantie. De zes grote suites op de bovenste verdieping hebben een open haard. TV	ⒻⒻⒻⒻ	AE DC MC V	●			
Montparnasse: *Villa des Artistes.* Kaart 12 D2. Rue de la Grande Chaumière 9, 75006. Tel. *01-43266086.* Fax *01-43547370.* ***Kamers:*** *60.* In dit hotel streeft men ernaar om de Belle Époque te doen herleven. In de grote patio kunt u in alle rust ontbijten. TV	ⒻⒻⒻⒻ	AE DC MC V	●			●
Montmartre: *Timhôtel.* Kaart 4 E1. Rue Ravignan 11, 75018. Tel. *01-42557479.* Fax *01-42557101.* ***Kamers:*** *60.* Dit zeer aangename hotel staat aan een rustig, alleraardigst plein. Van de bovenste verdiepingen hebt u een mooi uitzicht. TV	ⒻⒻⒻ	AE DC MC V	●	●		
Montmartre: *Terrass.* Kaart 4 E1. Rue Joseph-de-Maistre 12, 75018. Tel. *01-46067285.* Fax *01-42522911.* ***Kamers:*** *101.* De bovenste verdiepingen kijken uit over de daken van Parijs. Sommige kamers hebben nog het originele art deco-houtwerk. TV	ⒻⒻⒻⒻⒻ	AE DC MC V	●	●		●

Ile de France

Hotel	Prijs	Creditcards	Faciliteiten voor kinderen	Parkeerruimte	Zwembad	Tuin
Barbizon: *Hostellerie la Dague* Grand Rue 5, 77630. Tel. *01-60664049.* Fax *01-60692459.* ***Kamers:*** *25.* Dit rustieke maar toch chique hotel is in trek bij Parijzenaars, dus boek tijdig. Het traditionele Franse restaurant is gastvrij. TV	ⒻⒻ	DC MC V	●	●		●
Fontainebleau: *Hôtel de l'Aigle Noir* Pl Napoléon 27, 77300. Tel. *01-60746000.* Fax *01-60740001.* ***Kamers:*** *57.* Dit prestigieuze herenhuis kijkt uit over het château Fontainebleau en het uitgestrekte park. Voortreffelijke keuken. TV	ⒻⒻⒻⒻⒻ	AE DC MC V	●	●	●	●
Fontenay-Trésigny: *Le Manoir* Départmentale 402, 77610. Tel. *01-64259117.* Fax *01-64259549.* ***Kamers:*** *20.* Voor velen is dit dromerige herenhuis met zijn uitgestrekte gronden een landelijk paradijs. Voorname gasten arriveren per helikopter. TV	ⒻⒻⒻⒻⒻ	AE DC MC	●	●	●	●
Herbeville: *Le Mont au Vent* Rue de Maule 2, 78580. Tel. *01-30906522.* Fax *01-34751254.* ***Kamers:*** *6.* Dit dorpshotel, gelegen in een fraaie omgeving, is ideaal voor een bezoek aan Versailles. Prijs inclusief ontbijt. Contant betalen. TV	ⒻⒻ		●	●	●	●
Roissy-Charles-de-Gaulle: *Novotel Paris Roissy* Luchthaven Charles de Gaulle, 95705. Tel. *01-49192727.* Fax *01-49192799.* ***Kamers:*** *201.* Dit een van de beste hotels, of uw verblijf hier nu noodgedwongen of beoogd is. Comfort en efficiëntie staan voorop. TV	ⒻⒻⒻⒻ	AE DC MC V	●	●		
St-Germain-en-Laye: *La Forestière* Av du Président Kennedy 1, 78100. Tel. *01-39103838.* Fax *01-39737388.* ***Kamers:*** *30.* Dit hotel in een bosrijk gebied straalt een zekere landelijke verfijndheid uit. Geniet van de heerlijkheden in het restaurant. TV	ⒻⒻⒻⒻ	AE MC V	●	●		●
St-Germain-en-Laye: *Pavillon Henri IV* Rue Thiers 19-21, 78100. Tel. *01-39101515.* Fax *01-39739373.* ***Kamers:*** *42.* Dit luxueuze hotel-restaurant is gevestigd in een stijlvol buitenhuis dat is gebouwd door Hendrik IV. Hier werd Lodewijk XIV geboren en schreef Alexandre Dumas *De drie musketiers.* Uitzicht over het Seine-dal. TV	ⒻⒻⒻⒻⒻ	AE DC MC V	●	●		●

VERSAILLES: *Hôtel de Clagny* ⒻⒻ
Impasse de Clagny 6, 78000. ☎ *01-39501809.* FAX *01-39508517.* ***Kamers:*** *21.*
Gunstig gelegen, vlak bij het station en in een rustige omgeving. De kamers zijn eenvoudig ingericht en de ontvangst is hartelijk. TV
DC MC V | – ■ – –

VERSAILLES: *Trianon Palace* ⒻⒻⒻⒻⒻ
Bd de la Reine 1, 78000. ☎ *01-30843800.* FAX *01-39515779.* ***Kamers:*** *90.*
Dit is het prachtigste hotel van de streek, dat de eretitel *palace* verdient. Het past uitstekend bij de klassieke lijnen van de tuinen van Versailles. Het restaurant is het neusje van de zalm. TV
AE DC MC V | ● ■ ● ■

VILLEPREUX: *Château de Villepreux* ⒻⒻⒻⒻⒻ
Chemin des Grandes Maisons, 78450. ☎ *01-30817800.* FAX *01-34622470.* ***Kamers:*** *10.*
Dit voorname particuliere hotel is al 200 jaar eigendom van de familie Saint-Seine. Vlakbij ligt de golfbaan St-Nom-la-Bretèche.
MC V | – ■ – ■

HET NOORDEN EN PICARDIË

AMIENS: *Hôtel de Normandie* ⒻⒻ
Rue Lamartine 1 bis, 80000. ☎ *03-22917499.* FAX *03-22920656.* ***Kamers:*** *27.*
Op vijf minuten lopen van de kathedraal staat dit hotel van rond 1900. Het ademt rust en eenvoud te midden van de drukke stad. TV
MC V | – ■ – –

AMIENS: *La Résidence* ⒻⒻ
Rue Porion 17, 80000. ☎ *03-22922767.* FAX *03-22924616.* ***Kamers:*** *21.*
Een buitengewoon comfortabel hotel met smaakvol ingerichte kamers en antiek meubilair. Dicht bij de kathedraal. TV
AE DC MC V | – – – –

ARMBOUTS-CAPPEL: *Hôtel du Lac* ⒻⒻⒻ
Bordure du lac 2, 59380. ☎ *03-28607060.* FAX *03-28610639.* ***Kamers:*** *66.*
Dit uiterst gerieflijke en moderne hotel ligt ten zuiden van Duinkerken, dicht bij een meer dat beroemd is om zijn rijke vogelleven. TV
AE DC MC V | ● ■ – ■

BERCK-SUR-MER: *Hôtel Neptune* ⒻⒻ
Esplanade Parmentier, 62600. ☎ *03-21092121.* FAX *03-21092929.* ***Kamers:*** *63.*
Een sierlijk hotel aan zee. De kamers zijn eenvoudig maar stijlvol ingericht in wit en blauw. Het restaurant kijkt uit op zee. TV
AE MC V | ● ■ – –

BOULOGNE-SUR-MER: *Hôtel Métropole* ⒻⒻⒻ
Rue Thiers 51, 62200. ☎ *03-21315430.* FAX *03-21304572.* ***Kamers:*** *25.*
In Boulogne staan weinig hotels met een eigen karakter. Dit hotel is evenwel zeer comfortabel en ligt gunstig ten opzichte van de winkels. TV
AE MC V | – ■ – ■

CALAIS: *Le Climat de France* ⒻⒻ
Digue G Berthe, 62100. ☎ *03-21346464.* FAX *03-21343539.* ***Kamers:*** *45.*
Dit gerieflijke, gastvrije hotel kijkt uit over het strand en heeft een voordelig restaurant. TV
AE DC MC V | ● ■ – –

CAMBRAI: *Le Mouton Blanc* ⒻⒻ
Rue Alsace Lorraine 33, 59400. ☎ *03-27813016.* FAX *03-27818354.* ***Kamers:*** *32.*
Dit hotel is van alle gemakken voorzien en staat tussen de fraaie oude kerk van St-Géry en het centrum van de historische stad. TV
AE MC V | ● ■ – –

DUINKERKEN: *Welcome Hotel* ⒻⒻ
Rue du Prés Poincaré 37, 59140. ☎ *03-28592070.* FAX *03-28210349.* ***Kamers:*** *39.*
Dit moderne hotel is centraal gelegen en biedt veel comfort, van een minibar tot kabeltelevisie. Restaurant en bar in Mexicaanse stijl. TV
AE MC V | ● ■ – –

FREVENT: *Le Vert Bocage* ⒻⒻ
Monchel-sur-Canche, 62270. ☎ *03-21479675.* FAX *03-21032417.* ***Kamers:*** *10.*
Dit moderne hotel, omgeven door een fraai aangelegde tuin met een klein meer, is een oase van rust en comfort. TV
MC V | – ■ – ■

GOSNAY: *La Chartreuse de Val St-Esprit* ⒻⒻⒻ
Rue de Fouquières 1, 62199. ☎ *03-21628000.* FAX *03-21624250.* ***Kamers:*** *56.*
Een luxe, rustig château met nog een groot deel van het originele meubilair. Het *restaurant gastronomique* is gespecialiseerd in verse vis, schelp- en schaaldieren, en in de eetzaal dineert u in stijl. TV
AE DC MC V | ● ■ – ■

GUISE: *Hôtel Champagne Picardie* ⒻⒻ
Rue A Godin 41, 02120. ☎ *03-23604344.* ***Kamers:*** *12.*
Een herenhuis in het historische centrum van Guise. De helft van de kamers kijkt uit op de flinke tuin achter het hotel. TV
MC V | – ■ – ■

Verklaring van de symbolen zie achterflap

Prijsklassen voor een standaard tweepersoonskamer (niet per persoon) per nacht, inclusief belasting en bediening, maar zonder ontbijt.
Ⓕ minder dan FF 200
ⒻⒻ FF 200-400
ⒻⒻⒻ FF 400-600
ⒻⒻⒻⒻ FF 600-1000
ⒻⒻⒻⒻⒻ meer dan FF 1000

Faciliteiten voor kinderen
Wiegen en kinderoppas beschikbaar. In sommige hotels kunt u in het restaurant kinderporties en -stoelen krijgen.

Parkeerruimte
Parkeergelegenheid bij het hotel: een eigen parkeerplaats of een eigen garage vlak in de buurt

Zwembad
Hotelzwembaden zijn vaak erg klein en niet overdekt, tenzij anders vermeld.

Tuin
Hotel met tuin, binnenplaats of terras. Meestal staan hier tafels zodat u buiten kunt eten.

Hotel	Creditcards	Faciliteiten voor kinderen	Parkeerruimte	Zwembad	Tuin
Laon: *Hôtel de la Bannière de France* ⒻⒻ Rue Franklin Roosevelt 11, 02000. *03-23232144.* FAX *03-23233156.* ***Kamers:*** *18.* Aardig hotel binnen de oude ommuurde stad Laon. Fraai uitzicht en gunstig gelegen voor reizigers die uit de havensteden aan Het Kanaal komen. TV	AE DC MC V	●	■		
Laon: *Hostellerie St-Vincent* ⒻⒻ Avenue Charles de Gaulle 29, 02000. *03-23234243.* FAX *03-23792255.* ***Kamers:*** *47.* Een comfortabele gelegenheid, gemakkelijk te vinden aan de oostkant van deze oude stad. Zowel het hotel als het restaurant is uitstekend. TV	AE MC V		■		■
Le Touquet: *Novotel-Thalamer* ⒻⒻⒻⒻ Front de Mer, 62520. *03-21098500.* FAX *03-21098510.* ***Kamers:*** *149.* Groot hotel aan zee met lichte, functionele kamers vanwaar u schitterend uitzicht hebt. Ontspan u in de zoutwaterbron en sauna. TV	AE MC V	●	■	●	■
Longpont: *Hôtel de l'Abbaye* ⒻⒻ Rue des Tourelles 8, 02600. *03-23960244.* FAX *03-23960244.* ***Kamers:*** *12.* De naam verwijst naar een 12de-eeuwse verwoeste abdij vlakbij en het hotel is bijna even oud. Goed restaurant met plaatselijke gerechten.	MC V	●	■		■
Maubeuge: *Hôtel Shakespeare* ⒻⒻ Rue du Commerce 3, 59600. *03-27651414.* FAX *03-27640466.* ***Kamers:*** *35.* Modern, functioneel en efficiënt beheerd hotel met een vriendelijke sfeer. U vindt er een restaurant en een gerieflijke bar. TV	AE DC MC V		■		■
Montreuil: *Le Darnetal* ⒻⒻ Place Darnetal, 62170. *03-21060487.* FAX *03-21866467.* ***Kamers:*** *4.* Reserveren is noodzakelijk in dit hotel-restaurant dat ligt in de oude vestingstad Montreuil. Kamers in oude stijl met badkamers *en suite.* Het diner streelt de tong, vooral de oesterschotels.	AE DC MC V				
Péronne: *Hostellerie des Remparts* ⒻⒻ Rue Beaubois 21, 80200. *03-22840122.* FAX *03-22843196.* ***Kamers:*** *16.* De ramen van deze herberg kijken uit op de oude vestingwerken van de stad en zijn siertuinen. Het interieur is traditioneel van stijl en lijkt in de loop der jaren weinig te zijn veranderd. TV	AE DC MC V	●	■		■
Reuilly-Sauvigny: *L'Auberge le Relais* ⒻⒻ 02850 Rue de Paris 2. *03-23703536.* FAX *03-23702776.* ***Kamers:*** *7.* Een oude *ferme-auberge* met een paar moderne aanpassingen, gelegen in een klein dorpje. De glazen serre kijkt uit op een fraaie tuin. TV	AE DC MC V		■		■
St-Omer: *Hôtel St-Louis* ⒻⒻ Rue d'Arras 25, 62500. *03-21383521.* FAX *03-21385726.* ***Kamers:*** *30.* Deze 18de-eeuwse herberg staat precies in het centrum van een historische stad met een kathedraal. De kamers zijn gemoderniseerd maar het restaurant heeft de karakteristieke oude smaak behouden. TV	MC V	●	■		■
St-Quentin: *Grand Hôtel* ⒻⒻⒻ Rue Dachery 6-8, 02100. *03-23626977.* FAX *03-23625352.* ***Kamers:*** *24.* Fraai ontworpen en smaakvol ingerichte kamers. In het restaurant *Le Président* zijn het diner en het ontbijt een festijn. TV	AE DC MC V	●	■		
Sars-Poteries:: *Hôtel Fleuri* ⒻⒻ Rue du Général de Gaulle 65, 59216. *03-27616172.* ***Kamers:*** *11.* Eenvoudige, maar gezellige accommodatie met een voortreffelijk restaurant ernaast.	MC V		■		■
Sebourg: *Hôtel et Restaurant Jardin Fleuri* ⒻⒻ Rue du Moulin 23, 59990. *03-27265331.* FAX *03-27265008.* ***Kamers:*** *10.* Dit rustige hotel-restaurant, ten zuidoosten van Valenciennes, wordt omgeven door een enorme bloementuin. Buiten staan tafels en het restaurant, iets verderop, kijkt uit op de dorpsstraat. TV	MC V		■		■

VERVINS: *La Tour de Roy* ⒻⒻⒻ Rue du Général Leclerc 45, 02140. 03-23980011. FAX 03-23980072. **Kamers:** 18. Een buitengewoon comfortabel en rustig hotel met tafels buiten en een wondermooie tuin. TV	AE MC V	●	■		■
WIMEREUX: *Hôtel Paul et Virginie* ⒻⒻ Rue Général de Gaulle 19, 62930. 03-21324212. FAX 03-21876585. **Kamers:** 15. Dit attractieve 19de-eeuwse hotel staat precies tussen het strand en de winkels van een aardige kustplaats. Goed familiehotel. TV	AE DC MC V	●	■		■
CHAMPAGNE					
ANDELOT: *Le Cantarel* ⒻⒻ Place Cantarel, 52700. 03-25013113. FAX 03-25031541. **Kamers:** 8. Andelot ligt noordoostelijk van Chaumond aan de weg naar Neufchâteau. Dit hotel aan het dorpsplein heeft een goed, voordelig restaurant. TV	MC V		■		■
BOURBONNE-LES-BAINS: *Hôtel Jeanne d'Arc* ⒻⒻ Rue Admiral-Pierre, 52400. 03-25904600. FAX 03-25904600. **Kamers:** 32. Bourbonne-les-Bains is een kuuroord en het comfortabele hotel staat direct naast de drinkzaal. Het omliggende landschap is adembenemend. TV	AE MC V	●	■	●	■
CHÂLONS-EN-CHAMPAGNE: *Hôtel du Pot d'Etain* ⒻⒻ Place de la République 18, 51000. 03-26680909. FAX 03-26685818. **Kamers:** 27. Dit 15de-eeuwse hotel in het centrum van de stad wordt beheerd door een bakkersfamilie. U krijgt hier verse croissants als ontbijt. TV	V DC MC	●	■		
CHAMPILLON: *Royal Champagne* ⒻⒻⒻⒻ Bellevue, 51160. 03-26528711. FAX 03-26528969. **Kamers:** 29. Deze 16de-eeuwse pleisterplaats voor postkoetsen, gelegen op de beboste Montagne de Reims, herbergt een gastvrij hotel-restaurant. TV	AE DC MC V	●	■		
CHARLEVILLE-MÉZIÈRES: *Le Clèves* ⒻⒻ Rue de l'Arquebuse 43, 08000. 03-24331075. FAX 03-24590125. **Kamers:** 47. Dit hotel staat in een stille straat naast het geboortehuis van de dichter Rimbaud. Fraaie en comfortabele eetzaal. TV	AE DC MC V	●	■		■
CHARLEVILLE-MÉZIÈRES: *Le Relais du Square* ⒻⒻ Place de la Gare 3, 08000. 03-24333876. FAX 03-24335666. **Kamers:** 49. Hoewel het adres anders suggereert, staat dit hotel buiten gehoorafstand van het station. U vindt er een gezellige bar en een goed restaurant. TV	AE DC MC V	●	■		■
CHAUMONT: *Le Grand Val* Ⓕ Route de Langres, 52000. 03-25039035. FAX 03-25321180. **Kamers:** 52. Dit eenvoudige hotel aan de weg naar Langres en Dijon is gevestigd in een stenen gebouw met houten lambrizering. U hebt uitzicht op het Marne-dal.	AE DC MC V	●	■		
EPERNAY: *Hôtel de la Cloche* Ⓕ Place Mendès-France 3, 51200. 03-26552405. FAX 03-26518805. **Kamers:** 19. Dit is het beste hotel in zijn categorie van Epernay, de hoofdstad van Champagne. *La Cloche* beschikt over eenvoudige maar zonnige kamers en een goed restaurant dat regionale specialiteiten serveert. TV	AE MC V				■
EPERNAY: *Micheline & Jean-Marie Tarlant* ⒻⒻ Oeuilly, RN3, 51480. 03-26583060. FAX 03-26583731. **Kamers:** 4. Druivenplukkershuisjes op een door een familie beheerd landgoed met wijngaarden, zijn omgebouwd tot gastenverblijven. U ontbijt in een aardige serre, waarna u beneden de champagnekelders kunt bezichtigen.	MC V		■		■
ETOGES: *Château d'Etoges* ⒻⒻⒻ Rue Richebourg 4, 51270. 03-26593008. FAX 03-26593557. **Kamers:** 21. Dit imposante 17de-eeuwse kasteel, met slotgracht en torens, wordt nog steeds bewoond. U voelt zich te gast in een voornaam particulier woonverblijf. TV	AE DC MC V	●	■		■
HAYBES-SUR-MEUSE: *L'Ermitage Moulin Labotte* ⒻⒻ 08170 Haybes-sur-Meuse. 03-24411344. FAX 03-24404672. **Kamers:** 10. Een afgelegen 18de-eeuwse molen in een bosrijk gebied. U vindt er een sfeervolle eetzaal met een leien vloer en een molenrad. TV	MC V	●	■		■
LANGRES: *Grand Hôtel de l'Europe* ⒻⒻ Rue Diderot 23-25, 52200. 03-25871088. FAX 03-25876065. **Kamers:** 28. Dit hotel in de hoofdstraat van deze marktstad is gemakkelijk te vinden. Het is gehuisvest in een 17de-eeuws gebouw met een schitterend bewaard gebleven eetzaal uit die tijd. De kamers zijn gemoderniseerd. TV	MC V	●	■		

Verklaring van de symbolen zie achterflap

Prijsklassen voor een standaard tweepersoonskamer (niet per persoon) per nacht, inclusief belasting en bediening, maar zonder ontbijt.
Ⓕ minder dan FF 200
ⒻⒻ FF 200-400
ⒻⒻⒻ FF 400-600
ⒻⒻⒻⒻ FF 600-1000
ⒻⒻⒻⒻⒻ meer dan FF 1000

Faciliteiten voor kinderen
Wiegen en kinderoppas beschikbaar. In sommige hotels kunt u in het restaurant kinderporties en -stoelen krijgen.

Parkeerruimte
Parkeergelegenheid bij het hotel: een eigen parkeerplaats of een eigen garage vlak in de buurt

Zwembad
Hotelzwembaden zijn vaak erg klein en niet overdekt, tenzij anders vermeld.

Tuin
Hotel met tuin, binnenplaats of terras. Meestal staan hier tafels zodat u buiten kunt eten.

Hotel	Creditcards	Faciliteiten voor kinderen	Parkeerruimte	Zwembad	Tuin
Magnant: *Le Val Moret* ⒻⒻ 10110 Magnant. ☎ *03-25298512.* FAX *03-25297081.* ***Kamers:*** *30.* Een modern motel met één verdieping aan de *autoroute* van Calais naar Dijon. Comfortabel hotel met een goed en niet te duur restaurant. TV	AE MC V	●	■		■
Mesnil-St-Père: *L'Auberge du Lac* ⒻⒻ 10140 Mesnil-St-Pére. ☎ *03-25412716.* FAX *03-25415759.* ***Kamers:*** *15.* Deze ouderwetse herberg is genoemd naar het vlakbij gelegen meer in het Forêt d'Orient, waar u kunt vissen, zwemmen en tennissen. TV	MC V		■		
Monthermé: *Le Franco-Belge* ⒻⒻ Rue Pasteur 2, 08800. ☎ *03-24530120.* FAX *03-24535449.* ***Kamers:*** *15.* Een familiebedrijf met uitzicht op het dorpsplein. De gerechten komen uit eigen keuken en zijn gemaakt van verse produkten uit de tuin. TV	MC V	●	■		■
Reims: *Hôtel Crystal* ⒻⒻ Place Drouet d'Erlon 86, 51100. ☎ *03-26884444.* FAX *03-26474928.* ***Kamers:*** *31.* Dit ouderwetse hotel ligt aan het levendigste plein van Reims, maar is toch verbazend rustig. 's Zomers ontbijt u op het terras. TV	AE MC V				■
Reims: *Boyer les Crayères* ⒻⒻⒻⒻⒻ Bd Henri Vasnier 64, 51100. ☎ *03-26828080.* FAX *03-26826552.* ***Kamers:*** *19.* Dit beroemde hotel staat op de route met adressen waar u gastronomische specialiteiten en champagne kunt proeven. Het is gevestigd in een belle époque-herenhuis in de buitenwijken van Reims. TV	AE DC MC V	●	■		■
Rethel: *Le Moderne* ⒻⒻ Place de la Gare 2, 08300. ☎ *03-24384454.* FAX *03-24383784.* ***Kamers:*** *22.* Dit grondig gemoderniseerde gebouw staat borg voor rust en comfort. Het restaurant serveert uitstekende plaatselijke gerechten. TV	AE DC MC V		■		■
St-Dizier: *Hôtel Gambetta* ⒻⒻ Rue Gambetta 62, 52100. ☎ *03-25565210.* FAX *03-25563947.* ***Kamers:*** *63.* Een modern hotel met voorzieningen voor congressen en een goedkoop restaurant. Veel toeristen komen naar St-Dizier om het vogelleven te bewonderen bij het nabijgelegen Lac du Der-Chantecoq. TV	AE DC MC V	●	■		
Sedan: *L'Auberge du Port* ⒻⒻ Bazeilles, 08140. ☎ *03-24271389.* FAX *03-24293558.* ***Kamers:*** *20.* Zeer comfortabel hotel op de oever van de Maas, ideaal voor bezoekers die van hun rust willen genieten. Maaltijden op het terras. TV	AE DC MC V		■		■
Sept-Saulx: *Le Cheval Blanc* ⒻⒻⒻ Rue du Moulin, 51400. ☎ *03-26039027.* FAX *03-26039709.* ***Kamers:*** *25.* Dit hotel-restaurant tussen de wijngaarden is een gunstig gelegen overnachtingsplaats voor wie op weg is naar de Elzas en Bourgogne. Alleen al een bezoek waard vanwege het voortreffelijke restaurant. TV	AE DC MC V	●	■		■
Troyes: *Grand Hôtel* ⒻⒻ Av Maréchal-Joffre 4, 10000. ☎ *03-25799090.* FAX *03-25784893.* ***Kamers:*** *100.* Een groot, modern hotel met maar liefst acht restaurants, waaronder een brasserie, een pizzeria en een restaurant *gastronomique.* TV	AE MC V	●	■	●	■
Troyes: *Hôtel des Comtes de Champagne* ⒻⒻ Rue de la Monnaie 54-56, 10000. ☎ *03-25731170.* FAX *03-25730602.* ***Kamers:*** *27.* Dit grote particuliere herenhuis, gelegen in een stille straat, was ooit een middeleeuwse bank van de Graven van Champagne. De kamers zijn allemaal verschillend. Ideaal voor wie het stadscentrum wil verkennen. TV	MC V	●	■		■
Vignory: *Le Relais Verdoyant* ⒻⒻ Quartier de la Gare, 52320. ☎ *03-25024449.* ***Kamers:*** *7.* Een oude omgebouwde boerderij in een stil gehucht. Halverwege Chaumont en Joinville. Vriendelijk en zeer rustgevend. TV	MC V	●	■		■

Elzas en Lotharingen

Hotel	Prijs	Creditcards				
Barembach: *Château de Barembach* Rue du Mal de Lattre 5, 67130. ☎ *03-88979750.* FAX *03-88471719.* ***Kamers:*** *15.* Een exquis renaissance-château, nu een hotel. Een ideaal vakantiecentrum voor activiteiten buiten, met een eigen tennisbaan. TV	ⒻⒻⒻ	AE DC MC V	●	■		■
Colmar: *Hôtel Beauséjour* Rue du Ladhof 25, 68000. ☎ *03-89413716.* FAX *03-89414307.* ***Kamers:*** *44.* Een familiehotel – redelijk geprijsde gezinskamers, sommige met kitchenette. Speelruimte voor kinderen, sauna en fitnessclub. TV	ⒻⒻ	AE MC V	●	■		■
Colmar: *Hôtel le Maréchal* Place des Six Montagnes Noires 4-6, 68000. ☎ *03-89416032.* FAX *03-89245940.* ***Kamers:*** *30.* Een 16de-eeuws vakwerkhuis. Dit voorname hotel in het stadscentrum staat vlak bij het water in de sfeervolle wijk Petite Venise. TV	ⒻⒻⒻⒻ	AE MC V	●	■		■
Eguisheim: *Hostellerie du Pape* Grand rue 10, 68420. ☎ *03-89414121.* FAX *03-89414131.* ***Kamers:*** *33.* Een prettig hotel, gelegen aan de rand van de oudste wijk van een uitstekend behouden gebleven stadje en dicht bij de winkels. TV	ⒻⒻ	AE DC MC V	●	■		■
Epinal: *Hôtel de l'Europe* Rue Blaudez 16, 88000. ☎ *03-29822104.* FAX *03-29642347.* ***Kamers:*** *36.* Dit oude gebouw staat tegenover het Musée des Vosges aan de overkant van de rivier. Enkele kamers in Lodewijk-XV-stijl. Sauna. TV	ⒻⒻ	AE DC MC V		■		
Gérardmer: *M Paul Gegout* Le Phény, 123 Chemin des Rochottes, 88400. ☎ *03-29630339.* ***Kamers:*** *3.* Boerderij met eenvoudige, rustieke kamers en schitterend uitzicht over de Vogezen. Uitstekende plaatselijke keuken.	Ⓕ			■		■
Metz: *Grand Hôtel de Metz* Rue des Clercs 3, 57000. ☎ *03-87361633.* FAX *03-87741704.* ***Kamers:*** *62.* Dit hotel staat dicht bij de kathedraal, de markt en de winkels. Het hotel combineert een neobarokke lobby met kamers in plattelandsstijl. TV	ⒻⒻ	AE DC MC V	●	■		
Molsheim: *Hôtel Bugatti* Rue de la Commanderie, 67120. ☎ *03-88498900.* FAX *03-88383600.* ***Kamers:*** *45.* De grote autofabrikant Bugatti heeft vroeger in Molsheim gewoond en tegenover dit hotel treft u nog steeds de fabriek aan. De gasten kunnen het zwembad van het Hôtel Diana gebruiken. Vlakbij vindt u een manege. TV	ⒻⒻ	AE MC V	●	■		■
Mulhouse: *Novotel Mulhouse-Sausheim* Rue de L'Ile-Napoléon, 68390. ☎ *03-89618484.* FAX *03-89617799.* ***Kamers:*** *77.* Novotel biedt grote gezinsvoordelen en veel voorzieningen voor kinderen, waaronder een speelruimte voor peuters. TV	ⒻⒻⒻ	AE DC MC V	●	■	●	■
Nancy: *Hôtel Albert 1er et Astoria* Rue Armée-Patton 3, 54000. ☎ *03-33403124.* FAX *03-33284778.* ***Kamers:*** *85.* Dit uitnodigende hotel staat vlak bij de Place Stanislas. Het interieur is modern en de kamers zijn rustig en van alle gemakken voorzien. TV	ⒻⒻ	AE DC MC V		■		
Nancy: *Grand Hôtel de la Reine* Place Stanislas 2, 54000. ☎ *03-83350301.* FAX *03-83328604.* ***Kamers:*** *48.* Dit statige pand bezit een elegante luxe. Het restaurant serveert uitstekende maaltijden tegen vaste prijzen. TV	ⒻⒻⒻⒻ	AE DC MC V	●	■		
Obernai: *Hôtel des Vosges* Place de la Gare 5, 67210. ☎ *03-88955378.* FAX *03-88499265.* ***Kamers:*** *20.* Dit moderne, functionele hotel heeft niets gekunstelds. Het voldoet aan hoge eisen en het restaurant is voortreffelijk. TV	ⒻⒻ	MC V		■		■
Remiremont: *Hôtel du Cheval de Bronze* Rue Charles de Gaulle 59, 88200. ☎ *03-29625224.* FAX *03-29623490.* ***Kamers:*** *35.* Een gunstig gelegen hotel voor reizigers die Elzas-Lotharingen aandoen. Vanhier kunt u prima de Vogezen verkennen. Het hotel heeft geen restaurant maar de eigenaar zal u graag een goed adres aanbevelen. TV	ⒻⒻ	AE DC MC V		■		■
Ribeauville: *Hôtel de Mouton* Place de la Sinne 5, 68150. ☎ *03-89736011.* FAX *03-89737462.* ***Kamers:*** *14.* Een prettig 14de-eeuws huis van een wijnbouwer in de oude wijk van Ribeauville. Ruime, prettige kamers en een voordelig restaurant. TV	ⒻⒻ	MC V				■

Verklaring van de symbolen zie achterflap

Prijsklassen voor een standaard tweepersoonskamer (niet per persoon) per nacht, inclusief belasting en bediening, maar zonder ontbijt.
Ⓕ minder dan FF 200
ⒻⒻ FF 200-400
ⒻⒻⒻ FF 400-600
ⒻⒻⒻⒻ FF 600-1000
ⒻⒻⒻⒻⒻ meer dan FF 1000

FACILITEITEN VOOR KINDEREN
Wiegen en kinderoppas beschikbaar. In sommige hotels kunt u in het restaurant kinderporties en -stoelen krijgen.

PARKEERRUIMTE
Parkeergelegenheid bij het hotel: een eigen parkeerplaats of een eigen garage vlak in de buurt

ZWEMBAD
Hotelzwembaden zijn vaak erg klein en niet overdekt, tenzij anders vermeld.

TUIN
Hotel met tuin, binnenplaats of terras. Meestal staan hier tafels zodat u buiten kunt eten.

Hotel	Creditcards	Faciliteiten voor kinderen	Parkeerruimte	Zwembad	Tuin
SAVERNE: *Chez Jean* ⒻⒻⒻ Rue de la Gare 3, 67700. *03-88911019.* FAX *03-88912745.* ***Kamers:*** *25.* Dit traditionele Elzassische huis met vier verdiepingen kijkt uit over de heuvels achter de stad. Beneden vindt u een wijnbar. TV	AE DC MC V		■		■
SELESTAT: *Auberge des Alliés* ⒻⒻ Rue des Chevaliers 39, 67600. *03-88920934.* FAX *03-88921288.* ***Kamers:*** *17.* Het interieur van dit aardige *logis de France* wordt gevormd door onbedekte balken, glanzend hout en decoratieve ornamenten. TV	MC V				
STRAATSBURG: *Au Cerf d'Or* ⒻⒻ Place de l'Hôpital 6, 67000. *03-88362005.* FAX *03-88366867.* ***Kamers:*** *37.* De kamers in het hoofdgebouw zijn mooier maar het bijgebouw heeft een zwembad en een sauna. Vlakbij vindt u enkele restaurants aan het water. TV	MC V	●		●	
STRAATSBURG: *Relais Mercure* ⒻⒻ Rue Maire Kuss 3, 67000. *03-88328080.* FAX *03-88230539.* ***Kamers:*** *52.* Een ouderwets hotel van rood baksteen met een zeer behulpzame leiding. TV	AE MC V				■
STRAATSBURG: *Régent Petite France* ⒻⒻⒻⒻⒻ Rue des Moulins 5, 67000. *03-88764343.* FAX *03-88764376.* ***Kamers:*** *72.* Een zeer prestigieus en ideaal gelegen luxehotel. Het is gevestigd in een omgebouwde watermolen en kijkt uit over Petite France. TV	AE DC MC V	●	■		
VERDUN: *Hostellerie du Coq Hardie* ⒻⒻⒻ Avenue de la Victoire 8, 55100. *03-29863636.* FAX *03-29860921.* ***Kamers:*** *35.* Dit fraaie hotel biedt ouderwets comfort en een vriendelijke ontvangst. Heerlijke traditionele keuken maar wel vrij duur. TV	AE DC MC V		■		
WANTZENAU: *Le Moulin de la Wantzenau* ⒻⒻⒻ Impasse de Moulin 3, 67610. *03-88592222.* FAX *03-88592200.* ***Kamers:*** *20.* Wie op weg is naar Lotharingen of Duitsland kan in deze imposante omgebouwde molen prettig overnachten. Rustgevende sfeer. TV	AE MC V	●	■		■

NORMANDIË

Hotel	Creditcards	Faciliteiten voor kinderen	Parkeerruimte	Zwembad	Tuin
L'AIGLE: *Hôtel du Dauphin* ⒻⒻ Place de la Halle, 61300. *02-33841800.* FAX *02-33340928.* ***Kamers:*** *30.* Een mooie stenen herberg vlak bij de grootste markt van Normandië. Bijzonder goed, traditionele gastvrijheid en zakelijke voorzieningen. TV	AE DC MC V	●	■		
ALENÇON: *Hôtel le Châpeau Rouge* ⒻⒻ Boulevard Duchamp 3, 61000. *02-33262023.* FAX *02-33265405.* ***Kamers:*** *14.* Modern, gunstig gelegen hotel, tien minuten lopen van het stadscentrum. Het restaurant (dezelfde naam) ernaast wordt door Engelsen beheerd. TV	AE MC V	●	■		
BAGNOLES DE L'ORNE: *Hôtel de Normandie* ⒻⒻ Av de la Ferté-Macé 2, 61140. *02-33308016.* FAX *02-33370619.* ***Kamers:*** *20.* Een prachtige oude stenen herberg met een aanbevelenswaardig restaurant. Het hotel heeft een mooie tuin en aan de voorkant hebt u een fraai uitzicht over het bosrijke landschap en het park. Redelijk geprijsd. TV	AE DC MC V	●	■		■
BALISNE: *Hôtel Moulin de Balisne* ⒻⒻ Le Moulin de Balisne, 27130. *02-32320348.* FAX *02-32601122.* ***Kamers:*** *12.* Dit zeer aangename hotel staat in een uitgestrekt park dat bij het hotel hoort. De oude molen is smaakvol verbouwd. TV	AE DC MC V	●	■		■
BÉNOUVILLE: *Le Manoir d'Hastings* ⒻⒻⒻ Avenue de la Côte-de-Nacre 18, 14970. *02-31446243* FAX *02-31447618.* ***Kamers:*** *15.* Een modern hotel, gebouwd aan een 17de-eeuws pand dat nu dienst doet als restaurant. Kamers met eigen zitkamer. Behulpzaam personeel. TV	AE DC MC V	●	■		■

Hotel	Prijs	Creditcards				
BRIONNE: *Auberge du Vieux Donjon* Pl Frémont-des-Essarts, 27800. ☎ *02-32448062.* FAX *02-32458323.* **Kamers:** *8.* Een karakteristieke ouderwetse herberg op het platteland. Al eeuwenlang komen boeren hier van een stevige maaltijd genieten. 🅿 TV	Ⓕ Ⓕ	MC V		■		■
CABOURG: *Grand Hôtel* Promenade Marcel Proust, 14390. ☎ *02-31910179.* FAX *02-31240320.* **Kamers:** *70.* Een enorm, wit hotel in belle époque-stijl met ruime kamers en balkons. Marcel Proust heeft hier dikwijls gelogeerd. 🅿 TV	Ⓕ Ⓕ Ⓕ Ⓕ Ⓕ	AE DC MC V	●	■		■
CAEN: *Le Relais des Gourmets* Rue de Geôle 15, 14000. ☎ *02-31860601.* FAX *02-31390600.* **Kamers:** *28.* Een modern hotel, opgetrokken en ingericht in een traditionele stijl. Elegante eetzaal. Indrukwekkend uitzicht op het château van Caen. 🅿 TV	Ⓕ Ⓕ	AE DC MC V	●			■
CAEN: *Hôtel Mercure* Rue Courtonne 1, 14000. ☎ *02-31472424.* FAX *02-31474388.* **Kamers:** *114.* Ondanks de centrale ligging heerst hier een sfeer van rustige elegantie, waarbij veel aandacht is besteed aan het comfort van de gasten. 🅿 ▤ TV	Ⓕ Ⓕ Ⓕ	AE DC MC V	●	■		
CEAUX: *Le Relais du Mont* Labuvette, 50220. (Route N175.) ☎ *02-33709255.* FAX *02-33709457.* **Kamers:** *28.* Vanuit dit moderne hotel kunt u prachtig de zon zien ondergaan boven Mont-St-Michel. U vindt hier gezinskamers en een uitmuntend restaurant. 🅿 TV	Ⓕ Ⓕ	AE MC V	●	■		■
DEAUVILLE: *Hôtel Normandy* Rue J-Mermoz 38, 14800. ☎ *02-31986622.* FAX *02-31986623.* **Kamers:** *300.* Ondanks de modernisering heeft dit hotel zijn oorspronkelijke charme behouden. Maaltijden worden buiten geserveerd onder de appelbomen. 🅿 TV	Ⓕ Ⓕ Ⓕ Ⓕ Ⓕ	AE DC MC V	●	■	●	■
EVREUX: *Le Paris* Rue de la Harpe 32, 27000. ☎ *02-32391297.* **Kamers:** *6.* Rustige ligging in een voetgangersstraat, dicht bij de kathedraal en het centrum. Schone, eenvoudige kamers, redelijke prijs, gastvrije ontvangst.	Ⓕ	AE DC MC V				
FALAISE: *Hôtel de la Poste* Rue Georges-Clemenceau 38,14700. ☎ *02-31901314.* FAX *02-31900181.* **Kamers:** *20.* De accommodatie is gerieflijk en het restaurant van voortreffelijke kwaliteit. De drukke straat wordt 's nachts rustiger. 🅿 TV	Ⓕ Ⓕ	AE DC MC V	●	■		
FÉCAMP: *Hôtel de l'Univers* Place St-Etienne 5, 76400. ☎ *02-35280588.* FAX *02-35278258.* **Kamers:** *16.* Een goedkoop familiebedrijf in het centrum van deze aantrekkelijke drukke vissershaven. Eenvoudige voorzieningen maar attent personeel. 🅿 TV	Ⓕ	MC V				
FONTENAI-SUR-ORNE: *Le Faisan Doré* Route de Paris, 61200. ☎ *02-33671811.* FAX *02-33358215.* **Kamers:** *14.* Een groot, indrukwekkend, maar niet te duur hotel. Geniet hier van de beeldschone tuin met het terras waar u 's zomers kunt dineren. 🅿 TV	Ⓕ Ⓕ	AE MC V	●	■		■
GACÉ: *Castel le Morphée* Route de Lisieux 2, 61230. ☎ *02-33355101.* FAX *02-33355162.* **Kamers:** *11.* Een groot huis, een eind van de weg af gelegen. De kamers in het hoofdgebouw zijn stijlvol, die in het bijgebouw zijn iets rustieker. 🅿 TV	Ⓕ Ⓕ	AE DC MC V	●	■		■
GRANDCAMP-MAISY: *Hôtel Duguésclin* Quai Crampon 4, 14450. ☎ *02-31226422.* FAX *02-31223479.* **Kamers:** *30.* Vriendelijk en efficiënt beheerd, modern hotel aan zee, in een kleine vissershaven. Het hotel heeft een uitstekend restaurant. 🅿 TV	Ⓕ Ⓕ	AE MC V	●	■		■
GRANVILLE: *Hôtel Normandy Chaumière* Rue Dr Paul Poirier 20, 50400. ☎ *02-33500171.* FAX *02-33501534.* **Kamers:** *6.* Dit hotel ligt vlak bij de winkels, de restaurants en het casino. Het restaurant serveert verrukkelijke vis, schelp- en schaaldieren. 🅿 TV	Ⓕ Ⓕ	MC V				
HONFLEUR: *La Ferme St-Siméon* Rue A Marais, 14600. ☎ *02-31892361.* FAX *02-31894848.* **Kamers:** *34.* Oude boerderij aan de monding van de Seine, prachtig omgebouwd tot hotel. Renoir, Cézanne en andere impressionisten ontmoetten elkaar hier vaak. 🅿 TV	Ⓕ Ⓕ Ⓕ Ⓕ Ⓕ	AE MC V	●	■	●	■
ISIGNY-SUR-MER: *Hôtel de France* Rue Emile-Demagny 17, 14230. ☎ *02-31220033.* FAX *02-31227919.* **Kamers:** *19.* Een vriendelijk en comfortabel hotelletje in een schilderachtige vissershaven. Het restaurant gebruikt vooral lokale ingrediënten. 🅿 TV	Ⓕ Ⓕ	MC V	●	■		●

Verklaring van de symbolen zie achterflap

Prijsklassen voor een standaard tweepersoonskamer (niet per persoon) per nacht, inclusief belasting en bediening, maar zonder ontbijt.
Ⓕ minder dan FF 200
ⒻⒻ FF 200-400
ⒻⒻⒻ FF 400-600
ⒻⒻⒻⒻ FF 600-1000
ⒻⒻⒻⒻⒻ meer dan FF 1000

FACILITEITEN VOOR KINDEREN
Wiegen en kinderoppas beschikbaar. In sommige hotels kunt u in het restaurant kinderporties en -stoelen krijgen.

PARKEERRUIMTE
Parkeergelegenheid bij het hotel: een eigen parkeerplaats of een eigen garage vlak in de buurt

ZWEMBAD
Hotelzwembaden zijn vaak erg klein en niet overdekt, tenzij anders vermeld.

TUIN
Hotel met tuin, binnenplaats of terras. Meestal staan hier tafels zodat u buiten kunt eten.

	CREDITCARDS	FACILITEITEN VOOR KINDEREN	PARKEERRUIMTE	ZWEMBAD	TUIN
LISIEUX: *Grand Hôtel de l'Espérance* ⒻⒻ Boulevard Ste-Anne 16, 14100. ☎ *02-31621753.* FAX *02-31623400.* ***Kamers:*** *100.* Dit traditionele Normandische vakwerkgebouw ligt aan een drukke straat maar dank zij de dubbele beglazing is het er toch rustig. TV	AE DC MC V		■		
MESNIL-VAL: *Hostellerie de la Vieille Ferme* ⒻⒻⒻ Rue de la Mer 23, 76910. ☎ *02-35867218.* FAX *02-35861267.* ***Kamers:*** *33.* Deze 18de-eeuwse boerderij, gelegen in een park, heeft diverse aantrekkelijke bijgebouwen die samen het hotelcomplex vormen. TV	AE DC MC V	●	■		■
MORTAGNE-AU-PERCHE: *Hostellerie Genty-Home* ⒻⒻ Rue Notre-Dame 4, 61400. ☎ *02-33251153.* FAX *02-33254138.* ***Kamers:*** *8.* Een traditioneel stenen herberg in het centrum van deze marktstad. Het hotel is functioneel ingericht en het interieur van het sierlijke restaurant is een reproduktie van de Lodewijk-XV-stijl. TV	AE MC V	●	■		■
MORTAIN: *Hôtel de la Poste* ⒻⒻ Place des Arcades, 50140. ☎ *02-33590005.* FAX *02-33695389.* ***Kamers:*** *28.* Mortain ligt op het opvallende schiereiland Cherbourg. Dit familiebedrijf kijkt uit op een fraaie rivier. TV	MC V	●	■		■
PONT-AUDEMER: *Belle-Isle-sur-Risle* ⒻⒻⒻⒻ Route de Rouen 112, 27500. ☎ *02-32569622.* FAX *02-32428896.* ***Kamers:*** *19.* Dit hotel staat op een eiland and wordt omgeven door een grote tuin met bomen en rozen. Het hotel kan bogen op buitengewoon comfortabele kamers en een uitstekende keuken in de kelder. TV	AE DC MC V	●	■	●	■
PONT DE L'ARCHE: *Hôtel de la Tour* ⒻⒻ Quai Foch 41, 27340. ☎ *02-35230099.* FAX *02-35234622.* ***Kamers:*** *16.* Een fraai, 18de-eeuws, Normandisch pand met comfortabele kamers, die uitkijken op de tuin, de stadsmuren of de rivier. TV			■		■
ROUEN: *Hôtel de Bordeaux* ⒻⒻ Place de la République 9, 76000. ☎ *02-35719358.* FAX *02-35719215.* ***Kamers:*** *48.* Een vriendelijk hotel dat aan de ene kant uitkijkt op de Seine en aan de andere kant op de torens van de kathedraal. Men spreekt hier ook Engels. TV	AE DC MC V	●	■		
ROUEN: *Hôtel de Lisieux* ⒻⒻ Rue de la Savonnerie 4, 76000. ☎ *02-35718773.* FAX *02-35893152.* ***Kamers:*** *30.* Het personeel is vriendelijk en behulpzaam. De kamers zijn ruim en enkele kijken uit op de rivier en de kathedraal. Dit hotel is van bijzonder goede kwaliteit en de eigenaar is zeer gastvrij. TV	AE MC V	●			
SAINT-LÔ: *Hôtel des Voyageurs* ⒻⒻ Avenue de Briovère 5-7, 50000. ☎ *02-33050863.* FAX *02-33051434.* ***Kamers:*** *31.* Een professioneel hotel met comfortabele, rustige kamers. Het restaurant is gespecialiseerd in vis, schelp- en schaaldieren. TV	AE DC MC V	●	■		■
ST-PATERNE: *Château de St-Paterne* ⒻⒻⒻ 72610 St-Paterne. ☎ *02-33275471.* FAX *02-33291671.* ***Kamers:*** *8.* In dit familie-château wordt de maaltijd tegen vaste prijzen *en famille* geserveerd. De familie De Valbrays woont nog altijd in dit kasteel, dat staat in een park in de buitenwijken van Alençon. TV	AE MC V	●	■		■
SÉES: *Hôtel du Cheval Blanc* ⒻⒻ Place St-Pierre 1, 61500. ☎ *02-33278048.* FAX *02-33285805.* ***Kamers:*** *9.* Dit gerieflijke hotel vindt u aan de weg ten zuiden van de havens aan het Kanaal. Hèt toonbeeld van Franse provinciaalse gastvrijheid. TV	MC V	●	■		
VERNON: *Hôtel d'Evreux* ⒻⒻ Place d'Evreux 11, 27200. ☎ *02-32211612.* FAX *02-32213273.* ***Kamers:*** *18.* Een 18de-eeuwse herberg voor postkoetsen met een romantische binnenplaats, waar de gasten 's zomers kunnen dineren. TV	AE DC MC V	●	■		■

Bretagne

Audierne: *Le Goyen* ⒻⒻⒻ Place Jean-Simon, 29770. *02-98700888.* FAX *02-98701877.* **Kamers:** *27.* De meeste kamers van dit gerestaureerde gebouw kijken uit op de vissershaven, waar het restaurant van het hotel zijn vis vandaan haalt. TV	AE MC V	●	■		
Brest: *Hôtel de la Corniche* ⒻⒻ Rue Amiral-Nicol 1, 29200. *02-98451242.* FAX *02-98490153.* **Kamers:** *16.* Dit moderne hotel, gebouwd in de Bretonse stijl, staat aan de westkant van de stad, vlak bij de marinebasis. Hiervandaan kunt u wandelingen langs de schilderachtige kustlijn maken. Bij het hotel ligt een tennisbaan. TV	AE MC V	●	■		■
Cancale: *Hôtel Richeux* ⒻⒻⒻⒻ Le Point du Jour, 35260. *02-99896476.* FAX *02-99898847.* **Kamers:** *13.* Een alleraardigste art deco-villa met uitzicht op de baai van Mont St-Michel. De kamers zijn ingericht met antiek. TV	AE DC MC V	●	■		■
Carnac: *Lann Roz* ⒻⒻⒻ Avenue de la Poste 36, 56340. *02-97521048.* FAX *02-97522436.* **Kamers:** *13.* Een vriendelijk hotel met een fraaie tuin, tien minuten lopen van het strand. Het restaurant heeft een goede wijnkaart. TV	AE MC V		■		■
Cesson-Sévigné: *Hôtel Germinal* ⒻⒻ Cours de la Vilaine 9, 35510. *02-99831101.* FAX *02-99834516.* **Kamers:** *20.* Aan beide kanten van deze omgebouwde molen stroomt een rivier. Het hotel is rustiek ingericht met houten meubels. TV	AE MC V	●	■		■
Dinard: *Le Prieuré* ⒻⒻ Place Général de Gaulle 1, 35800. *02-99461374.* FAX *02-99468190.* **Kamers:** *4.* Reserveren is noodzakelijk in dit hotel dat uitkijkt op de westelijke rand van het strand van Prieuré. Het restaurant is buitengewoon goed. TV	MC V				
Fougères: *Balzac Hôtel* ⒻⒻ Rue Nationale, 35300. *02-99994246.* FAX *02-99996543.* **Kamers:** *20.* Het rustige, in 18de-eeuwse stijl ingerichte Balsac Hôtel staat in een van de mooiste steden van West-Frankrijk. Gastvrij hotel. TV	AE DC MC V				■
Groix: *Hôtel de la Marine* ⒻⒻ Rue Général-de-Gaulle 7, 56590. *02-97868005.* FAX *02-97865637.* **Kamers:** *22.* Een oud stenen huis, ingericht met traditioneel meubilair, gelegen in het midden van het eiland Groix. Een rustgevend toevluchtsoord.	MC V		■		■
La Forêt-Fouesnant: *Le Manoir du Stang* ⒻⒻⒻⒻⒻ 29940 La Forêt-Fouesnant. FAX *02-98569737.* **Kamers:** *24.* Een indrukwekkend herenhuis uit de Renaissance in een groot park met bomen en een meer. Het interieur bestaat uit lambrizeringen en antiek meubilair dat al vele generaties in de familie is.			■		■
Lamballe: *Hôtel de l'Angleterre* ⒻⒻ Boulevard Jobert 29, 22400. *02-96310016.* FAX *02-96319154.* **Kamers:** *20.* Een comfortabel hotel tegenover het station, waar u voor weinig geld kunt overnachten. Niet te duur menu tegen vaste prijzen. TV	AE DC MC V	●	■		■
Morlaix: *Hôtel de l'Europe* ⒻⒻ Rue d'Aiguillon 1, 29600. *02-98621199.* FAX *02-98888338.* **Kamers:** *60.* Dit hotel in Second Empire-stijl is ingericht met oud meubilair. De brasserie en het grill-restaurant zijn uitstekend. Centraal gelegen. TV	AE DC MC V	●	■		
Pénestin: *Hôtel Loscolo* ⒻⒻⒻ La Pointe de Loscolo, 56760. *02-99903190.* FAX *02-99903214.* **Kamers:** *16.* Een modern gebouw op de kaap met een adembenemend uitzicht op zee en vlak bij een wandelgebied. Het restaurant serveert stevige kost. TV	AE DC MC V		■		
Pléven: *Le Manoir de Vaumadeuc* ⒻⒻⒻⒻ 22130 Pléven. *02-96844617.* FAX *02-96844016.* **Kamers:** *14.* Dit oude herenhuis, met zijn sierlijke erkers en fraaie trap, dateert uit de 15de eeuw. In het park eromheen treft u een prachtige rozentuin aan.	AE DC MC V	●	■		■
Plougastel-Daoulas: *Hôtel Kastel Roc'h* ⒻⒻ Roc'h Kérézen, 29470. *02-98403200.* FAX *02-98042540.* **Kamers:** *45.* Dit hotel nabij Océanopolis en de jachthaven beschikt over gezinskamers en is daarom zeer praktisch voor vakantiegangers met kinderen. TV	AE DC MC V	●	■	●	■

Verklaring van de symbolen zie achterflap

Prijsklassen voor een standaard tweepersoonskamer (niet per persoon) per nacht, inclusief belasting en bediening, maar zonder ontbijt.
Ⓕ minder dan FF 200
ⒻⒻ FF 200-400
ⒻⒻⒻ FF 400-600
ⒻⒻⒻⒻ FF 600-1000
ⒻⒻⒻⒻⒻ meer dan FF 1000

FACILITEITEN VOOR KINDEREN
Wiegen en kinderoppas beschikbaar. In sommige hotels kunt u in het restaurant kinderporties en -stoelen krijgen.

PARKEERRUIMTE
Parkeergelegenheid bij het hotel: een eigen parkeerplaats of een eigen garage vlak in de buurt

ZWEMBAD
Hotelzwembaden zijn vaak erg klein en niet overdekt, tenzij anders vermeld.

TUIN
Hotel met tuin, binnenplaats of terras. Meestal staan hier tafels zodat u buiten kunt eten.

	Creditcards	Faciliteiten voor kinderen	Parkeerruimte	Zwembad	Tuin
PLUMAUDAN: *Le Plessis* ⒻⒻ 22350 Plumaudan. ☎ *02-96860044.* ***Kamers:*** *3.* Een comfortabele 18de-eeuwse boerderij in de Bretonse plattelandsstijl, vlak bij Dinan. Vriendelijke sfeer. Serveert alleen vegetarische maaltijden.			■		■
QUIBERON: *Hôtel Bellevue* ⒻⒻⒻ Rue Tiviec, 56170. ☎ *02-97501628.* FAX *02-97304434.* ***Kamers:*** *40.* Het Bellevue is een L-vormig gebouw met een zwembad, niet ver van de zee en het casino. U vindt er een comfortabele lounge en bar. TV	AE MC V	●	■	●	■
QUIMPER: *La Tour d'Auvergne* ⒻⒻⒻ Rue des Réguaires 13, 29000. ☎ *02-98950870.* FAX *02-98951731.* ***Kamers:*** *42.* Een onlangs opgeknapte hotel met een aardige binnenplaats en een plezierige, gezellige sfeer. De kamers zijn ruim en gerieflijk. TV	AE MC V	●	■		●
ROSCOFF: *Hôtel Bellevue* ⒻⒻ Rue Jeanne-d'Arc, 29680. ☎ *02-98612338.* FAX *02-98611180.* ***Kamers:*** *18.* Een oud Bretons huis met een fraai uitzicht op zee en de oude haven. Aan de achterkant ligt een prettige tuin waar drankjes worden geserveerd. Het restaurant is gespecialiseerd in vis en witte Loire-wijnen. TV	MC V	●	■		■
ST-MALO: *Hôtel Elisabeth* ⒻⒻⒻ Rue des Cordiers 2, 35400. ☎ *02-99562498.* FAX *02-99563924.* ***Kamers:*** *17.* Dit gebouw, gelegen binnen de borstwering van de oude stad, heeft een 17de-eeuwse façade. U kunt hier Engelse satelliettelevisie ontvangen. TV	AE DC MC V	●	■		
VANNES: *La Marébaudière* ⒻⒻ Rue Aristide-Briand 4, 56000. ☎ *02-97473429.* FAX *02-97541411.* ***Kamers:*** *41.* Een rustig hotel dat met flair is ingericht. Enkele bedden zijn antiek. De schitterend bewaard gebleven, oude ommuurde stad ligt vlakbij. TV	AE MC V	●	■		■

HET LOIRE-DAL

	Creditcards	Faciliteiten voor kinderen	Parkeerruimte	Zwembad	Tuin
AMBOISE: *Le Choiseul* ⒻⒻⒻⒻ Quai Charles-Guinot 36, 37400. ☎ *02-47304545.* FAX *02-47304610.* ***Kamers:*** *32.* Een herenhuis in een fraaie omgeving. De beroemde kelders zijn te bezichtigen. Het restaurant serveert vis gekookt in wijn. TV	AE MC V	●	■	●	■
AZAY-LE-RIDEAU: *Le Clos Philippa* ⒻⒻ Rue Pineau 10, 37190. ☎ *02-47452649.* ***Kamers:*** *4.* De gasten in dit 18de-eeuwse huis mogen van de eigenaar gebruik maken van zijn salon, zitkamer, bibliotheek en grondgebied. Geen restaurant.	MC V	●	■		■
AZAY-LE-RIDEAU: *Manoir de la Rémonière* ⒻⒻⒻ La Chapelle St-Blaise, 37190. ☎ *02-47452488.* FAX *02-47454569.* ***Kamers:*** *6.* Een herenhuis in een romantische omgeving, waar kinderen heerlijk kunnen spelen. Op de menukaart staan ondermeer groenten uit eigen tuin.			■	●	■
BEAUGENCY: *Hotel de la Sologne* ⒻⒻ Place St-Firmin 6, 45190. ☎ *02-38445027.* FAX *02-38449019.* ***Kamers:*** *16.* Dit ouderwetse hotel ligt aan het belangrijkste plein en kijkt uit over de resten van de donjon. U ontbijt in een fraaie wintertuin. TV	MC V	●	■		■
BEAUGENCY: *Hotel de l'Abbaye* ⒻⒻⒻ Quai de l'Abbaye 2, 45190. ☎ *02-38446735.* FAX *02-38448792.* ***Kamers:*** *18.* Vraag een kamer in een van de voormalige monnikvertrekken van deze gerestaureerde abdij. Het restaurant is goed maar wel te duur. TV	AE DC MC V		■		■
LA BOHALLE: *L'Hermitage* ⒻⒻ Route de Brain 5, 49800. ☎ *02-41549605.* ***Kamers:*** *2.* Deze *chambres d'hôtes* in een aardig vissersdorpje op de noordelijke oever van de Loire wordt beheerd door een Schots-Frans echtpaar en biedt eenvoudige maar gastvrije accommodatie.		●	■		■

BOURGUEIL: *Châteaux des Réaux* FFF Le Port-Boulet, 37140. *02-47951440.* FAX *02-47951834.* ***Kamers:*** *17.* Een met toewijding gerestaureerd stenen renaissance-château in een wijngebied. De eigenaars leiden u hier graag rond.	AE MC V	●	■		■
BRÉHÉMONT: *Les Brunets* FF 37130 Bréhémont. *02-47965581.* ***Kamers:*** *3.* Dit aardige plattelandshuisje staat in een onaangetast dorpje aan de Loire en is eigendom van een gastvrij Engels echtpaar. TV		●	■		■
BRÉHÉMONT: *Le Castel de Bray et Monts* FFF Le Bourg, 37130. *02-47967047.* FAX *02-47965736.* ***Kamers:*** *9.* Dit aantrekkelijke 18de-eeuwse herenhuis staat aan het water in een uitgestrekt terrein. Plezierige kamers en uitstekend ontbijt. TV	MC V	●	■		■
CHAMBORD: *Hôtel Saint-Michel* FF 41250 Chambord. *02-54203131.* FAX *02-54203640.* ***Kamers:*** *38.* Reserveer hier van tevoren en vraag een kamer met uitzicht op het château. Het restaurant is bedompt maar het eten smaakt goed. TV	MC V		■		■
CHAMPIGNÉ: *Château des Briottières* FFFF 49330 Champigné. *02-41420002.* FAX *02-41420155.* ***Kamers:*** *18.* Klassiek familiebedrijf dat ooit in een film is gebruikt. U kunt hier romantisch dineren en tochten maken om delicatessen en wijn te proeven.	AE DC MC V	●	■	●	■
CHARTRES: *Grand Monarque* FFFF Place des Epars 22, 28005. *02-37210072.* FAX *02-37363418.* ***Kamers:*** *54.* Een modern, efficiënt geleid hotel aan de rand van de oude wijk. Het beschikt over een aanbevelenswaardig restaurant voor fijnproevers. TV	AE DC MC V	●	■		■
CHENONCEAUX: *Hostel du Roy* FF Rue de Dr Bretonneau 9, 37150. *02-47239017.* FAX *02-47238981.* ***Kamers:*** *37.* Een groot hotel-restaurant met eenvoudige maar wel prettige kamers en een eetzaal die vol hangt met jachttroffeeën. Lokale wijnen. TV	AE MC V	●	■		■
CHINON: *Hôtel Diderot* FF Rue Buffon 4, 37500. *02-47931887.* FAX *02-47933710.* ***Kamers:*** *27.* Een stijlvol, met klimplanten begroeid 18de-eeuws huis in een stille straat. De kamers zijn eenvoudig en enkele bieden een fraai uitzicht.	AE DC MC V	●	■		■
CHINON: *Hôtel de France* FF Place de Gen-de-Gaulle 47, 37500. *02-47933391.* FAX *02-47983703.* ***Kamers:*** *30.* Dit onderschatte hotel, comfortabel, vriendelijk en zonder franje, staat in de oude wijk, vlak bij een schilderachtige straat. TV	AE DC MC V	●	■		
CHINON: *Hostellerie Gargantua* FF Rue Voltaire 73, 37500. *02-47930471.* ***Kamers:*** *7.* Dit oude gebouw met zijn puntige dak en torentje kijkt uit over de rivier. De gerechten zijn een combinatie van traditioneel en modern.	AE MC V		■		■
FONDETTES: *Manoir du Grand Martigny* FFFF Fondettes, 37230. *02-47422987.* FAX *02-47422444.* ***Kamers:*** *7.* Woeste en bosrijke gronden omgeven dit herenhuis dat minder formeel is dan de overige château-hotels in het Loire-dal. Geen restaurant.			■		■
FONTEVRAUD-L'ABBAYE: *Hôtellerie Prieuré St-Lazare* FFF 49590 Fontevraud-L'Abbaye. *02-41517316.* FAX *02-41517550.* ***Kamers:*** *52.* Dit sfeervolle hotel is gevestigd in de voormalige priorij St-Lazare, in het beroemde abdijcomplex. TV	AE MC V	●			■
GENNES: *Le Prieuré* FFFF Chênehutte-les-Tuffeaux, 49350. *02-41679014.* FAX *02-41679224.* ***Kamers:*** *35.* De meeste kamers in dit luxe renaissance-herenhuis kijken uit over de Loire. Het uitstekende restaurant maakt uw verblijf extra plezierig. TV	AE DC MC V	●	■	●	■
GIEN: *Hôtel du Rivage* FFF Quai de Nice 1, 45500. *02-38377900.* FAX *02-38381021.* ***Kamers:*** *19.* Dit hotel aan de rivier is vermaard om zijn exquise keuken, waar Christian Gaillard, de eigenaar, de scepter zwaait. TV	AE DC MC V		■		
LA CHARTRE-SUR-LE-LOIR: *Hôtel de France* FF Place de la République 20, 72340. *02-43444016.* FAX *02-43796220.* ***Kamers:*** *28.* De tuin van dit hotel in het stadscentrum ligt aan de rivier. Het restaurant serveert flinke porties en is zelfs in de prijzen gevallen. TV	MC V		■		■

Verklaring van de symbolen zie achterflap

Prijsklassen voor een standaard tweepersoonskamer (niet per persoon) per nacht, inclusief belasting en bediening, maar zonder ontbijt.
Ⓕ minder dan FF 200
ⒻⒻ FF 200-400
ⒻⒻⒻ FF 400-600
ⒻⒻⒻⒻ FF 600-1000
ⒻⒻⒻⒻⒻ meer dan FF 1000

Faciliteiten voor kinderen
Wiegen en kinderoppas beschikbaar. In sommige hotels kunt u in het restaurant kinderporties en -stoelen krijgen.

Parkeerruimte
Parkeergelegenheid bij het hotel: een eigen parkeerplaats of een eigen garage vlak in de buurt

Zwembad
Hotelzwembaden zijn vaak erg klein en niet overdekt, tenzij anders vermeld.

Tuin
Hotel met tuin, binnenplaats of terras. Meestal staan hier tafels zodat u buiten kunt eten.

Hotel	Creditcards	Faciliteiten voor kinderen	Parkeerruimte	Zwembad	Tuin
Le Mans: *Ibis Centre* ⒻⒻ Quai Ledru-Rolin, 72000. Tel. *02-43231823.* Fax *02-43240072.* ***Kamers:*** *85.* Dit hotel dat uitkijkt over de rivier en de oude wijk, is de beste keuze voor wie goedkoop wil overnachten. Prima ontbijtbuffet. TV	AE DC MC V	●	■		■
Loches: *Hôtel de France* ⒻⒻ Rue Picois 6, 37600. Tel. *02-47590032.* Fax *02-47592866.* ***Kamers:*** *19.* Dit elegante hotel staat vlak bij een middeleeuwse poort. U verblijft hier op basis van halfpension. Het restaurant is uitmuntend. TV	DC MC V		■		■
Luynes: *Domaine de Beauvois* ⒻⒻⒻⒻ Route de Cleré, 37230. Tel. *02-47555011.* Fax *02-47555962.* ***Kamers:*** *40.* Het Domaine is opgetrokken rond een toren en kijkt uit over een meer. De kamers zijn ruim en het restaurant is befaamd. TV	AE DC MC V	●	■	●	■
Marçay: *Château de Marçay* ⒻⒻⒻⒻⒻ Marçay, 37500. Tel. *02-47930347.* Fax *02-47934533.* ***Kamers:*** *38.* De bediening en keuken van dit stijlvolle château-hotel zijn onberispelijk. U kijkt uit over het omliggende park en de wijngaarden. TV	AE DC MC V	●	■	●	■
Montbazon: *Château d'Artigny* ⒻⒻⒻⒻ Route de Monts, 37250. Tel. *02-47343030.* Fax *02-47343039.* ***Kamers:*** *55.* Het grandioze, klassieke exterieur past goed bij het formele interieur. Het uitstekende restaurant serveert regionale specialiteiten. TV	AE DC MC V	●	■	●	■
Montlouis-sur-Loire: *Château de la Bourdaisière* ⒻⒻⒻⒻ Rue de la Bourdaisière 25, 37270. Tel. *02-47451631.* Fax *02-47450911.* ***Kamers:*** *17.* Een schitterend kasteel, verbouwd tot luxe hotel. Gabrielle d'Estrées, minnares van Hendrik IV, werd hier in 1565 geboren. Op het terrein kunt u tennissen en paardrijden. TV	MC V		■	●	■
Montreuil-Bellay: *Demeure des Petits Augustins* ⒻⒻ Montreuil-Bellay, 49260. Tel. *02-41523388.* ***Kamers:*** *3.* De gasten krijgen een warm welkom in dit 17de-eeuwse herenhuis. De ruime,onderling verschillende kamers kijken uit over een aardige binnenplaats. De 'witte' suite wordt speciaal aanbevolen.	MC V	●	■		■
Montreuil-Bellay: *Splendid Hôtel* ⒻⒻ Rue Docteur-Gaudrez 139, 49260. Tel. *02-41531000.* Fax *02-41524517.* ***Kamers:*** *60.* Een ouderwets hotel in het stadscentrum met een uitstekend regionaal restaurant. De kamers in het bijgebouw zijn rustiger en stijlvoller. TV	MC V	●	■	●	■
Muides-sur-Loire: *Château de Colliers* ⒻⒻⒻⒻ Muides-sur-Loire, 41500. Tel. *02-54875075.* Fax *02-54870364.* ***Kamers:*** *5.* Dit château in een bos op een korte rijafstand van Blois combineert pracht en praal met rusticiteit. In de 18de eeuw was het château eigendom van een aristocratische gouverneur van Louisiana.	MC V	●	■	●	■
Nantes: *Jules Verne* ⒻⒻ Rue du Couëdic 3, 44000. Tel. *02-40357450.* Fax *02-40200935.* ***Kamers:*** *65.* Een modern hotel aan een plein voor voetgangers, met attente bediening en gerieflijke kamers. Parkeren op het Place du Commerce. TV	AE DC MC V	●	■		
Nantes: *Hôtel la Perouse* ⒻⒻⒻ Alleé Duquesne 3, 44000. Tel. *02-40897500.* Fax *02-40897600.* ***Kamers:*** *46.* Dit chique hotel dat in 1993 werd geopend, is een verfrissend hedendaags ontwerp. De bediening is efficiënt. Redelijk rustig hotel. TV	AE DC MC V	●	■		
Noizay: *Château de Noizay* ⒻⒻⒻⒻ Noizay, 37210. Tel. *02-47521101.* Fax *02-47520464.* ***Kamers:*** *14.* Een compact renaissance-château op de rechteroever van de Loire te midden van klassieke tuinen. De kamers zijn discreet en stijlvol gemeubileerd. Bij mooi weer wordt het ontbijt op het terras geserveerd. TV	AE MC V	●	■	●	■

ONZAIN: *Domaine des Hauts de Loire* ⒻⒻⒻⒻ
Route d'Herbault, 41150. *02-54207257.* FAX *02-54207732.* ***Kamers:*** *15.*
Dit is het voormalige jachthuis van een graaf, met uitgestrekte terreinen en een meer. U kunt zich hier ontspannen en genieten van de kookkunst. TV
AE DC MC V

ROCHECORBON: *Les Hautes Roches* ⒻⒻⒻⒻ
Quai de la Loire 86, 37210. *02-47528888.* FAX *02-47528130.* ***Kamers:*** *15.*
De ondergrondse, in kalksteen uitgehakte kamers van dit 'troglodieten-hotel' zijn minder ruim dan de overige kamers, maar wel sfeervoller. TV
AE MC V

ROMORANTIN-LANTHENAY: *Grand Hôtel Lion d'Or* ⒻⒻⒻⒻ
Rue Clémenceau 69, 41200. *02-54941515.* FAX *02-54882487.* ***Kamers:*** *16.*
Deze 17de-eeuwse halte voor koetsen is nu een gastronomische pleisterplaats in een historische, maar niet toeristische stad in Sologne. TV
AE DC MC V

ST-JULIEN-LE-PAUVRE: *Château de la Renaudière* ⒻⒻⒻ
Saint-Julien-le-Pauvre, 72240. *02-43207109.* ***Kamers:*** *3.*
Dit sierlijke château, toebehorend aan de markies de Mascureau, wordt omgeven door glooiende weiden tussen Le Mans en Laval. De familie vertelt bezoekers graag over de minder bekende châteaus in de *région.*

ST-LAMBERT-DES-LEVÉES: *La Croix de la Voulte* ⒻⒻ
Route de Boumois, 49400. *02-41384666.* FAX *02-41384666.* ***Kamers:*** *4.*
De kamers in dit oude herenhuis buiten Saumur zijn stijlvol en allemaal verschillend gemeubileerd. Vraag bij het reserveren, hoe u er komt.

SAUMUR: *Hôtel Anne d'Anjou* ⒻⒻⒻ
Quai Mayaud 32-34, 49400. *02-41673030.* FAX *02-41675100.* ***Kamers:*** *50.*
Het interieur van dit sierlijke herenhuis aan de Loire is stijlvol en romantisch. De binnenplaats en de voorname trap zijn indrukwekkend. TV
AE DC MC V

TOURS: *Hôtel Balzac* ⒻⒻ
Rue de la Scellerie 47, 37000. *02-47054087.* FAX *02-472056793.* ***Kamers:*** *18.*
Dit ouderwetse hotel, gelegen tussen het theater en de kathedraal, is gezellig en gastvrij. Op de binnenplaats serveert men drankjes. TV
AE DC MC V

TOURS: *Hôtel Moderne* ⒻⒻ
Victor Laloux 1, 37000. *02-47053281.* FAX *02-47057150.* ***Kamers:*** *23.*
De gunstige ligging, het warme welkom en het goede restaurant wegen ruimschoots op tegen de comfortabele maar sjovele kamers. TV
AE MC V

TOURS: *Hôtel de l'Univers* ⒻⒻⒻⒻ
Boulevard Heurteloup 5, 37000. *02-47053712.* FAX *02-47615180.* ***Kamers:*** *85.*
Politici, onder wie Winston Churchill, en mensen van koninklijke huize hebben in dit luxe belle époque-hotel gelogeerd. Antiek meubilair. TV
AE MC V

VARADES: *Le Grand Patis* ⒻⒻ
Varades, 44370. *02-40834228.* ***Kamers:*** *5.*
De kamers in dit gerestaureerde château zijn eenvoudig, schoon en ruim. Twee ervan hebben een balkon dat uitkijkt op de rustige lommerrijke tuin.

VOUVRAY: *Château de Jallanges* ⒻⒻⒻⒻ
Vallée de Vaugoudy, 37210. *02-47521118.* FAX *02-47521118.* ***Kamers:*** *6.*
Een imposant stenen herenhuis uit de Renaissance waar tegenwoordig een familie woont. De kamers zijn stijlvol en gerieflijk. De gasten krijgen een rondleiding van de kapel tot de torens.
AE MC V

BOURGOGNE EN FRANCHE-COMTÉ

ARBOIS: *Jean-Paul Jeunet* ⒻⒻⒻ
Rue de l'Hôtel de Ville 9, 39600. *03-84660567.* FAX *03-84662420.* ***Kamers:*** *18.*
Jeunet, gelegen in het centrum van deze schilderachtige plaats, is van alle moderne gemakken voorzien. Goede selectie wijnen uit de Jura. TV
DC MC V

ARNAY-LE-DUC: *Chez Camille* ⒻⒻⒻ
Place Edouard-Herriot 1, 21230. *03-80900138.* FAX *03-80900464.* ***Kamers:*** *11.*
Een aantrekkelijk en smaakvol ingericht hotel met ruime kamers en antiek meubilair. In dit hotel met zijn open haard in de salon en dubbele beglazing heerst een warme, rustige sfeer. Traditionele keuken. TV
AE DC MC V

AUTUN: *Les Granges* ⒻⒻ
Monthélon, 71400. *03-85522299.* ***Kamers:*** *3.*
Deze boerderij in bedrijf is een goed vertrekpunt om het Bourgondische landschap en Autun te verkennen. Geen restaurant en alleen contant geld.

Prijsklassen voor een standaard tweepersoonskamer (niet per persoon) per nacht, inclusief belasting en bediening, maar zonder ontbijt.
Ⓕ minder dan FF 200
ⒻⒻ FF 200-400
ⒻⒻⒻ FF 400-600
ⒻⒻⒻⒻ FF 600-1000
ⒻⒻⒻⒻⒻ meer dan FF 1000

Faciliteiten voor kinderen
Wiegen en kinderoppas beschikbaar. In sommige hotels kunt u in het restaurant kinderporties en -stoelen krijgen.

Parkeerruimte
Parkeergelegenheid bij het hotel: een eigen parkeerplaats of een eigen garage vlak in de buurt

Zwembad
Hotelzwembaden zijn vaak erg klein en niet overdekt, tenzij anders vermeld.

Tuin
Hotel met tuin, binnenplaats of terras. Meestal staan hier tafels zodat u buiten kunt eten.

Hotel	Prijs	Creditcards	Faciliteiten voor kinderen	Parkeerruimte	Zwembad	Tuin
Autun: *Hôtel St-Louis* Rue de l'Arbalète 6, 71400. *03-85522103.* FAX *03-85863254.* ***Kamers:*** *44.* Dit rustige hotel was ooit een pleisterplaats voor postkoetsen. De kamers variëren in prijs. In de duurste heeft Napoleon geslapen. TV	ⒻⒻ	AE MC V	●	■		■
Beaune: *Hôtel du Parc* Route Verdun, Levernois, 21200. *03-80246300.* FAX *03-80242119.* ***Kamers:*** *25.* Een rustig, bijzonder plattelandshotel in een prachtig park in de buitenwijken van Beaune. Bezoek de naburige wijngaarden. TV	ⒻⒻ	MC V	●	■		■
Beaune: *Le Home* Route Dijon 138, 21200. *03-80221643.* FAX *03-80249074.* ***Kamers:*** *20.* Dit eenvoudige huiselijke hotel staat een eind van de hoofdweg in een alleraardigst park, iets buiten de stad. Netjes en gerieflijk.	ⒻⒻ	MC V	●	■		
Beaune: *Hôtel du Cep* Rue Maufoux 27, 21200. *03-80223548.* FAX *03-80227680.* ***Kamers:*** *49.* Dit ingetogen en stijlvolle hotel in het hart van de oude stad is smaakvol gerestaureerd in een renaissance-stijl. Iedere kamer is vernoemd naar een wijnsoort uit Côte d'Or. Restaurant en bar. TV	ⒻⒻⒻⒻ	AE DC MC V	●	■		■
Besançon: *Hôtel Mercure Parc Micaud* Avenue E Droz 3, 25000. *03-81801444.* FAX *03-81532983.* ***Kamers:*** *91.* Een luxe modern hotel aan het water waar u kunt genieten van het comfort, het goede ontbijt en het uitstekende restaurant *Le Vesontio.* TV	ⒻⒻⒻ	AE DC MC V	●	■		
Bouilland: *Le Vieux Moulin* Bouilland, 21420. *03-80215116.* FAX *03-80215990.* ***Kamers:*** *26.* Een onlangs gerestaureerde molen in een van de opzienbarendste dorpen van Bourgogne. De chef is vermaard om zijn creativiteit. TV	ⒻⒻⒻⒻ	MC V	●	■	●	■
Chablis: *Hostellerie de Clos* Rue Jules-Rathier, 89800. *03-86421063.* FAX *03-86421711.* ***Kamers:*** *26.* De eigenaar heeft een middeleeuws klooster gerenoveerd in het midden van dit beroemde dorp. De kamers zijn modern en comfortabel, de tuin is wondermooi en het restaurant een van de beste van de streek. TV	ⒻⒻⒻ	AE MC V	●	■		■
Chailly-sur-Armançon: *Château de Chailly* Chailly-sur-Armançon, 21320. *03-80903030.* FAX *03-80903000.* ***Kamers:*** *45.* Een Japanse industrieel heeft dit magnifieke château gerestaureerd en voorzien van iedere vorm van luxe, waaronder een golfbaan. TV	ⒻⒻⒻⒻⒻ	AE DC MC V	●	■	●	■
Château Chinon: *Hôtel du Vieux Morvan* Place Gudin 8, 58120. *03-86850501.* FAX *03-86850278.* ***Kamers:*** *34.* François Mitterrand hoorde hier dat hij president was geworden. Hij heeft dit hotel jarenlang bezocht en verbleef altijd in kamer 15. Het hotel heeft nog altijd een rustieke, ouderwetse stijl. TV	ⒻⒻ	MC V		■		
Cluny: *Hostellerie de Bourgogne* Place de l'Abbaye, 71250. *03-85590058.* FAX *03-85590373.* ***Kamers:*** *12.* U vindt deze ouderwetse herberg naast de schitterende abdij van Cluny Het voortreffelijke restaurant serveert verfijnde gerechten. TV	ⒻⒻⒻⒻ	AE DC MC V	●	■		■
Dijon: *Hostellerie le Sauvage* Rue Monge 64, 21000. *03-80413121.* FAX *03-80420607.* ***Kamers:*** *21.* Dit hotel staat vlak bij de belangrijkste bezienswaardigheden in het historische centrum. Het restaurant is gespecialiseerd in gegrilde gerechten. TV	ⒻⒻ	MC V		■		■
Flavigny-sur-Ozerain: *Mme Marc Brigand* Flavigny-sur-Ozerain, 21150. *03-80962091.* ***Kamers:*** *3.* U ouderwetse huis met zijn eenvoudige accommodatie komt tot leven dankzij de opgewekte eigenaars. Maaltijden verkrijgbaar. Contant betalen.	Ⓕ					■

FONDETTE: *Hôtel Crispol* ⒻⒻⒻ St-Père-sous-Vezelay, 89450. *03-86332625.* FAX *03-86333310.* ***Kamers:*** *12.* Zeer luxe en modern hotel met een chic, zorgvuldig ontworpen interieur. Fantasierijke plaatselijke gerechten in ruime porties. TV	AE MC V		■		■
GEVREY-CHAMBERTIN: *Hôtel des Grands Crus* ⒻⒻ Route des Grands Crus, 21220. *03-80343415.* FAX *03-80518907.* ***Kamers:*** *24.* Een ouderwets hotel met een adembenemend uitzicht over de wijngaarden. Geen restaurant maar wel enkele goede restaurants in het dorp.	MC V		■		■
GEVREY-CHAMBERTIN: *Mme Geneviève Sylvain* ⒻⒻ Rue de l'Eglise 14, 21220. *03-80518639.* ***Kamers:*** *3.* Gastvrije en ruime *chambres d'hôte.* Ideaal gelegen voor wie de restaurants in het dorp en de lokale wijnproeverijen wil bezoeken.			■		■
JOIGNY: *La Côte St-Jacques* ⒻⒻⒻⒻⒻ Faubourg Paris 14, 89300. *03-86620970.* FAX *03-86914970.* ***Kamers:*** *29.* Dit aanlokkelijke en luxueuze hotel aan de Yonne staat bekend als Versailles in het klein. Het restaurant is fantastisch. TV	AE DC MC V	●	■	●	■
LEVERNOIS: *Le Parc* ⒻⒻⒻⒻⒻ Levernois, 21200. *03-80222251.* FAX *03-80242119.* ***Kamers:*** *25.* Dit hotel, gelegen in een prachtig park, is een oase van rust. In de omgeving kunnen ballonvaarten worden gemaakt. TV	AE DC V		■		■
LIGNY-LE-CHATEL: *Relais Saint-Vincent* ⒻⒻ Grande-Rue 14, 89144. *03-86475338.* FAX *03-86475416.* ***Kamers:*** *15.* Een oud vakwerkhuis van alle moderne gemakken voorzien. In het restaurant worden regionale specialiteiten geserveerd. TV	MC V		■		■
OYE-ET-PALLET: *Hôtel Parnet* ⒻⒻ Rue de la Fauconnière 11, 25160. *03-81894203.* FAX *03-81894147.* ***Kamers:*** *17.* Dit hotel staat in de Jura en vormt een uitstekend adres voor een langlaufvakantie. Schoon, comfortabel en rustig. Prima gerechten. TV	MC V	●	■	●	■
POLIGNY: *Hostellerie des Monts de Vaux* ⒻⒻⒻⒻ Poligny, 39800. *03-84371250.* FAX *03-84370907.* ***Kamers:*** *10.* Een stijlvolle oude herberg in de buitenwijken van Poligny. Vriendelijke eigenaars, goede keuken, wijn uit de Jura en tennisbanen. TV	AE DC MC V		■		■
PULIGNY-MONTRACHET: *Le Montrachet* ⒻⒻⒻ Place des Marroniers, 21190. *03-80213006.* FAX *03-80213906.* ***Kamers:*** *32.* Een rustig toevluchtsoord in het hart van het wijngebied Bourgogne Het restaurant serveert goede gerechten en uitgelezen wijn. TV	AE DC MC V	●	■		■
ST-GERVAIS-EN-VALLIÈRE: *Moulin d'Hauterive* ⒻⒻⒻ Chaublanc, 71350. *03-85915556.* FAX *03-85918965.* ***Kamers:*** *21.* Een omgebouwde watermolen met een tennisbaan en een sauna. De eigenaar serveert inventieve eigengemaakte gerechten. TV	AE MC V	●	■	●	■
ST-PÈRE-SOUS-VÉZELAY: *Mme Demeule* ⒻⒻ Le Petit Cléret, Fontette, 89450. *03-86332587.* ***Kamers:*** *2.* Twee dierenliefhebbers beheren dit aardige oude huis als een *chambres d'hôte.* Kies de kamer boven die onder de dakrand ligt.			■		■
SAULIEU: *La Côte d'Or* ⒻⒻⒻⒻ Rue Argentine 2, 21210. *03-80905353.* FAX *03-80640892.* ***Kamers:*** *22.* Volgens velen is dit een van de beste en vernieuwendste restaurants van Frankrijk. Enkele oudere kamers zijn betrekkelijk goedkoop. TV	AE DC MC V	●			■
TONNERRE: *L'Abbaye St-Michel* ⒻⒻⒻⒻ Montée de St-Michel, 89700. *03-86550599.* FAX *03-86550010.* ***Kamers:*** *15.* Een gerestaureerde abdij waarin nu een befaamd Bourgondisch restaurant is gevestigd. In dit hotel komen oude een nieuwe stijlen samen. TV	AE DC MC V	●	■		■
TOURNUS: *Château de Beaufer* ⒻⒻⒻⒻ Tournus, 71700. *03-85511824.* FAX *03-85512504.* ***Kamers:*** *6.* U hebt keuze tussen een kamer in het 16de-eeuwse, met klimop begroeide château en een kamer in het bijgebouw. Restaurants vindt u in de buurt.	MC V		■	●	■
VÉZELAY: *Cabalus* ⒻⒻ Rue St Pierre, 89450. *03-86332066.* FAX *03-86333803.* ***Kamers:*** *7.* Dit 12de-eeuwse gebouw, de voormalig herberg van de abdij, staat midden in de oude stad. Enkele kamers bieden een mooi uitzicht.	AE MC V				■

Verklaring van de symbolen zie achterflap

Prijsklassen voor een standaard tweepersoonskamer (niet per persoon) per nacht, inclusief belasting en bediening, maar zonder ontbijt.
Ⓕ minder dan FF 200
ⒻⒻ FF 200-400
ⒻⒻⒻ FF 400-600
ⒻⒻⒻⒻ FF 600-1000
ⒻⒻⒻⒻⒻ meer dan FF 1000

Faciliteiten voor kinderen
Wiegen en kinderoppas beschikbaar. In sommige hotels kunt u in het restaurant kinderporties en -stoelen krijgen.

Parkeerruimte
Parkeergelegenheid bij het hotel: een eigen parkeerplaats of een eigen garage vlak in de buurt

Zwembad
Hotelzwembaden zijn vaak erg klein en niet overdekt, tenzij anders vermeld.

Tuin
Hotel met tuin, binnenplaats of terras. Meestal staan hier tafels zodat u buiten kunt eten.

Vézelay: *L'Espérance* ⒻⒻⒻⒻ
St-Père-sous-Vézelay, 89450. Tel. *03-86332045.* FAX *03-86332615.* ***Kamers:*** *21.*
Enkele kamers kijken uit op de tuin; andere liggen in een gerestaureerde molen. De gasten komen vooral voor het restaurant. TV

Vonnas: *Georges Blanc* ⒻⒻⒻⒻⒻ
Vonnas, 01540 . Tel. *04-70509090.* FAX *04-74500880.* ***Kamers:*** *32.*
Een weelderig hotel-restaurant met luxueuze kamers dat is opgetrokken en ingericht in een landelijk stijl, met steen, tegels en tapijten. TV

Het Massif Central

Aubusson-d'Auvergne: *Au Bon Coin* Ⓕ
Aubusson-d'Auvergne, 63120. Tel. *04-73535578.* FAX *04-73535629.* ***Kamers:*** *6.*
De eigenaar van deze rustieke herberg is tevens de burgemeester van de stad. Vol trots houdt hij de plaatselijke culinaire tradities in ere.

Beaulieu-sur-Dordogne: *Château d'Arnac* ⒻⒻⒻ
Nonards, 19120. Tel. *05-55915413.* FAX *05-55915262.* ***Kamers:*** *3.*
De gastvrije Engelse eigenaars hebben dit château gerestaureerd, waarbij ze hebben gezorgd dat diverse originele details behouden zijn gebleven.

Belcastel: *Le Vieux Pont* ⒻⒻ
12390 Belcastel. Tel. *05-65645229.* FAX *05-65644432.* ***Kamers:*** *7.*
Een bijgebouw van het fantasierijke restaurant van de gezusters Fagegaltier met uitzicht op het middeleeuwse dorp en het kasteel. TV

Calvinet: *Hôtel Beauséjour* ⒻⒻ
Route de Maurs, 15340. Tel. *04-71499168.* FAX *04-71499863.* ***Kamers:*** *12.*
Een onlangs gerestaureerd hotel vol licht met een zeer bijzondere keuken. De stad is vermaard om zijn daken van schist. TV

Chamalières: *Hôtel Radio* ⒻⒻⒻ
Avenue Pierre-Curie 43, 63400. Tel. *04-73308783.* FAX *04-73364244.* ***Kamers:*** *26.*
Dit rustige art deco-gebouw op een heuvel kijkt uit op Clermont Ferrand. Het hotel staat vol met oude radio's. De keuken is exquis. TV

Florac: *Grand Hôtel du Parc* ⒻⒻ
Avenue Jean-Monestier 47, 48400. Tel. *04-66450305.* FAX *04-66451181.* ***Kamers:*** *60.*
In dit hotel, gelegen in een fraaie omgeving, heerst een ouderwetse sfeer. Voor een *grand hôtel* zijn de prijzen niet hoog. TV

Laguiole: *Michel Bras* ⒻⒻⒻⒻ
Route de l'Aubrac, 12210. Tel. *05-65443224.* FAX *05-65484702.* ***Kamers:*** *15.*
De keuken van de meest prestigieuze chef van de Auvergne is befaamd om het gebruik van wilde planten. De fantastische ultramoderne kamers kijken uit op het Aubrac-plateau. De sfeer is verbazend informeel. TV

Laqueuille: *Les Clarines* ⒻⒻ
Laqueuille-Gare, 63820. Tel. *04-73220043.* FAX *04-73220610.* ***Kamers:*** *12.*
In deze omgebouwde boerderij midden in het glooiende landschap kunt u eenvoudige kamers en betrouwbare gerechten krijgen. TV

Millau: *Château de Creissels* ⒻⒻ
Route de Ste-Afrique, 12100. Tel. *05-65601659.* FAX *05-65612463.* ***Kamers:*** *31.*
Een omgebouwde 13de-eeuwse *bastide* met een gewelfde eetzaal en moderne kamers. Op de menukaart staan eenvoudige regionale gerechten. Het uitzicht over het Tarn-dal is adembenemend.

Moulins: *Hôtel de Paris-Jacquemart* ⒻⒻⒻⒻ
Rue de Paris 21, 03000. Tel. *04-70440058.* FAX *04-70340539.* ***Kamers:*** *28.*
Een stijlvolle overnachtingsplaats vlak bij de kathedraal bij de toegang tot het Massif Central. Het restaurant heeft een tuin. TV

Hotel	Creditcards	Faciliteiten voor kinderen	Parkeerruimte	Zwembad	Tuin
Vézelay: L'Espérance	AE DC V	●	■	●	■
Vonnas: Georges Blanc	AE DC MC V	●	■	●	■
Aubusson-d'Auvergne: Au Bon Coin	MC V	●			■
Beaulieu-sur-Dordogne: Château d'Arnac	MC V		■	●	■
Belcastel: Le Vieux Pont	MC V		■		■
Calvinet: Hôtel Beauséjour	MC V	●	■		■
Chamalières: Hôtel Radio	AE DC MC V	●	■		■
Florac: Grand Hôtel du Parc	AE DC MC V	●	■	●	■
Laguiole: Michel Bras	AE MC V	●	■		■
Laqueuille: Les Clarines	AE DC MC V		■		■
Millau: Château de Creissels	AE DC MC V	●	■	●	■
Moulins: Hôtel de Paris-Jacquemart	AE DC MC V	●	■	●	■

MUR-DE-BARREZ: *Auberge de Barrez* Avenue du Carladez, 12600. ☎ *05-65660076.* FAX *05-65660798.* **Kamers:** *18.* Een gastvrij en comfortabel, modern hotel in een landschap dat zich goed leent voor trektochten. Geniet van Christian Gaudels kookkunst. 🚗 TV	ⒻⒻ	AE MC V	●	■		■
NAJAC: *Oustal del Barry* Place du Bourg, 12270. ☎ *05-65297432.* FAX *04-65297532.* **Kamers:** *20.* Deze rustieke herberg kijkt uit over het plein van een van de schilderachtigste Franse dorpen. De keuken is zeer karakteristiek. 🚗 TV	ⒻⒻ	AE MC V				■
NEUVÈGLISE: *Auberge du Pont Lanau* Neuvèglise, 15260. ☎ *04-71235776.* FAX *04-71235384.* **Kamers:** *8.* De kamers in deze herberg in de Gorges de la Truyère zijn niet groot maar u kunt er goed uit de voeten. De menu's hebben een regionaal tintje. 🚗 TV	ⒻⒻ	MC V		■		■
PLAISANCE: *Les Magnolias* Rue des Magnolias, 12550. ☎ *05-65997734.* FAX *05-65997057.* **Kamers:** *6.* Enorme magnolia's van honderden jaren oud omgeven dit onaangetaste 14de-eeuws herenhuis, dat is ingericht met antieke voorwerpen. 🚗 TV	ⒻⒻ	AE MC V	●	■		■
PONTAUMUR: *Hôtel de la Poste* Avenue du Marronnier, 63380. ☎ *04-73799015.* FAX *04-73797317.* **Kamers:** *15.* Een aardig ingericht, modern hotel in een stadje op het platteland. De chef-eigenaar gebruikt de beste plaatselijke ingrediënten. 🚗 TV	ⒻⒻ	MC V		■		
PONTEMPEYRAT: *Hôtel Mistou* Craponne-sur-Arzon, 43500. ☎ *04-71506246.* FAX *04-77506670.* **Kamers:** *24.* Een aangenaam, rustig en afgelegen hotel in een omgebouwde oude molen. De opgewekte Bernard Roux schotelt u altijd inventieve gerechten voor. 🚗	ⒻⒻⒻ	AE MC V		■		■
ROANNE: *Troisgros* Place Jean-Troisgros, 42300. ☎ *04-77716697.* FAX *04-77703977.* **Kamers:** *19.* Dit was ooit een eenvoudig stationshotel. Tegenwoordig is Troisgros een luxe adres en een wereldberoemde culinaire trekpleister. 🚗 ▤ TV	ⒻⒻⒻⒻ	AE DC MC V	●	■		■
ST-BONNET-LE-FROID: *Auberge de Cimes* St-Bonnet-le-Froid, 43290. ☎ *04-71599372.* FAX *04-71599340.* **Kamers:** *19.* Rondtrekkende lekkerbekken wedijveren om een kamer in deze bijzondere dorpsherberg, waarvan de eigenaar steeds populairder wordt. 🚗 ▤ TV	ⒻⒻⒻ	AE MC V		■		■
ST-FLOUR: *Le Bout du Monde* St-Georges, 15100. ☎ *04-71601584.* FAX *04-71730510.* **Kamers:** *14.* U krijgt een ouderwetse ontvangst in dit hotel, dat staat in een rustig rivierdal. Het restaurant serveert lokale gerechten voor weinig geld. 🚗 TV	ⒻⒻ	MC V		■		■
ST-HILAIRE-LE-CHÂTEAU: *Hôtel du Thaurion* St-Hilaire-le-Château, 23250. ☎ *05-55645012.* FAX *05-55649092.* **Kamers:** *10.* Deze oude pleisterplaats voor postkoetsen is al 200 jaar in bezit van dezelfde familie. De gerechten zijn gebaseerd op plaatselijke recepten. 🚗 TV	ⒻⒻ	AE DC MC V	●	■		■
ST-JEAN-DU-BRUEL: *Hôtel du Midi Papillon* St-Jean-du-Bruel, 12230. ☎ *05-65622604.* FAX *05-65621297.* **Kamers:** *19.* Een rustig vriendelijk hotel dat uitkijkt op een bloementuin en een rivier. De gerechten zijn goed en vooral het ontbijt is uitstekend. 🚗	Ⓕ	MC V		■	●	■
ST-PRIVAT-D'ALLIER: *La Vieille Auberge* Route de Saugues, 43580. ☎ *04-71572056.* **Kamers:** *17.* Deze mooie rustieke dorpsherberg is onlangs gerenoveerd. De kamers en gerechten (stevig en eenvoudig) zullen u beslist bevallen. 🚗	ⒻⒻ	V	●	■		■
SALERS: *Hostellerie de la Maronne* Le Theil, St Martin Valmeroux 15140. ☎ *04-71692033.* FAX *04-71692822.* **Kamers:** *21.* Dit stijlvolle hotel dat in de 19de-eeuw als herenhuis werd gebouwd, is een oase van rust. Het restaurant is een feest voor fijnproevers. 🚗 TV	ⒻⒻⒻ	AE MC V		■	●	■
VICHY: *Le Pavillon d'Enghien* Rue Callou 32, 03200. ☎ *04-70983330.* FAX *04-70316782.* **Kamers:** *22.* In dit kleine, redelijk geprijsde hotel tegenover de Callou-baden heerst een vooroorlogse sfeer. 🚗 TV	ⒻⒻⒻ	AE DC MC V	●	■	●	■
VILLEFORT: *Hôtel Balme* Place du Portalet, 48800. ☎ *04-66468014.* FAX *04-66468526.* **Kamers:** *20.* Dit bijzondere hotel herbergt een klein museum gewijd aan de kastanje. De keuken is beïnvloed door de oosterse reizen van de chef. 🚗	ⒻⒻ	AE DC MC V	●	■		■

Verklaring van de symbolen zie achterflap

Prijsklassen voor een standaard tweepersoonskamer (niet per persoon) per nacht, inclusief belasting en bediening, maar zonder ontbijt.
Ⓕ minder dan FF 200
ⒻⒻ FF 200-400
ⒻⒻⒻ FF 400-600
ⒻⒻⒻⒻ FF 600-1000
ⒻⒻⒻⒻⒻ meer dan FF 1000

Faciliteiten voor kinderen
Wiegen en kinderoppas beschikbaar. In sommige hotels kunt u in het restaurant kinderporties en -stoelen krijgen.

Parkeerruimte
Parkeergelegenheid bij het hotel: een eigen parkeerplaats of een eigen garage vlak in de buurt

Zwembad
Hotelzwembaden zijn vaak erg klein en niet overdekt, tenzij anders vermeld.

Tuin
Hotel met tuin, binnenplaats of terras. Meestal staan hier tafels zodat u buiten kunt eten.

	Prijs	Creditcards	Faciliteiten voor kinderen	Parkeerruimte	Zwembad	Tuin
Vitrac: *Auberge de la Tommette* Vitrac, 15220. ☎ *04-71647094.* FAX *04-71647711.* ***Kamers:*** *19.* Het hoofdgebouw staat in een park met bloemen. De aardige eetzaal is verfraaid met mooie lambrizering. TV	ⒻⒻ	AE MC V	●		●	■
Ydes: *Château de Trancis* Ydes, 15210. ☎ *04-71406040.* FAX *04-71406213.* ***Kamers:*** *7.* In dit château aan de rand van het regionale park van de Auvergne vindt u kamers met veel voorzieningen en een salon in Lodewijk-XIV-stijl. TV	ⒻⒻⒻⒻ	AE MC V		■	●	■

Het Rhône-dal en de Franse Alpen

	Prijs	Creditcards	Faciliteiten voor kinderen	Parkeerruimte	Zwembad	Tuin
Aix-les-Bains: *Hostel Le Manoir* Rue Georges-1er 37, 73105. ☎ *04-79614400.* FAX *04-79356767.* ***Kamers:*** *73.* Een alleraardigst oud hotel in het Parc du Splendide-Royal, op loopafstand van de warmwaterbaden. TV	ⒻⒻ	AE DC MC V	●	■	●	■
Albertville: *Hôtel Million* Place de la Liberté 8, 73200. ☎ *04-79322515.* FAX *04-79322536.* ***Kamers:*** *28.* Dit hotel werd in 1770 geopend door een voorouder van de huidige eigenaar. Het restaurant serveert een verrukkelijke *savoyard*-keuken. TV	ⒻⒻ	AE DC MC V	●	■		■
Annecy: *Hôtel l'Abbaye* Chemin de l'Abbaye 15, 74940. ☎ *04-50236108.* FAX *04-50277765.* ***Kamers:*** *18.* Een plezierig hotel-restaurant, gevestigd in een voormalig 15de-eeuws dominicanerklooster en omgeven door tuinen. TV	ⒻⒻⒻ	AE DC MC V	●	■		■
Bagnols: *Château de Bagnols* 69620 Bagnols. ☎ *04-74714000.* FAX *04-74714049.* ***Kamers:*** *20.* Dit schitterende 13de-eeuwse château ten noorden van Lyon staat boven op een heuvel, te midden van Beaujolais-wijngaarden. TV	ⒻⒻⒻⒻⒻ	AE DC MC V	●	■		■
Bourg-en-Bresse: *Hôtel du Prieuré* Boulevard de Brou 49-51, 01000. ☎ *04-74224460.* FAX *04-74227107.* ***Kamers:*** *14.* Een fraai hotel, omringd door tuinen en 16de-eeuwse stenen muren slechts enkele minuten lopen van de beroemde Eglise de Brou. De ruime kamers zijn gemeubileerd in de Franse plattelandsstijl. TV	ⒻⒻⒻ	AE DC MC V	●	■		■
Chambéry: *Hôtel des Princes* Rue de Boigne 4, 73000. ☎ *04-79334536.* FAX *04-79703147.* ***Kamers:*** *45.* Dit aardige ouderwetse hotel, gelegen in het voornaamste gedeelte van de oude stad, beschikt over gerieflijke kamers en een goed restaurant. TV	ⒻⒻ	AE DC MC V	●	■		
Chamonix-Mont-Blanc: *Le Hameau Albert 1er* Impasse du Montenvers 119, 74402. ☎ *04-50530509.* FAX *04-50559548.* ***Kamers:*** *30.* De stijlvol ingerichte kamers van dit grote, gastvrije hotel in chalet-stijl bieden een adembenemend uitzicht op de Mont Blanc. Het restaurant serveert volgens velen de beste gerechten van de stad. TV	ⒻⒻⒻⒻⒻ	AE DC MC V	●	■	●	■
Combloux: *Aux Ducs de Savoie* Route du Bouchet, 74920. ☎ *04-50586143.* FAX *04-50586743.* ***Kamers:*** *50.* De kamers in dit moderne hotel zijn van alle gemakken voorzien en enkele bieden uitzicht op de Mont Blanc. Elke avond een vijfgangendiner. TV	ⒻⒻⒻ	AE DC MC V	●	■	●	■
Cordon: *Le Cordonant* 74700 Cordon. ☎ *04-50583456.* FAX *04-50479557.* ***Kamers:*** *16.* Een vriendelijk familiebedrijf ten westen van Chamonix met gerieflijke kamers die uitkijken op de Mont Blanc. Uitstekend *table d'hôte*-menu. TV	ⒻⒻ	MC V		■		■
Courchevel: *La Sivolière* Quartier des Chenus, 73120. ☎ *04-79080833.* FAX *04-79081573.* ***Kamers:*** *30.* Dit smaakvol ingerichte hotel aan de voet van de pistes wordt geregeld bezocht door voorname gasten, waaronder de Spaanse koninklijke familie. TV	ⒻⒻⒻⒻⒻ	MC V	●	■		■

EVIAN-LES-BAINS: *Hôtel Royal* ⒻⒻⒻⒻ Rive Sud du Lac-de-Génève, 74500. *04-50268500.* FAX *04-55372892.* ***Kamers:*** *156.* Dit imposante 19de-eeuwse hotel heeft zes restaurants en tal van voorzieningen, variërend van trimbanen tot een ruimte voor kinderen. TV	AE DC MC V	●	■	●	■
EVIAN-LES-BAINS: *Hôtel de la Verniaz et ses Chalets* ⒻⒻⒻ Route d'Abondance, 74500. *04-50750490.* FAX *04-50707892.* ***Kamers:*** *35.* Dit prachtige hotel, gelegen op een heuvel boven Evian, bestaat uit een villa en vijf chalets, ieder met een eigen tuin. TV	AE DC MC V	●	■	●	■
GRENOBLE: *Parc Hôtel* ⒻⒻⒻ Place Paul-Mistral 10, 38027. *04-76858123.* FAX *04-76464988.* ***Kamers:*** *52.* Dit vooraanstaande moderne hotel in Grenoble beschikt over gerieflijk ingerichte kamers. Het personeel is vriendelijk en behulpzaam. TV	AE DC MC V	●	■		
LA CHAPELLE-EN-VERCORS: *Hôtel Bellier* ⒻⒻ 26420 La Chapelle-en-Vercors. *04-75482003.* FAX *04-75482531.* ***Kamers:*** *12.* Dit familiebedrijf in chalet-stijl, gelegen in het massief van Versors ten zuidwesten van Grenoble, is vriendelijk en niet pretentieus. TV	AE DC MC V	●	■	●	■
LAMASTRE: *Château d'Urbillac* ⒻⒻⒻⒻ Route de Vernoux, 07270. *04-75064211.* FAX *04-75065275.* ***Kamers:*** *13.* Gerestaureerd 16-eeuws château-hotel met kamers in 19de-eeuwse stijl. Het staat in een uitgestrekt parkachtig gebied in de Ardèche.	AE DC MC V	●	■	●	■
LE POËT LAVAL: *Les Hospitaliers* ⒻⒻⒻⒻ Le Poët Laval, 26160. *04-75462232.* FAX *04-75464999.* ***Kamers:*** *22.* Een schitterend gerestaureerd hotel, midden in een middeleeuws dorpje op een heuvel, ten oosten van Montélimar. Prima bediening en keuken.	AE DC MC V		■	●	■
LES ROCHES-DE-CONDRIEU: *Hôtel Bellevue* ⒻⒻ Quai du Rhône, 38370. *04-74564142.* FAX *04-74564756.* ***Kamers:*** *18.* Dit moderne hotel ten zuidwesten van Vienne kan bogen op comfortabele kamers met balkon en een aangenaam restaurant dat uitkijkt op de Rhône.	AE MC V		■		
LYON: *Hôtel des Artistes* ⒻⒻⒻ Rue Gaspard-André 8, 69002. *04-78420488.* FAX *04-78429376.* ***Kamers:*** *45.* Dit plezierige hotel vlak bij het Place Bellecour en naast het Théâtre des Célestins is een favoriet adres van acteurs en revueartiesten. TV	AE DC MC V	●	■		
LYON: *Hôtel Carlton* ⒻⒻⒻ Rue Jussieu 4, 69002. *04-78425651.* FAX *04-78421071.* ***Kamers:*** *83.* In dit onlangs gerenoveerde hotel in het hart van de Presqu'île en vlak bij de Rhône, ontdekt u nog sporen uit de Belle Époque. TV	AE DC MC V	●	■		
LYON: *Cour des Loges* ⒻⒻⒻⒻⒻ Rue du Boeuf 6, 69005. *04-78427575.* FAX *04-72409361.* ***Kamers:*** *63.* Dit luxehotel is gevestigd in vier gerenoveerde renaissance-herenhuizen in het hart van Vieux Lyon. De kamers zijn modern van stijl. TV	AE DC MC V	●	■	●	■
MALATAVERNE: *Domaine du Colombier* ⒻⒻⒻ Route de Donzère, 26780. *04-75908686.* FAX *04-75907940.* ***Kamers:*** *25.* Dit hotel, gevestigd in een 14de-eeuwse abdij ten zuiden van Montélimar, beschikt over stijlvolle kamers en een tuin met een zwembad. TV	AE DC MC V	●	■	●	■
MANIGOD: *Hôtel de la Croix-Fry* ⒻⒻⒻ Route du Col de la Croix-Fry, 74230. *04-50449016.* FAX *04-50449487.* ***Kamers:*** *12.* Dit alleraardigste hotel in chalet-stijl, hoog op een bergpas ten oosten van Annecy, combineert rusticiteit met comfort en voorzieningen. TV	AE MC V		■	●	■
MEGÈVE: *Le Fer à Cheval* ⒻⒻⒻⒻⒻ Route du Crêt-d'Arbois 36, 74120. *04-50213039.* FAX *04-50930760.* ***Kamers:*** *41.* Dit hotel ademt een authentieke sfeer die kenmerkend is voor Savoie. U krijgt 's winters het diner geserveerd rond een stenen open haard. TV	AE MC V	●	■	●	■
MORZINE: *Hôtel Champs-Fleuris* ⒻⒻⒻⒻ La Cuisat, 74110. *04-50791444.* FAX *04-50792775.* ***Kamers:*** *45.* Dit hotel, omgeven door de beboste bergen van de Haute-Savoie, is het hele jaar in trek. Vlakbij vindt u stoeltjesliften en een kabelbaan. TV	MC V		■	●	■
PÉROUGES: *Hostellerie du Vieux Pérouges* ⒻⒻⒻⒻ Place du Tilleul, 01800. *04-74610088.* FAX *04-74347790.* ***Kamers:*** *28.* Deze oude herberg, gevestigd in enkele 13de-eeuwse gebouwen in een middeleeuws dorp op een heuvel, is de droom van elke filmregisseur. TV	MC V	●	■		■

Prijsklassen voor een standaard tweepersoonskamer (niet per persoon) per nacht, inclusief belasting en bediening, maar zonder ontbijt.
Ⓕ minder dan FF 200
ⒻⒻ FF 200-400
ⒻⒻⒻ FF 400-600
ⒻⒻⒻⒻ FF 600-1000
ⒻⒻⒻⒻⒻ meer dan FF 1000

Faciliteiten voor kinderen
Wiegen en kinderoppas beschikbaar. In sommige hotels kunt u in het restaurant kinderporties en -stoelen krijgen.

Parkeerruimte
Parkeergelegenheid bij het hotel: een eigen parkeerplaats of een eigen garage vlak in de buurt

Zwembad
Hotelzwembaden zijn vaak erg klein en niet overdekt, tenzij anders vermeld.

Tuin
Hotel met tuin, binnenplaats of terras. Meestal staan hier tafels zodat u buiten kunt eten.

	Creditcards	Faciliteiten voor kinderen	Parkeerruimte	Zwembad	Tuin
Saint-Lattier: *Le Lièvre Amoureux* ⒻⒻ Quartier de la Gare, 38840. *04-76645067.* FAX *04-76643121.* **Kamers:** *12.* Dit kleine gastvrije hotel met zijn prettige ouderwetse sfeer kijkt uit over de heuvels van Vercors, ten oosten van Valence.	AE DC MC V	●	■	●	■
Talloires: *Hôtel de l'Abbaye* ⒻⒻⒻⒻ Route du Port, 74290. *04-50607733.* FAX *04-50607881.* **Kamers:** *29.* Een stijlvol hotel gevestigd in een voormalige 17de-eeuwse benedictijnenabdij, prachtig gelegen op de oever van Lac d'Annecy.	AE DC MC V	●	■		■
Talloires: *Hôtel Beau-Site* ⒻⒻⒻ Talloires, 74290. *04-50607104.* FAX *04-50607922.* **Kamers:** *29.* Dit hotel valt vooral op door zijn ongedwongen, vriendelijke sfeer. Op het nabijgelegen meer kunt u roeien en andere watersporten beoefenen. TV	AE DC MC V	●	■	●	
Poitou en Aquitanië					
Arcachon: *Arc-Hôtel-sur-Mer* ⒻⒻⒻⒻ Boulevard de la Plage 89, 33120. *05-56830685.* FAX *05-56835372.* **Kamers:** *30.* Het buitenbad, het naburige zandstrand, zeegezichten en de fraaie ligging vergroten de aantrekkingskracht van dit gerieflijke hotel. TV	AE DC MC V	●	■	●	
Bequey-Cadillac: *Hôtel du Château de la Tour* ⒻⒻ Route départementale 10, 33410. *05-56769200.* FAX *05-56621159.* **Kamers:** *32.* Een uitnodigend hotel met goede voorzieningen, gelegen in een historisch dorp. Handig als u het omliggende wijngebied wilt verkennen. TV	AE DC MC V	●	■		■
Bordeaux: *Grand Hôtel Français* ⒻⒻⒻ Rue du Temple 12, 33000. *05-56481035.* FAX *05-56817618.* **Kamers:** *35.* Een uitstekend hotel in het centrum van de stad met een fraai interieur en comfortabele rustige kamers. Geen restaurant. TV	AE DC MC V	●	■		
Cierzac: *Moulin de Cierzac* ⒻⒻ Cierzac, 17520. *05-45830132.* FAX *05-45830359.* **Kamers:** *10.* Dit hotel-restaurant ten zuiden van Cognac is gevestigd in een 17de-eeuws gebouw en bezit een groot assortiment Cognac, 'het levenswater'. TV	AE MC V	●	■		■
Cognac: *Les Pigeons Blancs* ⒻⒻⒻ Rue Jules Brisson 110, 16100. *05-45821636.* FAX *05-45822929.* **Kamers:** *7.* Een klein, uitstekend hotel dat al sinds de 18de-eeuw in handen is van dezelfde familie. TV	AE DC MC V	●	■		■
Confolens: *Hôtel de Vienne* ⒻⒻ Rue de la Ferrandie 4, 16500. *05-45840924.* FAX *05-45841160.* **Kamers:** *15.* Eenvoudig maar voortreffelijk hotel, gelegen aan de Vienne. Op het fraaie terras met bloemen worden maaltijden geserveerd. Het interieur en de gerechten zijn traditioneel. Vraag een kamer met uitzicht.	MC V				■
Coulon: *Hôtel du Marais* ⒻⒻ Quai Louis Tardy 46-48, 79510. *05-49359043.* FAX *05-49358198.* **Kamers:** *18.* Dit aardige kleine hotel staat in het mysterieuze moerasgebied van de Marais Poitevin. In de stad kunt u boten huren. TV	MC V				
Eugénie-les-Bains: *Les Prés d'Eugénie* ⒻⒻⒻⒻⒻ 40320 Eugénie-les-Bains. *05-58050607.* FAX *05-58511010.* **Kamers:** *43.* De vermaarde chef Michel Guérard trekt bewonderaars aan die afkomen op zijn hotel, keuken en de warmwaterbronnen. Op hetzelfde terrein is ook minder dure accommodatie te krijgen. Een verblijf hier is een genot. TV	AE DC MC V	●	■	●	■
Gradignan: *Le Chalet Lyrique* ⒻⒻ Cours du Général-de-Gaulle 169, 33170. *05-56891159.* FAX *05-56895337.* **Kamers:** *44.* Dit is een aangenaam overnachtingsadres, niet ver van de luchthaven Bordeaux-Mérignac. Heerlijke patio. TV	AE DC MC V		■		■

GRENADE-SUR-L'ADOUR: *Pain Adour et Fantasie* ⒻⒻⒻ
Place de Tilleuls 7, 40270. ☎ *05-58451880.* FAX *05-58451657.* ***Kamers:*** *11.*
Hout en steen verfraaien dit sierlijke 18de-eeuwse hotel naast de Adour. Een onvergetelijke omgeving en gewaardeerde keuken.
AE DC MC V | ● | | | ■

HIERSAC: *Hostellerie de Maine Brun* ⒻⒻⒻ
La Vigerie, 16290. ☎ *05-45908300.* FAX *05-45969114.* ***Kamers:*** *20.*
Een molen op de mooie oevers van de Nouère is omgebouwd tot een zeer rustgevend hotel met voor elk wat wils – gerechten, wijn en cognac.
AE DC MC V | ● | ■ | ● | ■

HOSSEGOR: *Hôtel de la Plage* ⒻⒻ
Place des Landais, 40150. ☎ *05-58417641.* FAX *05-58417654.* ***Kamers:*** *7.*
Dit uitstekende, aantrekkelijke hotel op het strand is gelegen in een zeer populair vakantieoord. Vraag een kamer met uitzicht op zee.
MC V

LA ROCHELLE: *Les Brises* ⒻⒻⒻ
Chemin Digue de Richelieu 17, 17000. ☎ *05-46438937.* FAX *05-46432797.* ***Kamers:*** *50.*
Een comfortabel, populair hotel in het westen van deze aardige drukke stad. Prachtig uitzicht over de zee en de eilanden voor de kust.
AE MC V | ● | ■ | | ■

MAGESCQ: *Relais de la Poste* ⒻⒻⒻ
40140 Magescq. ☎ *05-58477025.* FAX *05-58477617.* ***Kamers:*** *12.*
Een klein hotel met tuinen en zwembaden, dat geheel in het teken staat van comfort, fameuze keuken, heerlijke wijnen en familietraditie.
AE DC MC V | ● | ■ | ● | ■

MARGAUX: *Relais de Margaux* ⒻⒻⒻⒻ
Chemin de l'Ile Vincent, 33460. ☎ *05-57883830.* FAX *05-57883173.* ***Kamers:*** *31.*
In dit prijzige luxehotel krijgt u beslist waar voor uw geld. Rustige, fraaie omgeving, zwembad, tennisbaan en verrukkelijke gerechten.
AE DC MC V | ● | ■ | ● | ■

MIMIZAN: *Au Bon Coin du Lac* ⒻⒻⒻ
Avenue du lac 34, 40200 . ☎ *05-58090155.* FAX *05-58094084.* ***Kamers:*** *8.*
Dit hotel is zeer in trek om zijn keuken, om nog maar te zwijgen over de bijzonder prettige ligging tussen de dennebomen, vlak bij een meer.
AE V | | ■ | | ■

NIEUIL: *Château de Nieuil* ⒻⒻⒻⒻ
16270 Nieuil. ☎ *05-45713638.* FAX *05-45714645.* ***Kamers:*** *14.*
Koning Frans I heeft gejaagd in het uitgestrekte park rond dit renaissance-château, dat in 1930 tot hotel werd omgebouwd.
AE DC MC V | ● | ■ | ● | ■

POITIERS: *Château Clos de la Ribaudière* ⒻⒻⒻ
Chasseneuil-du-Poitou, 86360. ☎ *05-49528666.* FAX *05-49528632.* ***Kamers:*** *43.*
Een gerestaureerd 18de-eeuws huis in een park bij een rivier, nabij Poitiers. Deze oase van rust en comfort ligt ver van de drukke stad.
AE DC MC V | ● | ■ | | ■

RETJONS: *L'Hostellerie Landaise* Ⓕ
40120 Retjons. ☎ *05-58933633.* ***Kamers:*** *6.*
Architectonisch gezien een echte *auberge landaise,* omgeven door een park met een meer. Een plezierige herberg met een zeer getalenteerde chef.
MC V | ● | ■ | | ■

ROYAN: *Family Golf Hôtel* ⒻⒻⒻ
Boulevard Garnier 28, 17200. ☎ *05-46051466.* FAX *05-46065256.* ***Kamers:*** *30.*
Een niet pretentieus hotel aan zee in een grote, levendige stad ten noorden van de Gironde. Centraal gelegen maar zonder restaurant.
MC V | ● | ■ | |

SABRES: *Auberge des Pins* ⒻⒻ
Route de la Piscine, 40630. ☎ *05-58075047.* FAX *05-58075674.* ***Kamers:*** *24.*
Deze comfortabele herberg ligt diep in het bos van het Regionale park van Les Landes en is volgens velen hèt voorbeeld van een familiehotel.
AE MC V | | ■ | | ■

ST-CLAUD: *Le Bragier* ⒻⒻ
16450 Saint-Claud. ☎ *05-45714749.* ***Kamers:*** *3.*
Aan de rand van open weiden en bossen in een landelijk gehucht vindt u deze vegetarische *chambres d'hôte.* De gasten voelen zich hier echt thuis.
● | ■ | | ■

ST-EMILION: *Château Meylet* ⒻⒻ
'La Gomerie', 33330. ☎ *05-57246885.* ***Kamers:*** *4.*
Een gerenoveerde boerderij omgeven door haar eigen wijngaarden – ideaal om de omgeving te verkennen. Prijs inclusief ontbijt.
● | ■ | | ■

ST-EMILION: *Hostellerie Plaisance* ⒻⒻⒻⒻ
Place du Clocher 5, 33330. ☎ *05-57247232.* FAX *05-57744111.* ***Kamers:*** *12.*
Een uitstekend hotel in een opvallend gebouw, gelegen in het bovenste deel van een stad die befaamd is om zijn wijn. Heerlijke keuken.
AE DC MC V | ● | | | ■

Verklaring van de symbolen zie achterflap

Prijsklassen voor een standaard tweepersoonskamer (niet per persoon) per nacht, inclusief belasting en bediening, maar zonder ontbijt.
Ⓕ minder dan FF 200
ⒻⒻ FF 200-400
ⒻⒻⒻ FF 400-600
ⒻⒻⒻⒻ FF 600-1000
ⒻⒻⒻⒻⒻ meer dan FF 1000

Faciliteiten voor kinderen
Wiegen en kinderoppas beschikbaar. In sommige hotels kunt u in het restaurant kinderporties en -stoelen krijgen.

Parkeerruimte
Parkeergelegenheid bij het hotel: een eigen parkeerplaats of een eigen garage vlak in de buurt

Zwembad
Hotelzwembaden zijn vaak erg klein en niet overdekt, tenzij anders vermeld.

Tuin
Hotel met tuin, binnenplaats of terras. Meestal staan hier tafels zodat u buiten kunt eten.

Hotel	Creditcards	Faciliteiten voor kinderen	Parkeerruimte	Zwembad	Tuin
Velluire: *Auberge de la Rivière* ⒻⒻ Rue Fouarne, 85770 ☎ *05-51523215.* FAX *05-51523742.* ***Kamers:*** *11.* Een afgelegen, met klimop begroeide herberg op de oever van de Vendée. De kamers zijn gerieflijk en kijken uit op de rivier. Prima keuken. TV	MC V		■		■
Villeneuve-de-Marsan: *Francis Darroze* ⒻⒻⒻ Grand rue, 40190. ☎ *05-58452007.* FAX *05-58458267.* ***Kamers:*** *15.* Een landelijk huis in de schaduw van dennebomen. Darroze is een beroemde naam met een lange traditie op het gebied van de verfijnde keuken. TV	AE DC MC V	●	■	●	■

Périgord, Quercy en Gascogne

Hotel	Creditcards	Faciliteiten voor kinderen	Parkeerruimte	Zwembad	Tuin
Albi: *Hostellerie du Vigan* ⒻⒻ Place du Vigan 16, 81000. ☎ *05-63540123.* FAX *05-63470542.* ***Kamers:*** *40.* Dit uitstekende hotel in het stadscentrum is eenvoudig, comfortabel en niet duur. Het beschikt over een voortreffelijk restaurant. TV	AE DC MC V	●	■		■
Albi: *Hôtel St-Clair* ⒻⒻ Rue St-Clair 8, 81000. ☎ *05-63542566.* ***Kamers:*** *11.* Dit 18de-eeuws hotel is al generaties in dezelfde familie. Fraai verbouwd en gemeubileerd met antiek. Centraal gelegen. TV	MC V		■		■
Auvillar: *d'Astros* ⒻⒻ Le Pin, 82340. ☎ *05-63959520.* FAX *05-63959355.* ***Kamers:*** *4.* Een vriendelijk gastenverblijf, ver van de toeristische route en omgeven door een grote tuin. Ook vegetarische gerechten en speciale diëten.		●	■		■
Beynac: *Hôtel Bonnet* ⒻⒻ Beynac, 24220. ☎ *05-53295001.* FAX *05-53298374.* ***Kamers:*** *21.* Het Hôtel Bonnet dankt zijn naam aan de familie die al jaren eigenaar is van dit kleine dorpshotel. Eenvoudig en traditioneel van stijl.	MC V	●	■		■
Brantôme: *Le Chatenet* ⒻⒻⒻ Brantôme, 24310. ☎ *05-53058108.* FAX *05-53058552.* ***Kamers:*** *8.* Dit schitterend gerestaureerde 17de-eeuwse landhuis ligt niet ver van de drukke weg langs een rivier. Tennisbanen en clubhuis. TV	MC V	●	■	●	■
Brantôme: *Le Moulin de l'Abbaye* ⒻⒻⒻⒻ Route de Bourdeilles 1, 24310. ☎ *05-53058022.* FAX *05-53057527.* ***Kamers:*** *20.* Deze fraaie, oude, met klimplanten begroeide molen staat aan de Dronne. De eetzaal komt uit op een terras bij de rivier. TV	AE DC MC V	●	■		■
Cahors: *Terminus* ⒻⒻⒻ Avenue Charles-de-Freycinet 5, 46000. ☎ *05-65352450.* FAX *05-65220640.* ***Kamers:*** *22* Een goede vondst midden in het land van de truffels, twee minuten van het station. Stijlvol interieur uit de jaren twintig en glas-in-loodramen. TV	AE MC V	●	■		
Carsac-Aillac: *Le Relais du Touron* ⒻⒻ Carsac-Aillac, 24200. ☎ *05-53281670.* ***Kamers:*** *12.* Dit rustige, kleine herenhuis uit de 19de eeuw staat in een bosrijk gebied ten oosten van Sarlat. Eenvoudige maar verrukkelijke keuken.	MC V	●	■	●	■
Champagnac-de-Belair: *Hôtel Moulin du Roc* ⒻⒻⒻ 24530. Champagnac-de-Belair. ☎ *05-53028600.* FAX *05-53542131.* ***Kamers:*** *14.* Deze omgebouwde walnootmolen staat in een fraaie omgeving aan een rustige stroom, net buiten Brantôme. Overdekt zwembad en heerlijke gerechten. TV	AE DC MC V	●	■	●	■
Coly: *Manoir d'Hautegente* ⒻⒻⒻⒻ Coly, 24120. ☎ *05-53516803.* FAX *05-53503852.* ***Kamers:*** *12.* Iets ten noorden van Sarlat vindt u dit schilderachtige herenhuis, dat voorheen een molen en een smederij van een abdij was. Vriendelijk hotel met open haarden, eigen viswater, een zwembad en een bibliotheek. TV	AE MC V	●	■	●	■

Hotel	Prijs	Creditcards				
CONDOM: *Hôtel des Trois Lys* Rue Gambetta 38, 32100. ☎ *05-62283333.* FAX *05-62284185.* ***Kamers:*** *10.* Dit 17de-eeuwse hotel staat midden in het land van de armagnac. Het ontbijt wordt geserveerd op de patio. TV	ⒻⒻⒻ	AE MC V	●	■	●	■
DOMME: *Hôtel de l'Esplanade* 24250 Domme. ☎ *05-53283141.* FAX *05-53284992.* ***Kamers:*** *25.* Dit hotel boven op een rots heeft een panoramisch terras. De kamers zijn smaakvol ingericht en enkele bieden een geweldig uitzicht. TV	ⒻⒻ	AE MC V	●			■
DURAS: *Hostellerie des Ducs* Duras, 47120. ☎ *05-53837458.* FAX *05-53837503.* ***Kamers:*** *15.* Dit eenvoudige familiebedrijf tussen de Dordogne en de Garonne, kijkt uit over een 14de-eeuws fort. TV	ⒻⒻ	MC V		■	●	■
FLORIMONT-GAUMIERS: *La Daille* 24250 Dordogne. ☎ *53284071.* ***Kamers:*** *4.* Deze oude boerderij, niet ver van Gaumiers verwijderd, biedt schitterende uitzichten. Voortreffelijk eten.	ⒻⒻ					■
GARABIT: *Hôtel-restaurant Beau Site* Garabit, Loubaresse, 15320. ☎ *05-71234146.* FAX *05-71234634.* ***Kamers:*** *17.* Dit hotel is bekend om het prachtige uitzicht en Eiffels viaduct. Grote, geriefelijke kamers, lekker eten en verwarmd zwembad. TV	ⒻⒻ	MC V	●	■	●	■
LACAVE: *Le Pont de l'Ouysse* Lacave, 46200. ☎ *05-65378704.* FAX *05-65327741.* ***Kamers:*** *14.* Een chic restaurant met kamers, niet ver van Rocamadour. U kunt hier genieten van fantasievolle variaties op plaatselijke schotels. TV	ⒻⒻⒻ	AE DC MC V	●	■	●	■
LA COQUILLE: *Hôtel des Voyageurs* Rue de la République, 24450. ☎ *05-53528013.* FAX *05-53601829.* ***Kamers:*** *10.* Vriendelijk, comfortabel dorpshotel. Geniet van de heerlijke regionale gerechten in de met ruitjesstof verfraaide eetzaal. TV	ⒻⒻ	MC V	●	■		■
LES EYZIES-DE-TAYAC: *Le Moulin de la Beune* Les Eyzies-de-Tayac, 24620. ☎ *05-53069433.* FAX *05-53069806.* ***Kamers:*** *20.* Deze omgebouwde molen beschikt over grote gerieflijke kamers. Redelijk geprijsd en efficiënt gerund. Het restaurant heeft een zeer goede naam.	ⒻⒻ	AE MC V	●	■		■
LES EYZIES-DE-TAYAC: *Le Centenaire* Les Eyzies-de-Tayac, 24620. ☎ *05-53066868.* FAX *05-53069241.* ***Kamers:*** *20.* Een luxueus, modern gebouw, net buiten de stad. Ruime kamers met balkons die uitkijken op gazon en zwembad. TV	ⒻⒻⒻⒻ	AE DC MC V	●	■	●	■
MARQUAY: *Hôtel des Bories* Marquay, 24620. ☎ *05-53296702.* FAX *05-53296415.* ***Kamers:*** *30.* Een hotel van bijzonder goede kwaliteit. Eenvoudige kamers en plafonds voorzien van balken. Vlak bij een meer waar watersport wordt beoefend.	ⒻⒻ	MC V	●	■	●	■
MERCUÈS: *Château de Mercuès* Mercuès, 46090. ☎ *05-65200001.* FAX *05-65200572.* ***Kamers:*** *31.* Dit 12de-eeuwse château met torentjes staat aan de rivier de Lot en is smaakvol gerestaureerd. Uitgebreid ontbijt. TV	ⒻⒻⒻⒻ	AE DC MC V	●	■	●	■
MEYRONNE: *La Terrasse* Meyronne, 46200. ☎ *05-65322160.* FAX *05-65322693.* ***Kamers:*** *18.* Sommige kamers van dit omgebouwde klooster bevinden zich in het aangrenzende 9de-eeuwse château. De gasten eten in de grote eetzaal. TV	ⒻⒻ	MC V	●		●	■
NONTRON: *Le Grand Hôtel* Place A Agard 3, 24300. ☎ *05-53561122.* FAX *05-53565994.* ***Kamers:*** *28.* Zeer redelijk geprijsd en efficiënt gerund hotel in het centrum van een marktplaats. Zwembad, fraaie tuin en goede, eerlijke gerechten.	ⒻⒻ	DC MC V	●	■	●	■
PÉRIGUEUX: *Hôtel Périgord* Rue Victor Hugo 74, 24000. ☎ *05-53533363.* FAX *05-53081974.* ***Kamers:*** *20.* Dit uitstekende, kleine hotel staat vlak bij het oude centrum van deze alleraardigste stad. Voortreffelijke traditionele keuken. TV	ⒻⒻ	MC V	●	■		■
RIBÉRAC: *Pauliac* Celles, 24600. ☎ *05-53919745.* FAX *05-53904346.* ***Kamers:*** *5.* Een eenvoudige, fraai gerestaureerde boerderij, gelegen in een gehucht. U vindt hier een terrastuin en tafels buiten. Goede gerechten.	ⒻⒻ	MC V	●	■	●	■

Verklaring van de symbolen zie achterflap

Prijsklassen voor een standaard tweepersoonskamer (niet per persoon) per nacht, inclusief belasting en bediening, maar zonder ontbijt.
F minder dan FF 200
FF FF 200-400
FFF FF 400-600
FFFF FF 600-1000
FFFFF meer dan FF 1000

FACILITEITEN VOOR KINDEREN
Wiegen en kinderoppas beschikbaar. In sommige hotels kunt u in het restaurant kinderporties en -stoelen krijgen.

PARKEERRUIMTE
Parkeergelegenheid bij het hotel: een eigen parkeerplaats of een eigen garage vlak in de buurt

ZWEMBAD
Hotelzwembaden zijn vaak erg klein en niet overdekt, tenzij anders vermeld.

TUIN
Hotel met tuin, binnenplaats of terras. Meestal staan hier tafels zodat u buiten kunt eten.

	Creditcards	Faciliteiten voor kinderen	Parkeerruimte	Zwembad	Tuin
ROCAMADOUR: *Domaine de la Rhue* FFF Rocamadour, 46500. *05-65337150.* FAX *05-65337248.* ***Kamers:*** *12.* Slechts een paar minuten rijden van Rocamadour vindt u dit rustige hotel – een 19de-eeuws stenen gebouw, fantasievol verbouwd. Ruime kamers.	MC V	●	●	●	●
ST-CIRC-LAPOPIE: *Hôtel de la Pélissaria* FFF St-Cirq-Lapopie, 46330. *05-65312514.* FAX *05-65302552.* ***Kamers:*** *10.* Een klein hotel in een dorp op een rots, boven de Lot. De kamers zijn voorzien van een betegelde vloer, witte muren, balken en vurehouten deuren. TV	MC V			●	
SARLAT-LA-CANÉDA: *Hostellerie de Meysset* FFF Route des Eyzies, 24200. *05-53590829.* FAX *05-53284761.* ***Kamers:*** *26.* Dit prettige landelijke hotel staat in een park en is opgetrokken in een plaatselijke stijl. Openslaande deuren en heerlijke gerechten.	AE DC MC V	●	●		●
TAMNIÈS: *Hôtel Laborderie* FF Tamniès, 24620. *05-53296859.* FAX *05-53296531.* ***Kamers:*** *32.* Dit modern familiebedrijf is gelegen tussen Sarlat en Les Eyzies. 's Winters houtvuren, en 's zomers zwemmen en maaltijden buiten. TV	MC V		●	●	●
TOULOUSE: *Hôtel Albert 1er* FF Rue Rivals 8, 31000. *05-61211791.* FAX *05-61210964.* ***Kamers:*** *50.* Een uitstekend, centraal gelegen hotel met vrolijke kamers en moderne badkamers. Kleine lounge en ontbijtzaal maar geen restaurant. TV	AE DC MC V	●			
TOULOUSE: *Hôtel Jean-Mermoz* FFF Rue Matabiau 50, 31000. *05-61630404.* FAX *05-61631564.* ***Kamers:*** *53.* Dit modern hotel in het stadscentrum is comfortabel, vriendelijk en verbazend rustig. Aangename tuin en restaurant. TV	AE DC MC V	●	●		●
VIEUX MAREUIL: *Château de Vieux-Mareuil* FFF Rte Angoulême-Périqueux, 24340. *05-53607715.* FAX *05-53564933.* ***Kamers:*** *14.* Dit hotel is gevestigd in een 15de-eeuws versterkt gebouw. De kamers zijn ruim en de keuken is voortreffelijk. Een enorm park. TV	AE DC MC V	●	●	●	●

DE PYRENEEËN

	Creditcards	Faciliteiten voor kinderen	Parkeerruimte	Zwembad	Tuin
AÏNHOA: *Hôtel-Restaurant Ithurria* FFF Aïnhoa, 64250. *05-59299211.* FAX *05-59298128.* ***Kamers:*** *27.* Met zijn gezellige kamers, eetzaal met balken en overheerlijke gerechten is deze voormalige herberg voor postkoetsen in een van de aardigste Baskische dorpen een plezierig adres om te logeren. TV	AE DC V	●	●	●	●
ANGLET: *Château de Brindos* FFFF Allée du Château, 64600. *05-59231768.* FAX *05-59234847.* ***Kamers:*** *14.* Hier aan het rustige meer is het leven bedaard en verfijnd. Van hier is het maar een kort ritje naar het strand. Vlakbij ligt een golfbaan. TV	AE DC MC V	●	●	●	●
ARGELÈS-GAZOST: *Hôtel le Miramont* FF Avenue des Pyrénées 44, 65400. *05-62970126.* FAX *05-62975667.* ***Kamers:*** *28.* Een stijlvol, comfortabel hotel met een tuin in een kleine badplaats. Het aantrekkelijke restaurant serveert verrukkelijke gerechten. TV	MC V		●		●
ARREAU: *Hôtel d'Angleterre* FF Route de Luchon, 65240. *05-62986330.* FAX *05-62986966.* ***Kamers:*** *24.* Vier rivieren stromen door het kleine Arreau, langs huizen met leien daken. Deze uitstekende 17de-eeuwse herberg serveert smakelijke gerechten uit de bergen. TV	MC V	●	●		●
BARBAZAN: *Hostellerie de L'Aristou* FF Route Sauveterre, 31510. *05-61883067.* FAX *05-61955566.* ***Kamers:*** *7.* Dit gezellige onderkomen heeft een uitstekend restaurant en is heel geschikt voor wie de nabijgelegen Romeinse ruïnes wil bezoeken. TV	AE DC MC V	●	●		

BIARRITZ: *Château du Claire de Lune* ⒻⒻⒻ Avenue Alan-Seeger 48, 64200. ☎ *05-59415320.* FAX *05-59415329.* ***Kamers:*** *16.* Dit belle époque-huis is omgebouwd tot een hotel waar u tot rust komt. Het staat een eind van de drukke kust te midden van geurende tuinen. TV	*AE DC MC V*	●	■		■
BIARRITZ: *Hôtel Windsor* ⒻⒻⒻ Avenue Edouard-VII, 64200. ☎ *05-59240852.* FAX *05-59249890.* ***Kamers:*** *49.* Dit hotel met zijn onlangs gedecoreerde gezinskamers staat boven aan het Grande Plage en is een fantastisch adres voor een levendige vakantie. TV	*AE DC MC V*	●	■		
BIARRITZ: *Hôtel du Palais* ⒻⒻⒻⒻⒻ Avenue de l'Impératrice 1, 64200. ☎ *05-59416400.* FAX *05-59416799.* ***Kamers:*** *156.* Een magnifiek hotel vol pracht en praal. De bediening en gerechten zijn onberispelijk en de sfeer is verfrissend informeel. TV menu	*AE DC MC V*	●	■	●	■
ESPELETTE: *Hôtel Euzkadi* ⒻⒻ Espelette, 64250. ☎ *05-59939188.* FAX *05-59939019.* ***Kamers:*** *32.* De royale, smakelijke Baskische gerechten hebben dit karaktervolle hotel enorm populair gemaakt.	*MC V*	●	■	●	■
FOIX: *Hôtel Audoye-Lons* ⒻⒻ Place G-Duthil 6, 09000. ☎ *05-61655244.* FAX *05-61026818.* ***Kamers:*** *39.* Dit vakwerkhuis met zijn grote oude kamers en eetzaal met glazen wanden staat in de oude stad, vlak aan de rivier. TV	*AE DC MC V*	●	■		
GAVARNIE: *Hôtel Vignemale* ⒻⒻⒻ Gavarnie, 65120. ☎ *05-62924000.* FAX *05-62924008.* ***Kamers:*** *24.* Dit gemoderniseerde hotel is een gerieflijke 'thuisbasis' als u van bergwandelingen houdt en van het Cirque de Gavarnie wilt genieten. TV	*AE MC V*		■		■
NUZENAC: *L'Oustal* ⒻⒻ Unac, 09250. ☎ *05-61644844.* ***Kamers:*** *5.* Hoog in het ongerepte Arriège, niet ver van Ax-les-Thermes, treft u deze landelijke herberg aan, met zijn fantastische uitzicht en prima keuken.	*MC V*				■
OLORON-STE-MARIE: *L'Alysson* ⒻⒻ Boulevard des Pyrénées, 64400. ☎ *05-59397070.* FAX *05-59392447.* ***Kamers:*** *34.* Een zeer comfortabel hotel in een schilderachtige stad aan de rivier. In de moderne eetzaal worden goede gerechten geserveerd. TV	*MC V*	●	■	●	■
PAU: *Grand Hôtel du Commerce* ⒻⒻ Rue Maréchal-Joffre 9, 64000. ☎ *05-59272440.* FAX *05-59838174.* ***Kamers:*** *51.* Dit traditionele hotel staat vlak bij het koninklijke château en beschikt over comfortabele kamers en een redelijk restaurant. TV	*AE DC MC V*	●	■		■
ST-ETIENNE-DE-BAÏGORRY: *Hôtel Arcé* ⒻⒻⒻ St-Etienne-de-Baïgorry, 64430. ☎ *05-59374014.* FAX *05-59374027.* ***Kamers:*** *22.* Dit gastvrije familiehotel staat in een schitterende omgeving naast de snelstromende Nive des Aldudes, diep verscholen in Baskenland. TV	*MC V*	●	■	●	■
ST-GIRONS: *Hôtel Eychenne* ⒻⒻⒻ Avenue Paul-Laffont 8, 09200. ☎ *05-61040450.* FAX *05-61960720.* ***Kamers:*** *60.* Het antieke meubilair, de tuin, het zwembad en het voortreffelijke restaurant geven dit hotel iets heel bijzonders. TV	*MC V*	●	■	●	■
ST-JEAN-DE-LUZ: *La Devinière* ⒻⒻⒻ Rue Loquin 5, 64500. ☎ *05-59260551.* FAX *05-59512638.* ***Kamers:*** *9.* Dit uitstekende, rustige hotelletje met zijn gezellige, stijlvol ingerichte kamers en sfeervolle tuin staat in het hart van de oude stad.	*MC V*	●			■
ST-JEAN-DE-LUZ: *Le Parc Victoria* ⒻⒻⒻⒻⒻ Rue Cépé 5, 64500. ☎ *05-59267878.* FAX *05-59267808.* ***Kamers:*** *12.* Een imposante tuin en een zwembad omgeven dit 19de-eeuwse herenhuis, dat is ingericht in de stijl van de jaren dertig. Dicht bij het strand. TV	*AE DC MC V*	●	■	●	■
ST-JEAN-PIED-DE-PORT: *Hôtel les Pyrénées* ⒻⒻⒻⒻ Pl du Gén-de-Gaulle 19, 64220. ☎ *05-59370101.* FAX *05-59371897.* ***Kamers:*** *20.* In dit rustige, zij het prijzige, hotel met zijn befaamde Baskische keuken kunt u de vakantiedrukte even ontvluchten. menu TV	*AE MC V*	●	■	●	■
ST-JEAN-PIED-DE-PORT: *Hôtel Larramendy Andreinia* Ⓕ Esterençuby, 64220. ☎ *05-59370970.* FAX *05-59373605.* ***Kamers:*** *26.* Dit Baskische hotel in een gehucht aan de kabbelende Nive vormt een ideaal onderkomen voor trekkers. TV	*MC V*	●	■		

Prijsklassen voor een standaard tweepersoonskamer (niet per persoon) per nacht, inclusief belasting en bediening, maar zonder ontbijt.
Ⓕ minder dan FF 200
ⒻⒻ FF 200-400
ⒻⒻⒻ FF 400-600
ⒻⒻⒻⒻ FF 600-1000
ⒻⒻⒻⒻⒻ meer dan FF 1000

Faciliteiten voor kinderen
Wiegen en kinderoppas beschikbaar. In sommige hotels kunt u in het restaurant kinderporties en -stoelen krijgen.

Parkeerruimte
Parkeergelegenheid bij het hotel: een eigen parkeerplaats of een eigen garage vlak in de buurt

Zwembad
Hotelzwembaden zijn vaak erg klein en niet overdekt, tenzij anders vermeld.

Tuin
Hotel met tuin, binnenplaats of terras. Meestal staan hier tafels zodat u buiten kunt eten.

Hotel	Prijs	Creditcards	Faciliteiten voor kinderen	Parkeerruimte	Zwembad	Tuin
Sare: *Hôtel Arraya* Place du village, 64310. ☎ *05-59542046.* FAX *05-59542704.* **Kamers:** *20.* Dit centaal gelegen, moderne hotel staat garant voor rust en comfort. Iedere kamer is voorzien van een eigen badkamer.	ⒻⒻⒻ	AE MC V		■		■
Tarbes: *Hôtel de l'Avenue* Av Bertrand-Barère 778-780, 65000. ☎ *05-62930636.* **Kamers:** *28.* Dit kleine hotel ligt op twee minuten lopen van het station. De rustigste kamers kijken uit op een binnenplaats.	ⒻⒻ	MC V	●	■		

Languedoc-Roussillon

Hotel	Prijs	Creditcards	Faciliteiten voor kinderen	Parkeerruimte	Zwembad	Tuin
Aigues-Mortes: *Hôtel des Croisades* Rue du Port 2, 30220. ☎ *04-66536785.* FAX *04-66537295.* **Kamers:** *14.* Dit hotel biedt beslist waar voor uw geld. Vriendelijk personeel en zeer aangename tuin.	ⒻⒻ	MC V		■		■
Aigues-Mortes: *Hôtel Saint-Louis* Rue de l'Amiral-Courbet 10, 30220. ☎ *04-66537268.* FAX *04-66537592.* **Kamers:** *22.* Dit aardige hotel staat verscholen binnen de muren van een levendige stad, gebouwd door koning Lodewijk IX de Heilige. Vlak bij de Camargue.	ⒻⒻⒻ	AE DC MC V	●	■		■
Barjac: *Hôtel le Mas du Termes* Route de Bagnol-sur-Cèze, 30430. ☎ *04-66245631.* FAX *04-66245854.* **Kamers:** *32.* Dit opvallende oude hotel is gelegen in een schitterend landschap dicht bij de Gorges de l'Ardèche. De wijn is zelf gemaakt.	ⒻⒻⒻ	MC V	●	■	●	■
Béziers: *Grand Hôtel du Nord* Place Jean-Jaurès 15, 34500. ☎ *04-67283409.* FAX *04-67490037.* **Kamers:** *40.* Een robuust herenhuis in de buurt van de centrale *avenue* en niet ver van de bezienswaardigheden. U kijkt hier uit op de rivier de Orb.	ⒻⒻ	AE DC MC V		■		
Bouziques: *La Côte Bleue* Avenue Louis-Tudesq, 34140. ☎ *04-67783142.* FAX *04-67783549.* **Kamers:** *32.* Met zijn comfortabele kamers, zwembad en beroemde restaurant met terras is dit hotel met recht populair.	ⒻⒻ	MC V		■	●	■
Carcassonne: *Hôtel du Donjon* Rue du Comte-Roger 2, 11000. ☎ *04-68710880.* FAX *04-68250660.* **Kamers:** *37.* Dit prachtige 14de-eeuwse gebouw, in het hart van de middeleeuwse stad, is van alle moderne gemakken voorzien.	ⒻⒻⒻ	AE DC MC V		■		■
Carcassone: *Hôtel Mercure la Vicomté* Rue C Saint-Saens 18, 11000. ☎ *04-68714545.* FAX *04-68711145.* **Kamers:** *61.* Deze gerieflijke overnachtingsgelegenheid vindt u bij de oostelijke ingang van deze middeleeuwse stad, ver weg van de zomerdrukte.	ⒻⒻⒻ	AE DC MC V	●	■	●	■
Castillon-du-Gard: *Le Vieux Castillon* Rue Citernasse, 30210. ☎ *04-66376161.* FAX *04-66372817.* **Kamers:** *35.* Gerestaureerde gebouwen in een middeleeuws dorp, vlak bij de Pont du Gard, zijn omgebouwd tot een stijlvol en discreet hotel. Het zwembad is ingenieus gelegen naast de resten van een muur.	ⒻⒻⒻⒻ	AE MC V	●	■	●	■
Céret: *La Terrasse au Soleil* Route de Fontfrède, 66400. ☎ *04-68870194.* FAX *04-68873924.* **Kamers:** *27.* Een rustig en comfortabel hotel, gelegen tussen de bergen en de zee, zodat u een fantastisch uitzicht hebt. Het restaurant is uitstekend.	ⒻⒻⒻⒻ	DC MC V	●	■	●	■
Collioure: *Relais de Trois Mas* Route de Port-Vendres, 66190. ☎ *04-68820507.* FAX *04-68823808.* **Kamers:** *23.* Het hotel bestaat uit diverse smaakvol gerestaureerde gebouwen met tuinen. De kamers kijken uit op zee of op de haven en enkele beschikken over een terras. Het restaurant, La Balette, is beroemd.	ⒻⒻⒻⒻ	MC V	●	■	●	■

Hotel	Prijs	Creditcards				
FUILLA: *Rozinante* Carré Ribere Enclose 7, 66820. *04-68963450.* FAX *04-68963450.* ***Kamers:*** *3.* Dit charmante pension onder Mont Canigou heeft een eigen zwembad en schitterende gazons.	ⒻⒻ		●	■	●	■
MINERVE: *Relais Chantovent* Minerve, 34210. *04-68911418.* FAX *04-68918199.* ***Kamers:*** *10.* De hotelgebouwen staan verspreid over de smalle straatjes. De kamers in het bijgebouw, een omgebouwd dorpshuis, hebben veel karakter.	ⒻⒻ	*MC V*	●			
MONTPELLIER: *Hôtel Guilhem* Rue JJ-Rousseau 18, 34000. *04-67529090.* FAX *04-67606767.* ***Kamers:*** *33.* Een aantrekkelijk hotel voor logies en ontbijt met vriendelijke eigenaars, waar u zich in alle rust kunt terugtrekken uit de drukke stad. TV	ⒻⒻ	*AE DC MC V*	●			■
NARBONNE: *Grand Hôtel du Languedoc* Boulevard Gambetta 22, 11100. *04-68651474.* FAX *04-68658148.* ***Kamers:*** *40.* Een vrolijk stadshotel, slechts een korte wandeling van de kathedraal, winkels en musea. Het restaurant in belle époque-stijl is populair. TV	ⒻⒻ	*AE DC V*	●	■		
NÎMES: *Hôtel Plazza* Rue Roussy 10, 30000. *04-66761620.* FAX *04-66676599.* ***Kamers:*** *28.* De rustige omgeving en gerieflijke kamers en badkamers maken uw verblijf in dit gemoderniseerde gebouw zeker tot een succes. TV	ⒻⒻ	*AE DC MC V*	●	■		
NÎMES: *Imperator Concorde* Quai de la Fontaine, 30000. *04-66219030.* FAX *04-66677025.* ***Kamers:*** *61.* Vlak bij het voornaamste hotel van Nîmes vindt u de 17de-eeuwse tuinen en fonteinen, en tevens enkele opmerkelijke Romeinse bouwwerken. TV	ⒻⒻⒻⒻ	*AE DC V*	●	■		■
PERPIGNAN: *Hôtel de la Loge* Rue des Fabriques-Nabot 1, 66000. *04-68344102.* FAX *04-68342513.* ***Kamers:*** *22.* Dit 16de-eeuwse Catalaanse herenhuis heeft een met mozaïek versierd voorhof en een fontein. Het hotel staat vlak bij de bezienswaardigheden. TV	ⒻⒻ	*AE DC MC V*	●			
PEYRIAC-MINERVOIS: *Château de Violet* Route de Pépieux, 11160. *04-68781042.* FAX *04-68783001.* ***Kamers:*** *12.* Plafonds met balken en enorme open haarden bepalen hier de sfeer. Dit château beschikt over zijn eigen domein met parken en wijngaarden. TV	ⒻⒻⒻⒻ	*AE DC MC V*	●	■	●	■
PONT DE MONTVERT: *Hôtel de Cévennes* Pont de Montvert, 48220. *04-66458001.* ***Kamers:*** *10.* Deze traditionele granieten herberg ziet uit op de bruisende Tarn, vooral vanuit de kamers 1,2 en 3. De eetzaal geeft een prachtig uitzicht op het dorp.	ⒻⒻ		●	■		
PRADES: *Grand Hôtel Thermal* Molitg-les-Bains, 66500. *04-68050050.* FAX *04-68050291.* ***Kamers:*** *70.* Een hotel bij een warme bron in de bergen, omgeven door palmbomen en vlak aan een meer. Ruim, rustig en beslist waar voor uw geld. TV	ⒻⒻⒻ	*AE MC V*		■	●	■
QUILLAN: *Hôtel Cartier* Bd Charles de Gaulle 31, 11500. *04-68200514.* FAX *04-68200257.* ***Kamers:*** *30.* Een comfortabel, bescheiden hotel-restaurant in het centrum. TV	ⒻⒻ	*AE MC V*	●	■		
ST-CYPRIEN-PLAGE: *Le Mas d'Huston* 66750. *04-68376363.* FAX *04-68376464.* ***Kamers:*** *50.* Een rustgevend hotel met alle geneugten van een bruisend vakantieoord binnen handbereik. Het restaurant kijkt uit over een golfbaan. TV	ⒻⒻⒻⒻ	*AE DC MC V*	●	■	●	■
SÈTE: *Grand Hôtel* Quai du Mar-de-Lattre-de-Tassigny 17, 34200. *04-67747177.* FAX *04-67742927.* ***Kamers:*** *45.* Dit hotel in belle époque-stijl kijkt uit over het Grand Canal van Sète en beschikt over een fantastisch atrium met palmen en kamers met balkon. TV	ⒻⒻⒻ	*AE DC MC V*	●	■		
SOMMIÈRES: *Auberge du Pont -Romain* Rue Emile-Jamais 2, 30250. *04-66800058.* FAX *04-66803152.* ***Kamers:*** *18.* Achter een onheilspellende façade ligt een fraaie tuin die naar een rivieroever leidt. De kamers zijn ruim en enkele kijken uit op de tuin.	ⒻⒻ	*AE DC MC V*	●	■	●	■
UZÈS: *Le Mas d'Oléandre* Saint-Médiers, 30700. *04-66226343.* ***Kamers:*** *6.* Een met zorg gerestaureerde boerderij in een rustig dorp, omgeven door wijngaarden. Dicht bij de plaatselijke winkels.	ⒻⒻ			■	●	■

Verklaring van de symbolen zie achterflap

Prijsklassen voor een standaard tweepersoonskamer (niet per persoon) per nacht, inclusief belasting en bediening, maar zonder ontbijt.
Ⓕ minder dan FF 200
ⒻⒻ FF 200-400
ⒻⒻⒻ FF 400-600
ⒻⒻⒻⒻ FF 600-1000
ⒻⒻⒻⒻⒻ meer dan FF 1000

Faciliteiten voor kinderen
Wiegen en kinderoppas beschikbaar. In sommige hotels kunt u in het restaurant kinderporties en -stoelen krijgen.

Parkeerruimte
Parkeergelegenheid bij het hotel: een eigen parkeerplaats of een eigen garage vlak in de buurt

Zwembad
Hotelzwembaden zijn vaak erg klein en niet overdekt, tenzij anders vermeld.

Tuin
Hotel met tuin, binnenplaats of terras. Meestal staan hier tafels zodat u buiten kunt eten.

	Creditcards	Faciliteiten voor kinderen	Parkeerruimte	Zwembad	Tuin
Uzès: *Château d'Arpaillargues* ⒻⒻⒻⒻ Uzès, 30700. *04-66221448.* FAX *04-66225610. **Kamers:** 29.* Een 16de-eeuws château met smaakvolle kamers die variëren in grootte. Geniet van de heerlijke gerechten bij het zwembad of op het terras.	AE DC MC V	●	■	●	■
Villeneuve-les-Béziers: *Maison Viner* ⒻⒻ Rue de la Fontaine 7, 34420. *04-67398715.* FAX *04-67398715. **Kamers:** 4.* Fraai gerestaureerde, oude gelegenheid voor logies en ontbijt, slechts 5 km van de Middellandse Zee. Lunches om mee te nemen en avondeten verkrijgbaar.		●			■

Provence en de Côte d'Azur

	Creditcards	Faciliteiten voor kinderen	Parkeerruimte	Zwembad	Tuin
Aix-en-Provence: *Hôtel des Augustins* ⒻⒻⒻⒻ Rue de la Masse 3, 13100. *04-42272859.* FAX *04-42267487. **Kamers:** 29.* Een verbouwd 12de-eeuws klooster met ruime, gerieflijke kamers in traditioneel Provençaalse stijl. Een oase van rust in het hart van Aix.	AE DC MC V		■		
Aix-en-Provence: *Mas d'Entremont* ⒻⒻⒻⒻ Montée d'Avignon, Célony 7 315, 13090. *04-42174242.* FAX *04-42211583. **Kamers:** 18.* Deze oude Provençaalse boerderij is nu een luxueus hotel, gelegen op terrasgewijs aangelegde gronden net buiten Aix. Smaakvol ingericht.	MC V	●	■	●	■
Antibes: *Mas Djoliba* ⒻⒻⒻ Av de Provence 29, 06600. *04-93340248.* FAX *04-93340581. **Kamers:** 13.* Traditioneel Provençaalse hotel niet ver van het centrum en het strand. Gerieflijke kamers in rustieke stijl en een mooie tuin..	AE DC MC V		■	●	■
Arles: *Hôtel d'Arlatan* ⒻⒻⒻ Rue du Sauvage 26, 13631. *04-90935666.* FAX *04-90496845. **Kamers:** 41.* Dit hotel in het hart van Arles dateert uit de 16de eeuw. Stenen muren en een spelonkachtige open haard verfraaien de salon.	AE DC MC V	●	■		■
Avignon: *L'Europe* ⒻⒻⒻⒻ Place Crillon 12, 84000. *04-90147676.* FAX *04-90854366. **Kamers:** 47.* Al sedert de tijd van Napoleon is dit het verfijndste hotel van Avignon. De kamers zijn ruim en stijlvol; de salon is schitterend ingericht met tapijten op marmeren vloeren. Fantastisch restaurant.	AE DC MC V		■		■
Avignon: *Hôtel de la Mirande* ⒻⒻⒻⒻⒻ Place de la Mirande 4, 84000. *04-90859393.* FAX *04-90862685. **Kamers:** 20.* Een uitstekende gelegenheid met rijk versierde kamers in Provençaalse stijl en verfijnd antiek. De binnenplaats is rustgevend.	AE DC MC V	●	■		■
Beaulieu-sur-Mer: *Le Métropole* ⒻⒻⒻⒻⒻ Bd du Marechal Leclerc 15, 06310. *04-93010008.* FAX *04-93011851. **Kamers:** 46.* Een Italiaans herenhuis compleet met mediterraans terras. De kamers zijn luxueus en u hebt uitzicht op St-Jean-Cap-Ferrat.	AE MC V		■	●	■
Beaurecueil: *Relais Sainte-Victoire* ⒻⒻⒻ 13100 Beaurecueil. *04-42669498.* FAX *04-42668596. **Kamers:** 10.* Een klein hotel gelegen in een landelijke omgeving naast open velden onder Mont-Ste-Victoire. Voortreffelijke kwaliteit en prima restaurant.	AE DC MC V	●	■	●	■
Bormes-les-Mimosas: *Le Bellevue* Ⓕ Place Gambetta 14, 83230. *04-94711515. **Kamers:** 12.* Klein eenvoudig familiebedrijf met ruime kamers en balkons die uitkijken over een woud van terracotta daken tot aan de zee.	MC V				
Cannes: *Carlton International* ⒻⒻⒻⒻⒻ Bd de la Croisette 58, 06400. *04-93064006.* FAX *04-93064025. **Kamers:** 354.* Het Carlton biedt tijdens het filmfestival onderdak aan beroemdheden en de rest van het jaar aan zakenlieden. Het hotel wedijvert met Le Négresco om de titel 'parel van de Rivièra'. Privé-strand met jachten.	AE DC MC V	●	■		

DIGNE-LES-BAINS: *Hôtel du Grand-Paris* ⒻⒻⒻ
Bd Thiers 19, 04000. ☎ *04-92311115.* FAX *04-92323282.* ***Kamers:*** *29.*
Dit voormalige klooster is nu een sfeervol hotel met comfortabele kamers en een middeleeuwse ambiance, gelegen in het hart van de stad. TV
AE DC MC V

FONTVIEILLE: *La Régalido* ⒻⒻⒻⒻ
Rue Mistral, 13990. ☎ *04-90546022.* FAX *04-90546429.* ***Kamers:*** *15.*
Deze omgebouwde olijfmolen – opgesierd met klimop en een bloementuin – is een van de meest gastvrije en luxe hotels van de streek. Enkele van de smaakvolle kamers beschikken over een terras. TV
AE DC MC V

FOX AMPHOUX: *L'Auberge du Vieux Fox* ⒻⒻⒻ
Place de l'Eglise, 83670. ☎ *04-94807169.* FAX *04-94807838.* ***Kamers:*** *8.*
Delen van dit hotel dateren uit de 11de eeuw, toen het een halte voor postkoetsen was. De kamers zijn klein maar het uitzicht is magnifiek. TV
AE MC V

JUAN-LES-PINS: *La Jabotte* ⒻⒻ
Av M-Mauray 13, Cap d'Antibes, 06160. ☎ *04-93614589.* FAX *04-93610704.* ***Kamers:*** *13.*
Dit hotel staat op 5 minuten loopafstand van de centra van Juan-les-Pins en Antibes. Vriendelijk hotel dat veel te bieden heeft voor zijn prijsklasse. U kunt ook in een van de bungalows aan het terras logeren. TV
AE MC V

LA CADIÈRE D'AZUR: *Hostellerie Bérand* ⒻⒻⒻⒻ
Rue Gabriel-Peri, 83740. ☎ *04-94901143.* FAX *04-94900194.* ***Kamers:*** *40.*
Een vriendelijk hotel en restaurant aan de hoofdstraat van dit dorp. Vier omgebouwde panden met kamers in verschillende stijlen. TV
AE MC V

LES ARCS-SUR-ARGENS: *Logis du Guetteur* ⒻⒻⒻ
Place du Château, 83460. ☎ *04-94733082.* FAX *04-94733995.* ***Kamers:*** *10.*
Dit 11de-eeuwse château staat boven op een heuvel en kijkt uit over de stad. Sfeervol gewelfde eetzaal en ruime kamers. TV
AE DC MC V

LES BAUX-DE-PROVENCE: *Le Mas d'Aigret* ⒻⒻⒻⒻ
Les Baux-de-Provence, 13520. ☎ *04-90543354.* FAX *04-90544137.* ***Kamers:*** *15.*
Een keurig, persoonlijk hotel, slechts een korte wandeling van de middeleeuwse citadel. De eetzaal en enkele van de kamers van deze indrukwekkende oude boerderij zijn uitgehakt in een rots. TV
AE DC MC V

NICE: *Hôtel Windsor* ⒻⒻⒻ
Rue Dalpozzo 11, 06000. ☎ *04-93885935.* FAX *04-93889457.* ***Kamers:*** *60.*
Een vriendelijk hotel met een tuin waarin palmen staan. Eenvoudige kamers met moderne muurschilderingen, openslaande deuren en balkons. TV
AE DC MC V

NICE: *Le Négresco* ⒻⒻⒻⒻⒻ
Prom des Anglais 37, 06000. ☎ *04-93166400.* FAX *04-93883568.* ***Kamers:*** *143.*
Het beroemdste hotel aan de Rivièra is onlangs gerenoveerd, zodat de pracht en praal in belle époque-stijl nu nog beter uitkomt. TV
AE DC MC V

PEILLON: *Auberge de la Madone* ⒻⒻⒻ
Peillon, 06440. ☎ *04-93799117.* FAX *04-93799936.* ***Kamers:*** *20.*
Een moderne, door een familie beheerde herberg in een opvallend gesitueerd dorp. Fantasievolle regionale keuken en gerieflijke kamers.
MC V

REILLANE: *Auberge de Reillanne* ⒻⒻ
Le Pigeonnier, 04110. ☎ *04-92764595.* ***Kamers:*** *7.*
Een prachtig oud landhuis in Lubéron, rustig gelegen, buiten de toeristenroute. Het hotel is eenvoudig maar toch aantrekkelijk. De 20ste eeuw lijkt hier nog nauwelijks te zijn begonnen.
MC V

ROUSSILLON: *Le Mas de Garrigon* ⒻⒻⒻⒻ
Route de St-Saturnin-d'Apt, 84220. ☎ *04-90056322.* FAX *04-90057001.* ***Kamers:*** *9.*
In dit traditionele landhuis tussen de dennebomen in een afgelegen hoekje van Haute Provence komt u geheel tot rust. In de gerieflijke salons klinkt klassieke muziek. Kamers met eigen terras. TV
AE DC MC V

SAIGNON: *Auberge du Presbytère* ⒻⒻ
Place de la Fontaine, 84400. ☎ *04-90741150.* FAX *04-90046851.* ***Kamers:*** *10.*
Een kleine herberg aan het plein van dit onaangetaste heuveldorp. Eenvoudige sfeervolle kamers, plaatselijke gerechten en het dorpscafé.
AE MC V

ST-JEAN-CAP-FERRAT: *Clair Logis* ⒻⒻⒻ
Av Centrale 12, 06230. ☎ *04-93760457.* FAX *04-93761185.* ***Kamers:*** *18.*
Deze rustig gelegen, ouderwetse villa met zijn grote, ontwikkelde tuin zal u zeker bevallen. De grotere kamers vindt u in het hoofdgebouw.
AE DC MC V

Prijsklassen voor een standaard tweepersoonskamer (niet per persoon) per nacht, inclusief belasting en bediening, maar zonder ontbijt.
Ⓕ minder dan FF 200
ⒻⒻ FF 200-400
ⒻⒻⒻ FF 400-600
ⒻⒻⒻⒻ FF 600-1000
ⒻⒻⒻⒻⒻ meer dan FF 1000

Faciliteiten voor kinderen
Wiegen en kinderoppas beschikbaar. In sommige hotels kunt u in het restaurant kinderporties en -stoelen krijgen.

Parkeerruimte
Parkeergelegenheid bij het hotel: een eigen parkeerplaats of een eigen garage vlak in de buurt

Zwembad
Hotelzwembaden zijn vaak erg klein en niet overdekt, tenzij anders vermeld.

Tuin
Hotel met tuin, binnenplaats of terras. Meestal staan hier tafels zodat u buiten kunt eten.

Hotel	Creditcards	Faciliteiten voor kinderen	Parkeerruimte	Zwembad	Tuin
Les Saintes-Maries-de-la-Mer: *Hostellerie de Cacharel* ⒻⒻⒻⒻ Route de Cacharel, 13460. ☎ *04-90979544.* FAX *04-90978797.* ***Kamers:*** *15.* Deze oude boerderij werd vroeger bewoond door *gardiens* of Provençaalse koeienhoeders. Het hotel is verbazend comfortabel met zijn grote kamers en rustgevende salons. U kunt in de buurt paardrijden.	AE DC MC V	●	■	●	■
St-Paul-de-Vence: *La Colombe d'Or* ⒻⒻⒻⒻⒻ Place De-Gaulle, 06570. ☎ *04-93328002.* FAX *04-93327778.* ***Kamers:*** *25.* In deze oude boerderij vertoefden vroeger impressionistische schilders, maar nu treft u er filmsterren en modellen aan. Vooral aantrekkelijk vanwege de originele werken van Picasso en Matisse *(blz. 514).* TV	AE DC MC V	●	■	●	■
St-Rémy-de-Provence: *Le Château de Roussan* ⒻⒻⒻⒻ Route de Tarascon, 13210. ☎ *04-90921163.* FAX *04-90925059.* ***Kamers:*** *21.* Een van de mooiste hotels in de Provence – een omgebouwd 18de-eeuws château gelegen in een uitgestrekt geometrisch aangelegd park.	AE MC V		■		■
St-Rémy-de-Provence: *Le Mas de Carassins* ⒻⒻⒻ Chemin Gaulois 1, 13210. ☎ *04-90921548.* ***Kamers:*** *10.* Een 19de-eeuwse boerderij in de buitenwijken van de stad, ingericht in een landelijke stijl. Prettige sfeer en behulpzaam personeel.	MC V		■		■
St-Tropez: *Lou Cagnard* ⒻⒻ Avenue P Roussel, 83990. ☎ *04-94970424.* FAX *04-94970944.* ***Kamers:*** *19.* Een zeer populair, uitstekend hotel in het nieuwste gedeelte van de stad, niet ver van de haven. Vrolijke kamers en prettige binnenplaats.	MC V		■		■
Salon-de-Provence: *L'Abbaye de Sainte-Croix* ⒻⒻⒻⒻ Route du Val-de-Cuech, 13300. ☎ *04-90562455.* FAX *04-90563112.* ***Kamers:*** *24.* Deze omgebouwde 12de-eeuwse abdij heeft nog altijd haar middeleeuwse charme. De kamers, vroeger de monnikverblijven, variëren in grootte. TV	AE DC MC V	●	■	●	■
Seillans: *Hôtel les Deux Rocs* ⒻⒻ Place Font d'Amont, 83440. ☎ *04-94768732.* FAX *04-94768868.* ***Kamers:*** *14.* Een fascinerend 18de-eeuws landhuis aan het rustige dorpsplein. Een zeer gemoedelijke sfeer en voortreffelijke traditionele gerechten.	MC V		■		■
Tourtour: *La Petite Auberge* ⒻⒻⒻ Tourtour, 83690. ☎ *04-94705716.* FAX *04-94705452.* ***Kamers:*** *11.* Ga voor de rust, een prachtig uitzicht en een rustieke omgeving naar Tourtour, waar deze kleine herberg staat. TV	MC V	●	■	●	■
Trigance: *Château de Trigance* ⒻⒻⒻⒻ Trigance, 83840. ☎ *04-94769118.* FAX *04-94856899.* ***Kamers:*** *10.* Een uniek en romantisch toevluchtsoord in de bergvallei. Hemelbedden, tapijten en gewelfde plafonds verfraaien dit 11de-eeuwse château dat met zorg door de eigenaar is gerestaureerd. Toegang via een eigen weg. TV	AE DC MC V		■		■
Vaison-la-Romaine: *Le Beffroi* ⒻⒻⒻ Rue de L'Evêché, Haute Ville, 84110. ☎ *04-90360471.* FAX *04-90362478.* ***Kamers:*** *22.* Dit 16de-eeuwse hotel verleidt zijn gasten met antiek, open haarden, betegelde vloeren en schilderijen. Iedere kamer is anders ingericht. TV	AE DC MC V	●	■	●	■
Vence: *Auberge les Seigneurs* ⒻⒻ Place du Frêne, 06140. ☎ *04-93580424.* FAX *04-93240801.* ***Kamers:*** *6.* Dit restaurant met kamers doet de Middeleeuwen herleven. De kamers zijn Spartaans maar wel goedkoop. Goede Provençaalse specialiteiten.	AE DC MC V	●		●	
Villefranche-sur-Mer: *Hôtel Welcome* ⒻⒻⒻⒻ Quai Courbet 1, 06230. ☎ *04-93767693.* FAX *04-93018881.* ***Kamers:*** *32.* Dit, grote, smalle gebouw vindt u boven een visrestaurant nabij de oude haven. De meeste kleine kamers hebben een balkon dat uitkijkt op zee. Het hotel is al 50 jaar in het bezit van dezelfde familie. TV	AE DC MC V	●	■		

CORSICA

AJACCIO: *Hôtel Dolce Vita* ⒻⒻⒻⒻⒻ Route des Sanguinaires, 20000. *04-95520093.* FAX *04-95520715.* ***Kamers:*** *32.* Functioneel, modern hotel met uitzicht op zee en rechtstreeks toegang tot het strand. Opzichtig interieur en verlicht zwembad. TV	AE DC MC V	●	■	●	■
BARCAGGIO: *La Giraglia* ⒻⒻⒻ Ersa, 20275. *04-95356054.* FAX *04-95356592.* ***Kamers:*** *13.* Dit bescheiden hotel aan de kust ligt niet op de toeristenroute en is ideaal voor een rustig verblijf. Goede visrestaurants in de buurt.					■
BASTIA: *Hôtel de la Corniche* ⒻⒻⒻ San-Martino-di-Lota, 20200. *04-95314098.* FAX *04-95323769.* ***Kamers:*** *19.* Een eenvoudig maar uitstekend hotel aan een kronkelweg, tien minuten rijden van Basia. Adembenemend uitzicht van het terras. TV	AE DC MC V		■	●	■
BONIFACIO: *Résidence du Centre Nautique* ⒻⒻⒻⒻ Quai Nord, 20169. *04-95730211.* FAX *04-95731747.* ***Kamers:*** *10.* Een perfect hotel voor zeilliefhebbers, vlak bij de haven. De kamers zijn omgebouwd tot kleine maisonnettes. TV	AE DC MC V	●	■		■
BONIFACIO: *Hôtel Genovese* ⒻⒻⒻⒻⒻ Quartier de la Citadelle, 20169. *04-95731234.* FAX *04-95730903.* ***Kamers:*** *14.* Een luxehotel in de oude stad dat ooit dienst deed als kazerne. Verfijnd, modern interieur met ruime kamers en suites. TV	AE DC MC V		■		
CALVI: *Auberge de la Signoria* ⒻⒻⒻⒻ Rte de la Forêt de Bonifato, 20260. *04-95659300.* FAX *04-95653877.* ***Kamers:*** *10.* Dit grote huis is kort geleden gerenoveerd, maar de eigenaars hebben gezorgd dat het oorspronkelijk karakter behouden bleef. Een oase van stilte, diners bij kaarslicht geserveerd op het terras onder de palmen. TV	AE MC V	●	■	●	■
CALVI: *Hôtel Balanéa* ⒻⒻⒻⒻ Rue Clémenceau 6, 20260. *04-95659494.* FAX *04-95652971.* ***Kamers:*** *37.* Onlangs gerestaureerd hotel in het centrum van de stad, naast de haven. Ruime en goed ingerichte kamers met grote badkamers. TV	AE DC MC V		■		
FELICETO: *Hôtel Mare e Monti* ⒻⒻ Feliceto, 20225. *04-95630200.* FAX *04-95630201.* ***Kamers:*** *18.* Dit huis aan de voet van de klippen kijkt uit op zee en is al sinds 1870 van dezelfde familie. U krijgt hier een warm onthaal en heerlijke traditionele gerechten, waaronder vers fruit uit de tuin.	AE DC MC V		■		■
L'ILE ROUSSE: *A Pastorella* ⒻⒻ Monticello, 20220. *04-95600565.* FAX *04-95602178.* ***Kamers:*** *12.* Iets landinwaarts vindt u dit hotel, gelegen aan het dorpsplein. A Pasturella was eerst een restaurant, maar later zijn er kamers bijgebouwd.	AE DC MC V	●			■
L'ILE ROUSSE: *Santa Maria* ⒻⒻⒻ Route du Port, 20220. *04-95601349.* FAX *04-95603248.* ***Kamers:*** *56.* Een modern hotel tussen twee stranden, met kleine maar gerieflijke kamers met balkon. Maaltijden worden op verzoek geserveerd. TV	AE DC MC V	●	■	●	■
PIANA: *Les Roches Rouges* ⒻⒻⒻ Piana, 20115. *04-95278181.* FAX *04-95278176.* ***Kamers:*** *30.* Een oud opgeknapt Corsicaans huis. De kamers zijn sober, maar u treft hier wel een goed restaurant aan met een terras en een riant uitzicht. TV	AE DC MC V	●	■		■
PORTICCIO: *Le Maquis* ⒻⒻⒻⒻⒻ Porticcio, 20166. *04-95250555.* FAX *04-95251170.* ***Kamers:*** *27.* Dit stijlvolle hotel met witte luiken kan bogen op een terras en een zwembad met zoet water. Uitstekende keuken. TV	AE DC MC V	●	■	●	■
SARTÈNE: *Villa Piana* ⒻⒻ Route de Propriano, 20100. *04-95770704.* FAX *04-95734565* ***Kamers:*** *32.* Een grote vriendelijke Provençaalse villa met een prachtig uitzicht over de stad en de bergen erachter. De lichte, frisse kamers zijn ingericht in een rustieke stijl. Tennisbanen met schijnwerpers.	AE DC MC V	●	■	●	■
SPELONCATO: *A Spelunca* ⒻⒻ Speloncato, 20226. *04-95615038.* FAX *04-95615314.* ***Kamers:*** *18.* Een magnifiek hotel, gevestigd in het voormalige paleis van een plaatselijke kardinaal. Grote kamers en fraai uitzicht. Geen restaurant. TV	MC V	●			

Verklaring van de symbolen zie achterflap

Restaurants

De Fransen beschouwen goed eten als een aangeboren recht. In weinig andere landen praat men met zoveel passie en kennis over de eigen keuken en wijn als in Frankrijk. Recensies over restaurants en tv-programma's over koken en wijn worden aandachtig gevolgd. De kwaliteit van etenswaren en restaurants is over het algemeen beter dan in andere Europese landen. Deze inleiding op het overzicht van de restaurants *(blz. 580-613)*, kijkt naar de diverse soorten eetgelegenheden in Frankrijk en geeft tips over uit eten gaan, de menukaart, het bestellen en de bediening. Vooraan in het boek nemen we een typisch Franse maaltijd met u door en komt u meer te weten over Franse wijn *(blz. 20-23)*. Aan het begin van ieder hoofdstuk over een streek bespreken we de belangrijke regionale gerechten en wijnen.

Franse eetgewoonten

De traditionele grote maaltijd om 12.00 uur wordt hoofdzakelijk in landelijke streken in stand gehouden. Tegenwoordig bestaat de lunch in de regel uit een sandwich, salade of steak in een café, terwijl het diner de belangrijkste maaltijd van de dag vormt. De lunch is doorgaans van 12.00 tot 14.00 uur en het diner van 20.00 tot 22.00 uur.

Sommige familiebedrijven zijn in het weekeinde gesloten. Buiten de geijkte toeristische route en in vakantieoorden zijn de restaurants en hotels vaak buiten het seizoen dicht. Het is daarom raadzaam vooraf te bellen.

De laatste tientallen jaren zijn de Franse eetgewoonten sterk veranderd. Naast tal van Chinese restaurants zijn er, dank zij de stijgende populariteit van de keuken uit de voormalige Franse koloniën, ook volop Noordafrikaanse en Vietnamese restaurants te vinden. Burger- en Tex-Mex-eethuizen doen het goed bij jongeren. Omdat de stedelijke bevolking bewuster op haar gezondheid is gaan letten, heeft er een explosie plaatsgevonden van 'light' etenswaren. Voorts heeft de opkomst van *hypermarchés* (hypermarkten) ertoe geleid dat men minder verse produkten eet.

Regionale keuken

In elk *département* van Frankrijk treft u op menukaarten bijna altijd plaatselijke specialiteiten aan, die een afspiegeling zijn van de lokale produkten. Een goede methode om Frankrijk gastronomisch in te delen is de 'boter/olijfolie-indeling'. In het noorden gebruikt men over het algemeen boter bij het koken, in het zuiden olijfolie en in het zuidwesten ganze- en eendevet.

Iedere regio is zeer trots op zijn eigen keuken. Landelijk gezien komen de bekendste gerechten uit vier streken: de Elzas, een provincie die nauwe banden met Duitsland heeft; het zuidwesten, waar *cassoulet* (een stevige schotel van witte bonen, tomaten, worst en eend) populair is; de Alpen, waaraan Frankrijk de *fondue* dankt; en de Provence, beroemd om de *bouillabaisse* (een stevige vissoep uit Marseille).

Lyon wordt echter beschouwd als de gastronomische hoofdstad en kan bogen op een belangrijk aandeel van de beste restaurants van Frankrijk.

Taverne Magenageuse in Mougins, Provence *(blz. 612)*

La Cigale, een belle époque-brasserie in Nantes *(blz. 595)*

Restaurants

De restaurants in Frankrijk variëren van eethuisjes met stoelen met matten zittingen tot statige eetzalen in châteaus en de keukens van beroemde chefs. Veel hotels beschikken over verfijnde restaurants waar ook niet-gasten welkom zijn. Een selectie hiervan treft u aan in ons overzicht van de hotels *(blz. 540-575)*.

De prijzen van restaurants uit dezelfde klasse liggen in heel Frankrijk min of meer gelijk, behalve in de grote steden, waar u vaak duurder uit bent. De kwaliteit van de gerechten en de bediening is de belangrijkste prijsfactor. In een toprestaurant besteedt u met gemak zo'n FF 1000 per persoon.

De Franse keuken kent diverse stijlen. De *haute cuisine* is de traditionele wijze van koken, waarbij de smaak van de gerechten wordt versterkt met zware sauzen. De *nouvelle cuisine* gebruikt – speciaal voor degenen die op hun gewicht letten – geen romige maar vetarme sauzen die de structuur en kleur van de ingrediënten laten uitkomen. De *cuisine bourgeoise* is zoals de Fransen thuis koken. De *cuisine des Provinces* gebruikt ingrediënten van uitstekende kwaliteit om traditionele landelijke maaltijden klaar te maken. Veel topchefs geven de voorkeur aan de *cuisine moderne*, die de natuurlijke smaak van het etenswaar laat uitkomen. Tegenwoordig staan de traditionele methoden weer in de belangstelling.

Restaurant L'Excelsior in Nancy in Lotharingen *(blz. 589)*

Camembert

Bistro's

Als de Fransen uit eten gaan, bezoeken ze in de regel een bistro. Bistro's lopen onderling sterk uiteen – sommige bistro's in de stad zijn formeel ingericht, terwijl die in kleinere steden en op het platteland vaak ongedwongener zijn. Ze serveren een voordelige traditionele maaltijd, bestaande uit een *entrée* of *hors d'oeuvre* (voorgerecht), *plats mijotés* (zacht gekookte gerechten) en *grillades* (gegrild vlees en vis), kaas en een dessert.

Brasserieën

Brasserieën komen van oorsprong uit de Elzas en waren vroeger verbonden aan brouwerijen; 'brasserie' betekent dan ook brouwerij. U treft ze doorgaans in grotere steden aan. Het zijn grote, levendige gelegenheden, vaak met een stalletje met verse schelp- en schaaldieren buiten. Ze serveren zowel tapbier als een *vin de la maison* (huiswijn) plus regionale wijnen. Op de kaart staan eenvoudige vis- en gegrilde vleesschotels naast Elzassische specialiteiten als *choucroute garnie* (zuurkool met worst en varkensvlees). Net als cafés, zijn brasserieën gewoonlijk open van 's ochtends tot 's avonds.

Ferme-auberges

Op het platteland kunt u in een eenvoudige 'boerderij-herberg' waar u een kamer hebt, ook eten. Goede, goedkope maaltijden, vaak bereid van verse produkten van de boerderij, nuttigt u samen met het gezin waar u te gast bent. Zie ook blz. 538.

Cafés

Cafés zijn de ziel van Frankrijk. In iedere plaats, op het allerkleinste gehucht na, staat wel een café, dat in de regel van 's ochtends vroeg tot rond 20.00 uur geopend is. Cafés serveren de hele dag dranken, koffie, thee, eenvoudige maaltijden en tussendoortjes als salades, omeletten en sandwiches.

In cafés kunt u niet alleen verfrissingen krijgen, maar ook van alles te weten komen en Fransen observeren die van hun vrije tijd genieten.

In dorpen staat meestal één café waar vrijwel de hele bevolking in de loop van de dag binnenwipt. Cafés in grote steden zijn daarentegen meestal op een specifieke klantenkring gericht, zoals werknemers of studenten. In de beroemdste cafés van Parijs hebben befaamde intellectuelen en kunstenaars hun ideeën uitgewisseld *(blz. 142)*.

Auberge du XII Siècle in Saché in het Loire-dal *(blz. 595)*

Terras in de oude binnenstad van Nice aan de Côte d'Azur

Bistro's van bekende restaurants

De laatste jaren is er in grotere steden, vooral in Parijs en Lyon, een nieuwe categorie restaurants geopend: goedkopere vestigingen van de beroemde restaurants die door de bekende chefs worden beheerd. Ze stellen u in de gelegenheid gerechten uit een befaamde keuken te proeven in een ongedwongen omgeving.

Snacks

Wilt u de Amerikaanse fast food-restaurants mijden, ga dan naar wijnbars en *salons du thé*, waar u ook goede lichte maaltijden krijgt. Cafetaria's in winkelcentra serveren smakelijke hapjes.

Reserveren

In steden is het altijd raadzaam om een tafel te bespreken, vooral van mei tot september. Bij cafés is dit zelden nodig en evenmin bij de meeste eetgelegenheden op het platteland. Indien u buiten het seizoen in afgelegen landelijke en druk bezochte gebieden reist, is het verstandig om eerst te controleren of het restaurant open is. Als u hebt gereserveerd maar van gedachte verandert, bel dan op om af te zeggen. Vooral de kleinere restaurants moeten geheel vol zitten, willen ze winst maken, en lege tafels kunnen voor hen funest zijn.

De menukaart lezen en bestellen

Als de ober u de menukaart presenteert, vraagt hij gewoonlijk of u een aperitiefje wilt. Aangezien maar weinig Fransen voor een maaltijd sterke drank drinken, hebt u meestal keuze uit Kir (witte wijn met zwarte-bessenlikeur), vermouth, lichte port of een alcoholvrije drank.
Les entrées of *hors d'oeuvre* zijn de voorgerechten en *les plats* de hoofdgerechten. De meeste restaurants serveren een *plat du jour*, of menu van de dag. Dit zijn vaak gerechten uit het seizoen of interessante lokale schotels. Op blz. 20-21 ziet u een klassieke Franse maaltijd.
Kaas eet u als een aparte gang tussen de hoofdschotel en het dessert in. Koffie wordt zwart geserveerd, tenzij u om *crème* vraagt. U kunt ook *tisane* of kruidenthee bestellen.

Wijn

In een restaurant betaalt u voor flessen wijn veel meer dan in de winkel. Lokale wijn wordt echter vaak in karaffen geserveerd. Door een *demi* (0,5 l) of *quart* (0,25 l) te bestellen kunt u voordelig de regionale wijnen proberen.
Volgens de Franse wet zijn de wijnen van het land ingedeeld in vier klassen, oplopend in kwaliteit: Vin de Table, Vin de Pays, Vin Délimité de Qualité Supérieure (VDQS) en Appellation d'Origine Contrôlée (AOC). De gemengde Vin de Table-wijnen komt u zelden in restaurants tegen. Als u een regionale wijn (Vin de Pays) uitkiest, kijk dan eens wat we in dit boek bij de diverse regio's over wijn hebben geschreven. Op blz. 22-23 leest u een inleiding op de Franse wijn.
Bestel bij twijfel huiswijn. Weinig restaurants riskeren hun reputatie met een slechte huiswijn.

Water

Kraanwater wordt op verzoek gratis geserveerd en u kunt het veilig drinken. De Fransen zijn trots op hun vele soorten mineraalwater. Favoriete merken voor bij de maaltijd zijn Evian en het licht mousserende Badoit.

Le Moulin de Mougins *(blz. 612)*

Hoe betaalt u

Visa/Carte Bleue (V) is de creditcard die in Frankrijk het meest wordt geaccepteerd. Mastercard/Access (MC), American Express (EA) en Diners Club (DC) worden ook veelvuldig gebruikt. In het overzicht van de restaurants geven we met afkortingen aan waar u met welke

La Tour d'Argent in het Quartier Latin van Parijs *(blz. 583)*

creditcards terecht kunt. Neem altijd voldoende contant geld mee, vooral op het platteland, aangezien veel kleine restaurants geen creditcards accepteren.

Bediening en fooien

Voor Fransen is vier uur tafelen is de gewoonste zaak van de wereld. Wanneer u weinig tijd hebt, kunt u het beste naar een café of brasserie gaan.
Bij de prijs van uw maaltijd is bijna altijd een bedrag van 12,5 tot 15 procent inbegrepen voor de bediening. De meeste Fransen laten in een café echter een paar extra francs achter, en geven in restaurants 5 procent extra boven op de rekening. In toprestaurants die prat gaan op hun bediening, is een extra fooi van 5 tot 10 procent de regel.
De toiletjuffrouw krijgt meestal FF 2 en de medewerker bij de garderobe FF 5 per kledingstuk.

Kleding

Zelfs in vrijetijdskleding zien de Fransen er verzorgd uit. Probeert u zich als toerist in dezelfde mate van presentatieve comfort te kleden. Met gymschoenen, shorts, strand- of sportkleding kunt u nergens verschijnen, behalve in cafés of eetgelegenheden aan het strand. Op blz. 580-613 ziet u in welke restaurants een colbert en stropdas verplicht zijn.

Kinderen

Franse kinderen komen al op jonge leeftijd in restaurants en gedragen zich in de regel keurig. Ze zijn dan ook over het algemeen welkom. In weinig restaurants treft u echter voorzieningen aan als kinderstoelen of babyzitjes, aangezien men verwacht dat kinderen zich netjes gedragen. Ook is er weinig ruimte voor wandelwagens.

Huisdieren

Honden worden doorgaans overal toegelaten, behalve in de chicste restaurants. Aangezien Fransen grote hondenliefhebbers zijn, moet u niet raar opkijken als u een hond aan tafel ziet zitten.

Hotel-restaurant Eychenne in St-Girons in de Pyreneeën *(blz. 607)*

Roken

Hoewel restaurants sinds kort verplicht zijn over ruimten voor rokers en niet-rokers te beschikken, is men nog altijd hardleers. In één Parijse bistro loopt de eigenaar nu rond met een 'niet roken'-bordje, dat hij ophangt bij de tafel van een gast die een 'rookvrij' tafeltje vraagt. Als u slecht tegen rook kunt, vraag dan een tafel bij het raam.

Hôtel Royal in Evian-les-Bains in de Franse Alpen *(blz. 563)*

Rolstoelgebruikers

Restaurants van nieuwere hotels zijn over het algemeen toegankelijk voor mensen in rolstoelen, maar elders is de toegankelijkheid vaak beperkt. Vermeld bij het bespreken dat u in een rolstoel zit. Men zal u een tafel op een handige plaats geven en u bij aankomst behulpzaam zijn. In ons overzicht ziet u welke restaurants over speciale voorzieningen beschikken. Op blz. 539 vindt u organisaties die advies geven aan gehandicapte reizigers in Frankrijk.

Vegetarische gerechten

Frankrijk blijft een moeilijk land voor vegetariërs, hoewel er de laatste jaren wel enige vooruitgang is geboekt. In de meeste niet-vegetarische restaurants zijn de hoofdschotels sterk op vlees en vis georiënteerd. U slaagt echter meestal prima als u een keuze maakt uit de *entrées*. Vraag anders gewoon of de kok het vlees wil weglaten. De meeste chique restaurants maken voor u een speciale vegetarische schotel klaar, als u dit van tevoren vraagt.
Echte vegetarische restaurants vindt u bijna alleen in grote steden en universiteitssteden. Bij cafés, pizzeria's, crêperies en oosterse restaurants kunt u echter ook vegetarisch eten.

Picknicken

Een picknick is dè manier om van de verse produkten, het plaatselijke brood en de kazen te genieten van de markten en verleidelijke winkels die u overal in Frankrijk tegenkomt. Op blz. 62-63 leest u meer over de winkels en markten.
Als u goedkoop wilt eten en van het Franse landschap wilt genieten, dan is een picknick ook ideaal. Langs veel wegen zijn picknickplaatsen met tafels en stoelen.

Een restaurant kiezen

De restaurants in dit boek variëren in prijsklasse en zijn geselecteerd vanwege de goede kwaliteit, uitstekende gerechten en interessante ligging. In dit overzicht zijn de restaurants ingedeeld naar streek, te beginnen met Parijs. De gekleurde markeringen boven aan de bladzijden helpen u snel de gewenste streek in het overzicht te vinden. *Bon Appétit!*

PARIJS

Restaurant	Prijs	Creditcards	Faciliteiten voor kinderen	Menu tegen vaste prijzen	Goede wijnkaart	Tafels buiten
ILE DE LA CITÉ: *Le Caveau du Palais.* Kaart 8 F3. Place Dauphine 17-19, 75001. ☎ *01-43260428.* Geniet in deze oude stenen kelder van verrukkelijke boven hout gegrilde vis- en vleesschotels. Zaterdag en zondag gesloten.	ⒻⒻ	AE MC V		■	●	■
ILE DE LA CITÉ: *Le Vieux Bistrot.* Kaart 9 B4. Rue du Cloître-Notre-Dame 14, 75004. ☎ *01-43541895.* Een authentieke, eerlijke bistro, in trek bij Parijse restaurateurs en sterren uit de amusementswereld. Goede, niet-pretentieuze gerechten.	ⒻⒻⒻ	V			●	■
ILE ST-LOUIS: *Au Franc Pinot.* Kaart 9 C4. Quai de Bourbon 1, 75004. ☎ *01-46336064.* De wijnbar vindt u op de begane grond en het restaurant in de kelder. Uitstekende gerechten en een prettige sfeer.	Ⓕ	MC V		■		
ILE ST-LOUIS: *Le Monde des Chimères.* Kaart 9 C4. Rue St-Louis-en-l'Île 69, 75004. ☎ *01-43544527.* Een bistro in een 300 jaar oud huis dat traditionele huiselijke gerechten serveert, bereid met uitsluitend verse produkten.	ⒻⒻⒻ	MC V		■	●	
DE MARAIS: *Baracane.* Kaart 10 E4. Rue des Tournelles 38, 75004. ☎ *01-42714333.* Dit kleine restaurant staat in een toeristische buurt, maar serveert desondanks heerlijke gerechten uit het zuidwesten die niet al te duur zijn.	ⒻⒻ	MC V		■		
DE MARAIS: *Le Bar à Huîtres.* Kaart 10 E3. Bd Beaumarchais 33, 75003. ☎ *01-48879892.* Vooral oesters en andere schelp- en schaaldieren. U kunt zelf uw voorgerecht samenstellen en vervolgens een vis- of vleesschotel kiezen.	ⒻⒻⒻ	AE MC V	●	■		■
DE MARAIS: *Miravile.* Kaart 9 B3. Quai de l'Hôtel Ville 72, 75004. ☎ *01-42747222.* Inventieve, bijzondere menukaart met gerechten als konijn met olijven, en kreeft met aardappels. Ook vegetarische schotels verkrijgbaar.	ⒻⒻⒻ	AE MC V		■	●	
DE MARAIS: *L'Ambroisie.* Kaart 10 D3. Pl des Vosges 9, 75004. ☎ *01-42785145.* Het discrete, romantische L'Ambroisie is een van de vijf restaurants in Parijs met drie Michelin-sterren. Reserveren kan één maand van tevoren. ♿	ⒻⒻⒻⒻ	AE MC V			●	
BEAUBOURG: *Benoît.* Kaart 9 B2. Rue St Martin 20, 75004. ☎ *01-42722576.* Dit is de Rolls-Royce onder de Parijse bistro's. Enkele van de traditionele gerechten zijn koude salades, *foie gras* en *boeuf à la mode.*	ⒻⒻⒻⒻ			■	●	
LES HALLES: *Chez Elle.* Kaart 9 A2. Rue des Prouvaires 7, 75001. ☎ *01-45080410.* Chez Elle serveert klassieke bistro-gerechten, die verschillen per seizoen en altijd zijn bereid van verse, lokale ingrediënten. De traditionele desserts zijn heerlijk, zoals de crème caramel.	ⒻⒻ	AE MC V		■		■
LES HALLES: *Le Grizzli.* Kaart 9 B3. Rue St-Martin 7, 75004. ☎ *01-48877756.* De eigenaar bestelt veel produkten uit zijn geboortestreek in het zuidwesten, zoals rauwe ham, kaas en wijn die door zijn familie wordt gemaakt.	ⒻⒻ	AE MC V		■		■
LES HALLES: *Au Pied de Cochon.* Kaart 8 F1. Rue Coquillière 6, 75001. ☎ *01-40137700.* Dit beroemde instituut in het hart van Les Halles is de hele week dag en nacht open. Het serveert flinke porties gegrilde varkenspoten en vis, schaal-, en schelpdieren. Gezellige sfeer, maar na 22.00 uur erg druk.	ⒻⒻ	AE DC MC V		■		■

Prijsklassen per persoon voor drie gangen met een halve fles huiswijn, belasting en bediening.
Ⓕ minder dan FF 150
ⒻⒻ FF 150-250
ⒻⒻⒻ FF 250-350
ⒻⒻⒻⒻ FF 350-500
ⒻⒻⒻⒻⒻ meer dan FF 500

Faciliteiten voor kinderen
Sommige restaurants beschikken over kinderstoelen en serveren kinderporties.

Menu tegen vaste prijzen
Als lunch en/of diner is een goed menu tegen vaste prijzen verkrijgbaar, vaak met drie of vier gangen.

Goede wijnkaart
Duidt op een ruim assortiment goede wijnen of op een meer gespecialiseerde selectie lokale wijnen.

Tafels buiten
Voorzieningen om buiten te eten, op een terras, in een tuin of op een binnenplaats, vaak met een fraai uitzicht.

Restaurant	Prijs	Creditcards	Faciliteiten voor kinderen	Menu tegen vaste prijzen	Goede wijnkaart	Tafels buiten
Tuilerieën: *Le Grand Louvre.* Kaart 8 F2. Le Louvre, 75001. *01-40205341.* Zelden treft u in een museum zo'n goed restaurant aan. André Daguin, een gastronomische ster uit het zuidwesten, ontwikkelde de menukaart.	ⒻⒻ	AE DC MC V		■		
Tuilerieën: *Armand au Palais Royal.* Kaart 8 F1. Rue de Beaujolais 6, 75001. *01-42600511.* Dit aardige restaurant achter het Palais Royal was ooit een stal, maar dit zou u niet zeggen als u de typisch Parijse gerechten proeft.	ⒻⒻ	AE MC V		■		
Tuilerieën: *L'Espadon.* Kaart 4 D5. Pl Vendôme 15, 75001. *01-43163080.* L'Espadon, dat deel uitmaakt van het Ritz, krijgt van Michelin een zeer hoge waardering. Moderne klassieke keuken van de chef Guy Legay.	ⒻⒻⒻⒻⒻ	AE DC MC V	●	■	●	■
Tuilerieën: *Le Grand Véfour.* Kaart 8 F1. Rue de Beaujolais 17, 75001. *01-42965627.* Dit 18de-eeuwse restaurant met twee Michelin-sterren is volgens velen het fraaiste restaurant van de stad. Ideaal voor speciale gelegenheden.	ⒻⒻⒻⒻⒻ	AE DC MC V		■	●	
Opéra: *A G Le Poète.* Kaart 3 C4. Rue Pasquier 27, 75008. *01-47420064.* Rood fluweel en zacht licht zorgen voor een romantische sfeer met geïnspireerde gerechten zoals rode poon met mosseltjes op wilde netels à la crème.	ⒻⒻ	AE MC V		■		
Opéra: *Chartier.* Kaart 4 F4. Rue du Faubourg Montmartre 7, 75009. *01-47708629.* Dit restaurant trekt horden bezoekers met zijn vlotte bediening en eenvoudige Franse gerechten tegen lage prijzen. Populair bij studenten, toeristen en plaatselijke *habitués.* De gezelligheid werkt aanstekelijk.	Ⓕ	AE MC V		■		
Opéra: *Café Runtz.* Kaart 4 F5. Rue Favart 16, 75002. *01-42966986.* Deze brasserie is een van de weinige echt Elzassische eetgelegenheden in Parijs waar u flinke porties regionale specialiteiten krijgt.	ⒻⒻ	AE MC V		■		
Opéra: *Le Vaudeville.* Kaart 4 F5. Rue Vivienne 29, 75002. *01-40200462.* Het art deco-interieur vormt een aantrekkelijke achtergrond bij de gerechten: goede vis-, schelp en schaaldieren, gerookte zalm en klassieke gerechten als varkenspoten en *andouillette* (pensworst).	ⒻⒻ	AE DC MC V	●	■		■
Opéra: *Lucas Carton.* Kaart 3 C5. Pl de la Madeleine 9, 75008. *01-42652290.* De keuken (met drie Michelin-sterren) is inventief en exotisch. Het interieur is opvallend, de bediening correct en de gasten zijn zeer chic.	ⒻⒻⒻⒻⒻ	MC V		■	●	
Invalides: *Thoumieux.* Kaart 7 A2. Rue St-Dominique 79, 75007. *01-47054975.* De ingrediënten in dit uitstekende restaurant zijn vers en vrijwel alles wordt in huis gemaakt, waaronder *foie gras* en *rillettes* (een soort pâté). De *cassoulet* (stoofschotel met witte bonen en vlees) is een specialiteit.	ⒻⒻ	AE V	●	■		
Invalides: *L'Arpège.* Kaart 7 B3. Rue de Varenne 84, 75007. *01-45514733.* Alain Passards restaurant staat vlak bij het Musée Rodin. Zijn vinaigrette van kreeft en rapen en de Louise Passard-eend zijn klassiekers.	ⒻⒻⒻⒻⒻ	AE DC MC V		■	●	
Eiffeltoren: *La Serre.* Kaart 6 F3. Rue de l'Exposition, 75007. *01-45552096.* Dit soort kleine, knusse buurtrestaurants wordt steeds zeldzamer. Landelijke specialiteiten zoals *pot au feu* en *cassoulet.*	ⒻⒻ	MC V	●	■		

Verklaring van de symbolen zie achterflap

Prijsklassen per persoon voor drie gangen met een halve fles huiswijn, belasting en bediening.
Ⓕ minder dan FF 150
ⒻⒻ FF 150-250
ⒻⒻⒻ FF 250-350
ⒻⒻⒻⒻ FF 350-500
ⒻⒻⒻⒻⒻ meer dan FF 500

Faciliteiten voor kinderen
Sommige restaurants beschikken over kinderstoelen en serveren kinderporties.

Menu tegen vaste prijzen
Als lunch en/of diner is een goed menu tegen vaste prijzen verkrijgbaar, vaak met drie of vier gangen.

Goede wijnkaart
Duidt op een ruim assortiment goede wijnen of op een meer gespecialiseerde selectie lokale wijnen.

Tafels buiten
Voorzieningen om buiten te eten, op een terras, in een tuin of op een binnenplaats, vaak met een fraai uitzicht.

	Creditcards	Faciliteiten voor kinderen	Menu tegen vaste prijzen	Goede wijnkaart	Tafels buiten
Chaillot: *Alain Ducasse.* **Kaart 5 C1.** ⒻⒻⒻⒻⒻ Av Raymond Poincaré, 75116. *01-47271227.* In ruimtes die versierd zijn met *trompe l'oeils* en beelden brengt Alain Ducasse prachtige klassieke schotels met zorgvuldig gekozen ingrediënten.	AE DC MC V	●	■	●	
Chaillot: *La Butte Chaillot.* **Kaart 2 D5.** ⒻⒻⒻ Av Kleber 110 bis, 75116. *01-47278888.* Dit is een van de nieuwste restaurants van chef Guy Savoy. De verfijnde keuken en het moderne interieur trekt een zeer stijlvol publiek.	AE MC V	●	■		■
Chaillot: *Le Relais du Parc.* **Kaart 5 C1.** ⒻⒻⒻ Av Raymond Poincaré 55-57, 75116. *01-44056610.* Meesterchef Joël Robuchon van het restaurant Jamin heeft het menu van deze chique bistro verzorgd. Eenvoudige maar heerlijke schotels.	AE DC MC V			●	■
Chaillot: *Le Port-Alma.* **Kaart 6 E1.** ⒻⒻⒻⒻ Av de New-York 10, 75116. *01-47237511.* In de gerechten vindt u invloeden uit Zuid-Frankrijk, de geboortestreek van de chef. Proef de *bourride* (vissoep met knoflook) of de zeebaars.	AE DC MC V		■		
Champs-Elysées: *Berry's.* **Kaart 3 B3.** Ⓕ Rue de Naples 44-46, 75008. *01-40750156.* Deze bistro is een vestiging van het uitstekende restaurant Grenadin en serveert de keuken van de streek Le Berry. Proef hier de overheerlijke taart van prei en geitekaas en de verrukkelijke varkensvleesschotels.	MC V		■		■
Champs-Elysées: *Le Cercle Ledoyen.* **Kaart 7 B2.** ⒻⒻⒻ Av Duti 1, 75001. *01-53051000.* De muren en plafonds van deze mooie eetruimte zijn versierd met Parijse taferelen. Het eten is eenvoudig doch verfijnd: gegrilde griet met wilde paddestoelen, fazant met kweeperen en heerlijke chocolade-desserts.	AE DC MC V		■		■
Champs-Elysées: *La Fermette Marbeuf 1900.* **Kaart 2 F5.** ⒻⒻⒻ Rue Marbeuf 5, 75008. *01-53230800.* U dineert hier in een belle époque-interieur. La Fermette serveert goede brasseriegerechten, waaronder een voortreffelijk menu tegen vaste prijzen met veel wijnen van een *appellation contrôlée*-status.	AE DC MC V		■	●	■
Champs-Elysées: *Lasserre.* **Kaart 3 A5.** ⒻⒻⒻⒻⒻ Av Franlin D Roosevelt 17, 75008. *01-43595343.* Al meer dan vijftig jaar heeft René Lasserre een van de beste menu's van Parijs. De hoofdschotels zijn klassiek, de desserts subliem.	AE MC V		■	●	
Champs-Elysées: *Au Petit Colombier.* **Kaart 2 D3.** ⒻⒻⒻⒻ Rue des Acacias 42, 75017. *01-43802854.* De rustieke sfeer in dit comfortabele restaurant past goed bij de traditionele provinciale keuken. Perfect voor een ontspannend avondje uit.	AE MC V		■	●	■
Champs-Elysées: *Taillevent.* **Kaart 2 F4.** ⒻⒻⒻⒻⒻ Rue Lamennais 15, 75008. *01-45611290.* Dit is het stijlvolste driesterrenrestaurant van Parijs. De correcte bediening, buitengewone wijnkaart en verleidelijke neoclassicistische keuken van Phillippe Legendre zorgen voor een onvergetelijke maaltijd.	AE DC MC V			●	
St-Germain-des-Prés: *Le Petit St-Benoît.* **Kaart 8 E3.** Ⓕ Rue St-Benoît 4, 75006. *01-42602792.* Hier kunt u in gezelschap van de lokale bevolking voor weinig geld eten. De eenvoudige, smakelijke gerechten zijn van goede kwaliteit.					■
St-Germain-des-Prés: *Marie et Fils.* **Kaart 8 F4.** ⒻⒻ Rue Mazarine 34, 75006. *01-43266949.* Populair adres gelegen in het hart van St-Germain. De gerechten van dit modieuze restaurant zijn uitstekend: konijn-*terrine*, tonijnsteaks en desserts.	AE MC V		■	●	■

St-Germain-des-Prés: *Restaurant Jacques Cagna.* **Kaart** 8 F4. ⒻⒻⒻⒻⒻ Rue des Grands Augustins 14, 75006. *01-43264939.* In dit stijlvolle 17de-eeuwse herenhuis geniet u van de voortreffelijke klassieke en toch hedendaagse keuken van chef/eigenaar Jacques Cagna.	AE DC MC V		■	●	
St-Germain-des-Prés: *La Vigneraie.* **Kaart** 8 D4. ⒻⒻⒻ Rue du Dragon 16, 75006. *01-45485704.* In deze drukke Art Deco-brasserie telt politici en acteurs onder haar cliëntèle. De traditionele schotels zijn het best, menu met vaste prijs inclusief glas Bordeaux.	MC V		■		
Quartier Latin: *Le Michalain.* **Kaart** 9 B5. Ⓕ Rue du Cardinal Lemoine 18, 75005. *01-44072950.* Een gezellige bistro, zo'n tien minuten lopen van het Odéon, waar u vriendelijk wordt bediend en smakelijk kunt eten voor heel weinig geld.	AE MC V		■		
Quartier Latin: *Le Bistrot d'A Côté.* **Kaart** 9 B5. ⒻⒻ Bd Saint-Germain 16, 75005. *01-43545910.* De nieuwste bistro van chef Michel Rostang. Op de kaart staat een fantastisch assortiment vis- en vleesschotels, bereid in een Lyonese stijl.	AE MC V		■	●	■
Quartier Latin: *Loubnane.* **Kaart** 9 A5. ⒻⒻ Rue Galande, 75005. *01-43267060.* Dit Libanese restaurant serveert royale porties onder het toeziend oog van de eigenaar, die het zijn klanten zeer naar de zin probeert te maken.	AE DC MC V	●	■		■
Quartier Latin: *La Tour d'Argent.* **Kaart** 9 B5. ⒻⒻⒻⒻⒻ Quai de la Tournelle 15-17, 75005. *01-43542331.* La Tour d'Argent dateert van 1582 en heeft nog altijd een uitstekende naam. De wijnkelder moet een van de beste ter wereld zijn.	AE DC MC V	●	■	●	
Luxembourg: *Perraudin.* **Kaart** 12 F1. Ⓕ Rue St-Jacques 157, 75005. *01-46331575.* Al generaties lang doen studenten zich te goed aan de huiselijke gerechten in deze bistro van rond 1900. Goedkoop menu tegen vaste prijzen.			■		■
Luxembourg: *Polidor.* **Kaart** 8 F5. Ⓕ Rue Monsieur-le-Prince 41, 75006. *01-43269534.* Deze gezellige bistro is al tientallen jaren in trek bij kunstenaars, dichters en schrijvers. James Joyce was hier een regelmatige gast.			■		
Luxembourg: *Au Petit Marquéry.* **Kaart** 13 B3. ⒻⒻ Bd de Port-Royal 9, 75013. *01-43315859.* Enkele van de bijzondere gerechten zijn: koude kreeft *consommé* met kaviaar, paddestoelsalade met *foie gras* en kabeljauw met specerijen.	AE DC MC V		■		
Luxembourg: *La Petite Cour.* **Kaart** 8 E4. ⒻⒻ Rue Mabillon 8, 75006. *01-43265226.* Een restaurant met een interieur uit de tijd van Napoleon III en een binnenplaats. Kies rog met kool of de rundvleesschotel met worteltjes.	AE MC V		■		■
Luxembourg: *L'Ecaille de PCB.* **Kaart** 8 E4. ⒻⒻⒻ Rue Mabillon 5, 75006. *01-43267370.* Een rustig visrestaurant met een interieur in de stijl van een stoomschip. De menukaart bevat vooral flinke diepzeevis.	AE MC V		■		
Montparnasse: *La Coupole.* **Kaart** 12 D2. ⒻⒻ Bd du Montparnasse 102, 75014. *01-43201420.* In dit restaurant heerst dag en nacht een gezellige drukte. Het is sinds 1927 een vast adres van kunstenaars en intellectuelen. Vegetarische schotels.	AE DC MC V		■		
Montparnasse: *L'Ostréade.* **Kaart** 11 B2. ⒻⒻ Bd Vaugirard 11, 75015. *01-43218741.* Dit aantrekkelijke visrestaurant staat naast het Gare Montparnasse. De geroosterde kreeft, zeebaars en Bretonse oesters zijn overheerlijk.	AE DC MC V				■
Montparnasse: *La Regalade.* **Kaart** 12 D5. ⒻⒻ Av Jean Moulin 49, 75014. *01-45456858.* Uitstekende gerechten tegen een opmerkelijke prijs. De chef Yves Camdeborde vindt opnieuw de bistrokeuken uit op zijn onnavolgbare wijze.	MC V		■	●	
Montparnasse: *La Cagouille.* **Kaart** 11 C3. ⒻⒻ Pl Constantin Brancusi 10-12, 75014. *01-43220901.* Een van de beste visrestaurants van Parijs. De schotel van schelp- en schaaldieren is een aanrader. Let ook op de gerechten van het seizoen.	AE MC V		■	●	■

Verklaring van de symbolen zie achterflap

Prijsklassen per persoon voor drie gangen met een halve fles huiswijn, belasting en bediening.
Ⓕ minder dan FF 150
ⒻⒻ FF 150-250
ⒻⒻⒻ FF 250-350
ⒻⒻⒻⒻ FF 350-500
ⒻⒻⒻⒻⒻ meer dan FF 500

Faciliteiten voor kinderen
Sommige restaurants beschikken over kinderstoelen en serveren kinderporties.

Menu tegen vaste prijzen
Als lunch en/of diner is een goed menu tegen vaste prijzen verkrijgbaar, vaak met drie of vier gangen.

Goede wijnkaart
Duidt op een ruim assortiment goede wijnen of op een meer gespecialiseerde selectie lokale wijnen.

Tafels buiten
Voorzieningen om buiten te eten, op een terras, in een tuin of op een binnenplaats, vaak met een fraai uitzicht.

	Creditcards	Faciliteiten voor kinderen	Menu tegen vaste prijzen	Goede wijnkaart	Tafels buiten
Montparnasse: *L'Assiette.* Kaart 11 C4. ⒻⒻⒻⒻ Rue du Château 181, 75014. ☎ *01-43226486.* L'Assiette was vroeger een eenvoudige *charcuterie* annex restaurant, maar is nu in trek bij politici en andere beroemdheden. Zeer goede gerechten.	AE MC V			●	
Montmartre: *Au Grain de Folie.* Kaart 4 F1. Ⓕ Rue La-Vieuville 24, 75018. ☎ *01-42581557.* Dit is een goed vegetarisch restaurant. De porties zijn royaal en u kunt ook biologische wijn krijgen. Specialiteit: schotel van gemengde groenten.			■		
Montmartre: *Le Maquis* ⒻⒻ Rue Caulaincourt 69, 75018. ☎ *01-42597607.* Een plezierige bistro waar u op een schaduwrijk terras kunt genieten van een eenvoudige maar verrukkelijke maaltijd. Zeer goede kwaliteit.	MC V		■		■
Montmartre: *La Pomponette.* Kaart 4 E1. ⒻⒻ Rue Lepic 42, 75018. ☎ *01-46060836.* In dit restaurant ziet u hoe Montmartre er vroeger uitzag – de vergeelde muren zijn behangen met gravures, etsen, schilderijen en foto's van het Montmartre van toen. Zelfs de menu's hebben een bohemiènachtig karakter.	MC V		■	●	■
Montmartre: *Charlot Roi des Coquillages.* Kaart 4 E2. ⒻⒻⒻ Place de Clichy 12, 75009. ☎ *01-53204800.* Enkele specialiteiten zijn *bouillabaisse* en een enorme schotel van schelp- en schaaldieren. Het interieur is in de stijl van de jaren dertig.	AE DC MC V	●	■		
Montmartre: *Beauvilliers* ⒻⒻⒻⒻ Rue Lamarck 52, 75018. ☎ *01-42545442.* Zodra u dit restaurant binnenstapt, maakt zich een zekere *joie de vivre* van u meester. De keuken van chef Edouard Carlier is altijd bijzonder.	AE MC V		■		■
ILE DE FRANCE					
Barbizon: *La Clé d'Or* ⒻⒻ Rue Grand 73. ☎ *01-60664096.* Deze onlangs gerestaureerde herberg heeft nog altijd zijn ouderwetse charme. Men is er gespecialiseerd in schelp- en schaaldieren, vis en wild.	AE DC MC V	●	■	●	■
Barbizon: *Hostellerie les Pléiades* ⒻⒻⒻ Rue Grand 21. ☎ *01-60664025.* Dit restaurant was ooit de studio van de kunstenaar Daubigny. U krijgt hier traditionele gerechten als niertjes en zwezeriken met paddestoelen.	AE DC V	●	■	●	■
Dampierre: *Auberge Saint-Pierre* ⒻⒻⒻ Rue de Chevreuse 1. ☎ *01-30525353.* Deze herberg met vakwerk kijkt uit op het Château de Dampierre. Op de kaart staan klassiekers als *magret de canard* en *tête de veau* (kalfskop).	MC V	●	■	●	■
Dampierre: *Les Ecuries du Château* ⒻⒻⒻ Château de Dampierre. ☎ *01-30525299.* Les Ecuries is gevestigd in het château en serveert klassieke vis- en vleesschotels in een verfijnde omgeving.	AE DC MC V		■	●	
Fontainebleau: *Le Caveau des Ducs* ⒻⒻⒻ Rue de Ferrare 24. ☎ *01-64220505.* Serveert de normale klassieke Franse keuken in een huiselijke, rustieke omgeving, vlak bij het fabuleuze Château de Fontainebleau.	AE MC V	●	■	●	■
Maisons-Laffitte: *Le Tastevin* ⒻⒻⒻⒻⒻ Avenue Eglé 9. ☎ *01-39621167.* De exquise gerechten, met zorg geselecteerde wijnen en fraaie omgeving maken Le Tastevin tot een van de beste restaurants van de Parijse voorsteden. Specialiteiten: vis, schelp- en schaaldieren en gevogelte.	AE DC MC V		■	●	■

RAMBOUILLET: *Auberge Villa Marinette* ⒻⒻ Av Général de Gaulle 20, D 906, Gazeran. ☎ *01-34831901.* De gasten komen hier om te genieten van de specialiteiten uit de Elzas en het Ile de France, waaronder eigengemaakte *terrines* en visschotels.	MC V		■	●	■
RUEIL-MALMAISON: *Relais de St-Cucufa* ⒻⒻ Rue Général-de-Miribel 114. ☎ *01-47497905.* U kunt hier op het terras lunchen of bij de open haard dineren. Gasten genieten hier van specialiteiten als kreeftravioli of gestoomde zalm.	AE V		■	●	■
VERSAILLES: *Restaurant Chez Lazare* Ⓕ Rue de Satory 18. ☎ *01-39504145.* Dit Zuidafrikaanse restaurant vormt een leuke afwisseling op de Franse klassieke keuken. De gasten doen zich hier tegoed aan gegrilde vis en steak. Bij de lunch is een menu tegen vaste prijzen verkrijgbaar.	AE MC V		■		■
VERSAILLES: *Brasserie La Fontaine (Trianon Palace)* ⒻⒻ Bd de la Reine 1. ☎ *01-30843847.* Deze brasserie van Les Trois Marches is geen toprestaurant, maar u eet hier wel voor een redelijke prijs in een prachtige omgeving. Vis, schelp- en schaaldieren, gegrild vlees en machtige chocoladedesserts.	AE DC M V	●	■	●	
VERSAILLES: *Les Trois Marches (Trianon Palace)* ⒻⒻⒻⒻⒻ Bd de la Reine 1. ☎ *01-39501321.* Dit restaurant maakt deel uit van het paleis en kijkt uit op de geometrisch aangelegde tuinen. De *haute cuisine* past goed bij de pracht en praal.	AE DC MC V	●	■	●	■
HET NOORDEN EN PICARDIË					
ABBEVILLE: *Au Châteaubriant* ⒻⒻ Place de l'Hôtel de Ville 1. ☎ *03-22240823.* De *Quiche Picarde* (taart met zoete uien, ham en zure room) en biefstuk met een saus van paddestoelen en Calvados zijn aan te bevelen.	AE MC V	●	■		
AMIENS: *La Couronne* ⒻⒻ Rue Saint-Leu 64. ☎ *03-22918857.* Begin met een portie eigengemaakte hartige eendepâté, gevolgd door het lamsvlees van de Abdij van Somme. Drink er een Chinon-wijn bij.	MC V		■	●	
ARRAS: *La Rapière* Ⓕ Grand'Place 44. ☎ *03-21550992.* U hebt keuze uit diverse menu's. Het *menu régional* biedt een prima assortiment gevarieerde gerechten. De in bier gekookte kip is heerlijk. ♿	AE MC V	●	■		■
ARRAS: *La Faisanderie* ⒻⒻⒻⒻ Grand'Place 45. ☎ *03-21482076.* La Faisanderie is een historisch monument met een beeldschone gewelfde eetzaal. De menukaart verandert per seizoen.	AE DC MC V	●	■	●	
AVESNES-SUR-HELPE: *La Crémaillière* ⒻⒻ Place Général-Leclerc 26. ☎ *03-27610230.* Een fantastisch restaurant. Op de menukaart staan gevulde kwartels en andere lokale specialiteiten.	AE DC MC V	●	■	●	
CALAIS: *La Diligence* ⒻⒻⒻ Rue Edmond-Roche 5-7. ☎ *03-21969289.* Een zeer verfijnd restaurant, zelfs voor Franse maatstaven. De slakken met paddestoelen en *fricassée* van tong en rivierkreeft zijn onweerstaanbaar.	AE DC MC V	●	■		
CAMBRAI: *L'Escargot* ⒻⒻ Rue Général de Gaulle 10. ☎ *03-27812454.* Madame Maton, de eigenares, heeft een vaste klantenkring voor haar *plat du jour*, die regelmatig verandert. Ze maakt ook haar eigen *terrines* en *foie gras*.	AE DC MC V	●	■		■
COUDEKERQUE-BRANCHE: *Le Soubise* ⒻⒻ Route de Bergues 49. ☎ *03-28646600.* Het menu is afhankelijk van wat de chef 's morgen op de markt aantreft. De verse groenten worden gekookt op diverse bijzondere manieren en de heerlijke vruchtentaarten zijn allemaal zelf gemaakt.	AE DC MC V	●	■	●	
DOUAI: *La Terrasse* ⒻⒻⒻ Terrasse St-Pierre 36. ☎ *03-27887004.* Eendeborst met verse vijgen, en filet van *sandre* (baars) op een bedje van zoete uien geven u een idee van de overheerlijke keuken.	MC V	●	■	●	

Verklaring van de symbolen zie achterflap

Prijsklassen per persoon voor drie gangen met een halve fles huiswijn, belasting en bediening.
Ⓕ minder dan FF 150
ⒻⒻ FF 150-250
ⒻⒻⒻ FF 250-350
ⒻⒻⒻⒻ FF 350-500
ⒻⒻⒻⒻⒻ meer dan FF 500

Faciliteiten voor kinderen
Sommige restaurants beschikken over kinderstoelen en serveren kinderporties.

Menu tegen vaste prijzen
Als lunch en/of diner is een goed menu tegen vaste prijzen verkrijgbaar, vaak met drie of vier gangen.

Goede wijnkaart
Duidt op een ruim assortiment goede wijnen of op een meer gespecialiseerde selectie lokale wijnen.

Tafels buiten
Voorzieningen om buiten te eten, op een terras, in een tuin of op een binnenplaats, vaak met een fraai uitzicht.

	Creditcards	Faciliteiten voor kinderen	Menu tegen vaste prijzen	Goede wijnkaart	Tafels buiten
Dury-les-Amiens: *L'Aubergade* ⒻⒻⒻ Route Nationale, Saleux 78. ☎ *03-22895141.* Probeer de bekroonde *Charlotte de pommes de terre au pain d'épice et foie gras* van de chef (aardappelen en gekruid brood met *foie gras*).	AE MC V	●	■	●	■
Hallines: *L'Hostellerie St-Hubert* ⒻⒻⒻ Rue du Moulin 1. ☎ *03-21397777.* Dit restaurant staat in een park aan de rand van de rivier de Aa. Een klassieke Franse menukaart met een indrukwekkend assortiment kazen.	DC MC V	●	■	●	
Lille: *La Pâte Brisée* Ⓕ Rue de la Monnaie. ☎ *03-20742900.* Deze landelijke bistro in de oude stad is gespecialiseerd in overvloedige porties quiches, taarten, gratins en salades. Erg druk rond lunchtijd.	MC V	●	■		
Lille: *Restaurant aux Moules* ⒻⒻ Rue de Béthune 34. ☎ *03-20571246.* Zoals de naam al aangeeft zijn mossels op allerlei manieren hier aan de orde van de dag. De plaatselijke schotels zoals *carbonnade flamande* zijn ook goed. Drink plaatselijk bier bij uw gerecht en geniet van de bruisende sfeer.	AE DC MC V	●	■		
Longueau: *La Potinière* ⒻⒻ Av Henri Barbusse 2. ☎ *03-22462283.* De menukaart van dit gezellige, populaire restaurant is gebaseerd op ingrediënten die iedere dag vers worden ingekocht. De gerechten zijn 's winters zwaarder.	MC V	●	■		
Montreuil: *Auberge de la Grenouillère* ⒻⒻⒻ Rue de la Grenouillère, La Madeleine-sous-Montreuil. ☎ *03-21060722.* In dit restaurant, slechts 3 km ten westen van Montreuil, kunt u gerechten uit de Franse provinciale keuken proeven: gesmoorde kwartel met langoustines en kikkerbilletjes zijn slechts twee van de specialiteiten.	AE DC MC V	●	■		■
Poix-de-Picardie: *L'Auberge de la Forge* ⒻⒻⒻ Route Nationale 29, Caulières. ☎ *03-22380091.* Een traditionele Picardische herberg die ouderwetse, stevige kost serveert. Aanraders zijn het lamsvlees en de forel met ganzenlever.	MC V	●	■	●	
Roye: *La Flamiche* ⒻⒻⒻⒻ Place de l'Hôtel de Ville 20. ☎ *03-22870056.* Gesmoorde paling en wilde eend met bospaddestoelen zijn twee speciale favorieten van de gasten in La Flamiche. Begin met een *flamiche* (afgedekte taart) van prei of gebakken lagoustines met grapefruit.	AE DC MC V	●	■		
St-Quentin: *Le Pot d'Etain* ⒻⒻ Route Nationale 29, Holnon. ☎ *03-23093435.* In dit onlangs geopend hotel-restaurant ligt de nadruk op de efficiëntie en de goede bediening. Ongekunstelde, gezonde gerechten. ♿	AE DC MC V	●	■	●	■
Sangatte: *Les Dunes* ⒻⒻ Blériot-Plage. ☎ *03-21345430.* Dit restaurant bij het strand staat niet ver van de Kanaaltunnel. Fantastische visgerechten, zoals de mosselschotel en de in whisky geflambeerde kokkels. ♿	AE DC MC	●	■		■
Sars-Poteries: *L'Auberge Fleurie* ⒻⒻⒻ Rue Général-de-Gaulle 67. ☎ *03-27616248.* L'Auberge is een oude, vrij voorname, verbouwde boerderij. Wild zoals hert, everzwijn en patrijs is hier 's winters in overvloed verkrijgbaar. Vis, schelp- en schaaldieren staan ook op de menukaart.	AE DC MC V		■		■
Wimereux: *La Liégeoise* ⒻⒻ La digue. ☎ *03-21316115.* Begin uw maaltijd in dit visrestaurant met een salade van mul in azijn, gevolgd door gesmoorde tarbot met sint-jakobsschelpen. ♿	AE DC MC V	●	■	●	

CHAMPAGNE

AIX-EN-OTHE: *Auberge de la Scierie* ⒻⒻⒻ La Vove. ☎ *03-25467126.* Deze met klimplanten begroeide herberg wordt omgeven door een fraaie tuin aan de rivier. Proef de niertjes met bessen of de slakken in bladerdeeg.	AE DC MC V	●	■	●	■
AMBONNAY: *Auberge Saint-Vincent* ⒻⒻⒻ Rue St Vincent 1. ☎ *03-26570198.* In dit restaurant met zijn Lodewijk-XIII-plafonds is dineren een feest. De menukaart wisselt per seizoen.	AE DC MC V	●	■		
AUBRIVES: *Debette* Ⓕ Place Louis Debette 2. ☎ *03-24416472.* Enkele van de specialiteiten uit de Ardennen zijn gerookte ham, forel en wild-*terrines*. Fantastische desserts van vruchten uit eigen tuin. ♿	AE MC V	●	■	●	■
BIÈVRES: *Relais de St-Walfroy* Ⓕ Bièvres. ☎ *03-24226162.* Een bijzondere schotel op de menukaart is de gesmoorde parelhoen met mirabelpruimen. U kunt ook de klassieker *canard à l'orange* bestellen.	MC V	●	■		
CHÂLONS-EN-CHAMPAGNE: *Les Ardennes* ⒻⒻ Place de la République 34. ☎ *03-26682142.* De eigenaar, monsieur Bouffonais, heeft in de jaren vijftig in het Savoy in Londen gewerkt. Zijn restaurant is gevestigd in een fraai 17de-eeuws pand. De kaart is zeer uitgebreid met een extravagante serie desserts.	AE MC V	●	■		■
CHAUMONT: *Bleu Comme Orange* Ⓕ Rue Saint-Louis 11. ☎ *03-25012687.* Dit levendige restaurant in de oude wijk van Chaumont zit 's middags altijd bomvol. Het is hoofdzakelijk een *crêperie*, waar u een fantasierijke verzameling vullingen kunt krijgen.	MC V		■		
EPERNAY: *L'Auberge Champenoise* Ⓕ Moussy. ☎ *03-26540348.* Nadat u enkele van de grote champagnekelders hebt bezocht, kunt u in deze vriendelijk herberg een heerlijke, voordelige maaltijd bestellen.	MC V	●	■		■
L'EPINE: *Aux Armes de Champagne* ⒻⒻⒻ Avenue du Luxembourg 31. ☎ *03-26693030.* Dit restaurant staat in een fraai dorp ten noorden van Châlons-en-Champagne. Overheerlijke regionale specialiteiten.	AE DC MC V	●	■	●	
FLORENT-EN-ARGONNE: *Auberge de la Menyère* ⒻⒻ Rue Basse. ☎ *03-26609370.* Dit is een 400 jaar oud huis in goede staat, gelegen in een prachtig bos. Kom in het jachtseizoen om het wild met paddestoelen te proeven.	MC V	●	■		■
JOINVILLE: *Le Soleil d'Or* ⒻⒻ Rue des Capucins 9. ☎ *03-25941566.* Attente bediening en een menukaart voor lekkerbekken. Probeer vooral de pastei van sint-jakobsschelpen met zoete basilicum. ♿	AE DC MC	●	■	●	
LANGRES: *Le Lion d'Or* ⒻⒻ Route de Vesoul. ☎ *03-25870330.* Dit aardige restaurant serveert goede regionale gerechten. U hebt hier een panoramisch uitzicht op een meer.	MC V	●	■		■
LE MESNIL-SUR-OGER: *Le Mesnil* ⒻⒻⒻ Rue Pasteur 2. ☎ *03-26579557.* Dit restaurant staat te midden van wijngaarden ten zuiden van Epernay, tussen Cramant en Verbis. De *patron* leidt u graag rond in zijn kelders.	MC V	●	■	●	
NOGENT-SUR-SEINE: *Au Beau Rivage* ⒻⒻ Rue Villiers-aux-Choux 20. ☎ *03-25398422.* Het terras van dit restaurant aan de waterkant kijkt uit over de rivier. De menukaart legt de nadruk op vis die met verse kruiden is bereid.	MC V		■		■
REIMS: *La Coupole* ⒻⒻ Place Drouet d'Erlon 73. ☎ *03-26478628.* La Coupole heeft voor elk wat wils, ook voor vegetariërs. Op de menukaart staat een groot assortiment *hors d'oeuvres*, salades en vruchtensorbets.	AE DC MC V	●	■		■

Prijsklassen per persoon voor drie gangen met een halve fles huiswijn, belasting en bediening.
Ⓕ minder dan FF 150
ⒻⒻ FF 150-250
ⒻⒻⒻ FF 250-350
ⒻⒻⒻⒻ FF 350-500
ⒻⒻⒻⒻⒻ meer dan FF 500

Faciliteiten voor kinderen
Sommige restaurants beschikken over kinderstoelen en serveren kinderporties.

Menu tegen vaste prijzen
Als lunch en/of diner is een goed menu tegen vaste prijzen verkrijgbaar, vaak met drie of vier gangen.

Goede wijnkaart
Duidt op een ruim assortiment goede wijnen of op een meer gespecialiseerde selectie lokale wijnen.

Tafels buiten
Voorzieningen om buiten te eten, op een terras, in een tuin of op een binnenplaats, vaak met een fraai uitzicht.

Restaurant	Prijs	Creditcards	Faciliteiten voor kinderen	Menu tegen vaste prijzen	Goede wijnkaart	Tafels buiten
Reims: *Le Vigneron* Place Paul-Jamot. ☎ *03-26470071.* Dit populaire restaurant is vooral een aanrader voor mensen die uit zijn op schotels met een sterk lokaal karakter. Reserveren is noodzakelijk.	ⒻⒻⒻ	MC V		■		■
Reims: *Les Crayères'* Boulevard Vasnier 64. ☎ *03-26828080.* Bij dit restaurant kunt u een rondleiding krijgen in de wijnkelder. Enkele specialiteiten zijn zalm en een roomgerecht van kaviaar.	ⒻⒻⒻⒻⒻ	AE DC MC V			●	■
St-Dizier: *La Gentilhommière* Rue Jean Jaurès 29. ☎ *03-25563297.* Twee favorieten zijn hier verpakte stukjes lamsfilet met dragon, en snoekbaars met een saus van plaatselijke bospaddestoelen. ♿	ⒻⒻ	MC V		■		
St-Dizier: *Hôtellerie du Moulin* Edaron (3 km van St-Dizier). ☎ *03-25041776.* In dit restaurant van een landelijk hotelletje wordt een grote hoeveelheid voortreffelijk bereide gerechten geserveerd. ♿	ⒻⒻ	MC V	●	■	●	
St-Imoges: *La Maison du Vigneron* Route Nationale 51. ☎ *03-26528800.* Zowel een champagnehuis als een chic restaurant. Bij de regionale gerechten kunt u de champagne van de eigenaar drinken. ♿	ⒻⒻ	AE DC MC V	●	■	●	■
Troyes: *Le Jardin Gourmand* Rue Paillot de Montabert 31. ☎ *03-25730830.* Dit restaurant in de historische wijk heeft een romantische binnenplaats en is de aangewezen plek om de specialiteit van de stad te proberen: *andouillettes.*	ⒻⒻ	MC V		■		■
Troyes: *Le Bourgogne* Rue Général de Gaulle 40. ☎ *03-25730267.* Volgens velen is dit het beste restaurant van Troyes (helaas in augustus gesloten). Probeer de *mousseline* van snoek of de hartige lamsstoofschotel.	ⒻⒻⒻ	MC V		■	●	
ELZAS-LOTHARINGEN						
Borny: *Le Jardin de Bellevue* Rue Claude Bernard 58. ☎ *03-87371027.* De chef heeft een boek geschreven over de gemoderniseerde traditionele keuken van Lotharingen en gebruikt zo veel mogelijk produkten uit eigen tuin. ♿	ⒻⒻ	MC V	●	■	●	■
Colmar: *Le Caveau Saint-Pierre* Rue de la Herse 24. ☎ *03-89419933.* U bereikt dit restaurant over een plankenpad dat langs een kanaal in het mooie 'Klein Venetië' van Colmar. In winterweekenden is *baeckoff* (stamppot) de beste specialiteit.	ⒻⒻ	V	●	■		
Colmar: *La Maison des Têtes* Rue des Têtes 19. ☎ *03-89244343.* De façade van deze unieke 17de-eeuwse brasserie staat op de monumentenlijst. Traditionele Elzassische kost als *choucroute.* ♿	ⒻⒻⒻ	AE DC MC V	●	■	●	■
Dole: *Les Templiers* Grande Rue 35. ☎ *03-84827878.* Originele gerechten, geserveerd in een in weelderig gotische stijl ingerichte ruimte. De prijzen zijn heel redelijk.	ⒻⒻ	AE DC MC V		■		
Haguenau: *Restaurant Barberousse* Place Barberousse 8. ☎ *03-88733109.* Verbazend goede kwaliteit, vooral de lunchgerechten. U kunt hier genieten van eenvoudige plaatselijke schotels als eigengemaakte *foie gras* en *terrines, choucroute* met vlees of vis en goede warme desserts. ♿	ⒻⒻ	MC V	●	■		■

MARLENHEIM: *Le Cerf* ⒻⒻⒻⒻ
Rue du Général-de-Gaulle 30. ☎ *03-88877373.*
Le Cerf ziet zijn gasten graag hongerig verschijnen. De Elzassische keuken is hier op zijn zwaarst en de porties zijn enorm. Vegetariërs zijn welkom. ♿
AE DC MC V ● ■ ● ■

METZ: *Restaurant des Roches* ⒻⒻ
Rue des Roches 29. ☎ *03-87740651.*
Dit is in de eerste plaats een visrestaurant (de tarbotfilet is erg goed), maar u kunt ook vleesschotels bestellen. Aanbevolen: *soufflé glacé.*
AE DC MC V ■ ● ■

MULHOUSE: *Restaurant de la Poste* ⒻⒻⒻ
Rue du Général-de-Gaulle 7, Riedisheim. ☎ *03-89440771.*
Dit uitstekende restaurant dankt zijn reputatie aan zes generaties chefs die hier hebben gewerkt. De menukaart is fantasierijk en gevarieerd.
AE MC V ● ■ ●

NANCY: *L'Excelsior* ⒻⒻ
Rue Henri-Poincaré 50. ☎ *03-83352457.*
Ga terug in de tijd en geniet van een heerlijke maaltijd in dit magnifieke historische monument. De keuken is klassiek Frans.
AE DC MC V ● ■

RIQUEWIHR: *Au Péché Mignon* Ⓕ
Rue de Dinzheim 5. ☎ *03-89490417.*
Dit restaurant serveert stevige Elzassische specialiteiten. De keuken wordt omschreven als *cuisine grand-mère* – huiselijk, omvangrijk en ouderwets.
MC V ● ■

SAVERNE: *Taverne Katz* ⒻⒻ
Grand-Rue 80. ☎ *03-88711656.*
Het gezellige, houten interieur sluit perfect aan bij traditionele gerechten als *spaetzle* (meelballetjes) en *jambonneau braisé* (ham).
MC V ■ ● ■

SÉLESTAT: *Restaurant Jean-Fredèric Edel* ⒻⒻ
Rue des Serruriers 7. ☎ *03-88928655.*
Eigengemaakte *foie gras* en magere kipfilets met uitzonderlijk goede *choucroute* zijn twee van de specialiteiten in dit befaamde restaurant.
AE DC MC V ● ■ ● ■

STRASBOURG: *Zum Strissel* Ⓕ
Place de la Grande Boucherie 5. ☎ *03-88321473.*
Een wijnkelder in een 14de-eeuws gebouw, dicht bij de kathedraal. Er wordt stoofschotel geserveerd van diverse vleessoorten, uientaart en Elzassische wijn.
MC V ● ■ ●

STRASBOURG: *Restaurant au Crocodile* ⒻⒻⒻⒻⒻ
Rue de l'Outre 10. ☎ *03-88321302.*
Dit is waarschijnlijk het exclusiefste restaurant van Straatsburg. U dineert hier in een weelderige omgeving. De gebakken baars met gerookte paling en kuit van karper zijn aan te bevelen.
AE DC MC V ● ■ ●

TURCKHEIM: *Auberge du Brand* ⒻⒻ
Grand rue 8. ☎ *03-89270610.*
De keuken heeft een regionaal karakter maar is toch minder specifiek Elzassisch dan de naburige *winstubs* (wijnbars). De bediening is attent en discreet en vegetarische schotels worden op verzoek klaargemaakt.
MC V ● ■ ● ■

VERDUN: *Le Coq Hardi* ⒻⒻⒻ
Avenue de la Victoire 8. ☎ *03-29863636.*
Voor fijnproevers is dit het beste restaurant van Verdun, een stad met maar weinig goede, bescheiden geprijsde restaurants.
AE DC MC V ● ■ ● ■

NORMANDIË

ACHERIE: *Le Manoir de l'Acherie* ⒻⒻ
50800 St Cécil. ☎ *02-33511387.*
Calvados (appelbrandewijn) bepaalt hier de smaak – men kookt er ham en zelfs wijting in, en flambeert er natuurlijk ook de appeltaart mee. ♿
AE MC V ● ■ ●

ARGENTAN: *Auberge de l'Ancienne Abbaye* ⒻⒻ
Rue St-Martin 25. ☎ *02-33393742.*
De Auberge is gevestigd in de oudste kerk van Argentan. Het is een festijn om te dineren in het magnifieke interieur van bewerkt steen en zware eikehouten balken. Op verzoek kunt u vegetarische gerechten krijgen. ♿
AE DC MC V ● ■ ■

AUDRIEU: *Château d'Audrieu* ⒻⒻⒻⒻ
Audrieu. ☎ *02-31802152.*
Dit 18de-eeuwse château werd in 1976 omgebouwd tot een luxueus restaurant. Het is een ideaal adres voor een stijlvol diner.
MC V ● ■ ●

Verklaring van de symbolen zie achterflap

Prijsklassen per persoon voor drie gangen met een halve fles huiswijn, belasting en bediening.
Ⓕ minder dan FF 150
ⒻⒻ FF 150-250
ⒻⒻⒻ FF 250-350
ⒻⒻⒻⒻ FF 350-500
ⒻⒻⒻⒻⒻ meer dan FF 500

FACILITEITEN VOOR KINDEREN
Sommige restaurants beschikken over kinderstoelen en serveren kinderporties.

MENU TEGEN VASTE PRIJZEN
Als lunch en/of diner is een goed menu tegen vaste prijzen verkrijgbaar, vaak met drie of vier gangen.

GOEDE WIJNKAART
Duidt op een ruim assortiment goede wijnen of op een meer gespecialiseerde selectie lokale wijnen.

TAFELS BUITEN
Voorzieningen om buiten te eten, op een terras, in een tuin of op een binnenplaats, vaak met een fraai uitzicht.

	Prijs	Creditcards	Faciliteiten voor kinderen	Menu tegen vaste prijzen	Goede wijnkaart	Tafels buiten
BAYEUX: *Le Lion d'Or* Rue St-Jean 71. ☎ *02-31920690.* Deze 17de-eeuwse herberg is al sinds 1929 in dezelfde familie en serveert heerlijke gerechten. Probeer de bijzondere *foie gras* of eend met honing, warme *andouille* (penswortst) of de bospaddestoelentaart.	ⒻⒻⒻ	AE DC MC V	●	■	●	
LE BEC-HELLOUIN: *Restaurant de la Tour* Place Guillaume-le-Conquérant. ☎ *02-32448615.* De schotels die u hier vooral moet proeven zijn de *foie gras*, oesters en kreeft Thermidor met een fles Bourgogne. Besluit met kaas.	ⒻⒻ	AE DC MC V	●	■		■
CHAMPEAUX: *Au Marquis de Tombelaine* Sartilly. ☎ *02-33618594.* De schotels die u hier vooral moet proeven zijn de *foie gras*, oesters en kreeft Thermidor met een fles Bourgogne. Besluit met kaas.	ⒻⒻ	MC V	●	■	●	■
CHERBOURG: *La Cendrée* Passage Digard 18-20. ☎ *02-33936704.* Het eenvoudige maar vriendelijke La Cendrée is waarschijnlijk het beste restaurant van Cherbourg. Reserveren is raadzaam.	Ⓕ	MC V	●	■		■
COSQUEVILLE: *Au Bouquet de Cosqueville* Hameau Remond. ☎ *02-33543281.* Enkele specialiteiten zijn: in whisky gekookte kreeft en gebakken tarbot met prei en truffels. Neem als dessert een verse *crêpe* of *crême brûlée.* ♿	ⒻⒻⒻ	MC V	●	■	●	■
CRESSERONS: *La Valise Gourmande* Route de Lion-sur-Mer 7. ☎ *02-31373910.* Traditioneel Normandische gerechten geserveerd in een interieur met oude balken en eikehouten meubels. Probeer de mosselen en *tergoule* (rijstpudding).	ⒻⒻ	MC V		■	●	■
DEAUVILLE: *Le Dauphin* Le Breuil-en-Auge, Pont l'Evêque. ☎ *02-31650811.* Reserveren is noodzakelijk in dit populaire restaurant, gelegen in een gehucht. De eigenaars, het echtpaar Lecomte, is geen moeite te veel om u een onvergetelijk feestmaal te bezorgen. Ze zijn zeer trots op hun kookkunst.	ⒻⒻⒻ	AF MC V		■	●	
DEAUVILLE: *Le Spinnaker* Rue Mirabeau 52. ☎ *02-31882440.* Dit is een van de beste visrestaurant van Normandië met één Michelin-ster. De gebakken kreeft in appelazijn of tarbot met sjalotjes mag u niet missen. ♿	ⒻⒻⒻ	AE MC V	●	■	●	
DIEPPE: *La Marmite Dieppoise* Rue St-Jean 8. ☎ *02-35842426.* In Frankrijk moet u voor vis in Dieppe zijn. *Marmite Dieppoise* is een smakelijke combinatie van vis, schelp- en schaaldieren in roomsaus.	ⒻⒻ	MC V	●	■		
DOZULÉ: *Le Pavé d'Auge* Beuvron-en-Auge. ☎ *02-31792671.* De zeer talentvolle chef van Le Pavé d'Auge serveert graag gerechten bereid met lokale ingrediënten. Het accent ligt op vis, maar er is ook vlees en gevogelte. Het kaasplateau bevat een goed assortiment.	ⒻⒻ	MC V	●	■		
GISORS: *Hostellerie des Trois Poissons* Rue Cappeville 13. ☎ *02-32550109.* Vakwerkhuis met een uitnodigend terras waar 's zomers kan worden gedineerd. De specialiteit van dit restaurant is in cider gebakken konijn.	ⒻⒻ	V		■		■
HONFLEUR: *Le Champlain* Place Hamelin 6. ☎ *02-31891491.* Dit familiebedrijf gebruikt alleen verse produkten van het land. Specialiteiten: sint-jakobsschelpen in bladerdeeg en gesauteerde kalfsniertjes.	Ⓕ	AE MC V	●	■		

Honfleur: *La Ferme St-Siméon* Rue A-Marais. ☎ *02-31892361.* U kunt hier heerlijk genieten van een lichte lunch op het terras. Specialiteiten zijn vis, schelp- en schaaldieren, gevogelte, fruit en kaas.	ⒻⒻⒻⒻⒻ	AE MC V		■		■
La Ferté Macé: *Auberge le Clouet* Chemin le Clouet. ☎ *02-33371822.* Een paar uur rondsnuffelen in de historische marktplaats sluit u af met een maaltijd van plaatselijk specialiteiten op dit bloemrijke terras.	ⒻⒻ	MC V	●	■	●	■
Louviers: *Le Clos Normand* Rue de la Gare 16. ☎ *02-32400356.* In dit herenhuis van rond 1895 maakt madame Deniau graag gerechten klaar voor gasten die van lekker eten houden. Vegetarische schotels op verzoek.	ⒻⒻ	AE MC V	●	■		■
Lyons-la-Forêt: *La Licorne* Place Benserade. ☎ *02-32496202.* In deze 17de-eeuwse herberg zijn de prijzen in tegenspraak met de hoge kwaliteit van de gerechten. Vegetariërs komen hier ook aan hun trekken.	ⒻⒻⒻ	AE DC MC V	●	■	●	■
Mont-St-Michel: *Hôtel Saint-Pierre* Grand-Rue. ☎ *02-33601403.* Op de menukaart treft u lamsvlees van kwelderschapen *(agneau pré-salé)* aan. Andere favoriete gerechten in dit 15de-eeuwse gebouw zijn krab en tong.	Ⓕ	AE MC V	●	■	●	■
Mont-St-Michel: *La Mère Poulard* Grande-Rue. ☎ *02-33601401.* Toeristen uit heel Europa komen hier voor de beroemde *omelette Mère Poulard*, op een houtvuur klaargemaakt in een pan met een lange steel.	ⒻⒻⒻⒻ	AE DC MC V	●	■	●	
Nonant-le-Pin: *Hôtel Saint-Pierre* Nonant-le Pin. ☎ *02-33399404.* Dit restaurant staat op de weg van de Dordogne naar Spanje, midden in het land van de paardenfokkerijen. De gerechten zijn eenvoudig maar wel inventief.	Ⓕ	MC V	●	■		
Putanges-Pont-Ecrepin: *Hôtel du Lion Verd* Place de l'Hôtel-de-Ville. ☎ *02-33350186.* De eigenares is vooral trots op haar in cider klaargemaakte kalfsvlees. De lunchgerechten zijn uit de kunst. Ook vegetarische schotels. ♿	Ⓕ	MC V	●	■		■
Rouen: *La Marmite* Rue Florence 3. ☎ *02-35717555.* Dit aantrekkelijke restaurant is gevestigd in een 18de-eeuws gebouw. De gasten kunnen tot laat genieten van de romantische sfeer bij kaarslicht.	ⒻⒻ	AE MC V	●	■	●	
Rouen: *Restaurant Gill* Quai de la Bourse 9. ☎ *02-35711614.* De *panaché de poissons* is een kleurrijke visschotel van sappige vis, schelp- en schaaldieren. Varkenspoten met linzen is ook een specialiteit.	ⒻⒻⒻⒻ	AE DC MC V	●	■		
St-Germain de Tallevende: *Auberge Saint-Germain* Place de l'Eglise. ☎ *02-31682413.* Dit is een ideaal restaurant voor gezinnen. Op de kaart staat een ruime keus aan goede huiselijke gerechten, waaronder vegetarische schotels. ♿	ⒻⒻ	MC V	●	■		■
Thiberville: *La Levrette* Rue de Lieurey 10. ☎ *02-32468022.* Dit vriendelijke restaurant valt op door zijn eenvoudige huiselijke schotels tegen voordelige prijzen. Probeer het plaatselijke gevogelte.	Ⓕ	V	●	■		
Trouville-sur-Mer: *Brasserie les Vapeurs* Boulevard Fernard-Moureaux 160. ☎ *02-31881524.* Deze brasserie staat tegenover de vismarkt en de vis, schelp- en schaaldieren zijn dan ook heel vers en smakelijk. U komt hier vast terug.	ⒻⒻ	AE MC V	●			■
Veules-les-Roses: *Les Galets* Rue Victor Hugo 3. ☎ *02-35976133.* Als u graag aan zee eet, dan kunt u niet om Les Galets heen. Reserveer want het is hier altijd druk met plaatselijke bewoners.	ⒻⒻⒻⒻ	AE DC MC V	●	■	●	■
Villers-Bocage: *Les Trois Rois* Place Jeanne d'Arc 2. ☎ *02-31770032.* De bijzonder menukaart, die bekend staat als *mon marché*, bevat gerechten, bereid van vis die dezelfde dag is gevangen.	ⒻⒻ	AE DC MC V	●	■	●	

Verklaring van de symbolen zie achterflap

Prijsklassen per persoon voor drie gangen met een halve fles huiswijn, belasting en bediening.
Ⓕ minder dan FF 150
ⒻⒻ FF 150-250
ⒻⒻⒻ FF 250-350
ⒻⒻⒻⒻ FF 350-500
ⒻⒻⒻⒻⒻ meer dan FF 500

FACILITEITEN VOOR KINDEREN
Sommige restaurants beschikken over kinderstoelen en serveren kinderporties.

MENU TEGEN VASTE PRIJZEN
Als lunch en/of diner is een goed menu tegen vaste prijzen verkrijgbaar, vaak met drie of vier gangen.

GOEDE WIJNKAART
Duidt op een ruim assortiment goede wijnen of op een meer gespecialiseerde selectie lokale wijnen.

TAFELS BUITEN
Voorzieningen om buiten te eten, op een terras, in een tuin of op een binnenplaats, vaak met een fraai uitzicht.

BRETAGNE

Restaurant	Prijs	Creditcards	Faciliteiten voor kinderen	Menu tegen vaste prijzen	Goede wijnkaart	Tafels buiten
AURAY: *La Closerie de Kerdrain* Rue Louis Billet 20. ☎ *02-97566127.* Een herenhuis met een imposante trap en tapijten uit de tijd van Napoleon I in de eetzaal. Specialiteiten: zeebaars en mosselen.	ⒻⒻⒻ	AE DC MC V	●	■		■
BELLE-ISLE-EN-TERRE: *Le Relais de l'Argoat* Rue de Guic. ☎ *02-96430034.* Deze herberg staat aan de rand van een aardig dorp en beschikt over twee gezellige eetzalen. Uitstekend kaasplateau.	ⒻⒻ	MC V	●	■		
CHEVAIGNÉ: *La Marinière* Route du Mont-St-Michel. ☎ *02-99557464.* Een ouderwets restaurant in een parkachtige omgeving. Hoofdzakelijk een visrestaurant met goede Normandische kazen en Loire-wijnen.	ⒻⒻ	AE DC MC V		■	●	■
CONCARNEAU: *Le Galion* Rue St-Guénolé 15. ☎ *02-98973016.* Le Gallion is gelegen op een schiereiland en is bijna geheel omgeven door water. Het restaurant serveert een ruim assortiment visschotels.	ⒻⒻⒻ	AE DC MC V	●	■	●	
DINAN: *Chez la Mère Pourcel* Place des Merciers 3. ☎ *02-96390380.* Dit restaurant is gevestigd in een opvallend, gotisch gebouw. De menukaart verandert met het seizoen en is altijd goed. Prima Loire-wijnen.	ⒻⒻⒻ	AE MC V	●	■	●	■
FOUGÈRES: *Restaurant des Voyageurs* Place Gambetta 10. ☎ *02-99991417.* In dit restaurant hangen enorme kroonluchters aan een hoog plafond. De keuken is plaatselijk en 's winters serveert men hartige wildschotels.	ⒻⒻ	AE MC V	●	■		
HÉDÉ: *L'Hostellerie du Vieux Moulin* Ancienne route de St-Malo. ☎ *02-99454570.* De molen maakte deel uit van een complex dat in de 19de eeuw werd gebouwd om waterenergie te leveren. Fraai uitzicht en uitstekende lunches met sint-jakobsschelpen, gegrilde langoustines en eend.	ⒻⒻⒻ	AE DC MC V	●	■		■
LE CONQUET: *Les Boucaniers* Rue Poncelin 3. ☎ *02-98890625.* Een *crêperie* in een granieten gebouw dat er uitziet als een vissershuisje. Probeer de *crêpes* met geitekaas, of met sinaasappel en chocolade.	Ⓕ	MC V	●			■
LORIENT: *Le Neptune* Av de la Perrière 15. ☎ *02-97370456.* Vraag een tafel in de achterste eetzaal met serre. Le Neptune serveert vele vissoorten, zoals fricassée van zeeduivel, en geflambeerde kreeft.	ⒻⒻ	AE DC MC V	●	■		
MORLAIX: *La Marée Bleue* Rampe St-Melaine 3. ☎ *02-98632421.* Dit herenhuis staat in de schaduw van een viaduct en is een bijzonder goed restaurant. De onberispelijke visschotels zijn zeer gewild.	ⒻⒻ	MC V	●	■	●	
PAIMPOL: *La Vieille Tour* Rue de l'Eglise 13. ☎ *02-96208318.* Dit is een aardig restaurant met een eetzaal op de eerste verdieping. Het serveert enkele zeldzame delicatessen, zoals ravioli gevuld met kreeftstaarten, of chocolademousse met kersenvulling in frambozensaus.	ⒻⒻ	MC V	●	■		
PLÉLAN-LE-GRAND: *L'Auberge du Presbytère* Treffendel. ☎ *02-99610076.* Dit is een oud huis van een priester dat door de eeuwen heen weinig is veranderd. De chef serveert traditionele schotels van gevogelte.	ⒻⒻ	MC V	●	■		■

PLOMEUR: *Le Relais Bigouden* Rue Pen Allée. ☎ *02-98820479.* Een vrolijk, vriendelijk restaurant vol snijbloemen, met als specialiteiten: in verse limoenen gekookte eend, en kreeft in ragoût.	ⒻⒻ	MC V	●	■		
PLOUNÉRIN: *Restaurant Patrick Jeffroy* Le Bourg. ☎ *02-96386180.* Dit restaurant beschikt over 45 plaatsen, verdeeld over twee eetzalen. De rivierkreeft met artisjokken moet u beslist proberen. Drink er cider bij.	ⒻⒻⒻⒻ	MC V	●	■	●	■
PONT L'ABBÉ: *Le Relais de Ty-Boutic* Route de Plomeur. ☎ *02-98870390.* De chef van dit restaurant heeft diverse prijzen gewonnen. Zijn beste schotels zijn zeeduivel met cider, en langoustines met prei.	ⒻⒻ	MC V	●	■	●	■
QUIBERON: *Le Relax* Boulevard Castéro 27. ☎ *02-97501284.* Le Relax kijkt uit op de zee en op een fraaie tuin. Het restaurant serveert ieder seizoen een ander assortiment heerlijk klaargemaakte vis.	ⒻⒻ	AE DC MC V	●	■		■
QUIMPER: *L'Ambroisie* Rue Elie FréRon 49. ☎ *02-98950002.* Dit restaurant ligt niet ver van de kathedraal. Aan de muren prijken prenten van Francis Bacon. De vis en de desserts zijn uitstekend.	ⒻⒻ	AE DC MC V	●	■		
RENNES: *Le Corsaire* Rue d'Antrain 52. ☎ *02-99363369.* Le Corsaire is gevestigd in een herenhuis en is plaatselijk beroemd. Gesmoorde ossestaart en zeeoor zijn specialiteiten. Goede Muscadet-wijnen.	ⒻⒻ	AE DC MC V	●	■	●	
RENNES: *Le Palais* Place du Parlement-de-Bretagne 7. ☎ *02-99794501.* Dit restaurant is fraai gelegen in de oude wijk van Rennes. U proeft hier de beste keuken van de streek. Onberispelijke bediening en lokale produkten van de hoogste kwaliteit. De desserts zijn zeer bijzonder.	ⒻⒻ	AE DC MC V	●	■	●	
ST-BRIEUC: *Amadeus* Rue de Gouët 22. ☎ *02-96339244.* Een van de oudste gebouwen in deze historische stad met nog de originele balken en stenen muren. Op de menukaart staat voornamelijk vis – de tongfilet met eendelever is uitzonderlijk. Tal val desserts.	ⒻⒻⒻ	V	●	■		
ST-MALO: *Le Franklin* Chaussée du Sillon 4. ☎ *02-99405093.* Een restaurant met uitzicht op zee. Specialiteiten zijn vis bereid met specerijen en *pré-salé*-lamsvlees van kwelderschapen.	Ⓕ	AE DC MC V	●	■		
VITRÉ: *La Taverne de l'Ecu* Rue Baudrairie 12. ☎ *02-99751109.* Een vakwerkhuis uit de Renaissance met een binnentuin en een 16de-eeuwse eetzaal. De vis is zeer smakelijk.	ⒻⒻ	AE MC V		■		■
HET LOIRE-DAL						
AMBOISE: *Le Manoir St Thomas* Place Richelieu. ☎ *02-47572252.* Dit restaurant met zijn rijk versierde, renaissnce-interieur, talentvolle chef en spectaculaire wijnkelder mag u niet missen.	ⒻⒻⒻ	AE DC MC V	●	■	●	■
ANGERS: *Restaurant La Ferme* Place Freppel 2. ☎ *02-41870990.* Hier is het 's zomers zo druk, dat men zelfs buiten staat. Rustieke schotels als *coq au vin* en slakken zijn populair, evenals de witte anjou-wijn.	Ⓕ	AE MC V	●	■		■
ANGERS: *La Terrasse* La Pointe de Bouchemaine, Bouchemaine. ☎ *02-41771196.* Dit restaurant staat in een gehucht op de plek waar de Loire en de Maine samenkomen. La Terrasse maakt verse paling, snoek, zalm en andere zoetwatervis klaar op een open vuur.	ⒻⒻ	MC V	●	■		
ANGERS: *La Salamandre* Boulevard du Maréchal-Foch 1. ☎ *02-41889955.* Het kitscherige interieur is in tegenspraak met de kwaliteit van de gerechten. Probeer de ravioli gevuld met kreeft, biefstuk, vissoep en kaas.	ⒻⒻⒻ	AE DC MC V		■	●	

Verklaring van de symbolen zie achterflap

Prijsklassen per persoon voor drie gangen met een halve fles huiswijn, belasting en bediening.
Ⓕ minder dan FF 150
ⒻⒻ FF 150-250
ⒻⒻⒻ FF 250-350
ⒻⒻⒻⒻ FF 350-500
ⒻⒻⒻⒻⒻ meer dan FF 500

Faciliteiten voor kinderen
Sommige restaurants beschikken over kinderstoelen en serveren kinderporties.

Menu tegen vaste prijzen
Als lunch en/of diner is een goed menu tegen vaste prijzen verkrijgbaar, vaak met drie of vier gangen.

Goede wijnkaart
Duidt op een ruim assortiment goede wijnen of op een meer gespecialiseerde selectie lokale wijnen.

Tafels buiten
Voorzieningen om buiten te eten, op een terras, in een tuin of op een binnenplaats, vaak met een fraai uitzicht.

Restaurant	Prijs	Creditcards	Faciliteiten voor kinderen	Menu tegen vaste prijzen	Goede wijnkaart	Tafels buiten
Beaugency: *Le P'tit Bateau* Rue du Pont 54. ☎ *02-38445638.* Le P'tit Bateau staat vlak bij het château en is het populairste restaurant van de stad. Dit drukbezochte adres serveert vis, gevogelte en wilde paddestoelen, die u kunt wegspoelen met regionale wijn.	ⒻⒻ	AE DC MC V		■		■
Blois: *La Mesa* Rue Vauvert 11. ☎ *02-54787070.* Eet hier 's zomers buiten op het fraaie plein en geniet van bijzondere salades uit de Loire-streek, vis, kalfsvlees en een assortiment *crudités.*	Ⓕ	AE MC V		■		■
Blois: *Le Duc de Guise* Place Louis XII 15. ☎ *02-54782239.* Een rumoerig Italiaans restaurant vlak bij het château. Pizza's worden hier op de traditionele manier gebakken in op hout gestookte ovens. ♿	ⒻⒻ	AE MC V	●	■		■
Blois: *La Péniche* Promenade du Mail. ☎ *02-54743723.* U treft dit restaurant aan op een prachtig gerestaureerde boot op de rivier. La Péniche serveert verse vis op met linnen gedekte tafels vol bloemen.	ⒻⒻ	AE DC MC V		■	●	
Bourges: *La Courcillière* Rue de Babylone. ☎ *02-48244191.* Dit restaurant kijkt uit over de Yèrre. Na een wandeling van 20 minuten uit de stad kunt u hier genieten van de zoetwatervis en eend.	ⒻⒻ	AE MC V	●	■		■
Bourges: *Le Jardin Gourmand* Boulevard Ernest-Renan 15 bis. ☎ *02-48213591.* Een restaurant voor smulpapen, gevestigd in een oud, stijlvol ingericht herenhuis. Specialiteiten zijn vis, lamsvlees met kerrie en gevogelte.	ⒻⒻ	AE MC V		■	●	■
Bourgueil: *L'Auberge la Lande* Bourgueil. ☎ *02-47979241.* Restaurant in een oud herenhuis. U kunt hier genieten van heerlijke gerechten van lokale ingrediënten. Ruime keus aan goede Borgeuil-wijnen.	ⒻⒻ	MC V		■	●	
Chartres: *Le Buisson Ardent* Rue au Lait 10. ☎ *02-37340466.* Dit restaurant staat in het oudste gedeelte van Chartres en biedt een fantastisch uitzicht op de kathedraal. De gebakken zalm in vinaigrette en de kabeljauw in koriander van de nieuwe chef zijn zeer smakelijk.	ⒻⒻ	MC V	●	■	●	
Chartres: *Le Grand Monarque* Place des Epars 22. ☎ *02-37210072.* Le Grand Monarque in gevestigd in een grote boerderij uit de 17de eeuw. Het interieur is in 1987 gerenoveerd. De gerechten variëren maar sommige zijn bijzonder goed. De wijnkelder is eerste klas.	ⒻⒻⒻ	AE DC MC V	●	■	●	■
Cheverny: *Le Pousse-Rapière* Rue Nationale. ☎ *02-54799423.* Dit restaurant serveert gerechten uit de Loire en Gascogne; de invloeden uit de Gascogne vindt u terug in de *foie gras* en de *cassoulet.*	ⒻⒻ	AE MC V	●	■	●	
Chinon: *Les Années 30* Rue Voltaire 78. ☎ *02-47933718.* Een elegant eethuisje op de weg naar het château. Les Années 30 serveert snoek, varkens-*rillons* (gekookt in vet en koud opgediend) en *coq au vin* in een goed geventileerde eetzaal of buiten op het terras.	ⒻⒻ	MC V	●	■	●	■
Fontevraud-L'Abbaye: *La Licorne* Allée Sainte-Cathérine. ☎ *02-41517249.* Dit restaurant dankt zijn populariteit aan de stijlvolle omgeving, de fraaie binnenplaats en aan de oesters en asperges. Reserveer 's zomers.	ⒻⒻⒻ	AE DC MC V		■		■

GIEN: *Le Rivage* Quai de Nice 1. ☎ *02-38377900.* U kunt hier eten op het met bloemen omzoomde terras. Probeer de stevige vleesschotels, het interessante kaasplateau en de bijzondere lokale wijnen.	ⒻⒻ	*AE DC MC V*	●	■	●	
LA BOHALLE: *Auberge de la Gare* Impasse de la Gare 3. ☎ *02-41804120.* Wandel na een diner van slakken, vis, schelp- en schaaldieren, biefstuk en goede lokale kazen, eens naar de rivieroever achter deze herberg.	Ⓕ	*MC V*	●	■		
LAMOTTE-BEUVRON: *Hôtel Tatin* Avenue de Vierzon 5. ☎ *02-54880003.* Het menu van gevogelte, forel en plaatselijke rode wijn staat in de schaduw van het fameuze dessert *tarte Tatin* (omgekeerde appeltaart).	ⒻⒻ	*AE DC MC V*	●	■		
LE MANS: *La Cité d'Aleth* Rue de la Vieille Porte 7 en 9. ☎ *02-43287381.* Een crêperie in Le Vieux Mans waar u *crêpes* in alle soorten en maten kunt krijgen, die worden vergezeld door salades en fruitige desserts. ♿	Ⓕ	*MC V*		■		
LE MANS: *Le Grenier à Sel* Place de l'Eperon 26. ☎ *02-43232630.* Dit restaurant, gunstig gelegen ten opzichte van de oude stad, is gespecialiseerd in visgerechten met lichte sauzen. ♿	ⒻⒻ	*AE MC V*	●	■		
LE MANS: *La Vie en Rose* Grand Rue 55. ☎ *02-43232737.* De stenen muren en het rooskleurige interieur creëren een serene sfeer. De keuken is hoofdzakelijk *nouvelle*. De vis wordt prachtig gepresenteerd.	Ⓕ	*AE DC MC V*	●	■	●	●
MONTBAZON: *La Chancelière* Place des Marronniers 1. ☎ *02-47260067.* La Chancelière is in trek bij de plaatselijke bevolking. In de onlangs heringerichte eetzaal serveert men varkenspoten, zwezeriken en regionale kost.	ⒻⒻⒻⒻ	*MC V*	●	■	●	
NANTES: *La Taverne de Maitre Kanter* Place Royale 1. ☎ *02-40485528.* Deze Elzassische taverne maakt deel uit van een betrouwbare keten en serveert heerlijke *choucroute* (zuurkool) en koud vlees. Probeer ook het bier.	Ⓕ	*AE DC MC V*	●	■		■
NANTES: *La Cigale* Place Graslin 4. ☎ *02-51849494.* Het interieur van deze belle époque-brasserie is verfraaid met tegels en verguldsel; de kwaliteit en de keuze van de gerechten is uitzonderlijk.	ⒻⒻ	*MC V*	●	■	●	■
NANTES: *Torigai* Ile de Versailles. ☎ *02-40370637.* Op een eiland in de Erdre proeft u in een serre vol exotische planten een onvergelijkelijke combinatie van oosterse en Franse kookkunst. ♿	ⒻⒻⒻⒻ	*AE MC V*	●	■		■
ORLÉANS: *Auberge de la Croix Blanche* Marcilly-en-Villette. ☎ *02-38761014.* Zo'n 20 km ten zuiden van Orléans ontdekt u een herberg die verfijnde vis, uitstekende kazen, desserts en goede Sauvignon-wijn serveert.	ⒻⒻ	*MC V*	●	■	●	
ORLÉANS: *La Chancellerie* Place du Martroi 27. ☎ *02-38535754.* Deze brasserie ligt aan het hoofdplein van de stad en de levendige sfeer valt bij velen in de smaak. De wijnen geven de gerechten iets extra's.	ⒻⒻ	*AE MC V*	●	■	●	■
ORLÉANS: *La Tête de l'Art* Cloître St-Pierre-Empont. ☎ *02-38541439.* Een enthousiast jong publiek zorgt hier voor een bruisende sfeer. De *tête de veau, coq au vin* en grote salades strelen de tong. ♿	ⒻⒻ	*MC V*	●	■		■
SACHÉ: *Auberge du XII Siécle* Rue Principal. ☎ *02-47268877.* Deze herberg is gevestigd in een oud gebouw in het centrum. Op de kaart staan regionale specialiteiten als *sandre* (een lokale vissoort) en *escargots.*	ⒻⒻⒻ	*AE MC V*	●	■	●	■
SAUMUR: *Auberge St-Pierre* Place St-Pierre 6. ☎ *02-41512625.* Deze herberg staat verscholen op een ouderwets plein nabij het château. Enkele regionale specialiteiten zijn snoek in boter en *coq au vin.* ♿	Ⓕ	*AE MC V*	●	■		■

Verklaring van de symbolen zie achterflap

Prijsklassen per persoon voor drie gangen met een halve fles huiswijn, belasting en bediening.
Ⓕ minder dan FF 150
ⒻⒻ FF 150-250
ⒻⒻⒻ FF 250-350
ⒻⒻⒻⒻ FF 350-500
ⒻⒻⒻⒻⒻ meer dan FF 500

Faciliteiten voor kinderen
Sommige restaurants beschikken over kinderstoelen en serveren kinderporties.

Menu tegen vaste prijzen
Als lunch en/of diner is een goed menu tegen vaste prijzen verkrijgbaar, vaak met drie of vier gangen.

Goede wijnkaart
Duidt op een ruim assortiment goede wijnen of op een meer gespecialiseerde selectie lokale wijnen.

Tafels buiten
Voorzieningen om buiten te eten, op een terras, in een tuin of op een binnenplaats, vaak met een fraai uitzicht.

Restaurant	Prijs	Creditcards	Faciliteiten voor kinderen	Menu tegen vaste prijzen	Goede wijnkaart	Tafels buiten
Saumur: *Les Caves de Marson* Rou-Marson. ☎ *02-41505005.* Reserveren is noodzakelijk in dit 'troglodieten'-restaurant. Op het menu tegen vaste prijzen treft u onder andere bonen en geitekaas aan.	Ⓕ	MC V	●	■		
Tours: *La Renaissance* Rue Colbert 64. ☎ *02-47666325.* Het balkenplafond en de lage verlichting bepalen hier de sfeer. De keuken is klassiek Frans met enkele favoriete regionale gerechten.	ⒻⒻ	MC V	●	■	●	
Tours: *Les Naiades* Rue Blaise Pascal 63. ☎ *02-47052792.* De eetzaal is onlangs gerenoveerd in een Lodewijk-XV-stijl. De geroosterde garnalen en duif in couscous zijn niet te versmaden.	ⒻⒻ	MC V	●	■	●	
Tours: *La Roche Le Roy* Rue de St-Avertin 55. ☎ *02-47272200.* Dit vrij formele restaurant met Michelin-sterren is gevestigd in een romantisch herenhuis. De nadruk ligt op vis en gevogelte uit het seizoen. ♿	ⒻⒻⒻⒻ	AE MC V	●	■	●	■
Tours: *Jean Bardet* Rue Groisson 57. ☎ *02-47414111.* De gastronomische tempel van de Loire met twee Michelin-sterren en een sublieme wijnkaart. De gasten kunnen zich hier te goed doen aan oesters, kreeft en truffels. Aan de prijzen kunt u beter maar niet te veel denken!	ⒻⒻⒻⒻⒻ	AE DC MC V	●	■	●	
Tours: *Barrier* Avenue de la Tranchée 101. ☎ *02-47542039.* Dit restaurant was vroeger uitstekend maar gaat nu achteruit. Toch moet u de heerlijke langoustines proberen.	ⒻⒻⒻⒻ	AE MC V	●	■		
Vendome: *Le Vieux Moulin* Rue du Change 21-23. ☎ *02-54722910.* Deze brasserie is gevestigd in een omgebouwde molen en staat meer bekend om de ambience dan om de aardige, maar niet verrassende gerechten.	Ⓕ	MC V	●	■		■
Villandry: *Domaine de la Giraudière* Route de Druye. ☎ *02-47500860.* Ga voor een landelijke lunch naar deze boerderij. Alle etenswaren zijn hier verbouwd of klaargemaakt: pâté, gevulde tomaten, quiches en omeletten.	Ⓕ			■		■
Vouvray: *La Cave Martin* Vallée Coquette 66. ☎ *02-47526218.* Dit in de rotsen uitgehakte restaurant serveert typische, rustieke gerechten als *andouillettes* (penswors t), eend en salades.	Ⓕ	AE MC V	●	■		■
Bourgogne en Franche-Comté						
Beaune: *La Bouzerotte* Bouze les Beaune. ☎ *03-80260137.* 's Winters is La Bouzerotte met zijn grote open haard de gezelligste eetgelegenheid van Bourgogne. 's Zomers geniet u hier op het terras van de warme avonden. De hartige regionale schotels worden op bestelling bereid.	ⒻⒻ	MC V	●	■		■
Beaune: *La Ciboullette* Rue Lorraine 69. ☎ *03-80247072.* Het sobere interieur is in tegenspraak met de zeer hoge kwaliteit van de bistro-menu's. Enkele stevige gerechten zijn biefstuk en varkensvlees.	ⒻⒻ	MC V		■		
Beaune: *Le Gourmandin* Place Carnot 8. ☎ *03-80240788.* Het rumoerige publiek brengt sfeer in het moderne interieur met veel roestvrij staal. De chef maakt goede bistro-gerechten als *boeuf bourguignon*.	ⒻⒻ	MC V		■		■

BEAUNE: *Les Coquines* ⒻⒻ AE DC MC V
Ladoix Serrigny. ☎ *03-80264358.*
Smul van de Bourgondische keuken, waarbij de nadruk op de hoeveelheid ligt. Het restaurant staat in een wijngaard en de wijn is uitzonderlijk goed.

BEAUNE: *Jean-Crotet* ⒻⒻⒻⒻ AE DC MC V
Route de Combertault, Levernois. ☎ *03-80247358.*
In dit prachtige oude herenhuis serveert men 'serieuze' gerechten. De Bresse-kip en gesmoorde, gekruide zwezeriken zijn met zorg klaargemaakt. ♿

CHAGNY: *Château de Bellecroix* ⒻⒻⒻⒻ AE DC MC V
Route Nationale 6. ☎ *03-85871386.*
Dit fraaie herenhuis behoorde ooit toe aan de Maltezer ridders en kan bogen op een mooie neogotische eetzaal. Lokale gerechten zijn hier de specialiteit en de desserts smaken overheerlijk. ♿

CHAGNY: *Lameloise* ⒻⒻⒻⒻⒻ AE MC V
Place d'Armes 36. ☎ *03-85870885.*
Het goedkoopste restaurant met drie Michelin-sterren van Frankrijk. Dit familiebedrijf is in het geheel niet pretentieus. Lameloise serveert voortreffelijk klassieke Bourgondische gerechten in een hartelijke sfeer.

CHATEAUNEUF: *La Fontaine* ⒻⒻ AE MC V
Chateauneuf. ☎ *03-85262687.*
In een extravagant interieur met roze en pistachegroen mozaïek geniet u van inventieve en smakelijke interpretaties van traditionele schotels.

CHATEAUNEUF: *Hostellerie du Château* ⒻⒻⒻ AE MC V
Chateauneuf. ☎ *03-80492200.*
Deze voordelige herberg staat in een schilderachtig middeleeuws dorpje en is eenvoudig en gastvrij. Heerlijke eenvoudige gerechten.

DIJON: *Le Bistrot des Halles* ⒻⒻ MC V
Rue Bannelier 10. ☎ *03-80499415.*
Tijdens de lunch zit deze bistro bomvol. Hij staat vlak bij de markt en wordt druk bezocht door verkopers van etenswaren en plaatselijke zakenlieden, die genieten van vispâté, rundertartaar en lamskarbonaden.

DIJON: *Le Chabrot* ⒻⒻ V
Rue Monge 36. ☎ *03-80306961.*
In trek vanwege het gezellige interieur, de familiaire eigenaar en het goede menu tegen vaste prijzen. Bourgogne-wijn wordt per glas geserveerd.

DIJON: *Breuil La Chouette* ⒻⒻ AE DC MC V
Rue de la Chouette 1. ☎ *03-80301810.*
Een typisch voorbeeld van de keuken van de 'oude school'. De chef heeft klassiekers als kikkerbilletjes in een modern jasje gegoten. Enorme wijnkelder. ♿

DIJON: *Jean-Pierre Billoux* ⒻⒻⒻⒻ AE MC V
Place de la Libération 13. ☎ *03-80380505.*
Dit restaurant wordt beheerd door de beroemdste chef van Dijon. Traditionele ingrediënten worden op moderne wijze op smaak gebracht. ♿

FONTANGY: *Ferme Auberge de la Morvandelle* Ⓕ
Précy sous Thil. ☎ *03-80843332.*
Deze boerderij is alleen in het weekeinde geopend voor gasten. Geniet hier van konijn, parelhoen en eigengemaakte taarten. Reserveer van tevoren. ♿

GEVREY-CHAMBERTIN: *Le Bon Bistrot* ⒻⒻ V
Rue de Chambertin. ☎ *03-80343320.*
Hier worden overheerlijke delicatessen uit de Bourgogne geserveerd tegen zeer redelijke prijzen voor deze streek. Bij mooi weer kunt u op het terras eten.

GEVREY-CHAMBERTIN: *La Sommellerie* ⒻⒻⒻ MC V
Rue Souvert 7. ☎ *03-80343148.*
In een wijnkleurige eetzaal worden regionale gerechten stijlvol geserveerd. De zalm-ravioli met kaviaar en de Côtes de Nuit-wijn zijn een must.

GEVREY-CHAMBERTIN: *Les Millésimes* ⒻⒻⒻⒻⒻ DC MC V
Rue de l'Eglise 25. ☎ *03-80518424.*
Dit familiebedrijf, gevestigd in een wijnkelder, serveert exotische gerechten en exquise wijnen. Vanwege het kalfsvlees, de zwezeriken, de truffels en het sublieme kaasplateau is dit een favoriet adres.

Verklaring van de symbolen zie achterflap

Prijsklassen per persoon voor drie gangen met een halve fles huiswijn, belasting en bediening.
Ⓕ minder dan FF 150
ⒻⒻ FF 150-250
ⒻⒻⒻ FF 250-350
ⒻⒻⒻⒻ FF 350-500
ⒻⒻⒻⒻⒻ meer dan FF 500

Faciliteiten voor kinderen
Sommige restaurants beschikken over kinderstoelen en serveren kinderporties.

Menu tegen vaste prijzen
Als lunch en/of diner is een goed menu tegen vaste prijzen verkrijgbaar, vaak met drie of vier gangen.

Goede wijnkaart
Duidt op een ruim assortiment goede wijnen of op een meer gespecialiseerde selectie lokale wijnen.

Tafels buiten
Voorzieningen om buiten te eten, op een terras, in een tuin of op een binnenplaats, vaak met een fraai uitzicht.

Restaurant	Creditcards	Faciliteiten voor kinderen	Menu tegen vaste prijzen	Goede wijnkaart	Tafels buiten
La Croix Blanche: *Le Relais Mâconnais* ⒻⒻ Berze de la Ville. ☎ *03-85366072.* Dit gewaardeerde restaurant serveert Bourgondisch rundvlees dat is gklaargemaakt in rode Mâcon-wijn, en eendelever in aardbeienazijn. ♿	AE DC MC V	●	■		■
Marcigny sous Thil: *L'Auberge Pénélopé* ⒻⒻ Marcigny. ☎ *03-80645234.* Een herberg in een rustig achterafstraatje. Achter de lelijke gevel gaan culinaire hoogstandjes schuil tegen zeer redelijke prijzen. ♿	MC V	●	■		■
Meursault: *Relais de la Diligence* ⒻⒻ Rue de la Gare 23. ☎ *03-80212132.* Het Relais, gelegen in een kleurloze omgeving bij het oude station, zit 's zondags rond de lunch bomvol. Zowel de omvang als de kwaliteit van de gerechten, zoals *coq au vin* en *boeuf bourguignon*, is enorm. ♿	AE DC MC V	●	■		■
Nitry: *La Beursaudière* ⒻⒻ Chemin de Ronde. ☎ *03-86336251.* Het in boerenkledij gestoken personeel serveert een viergangenmenu – eenvoudig gepresenteerd maar erg smakelijk – tegen een billijke prijs. ♿	AE DC MC V	●	■		■
Quarré les Tombes: *Auberge de l'Atre* ⒻⒻⒻⒻ Les Lavaults. ☎ *03-86322079.* Het decoratieve interieur van dit restaurant in de Morvan-streek contrasteert met de rustieke eenvoud van het gebouw. Dit adres staat plaatselijk bekend als het beste restaurant in zijn prijsklasse. ♿	AE DC MC V	●	■		
Raboliot: *Le Raboliot* Ⓕ Place Marché. ☎ *02-38974452.* Le Raboliot staat in een dorp niet ver van de A6. De kookkunst is een mengeling van Corsicaans en Frans, met wild in het seizoen.	MC V	●	■		
Sainte-Magnance: *La Chenevotte* ⒻⒻ Route Nationale 6. ☎ *03-86331479.* Een eenvoudige herberg zonder pretenties. Het interieur is van houten de gerechten zijn versterkend. Neem Bourgondische specialiteiten als *coq au vin.*	MC V	●	■		
St-Laurent-sur-Saône: *Le St-Laurent* ⒻⒻ Quai Bouchacourt 1. ☎ *03-85392919.* Deze bistro staat vol met 19de-eeuwse kitsch en serveert avontuurlijke versies van lokale specialiteiten. De witte Mâcon-wijn is heerlijk. ♿	AE MC V	●	■		■
St-Père-sous-Vézelay: *Le Pré des Marguerites* ⒻⒻ St-Père-sous-Vézelay. ☎ *03-86332045.* Deze vestiging van *L'Espérance* heeft een ietwat steriel interieur. Op de rustieke menukaart staan traditionele Bourgondische gerechten. ♿	AE MC V	●	■		■
St-Père-sous-Vézelay: *L'Espérance* ⒻⒻⒻⒻⒻ St-Père-sous-Vézelay. ☎ *03-86333910.* Aantoonbaar de beste eetgelegenheid in Bourgogne. De eetzaal komt uit op een terras met een weids uitzicht. Marc Meneau, een van de beste chefs van Frankrijk, tovert traditionele schotels om in moderne klassiekers. ♿	AE DC MC V	●	■	●	
Saulieu: *La Poste* ⒻⒻ Rue Grillot 1. ☎ *03-80640567.* Deze voormalige herberg voor postkoetsen heeft zijn oude charme behouden. Probeer *terrine* van tong en tarbot, en de goede lokale wijnen. ♿	AE DC MC V	●	■	●	
Saulieu: *La Côte d'Or* ⒻⒻⒻⒻⒻ Rue d'Argentine 2. ☎ *03-80640766.* Laat u niet misleiden door het ouderwetse interieur. De chef serveert een fantasievolle *cuisine moderne*, waaronder konijnelevers, slakken, brandnetelsoep en baars in wijn. De wijnkaart is uitgebreid.	AE DC MC V	●	■	●	

SINCEY-LES-ROUVRAY: *Ferme Auberge de la Mothe* Sincey-les-Rouvray. ☎ *03-80647113.* Dit 15de-eeuws château wordt beheerd als een *ferme auberge.* Het is alleen in het weekeinde geopend en men serveert er landelijke gerechten. ♿	Ⓕ			■		■
TOURNUS: *Restaurant Greuze* Rue A Thibaudet 1. ☎ *03-85510911.* Hier geniet u van enkele van de beste klassieke gerechten in Frankrijk. Het restaurant is een monument uit vervlogen tijden en serveert *quenelles* met cognac, kikkerbilletjes en romige voorafjes van soesjesdeeg. ♿	ⒻⒻⒻⒻⒻ	*AE MC V*		■		
VILLARS-FONTAINE: *Auberge du Coteau* Villars Fontaine, D35 W van Nuits St-Georges. ☎ *03-806110050.* In deze gezellige gelegenheid, te midden van de wijngaarden van Nuits St-Georges, kunt u genieten van stevige streekgerechten. Niet duur.	Ⓕ	*V*	●	■		■
VILLENEUVE-SUR-YONNE: *Auberge la Lucarne aux Chouettes* Quai Bretoche. ☎ *03-86871826.* Actrice Leslie Caron heeft dit restaurant, fraai gelegen aan de Yonne, laten renoveren. Het personeel maakt het u graag naar de zin. ♿	ⒻⒻ	*AE MC V*	●	■		■
VONNAS: *L'Ancienne Auberge* Place de Marché. ☎ *04-74509050.* U ziet hier meer gegoede Parijzenaars dan plaatselijke bewoners. Chiquer en duurder dan de meeste bistro's, maar toch zeker een bezoek waard. ♿	ⒻⒻⒻ	*AE MC V*	●	■		■
VONNAS: *Georges Blanc* Vonnas. ☎ *04-70509090.* Een populair restaurant met een uitstekende keuken en vlotte . bediening. De eetzaal staat vol antiek. Op het fantasierijke menu staan vis en wild. ♿	ⒻⒻⒻⒻⒻ	*AE DC MC V*	●	■	●	

HET MASSIF CENTRAL

AUMONT-AUBRAC: *Proubèze* Route du Languedoc 2. ☎ *04-66428007.* De bekroonde chef gebruikt alleen de verste ingrediënten om verfijnde en bijzondere smaken te creëren. De presentatie is vaak wat eenvoudig. ♿	ⒻⒻⒻ	*V*	●	■		
AURILLAC: *A la Reine Margot* Rue Guy-de-Veyre 19. ☎ *04-71482646.* Dè eetgelegenheid om de rustieke schotels van de Auvergne te proeven. De uitstekende hammen en het varkens- en rundvlees zijn de trots van de streek.	ⒻⒻ	*MC V*	●	■		■
BESSE-EN-CHANDESSE: *Les Mouflons* Route de Super Besse. ☎ *04-73795693.* De plaatselijk gevangen vis is heerlijk. Proef de zalmforel of de tarbot met *cèpes,* die u wegspoelt met sprankelende rode Chanturgue-wijnen.	ⒻⒻ	*AE MC V*	●	■	●	
BOURGES: *Jacques-Coeur* Place Jacques-Coeur 3. ☎ *02-48701272.* Geniet hier van lokale specialiteiten in een middeleeuwse omgeving. De gerechten zijn soms wat flauw. Kies de sint-jakobsschelpen, niertjes of zalm. ♿	ⒻⒻ	*AE DC MC V*	●	■		
BOUSSAC: *Le Relais Creusois* Route de la Châtre. ☎ *05-55650220.* Niet de omgeving maar de hoge kwaliteit van de gerechten maakt dit tot een luxe restaurant. De desserts en de Bordeaux-wijnen zijn exquise.	ⒻⒻⒻ	*MC V*	●	■	●	
CLERMONT-FERRAND: *Le Chardonnay* Place Philippe-Marcombes 1. ☎ *04-73901828.* De gasten kunnen hier genieten van de stevige keuken van de Auvergne en de *patron-sommelier* raadplegen voor zijn keuze uit het uitgebreide assortiment exquise wijnen, waarvan vele ook per glas verkrijgbaar zijn.	Ⓕ	*V*		■		
CLERMONT-FERRAND: *Le Charade* Rue Bonnabaud 51. ☎ *04-73935969.* De nieuwe chef maakt smakelijke salades, eend en een assortiment heerlijke gerechten. Het menu tegen vaste prijzen is inclusief de wijn. ♿	ⒻⒻ	*AE DC MC V*	●	■		
ESPALION: *Le Méjane* Rue Méjane 8. ☎ *05-65482237.* De menukaart is buitengewoon goed en bevat gerechten als konijn met *foie gras* en slakken met knoflooksaus. ♿	ⒻⒻⒻ	*AE DC MC V*	●	■		

Verklaring van de symbolen zie achterflap

Prijsklassen per persoon voor drie gangen met een halve fles huiswijn, belasting en bediening.
Ⓕ minder dan FF 150
ⒻⒻ FF 150-250
ⒻⒻⒻ FF 250-350
ⒻⒻⒻⒻ FF 350-500
ⒻⒻⒻⒻⒻ meer dan FF 500

FACILITEITEN VOOR KINDEREN
Sommige restaurants beschikken over kinderstoelen en serveren kinderporties.

MENU TEGEN VASTE PRIJZEN
Als lunch en/of diner is een goed menu tegen vaste prijzen verkrijgbaar, vaak met drie of vier gangen.

GOEDE WIJNKAART
Duidt op een ruim assortiment goede wijnen of op een meer gespecialiseerde selectie lokale wijnen.

TAFELS BUITEN
Voorzieningen om buiten te eten, op een terras, in een tuin of op een binnenplaats, vaak met een fraai uitzicht.

	Creditcards	Faciliteiten voor kinderen	Menu tegen vaste prijzen	Goede wijnkaart	Tafels buiten
LAGUIOLE: *Michel Bras* ⒻⒻⒻⒻ Route de l'Aubrac. ☎ *05-65443224.* De glazen wand van dit op een heuvel gelegen restaurant kijkt uit over het landschap van Aubrac. In de beste gerechten zijn op fantasierijke wijze kruiden verwerkt. Probeer ook de heerlijke geite- en schapekazen.	*AE DC V*	●	■		
LIMOGES: *Philippe Redon* ⒻⒻ Rue d'Aguesseau 3. ☎ *05-55346622.* Philippe Redon gebruikt uitstekende lokale ingrediënten, met name vis. De schotels zijn ouderwets en voortreffelijk bereid. De wijn is prima.	*AE DC MC V*	●	■	●	
MONTSALVY: *Auberge Fleurie* Ⓕ Place du Barry. ☎ *04-71492002.* Een vriendelijke dorpsherberg met een opgewekte sfeer. De moederlijke chef maakt heerlijke omeletten van paddestoelen en groene salades. ♿	*MC V*	●	■	●	■
MURAT: *Le Jarrousset* ⒻⒻ Route Nationale 122. ☎ *04-71201069.* Dit is een discreet restaurant zonder franje. De chef gebruikt plaatselijke ingrediënten als groene linzen en 'scharrel'-kalfsvlees. ♿	*MC V*	●	■	●	■
RODEZ: *Le St-Amans* ⒻⒻ Rue de la Madeleine 12. ☎ *05-65680318.* Traditionele gerechten met raffinement – de *cassoulet des fruits de mer* is op smaak gebracht met anijszaad, de duif met een snufje cacao. ♿	*MC V*		■		
ROYAT: *La Belle Meunière* ⒻⒻ Avenue de la Vallée 25. ☎ *04-73358017.* De chef, Jean-Claude Bon, heeft een Gault Millau-prijs gewonnen voor zijn regionale gerechten. Neem bijvoorbeeld *crêpes* met *Bleu d'Auvergne.* ♿	*AE DC MC V*	●	■		■
ST-ETIENNE: *Nouvelle* ⒻⒻ Rue St-Jean 30. ☎ *04-77323260.* Drukbezocht restaurant met een goede, fantasierijke keuken en attent personeel. Het is raadzaam om te reserveren zodat u verzekerd bent van een tafel.	*AE MC V*		■		
ST-JEANNE-EN-VAL: *La Bergerie* ⒻⒻ Sarpoil. ☎ *04-73710254.* Dit is een populair restaurant, dus reserveren is 's avonds noodzakelijk. U hebt keuze uit steeds veranderende, inventieve menu's. ♿	*AE DC MC V*	●	■		
ST-JULIEN-CHAPTEUIL: *Vidal* ⒻⒻ Place du Marché. ☎ *04-71087050.* Men serveert hier gerechten die zijn bereid van de allerbeste plaatselijke produkten. De menukaart verandert met het seizoen. ♿	*AE MC V*	●	■		
VICHY: *La Veranda* ⒻⒻ Place Joseph-Aletti 3. ☎ *04-70317877.* La Veranda maakt deel uit van het Aletti Palace Hotel. Het restaurant serveert kreeft, rundvlees en regionale kazen in een modern interieur.	*AE DC MC V*	●	■		
HET RHÔNE-DAL EN DE FRANSE ALPEN					
AIX-LES-BAINS: *Lille* ⒻⒻ Grand Port. ☎ *04-79634000.* Een van de beste restaurants in Aix, vooral de visschotels zijn erg goed. Lille staat vlak bij de aanlegsteigers van de stoomschepen op het meer. ♿	*AE DC MC V*	●	■		■
BOURG-EN-BRESSE: *Jacques Guy* ⒻⒻⒻ Place Bernard 19. ☎ *04-74452911.* Proef de klassieke keuken in dit familiebedrijf. Bresse-kip, de plaatselijke specialiteit, is perfect klaargemaakt, evenals de *terrines* en *hors d'oeuvres.* De desserts en wijnen zijn ook subliem. ♿	*AE DC MC V*	●	■	●	■

CHAMBÉRY: *La Chaumière* Ⓕ Rue Denfert-Rochereau 14. ☎ *04-79331626.* In de gezellige eetzaal serveert men uitstekende traditionele gerechten. Vooral de vis, eend en *foie gras* zijn voordelig. ♿	AE MC V		■		●
CHAMBÉRY: *La Vanoise* ⒻⒻ Av Pierre-Lanfrey 4. ☎ *04-79690278.* Vis uit de meren van de streek op smaak gebracht met de verfijnde sausen van chefkok Philippe Lenain. De menukaart verandert om de 15 dagen.	AE MC V			●	■
CHAMONIX: *Albert 1er* ⒻⒻⒻⒻ Impasse Montenvers 119. ☎ *04-50530509.* Genieten van de kookkunst van chefkok Pierre Carrier en het prachtige uitzicht op de Mont Blanc. De *foie gras* wordt van harte aanbevolen.	AE DC V		■	●	
CHAMONIX: *L'Impossible* ⒻⒻ Route des Pélerins. ☎ *04-50532036.* De rustieke eetzaal, die oorspronkelijk een boerderij was, wordt verwarmd door een enorm vuur. De nadruk ligt op kaasschotels als het traditionele *raclette* en fondue. Entrecôte en tournedos kunt u ook bestellen.	MC V	●	■		
COLLONGES-AU-MONT-D'OR: *Paul Bocuse* ⒻⒻⒻⒻⒻ Quai de la Plage 50. ☎ *04-72429090.* Probeer specialiteiten als zwarte-truffelsoep met pastei en tongfilet met koriander en vanillesaus. De wijnen zijn ook uitstekend. ♿	AE DC MC V	●	■	●	
COURCHEVEL: *La Bergerie* ⒻⒻⒻ Route de Nogentil. ☎ *04-79082470.* Dit restaurant is in trek bij het chique publiek. Op de begane grond vindt u een dancing. Lunches en drankjes worden boven geserveerd.	AE MC V		■		■
COURCHEVEL: *Le Chabichou* ⒻⒻⒻⒻ Quartier des Chenus. ☎ *04-79080055.* Reserveer een tafel bij de grote ramen zodat u van het uitzicht op de bergen kunt genieten. Dit is een van de populairste (en duurste) restaurants van dit vakantieoord. De keuken is creatief en exotisch. ♿	AE DC MC V		■		■
EVIAN-LES-BAINS: *Savoy* ⒻⒻ Quai Charles Besson 17. ☎ *04-50831500.* Van dit restaurant hebt u uitzicht op het meer en kunt u Zwitserland zien liggen. Specialiteiten uit Savoie zijn *fondue* en *gratin dauphinois.* ♿	AE DC MC V	●	■		■
GRENOBLE: *Amerindia* Ⓕ Place des Gordes 4. ☎ *04-76515839.* Een licht en vrolijk restaurant met een Zuidamerikaans tintje. Op de menukaart staat een smakelijke reeks vegetarische gerechten.	MC V	●	■		■
GRENOBLE: *Le Berlioz* ⒻⒻⒻ Rue de Strasbourg 4. ☎ *04-76562239.* Le Berlioz is gevestigd in een 18de-eeuws herenhuis en serveert elke maand een ander menu van het seizoen met regionale specialiteiten. ♿	AE DC MC V	●	■		
LYON: *Le Bouchon aux Vins* ⒻⒻ Rue Mercière 62. ☎ *04-78428890.* Dit druk bezochte restaurant serveert regionale gerechten. Probeer *charcuterie,* konijn en *pot-au-feu,* en neem amandelcrèmetaartjes als dessert. ♿	AE MC V	●	■	●	■
LYON: *Le Mercière* ⒻⒻ Rue Mercière 56. ☎ *04-78376735.* Reserveren is noodzakelijk in dit drukke toprestaurant. Het menu tegen vaste prijzen bevat zeer stevige schotels, en het *à la carte*-menu is een zeldzame traktatie. Enkele gerechten zijn slakken, zeeduivel en mosselen. ♿	AE DC MC V	●	■	●	■
LYON: *Léon de Lyon* ⒻⒻⒻⒻⒻ Rue Pléney 1. ☎ *04-78281133.* In een gebouw op het Presqu'Île in het centrum van de stad serveert de uitstekende chef-eigenaar plaatselijke schotels met een moderne tintje. De gerechten zijn afhankelijk van de tijd van het jaar. ♿	AE MC V	●	■		
LYON: *La Tour Rose* ⒻⒻⒻⒻⒻ Rue du Boeuf 22. ☎ *04-78372590.* In dit renaissance-klooster maakt de chef smakelijke vis en groenten klaar. Ook zorgt hij voor een zeer uitgebreid kaasplateau en goede wijnen.	AE DC MC V	●	■	●	■

Verklaring van de symbolen zie achterflap

Prijsklassen per persoon voor drie gangen met een halve fles huiswijn, belasting en bediening.
Ⓕ minder dan FF 150
ⒻⒻ FF 150-250
ⒻⒻⒻ FF 250-350
ⒻⒻⒻⒻ FF 350-500
ⒻⒻⒻⒻⒻ meer dan FF 500

FACILITEITEN VOOR KINDEREN
Sommige restaurants beschikken over kinderstoelen en serveren kinderporties.

MENU TEGEN VASTE PRIJZEN
Als lunch en/of diner is een goed menu tegen vaste prijzen verkrijgbaar, vaak met drie of vier gangen.

GOEDE WIJNKAART
Duidt op een ruim assortiment goede wijnen of op een meer gespecialiseerde selectie lokale wijnen.

TAFELS BUITEN
Voorzieningen om buiten te eten, op een terras, in een tuin of op een binnenplaats, vaak met een fraai uitzicht.

Restaurant	Prijs	Creditcards	Faciliteiten voor kinderen	Menu tegen vaste prijzen	Goede wijnkaart	Tafels buiten
MEGÈVE: *La Chamoix* Place de l'Eglise. ☎ *04-50212501.* Populair restaurant in het centrum van het stadje, waar regionale specialiteiten, zoals gerookte ham, worden geserveerd.	Ⓕ	MC V		■		
MEGÈVE: *Les Enfants Terribles* Place de l'Eglise. ☎ *04-50587669.* De verfijnde menukaart bevat plaatselijke gerechten, opgevrolijkt met dure ingrediënten als truffels en *foie gras*. ♿	ⒻⒻ	AE MC V	●	■		■
MORZINE: *La Chamade* Morzine. ☎ *04-50791391.* De extravagant versierde eetzaal past uitstekend bij de prachtig gepresenteerde hoofdschotels en verfijnde, exotische desserts. ♿	ⒻⒻ	AE DC MC V	●	■		■
PÉROUGES: *Hostellerie du Vieux Pérouges* Place du Tilleul. ☎ *04-74610088.* Dit restaurant, gevestigd in een 13de-eeuws vakwerkhuis, is bijzonder goed. Probeer *Ypocras*, een likeur gemaakt volgens een middeleeuws recept.	ⒻⒻⒻ	MC V	●	■		
ROANNE: *Chez Troisgros* Place de la Gare. ☎ *04-77716697.* Een van de meest prestigieuze restaurants van Frankrijk met een stijlvol hedendaags interieur. Bestel bijvoorbeeld zalm met zuring. ♿	ⒻⒻⒻⒻⒻ	AE DC MC V	●	■	●	
TALLOIRES: *Villa des Fleurs* Route du Port. ☎ *04-50607114.* Het nabijgelegen meer is niet alleen schilderachtig maar levert ook de grootste klantenwerver van dit restaurant: *féra*, een zeldzame, sappige vis.	ⒻⒻⒻ	MC V	●	■		■
TALLOIRES: *Le Père Bise* Route du Port. ☎ *04-50607201.* Dit is een van de gastronomische tempels van Frankrijk waar vooral lokale bewoners en rijke toeristen komen eten. De volmaakte gerechten en het uitzicht compenseren de schrikbarend hoge prijzen enigszins! ♿	ⒻⒻⒻⒻⒻ	AE DC MC V	●	■		■
THONON-LES-BAINS: *Le Belvédère* Rue des Ursules 3. ☎ *04-50717564.* Le Belvédère staat vlak bij de stranden van Lac Léman en serveert voornamelijk *feuilletés*; lichte pasteitjes gevuld met vlees en groenten.	Ⓕ	MC V	●	■		■
VALANCE: *Restaurant Pic* Avenue Victor-Hugo 285. ☎ *04-75441532.* Dit restaurant dankt zijn reputatie mede aan de zeebaarsfilet in kaviaar, *charolais*-rundvlees en de ingewikkelde desserts. ♿	ⒻⒻⒻⒻⒻ	AE DC MC V		■	●	
VIENNE: *Magnard* Cours Brillier 45. ☎ *04-74851043.* Enkele traditionele gerechten zijn tarbotfilet met mosselen, tournedos in een saus met morilles en kip met garnalen. ♿	ⒻⒻ	MC V	●	■		■
POITOU EN AQUITANIË						
ANGOULÊME: *Auberge du Pont de la Meure* Nersac. ☎ *05-45906048.* Een café-restaurant aan de Charente. De salades van kippelevers, gebakken paling en geitevlees in knoflook zijn een uitstapje naar dit restaurant waard.	ⒻⒻ	AE DC MC V		■	●	
BORDEAUX: *La Mamounia* Rue Lafourie-Monbadon 51. ☎ *05-56812184.* Het plafond met draperieën geeft een tentachtige aanzien aan dit Marokkaanse restaurant, dat een paradijs is voor vegetariërs. Couscous is het belangrijkste gerecht op de kaart. Bij uw maaltijd krijgt u muntthee. ♿	Ⓕ	AE DC MC V				

BORDEAUX: *La Tupina* Rue Porte de la Monnaie 6. ☎ *05-56915637.* De gerechten worden gekookt boven een open vuur. La Tupina serveert vooral bistroschotels, zoals gegrild gevogelte en *pétoucles* (schelpdieren).	ⒻⒻ	*AE DC MC V*	●	■	●	
BORDEAUX: *Chez Philippe* Place du Parlement 1. ☎ *05-56818315.* Een informele levendige zaak gespecialiseerd in verse vis en schelp- en schaaldieren. Dit is met recht het beste visrestaurant in Bordeaux.	ⒻⒻⒻ	*AE DC MC V*		■		■
BORDEAUX: *Le Clavel St-Jean* Rue Charles-Domercq 44. ☎ *05-56926307.* Deze moderne bistro is een van de weinige eetgelegenheden waar u Bordeaux-wijn per glas kunt bestellen. Goede, gevarieerde gerechten. ♿	ⒻⒻ	*MC V*	●	■	●	
BORDEAUX: *Le Chapon Fin* Pl Camille-Hostein 3. ☎ *04-57970606.* Dikke, stevige soepen met stukjes duif en kastanjes, stoofschotel van paling en rode wijn, en oesters zijn slechts enkele van de lekkernijen. ♿	ⒻⒻⒻⒻ	*AE DC MC V*	●	■	●	
BOULIAC: *Le Bistroy* Place Camille Hostein 3. ☎ *04-57970606.* Deze levendige gelegenheid krijgt het eten van het ernaastgelegen toprestaurant St-James. U krijgt dezelfde sensationele gerechten tegen een lagere prijs. ♿	ⒻⒻ	*AE DC MC V*		■		
COGNAC: *Les Pigeons Blancs* Rue Jules Brisson 110. ☎ *05-45821636.* Dit oude posthuis is al sinds de 18de eeuw in dezelfde familie. U eet hier met plezier. De bediening, wijn en gerechten zijn uit de kunst. ♿	ⒻⒻ	*AE DC MC V*	●	■	●	■
CROUTELLE: *La Chenaie* Ligugé. ☎ *05-49571152.* Verscholen in de Poitevin-heuvels serveert deze vrolijke boerderij smakelijke *salade de langouste*, konijn met artisjokken en geitekaas. ♿	ⒻⒻ	*AE MC V*		■	●	■
ILE DE RÉ: *Café du Phare* St-Clément-des-Baleines. ☎ *05-46294666.* Dit café onder aan de vuurtoren serveert de plaatselijke specialiteit: *poutargue* (kuit van kabeljauw, sjalotjes en zure room). ♿	Ⓕ	*MC V*	●	■		■
JARNAC: *Restaurant du Château* Place du Château 15. ☎ *05-45810717.* Een traditioneel restaurant, enorm populair bij de plaatselijke bevolking waar u garnalensalades, zeebaars en kool met konijn kunt eten.	ⒻⒻ	*AE MC V*		■		
LANGON: *Claude Darroze* Cours du Général Leclerc 95. ☎ *05-56630048.* Laat u door het bonte *trompe l'oeil*-decor niet afleiden van de omvang en kwaliteit van de gerechten. Drink hier uitstekende lokale rode wijn bij. ♿	ⒻⒻⒻⒻ	*AE DC MC V*	●	■	●	■
LA ROCHELLE: *Yachtman* Quai Valin 23. ☎ *05-4646506314.* U geniet hier van verse vis, schelp- en schaaldieren in een gerieflijk interieur. De kelder bevat een klein maar uitgelezen assortiment wijnen.	ⒻⒻⒻ	*AE DC MC V*	●	■	●	■
LA ROCHELLE: *Richard Coutanceau* Plage de la Concurrence. ☎ *05-46414819.* Dit levendige restaurant, dat uitkijkt op het strand, wordt beheerd door een jonge chef. Eenvoudige, authentieke schotels met exotische desserts. ♿	ⒻⒻⒻⒻ	*AE DC MC V*		■		
MARGAUX: *Le Savoie* Rue de la Poste. ☎ *05-57883176.* Dit kleine herenhuis, naast een *maison du vin*, serveert eenvoudige, originele gerechten tegen een lage prijs. Vis is de specialiteit. ♿	ⒻⒻ	*V*		■		
MIMIZAN: *Au Bon Coin du Lac* Avenue du Lac 34. ☎ *05-58090155.* Dit restaurant aan het meer wordt gekenmerkt door overvloed en luxe. Zowel de eetzaal als het fraaie terras kijkt uit over het meer. ♿	ⒻⒻⒻⒻ	*AE MC V*	●	■	●	■
NIORT: *Les Mangeux du Lumas* La Garette. ☎ *05-49359342.* Proef hier een favoriete lokale delicatesse, *lumas* – kleine slakken – in boter, room of *pineau des Charentes* (een plaatselijk aperitief). ♿	ⒻⒻ	*MC V*	●	■		■

Verklaring van de symbolen zie achterflap

Prijsklassen per persoon voor drie gangen met een halve fles huiswijn, belasting en bediening.
Ⓕ minder dan FF 150
ⒻⒻ FF 150-250
ⒻⒻⒻ FF 250-350
ⒻⒻⒻⒻ FF 350-500
ⒻⒻⒻⒻⒻ meer dan FF 500

Faciliteiten voor kinderen
Sommige restaurants beschikken over kinderstoelen en serveren kinderporties.

Menu tegen vaste prijzen
Als lunch en/of diner is een goed menu tegen vaste prijzen verkrijgbaar, vaak met drie of vier gangen.

Goede wijnkaart
Duidt op een ruim assortiment goede wijnen of op een meer gespecialiseerde selectie lokale wijnen.

Tafels buiten
Voorzieningen om buiten te eten, op een terras, in een tuin of op een binnenplaats, vaak met een fraai uitzicht.

	Creditcards	Faciliteiten voor kinderen	Menu tegen vaste prijzen	Goede wijnkaart	Tafels buiten
Pauillac: *Château Cordeillan-Bages* ⒻⒻⒻⒻ Route des Châteaux. ☎ *05-56592424.* De bekroonde wijnkelner in deze eetgelegenheid, midden in het land van Bordeaux, voert u door de uitgebreide wijnkaart om een wijn uit te zoeken die volmaakt past bij een verrukkelijke maaltijd. ♿	AE DC MC V	●	■	●	■
Poitiers: *Maxime* ⒻⒻ Rue St-Nicholas 4. ☎ *05-49410955.* Een chic restaurant voor fijnproevers. Enkele gerechten zijn eend in heerlijke Hongaarse tokayerwijn, zeeduivel en ravioli van oesters.	AE MC V	●	■		
Royan: *La Jabotière* ⒻⒻⒻ Pontaillac. ☎ *05-46399129.* Dit gerenoveerde restaurant aan het strand serveert moderne gerechten. Neem de ravioli van konijn in pistacheolie, tong en appel-*gratin*. ♿	AE MC V	●	■		■
St-Emilion: *Hostellerie de Plaisance* ⒻⒻ Place du Clocher. ☎ *05-57247232.* Geniet van het uitzicht over de daken van deze middeleeuwse stad en proef de regionale keuken en de fantastische wijnen uit heel Frankrijk. ♿	AE DC MC V	●	■	●	
Saintes: *Brasserie Louis* ⒻⒻ Avenue Gambetta 116. ☎ *05-46741685.* Deze brasserie is bij de lokale bevolking zeer in trek en serveert heerlijke vis, schelp- en schaaldieren. De *fruits de mer* zijn een must.	V	●	■		■

Périgord, Quercy en Gascogne

	Creditcards	Faciliteiten voor kinderen	Menu tegen vaste prijzen	Goede wijnkaart	Tafels buiten
Albi: *Hostellerie du Vigan* ⒻⒻ Place Vigan 16. ☎ *05-63540123.* Een niet-pretentieuze en goedkope, tamelijk zakelijke eetgelegenheid waar u verbazend goede plaatselijke gerechten kunt krijgen. ♿	AE DC MC V	●	■		■
Albi: *Le Moulin de la Mothe* ⒻⒻ Rue de la Mothe. ☎ *05-63603815.* Dit restaurant ligt vlak bij de kathedraal. Enkele van de karakteristieke gerechten uit Tarn zijn baarsfilet en geroosterde duif. ♿	AE MC V	●	■	●	■
Auch: *L'Auberge de Lartigue* Ⓕ Saramon. ☎ *05-62654122.* Laat u niet misleiden – dit is een schitterend deel van Gascogne, ver van de geijkte toeristenroute. De *foie gras* smaakt hier verrukkelijk. ♿		●	■		■
Auch: *Restaurant Roland Garreau* ⒻⒻⒻⒻⒻ Place de la Libération 2. ☎ *05-62617171.* Vermijd de experimentele gerechten en beperkt u zich tot de klassiekers – *assiette des trois foie gras*, verse gans en zoete wijnen.	AE DC MC V	●	■	●	
Barbotan-les-Thermes: *La Bastide Gasconne* ⒻⒻ Barbotan-les-Thermes. ☎ *05-62083100.* Dit restaurant krijgt bij de lokale bevolking een steeds betere naam, wat altijd een goed teken is. Gerechten als 'pizza' van asperges en paddestoelen, zwezeriken en met olijven gemarineerde tonijn worden onberispelijk geserveerd.	AE MC V	●	■		■
Bergerac: *Le Cyrano* ⒻⒻ Boulevard Montaigne 2. ☎ *05-53570276.* Overvloedige regionale gerechten van uitstekende kwaliteit. Een verbazend goed menu tegen vaste prijzen. Drink hier Bergerac-wijn bij.	AE DC MC V	●	■	●	
Brantôme: *Les Frères Charbonnel* ⒻⒻⒻ Rue Gambetta 57. ☎ *05-53057015.* Terwijl u naar de eenden op de Dronne kijkt, kunt u genieten van de voordelige wijnen, hartige salades, mul in kreeftsaus en *foie gras*. ♿	AE DC MC V	●	■	●	■

BRANTÔME: *Le Moulin de l'Abbaye* ⒻⒻⒻⒻ Route de Bourdeilles 1. ☎ *05-53058022.* Luxe restaurant dat een menu biedt van traditionele regionale gerechten, zoals *terrine* van griet. ♿ 🍸	*AE DC V*		■	●	■
BRANTÔME: *Le Moulin du Roc* ⒻⒻⒻⒻ Champagnac-de-Belair. ☎ *05-53028600.* Een omgebouwde oliemolen in een romantische omgeving met uitzicht op de Dronne. De gerechten variëren in kwaliteit, maar de vis is aan te bevelen. ♿	*AE DC MC V*	●	■		■
CAHORS: *Le Troquet des Halles* Ⓕ Rue St-Maurice 55. ☎ *05-65221581.* Dit restaurant staat vlak naast de markt. De gerechten zijn stevig en goed en het menu tegen vaste prijzen is zeer goedkoop. ♿	*MC V*		■		■
CAHORS: *Claude Marco* ⒻⒻ Lamagdelaine 10. ☎ *05-65353064.* Een gezellig, rustiek restaurant met een balkenplafond en een heerlijk terras. Ruime keus aan regionale specialiteiten, zoals *foie gras.*	*AE V*		■		■
CAHORS: *Le Balandre* ⒻⒻⒻ Avenue Charles-de-Freycinet 5. ☎ *05-65300197.* Een onberispelijke eetzaal waar u kunt genieten van enorme porties karakteristieke gerechten uit het zuidwesten en goede Cahors-wijnen. ♿	*AE MC V*	●	■	●	■
DOMME: *L'Esplanade* ⒻⒻⒻⒻ Place de la Barre. ☎ *05-53283141.* Vermijd dure gerechten door de forel, zalm of het lamsribstuk te kiezen. Dit geel-blauwe restaurant biedt een panoramisch uitzicht. ♿	*AE MC V*	●	■		■
LES-EYZIES-DE-TAYAC: *Cro-Magnon* ⒻⒻⒻ Les Eyzies-de-Tayac. ☎ *05-53069706.* Een ouderwets met klimplanten begroeid restaurant met een enorme open haard. Enkele van de regionale gerechten zijn *foie gras,* duif en gans. ♿	*AE DC MC V*		■		■
MARMANDE: *Restaurant Trianon* ⒻⒻ Route d'Agen. ☎ *05-53208094.* Dit restaurant serveert verse vis en gevogelte als zeeduivel, duif en de specialiteit van het huis: lamprei uit de Garonne. ♿	*MC V*	●	■	●	■
MONTAUBAN: *Le Ventadour* ⒻⒻ Quai Villebourbon 23. ☎ *05-63633458.* Dit centraal gelegen restaurant is populair bij de plaatselijke bevolking, die de voordelige, eenvoudige gerechten weet te waarderen.	*MC V*		■		
MONTFORT-CAUDON: *La Ferme* ⒻⒻ Caudon-de-Vitrac. ☎ *05-53283335.* Proef de rustieke charme van deze gerestaureerde boerderij. U krijgt hier enorme porties roggebroodsoep, dikke ham en lamskoteletten.	*MC V*	●	■		
MONTRÉAL-DU-GERS: *Chez Simone* ⒻⒻⒻ Montréal-du-Gers. ☎ *05-62294440.* Dit restaurant staat bij kenners zeer hoog aangeschreven, vanwege de royale porties van de uitstekende plaatselijke *foie gras.*	*AE DC MC V*		■		■
PÉRIGUEUX: *Au Petit Chef* Ⓕ Place du Coderc 5. ☎ *05-53531603.* U kunt meer uitgeven, maar het beste menu is het goedkoopste: soep, overvloedig hors d'oeuvre-buffet, hoofdgerecht en pâtisserie – alles zelfgemaakt.	*DC MC V*		■		
PÉRIGUEUX: *Hotel-Restaurant Périgord* ⒻⒻ Rue Victor-Hugo 74. ☎ *05-53533363.* Een uitnodigend hotel met een lommerrijke tuin. In het smaakvol, ouderwets ingerichte restaurant kunt u uitstekend eten. ♿	*V*		■		
POUDENAS: *A La Belle Gasconne* ⒻⒻⒻ Poudenas. ☎ *05-53657158.* De eetzaal, gevestigd in een oude molen, is boven de rivier gebouwd. Even spectaculair zijn de gerechten; probeer bijvoorbeeld snoek of *foie gras.*	*AE DC MC V*		■		
PUYMIROL: *Les Loges de l'Aubergade* ⒻⒻⒻⒻ Rue Royale 52. ☎ *05-53953146.* Dit uitstekende restaurant in het zuidwesten mag u niet missen. Het fraaie middeleeuwse gebouw op de heuvel maakt het geheel nog aparter. ♿	*AE DC MC V*	●	■	●	■

Verklaring van de symbolen zie achterflap

Prijsklassen per persoon voor drie gangen met een halve fles huiswijn, belasting en bediening.
Ⓕ minder dan FF 150
ⒻⒻ FF 150-250
ⒻⒻⒻ FF 250-350
ⒻⒻⒻⒻ FF 350-500
ⒻⒻⒻⒻⒻ meer dan FF 500

Faciliteiten voor kinderen
Sommige restaurants beschikken over kinderstoelen en serveren kinderporties.

Menu tegen vaste prijzen
Als lunch en/of diner is een goed menu tegen vaste prijzen verkrijgbaar, vaak met drie of vier gangen.

Goede wijnkaart
Duidt op een ruim assortiment goede wijnen of op een meer gespecialiseerde selectie lokale wijnen.

Tafels buiten
Voorzieningen om buiten te eten, op een terras, in een tuin of op een binnenplaats, vaak met een fraai uitzicht.

Restaurant	Creditcards	Faciliteiten voor kinderen	Menu tegen vaste prijzen	Goede wijnkaart	Tafels buiten
Rocamadour: *Jehan de Valon* ⒻⒻⒻ Cité Médiévale. ☎ *05-65336308.* Van dit restaurant hebt u een fantastisch uitzicht over het middeleeuwse stadscentrum. Lams- en eendelever zijn de specialiteiten.	AE DC MC V	●	■		■
Toulouse: *A la Truffe de Quercy* Ⓕ Rue Croix-Baragnon 41. ☎ *05-61533424.* In dit 70 jaar oude rustieke familierestaurant zijn de tradtionele recepten steeds van vader op zoon doorgegeven. Probeer vooral de *cassoulet* eens. ♿	MC V		■		
Toulouse: *La Côte de Bœuf* ⒻⒻ Rue des Gestes 12. ☎ *05-61211961.* Een efficiënt en uiterst vriendelijk restaurantje dat enorme biefstukken serveert en beroemd is om zijn reusachtige porties. ♿	MC V		■		■
Toulouse: *Brasserie des Beaux-Arts* ⒻⒻⒻ Quai de la Daurade 1. ☎ *05-61211212.* Een authentieke brasserie die plaatselijke schotels serveert. De gasten staan hier altijd in de rij. Probeer de oesters met Riesling-huiswijn. ♿	AE DC MC V	●	■	●	■
Toulouse: *Les Jardins de l'Opéra (D. Toulousy)* ⒻⒻⒻⒻ Place du Capitole 1. ☎ *05-61230776.* Een van de beste eetgelegenheden van Toulouse. Het restaurant, dat midden in de stad staat, serveert de plaatselijke keuken. ♿	AE DC MC V.		■	●	
Villefranche-de-Lauragais: *Hôtel de France* Ⓕ Rue de la République 106. ☎ *05-61816217.* Dit is het land van de *cassoulet* en deze 19de-eeuwse herberg laat zich er op voorstaan een van de beste en authentiekste van de streek te hebben.	AE DC MC V	●	■		

De Pyreneeën

Restaurant	Creditcards	Faciliteiten voor kinderen	Menu tegen vaste prijzen	Goede wijnkaart	Tafels buiten
Ainhoa: *Ithurria* ⒻⒻⒻ Ainhoa. ☎ *05-59299211.* Ithurria, gelegen in een alleraardigst dorp, serveert heerlijke plaatselijke gerechten als lamsvlees in puree van zoutevis met Rioja-roséwijnen.	AE DC MC V	●	■		
Arcangues: *Moulin d'Alotz* ⒻⒻⒻ Arcangues. ☎ *05-59430454.* In een omgebouwde molen serveert de chef lichte boerenmaaltijden, zoals gebakken langoustines en gegrilde tarbot met paddestoelen. ♿	MC V	●	■		■
Argelès-Gazost: *Hostellerie le Relais* ⒻⒻ Rue du Maréchal-Foch 25. ☎ *05-62970127.* Dit restaurant moet u beslist bezoeken vanwege het heerlijke menu tegen vaste prijzen, de redelijke wijnen en het weidse uitzicht over de bergen.	MC V	●	■		■
Audressein: *L'Auberge d'Audressein* ⒻⒻ Route de Luchon. ☎ *05-61961180.* Dit door een familie gedreven *logis* is gehuisvest in een 19de-eeuwse smederij. U kunt hier genieten van voortreffelijke plaatstelijke gerechten. Aanrader: wild en *foie gras.*	AE DC MC V	●	■	●	■
Bayonne: *Euzkalduna* Ⓕ Rue Pannecau 61. ☎ *05-59592802.* Dit is hèt adres om de aromatische, gekruide, vaak gepeperde schotels te proberen die kenmerkend zijn voor de Baskische keuken. De vissoep is voortreffelijk, evenals de inktvis en mosselen in vinaigrette. U kunt hier alleen lunchen.				●	
Biarritz: *Les Platanes* ⒻⒻ Avenue Beausoleil 32. ☎ *05-59231368.* Uitstekende gerechten, altijd bereid met verse produkten. Reserveer van tevoren want de eetzaal biedt plaats aan slechts twintig personen. ♿	AE MC V	●	■		

BIARRITZ: *Ramona* ⒻⒻ Rue Centre 5. ☎ *05-59243466.* Geniet van de verrukkelijke, gevarieerde menu's tegen vaste prijzen in deze belle époque-brasserie. De lokale wijnen zijn van een hoog kaliber. ♿	MC V	●	■		
CIBOURE: *Arrantzaleak* ⒻⒻ Avenue Jean-Poulou. ☎ *05-59471075.* In dit onopvallende gebouw aan zee gaat een droom van een restaurant schuil. Op een open vuur in de eetzaal wordt heerlijke verse vis gegrild. ♿	AE DC MC V		■		
ESPELETTE: *Euzkadi* ⒻⒻ Espelette. ☎ *05-59939188.* Op zondag komt de lokale bevolking hier genieten van haar favoriete wild van het seizoen, zalm, paprika's, bloedworst en Rioja-wijnen.	MC V	●	■		
EUGÉNIE-LES-BAINS: *Les Prés d'Eugénie-Michel Guérard* ⒻⒻⒻⒻⒻ Eugénie-les-Bains. ☎ *05-58050607.* De chef is de uitvinder van de *cuisine minceur.* U hebt keuze tussen calorie-arme en zwaardere menu's. De desserts worden op bestelling gemaakt. ♿	AE DC MC V	●	■	●	
GUÉTHARY-BIDART: *Les Frères Ibarboure* ⒻⒻⒻⒻ Chemin de Talienia. ☎ *05-59548164.* Dit 18de-eeuws herenhuis midden in het bos is iets heel bijzonders. De regionale gerechten zijn zeer smakelijk. De rekening valt verbazend mee. ♿	AE DC MC V	●	■	●	■
JURANÇON: *Ruffet* ⒻⒻ Avenue Chateau-Touzet 3. ☎ *05-59062513.* Door de goede, traditionele gerechten, het warme welkom en de attente bediening komen gasten hier graag terug. Diverse heerlijke schotels met eend. ♿	MC V		■		■
PAU: *La Gousse d'Ail* ⒻⒻ Rue du Hédas 12. ☎ *05-59273155.* Een prettig restaurant met balken en een grote open haard. Door de hoge kwaliteit steekt dit adres ver uit boven de vele bistro's in de buurt. ♿	MC V	●	■		■
PAU: *Chez Pierre* ⒻⒻⒻ Rue Louis-Barthou 16. ☎ *05-59277686.* Dit restaurant dankt zijn reputatie aan de goede chef, de stijlvolle ligging in dit 19de-eeuws herenhuis en de creatieve gerechten. ♿	AE DC MC V		■		
ST-GIRONS: *Eychenne* ⒻⒻ Avenue Paul Laffont 8. ☎ *05-61040450.* Een aardig restaurant in een oud seminarie ingericht met ouderwets meubilair. De gasten kunnen genieten van duif, eend en visspecialiteiten.	DC MC V	●	■		■
ST-JEAN-DE-LUZ: *Auberge Kaïku* ⒻⒻ Rue de la République 2. ☎ *05-59261320.* Auberge Kaïku is gevestigd in het oudste huis van de stad en serveert Baskische schotels als inktvis en pasta, garnalen of rundvlees met truffels. ♿	AE MC V	●	■		■
ST-JEAN-DE-LUZ: *Petit Grill Basque* Ⓕ Rue St Jacques 2. ☎ *05-59268076.* Eenvoudige, huiselijke Baskische gerechten (vissoep, pijlinktvis, kipcroquetten) opgediend door opgewekte serveersters. Prima kwaliteit. ♿	AE DC MC V		■		
ST-JEAN-PIED-DE-PORT: *Chalet Pedro* Ⓕ Forêt d'Iraty. ☎ *05-59370252.* Een chalet waar skiërs èn buurtbewoners eten. De bediening is traag maar de forel en de paddestoel-knoflookomelet hebben hier niet onder te lijden. ♿		●	■		■
ST-JEAN-PIED-DE-PORT: *Pyrénées* ⒻⒻⒻⒻ Place Charles de Gaulle 19. ☎ *05-59370101.* Een beroemd restaurant dat de beste plaatselijke gerechten serveert: Pyrenees lamsvlees, zalm en, in het seizoen, wilde morilles. ♿	AE MC V	●	■		■
ST-SAVIN: *Le Viscos* ⒻⒻ St-Savin. ☎ *05-62970228.* 's Zomers kunt u buiten eten op een terras met bloemen dat uitkijkt op de rivier de Lavedan. Specialiteiten zijn zeeduivel en *foie gras.* ♿	AE MC V	●	■	●	■
URT: *Auberge de la Galupe* ⒻⒻⒻⒻ Place du Port. ☎ *05-59562184.* Een herberg waar u goede plaatselijke produkten krijgt voorgeschoteld – Montauzer-ham, zalm uit de Adour en zoete Jurançon-wijn. ♿	AE MC V	●	■	●	

Prijsklassen per persoon voor drie gangen met een halve fles huiswijn, belasting en bediening.
Ⓕ minder dan FF 150
ⒻⒻ FF 150-250
ⒻⒻⒻ FF 250-350
ⒻⒻⒻⒻ FF 350-500
ⒻⒻⒻⒻⒻ meer dan FF 500

Faciliteiten voor kinderen
Sommige restaurants beschikken over kinderstoelen en serveren kinderporties.

Menu tegen vaste prijzen
Als lunch en/of diner is een goed menu tegen vaste prijzen verkrijgbaar, vaak met drie of vier gangen.

Goede wijnkaart
Duidt op een ruim assortiment goede wijnen of op een meer gespecialiseerde selectie lokale wijnen.

Tafels buiten
Voorzieningen om buiten te eten, op een terras, in een tuin of op een binnenplaats, vaak met een fraai uitzicht.

Languedoc-Roussillon

Restaurant	Prijs	Creditcards	Faciliteiten voor kinderen	Menu tegen vaste prijzen	Goede wijnkaart	Tafels buiten
Aigues-Mortes: *La Camargue* Rue de la République 19. ☎ *04-66538688.* U dineert hier bij zigeuner- en flamencomuziek. Proef de paella van vis, schelp- en schaaldieren of *rabo di taureau* (stoofpot van ossestaart). ♿	Ⓕ	MC V	●	■		■
Aigues-Mortes: *Restaurant les Enganettes* Rue Morceau 12. ☎ *04-66536911.* In dit rustieke restaurant krijgt u uitstekende regionale specialiteiten voorgeschoteld. Zeer royale porties.	Ⓕ	MC V		■		
Anduze: *Auberge des Trois Barbus* Générargues. ☎ *04-66617212.* Deze rustieke herberg serveert fantasierijke gerechten met *foie gras* en truffels. Lunch bij het zwembad en geniet van het uitzicht over het dal.	ⒻⒻⒻ	AE MC V	●	■		■
Arles-sur-Tech: *Hôtel les Glycines* Rue du Jeu-de-Paumes. ☎ *04-68391009.* Smakelijke gerechten gebaseerd op plaatselijke produkten, en veel regionale wijnen. De fraaie ommuurde tuin is ideaal voor een zomers diner. ♿	ⒻⒻ	AE MC V	●	■	●	■
Béziers: *Le Framboisier* Rue Boeildieu 12. ☎ *04-67499000.* Dit is een stijlvolle eetgelegenheid met een klassieke menukaart. Op de lange wijnkaart treft u goede Languedoc-Roussillon-wijnen aan. ♿	ⒻⒻⒻ	AE DC MC V	●	■	●	
Bouzigues: *La Côte Bleue* Avenue Louis Tudesq. ☎ *04-67783087.* Dit grote, koele restaurant kijkt uit over het zoutwatermeer van het Bassin de Thau en serveert zeer verse vis, schelp- en schaaldieren. ♿	ⒻⒻ	AE MC V	●	■		■
Carcassonne: *Le Languedoc* Allée d'Iéna 32. ☎ *04-68252217.* Le Languedoc staat onder aan de ommuurde stad in de minder drukke benedenstad. De *cassoulet*, een zware bonenschotel, moet u eens proberen. U kunt ook tal van salades, hartige hapjes en desserts krijgen.	ⒻⒻ	AE DC MC V	●	■		■
Carcassonne: *Brasserie Le Donjon* Rue Porte d'Aude 4. ☎ *04-68259572.* Een stijlvolle, moderne brasserie in een voor de rest middeleeuwse stad. Regionale specialiteiten zijn *foie gras* en Cassoulet. ♿	ⒻⒻ	AE DC MC V	●	■		■
Castelnaudary: *Grand Hôtel Fourcade* Rue des Carmes 14. ☎ *04-68230208.* Dit is een ouderwetse eetgelegenheid, gelegen in de oude stad aan het Canal du Midi. Interessante menukaart met *cassoulet* als specialiteit.	ⒻⒻ	AE DC MC V	●	■		
Castelnou: *L'Hostal* Carrer de la Patore. ☎ *04-68534542.* In het weekeinde geniet de plaatselijke bevolking in dit restaurant van de *cargolade*, een Catalaanse traktatie van gegrild vlees en slakken.	ⒻⒻ	AE DC MC V	●	■		■
Céret: *Les Feuillants* Boulevard Lafayette 1. ☎ *04-68873788.* Een uitstekend restaurant in de uitlopers van de Pyreneeën met een opmerkelijke wijnkaart. Specialiteiten zijn lamsvlees, inktvis en mul.	ⒻⒻⒻⒻ	AE MC V	●	■	●	■
Collioure: *La Frégate* Quai de l'Amirauté. ☎ *04-68820605.* Heerlijke vissoep, plaatselijke ansjovis en *bouillinades* (visschotels) zijn enkele van de favoriete gerechten in dit vrolijke restaurant op de kade.	ⒻⒻ	MC V	●	■		■

Collioure: *La Balette* ⒻⒻⒻ Route de Port-Vendres. ☎ *04-68820507.* Dit restaurant, fraai gelegen aan de baai, is 's zomers zeer druk. Reserveren is daarom noodzakelijk. Geniet van de Catalaanse visschotels.	MC V	●	■	●	■
Cucugnan: *Auberge du Vigneron* ⒻⒻ Rue Achille-Mir 2. ☎ *04-68450300.* Sfeervol restaurant in de voormalige wijnkelder van een bekoorlijke herberg. U eet hier eend en vruchten in allerlei smakelijke combinaties. ♿	MC V	●	■	●	
Florensac: *Léonce* ⒻⒻⒻ Place de la République 8. ☎ *04-67770305.* Léonce is beslist een bezoek waard. De keuken is geïnspireerd op plaatselijke gerechten. De visschotels en de desserts zijn verrukkelijk.	AE DC MC V	●	■	●	
Le Vigan: *Le Mas Quayrol* ⒻⒻ Aulas. ☎ *04-67811238.* In dit restaurant krijgt u een warm welkom en uitstekende gerechten. De menukaart is inventief, smakelijk en gevarieerd, met veel verse vis. ♿	MC V	●	■		■
Minerve: *Relais Chantovent* ⒻⒻ Minerve. ☎ *04-68911418.* Deze middeleeuwse stad, met zijn diepe ravijn, mag u niet missen. Dit geldt ook voor de regionale gerechten en goede wijn in het Relais. ♿	MC V	●	■	●	■
Montpellier: *Chandelier* ⒻⒻⒻ La Coupole, Rue Léon Blum 227. ☎ *04-67153438.* Originele visgerechten, zoals beignets van rivierkreeft en zeebaars met olijven, vormen hier de specialiteit.	AE MC V		■	●	
Montpellier: *La Réserve Rimbaud* ⒻⒻⒻ Avenue de St-Maur 820. ☎ *04-67725253.* Een rustig restaurant aan de rivier met betaalbare verfijnde gerechten. Heerlijk zijn de gegrilde mosselen en de zeeduivel in room en wijn. ♿	AE DC MC V		■		■
Narbonne: *L'Auberge des Vignes* ⒻⒻ Domaine de l'Hospitalet, route de Narbonne Plage. ☎ *04-68452850.* Dit restaurant ligt te midden van wijngaarden en is gespecialiseerd in de mediterrane keuken, bijvoorbeeld vis van de dag met *tapenade* en saffraansaus.	AE MC V	●			■
Narbonne: *La Table St-Créscent* ⒻⒻ Domaine St-Créscent le Viel. ☎ *04-68413737.* Dit uitstekende restaurant is gevestigd in een 8ste-eeuws oratorium. Probeer vooral de heerlijke aubergine-canelloni. Goed assortiment plaatselijke wijnen.	AE DC MC V			●	■
Nîmes: *Nicolas* Ⓕ Rue Poise 1. ☎ *04-66675047.* Regionale kost tegen redelijke prijzen in een stampvol maar gezellig restaurant.	MC V		■		
Perpignan: *Casa Sansa* Ⓕ Rue Fabriques-Couvertes 3. ☎ *04-68342184.* Een 14de-eeuwse wijnkelder met Catalaans handwerk vormt de achtergrond voor de Catalaanse keuken: gekruide gehaktballen, garnalen en ansjovis.	AE MC V		■		■
Perpignan: *Le Chapon Fin* ⒻⒻⒻ Boulevard Jean-Bourrat 18. ☎ *04-68351414.* Het restaurant serveert verfijnde Catalaanse specialiteiten, zoals patrijs met paprika en sinaasappel, maar ook visgerechten en truffels. ♿	AE DC MC V	●	■	●	
Perpignan: *Le Mas Vermeil* ⒻⒻⒻ Traverse de Cabestany. ☎ *04-68669596.* In de niet-pretentieuze, eenvoudige gerechten vindt u invloeden uit de zware Catalaanse stijl terug. Dineer in het tuinrestaurant met fonteinen. ♿	DC V	●	■		■
Port-Vendres: *La Côte Vermeille* ⒻⒻ Quai du Fanal. ☎ *04-68820571.* Dit restaurant op de kade concentreert zich hoofdzakelijk op verfijnde vis, schelp- en schaaldieren, maar u kunt ook andere schotels bestellen. ♿	AE MC V	●	■		
Saillagouse: *L'Atalaya* ⒻⒻⒻ Saillagouse L10. ☎ *04-68047004.* Een aardige herberg die over de stad uitkijkt. Originele schotels zijn duif in bessensaus, zalmmousse met dille en *foie gras*. Een ontdekking!	MC V		■	●	■

Verklaring van de symbolen zie achterflap

Prijsklassen per persoon voor drie gangen met een halve fles huiswijn, belasting en bediening.
Ⓕ minder dan FF 150
ⒻⒻ FF 150-250
ⒻⒻⒻ FF 250-350
ⒻⒻⒻⒻ FF 350-500
ⒻⒻⒻⒻⒻ meer dan FF 500

Faciliteiten voor kinderen
Sommige restaurants beschikken over kinderstoelen en serveren kinderporties.

Menu tegen vaste prijzen
Als lunch en/of diner is een goed menu tegen vaste prijzen verkrijgbaar, vaak met drie of vier gangen.

Goede wijnkaart
Duidt op een ruim assortiment goede wijnen of op een meer gespecialiseerde selectie lokale wijnen.

Tafels buiten
Voorzieningen om buiten te eten, op een terras, in een tuin of op een binnenplaats, vaak met een fraai uitzicht.

Restaurant	Prijs	Creditcards	Faciliteiten voor kinderen	Menu tegen vaste prijzen	Goede wijnkaart	Tafels buiten
St-Martin-de-Londres: *Les Muscardins* Route des Cévennes 19. ☎ *04-67557590.* Een gezellig restaurant met een opvallende lokale wijnkaart. Fijnproevers komen hier graag om de avontuurlijke gerechten te proeven die zijn gebaseerd op regionale produkten: vis, lamsvlees en duif. ♿	ⒻⒻⒻ	AE DC MC V		■	●	■
St-Pons-de-Thomières: *Auberge de Cabarétou* St-Pons-de-Thomières. ☎ *04-67970231.* Deze herberg staat in een bos en kijkt uit op Haut Languedoc. Beroemd om de combinatie van klassieke en moderne plaatselijke gerechten.	ⒻⒻ	AE DC MC V	●	■		■
Sète: *Palangrotte* Rampe Paul-Valéry 1. ☎ *04-67748035.* Hier kunt u de overheerlijke oesters eten waar de streek zo beroemd om is.	ⒻⒻ	AE DC MC V		■		■
Taurinya: *Auberge des Deux Abbayes* Place de l'Oratoire 2. ☎ *04-68964953.* Dit restaurant in de bergen serveert regionale gerechten als ganzepâté in Banyuls-stijl en Collioure-ansjovis. ♿	ⒻⒻ	MC V	●	■		■
Villefranche-de-Conflent: *Auberge St-Paul* Place de l'Eglise. ☎ *04-68963095.* Deze herberg, oorspronkelijk een 13de-eeuwse kapel, serveert lokale produkten, bereid met een persoonlijk tintje en Catalaanse invloeden. ♿	ⒻⒻⒻ	MC V		■		■

Provence en de Côte d'Azur

Restaurant	Prijs	Creditcards	Faciliteiten voor kinderen	Menu tegen vaste prijzen	Goede wijnkaart	Tafels buiten
Aix-en-Provence: *Mas d'Entremont* Route Nationale 7 315. ☎ *04-42174242.* Door glazen wanden ziet u het park. De gerechten zijn heerlijk, maar u treft weinig lokale schotels aan. Goede Provençaalse wijnkaart. ♿	ⒻⒻⒻ	MC V	●	■	●	■
Aix-en-Provence: *Le Bistro Latin* Rue de la Couronne 18. ☎ *04-42382288.* Dit gezellige restaurant serveert uitstekende maaltijden tegen een redelijke prijs. Fantasievolle lokale specialiteiten als tong met kreeftsaus.	ⒻⒻ	AE MC V		■	●	
Aix-en-Provence: *L'Aix Quis* Rue Leydet 22. ☎ *04-42277616.* Stijlvolle vis- en vleeschotels in een restaurant dat snel het culinaire middelpunt van Aix begint te worden. Probeer het zesgangenmenu. ♿	ⒻⒻⒻ	AE MC V	●	■		
Arles: *L'Escaladou* Rue de la Porte-de-l'Aure 23. ☎ *04-90967043.* Dit fraaie Provençaalse restaurant staat vlak bij de arena in het midden van de stad. Kies de plaatselijke vis met grote porties verse groenten. ♿	ⒻⒻ		●	■		■
Arles: *Le Vaccarès* Place du Forum 11. ☎ *04-90960617.* Provençaals eten in een stijlvolle omgeving. De kok heeft er plezier in om klassieke gerechten in een nieuw jasje te steken. De soep en de visgerechten worden bijzonder aanbevolen.	ⒻⒻⒻ	AE MC V		■		■
Avignon: *La Fourchette* Rue Racine 17. ☎ *04-90852093.* Een ongedwongen alternatief voor de chiquere restaurants in Avignon. De prijzen zijn redelijk en u hebt keuze uit twaalf heerlijke desserts. ♿	ⒻⒻ	MC V		■		
Avignon: *Hiély-Lucullus* Rue de la République 5. ☎ *04-90861707.* Dit is al 60 jaar een favoriet adres van fijnproevers. De kwaliteit is nog altijd even goed; probeer specialiteiten als *foie gras* en *meringue glacée.*	ⒻⒻⒻ	MC V	●	■	●	

Biot: *Auberge du Jarrier* ⒻⒻⒻⒻ Passage de la Bourgade 30. ☎ *04-93651168.* In dit bescheiden restaurant serveert men schelp- en schaaldieren, vis en interessante kazen. Reserveer in het seizoen een week van tevoren. ♿	*AE MC V*	●	■	●	■
Cagnes-sur-Mer: *Le Cagnard* ⒻⒻⒻ Rue de Sous-barri. ☎ *04-93207321.* Dit voortreffelijk restaurant is gevestigd in een middeleeuwse herberg.. Klassieke gerechten, waaronder delicatessen als gegrilde duif..	*AE DC MC V*		■		■
Cannes: *Royal Gray* ⒻⒻⒻ Rue des Serbes 38. ☎ *04-92997960.* Overvloediger eten dan bij het Royal Gray kan haast niet. Het is verreweg het oudste restaurant van Cannes. ♿	*AE DC MC V*	●	■	●	■
Cavaillon: *Restaurant Prévot* ⒻⒻⒻ Avenue de Verdun 353. ☎ *04-90713243.* Een gastronomische traktatie in een fraaie marktstad. De gerechten zijn verfijnd en smaken heerlijk. Probeer de aubergines en langoustines. ♿	*AE MC V*	●	■		■
Chateauneuf-du-Pape: *La Mère Germaine* ⒻⒻⒻ Place de la Fontaine. ☎ *04-90835437.* Een vroeger uitmuntend restaurant dat nu op de goede weg terug is. Het uitzicht over de wijngaarden is fantastisch en de bediening plezierig. ♿	*MC V*	●	■	●	■
Châteaux-Arnoux: *La Bonne Etape* ⒻⒻⒻⒻⒻ Chemin du Lac. ☎ *04-92640009.* Gelegen tussen de lavendelvelden en de olijfbomen. De Provençaalse gerechten als *courgettes farcies* en lamsvlees zijn vakkundig bereid.	*AE DC MC V*	●	■	●	
Col d'Eze: *La Bergerie* ⒻⒻ Grande Corniche. ☎ *04-93410367.* 's Winters eet u bij het haardvuur en 's zomers op het terras. Lamsvlees met kruiden is een smakelijk gerecht. Drink er lokale wijn bij. ♿	*AE MC V*	●	■		■
Cuers: *Le Lingoustou* ⒻⒻⒻ Route de Pierrefeu. ☎ *04-94286910.* Traditionele Provençaalse specialiteiten, geserveerd in een verfijnde stijl en bekroond met een Michelin-ster. Rustiek gelegen tussen de wijngaarden.	*AE DC MC V*	●	■		■
Gigondas: *Les Florets* ⒻⒻ Route des Dentelles. ☎ *04-90658501.* In de eetzaal laat de plaatselijke bevolking zich de goede regionale gerechten smaken. Het terras kijkt uit op de Dentelles de Montmirail. ♿	*AE DC MC V*	●	■	●	■
La Garde Freinet: *Auberge Sarrasin* Ⓕ Route Nationale 98. ☎ *04-94436716.* Een landelijke eetzaal waar 's winters een vuur brandt en 's zomers bloemen op de tafels prijken. Kies *cassoulet Provençal* en drink er rosé bij. ♿	*MC V*		■		■
Les Baux-de-Provence: *L'Oustau de Baumanière* ⒻⒻⒻⒻⒻ Val d'Enfer. ☎ *04-90543307.* Twee Michelin-sterren, fraai uitzicht en een onvergetelijke menukaart – een combinatie van oude plaatselijke gerechten en de *nouvelle cuisine.*	*AE DC MC V*	●	■	●	■
Lourmarin: *Le Moulin de Lourmarin* ⒻⒻⒻ Rue Temple. ☎ *04-90680669.* De molenstenen zijn nog intact in deze luxe omgebouwde olijfoliemolen. De gerechten smaken heerlijk – vooral de vis en het Lubéron-wild.	*AE DC MC V*	●	■	●	■
Marseille: *Dar Djerba* ⒻⒻ Cours Julien 15. ☎ *04-91485536.* Noordafrikaans restaurant waar u in een gezellige sfeer voortreffelijke couscous kunt eten. ♿	*MC V*		■		
Marseille: *Miramar* ⒻⒻⒻⒻ Quai du Port 12. ☎ *04-91911040.* U kunt hier zeer authentieke maar dure *bouillabaisse* krijgen. Miramar serveert ook een enorm assortiment vis, schelp- en schaaldieren. ♿	*AE DC MC V*				■
Monaco: *Le Périgourdin* Ⓕ Rue des Oliviers 5. ☎ *00377-93300602.* Dit vriendelijke restaurant ligt op twee minuten lopen van het casino. Hier vindt u de rijkdom van de keuken van de Périgord voor een voordelige prijs.	*AE MC DC V*	●	■		

Verklaring van de symbolen zie achterflap

Prijsklassen per persoon voor drie gangen met een halve fles huiswijn, belasting en bediening.
Ⓕ minder dan FF 150
ⒻⒻ FF 150-250
ⒻⒻⒻ FF 250-350
ⒻⒻⒻⒻ FF 350-500
ⒻⒻⒻⒻⒻ meer dan FF 500

Faciliteiten voor kinderen
Sommige restaurants beschikken over kinderstoelen en serveren kinderporties.

Menu tegen vaste prijzen
Als lunch en/of diner is een goed menu tegen vaste prijzen verkrijgbaar, vaak met drie of vier gangen.

Goede wijnkaart
Duidt op een ruim assortiment goede wijnen of op een meer gespecialiseerde selectie lokale wijnen.

Tafels buiten
Voorzieningen om buiten te eten, op een terras, in een tuin of op een binnenplaats, vaak met een fraai uitzicht.

	Creditcards	Faciliteiten voor kinderen	Menu tegen vaste prijzen	Goede wijnkaart	Tafels buiten
Monte-Carlo: *Café de Paris* ⒻⒻⒻ Place du Casino. ☎ *04-92162020.* Een brasserie in de stijl van de Belle Époque. Enkele specialiteiten zijn *pavé de saumon* en Charolais-rundvlees met morilles. ♿	AE DC MC V				■
Mougins: *Le Moulin de Mougins* ⒻⒻⒻⒻⒻ Notre Dame de Vie. ☎ *04-93757824.* Nog maar twee Michelin-sterren maar toch nog altijd voorsprong op de concurrenten. Hèt restaurant voor de sterren tijdens het Filmfestival van Cannes. ♿	AE DC MC V		■	●	■
Nice: *Nissa Socca* Ⓕ Rue Sainte-Réparate 5. ☎ *04-93801835.* Op het menu staan grote schotels *socca* (kikkererwtenbrood) met pasta en karaffen rode wijn. 's Zomers zit men hier zelfs buiten op straat.		●			■
Nice: *Le Chantecler* ⒻⒻⒻⒻ Promenade des Anglais 37. ☎ *04-93883951.* Dit restaurant was lange tijd het gastronomische bolwerk van Nice. Het bezit nog dezelfde onberispelijke kwaliteit als in de vorige eeuw toen Russische prinsen hier kwamen dineren. Vooral vis, schelp- en schaaldieren. ♿	AE DC MC V	●	■	●	
Orange: *La Roselière* Ⓕ Rue du Renoyer 4. ☎ *04-90345042.* Schoolborden aan de stenen muren melden het dagelijks veranderende menu. Alle schotels worden bereid met lokale produkten. Gastvrije eigenaren.			■		■
St-Agnes: *Le Logis Sarrasin* ⒻⒻ Rue de Sarrasin 40. ☎ *04-93358689.* Een eenvoudig familiebedrijf in de uitlopers van de bergen achter Menton, dat zes enorme gangen met wild en Italiaanse specialiteiten serveert.			■		■
St-Jean-Cap-Ferrat: *Le St-Jean* Ⓕ Place Clemenceau. ☎ *04-93760475.* Dit restaurant aan het drukke stadsplein serveert eenvoudige maar uitstekende gerechten als pizza's, pasta's en vis. Het terras op de eerste verdieping is ideaal voor zwoele zomeravonden. ♿	AE MC V	●			■
St-Jean-Cap-Ferrat: *Le Sloop* ⒻⒻ Nouveau port de St-Jean. ☎ *04-93014863.* Le Sloop staat vlak bij de jachten van de pittoreske, drukke haven en is gespecialiseerd in licht verteerbare vis, schelp- en schaaldieren. ♿	AE MC V		■	●	■
St-Rémy-de-Provence: *Le Jardin de Fréderic* ⒻⒻ Bd Gambetta 8. ☎ *04-90922776.* In dit kleine, door een familie beheerde restaurant kunt u streekgerechten bestellen, zoals uientaart en gepocheerde tarbot met zuring.	MC V		■		■
St-Vallier-de-Thiery: *Le Relais Impérial* Ⓕ Route Napoléon, Route Nationale 85. ☎ *04-93426007.* In dit restaurant kunt u een authenieke *pissaladière* proeven – uien, olijven en ansjovis in deeg – en formidabele Provençaalse witte wijnen. De sfeer is aangenaam en de bediening vriendelijk. ♿	AE DC MC V	●	■	●	■
Séguret: *La Table du Comtat* ⒻⒻⒻ Séguret. ☎ *04-90469149.* Truffels, duif en wild zwijn prijken op de menukaart met lokale specialiteiten. De kelders die vol liggen met Côtes du Rhône, leveren een bijpassende wijn. U hebt hier een onvergetelijk uitzicht. ♿	AE DC MC V	●	■		■
Touet-sur-Var: *Auberge des Chasseurs* ⒻⒻ Touet. ☎ *04-93057111.* Deze landelijke herberg serveert zware gerechten gebaseerd op lokaal wild. Het wilde zwijn en de forel zijn uitmuntend. ♿	AE DC MC V	●	■		■

VENCE: *Auberge des Seigneurs* Place du Frêne. ☎ *04-93580424.* Neem een stevige eetlust mee naar deze middeleeuwse herberg, compleet met brandend haardvuur. Het overvloedige vijfgangenmenu bevat forel en mals lamsvlees, dat vlak voor u aan het spit wordt bereid.	ⒻⒻ	AE DC MC V		■		
VENCE: *Le Vieux Couvent* Av Générale Leclerc 68. ☎ *04-93587858.* In dit populaire, in een voormalig klooster gevestigde restaurant kunt u Provençaalse gerechten bestellen.	ⒻⒻ	MC V		■	●	
VILLEFRANCHE-SUR-MER: *Mère Germaine* Quai Courbet. ☎ *04-93017139.* Het vriendelijke Mère Germaine, dat uitkijkt op het strand, serveert *bouillabaisse* en *sole tante marie* (tong met paddestoelen). ♿	ⒻⒻⒻⒻ	AE MC V		■		■

CORSICA

BASTELICACCIA: *Auberge Seta* Bastelicaccia Suaralta. ☎ *04-95200016.* Dit restaurant met veranda staat niet ver van Ajaccio. U hebt hier een fraai uitzicht op zee. Op de menukaart treft u voornamelijk vis aan.	ⒻⒻ	MC V	●	■		
BONIFACIO: *Stella d'Oro* Rue Doria 7. ☎ *04-95730363.* Een familiebedrijf met scherpe prijzen waar een gezellige lokale sfeer heerst. U treft op de menukaart hoofdzakelijk vis en gevogelte aan.	ⒻⒻ	AE DC MC V		■		
CALVI: *L'Ile de Beauté* Quai Landry. ☎ *04-95650046.* Dit restaurant op de kade concentreert zich op volmaakte visgerechten als oesters met limoen en kreeft. De eetzaal op de eerste verdieping is gespecialiseerd in vleesschotels. Ze zijn geen van beide goedkoop! ♿	ⒻⒻⒻⒻ	AE DC MC V		■		■
CAURO: *U Barracone* Barracone. ☎ *04-95284055.* Een rustige eetgelegenheid op het platteland vlak bij Cauro. Enkele gerechten zijn tournedos met morilles en *crêpes* met sinaasappelsaus. ♿	ⒻⒻ	AE DC MC V		■		■
CORTE: *Auberge de la Restonica* Vallée de la Restonica. ☎ *04-95460958.* Deze herberg wordt gerund door een voormalige internationale voetballer. De eetzaal kijkt uit over het bos. Eenvoudige, goede gerechten. ♿	ⒻⒻ	MC V	●	■		■
L'ILE ROUSSE: *La Bergerie* Route de Monticello. ☎ *04-95600128.* Dineer in de schaduwrijke tuin van deze fraaie verbouwde boerderij. Probeer bijvoorbeeld een zeeëgel-omelet met een fles Corsicaanse wijn. ♿	ⒻⒻ	MC V				■
PORTO: *Le Soleil Couchant* Porto Marine. ☎ *04-95261012.* Op het terras hebt u een fraai uitzicht op de jachthaven. De plaatselijke keuken is uitstekend, vooral de *charcuterie* en de schapekazen.	Ⓕ	MC V	●	■	●	■
PORTO-VECCHIO: *Auberge du Maquis* Ferruccio. ☎ *04-95702039.* Bestel geit of wild zwijn en het vlees wordt vlak voor u geroosterd in deze rustige eetgelegenheid, een korte ritje van Porto-Vecchio.	ⒻⒻ		●	■		■
PORTO-VECCHIO: *Le Regina* Route de Bastia. ☎ *04-95701494.* Een vorstelijk restaurant met gecompliceerde gerechten bereid met de beste plaatselijke produkten. Le Regina serveert royale porties vis, zwezeriken en pasta's en heeft de beste wijnkaart van het eiland.	ⒻⒻ	AE DC MC V			●	
ST-FLORENT: *La Gaffe* Port de St-Florent. ☎ *04-95370012.* Geniet op het schaduwrijke terras van verse smakelijke mosselen en kreeft in limoen en munt, terwijl u de boten voorbij ziet varen. ♿	ⒻⒻ	AE DC MC V	●	■	●	■
SARTÈNE: *La Chaumière* Rue du Capitaine-Benedetti 39. ☎ *04-95770713.* Deze uit de granieten heuvel gehakte herberg serveert traditionele gerechten van het eiland: *charcuterie*, pens en wild zwijn, met lokale wijnen.	ⒻⒻ	AE DC MC V	●	■		■

Verklaring van de symbolen zie achterflap

Wegwijs in Frankrijk

PRAKTISCHE INFORMATIE

Frankrijk is met recht trots op zijn vele attracties. Zowel in Frankrijk als daarbuiten kunnen de Franse Verkeersbureaus u een schat aan praktische informatie leveren over uw verblijf. In de meeste Franse steden en dorpen staat een toeristenbureau; in dit boek ziet u bij iedere plaats en streek het betreffende adres en telefoonnummer vermeld staan. Als de Fransen zelf vakantie hebben, trekken ze er massaal op uit, vooral tussen 14 juli en 31 augustus. De hotels en restaurants zijn hierdoor vaak niet het hele jaar geopend. Oriënteer u goed voordat u op reis gaat, om te voorkomen dat u voor dichte deuren komt te staan.

Logo toeristeninformatie

ETIQUETTE

Het zal u niet veel moeite kosten de Franse omgangsvormen onder de knie te krijgen. Zeg in winkels altijd *bonjour* voordat u vertelt wat u nodig hebt, *merci* als u uw wisselgeld krijgt en *merci, au revoir* wanneer u uw gekochte artikelen ontvangt en de winkel verlaat.
Geef een hand als u aan iemand wordt voorgesteld, of als u ziet dat iemand zijn hand naar u uitsteekt. In kleine gemeenschappen zullen veel mensen u op straat met *bonjour* begroeten, zelfs als ze u nog nooit hebben gezien. Verdere nuttige uitdrukkingen leest u op blz. 671-672.

DOUANEBEPALINGEN

Inwoners van Nederland, België en de andere EU-landen mogen voor een vakantie in Frankrijk in plaats van een paspoort ook een toeristenkaart gebruiken. Bezoekers uit niet-EU-landen moeten een geldig paspoort bij zich hebben. Reizigers uit EU-landen, de VS, Canada of Nieuw-Zeeland hoeven voor een bezoek aan Frankrijk van maximaal drie maanden niet in het bezit te zijn van een visum. Inwoners uit de meeste andere landen hebben wel een visum nodig.
Wie in Frankrijk wil studeren of werken, kan het beste verscheidene maanden van tevoren bij het Franse consulaat in eigen land inlichtingen inwinnen over het aanvragen van een visum.
Inwoners van Nederland, België en de andere EU-lidstaten kunnen tegenwoordig ongelimiteerd artikelen uit Frankrijk invoeren.
Voorwaarde is hierbij wel dat deze goederen voor persoonlijk gebruik zijn bestemd (u mag er niet in handelen) en dat in Frankrijk al BTW over de artikelen is betaald. Meer informatie en advies over douanebepalingen is verkrijgbaar bij het **Centre des Renseignements des Douanes**, maar deze is doorgaans Franstalig.

Bord van het toeristenbureau in kleinere steden en dorpen

TOERISTENINFORMATIE

In alle belangrijke steden en grote plaatsen kunt u *offices de tourisme* aantreffen. Kleine steden en dorpen beschikken over *syndicats d'initiative*. Op beide adressen kan men u helpen aan plattegronden van de plaats, advies over accommodatie en informatie over recreatieve en culturele activiteiten in de streek. Ook kunt u voor uw vertrek naar Frankrijk informatie inwinnen bij het **Nationaal Frans Verkeersbureau**, of telefonisch dan wel schriftelijk contact opnemen met plaatselijke toeristenbureaus (zie de kopjes bij de plaatsbeschrijvingen in dit boek) of met het betreffende CRT *(Comité Régional de Tourisme)*. Vraag het adres bij het Franse Verkeersbureau.

TOEGANGSPRIJZEN

De meeste musea en monumenten in Frankrijk vragen entreegeld, gewoonlijk tussen FF 15 en FF 40. Op zondag kunt u soms met korting of gratis naar binnen. Kinderen onder de zeven en 60-plussers krijgen altijd gratis toegang. Mensen onder de 26 met een *Carte Jeune Internationale* (internationale jongerenkaart) en studenten kunnen vaak korting krijgen.

OPENINGSTIJDEN

In dit boek staat bij de beschrijvingen van de bezienswaardigheden aangegeven op welke dagen van de week ze geopend zijn. Over het algemeen zijn bezienswaardigheden te bezoeken van 10.00 tot 17.40 uur en blijven ze één dag in de week langer open.
Nationale musea en bezienswaardigheden zijn dinsdags gewoonlijk gesloten, op enkele uitzonderingen na die maandags dicht zijn.

Dit bord verwijst naar een cultureel monument

Toeristen die even uitblazen van de vermoeienissen

Gemeentemusea zijn in de regel op maandag gesloten. Kerken zijn elke dag open, maar sluiten rond de lunch. Controleer bij particuliere musea altijd op welke uren ze geopend zijn, aangezien deze kunnen afwijken van de gebruikelijke openingstijden.
Elders in dit boek treft u informatie aan over de openingstijden van winkels *(blz. 622)*, banken *(blz. 620)* en restaurants *(blz. 576-577)*.

Voorzieningen voor gehandicapten

Uitgebreide overzichten per plaats staan aangegeven in de *Guide Rousseau H comme Handicapés*, verkrijgbaar bij **Les Editions La Route Robert** en bij de Franse boekhandel. In het Franstalige *Touristes Quand Même* leest u informatie over hulpdiensten in de belangrijkste steden, met een Engelse en Duitse vertaling van de meest gangbare uitdrukkingen. Deze uitgave is gratis verkrijgbaar bij het **CNRH** (Comité National Français de Liaison pour la Réadaption des Handicapés) en bij het hoofdkantoor van het **Office du Tourisme et des Congrès** in Parijs.
Het **CIDJ** (Centre d'Information et de Documentation Jeunesse) verstrekt informatie voor jonge gehandicapte reizigers. Wendt u zich voor inlichtingen over de toegankelijkheid voor rolstoelgebruikers tot de **Association des Paralysés de France** *(blz. 539)*.

In de rij voor de Eiffeltoren

Tijd in Parijs

In Frankrijk is het even laat als in Nederland en België.

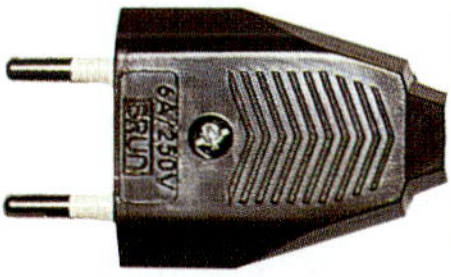

Franse stekker met twee pennen

Informatie voor studenten

Studenten met een geldig identiteitsbewijs (een Internationale Studentenkaart of de Franse *carte jeunes*) kunnen profiteren van veel kortingen. **CIDJ**-kantoren verstrekken hulp en informatie aan studenten.

Elektrische apparaten

De netspanning bedraagt in Frankrijk 220 volt. Stekkers hebben twee ronde pennen, geaarde stekkers drie. Sommige hotels hebben ingebouwde adapters.

Adressen

Ambassades

België
Rue de Tilsitt 9, 75840 Parijs.
Kaart 2 E4. ☎ *01-44093939.*

Nederland
Rue Eblé 7-9, 75007 Parijs.
Kaart 7 A4. ☎ *01-40623300.*
In diverse steden in Frankrijk zijn Nederlandse en Belgische consulaten gevestigd.

Franse verkeersbureaus

België
Nationaal Frans Verkeersbureau
Guldenvlieslaan 21,
1060 Brussel. ☎ *02-25130762.*

Frankrijk
Maison de la France, Av de l'Opéra 8, 75001 Parijs.
Kaart 8 E1. ☎ *01-42961023.*
FAX *01-42860894.*

Nederland
Maison de la France
Prinsengracht 670, 1017 KX
Amsterdam. ☎ *0900-1122332.*

Nuttige adressen

Centre des Renseignements des Douanes
Rue de l'Université 23, 75007 Parijs. **Kaart** 14 F3.
☎ *01-40246510.*
FAX *01-40246530.*
Open *ma-vr 9.00-17.00 uur.*

CIDJ
Quai Branly 101, 75015 Parijs.
Kaart 6 E2. ☎ *01-44491200.*
Open *ma-vr 9.30-18.00 uur; za 9.30-13.00 uur.*

CNRH
Rue de Tolbiac 236 bis, 75013 Parijs. **Kaart** 14 E5.
☎ *01-53806666.*

Les Editions La Route Robert
Rue Marcellin Berthelot 3, 94220 Charenton-le-Pont.
☎ *01-48562909.*

Office du Tourisme et des Congrès, hoofdkantoor
Av des Champs-Elysées 127, 75008 Parijs. **Kaart** 2 E4.
☎ *01-49525354.*
☎ *01-49525356 (in het Engels).*
Open *ma-za 9.00-20.00 uur; zo 11.00-18.00 uur.*
Gesloten *25 dec, 1jan.*

Veiligheid en gezondheid

Frankrijk is een veilig vakantieland, mits u de gebruikelijke voorzorgsmaatregelen treft: ga zorgvuldig met uw eigendommen om en mijd 's avonds afgelegen stedelijke gebieden. Mocht u tijdens uw verblijf ziek worden, dan kunt u bij apotheken terecht voor advies. Consulaten en consulaire afdelingen van uw ambassade kunnen u bij noodgevallen hulp en advies *(blz. 617)* geven. Voor ernstige medische problemen kunt u een van de onderstaande nummers bellen.

Embleem van de Franse apotheek

Persoonlijke veiligheid

In Frankrijk vindt relatief weinig geweldscriminaliteit plaats, hoewel er wel incidenten zijn. Mocht u betrokken raken bij een ruzie of een auto-ongeluk, vermijd dan een confrontatie. Blijf in netelige situaties kalm en spreek indien mogelijk Frans.

Rechtshulp

Als uw verzekering de kosten dekt, dan kunt u in Frankrijk juridisch advies inwinnen bij organisaties als Europ Assistance of Mondial Assistance. Zij kunnen u helpen bij de juridische aspecten van verzekeringsclaims, bijvoorbeeld na een ongeluk. Mocht uw verzekering hier niet in voorzien, informeer dan bij uw consulaat of de plaatselijke *Ordre des Advocats* (orde van advocaten) naar de naam van een goede advocaat in de buurt.

Gendarme

Brandweerman

Tolken

Hebt u een professionele tolk of vertaler nodig, neem dan via Minitel *(blz. 624)* contact op met de **Société Française des Traducteurs Professionels**.

Persoonlijke eigendommen

Verzeker uw bezittingen voordat u op reis gaat. Pas op voor zakkenrollers, vooral in de metro van Parijs. Houd waardevolle spullen uit het zicht en verlies uw handtas of koffer nooit uit het oog. Neem niet meer contant geld mee dan u denkt nodig te hebben. Het is het veiligst om grote geldbedragen in de vorm van travellercheques mee te nemen.

Neem in steden in geval van een misdaad, vermissing, diefstal, beroving of mishandeling telefonisch contact op met de politie of ga erheen. Het hoofdbureau heet het *commissariat de police*. Ga in kleine plaatsjes naar de *mairie* (gemeentehuis). Bel bij verlies of diefstal van uw paspoort naar uw consulaat.

De motorrijders die op de autowegen patrouilleren, behoren tot de *CRS (Compagnie Républicaine de Sécurité)*. Als u buiten een stad betrokken raakt bij een auto-ongeluk, dan kan men u vragen de andere bestuurder te begeleiden naar de dichtstbijzijnde *gendarmerie*. De *gendarmerie nationale* is een militaire organisatie belast met de behandeling van misdaden buiten stedelijke gebieden. Het opmaken van een *procés-verbal (PV)* kan veel tijd in beslag nemen. Neem uw legitimatiebewijzen mee als u een verklaring gaat afleggen.

Medische behandeling

Alle inwoners van de EU hebben recht op behandeling via het Franse ziekenfonds. De behandeling moet echter worden betaald en de tarieven van de ziekenhuizen lopen sterk uiteen.

Ziekenfondsverzekerden die voor vertrek een E111-formulier hebben aangevraagd, kunnen aanspraak maken op vergoeding, maar dit is een lange, ingewikkelde procedure.

Alle reizigers doen er goed aan een reisverzekering af te sluiten.

Bel bij een medisch noodgeval de **SAMU** *(Service d'Aide Médicale Urgence)* of de **Sapeurs Pompiers** (brandweer), die eerste hulp bieden en een ambulancedienst hebben. De laatste zijn meestal het snelst ter plaatse, met name in landelijke gebie-

Adressen

Alarmnummers

Ambulance (SAMU)
15 of 18 (Sapeurs Pompiers).

Brand (Sapeurs Pompiers)
18.

Politie en gendarmerie
17.

Tolken

Société Française des Traducteurs Professionels
Minitel 3616 SFTRAD.

den, waar de afstand tot de lokale brandweerkazerne vaak veel kleiner is dan tot de ambulancedienst in de stad. Op eerste-hulpafdelingen *(services des urgences)* van openbare ziekenhuizen kunnen de meeste medische problemen worden behandeld. Uw consulaat kan u een Engels sprekende arts aanbevelen.

Apotheken

In Frankrijk kunnen apothekers bij ziekte een diagnose stellen en een behandeling aanraden. Ook kunt u er paddestoelen laten identificeren. U herkent apotheken aan een groen kruis. Op het raam hangt een kaart met gegevens over de dichtstbijzijnde *pharmacie de garde* die 's avonds open is.

Waarschuwing voor bosbrandgevaar

In de open lucht

In veel delen van Frankrijk dreigt bosbrandgevaar. Zowel 's zomers als 's winters kunnen krachtige winden een brand snel aanwakkeren. Blijf uit de buurt van een gebied waar brand woedt, omdat hij vlug van richting kan veranderen. Let op dat u geen brand veroorzaakt met een kampvuur of een sigarettepeuk. Als u een bergwandeling of zeiltocht gaat maken, stel anderen dan op de hoogte van uw route en sla acht op lokale voorschriften.
Gaat u wandelen in het jachtseizoen (sept.-feb., vooral 's zondags), draag dan opvallend gekleurde kleding. Mijd plaatsen waar wordt gejaagd *(blz. 629)*.

Politieauto

Brandweerauto

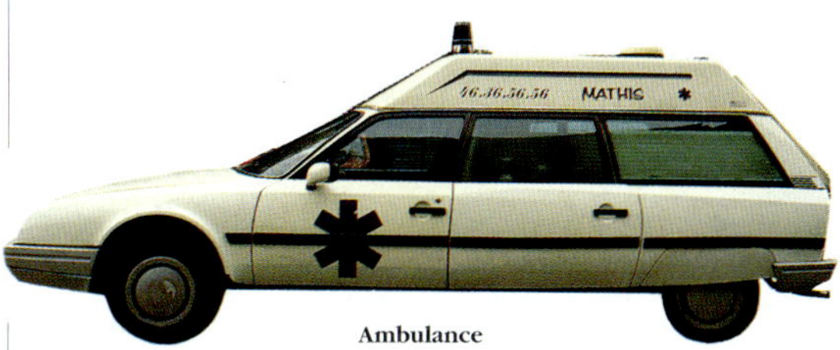

Ambulance

Openbare toiletten in Frankrijk

In veel steden staan moderne toiletten waarvoor u moet betalen. Laat kinderen onder de tien hier nooit alleen gebruik van maken, omdat de automatische reiniging gevaar kan opleveren. U kunt het beste gebruik maken van toiletten in cafés, restaurants of warenhuizen. Traditionele *pissoirs*, die nog in sommige plaatsen zijn te vinden, zijn vaak niet erg schoon. Langs de *autoroute* treft u sanitaire voorzieningen aan bij *aires de repos* (rustplaatsen) die u om de 20 km ziet liggen en bij de grote tankstations.

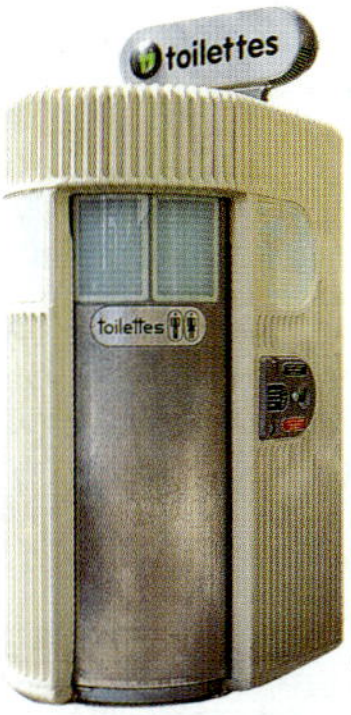

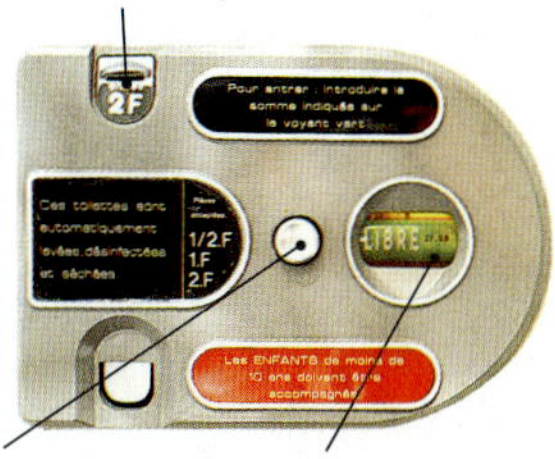

1 Stop het aangegeven bedrag in de sleuf.

2 Druk op de knop om de deur te openen.

3 Het lichtje geeft 'vrij' of 'bezet' aan.

Banken en plaatselijke valuta

U mag ieder geldbedrag meenemen naar Frankrijk, maar als u meer dan FF 50 000 mee het land uit wilt nemen, dient u dit bij uw aankomst aan te geven. Het is het veiligst om uw geld in de vorm van travellercheques bij u te dragen, maar creditcards, waarmee u bij geldautomaten geld kunt opnemen in de lokale valuta, zijn verreweg het handigst. Wisselkantoren *(bureaux de change)* zijn te vinden op luchthavens, grote stations en in sommige hotels en winkels.

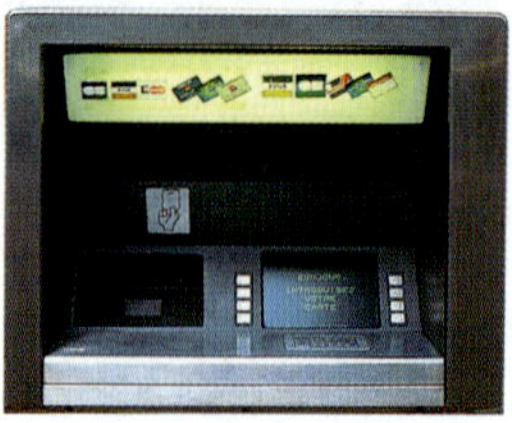

Geldautomaat voor creditcards

Banken

De meeste banken hebben een wisselkantoor, maar de koersen kunnen uiteenlopen. Tegenwoordig beschikken veel banken buiten over een geldautomaat voor creditcards, doorgaans te gebruiken met een **Visa/Carte Bleue** of **Mastercard** (Access). De instructies zijn vaak in het Frans, Engels en Duits. Houd er rekening mee dat sommige van deze geldautomaten al voor het eind van het weekeinde geen bankbiljetten meer bevatten.
Ziet u geen automaat, dan kunt u met Visa dagelijks tot FF 2000 opnemen in banken met het Visa-logo.

Openingstijden

In de regel zijn de banken in Noord-Frankrijk geopend van ma-vr van 9.00 tot 16.30 of 17.15 uur. Sommige banken zijn slechts tot 12.00 uur open, en veel banken sluiten de dag voor een feestdag om 12.00 uur.
In Zuid-Frankrijk zijn de banken doorgaans geopend van di-za van 8.00 tot 12.00 uur en van 13.30 tot 16.30 uur. Rond een feestdag zijn ze gewoonlijk gesloten van vrijdag 12.00 uur tot dinsdagochtend.

Automaat die creditcards leest

Post- en wisselkantoren

Girorekeninghouders kunnen met hun giromaatpas en betaalkaarten geld opnemen bij postkantoren, die langer openblijven dan banken. Buiten Parijs komt u zelden onafhankelijke wisselkantoren tegen, behalve in grote spoorwegstations en wijken waar veel toeristen komen. Particuliere wisselkantoren kunnen uiteenlopende wisselkoersen hanteren: vraag eerst naar de kosten.

Travellercheques en creditcards

Travellercheques zijn verkrijgbaar bij **American Express**, **Thomas Cook** of bij uw bank. Als u van plan bent al uw travellercheques te gebruiken, kunt u ze het beste bij aanschaf direct in Franse francs laten uitschrijven. Cheques van American Express worden op zeer veel plaatsen in Frankrijk geaccepteerd. Als u deze cheques bij een Amex-kantoor omwisselt, wordt er geen provisie berekend. Bij diefstal worden de cheques onmiddellijk vervangen.
Vanwege de hoge provisie wordt de American Express-creditcard niet overal geaccepteerd. De meest gebruikte creditcard is de Carte Bleue/Visa. De creditcards die in Frankrijk worden uitgegeven zijn tegenwoordig 'smartcards': deze hebben een *puce* (een microchip die gegevens opslaat). Veel winkels beschikken over een automaat die zowel smart-cards als pasjes met een magneetstrip leest. Als uw pasje met magneetstrip niet in de automaat kan worden gelezen, krijgt u de melding dat u een *puce morte* hebt. Vraag dan of de verkoper de pas door de *bande magnétique* kan halen. Men kan u ook vragen om op een paneeltje bij de kassa uw PIN-code *(code confidentiel)* in te toetsen en de groene knop *(valides)* in te drukken.

Eurocheques

Met Eurocheques kunt u cheques uitschrijven voor een exact bedrag in francs tot maximaal FF 1400. Voor een groter bedrag kunt u verscheidene cheques uitschrijven. Cheques worden gegarandeerd door een Eurochequekaart. U kunt met Eurocheques ook geld opnemen bij een bank.

Adressen

Buitenlandse banken

ABN-Amro
Avenue Hoche 3,
75008 Parijs.
☎ *01-42675050.*

American Express
Rue Scribe 11,
75009 Parijs. **Kaart** 4 D5.
☎ *01-47777007.*

Thomas Cook
Boulevard des Capucines 25,
75002 Parijs. **Kaart** 4 E5.
☎ *01-42962678.*

Verlies van creditcards en travellercheques

American Express
☎ *01-47777200 (Parijs) of bel: Nederland* ☎ *0031-205408000 (voor 18.00 uur), 0031-205408666 (na 18.00 uur). België* ☎ *0032-26762121.*

Visa/Mastercard/ Carte Bleue
☎ *01-42771190 (Parijs) of bel: Nederland* ☎ *0031-206600611. België* ☎ *0032-70344344 of bel de bank van uitgifte in eigen land.*

MUNTEENHEID

De Franse munteenheid is de franc en wordt aangegeven met de letter F voor of achter het bedrag. Ter onderscheid van de Zwitserse of Belgische frank worden ook wel de letters FF gebruikt. Eén franc is gelijk aan 100 centimes, maar de waarde van een centime is tegenwoordig zo laag dat munten van 1 centime niet meer in omloop zijn.

Biljet van FF 500

Bankbiljetten
Er zijn Franse bankbiljetten verkrijgbaar van FF 20, FF 50, FF 100, FF 200 en FF 500.

Biljet van FF 200

Biljet van FF 100

Biljet van FF 50

Biljet van FF 20

Munten
Er zijn munten van 5, 10, 20 en 50 centimes en van FF 1, FF 2, FF 5, FF 10 en FF 20. De munten van 5, 10 en 20 centimes zijn koperkleurig en de 50 centimes, FF 1, FF 2 en FF 5 zilverkleurig. Munten van FF 10 en FF 20 zijn in het midden zilver- en aan de rand koperkleurig.

FF 20

FF 10

FF 5

FF 2

FF 1

50 centimes

20 centimes

10 centimes

5 centimes

Winkelen

Olijfolie uit Baux

Winkelen in Frankrijk is een feest. Of u nu naar de grote supermarkten en warenhuizen gaat of juist de kleine speciaalzaken uitzoekt, de stijlvolle Franse presentatie en de kwaliteit van de artikelen zijn overal even verleidelijk. Frankrijk is niet alleen befaamd om zijn etenswaren en wijn, maar ook om zijn wereldberoemde mode, aardewerk, porselein en kristal. Hier leest u alles over openingstijden en het ruime assortiment artikelen dat bij de verschillende typen winkels en markten te koop is. Ook komt u te weten hoe u rechtstreeks wijn kunt kopen van de wijngaarden en wijncoöperaties.

Verse nectarines en meloenen te koop in een marktkraam

Openingstijden

Levensmiddelenwinkels gaan rond 7.00 uur open en sluiten om een uur of twaalf voor de lunchpauze. 's Middags blijven ze meestal open tot 19.00 uur of later. Bakkerijen zijn vaak geopend tot 13.00 uur of later, en serveren tussen de middag snacks. Sommige supermarkten, warenhuizen en de meeste hypermarkten sluiten niet rond de lunch.

Winkels die geen etenswaar verkopen zijn doorgaans van ma-za van 9.00 tot 18.00 uur geopend, waarbij ze tussen de middag vaak sluiten. Veel van deze winkels zijn op maandagochtend dicht.

Levensmiddelenwinkels (en kiosken) zijn op zondagochtend open. Op zondagmiddag zijn vrijwel alle winkels in Frankrijk gesloten, behalve een paar weken voor Kerstmis, als de hypermarkten de hele dag open blijven. Sommige kleine winkels zijn één dag in de week gesloten, hoewel u er in het hoogseizoen vaak dagelijks terecht kunt.

Grotere winkels

Hypermarkten *(hypermarchés* of *grandes surfaces)* zijn te vinden in de buitenwijken van iedere vrij grote stad; let op de borden met het opschrift *centre commercial.* Enkele van de grootste zijn Carrefour, Mammouth, Auchan en Continent. Vaak wordt er ook voordelige benzine verkocht, die u al of niet met contant geld moet betalen.

Warenhuizen *(grands magasins)* als Monoprix en Prisunic staan in stadscentra. Andere, zoals Printemps en Galeries Lafayette, vindt u zowel in stadscentra als daarbuiten.

Bij een bakkerij kunt u naast brood vaak ook gebak kopen

Speciaalzaken

Het leuke van winkelen in Frankrijk is, dat de gespecialiseerde levensmiddelenzaken het, ondanks de nieuwe grote supermarkten, nog steeds uitstekend doen. De *boulangerie*, voor brood, is dikwijls gecombineerd met een *pâtisserie* waar cakes en gebak wordt verkocht. Een *traiteur* verkoopt klaargemaakte etenswaren.

Kaaswinkels *(fromagerie)* en winkels gespecialiseerd in melkprodukten *(laiterie)* zijn soms ook gecombineerd, maar de *boucherie* (slager) en *charcuterie* (delicatessenwinkel) zijn vaak aparte zaken. Ga voor droge produkten en gewone kruidenierswaren naar een *épicerie fine.*

Schoonmaak- en huishoudelijke artikelen koopt u bij een *droguerie* en ijzerwaren bij een *quincaillerie. Papeteries* (kantoorboekhandels) treft u aan als dure speciaalzaken en als aparte afdelingen in hypermarkten.

Markten

Bij alle plaatsen die in dit boek worden besproken, staan de marktdagen aangegeven. Als u wilt weten waar de markt wordt gehouden, vraag dan een voorbijganger naar *le marché.* Markten sluiten gewoonlijk prompt om 12.00 uur en gaan 's middags niet meer open.

Let op lokale producenten, ook wanneer ze maar een paar speciale artikelen te koop hebben, aangezien hun waren vaak goedkoper of van betere kwaliteit zijn.

In Frankrijk is men wettelijk verplicht de herkomst van alle produkten op de prijskaartjes te vermelden; *pays* betekent plaatselijk. Kippen uit Bresse worden op de markt verkocht met een rood-wit-blauwe penning waarop de naam van de producent staat vermeld als bewijs van authenticiteit. Als u verscheidene weken achtereen markten bezoekt, let dan op produkten die net in het seizoen komen, zoals verse walnoten, de eerste wilde asperges, vroege artisjokken of *fraises des bois* (bosaardbeien).

Op markten kunt u ook specerijen, schoenen en kleding

kopen en enkele bijzonderheden als sierkolen.
Voorts kunt u belangrijke seizoensmarkten met truffels, hammen, knoflook, *foie gras* en vee bezoeken. Tegelijk met de seizoensmarkten worden soms *foires artisanales* gehouden waar plaatselijke produkten en handgemaakte voorwerpen worden verkocht.

Regionale produkten

Franse regionale specialiteiten zijn ook te koop buiten de streek van herkomst. Het is echter interessanter om ze lokaal te kopen, aangezien hun vorm en smaak een goede afspiegeling zijn van de smaak en het klimaat van de streek.
De Provence, in het zuiden, is trots op de kwaliteit van haar olijfolie. De beste olijfolie wordt verkregen uit de eerste koude persing en wordt een week lang iedere dag met zorg geklaard. In het gematigde noorden wordt Camembert gemaakt van verse Normandische melk die ten minste drie weken is gestremd. Populaire dranken worden ook geassocieerd met bepaalde streken.
Pastis, gemaakt van anijszaad, is erg in trek in het zuiden, terwijl calvados, dat van appels wordt vervaardigd, uit het noorden afkomstig is *(blz. 245)*.
De lokatie bepaalt ook de kwaliteit. Lyon dankt zijn culinaire naam aan de bijzondere kazen uit het omliggende gebied met zijn zuivelbedrijven, en aan de nabijheid van Bresse (kippen), Charolais (rundvlees) en de Elzas (worsten).

Provençaalse gedroogde kruiden voor culinair gebruik

Regionale worsten en kazen, te koop op een markt in Lyon

Wijn

Volg in wijnproducerende gebieden de borden *dégustation* naar de wijngaarden *(domaines)* waar u de wijn kunt proeven. U wordt verwacht ten minste één fles te kopen.
Wijncoöperaties kopen de wijn van kleine wijnproducenten. Hier is de wijn niet alleen verkrijgbaar in flessen maar ook in vaten *(en vrac)* van 5 en 10 l. De wijn wordt vaak gekwalificeerd als AOC, *appellation d'origine controlée*, en kost minder dan FF 10 per liter. Alle wijn die *en vrac* wordt verkocht is 'duty free'; klanten ontvangen een *laissez-passer* (geleidebiljet) waarop de bestemming staat vermeld. Over gebottelde wijn die door coöperaties wordt verkocht, moeten wel invoerrechten worden betaald.

Pastis 51 drinkt men in het zuiden

Huishoudelijke artikelen en keukengerei

De beste warenhuizen op het gebied van huishoudelijke artikelen zijn Alinéa, Cèdre Rouge en Habitat, dat in Frankrijk zijn artikelen heeft aangepast aan de markt van het land. Despalles is een goed adres voor tuinmeubilair en Le Roy Merlin dè hypermarkt voor doe-het-zelvers. Vreemd genoeg zult u in een speciaalzaak maar zelden het hele assortiment aan keukengerei aantreffen. U kunt daarom beter naar de keukenafdeling van warenhuizen gaan. Gewone ijzerhandelaars verkopen gietijzeren pannen en kookgerei. Wit porselein koopt u in speciaalzaken.
Overal in Frankrijk is een uitgebreid assortiment aardewerk verkrijgbaar tegen een redelijke prijs, maar met name in de buurt van de centra waar het wordt gemaakt, zoals Aubagne, dicht bij Marseille, en Vallauris vlak bij Grasse *(blz. 512)*.
Andere goede voorbeelden van Frans vakmanschap komen uit Limoges, al sinds de 18de eeuw een wereldberoemd centrum voor porselein *(blz. 168)*, en Baccarat, sedert 1764 vermaard om zijn verfijnde kristal.

Kleding

Voor vrijetijds- en elegante kleding kunt u zelfs in vrij kleine steden terecht. Parijs blijft echter hèt modecentrum. Op blz. 136-137 leest u meer over dames- en herenmode.

Afwijkende maten

De meeste maten zijn gelijk aan die elders in Europa. Een uitzondering vormen de maten van jurken en rokken.

Frankrijk	36	38	40	42	44	46
Europa	34	36	38	40	42	44

Communicatiemiddelen

Frankrijk beschikt over een uitgebreid, efficiënt telecommunicatiesysteem. Het is in handen van France Télécom; de posterijen noemt men La Poste. Openbare telefoons vindt u in de meeste openbare gelegenheden en op straat. Als u naar het buitenland wilt bellen, kunt u het beste een telefoonkaart *(télécarte)* gebruiken. *Bureaux de postes* (postkantoren) herkent u aan een blauw-geel La Poste-logo. Op sommige bordjes staat nog 'P.T.T.', de oude naam van La Poste. In de meeste grote plaatsen zijn buitenlandse kranten te krijgen. Sommige radio- en TV-stations zenden niet-Franstalige programma's uit.

Logo voor een openbare telefoon

Telefoneren in Frankrijk

Openbare telefoons werken op munten (FF 1, FF 2, FF 5 en FF 10) of telefoonkaarten *(télécartes)*. De kaarten zijn goedkoper en handiger in het gebruik dan munten. De kaarten zijn 50 of 120 telefooneenheden waard en worden verkocht in postkantoren, *tabacs* (sigarenwinkels) en sommige kiosken. Bij lokale gesprekken duurt één eenheid maximaal zes minuten. Veel telefoons werken nu ook op creditcards (met een PIN-code).

Telefoons in cafés werken op munten en zijn alleen bestemd voor vaste klanten. In postkantoren staan telefooncellen *(cabines)* en betaalt u na afloop van het telefoongesprek. Als u vanuit Frankrijk naar het buitenland wilt bellen, kunt u dat beter hier doen, dan vanuit uw hotelkamer, omdat hotels voor internationaal telefoneren doorgaans een flinke toeslag berekenen.

U kunt in het postkantoor ook gebruik maken van Minitel.

Vroeger was Frankrijk verdeeld in twee telecommunicatieregio's: Parijs en de rest van Frankrijk. Sinds 1996 is Frankrijk echter verdeeld in vijf zones, Parijs heeft netnummer 01, Noordwest-Frankrijk 02, Noordoost-Frankrijk 03, Zuidoost-Frankrijk 04 en Zuidwest-Frankrijk 05. Als u van buiten Frankrijk belt, draai dan eerst 00 33 en laat vervolgens de eerste 0 van het netnummer weg.

Het gebruik van een kaarttelefoon

1 Pak de hoorn en wacht op de kiestoon.

2 Steek de *télécarte* (met de pijl aan de bovenkant) in de sleuf in de richting van de pijl.

3 Het venster geeft aan hoeveel eenheden er op de kaart staan en vraagt u vervolgens het nummer in te toetsen.

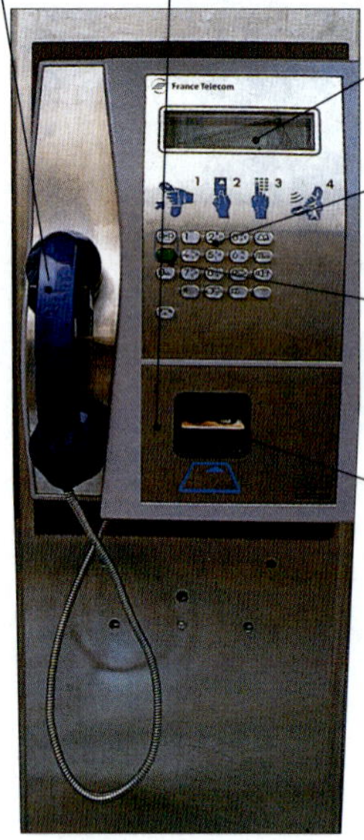

4 Toets het nummer in en wacht tot u verbinding hebt.

5 Als u nog een gesprek wilt voeren, leg de hoorn dan niet neer, maar druk de groene knop in.

6 Als het gesprek is afgelopen, hangt u de hoorn op de haak. Trek de kaart uit de sleuf.

7 Als uw kaart tijdens een gesprek is verbruikt, komt hij naar buiten. Steek een nieuwe kaart in de sleuf.

Franse telefoonkaart

Het gebruik van Minitel

Minitel verleent diverse soorten diensten via een beeldscherm en toetsenbord, aangesloten op de telefoonlijn. Druk op het telefoonsymbool en toets het nummer en de code van Minitel in. Druk voor telefooninformatie op het telefoonsymbool en toets 3611 in. Als u een pieptoon hoort, drukt u op Connection/Fin. Geef de dienst of het bedrijf van uw keuze aan en de plaats of streek. Druk op Envoy om te zoeken. Met Veille of Connection/Fin stopt u. De kosten staan op het scherm.

TV EN RADIO

Het Arte-kanaal zendt iedere avond buitenlandse films, documentaires en concerten uit, in het Frans nagesynchroniseerd of met Franse ondertiteling. Op M6 ziet u vooral muziek, pop en jazz en voorts nagesynchroniseerde Amerikaanse comedies en detectives. Canal+ brengt sport en films. Buitenlandse films worden eerst met ondertiteling uitgezonden en later in de maand ziet u de nagesynchroniseerde versie. In programmaoverzichten leest u of de film *v.o. (version originale)* dan wel *v.f. (version française)* is. Films op de kanalen FR2 en FR3 zijn nagesynchroniseerd, behalve op vrijdag- en zondagavond.
Radio France Internationale (738 MW) zendt dagelijks van 16.00-17.00 uur nieuws uit in het Engels. Het Franse radiostation France Inter, brengt nieuws, het weer en verkeersinformatie.

Buitenlandse kranten in Frankrijk

HET GEBRUIK VAN EEN MUNTTELEFOON

1 Pak de hoorn en wacht op de kiestoon.

2 Steek munten van FF 1, FF 2 of FF 10 in de sleuf.

3 Op het scherm ziet u voor hoeveel geld u kunt bellen. Als u moet bijbetalen leest u *Crédit épuisé.*

4 Toets het nummer in en wacht tot u verbinding hebt.

5 Als het gesprek is afgelopen hangt u de hoorn op. Eventuele ongebruikte munten krijgt u terug.

1 franc **2 francs** **5 francs** **10 francs**

KRANTEN EN TIJDSCHRIFTEN

In veel grote steden in Frankrijk zijn gewoonlijk de belangrijkste Nederlandse, Belgische en andere niet-Franse kranten te krijgen. Deze zijn meestal van de vorige dag.
Sommige Engelstalige kranten zijn echter verkrijgbaar op de dag van verschijnen, waaronder de *International Herald Tribune*. De *European*, die iedere vrijdag uitkomt en Engelstalige bladen als de *Economist* en *Newsweek* kunt u aantreffen bij *maisons de la presse* (kiosken) en kiosken van stations in grote steden.
De invloedrijkste Franse kranten zijn, politiek gezien van rechts naar links: *Le Figaro, France Soir, Le Monde, Libération* en *L'Humanité*.
Gespecialiseerde tijdschriften met overzichten van evenementen in Frankrijk zijn: *Diapason* voor muziek, *Beaux Arts* voor kunst en *Art Presse* voor alle kunstvormen. Zie blz. 140 voor de Parijse uitgaansbladen.

NUTTIGE FRANSE TELEFOONNUMMERS

- Voor binnenlandse gesprekken toetst u het regionummer van twee cijfers en het abonneenummer van acht cijfers. De regionummers zijn: Parijs en Ile de France 01; noordwesten 02; noordoosten 03; zuidoosten 04; zuidwesten 05.
- Telefoneren via een telefonist(e): 13.
- Voor internationale informatie toetst u in:
  12 voor Duitsland
  13 voor overige Europese landen
  14 voor de rest van de wereld.
- Telefoneren naar **Nederland**: 00 31, kengetal (zonder nul) en abonneenummer.
- Telefoneren naar **België**: 00 32, kengetal (zonder nul) en abonneenummer.
- Telefoneren met Nederland via een Nederlandse telefonist(e) van Nederland Direct *(pays directe)*: 0800990031. Telefoneren naar België via een Belgische telefonist(e) van België Direct: 0800990032.
- De telefoongids A-H geeft de tarieven per minuut van gesprekken naar het buitenland en de landnummers.
- Bel voor telegrammen 190.

Dit bord wijst de richting naar het postkantoor

Het gebruik van La Poste

La Poste (het postkantoor) heette vroeger de P.T.T *(postes, télégraphes, téléphones)*. Hoewel de opschriften op de postkantoren zijn veranderd, treft u op straat nog richtingbordjes met 'P.T.T' aan. De Franse posterijen zijn snel en betrouwbaar.
Bij La Poste kunt u losse postzegels *(timbres)* kopen of *carnets* met zeven of tien zegels. Postzegels zijn ook te koop bij sigarenwinkels *(tabacs)*. Verder kunt u op het postkantoor telefoonboeken *(annuaires)* raadplegen, telefoonkaarten kopen, postcheques verzilveren, geldwissels *(mandats)* verzenden en ontvangen en internationaal telefoneren.
Postkantoren bieden ook een poste-restante-service tegen een kleine vergoeding. De afzender moet eerst de naam van de geadresseerde in blokletters schrijven, daaronder 'Poste-Restante', en vervolgens de postcode en naam van de plaats waar de post naar toe moet. Tenzij anders aangegeven, zal de post dan worden verstuurd naar het hoofdpostkantoor *(recette principale)* van die plaats.
Postkantoren zijn gewoonlijk van ma-vr geopend van 9.00 tot 17.00 uur en sluiten rond de lunch. Op zaterdag zijn ze open van 9.00 tot 12.00 uur.

Franse brievenbussen zijn opvallend geel

Een brief versturen

Brievenbussen zijn geel en hebben vaak aparte sleuven voor de plaats zelf, het *département* en overige bestemmingen *(autres destinations)*.
Voor internationale post worden acht verschillende tariefzones gebruikt. EU-landen zijn het goedkoopst, Oceanië is het duurst. U kunt ook luchtpostbladen kopen, die voor alle landen even duur zijn.

Een postbode *(un facteur)*

Postcodes

Bij Franse adressen hoort een postcode van vijf cijfers. De eerste twee verwijzen naar het *département (zie blz. 627)*. Worden deze gevolgd door 000, dan wordt de belangrijkste stad van dat *département* bedoeld, Bordeaux is bijvoorbeeld 33000. Parijs, Lyon en Marseille zijn ingedeeld in *arrondissements*, de laatste twee cijfers van de postcode.

Enige Franse postzegels

Carnet met tien postzegels

Het stadhuis van Compiègne

Lokaal bestuur in Frankrijk

Het lokale bestuur van Frankrijk opereert op drie niveaus: *région, département* en *commune*. Vroeger bestond het land uit semi-autonome provincies of hertogdommen, zoals de Provence en het kleinere Anjou. Tijdens de Franse Revolutie werden deze vervangen door een netwerk van 96 *départements*, administratieve eenheden, meestal genoemd naar rivieren, bijvoorbeeld Haute-Loire. Elk *département* kwam onder het bestuur van een door Parijs benoemde *prefect* te staan. Dit systeem had zijn voordelen, maar de staatscontrole bleek te groot voor een moderne democratie. Nu is een deel van de bevoegdheden van de *prefect* overgedragen aan de gekozen departementale raad. Voor sommige aangelegenheden zijn de *départements* gegroepeerd in 22 *régions*, ieder met een gekozen assemblée. Verscheidene *régions*, zoals Bretagne en de Elzas, corresponderen ongeveer met de oude provincies; andere zijn combinaties, zoals Centre en Rhône Alpes.
Op het laagste niveau is Frankrijk ingedeeld in 35 000 *communes* (gemeenten), variërend van grote steden als Parijs of Lyon tot kleine dorpjes. Iedere *commune* heeft haar eigen gekozen burgemeester, die vanuit de *mairie* bestuurt.

Regio's van Frankrijk
In 1972, was Frankrijk officieel ingedeeld in 22 regio's. Op deze kaart ziet u de 15 regionale indelingen die in dit boek zijn gebruikt en de 96 departementen.

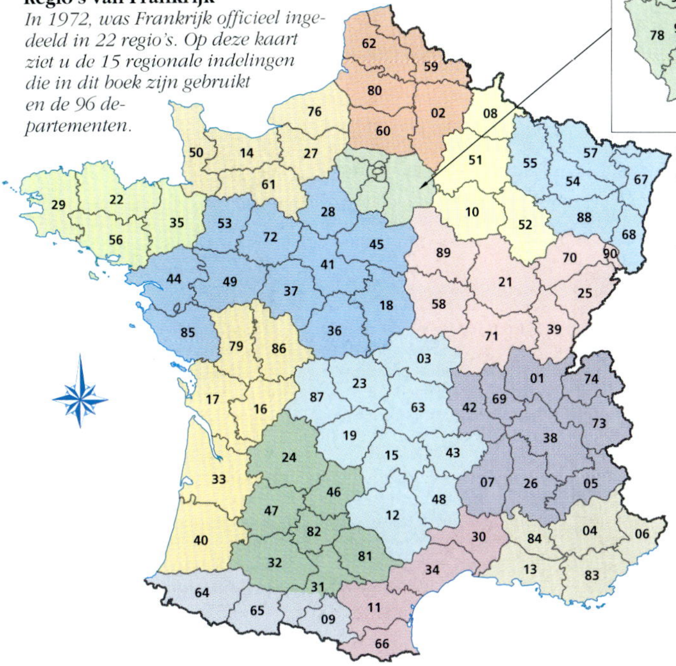

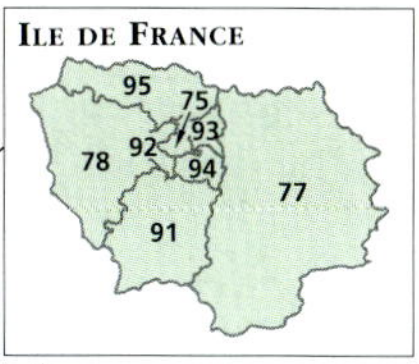

De regio Parijs en Ile de France is ingedeeld in acht aparte *départementen.* Centraal Parijs *(département 75)* is onderverdeeld in 20 *arrondissementen* *(blz. 144).*

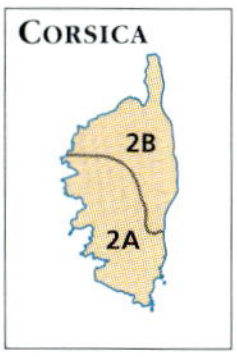

De departementen van Frankrijk

Parijs en Ile de France
75 Parijs
77 Seine-et-Marne
78 Yvelines
91 Essonne
92 Hauts-de-Seine
93 Seine-St-Denis
94 Val-de-Marne
95 Val-d'Oise

Noordoost-Frankrijk
Het Noorden en Picardië
02 Aisne
59 Nord
60 Oise
62 Pas-de-Calais
80 Somme

Champagne
08 Ardennes
10 Aube
51 Marne
52 Haute-Marne

Elzas en Lotharingen
54 Meurthe-et-Moselle
55 Meuse
57 Moselle
67 Bas-Rhin
68 Haut-Rhin
88 Vosges

West-Frankrijk
Normandië
14 Calvados
27 Eure
50 Manche
61 Orne
76 Seine-Maritime

Bretagne
22 Côtes-du-Nord
29 Finistère
35 Ille-et-Vilaine
56 Morbihan

Het Loire-dal
18 Cher
28 Eure-et-Loir
36 Indre
37 Indre-et-Loire
41 Loir-et-Cher
44 Loire-Atlantique
45 Loiret
49 Maine-et-Loire
53 Mayenne
72 Sarthe
85 Vendee

Midden-Frankrijk
Bourgogne en Franche-Comté
21 Côte d'Or
25 Doubs
39 Jura
58 Nièvre
70 Haute-Saône
71 Saône-et-Loire
89 Yonne
90 Territoire de Belfort

Het Massif Central
03 Allier
12 Aveyron
15 Cantal
19 Corrèze
23 Creuse
43 Haute-Loire
48 Lozère
63 Puy-de-Dôme
87 Haute-Vienne

Rhône-dal en de Franse Alpen
01 Ain
05 Hautes Alpes
07 Ardèche
26 Drôme
38 Isère
42 Loire
69 Rhône
73 Savoie
74 Haute-Savoie

Zuidwest-Frankrijk
Poitou en Aquitanië
16 Charente
17 Charente-Maritime
33 Gironde
40 Landes
79 Deux-Sèvres
86 Vienne

Périgord, Quercy en Gascogne
24 Dordogne
32 Gers
46 Lot
47 Lot-et-Garonne
81 Tarn
82 Tarn-et-Garonne

De Pyreneeën
09 Ariège
31 Haute-Garonne
64 Pyrénées-Atlantiques
65 Hautes-Pyrénées

Zuid-Frankrijk
Languedoc-Roussillon
11 Aude
30 Gard
34 Hérault
66 Pyrénées-Orientales

Provence en de Côte d'Azur
04 Alpes-de-Haut-Provence
06 Alpes-Maritimes
13 Bouches-du-Rhône
83 Var
84 Vaucluse

Corsica
2A Corse-du-Sud
2B Haute-Corse

Gespecialiseerde vakanties en sport

Frankrijk is cultureel en geografisch gezien een zeer divers land en heeft dan ook een enorme verscheidenheid aan sporten en andere vrijetijdsbestedingen te bieden. Een selectie uit het aanbod van amusement, kijksporten, festivals en jaarlijkse evenementen treft u aan op blz. 32-35. Actuele informatie over wat er in een bepaalde streek te doen is, kunt u krijgen bij de plaatselijke toeristenbureaus. Hieronder bespreken we enkele van de populairste en in het oog springende activiteiten.

Trekken langs de Gorges du Verdon in de Provence *(blz. 504-505)*

Gespecialiseerde vakanties

De Franse Verkeersbureaus kunnen u uitgebreid informeren over reisorganisaties die gespecialiseerde vakanties aanbieden.

Tijdens educatieve cursussen kunt u ondermeer talen leren, vaak in combinatie met andere activiteiten. Folders over taalcursussen in Frankrijk voor buitenlanders zijn verkrijgbaar bij het Frans Verkeersbureau. Ook kunt u bij **Ulysse International** *Le Petit Guide* aanvragen.

Jongeren kunnen tijdens hun vakantie part-time werken aan de restauratie van historische terreinen voor **R.E.M.P.ART** *(Association pour la Réhabilitation et Entretien des Monuments et du Patrimoine Artistique)*.

Er is een ruime keus aan cursussen over de klassieke of regionale keuken. Ook kunt u wijncursussen volgen of cursussen in activiteiten als weven, beeldhouwen en schilderen.

Natuurliefhebbers kunnen genieten van de *parcs nationaux*, of deelnemen aan excursies om vogels te observeren en botanische tochten in talrijke gebieden, waaronder de Camargue, de Cévennes en Corsica.

Voor het bezichtigen van de vele prachtige parken van Frankrijk is de *Guide des Jardins de France* van **Editions Hachette** een handig naslagwerk.

Golf en tennis

Verspreid over heel Frankrijk liggen talloze golfbanen, vooral langs de noord- en zuidkust en in Aquitanië. Franse golfers moeten een minimumniveau bereiken en een vergunning halen om te mogen spelen. Neem daarom uw golfvaardigheidsbewijs mee.

Informatie leest u in *Le Guide des Golfs de France* van **Edition Sand et Menges**.

Tennis is heel populair in Frankrijk en u vindt overal tennisbanen die per uur worden verhuurd.

Per mountainbike de omgeving verkennen

Paardrijden in het bos bij Fontainebleau *(blz. 170-171)*

Wandelen, fietsen en paardrijden

Meer dan 30.000 km aan *Grandes Randonnées* (lange-afstandswandelpaden) en de kortere *Petites Randonées* staan duidelijk aangegeven. De routes variëren in zwaarte en u hebt keuze uit lange pelgrimsroutes, bergtochten en tochten door nationale parken.

Beschrijvingen van de *GR*-tochten plus gegevens over aansluitingen op het openbaar vervoer, overnachtingsplaatsen en etenswaren leest u in de *Topo Guides* van de **Fédération Française de la Randonnée Pédestre**, die ook de algemenere wandelgids *Guide du Randonneur* uitgeeft. Wandelkaarten koopt u bij gespecialiseerde reisboekhandels

Sommige *Grandes* en *Petites Randonnées* kunnen ook per mountainbike of te paard worden afgelegd. Informatie over fietsen in Frankrijk is verkrijgbaar bij de **Fédération Française de Cyclotourisme**. Plaatselijke toeristenbureaus kunnen u informeren over de mogelijkheden om paard te rijden in hun regio. *Gîtes d'etapes (blz. 539)* biedt overnachtingsgelegenheden vlak bij bekende routes.

Bergsporten

Alpineskiën en *ski de fond* (langlaufen) is zeer po-

Kano's bij St-Chély, vlak bij de Gorges du Tarn ***(blz. 360-361)***

pulair en wordt door talloze reisagenten georganiseerd. 's Zomers is het vooral op de Alpen en de Pyreneeën druk met bergbeklimmers. Neem voor meer informatie contact op met de **Fédération de la Montagne et de l'Escalade**.

Vliegsporten

De **Fédération Nationale Aéronautique** geeft informatie over vliegscholen. U kunt ook zweefvliegen, zweefparachutisme en deltavliegen. Neem contact op met de **Fédération Française de Vol Libre.**

Zweefparachutisme *(parapente)* in Chamonix *(blz.312-313)*

Watersporten

Wildwatervaren, kajakken en kanoën worden op veel Franse rivieren beoefend, met name in het Massif Central. Informatie is verkrijgbaar bij de **Fédération Française de Canoë-Kayak**. De Atlantische kust rond Biarritz is een van de beste plekken van Europa om te surfen. Zeilen en waterskiën zijn ook in heel Frankrijk populair.
De voorzieningen om te zwemmen zijn over het algemeen goed, hoewel de stranden in Zuid-Frankrijk erg druk kunnen zijn *(blz. 464-465)*.

Jagen en vissen

Zonder *permis de chasser* mag u in Frankrijk niet jagen. Hiervoor moet een examen worden aflegd in het Frans, zodat het voor buitenlanders lastig is deel te nemen. Het jachtseizoen varieert per regio, afhankelijk van de activiteit.
U kunt allerlei soorten vis vangen, afhankelijk van het gebied. Plaatselijke hengelsportzaken verkopen de *carte de pêche*, waarop de voorschriften staan.

Naturisme

Er zijn bijna 50 centra voor naturisten in Frankrijk, vooral in het Zuiden, Zuidwesten en op Corsica. Informatie is verkrijgbaar bij de Franse Verkeersbureaus of bij de **Fédération Française de Naturisme.**

Evenementen

Als u zich graag mengt onder Fransen, ga dan naar voetbal- of rugbywedstrijden of naar wielerraces. Seizoensmarkten en lokale *fêtes* zijn vaak een combinatie van antiekmarkten, *boules*-toernooien en muziek.

Adressen

Editions Hachette
Quai de Grenelle 43,
75015 Parijs.
☎ *01-43923000.*

Editions Sand et Menges
Rue de Mail 6,
75002 Parijs.
☎ *01-44553750.*

Fédération Française de Canoë-Kayak
Quai de la Marne 87, 94340
Joinville-le-Pont.
☎ *01-45110850.*

Fédération Française de Cyclotourisme
Rue de Jean-Marie-Jego 8,
75013 Parijs.
☎ *01-44168888.*

Fédération Française de la Montagne et de l'Escalade
Quai de la Marne 8-10, 75019
Parijs. ☎ *01-40187550.*
FAX *01-40187559.*

Fédération Française de Naturisme
Rue de Tocqueville 65, 75017
Parijs. ☎ *01-47643282.*
FAX *01-47643263.*

Fédération Française de la Randonnée Pédestre
Rue de Gergovie 64, 75014
Parijs. ☎ *01-45453102.*

Fédération Française de Vol Libre
Rue de Suisse 4, 06100 Nice.
☎ *04-93886289.*

Fédération Nationale Aéronautique
Av Wagram 155, 75017 Parijs.
☎ *01-44299200.*
FAX *01-44299201.*

Frans verkeersbureau
Prinsengracht 670,
1017 KX Amsterdam.
☎ *0900-1122332.*

Guldenvlieslaan 21,
1060 Brussel.
☎ *02-25130762.*

R.E.M.P.ART
Rue des Guillemites 1, 75004
Parijs. ☎ *01-42719655.*

Ulysses International
Avenue du Professeur Grasset 21,
34093 Montpellier.
☎ *04-67044824.*

Reisinformatie

Frankrijk beschikt over een zeer uitgebreid luchtvaart-, spoorweg- en wegennet met Parijs als het knooppunt van al deze verbindingen. De twee belangrijkste luchthavens van Parijs hebben rechtstreekse vluchten op de rest van Europa, Noord-Amerika, Afrika en Japan. De zes grootste spoorwegstations van de stad verbinden haar met zo'n 6000 bestemmingen in Frankrijk en met tal van stations over heel Europa.

Aankomst per vliegtuig

Vrijwel alle internationale luchtvaartmaatschappijen verzorgen vluchten naar Frankrijk. Sommige luchthavens in de buurt van de Franse grens, zoals Genève, Basel en Luxemburg zijn gunstig gelegen ten opzichte van bestemmingen in Frankrijk. **KLM, Sabena** en de Franse luchtvaartmaatschappij **Air France** onderhouden dagelijks diverse vluchten vanaf Amsterdam en Brussel. Telefoonnummers van luchtvaartmaatschappijen treft u aan op blz. 633.

Vliegtarieven

Het zomerhoogseizoen loopt in Frankrijk gewoonlijk van juli tot september. In deze periode zijn de tarieven van de vliegtickets het hoogst. De luchtvaartmaatschappijen kunnen er echter een iets ander zomer-

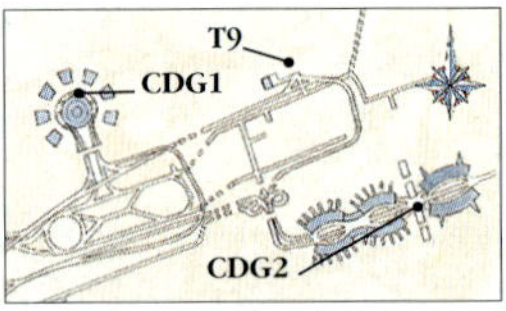

Luchthaven Charles de Gaulle
Tussen de terminals CDG1, CDG2 en T9 rijden pendelbussen. De vertrekhal is beneden en de aankomsthal boven.

Paris Charles de Gaulle/Roissy (CDG)

De luchthaven heeft twee hoofdterminals, CDG1 en CDG2, en een terminal voor chartervluchten, T9. Taxi's naar het centrum van Parijs kosten FF 200-300.
Bussen van Air France brengen u in 40 minuten naar Porte Maillot en Charles de Gaulle-Etoile. Voorts rijdt er ieder uur een Air France-bus naar het TGV-station op Montparnasse.

RATP-bussen (goedkoper dan Air France-bussen) vertrekken om de 15-20 minuten. Bus 350 brengt u naar het Gare du Nord en het Gare de l'Est, terwijl bus 351 naar het Place de la Nation rijdt. De ritten duren ongeveer een uur, de reistijd hangt af van de verkeersdrukte. Alle grote autoverhuurbedrijven hebben een vestiging op het vliegveld.
Met de trein reist u snel en goedkoop naar het centrum. Met de RER-Express (elke 15 min.) bent u in 35 minuten op Gare du Nord of Châtelet. CDG2 heeft een TGV-station met directe lijnen naar Lille (1 uur) en Lyon (2 uur) en verbindingen met andere TGV-lijnen.
CDG2 wordt sterk uitgebreid (voltooiing in 2003); de plattegrond is aan verandering onderhevig.

Luchthaveninformatie
☎ *01-48622280.*

CDG1: voor internationale vluchten behalve die van Air France.

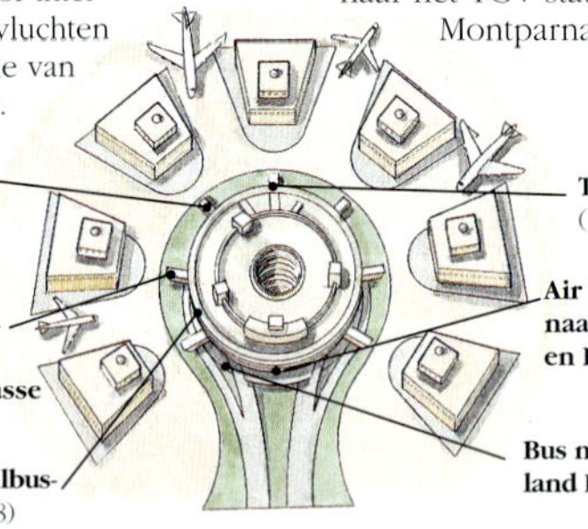

CDG2: voor Air France-vluchten en tussenlandingen van internationale vluchten.

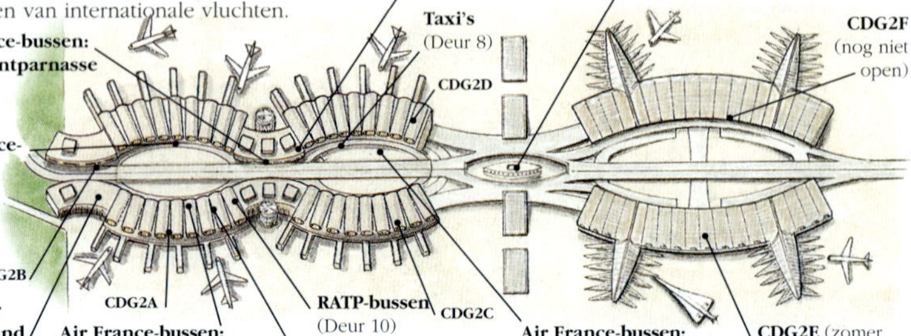

hoogseizoen op na houden. Informeer daarom bij de maatschappijen of bij een reisbureau welke tarieven gelden in de periode dat u wilt reizen.
APEX-tarieven kunnen erg voordelig zijn. De vlucht moet echter enige tijd van tevoren worden gereserveerd. De boekingen kunnen niet worden veranderd of geannuleerd zonder extra kosten. Er wordt ook een minimum en maximum gesteld aan de duur van uw verblijf. Houd er rekening mee dat kinderen vaak goedkoper kunnen reizen.
Door de felle concurrentie tussen de verschillende luchtvaartmaatschappijen worden er een aantal aantrekkelijke kortingen geboden. Let op reisbureaus die zijn gespecialiseerd in goedkope vluchten. Op blz. 633 vindt u adressen van enkele goede reisbureaus die charter- en lijnvluchten aanbieden tegen concurrerende prijzen. Veel van deze bureaus beschikken ook over vestigingen in andere landen.

Een toestel van de nationale luchtvaartmaatschappij Air France

INTERNATIONALE LUCHTHAVENS

Op blz. 632-633 ziet u de belangrijkste luchthavens. Hieronder worden de twee belangrijkste luchthavens van Parijs besproken.

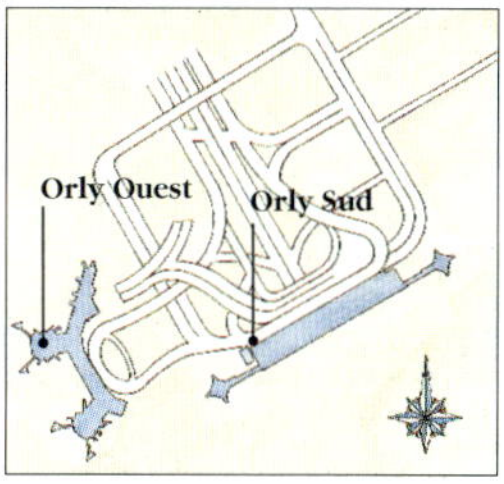

Luchthaven Orly
De terminals, Orly Sud en Orly Ouest, liggen op loopafstand van elkaar, maar tussen de twee terminals rijden ook pendelbussen.

Orly Ouest: bijna uitsluitend voor binnenlandse vluchten.

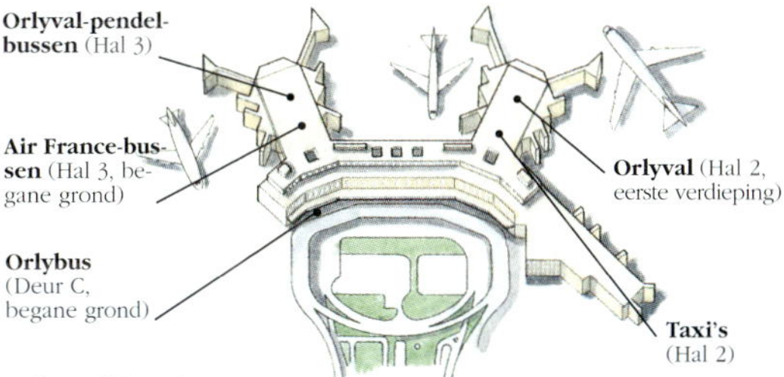

Orly Sud: hier komen meer vluchten aan, waaronder de meeste internationale en lijnvluchten.

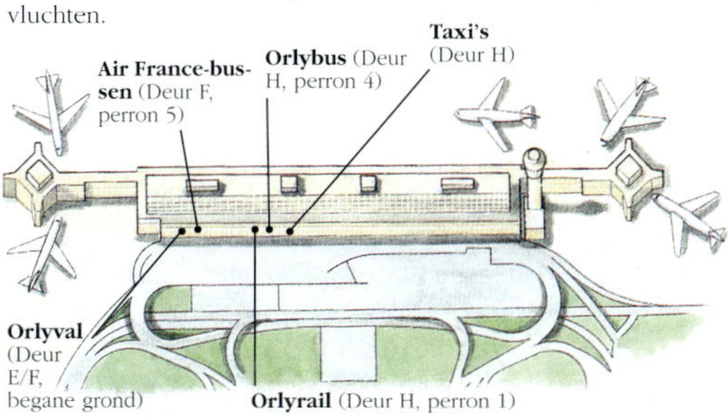

LUCHTHAVEN ORLY (ORY)

De luchthaven heeft twee terminals: Orly Sud en Orly Ouest. Taxi's brengen u voor FF 100-180 in 25-45 minuten naar het stadscentrum.
Air France-bussen vertrekken om de 12 minuten. Ze bereiken het centrum van Parijs in ongeveer 30 minuten en stoppen bij Les Invalides en Montparnasse.
De Orlybus van RATP vertrekt om de 13 minuten en brengt u in circa 50 minuten naar het metrostation Denfert-Rochereau.
Om de 12 minuten rijdt er een Jet Bus van Orly naar het metrostation Villejuif-Louis Aragon.
Van Orly rijden pendelbussen naar de RER-Orlyrail-treinen in Rungis. Iedere 15 minuten gaat er een trein naar het Gare d'Austerlitz. De reis duurt 45 minuten.
De treinen van Orlyval sluiten aan op de RER-lijn B van Roissy Rail in het station Antony.
Enkele autoverhuurders bij de luchthaven zijn: Avis, Budget, Century, Citer, EuroDollar, Europcar, Eurorent en Hertz.

Luchthaveninformatie
☎ *01-49757748.*

Vliegtijden

Een vlucht van Amsterdam naar Parijs duurt ongeveer een uur.
Vanaf Brussel vliegt u in ongeveer drie kwartier naar Parijs.

Binnenlandse vluchten

Veel grote steden in Frankrijk zijn te bereiken via een binnenlandse vlucht. De belangrijkste luchtvaartmaatschappij voor binnenlandse vluchten is **Air Inter**. **Europe TAT** (Touraine Air Transport) en **Air Littoral** verzorgen ook vluchten op enkele binnenlandse routes, evenals Air France. Naast deze grote luchtvaartmaatschappijen zijn er veel kleine maatschappijen die binnen één enkele regio vliegen. Tenzij u aanspraak maakt op kortingen, kunt echter vaak sneller en goedkoper reizen per hogesnelheidstrein *(blz. 635)*, gezien de tijd die u nodig hebt om luchthavens te bereiken die buiten de steden liggen.
Vooral Air Inter Europe biedt veel kortingen, die zijn gebaseerd op het systeem van de zogenaamde rood-wit-blauwe kalender: rode vluchten *(rouge)* vallen in de drukste periode en hiervoor dient u de volle prijs te betalen; vluchten op rustigere dagen zijn blauw *(bleu)* of wit *(blanc)* en kunnen in aanmerking komen voor een korting. De kortingen zijn afhankelijk van uw leeftijd en de regelmaat waarmee u reist. Voor informatie en het reserveren van binnenlandse vluchten kunt u terecht bij reisagenten van Air France in Nederland en België. U kunt hier ook vluchten van Air Inter boeken. Gegevens over het vervoer van en naar de belangrijkste luchthavens voor binnenlandse en internationale vluchten treft u aan in het schema hierboven.

Luchthaven	Informatie	Afstand na de stad
Bâle-Mulhouse	03-89903111	25 km
Bastia (Poretta)	04-95545454	20 km
Bordeaux (Mérignac)	05-56345050	12 km
Lille (Lesquin)	03-20496868	8 km
Lyon (Satolas)	04-72227221	25 km
Marseille (Marignane)	04-42141414	25 km
Montpellier Fréjorgues	04-67208500	7 km
Nantes Atlantique	02-40848000	12 km
Nice (Côte d'Azur)	04-93213030	6 km
Straatsburg	03-88646767	12 km
Toulouse (Blagnac)	05-61424400	7 km

De Kanaaltunnel

De tunnel werd in mei 1994 geopend door koningin Elizabeth II en president Mitterrand. Het vrachtvervoer, verzorgd door **Eurotunnel**, van Calais naar Folkestone, kwam in mei op gang, terwijl het passagiervervoer, dat door **Eurostar** wordt verzorgd, november 1994 van start ging *(blz. 634)*. Wanneer u een tocht door de Eurotunnel wilt maken, dan kunt u voor reserveringen terecht bij de Nederlandse en Belgische Spoorwegen *(blz. 637)* of bij **Eurotunnel-Le Shuttle** (autotrein).

Logo Eurotunnel

Andere overtochten

Vanaf Marseille en Nice varen het hele jaar autoveerboten van en naar Corsica. Tussen april en oktober kunt u ook vanaf Toulon varen. De veerboten zijn in handen van **SNCM Ferryterranée**.
In het hoogseizoen vaart SNCM bovendien wekelijks van Marseille naar Tunis en Algiers.
Van april tot september verzorgt **Corsica Marittima** (CMT) een drie uur durende autoveerdienst tussen Bastia in Corsica en Livorno in Italië, en een nachtelijke overtocht van Porto Vecchio in Corsica naar Livorno.

De Middellandse Zee oversteken met SNCM Ferryterranée

AXIRIT NAAR DE STRAD	BUSINFORMATIE	AUTOVERHUUR
FF 240-260	Stadscentrum 30 minuten	Avis, Budget, Citer-EuroDollar, Europcar, Hertz
FF 180-250	Stadscentrum 25 minuten	Avis, Budget, Citer-EuroDollar, Europcar, Eurorent, Hertz-Filipi Auto
FF 160-200	Gare St-Jean 30-45 minuten	ADA, Avis, Budget, Citer-EuroDollar, Europcar, Eurorent, Hertz
FF 100-130	Lille SNCF 20 minuten	Avis, Budget, Citer-EuroDollar, Europcar, Hertz
FF 200-250	Perrache SNCF 40 minuten. Ook naar Chambery, Geneva Apt Valence, St-Etienne en skioorden	Avis, Budget, Century, Citer-EuroDollar, Eurorent, Hertz
FF 200-250	St-Charles SNCF 25 minuten	Avis, Budget, Citer-EuroDollar, Europcar, Eurorent, Hertz
FF 80-100	Stadscentrum 20 minuten	Avis, Budget, Citer-EuroDollar, Europcar, Eurorent, Hertz
FF 100-130	Stadscentrum 20 minuten	Avis, Budget, Citer-EuroDollar, Europcar, Eurorent, Hertz
FF 100-120	Gare Routière 20 minuten	Avis, Budget, Citer-EuroDollar, Europcar, Hertz
FF 150-200	Stadscentrum 30 minuten	ADA, Avis, Budget, Citer-EuroDollar, Europcar, Eurorent, Hertz
FF 100-130	Gare Routière Marengo 20 minuten	ADA, Avis, Budget, Citer-EuroDollar, Europcar, Eurorent, Hertz, Spanghero

ADRESSEN

LUCHTVAART-MAATSCHAPPIJEN

Air France
Franrijk
0802-802802.

Nederland
020-4468800.

België
02-2200800.

Air Inter Europe
0802-802802.

Air Littoral
0803-834834.

KLM
Franrijk
01-44561818.

Nederland
020-4747747.
Reserveringen en informatie.

Sabena
Franrijk
01-48649827.

België
02-7232323

TAT
0803-805805.

REISBUREAUS

Bordeaux
Usit Voyages,
Rue St-Cathérine 284,
33000 Bordeaux.
05-56338990.

Lyon
Council Travel, Quai Docteur Gailleton 36,
69002 Lyon.
04-78370956.

Nice
Council Travel, Rue d'Angleterre 37 bis,
06000 Nice.
04-93822333.

Usit Voyages, Rue de Belgique 10,
06000 Nice.
04-93873496.

Parijs
Council Travel
Place de l'Odéon 1,
75006 Parijs.
01-44418989.

Nouvelles Frontières,
Bd St-Michel 66,
75006 Parijs.
01-46345530.

O.T.U.,
Rue St-Martin 119, 75004 Parijs.
01-40291212.

Usit Voyages,
Rue Vivienne 12,
75002 Parijs.
01-42441400.

Usit Voyages,
Rue de Vaugirard 6,
75006 Parijs.
01-42345690.

Toulouse
Usit Voyages,
Rue de Lois 5,
31000 Toulouse.
05-61115242.

Amsterdam
Nouvelles Frontières
PC Hooftstraat 116/2,
1071 CD Amsterdam.
020-6644131.

Brussel
Frantour,
Cipresstraat 12,
1000 Brussel.
02-2183300

Nouvelles Frontières
Maurice Lemonnierlaan 2,
1000 Brussel.
02-5474444.

VEERBOTEN

Compagnie Marocaine de Navigation
(Parijs) 01-45222752.

Corsica Marittima (CMT)
04-95546695.

SNCM Ferryterranée
0836579500 (24 uur per dag voor alle havens.)

Marseille
U dient zich in te schepen bij de veerbooterminal Joliette.

Nice
U dient zich in te schepen bij de Quai du Commerce.

Toulon
U dient zich in te schepen bij het Gare Maritime.

KANAALTUNNEL

Eurotunnel-
Nederland
Leidseplein 31/B,
1017 PS, Amsterdam.
020-5040540.

België
02-7174500.

Reizen per trein

SNCF logo

De Franse nationale spoorwegen, Société Nationale des Chemins de Fer (**SNCF**), beschikken over een uitstekend spoorwegnet. Daar waar spoorlijnen om economische redenen zijn gesloten, onderhoudt de SNCF busdiensten, die gratis zijn voor houders van treinabonnementen. De beste treinen zijn echter de *Grandes Lignes* die vanuit Parijs rijden. Omdat een treinreis buiten deze lijnen om langzaam kan verlopen, kunt u het land soms sneller doorkruisen via Parijs.

Aankomst in Frankrijk

Treinzigers uit Nederland en België komen in Parijs aan op het Gare du Nord. Ook de **Thalys** en de TGV arriveren op dit station. Als u naar andere delen van Frankrijk wilt doorreizen, moet u vaak op een ander station zijn. Het Gare St-Lazare is het station voor treinen naar Normandië. Voor treinen naar de Bretonse havens moet u op het Gare Montparnasse zijn. Het Gare Lyon in het oosten van Parijs is het belangrijkste station van de stad. Hier kunt u vertrekken naar Zuid-Frankrijk, de Alpen en eventueel naar Italië, Zwitserland en Griekenland. Van het Gare d'Austerlitz reist u naar het zuidwesten van Frankrijk, Spanje en Portugal. Het Gare de l'Est is het station voor Oost-Frankrijk.
Wilt u een tocht door de Kanaaltunnel maken, dan kunt u met de passagiersdienst van Eurostar van het Gare du Nord naar Waterloo International Station in Londen reizen.

Treinreiziger met bagagekarretje

Met de trein en auto door Frankrijk reizen via Motorail

Met de trein rondreizen in Frankrijk

Frankrijk staat bekend om de stiptheid van de treinen. Naast de vier typen TGV's, *Trains à Grande Vitesse*, zijn er veel andere frequente treindiensten, zoals de Corail-expres, de Motorail-dienst (de *Trains Autos Couchette* of *TAC*, soms *TAA* genoemd).
Voorts beschikt het land over zeer goede lokale treinen en treinen naar de voorsteden van de grootste steden, plus het uitstekende RER-net *(Reseau Express Régionale)* dat Parijs met de voorsteden verbindt.
U kunt bovendien gebruik maken van Train + Auto en Train + Vélo: u reserveert een huurauto of -fiets als u uw treinkaartje koopt en haalt deze op bij het station waar u aankomt. Via Train + Hotel kunt u vooraf accommodatie op uw bestemming regelen. Met Train de Nuit/Hôtel de Jour kunnen passagiers met een auto voor half geld gebruik maken van een hotelkamer plus de voorzieningen de volgende dag.
Slaaptreinen zijn populair in Frankrijk. De meeste lange-afstandstreinen beschikken over couchettes, die u moet reserveren tegen een vergoeding.
Niet alle treinen zijn voorzien van restauratiewagens of bars, zelfs niet op lange reizen. TGV's beschikken over bars met lichte maaltijden.
Passagiers die eerste klas reizen kunnen maaltijden op hun zitplaats geserveerd krijgen, maar moeten deze service wel vooraf reserveren.
Houd er rekening mee de TGV in Lille, Mâcon en Vendome op een ander station stopt dan het hoofdstation.

Prijzen

Kaartjes die u in Frankrijk koopt krijgen in de regel toeslagen, die staan aangegeven op de *calendrier voyageurs*, een rood-wit-blauwe kalender. Op rode dagen zijn de tarieven het hoogst en blauw heeft betrekking op de goedkoopste tarieven. Veel van de geboden kortingen (tot 60 procent) gelden alleen op blauwe dagen. De tarieven zijn ook afhankelijk van de afstand van de reis, of u eerste/tweede klas reist, reserveringskosten en de stationstoeslag. Op alle TGV-treinen zijn reserveringen verplicht.
SNCF geeft passen uit waarmee de houder korting kan krijgen: *carte vermeil* voor 60-plussers, *carte à deux* voor twee personen met hetzelfde adres, en *carte Kiwi* voor maximaal vier personen die een kind bij zich hebben. Verder zijn er 12-25-tarieven voor jongeren onder de 26 jaar, *decouvertes*-tarieven voor vooraf gereserveerde reizen, en *séjour*-tarieven voor reizen langer dan 1000 km.

Symbool van de RER-treinen

Er zijn in het buitenland diverse passen te koop die u in Frankrijk kunt gebruiken, waaronder Euro Domino-kaarten. Hiermee mag u binnen één maand drie, vijf of tien dagen reizen. Met de InterRailkaart kunnen reizigers onder de 26 jaar één maand onbeperkt reizen in Frankrijk en 25 andere Europese landen.
Daarnaast zijn er goedkopere InterRail-kaarten verkrijgbaar die te gebruiken zijn in een

kleiner aantal Europese landen. Nederlandse en Belgische treinreizigers onder de 26 kunnen met een InterRail-kaart voor één zone vijftien dagen onbeperkt reizen in de Benelux en Frankrijk.

Particuliere spoorwegen

Er zijn in Frankrijk talrijke particuliere spoorlijnen, maar de meeste doen meer dienst als toeristische attractie dan als regulier vervoermiddel. De Train des Pignes van de **Chemins de Fer de Provence** legt echter een spectaculair traject van 151 km af van Nice naar Digne. In Corsica onderhouden de **Chemins de Fer de la Corse** twee routes, Bastia-Calvi en Calvi-Ajaccio.

Een TGV of hoge-snelheidstrein

TGV

Trains à Grande Vitesse, of hogesnelheidstreinen, rijden 300 km/u. Er zijn drie routes. TGV Nord vertrekt van het Gare du Nord in Parijs, TGV Atlantique vanaf het Gare Montparnasse en TGV Sud-Est van het Gare de Lyon.

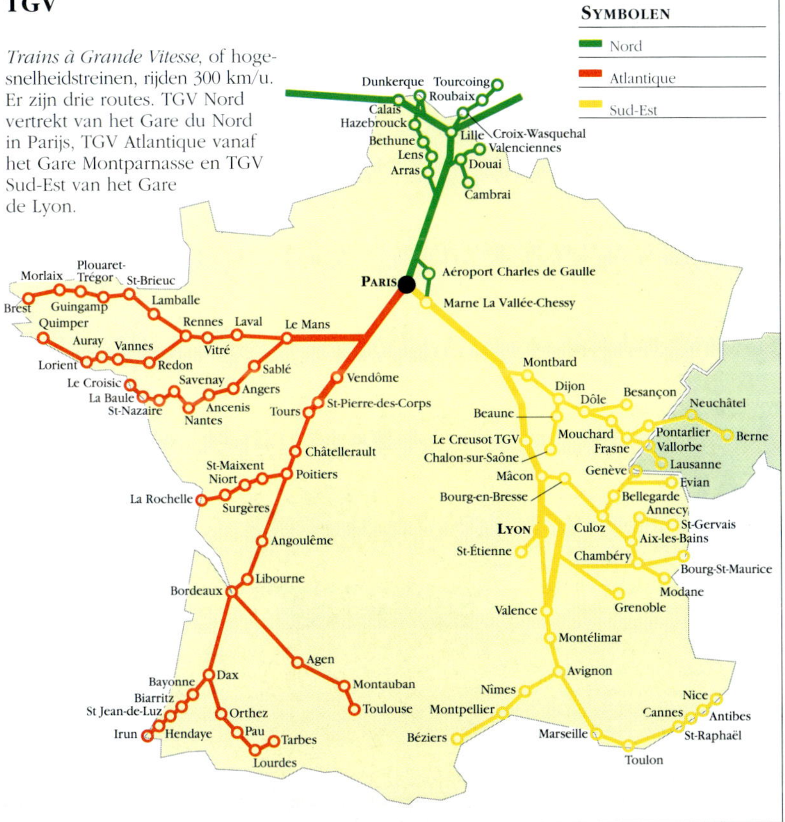

Reserveren in Frankrijk

In belangrijke stations staan kaartjes- en reserveerautomaten *(billetterie automatique)*. Deze werken op creditcards en munten. Ook kunt u reserveren door de **SNCF** te bellen of via Minitel *(blz. 624)*. U kunt de kaarten betalen met een creditcard en later op het station ophalen.

Reserveren is verplicht voor de TGV, op feestdagen en voor een *couchette* of *siège inclinable* (stoel met verstelbare rugleuning). Reserveer uiterlijk vijf minuten voor vertrek. Voordat u in de trein stapt, moet u uw reservering en uw kaartje stempelen in een *compositeur*.

Kaartjesautomaat

Reserveren in Nederland en België

Voor reserveringen van treinreizen naar en binnen Frankrijk kunt u zich wenden tot gespecialeerde reisbureus die ook treinreizen verzorgen. Voorts kunnen Nederlanders op grotere **NS**-stations en bij het NS-Reisburo terecht voor reserveringen. Hier kunt u ook kaartjes krijgen voor Franse treinen, maar dit geldt alleen voor treinreizen naar de grotere plaatsen. Telefonisch kaartjes bestellen bij de NS kan maximaal twee maanden van tevoren en minimaal

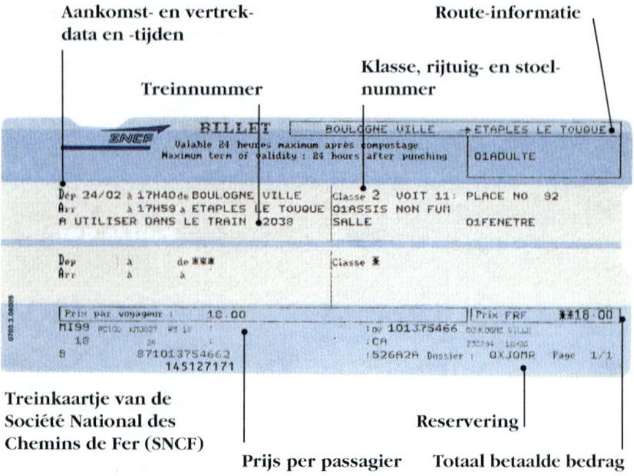

Treinkaartje van de Société National des Chemins de Fer (SNCF)

tweeënhalve week voor vertrek. Het is niet mogelijk om kaartjes telefonisch met uw creditcard te bestellen. U kunt uw treinticket annuleren maar hier zijn wel kosten aan verbonden. De **Thalys** heeft een eigen servicenummer.

Op een groot aantal stations van de **Belgische Spoorwegen** zijn kaartjes verkrijgbaar voor internationale treinen. Het is bij de spoorwegen niet mogelijk om internationale treinkaartjes telefonisch te reserveren.

Kaartjes voor internationale treinen zijn maximaal drie maanden van tevoren verkrijgbaar en uiterlijk op de dag van vertrek. Voor binnenlandse Franse trajecten kunt u alleen plaatsen reserveren in treinen naar belangrijke bestemmingen. Voor annuleringen wordt een bedrag in rekening gebracht, afhankelijk van het soort treinkaartje.

Dienstregeling

De Franse dienstregelingen veranderen twee keer per jaar, in mei en september. De Franse spoorwegen verkopen de *Ville à ville*-dienstregeling waarin de belangrijkste routes vanuit Parijs staan aangegeven. Ook verkopen ze de regionale dienstregelingen voor de Atlantische kust, het Zuidoosten en het Noordoosten.

In gratis folders leest u informatie over het reizen met kinderen, kortingen, gehandicapte treinreizigers en de TGV. In sommige gebieden, zoals Provence-Alpes-Côte d'Azur geldt een regionale TER-dienstregeling *(Transports Express Régionaux)* waarop ook gegevens staan over langeafstandsbussen. Franse treinen vertrekken vrijwel altijd op tijd.

Compositeur

Oranje compositeurs *staan in stationshallen en voor aan ieder perron. Kaarten en reserveringen moeten hier apart worden ingestoken met de bedrukte kant naar boven. De* compositeur *ponst dan uw kaartje en drukt de tijd en datum achterop. Als u uw kaartje niet hebt geponst, kunt u een boete krijgen.*

Aankomst per bus

De allergoedkoopste manier om naar Frankrijk te reizen is per lange-afstandsbus. De moderne bussen van **Eurolines** rijden naar niet minder dan 270 bestemmingen, waaronder vele in Frankrijk. Het gehele jaar door vertrekken er dagelijks bussen uit Amsterdam naar Frankrijk, maar u kunt ook in Den Haag, Rotterdam en Breda opstappen. Vanaf Amsterdam bedraagt de reistijd naar Parijs achtenenhalf uur. Ook in België vertrekken dagelijks Eurolinesbussen naar Frankrijk. Opstappunten zijn Antwerpen, Brussel en Mons. Vanaf Brussel neemt de reis naar Parijs zo'n vier uur in beslag. Eurolines biedt enkele reizen, retours en rondreizen door Europa.

Per bus rondreizen in Frankrijk

Lange-afstandsbussen rijden over het algemeen alleen daar waar goede treinverbindingen ontbreken (bijvoorbeeld van Genève naar Nice). De SNCF onderhoudt een aantal busverbindingen en verkoopt dienstregelingen en kaartjes gecombineerd met de regionale TER *(Transports Express Réginaux)*. Eurolines rijdt naar meer bestemmingen dan de meeste andere busmaatschappijen. Eurolines organiseert ook excursies en regelt onderdak.
Veel lokale busmaatschappijen rijden vanaf het *Gare Routière* van de plaats (vaak het Gare SNCF). De dienstregeling is afgestemd op het vervoer van studenten en forenzen en in sommige dorpen vertrekt de bus 's ochtends dan ook erg vroeg.

Taxi's

Op het Franse platteland variëren de taxitarieven per regio. Taxi's dienen in het bezit te zijn van een meter *(compteur)*. Het tarief bedraagt ongeveer FF 12 plus FF 3,60 per km. De prijs van een lange reis kan soms in overleg met de taxichauffeur worden vastgesteld. *Stations de taxi* vindt u buiten luchthavens, stations of in het stadscentrum. Het aanhouden van taxi's is in Frankrijk alleen de gewoonte in grote steden. In landelijke streken moet u telefonisch een taxi bestellen.

Reizen per fiets

Hoewel fietsen populair is in Frankrijk, kunt u op maar weinig treinen uw fiets meenemen. Deze treinen staan in de dienstregeling aangeven met een fiets-symbooltje. Meestal moet u een fiets apart verzenden. Nadelen zijn dat u soms wel vier dagen op uw fiets moet wachten.
U kunt ook een fiets huren. Via de SNCF kunt u op een aantal stations een huurfiets reserveren als u een treinkaartje koopt. Rijwielzaken in veel plaatsen verhuren toerfietsen en mountainbikes.
Het Franse platteland leent zich uitstekend voor fietstochten, dank zij het uitgebreide netwerk van rustige wegen. In steden treft u echter maar weinig fietspaden aan. Zie blz. 628 voor meer informatie over fietsroutes met routebordjes.

Liften

Het is niet gemakkelijk om in Frankrijk te liften, op het platteland maakt u de meeste kans. De veiligste manier van liften is via **Allo-stop**, een organisatie die in de meeste grote steden te vinden is.

Adressen

SNCF, Parijs

Informatie en reserveringen
☎ *08-36353535.*
Minitel 36 15 SNCF.

Internationale treinkaartjes

Belgische Spoorwegen
☎ *02-5252111.*

Nederlandse Spoorwegen
☎ *0900-9296.*
Informatie, kaartverkoop en reserveringen.

Thalys
Teleservice
☎ *0900-9298* (Nederland)

InterRail
☎ *0900-9296* (Nederland).
(De kaart is ook verkrijgbaar op de grote stations in Nederland en België.)

Particuliere spoorlijnen

Chemins de Fer de Provence
☎ *04-93883472.*

Chemins de Fer de Corse:
Ajaccio
☎ *04-95231103.*
Bastia
☎ *04-95328061.*
Calvi
☎ *04-95650061.*

Eurolines

Nederland
Rokin 10,
1012 KR Amsterdam.
☎ *020-5608787.*
Amstelbusstation
Julianaplein 5 10,
1097 DN Amsterdam.
☎ *020-5608787.*

België
CCN, Noordstation
Vooruitgangstraat 80,
1210 Brussel
☎ *02-2030707.*

De Brouckèreplein 50,
1000 Brussel.
☎ *02-2030707.*

Parijs
Av du Général de Gaulle
28, 93170 Bagnolet.
☎ *01-49725151.)*

Stations lange-afstandsbussen

Parijs (Eurolines)
Porte de Bagnolet.
☎ *01-49725151.*

Bordeaux
Place des Quinconces.
☎ *05-56436843.*

Lyon
Garre de Perrache.
☎ *04-78717000.*

Marseille
Place Victor Hugo.
☎ *04-91505755.*

Nice
Boulevard Jean Jaurès 5.
☎ *04-93856181.*

Straatsburg
Place des Halles.
☎ *03-88323697.*

Liften

Allo-stop
Rue Rochambeau 8,
Parijs 75009
☎ *01-53204242.*

Over de weg

Een klassiek lelijk eendje

Frankrijk heeft een zeer dicht wegennet met moderne autowegen waarover u snel en eenvoudig naar alle delen van het land kunt reizen. U kunt echter veel tolgeld besparen en Frankrijk meer op uw gemak verkennen door een aantal van de andere uitstekende wegen te gebruiken. Hier worden beide mogelijkheden besproken en vindt u alles over het gebruik van tolhuisjes en parkeermeters *(horodataurs)* plus enkele Franse verkeersregels. Voorts leest u waar u benzine kunt kopen, hoe u aan weers- en verkeersinformatie komt, waar u een auto kunt huren en waar u de beste wegenkaarten krijgt.

Borden voor een snelweg en een D-weg

Wat neemt u mee

Zorg dat u de Groene Kaart van uw WA-motorrijtuigverzekering bij u hebt, waarmee u in het buitenland in veel gevallen bent gedekt als u bij een ongeval betrokken raakt. Ook de Reis- en Kredietbrief van de ANWB is geen overbodige luxe.
U bent verplicht in Frankrijk het originele kentekenbewijs van uw auto bij u te hebben, geldige verzekeringspapieren en natuurlijk een geldig rijbewijs. Tevens moet u uw paspoort bij u dragen.
Op de achterkant van uw auto moet vlak bij de kentekenplaat de sticker met de lettercode van uw land zijn geplakt. Ook dient u in het bezit te zijn van een rode gevarendriehoek, reservekoplampjes, een verbandtrommel en een brandblusser. Als u deze accessoires niet bij u hebt, kunt u een boete krijgen. Mocht u 's winters gaat autorijden in wintersportgebieden, dan zijn sneeuwkettingen *(chaînes)* onmisbaar.

Benzine kopen in Frankrijk

Benzine *(essence)* is duur in Frankrijk, vooral langs de *autoroutes*. Grote supermarkten en hypermarkten verkopen benzine tegen korting. Bij de Franse Verkeersbureaus *(blz. 617)* is een kaart *(la carte de l'essence moins chère)* verkrijgbaar waarop alle winkels staan aangegeven die vlak bij afritten van autowegen staan. Benzinebonnen worden in Frankrijk niet geaccepteerd. De tank volgooien duidt men in het Frans aan met *faire le plein*.
Diesel *(gazole* of *gasoil)* is relatief duur en is overal verkrijgbaar, evenals loodvrije benzine *(sans plomb)*.

Verkeersregels

Tenzij anders aangegeven, hebben alle voertuigen van rechts voorrang *(priorité à droite)*, ook het langzame verkeer. Auto's op een rotonde hebben voorrang op het naderende verkeer als er een driehoekig wit bord staat met drie pijlen in een cirkel. Bij de meeste voorrangswegen buiten de bebouwde kom wordt met *passage protegé*-borden aangegeven dat u voorrang hebt.
Wanneer een bestuurder met zijn koplampen knippert, geeft hij aan dat hij voorrang heeft.
Het is verplicht om op de voorbank veiligheidsgordels te dragen, evenals op de achterbank, indien hier gordels aanwezig zijn. Kinderen onder de 10 jaar mogen niet op de voorbank zitten.
Andere verkeersregels kunt u nalezen in de brochure *Frankrijk reisinformatie* van de **ANWB** (Nederland) of vraag inlichtingen bij de **TCB** (België). Deze regels behelzen onder andere het inhaalverbod bij een ononderbroken lijn.

Enkele van de bekendste autoverhuurders in Frankrijk

Maximaal 40 km/u

Maximumsnelheden in Frankrijk:

- Op autosnelwegen 130 km/u; bij neerslag 110 km/u.
- Op wegen met gescheiden rijbanen 110 km/u; bij neerslag 90-100 km/u.
- Op andere wegen 90 km/u; bij neerslag 80 km/u.
- Binnen de bebouwde kom 50 km/u. Deze snelheid geldt overal in een gemeente, tenzij anders aangegeven. Op sommige plaatsen ligt de toegestane snelheid lager. Waar de normale maximumsnelheid geldt, wordt deze niet altijd aangegeven.

Boetes voor te hard rijden en rijden onder invloed dienen vaak ter plekke te worden betaald, vooral wanneer het buitenlanders betreft. U kunt ook een boete krijgen als u niet de juiste autopapieren bij u hebt of zich niet aan de verkeersregels houdt.

Eenrichtings-verkeer

Verboden toegang voor voertuigen

Einde *passage protegé*, begin *priorité à droite*

AUTOSNELWEGEN

Op de meeste Franse autowegen wordt tol geheven *(autoroutes à péage)*, die erg hoog kan zijn. Bepaalde korte gedeelten zijn gratis, gewoonlijk vlak bij grote centra. U kunt met creditcards of met contant geld betalen. Als het maar om kleine bedragen gaat, gooi dan munten in een grote bak, waarna u automatisch uw wisselgeld krijgt. Het grootste gedeelte van het *autoroute*-net is aangelegd in de laatste twintig jaar. Erlangs vindt u om de 10-20 km picknickplaatsen en *aires de repos*, waar u kunt uitrusten, tankstations om de 40 km en praatpalen om de 2 km. Servicehavens beschikken over winkels, snacks voor onderweg, restaurants, en fax- en telefoonfaciliteiten.

ANDERE WEGEN

In Frankrijk vormen de RN- en D-wegen *(routes nationale* en *départementale)* goede alternatieven voor de autowegen. *Bis/Bison futée*-borden geven alternatieve routes aan waar u grote verkeersdrukte kunt omzeilen. Zondag is gewoonlijk een geschikte dag om te reizen omdat er dan weinig vrachtverkeer op de weg is. Vermijd te reizen in de Franse vakantieperioden *(grands départs)*. In de weekeinden rond half juli, en begin en eind augustus zijn de omstandigheden het slechtst. Als u liever langs dan dwars door Parijs rijdt, is het raadzaam een van de autowegen aan weerszijden van de stad te nemen, om zo de drukke *boulevard péripherique* rond Parijs te mijden.

VERKEERSINFORMATIE EN WEERBERICHT

Lokale radiostations geven de toestand op de weg door – let op borden met radiofreqenties langs de snelwegen. **CRICR**-lijnen (Centre Régional d'Inforation et de Coordination Routière) geven algemene regionale verkeersinformatie. De **CNIR**-lijn (Centre National d'Information Routière) bericht over heel Frankrijk. Vraag in Nederland informatie bij de **Reisadvieslijn Europa** en in België bij **Tourinfo**. Voor de weersverwachting van Frankrijk kunt u de **Vakantieweerlijn** van de ANWB (Nederland) bellen of het **KMI** (België).

Bord voor de terminal van de Kanaaltunnel

HET BETALEN VAN TOL LANGS DE AUTOROUTES

Als u een *autoroute* oprijdt, haalt u een kaartje uit de automaat. Hierop staat het punt vermeld waar u de weg oprijdt. U betaalt bij het tolstation waar u de weg verlaat. Het bedrag hangt af van de afgelegde afstand en het voertuig.

Borden langs snelwegen
Hierop staan de naam van en de afstand tot het volgende tolstation. De borden zijn blauwwit; sommige vermelden de tarieven voor auto's, motoren, vrachtwagens en caravans.

Bemand tolstation
Als u uw kaartje inlevert bij een bemand tolstation, krijgt u te horen hoeveel u moet betalen en wordt het bedrag zichtbaar op een scherm. U kunt betalen met munten, bankbiljetten of met een Eurocheque in Franse francs. Op verzoek krijgt u een bewijsje.

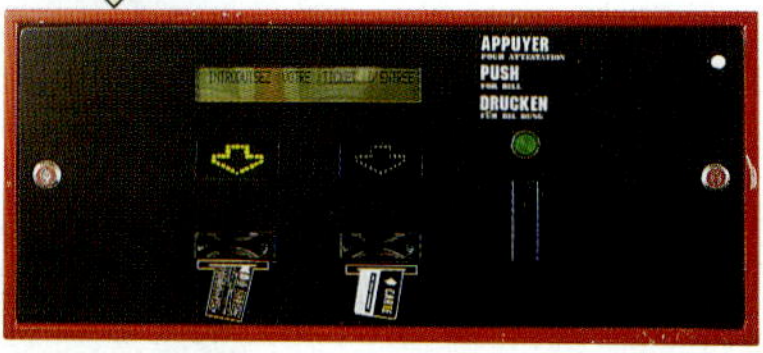

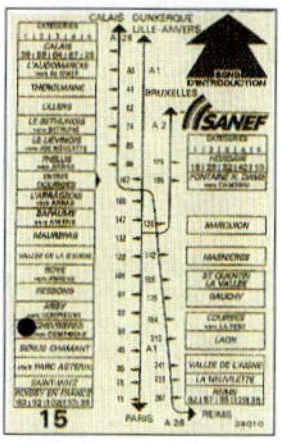

Automatische tol
Bij het tolstation waar u de weg verlaat steekt u uw kaartje in de automaat. Het bedrag in francs wordt dan zichtbaar op een scherm. U betaalt met munten of creditcards. De automaat geeft wisselgeld en soms een betaalbewijsje.

HET GEBRUIK VAN EEN HORADATEUR

FF1

FF2

FF5

FF10

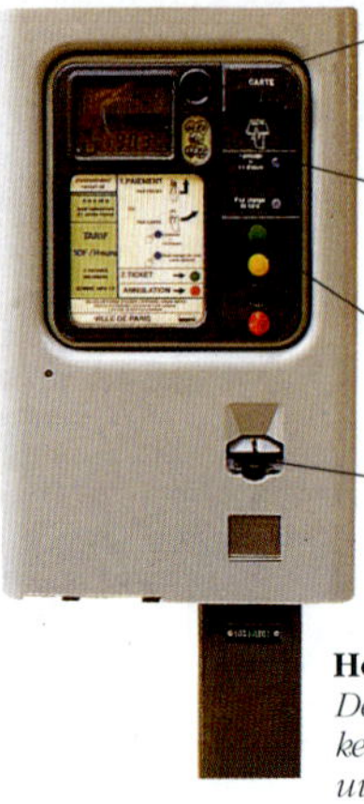

1 Als u munten gebruikt (FF1, FF2, FF5, FF10): stop volgens tarief munten in de gleuf.

2 Als u een kaart gebruikt: steek de kaart in en druk op de blauwe knop voor elke 15 min.

3 Druk op de groene knop voor het kaartje.

4 Trek het kaartje uit de meter en leg het achter uw voorruit.

Horodateurs
Deze parkeermeters werken ma-vr van 9.00-19.00 uur. Parkeren is gratis op za en zo, op feestdagen en in augustus, tenzij anders aangegeven.

PARKEREN

De parkeervoorschriften in Frankrijk verschillen per plaats. In de meeste plaatsen staan tegenwoordig parkeerautomaten *(horodateurs)*. Sommige automaten accepteren parkeerkaarten die u in sigarenwinkels (*tabacs*) kunt kopen. In provinciale steden kunt u vaak gratis parkeren van 12.00 tot 13.30 uur. Gewoonlijk mag u maximaal twee uur blijven staan.
In kleine plaatsen mag u slechts aan één kant van de weg parkeren. Aan welke kant u mag staan, hangt af van de periode van de maand.
In grotere steden, met name in Parijs, zijn parkeerplaatsen vaak moeilijk te vinden. Wegens gebrek aan ruimte, 'duwt' men geparkeerde auto's regelmatig met de bumper een stukje verder om plaats te maken.
In wijken waar parkeerschijven vereist zijn, kunt u bij het plaatselijke toeristenbureau een parkeerschijf krijgen.

AUTOVERHUUR

Alle belangrijke internationale autoverhuurbedrijven beschikken over vestigingen in Frankrijk. Het is raadzaam om voor uw vertrek naar Frankrijk bij verschillende verhuurders inlichtingen in te winnen, omdat sommige bedrijven korting bieden als u de huur van de auto al in eigen land regelt en reserveert. **Century Self Drive** opereert buiten de terminals van de luchthavens, gewoonlijk vanuit de lobby van een hotel vlak in de buurt. U wordt opgehaald als u aankomt. Bij een reisbureau kunt tegelijk met het boeken van een vliegticket vaak ook de huur van een auto regelen *(fly & drive)*. Bij aankomst op de luchthaven staat een huurauto voor u klaar. DE SNCF (de nationale spoorwegen) verkoopt gecombineerde Train + Auto-kaartjes *(blz. 634)*. Op het station waar u aankomt staat dan een gereserveerde huurauto voor u gereed (dit kan bij 200 stations).
Informatie over het huren van een auto met chauffeur is verkrijgbaar bij de **Automobile Club de l'Ile de France**.

KAARTEN

In dit boek begint ieder hoofdstuk met een kaart van de streek waarop alle bezienswaardigheden staan aangegeven. Ook leest u nuttige tips over het vervoer. Bij het Franse Verkeersbureau kunt u kaarten krijgen van het Franse autoroute-net en kaarten waarop de historische bezienswaardigheden staan.
Als u kortere afstanden wilt rijden of fietstochten wilt maken, dan is het handig om gebruik te maken van de kleinere D-wegen waar vaak minder verkeer is. D-wegen staan met geel en wit aangegeven op **Michelin**-kaarten. De rode Michelin-kaarten (schaal 1:1.000.000) zijn erg handig voor het uitstippelen van een route. In de uitstekende Michelin-Atlas van Frankrijk staan kaarten met een schaal van 1:200.000 die elkaar ruim overlappen.
Tevens is er een serie regionale kaarten van verschillende grootte met dezelfde schaal verkrijgbaar. Deze heb-

Fietsers in de Alpen

ben een gele omslag. Er zijn ook kaarten waarop het hele land staat (rode omslag). Kaarten met grotere schaal (groene omslag) zijn op dit moment alleen verkrijgbaar van Zuid-Frankrijk en het gebied rondom Parijs. Een nieuwe serie *Cartes Zoom* met een schaal van 1:100.000 concentreert zich op de gebieden rond Toulouse, Bordeaux, Clermont-Ferrand en Nantes. Het **IGN** (Institut Géographique National) is de Franse nationale cartografische dienst. Er zijn IGN-kaarten verkrijgbaar van heel Frankrijk met de schalen 1:250.000, 1:100.000, 1:50.000 en 1:25.000. **Espace IGN** vlak bij de Champs-Elysées in Parijs is een paradijs voor liefhebbers van kaarten. Zie blz. 628 voor wandel- en fietsgidsen.

De ANWB geeft in Nederland de *ANWB Toeristische Wegenatlas Frankrijk* uit met kaarten van de Franse cartografische dienst (schaal 1:250.000). De toeristische wegenkaarten van de ANWB/Kümmerly + Frey (schaal 1:400.000) zijn ook erg handig. In België zijn bij de TCB ook kaarten van Kümmerley + Frey verkrijgbaar waaronder een overzichtskaart van Frankrijk (schaal 1:1.000.000) en detailkaarten van de regio's (schaal 1:250.000). Op de stadsplattegronden in dit boek treft u alle belangrijke bezienswaardigheden aan. Stadsplattegronden zijn gewoonlijk gratis verkrijgbaar bij toeristenbureaus, hoewel voor de grotere steden de meer gedetailleerde kaarten van Michelin van pas kunnen komen.

Een aantal Franse wegenkaarten

ADRESSEN

AUTOVERHUUR

ADA
01-49584444 (Parijs).

Avis
020-4309609. (Nederland).
02-7269488 (België).
01-46106060 (Parijs).

Budget
023-5671222 (Nederland).
02-7215097 (België).
01-47556100 (Parijs).

Century Self Drive Ltd
01-34290008 (Frankrijk).

Citer-EuroDollar
01-44386000 (Parijs).

Europcar
070-3811891 (Nederland).
02-3489212 (België).
01-45000806 (Parijs).

Eurorent
01-44385555 (Parijs).

Hertz
023-5620028 (Nederland).
02-7264950 (België).
01-39383838 (Parijs).

AUTOVERHUUR MET CHAUFFEUR

Automobile Club de l'Ile de France
Av de la Grande Armeé 14, 75017 Parijs.
Kaart 2 D4.
01-40554300.

WEERBERICHTEN

Vakantie-weerlijn
06-9579 (Nederland).

KMI
02-3744608 (België).

SITUATIE OP DE WEGEN: NATIONALE INFORMATIE

CNIR
Rue Danton 115, 92400 Courbevoie.
01-48943333 (Parijs).

Reisnieuwslijn
0900-91091010 (Nederland).

Toeristische dienst van de TCB
02-2332236 (België)

SITUATIE OP DE WEGEN: REGIONALE INFORMATIE

CRICR Bordeaux
05-56963333.

Lille
03-20473333.

Lyon
04-78543333.

Marseille
04-91787878.

Metz
03-87633333.

Parijs
01-48993333.

Rennes
02-99323333.

KAARTEN

A la Carte
Utrechtsestraat 110-112, 1017 VS Amsterdam.
020-6250679.

Anticyclone des Acores
Leopoldstraat 27, 1000 Brussel.
02-2175247.

ANWB (Hoofdkantoor)
Wassenaarseweg 220, 2596 EC Den Haag.
070-3147147.
Over heel Nederland verspreid vindt u ANWB-vestigingen.

Espace IGN
Rue la Boétie 107, 75008 Parijs.
Kaart 2 F5.
01-43988000.
FAX 01-43985108.

Jacob van Wijngaarden
Geografische boekhandel 1054 HD Overtoom 97, Amsterdam.
020-6121901.

Michelin
01-45661234 (Parijs).

TCB
Wetstraat 44, 1040 Brussel.
02-2332211.
Over heel België verspreid vindt u TCB-vestigingen.

Van Stockum, Belinfante & Coebergh
Noordeinde 62, 2514 GK Den Haag.
070-3659938.

Register

A

C

D

L

M

N

S

T

Dankbetuiging

De uitgever is dank verschuldigd aan de volgende personen die hebben bijgedragen aan de totstandkoming van dit boek.

AUTEURS
John Ardagh, Rosemary Bailey, Judith Fayard, Lisa Gerard-Sharp, Alister Kershaw, Alec Lobrano, Anthony Roberts, Alan Tillier, Nigel Tisdall.

MEDEWERKERS
John Ardagh is schrijver en verslaggever, en auteur van een groot aantal regionale boeken over Frankrijk, waaronder *France Today* en *Writers' France*.

Rosemary Bailey heeft verscheidene boeken over Frankrijk geschreven en bewerkt, waaronder *Burgundy*, de *Loire Valley* en de *Côte d'Azur*.

Alexandra Boyle is schrijfster en redactrice. Ze is al twintig jaar werkzaam in de uitgeverswereld in Engeland en Frankrijk.

Elsie Burch Donald, redactrice en schrijfster, is auteur van *The French Farmhouse*.

David Burnie B.Sc. heeft meer dan 30 natuurwetenschappelijke werken geschreven, waaronder *How Nature Works*.

Judith Fayard, een Amerikaanse die woonachtig is in Parijs, was tien jaar bureauchef van de vestiging van *Life* in Parijs, en is nu de Europese redacteur van *Town & Country*. Ze verzorgt bijdragen aan verscheidene publikaties, waaronder de *Wall Street Journal*.

Lisa Gerard-Sharp is schrijfster en verslaggeefster, en auteur van verscheidene regionale boeken over Frankrijk en Italië.

Colin Jones is Professor of History aan de Exeter University. Enkele boeken van zijn hand zijn *The Longman Companion to the French Revolution* en *The Cambridge Illustrated History of France*.

Alister Kershaw is een Australische schrijver en verslaggever die al 30 jaar woonachtig is in het Loire-dal.

Alec Lobrano is een Amerikaanse schrijver die woonachtig is in Parijs. Hij is de Europese redacteur van het tijdschrift *Departures* en verzorgt bijdragen aan de *International Herald Tribune*, *Los Angeles Times* en *The Independent*.

Anthony Roberts is een schrijver en vertaler die al vijftien jaar woonachtig is in Gascogne. Hij verzorgt onder meer bijdragen aan *The Times*, *World of Interiors* en *Architectural Digest*.

Anthony Rose is de wijnverslaggever van *The Independent* en de mede-auteur van *The Grapevine*.

Jane Sigal heeft twee boeken geschreven over de Franse keuken, *Normandy Gastronomique* en *Backroom Bistros, Farmhouse Fare*.

Alan Tillier is de belangrijkste auteur van *Capitool Reisgidsen – Parijs*. Hij woont al ruim twintig jaar in Parijs en is correspondent van onder andere de *International Herald Tribune*, *Newsweek* en *The Times*.

Nigel Tisdall is auteur van reisverhalen en schrijver van reisgidsen over Bretagne en Normandië.

Patricia Wells schrijft culinaire recensies in de *International Herald Tribune* en is auteur van de *Food Lovers Guide to Paris* en de *Food Lovers Guide to France*.

OVERIGE MEDEWERKERS
Caroline Bugler, Ann Cremin, Bill Echikson, Adrian Gilbert, Peter Graham, Marion Kaplan, Jim Keeble, Alexandra Kennedy, Fred Mawer, Clive Unger-Hamilton.

AANVULLENDE FOTO'S
Jo Craig, Michael Crockett, Mike Dunning, Philip Enticknap, Steve Gorton, Alison Harris, John Heseltine, Roger Hilton, Eric Meacher, Neil Mersh, Robert O'Dea, Alan Williams, Peter Wilson.

AANVULLENDE ILLUSTRATIES
Dinwiddie Maclaren, John Fox, Nick Gibbard, Paul Guest, Stephen Gyapay, Kevin Jones Associates, Chris Orr, Robbie Polley, Sue Sharples.

AANVULLENDE CARTOGRAFIE
Colourmap Scanning Limited; Contour Publishing; Cosmographics; European Map Graphics; Meteo-France. Stratenkaarten: ERA Maptec Ltd (Dublin), met toestemming aangepast, oorspronkelijke opmeting en kaarten van Shobunsha (Japan).

CARTOGRAFISCH ONDERZOEK
Jennifer Skelley, Rachel Hawtin (Lovell Johns); James Mills-Hicks, Peter Winfield, Claudine Zarte (Dorling Kindersley Cartography).

VORMGEVING EN REDACTIONELE ASSISTENTIE
Louise Abbott, Peter Adams, Laetitia Benloulou, Steve Bere, Jane Branneky, Arwen Burnett, Margaret Chang, Maggie Crowley, Fay Franklin, Tom Fraser, Emily Green, Elaine Harries, Sasha Heseltine, Elaine Hewson, Paul Hines, Nicholas Inman, Nancy Jones, Siri Lowe, Francesca Machiavelli, Lesley McCave, Ella Milroy, Malcolm Parchment, Shirin Patel, Alice Peebles, Marianne Petrou, Salim Qurashi, Caroline Radula-Scott, Marisa Renzullo, Rupert Small, Andrew Szudek, Dawn Terrey, Fiona Wild.

SPECIALE ASSISTENTIE
Mme Jassinger, Persafdeling van de Franse Ambassade; Peter Mills en Christine Lagardère, Franse Spoorwegen.

FOTOGRAFISCHE REFERENTIE
Altitude, Parijs; Sea and See, Parijs; Editions Combier, Maçon; Thomas d'Hoste, Parijs.

TOESTEMMING VOOR FOTOGRAFIE
De uitgever bedankt de volgende instanties voor hun toestemming om te fotograferen: De Caisse Nationale des Monuments Historiques et des Sites; M. A Leonetti, de abdij van Mont St-Michel; de kathedraal van Chartres; M. Voisin, Château de Chenonceau; M. P Mistral, Cité de Carcassonne, M. D Vingtain, Palais des Papes, Avignon; Château de Fontainebleau; de kathedraal van Amiens; de abdij ven Conques; de abdij van Fontenay; de abdij van Moissac; de abdij van Vézelay, de kathedraal van Reims en alle andere kerken, musea, hotels, restaurants, winkels, galeries en bezienswaardigheden die te groot in aantal zijn om afzonderlijk te bedanken.

FOTOVERANTWOORDING
b = boven; bl = boven links; bm = boven midden; br = boven rechts; mlb = midden links boven; mb = midden boven; mrb = midden rechts boven; ml = midden links; m = midden; mr = midden rechts; mlo= midden links onder; mo = midden onder; mro = midden rechts onder; gol = geheel onder links; go = geheel onder; gom = geheel onder midden; gor = geheel onder rechts;

Kunstwerken staan afgebeeld met toestemming van de volgende houders van auteursrechten;

© ADAGP, Parijs en DACS, Londen 1994: 25bl, 59bl, 61bl (detail), 88m, 89mb, 95b, 109go, 514gol; © DACS, Londen 1994: 24m, 24mo, 25m, 25mo, 26gol, 60-61, 84ml, 86b, 86go, 89b, 203b, 341b, 371gor, 412b, 463b, 472b, 498mb, 503go, 511b, 512go, 514br, 514 gor, 519go; © J Fabris: 25m; © Succession H Matisse/DACS 1994; 25go, 88go, 516go.

Foto's verkregen met de hulp van de EPPV en de CSI: 132-133; Foto van Euro Disneyland ® Park en Euro Disneyland Parijs ® 168mr; De figuren, architecturale werken en handelsmerken zijn eigendom van The Walt Disney Company. Alle rechten voorbehouden; Met toestemming van het Maison Victor Hugo, Ville de Paris: 87b; Musée National des Châteaux de Malmaison et Bois-Preau: 163go; Musée de Montmartre, Parijs: 129b; Musée National de la Legion d'Honneur: 56b; © Sundancer: 138gol.

De uitgever is de volgende personen, bedrijven en bibliotheken dankbaar voor hun toestemming om hun foto's af te drukken:
Air France/D Toulorge: 631b; Alpine Garden Society/Christopher Grey-Wilson: 450gol, 450gor; Agence Photo Aquitaine: D Lelann 411bl; Ancient Art and Architecture Collection: 43 mro, 46m, 46mo, 48gor, 53gol, 242-3go, 325gol, 372b, 424b, 428go; Photo AKG, Berlijn: 41mrb, 42gol, 50gom, 51mro, 392b, 393go; Sa Apa Poux, Albi: 427b; Archives Photographiques, Parijs/DACS: 412b; Atelier du Regard/A Allemand: 432ml, 432mr, 432go.

Bibliothèque Nationale, Dijon: 45mo; F. Blackburn: 451gol; Gerard Boullay/Photola: 83gol, 83mrb; Bridgeman Art Library: Albright Knox Art Gallery, Buffalo, New York 265gor; Anthony Crane Collection 201gor; Bibliothèque Nationale, Parijs 46mr-47ml, 48b, 49mr, 65gol; British Library, Londen 48gol, 64gor, 282m, 283gor, 283bl; Bonhams, Londen 55bm, 58bl; Château de Versailles, Frankrijk 65br; Christies, Londen 25m, 503go; Giraudon 24br, 24bl, 52mr-53ml, 53bl, 55bl, 65gom, 171go, 324m, 333m, 355b; Guildhall Library, Corporation of Londen 407go; Hermitage, St-Petersburg 25gol; Index 462go; Kress Collection, Washington DC 283gol; Lauros-Giraudon 42b, 65gor; Musée des Beaux Arts, Quimper 233m; Musée Condé, Chantilly 46bl, 53br, 64gol, 65bm, 65bml, 65mo, 194b, 283m; Musée d'Orsay, Parijs 24mo; Paul Bremen Collection 245b; Sotheby's New York 51bl; V&A Museum, Londen 328go; Walters Art Gallery, Baltimore, Maryland 346b; John Brunton: 504go; Michael Busselle: 172-3.

Campagne, Campagne: 340b; C Guy 315b; Lara 181mr; B Lichtstein 207go, 314ml; Pyszel 180gol; CNMHS, Parijs/DACS: Longchamps Delehaye 203bl; Castelet/Grotte de Clamouse: 483go; Collection CDT Gard: 315gol; CDT Lot: 429go; Cephas: Stuart Boreham 250-1; Hervé Champollion 312br, 324b, 340go; Mick Rock 34m, 388bl, 388ml, 461b, 508-9; Jean Loup Charmet: 43go, 46gor, 48mlo, 54b, 58ml, 58mlo, 59bl, 59bm, 60gol, 60gor, 61mro, 204go, 233go, 255gor, 259go, 264b, 271go, 290gor, 333gor, 348go, 349b, 351m, 391mr, 391gor, 411go, 465b, 497b; Cité de Sciences et l'Industrie: Michel Lamoureux: 133m; Pascal Prieur: 132br, 132mb; Michel Viard: 132mo; Bruce Coleman: Udo Hirsch 361gor; Flip de Nooyer 377gor; Hans Reinhard 313bl, 313br; Photos Editions Combier, Mâcon: 193b; Joe Cornish: 112, 224-5, 360gor, 438.

Dansmuseet, Stockholm/Peter Stenwall: 60mr-61ml; P Doherty: 235bm; E Donard; 31br, 31m, 31ml, 31gom; Editions d'Art Daniel Derveaux: 390mr-391ml; Photo Daspet, Avignon: 494gol.

ET Archive: 290gol; Cathedral Treasury, Aken 4b; 44ml; Musée Carnavalet, Parijs 57bl; Museum van Schone Kunsten, Lausanne 51gor; Musée d'Orsay, Parijs 57mrb; Musée de Versailles 52go; 289gol; National Gallery, Schotland 54gor; Victoria and Albert Museum, Londen 49bl; 333gol; Mary Evans Picture Library: 9m, 42gor, 46gol, 47m, 49go, 50bl, 52mlb, 54m, 58go, 59mr, 59gor, 61gor, 108m, 109ml, 167go, 173m, 181b, 187go, 225m, 269b, 281go, 283br, 291gol, 305m, 356go, 383m, 445b, 455m, 463go, 498bl, 535m, 615m; Explorer 27go, 50mlo.

Photo Flandre, Amiens: 193go; France Télécom: 624mr; M. Reynard: 624o; Photo SNCF: 634gol, 635b.

Giraudon, Parijs: 8-9, 15b, 25mrb, 25gor, 42mb, 44bl, 44mlo, 45bl, 46ml, 48mr-49ml, 52bl, 52mlo, 54ml, 56ml, 56mr-57ml, 323gor, 337gor, 359go, 481mo MS Nero EII pt.2 fol. 20V0; Lauros-Giraudon 40bl, 40gom, 41b, 41mro, 41mo, 41gor, 43bm, 45br, 47mro, 51mr, 56mlo, 56gor, 341go, 481ml; Musée d'Art Moderne, Parijs 25bl; Musée de Beaux Arts, Quimper 24ml; Telarci 45mr; Ronald Grant Archive: 17go, 62mlo.

Sonia Halliday Photographs: Laura Lushington: 299br; Robert Harding Picture Library: 26gol, 33br, 35br, 35ml, 39go, 108br, 131gol, 230bl, 233br, 312gol, 312gor, 313gor, 339b, 390mlb, 427mr, 451br, 479go, C Bowman 442b; Explorer, Parijs 35mr, 63gor, 97gor, 169go, 352b, 361br, 450mo, 451bl, 474go, 487gor, 617go, 628go, 640go; R Francis 82mlo, 626m; D Hughes 382-3; W Rawlings 45gor, 63bl, 227bl, 246go; A Wolfitt 22br, 160, 538go; John Heseltine: 135m; Honfleur, Musée Boudin: 252go; David Hughes: 2-3, 357b, 357go; The Hulton Deutsch Collection: 181gor, 291gor, 463m, 506go; FJ Mortimer 180bl.

The Image Bank: Peter Miller 362; Images: 313m, 450ml, 450br.

Jacana: F Gohier 450bl; JM Labat 451gom; Trevor Jones: 194go.

Magnum Photos Ltd: Bruno Barbey 16go, 27br, 32gol; R Capa 462br; P Halsman 515go; P Zachman 15go; The Mansell Collection: 27bl, 272b, 285go, 449go, 494bl; John Miller: 214go, 326br, 397go; Musée de l'Annonciade, St-Tropez: 514br; Musée des Beaux Arts, Carcassonne: 479bl; Musée des Beaux Arts, Dijon: 333bl; Musée des Beaux Arts de Lyon: 371br, 371gol, 371gor; Musée de la Civilisation Gallo-Romaine, Lyon: 43mr, 368ml; Musée Departmental Breton, Quimper: 264gol; Musée Flaubert, Rouen: 255gol; Museum National d'Histoire Naturelle, Parijs: 134m; Courtesy of the Musée Matisse, Nice: 516go; Musée National d'Art Moderne, Parijs: 88mlo, 89b, 89mr, 89mo, 325gor; Succession Henri Matisse 88gol; Musée Réattu, Arles: M Lacanaud 498mb; Cliché Musée de Sens/JP Elie: 320bl; Musée Toulouse-Lautrec, Albi: 434go.

Service National des Timbres Poste et de la Philatélie: ontworpen door Eve Luquet 626 gol; Network Photographers: Barry Lewis 328b; Rapho/Mark Buscail 628bl; Rapho/De Sazo 628br; Rapho/Michael Serraillier 629go.

Pictures Colour Library: 325b, 392go, 416, 534, 614-5; Michel le Poer Trench: 26gor; Centre Georges Pompidou: Bernard Prerost 89gor; Popperfoto: 241m; Pyrenees Magazine/DR: 390gol.

Redferns: William Gottlieb: 60mlo; Retrograph Archive: M Breese 464bl, 464br; Réunion des Musées Nationaux: Musée des Antiquités Nationales 393m; Musée Guimet 107b; Musée du Louvre 53mb, 97gol, 98b, 98gol, 98gor, 99bl, 99m, 99go; Musée Picasso 84ml, 86go, 463b; Musée de Versailles 169b; RF Reynolds: 235gom; Rex Features: Sipa 18b; Roger-Viollet: 109bm; Foundation Royaumont: J. Johnson: 162b.

Sipa Press: 128gol; Photo SNCM/Southern Ferries: 632go; Spectrum Colour Library: P Thompson 239go; Frank Spooner Pictures: Bolcina 33go; Uzan 62gor; Simon 63mb; Gamma Press 35go, 63mro; Jean Marie Steinlen: 394; Tony Stone Images: 312m, 316; Sygma: 521b; C de Bare 32b; Walter Carone 140b; P Forestier 304-5; Frederic de la Fosse 510go; D Goldberg 17m; L'Illustration 104bl; Keystone 131mro; T Prat 426m; L de Raemy 63gol; Sunset Boulevard 131gor.

Editions Tallandier: 38, 40mo, 43bl, 44gor, 44gor-45gol, 47b, 47go, 48ml, 49br, 50gor, 54mlo, 54gol, 54mr-55ml, 55mro, 55gol, 57br, 57mro, 57gor, 59gol, 59gom, 60mlb, 60mro, 61bm, 61br; © TMR/A.D.A.G.P, Parijs en DACS, Londen 1994 - collection L Treillard: 61bl detail.

Jean Vertut: 40gor-41gol; Visual Arts Library: 24go.

World Pictures: 313gol.

ZEFA: 168m, 341b; O. Zimmerman/Musée d'Unterlinden 6800 Colmar: 217b.

Voorste schutblad: Speciaal gefotografeerd behalve Joe Cornish lol; The Image Bank rmo; Pictures Colour Library lmr; Jean Marie Steinlein lml; Tony Stone Images rmb.

Kaft: Speciaal gefotografeerd behalve Cephas/Mick Rock voorkant b; Michael Busselle voorkant mor; Robert Harding Picture Library rug b.

Algemene uitdrukkingen

In noodgevallen

Help!	**Au secours!**	oo suh**koer**
Stop!	**Arrêtez!**	are-**tee**
Bel een dokter!	**Appelez un médecin!**	ap-**lee** ũ med**sè**
Bel een ambulance!	**Appelez une ambulance!**	ap-**lee** uun ãbuu-**ls**
Bel de politie!	**Appelez la police!**	ap-**lee** laa poh-**lies**
Bel de brandweer!	**Appelez les pompiers!**	ap-**lee** lè põ-**pjee**
Waar is de dichtstbijzijnde telefoon?	**Où est le téléphone le plus proche?**	oe è luh teelee**fon** luh pluu **prosj**
Waar is het dichtstbijzijnde ziekenhuis?	**Où est l'hôpital le plus proche?**	oe è l'**opie**tal luh pluu **prosj**

Basiswoorden voor een gesprek

Ja	**Oui**	wie
Nee	**Non**	nõ
Alstublieft	**S'il vous plaît**	siel voe **plè**
Dank u wel	**Merci**	mèr-**sie**
Pardon	**Excusez-moi**	ekskuu-**zee** mwaa
Hallo	**Bonjour**	bõ**zjoer**
Tot ziens	**Au revoir**	oo ruh-**vwaar**
Goedenavond	**Bonsoir**	bõ-**swaar**
Ochtend	**Le matin**	ma**tè**
Middag	**L'après-midi**	l'aprè-**miedie**
Avond	**Le soir**	swar
Gisteren	**Hier**	ie**jèr**
Vandaag	**Aujourd'hui**	oo-zjoer-**dwie**
Morgen	**Demain**	duh**mè**
Hier	**Ici**	ie-**sie**
Daar	**Là**	laa
Wat?	**Quel, quelle?**	kèl, kèl
Wanneer?	**Quand?**	kã
Waarom?	**Pourquoi?**	poer-**kwaa**
Waar?	**Où?**	oe

Nuttige uitdrukkingen

Hoe gaat het met u?	**Comment allez-vous?**	kom-mã tal**lee voe**
Zeer goed, dank u.	**Très bien, merci.**	trè bjè, mèr-**sie**
Prettig met u kennis te maken.	**Enchanté de faire votre connaissance.**	ãsjã-**tay** duh fèr votr kon-ee-**sans**
Tot straks.	**A bientôt.**	aa bjè-**too**
Dat is goed	**Voilà c'est parfait**	vwaalaa sè par**fè**
Waar is/zijn...?	**Où est/sont...?**	oe è/sõ
Hoe ver is het naar...?	**Combien de kilomètres d'ici à...?**	kom-**bjè** duh kielo-**metr** d'ie-**sie** aa
Welke kant uit is het naar...?	**Quelle est la direction pour...?**	kel è laa **die**-rek-**sjõ** poer
Spreekt u Engels?	**Parlez-vous anglais?**	par-**lee** voe ãng-**lè**
Ik begrijp het niet.	**Je ne comprends pas.**	zjuh nuh kom **prã** pã
Kunt u langzaam spreken?	**Pouvez-vous parler moins vite s'il vous plaît?**	poe-**vee** voe par-**lee** mwã viet siel voe plè
Het spijt me.	**Excusez-moi.**	ekskuu-**zee** mwaa

Nuttige woorden

groot	**grand**	krã
klein	**petit**	puh-**tie**
heet	**chaud**	sjoo
koud	**froid**	frwaa
goed	**bon**	bõ
slecht	**mauvais**	moo-**vè**
genoeg	**assez**	as**see**
goed	**bien**	bjè
open	**ouvert**	oe-**vèr**
dicht	**fermé**	fer-**mee**
links	**gauche**	koosj
rechts	**droit**	drwaa
rechtdoor	**tout droit**	toe drwaa
dichtbij	**près**	prè
ver	**loin**	lwã
(naar)boven	**en haut**	ã **oo**
(naar)beneden	**en bas**	ã **bà**
vroeg	**de bonne heure**	duh bon **eur**
laat	**en retard**	a ruh-**taar**
ingang	**l'entrée**	l'ã-**tree**
uitgang	**la sortie**	sor-**tie**
toilet	**les toilettes, les WC**	**twaa**-let, wee-**see**
vrij	**libre**	liebr
gratis	**gratuit**	kraa-**twie**

Telefoneren

Ik wil interlokaal telefoneren.	**Je voudrais faire un interurbain.**	zjuh voe-dree fèr ũ äter-urbè
Ik wil graag een collect call maken.	**Je voudrais faire une communication PCV.**	zjuh voe**drè** fèr uun kommuunikaa-**sjõ** pee-see-vee
Ik probeer het later nog eens.	**Je rappelerai plus tard.**	zjuh rapè-**leree** pluu taar
Kan ik een boodschap achterlaten?	**Est-ce que je peux laisser un message?**	es-**kuh** zjuh peu lès-**see ũ** mès**saazj**
Eén ogenblik.	**Ne quittez pas, s'il vous plaît.**	nuh kie-**tee** pà siel voe plè
Kunt u iets harder spreken?	**Pouvez-vous parler un peu plus fort?**	poe-**vee** voe par-**lee** ũ peu pluu for
lokaal gesprek	**la communication locale**	komuunikaa-**sjõ** loo-**kal**

Winkelen

Hoeveel kost dit?	**C'est combien s'il vous plaît?**	sè kom-**bjè** siel voe plè
Ik wil graag ...	**je voudrais...**	zjuh voe-**drè**
Hebt u?	**Est-ce que vous avez?**	es-**kuh** voe zav**ee**
Ik kijk alleen even.	**Je regarde seulement.**	zjuh ruh**kaar** seuhluh**mã**
Accepteert u creditcards?	**Est-ce que vous acceptez les cartes de crédit?**	es-**kuh** voe zaksep-**tee** lè kart duh kree-**die**
Accepteert u travellercheques?	**Est-ce que vous acceptez les chèques de voyage?**	es-**kuh** voe zaksep-**tee** lè sjek duh vwaa**jaazj**
Hoe laat gaat u open?	**A quelle heure vous êtes ouvert?**	ah kèl eur voe zèt oe-**vèr**
Hoe laat sluit u?	**A quelle heure vous êtes fermé?**	ah kèl eur voe zèt fèr-**mee**
Deze.	**Celui-ci.**	suh-lwie-**sie**
Die.	**Celui-là.**	suh-lwie-**là**
duur	**cher**	sjèr
goedkoop	**pas cher, bon marché**	pà sjèr, bõ mar-**sjee**
maat, kleding	**la taille**	tajuh
maat, schoenen	**la pointure**	pwã-**tur**
wit	**blanc**	blã
zwart	**noir**	nwaar
rood	**rouge**	roezj
geel	**jaune**	zjoon
groen	**vert**	vèr
blauw	**bleu**	bleu

Soorten winkels

antiekwinkel	**le magasin d'antiquités**	maakaa-**zè** d'tiekie-**tee**
apotheek	**la pharmacie**	farmaa-**sie**
bakker	**la boulangerie**	boelã-**zjurie**
bank	**la banque**	bàk
banketbakker	**la pâtisserie**	patie-**srie**
boekhandel	**la librairie**	lie-**brèrie**
cadeauwinkel	**le magasin de cadeaux**	maakaa-**zè** duh kaa**doo**
delicatessenzaak	**la charcuterie**	sjarkuut-**rie**
groenteboer	**le marchand de légumes**	mar-**sjã** duh lee-**kuum**
kaaswinkel	**la fromagerie**	fromaazj-**rie**
kapper	**le coiffeur**	kwaa**feur**
kranten- en tijdschriftenhandel	**le magasin de journaux**	maakaa-**zè** duh zjoer-**noo**
kruidenier	**l'alimentation**	alie-mãta-**sj**
markt	**le marché**	mar-**sjee**
melkhandel	**la crémerie**	kreem-**rie**
postkantoor	**la poste, le bureau de poste, le PTT**	post, buu**roo** duh post, pee-tee-tee
reisbureau	**l'agence de voyages**	l'azjãs duh vwaajaazj
schoenenzaak	**le magasin de chaussures**	maakaa-**zè** duh sjoo-**suur**
slager	**la boucherie**	boe-**sjuhrie**
supermarkt	**le supermarché**	suu pèr-**marsjee**
tabakswinkel	**le tabac**	taabà
vishandel	**la poissonnerie**	pwaasson-**rie**
warenhuis	**le grand magasin**	krã maakaa-**zè**

Bezienswaardigheden

abdij	**l'abbaye**	l'aba-**jee**
bibliotheek	**la bibliothèque**	bieb**lieoo**-tèk
busstation	**la gare routière**	kaar roe-**tjèr**

herenhuis	**l'hôtel particulier**	l'oo**tel** partikuu-**ljee**
kathedraal	**la cathédrale**	kattee-**dral**
kerk	**l'église**	l'ee**gliez**
kunstgalerie	**le galerie d'art**	kaler-**rie** dart
museum	**le musée**	muu-**zee**
spoorwegstation	**la gare (SNCF)**	kaar (ès-èn-see-èf)
stadhuis	**l'hôtel de ville**	l'oo**tèl** duh viel
toeristenbureau VVV-kantoor	**les renseignements touristiques, le syndicat d'initiative**	ràseen-**mã** toe-ries-**tiek**, sandie-kaa d'ienie-sja**tief**
tuin	**le jardin**	zjar-**dè**
op feestdagen gesloten	**fermeture jour férié**	fèrmè-**tuur** zjoer fèr-**jee**

Verblijf in een hotel

Hebt u een kamer vrij?	**Est-ce que vous avez une chambre?**	es-kuh voe-**zavee** uun sjambr
een tweepersoonkamer met een tweepersoonsbed	**la chambre à deux personnes, avec un grand lit**	sjambr aa deu pèr-**son** avek ù krà lie
een kamer met twee aparte bedden	**la chambre à deux lits**	sjambr aa deu lie
een eenpersoonskamer	**la chambre à une personne**	sjambr aa uun pèr-**son**
een kamer met bad, douche	**la chambre avec salle de bains, une douche**	sjambr avek sal duh bè, uun doesj
kruier	**le garçon**	gar-**sõ**
sleutel	**la clef**	klee
Ik heb gereserveerd.	**J'ai fait une réservation.**	zjee fè uun reezèrva-**sjõ**

Uit eten

Hebt u een tafel?	**Avez-vous une table libre?**	avee-**voe** uun taabl liebr
Ik wil een tafel reserveren.	**Je voudrais réserver une table.**	zjuh voe-**drè** reezèr-**vee** uun taabl
De rekening alstublieft.	**L'addition s'il vous plaît.**	l'adie-**sjõ** siel voe **plè**
Ik ben vegetariër.	**Je suis végétarien.**	zjuh swie veezjee-**tarjè**
ober	**Madame, Mademoiselle/ Monsieur**	maa-**dam**, maa-demwaa**zèl**/ muh-**sjeu**
menu	**le menu, la carte**	men-**uu**, kart
menu tegen vaste prijs	**le menu à prix fixe**	men-**uu** aa prie fieks
couvertkosten	**le couvert**	koe-**vèr**
wijnkaart	**la carte des vins**	**kart**-dèh vè
glas	**le verre**	vèr
fles	**la bouteille**	boe-**tij**
mes	**le couteau**	koe-**too**
vork	**la fourchette**	for-**sjèt**
lepel	**la cuillère**	kwie-**jèr**
ontbijt	**le petit déjeuner**	puh-**tie** dee-**zjeu**-**nee**
lunch	**le déjeuner**	deh-**zjeu**-**nee**
diner	**le dîner**	die-**nee**
hoofdschotel	**le plat principal**	plaa prèsie-**pal**
voorgerecht	**l'entrée, le hors d'oeuvre**	l'à-**tree**, or-deuvr
dagschotel	**le plat du jour**	plaa duu zjoer
wijnbar	**le bar à vin**	bar aa vè
café	**le café**	kaf-**fee**
kortgebakken	**saignant**	**see**-nà
medium	**à point**	ah **pwã**
doorbakken	**bien cuit**	bjè **kwie**

Het menu

l'agneau	l'an**joo**	lamsvlees
l'ail	l'aj	knoflook
la banane	baa**naan**	banaan
le beurre	beur	boter
la bière, bière à la pression	bjèr, bjèr aa laa pres-**sjõ**	bier, getapt bier
le bifteck, le steack	bief-**tèk**,	biefstuk
le boeuf	beuf	rundvlees
bouilli	boe-**jie**	gekookt
le café	kaf-**fee**	koffie
le canard	kan**aar**	eend
le chocolat	**sjoko**-laa	chocolade
le citron	sie-**trõ**	citroen
le citron pressé	sie-**trõ** près-**see**	vers citroensap
les crevettes	kruh-**vèt**	garnalen
les crustacés	**kruus**-ta-**see**	schaal- en schelp dieren
cuit au four	kwiet oo foer	gebakken
le dessert	dès-**sèr**	dessert
l'eau minérale	l'oo **mienee**-ral	mineraalwater
les escargots	lè zès-kar-**koo**	slakken
le fromage	from-**aazj**	kaas
le fruit frais	frwie frè	vers fruit
les fruits de mer	frwie duh mèr	vis, schaal- en schelpdieren
le gâteau	kaa-**too**	taartje
la glace	klas	ijs
grillé	krie-**jee**	gegrild
le homard	om**aar**	kreeft
l'huile	l'wiel	olie
le jambon	zjà-**bõ**	ham
le lait	lè	melk
les légumes	lee-**kuum**	groenten
la moutarde	moe-**tard**	mosterd
l'oeuf	l'uf	ei
les oignons	lè zon**jõ**	uien
les olives	lè zo**lief**	olijven
l'orange	l'oràzj	sinaasappel
l'orange pressée	l'oràzj près-**see**	vers sinaasappelsap
le pain	pè	brood
le petit pain	puh-**tie** pè	broodje
poché	po-**sjee**	gepocheerd
le poisson	pwaa-**sõ**	vis
le poivre	pwaavr	peper
la pomme	pom	appel
les pommes de terre	pom-duh **tèr**	aardappels
le porc	por	varkensvlees
le potage	poo-**taazj**	soep
le poulet	poe-**lè**	kip
le riz	rie	rijst
rôti	roo-**tie**	geroosterd
la sauce	soos	saus
la saucisse	soo**sies**	worst, vers
sec	sèk	droog
le sel	sèl	zout
la soupe	soep	soep
le sucre	suukr	suiker
le thé	tee	thee
le toast	toost	toost
la viande	vie-**jand**	vlees
le vin blanc	vè **blã**	witte wijn
le vin rouge	vè **roezj**	rode wijn
le vinaigre	vie**nègr**	azijn

Getallen

0	**zéro**	zee-**roo**
1	**un, une**	ù, uun
2	**deux**	deu
3	**trois**	trwaa
4	**quatre**	katr
5	**cinq**	sèk
6	**six**	sies
7	**sept**	sèt
8	**huit**	wiet
9	**neuf**	neuf
10	**dix**	dies
11	**onze**	õz
12	**douze**	doez
13	**treize**	trèz
14	**quatorze**	ka**torz**
15	**quinze**	kèz
16	**seize**	sèz
17	**dix-sept**	dies-**sèt**
18	**dix-huit**	dies-**wiet**
19	**dix-neuf**	dies-**neuf**
20	**vingt**	vè
30	**trente**	tràt
40	**quarante**	kar**àt**
50	**cinquante**	sañk**àt**
60	**soixante**	swas**àt**
70	**soixante-dix**	swasàt-**dies**
80	**quatre-vingts**	katr-**vè**
90	**quatre-vingts-dix**	katr-vè-**dies**
100	**cent**	sà
1000	**mille**	miel

Tijd

een minuut	**une minute**	uun mie-**nuut**
een uur	**une heure**	uun eur
een half uur	**une demi-heure**	uun **duh-mie** eur
maandag	**lundi**	lù-**die**
dinsdag	**mardi**	mar-**die**
woensdag	**mercredi**	mèrkruh-**die**
donderdag	**jeudi**	zjeu-**die**
vrijdag	**vendredi**	vàdruh-**die**
zaterdag	**samedi**	sam-**die**
zondag	**dimanche**	die-**màsj**

Parijs-Centrum

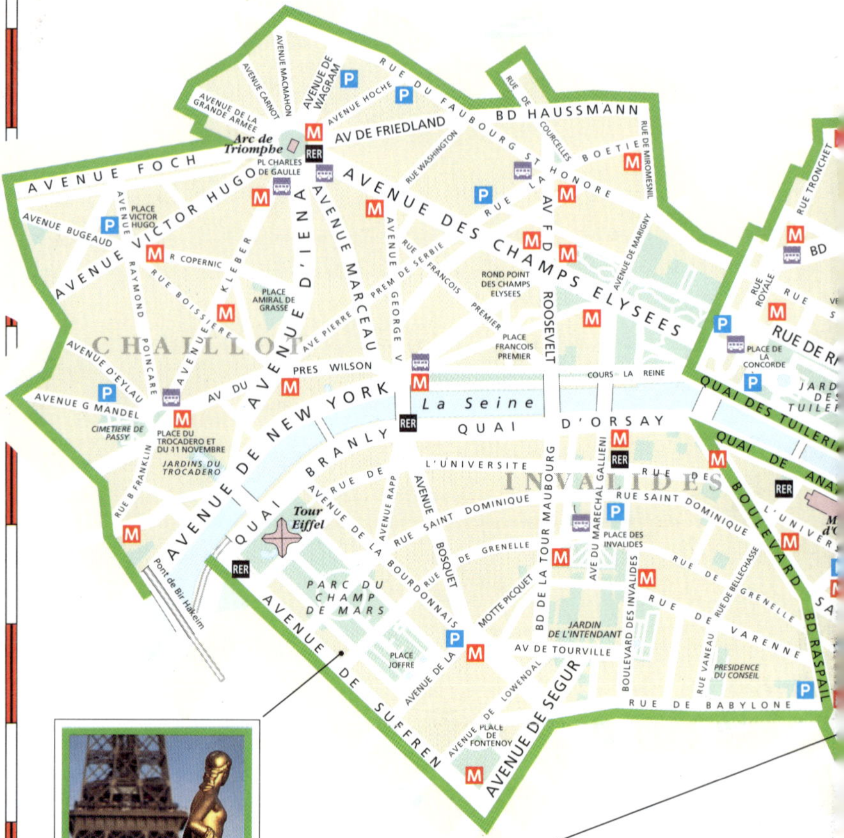

Champs-Elysées en Invalides

Zie blz. 100-111

Stratengids kaarten 1-3, 6, 7

De linkeroever

Zie blz. 112-123

Stratengids kaarten 7-9, 12, 13

Symbolen

- Bezienswaardigheid
- Metrostation
- RER-station
- Busstation
- Parkeerplaats
- Ziekenhuis met eerste-hulppost

0 meter 500